Die Schmetterlinge Baden-Württembergs
Band 5: Nachtfalter III

Die Schmetterlinge Baden-Württembergs
Herausgegeben von Günter Ebert
Staatliches Museum für Naturkunde Karlsruhe

Band 1: Tagfalter I
Allgemeiner Teil: Systematik, Taxonomie und Nomenklatur, Faunistik und Ökologie,
Gefährdung und Schutz, Datenverarbeitung
Spezieller Teil: Papilionidae, Pieridae, Nymphalidae

Band 2: Tagfalter II
Spezieller Teil: Satyridae, Libytheidae, Lycaenidae, Hesperiidae

Band 3: Nachtfalter I
Allgemeiner Teil: Benutzerhinweise, Beobachtungsmethoden bei Nachtfaltern,
Aspekte zur Nahrungskonkurrenz unter Nachtfaltern, Ergebnisse
Spezieller Teil: Hepialidae, Cossidae, Zygaenidae, Limacodidae,
Psychidae, Thyrididae

Band 4: Nachtfalter II
Spezieller Teil: Bombycidae, Endromidae, Lemoniidae, Saturniidae,
Sphingidae, Drepanidae, Notodontidae, Dilobidae, Lymantriidae,
Ctenuchidae, Nolidae

Band 5: Nachtfalter III
Allgemeiner Teil: Benutzerhinweise, Ergebnisse
Spezieller Teil: Sesiidae, Arctiidae, Noctuidae

Band 6: Nachtfalter IV
Spezieller Teil: Noctuidae (Fortsetzung)

Weitere Nachtfalter-Bände sind in Vorbereitung

Die Schmetterlinge Baden-Württembergs

Band 5: Nachtfalter III

Autoren von Band 5:

Daniel Bartsch, Erich Bettag
Rolf Bläsius, Ernst Blum
Axel Kallies, Karel Spatenka
Fritz Weber

Günter Ebert
Ulrich Ratzel und Margarete Ratzel
René Herrmann, Axel Hofmann
Jörg-Uwe Meineke

Arno Schanowski, Hans Georg Lussi
Axel Steiner, Jutta Bastian

400 Farbfotos
360 Diagramme und Zeichnungen
133 Verbreitungskarten

VERLAG EUGEN ULMER

Im Rahmen des Artenschutzprogrammes Baden-Württembergs
Die Herausgabe erfolgte in Zusammenarbeit mit der Landesanstalt für Umweltschutz
Baden-Württemberg und dem Staatlichen Museum für Naturkunde Karlsruhe

Mit Unterstützung
der Stiftung
Naturschutzfonds

Die Deutsche Bibliothek – CIP-Einheitsaufnahme

Die Schmetterlinge Baden-Württembergs : [im Rahmen des
Artenschutzprogrammes Baden-Württemberg] / hrsg. von
Günter Ebert. [Die Hrsg. erfolgte in Zusammenarbeit mit der
Landesanstalt für Umweltschutz Baden-Württemberg und dem
Staatlichen Museum für Naturkunde Karlsruhe]. – Stuttgart
(Hohenheim) : Ulmer.
NE: Ebert, Günter [Hrsg.]

Bd. 5. Nachtfalter 3 / Autoren von Bd. 5: Daniel Bartsch . . . – 1997
   ISBN 3-8001-3481-0
NE: Bartsch, Daniel

Das Werk einschließlich aller seiner Teile ist urheberrechtlich
geschützt. Jede Verwertung außerhalb der engen Grenzen des
Urheberrechtsgesetzes ist ohne Zustimmung des Verlages und
des Autors unzulässig und strafbar. Das gilt insbesondere
für Vervielfältigungen, Übersetzungen, Mikroverfilmungen
und die Einspeicherung und Verarbeitung in elektronischen
Systemen. Jede Übernahme von Rasterpunkten und Karten
in andere Rasterkarten bedarf der Zustimmung der Verfasser.

© 1997 Eugen Ulmer GmbH & Co.
Wollgrasweg 41, 70599 Stuttgart (Hohenheim)
Printed in Germany
Einbandgestaltung: A. Krugmann, Freiberg am Neckar
Satz: Typomedia Satztechnik GmbH, Ostfildern-Scharnhausen
Druck: Karl Grammlich, Pliezhausen
Bindung: Ernst Riethmüller, Stuttgart

Inhalt

Vorwort	8
Liste der Mitarbeiter	10
Abkürzungsverzeichnis	13

ALLGEMEINER TEIL

1 Benutzerhinweise 14
1.1 Systematik, Taxonomie und Nomenklatur 14
1.2 Verbreitung 14

2 Ergebnisse 17
2.1 Checklist 17
2.2 Gefährdung und Schutz 22
2.2.1 Bestandssituation der Nachtfalter (Teil III u. IV) Baden-Württembergs 22
2.2.2 Rote Liste 28
2.2.3 Artenschutzprogramm 1996 40
2.2.4 Auswertung und Umsetzung (1992–1995) des Grundlagenwerkes (A. HOFMANN) 41

SPEZIELLER TEIL

SESIOIDEA

Sesiidae 61
Einleitung (K. SPATENKA) 61
Künstliche Sexuallockstoffe (Pheromone) als Fang- und Anlockmethode bei Glasflüglern (E. BLUM) 62

Tinthiiniae 65
Pennisetia hylaeiformis (E. BLUM, E. BETTAG) 65

Sesiinae 69
Sesia apiformis (F. WEBER) 69
Sesia bembeciformis (D. BARTSCH) . . . 74
Sesia melanocephala (F. WEBER) 80
Paranthrene tabaniformis (R. BLÄSIUS) . . 84
Paranthrene insolita (E. BLUM) 90
Synanthedon scoliaeformis (E. BETTAG) . . 92
Synanthedon spheciformis (D. BARTSCH) . . 97
Synanthedon stomoxiformis (D. BARTSCH) 101

Synanthedon culiciformis (A. KALLIES) . . 106
Synanthedon formicaeformis (A. KALLIES) 110
Synanthedon flaviventris (D. BARTSCH) . . 115
Synanthedon andrenaeformis (D. BARTSCH) 120
Synanthedon soffneri (D. BARTSCH) 125
Synanthedon myopaeformis (E. BETTAG) . 129
Synanthedon vespiformis (E. BLUM) 133
Die Arten der Synanthedon tipuliformis-Gruppe (R. BLÄSIUS) 136
Synanthedon conopiformis (R. BLÄSIUS) . 137
Synanthedon tipuliformis (E. BETTAG) . . . 143
Synanthedon spuleri (R. BLÄSIUS) 146
Synanthedon loranthi (R. BLÄSIUS) 151
Synanthedon cephiformis (E. BETTAG) . . . 156
Die Gattung Bembecia (E. BLUM) 159
Bembecia ichneumoniformis 160
Bembecia albanensis 163
Pyropteron chrysidiformis (E. BLUM) . . . 166
Synansphecia muscaeformis (A. KALLIES) . 171
Synansphecia affinis (E. BETTAG) 172
Chamaesphecia aerifrons (R. BLÄSIUS) . . 176
Chamaesphecia dumonti (R. BLÄSIUS) . . . 179
Chamaesphecia annellata (D. BARTSCH) . . 183
Chamaesphecia nigrifrons (E. BETTAG) . . 184
Chamaesphecia leucopsiformis (A. KALLIES) 188
Das Artenpaar Chamaesphecia tenthrediniformis und Chamaesphecia empiformis (R. BLÄSIUS) 190
Chamaesphecia tenthrediniformis 191
Chamaesphecia empiformis 196

NOCTUOIDEA

Arctiidae 201
Einleitung (G. EBERT) 201

Lithosiinae (G. EBERT) 202
Thumatha senex 203
Die Gattung Setina 206
Setina irrorella 207
Setina roscida 211
Miltochrista miniata 214
Paidia murina 217
Nudaria mundana 219

Atolmis rubricollis	223
Cybosia mesomella	225
Die Gattung Pelosia	228
Pelosia muscerda	229
Pelosia obtusa	231
Die Gattung Eilema	234
Eilema sororcula	237
Eilema griseola	240
Eilema deplana	244
Eilema lurideola	246
Eilema lutarella	250
Eilema pygmaeola	253
Eilema caniola	256
Eilema palliatella	261
Eilema complana	264
Lithosia quadra	267
Arctiinae (G. EBERT p. p.)	272
Spiris striata	273
Coscinia cribraria	277
Utetheisa pulchella	278
Parasemia plantaginis	279
Hyphoraia aulica	282
Pericallia matronula (J.-U. MEINEKE)	285
Arctia caja	291
Arctia villica	295
Ammobiota festiva	297
Diacrisia sannio	299
Rhyparia purpurata	304
Die Gattungen Spilosoma und Diaphora (U. RATZEL u. M. RATZEL)	308
Spilosoma lubricipeda	312
Spilosoma luteum	318
Spilosoma urticae	324
Diaphora mendica	330
Phragmatobia fuliginosa	335
Phragmatobia caesarea (A. HOFMANN, R. HERRMANN)	339
Eucharia deserta (A. HOFMANN, R. HERRMANN)	344
Callimorphinae (G. EBERT)	350
Callimorpha quadripunctaria	350
Callimorpha dominula	355
Nyctemerinae (G. EBERT)	360
Tyria jacobaeae	361
Noctuidae	366
Einleitung (A. STEINER)	366
Herminiinae (A. SCHANOWSKI et al., p. p.)	374
Idia calvaria	374
Simplicia rectalis	377
Trisateles emortualis	379
Paracolax tristalis	381
Macrochilo cribrumalis	384
Herminia tarsipennalis	387
Herminia tarsicrinalis	389
Herminia grisealis	392
Herminia tenuialis	395
Polypogon tentacularius	397
Polypogon strigilatus	399
Polypogon plumigeralis	401
Polypogon lunalis	402
Polypogon zelleralis (A. STEINER)	404
Rivulinae (A. SCHANOWSKI et al.)	406
Rivula sericealis	407
Parascotia fuliginaria	410
Colobochyla salicalis	413
Hypenodinae (A. SCHANOWSKI et al.)	415
Hypenodes humidalis	416
Schrankia costaestrigalis	418
Schrankia taenialis	420
Hypeninae (A. SCHANOWSKI et al.)	422
Hypena proboscidalis	422
Hypena rostralis	425
Hypena obesalis	429
Hypena crassalis	431
Phytometra viridaria	434
Scoliopteryginae (A. SCHANOWSKI et al.)	437
Scoliopteryx libatrix	437
Catocalinae (A. SCHANOWSKI et al., p. p.)	441
Catocala sponsa	441
Catocala dilecta (A. STEINER)	444
Catocala fraxini	445
Catocala nupta	448
Catocala elocata	451
Catocala promissa	453
Catocala electa	456
Catocala conversa (A. STEINER)	460
Catocala fulminea	460
Catocala nymphaea (A. STEINER)	463
Minucia lunaris	464
Ophiusa tirhaca (A. STEINER)	468
Dysgonia algira (A. STEINER)	468
Lygephila lusoria (A. STEINER)	469
Lygephila ludicra (A. STEINER)	469
Lygephila pastinum	469
Lygephila viciae	473
Lygephila craccae	475
Apopestes spectrum (A. STEINER)	478
Autophila dilucida (A. STEINER)	478
Catephia alchymista	479
Aedia funesta	481
Aedia leucomelas (A. STEINER)	484
Tyta luctuosa	484

Callistege mi 487
Euclidia glyphica 490
Laspeyria flexula 493

Sarrothripinae (A. STEINER) 496
Nycteola revayana 498
Nycteola degenerana 503
Nycteola asiatica 506

Chloephorinae (H. G. LUSSI) 506
Earias clorana 507
Earias vernana 514
Bena bicolorana 518
Pseudoips prasinanus 523

Pantheinae (A. STEINER) 527
Panthea coenobita 527
Trichosea ludifica 531

Colocasia coryli 535

Acontiinae (A. SCHANOWSKI,
   A. HOFMANN p. p., A. STEINER) 539
Emmelia trabealis 539
Acontia lucida 544
Protodeltote pygarga 544
Deltote deceptoria 547
Deltote uncula 549
Deltote bankiana 553
Pseudeustrotia candidula 556
Eublemma minutatum (J. BASTIAN) 559
Eublemma ostrinum (A. STEINER) 566
Eublemma parvum 567
Eublemma purpurinum (A. STEINER) . . . 568

Register 569

Vorwort zu Band 5 und 6

In den Bänden 5 und 6 wird die Bearbeitung der »Schmetterlinge Baden-Württembergs« mit den Nachtfaltern fortgeführt. Nachdem gegenüber dem Konzept von 1985 deutlich geworden ist, daß diese Bearbeitung insgesamt weit mehr Zeit und Raum beansprucht als ursprünglich geplant war, sollte der die »Spinnerartigen« umfassende erste Abschnitt der Nachtfalter mit Band 5 abgeschlossen werden. Der Vorteil hätte darin gelegen, daß alle begleitenden Kapitel, insbesondere die Neufassung der »Roten Liste«, ebenfalls gegenüber der nächstfolgenden Gruppe zu einem homogenen Abschluß gebracht worden wären. Diese nächstfolgende, mit 450 in unserem Untersuchungsgebiet registrierten Spezies artenreichste Gruppe (»Eulen«) sollte, in sich geschlossen, in den Bänden 6–8 abgehandelt werden (zum Vergleich: Die in zwei Bänden untergebrachten Tagfalter umfassen 143 Arten).

Die veränderte Haushaltslage hat zu Veränderungen und Kürzungen in dieser Abfolge geführt. Der Rest der »Spinnerartigen« Nachtfalter (Sesiidae, Arctiidae) mußte in Band 5 zusammen mit dem ersten Teil der »Eulen« (Noctuidae) untergebracht werden. Band 6 umfaßt ausschließlich Noctuidae (Acronictinae bis zwei Drittel der Ipimorphinae, nach der ungewohnten Reihenfolge in der systematischen Gliederung von FIBIGER & HACKER 1991). Sie werden in Band 7 (Rest Ipimorphinae bis Noctuinae) abgeschlossen. Als Folge dieser Umgruppierung mußten die Texte zu den einzelnen Arten nach Möglichkeit stärker gestrafft werden, was allein jedoch nicht ausgereicht hätte. Deshalb entschloß sich der Herausgeber, die begleitenden Kapitel »Deutsche Namen«, »Gliederung Lebensraum« und »Blütenbiologie« aus den laufenden Bänden herauszunehmen, um sie am Ende dieser Veröffentlichungsreihe in einem Abschlußband, zusammen mit einem Gesamtregister und der Gesamtdarstellung aller Nahrungspflanzen, zu veröffentlichen. In den Einzelbänden wird somit nur die Checklist sowie die Rote Liste zu den jeweils behandelten Arten verbleiben. Das wie immer recht umfangreiche Literaturverzeichnis soll am Ende von Band 7, d. h. am Schluß der Noctuidae untergebracht werden. Band 7 bildet also zusammen mit den Bänden 5 und 6 eine Einheit, auch wenn er voraussichtlich erst ein Jahr später erscheinen wird.

Im Konzept von 1985 war als letzter Band ein solcher mit dem Inhalt »Faunistik, Ökologie, Gefährdung. Ein Beitrag zum Artenschutzprogramm« vorgemerkt. Auch hier hat die Entwicklung der jüngsten Zeit für notwendige Veränderungen gesorgt. So konnte bereits im Vorwort zu Band 3 und 4 auf das seit 1992 durchgeführte Artenschutzprogramm Schmetterlinge des Landes Baden-Württemberg hingewiesen und über erste Ergebnisse berichtet werden. Inzwischen hat die Umsetzung der im Grundlagenwerk ausgesprochenen Empfehlungen über Maßnahmen zum Schutze gefährdeter Schmetterlingsarten weitere Fortschritte gemacht. Es erschien deshalb angezeigt, bereits in diesem Band einen ausführlichen Bericht über die Auswertung und Umsetzung in den Jahren 1992–1995 aufzunehmen. Damit wird das Ziel dieser Veröffentlichungsreihe, gleichzeitig mit einer faunistisch-monographischen Bearbeitung der Arten auch die Grundlage für ein auf diesem aktuellen Kenntnisstand aufbauendes Artenschutzprogramm zu erstellen, erneut in den Vordergrund gerückt (als erstes Bundesland hat Baden-Württemberg die Erarbeitung eines Artenschutzprogramms unter § 28 seines Naturschutzgesetzes vom 24.10.1975 verankert).

An dieser Stelle ist allen zu danken, die – direkt oder indirekt – ihren Beitrag zum Zustandekommen der hier vorgelegten Bände geleistet haben. Das sind in erster Linie wieder die ehrenamtlichen Mitarbeiter, auf deren uneigennützige Arbeit das Grundlagenwerk aufbaut. Ihre Mitarbeit ist gerade bei der Durchführung des Artenschutzprogramms unerläßlich. Für die finanzielle Förderung des Projektes danke ich, auch im Namen aller Mitautoren und Mitarbeiter, den Vertretern der Ministerien, Herrn Ministerialdirigent BERNHARD BAUER und dem Geschäftsführer der Stiftung Naturschutzfonds Herrn Ministerialrat Dr. HEIDERICH und seiner Mitarbeiterin Frau BAUMHOF-PREGITZER, Herrn Ministerialrat KOH-

LER und seinen Mitarbeiterinnen Frau KOEHLER-NEUMANN und Frau Dr. NICKEL und seinem Mitarbeiter Herrn KUHN. Dank gilt ferner den Vertretern der Landesanstalt für Umweltschutz, Institut für Ökologie, Herrn Referatsleiter Dr. MARX und den Herren Dr. HARMS und Dr. LINNENBACH. Ebenso danke ich ganz persönlich dem Leiter der Bezirksstelle für Naturschutz und Landschaftspflege Freiburg, Herrn Dr. J.-U. MEINEKE für seinen Rat und die stete Hilfsbereitschaft.

Für die Förderung des Projektes am Staatlichen Museum für Naturkunde Karlsruhe gilt unser Dank dem Direktor, Herrn Prof. Dr. S. RIETSCHEL. Einblick in den Sammlungen und Datenaufnahme, die Leihnahme von Material sowie Bestimmungshilfe gewährten uns wiederum die Kollegen des Staatlichen Museums für Naturkunde Stuttgart, Dr. SCHAWALLER, Dr. TSCHORSNIG und Dr. HÄUSER, außerdem Dr. HELLMANN an der Universität Konstanz. Dank gilt ferner den ständigen oder zeitweiligen Mitgliedern des Redaktionskomitees (D. BARTSCH, R. BLÄSIUS, R. HERRMANN, A. HOFMANN, H. LUSSI, Dr. J.-U. MEINEKE, A. SCHANOWSKI, A. STEINER) für die Durchsicht der Manuskripte. Für fachliche Diskussionen und Hinweise danken wir den Herren Dr. J. GELBRECHT, H. WEGNER und H.-J. WEIDEMANN, für solche speziell im Bereich Artenschutz und Rote Listen Herrn P. PRETSCHER vom Bundesamt für Naturschutz in Bonn.

Die Dateneingabe lag in den Händen von MARIA BURKART, HELEN DITTNER und MONIKA PALME-MITTMANN, die Betreuung der Dateneingabe und -verwaltung bei NORBERT HIRNEISEN. Für die Genitalpräparation zeichnete wiederum BERTA KLOIBER verantwortlich. Die Strichzeichnungen in den Bänden 5 und 6 wurden von T. SOBCZYK *(Ch. leucopsiformis)*, G. EBERT (Genitalmorphologie *Eilema*), H. LUSSI (Genitalmorphologie *Spilosoma*) und A. STEINER (Noctuidae), die Fotos präparierter Tiere von G. EBERT angefertigt.

Zum Schluß sei wiederum dem Verlag – hier vor allem dem Verleger, Herrn ROLAND ULMER und Herrn DIETER KLEINSCHROT – herzlich gedankt für die gute Zusammenarbeit und die große Sorgfalt bei der Herstellung der Bände.

Karlsruhe, im September 1996   G. Ebert

Die Autoren widmen diese Bände
dem am 19. Oktober 1996 leider viel zu früh
verstorbenen Freund und Kollegen
HANS-JOSEF WEIDEMANN, in Erinnerung
an seine großen Verdienste um die Erforschung
und den Erhalt einheimischer Schmetterlinge.

Liste der Mitarbeiter (Abkürzungsverzeichnis)

Hier handelt es sich um diejenigen Mitarbeiter, Gewährsleute und Informanten (einschließlich solcher, die nur in der Literatur erscheinen), die Angaben zum Kapitel Nahrungsbiologie (Nahrung der Raupe) beigesteuert haben. Sie werden dort in abgekürzter Form zitiert und hier in alphabetischer Reihenfolge mit vollem Namen (soweit möglich) aufgeführt.

Dieses Verzeichnis soll **nicht** das für den letzten Band vorgesehene Kapitel »Mitarbeiter und Gewährsleute« ersetzen, in dem alle am Gesamtwerk Beteiligten im Anschluß an ein Kapitel »Zur Geschichte der lepidopterologisch-faunistischen Forschung in Baden-Württemberg« mit kurzen biographischen Notizen vorgestellt werden (Kap. 1.1 und 1.2, vgl. EBERT 1985).

ADL	Adler, R.	BUS	Buschle, A.[4]	FUN	Funk, A.
AIC	Aichele, F.	CAE	Caesar, W.	GAS	Gauss, R.
ALB	Albrecht, M.	CAL	Calmbach, V.	GAT	Gatter, D. & W.
ALL	Allgaier, O.	COM	Commerell, E.	GAU	Gauckler, H.
AMM	Ammon, H.[1]	CRO	Cron, A.	GEI	Geissler, S.
AND	Andres, K.[2]	CRÜ	Crüger, G.	GOL	Gollnow, H.-P.
ANO	Anonymus	CZI	Czipka, W.	GÖB	Göbel, M.
ANS	Anstett, D.	DAU	Daub, M.[5]	GÖP	[Göppingen][7]
ASA	Asal, J.	DEI	Deile, R.	GOT	Goldschalt, M.
BAC	Back, W.	DEN	Dengler	GRE	Gremminger, A.
BAI	Baisch, G.	DEZ	Dezulian, H.	GRF	Graf, K.
BAJ	Bastian, J.	DIE	Dietze[6]	GRO	Grosschupf[8]
BAR	Bartsch, D.	DIQ	Disqué, H.	GRS	Gresser, M.
BAS	Bastian, K.	DIS	Disch, R.	GÜN	Günther[9] [Pfarrer]
BAT	Barth, G.	DOC	Doczkal, D.	GUT	Guth, F.
BAU	Baumann, K.	DÜR	Dürr, W.	HAF	Hafner, S.
BCK	Beck, A.[3]	EBE	Ebert, G.	HAH	Hahn[10] [Pfarrer]
BDX	Baudrexler, K.	EBH	Eberhardt, A.	HAL	Halwax, J.
BEC	Becher, A.	EBJ	Ebert, J.	HAM	Hamborg, D.
BEG	Berg, J.	EBS	Ebser, F.	HAN	Hahn, V.
BEN	Bender, W.	ECK	Eckert, E.	HÄR	Härle, A.
BER	Bertalan, A.	EIM	Eimer, G. H. T.	HAR	Hartmann, U.
BEY	Beyerle, H.	ELL	Ellinger, E.	HAS	Hassler, M.
BGN	Bergner, J.	ENG	Engel, H.	HAU	Hauber, M.
BIH	Bihlmaier, F.	EHO	Englert & Holz	HEA	Hermann, A.
BIE	Biebinger, A.		(1978)	HED	Heidelberger, D.
BIL	Billen, W.	EPP	Eppelsheim, F.	HEG	Hegar, I.
BIS	Bischoff, C.	ERB	Erb	HEH	Herrmann, H.
BLÄ	Bläsius, R.	ESC	Esche, T.	HEI	Heidemann, H.
BMG	Baumgärtner, H.	FAG	Fagnoul, F.	HEM	Heimeier, H.
BOL	Boldt, R.	FAL	Falkner, H.	HEN	Hein, D.
BRA	Braun, A.	FEI	Feil, H.	HEP	Hepp, K. F. T.
BRE	Brechtel, F.	FEU	Feucht, M.	HER	Herrmann, R.
BRG	Burgeff, H.	FLÖ	Flösser, R.	HES	Hensle, J.
BRM	Brombacher, E.	FRD	Fried, A.	HET	Heidt, W.
BRO	Brockmann, E.	FRI	Friedrich, E.	HFF	Hoffrichter, O.
BWH	(Bros, E. de, Wyniger, R. & Hunziker 1961)	FRM	Frömel, R.	HFM	Hoffmann, J.
		FRÖ	Frölich, G. F. A. v.	HHE	Hahne, A.
		FRR	Freyer, C. F.	HIN	Hinz, R.
BRT	Burton, J. E.	FRT	Fritsch, D.	HIR	Hirneisen, N.
BÜC	Büche, B.	FRY	Freytag, K.	HLZ	Holzinger[11]
BUN	Bundschuh, W.	FRZ	Fritz, A.	HMN	Hermann, G.
BUR	Burkart, M.	FUD	Funk, D.	HNG	Hein, G.

HNL	Heindel, R.	LAD	Ladenburger, U.	RAZ	Ratzel, U.
HNZ	Heinz	LAH	Lahm, H.	RCK	Reck, H.
HÖR	Hörburger, J.	LAI	Laier, F.	REC	Reichenbach, B.
HOF	Hofmann, A.	LAM	Lampert, K.	REI	Reich, G.
HOH	Hohenadel, T.	LAN	Langer, E.	REK	Rennwald, K.
HOJ	Hofmann, J.	LAU	Lauffer, F.	REN	Rennwald, E.
HOL	Holstein, J.	LEH	Lehr, H.	REU	Reutti, C.
HON	Hohndorf, A.	LEN	Leiner, F. X.	RIE	Rietschel, S.
HOR	Horn, H.	LEW	Lewandowski, S.	RIT	Ritschl, A.
HPP	Hepp[12]	LIE	Lienig, H.	RIZ	Rietz, H.
HSL	Hensler[13] [Pfarrer]	LIN	Lingenhöle, A.	RNN	Renner[22], H.
HST	Hohensteiner, H.	LIT	Litzelmann, E.	RNR	Renner, F.
HÜB	Hübner, B.	LÖF	Löffler, C.[18]	RÖB	Röben, F.
HÜN	Hündorf, B.	LÖS	Löscher	ROE	Roer, H.
HÜS	Hübsch[14]	LOS	Loser, E.	ROM	Rometsch, H.
HUF	Hauff, F.	LOU	Loudet, E.	RSG	Reiss, G.
HZA	Heitz, A.	LUS	Lussi, H. G.	RSH	Reiss, H.
HZS	Heitz, S.	MAG	Magnus, D.	RUD	Rudolph, H.-P.
IPP	Ipp, W.	MAQ	Marquardt, K. F.	RVS	Roth von Schreckenstein, F.
JAE	Jaeger, K. W.	MAR	Marktanner, T.		
JIC	Jicha, R.	MED	Meder, O.	SÄN	Sänger, T.
JÜN	Jüngling, H.	MEE	Meess, A.	SAV	Savary
JUN	Junge, G.	MEI	Meineke, J.-U.	SCÄ	Schäfer, W.
KAB	Kabis, G.	MER	Meier, M.	SCB	Schabel, A.
KAH	Kautt, H.	MES	Messmer, H.	SCC	Schneider, C.
KAP	Kautt, P.	MIC	Michelberger, U.	SCD	Schmiederer, W.
KAU	Kaufmann, H. sowie Kaufmann, H. & Schmid, G. (1966)	MLK	Müller-Köllges, K.	SCE	Schieber, A.
		MOH	Mohn, P.	SCH	Schanowski, A.
		MOR	Morlock, A.	SCI	Schidlowski, R.
KAZ	Katz, W.	MÖR	Mörtter, R.	SCK	Schick, R.
KEH	Keller, A. & Hoffmann, J. (1861)	MOS	Moser, J.	SCL	Schlörer, H.
		MRT	Martin, E.[19]	SCM	Schmid, K.
KEL	Keller, A.	NAN	Nantscheff, F.	SCN	Schneider, A.
KES	Kesenheimer, H.	NÄS	Nässig, W.	SCO	Schott, P.
KGR	Gremminger, A.[15]	NAU	Naumann, C. M.	SCÖ	Schön, W.
KIE	Kiefer, E.	NIK	Nikusch, I.	SCR	Schröder, O.
KIN	Kintzl, W.	NIM	Nimmerfroh, K.	SCT	Schmidt, K.
KIR	Kirsch, F.	NOL	Noll, G.	SCU	Schmunk, N.
KLA	Klatt, M.	NOP	Nopper[20]	SCZ	Scholz, A.
KLE	Klett, W., Warmbrunn, K., Wettinger, O., Engel, H., Leicht, A. (1964)	NÖR	Nördlinger, H. v.	SER	Sermin, K.
		NOW	Nowosad, W.	SET	Settele, L.
		PAR	Partenscky, J.	SEZ	Seitz, K. A. [Pfarrer]
		PFA	Pfaff, B.	SIE	Siebold, C. T. v.
KLI	Klinger, F.[16]	PFF	Pfeiffer, H.	SIP	Siepe, A.
KLN	Kellner[17]	PFT	Pfetsch[21]	SKK	Schlenker, K.
KNA	Knaupp, O.	PLA	Platz, F.	SPE	Speidel, W.
KOC	Koçak, A.	POS	Pospichil, O.	SPH	Speidel, H.
KON	Kontermann, R.	RAB	Ratzel, B.	SPL	Spelda, J.
KÖP	Köppel, C.	RAD	Radtke, A.	SRT	Schröter, W.[23]
KRA	Kratochwil, A.	RAG	Ratzel, M. (geb. Göbel)	STA	Staib, W.
KRE	Kreusel, B.			STE	Steudel, W.
KRI	Kristal, P. M.	RAK	Ratzel, K.	STF	Steffny, H.
KUC	Kucher, F.	RAM	Ramin, v.	STN	Steiner, A.
KUR	Kurtz	RAU	Raubach, G.	STO	Stoll[24]

STP	Stephan, T.	TRÖ	Tröger, E. J.	WEH	Weber, H.
STR	Strobel, K.	UEB	Uebel, W.	WEI	Weissig, W.
STT	Stritt, W.	ULL	Ullrich, T.	WEN	Wein, G.
STU	[Stuttgart]25	URB	Urbahn, E.	WEM	Weber, M.
STW	Steuerwald, F.	VOG	Vogel, F.	WER	Werner, R.
STY	Starey, R.	VOL	Vollmer, H.	WES	Westrich, P.
SÜE	Süsse, A.	VÖL	Völkl, M.	WIN	Windschnurer, N.
SÜS	Süssner, L.	VOT	Vogt	WIT	Winterlin[26]
TAC	Tack, R.	WAG	Wagener, P. S.	WIZ	Witzenmann, H.
THI	Thiele, J.	WAL	Walzinger, K.	WLL	Wallner, M.
THL	Thielen	WAR	Warnecke, G.	WLZ	Walz[27]
THO	Thomas, P.	WAT	Walter, A.	WÖR	Wörz, A.
TRA	Trabold, R.	WAZ	Waltz	ZIN	Zinnert, K.-D.
TRB	Traub, B.	WEF	Weber, F.	ZIP	Zipperle[28]
TRF	Treffinger, K.	WEG	Wegelin, H.	ZMU	Zmudzinski, F.

---

[1] Gewährsmann von H. LANGER
[2] Gewährsmann von H. LIENIG (Kartei und Tagebuch)
[3] Stellvertretend für »AG (Arbeitsgruppe) Freiburg« = BECK, A., METZ, K. (ab 1994), SCHLENKER, K., SCHNEIDER, A., WALZINGER, K.
[4] Gewährsmann von G. BAISCH
[5] Aufzeichnungen
[6] Rechnungsrat in Überlingen, nicht identisch mit dem Eupithecien-Spezialisten K. DIETZE
[7] Verein der Schmetterlingsfreunde Göppingen
[8] Gewährsmann von PEYERIMHOFF & MACKER (1910)
[9] Gewährsmann von REUTTI (1853, 1898)
[10] Pfarrer in Cleebronn, Gewährsmann von KELLER & HOFFMANN (1861)
[11] Gewährsmann von SCHNEIDER (1936–1939)
[12] Gewährsmann von SCHNEIDER (1936–1939)
[13] Pfarrer in Marbach bei Riedlingen, Gewährsmann von KELLER & HOFFMANN (1861)
[14] Gewährsmann von REUTTI (1853, 1898)
[15] Kartei
[16] Gewährsmann von GREMMINGER (Kartei)
[17] Gewährsmann von M. WALLNER
[18] Gewährsmann von SCHNEIDER (1936–1939)
[19] Gewährsmann von SCHNEIDER (1936–1939)
[20] Gewährsmann von GREMMINGER (Kartei)
[21] Gewährsmann von SCHNEIDER (1936–1939)
[22] Gewährsmann von SCHNEIDER (1936–1939)
[23] Gewährsmann von REUTTI (1898) und GRIEBEL (1909)
[24] Zahnarzt in Tübingen, Gewährsmann von KAUFMANN & SCHMID (1966)
[25] Entomologischer Verein Stuttgart 1869 e. V.
[26] Gewährsmann von NÖRDLINGER (1880)
[27] Gewährsmann von G. REICH (Aufzeichnungen 1910–1965)
[28] Gewährsmann von M. WALLNER

Abkürzungsverzeichnis

MTB	Meßtischblatt (1:25000)	f.	Form
TK	Topographische Karte	f. bisex.	Bisexuelle Form
NSG	Naturschutzgebiet	f. parth.	Parthenogenetische Form
LSG	Landschaftsschutzgebiet	var.	Variation
BNatSchG	Bundesnaturschutzgesetz	ssp.	Unterart (Subspecies)
NatSchG	Naturschutzgesetz	l. cl.	ursprünglicher (klassischer) Fundort (locus classicus)
BArtSchV	Bundesartenschutzverordnung		
WA	Washingtoner Artenschutzübereinkommen	E	Ei
		L	Larve (=Raupe)
RL	Rote Liste	L_1	1. Larvenstadium
WWF	World Wildlife Fund	L_{4D}	4. Larvenstadium (in Diapause)
LNK	Landessammlungen für Naturkunde Karlsruhe (jetzt: Staatliches Museum für Naturkunde Karlsruhe)	L_{6DH}	2. Überwinterung im 6. Larvenstadium
		P	Puppe
SMNK	Staatliches Museum für Naturkunde Karlsruhe	e. o.	aus dem Ei (ex ovo)
		e. l.	aus der Larve (ex larva)
SMNS	Staatliches Museum für Naturkunde Stuttgart	e. p.	aus der Puppe (ex pupa)
		Gen.	Generation
NMF	Naturkundemuseum der Stadt Freiburg i.Br.	s.str.	im engeren Sinne (sensu stricto)
		s. l.	im weiteren Sinne (sensu lato)
coll.	Sammlung (collectio)	l. c.	wie hier zitiert (loco citato)
ex coll.	aus der Sammlung (ex collectione)	et al.	und andere (et alii)
		p. p.	zum Teil (pro parte)
in coll.	in der Sammlung (in collectione)	in litt.	briefliche Mitteilung (in litteris)
lat.	lateinisch	GU	Genitaluntersuchung
det.	hat bestimmt (determinavit)	Gen.Präp.	Genitalpräparat
Flgl	Flügel	Präp.Nr.	Präparatnummer
Vfl	Vorderflügel		
Vfl-SpW	Vorderflügel-Spannweite	In den Bildlegenden:	
Hfl	Hinterflügel	S	Aufnahme unter Studiobedingungen (kein Freilandfoto)
Exp.	Spannweite (Expansion)		
Ex.	Exemplar	M	Aufnahme unter leicht veränderten (Freiland-)Bedingungen (manipuliert)
OS	Oberseite		
US	Unterseite		
ab.	Aberration	LF	Aufnahme unter Lichtfangbedingungen

1 Benutzerhinweise

1.1 Systematik, Taxonomie und Nomenklatur

Grundsätzliche Erläuterungen zu diesem Kapitel finden sich in Band 1, S. 21–23 und Band 3, S. 13–16 dieses Grundlagenwerkes. Somit genügt an dieser Stelle der Hinweis, daß von den in Band 5 enthaltenen Familien nur noch die Arctiidae auf der Grundlage der von LERAUT (1980) veröffentlichten »Liste Systématique et Synonymique des Lépidoptères de France, Belgique et Corse« behandelt wurden. Den Sesiidae liegt »Die Systematik und Synonymie der paläarktischen Glasflügler-Arten (Lepidoptera, Sesiidae)« von SPATENKA, LASTUVKA, GORBUNOV, TOSEVSKI und ARITA (1993) zu Grunde.

Taxa die in LERAUT (1980) unter anderem Namen enthalten sind:
Bembecia ichneumoniformis DENIS & SCHIFFERMÜLLER, 1775
Pyropteron chrysidiformis ESPER, 1782
Synansphecia muscaeformis ESPER, 1783
Synansphecia affinis STAUDINGER, 1856
Chamaesphecia empiformis ESPER, 1783

Taxa die nicht in LERAUT (1980) enthalten sind:
Paranthrene insolita LE CERF, 1914
Synanthedon soffneri SPATENKA, 1983
Synanthedon loranthi KRALICEK, 1966
Bembecia albanensis REBEL, 1918
Chamaesphecia dumonti LE CERF, 1922

Die Bearbeitung der Noctuidae in Band 5–7 geschieht auf der systematischen Grundlage von FIBIGER & HACKER (1991, Ergänzungen 1992), s. dazu die Einleitung in diesem Band, S. 367.

1.2 Verbreitung

An der Darstellung der Verbreitung hat sich nichts geändert. Nähere Erläuterungen dazu sind unter gleicher Kapitelziffer in Band 1 und 3 nachzulesen. Zur schnellen Orientierung werden hier lediglich die Karten »Naturräumliche Gliederung« und »Symbolklassen« neu zum Abdruck gebracht.

Bezüglich »Phänologie« und »Ökologie« wird auf die gleichlautenden Kapitel in Band 1 und 3 verwiesen, in denen alles Nähere dazu beschrieben ist.

---

1 Oberrheinisches Tiefland (Oberrheinebene)

<u>Südliche Oberrheinebene</u>
Markgräfler Rheinebene
Markgräfler Hügelland
Freiburger Bucht

Kaiserstuhl

<u>Mittlere Oberrheinebene</u>
Offenburger Rheinebene

<u>Vorbergzone</u>
Lahr-Emmendinger Vorberge
Ortenau-Bühler Vorberge

<u>Nördliche Oberrheinebene</u>
Nördliche Oberrhein-Niederung
Hardtebenen
Neckar-Rheinebene
Hessische Rheinebene

Bergstraße

2 Schwarzwald

<u>Nördlicher Schwarzwald</u>
Schwarzwald-Randplatten
Grindenschwarzwald und Enzhöhen
Nördlicher Talschwarzwald
Mittlerer Schwarzwald

<u>Südlicher Schwarzwald</u>
Südöstlicher Schwarzwald
Hochschwarzwald

3 Neckar-Tauberland

<u>Schwäbisches Keuper-Lias-Land</u>
Südwestliches Albvorland
Mittleres Albvorland
Östliches Albvorland
Schönbuch und Glemswald
Stuttgarter Bucht
Die Filder
Schurwald und Welzheimer Wald
Schwäbisch-Fränkische Waldberge

<u>Neckar-Tauber-Gäuplatten</u>
Alb-Wutach-Gebiet
Baar
Obere Gäue
Neckarbecken
Strom- und Heuchelberg
Kraichgau
Kocher-Jagst-Ebene
Hohenloher-Haller-Ebene
Bauland
Tauberland

Randgebiete:
Mittelfränkisches Becken
Frankenhöhe
Ochsenfurter- und Gollachgau
Marktheidenfelder Platte
Sandstein-Spessart
Sandstein-Odenwald
Vorderer Odenwald
Hochrheintal
Dinkelberg

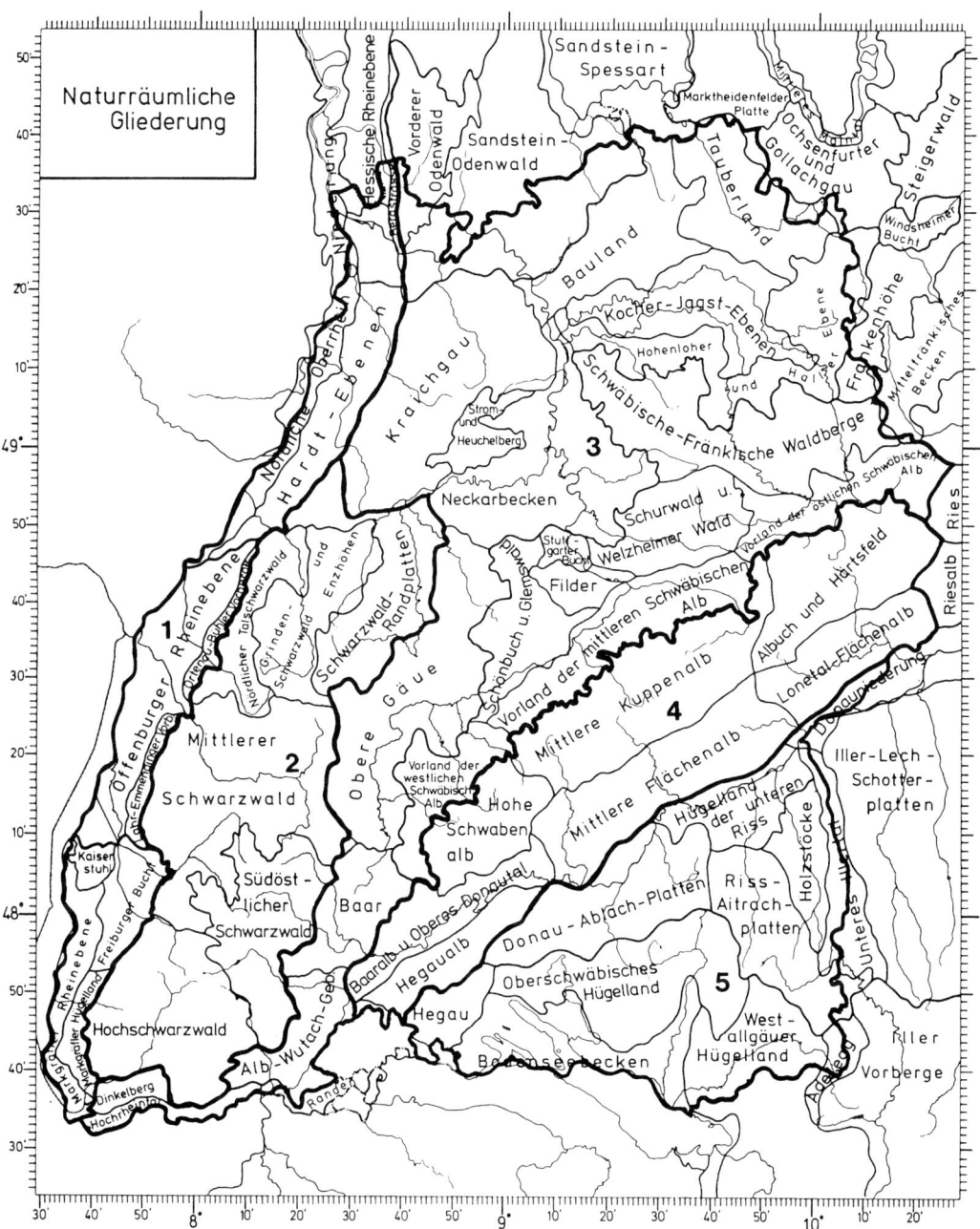

4 Schwäbische Alb

Südwestalb
Randen
Hegaualb
Baaralb und Oberes
Donautal
Hohe Schwabenalb

Mittlere Alb
Kuppige Flächenalb
Mittlere Flächenalb

Ostalb
Albuch und Härtsfeld
Lonetal-Flächenalb

5 Alpenvorland (Oberschwaben)

Westliches Oberschwaben
Hegau
Bodenseebecken
Oberschwäbisches Hügelland

Württembergisches Allgäu
Westallgäuer Hügelland
Adelegg

Nördliches Oberschwaben
Donau-Ablach-Platten
Riß-Aitrach-Platten
Hügelland der unteren Riß
Holzstöcke
Unteres Illertal
Donauried

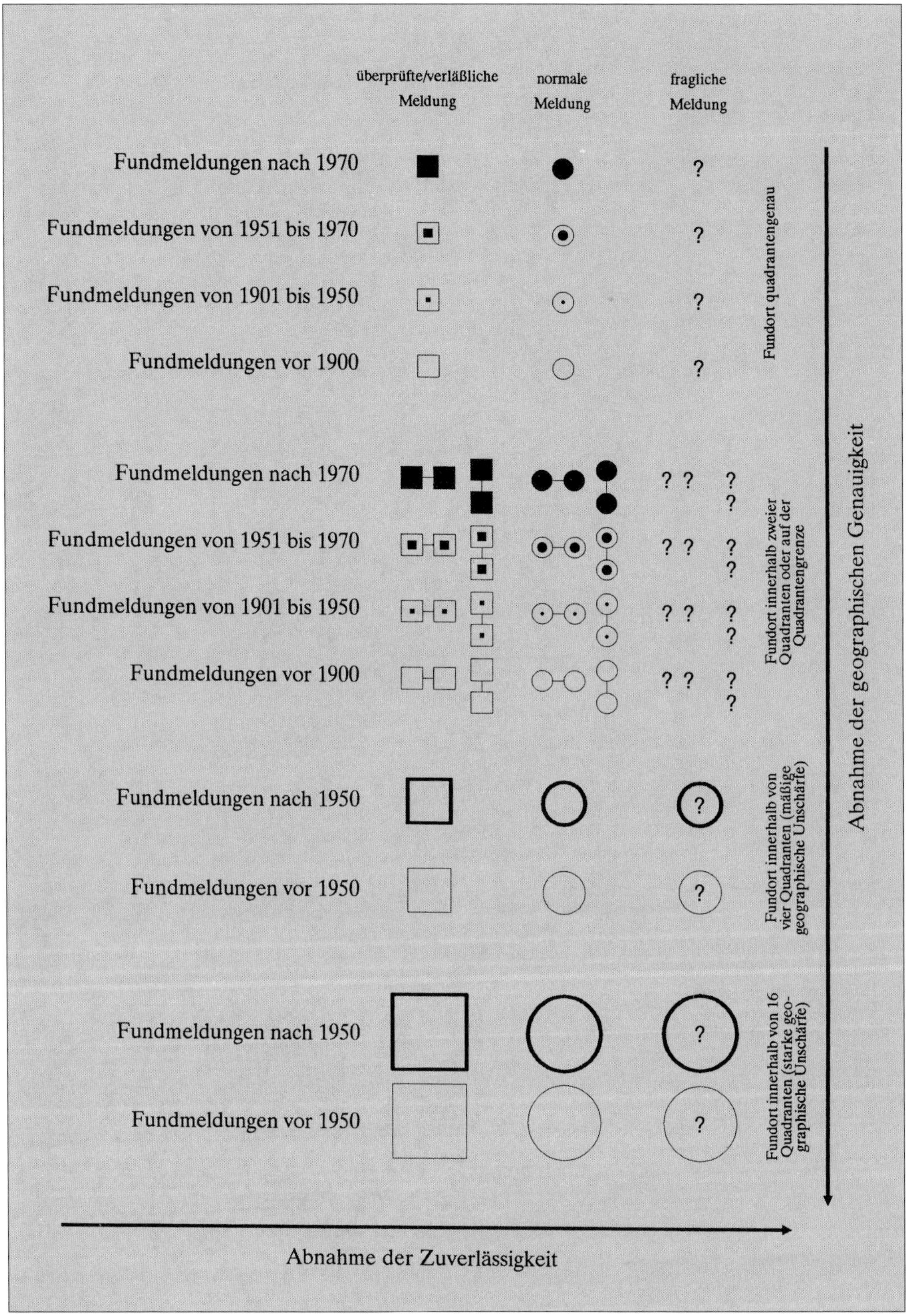

	überprüfte/verläßliche Meldung	normale Meldung	fragliche Meldung	
Fundmeldungen nach 1970	■	●	?	Fundort quadrantengenau
Fundmeldungen von 1951 bis 1970	◩	◉	?	
Fundmeldungen von 1901 bis 1950	▫	⊙	?	
Fundmeldungen vor 1900	□	○	?	
Fundmeldungen nach 1970	■–■ ■/■	●–● ●/●	? ? ?/?	Fundort innerhalb zweier Quadranten oder auf der Quadrantengrenze
Fundmeldungen von 1951 bis 1970	◩–◩ ◩/◩	◉–◉ ◉/◉	? ? ?/?	
Fundmeldungen von 1901 bis 1950	▫–▫ ▫/▫	⊙–⊙ ⊙/⊙	? ? ?/?	
Fundmeldungen vor 1900	□–□ □/□	○–○ ○/○	? ? ?/?	
Fundmeldungen nach 1950	◻	◯	?	Fundort innerhalb von vier Quadranten (mäßige geographische Unschärfe)
Fundmeldungen vor 1950	□	○	?	
Fundmeldungen nach 1950	◻	◯	?	Fundort innerhalb von 16 Quadranten (starke geographische Unschärfe)
Fundmeldungen vor 1950	□	○	?	

Abnahme der geographischen Genauigkeit →

Abnahme der Zuverlässigkeit →

Symbolklassen

2 Ergebnisse

2.1 Checklist

In dieser Liste werden alle jemals aus unserem Faunengebiet gemeldeten Nachtfalterarten aus den Familien Sesiidae, Arctiidae und Noctuidae (1. Teil) aufgeführt (hinsichtlich der dabei benutzten Namen siehe unter Bd. 1 und 2, Kap. 1.1)[1]. Dabei wird nach folgenden Gruppen unterschieden:

A Regelmäßig im Faunengebiet vertretene oder hier bodenständige Arten. Dazu gehören auch die alljährlich einfliegenden Wanderfalterarten wie z. B. *Autographa gamma*.
B Ausgestorbene oder verschollene Arten (mit vorangestelltem +).
C Wanderfalter, die nur (noch) selten bei uns erscheinen, hier z. B. *Utetheisa pulchella*. Zu dieser Gruppe gehören ferner glaubhafte Einzelfunde, für die weitere Nachweise noch ausstehen, und Irrgäste (mit vorangestelltem !).
D Falschmeldungen und dubiose Einzelfunde (mit vorangestellten *).

SESIOIDEA

Sesiidae

Tinthiinae
Pennisetia hylaeiformis LASPEYRES, 1801

Sesiinae
Sesia apiformis CLERCK, 1759
Sesia bembeciformis HÜBNER, 1806
Sesia melanocephala DALMAN, 1816
Paranthrene tabaniformis ROTTEMBURG, 1775
Paranthrene insolita LE CERF, 1914
Synanthedon scoliaeformis BORKHAUSEN, 1789
Synanthedon spheciformis DENIS & SCHIFFERMÜLLER, 1775
Synanthedon stomoxiformis HÜBNER, 1790
Synanthedon culiciformis LINNAEUS, 1758
Synanthedon formicaeformis ESPER, 1783
Synanthedon flaviventris STAUDINGER, 1883
Synanthedon andrenaeformis LASPEYRES, 1801
Synanthedon soffneri SPATENKA, 1983
Synanthedon myopaeformis BORKHAUSEN, 1789
Synanthedon vespiformis LINNAEUS, 1761
Synanthedon conopiformis ESPER, 1782
Synanthedon tipuliformis CLERCK, 1759
Synanthedon spuleri FUCHS, 1908
Synanthedon loranthi KRALICEK, 1966
Synanthedon cephiformis OCHSENHEIMER, 1808
Bembecia ichneumoniformis DENIS & SCHIFFERMÜLLER, 1775
Bembecia albanensis REBEL, 1918
Pyropteron chrysidiformis ESPER, 1782
* Synansphecia muscaeformis ESPER, 1783
Synansphecia affinis STAUDINGER, 1856
Chamaesphecia aerifrons ZELLER, 1847
Chamaesphecia dumonti LE CERF, 1922
* Chamaesphecia annellata ZELLER, 1847
Chamaesphecia nigrifrons LE CERF, 1911
+ Chamaesphecia leucopsiformis ESPER, 1800
Chamaesphecia tenthrediniformis DENIS & SCHIFFERMÜLLER, 1775
Chamaesphecia empiformis ESPER, 1783

NOCTUOIDEA

Arctiidae

Lithosiinae
Thumatha senex HÜBNER, 1808
Setina irrorella LINNAEUS, 1758
+ Setina roscida DENIS & SCHIFFERMÜLLER, 1775
Miltochrista miniata FORSTER, 1771
Paidia murina HÜBNER, 1790
Nudaria mundana LINNAEUS, 1761
Atolmis rubricollis LINNAEUS, 1758
Cybosia mesomella LINNAEUS, 1758
Pelosia muscerda HUFNAGEL, 1766
Pelosia obtusa HERRICH-SCHÄFFER, 1852

---
[1] Aus technischen Gründen werden alle Artnamen in Normalschrift abgesetzt und auf die Verwendung runder und eckiger Klammern an dieser Stelle verzichtet (s. auch Band 1 und 3).

Eilema sororcula HUFNAGEL, 1766
Eilema griseola HÜBNER, 1803
Eilema deplana ESPER, 1787
Eilema lurideola ZINCKEN, 1817
Eilema lutarella LINNAEUS, 1758
Eilema pygmaeola DOUBLEDAY, 1847
Eilema caniola HÜBNER, 1808
+ Eilema palliatella SCOPOLI, 1763
Eilema complana LINNAEUS, 1758
Lithosia quadra LINNAEUS, 1758

Arctiinae
Spiris striata LINNAEUS, 1758
* Coscinia cribraria LINNAEUS, 1758
! Utetheisa pulchella LINNAEUS, 1758
Parasemia plantaginis LINNAEUS, 1758
+ Hyphoraia aulica LINNAEUS, 1758
Pericallia matronula LINNAEUS, 1758
Arctia caja LINNAEUS, 1758
+ Arctia villica LINNAEUS, 1758
+ Ammobiota festiva HUFNAGEL, 1766
Diacrisia sannio LINNAEUS, 1758
Rhyparia purpurata LINNAEUS, 1758
Spilosoma lubricipeda LINNAEUS, 1758
Spilosoma luteum HUFNAGEL, 1766
Spilosoma urticae ESPER, 1789
Diaphora mendica CLERCK, 1759
Phragmatobia fuliginosa LINNAEUS, 1758
Phragmatobia caesarea GOEZE, 1781
Eucharia deserta BARTEL, 1902

Callimorphinae
Callimorpha quadripunctaria PODA, 1761
Callimorpha dominula LINNAEUS, 1758

Nyctemerinae
Tyria jacobaeae LINNAEUS, 1758

Noctuidae

Herminiinae
Idia calvaria DENIS & SCHIFFERMÜLLER, 1775
Simplicia rectalis EVERSMANN, 1842
Trisateles emortualis DENIS & SCHIFFERMÜLLER, 1775
Paracolax tristalis FABRICIUS, 1794
Macrochilo cribrumalis HÜBNER, 1793
Herminia tarsipennalis TREITSCHKE, 1835
Herminia tarsicrinalis KNOCH, 1782
Herminia grisealis DENIS & SCHIFFERMÜLLER, 1775
Herminia tenuialis REBEL, 1899
Polypogon tentacularius LINNAEUS, 1758
Polypogon strigilatus LINNAEUS, 1758
* Polypogon plumigeralis HÜBNER, 1825

Polypogon lunalis SCOPOLI, 1763
Polypogon zelleralis WOCKE, 1850

Rivulinae
Rivula sericealis SCOPOLI, 1763
Parascotia fuliginaria LINNAEUS, 1761
Colobochyla salicalis DENIS & SCHIFFERMÜLLER, 1775

Hypenodinae
Hypenodes humidalis DOUBLEDAY, 1850
Schrankia costaestrigalis STEPHENS, 1834
Schrankia taenialis HÜBNER, 1809

Hypeninae
Hypena proboscidalis LINNAEUS, 1758
Hypena rostralis LINNAEUS, 1758
Hypena obesalis TREITSCHKE, 1829
Hypena crassalis FABRICIUS, 1787
Phytometra viridaria CLERCK, 1759

Scoliopteryginae
Scoliopteryx libatrix LINNAEUS, 1758

Catocalinae
Catocala sponsa LINNAEUS, 1767
* Catocala dilecta HÜBNER, 1808
Catocala fraxini LINNAEUS, 1758
Catocala nupta LINNAEUS, 1767
Catocala elocata ESPER, 1787
Catocala promissa DENIS & SCHIFFERMÜLLER, 1775
Catocala electa VIEWEG, 1790
* Catocala conversa ESPER, 1787
Catocala fulminea SCOPOLI, 1763
! Catocala nymphaea ESPER, 1787
Minucia lunaris DENIS & SCHIFFERMÜLLER, 1775
* Ophiusa tirhaca CRAMER, 1777
! Dysgonia algira LINNAEUS, 1767
* Lygephila lusoria LINNAEUS, 1758
* Lygephila ludicra HÜBNER, 1790
Lygephila pastinum TREITSCHKE, 1826
Lygephila viciae HÜBNER, 1822
Lygephila craccae DENIS & SCHIFFERMÜLLER, 1775
* Apopestes spectrum ESPER, 1787
* Autophila dilucida HÜBNER, 1808
Catephia alchymista DENIS & SCHIFFERMÜLLER, 1775
Aedia funesta ESPER, 1786
* Aedia leucomelas LINNAEUS, 1758
Tyta luctuosa DENIS & SCHIFFERMÜLLER, 1775
Callistege mi CLERCK, 1759
Euclidia glyphica LINNAEUS, 1758
Laspeyria flexula DENIS & SCHIFFERMÜLLER, 1775

Nolinae[2]

Sarrothripinae
Nycteola revayana Scopoli, 1772
Nycteola degenerana Hübner, 1799
! Nycteola asiatica Krulikovsky, 1904

Chloephorinae
Earias clorana Linnaeus, 1761
Earias vernana Fabricius, 1787
Bena bicolorana Fuessly, 1775
Pseudoips prasinanus Linnaeus, 1758

Pantheinae
Panthea coenobita Esper, 1785
+ Trichosea ludifica Linnaeus, 1758
Colocasia coryli Linnaeus, 1758

Dilobinae[2]

Acronictinae
Moma alpium Osbeck, 1778
Acronicta alni Linnaeus, 1767
Acronicta cuspis Hübner, 1813
Acronicta tridens Denis & Schiffermüller, 1775
Acronicta psi Linnaeus, 1758
Acronicta aceris Linnaeus, 1758
Acronicta leporina Linnaeus, 1758
Acronicta megacephala Denis & Schiffermüller, 1775
Acronicta strigosa Denis & Schiffermüller, 1775
Acronicta menyanthidis Esper, 1789
Acronicta auricoma Denis & Schiffermüller, 1775
Acronicta euphorbiae Denis & Schiffermüller, 1775
* Acronicta cinerea Hufnagel, 1766
Acronicta rumicis Linnaeus, 1758
Craniophora ligustri Denis & Schiffermüller, 1775
* Simyra nervosa Denis & Schiffermüller, 1775
Simyra albovenosa Goeze, 1781
* Cryphia receptricula Hübner, 1803
Cryphia fraudatricula Hübner, 1803
Cryphia algae Fabricius, 1775
Cryphia ravula Hübner, 1813
* Cryphia ereptricula Treitschke, 1825
Cryphia raptricula Denis & Schiffermüller, 1775
Cryphia domestica Hufnagel, 1766
Cryphia muralis Forster, 1771

---

[2] Diese Unterfamilie wurde bereits in Band 4 behandelt.

Acontiinae
Emmelia trabealis Scopoli, 1763
! Acontia lucida Hufnagel, 1766
Protodeltote pygarga Hufnagel, 1766
Deltote deceptoria Scopoli, 1763
Deltote uncula Clerck, 1759
Deltote bankiana Fabricius, 1775
Pseudeustrotia candidula Denis & Schiffermüller, 1775
Eublemma minutatum Fabricius, 1794
! Eublemma ostrinum Hübner, 1808
! Eublemma parvum Hübner, 1808
* Eublemma purpurinum Denis & Schiffermüller, 1775

Plusiinae
Euchalcia variabilis Piller, 1783
Euchalcia modestoides Poole, 1989
Polychrysia moneta Fabricius, 1787
Lamprotes c-aureum Knoch, 1781
Diachrysia (chrysitis) chrysitis Linnaeus, 1758
Diachrysia (chrysitis) tutti Kostrowicki, 1961
Diachrysia chryson Esper, 1789
Macdunnoughia confusa Stephens, 1850
Plusia festucae Linnaeus, 1758
Plusia putnami Grote, 1873
Autographa gamma Linnaeus, 1758
Autographa pulchrina Haworth, 1809
Autographa jota Linnaeus, 1758
Autographa bractea Denis & Schiffermüller, 1775
* Autographa aemula Denis & Schiffermüller, 1775
* Syngrapha hochenwarthi Hochenwarth, 1785
Syngrapha interrogationis Linnaeus, 1758
! Thysanoplusia orichalcea Fabricius, 1775
! Trichoplusia ni Hübner, 1803
! Chrysodeixis chalcites Esper, 1789
Abrostola tripartita Hufnagel, 1766
Abrostola asclepiadis Denis & Schiffermüller, 1775
Abrostola triplasia Linnaeus, 1758

Cuculliinae
* Cucullia fraudatrix Eversmann, 1837
Cucullia absinthii Linnaeus, 1761
* Cucullia argentea Hufnagel, 1766
Cucullia artemisiae Hufnagel, 1766
* Cucullia praecana Eversmann, 1843
Cucullia xeranthemi Boisduval, 1840
Cucullia lactucae Denis & Schiffermüller, 1775
Cucullia lucifuga Denis & Schiffermüller, 1775

Cucullia umbratica LINNAEUS, 1758
Cucullia campanulae FREYER, 1831
Cucullia chamomillae DENIS & SCHIFFERMÜLLER, 1775
* Cucullia santonici HÜBNER, 1813
Cucullia gnaphalii HÜBNER, 1813
Cucullia tanaceti DENIS & SCHIFFERMÜLLER, 1775
Cucullia dracunculi HÜBNER, 1813
Cucullia asteris DENIS & SCHIFFERMÜLLER, 1775
Cucullia caninae RAMBUR, 1833
Cucullia scrophulariae DENIS & SCHIFFERMÜLLER, 1775
+ Cucullia thapsiphaga TREITSCHKE, 1826
Cucullia lychnitis RAMBUR, 1833
Cucullia verbasci LINNAEUS, 1758
Cucullia prenanthis BOISDUVAL, 1840
Calophasia lunula HUFNAGEL, 1766
Calliergis ramosa ESPER, 1786
+ Lamprosticta culta DENIS & SCHIFFERMÜLLER, 1775
+ Pyrois cinnamomea GOEZE, 1781
Amphipyra pyramidea LINNAEUS, 1758
Amphipyra berbera RUNGS 1949
Amphipyra perflua FABRICIUS, 1787
+ Amphipyra livida DENIS & SCHIFFERMÜLLER, 1775
Amphipyra tragopoginis CLERCK, 1759
* Amphipyra tetra FABRICIUS, 1787

Heliothinae
* Schinia cardui HÜBNER, 1790
Heliothis viriplaca HUFNAGEL, 1766
* Heliothis maritima DE GRASLIN, 1855
Heliothis ononis DENIS & SCHIFFERMÜLLER, 1775
! Heliothis peltigera DENIS & SCHIFFERMÜLLER, 1775
* Heliothis nubigera HERRICH-SCHÄFFER, 1851
! Helicoverpa armigera HÜBNER, 1808
! Protoschinia scutosa DENIS & SCHIFFERMÜLLER, 1775
Pyrrhia umbra HUFNAGEL, 1766
+ Periphanes delphinii LINNAEUS, 1758

Stiriinae
Panemeria tenebrata SCOPOLI, 1763

Ipimorphinae
Elaphria venustula HÜBNER, 1790
+ Acosmetia caliginosa HÜBNER, 1813
Stilbia anomala HAWORTH, 1812
Caradrina morpheus HUFNAGEL, 1766
* Platyperigea kadenii FREYER, 1836
Paradrina selini BOISDUVAL, 1840
Paradrina clavipalpis SCOPOLI, 1763
* Paradrina noctivaga BELLIER, 1863
Eremodrina gilva DONZEL, 1837
Hoplodrina octogenaria GOEZE, 1781
Hoplodrina blanda DENIS & SCHIFFERMÜLLER, 1775
Hoplodrina superstes OCHSENHEIMER, 1816
Hoplodrina respersa DENIS & SCHIFFERMÜLLER, 1775
Hoplodrina ambigua DENIS & SCHIFFERMÜLLER, 1775
Atypha pulmonaris ESPER, 1790
! Spodoptera exigua HÜBNER, 1808
! Spodoptera littoralis BOISDUVAL, 1833
! Sesamia cretica LEDERER, 1857
Chilodes maritimus TAUSCHER, 1806
Athetis gluteosa TREITSCHKE, 1835
Athetis pallustris HÜBNER, 1808
Dypterygia scabriuscula LINNAEUS, 1758
Rusina ferruginea ESPER, 1785
Mormo maura LINNAEUS, 1758
Polyphaenis sericata ESPER, 1787
Thalpophila matura HUFNAGEL, 1766
Trachea atriplicis LINNAEUS, 1758
Euplexia lucipara LINNAEUS, 1758
Phlogophora meticulosa LINNAEUS, 1758
Phlogophora scita HÜBNER, 1790
Hyppa rectilinea ESPER, 1788
Auchmis detersa ESPER, 1787
Actinotia polyodon CLERCK, 1759
Actinotia radiosa ESPER, 1804
Chloantha hyperici DENIS & SCHIFFERMÜLLER, 1775
Callopistria juventina STOLL, 1782
Eucarta amethystina HÜBNER, 1803
Ipimorpha retusa LINNAEUS, 1761
Ipimorpha subtusa DENIS & SCHIFFERMÜLLER, 1775
Enargia paleacea ESPER, 1788
Parastichtis suspecta HÜBNER, 1817
Parastichtis ypsillon DENIS & SCHIFFERMÜLLER, 1775
Mesogona acetosellae DENIS & SCHIFFERMÜLLER, 1775
Mesogona oxalina HÜBNER, 1803
Dicycla oo LINNAEUS, 1758
Cosmia diffinis LINNAEUS, 1767
Cosmia affinis LINNAEUS, 1767
Cosmia pyralina DENIS & SCHIFFERMÜLLER, 1775
Cosmia trapezina LINNAEUS, 1758
Atethmia centrago HAWORTH, 1809
Atethmia ambusta DENIS & SCHIFFERMÜLLER, 1775

Xanthia togata Esper, 1788
Xanthia aurago Denis & Schiffermüller, 1775
+ Xanthia sulphurago Denis & Schiffermüller, 1775
Xanthia icteritia Hufnagel, 1766
Xanthia gilvago Denis & Schiffermüller, 1775
Xanthia ocellaris Borkhausen, 1792
Xanthia citrago Linnaeus, 1758
Agrochola lychnidis Denis & Schiffermüller, 1775
Agrochola circellaris Hufnagel, 1766
Agrochola lota Clerck, 1759
Agrochola macilenta Hübner, 1809
Agrochola nitida Denis & Schiffermüller, 1775
Agrochola helvola Linnaeus, 1758
+ Agrochola humilis Denis & Schiffermüller, 1775
Agrochola litura Linnaeus, 1761
Agrochola laevis Hübner, 1803
Omphaloscelis lunosa Haworth, 1809
* Spudaea ruticilla Esper, 1791
Eupsilia transversa Hufnagel, 1766
+ Jodia croceago Denis & Schiffermüller, 1775
Conistra vaccinii Linnaeus, 1761
Conistra ligula Esper, 1791
Conistra rubiginosa Scopoli, 1763
+ Conistra veronicae Hübner, 1813
Conistra rubiginea Denis & Schiffermüller, 1775
Conistra erythrocephala Denis & Schiffermüller, 1775
+ Conistra fragariae Vieweg, 1790
Episema glaucina Esper, 1789
Brachionycha nubeculosa Esper, 1785
Brachionycha sphinx Hufnagel, 1766
* Dasypolia templi Thunberg, 1792
Brachylomia viminalis Fabricius, 1777
Aporophyla lutulenta Denis & Schiffermüller, 1775
Aporophyla nigra Haworth, 1809
Lithomoia solidaginis Hübner, 1803
Lithophane semibrunnea Haworth, 1809
Lithophane hepatica Clerck, 1759
Lithophane ornitopus Hufnagel, 1766
Lithophane furcifera Hufnagel, 1766
* Lithophane lamda Fabricius, 1787
Lithophane consocia Borkhausen, 1792
Xylena vetusta Hübner, 1813
Xylena exsoleta Linnaeus, 1758
Xylocampa areola Esper, 1789
+ Meganephria bimaculosa Linnaeus, 1767
Allophyes oxyacanthae Linnaeus, 1758

Valeria oleagina Denis & Schiffermüller, 1775
Dichonia aprilina Linnaeus, 1758
Dichonia convergens Denis & Schiffermüller, 1775
+ Dryobotodes eremita Fabricius, 1775
* Dryobotodes monochroma Esper, 1790
Antitype chi Linnaeus, 1758
Ammoconia caecimacula Denis & Schiffermüller, 1775
* Polymixis polymita Linnaeus, 1761
Polymixis xanthomista Hübner, 1819
+ Polymixis flavicincta Denis & Schiffermüller, 1775
* Polymixis rufocincta Geyer, 1828
Polymixis gemmea Treitschke, 1825
Blepharita satura Denis & Schiffermüller, 1775
Mniotype adusta Esper, 1790
! Mniotype solieri Bolsduval, 1840
Apamea monoglypha Hufnagel, 1766
Apamea lithoxylaea Denis & Schiffermüller, 1775
Apamea sublustris Esper, 1788
Apamea crenata Hufnagel, 1766
Apamea characterea Denis & Schiffermüller, 1775
Apamea aquila Donzel, 1837
Apamea lateritia Hufnagel, 1766
Apamea furva Denis & Schiffermüller, 1775
* Apamea zeta Treitschke, 1825
Apamea rubrirena Treitschke, 1825
Apamea platinea Treitschke, 1825
* Apamea oblonga Haworth, 1809
Apamea remissa Hübner, 1809
Apamea unanimis Hübner, 1813
Apamea illyria Freyer, 1846
Apamea anceps Denis & Schiffermüller, 1775
Apamea sordens Hufnagel, 1766
Apamea scolopacina Esper, 1788
Apamea ophiogramma Esper, 1793
+ Pabulatrix pabulatricula Brahm, 1791

2.2 Gefährdung und Schutz

2.2.1 Bestandssituation der Nachtfalter (Teil III und IV) Baden-Württembergs

Mit Teil III und IV wird hier die Darstellung der aktuellen Bestandssituation der Nachtfalter Baden-Württembergs fortgesetzt (vgl. Band 3, S. 102 ff.). Sie umfaßt den Rest der »Spinnerartigen« (Sesiidae und Arctiidae) und den ersten Teil der Eulenfalter (Herminiinae – 1. Teil Ipimorphinae). Der Rest dieser umfangreichen Gruppe (2. Teil Ipimorphinae – Noctuinae) folgt mit Band 7. Eine zusammenfassende Darstellung kann erst nach Abschluß der Bearbeitung aller Gruppen erfolgen.

Wie schon früher, werden alle Arten der Gruppe A (bodenständige) und B (ausgestorben oder verschollene) berücksichtigt (s. Checklist). In den beiden vorliegenden Bänden 5 und 6 sind dies insgesamt 316 Arten. Davon werden 167 (52.8 %) in die Rote Liste aufgenommen (einschließlich der Arten der Vorwarnliste); die nachfolgend aufgeführten 149 Arten (47.2 %) gelten derzeit in Baden-Württemberg als nicht gefährdet:

Pennisetia hylaeiformis
Sesia apiformis
Sesia bembeciformis
Sesia melanocephala
Paranthrene tabaniformis
Synanthedon spheciformis
Synanthedon culiciformis
Synanthedon formicaeformis
Synanthedon flaviventris
Synanthedon andrenaeformis
Synanthedon soffneri
Synanthedon myopaeformis
Synanthedon vespiformis
Synanthedon tipuliformis
Synanthedon spuleri
Bembecia ichneumoniformis
Chamaesphecia empiformis
Miltochrista miniata
Atolmis rubricollis
Cybosia mesomella
Eilema sororcula
Eilema griseola
Eilema deplana
Eilema lurideola
Eilema complana
Diacrisia sannio
Spilosoma lubricipeda
Spilosoma luteum
Diaphora mendica
Phragmatobia fuliginosa
Callimorpha quadripunctaria
Trisateles emortualis
Paracolax tristalis
Herminia tarsipennalis
Herminia tarsicrinalis
Herminia grisealis
Polypogon strigilatus
Rivula sericealis
Parascotia fuliginaria
Colobochyla salicalis

Schrankia costaestrigalis
Hypena proboscidalis
Hypena rostralis
Hypena crassalis
Scoliopteryx libatrix
Catocala nupta
Lygephila pastinum
Lygephila viciae
Lygephila craccae
Aedia funesta
Tyta luctuosa
Callistege mi
Euclidia glyphica
Laspeyria flexula
Nycteola revayana
Earias clorana
Bena bicolorana
Pseudoips prasinanus
Protodeltote pygarga
Deltote deceptoria
Deltote bankiana
Panthea coenobita
Colocasia coryli
Acronicta alni
Acronicta tridens
Acronicta psi
Acronicta leporina
Acronicta megacephala
Acronicta auricoma
Acronicta rumicis
Craniophora ligustri
Diachrysia chrysitis
Macdunnoughia confusa
Plusia festucae
Autographa gamma
Autographa pulchrina
Autographa bractea
Abrostola tripartita
Abrostola triplasia
Cucullia umbratica

Cucullia scrophulariae
Cucullia verbasci
Calophasia lunula
Amphipyra pyramidea
Amphipyra berbera
Amphipyra tragopoginis
Pyrrhia umbra
Elaphria venustula
Caradrina morpheus
Hoplodrina octogenaria
Hoplodrina blanda
Hoplodrina ambigua
Atypha pulmonaris
Dypterygia scabriuscula
Rusina ferruginea
Thalpophila matura
Trachea atriplicis
Euplexia lucipara
Phlogophora meticulosa
Actinotia polyodon
Chloantha hyperici
Callopistria juventina
Ipimorpha retusa
Ipimorpha subtusa
Enargia paleacea
Parastichtis ypsillon
Cosmia pyralina
Cosmia trapezina
Atethmia centrago
Xanthia togata
Xanthia aurago
Xanthia icteritia
Xanthia citrago
Agrochola lychnidis
Agrochola circellaris
Agrochola lota
Agrochola macilenta
Agrochola helvola
Agrochola litura
Eupsilia transversa

Conistra vaccinii
Conistra ligula
Conistra rubiginosa
Conistra rubiginea
Brachyonychia nubeculosa
Brachyonychia sphinx
Brachylomia viminalis
Lithophane hepatica
Lithophane ornitopus
Xylena vetusta
Xylocampa areola
Allophyes oxyacanthae
Antitype chi
Ammoconia caecimacula
Blepharita satura
Mniotype adusta
Apamea monoglypha
Apamea lithoxylaea
Apamea sublustris
Apamea crenata
Apamea characterea
Apamea lateritia
Apamea remissa
Apamea unanimis
Apamea illyria
Apamea anceps
Apamea sordens
Apamea scolopacina
Apamea ophiogramma

Von diesen hier als »nicht gefährdet« eingestuften Arten fallen 10 als »besonders geschützt« und eine als »vom Aussterben bedroht« unter § 20 e des Bundesnaturschutzgesetzes (BNatSchG):

Callimorpha quadripunctaria
Catocala nupta
Aedia funesta
Plusia festucae
Cucullia umbratica
Cucullia scrophulariae
Cucullia verbasci
Callopistria juventina[1]
Lithophane hepatica
Lithophane ornitopus
Xylena vetusta

Alle übrigen im BNatSchG unter »besonders geschützt« oder »vom Aussterben bedroht« aufgeführten Arten sind, soweit mit den hier in Teil III und IV behandelten identisch, in der nachfolgenden Roten Liste (2.2.2, Tabelle) besonders vermerkt.

Eine Aufschlüsselung der in der Roten Liste (2. Fassung) enthaltenen 167 Arten nach den verschiedenen Gefährdungskategorien (vgl. »Definition der Gefährdungsgrade«, Band 3, S. 108–110) ergibt folgendes Bild[2]:

Ausgestorben oder verschollen	22 Arten	13.2 %
Vom Aussterben bedroht	16 Arten	9.6 %
Stark gefährdet	17 Arten	10.2 %
Gefährdet	29 Arten	17.4 %
Vorwarnliste	64 Arten	38.3 %
R-Status	9 Arten	5.4 %
U-Status	10 Arten	6.0 %

Von den auf S. 24–27 aufgelisteten Arten waren im Jahre 1977 130 Arten Bestandteil der Roten Liste (1. Fassung). Davon müssen heute 5 gestrichen werden, da sie sich im Nachhinein als nicht heimisch erwiesen haben. Weitere 5 müssen in die Kategorie U aufgenommen werden, d. h. ihre Gefährdungssituation ist heute noch unklar.

Bewertet man die verbliebenen 120 Arten aus heutiger Sicht, so ergibt sich folgender Vergleich:

Bewertung bestätigt[3]	49 Arten	40.8 %
höher eingestuft	30 Arten	25.0 %
tiefer eingestuft	41 Arten	34.1 %

Dieser für die Bestandssituation zunächst günstig erscheinende Trend verkehrt sich jedoch sofort in sein Gegenteil, wenn man die 43 Arten hinzurechnet, die inzwischen als gefährdet (Einstufungen »Ausgestorben« bis »Vorwarnliste«) hinzugekommen sind:

Bewertung bestätigt[3]	49 Arten	30.0 %
höher eingestuft	73 Arten	44.8 %
tiefer eingestuft	41 Arten	25.2 %

---

[1] »Vom Aussterben bedroht«
[2] Eine vergleichende Darstellung der Anteile gefährdeter Nachtfalterarten in den 5 Hauptnaturräumen Baden-Württembergs (vgl. Band 3, S. 103) soll zu einem späteren Zeitpunkt am Schluß der Gesamtbearbeitung gebracht werden.
[3] Nicht mitgezählt werden alle Arten mit U-Status (Gefährdung unklar) sowie solche, die erst nach 1977 als neu für Baden-Württemberg nachgewiesen wurden.

Die Gefährdung der Nachtfalter Baden-Württembergs (Teil III und IV) im Vergleich (1977–1996)

Art	Rote Liste 1977	Bewertung (aus heutiger Sicht)	Rote Liste 1996
Hyphoraia aulica	0	Bewertung bestätigt	0
Arctia villica	0	Bewertung bestätigt	0
Ammobiota festiva	0	Bewertung bestätigt	0
Cucullia thapsiphaga	0	Bewertung bestätigt	0
Pyrois cinnamomea	0	Bewertung bestätigt	0
Amphipyra livida	0	Bewertung bestätigt	0
Periphanes delphinii	0	Bewertung bestätigt	0
Agrochola humilis	0	Bewertung bestätigt	0
Conistra veronicae	0	Bewertung bestätigt	0
Conistra fragariae	0	Bewertung bestätigt	0
Meganephria bimaculosa	0	Bewertung bestätigt	0
Polymixis flavicincta	0	Bewertung bestätigt	0
Pabulatrix pabulatricula	0	Bewertung bestätigt	0
Agrochola laevis	0	wird tiefer gestuft	2
Coscinia cribraria	0	nicht heimisch	–
Polypogon plumigeralis	0	nicht heimisch	–
Cucullia argentea	0	nicht heimisch	–
Lithophane lamda	0	nicht heimisch	–
Apamea oblonga	0	nicht heimisch	–
Pericallia matronula	1	Bewertung bestätigt	1
Eublemma minutatum	1	Bewertung bestätigt	1
Dicycla oo	1	Bewertung bestätigt	1
Eucharia deserta	1	wird R-Art	R
Paidia murina	1	wird U-Art	U
Chamaesphecia leucopsiformis	2	wird höher gestuft	0
Setina roscida	2	wird höher gestuft	0
Trichosea ludifica	2	wird höher gestuft	0
Lamprosticta culta	2	wird höher gestuft	0
Acosmetia caliginosa	2	wird höher gestuft	0
Jodia croceago	2	wird höher gestuft	0
Stilbia anomala	2	wird höher gestuft	1
Actinotia radiosa	2	wird höher gestuft	1
Lithophane consocia	2	wird höher gestuft	1
Synansphecia affinis	2	Bewertung bestätigt	2
Spiris striata	2	Bewertung bestätigt	2
Cucullia campanulae	2	Bewertung bestätigt	2
Cucullia tanaceti	2	Bewertung bestätigt	2
Cryphia ravula	2	wird tiefer gestuft	3
Amphipyra perflua	2	wird tiefer gestuft	3
Episema glaucina	2	wird tiefer gestuft	3
Autographa jota	2	wird tiefer gestuft	V
Cucullia lychnitis	2	wird tiefer gestuft	V
Chilodes maritimus	2	wird tiefer gestuft	V
Polyphaenis sericata	2	wird tiefer gestuft	V
Apamea aquila	2	wird tiefer gestuft	V
Apamea platinea	2	wird tiefer gestuft	V
Aedia funesta	2	wird tiefer gestuft	–

Art	Rote Liste 1977	Bewertung (aus heutiger Sicht)	Rote Liste 1996
Chloantha hyperici	2	wird tiefer gestuft	–
Cucullia xeranthemi	2	wird R-Art	**R**
Cucullia dracunculi	2	wird R-Art	**R**
Cucullia gnaphalii	2	wird U-Art	**U**
Dryobotodes eremita	3	wird höher gestuft	**0**
Phragmatobia caesarea	3	wird höher gestuft	**1**
Catephia alchymista	3	wird höher gestuft	**1**
Cryphia fraudatricula	3	wird höher gestuft	**1**
Cosmia diffinis	3	wird höher gestuft	**1**
Catocala elocata	3	wird höher gestuft	**2**
Catocala electa	3	wird höher gestuft	**2**
Lamprotes c-aureum	3	wird höher gestuft	**2**
Cucullia lucifuga	3	wird höher gestuft	**2**
Atethis pallustris	3	wird höher gestuft	**2**
Aporophyla nigra	3	wird höher gestuft	**2**
Dichonia convergens	3	wird höher gestuft	**2**
Synanthedon scoliaeformis	3	Bewertung bestätigt	**3**
Synanthedon conopiformis	3	Bewertung bestätigt	**3**
Rhyparia purpurata	3	Bewertung bestätigt	**3**
Polypogon lunalis	3	Bewertung bestätigt	**3**
Hypena obesalis	3	Bewertung bestätigt	**3**
Catocala promissa	3	Bewertung bestätigt	**3**
Minucia lunaris	3	Bewertung bestätigt	**3**
Polychrysia moneta	3	Bewertung bestätigt	**3**
Atethis gluteosa	3	Bewertung bestätigt	**3**
Eucarta amethystina	3	Bewertung bestätigt	**3**
Aporophyla lutulenta	3	Bewertung bestätigt	**3**
Lithophane semibrunnea	3	Bewertung bestätigt	**3**
Earias vernana	3	Bewertung bestätigt	**3**
Nudaria mundana	3	wird tiefer gestuft	**V**
Eilema caniola	3	wird tiefer gestuft	**V**
Callimorpha dominula	3	wird tiefer gestuft	**V**
Macrochilo cribrumalis	3	wird tiefer gestuft	**V**
Catocala fraxini	3	wird tiefer gestuft	**V**
Cryphia muralis	3	wird tiefer gestuft	**V**
Euchalcia modestoides	3	wird tiefer gestuft	**V**
Syngrapha interrogationis	3	wird tiefer gestuft	**V**
Cucullia chamomillae	3	wird tiefer gestuft	**V**
Cucullia asteris	3	wird tiefer gestuft	**V**
Cucullia prenanthis	3	wird tiefer gestuft	**V**
Hoplodrina superstes	3	wird tiefer gestuft	**V**
Atethmia ambusta	3	wird tiefer gestuft	**V**
Conistra erythrocephala	3	wird tiefer gestuft	**V**
Xylena exsoleta	3	wird tiefer gestuft	**V**
Polymixis xanthomista	3	wird tiefer gestuft	**V**
Sesia bembeciformis	3	wird tiefer gestuft	–
Sesia melanocephala	3	wird tiefer gestuft	–
Synanthedon spheciformis	3	wird tiefer gestuft	–
Synanthedon culiciformis	3	wird tiefer gestuft	–

Art	Rote Liste 1977	Bewertung (aus heutiger Sicht)	Rote Liste 1996
Synanthedon vespiformis	3	wird tiefer gestuft	–
Callim. quadripunctaria	3	wird tiefer gestuft	–
Conistra rubiginosa	3	wird tiefer gestuft	–
Brachyonycha nubeculosa	3	wird tiefer gestuft	–
Herminia tenuialis	3	wird R-Art	R
Polypogon tentacularius	3	wird U-Art	U
Schrankia taenialis	3	wird U-Art	U
Eilema palliatella	4	wird höher gestuft	0
Pelosia obtusa	4	wird höher gestuft	1
Heliothis ononis	4	wird höher gestuft	1
Acronicta menyanthidis	4	wird höher gestuft	2
Valeria oleagina	4	wird höher gestuft	2
Catocala fulminea	4	wird höher gestuft	3
Acronicta cuspis	4	wird höher gestuft	3
Plusia putnami	4	wird höher gestuft	3
Mesogona acetosellae	4	wird höher gestuft	3
Pelosia muscerda	4	muß auf Vorwarnliste	V
Eilema lutarella	4	muß auf Vorwarnliste	V
Eilema pygmaeola	4	muß auf Vorwarnliste	V
Hypenodes humidalis	4	muß auf Vorwarnliste	V
Euchalcia variabilis	4	muß auf Vorwarnliste	V
Calliergis ramosa	4	muß auf Vorwarnliste	V
Phlogophora scita	4	muß auf Vorwarnliste	V
Parastichtis suspecta	4	muß auf Vorwarnliste	V
Lithomoia solidaginis	4	muß auf Vorwarnliste	V
Polymixis gemmea	4	muß auf Vorwarnliste	V
Apamea furva	4	muß auf Vorwarnliste	V
Apamea rubrirena	4	muß auf Vorwarnliste	V
Lygephila viciae	4	wird tiefer gestuft	–
Lygephila craccae	4	wird tiefer gestuft	–
Callopistria juventina	4	wird tiefer gestuft	–
Xylocampa areola	4	wird tiefer gestuft	–
Apamea characterea	4	wird tiefer gestuft	–
Idia calvaria	4	wird U-Art	U
Xanthia sulphurago	–	ausgestorben	0
Nycteola degenerana	–	wird höher gestuft	1
Acronicta strigosa	–	wird höher gestuft	1
Spilosoma urticae	–	wird höher gestuft	2
Acronicta euphorbiae	–	wird höher gestuft	2
Parasemia plantaginis	–	wird höher gestuft	3
Arctia caja	–	wird höher gestuft	3
Tyria jacobaeae	–	wird höher gestuft	3
Acronicta aceris	–	wird höher gestuft	3
Simyra albovenosa	–	wird höher gestuft	3
Mesogona oxalina	–	wird höher gestuft	3
Xanthia gilvago	–	wird höher gestuft	3
Lithophane furcifera	–	wird höher gestuft	3
Synanthedon cephiformis	–	wird höher gestuft	V

Art	Rote Liste 1977	Bewertung (aus heutiger Sicht)	Rote Liste 1996
Pyropteron chrysidiformis	–	wird höher gestuft	V
Thumatha senex	–	wird höher gestuft	V
Setina irrorella	–	wird höher gestuft	V
Phytometra viridaria	–	wird höher gestuft	V
Catocala sponsa	–	wird höher gestuft	V
Moma alpium	–	wird höher gestuft	V
Cryphia algae	–	wird höher gestuft	V
Cryphia raptricula	–	wird höher gestuft	V
Cryphia domestica	–	wird höher gestuft	V
Emmelia trabealis	–	wird höher gestuft	V
Deltote uncula	–	wird höher gestuft	V
Pseudeustrotia candidula	–	wird höher gestuft	V
Diachrysia chryson	–	wird höher gestuft	V
Abrostola asclepiadis	–	wird höher gestuft	V
Cucullia absinthii	–	wird höher gestuft	V
Cucullia artemisiae	–	wird höher gestuft	V
Cucullia lactucae	–	wird höher gestuft	V
Heliothis viriplaca	–	wird höher gestuft	V
Panemeria tenebrata	–	wird höher gestuft	V
Paradrina selini	–	wird höher gestuft	V
Paradrina clavipalpis	–	wird höher gestuft	V
Hoplodrina respersa	–	wird höher gestuft	V
Mormo maura	–	wird höher gestuft	V
Hyppa rectilinea	–	wird höher gestuft	V
Auchmis detersa	–	wird höher gestuft	V
Cosmia affinis	–	wird höher gestuft	V
Xanthia ocellaris	–	wird höher gestuft	V
Agrochola nitida	–	wird höher gestuft	V
Dichonia aprilina	–	wird höher gestuft	V
Lithosia quadra	–	wird U-Art	U
Simplicia rectalis	–	wird U-Art	U
Eremodrina gilva	–	wird U-Art	U
Chamaesphecia dumonti[1]		vom Aussterben bedroht	1
Chamaesph. tenthrediniformis[1]		vom Aussterben bedroht	1
Synanthedon stomoxiformis[2]		stark gefährdet	2
Bembecia albanensis[1]		gefährdet	3
Synanthedon loranthi[1]		R-Art	R
Chamaesphecia aerifrons[1]		R-Art	R
Chamaesphecia nigrifrons[1]		R-Art	R
Polypogon zelleralis[1]		R-Art	R
Cucullia caninae[1]		R-Art	R
Paranthrene insolita[1]		U-Art	U
Omphaloscelis lunosa[1]		U-Art	U

---

[1] War 1977 aus Baden-Württemberg noch nicht nachgewiesen.
[2] War 1977 aus Baden-Württemberg nur als unsichere alte Meldung bekannt.

2.2.2 Rote Liste (Zweite Fassung) der in Baden-Württemberg gefährdeten Schmetterlinge. 2.Teil: Nachtfalter III und IV (Eulen)

	Oberrheinebene 1	Schwarzwald 2	Neckar-Tauberland 3	Schwäbische Alb 4	Oberschwaben 5	Rote Liste Baden-Württemberg 2. Fassung (Stand: 1.10. 1996)	Rote Liste Baden-Württemberg 1. Fassung (Stand: 01.11.77)	Rote Liste Bundesrepublik Erweit. Neubearbeitung (1996)	Rote Liste Bundesrepublik Neubearbeitung (1984)	Bundesnaturschutzgesetz (BNASchG) Neufassung 1987
0 Ausgestorben oder verschollen										
SESIIDAE – GLASFLÜGLER										
Chamaesphecia leucopsiformis Spätsommer-Wolfsmilch-Glasflügler	0	–	–	–	–	0	2	1	2	
ARCTIIDAE – BÄRENSPINNER										
Setina roscida Felshalden-Flechtenbärchen	0	–	–	–	–	0	2	1	2	
Eilema palliatella Ockergelbes Flechtenbärchen	0	–	0	–	–	0	4	2	3	
Hyphoraia aulica Hofdame	–	–	0	0	0	0	0	1	2	○
Arctia villica Schwarzer Bär	*	*	0	0	*	0	0	1	1	●
Ammobiota festiva Englischer Bär	(0)	–	0	0	0	0	0	0	0	●
NOCTUIDAE – EULENFALTER										
Trichosea ludifica Gelber Hermelin	0	0	0	–	0	0	2	1	2	○
Cucullia thapsiphaga Verschollener Königskerzen-Mönch	0	–	0	–	–	0	0	0	0	●
Lamprosticta culta Schmuckeule	0	–	0	0	0	0	2	1	2	○
Pyrois cinnamomea Zimt-Glanzeule	0	–	–	–	0	0	0	0	0	●
Amphipyra livida Tiefschwarze Glanzeule	0	–	0	–	0	0	0	1	1	●

	Oberrheinebene 1	Schwarzwald 2	Neckar-Tauberland 3	Schwäbische Alb 4	Oberschwaben 5	Rote Liste Baden-Württemberg 2. Fassung (Stand: 1.10. 1996)	Rote Liste Baden-Württemberg 1. Fassung (Stand: 01.11.77)	Rote Liste Bundesrepublik Erweit. Neubearbeitung (1996)	Rote Liste Bundesrepublik Neubearbeitung (1984)	Bundesnaturschutzgesetz (BNASchG) Neufassung 1987
Periphanes delphinii Rittersporn-Sonneneule	0	–	0	0	0	0	0	0	0	●
Acosmetia caliginosa Färberscharteneule	0	–	0	–	–	0	2	1	1	●
Xanthia sulphurago Schwefel-Gelbeule	–	–	–	–	0	0	1	1		
Agrochola humilis Graubraune Herbsteule	0	–	0	*	*	0	0	G	2	
Jodia croceago Safran-Wintereule	0	–	0	0	0	0	2	2	2	○
Conistra veronicae Eintönige Wintereule	0	–	0	*	–	0	0	1		●
Conistra fragariae Große Wintereule	0	–	0	0	0	0	0	1	1	●
Meganephria bimaculosa Zweifleckige Plumbeule	0	–	–	–	–	0	0	1	0	●
Dryobotodes eremita Olivgrüne Eicheneule	0	0	0	–	0	0	3	0		
Polymixis flavicincta Gelbliche Steineule	0	–	0	0	0	0	0	2	2	○
Pabulatrix pabulatricula Helle Pfeifengras-Grasbüscheleule	0	–	–	–	–	0	0	1	1	●

1 Vom Aussterben bedroht

SESIIDAE – GLASFLÜGLER

Chamaesphecia dumonti Ziest-Glasflügler	1	–	–	–	(1)	1		1		
Chamaesphecia tenthrediniformis Eselswolfsmilch-Glasflügler	1	–	–	–	–	1	2	2		

	Oberrheinebene 1	Schwarzwald 2	Neckar-Tauberland 3	Schwäbische Alb 4	Oberschwaben 5	Rote Liste Baden-Württemberg 2. Fassung (Stand: 1.10. 1996)	Rote Liste Baden-Württemberg 1. Fassung (Stand: 01.11.77)	Rote Liste Bundesrepublik Erweit. Neubearbeitung (1996)	Rote Liste Bundesrepublik Neubearbeitung (1984)	Bundesnaturschutzgesetz (BNASchG) Neufassung 1987
ARCTIIDAE – BÄRENSPINNER										
Pelosia obtusa Schilf-Flechtenbärchen	1	–	–	–	–	1	4	3	2	
Pericallia matronula Augsburger Bär	0	–	1	1	–	1	1	1	1	●
Phragmatobia caesarea Kaiserbär	2	–	1	–	0	1	3	2	2	
NOCTUIDAE – EULENFALTER										
Catephia alchymista Weißes Ordensband	2	–?	1^0	–	0	1	3	2	2	
Nycteola degenerana Salweiden-Wicklereulchen	1	1	0	–	0	1	1			
Acronicta strigosa Striemen-Rindeneule	2^0	–	0	0	2^0	1	2	2		○
Cryphia fraudatricula Braungraue Flechteneule	1	–	0	–	–	1	3		3	
Eublemma minutatum Sandstrohblumeneulchen	1	–	–	–	–	1	1	2	1	●
Heliothis ononis Hauhechel-Sonneneule	1^0	–	1^0	*	*	1	4	1		
Stilbia anomala Drahtschmieleneule	0	2	–	–	–	1	2	2	2	
Actinotia radiosa Trockenrasen-Johanniskrauteule	1	–	0	1	0	1	2	1	2	
Dicycla oo Eichen-Nulleneule	1	–	1	–	0	1	1	3	1	●
Cosmia diffinis Weißflecken-Ulmeneule	2	*	1	–	1	1	3	2	2	○
Lithophane consocia Graue Holzeule	*	–	$0^?$	–	1^0	1	2	2	2	○

	Oberrheinebene 1	Schwarzwald 2	Neckar-Tauberland 3	Schwäbische Alb 4	Oberschwaben 5	Rote Liste Baden-Württemberg 2. Fassung (Stand: 1.10. 1996)	Rote Liste Baden-Württemberg 1. Fassung (Stand: 01.11.77)	Rote Liste Bundesrepublik Erweit. Neubearbeitung (1996)	Rote Liste Bundesrepublik Neubearbeitung (1984)	Bundesnaturschutzgesetz (BNASchG) Neufassung 1987
2 Stark gefährdet										
SESIIDAE – GLASFLÜGLER										
Synanthedon stomoxiformis Faulbaum-Glasflügler	2	–	2	2	–	2	2	2		
Synansphecia affinis Sonnenröschen-Glasflügler	2	1?	–	1?	–	2	2	2	2	
ARCTIIDAE – BÄRENSPINNER										
Spiris striata Gestreifter Grasbär	1^0	–	0	3	(0)	2	2	3	3	○
Spilosoma urticae Schmalflügeliger Fleckleibbär	2	–	?	–	2	2				
NOCTUIDAE – EULENFALTER										
Catocala elocata Pappelkarmin	2	–	0	–	*	2	3	3	3	○
Catocala electa Weidenkarmin	3	(?)	0	–	0	2	3	2	2	○
Acronicta menyanthidis Heidemoor-Rindeneule	–	3^0	1	–	3	2	4	2	3	
Acronicta euphorbiae Wolfsmilch-Rindeneule	2	2	2	2	2	2		3		
Lamprotes c-aureum Wiesenrauten-Goldeule	2	–	0	3	3	2	3	2	3	○
Cucullia lucifuga Kräuter-Mönch	0	3	V^0	V	2	2	3	2	3	○
Cucullia campanulae Glockenblumen-Mönch	0?	2?	–	2?	?	2	2	2	2	○
Cucullia tanaceti Rainfarn-Mönch	3	–	0	*	–	2	2	V	2	○
Athetis pallustris Wiesen-Staubeule	2^0	2	0?	0?	2	2	3	2	2	

	Oberrheinebene 1	Schwarzwald 2	Neckar-Tauberland 3	Schwäbische Alb 4	Oberschwaben 5	Rote Liste Baden-Württemberg 2. Fassung (Stand: 1.10. 1996)	Rote Liste Baden-Württemberg 1. Fassung (Stand: 01.11.77)	Rote Liste Bundesrepublik Erweit. Neubearbeitung (1996)	Rote Liste Bundesrepublik Neubearbeitung (1984)	Bundesnaturschutzgesetz (BNASchG) Neufassung 1987
Agrochola laevis Ockerbraune Herbsteule	2^0	V	0	0	–	2	0	3	1	●
Aporophyla nigra Schwarze Glattrückeneule	2	–	(2)	–	–	2	3	2	2	○
Valeria oleagina Olivgrüne Schmuckeule	$0^?$	–	2^0	*	–	2	4	2	3	○
Dichonia convergens Graue Eicheneule	0	$3^?$	3	–	0	2	3	3	3	

3 Gefährdet

SESIIDAE – GLASFLÜGLER

	1	2	3	4	5					
Synanthedon scoliaeformis Großer Birken-Glasflügler	2	3	3	3	3	3	3		3	
Synanthedon conopiformis Alteichen-Glasflügler	3	–	?	–	–	3	3	3	2	
Bembecia albanensis Hauhechel-Glasflügler	3	–	3	–	–	3		2		

ARCTIIDAE – BÄRENSPINNER

	1	2	3	4	5					
Parasemia plantaginis Wegerichbär	(2)	3	3	3	3	3		V		○
Arctia caja Brauner Bär	2	3	3	3	3	3		V		○
Rhyparia purpurata Purpurbär	3^0	–	3^0	3^0	3^0	3	3	3	3	○
Tyria jacobaeae Jakobskrautbär	3^0	–	3^0	$3^?$	$3^?$	3		V		○

NOCTUIDAE – EULENFALTER

	1	2	3	4	5					
Polypogon lunalis Felsbuschwald-Spannereule	3^0	$x^?$	$x^?$	?	–	3	3	2	3	

	Oberrheinebene 1	Schwarzwald 2	Neckar-Tauberland 3	Schwäbische Alb 4	Oberschwaben 5	Rote Liste Baden-Württemberg 2. Fassung (Stand: 1.10. 1996)	Rote Liste Baden-Württemberg 1. Fassung (Stand: 01.11.77)	Rote Liste Bundesrepublik Erweit. Neubearbeitung (1996)	Rote Liste Bundesrepublik Neubearbeitung (1984)	Bundesnaturschutzgesetz (BNASchG) Neufassung 1987
Hypena obesalis Voralpen-Schnabeleule	*	*	*	*	3^0	3	3			
Catocala promissa Kleines Eichenkarmin	3^0	?	3^0	(?)	–	3	3	3	3	O
Catocala fulminea Gelbes Ordensband	3^0	–	3^0	–	–	3	4	2	2	O
Minucia lunaris Braunes Ordensband	3^0	?	?	–	?	3	3	3		O
Earias vernana Silberpappel-Kahneulchen	3	–	–	–	–	3	3	3	3	
Acronicta cuspis Erlen-Pfeileule	3	–	2	–	V	3	4	3	3	
Acronicta aceris Ahorn-Rindeneule	3	3	3	V	V	3				
Simyra albovenosa Ried-Weißstriemeneule	V	–	?	–	3^0	3		V	3	O
Cryphia ravula Bräunliche Flechteneule	2	V	3	–	–	3	2	3	3	
Polychrysia moneta Eisenhut-Goldeule	3^0	x?	2^0	V	V^0	3	3			O
Plusia putnami Zierliche Röhricht-Goldeule	–	–	2	–	V	3	4		3	O
Amphipyra perflua Gesäumte Glanzeule	0	–	V	V	3	3	2	3	4	
Athetis gluteosa Trockenrasen-Staubeule	3^0	*	3	–	–	3	3	3	3	
Eucarta amethystina Amethysteule	3^0	–	(3)	–	2	3	3	1	2	O
Mesogona acetosellae Eichenwald-Winkeleule	3^0	–	3^0	V	–	3	4	2	2	O
Mesogona oxalina Auenwald-Winkeleule	V^3	–	3^0	(?)	V^3	3		2		O

	Oberrheinebene 1	Schwarzwald 2	Neckar-Tauberland 3	Schwäbische Alb 4	Oberschwaben 5	Rote Liste Baden-Württemberg 2. Fassung (Stand: 1.10. 1996)	Rote Liste Baden-Württemberg 1. Fassung (Stand: 01.11.77)	Rote Liste Bundesrepublik Erweit. Neubearbeitung (1996)	Rote Liste Bundesrepublik Neubearbeitung (1984)	Bundesnaturschutzgesetz (BNASchG) Neufassung 1987
Xanthia gilvago Ulmen-Gelbeule	x?	–	V	0	0	3	3	3		
Episema glaucina Graslilieneule	3	(3)	3	V	–	3	2	2	3	O
Aporophyla lutulenta Braune Glattrückeneule	3	–	3?	–	–	3	3	3	3	O
Lithophane semibrunnea Schmalflügelige Holzeule	3	(3)	3⁰	–	0	3	3	2	2	O
Lithophane furcifera Braungraue Holzeule	3⁰	V	V	–	2⁰	3				O

V Arten der Vorwarnliste

SESIIDAE – GLASFLÜGLER

Synanthedon cephiformis Tannen-Glasflügler	–	V	V	V	V	V		2		
Pyropteron chrysidiformis Roter Ampfer-Glasflügler	V	–	–	–	–	V		2		

ARCTIIDAE – BÄRENSPINNER

Thumatha senex Rundflügel-Flechtenbärchen	V	?	V	?	V	V		V	3	
Setina irrorella Trockenrasen-Flechtenbärchen	V⁰	?	V⁰	–	?	V			3	
Nudaria mundana Blankflügel-Flechtenbärchen	–	V	V	V	(0)	V		3	3	2
Pelosia muscerda Mausgraues Flechtenbärchen	V	–	(V)	–	?	V		4		3
Eilema lutarella Dunkelstirniges Flechtenbärchen	–	–	V	?	–	V		4	3	
Eilema pygmaeola Blaßstirniges Flechtenbärchen	V	–	V	V	?	V		4	3	2

	Oberrheinebene 1	Schwarzwald 2	Neckar-Tauberland 3	Schwäbische Alb 4	Oberschwaben 5	Rote Liste Baden-Württemberg 2. Fassung (Stand: 1.10. 1996)	Rote Liste Baden-Württemberg 1. Fassung (Stand: 01.11.77)	Rote Liste Bundesrepublik Erweit. Neubearbeitung (1996)	Rote Liste Bundesrepublik Neubearbeitung (1984)	Bundesnaturschutzgesetz (BNASchG) Neufassung 1987
Eilema caniola Weißgraues Flechtenbärchen	V	–	–	–	V	V	3		3	
Callimorpha dominula Schönbär	V	x	V	V	3^0	V			3	○
NOCTUIDAE – EULENFALTER										
Macrochilo cribrumalis Sumpfgras-Spannereule	V	–	V	?	V	V	3	V	4	
Hypenodes humidalis Moor-Motteneule	–	–	?	?	V	V	4	3	3	
Phytometra viridaria Kreuzblumen-Bunteulchen	V^0	V	V^0	x	V^0	V		V		
Catocala sponsa Großes Eichenkarmin	V	x	V	?	?	V				○
Catocala fraxini Blaues Ordensband	V	x	V	–	V	V	3	V	3	○
Moma alpium Seladoneule	V	V	V	V	V	V		V	3	
Cryphia algae Dunkelgrüne Flechteneule	V	V	V	V	V	V	3		3	
Cryphia raptricula Graue Flechteneule	V	–	V	V?	3^0	V				
Cryphia domestica Weißliche Flechteneule	V	V	V	V	0?	V		3		
Cryphia muralis Hellgrüne Flechteneule	V	(V)	V	–	–	V	3	3		
Emmelia trabealis Ackerwinden-Bunteulchen	x	(V)	V	?	0?	V		V		
Deltote uncula Ried-Grasmotteneulchen	V	(V)	V	(V)	V	V		3	3	
Pseudeustrotia candidula Dreieck-Grasmotteneulchen	V	(?)	V	–	–	V		2	1	○

	Oberrheinebene 1	Schwarzwald 2	Neckar-Tauberland 3	Schwäbische Alb 4	Oberschwaben 5	Rote Liste Baden-Württemberg 2. Fassung (Stand: 1.10. 1996)	Rote Liste Baden-Württemberg 1. Fassung (Stand: 01.11.77)	Rote Liste Bundesrepublik Erweit. Neubearbeitung (1996)	Rote Liste Bundesrepublik Neubearbeitung (1984)	Bundesnaturschutzgesetz (BNASchG) Neufassung 1987
Euchalcia variabilis Eisenhut-Höckereule	–	x	V	x	V	V	4	3		o
Euchalcia modestoides Lungenkraut-Höckereule	?	–	3	V	V	V	3	2	3	o
Diachrysia chryson Wasserdost-Goldeule	V	x	3⁰	(V)	V	V		V		o
Autographa jota Jota-Silbereule	?	?	V	x	V	V	2			
Syngrapha interrogationis Heidelbeeren-Silbereule	*	V	3	–	V	V	3	V	3	o
Abrostola asclepiadis Schwalbenwurz-Höckereule	V	V	x	x	*	V		V	3	
Cucullia absinthii Beifuß-Mönch	V	*	V	–	*	V		V	3	o
Cucullia artemisiae Feldbeifuß-Mönch	V	–	V	*	*	V		V		o
Cucullia lactucae Lattich-Mönch	V	x	V	V	0	V		V	3	o
Cucullia chamomillae Kamillen-Mönch	V	–	V	V	V	V	3	V	3	o
Cucullia asteris Astern-Mönch	V	x	V⁰	x	0?	V	3	3	3	
Cucullia lychnitis Später Königskerzen-Mönch	–	–	V	x	–	V	2		2	o
Cucullia prenanthis Braunwurz-Wald-Mönch	V	x	V	x	V?	V	3	V	3	o
Calliergis ramosa Geißblatt-Kappeneule	–	?	V	x	V	V	4	3	3	
Heliothis viriplaca Karden-Sonneneule	V	–	*	–	–	V				
Panemeria tenebrata Hornkraut-Tageulchen	V	V	V	V	V	V				

	Oberrheinebene 1	Schwarzwald 2	Neckar-Tauberland 3	Schwäbische Alb 4	Oberschwaben 5	Rote Liste Baden-Württemberg 2. Fassung (Stand: 1.10. 1996)	Rote Liste Baden-Württemberg 1. Fassung (Stand: 01.11.77)	Rote Liste Bundesrepublik Erweit. Neubearbeitung (1996)	Rote Liste Bundesrepublik Neubearbeitung (1984)	Bundesnaturschutzgesetz (BNASchG) Neufassung 1987
Paradrina selini Sandflur-Staubeule	V	–	?	–	–	V			3	
Paradrina clavipalpis Heu-Staubeule	V	V	V	V	V	V				
Hoplodrina superstes Gelbgraue Felsflur-Staubeule	V	x	V	x	0?	V	3	3		
Hoplodrina respersa Graue Felsflur-Staubeule	V	x	V	x	0	V		V		
Chilodes maritimus Schmalflügelige Schilfeule	V	–	3	(V)	V	V	2	3	2	
Mormo maura Schwarzes Ordensband	V	V	V	V	V	V		V		○
Polyphaenis sericata Bunte Ligustereule	V	*	V	V	0?	V	2	V	2	○
Phlogophora scita Smaragdeule	–	x	V	x	V	V	4		3	○
Hyppa rectilinea Heidelbeer-Stricheule	–	V	V	–	V	V		V		
Auchmis detersa Berberitzeneule	V	(V)	V	x	V	V		V		
Parastichtis suspecta Pappelkätzcheneule	?	0	?	?	x	V	4			
Cosmia affinis Rotbraune Ulmeneule	x	V	V	V	0	V		3	2	
Atethmia ambusta Birnbaumeule	V	–	V	–	V	V	3	2	3	
Xanthia ocellaris Pappel-Gelbeule	x	–	V	–	V	V				
Agrochola nitida Rotbraune Herbsteule	V⁰	x	x	x	V⁰	V		3	3	
Conistra erythrocephala Rotkopf-Wintereule	x	?	V	?	0?	V	3			

	Oberrheinebene 1	Schwarzwald 2	Neckar-Tauberland 3	Schwäbische Alb 4	Oberschwaben 5	Rote Liste Baden-Württemberg 2. Fassung (Stand: 1.10. 1996)	Rote Liste Baden-Württemberg 1. Fassung (Stand: 01.11.77)	Rote Liste Bundesrepublik Erweit. Neubearbeitung (1996)	Rote Liste Bundesrepublik Neubearbeitung (1984)	Bundesnaturschutzgesetz (BNASchG) Neufassung 1987
Lithomoia solidaginis Rollflügel-Holzeule	–	V	3	*	V	V	4	3		
Xylena exsoleta Graue Moderholzeule	3^0	(V)	V^0	–	V^0	V	3	V		O
Dichonia aprilina Grüne Eicheneule	V^0	x	x	x	V	V		V		O
Polymixis xanthomista Blaugraue Steineule	*	x	V^0	x	0?	V	3	V		
Polymixis gemmea Bunte Waldgraseule	0	V	3^0	*	V	V	4			
Apamea aquila Dunkle Pfeifengras-Grasbüscheleule	–	V	V	–	V	V	2	2	1	●
Apamea furva Trockenrasen-Grasbüscheleule	?	V	(x)	x	–	V	4	3		
Apamea rubrirena Schwarzweiße Grasbüscheleule	–	x	V	–	V	V	4	V	4	O
Apamea platinea Platingraue Grasbüscheleule	–	0	–	V	–	V	2	3	3	O
R Arten mit geographischer Restriktion										
SESIIDAE – GLASFLÜGLER										
Synanthedon loranthi Mistel-Glasflügler	R	–	–	–	–	R				
Chamaesphecia aerifrons Dost-Glasflügler	R	–	–	–	–	R		R		
Chamaesphecia nigrifrons Johanniskraut-Glasflügler	R	–	?	–	–	R		R		
ARCTIIDAE – BÄRENSPINNER										
Eucharia deserta Labkrautbär	R	–	–	–	–	R	1	R	1	O

	Oberrheinebene 1	Schwarzwald 2	Neckar-Tauberland 3	Schwäbische Alb 4	Oberschwaben 5	Rote Liste Baden-Württemberg 2. Fassung (Stand: 1.10. 1996)	Rote Liste Baden-Württemberg 1. Fassung (Stand: 01.11.77)	Rote Liste Bundesrepublik Erweit. Neubearbeitung (1996)	Rote Liste Bundesrepublik Neubearbeitung (1984)	Bundesnaturschutzgesetz (BNASchG) Neufassung 1987
NOCTUIDAE – EULENFALTER										
Herminia tenuialis Südliche Bogenlinien-Spannereule	R	–	–	–	–	R	3	R	3	
Polypogon zelleralis Felsflur-Spannereule	–	R	(R)	–	–	R		R		
Cucullia xeranthemi Dunkelgrauer Goldaster-Mönch	R	–	–	–	–	R	2	R	2	O
Cucullia dracunculi Hellgrauer Goldaster-Mönch	R	–	–	–	–	R	2	R	2	O
Cucullia caninae Hundsbraunwurz-Mönch	R	–	–	–	–	R				O

U Arten mit ungeklärter Gefährdung

	1	2	3	4	5					
SESIIDAE – GLASFLÜGLER										
Paranthrene insolita Eichenzweig-Glasflügler	?	–	?	?	?	U				
ARCTIIDAE – BÄRENSPINNER										
Paidia murina Mauer-Flechtenbärchen	?	–	–	–	–	U	1	1	2	
Lithosia quadra Vierpunkt-Flechtenbärchen	?	?	?	?	?	U		G		
NOCTUIDAE – EULENFALTER										
Idia calvaria Dunkelbraune Spannereule	?	?	?	?	?	U	4	G	2	
Simplicia rectalis Schmalflügelige Spannereule	?	–	?	–	–	U		R		
Polypogon tentacularius Palpen-Spannereule	0	?	?	?	0?	U	3	V		

	1 Oberrheinebene	2 Schwarzwald	3 Neckar-Tauberland	4 Schwäbische Alb	5 Oberschwaben	Rote Liste Baden-Württemberg 2. Fassung (Stand: 1.10. 1996)	Rote Liste Baden-Württemberg 1. Fassung (Stand: 01.11.77)	Rote Liste Bundesrepublik Erweit. Neubearbeitung (1996)	Rote Liste Bundesrepublik Neubearbeitung (1984)	Bundesnaturschutzgesetz (BNASchG) Neufassung 1987
Schrankia taenialis Breitflügel-Motteneule	?	?	?	?	?	U	3	G	3	
Cucullia gnaphalii Goldruten-Mönch	–	–	0?	?	0	U	2	1	2	○
Eremodrina gilva Reingraue Staubeule	?	–	?	–	?	U				
Omphaloscelis lunosa Mondfleck-Herbsteule	?	–	–	–	–	U				

Erläuterungen zu den in der Tabelle benutzten Symbolen:

0   Ausgestorben oder verschollen
1   Vom Aussterben bedroht
2   Stark gefährdet
3   Gefährdet
V   Art der Vorwarnliste
R   Art mit geographischer Restriktion
U   Art mit ungeklärter Gefährdung
x   Nicht gefährdet
–   Nicht vertreten
*   Nicht sicher nachgewiesen (kritischer Einzelfund etc.) oder nicht bodenständig
() In der Region nur randlich vorkommend
?   In der Region mit noch ungeklärtem Status

Hochgestellte Indices zu den o. g. Symbolen:

0   Im Naturraum regional bereits ausgestorben oder verschollen
1   Im Naturraum regional vom Aussterben bedroht
2   Im Naturraum regional stark gefährdet
3   Im Naturraum regional gefährdet
?   Aussage nicht abgesichert (Überprüfung notwendig)
●   Vom Aussterben bedrohte Art
○   Besonders geschützte Art

2.2.3 Artenschutzprogramm 1996

Für das Artenschutzprogramm 1996 wurden unter den 42 Arten, die in die Kategorien 1, 2 und R eingestuft werden mußten, insgesamt 28 Arten ausgewählt. Davon gehören 6 zu den Arten feuchter Standorte, 13 zu den Arten trockener Standorte und 9 zu den Arten des Waldes. Diese Einteilung sowie die Zuordnung der Bewertungsziffer (BWZ) erfolgte nach den selben Kriterien, die bereits in Band 3, S. 106–107 näher erläutert worden sind. Das Schema der Bewertungsziffern wird hier zur schnelleren Orientierung noch einmal vorgestellt.

I   Nur noch eine Population an einer einzigen Fundstelle oder meheren nahe beieinander liegenden Fundstellen

II Weniger als 10 Populationen
    a   in einer Region
    b   in mehr als einer Region

III Weniger als 20 Populationen
    a   in ein bis zwei Regionen
    b   in drei Regionen
    c   in mehr als drei Regionen

IV Weniger als 30 Populationen
   a in ein bis zwei Regionen
   b in drei Regionen
   c in mehr als drei Regionen

V Mehr als 30 Populationen
   a in ein bis zwei Regionen
   b in drei Regionen
   c in mehr als drei Regionen

VI Anzahl und räumliche Abgrenzung der Populationen derzeit nicht überschaubar

Arten feuchter Standorte

Hochmoorbewohner (tyrphobionte und tyrphophile Arten)
Acronicta menyanthidis (Heidemoor-Rindeneule) BWZ IVa

Feuchtwiesenbewohner i. w. S. (Niedermoorspezialisten, Streuwiesenbewohner etc.)
Pelosia obtusa (Schilf-Flechtenbärchen) BWZ IIa
Spilosoma urticae (Schmalflügeliger Fleckleibbär) BWZ IVa
Lamprotes c-aureum (Wiesenrauten-Goldeule) BWZ IVb
Atethis pallustris (Wiesen-Staubeule) BWZ IIb
Lithophane consocia (Graue Holzeule) BWZ I

Arten trockener Standorte

Chamaesphecia tenthrediniformis (Eselswolfsmilch-Glasflügler) BWZ I
Spiris striata (Gestreifter Grasbär) BWZ IIIa
Phragmatobia caesarea (Kaiserbär) BWZ IIIa
Eucharia deserta (Labkrautbär) BWZ I
Eublemma minutatum (Sandstrohblumeneulchen) BWZ I
Cucullia xeranthemi (Dunkelgrauer Goldaster-Mönch) BWZ I
Cucullia campanulae (Glockenblumen-Mönch) BWZ IIb
Cucullia dracunculi (Hellgrauer Goldaster-Mönch) BWZ I
Cucullia caninae (Hundsbraunwurz-Mönch) BWZ IIa
Heliothis ononis (Hauhechel-Sonneneule) BWZ IIa
Actinotia radiosa (Trockenrasen-Johanniskrauteule) BWZ IIa
Aporophyla nigra (Schwarze Glattrückeneule) BWZ IIa
Valeria oleagina (Olivgrüne Schmuckeule) BWZ IIIa

Arten des Waldes

Catocala elocata (Pappelkarmin) BWZ IIa
Catocala electa (Weidenkarmin) BWZ IIIa
Catephia alchymista (Weißes Ordensband) BWZ IIb
Acronicta strigosa (Striemen-Rindeneule) BWZ IIb
Stilbia anomala (Drahtschmieleneule) BWZ IIa
Dicycla oo (Eichen-Nulleneule) BWZ IIb
Cosmia diffinis (Weißflecken-Ulmeneule) BWZ IIb
Agrochola laevis (Ockerbraune Herbsteule) BWZ IIa
Dichonia convergens (Graue Eicheneule) BWZ IIb

Eine Gesamtdarstellung der bisher im Rahmen des Artenschutzprogrammes durchgeführten Maßnahmen sowie ein erster Ergebnisbericht sind Inhalt des nachfolgenden Kapitels.

2.2.4 Auswertung und Umsetzung (1992–1995) des Grundlagenwerkes »Die Schmetterlinge Baden-Württembergs«, Band 1–4

Von AXEL HOFMANN

Benutzte Abkürzungen (soweit noch nicht erläutert):
ASP   Artenschutzprogramm (hier für besonders gefährdete Schmetterlingsarten)
BNL   Bezirksstelle für Naturschutz und Landschaftspflege (Freiburg, Karlsruhe, Tübingen, Stuttgart)
GLW   Grundlagenwerk (hier: »Die Schmetterlinge Baden-Württembergs«)
LfU   Landesanstalt für Umweltschutz Baden-Württemberg (Karlsruhe)

Nachdem die ersten beiden Bände »Die Schmetterlinge Baden-Württembergs« (fortan Grundlagenwerk genannt) 1991 erschienen waren und für viele einheimische Arten zum ersten Mal – quantitativ gut abgesichert – gravierende Bestandsrückgänge aufgezeigt werden konnten, wurde als Konsequenz hieraus ein Soforthilfeprogramm für besonders stark gefährdete Schmetterlingsarten ins Leben gerufen. Es ist in Band 3: 106 bereits kurz vorgestellt worden. Dieses Programm versteht sich im Rahmen des Artenschutzprogramms als Teil einer umfassenderen Naturschutzkonzeption (Flächenschutz durch Naturschutzgebietsausweisungen, Prozeßschutz auf ausgewählten Flächen, § 24a-Biotope etc.), die ihre Hauptaufgabe in der Erhaltung der rezenten Artendiversität sieht. »Solange die Naturschutzverwaltung den gesetzlichen Auftrag ernst nimmt, die Vielfalt der einheimischen Arten zu sichern und dem Aussterben einzelner Arten wirksam zu begegnen, müssen selbstverständlich weiter Schutzkonzepte mit Priorität die Rettung der wichtigsten Standorte und ihrer Bewohner verfolgen« (MEINEKE 1994). Dabei kommt dem ASP Schmetterlinge die Sicherung und Förderung der hochgefährdeten, stenöken und meistens auch stenotopen Schmetterlingsarten zu. Für andere Gruppen sind ähnliche Programme realsiert worden.

Grundlagen und Auswahlkriterien

Bundesrecht und Landesrecht (Bundesrepublik: BNatSchG § 1, § 20; Baden-Württemberg: NatSchG §§ 1, 2, 24a, 27–30) und Richtlinien der Europäischen Gemeinschaft (FFH-Richtlinie 92/43EWG des Rates vom 21.5.1992) schreiben die Sicherung und dauerhafte Erhaltung der natürlichen Lebensräume sowie der wildlebenden Tiere und Pflanzen verbindlich vor. Dabei haben sich Vertragsnaturschutz (z.B. Bergwiesenprogramm der Schwäbischen Alb, Südschwarzwälder Weidfelder) und besonders die Ausweisung von Schutzgebieten als wichtiges Instrument des Naturschutzes erwiesen. Dies allein reicht jedoch nicht aus, um der freilebenden Tier- und Pflanzenwelt angemessene Lebensräume zu erhalten und dem Aussterben einzelner Arten wirksam zu begegnen, wie es das Landesnaturschutzgesetz (§ 1 Abs. 2) fordert. Deshalb wurde in Baden-Württemberg die Landesanstalt für Umweltschutz mit der Ausarbeitung eines umfassenden Artenschutzprogrammes beauftragt (vgl. HARMS & THOMAS 1995, für Farn- und Blütenpflanzen). »Die in den Grundlagenwerken niedergelegte Information wird seit 1992 für durch Expertenkonvention ausgewählte konkrete Populationen der am meisten gefährdeten Arten auf die Fläche gebracht: Die LfU koordiniert die Erstellung von Status- und Maßnahmenkarten mit zugehörigen Erhebungsbögen durch externe Bearbeiter, die Bezirksstellen veranlassen hierauf aufbauend bestandsstützende Maßnahmen« (MEINEKE 1994). Die Zusammenarbeit zwischen LfU und Koordinator (s. unter ASP Schaubild) und zwischen den Bezirksstellen und dem jeweiligen »Umsetzer« basiert auf Werkverträgen. Bezugsgrundlage für das ASP Schmetterlinge bilden die Roten Listen und die bereits erschienenen oder in Bear-

Im Rahmen des ASP wurden sämtliche aktuellen Vorkommen und insbesondere die Larvalhabitate des Schwarzen Apollo (*Parnassius mnemosyne*) in Baden-Württemberg eingehend untersucht. Wie die Begattungstasche (Sphragis) am Hinterleibsende zeigt, ist dieses Weibchen schon verpaart. – Obere Donau 16.6.96 A. HOFMANN.

beitung befindlichen Bände des Grundlagenwerkes (Hrsg. G. EBERT, Die Schmetterlinge Baden-Württembergs, Bd. 1–6, Bd. 7 in Vorbereitung).

Bei ca. 1200 Großschmetterlingsarten in Baden-Württemberg dürfte es sich fast erübrigen, darauf hinzuweisen, daß im Rahmen von einzelartbezogenen Hilfsprogrammen nur wenigen ausgewählten Arten geholfen werden kann. Schätzungsweise mehr als 2/3 aller Arten sind auf vergleichsweise kleinräumige Sonderstandorte beschränkt. Sie treten daher relativ selten in Erscheinung. Ihre lokale Gefährdung ist jedoch oft sehr groß. Die Auswahlkriterien für das Hilfsprogramm sind der aktuelle Bestand (s. Bewertungsziffer) und/oder die sich abzeichnende Tendenz. Weiter verbreitete, sehr vagile oder mehr euryöke Arten können nur indirekt oder sehr eingeschränkt mit den Mitteln dieses spezifischen Artenschutzprogrammes geschützt werden. Die dauerhafte Erhaltung von Populationen solcher Arten muß über großflächigere, längerfristige Planungen erreicht werden. Darüberhinaus sollte als naturschützerische Zielvorgabe einer landesplanerischen Gesamtkonzeption eine umfassende Nutzungsänderung hin zu extensiver Bewirtschaftung in Land- und Forstwirtschaft angestrebt werden. Solange solche Ansätze jedoch nicht verwirklicht sind, kann auf eine »Arche-Noah-Strategie« nicht verzichtet werden. Und

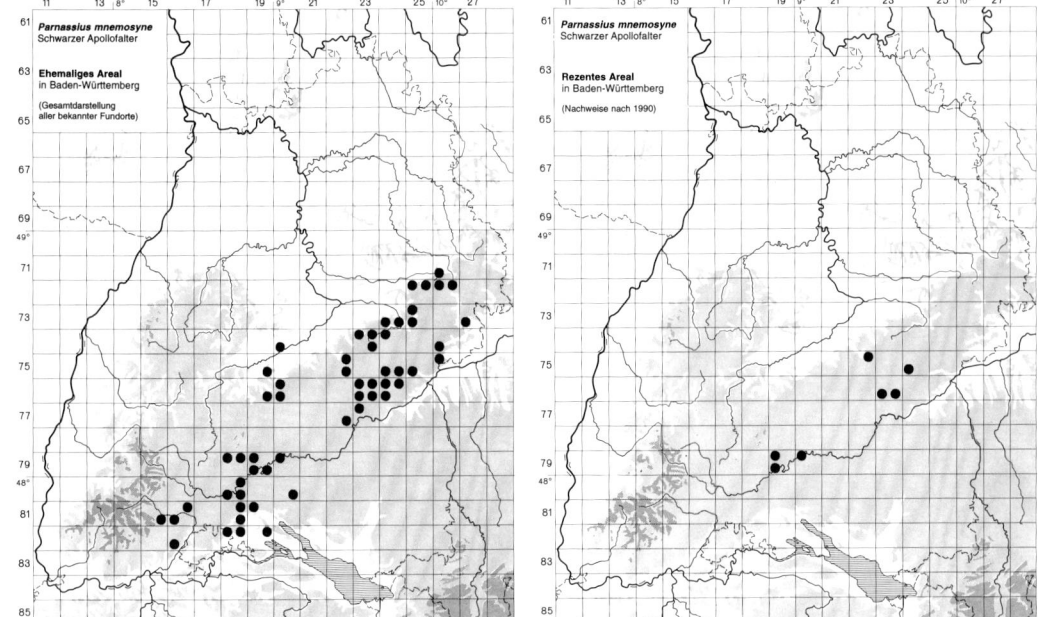

auch danach bleibt äußerst zweifelhaft, ob die extrem stenöken Arten, mit inzwischen teilweise stark verinselten Populationen mittels einer Flächenschutzkonzeption dauerhaft noch zu erhalten sind, oder ob in »solchen Fällen« nicht permanentes Habitat-Management notwendig sein wird (z. B. *Parnassius apollo*, *Parnassius mnemosyne*, *Hypodryas maturna*, *Lopinga achine*, *Coenonympha hero*, *Zygaena angelicae elegans*, *Drymonia velitaris* etc.). Ohne spezifisch stützende Fördermaßnahmen werden diese Arten in den nächsten beiden Dekaden wohl verschwinden.

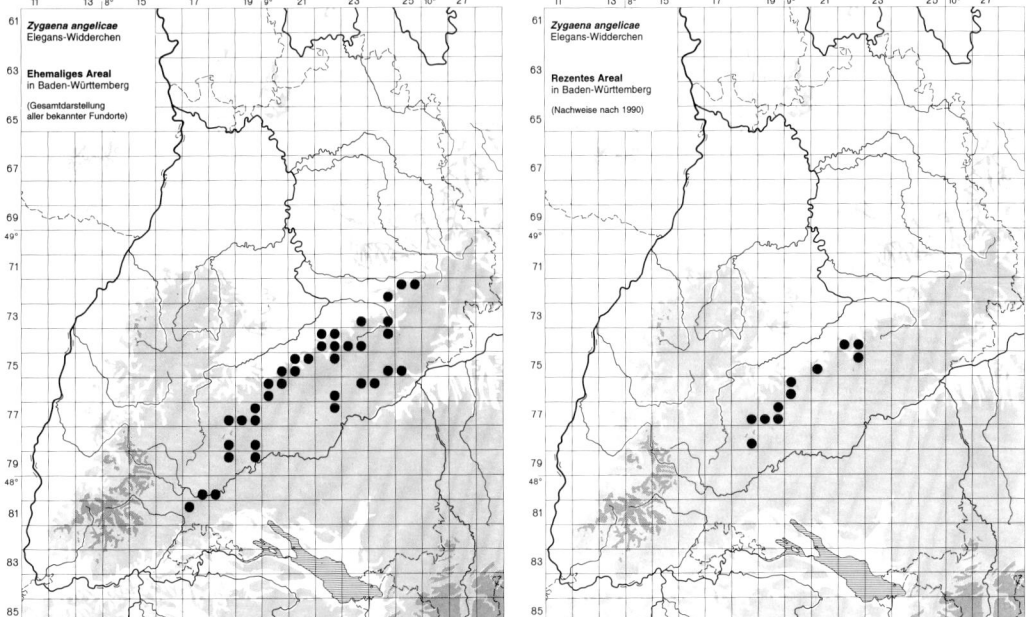

43

Mehreren Mitarbeitern gelang es – erstmals in diesem Jahrhundert – die sehr markant gezeichneten Raupen des Schwarzen Apollo im Freiland zu beobachten. Schutz- und Pflegemaßnahmen sind in allen Fällen durch die BNLs eingeleitet bzw. bereits durchgeführt worden. – Obere Donau 10.5.93 S. Hafner.

Die Falter des Schwarzen Apollo benötigen zur Flugzeit im Juni ungemähte, blütenreiche und gut besonnte Talwiesen. Die Larvalentwicklung auf Lerchensporn (*Corydalis* spp.) findet dagegen in mäßig beschatteten Bereichen unterhalb einzelner oft mit Gebüschen umsäumter Gehölze oder im Randbereich des angrenzenden lichten Hangwaldes statt. Wird der Wald zu dicht oder werden die Wiesen zu früh gemäht, verschwindet die Art. Alle noch verbliebenen Vorkommen in Baden-Württemberg beziehen sich auf anthropogene Standorte dieser Ausprägung. Standortsicherungsmaßnahmen in Form von Nutzungsverträgen (Sicherstellung der bisherigen extensiven Wiesennutzung; kein Aufdüngen zu Fettwiesen, Mahd erst nach der Flugzeit) und gelegentliche Auslichtungsarbeiten im Hangwald sind in allen Fällen unerläßlich. Vorkommen in anthropogen wenig oder nicht beeinflußten Biotopen sind aus Baden-Württemberg heute nicht mehr bekannt. – Obere Donau 5.5.96 A. Hofmann.

Betrachtet man die regionale Verbreitung, Dynamik und aktuelle Bestandsentwicklung der im GLW behandelten Arten unter pragmatischen artenschutzrelevanten Aspekten, so lassen sich etwas vereinfacht drei extreme Kategorien definieren:

1. Weitverbreitete Arten mit m.o.w. stabilen Populationen. Gravierend regressive Tendenzen sind nirgendwo sichtbar. Beispiele: Tagpfauenauge (*Inachis io*), Kleines Nachtpfauenauge (*Saturnia pavonia*), Kleiner Weinschwärmer (*Deilephila porcellus*).

2. Als krasses Gegenstück hierzu läßt sich der Apollofalter (*Parnassius apollo*) anführen. Die Bestandsentwicklung dieser Art wurde im GLW (Bd. 1, S. 196, 197) ausführlich dokumentiert. Von über 50 Meßtischblattnachweisen (Populationen?) vor 1900 ist 50 Jahre später nur noch die Hälfte übrig geblieben. Dieser Trend hat sich bis in die 80er Jahre hinein fortgesetzt. Im Regierungsbezirk Tübingen existiert heute die allerletzte Population in Baden-Württemberg.

3. Neben den stationären und regressiven Arten gibt es aber auch einige wenige Arten, die sich gegenwärtig anscheinend eher expansiv oder indifferent verhalten. Als aktuelle Arealerweiterer in diesem Jahrhundert seien hier der Vogelwicken-Bläuling (*Plebicula amanda*) und der Zahnflügel-Bläuling (*Meleageria daphnis*) genannt. Insgesamt sind in kurzer Zeit und »spontan« expansive oder regressive Arten jedoch seltene Ausnahmen. Jahrweise oder längerzyklische Abundanzschwankungen (*Issoria lathonia, Maculinea nausithous, Callimorpha quadripunctaria*) und zeitweilige Arealgrenzenverschiebungen (*Pontia daplidice*) sind mit Aufmerksamkeit zu beobachten; sie können jedoch nicht Gegenstand von Spezialuntersuchungen dieses Soforthilfprogramms sein.

Zwischen diesen drei Extremen liegt die Hauptmasse unserer Schmetterlingsarten. Einige sind regional gefährdet oder stark gefährdet, in anderen Regionen aber noch mit stabilen und zahlreichen Populationen vertreten. Andere sind »schon immer« selten und vereinzelt bzw. verinselt (*Lycaena helle, Eucharia deserta*). Diese regionalen Unterschiede und die außergewöhnliche baden-württembergische Artenvielfalt erfordern – nolens volens – prioritäre Entscheidungen. Die sogenannten »Ex-Arten« (expansive Arten, extinkte Arten) sind automatisch nicht Bestandteil des Artenschutzprogramms Schmetterlinge. Aus der naturräumlichen Vielgestaltigkeit und zoogeographischen Lage unseres Raumes resultiert fast zwangsläufig eine außergewöhnliche Artendiversität, wie sie im außeralpinen Mitteleuropa vielleicht einmalig sein dürfte. Hieraus leitet sich sicherlich eine ganz besondere Verantwortung ab. Insbesondere gilt dies für diejenigen Arten, die ihren mitteleuropäischen Verbreitungsschwerpunkt in Baden-Württemberg haben (z. B. *Zygaena fausta, Zygaena osterodensis, Dahlica wokkei, Nola subchlamydula*), innerhalb Deutschlands nur an sehr wenigen Lokalitäten vorkommen (*Brenthis daphne, Chamaesphecia dumonti*) bzw. nirgendwo sonst in Deutschland mehr heimisch sind (z. B. *Eucharia deserta, Adscita mannii, Chamaesphecia aerifrons, Cucullia caninae*) oder sogar einen »schwäbisch-badischen Endemismus« darstellen (*Zygaena angelicae elegans*).

Entwicklung und Intention des ASP Schmetterlinge Baden-Württembergs

Seit nunmehr 4 Jahren existiert das ASP Schmetterlinge Baden-Württembergs. Die Projektierung und Durchführung dieses Programms darf als logische Konsequenz des Grundlagenwerkes angesehen werden. Wichtigste Intention – aus damaliger und aus heutiger Sicht – zur Erstellung des GLW Schmetterlinge war, neben der lepidopterologischen Inventarisierung, faunistisch-ökologische Grundlagen zu erarbeiten, die es Landschaftsplanern, Naturschützern, politischen Entscheidungsträgern und nicht zuletzt dem praktizierenden Umweltschutz (Bezirksstellen für Naturschutz und Landschaftspflege und andere Naturschutzbehörden, Verbände, private Naturschutzorganisationen, Schwäbischer Albverein etc.) ermöglichen, die **regionale und überregionale Bedeutung einer Art zu erkennen** und aufgrund der bis dahin ausgewerteten und verifizierten (!) Daten und Erkenntnisse **gezielte Schutz- und Pflegemaßnahmen zu formulieren**.

Mit der flächendeckenden Bearbeitung und in der umfassenden und stark ökologisch orientierten Gesamtdarstellung dieser auch dem Nichtfachmann teilweise wohl bekannten Tiergruppe hat Baden-Württemberg bundesweit eine Vorreiterrolle übernommen und »ist allen anderen Bundesländern nicht nur in der Förderbereitschaft, sondern auch im politischen und öffentlichen Bewußtsein für die Bedeutung seiner Naturressourcen voraus« (NAUMANN 1996). Soweit zumindest der Stand von 1995/96. In keinem anderen Bundesland wurden die Großschmetterlinge bislang so systematisch, geschlossen und unter naturschützerischen Aspekten bearbeitet. Fortan können sie einerseits als »objektivierte« Bewertungsgrundlagen für **räumliche Bewertungen** (Naturschutzgebietsausweisungen, landschaftsplanerische Konzepte, Umweltverträglichkeitsprüfungen etc.) herangezogen werden; andererseits können nun bestimmte Arten zielgerichtete Objekte des Naturschutzes sein (»Zielarten«, d. h. die Art/Artengruppe dient als **naturschützerisches Ziel und Indikator von Pflege- und Schutzmaßnahmen**).

Der Nachweis einer autochthonen Population des Weißdolch-Bläulings (*Agrodiaetus damon*) ist ein gutes Argument, um eine Fläche als »schützenswertes Objekt« auszuweisen. Die Art muß aber auch zugleich Ziel der dortigen Pflegemaßnahmen und Kontrollobjekt dieser Maßnahmen sein. Ehemals in drei von fünf Hauptnaturräumen vertreten, kommt die Art heute nur noch auf der Schwäbischen Alb vor. Alle bekannten Populationen wurden inzwischen im Rahmen des ASP erhoben; Standortsicherungsmaßnahmen, Überprüfung der bisherigen Nutzung und Abgleichung mit bereits bestehenden Pflegeverträgen wurden durch die BNLs Tübingen (U. BENSE), Stuttgart (M. MEIER) und Freiburg (S. HAFNER) durchgeführt. Auf diesem flächenhaften Naturdenkmal unweit Geisingen existiert die südlichste Population von *A. damon* in Baden-Württemberg zusammen mit dem Bergkronwicken-Widderchen (*Zygaena fausta*). – Geisingen (Umgebung) 8.96 A. HOFMANN.

Eine Vorreiterrolle hat unser Bundesland inzwischen auch bezüglich der Umsetzung eines solchen Wissensfundus übernommen. Dies war nur möglich, weil die bestehende Verwaltungsstruktur eine unkomplizierte und schnellwirksame »Umsetzung in die Tat« ermöglichte. In enger Zusammenarbeit von LfU, den vier BNLs und dem SMNK konnten innerhalb kürzester Zeit die organisatorischen Voraussetzungen[1] geschaffen werden, die als Grundlage für ein landesweites, effizientes Soforthilfeprogramm für hochgefährdete Schmetterlingsarten notwendig waren.

Aufgaben des ASP Schmetterlinge
(Soforthilfeprogramme und mittelfristige Entwicklung)

Unterschiede zu den anderen Artenschutzprogrammen bestehen in der »Sache an sich«. Beim ASP Farn- und Blütenpflanzen (HARMS & THOMAS 1995) sind die Maßnahmen meistens direkt auf die Schutzobjekte ausgerichtet. Die phytophagen Schmetterlinge befinden sich aber auf einer anderen trophischen Ebene. Schutz- und Pflegemaßnahmen können deshalb nicht unmittelbar auf das Schutzobjekt »bedrohter Schmetterling« ausgerichtet werden, sondern müssen zunächst auf die limitierenden Phytoressourcen (Nektarpflanzen, Raupennahrungspflanzen, Sukzessionsstadien, Pflanzengesellschaften u. a.) abzielen. Hinzu kommen biologische Eigenheiten (z. B. zyklisches Erscheinen, saisonal-unterschiedliche Morphen) und eine individuelle Mobilität, die andere Vorgehensweisen bei der Erhebung, andere Zielorientierungen bei der Pflege und andere Effizienzkontrollen erfordern. So sind beispielsweise bei bedrohten Pflanzenarten direkt diejenigen standörtlichen Strukturen zu entwickeln, welche die gewünschten Pflanzengesellschaften fördern und der gefährdeten Art einen Konkurrenzvorteil verschaffen. Schmetterlinge mit teilweise erheblichen Mobilitätsradien sind jedoch nicht selten Biotopkomplexbewohner und ihre unterschiedlichen Stadien benötigen oft verschiedene Habitate standörtlich unterschiedlicher Struktur (z. B. *Parnassius mnemosyne, Iphiclides podalirius*). Nochmals anders gelagert ist die Problematik bei den Vögeln. Oft sind hier noch weitaus größere Räume, Brutplätze, Wanderverhalten, Winter- und Sommerquartiere und andere gruppentypische Eigenheiten in die Schutzkonzeption mit einzubeziehen. Diese Beispiele sollen zeigen, daß die Artenschutzprogramme für besonders gefährdete Arten aus unterschiedlichen Gruppen oft sehr differenzierte Vorgehensweisen erfordern. Gemeinsam ist allen ein konzeptioneller Aufbau, der eine Aufgliederung in drei größere Aspekte erlaubt: Auswertung, Erhebung, Umsetzung. Diese Teilbereiche greifen nahtlos ineinander und bedingen oft auch Rückkoppelungen. Dabei gilt stets das Ziel, nämlich wirksame Soforthilfe im Auge zu behalten. Konzeption und zeitliche Abfolge können dem Schaubild auf Seite 47 entnommen werden.

Neben der allgemeinen Koordination waren als Grundvoraussetzung für ein erfolgreiches Programm zunächst Standardisierungen zu erarbeiten (Erhebungsbögen, Fotodokumentation). Mitarbeitertreffen, Besprechungen, Begehungen, Jahresberichterstellung, Bearbeiten der Erhebungsbögen, Datenspeicherung und die Erstellung statistischer Tabellen sind die technischen Kernbereiche des ASP Schmetterlinge.

Auswertung

Nicht alle bedrohten Arten unserer Fauna eignen sich gleichermaßen, um mit den Möglichkeiten eines gezielten, spezifischen Einsatzes im Rahmen dieses Programmes gefördert zu werden. Zu den »schwieriger zu behandelnden« Arten gehören etwa die sehr mobilen oder meistens nur einzeln auftretenden wie der Skabiosenschwärmer (*Hemaris tityus*), der Blauschwarze Eisvogel (*Limenitis reducta*), der Kleine Perlmutterfalter (*Issoria lathonia*), der Malven-Dickkopffalter (*Carcharodus alceae*) oder der Kurzschwänzige Bläuling (*Everes argiades*), wobei diese Aufzählung keine Aussage über die Gefährdung der einzelnen Arten beinhaltet. Herausgenommen wurden inzwischen alle vergleichsweise euryöken und aktuell expansiven (?) Arten, wie der Vogelwicken-Bläuling (*Plebicula amanda*) oder der Dunkle Wiesenknopf-Ameisen-Bläuling (*Maculinea nausithous*). So erbrachten beispielsweise gezielte Kartierungen nach Erscheinen des GLW (Band 2) bei der zuletzt genannten Art, daß sie anscheinend wesentlich weiter verbreitet ist als zunächst angenommen wurde.

Viele Populationen dieser Arten sind bereits über flächenhafte Naturschutzmaßnahmen teilweise gut gesichert; sie profitieren darüberhinaus – zumindest teilweise – von Maßnahmen für an-

---

[1] Einen Überblick über die Organisation und Praxis des Naturschutzes in Baden-Württemberg gibt MEINEKE (1984).

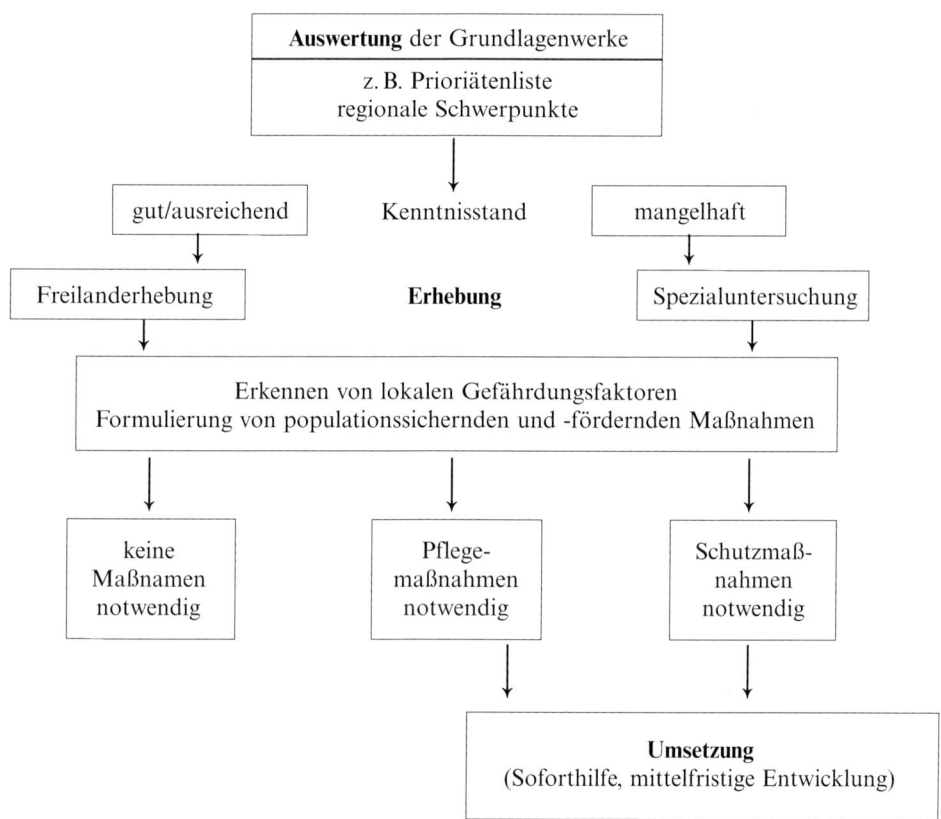

dere, noch stärker gefährdete Arten, mit denen sie oft im selben Lebensraum vorkommen (z. B. *Limenitis reducta*: bei Pflegemaßnahmen für *Zygaena fausta* müssen exponierte Geißblattbüsche stehen bleiben!).

Je mehr standorttreu und ökologisch anspruchsvoll sich die Populationen einer Art verhalten, desto geeigneter erweist sich diese Art, um mit den Mitteln des ASP gefördert zu werden. Daher eignen sich »zum Glück« gerade die meisten der besonders gefährdeten Arten für dieses Programm. Andererseits bedeutet dies aber auch, daß die große Mehrzahl unserer Schmetterlingsarten über großflächigere Maßnahmen und integrierte Landnutzungskonzepte gefördert werden muß. Eine wichtige Voraussetzung, die nicht vergessen werden darf, ist jedoch die genaue Kenntnis der spezifischen Anforderungen an essentielle Umweltrequisiten und die ökologischen Minimalstandards.

Zunächst mußten die beiden ersten Bände des GLW unter diesen Aspekten systematisch ausgewertet werden. Das Exzerpt war eine Liste mit prioritären Arten. Hierin enthalten waren alle der Kategorie 1 (Vom Aussterben bedroht) und R (Art mit geographischer Restriktion). Auch die allermeisten Arten der Kategorie 2 (Stark gefährdet) wurden mit aufgenommen. Bei der Kategorie 3 (Gefährdet) mußte stark selektiv verfahren werden, um nicht bereits im Ansatz den realisierbaren Rahmen diese Vorhabens zu sprengen. Die zunächst provisorisch erarbeitete erste Fassung einer Prioritätenliste wurde mit Fachkollegen diskutiert und ergänzt und anschließend im Arbeitskreis (s. ASP Schaubild, Koordination) besprochen.

Inzwischen ist die vierte Erhebungssaison (Stand Mai 1996) vergangen, zahlreiche Arten der höchsten Gefährdungskategorien sind nach heutigem Kenntnisstand vollständig bearbeitet worden (s. Tabelle), d.h. alle gemeldeten Populationen dieser Arten wurden flächengenau kartiert und unter Aspekten des Artenschutzes untersucht. Wo der Wissensstand zur Autökologie (Larvalhabitat, Nektarpflanzenpräferenzen etc.) groß genug war, um gezielte Pflege- und Schutzmaßnahmen formulieren zu können, wurden die Populationen mittels standardisierter **Erhebungsbögen** erfaßt. Auf diese Weise sind seither über 600 Fundorte hochgefährdeter Arten präzise dokumentiert und die notwendigen Maßnahmen zur Förderung dieser Populationen erarbeitet worden. In den Fällen, wo die autökologischen Kenntnisse bei Erstellung des GLW eher marginal waren – zumindest aber so undifferenziert, daß Gefährdungs- und Beeinträchtigungsfakto-

Erhebungen 1992–1995 im Rahmen des ASP, Prioritätenliste

Art	RL	ASP-Priorität 1996	Bearbeitungsjahr	Anzahl Erhebungsbögen	vorläufig abgeschlossen
Lopinga achine	1	I	1992, 1994, 1995	11	1996
Chamaesphecia aerifrons	2	II	1995	2	1995
Synansphecia affinis	2	II	1994, 1995	3	1995
Carcharodus alceae	2	III	1993, 1994	5	?
Lycaena alciphron	2	II	1992, 1994	5	1995
Maculinea alcon	2	III	1992, 1994	45	1994
Pyrgus alveus s.l.	3	?	1995	1	?
Plebicula amanda	R	II	1992, 1993	5	?
Zygaena angelicae elegans	1	Ia	1993, 1994, 1995	8	1996
Stilbia anomala	1	*	1993	1	?
Parnassius apollo	1	Ia	1992	1	1994
(Boloria aquilonaris)	2	II	1992, 1993, 1995	11	1997
Maculinea arion	2	III	1992–1995	13	1997
Pyrgus armoricanus	1	?	/	/	?
Eurodryas aurinia	2	II	1992–1995	5	1997
Pseudophilotes baton	3	II	1994, 1995	7	1995
Gortyna borelii	1	I	1994, 1995	3	1995
Chazara briseis	1	I	1992–1995	21	1996
Cucullia caninae	1	I	1995	1	?
Eriogaster catax	0	I?	1995	1	?
Nola cicatricalis	U	II	/	/	?
Melitaea cinxia	2	0	1993, 1994	25	1995
Brintesia circe	2	II	1993, 1995	5	1997
Pyrgus cirsii	1	I?	1995	1	1996
Agrodiaetus damon	1	II	1992, 1994, 1995	27	1995
Brenthis daphne	*	I	1995	4	1996
Meleageria daphnis	R	III	1993	4	1995
Eucharia deserta	1	I	/	/	1996
Lycaena dispar	2	III	1993	12	1995

Art	RL	ASP-Priorität 1996	Bearbeitungsjahr	Anzahl Erhebungsbögen	vorläufig abgeschlossen
Plebicula dorylas	1	I	1992–1995	16	1996
Minois dryas	2	II	1994, 1995	8	1995
Luperina dumerilii	1	*	1993	1	?
Lemonia dumi	2	I	1993, 1994, 1995	8	1997
Chamaesphecia dumonti	1	I	1994, 1995	2	1995
(Proclossiana eunomia)	2	0	1992, 1993, 1994	7	1995
Hipparchia fagi	1	I	1992, 1995	2	1995
Dicallomera fascelina	2	I	1994, 1995	2	1996
Zygaena fausta	2	II	1993, 1994, 1995	37	1997
Carcharodus flocciferus	1	Ia	1994, 1995	12	1996
Pyrgus fritillarius	2	II	1993	1	?
Adscita geryon	3	0	1994	1	1995
Phalacropterix graslinella	2	II	1994	3	1995
Lycaena helle	1	Ia	1992	1	1995
Coenonympha hero	2	I	1992, 1994, 1995	9	1997
Lycaeides idas	1	II	1994, 1995	31	1995
Phyllodesma ilicifolia	1	I?	1995	1	?
Satyrium ilicis	3	II	/	/	1995
Issoria lathonia	3	0	1992, 1993	3	1995
Adscita mannii	R	Ia	1994, 1995	9	1995
Hypodryas maturna	1	Ia	1992, 1995	5	1997
(Arichanna melanaria)	2	0	1994	1	?
Cupido minimus	3	III	1994	2	1995
Eublemma minutatum	1	Ia	1994, 1995	4	1995
Parnassius mnemosyne	1	Ia	1992–1995	10	1996
Maculinea nausithous	3	0	1992, 1993	56	1995
Aporophyla nigra	1	*	1993	1	?
Chamaesphecia nigrifrons	2	III	1994, 1995	18	1995
Fabriciana niobe	2	II	1993, 1994, 1995	17	1996
Adscita notata	3	I	1994, 1995	7	1996
(Vacciniina optilete)	2	II	1995	4	1997
Cupido osiris	0	I?	/	/	?
Zygaena osterodensis	2	II	1993, 1995	4	1995
(Colias palaeno)	2	III	1992, 1993	9	1995
Mellicta parthenoides	3	II	/	/	1996
Melitaea phoebe	2	III	1993	2	1995
Ptilocephala plumifera	2	II	1994	4	1995
Iphiclides podalirius	2	II	1993, 1994, 1995	3	1996
Limenitis populi	2	III	1993	1	1995
Gastropacha populifolia	2	I	1994	1	1995
Maculinea rebeli	2	II	1992–1995	23	1996
Orgyia recens	1	I?	/	/	?
Limenitis reducta	2	III	1993, 1994	2	1995
Siederia rupicolella	R	II	1994	2	1995
Clossiana selene	3	0	1993	1	1995
Gynaephora selenitica	2	II	1994	8	1995
Hipparchia semele	2	I	1992, 1995	17	1996
Sterrhopterix standfussi	3	III	1994	1	1995
Nola subchlamydula	1	II	1995	5	1996

Art	RL	ASP-Priorität 1996	Bearbeitungsjahr	Anzahl Erhebungsbögen	vorläufig abgeschlossen
Lemonia taraxaci	1	**II**	/	/	?
Maculinea teleius	2	**II**	1992–1995	12	1996
Chamaesphecia tenthrediniformis	2	**I**	1994, 1995	2	1995
Plebicula thersites	2	**II**	1993, 1994, 1995	16	1996
Clossiana thore	R	**Ia**	1994	2	1995
(Clossiana titania)	2	**II**	1992, 1994, 1995	16	1996
Hemaris tityus	2	**II**	1994	1	?
Meganola togatulalis	1	**I?**	1995	1	?
Phyllodesma tremulifolia	2	**II**	1994	1	1995
Dahlica triquetrella f. bisex.	R	**II**	1994, 1995	4	1995
(Coenonympha tullia)	2	**II**	1992, 1995	6	1996
Drymonia velitaris	1	**Ia**	1995	3	1996
Hyles vespertilio	0	**I?**	/	/	?
Megalophanes viciella	2	**II**	1994, 1995	4	1995
Pachythelia villosella	1	**I?**	1994, 1995	2	1995
Lycaena virgaureae	1	**II**	1992–1995	8	1996
Satyrium w-album	3	**0**	1993	1	?
Dahlica wockei	R	**III**	1994	1	1995

? = Gefährdung und Autökologie der Art sind noch unzureichend bekannt. Aufgrund der wenigen aktuellen Meldungen kann jedoch von einer hohen potentiellen Gefährdung ausgegangen werden (*Pyrgus* spp.). Jede Population sollte gemeldet und ggf. (nach Absprache!) bearbeitet werden. Grundlagenforschung (z. B. Habitatbindung, Populationsdynamik, Larvalbiologie) ist dringend notwendig. Erst danach kann eine Prioritätseinstufung vorgenommen werden.

I = höchste Erhebungspriorität, d. h. alle noch nicht erhobenen Populationen sind prioritär zu bearbeiten; **Ia** = alle Populationen dieser Art mit höchster Priorität sind bereits erhoben (*Parnassius apollo, Parnassius mnemosyne*). Eventuell neu entdeckte Vorkommen sind umgehend zu bearbeiten (*Carcharodus flocciferus, Zygaena angelicae elegans*). Auch nach Erhebung aller bekannten Populationen kann die Art in keine niedrigere Prioritätenkategorie eingestuft werden, da sich in den letzten 20 Jahren negative Bestandsentwicklungen deutlich abzeichnen oder nur weniger als 10 Populationen landesweit bekannt sind (*Lycaena helle, Hypodryas maturna, Clossiana thore*). Auf regelmäßige Bestandskontrollen kann nicht verzichtet werden. **I?** = höchste Erhebungspriorität; es bestehen jedoch Unklarheiten (eventuell verschollen etc.): *Phyllodesma ilicifolia, Cupido osiris, Orgyia recens, Pachytelia villosella*.

II = hohe Erhebungspriorität, d. h. eine Großteil der Populationen dieser hochgefährdeten Art (RL R, RL 1, RL 2) wurde bereits in den Jahren zuvor bearbeitet. Es besteht nach wie vor hoher Erhebungsbedarf (z. B. *Agrodiaetus damon, Zygaena fausta, Maculinea rebeli*), insbesondere in bestimmten Regionen (z. B. *Eurodryas aurinia, Fabriciana niobe*). Für mehrere Arten dieser Kategorie würde sich – unter Einbeziehung weiterer Arten der ASP-Priorität III – die Erarbeitung eines Artgruppenhilfsprogramms für bestimmte Lebensraumtypen (»ökologische Gilden«) empfehlen (z. B. *Boloria aquilonaris, Proclossiana eunomia, Vacciniina optilete, Clossiana titania, Coenonympha tullia; Fabriciana niobe, Pseudophilotes baton*).

III = bedingte Erhebungspriorität, d. h.
- diese gefährdete Art eignet sich nur bedingt, um mit den Möglichkeiten des ASP-Soforthilfeprogramms gefördert zu werden, oder
- die Erhebung kann vorläufig als abgeschlossen angesehen werden, oder
- Kontrollen der aktuellen Bestände zeigen derzeit keine alarmierend regressive Entwicklung.

Die Art ist jedoch nach wie vor Bestandteil des ASP, ihre weitere Entwicklung muß verfolgt werden.

* = diese Art wurde im vorliegenden GLW (Bd. I–IV) noch nicht behandelt. Es kann jedoch von einer hohen Gefährdung bzw. von nur sehr wenigen Vorkommen in Baden-Württemberg ausgegangen werden. Eine Einstufung in die ASP-Prioritätenliste kann erst nach Bearbeitung im GLW erfolgen.

0 = diese Art ist nicht/nicht mehr Bestandteil des ASP-Soforthilfeprogramms.

( ) = Diese hygrophilen Arten sind 1996 aus dem ASP herausgenommen worden (*Boloria aquilonaris, Proclossiana eunomia, Vacciniina optilete, Clossiana titania* etc.)

ren nur vermutet werden konnten – mußten detaillierte **Spezialuntersuchungen** vorgenommen werden. In einigen Fällen erwiesen sich flächenhafte Kartierungen als am sinnvollsten (*Lycaeides idas, Agrodiaetus damon*). Nach jeder Saison wird die Prioritätenliste entsprechend dem neuen Bearbeitungsstand aktualisiert.

ASP Schmetterlinge Baden-Württembergs (1992–1995), Bearbeitungsstand.

Die Tabelle auf den Seiten 48–50 zeigt alle Arten, die bislang im Rahmen des ASP bearbeitet wurden. Ihr sind auch die Gesamtanzahl der Erhebungen je Art und die aktuellen Prioritäten zu entnehmen, (alphabetisch nach Artnamen).

Es war von Anfang an klar, daß ein solches Vorhaben nur in Kooperation mit zahlreichen Helfern zu bewerkstelligen sein würde. Hierfür kamen natürlich zuerst die ehrenamtlichen Mitarbeiter in Frage, die durch ihre über viele Jahre hinweg gesammelten und für die faunistische Auswertung dem Herausgeber zur Verfügung gestellten Meldungen für dieses Projekt die richtigen Partner waren. Durch die guten Kontakte, die zwischen diesen Mitarbeitern und dem Herausgeber bereits landesweit bestanden, war es schnell möglich, eine regionale Vernetzung zu erreichen, die eine ausgewogene räumliche Bearbeitung unseres Raumes erlaubte. Hinzu kommt noch, daß das Vertrauensverhältnis innerhalb dieser Entomologischen Arbeitsgemeinschaft auch durch Ereignisse wie etwa die Verabschiedung der Bundesartenschutzverordnung, die ja bekanntlich zu erheblichen Irritationen führte, nicht gestört worden ist und die weitere Zusammenarbeit – von wenigen Einzelfällen abgesehen – nicht beeinträchtigt hat. Ohne sie wäre ein effizientes Artenschutzprogramm in dieser Form und innerhalb so kurzer Zeit nicht möglich gewesen.

Erhebung

Das Erkennen lokaler Gefährdungsfaktoren und die Ausarbeitung populationsspezifischer Pflege- und Schutzmaßnahmen sind das eigentliche Ziel der Erhebungen. In der Regel findet eine persönliche Besprechung zwischen Umsetzer und Melder/Koordinator oder eine gemeinsame Geländebegehung statt. Die vorgeschlagenen Maßnahmen werden anschließend von den Werkvertragsnehmern (»Umsetzern«) der betreffenden Bezirksstellen eingeleitet und in umfassenden Arbeitsberichten dokumentiert.

Es bieten sich zwei Möglichkeiten und hieraus resultierend zwei verschiedene Vorgehensweisen an, um das beschriebene Ziel zu erreichen:

a) Erhebungsbogendokumentation

Regionale Verbreitung, Biologie und Autökologie der betreffenden prioritären Art waren bei Erstellung des GLW hinreichend bekannt. Die Gefährdungsfaktoren sind ersichtlich. Populationsfördernde Pflege- und Schutzmaßnahmen lassen sich nach derzeitigem Wissensstand hinreichend formulieren.

Unabhängig vom Grad der aktuellen Gefährdung werden standardmäßig ferner alle Arten bearbeitet, deren Bestand in Baden-Württemberg derzeit auf weniger als 10 Populationen anzusetzen ist (z. B. *Lycaena helle, Adscita mannii, Chamaesphecia dumonti, Eucharia deserta, Gortyna borelii*). Standortsicherungsmaßnahmen (besonders an Primärhabitaten, z. B. Hochmoore, Felskomplexe u. ä.) in Form von Schutzgebietsausweisungen und regelmäßige Kontrollen sind in solchen Fällen meistens ausreichend. In anderen Fällen werden Pflegeempfehlungen in bestehende Pflegepläne eingearbeitet (z. B. Beweidungsrhythmus, Mahdtermine). Für Waldsaumarten werden Pflegeaktionen in Zusammenarbeit mit den zuständigen Forstbehörden durchgeführt.

Die Bearbeitung einer gefährdeten Population erfolgt normalerweise so, daß beim betreffenden Mitarbeiter angefragt wird und dieser oft auch als langjähriger Kenner der gefährdeten Population die Bearbeitung übernimmt (Beobachtungskontinuität!). Hierzu finden dann nochmals 1 bis 3 Begehungen (Imaginalhabitat, eventuell Raupensuche) statt. Der Zeitrahmen bis hierher beträgt sechs bis neun Monate, also nur eine einzige Saison.

In einem vierseitigen standardisierten Erhebungsbogen, ähnlich wie bei den Farn- und Blütenpflanzen (HARMS & THOMAS 1995), werden die Ergebnisse der Erhebung dokumentiert. Ihm sind Fundort- und Beobachtungsdaten sowie die Bestandssituation und Pflegeempfehlungen zu entnehmen. Ferner werden eine Ausschnittkopie großmaßstäbiger Landkarten, Luftbildaufnahmen und/oder Skizzen der betreffenden Lokalität beigefügt. Zur Dokumentation des Ist-Zustandes sind desweiteren 2–4 Biotopfotos auf einem gesonderten Bogen angehängt. Externe Mitarbeiter erhalten hierfür eine Unkostenerstattung. Erloschene oder trotz mehrfacher Begehung nicht angetroffene Populationen werden auf einem ge-

Artenschutzprogramm Schmetterlinge Baden-Württembergs - **1996**
Erhebungsbogen Seite 1 von 4 (Fundortdaten)

Schmetterlingsart: *Adscita notata/globulariae* | ADSNOT 08

Bearbeiter: Stefan HAFNER / Freiburg

Pop.-Nr.: 0 1 | TK-25-Nr.: 8 1 1 8 | *lfd. Nr.:* 0 0 1 | Jahreszahl: 9 6

Gemeinde: Engen | Gemeindekennziffer: 3 3 5 0 2 2

Lokalität / Gewann: Straßenhalde entlang der B31

Reg. Bezirk: F | TK-25-Quadrant: X | *Naturraum:* 0 9 1

Forstamt: | | Höhe von bis

§ 24a Biok. Nr.: | ASP - Priorität: 1

Rechtswert: 3 4 8 0 0 0 0 | Hochwert: 5 3 0 5 1 0 0

Lebensraum (Lage zum nächsten Ort, Exposition, kurze Biotopbeschreibung):

SW-exponierte Straßenhalde entlang der B31, schräg gegenüber der Gaststätte "Hegaublick"; gegen die Bundesstraße durch Gebüschriegel abgeschirmt. Hang teilweise verbuscht, jedoch mit relativ großen offenen, mittelfristig anscheinend nicht zur Verbuschung neigenden Bereichen. Von der Vegetation her läßt sich der Standort dem trockenen Flügel des Trifolion medii zuordnen., d.h. den mäßig trockenen, wärmebegünstigten Säumen. Die Raupennahrungspflnaze *Centaurea jacea* ist regelmäßig gruppenweise eingestreut, aber nicht flächendeckend vertreten. Bezeichnende Pflanzen im Habitat sind u.a. *Bromus erectus* und *Brachypodium pinnatum* (etwa gleich häufig), *Origanum vulgare, Carex flacca, Vicia cracca, Buphthalmum salicifolium*.

Im Lebensraum vorhandene Biotoptypen (bitte ankreuzen)

	Felsen, Block- Geröllhalden, Aufschüttung, Lößwand (21.00)		Sandrasen (36.60)
	Steinriegel, Hohlweg, Lesesteinhaufen o.ä. (23.00)		Trockenrasen (36.70)
	Offenes Hochmoor, Übergangsmoor (31.00)		Äcker mit Unkrautvegetation (37.10)
	Heide-Hochmoor (31.32)		Weinberge (37.23)
	Kleinseggenried, Niedermoor, Sumpf (32.00)	X	Feldgehölze und Feldhecken (41.00)
	Pfeifengraswiese, Streuwiese (33.10)		Gebüsche / Waldmantel (I/42.00 und II/473)
	Naßwiese (33.20)		Moorwälder (Bergkiefer, Waldkiefer), (51.00)
	Fettwiese (33.41)		Bruch-, Sumpf- und Auenwälder (52.00)
X	Magere Glatthaferwiese (33.43)		Laubwälder trockenwarmer Standorte (53.00)
	Streuobstwiese (I/33.00 und III/301)		Kiefernwald trockenwarmer Standorte (53.40)
	Weide (33.50)		Schlucht- und Blockwälder (54.00)
	Großseggenried (34.60)		Buchenreiche Wälder mittlerer Standorte (55.00)
X	Saumvegetation mittlerer Standorte (35.10)		Sonstige Laubwälder mittlerer Standorte (56.00)
X	Saumvegetation trockenwarmer Standorte (35.20)		Sukzessionswald (Fichte, Pappel, Robinie etc.) (58.00)
	Hochstaudenfluren (Brennessel, Goldrute, Mädesüß), (35.40)		Naturferner Waldbestand (Park u.ä.) (59.00)
	Schlagfluren (35.50)		Dämme (III/903)
	Ruderalvegetation (35.60)	X	Straßenbegleitflächen
	Wacholderheide (36.30)		Siedlungen, Industriebrache o.ä.
	Magerrasen bodensaurer Standorte (36.40)		Gärten, Parkanlagen
X	Basenreicher Magerrasen (36.50)		

Landesanstalt für Umweltschutz und Staatl. Museum für Naturkunde Karlsruhe / A. Hofmann, Freiburg

*'Kursive Felder '*werden vom Koordinator ausgefüllt

Anzahl der Erhebungen und der bearbeiteten Arten (1992–1995)

Jahr	Anzahl der Erhebungsbögen	bearbeitete Arten
1992	139	25
1993	137	36
1994	231	53
1995	161	51
1992–1995	**668**	**87**

Ende 1996 befinden sich 96 Arten auf der aktuellen Prioritätenliste. Davon sind 87 Arten auf 668 Erhebungsbögen bereits bearbeitet worden. Einige Populationen bzw. eng beieinander liegende Vorkommen wurden von verschiedenen Mitarbeitern unabhängig voneinander erhoben, so daß sich die Anzahl effektiv erhobener Populationen auf 660 verringert.

Anzahl der Erhebungen (1992–1995) verteilt auf die Bände I–IV des GLW:

124	Erhebungsbögen	von 18 Arten in Band 1	
385	Erhebungsbögen	von 32 Arten in Band 2	
98	Erhebungsbögen	von 14 Arten in Band 3	
32	Erhebungsbögen	von 11 Arten in Band 4	
27	Erhebungsbögen	von 5 Arten in Band 5*	
12	Erhebungsbögen	von 6 Arten in Band 6*ff	
668	**Erhebungsbögen**	**(insgesamt)**	

* bei Textabfassung in Vorbereitung

Anzahl der Erhebungen verteilt auf die einzelnen RL-Gefährdungskategorien

	RL 0	RL R	RL 1	RL 1?	RL 2	RL 3	neu
668 Bögen	1	27	175	3	439	18	5
davon in %	<1	4	26	<1	65	3	<1
87 Arten	1	7	20	5	47	5	2
davon in %	>1	8	23	6	54	6	>2

Der Tabelle ist zu entnehmen, daß 95 % aller bearbeiteten Arten des ASP Schmetterlinge (1992–1995) mindestens »stark gefährdet« (RL 2) eingestuft sind. Fast 40 % befinden sich sogar in einer noch höheren Kategorie (RL 1, RL R, »neu« = neu hinzugekommene, noch nicht bewertete Arten).

Anzahl der Erhebungen (1992–1995) verteilt auf die vier Regierungsbezirke

	BNL Stuttgart	BNL Karlsruhe	BNL Freiburg	BNL Tübingen
abs. Anzahl	187	123	204	154
rel. Anteil	28 %	18 %	31 %	23 %

sonderten Erhebungsbogen (»Ohne Populationsnachweis«) aufgeführt. Jedes Blatt ist mit einem populationseigenen Symbol versehen, dem der Artname und die Nummer der Population zu entnehmen ist (z.B. LEMDUM 05 bedeutet die fünfte erhobene Population von *Lemonia dumi*). Diese selbsterklärende Schlüsselnummernmethode hatte sich bereits zuvor beim ASP Farn- und Blütenpflanzen bewährt (HARMS & THOMAS 1995, S. 90).

Die Tabellen auf Seite 53 geben Auskunft über Anzahl der Erhebungen (Populationen und Arten), artenmäßige Verteilung auf die einzelnen Bände des GLW, Anteile an den Gefährdungskategorien und regionale Anteile.

b) Spezialuntersuchungen
Neben der standardisierten Erfassung via Erhebungsbögen hat sich in einigen Fällen eine zweite Vorgehensweise bewährt. Umfangreichere Spezialuntersuchungen werden dann vorgenommen, wenn Seltenheit, Verborgenheit, mangelndes biologisches Wissen oder unzureichende Kenntnisse

Charakteristische Fraßspuren auf der Blattoberseite tiefhängender, teilbesonnter Eichenäste verraten die Anwesenheit der Jungraupe. Dieses »Suchbild« ermöglichte noch am 19.August das Auffinden von 7 Eihüllen, zu einem Zeitpunkt also, als die meisten Raupen vermutlich schon verpuppt oder Parasitoiden bzw. Prädatoren zum Opfer gefallen waren. Kinzigtal 18.8.95 A. HOFMANN.

Ebenfalls im Rahmen des ASP wurde der sehr lokale Südliche Zahnspinner (*Drymonia velitaris*) bearbeitet. Dabei gelang es A. SCHANOWSKI, die bis dahin aus unserem Raum unbekannte Larvalbiologie einschließlich der Eiablagelokalitäten zu klären. Erst so konnten konkrete Schutz- und Pflegemaßnahmen erarbeitet werden. Gezielte Begehungen an einer Stelle, wo 1990 ein Weibchen am Licht beobachtet wurde (s. GLW, Bd. 4, S. 328), erbrachten fünf Jahre später Nachweise fast aller Entwicklungsstadien (Eier, Jungraupen, erwachsene Raupen, Falter). – Kinzigtal e. o. 1996 A. SCHANOWSKI S.

Sowohl Eier als auch Eihüllen, die interessanterweise nicht aufgefressen werden, als auch Raupen verschiedener Stadien (L_1 bis L_4) konnten ausschließlich an wenige Zentimeter über dem Boden hängenden Ästen buschförmiger Eichen entlang einer ehemals für eine Versorgungsleitung offen gehaltenen Waldschneise gefunden werden. Erst im letzten Stadium entwickelt sich nach und nach der auffallende rote Seitenstreifen; jüngere Stadien haben nur weißliche und grüne Zeichnungselemente. – Kinzigtal 1.8.95 A. SCHANOWSKI.

über die lokalen Vorkommen der betreffenden Art keine gesicherten Aussagen über Beeinträchtigungen und Gefährdungsfaktoren erlauben. Hierbei handelt es sich durchweg um »extrem seltene« Arten, deren Verbreitung und/oder autökologische Ansprüche bei Erstellung des Grund-

Arten, die im Rahmen des ASP (1992–1995) eingehender bearbeitet wurden
(Spezialuntersuchungen, flächenhafte Kartierungen)

Adscita mannii (Südwestdeutsches Grünwidderchen)	RL R
Parnassius mnemosyne (Schwarzer Apollofalter)	RL 1
Lopinga achine (Gelbringfalter)	RL 1*
Agrodiaetus damon (Weißdolch-Bläuling)	RL 1
Plebicula dorylas (Wundklee-Bläuling)	RL 1
Lycaeides idas (Ginster-Bläuling)	RL 1
Pyrgus cirsii (Spätsommer-Würfel-Dickkopffalter)	RL 1
Zygaena angelicae elegans (Elegans-Widderchen)	RL 1
Drymonia velitaris (Südlicher Zahnspinner)	RL 1
Fabriciana niobe (Mittlerer Perlmutterfalter)	RL 2*
Coenonympha hero (Waldwiesenvögelchen)	RL 2
Maculinea rebeli (Kreuzenzian-Ameisen-Bläuling)	RL 2
Zygaena fausta (Bergkronwicken-Widderchen)	RL 2
Zygaena osterodensis (Platterbsen-Widderchen)	RL 2
Dicallomera fascelina (Rötlichgrauer Bürstenspinner)	RL 2
Adscita notata-globulariae (Grünwidderchen)	RL 3**

* geänderte RL-Einstufung
** zu ändernde RL-Einstufung

lagenwerkes nicht hinreichend bekannt oder vollständig unbekannt waren wie z. B. Gelbringfalter (*Lopinga achine*), Südlicher Zahnspinner (*Drymonia velitaris*), Ginster-Bläuling (*Lycaeides idas*), Wundklee-Bläuling (*Plebicula dorylas*), Weißdolch-Bläuling (*Agrodiaetus damon*). Adäquate Pflege- und Schutzmaßnahmen konnten nach damaligem Wissensstand nicht klar herausgearbeitet werden. Der Zeitrahmen für Spezialuntersuchungen (Gutachten, flächenhafte Kartierungen, larvalbiologische Untersuchungen etc.) beträgt 9 Monate bis 2 Jahre. 17 Arten (siehe Tabelle oben) wurden bislang (1996) auf diese Weise eingehend bearbeitet.

Erstellung von Hilfsprogrammen
(Einzelartenhilfsprogramme, Artengruppenhilfsprogramme)

Die Erstellung von Schutz- und Pflegeplänen und die Umsetzung dieser Maßnahmen sind nur scheinbar streng auf Einzelarten ausgerichtet. Tatsächlich wird bei den Geländearbeiten versucht, auch anderen gefährdeten syntopen Arten gerecht zu werden und eventuelle Zielkonflikte offenzulegen. Gefährdete Arten sind nicht selten aufgrund lokaler Beeinträchtigungen ihrer gesamten Biozönose gefährdet. Dies ist ein entscheidender Grund, weshalb meistens mehrere »seltene Arten« zusammen vorkommen bzw. gemeinsam selten werden. In solchen Fällen könnten Pflegevorschläge für ganze Biotoptypen bzw. Geoelemente (z. B. Albtrauf, Moore, Streuwiesen, Halbtrockenrasen) formuliert werden. Der Nachweis nur weniger RL-Arten genügt hierzu. Natürlich ist das ASP Schmetterlinge zunächst überwiegend auf Einzelarten ausgerichtet. Dies hat den Vorteil einer schnellen und unkomplizierten Handhabung. Es soll jedoch immer darauf geachtet werden, ob mit syntopen Arten bei der Erarbeitung von Pflegemaßnahmen Zielkonflikte entstehen.

Nachdem inzwischen bei einigen Arten das Erhebungsstadium komplett abgeschlossen ist (d. h. alle in Baden-Württemberg bekannten Populationen sind bearbeitet, Umsetzungsmaßnahmen stellenweise schon durchgeführt) und nicht selten noch eine Vielzahl neuer Erkenntnisse (gerade unter artenschützerischem Blickwinkel) hinzugekommen ist, kann nun mit der zusammenfassenden Darstellung dieser Arten in Baden-Württemberg in Form von **Artenhilfsprogrammen** begonnen werden. Dabei wird man sich auf Arten konzentrieren, die einen ganz bestimmten Lebensraumtyp besiedeln und hierfür charakteristisch sind (sog. Leitarten!). Für Arten mit ökologisch sehr ähnlichen Ansprüchen (»ökologische Gilden«) würde es sich, zumindest was die Pflegemaßnahmen betrifft, empfehlen, **Artengruppenhilfsprogramme** zu erarbeiten. Als Beispiele hierfür seien genannt:

- Arten der Hochmoore
  Vacciniina optilete (Hochmoor-Bläuling)/*Boloria aquilonaris* (Hochmoor-Perlmutterfalter)/*Colias palaeno* (Hochmoor-Gelbling)

- Arten der Flachmoore und Streuwiesen
  Minois dryas (Blaukernauge)/*Proclossiana eunomia* (Randring-Perlmutterfalter)/*Maculinea alcon*/*Maculinea teleius*/*Maculinea nausithous* (Ameisenbläulinge)

- Arten der Südschwarzwälder Bergweidfelder
  Fabriciana niobe (Mittlerer Perlmutterfalter)/*Lycaena virgaureae* (Dukaten-Feuerfalter)/*Pseudophilotes baton* (Graublauer Bläuling)

- Arten scharf beweideter Magerrasen
  Chazara briseis (Berghexe)/*Hipparchia semele* (Ockerbindiger Samtfalter)

- Arten der Sandheiden
  Lycaeides idas (Ginster-Bläuling)/*Chamaesphecia nigrifrons* (Johanniskraut-Glasflügler)/*Eublemma minutatum* (Sandstrohblumeneulchen)

- Arten des Steppenheidewaldes
  Zygaena fausta (Bergkronwicken-Widderchen)/*Zygaena angelicae elegans* (Elegans-Widderchen)/*Limenitis reducta* (Blauschwarzer Eisvogel)

Maßnahmen für die Erhaltung dieser hochgefährdeten stenotopen Artengruppen zielen natürlich so gut als irgend möglich auf die Sicherung und Erhaltung ihrer – meistens ebenfalls hochgefährdeten – Habitate[2]; über signifikante Artengruppen wird so eine seltene Biozönose gefördert.

Extinktion und »kritische Arten«

Dem gelegentlich vorgebrachten Einwand, die statisch-konservierende Sichtweise des traditionellen Arten- und Biotopschutzes (PLACHTER 1992) und die hieraus resultierende Erhaltung eines Standortes mittels pflegerischer Maßnahmen auf »ewiggleichem Niveau« verhindere einen natürlichen dynamischen Prozeß, und dauerhaft wirkungsvoller Artenschutz sei nur über gesamtplanerische Konzepte (einschließlich Prozeß-

schutz) langfristig sinnvoll, wobei in Raum und Zeit auch immer wieder neue dynamische Prozesse (z. B. Windwurf, Sukzession, Verbuschung, Wald, Hochwald; in zeitlich-räumlichem Versatz) zugelassen werden müßten, soll hier keineswegs grundsätzlich widersprochen werden. Unserer Fauna wird damit jedoch nicht eine einzige Art erhalten, solange es bei Einwänden, Vorschlägen und Diskussionsbeiträgen bleibt oder die Flächenbereitstellungen in der Praxis viel zu kleinräumig ausfallen. **Außerdem kann davon ausgegangen werden, daß die am stärksten gefährdeten Arten heute nicht mehr über Flächenkonzepte zu erhalten sind.**

Die Auswertung der Bände 1–6 zeigt, daß seit Beginn der faunistischen Aufzeichnungen von 628 Makrolepidopterenarten 32 Arten (= 5 %) ausgestorben sind (korrekt: die Populationen dieser Arten in unserem Raum sind erloschen). Es handelt sich dabei um extrem stenöke-stenotope Arten, die oft nur von sehr wenigen Fundorten oder gar nur von einem einzigen bekannt waren. In Baden-Württemberg ausgestorben sind Arten mit ehedem sehr kleinräumigen, isolierten Vorkommen, wie z. B.

das Haarstrang-Widderchen (*Zygaena cynarae*, Extinktion 1957),
der Hecken-Wollafter (*Eriogaster catax*, 1976),
das Felshalden-Flechtenbärchen (*Setina roscida*, 1965),
der Rotbindige Samtfalter (*Arethusana arethusa*, 1976),
die Hofdame (*Hyphoraia aulica*, 1953)
und die Färberscharteneule (*Acosmetia caliginosa*, 1930?)

Solche hochspezialisierten Arten können in einer längst vollkommen verinselten Arealsituation nicht mehr über weitgefaßte Naturschutzkonzepte sozusagen »zufällig« mit hinübergerettet werden. Hier hätten nur gezielte Einzelartenhilfsprogramme Rettung bringen können. **Mindestens die Hälfte dieser ehemals in Baden-Württemberg residenten Arten wäre mit dem gegenwärtigen Artenschutzprogramm zu retten gewesen!**

Von den noch verbliebenen 596 Arten gelten heute 40 (= 7 %) als akut »Vom Aussterben bedroht«. Seit Erstellung des GLW hat sich bei einigen Arten die Situation nochmals erheblich verschlechtert bzw. der Grad der Gefährdung wird erst heute sichtbar (z. B. *Hypodryas maturna, Coenonympha hero, Lopinga achine*).

Die retrospektive Betrachtung ermöglicht heute, in einigen Fällen die Ursachen des Ver-

---

[2] Schmetterlinge sind selbstverständlich nur über ihre Biotope zu schützen. Genau das ist auch mit der Forderung nach einem wirkungsvollen »Biotop- und Artenschutz« gemeint – ein Begriff, der leider immer wieder mißverstanden bzw. einseitig ausgelegt wird.

schwindens aufzuzeigen und nüchtern zu analysieren. Wesentlich schwieriger gestaltet sich eine prognostische Beurteilung. Doch genau hierin liegt die Bedeutung unserer gegenwärtigen Untersuchungen und Anstrengungen. So lassen sich heute für einige Arten denn auch kritische Bestandsentwicklungen in den nächsten Jahren abschätzen. Wie sollen

der Apollofalter (*Parnassius apollo*),
der Schwarze Apollo (*Parnassius mnemosyne*),
der Eschen-Scheckenfalter (*Hypodryas maturna*),
der Südliche Zahnspinner (*Drymonia velitaris*),
das Elegans-Widderchen (*Zygaena angelicae elegans*),
das Sandstrohblumeneulchen (*Eublemma minutatum*) oder
die Haarstrangeule (*Gortyna borelii*)

unserer Fauna erhalten werden, wenn nicht durch zielgerichtete spezifische Maßnahmen? Hier ist die Zeit für andere Konzepte bereits abgelaufen.

In diesem Zusammenhang wird gelegentlich der Komplex »Ansiedelung neuer Arten/Unterarten« diskutiert. Ein solches Vorhaben ist unter wissenschaftlichen Aspekten äußerst bedenklich (Beispiel s. unter *Saturnia pyri* im GLW Band 3, S. 104). Das Thema »Wiedereinbürgerung« muß bei spektakulären Wirbeltieren (Birkhuhn, Luchs, Fischotter) unter völlig anderen Gesichtspunkten erörtert werden als bei Schmetterlingen. Uns sind keine vernünftigen Argumente bekannt, die den Aufwand einer Wiedereinbürgerung extinkter Schmetterlingsarten rechtfertigen könnten. Diese Energie sollte besser für **noch Vorhandenes** verwendet werden.

An dieser Stelle bedarf es einer Klarstellung: Das ASP Schmetterlinge hat natürlich nicht das Rad neu erfunden; Artenschutz für Schmetterlinge wird »schon immer« von den Bezirksstellen, den Naturschutzverbänden und vielen privaten Naturschützern betrieben. Ein ausgezeichnetes Beispiel hierfür ist der Apollofalter (*Parnassius apollo*), der nur durch die enge Zusammenarbeit der BNL Tübingen mit dem Schwäbischen Albverein, der zuständigen Forstbehörde, der Deutschen Bahn AG, der Straßenbauverwaltung, dem zuständigen Landratsamt und lokalen Naturschützern vor seinem Verschwinden bewahrt werden konnte. Es wäre wünschenswert, eine solche Zusammenarbeit würde als Pilotprojekt für ähnliche arg bedrohte Standorte anderer gefährdeter Arten dienen. In ehrenamtlichen Patenschaften

Zusammen mit der BNL Tübingen und der Forstbehörde Bad Urach wurden in den Wintern 1993 und 1994 an einem der letzten Biotope des Elegans-Widderchens Auslichtungsarbeiten vorgenommen. Die Erfolge zeigten sich hier bereits nach zwei Jahren. Sowohl die schonungsbedürftige Raupennahrungspflanze (*Coronilla coronata*) als auch das Nektarpflanzenangebot hatten sich ausgezeichnet entwickelt. Die *elegans*-Population wies 1995 die höchste Abundanz seit Beginn ihrer Beobachtung vor mehr als 20 Jahren (E. LOSER) auf. Ein Dankeschön darf an dieser Stelle den Forstbehörden ausgesprochen werden, die sich den Belangen des Artenschutzes gegenüber stets sehr aufgeschlossen und kooperativ gezeigt haben! – Bad Urach 22.3.95 A. HOFMANN.

könnte tatsächlich eine erstrebenswerte Ergänzung zum langsam überlasteten staatlichen Naturschutz liegen. Interessenten können sich gerne bei uns melden.

Rückwirkungen auf das Grundlagenwerk

Ein wichtiges Nebenprodukt des Artenschutzprogramms (der Erhebungen und der Spezialarbeiten) ist die Rückkoppelung zum Grundlagenwerk. Neue Erkenntnisse haben bei einigen Arten unser Wissen über die Verbreitung und Ökologie inzwischen beträchtlich erweitert. Insbesondere gilt dies für Arten, die über ein oder zwei Jahre hinweg durch Spezialuntersuchungen bearbeitet wurden. Hinzu kommen gezielte Nachforschungen (*Eublemma minutatum, Carcharodus flocciferus, Pseudophilotes baton*) und Neuentdeckungen für unsere Fauna (*Brenthis daphne*/D. FRITSCH: neu für Baden-Württemberg; *Cucullia caninae*/R. HERRMANN: neu für Deutschland; *Plebicula dorylas*/R. HERRMANN: neu für den Schwarzwald), die ihren Niederschlag noch in den Nachträgen zum GLW finden sollen.

Verbesserungen, Weiterentwicklung, Prognosen

»Die Hauptdefizite liegen in einer langfristigen Sicherstellung der Maßnahmen und ihrer Durchführungskontrolle überhaupt, der festen Institutionalisierung der Begleituntersuchungen und ihrer über Ansätze hinaus fehlenden Ausweitung [gerade] im faunistischen Bereich« (MEINEKE 1994). Leider müssen wir heute den Fortgang der begonnen Arbeiten aufgrund der neuesten Entwicklungen mit Sorge sehen. Konkret problema-

Die Bodenständigkeit der im benachbarten Elsaß weiter verbreiteten *Brenthis daphne* konnte 1996 in der Markgräfler Rheinebene nicht nur durch Individuenzählung (45 Falter an einem Tag), sondern insbesondere durch das Auffinden einer erwachsenen Raupe auf einem kleinen Brombeerbusch an der Rheinuferböschung (R. HERRMANN) definitiv bestätigt werden. Oberseits ungetarnt auf einem Brombeerblatt sitzend, ähnelt die Raupe durchaus dem auf demselben Blatt liegenden trockenen Weidenkätzchen. – 24.5.96 A. HOFMANN.

1993 gelang dem Mitarbeiter D. FRITSCH (Weil-Friedlingen) der erste gesicherte Nachweis einer bodenständigen Population des Brombeer-Perlmutterfalters (*Brenthis daphne*) in Baden-Württemberg. Wie gezielte Kartierungen (1994–1966) zeigten, befinden sich alle Vorkommen in der stark bedrängten Trockenaue der südlichen Oberrheinebene. Das Aufkommen von Robinien, insbesondere jedoch Kiesabbaukonzessionen und geplante Hochwasserrückhaltebecken stellen derzeit eine ernstzunehmende Gefahr für die landesweit einzige Population dieser Art in Deutschland – 4.7.96 D. FRITSCH.

tisch im vorliegenden Falle ist ferner die nur einjährige Laufzeit der Werkverträge. Längerfristige Vorhaben können so nur sehr eingeschränkt realisiert werden. Auswertung, Erhebung und Umsetzung sind zwar auf diese Weise durchführbar, der gesamte Komplex »Kontrolle« stößt jedoch auf erhebliche Probleme. Hier besteht ferner noch planerischer und organisatorischer Handlungsbedarf:

- <u>Umsetzungsmaßnahmen</u>. Da sie von den BNLs durchgeführt werden, sollten Rückmeldung über erfolgte Maßnahmen an den Koordinator gerichtet und in die bestehende Datenbank eingearbeitet werden (Durchführungsdokumentation).

- <u>Umsetzungskontrolle</u>. Der Bearbeiter der jeweiligen Population sollte eine Umsetzungskontrolle durchführen (sind die gewünschten Maßnahmen in gewünschtem Umfang erfolgt?).

- <u>Effizienzkontrollen</u>. Sie sind in zwei Schritten vorzunehmen:

- Sekundäre Effizienzkontrollen (zeigen die Pflegemaßnahmen bezüglich der Phytoressourcen den gewünschten Erfolg?). Diese Kontrollen können üblicherweise 1–3 Jahre nach dem Pflegeeingriff erfolgen,
- Primäre Effizienzkontrollen (wie reagiert die Zielart?). Gesicherte Aussagen hierüber sind frühestens nach 3–5 Jahren zu erwarten.

1996 wurde mit den Effizienzkontrollen begonnen. Die Phase der Erhebungen wird, wenigstens vorläufig, mittelfristig abzuschließen sein; zumindest gilt dies für diejenigen Arten, deren Gefährdungssituation im GLW (Bd. 1–6; Bd. 7 in Vorbereitung) überschaubar gemacht wurde. Bei einigen Arten wird regelmäßiges Habitatmanagement notwendig sein, bei anderen wird sich ein Monitoringsystem empfehlen. Stichprobenweise (2–3jähriger Turnus) sollten die Bestandsentwicklungen kontrolliert werden, um ggf. rechtzeitig auf negative Tendenzen reagieren zu können (z. B. *Lycaena helle, Brenthis daphne, Eucharia deserta* etc.). Unsere Kenntnislücken im autökologischen Bereich müssen bei den hochgefährdeten Arten auf jeden Fall durch gezielte Feldforschungen weiter geschlossen werden. Bei sehr lokalen oder extrem hochgefährdeten Arten sind darüberhinaus u. U. Überwachungen zur Flugzeit ratsam, so wie dies beim Apollofalter (*Parnassius apollo*) bereits der Fall ist. Beispiele hierfür sind der Eschen-Scheckenfalter (*Hypodryas maturna*), der Schwarze Apollo (*Parnassius mnemosyne*) oder der Blauschillernde Feuerfalter (*Lycaena helle*).

Kann die Effizienz des amtlichen Naturschutzes langfristig nicht gesichert werden, so wird das ASP auf halber Strecke stecken bleiben und es werden in den nächsten 2 bis 3 Dekaden folgende Arten in Baden-Württemberg verschwinden oder auf ein kaum regenerierbares Populationsniveau sinken: Gelbringfalter (*Lopinga achine*), Eschen-Scheckenfalter (*Hypodryas maturna*), Waldwiesenvögelchen (*Coenonympha hero*), Schwarzer Apollo (*Parnassius mnemosyne*), Apollofalter (*Parnassius apollo*), Elegans-Widderchen (*Zygaena angelicae elegans*).

Kritische Situationen wären ferner bei folgenden Arten zu erwarten: Berghexe (*Chazara briseis*), Blauschillernder Feuerfalter (*Lycaena helle*), Heilziest-Dickkopffalter (*Carcharodus flocciferus*), Südlicher Zahnspinner (*Drymonia velitaris*), Bergkronwicken-Widderchen (*Zygaena fausta*), Labkrautbär (*Eucharia deserta*), Haarstrangeule (*Gortyna borelii*).

Der neue Zeitgeist fordert Optimismus und positives Betrachten. Aus diesem Blickwinkel die beste Nachricht zuletzt: Das ASP besteht seit nunmehr 4 Jahren. Seither ist keine weitere Art ausgestorben.

Danksagung

Das ASP Schmetterlinge wäre ohne die tatkräftige Untersützung zahlreicher Kollegen und Naturschützer nicht möglich. Den nachfolgend genannten Förderern und Mitarbeitern gilt an dieser Stelle der herzliche Dank sowohl des Autors als auch des Herausgebers: M. Albrecht, G. Baisch, J. Bastian, A. Becher, U. Bense, K. Bisse-Kockelke, R. Bläsius, U. Dirbach, D. Doczkal, D. Fritsch, M. Goldschalt, H.-P. Gollnow, A. Grauel & J. Walz, S. Hafner, Dr. K.-H. Harms, U. Hartmann, Dr. M. Hassler, Dr. H. Heimeier, S. Heitz, G. Hermann, R. Herrmann, O. Jäger, H. Kautt, P. Kautt, U. Kerkhoff, F. Kirsch, M. Königsdorfer, Dr. C. Köppel, Dr. B. Kramer, Dr. M. Linnenbach, E. Loser, H. G. Lussi, U. Mahler, T. Marktanner, Dr. J. Marx, S. Mayer, Dr. J.-U. Meineke, Dr. M. Meier, K.-H. Müller-Köllges, Dr. E. Nickel, R. Pauler, U. Pöss, P. Pretscher, V. Rath, U. Ratzel, Dr. G. Reiss, E. Rennwald, J. Roitzsch, A. Schanowski, F. Schmid, A. Schneider, A. Steiner, R. Steiner, A. Vogel, M. Wallner, F. Weber, M. Weber, H. J. Weidemann, Dr. M. Witschel.

Literatur

(angeführt sind nur die im Text zitierten Quellen und Spezialarbeiten des ASP)

BISSE, K. (1992/93): Untersuchungen zur Autökologie und Verbreitung des Kreuzenzian-Ameisenbläulings, *Maculinea rebeli* (HIRSCHKE, 1904). – i. A. des Artenschutzprogrammes Schmetterlinge/1993, unveröffentl. 30 S.

BISSE, K. (1994): Zur Gefährdungssituation von vier einheimischen Tagfalterarten, *Parnassius mnemosyne* L., 1758, *Coenonympha hero* L., 1761, *Maculinea rebeli* HIRSCHKE, 1904, *Plebicula dorylas* D. & S., 1775. – Bericht für das Artenschutzprogramm Schmetterlinge/ 1994, unveröffentl. 17 S.

EBERT, G. (Hrsg.): Die Schmetterlinge Baden-Württembergs, Bd. 1 u. 2 (1991), Bd. 3 u. 4 (1994). – Ulmer, Suttgart.

HAFNER, S. (1993): Vergleichende Untersuchungen über *Fabriciana niobe* und ihre Verwandten *F. adippe* und *Mesoacidalia aglaja* im Südschwarzwald. – i. A. des Artenschutzprogrammes Schmetterlinge/ 1993, unveröffentl. 23 S.

HAFNER, S. (1994): Gutachten über die Verbreitung des Mittleren Perlmutter-Falters (*Fabriciana niobe*) im südlichen Schwarzwald – Untersuchungen der Habitatansprüche und zur Frage der Indikatorqualität. – i. A. des Artenschutzprogrammes Schmetterlinge/1994, unveröffentl. 68 S.

HAFNER, S. (1994): Arbeitsbericht der Untersuchungen zur Verbreitung und Biologie des Skabiosen-Grünwiderchens (*Adscita notata*). – i. a. des Artenschutzprogrammes Schmetterlinge/1994, unveröffentl. 23 S.

HAFNER, S. (1995): Vergleichende Untersuchungen zur Habitateinbindung der beiden Grünwiderchenarten *Adscita notata* und *A. globulariae* im Bereich ihres sympatrischen Auftretens. – i. A. des Artenschutzprogrammes Schmetterlinge/1995, unveröffentl. 28 S.

HAFNER, S. (1995): Ökologische Untersuchungen am Rötlichgrauen Bürstenspinner (*Dicallomera fascelina*) – i. A. des Artenschutzprogrammes Schmetterlinge/1995, unveröffentl. 21 S.

HARMS, K.-H. & THOMAS, P. (1995): Artenschutzprogramm für besonders gefährdete Pflanzen. – Veröff. Naturschutz Landschaftspflege Bad.-Württ. 70:85–97.

HERRMANN, R. (1994): Gutachten zur Gefährdung und Schutzbedürftigkeit des Gelbringfalters, *Lopinga achine* SCOPOLI, 1763 (Insecta, Lepidoptera). – i. A. des Artenschutzprogrammes Schmetterlinge/1994, unveröffentl. 64 S.

HERRMANN, R. (1995): Zweite Spezialuntersuchung zur Gefährdung und Schutzbedürftigkeit des Gelbringfalters, *Lopinga achine* SCOPOLI, 1763 (Insecta, Lepidoptera). – i. A. des Artenschutzprogrammes Schmetterlinge/1995, unveröffentl. 63 S.

HOFMANN, A. (1993): Gutachten zur Gefährdung und Schutzbedürftigkeit dreier einheimischer Widderchenarten (Lep., Zyg.): Das Platterbsen-Widderchen *Z. osterodensis* REISS, 1921, Das Elegans-Widderchen *Z. angelicae elegans* OCHSENHEIMER, 1808, Das Bergkronwicken-Widderchen *Z. fausta* L., 1767, Arbeitsbericht 1992 und 1993. – i. A. des Artenschutzprogrammes Schmetterlinge/1993, unveröffentl. 49 S.

HOFMANN, A. (1994): Artenschutzprogramm Schmetterlinge Baden-Württembergs 1994 (TEIL I: Arbeitsbericht: Allgemeiner u. Spezieller Teil, 137 pp; TEIL II: Kartenteil: Bearbeitungsstand, Verbreitung, 156 pp; TEIL III: Anlagen 1–15, Literaturverzeichnis, 50 pp). – i. A. der Landesanstalt für Umweltschutz/1994, unveröffentl.

HOFMANN, A. (1995): Artenschutzprogramm Schmetterlinge Baden-Württembergs 1995 (TEIL I: Arbeitsbericht: Allgemeiner u. Spezieller Teil, 178 pp; TEIL II: Kartenteil: Bearbeitungsstand, Verbreitung, 180 pp; TEIL III: Anlagen 1–14, Literaturverzeichnis, 74 pp). – i. A. der Landesanstalt für Umweltschutz/1994, unveröffentl.

LfU (Hrsg.), (1992): Die Landesanstalt für Umweltschutz und ihr Auftrag. – Karlsruhe

LfU, Abteilung 2 – Grundsatz, Ökologie (Hrsg.), (1991–1993): Arten- und Biotopschutzprogramm Baden-Württemberg, Band 1 (incl. Ergänzungslieferungen).

LUSSI, H. G. (1994): Das Südwestdeutsche Grünwiderchen (*Adscita mannii* LEDERER, 1852): Vorkommen, Lebensweise und Gefährdung am Kaiserstuhl. – i. A. des Artenschutzprogrammes Schmetterlinge/1994, unveröffentl. 58 S.

LUSSI, H. G. (1995): Das Südwestdeutsche Grünwiderchen (*Adscita mannii* LEDERER, 1852): Vorkommen, Lebensweise und Gefährdung am Kaiserstuhl. Nachträge für das Jahr 1995 – i. A. des Artenschutzprogrammes Schmetterlinge/1995, unveröffentl. 26 S.

MEIER, M. (1993): Artenschutzprogramm Baden-Württemberg, Schwarzer Apollo (*Parnassius mnemosyne*), Kurzbericht u. Photodokumentation. – i. A. des Artenschutzprogrammes Schmetterlinge/1993, unveröffentl. 23 S.

MEIER, M. (1993): Artenschutzprogramm Baden-Württemberg, Bergkronwiken-Widderchen (*Zygaena fausta* ssp. *suevica*), Arbeitsbericht 1993 mit Photo- u. Kartendokumentation. – i. A. des Artenschutzprogrammes Schmetterlinge/1993, unveröffentl. 80 S.

MEIER, M. (1994): Artenschutzprogramm Baden-Württemberg, Wundklee-Bläuling (*Plebicula dorylas*), Arbeitsbericht 1992/93 mit Photo- und Kartendokumentation. – i. A. des Artenschutzprogrammes Schmetterlinge/1994, unveröffentl. 38 S.

MEIER, M. (1994): Artenschutzprogramm Baden-Württemberg, Schwarzer Apollo (*Parnassius mnemosyne*), Arbeitsbericht 1994 mit Photo- und Kartendokumentation. – i. A. des Artenschutzprogrammes Schmetterlinge/1994, unveröffentl. 52 S.

MEIER, M. (1995): Artenschutzprogramm Baden-Württemberg, Schwarzer Apollo (*Parnassius mnemosyne*), Arbeitsbericht 1995 mit Photo- und Kartendokumentation. – i. A. des Artenschutzprogrammes Schmetterlinge/1995, unveröffentl. 18 S.

MEIER, M. (1995): Artenschutzprogramm Baden-Württemberg, Vorkommen und Verbreitung spätfliegender *Pyrgus*-Arten auf der Mittleren Schwäbischen Alb und am Albbuch, Arbeitsbericht 1995 mit Photo- und Kartendokumentation. – i. A. des Artenschutzprogrammes Schmetterlinge/1995, unveröffentl. 11 S.

MEINEKE, J.-U. (1994): Effizienzkontrollen von Schutz- und Pflegemaßnahmen im Spannungsfeld von wissenschaftlichen Ansprüchen und administrativen Möglichkeiten am Beispiel der Praxis in Baden-Württemberg. – Schr.-R. f. Landschaftspflege und Naturschutz, H. 40:229–242.

NAUMANN, C. M. (1996): Buchbesprechung – GÜNTER EBERT (Herausgeber): Die Schmetterlinge Baden-Württembergs. Band 3: Nachtfalter I; Band 4: Nachtfalter II. – Spektrum der Wissenschaften (1996), Heft 6:122–123.

PLACHTER, H. (1992): Grundzüge der naturschutzfachlichen Bewertung. – Veröff. Naturschutz Landschaftspflege Bad.-Württ. 67: 9–48.

SCHANOWSKI, A. (1995): Freilanduntersuchungen zum Larvalhabitat von *Drymonia velitaris* HUFNAGEL, 1766 (Südlicher Zahnspinner) im Rahmen des Artenschutzprogrammes Schmetterlinge Baden-Württembergs – i. A. des Artenschutzprogrammes Schmetterlinge/1995, unveröffentl. 23 S.

Sesiidae (Glasflügler)

Von Daniel Bartsch, Erich Bettag, Rolf Bläsius, Ernst Blum,
Axel Kallies, Karel Spatenka und Fritz Weber

Einleitung

Von Karel Spatenka

Systematik

Die Glasflügler (Sesiidae) werden als relativ primitive Gruppe in die Unterordnung Ditrysia gestellt (s. Bd. 3, S. 14–15), ihre genauere Position in der Systematik ist nach Autoren verschieden. Traditionell wurden sie in die Nähe der Holzbohrer (Cossidae), Sackträger (Psychidae) oder Fensterfleckchen (Thyrididae) gestellt (Bartel in Seitz 1912; Spuler 1910; Koch 1984), in jüngeren Arbeiten dagegen werden sie in die Superfamilien Glyphipterygoidea (Forster 1954), Tineoidea (Popescu-Gorj et al. 1958) oder Yponomeutoidea (Bradley et al., 1972) eingereiht. Weitere Autoren (z. B. Brock 1971; Heppner & Duckworth 1981) zeigen die Verwandtschaft der Sesiiden mit den Choreutidae und Brachodidae auf und weisen sie als eine eigene Superfamilie Sesioidea aus.

Die innere Gliederung der Familie Sesiidae wurde in der letzten Zeit stabilisiert. Sie basiert auf der grundlegenden phylogenetischen Studie von Naumann (1971). Danach wird die Familie in zwei Unterfamilien aufgeteilt, nämlich die Tinthiinae mit den Triben Tinthiini und Pennisetiini und die Sesiinae mit den Triben Sesiini, Osminiini, Melittiini, Paranthrenini, Cissuvorini und Synanthedonini. In Mitteleuropa kommen Vertreter der Triben Pennisetiini (Gattung *Pennisetia*), Sesiini (Gattung *Sesia*), Paranthrenini (Gattung *Paranthrene*) und Synanthedonini (Gattungen *Synanthedon, Pyropteron, Bembecia, Synansphecia* und *Chamaesphecia*) vor.

Verbreitung

Die Glasflügler sind auf allen Kontinenten mit Ausnahme der Antarktis verbreitet. Der Schwerpunkt liegt in den Tropen. In der Paläarktis sind rund 300 Arten bekannt, davon in Europa etwa 110. Die artenarme, vor allem ostpaläarktisch verbreitete Gattung *Pennisetia* ist in der Westpaläarktis mit zwei Arten vertreten, eine davon ist der auch in Baden-Württemberg vorkommende Himbeer-Glasflügler (*P. hylaeiformis*). Die Gattung *Sesia*, mit ihren vielen Arten in China und Japan, ist in Europa mit 4 Arten präsent, davon 3 in Deutschland. Die bekannteste ist der weit verbreitete Hornissen-Glasflügler (*S. apiformis*). Er kommt, obgleich vermutlich eingeschleppt, auch in Nordamerika vor. Die Gattung *Paranthrene* hat ihren Verbreitungsschwerpunkt im Orient und greift mit 3 Arten, davon 2 in unserem Faunengebiet, nach Europa über. Die Gattung *Synanthedon* mit 23 europäischen Arten ist in Baden-Württemberg mit 15 Arten gut vertreten, einige davon sind weit verbreitete paläarktische (*S. spheciformis, S. scoliaeformis*) oder sogar holarktische (*S. culiciformis*) Elemente. Der Rote Ampfer-Glasflügler (*P. chrysidiformis*) ist in Baden-Württemberg der einzige Vertreter der artenarmen mediterranen Gattung *Pyropteron*. Die Gattung *Bembecia* hat den Schwerpunkt ihrer Verbreitung in Zentralasien. Aus unserem Untersuchungsgebiet sind nur zwei Arten bekannt. Die Gattung *Chamaesphecia* schließlich, deren Herkunft in Vorderasien zu suchen ist, kommt auch in Baden-Württemberg mit mehreren Arten vor.

Biologie

Typisch für die Glasflügler ist die endophage Lebensweise ihrer Raupen (Xylophagie, Rhizophagie) und das lange Larvalstadium. Die phylogenetisch älteren xylophagen Arten, deren Raupen in Stämmen, Ästen und Wurzeln von Bäumen und Sträuchern leben, haben zumeist eine längere Entwicklung (3–4 Jahre sind keine Ausnahme) und sind selten monophag, meist oligophag oder sogar polyphag (*S. vespiformis, S. spuleri*). Die meisten Arten der xylophagen Gattungen (*Pennisetia, Sesia, Paranthrene, Synanthedon*) sind weit verbreitet und gegenüber den rhizophagen Arten durch größere Flugaktivität (Vagilität) ausgezeichnet. Als Raupennahrungspflanzen sind u. a. Arten aus den Pflanzenfamilien Betulaceae, Caprifoliaceae, Fagaceae, Loranthaceae, Pinaceae, Rhamnaceae, Rosaceae,

Salicaceae und Saxifragaceae zu nennen. Alle xylophagen Sesienarten mit Ausnahme solcher der Gattungen *Sesia* und *Pennisetia*, die nur einen verkümmerten Saugrüssel besitzen, besuchen tagsüber die Blüten verschiedener Pflanzen.

Die rhizophagen Arten haben für gewöhnlich ein kürzeres Raupenstadium (1 oder 2 Jahre), ein meist kleineres Verbreitungsareal und sind mehr stenök und weniger flugaktiv. Alle bekannten Vertreter der Gattung *Pyropteron* leben in den Wurzeln von Pflanzenarten aus der Familie Polygonaceae, die der Gattung *Bembecia* in Fabaceae und diejenigen der Gattung *Chamaesphecia* in Arten der Euphorbiaceae und Lamiaceae, selten in denen anderer Familien. Die Vertreter der Gattung *Synansphecia* leben in den Wurzeln von Pflanzenarten, die verschiedenen Familien angehören. In erster Linie sind hier Polygonaceae, Geraniaceae, Cistaceae und Plumbaginaceae zu nennen. Mit Ausnahme der Arten aus der Gattung *Bembecia*, die einen verkümmerten Rüssel haben, besuchen die Falter Blüten.

Morphologie

Die Glasflügler sind durch eine Reihe morphologischer Merkmale, sowohl bei den adulten Tieren als auch in den Präimaginalstadien, als eigene Gruppe charakterisiert: Die Imagines fallen durch ihre Ähnlichkeit mit Hautflüglern auf (BATES'sche Mimikry), d. h. sie tragen wie manche Wespen und Bienen ganz oder teilweise schuppenlose Flügel und weiße, gelbe oder rote Ringe auf dem Hinterleib. Die Raupen sind nur schwach pigmentiert, mit nur wenigen einfachen Borsten. Die Puppe gehört dem Typ »pupa semilibera« an. Die Abdominalsegmente 3–6 tragen je zwei Dornenreihen, mit deren Hilfe sich die Puppe vor dem Schlüpfen des Falters aus ihrem Puppenlager herausarbeitet.

Für die Bestimmung der Arten, wie auch ganz allgemein für die Benutzung der speziellen Literatur, ist es wichtig, die habituellen Merkmale der Imagines und ihre Terminologie zu kennen. Die Vorderflügel haben einen dunklen Vorderrand, einen beschuppten schmalen Hinterrand und einen schmalen dunklen Außenrand. Die äußere, mehr oder weniger breit beschuppte Flügelfläche wird als »Apikalfeld« bezeichnet, der auffallende, dunkel beschuppte Fleck in der transparenten Flügelfläche als »Diskalfleck« (in der älteren Literatur noch als »Diskoidalfleck«). Die gesamte Fläche des Vorderflügels ist gewöhnlich in drei sogenannte »Glasfelder« aufgeteilt: Entlang des Vorderrandes das Keilfeld (in der englischen Literatur ATA = anterior transparent area), entlang des Hinterrandes das Längsfeld (PTA = posterior transparent area) und zwischen dem Diskalfleck und dem Apikalfeld das Rundfeld (ETA = external transparent area). Die Glasfelder können reduziert sein oder fehlen (z. B. in der Gattung *Paranthrene*). Die Hinterflügel sind bei den mitteleuropäischen Arten fast ganz durchsichtig, nur mit einem dunkel beschuppten Außenrand und einem meist keilförmigen kleinen Diskalfleck. Beide Flügelpaare tragen an den äußeren Rändern lange Fransenschuppen. An der Spitze des Hinterleibes fällt der oft charakteristisch gefärbte und geformte, büschel- oder pinselartige »Afterbusch« auf.

Künstliche Sexuallockstoffe (Pheromone) als Fang- und Anlockmethode bei Glasflüglern

Von ERNST BLUM

In Nachtfalter I (Band 3:40–44) wurde die Anwendung künstlicher Pheromone im Pflanzenschutz und zum Fang männlicher Falter aus verschiedenen Schmetterlingsfamilien beschrieben (NIKUSCH 1994). Dort sind auch die verschiedenen, im Handel erhältlichen oder für Forschungszwecke angebotenen Anwendungsformen (Pheromonkapseln, Dispenser, Bait-Strips u. ä.) abgebildet worden, worauf an dieser Stelle verwiesen wird. Bei keiner anderen Schmetterlingsfamilie haben die künstlichen Sexuallockstoffe eine solch große Bedeutung als Fang- und Lockmethode erlangt wie bei den Glasflüglern, sicherlich deshalb, weil andere Fangmethoden wie Licht- und Köderfang ausscheiden. Vereinzelte Anflüge an Köder oder Licht sind Zufälle. Die bei den Tagfaltern praktizierte visuelle Suche ist wegen der versteckten Lebensweise, der Ähnlichkeit mit Bienen oder Wespen und der geringen Größe der meisten Sesienarten nur wenig erfolgreich.

Vor mehr als 20 Jahren wurde mit den Arbeiten zur Aufklärung der chemischen Zusammensetzung der Sexuallockstoffe der Glasflügler begonnen. Der Grundgedanke war, den Kommunikationsmechanismus zwischen jungfräulichen Sesien-Weibchen und deren Männchen aufzuklären, wobei die wichtigsten Informationsinhalte der chemischen Botschaft im Vordergrund standen:

- Art
- Richtung
- Ort
- Entfernung
- Sexualreiz
- Kopulationsauslöser

Die Stoffklasse des chemischen Informationsträgers war zu diesem Zeitpunkt schon bekannt. Im wesentlichen handelt es sich dabei um langkettige, mehrfach ungesättigte C18-Alkohole bzw. -Ester und deren Isomere. Die Pheromone bestehen aus mehreren Komponenten; meistens sind es zwei oder drei Verbindungen, die in einem ganz bestimmten Mengenverhältnis zueinander stehen. Die spezifische Wirkung des Pheromons wird durch die chemische Struktur der Einzelkomponenten (Stoffklasse, Lage der chemisch aktiven Zentren im Molekül) und das Mischungsverhältnis untereinander bestimmt.

Bis zur Fertigstellung eines artspezifischen künstlichen Pheromons sind folgende Entwicklungsschritte notwendig:

- Laborversuche zur Untersuchung der Wirkung bestimmter Pheromonbausteine auf lebende Männchen. Die dabei erzielten Resultate ergeben meist schon einen ersten Anhaltspunkt für die Hauptkomponenten.
- Elektrophysiologische Untersuchungen der in den Fühlernerven abgeleiteten elektrischen Impulse, die beim Auftreffen von Pheromonmolekülen auf die Antenne erzeugt werden.
- Durch Variation der Konzentration (Mengen) der einzelnen Komponenten mit gegenläufigen Konzentrationsprofilen wird eine erste Präparate-Serie hergestellt.

Beispiel:

Pheromon-Serie 1	Masse (µg) Komponente A	Masse (µg) Komponente B
1	300	0
2	300	1
3	300	10
4	300	100
5	300	300
6	100	300
7	10	300
8	1	300
9	0	300

Diese erste Pheromonserie wird anschließend im Freiland getestet. Hierbei kommen hauptsächlich Leimfallen zur Anwendung, die zur Flugzeit der Männchen im Biotop ausgebracht werden.

Bei regelmäßig durchgeführten Kontrollgängen werden die angeflogenen Männchen in den Fallen ausgezählt und die Positionen der Fallen werden verändert, um den Einfluß der Fallenumgebung zu reduzieren.

Nach der statistischen Auswertung der Anflüge ist es dann möglich, das Verhältnis der Lockstoffkomponenten zueinander zu verfeinern und die endgültige Zusammensetzung mit der maximalen Wirksamkeit festzulegen. Mit solch optimierten Pheromnmischungen stellte ERNST PRIESNER (Max-Planck-Institut für Verhaltensphysiologie in Seewiesen) eine Standardserie her, die aus 19 Präparaten bestand.

Standardserie (19 Präparate)

Pheromon-Nummer	Arten
1	apiformis, ichneumoniformis, »empiformis-2«
2	»empiformis-1«
3	vespiformis, andrenaeformis-A
4	tabaniformis-A
5	hylaeiformis
6	tipuliformis-A
7	tipuliformis-B
8	formicaeformis
9	myopaeformis
10	andrenaeformis-B
11	chrysidiformis
12	culiciformis
13	bohemica, tabaniformis-B
14	polaris
15	hec
16	apiformis-B.
17	dol
18	tipuliformis-C
19	scoliaeformis

Mit dieser Serie arbeiteten in Deutschland zwei Arbeitsgruppen (in Baden-Württemberg und in Rheinland-Pfalz) sowie eine große Zahl von Lepidopterologen auch in anderen Bundesländern und im Ausland.

Mit Ausnahme von *Pennisetia bohemica* und *Synanthedon polaris* konnten in Baden-Württemberg, neben den in der Liste aufgeführten Arten (die Bezeichnungen hec und dol beziehen sich auf nordamerikanische Glasflügler), noch Anflüge von folgenden Arten nachgewiesen werden:

Paranthrene insolita LE CERF, 1914
Synanthedon spheciformis ([DENIS & SCHIFFERMÜLLER], 1775)
Synanthedon conopiformis (ESPER, 1782)
Synanthedon soffneri SPATENKA, 1983
Synanthedon loranthi (KRALICEK, 1966)
Synanthedon stomoxiformis (HÜBNER, 1790)

Beispiel-Protokoll aus Baden-Württemberg

Beobachtungsprotokoll Sesiidae – Die Schmetterlinge Baden-Württembergs
Zentrale Sammelstelle: Entomologische Arbeitsgemeinschaft im Naturwissenschaftl. Verein Karlsruhe e.V.
D-76042 Karlsruhe Postfach 6209 Erbprinzenstraße 13 Tel. (0721) 175 2157 Fax (0721) 175 2110

Mitarbeiter: Daniel Bartsch, Stuttgart	Protokoll-Nr.: P 11	Datum: 26.6.1989
Pheromon eingesetzt von 13.00 h bis 14.30 h	Ort: Schwäbische Alb, Mühlhausen im Tal (Fils)	

Biotop: Steile Wacholderheide am Südhang nördlich des Ortes. Teilweise verbuschter Halbtrockenrasen, oben von Wald mit Gebüschsaum und unten von Naturhecken zum Ort und benachbarten Streuobstwiesen begrenzt. Der Hang ist sehr orchideenreich, im Gebüsch stehen u.a. Hartriegel, Liguster, Schneeball, Esche, Schlehe.

Witterung: Sehr heiß und schwül, fast windstill und am Albtrauf Quellbewölkung.

Pheromon	eingesetzt	Anflug von bis	Anzahl	davon landen auf dem strip	Anzahl Belege	min.Distanz Nahrungspfl	Bemerkungen Art:
1 ichn	X	um 14.20	1	1		2 m	Chamaesphecia empiformis
2 emp1	X						
3 vesp	X	14.00 - 14.30	4	4	2	ca. 40 m	Synanthedon andrenaeformis
4 tabA							
5 hyl							
6 tipA							
7 tipB							
8 form							
9 myop							
10 andB	X	14.00 - 14.30	9	7	4	ca. 40 m	Synanthedon andrenaeformis
11 chrys	X						
12 culi							
13 tabB							
14 pol	X						
15 hec	X						
16 apiB							
17 dol	X	um 13.00	1	1	1	3 m	Chamaesphecia empiformis ?
18 tipC							

Bembecia albanensis (REBEL, 1918)
Synansphecia affinis (STAUDINGER, 1856)
Chamaesphecia nigrifrons (LE CERF, 1911)
Chamaesphecia tenthrediniformis ([DENIS & SCHIFFERMÜLLER], 1775)
Chamaesphecia aerifrons (ZELLER, 1847)

Gute Ergebnisse erbrachten auch die Pheromonpräparate vom Research Institute for Plant Protection, Wageningen (Niederlande).

Bei den Anflugtests wurde folgende methodische Anordnung gewählt: Die 19 Präparate oder ein Teil davon wurden auf einer Leine, die quer zum Wind gespannt war, fixiert und dabei so ausgerichtet, daß der Wind die Pheromonfahnen in das Biotop wehte. Die Höhe der Schnur über dem Boden betrug, den zu erwartenden Arten entsprechend, meist zwischen 0,5 und 2 Meter. Bei den Bewohnern der Krautschicht, z. B. bei *Chamaesphecia*-Arten, waren etwa 0,5 Meter und bei den Baumbewohnern (z. B. *Paranthrene insolita*) 2 Meter Höhe optimal. Der seitliche Abstand der einzelnen Pheromonstrips betrug in der Regel etwa 0,5 Meter. Der Anflugversuch wurde protokolliert und dabei folgende Angaben festgehalten:

- Bearbeiter
- Ort
- Biotopbeschreibung
- Datum
- Uhrzeit, Dauer des Versuch von ... bis ... Uhr
- Wetter, Temperatur, Bewölkung, Windstärke
- Exponierte Pheromone
- Registrierung der anfliegenden Falter: Pheromon-Nummer, Zeit Verhalten, Art, Anzahl
- Besonderheiten

Die so erstellten Protokolle wurden an E. PRIESNER zur Auswertung weitergeleitet.

Zusammenfassend kann gesagt werden, daß es ohne die künstlichen Pheromone wohl kaum zu einem solch großen Interesse an dieser Schmetterlingsfamilie gekommen wäre. Durch diese effiziente Fangmethode angeregt, ist auch die Beschäftigung mit der Biologie der Glasflügler verstärkt worden. Aus diesen Aktivitäten resultierte neues Wissen über diese bislang stark vernachlässigte Schmetterlingsfamilie, das hier in die Bearbeitung der Glasflügler Baden-Württembergs einfließen konnte.

Durch den tragischen Tod von ERNST PRIESNER im Jahr 1994 konnten die laufenden Versuchsprogramme nicht mehr beendet werden. Mit der Fortführung der Forschungsarbeiten wurde NILS RYRHOLM, Universität Uppsala (Schweden), betraut.

Tinthiinae

Pennisetia hylaeiformis[1] (Laspeyres, 1801)

Himbeer-Glasflügler

Pennisetia anomala DEHNE, 1850

Bembecia hylaeiformis LASP. (REUTTI 1898, LAMPERT 1907, SEITZ 1907–1954, SPULER 1908–1910, REBEL 1910, ECKSTEIN 1913–1923, ESCHERICH 1931, HERING 1932, SCHNEIDER 1936–1939, BERGMANN 1951–1955, KOCH 1955 und 1984, FORSTER 1960, REAL et BALACHOWSKY 1966, STRESEMANN 1969, NOVAK & SEVERA 1980)

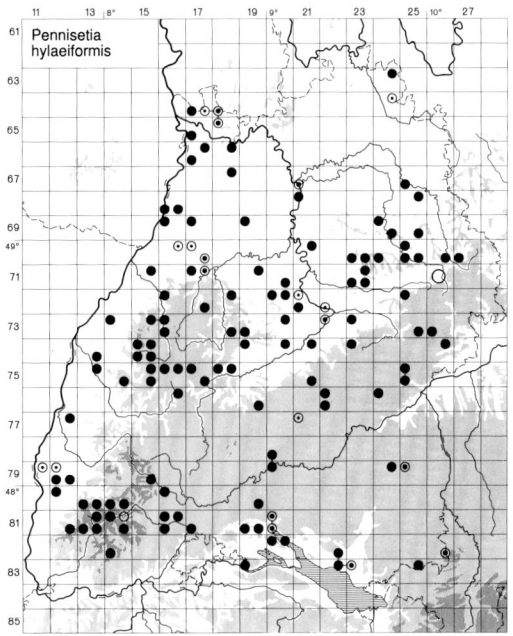

Gesamtverbreitung: Die Art ist von Nordspanien durch ganz Europa bis nach Sibirien und Japan verbreitet. Sie fehlt in weiten Teilen der Iberischen Halbinsel, auf den Britischen Inseln, in den Regionen nördlich des Polarkreises sowie in der mediterranen Zone. Inselartige Vorkommen gibt es in Nordportugal, in der Nordtürkei und im Kaukasus. In Deutschland wird sie in allen Bundesländern gefunden.

Verbreitung

Regional: *Pennisetia hylaeiformis* ist im Schwarzwald, in den Schwäbisch-Fränkischen Waldbergen, den Waldgebieten im Einzugsbereich des mittleren und südlichen Neckars sowie im Alb-Wutach-Gebiet, Hegau und Bodenseebecken weit verbreitet und zumindest stellenweise häufig, wie durch den Einsatz von Pheromonen gezeigt werden konnte. Spärlicher wurde die Art dagegen in der Oberrheinebene und in Oberschwaben festgestellt. Auch aus dem nordöstlichen Landesteil (Bauland/Tauberland) existieren nur wenige Meldungen, was jedoch an der noch unzureichenden Kartierung der Sesien-Arten in diesem Gebiet liegen dürfte. So findet sich z. B. eine alte Meldung von Pfarrer A. SEITZ, der in Zimmern (bei Grünsfeld) die Art »als Falter nie, aber die Rp alljährl. im Hausgarten an Himbeere gef.« hat (zitiert nach Kartei A. GREMMINGER). Die Art war also schon damals auch in dieser Region zu finden.

Diese Aussage zur Verbreitung des Himbeer-Glasflüglers bezieht sich zunächst einmal weitgehend auf seine natürlichen Vorkommen. Da er auch Himbeerpflanzungen zu nutzen vermag, ist er zum Kulturfolger geworden. Selbst aus der Oberrheinebene, die früher von dieser eher im Hügel- und Bergland verbreiteten Art anscheinend nur spärlich besiedelt war, liegen aktuelle Beobachtungen vor, z. B. in einer Himbeerplantage bei Leopoldshafen (J. PARTENSCKY).

Nach Beobachtungen im Regierungsbezirk Stuttgart dürfte der Glasflügler dort in fast allen Himbeeranlagen auftreten, jedoch meist in geringer Populationsdichte, ohne größeren Schaden an den Pflanzen zu verursachen. In den Erwerbsanlagen an den Standorten Rielingshausen und Neckargartach war der Befall durch diese Art jedoch so stark, daß ganze Bereiche innerhalb der Himbeerreihen abstarben oder Anlageteile deshalb ganzflächig gerodet werden mußten. Tendenziell scheint der Himbeer-Glasflügler regional zuzunehmen (P. EPP).

Durch den Einsatz von Pheromonen konnte in den letzten Jahren eine hohe Abundanz aufgrund

---

[1] Bearbeitet von ERNST BLUM und ERICH BETTAG

der überaus häufig angelockten Männchen auch auf vielen sonnigen Waldschlägen mit natürlichen Himbeerbeständen festgestellt werden. Eine progressive Bestandsentwicklung könnte, regional gesehen, auf die Winterstürme des Jahres 1990 zurückzuführen sein. Sie schufen große Vermehrungsflächen (Waldschläge, die prädestiniert sind, erst von der Himbeere und danach vom Himbeer-Glasflügler besiedelt zu werden). Als mobile Art, die von Natur aus in kurzlebigen Habitaten vorkommt, ist *P. hylaeiformis* durchaus in der Lage, rasch lokale Populationen aufzubauen, um bei fortschreitender Sukzession wieder zu verschwinden. Hinzu kommt, daß durch vermehrte Beobachtertätigkeit (intensiver betriebene Raupensuche, Pheromoneinsätze) die Art inzwischen an zahlreichen Stellen recht häufig nachgewiesen wurde, was allerdings nichts mit einer Bestandszunahme zu tun hat.

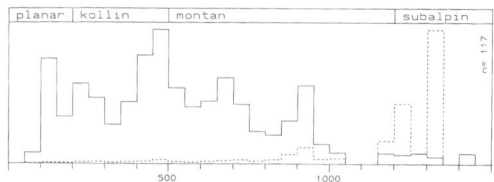

Der Himbeer-Glasflügler (*Pennisetia hylaeiformis*) ist in Baden-Württemberg weit verbreitet. Seine Raupen können in Himbeerpflanzungen zuweilen Schaden anrichten. Hier ein frisch geschlüpftes Weibchen in Ruhestellung. – Schwarzwald, Herzogenhorn 22.7.93 H. LUSSI.

Vertikal: Schon REUTTI (1898) wies auf die Verbreitung dieser Art »noch im höheren Gebirge« hin. Tatsächlich kommt sie im Schwarzwald bis in die Gipfellagen vor. Die meisten uns bisher vorliegenden Fundmeldungen stammen jedoch aus der kollinen und montanen, weniger dagegen aus der planaren Stufe. In den Seealpen fliegt die Art noch bei 2100 m Höhe (R. HERRMANN).

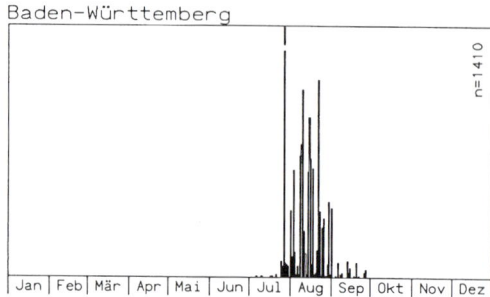

Phänologie

Imagines: Die Imaginalphase beginnt in der 2. Julihälfte und erreicht normalerweise gegen Mitte August ihr Maximum. Frühe Tiere wurden bereits am 6.7. (1950, Überlingen, E. COMMERELL) und 17.7. (1992, nahe Titisee, H. STEFFNY) gefunden. Die Flugzeit dehnt sich noch weit in den September hinein aus.

Die in den beiden Erwerbsanlagen von Rielingshausen und Neckargartach von 1992–1995 protokollierten Daten weisen Flugaktivitäten der Männchen aus, die vom 21.7.–27.9. bzw. 25.7.–26.9. reichen. Das Maximum fiel mit 129 Tieren in einem Fall bereits auf den 27.7. (Rielingshausen), im anderen mit 54 Tieren auf den 15.8. (Neckargartach). An beiden Standorten lag die größte aufeinanderfolgende Anflugdichte zwischen dem 9. August und 1. September bzw. zwischen dem 10. und 30. August (P. EPP).

Präimaginalstadien: Aus Baden-Württemberg liegen nur wenige Angaben vor. D. BARTSCH stellte eine zweijährige Entwicklungszeit der Raupen fest. Er fand Mitte Mai erwachsene Raupen.

Diese hatten das Stengelmark schon ausgefressen, waren aber noch nicht zur Verpuppung aufgestiegen.

Aus der Pfalz berichtet BETTAG (1963): »In eingetopften Wurzelstöcken fraßen die Raupen bis in den Mai. Die erste Puppe war am 21.06. zu sehen. Sie entließ am Nachmittag des 17.7. ein Weibchen. Die Puppenruhe dauerte also 27 Tage«.

Ökologie

Lebensraum: *Pennisetia hylaeiformis* kommt in teilweise hohen Populationsdichten auf Waldschlägen, entlang von Waldwegen und auf Lichtungen in praktisch allen Mischwäldern der planaren bis montanen Stufe vor, kaum dagegen in den Auenwäldern der Oberrheinebene. Sehr zahlreich ist die Art in anthropogen Lebensräumen wie Gärten oder Himbeerkulturen zu finden.

Der Einsatz synthetischer Pheromone hat gezeigt, daß die Männchen von *P. hylaeiformis* noch aus einem Kilometer Entfernung herbeigelockt werden können. Eine solche Distanz wird in weniger als 10 Minuten bewältigt. – Malsch-Völkersbach 9.8.89 H. LUSSI.

Nahrung der Raupe:
Rubus idaeus – Himbeere
  5 L, P (BAR, BAT, BLÄ, EBE, GRE, KAU, LIE, LOS, MAR, REI, STA, STE, STR, WEF, WLL)

In seinem Tagebuch vermerkt H. LIENIG, daß er am 18.4.1957 bei Oberflockenbach (bei Weinheim) 20 Raupen fand. Sie waren »nur an warmen, sonnigen Hängen, Böschungen und Waldrändern zu finden. Im Walde fand ich solche nicht, auch nicht in dicht stehenden Himbeerhecken, sondern immer nur in einzeln stehenden Stauden. Auch sind es nicht immer die starken Ruten, die bewohnt sind, ich fand sie auch in recht dünnen.« Im Gegensatz zu den Beobachtungen von H. LIENIG fand D. BARTSCH die Raupen auch im dichten Wald, in schattig stehenden Sträuchern zwischen Buchenjungwuchs inmitten eines Hochwaldes und sogar in Pflanzen auf extrem nassem Untergrund. In der Regel werden jedoch trockenwarme Standorte bevorzugt. G. EBERT fand eine Puppe in einer 1 cm dicken Himbeer-Rute an einem SW-exponierten, sonnigen Waldrand auf dem Kniebis (Schwarzwald).

Den Befall der Pflanze kann man während des ganzen Jahres sehr leicht daran erkennen, daß zweijährige Triebe schon beim leichten Umbiegen dicht über der Erdoberfläche abbrechen. Sie weisen den von der Raupe ausgefressenen Markgang mit dem seitlich angelegten Ausschlupfloch und (im Herbst und Winter) häufig Reste der Puppenhülle auf.

Nahrung des Falters: *Pennisetia hylaeiformis* hat einen reduzierten Rüssel und kommt deshalb als Blütenbesucher nicht in Frage.

Verhalten: Die Eiablage wurde in Baden-Württemberg noch nicht beobachtet. Aus anderen Gebieten liegen folgende Angaben vor:

»Das Weibchen löste sich nach einiger Zeit aus der Kopulation und begab sich an den Rand eines Blattes. Es krümmte seinen Hinterleib über den Rand hinaus an die Unterseite des Blattes und legte dort jeweils mit größeren Pausen einzelne Eier ab. Nach 14 Tagen waren alle Eier, ich hatte sechs Stück gezählt, verschwunden...« (IMMEKUS 1990). KÖHLER (1992) berichtet: »...Obwohl es sich bei dem Himbeerglasflügler um eine der häufigsten Sesien mit weiter Verbreitung handelt, sind noch viele Fragen ungeklärt oder widersprüchlich. So berichtet KEMMER, daß die Eier im bodennahen Bereich von Himbeerstengeln abgesetzt oder einfach auf die Erde fallengelassen werden (FIBIGER & KRISTENSEN 1974). Ich beobachtete dagegen nur Eiablagen auf der Blattunterseite. Dabei setzt sich das Weibchen auf die Blattoberseite und heftet jeweils ein schokoladebraunes Ei unmittelbar hinter den Blattrand. In

Gefangenschaft legte ein Weibchen in fünf Tagen 38 Eier ab. Es begann nur einen Tag nach der Kopulation mit der Ablage ... Die Eier werden an die Blätter einjähriger Himbeertriebe abgelegt. Auf einer Probefläche von 16 m² im Garten wurden 46 Eier gezählt, aber nur ein Ei befand sich an einem vorjährigen Trieb. Eine deutliche Präferenz für randständige und kräftige Pflanzen wurde festgestellt. Von 75 auf der Probefläche untersuchten einjährigen Himbeerruten waren 27 mit Eiern belegt. An 23 Pflanzen fanden sich jeweils ein oder zwei Eier, nur vier Pflanzen waren mit 3–5 Eiern belegt. Die Eiablage erfolgt in der Regel an Blätter des obersten Stengeldrittels, bei starkwüchsigen Kulturhimbeeren auch auf halber Pflanzenhöhe. Hier herrscht ein vergleichbares Kleinklima. Im endständigen, dichtbelaubten Blätterschopf wurde nur ein Ei gefunden ...«.

Die Raupe lebt zweijährig im Wurzelstock der Nahrungspflanze (LASTUVKA 1983; D. BARTSCH).

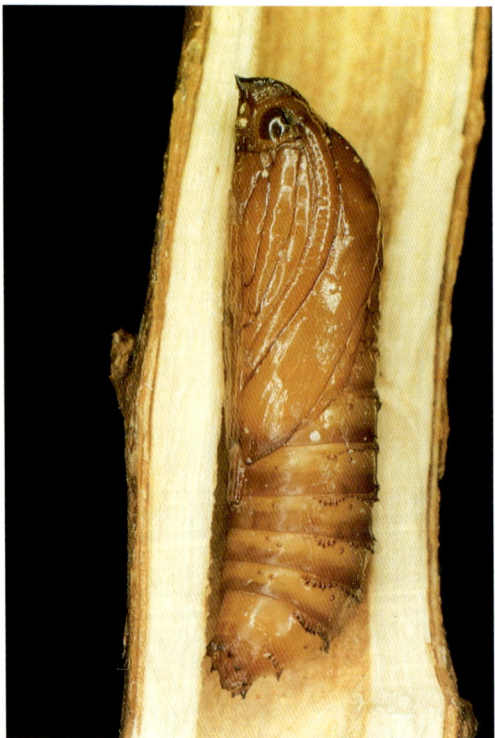

Die hellbraune Puppe ist wie bei allen Glasflügler-Arten sehr agil. Durch kreisende Bewegung der Hinterleibssegmente vermag sie im Fraßgang auf- und abzusteigen. Ehe aus ihr der Falter schlüpft, durchstößt sie mit einem spitzen Dorn am Kopfende die Rindenmembran am Ende des Schlüpfganges, die von der Raupe angefertigt wurde. Nur auf diesem Wege ist es dem Schmetterling möglich, aus dem Himbeerstengel ins Freie zu gelangen. – Schwarzwald, Kniebis 20.6.93 G. EBERT. S.

Gelegentlich tritt an alten, abgebrochenen Stengeln Bohrmehl aus. Nach der Überwinterung steigt die Raupe im Stengel etwa 10 cm aufwärts. Dabei wird das Mark ausgefressen und seitlich am oberen Ende des Ganges ein Ausschlupfloch angelegt. Eine dünne Rindenmembran bleibt unversehrt und verdeckt das Schlupfloch. Die Jungraupe frißt einen rund um die Stengelbasis verlaufenden Gang. Daraus entwickelt sich später eine ringförmige Verdickung. Vermutlich ernährt sich die Raupe vom nachwachsenden Kallusgewebe. Erst später geht sie direkt ins Rhizom und frißt einen zentralen, später bis in einen vorjährigen Trieb aufsteigenden Gang aus, in dem sie sich verpuppt. Die Puppe ist in der Lage, im Gang auf- und abzusteigen, was nach ZUKOWSKY (1910) an Witterungseinflüsse gekoppelt ist.

Den Schlüpfvorgang beschreibt SCHAMS (1946) ausführlich: »... Das Ausschlüpfen ist aber dem Falter nur unter einer ganz bestimmten Veraussetzung, die ausnahmslos gegeben sein muß, möglich. Wie erwähnt schiebt sich die Puppe bis zur Hälfte aus dem Stengel heraus und zwar bis zum ersten Abdominalsegment. Ein weiteres Herausschieben der Puppe verhindern die bereits erwähnten zwei Reihen Häkchen auf jedem Halbsegment, welche die Puppe im Schlupfloch sozusagen einklemmen, ein Herausfallen verhindern und den notwendigen Widerstand herstellen, den der Falter benötigt, um die Puppenhülle zu sprengen.«

Ausgebrachte Pheromone werden von den Männchen besonders in den späten Nachmittagsstunden angeflogen. In »guten Biotopen« sind dabei Massenanflüge beobachtet worden (E. BLUM, E. BETTAG, D. BARTSCH, H. STEFFNY, F. WEBER).

In der Pfalz wurden bei einem aufziehenden Gewitter Pheromonanflüge bis fast in die Dunkelheit beobachtet (E. BLUM, K. BASTIAN). Dies erklärt sicher zum Teil die in der Literatur immer wiederkehrende Angabe, daß diese Sesie nachts fliege und vom Licht angelockt werde: »... *hylaeiformis* ist die einzige Sesie, die nachts umherfliegt« (ZUKOWSKY 1910), »... fliegt des Nachts« (BARTEL 1913). E. BROMBACHER fing 1932 bei Vogtsburg im Kaiserstuhl einen Falter am Licht. Nach FORSTER (1960) fliegen die Falter »vorzugsweise nachts«.

Nach heutigen Erkenntnissen handelt es sich bei diesen nächtlichen Lichtanflügen um Ausnahmeerscheinungen, vergleichbar mit Anflügen von Tagfaltern und Zygaenen, die sich zufälligerweise im Bannkreis der Lampe befanden.

Pheromon: Die Hauptlockstoffkomponenten wurden von PRIESNER, WITZGALL und VOER-

MANN (1986) im Freiland getestet. Dabei konnten Männchen beobachtet werden, die noch aus 1000 m Entfernung angelockt wurden. Die ersten erreichten die Pheromonquelle nach 8 bis 10 Minuten (Windgeschwindigkeit zwischen 1,5 und 8 m/s). Beobachtungen auf halber Strecke zeigten, daß die Falter in direkter Linie – ohne die bei anderen Sesienarten oft zu beobachtenden suchenden Querbewegungen – das Pheromon anflogen.

Die hohe Wirksamkeit des Lockstoffes zeigt folgendes Erlebnis: Nachdem bei einem Anflugtest die Pheromonpräparate eingepackt waren, reichten die Lockstoffreste an den Fingerkuppen noch aus, um weitere Männchen anzulocken. Auch nachdem die Hände zweimal mit Seife gewaschen waren, um anhaftende Pheromonreste zu entfernen, flogen noch immer Tiere an! (E. BLUM)

Gefährdung und Schutz

Rote Liste Bundesrepublik: –
Rote Liste Baden-Württemberg: –

Oberrheinebene: Nicht gefährdet.
Schwarzwald: Nicht gefährdet.
Neckar-Tauberland: Nicht gefährdet.
Schwäbische Alb: Nicht gefährdet.
Oberschwaben: Nicht gefährdet.

- In Baden-Württemberg nicht gefährdet!

Sesiinae

Sesia apiformis[1]
Clerck, 1759
Hornissen-Glasflügler

Sphinx crabroniformis ([DENIS & SCHIFFERMÜLLER], 1775)

Trochilium apiforme CL. (*crabroniformis* SCHIFF.) (REUTTI 1898, (ESCHERICH 1931, BRAUNS 1964 und 1970)
Trochilium apiformis CL. (LAMPERT 1907, REBEL 1910, ECKSTEIN 1913–1923)
Aegeria apiformis CL. (S. 1907–1954, SPULER 1908–1910, HERING 1932, SCHNEIDER 1936–1939, BERGMANN 1951–1955, KOCH 1955 und 1984, FORSTER 1960, STRESEMANN 1969, SCHWENKE 1978)

Gesamtverbreitung: *Sesia apiformis* ist im südlichen und gemäßigten Europa allgemein, im nördlichen Eu-

[1] Bearbeitet von FRITZ WEBER

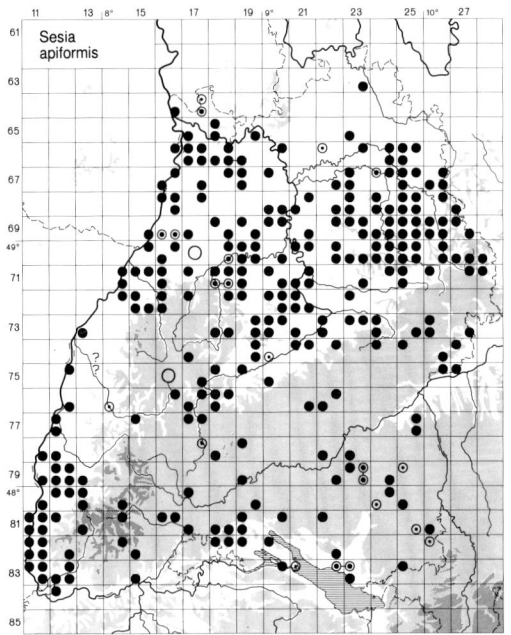

ropa in der Südhälfte Skandinaviens verbreitet. Sie kommt noch in der Nordwesttürkei und in Teilen Westasiens vor. Nach Nordamerika wurde sie eingeschleppt.

Verbreitung

Regional: Mit Vorkommen in allen Naturräumen folgt die Art im wesentlichen der Verbreitung geeigneter Pappelbestände. Im Neckar-Tauberland, der Oberrheinebene und auch in Oberschwaben ist sie praktisch überall anzutreffen. Auf der Schwäbischen Alb und im Schwarzwald bleibt ihre Verbreitung wegen des zerstreuten Vorkommens geeigneter Brutbäume eher auf lokale Fundstellen beschränkt. In diesen Regionen gibt es vor allem Meldungen aus den klimatisch begünstigten Tallagen, so im Schwarzwald aus dem Kinzigtal, dem Tal der Wiese und anderen in die Ebene einmündenden Tälern, im Bereich der Schwäbischen Alb aus dem oberen Filstal, dem Brenztal und dem Einzugsbereich der Donau. Die Albhochfläche und die höheren Lagen des Schwarzwaldes mit nur sporadischen Pappelvorkommen sind von der Art dagegen kaum besiedelt.

Obwohl der Hornissen-Glasflügler als die wohl bekannteste Glasflüglerart angesehen werden kann, gibt es relativ wenige alte, dazu oft ungenau lokalisierte Fundmeldungen, so daß die heutigen Kenntnisse vielmehr erst das Ergebnis der intensiven Kartierung der letzten Jahre darstellen. Bei der Bewertung der aktuellen Verbreitungskarte ist zu berücksichtigen, daß bisher in bezug auf das Vorkommen von Glasflüglern noch wenig bearbeitete Gebiete wie das Bauland, das Tauberland, die Mittlere Oberrheinebene und Oberschwaben zwangsläufig unterrepräsentiert sind, obwohl die Art auch hier flächenhaft vertreten sein dürfte.

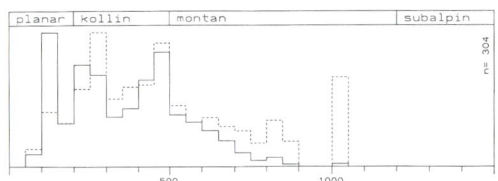

Vertikal: Die tiefsten Vorkommen liegen um 100 m bei Mannheim, der höchste bekannte Fundort im Hochschwarzwald auf 1010 m bei Aitern (H. LUSSI, A. STEINER). Der Verbreitungsschwerpunkt der Art liegt in der planaren und kollinen Stufe zwischen 100 m und 500 m.

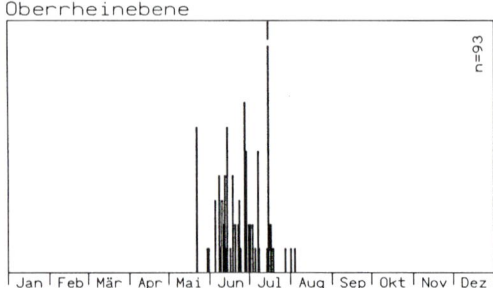

Der Hornissen-Glasflügler (*Sesia apiformis*) sieht auf den ersten Blick eher wie eine große Wespe oder eine Hornisse (Name!) aus. Durch diese Warnfärbung ist er gegenüber verschiedenen Freßfeinden, insbesondere Vögeln, gut geschützt. Der Falter sitzt in den Morgenstunden gern an Pappelstämmen. Durch die gelben Schulterdecken ist er leicht vom Großen Weiden-Glasflügler (*S. bembeciformis*) zu unterscheiden. – Tübingen 27.6.85 A. STEINER.

Phänologie

Imagines: Die größte Anzahl der Beobachtungen fällt in die Monate Juni und Juli. Die Flugzeit beginnt in den meisten Regionen Baden-Württembergs Mitte Juni und endet etwa sechs Wochen später. Gelegentliche Einzelfunde wurden noch im August gemacht. In den klimatisch begünstigten Gebieten der Oberrheinebene und des Neckartales (Weinbauregionen!) erscheinen die Falter schon Ende Mai/Anfang Juni. So fand D. BARTSCH am 22.5. (1993, Kaiserstuhl, Oberbergen) vormittags drei Pärchen und einige frische Exuvien, M. ALBRECHT beobachtete am 30.5. (1993, Kaiserstuhl, Badberg) ebenfalls ein Tier. Ein weiterer früher Fund gelang am 23.5. (1992, Stromberg, D. BARTSCH & M. MEIER).

Präimaginalstadien: Die Raupen können wegen ihrer mehrjährigen Entwicklungsdauer ganzjährig in verschiedenen Larvenstadien gefunden werden. Zumindest ein Teil der erwachsenen Raupen legt bereits im Herbst vor ihrer letzten Überwinterung den Kokon an und verbleibt in diesem bis zur Verpuppung im Frühjahr (Ende April/Anfang Mai).

Ökologie

Lebensraum: Der Hornissen-Glasflügler besiedelt vorwiegend offene Landschaften mit einzeln oder in Gruppen stehenden Pappeln, Pappelalleen und Pappelaufforstungen, insbesondere in den Tallagen entlang von Flüssen und Straßen, in Auenwäldern, aber auch auf höher gelegenen Flächen mit feuchtem bis wechselfeuchtem Untergrund. Deutlich bevorzugt werden exponierte, sonnige Standorte. Funde gibt es auch aus geschlossenen, aber lichten Pappelforsten und Zitterpappelbeständen, doch ist die Zahl der Schlupflöcher bzw. Raupen hier nicht mit der

Die Paarung kann man bei dieser weit verbreiteten Art häufiger beobachten, als dies bei anderen Glasflüglern der Fall ist. Meist sitzen die Falter dabei in der Vegetation, oft weit von den nächsten Pappeln entfernt. – Taubergießen 7.94

idealer Standorte vergleichbar. Gemieden werden offensichtlich Pappeln in periodisch überfluteten Auenwäldern. Hohe Populationsdichten finden sich dagegen an besonders günstig stehenden einzelnen Pappeln mittleren Alters von etwa 40–60 cm Stammdurchmesser. Noch größere, alte Pappeln zeigen zwar häufig alte Schlupflöcher, bei der Nachsuche nach Raupen/Puppen finden sich aber meist nicht so viele Tiere wie eigentlich erwartet wurde. Derartige Bäume, bei denen sich oft schon Teile der Rinde lösen oder verfault sind, werden offensichtlich als Habitat für *Sesia apiformis* wieder ungünstig, besonders wenn noch Beschattung durch Pflanzenwuchs oder dicke Moospolster auf der Rinde vorhanden sind.

Die Art fügt sich in die überwiegend anthropogenen Lebensräume gut ein und ist deshalb zum Kulturfolger geworden, der durch seine offenbar sehr gute Flugfähigkeit, vielleicht aber auch durch Verschleppung mit Jungpflanzen aus Baumschulen eine größere Verbreitung und Häufigkeit erreichen konnte. Andererseits wächst die Population eines Standortes nicht linear mit der Anzahl geeigneter Bäume. Vielmehr beobachtet man beispielsweise in Pappelalleen, daß sich die Mehrzahl der Tiere auf einige Bäume in besonders günstiger Lage konzentriert.

Nahrung der Raupe:
Populus tremula – Zitter-Pappel
   3 L (BAR, BLÄ, REI)
Populus alba – Silber-Pappel
   3 L (BAR, BLÄ, DOC, MER, RAK, WEF)
Populus nigra – Schwarz-Pappel
   3 L, P (BAR, BLÄ, DOC, REN, STA, WLL)
Populus × canadensis – Kanadische Pappel
   5 L, P (BAR, BEG, DOC, EBE, KÖP, PAR, REN, STA, WEF, WLL)
Populus balsamifera – Amerik. Balsam-Pappel
   L (BAR)

Der Hornissen-Glasflügler nutzt in Baden-Württemberg alle natürlich vorkommenden und manche angepflanzten Pappelarten. Hauptnahrungspflanze ist dabei die Schwarzpappel und ihre durch Kreuzungen erzielten Bastarde. Die Pyramidenpappel ist nur vereinzelt, die Kanadische oder Hybridpappel dagegen häufig mit Raupen besetzt. Die meisten Fundmeldungen beziehen sich auf mittlere und große Bäume, aber auch Jungpflanzen oder Wurzelausschläge kommen als Entwicklungsort der Raupen in Betracht. So entdeckte R. BLÄSIUS bei Mannheim im Mai 1991 eine Raupe in einer *Populus alba*-Jungpflanze von nur 2 cm Durchmesser. Ähnliche Beobachtungen machte auch D. BARTSCH, der bei Grißheim Schwarzpappel-Schößlinge fand, die gut mit Raupen besetzt waren. In den Wurzeln von Zitterpappeln wurden, gerade bei jüngeren Stämmen, wiederholt Raupen von *S. apiformis* festgestellt (D. BARTSCH, R. BLÄSIUS).

Der Kokon wird meist schon vor der letzten Überwinterung fertiggestellt (hier geöffnet, mit darin ruhender Raupe). Seine Oberfläche besteht aus braunem, körnigen Rindenmaterial, die Innenseite ist silbrigweiß ausgesponnen. – Sulzbach/Laufen 6.4.96 F. WEBER. S.

Angaben in der Literatur (z. B. FORSTER 1960), wonach auch Salweide (*Salix caprea*) als Raupennahrung in Betracht kommt, können für Baden-Württemberg nicht bestätigt werden. Daß sie dennoch nicht falsch sind, zeigt eine Beobachtung von D. HAMBORG, der in der Südsteiermark aus einer sonnenexponiert stehenden Salweide ein halbes Dutzend Raupen barg, die sich nach dem Schlupf der Falter als *S. apiformis* erwiesen!

Nahrung des Falters: Eine Nahrungsaufnahme ist wegen des rudimentären Rüssels nicht möglich. Gelegentliche Funde von zumeist frisch geschlüpften, zufällig auf Blüten ruhenden Faltern erklären andersdaltende, irrtümliche Angaben in der Literatur.

Verhalten: Der Falter ist trotz seiner Größe im Flug offenbar so schnell und unauffällig, daß hierüber fast keine Beobachtungen vorliegen. Dagegen werden ruhende Falter regelmäßig in den Morgenstunden oder bei kühlem Wetter an Pappelstämmen oder in deren Umgebung, z. B. im Gras sitzend, gefunden. Frisch geschlüpfte Tiere sind oft in Kopula anzutreffen. Unter Zuchtbedingungen schlüpfen die Falter im Morgengrauen und beginnen mit zunehmender Helligkeit und Temperatur aktiv zu werden. Die Männchen werden unruhig und beginnen zu fliegen, während die Weibchen kurz nach Entfaltung ihrer Flügel die Legeröhre ausstülpen und ihren Lockstoff abgeben. Die Zusammensetzung des Sexuallockstoffes von *Sesia apiformis* ist bekannt und es gibt inzwischen synthetische Pheromonpräparate verschiedener Hersteller, mit denen aber kaum Anflugbeobachtungen im Freiland gelangen. Einzig H. RIEFENSTAHL konnte morgens einige Männchen im Mittelrheintal mit Pheromonen anlocken (A. KALLIES).

Der Falter imitiert mit seinem Aussehen treffend die Gestalt einer Hornisse oder großen Wespe und zeigt damit eine beispielhafte Warnfärbung, die, verbunden mit einer ebenso typischen Abwehrreaktion, den Eindruck eines wehrhaften Insekts entstehen läßt. Bei Störung richtet sich der Falters auf und krümmt den Hinterleib unter pumpenden Bewegungen nach unten, so daß sich täuschend der Anblick eines zustechenden Tieres ergibt, vor dem schon mancher unkundige Beobachter zurückgewichen sein mag.

Über das Eiablageverhalten wissen wir noch wenig. In den Rheinauen bei Grißheim beobachtete D. BARTSCH ein Weibchen, das am Spätnachmittag im Schwirrflug mit herabgebogenem Abdomen ein kleines Pappelstämmchen umkreiste, den Kopf diesem stets zugewandt. Ob das Tier auf der Suche nach einem geeigneten Eiablagehabitat war oder möglicherweise Eier im Flug fallen ließ, war nicht festzustellen. Ähnliches trifft auf ein Weibchen zu, das gegen 18 Uhr den Stammfuß einer Wirtschaftspappel umflog (Zabergäu, M. MEIER). Bereits aus dem vergangenen Jahrhundert stammt eine andere Beobachtung:

»In einem jungen Eichenschlag bei Hohenheim, am 27. Juni 1855, flog ein Weibchen im vollen Nachmittagssonnenschein an mir vorüber. Plötzlich sah ich es sich in einen kleinen Busch von Aspenausschlägen, und zwar auf den schwachen Wurzelstock niederlassen. Als ich bemerkte dass der Falter nach ein paar Sekunden mit den Flügeln zu zittern anfing, offenbar um davonzufliegen, erhaschte ich ihn. Nun fand ich bei näherer Besichtigung der Stelle wo er sass, ein rundes braunes Ei, das ich übrigens als dasjenige von *apiformis* längst kannte, in einer Trockenkluft zwischen Erde und Wurzel des Aspenstockes leicht an der Erde klebend ...« (NÖRDLINGER 1880).

Ob *S. apiformis* seine Eier einzeln oder zu mehreren ablegt, ob diese gezielt abgesetzt oder einfach verstreut werden, läßt sich aus diesen Beobachtungen nicht schließen. Von eingesperrten Freilandweibchen ist bekannt, daß sie, ähnlich den Wurzelbohrern (Hepialidae), Eier lose fallen lassen. Die recht kleinen Eier werden also nicht mit Hilfe eines Haftsekretes befestigt. Vermutlich werden sie lose und relativ ungezielt an geeigneten Stellen abgesetzt.

Die Lebensweise der jungen Raupen ist bisher weitgehend unbekannt geblieben. Anzunehmen ist, daß sich die Eiraupe nach dem Schlüpfen in Rindenritzen, Knospenbildungen oder flachstreichenden Wurzeln bis zum Kambium und den saftführenden Schichten einbohrt. Dies dürfte allerdings nur einem Teil der Tiere gelingen. In der Literatur (BERGMANN 1953, FORSTER 1960, KOCH 1984) wird die Entwicklungsdauer der Art mit zwei Jahren angegeben. LASTUVKA & LASTUVKA (1995) gehen dagegen von einer drei- bis vierjährigen Entwicklung aus. Dies dürfte nach dem aktuellen Beobachtungsstand vermutlich auch für Baden-Württemberg zutreffen. Der Fund einer noch kleinen, höchstwahrscheinlich erst einjährigen Raupe (Länge ca. 10 mm, Durchmesser ca. 1.5 mm) gelang am 25.4.1993 (Laufen am Kocher, F. WEBER) in einer Pappel mittleren Alters. Das Räupchen saß in einer Platzmine dicht unter der Rinde wenig unter Bodenniveau. Bei weiterer gezielter Suche nach überwinternden Raupen fand F. WEBER am 24.12.1995 (Sulzbach am Kocher) in einer Schwarzpappel von etwa 40 cm Durchmesser an einem feuchten, südexponierten Hang, nach Entfernen von Erde und Rinde, in der Stammbasis und in abzweigenden, oberflächigen Wurzeln insgesamt 7 Raupen verschiedener Größe. Vier kleinere (durchschnittlich 25 mm lang, 5 mm im Durchmesser), vermutlich um ein Jahr jüngere saßen offen (ohne Überwinterungsgespinst) in ihrem Fraßgang. Die Fraßgänge waren jeweils 10–15 cm lang, teilweise mit alten Spänen ausgestopft und verliefen dicht unter der Rinde im saftführenden Leitgewebe. Ein Gang in einer dünnen Wurzel von ca. 30 mm Durchmesser verlief tiefer im Holz in der Wurzelmitte. Die Gänge waren in Holzfaserrichtung ausgerichtet, teilweise waren flach-ovale Erweiterungen oder kleine Verzweigungen vorhanden. Drei weitere, erwachsene Raupen (durchschnittlich 35 mm lang, 8 mm im Durchmesser) hatten bereits von ihrem eigentlichen Fraßgang aus einen weiter nach oben steigenden Verpuppungsgang von nochmals etwa 15–20 cm Länge angelegt und befanden sich an dessen oberem Ende im bereits fertiggestellten Puppenkokon. Ein Vergleich dieser Funde läßt auf eine mindestens dreijährige Entwicklung schließen. Berücksichtigt man dazu noch die Größenverhältnisse der Raupen, wird eine vierjährige Entwicklungszeit sogar noch wahrscheinlicher. Die endgültige Klärung dieser Frage bedarf zweifellos noch weiterer Beobachtungen.

Die aus den Fraßgängen entfernte Holzsubstanz dient der Raupe nicht als Nahrung, vielmehr kommt dafür nur der nährstoffhaltige Saft aus dem benagten Leitgewebe in Frage. Die Verpuppung findet meist in der Borke des Baumes dicht über dem Boden statt; einzelne Gänge steigen aber auch bis in etwa 20 cm Höhe am Stamm auf. Am Ende des Ganges wird, in leichtem Bogen zur Rindenoberfläche geneigt, der Verpuppungskokon angelegt, der außen mit körnigem, braunem Rindenmaterial behaftet, innen glatt silbergrau ausgesponnen ist. Das vorbereitete Schlupfloch ist durch einen verbliebenen dünnen, aber recht widerstandsfähigen Rindendeckel verschlossen. Raupen, deren Entwicklung in flach verlaufenden Wurzeln in einiger Entfernung vom Stamm stattgefunden hat, legen ihren Kokon auch innerhalb der Wurzel, allerdings häufig, vor allem an Zitterpappeln, auch in der umgebenden Erde an.

Unter Zuchtbedingungen sind die Puppen relativ empfindlich und sterben bei Störung durch das Einsammeln öfters ab. Auch in der Natur findet man hin und wieder tote Puppen, in denen die Falter oft schon entwickelt waren. Derartige Verluste könnten bei dieser doch eher wärme-

Alte Schlupflöcher und leere Puppenhüllen zeigen die Besiedlung des Baumes durch den Hornissen-Glasflügler an. Sie ist auf diese Weise zu allen Jahreszeiten leicht nachweisbar. Als Kulturfolger ist die Art oft in oder am Rande von Ortschaften in Parks, Pappelalleen und ähnlichen anthropogenen Lebensräumen zu finden. – Karlsruhe-Neureut 17.7.91 J. Partenscky.

liebenden Art durch Schlechtwetterzeiten verursacht worden sein. Die Puppe arbeitet sich vor dem Schlupf des Falters durch Kokon und Rindendeckel aus dem Schlupfloch heraus, bis sie nur noch mit dem Hinterleib im Kokon steckt. Dann schlüpft der Falter und klettert zur Entfaltung der Flügel ein Stück weit nach oben. Zurück bleibt die Exuvie, die bald zu Boden fällt oder abbricht, und das für den Hornissen-Glasflügler so typische, etwa 10 mm große, kreisrunde Schlupfloch.

Gefährdung und Schutz

Rote Liste Bundesrepublik: –
Rote Liste Baden-Württemberg: –

Oberrheinebene: Nicht gefährdet.
Schwarzwald: Nicht gefährdet.
Neckar-Tauberland: Nicht gefährdet.
Schwäbische Alb: Nicht gefährdet.
Oberschwaben: Nicht gefährdet.

• In Baden-Württemberg nicht gefährdet!

Sesia bembeciformis[1]
(Hübner, [1806])
Großer Weiden-Glasflügler

Sphinx crabroniformis LEWIN, 1797

Trochilium crabroniforme LEWIN (REUTTI 1898, ESCHERICH 1931)
Sphecia crabroniformis LEWIN (SEITZ 1907–1954, BERGMANN 1951–1955, KOCH 1955 und 1984, FORSTER 1960, STRESEMANN 1969, SCHWENKE 1978)
Trochilium crabroniformis LEWIN. (LAMPERT 1907, REBEL 1910, ECKSTEIN 1913–1923)
Sphecodoptera crabroniformis LEWIN (HERING 1932)
Aegeria crabroniformis LEWIN (SPULER 1908–1910)
Sphecia bembeciformis Hb. (EBERT 1978)

Gesamtverbreitung: Im gemäßigten und nordischen Europa verbreitet. Im Westen und Norden reicht das Areal von Irland über Großbritannien, Fennoskandien und die baltischen Staaten bis Nordwestrußland. Im Süden durch Zentralfrankreich und die Alpen bis Slowenien, im Osten bis zur westlichen Ukraine und Weißrußland.

Verbreitung

Regional: Es liegen nur wenige alte Meldungen vor. Die versteckt lebenden Tiere müssen in früheren Zeiten bis auf einige Zufallsfunde der Beobachtung entgangen sein. So nennt REUTTI (1898) nur einen Fund von der Baar, wo sein Gewährsmann STÖCKHERT die Art im Unterhölzer Tiergarten beobachtet hat. SCHNEIDER (1936) war die Art aus Württemberg nicht bekannt, er hielt ein Vorkommen aber für möglich. SERMIN (1959) publizierte den Fund eines Tieres am 17.7.1939 nahe dem Ort Oberhausen (bei Emmendingen).

Nachdem in jüngster Zeit mit der gezielten Suche nach Präimaginalstadien und den sehr typischen Fraßbildern begonnen wurde, änderte sich das Bild. Die derzeitige Verbreitungskarte ist im wesentlichen durch die Feldarbeit von D. BARTSCH und F. WEBER entstanden, stellt also eher die Aktivitäten dieser beiden Mitarbeiter dar als die tatsächliche Verbreitung des Großen Weiden-Glasflüglers. Die großen Verbreitungslücken, besonders im Schwarzwald, auf der Schwäbischen Alb und in Oberschwaben, sind auf fehlende Nachsuche und nicht auf das Fehlen der Art zurückzuführen. Anders ist die Situation im Oberrheinischen Tiefland. Hier scheint *Sesia bembeciformis* nur sehr lokal und in geringen Populationsdichten vorzukommen. Denn trotz Vorhandenseins vieler geeigneter Weidenbestände und regional sehr gründlicher Nachsuche konnten kaum Nachweise erbracht werden. K. SPATENKA erwähnt das Fehlen der Art in vielen Regionen Böhmens, Mährens und der Slowakei, obgleich es dort genügend anscheinend ideale Lebensräume gibt. Wegen der breiten ökologischen Valenz der Art ist dies nur schwer erklärbar. Seiner Meinung nach könnte hier verstärkter Druck durch Parasiten oder Konkurrenz durch andere Insekten (z. B. Bockkäferlarven) eine Rolle spielen. Nach LASTUVKA (1982) bevorzugt die Art höhergelegene und kühle Habitate. Das trifft zwar auch auf Baden-Württemberg zu, doch ist das ökologische Spektrum des Großen Weiden-Glasflüglers bei uns noch breiter.

Bei den Fundstellen handelt es sich oft um sehr warme, trockene Plätze. Dennoch könnte es sein, daß im Oberrheingraben das feuchtwarme Klima an der für die Art verträglichen Grenze liegt. Dafür spricht die Tatsache, daß die wenigen Funde in den Randbereichen der kühleren Vorbergzone der mittleren Rheinebene und den mehr trockenwarmen Regionen des Kaiserstuhles und der Hardtebene gelangen. So fand F. WEBER Raupen an der Südspitze des Tuniberges und bei Achkarren im Kaiserstuhl. Weitere Fundstellen sind der schon erwähnte Leopoldskanal bei Emmendingen (eine Kaltluftschneise aufgrund der einmündenden Schwarzwaldflüßchen!), Baden-

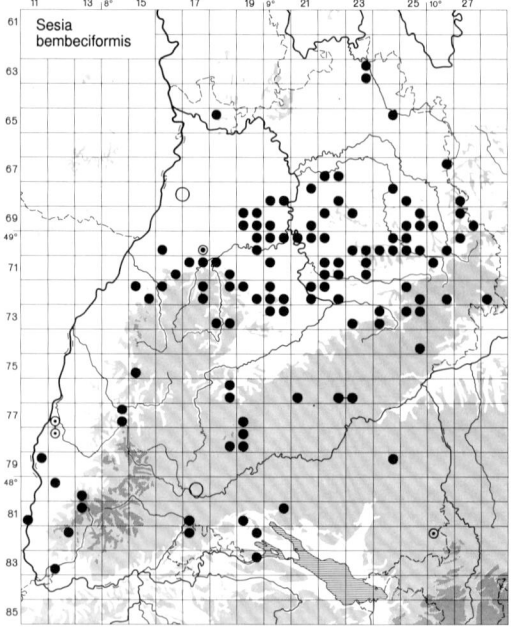

---
[1] Bearbeitet von DANIEL BARTSCH

Baden/Oos und Malsch bei Rastatt (D. DOCZKAL) sowie Graben-Neudorf (A. FEHRENBACH).

Aus dem Schwarzwald gibt es bisher erst wenige Nachweise. Sie verteilen sich gleichmäßig über die gesamte Nord-Süd-Ausdehnung dieses Naturraumes. Der Falter dürfte also dort weit verbreitet sein. Das zeigen Funde, die an recht trivialen Stellen gelangen und auf eine gewisse Anspruchslosigkeit hindeuten. Im Nordschwarzwald fand D. BARTSCH Raupenfraßgänge bei Frauenalb im Albtal auf einer Schneise inmitten eines Fichtenwaldes und in Gaggenau-Hörden in einem Hausgarten. Im Südschwarzwald konnte F. WEBER bei Scharfenstein im Münstertal zwei Raupenfraßgänge entdecken. R. HERRMANN und D. BARTSCH bargen eine Exuvie bei Horben aus einer auf unbewirtschafteter Straßenböschung stehenden Salweide. Im Odenwald gelang bisher erst ein Nachweis bei Schriesheim in einem aufgelassenen Porphyr-Steinbruch (R. BLÄSIUS).

Bis jetzt am besten erforscht ist der zentrale Teil des Neckar-Tauberlandes. Im Stromberg, dem Enztal, den Gäuen westlich Stuttgart, dem Glemswald, an den Südhängen des Remstales und des Schurwaldes, den Schwäbisch-Fränkischen Waldbergen sowie im Taubertal konnte eine erstaunliche Zahl, von Struktur und Klima her sehr verschiedenartiger Biotope nachgewiesen werden. Das für den Schwarzwald Gesagte trifft im wesentlichen auch auf die Schwäbische Alb zu. Allerdings scheint sich, bedingt durch den Mangel an geeigneten Weidenvorkommen auf der Albhochfläche, das Vorkommen der Art mehr auf den Albtrauf und die wenigen Bach- und Flußtäler zu konzentrieren. Es sind Funde bekannt aus dem Bereich der Mittleren Alb bei Indelhausen im Großen Lautertal und dem NSG Nordalb bei Deggingen im Filstal; von der Ostalb bei Bargau (Scheuelberg), bei Bartholomä/Röthenbach, im Brenztal bei Königsbronn/Itzelberg und von der Egau bei Katzenstein. Auf der Südwestalb gelang der Nachweis einer Population, die das gesamte gewässerbegleitende Weidengehölz der Unteren und Oberen Bära bis hinauf zum Lochenpaß besiedelt.

Noch unbefriedigend sind unsere Kenntnisse über die Verbreitung in Oberschwaben. Bis 1994 existierte nur eine alte Meldung aus der Kartei A. GREMMINGER vom Fetsachmoos/Taufachmoos, wo G. REICH am 15.7.1943 ein Weibchen fing (vgl. auch REISS 1949); Beleg heute im SMNS. F. WEBER gelangen neuerdings mehrere Nachweise im westlichen Oberschwaben und am Bodensee. D. HAMBORG fand Raupenfraßspuren bei Riß-

Das Weibchen des Großen Weiden-Glasflüglers (*Sesia bembeciformis*) beginnt unmittelbar nach dem Erhärten der Flügel noch am Schlupfort Männchen anzulocken. Deutlich ist am Hinterleibsende der ausgestülpte Ovipositor zu erkennen, über den der Lockstoff abgegeben wird. – Stuttgart-Vaihingen 9.6.92 K. NIMMERFROH. S.

egg. In den Weidengebüschen an den Rändern der Moore, entlang der Flüsse und besonders in den Moränenlandschaften mit ihren zahlreichen Kiesgruben dürfte das Tier sicherlich weiter verbreitet sein.

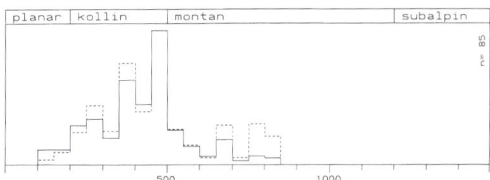

Vertikal: Das tiefste bekannte Vorkommen liegt bei 105–110 m (Graben-Neudorf), die höchsten sind im Schwarzwald bei 820 m (Münstertal, Scharfenstein) und auf der Schwäbischen Alb an der Paßhöhe am Lochenstein auf 850 m. Der Schwerpunkt der Verbreitung liegt in der kollinen Stufe zwischen 300 und 500 m.

Phänologie

Imagines: Die früheste Falterbeobachtung stammt vom 3. Juni (1963, Nöttingen, Ranntal, K. STROBEL). Neben diesem Fund liegt noch ein

Juni-Falter vor: 26.6. (1956, Bissingen/Teck, Gießnaubachtal, K.W. HARDE). Weitere spärliche Falterbeobachtungen folgen im Juli: 8.7. (1976, Schriesheim/Bergstraße, R. BLÄSIUS), 15.7. (1943, Fetsachmoos, »Im Sonnenschein fliegend. Ist neu für Württemberg«, G. REICH); 17.7. (1939, Leopoldskanal bei Oberhausen, »Auf einem niedrigen Weidenbusch«, SERMIN [1959]); 24.7. (1974, Indelhausen, H. HEIDEMANN).

Im besonders warmen Frühjahr 1990 konnten schon am 27. April die ersten Puppen gefunden werden, die bei Zimmerzucht vom 21.–24.5. die Falter ergaben. Es kann also von einer frühestens um den Monatswechsel Mai/Juni beginnenden, langgezogenen, bis mindestens Ende Juli dauernden Flugzeit ausgegangen werden. Sie dürfte in klimatisch weniger begünstigten Gebieten 1–2 Wochen später einsetzen.

Präimaginalstadien: Es liegt nur eine Eiablagebeobachtung am 24. Juli vor (1974, Indelhausen, H. HEIDEMANN). Wegen der vermutlich 3-4jährigen Entwicklungsdauer können zu jeder Jahreszeit Raupen der verschiedensten Altersklassen angetroffen werden. Puppenfunde gelangen bisher am 27. und 29.4.1990.

Ökologie

Lebensraum: Der Große Weiden-Glasflügler besiedelt ein breites Spektrum unterschiedlichster Lebensräume. Entscheidend ist das Vorhandensein geeigneter Brutbäume oder -büsche und passender standörtlicher und klimatischer Verhältnisse. Der Falter folgt seiner Raupen-Hauptnahrungspflanze *Salix caprea* rasch auf ruderale Flächen, in Anpflanzungen entlang von Straßentrassen (Böschungsbegrünungen!) und in Gärten und Parkanlagen am Rande von Siedlungen. Eine besondere Vorliebe hat er für alte, aufgelassene oder nur noch gering bewirtschaftete Steinbrüche. In solchen anthropogenen Lebensräumen ist die Populationsdichte, wie sich anhand von Schlupfloch- und Raupenfunden belegen läßt, oft viel höher als an naturnahen Standorten. Diese sind in Wäldern im Bereich von Lichtungen und Schneisen sowie in Vorwaldstadien mit großem Anteil von Weiden zu suchen, ebenso entlang von Gewässern aller Art, wie Bächen, Flüssen, Teichen und Seen, allerdings selten in staunassen Bereichen, sondern meist an nicht zu feuchten Stellen mit lückiger Bodenvegetation. Besiedelt werden auch Weiden im Ofenland, in Hecken, Feldgehölzen und an Weinbergshängen.

K. SPATENKA mißt der Feuchtigkeit an den Standorten der Nahrungspflanzen keine entscheidende Bedeutung bei. So fand er mehrmals Raupen an zumindest zeitweise im Wasser stehenden Pflanzen, die sogar mit Gummistiefeln nur schwer zugänglich waren. Bei diesen Lokalitäten handelte es sich um Quellgebiete und Sümpfe in Nordböhmen.

Die anscheinend sehr flugfähige Art ist in der Lage, größere Entfernungen rasch zu überbrücken und auch isolierte Habitate zu erreichen. Der Lebensraum des Falters dürfte sich weitgehend mit dem seiner Raupe decken, da das adulte Tier keine Nahrung mehr zu sich nimmt und nur noch für die Fortpflanzung zu sorgen hat. Raupen und Fraßspurennachweise gelangen meist an Büschen mit freier Stammbasis oder an solchen, die in lückigem Gras oder im Krautunterwuchs standen. In vielen Fällen handelte es sich dabei um exponiert stehende Pflanzen. Gern werden aber auch Weiden belegt, die in dichten Hecken stehen, so daß aufgrund der Beschattung kein Unterwuchs mehr vorhanden ist. Gleiches trifft auf alte Grauweiden im Inneren der oft dicht am Boden wachsenden, weit ausladenden, vielastigen Dickichte zu.

Dem Geländerelief kommt eine nicht zu unterschätzende Bedeutung zu, da an Hängen wachsende Weiden gegenüber solchen auf ebenem Boden deutlich bevorzugt werden. Die Pflanzen sollten nicht zu jung sein (etwa Oberarmstärke, also mindestens 5–6 Jahre alt), aber auch nicht zu

Stammquerschnitt an einem Brutbaum (Salweide) von *S. bembeciformis* knapp über Bodenniveau. Die alten, verlassenen Fraßgänge sind dunkel verfärbt. Eingedrungene Feuchtigkeit fördert Pilzbefall, der zum allmählichen Absterben der Weide führen kann. Mit erwachsenen Raupen besetzte Fraßgänge sind mit zusammengepreßten Nagespänen noch fest verschlossen. Stuttgart-Vaihingen 18.4.92 K. NIMMERFROH. M.

Im Stumpf einer gefällten Salweide wurde das Puppenlager von *S. bembeciformis* freigelegt. Der dünne Kokon ist teilweise aufgerissen und läßt die Puppe erkennen. Sie ruht kopfunter am oberen Ende des Schlupfganges (Bildmitte). – Stuttgart, Kappelberg 27.4.90 D. BARTSCH.

alt, mit dann nachlassender Wuchsleistung. In der Regel sind bei besetzten Bäumen Jahresringe von 8–12 mm Stärke zu finden. Bei kräftigen Exemplaren mit noch deutlichem Zuwachs sind die höchsten Befallsdichten festgestellt worden. So wurden am 9.3.1991 bei Hohenhaslach im Stromberg in einer isoliert oberhalb eines steilen, warmen und sonnenexponierten Mergelhanges stehenden Salweide 8 Raupen in ihren Kokons gefunden. Am 18.1.1992 konnte bei Winnenden-Breuningsweiler, in einem verwilderten Gartengelände, eine kräftige Salweide mit 12 von Spechten aufgehackten Raupengängen entdeckt werden. Neben diesen »anflugbegünstigten« Bäumen werden immer wieder auch solche ganz anderer Standorte besiedelt, z.B. im NSG Nordalb bei Deggingen im Filstal in einer großen Wachholderheide mit einem Quellaustritt am Südwesthang. Hier konnte an mehreren frei entlang eines Trampelpfades und einer Schafkoppel unterhalb des Trockenhanges stehenden Weiden nicht eine Spur dieser Art gefunden werden. Dagegen wurde ganz in der Nähe in einer Purpurweide, die im dichten Schilf stand, eine erwachsene Raupe entdeckt.

Nahrung der Raupe:
Salix viminalis – Korb-Weide
  L (BAR)
Salix × dasyclados – Filzast-Weide
  L (WEF)
Salix purpurea – Purpur-Weide
  L (BAR, MER)
Salix aurita – Ohr-Weide
  L (BAR)
Salix cinerea – Grau-Weide
  3 L (BAR)
Salix caprea – Sal-Weide
  5 L (BAR, BLÄ, MER, SAL, WEF)
Salix spec. – Weide
  E, L (HEI)

Daneben werden noch weitere *Salix*-Arten genutzt. LASTUVKA (1983) gibt Silberweide an. D. BARTSCH und J. BERG konnten auf Sylt sogar in Kriechweide Raupen finden. Die Salweide ist die wichtigste Raupennahrungspflanze, sowohl was die Gesamtzahl der Nachweise als auch die Befallsdichte mit Raupen betrifft. Der Grauweide dürfte, vor allem wenn sie auf relativ trockenen Lokalitäten stockt, eine regional größere Bedeutung zukommen.

In der Literatur werden immer wieder auch Pappelarten als Raupennahrung angegeben. FORSTER (1960) schreibt: »... in Stämmen und Wurzeln alter Weiden, vornehmlich Salweiden (*S. caprea*), seltener auch in Pappeln«. Dies geht wohl auf die auch von SCHEFFLER (1912) zitierte Angabe in KRANCHERS Entomologischem Handbuch (1896) zurück: »Sie [die Raupe] lebt wenige Zoll über der Erde, im ersten Jahre unter der Rinde, im zweiten tiefer im Holze des Stammes oder in den Hauptwurzeln verschiedener Weidenarten, besonders von *Salix caprea*, Salweide; ausnahmsweise hat man sie auch angetroffen im Stamme von *Populus pyramidalis* [= *P. nigra*] der italienischen Pappel [= Pyramidenpappel], sowie von *Populus nigra* [= *P. nigra*] der Schwarzpappel.«

Aktuelle Raupenfunde aus Pappel sind weder in Baden-Württemberg noch außerhalb unseres Bundeslandes bekannt geworden, so daß diese Nahrungspflanzenangabe heute zweifelhaft erscheinen muß.

Nahrung des Falters: Eine Nahrungsaufname ist aufgrund des rückentwickelten Rüssels des Falters nicht möglich. Die Angabe in FORSTER (1960), der Rüssel wäre gut entwickelt, entspricht nicht den Tatsachen.

Verhalten: Von den adulten Tieren ist kaum etwas aus dem Untersuchungsgebiet bekannt. R. BLÄSIUS fing am 8.7.1976 in einem Steinbruch bei Schriesheim ein Weibchen. Der Falter flog gegen 11 Uhr bei 30 °C, dunstigem und schwülem Wetter niedrig zwischen alten Salweidenbäumen umher. Auch die anderen Tiere wurden entweder auf Weidenbüschen sitzend oder in deren Nähe herumfliegend angetroffen. Einzig H. HEIDEMANN berichtet von der Beobachtung einer Eiablage. Sie erfolgte mittags an dürre Ästchen und Blätter einer nicht näher bestimmten schmalblättrigen Weide am Ufer der Großen Lauter bei Indelhausen. Er notierte: »Das Tier krümmte den Hinterleib gegen die Unterlagen«. FIBIGER & KRISTENSEN (1974) beschreiben dagegen, die Eiablage erfolge in Bodennähe am Stammfuß von Weiden. Ob dies auf eigenen Beobachtungen beruht oder ob nur vom Aufenthaltsort der Raupen auf den Eiablageort geschlossen wurde, ist aus dem Text nicht ersichtlich. Ein solches Eiablageverhalten wurde bei der verwandten *Sesia apiformis*, deren Raupen ja eine ähnliche Lebensweise haben, in Baden-Württemberg beobachtet. Ob HEIDEMANN tatsächlich eine Eiablage beobachtete, ist seiner knappen Beschreibung nicht sicher zu entnehmen. Werden ruhende Falter überrascht, so zeigen sie ein Schreckverhalten, das vielleicht ähnlich gedeutet werden kann. Der Hinterleib wird dabei nach unten gekrümmt und gegen die Unterlage gedrückt, die Flügel schwach abgewinkelt neben dem Abdomen nach hinten/unten gehalten. Das Tier vollführt dabei ruckartige Auf- und Abbewegungen, bei denen es oft eine Körperseite dem Beobachter zuwendet. Zusätzlich zur Wespenmimikry der Falter wird der Eindruck der Wehrhaftigkeit dadurch noch gesteigert.

Bei Zuchten erfolgte der Schlupf der Tiere ausschließlich zwischen halb acht und zehn Uhr morgens. Unter Zuchtbedingungen fand K. SPATENKA aber auch schon um sechs Uhr total abgeflogene Männchen vor. Die Weibchen blieben ruhig am Entwicklungsort sitzen und lockten bis in den frühen Nachmittag hinein, während die Männchen, besonders bei Sonnenschein, sofort mit dem Flug begannen.

Der Große Weiden-Glasflügler hat, wie einige andere holzbewohnende Sesien auch, eine gewisse Neigung zur »Brutbaumbildung«. Wenn eine Weide erst einmal befallen ist, so wird sie in den Folgejahren immer wieder von Raupen bewohnt. Dies könnte auf vermehrte Eiablagen an derart »vorgeschwächten« Bäumen zurückzuführen sein, aber auch darauf, daß den Jungraupen das Eindringen unter die Rinde an Verletzungsstellen, wie sie alte Schlupflöcher darstellen, erleichtert wird. Bei Illingen fanden D. BARTSCH und D. DOCZKAL eine halberwachsene Raupe, völlig untypisch, in ca. 80 cm Höhe unter einer alten Astnarbe. Normalerweise lebt das Tier auf Bodenniveau. Es verursacht im ersten Jahr einen kleinen Platzfraß unter der Rinde, bei dem auch das Holz angegriffen wird. Im Folgejahr wird der Fraß, anscheinend ziemlich unregelmäßig, erweitert und die alten Partien mit gepressten Holzspänen verfüllt. Gleichzeitig erzeugt die Raupe einen geraden, im Querschnitt runden bis schwach ovalen Gang, der mit der Wuchsrichtung des Stammes meist senkrecht nach oben führt. Der Gang ist vollständig vom Holz umgeben, obwohl er in der peripheren, saftführenden Schicht angelegt ist. Er kann auch in dünne Seitenäste führen. Die im Stammquerschnitt innen liegenden Gänge sind entweder alt oder sie stammen von Käferlarven oder von Raupen des Weidenbohrers (*Cossus cossus*). Das anfallende Bohrmehl wird durch ein kleines Loch in Bodennähe nach außen befördert. Es ist von arttypischer Konsistenz, da es neben grobem Genagsel auch Späne enthält, die meist ca. 4–8 mm lang und 0,5–1 mm breit sind. Das Bohrmehl der in den gleichen Pflanzen lebenden Bockkäferlarven ist viel feiner und gleichmässiger. Der Gang dient wohl nur als Wohnröhre, denn gleichzeitig wird der Platzfraß immer wieder von der Raupe aufgesucht und erweitert. Er kann nach FIBIGER & KRISTENSEN (1974) eine Länge von 50 cm erreichen. In Baden-Württemberg werden aber meist nur 5–15 cm gemessen.

Ist die Raupe erwachsen, so legt sie im Herbst am oberen Ende des Ganges einen dünnen Kokon an, der fest mit der Wand versponnen ist. An seinem oberen Ende können noch einige Holzspäne in das Gespinst eingearbeitet werden, um einen stumpfen Abschluß zu erreichen. Das untere Kokonende ist dagegen durch zahlreiche Holzspäne zu einer reusenartigen Scheidewand verfertigt, die mehrere Millimeter Stärke erreichen kann.

Im Kokon erfolgt die letzte Überwinterung der Raupe, mit dem Kopf nach unten. Im Frühjahr verpuppt sie sich ohne vorher erkennbare Aktivitäten. Lediglich bei Beschädigung des Gespinstes führt sie eine »Notreparatur« aus. Im Herbst wird das spätere Schlupfloch des Falters angelegt. Es befindet sich wenige Zentimeter über dem alten Platzfraß. Die Raupe nagt hier einen

Auch in einer vom Menschen gestalteten Umwelt findet der Große Weiden-Glasflügler noch Lebensräume, die seinen Ansprüchen genügen. Ein gewisser Ausgleich für verlorenes Terrain wie hier im flurbereinigten Weinbergsgelände am Kappelberg bei Stuttgart (Standort der gefällten Salweide war die Böschung oberhalb des Weinberges) ist die an Weichhölzern reiche Parklandschaft auf der Kuppe. – 27.4.90 D. BARTSCH.

kurzen Quergang zur Rindenoberfläche. Das Ende des nach unten führenden Fraßganges wird mit Holzspänen verfüllt und zugesponnen. Meist liegt das Schlupfloch völlig offen, es wurden aber auch schon solche gefunden, die einen dünnen, sehr losen Rindendeckel hatten. Oft spinnt die Raupe noch einige von außen gut zu erkennende Holzspäne rings um die Ausschlupföffnung an. Obwohl die Schlupflöcher meist durch Laub, Rindenschuppen oder Moos verdeckt sind, werden sie nicht selten von Spechten gefunden und aufgehackt. Dabei erstaunt die Ökonomie, mit der die Vögel vorgehen. Vom Schlupfloch ausgehend, führen einige Pickspuren in der Rinde zu einem kleinen Loch, mit dem gezielt die Puppenkammer geöffnet wird.

In der Literatur (BERGMANN 1953, FORSTER 1960, KOCH 1984) wird von einer zweijährigen Raupenentwicklungszeit ausgegangen, LASTUVKA (1982) hält sie dagegen für drei- bis vierjährig. Im Beobachtungsgebiet mangelt es noch an Funden ganz junger Raupen, aber es scheint doch eine mindestens dreijährige Entwicklungszeit vorzuliegen. Es konnten wiederholt im Frühling scheinbar erwachsene Raupen gefunden werden, die sich noch vollkommen frei in ihrem Wohngang befanden, während andere schon verpuppt in ihrem Kokon ruhten. In eingetragenen Fraßstücken erzeugten diese Tiere noch wochenlang Holzspäne, versuchten also zu fressen und gingen schließlich ein, während aus den Puppen schon die Falter schlüpften. D. HAMBORG berichtet über ähnliche Beobachtungen aus der Steiermark. Hier ergaben die Raupen nach nochmaliger Überwinterung schließlich die Falter.

Gefährdung und Schutz

Rote Liste Bundesrepublik: –
Rote Liste Baden-Württemberg: –

Oberrheinebene: Gefährdet (Aussage nicht abgesichert).
Schwarzwald: Nicht gefährdet.
Neckar-Tauberland: Nicht gefährdet.
Schwäbische Alb: Nicht gefährdet.
Oberschwaben: Art der Vorwarnliste (Aussage nicht abgesichert).

• In Baden-Württemberg nicht gefährdet!

Sesia melanocephala[1]
Dalman, 1816
Espen-Glasflügler

Trochilium melanocephalum DALM. (*laphriaeformis* HB.) (REUTTI 1898)
Trochilium melanocephala DALM. (LAMPERT 1907, REBEL 1910, ESCHERICH 1931)
Aegeria melanocephala DALM. (SEITZ 1907–1954, SPULER 1908–1910, HERING 1932, BERGMANN 1951–1955, KOCH 1955 und 1984, FORSTER 1960, STRESEMANN 1969, SCHWENKE 1978)

Gesamtverbreitung: Das Areal erstreckt sich von den Pyrenäen über Südfrankreich und Mitteleuropa durch die gemäßigte Zone ostwärts in den asiatischen Raum. Seine Nordgrenze verläuft in Europa durch Fennoskandien, die Südgrenze am Südrand der Alpen und nördlich des Balkan und Schwarzmeergebietes durch das südliche Rußland.

Verbreitung

Regional: Außer einer alten Meldung von der Baar (REUTTI 1898) war die Art in Baden-Württemberg bis vor wenigen Jahren noch völlig unbekannt. Der erste aktuelle Nachweis (Puppen!) gelang 1982 bei Mannheim (R. BLÄSIUS, J. LENZ). Durch gezielte Suche nach Raupen und ihren typischen Fraßgängen konnte der Espen-Glasflügler inzwischen in allen Teilen des Landes festgestellt werden.

In unserem Faunengebiet konnte in den Regionen um Karlsruhe und Stuttgart, im Schwäbisch-Fränkischen Wald und in Teilen der Hohenloher Ebene, wo besonders intensiv nachgeforscht wurde, ein fast flächendeckendes Vorkommen belegt werden. In den nördlichen Landesteilen (südlicher Odenwald, Bauland, Tauberland) und auf der Schwäbischen Alb deuten Funde aus stichprobenartigen Kontrollgängen auf eine ähnlich weite Verbreitung hin. Demnach dürfte die Art im gesamten Neckar-Tauberland und auf der Alb an zahlreichen Stellen zu finden sein. Relativ wenige Nachweise gibt es dagegen aus der Oberrheinebene, auch aus dem Schwarzwald kennen wir bisher nur einzelne Funde. Während der Nordschwarzwald, vor allem von den Randgebieten der Oberen Gäue her, noch ziemlich gut besiedelt ist, sind aus dem Mittleren und Hochschwarzwald nur wenige Funde bekannt. Neben dem Fehlen geeigneter Espen dürfte dies aber auch an der noch mangelnden Bearbeitung dieser Region liegen. Zu-

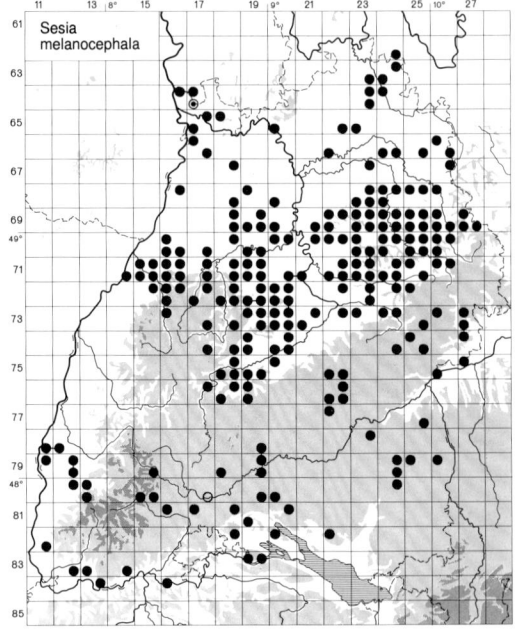

mindest im Randbereich und in den Tallagen dieser Gebiete sind Vorkommen von *S. melanocephala* noch zu erwarten. Fundmeldungen vom Dinkelberg bei Lörrach und vom Hochrhein vermitteln zu den Vorkommen der Art im Bodenseebecken.

Im Hegau, wo F. WEBER intensiv nach *S. melanocephala* gesucht hat, konnte die Art nur lokal festgestellt werden. Alte Schlupflöcher bzw. Raupenfraßstellen waren in den hier eher verstreuten Zitterpappelbeständen selten. Für Oberschwaben ergibt sich ein ähnliches Bild. Es ist jedoch anzunehmen, daß der Espen-Glasflügler dort an Waldrändern und in den Gehölzen der Moore besser vertreten ist.

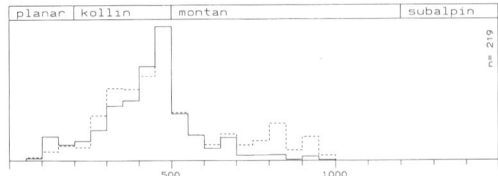

Vertikal: Mehrere Fundorte in der Umgebung von Mannheim belegen die tiefsten Vorkommen um 100 m. Der Verbreitungsschwerpunkt liegt aber in der kollinen Stufe, besonders in Höhenlagen zwischen 300 und 500 m. Der montane Bereich ist auf der Schwäbischen Alb ebenfalls noch gut besiedelt, wegen geringer Nachsuche

[1] Bearbeitet von FRITZ WEBER

allerdings statistisch unterrepräsentiert. Im Schwarzwald gelangen einzelne Nachweise noch um 900 m Höhe. In noch höheren Lagen scheint die Art dagegen keine geeigneten Lebensbedingungen mehr vorzufinden. Eine gezielte Nachsuche im Hochschwarzwald bei Todtnau zwischen 1000 und 1400 m erbrachte keine Nachweise (F. WEBER). Die wenigen hier noch vorhandenen Zitterpappeln waren dünn und schwachwüchsig, für die präimaginale Entwicklung geeignete dürre Äste mit entsprechend ausgebildetem Umwallungswulst fehlten.

Phänologie

Imagines: Aus Baden-Württemberg sind, außer einem Zufallsfund in einem Gebäude in Pforzheim (17. 7. 1990, R. KONTERMANN), keine Falterbeobachtungen bekannt. In der Literatur (BERGMANN 1953, FORSTER 1960) wird eine Flugzeit von Ende Mai bis Mitte Juli genannt. Auf die Flugzeit in unserem Untersuchungsgebiet können wir derzeit nur indirekt aufgrund von Puppenfunden schließen. So fand A. LINGENHÖLE am 14. Juli (1990, Ummendorfer Ried) mehrere offensichtlich frische Puppenhüllen. Mehrere Puppenfunde aus dem relativ warmen Stromberg von Anfang bis Ende Juni lassen auf einen nicht zu frühen Flugzeitbeginn schließen. Notiert wurde der Fund von drei Puppen, davon eine noch hell, die anderen schon verfärbt, am 12. Juni (1989, bei Kuppenheim, D. DOCZKAL). Unter Wohnraumbedingungen schlüpften daraus am 21.6., 27.6. und 4.7. die Falter.

Aufgrund dieser Beobachtungen ist anzunehmen, daß die Flugzeit bei uns im letzten Junidrittel beginnt und etwa Ende Juli endet.

Präimaginalstadien: Die Raupen haben nach unseren Kenntnissen eine dreijährige Entwicklung und können dementsprechend zu jeder Jahreszeit gefunden werden. Im Frühjahr, nach der dritten Überwinterung, verpuppen sie sich. Ausgewachsene Raupen wurden noch im April/Mai, Puppen ab Mitte Mai bis Ende Juni gefunden.

Ökologie

Lebensraum: An die Zitterpappel als einzige Raupennahrungspflanze gebunden, findet sich die Art an Waldrändern und in Gehölzgruppen mit älteren Espen, an deren Aststümpfe sich dicke Umwallungswülste gebildet haben. Bevorzugt werden sonnenexponierte Süd- und Westlagen. Auch in geschlossenen Beständen wurden schon

Durch gezielte Suche nach den typischen Schlupflöchern konnte der Espen-Glasflügler (*Sesia melanocephala*) in den letzten Jahren aus allen Landesteilen nachgewiesen werden. Der Falter (hier das Weibchen) ist dagegen in Baden-Württemberg noch nicht beobachtet worden, über sein Verhalten ist noch so gut wie nichts bekannt. – Mannheim-Rheinau (ex larva-Zucht leg. R. BLÄSIUS) R. HERRMANN, 1992. S.

Das Männchen ist an seinen gekämmten Fühlern gut zu erkennen. Der Falter kann wegen seines verkümmerten Rüssels keine Nahrung aufnehmen. – Mannheim-Käfertal (ex larva-Zucht D. DOCZKAL) 1.7.89 G. EBERT. S.

Die erwachsene Raupe legt im abgestorbenen Aststumpf einen Verpuppungsgang an, der an einem vorbereiteten Schlupfloch endet. Hier an ihr gut zu erkennen sind die für alle Glasflügler-Raupen typischen Kranzfüße (Bauchfüße mit einem ovalen, unterbrochenen Kranz feiner Häkchen). – Mannheim-Käfertal (ex larva-Zucht D. DOCZKAL) 13.5.88 G. EBERT. S.

mehrfach Raupen oder alte Fraßgänge nachgewiesen.

An voll besonnten Standorten befinden sich die Raupen in Totästen aller Höhenbereiche des Stammes. Bei großen, alten Zitterpappeln verschwinden geeignete Aststümpfe im unteren Stammteil allmählich, weshalb vor allem der Kronenbereich bewohnt wird. Ein ähnliches Bild bietet sich an schattigen Standorten. Hier findet man die Raupen fast nur in den Baumkronen, die noch genügend Sonne erhalten. So wurden z.B. an zwei uralten, ca. 25 m hohen Espen in einem Bestand von etwa 20 jungen Bäumen, in 7–15 m Höhe 2 erwachsene Raupen und 6 alte Schlupflöcher gefunden. An den schattig stehenden Jungbäumen, die nur eine Höhe von 10 m aufwiesen, konnte kein Befall festgestellt werden (Stuttgart, Stroheiche, 20.1.1990, D. BARTSCH). Die Untersuchung einer uralten Espe in einem kühlen Bachtal bei Wüstenrot ergab ebenfalls alte Schlupflöcher in 6–12 m Höhe. Inmitten eines Tannen-Fichtenwaldes im Schwäbisch-Fränkischen Wald bei Laufen/Kocher entdeckte F. WEBER eine Gruppe alter Zitterpappeln. In einem gefällten Stamm fand sich eine erwachsene Raupe im Kronenbereich.

Habitate mit feuchtem, durch Beschattung beeinflußtem Mikroklima werden weitgehend gemieden. Die von *Sesia melanocephala* bewohnten abgestorbenen Äste sind relativ trocken, das Holz ist fest, keineswegs schon faulig oder verpilzt. Andererseits haben solche Äste schon ein gewisses Alter, da sich bereits ein ausreichend dicker Umwallungswulst ausgebildet hat. Dünne Äste von knapp 1 cm Durchmesser, die gerade für die Anlage des Verpuppungsganges ausreichen, werden ebenso genutzt wie große mit 20 cm Durchmesser oder mehr. In diesen finden sich dann oft mehrere Gänge unterschiedlichen Alters. Es wurden auch schon Raupen in völlig umwallten Aststümpfen gefunden. Sie leben in der Regel jedoch einzeln, Mehrfachfunde in einem Ast dürften die seltene Ausnahme sein (Kannibalismus?). Gelegentlich wurden Raupen auch an alten Verletzungsstellen des Stammes unter der überwallten Rinde gefunden (D. BARTSCH).

Die typischen Schlupflöcher des Espen-Glasflüglers finden sich an vielen älteren Zitterpappeln, wie hier in einem dünnen, abgestorbenen Ast direkt am Umwallungswulst, in dem die Raupe gelebt hat. – Mannheim-Rheinau 3.88 R. BLÄSIUS.

Nahrung der Raupe:
Populus tremula – Zitter-Pappel, Espe
5 L, P (Bar, Blä, Doc, Her, Len, Rek, Ren, Stf, Wef, Wll)

Die Raupe von *Sesia melanocephala* lebt im Bereich zwischen lebendem und totem Holz an Störstellen mit Kallusbildung, wie sie vor allem um abgestorbene Äste der Nahrungspflanze entsteht. Sie ernährt sich vermutlich vom Baumsaft und dem Kallusgewebe.
Nahrung des Falters: Wegen des rudimentären Rüssels ist eine Nahrungsaufnahme nicht möglich.
Verhalten: Über das Verhalten der Imagines (Paarung, Eiablage) sind aus Baden-Württemberg keine Beobachtungen bekannt. Bei Zucht schlüpfen die Falter zu unterschiedlichen Tageszeiten (später Vormittag bis Abend).

D. Hamborg beobachtete an gezüchteten Tieren aus der Südsteiermark, daß die Weibchen erst am Morgen nach dem Schlüpfen zu locken begannen und – im Biotop ausgesetzt – begattet wurden.

Die Eiablage erfolgt vermutlich einzeln an den typischen Aststümpfen in den Spalt zwischen Umwallung und Altholz, wo sich die Jungraupe nach dem Schlupf einnisten und tiefer eindringen dürfte. Zunächst leben die Raupen in einer kleinen, platzartig erweiterten Mine, die allmählich vergrößert wird und, dem Umfang des Astes folgend, weiterführen kann. Vereinzelt beobachtetes herausrieselndes Bohrmehl läßt vermuten, daß die Raupe zunächst überflüssige Holzsubstanz und Kot durch eine kleine Öffnung im erwähnten Spalt herausdrückt. Bereits vor ihrer zweiten Überwinterung beginnt die Raupe ihren Wohn- und Fraßgang und einen kleinen Gang mit zunächst ovalem Querschnitt in den Aststumpf hinein anzulegen. Dieser spätere Verpuppungsgang beginnt in der Tiefe des Astansatzes und wird von der Raupe nach und nach erweitert. Die zweijährige Raupe verlängert ihn in Längsrichtung des Astes nach außen. Anfallende Nagespäne werden jetzt, zumindest teilweise, in die bisherigen Fraßgänge hineingepreßt.

Den dritten (und letzten) Winter verbringt die Raupe frei in ihrem nun weitgehend fertiggestellten fast kreisrunden Verpuppungsgang, zumeist geschützt in der Tiefe des Astansatzes ruhend. Nur bei ausreichender Wärme wird sie aktiv und begibt sich in die äußeren Teile des Ganges. Im Herbst vor ihrer letzten Überwinterung eingetragene Raupen entwickelten sich auch ohne weitere Nahrungsaufnahme.

Als eine ökologisch stark spezialisierte Art nutzt der Espen-Glasflügler abgestorbene, wulstartig umwallte Äste an Zitterpappeln. Während die Raupe zwischen Ast und Wulst lebt, dient der Ast selbst als späterer Verpuppungsort. Man findet solche Äste an älteren Bäumen bis in den Kronenbereich. Bevorzugt werden vor allem sonnig stehende Zitterpappeln. In geschlossenen Beständen findet man die Raupen nur im sonnigen Kronenbereich alter Bäume. – Stuttgart-Mahdental 27.10.92 D. Bartsch.

Im folgenden Frühjahr wird der Gang dann endgültig fertiggestellt. Das äußere Gangende führt etwa 1–10 cm weit in den herausragenden Aststummel und endet in einem flachen, zur Oberfläche geneigten Bogen mit dem vorbereiteten Schlupfloch, das mit einem von außen praktisch unsichtbaren, aus verbliebenem dünnen Holz bestehenden Deckel verschlossen ist. Zur Stabilisierung wird dieser Holzdeckel von der Raupe innen festgesponnen.

Der Verpuppungsgang selbst wird von der Raupe nicht ausgesponnen, auch ein Puppenkokon wird nicht angelegt. Bei Störungen verschließt die Raupe das geöffnete Gangende mit einem Notverschluß aus Gespinst und Nagespänen. Die Puppe ist im Gang frei beweglich, verbleibt aber meist geschützt im hinteren Gangteil.

Erst kurz vor dem Schlüpfen der Imago arbeitet sie sich nach außen und schiebt sich, nachdem sie den Schlupflochdeckel durchstoßen hat, halb aus dem Gang heraus. Dann erst durchbricht der Falter die Puppenhülle.

Bemerkenswerterweise finden sich die meisten Schlupflöcher in der oberen Hälfte des Astumfanges, vermutlich weil schlüpfende Puppen dort nicht so leicht Gefahr laufen, herunterzufallen.

Gefährdung und Schutz

Rote Liste Bundesrepublik: –
Rote Liste Baden-Württemberg: –

Oberrheineben: Nicht gefährdet.
Schwarzwald: Nicht gefährdet.
Neckar-Tauberland: Nicht gefährdet.
Schwäbische Alb: Nicht gefährdet.
Oberschwaben: Nicht gefährdet.

- In Baden-Württemberg nicht gefährdet!

Paranthrene tabaniformis[1]
(Rottemburg, 1775)
Kleiner Pappel-Glasflügler

Sphinx asiliformis [DENIS & SCHIFFERMÜLLER], 1775
Sphinx rhingiaeformis HÜBNER, 1790

Sciapteron tabaniforme ROTT. (REUTTI 1898, SPULER 1908–1910, HERING 1932, ESCHERICH 1931, NOVAK & SEVERA 1980)
Sciapteron tabaniformis ROTT. (LAMPERT 1907, REBEL 1910, ECKSTEIN 1913–1923)

Gesamtverbreitung: Von Nordafrika über die Iberische Halbinsel, West-, Mittel und Südeuropa durch die gemäßigte Zone ostwärts bis Zentral- und Ostasien, im Süden durch den mediterranen und vorderasiatischen Raum bis an den Westrand des Himalaya. Im Norden reicht die Verbreitung bis ins südliche Fennoskandien. Kommt auch in den USA und in Südkanada vor.

Verbreitung

Regional: Der Kleine Pappel-Glasflügler hat den Schwerpunkt seiner Verbreitung in der Oberrheinebene. Aus dem nördlichen Teil dieses Naturraumes liegen zwischen Karlsruhe und der Landesgrenze zu Hessen zahlreiche Funde vor.

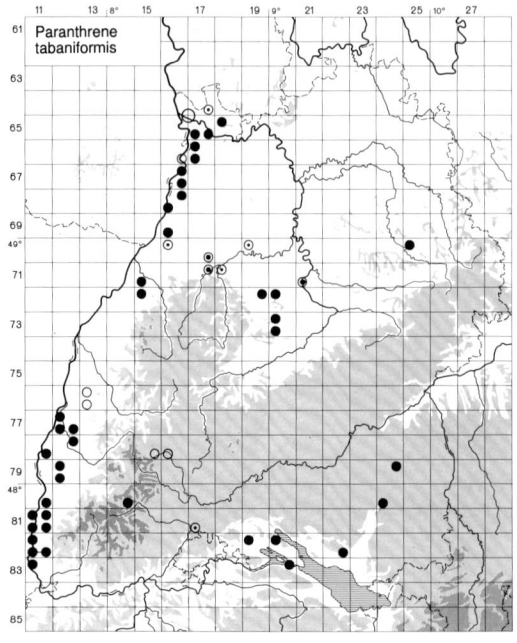

Im südlichen Teil ist die Art bekannt vom NSG Taubergießen über den Kaiserstuhl, die Freiburger Bucht und Markgräfler Rheinebene bis zum Isteiner Klotz.

Dagegen fehlen, von einem einzigen Fund bei Sulzbach-Laufen abgesehen (F. WEBER), bisher Nachweise aus dem nördlichen und östlichen Teil unseres Faunengebietes (Tauberland/Bauland, Sandstein-Odenwald, Schwäbisch-Fränkische Waldberge, Kocher-Jagst- und Hohenloher Ebene). Aus dem Kraichgau, dem Neckarbecken und Schönbuch/Glemswald liegen spärliche Angaben vor. Von Stuttgart meldete bereits SEYFFER (1850) die Art unter »*Asiliformis* FABR. – Stuttgart ziemlich selten.« KELLER & HOFFMANN (1861) führen sie unter gleichem Namen mit dem Fundhinweis »Bei Sulz, selten« auf. Davon getrennt geben sie »*Rhingiaeformis* HÜBN. Einmal in Marbach« an. Ob damit *P. tabaniformis* oder gar die damals noch nicht beschriebene *Paranthrene insolita* gemeint war, läßt sich heute nicht mehr feststellen.

Im Schwarzwald scheint der Kleine Pappel-Glasflügler weitgehend zu fehlen. Aus den letzten Jahrzehnten ist nur der Fund eines Falters in Titisee bekannt geworden (H. STEFFNY). Von der Südwestalb ist ein alter Fund bekannt (1941, Blumberg, Kartei A. GREMMINGER). Aus dem Alpenvorland (Oberschwaben, Bodenseebecken) kennen wir wieder mehrere Vorkommen.

---
[1] Bearbeitet von ROLF BLÄSIUS

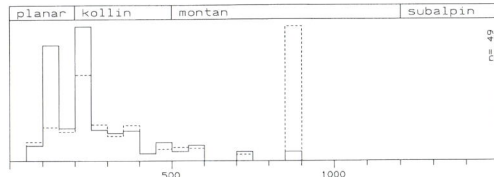

Vertikal: Der Schwerpunkt liegt in der planaren und der unteren kollinen Stufe zwischen 100 und 250 m Höhe. Nur im Alpenvorland steigt die vertikale Verbreitung bis auf 600 m an und erreicht mit 870 m im Schwarzwald (Titisee) ihre derzeitige Obergrenze.

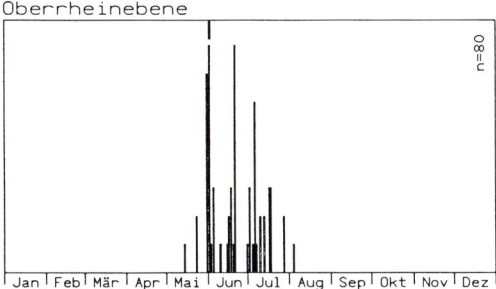

Phänologie

Imagines: Der Kleine Pappel-Glasflügler fliegt in Baden-Württemberg von Mitte Mai bis Anfang August. Der früheste Fund datiert vom 14. Mai (1911, Kaiserstuhl, coll. A. FUNK), der bisher späteste stammt vom 4.8. (1932, Karlsruhe, HOHNDORF). Die Hauptflugzeit erstreckt sich von Ende Mai bis Mitte Juli, mit einem Maximum im Juni.

In den Niederlanden, wo die Art in Pappelanpflanzungen häufig auftreten kann, wurde in großangelegten Feldversuchen eine Flugzeit bis Ende August festgestellt. Nachzügler in den ersten beiden Septemberwochen sind seltene Ausnahmen (MORAAL 1988).

Präimaginalstadien: Jungraupen vor der ersten Überwinterung wurden in Baden-Württemberg erst zweimal beobachtet: Aus Leonberg meldet D. BARTSCH eine Jungraupe vom 10.10.1989; R. BLÄSIUS fand am 16.10.1995 zahlreiche Jungraupen bei Mannheim. Raupen nach der ersten Überwinterung und erwachsene Raupen während oder nach der zweiten Überwinterung im Holz ihrer Nahrungspflanzen wurden desöfteren entdeckt oder eingetragen. So meldeten verschiedene Mitarbeiter Funde ausgewachsener Raupen vom Januar bis Mitte Mai. Die ersten Raupen hatten sich in manchen Jahren schon Anfang April verpuppt. Mehrfach wurden Falter gezüchtet, ohne daß Näheres über die Präimaginalstadien mitgeteilt wurde.

Ökologie

Lebensraum: Wie in Thüringen (BERGMANN 1953) besiedelt *Paranthrene tabaniformis* auch in der Oberrheinebene die Pappelanpflanzungen und das Pappelgebüsch. Hier lebt der Kleine Pappel-Glasflügler in den Auenwäldern entlang des Rheines, aber auch in den landwirtschaftlich genutzten Gebieten der Hochterrasse, sofern die Raupennahrungspflanzen vorhanden sind. Selbst in die Innenstädte dringt er vor. Als thermophile Art ist er in den sandigen Hardtwäldern der nördlichen Oberrheinebene genauso zu finden wie auf den Schotterflächen der Markgräfler Rheinebene und an den Lößböschungen von Kaiserstuhl und Tuniberg. Auch im Neckarland

Die schwärzlichen Männchen des Kleinen Pappel-Glasflüglers (*Paranthrene tabaniformis*) sind im freien Flug so schnell, daß man sie kaum sieht. Erst durch den Einsatz künstlicher Pheromone bekommt man sie häufiger zu Gesicht. Das Auffinden eines ruhenden Falters in der freien Natur ist eine seltene Ausnahme. – Karlsruhe-Eggenstein 16.6.91 J. PARTENSCKY.

bevorzugt er wärmebegünstigte Plätze wie Weinbergshänge oder vollsonnige Waldränder. Aus diesem Raster fallen die kühlen Flußtäler und Riede Oberschwabens und ein Flachmoor im Schwarzwald, wo die Art zugleich den höchsten Punkt ihres Vorkommens in Baden-Württemberg erreicht.

Nahrung der Raupe:
Populus tremula – Zitter-Pappel
    3 L, P (BAR, BLÄ, GRE, WEF)
Populus alba – Silber-Pappel
    3 L (BAR, BLÄ, STE)
Populus cf. *nigra* – Schwarz-Pappel
    4 E, L, P (BAR, BLÄ, BRM, GRE, LIE, HER, REU, SET)

Wir fassen im nachfolgenden Text die »echte« Schwarz-Pappel (*Populus nigra*), die Pyramiden-(Schwarz-)Pappel (*Populus nigra* ssp. *pyramidalis* sensu OBERDORFER 1994, *Populus nigra* cv. *Italica* sensu SEYBOLD, SEBALD & PHILIPPI 1990) und die Bastard-Pappel = Kanadische Pappel (*Populus* x *canadensis*) unter dem Sammelbegriff »Schwarzpappel« zusammen, da sich bei manchen, namentlich alten Raupenfunden nicht mehr rekonstruieren läßt, an welcher »Pappel« sie gemacht wurden.

Die älteste Angabe über Raupenfunde aus unserem Faunengebiet stammt von REUTTI (1853): »Bei Freiburg; 1849 erhielt ich sie aus beschädigten Stämmen von *Populus Italica* in grosser Zahl, namentlich beherbergte ein junger Baum wohl über Hundert Raupen und Puppen . . .«.

Die wichtigste Raupennahrungspflanze für den Kleinen Pappel-Glasflügler ist in Baden-Württemberg die Schwarzpappel. Damit ist allerdings in der Regel die Bastard-Pappel (*Populus* x *canadensis*) gemeint, nachdem die in der Rheinaue früher sicherlich ursprüngliche Nahrungspflanze, die »echte« Schwarzpappel (*Populus nigra*), inzwischen von dieser Wirtschaftspappel weitgehend verdrängt worden ist. In Betracht kommt auch noch die Pyramiden-(Schwarz-)Pappel (siehe oben). Vielfach mangelt es jedoch an entsprechend differenzierten Meldungen. Zitterpappel und Silberpappel werden nur spärlich aus Baden-Württemberg als Raupennahrungspflanzen gemeldet, obwohl sie anderenorts für *P. tabaniformis* größere Bedeutung haben.

Außerhalb Baden-Württembergs dienen dem Kleinen Pappel-Glasflügler weitere Pappelarten oder Pappelhybriden als Raupennahrung (REGNIER 1936, TOSEVSKI 1987). Aus Südfrankreich meldet CURTIS (1957) *Hippophae rhamnoides* (Sanddorn). Auch R. BLÄSIUS und D. BARTSCH züchteten *Paranthrene tabaniformis* aus Sanddornzweigen und -wurzeln, die aus den provençalischen Voralpen und aus dem Wallis stammten.

Nachsuchen in den großen Sanddornbeständen der Markgräfler Rheinauen oder in Sanddorn-Anpflanzungen entlang der nordbadischen Autobahnen ergaben keinerlei Hinweise darauf, daß der Kleine Pappel-Glasflügler auch bei uns diese Pflanze als Raupennahrung nutzen könnte.

Verschiedentlich werden in der Literatur *Salix*-Arten (Weide) als Raupennahrungspflanzen aufgeführt, so *Salix caprea* (Salweide) oder *Salix alba* (Silberweide) (SCHWENKE 1978). MUNK fand die Raupen bei Augsburg in »*Salix*«-Stämmen (OSTHELDER 1929), MARQUARDT (1962) bei Lübeck in *Salix aurita* (Ohrweide) und *Salix cinerea* (Grauweide).

Aus Baden-Württemberg existiert kein Hinweis auf Weiden als Raupennahrungspflanzen. Immerhin meldet A. LINGENHÖLE zu einem männlichen Falter, den er am 27.7.1990 bei Biberach fing: »In der Umgebung nur Weiden«. Ehe wir jedoch für unser Untersuchungsgebiet »Weide« als potentielle Raupennahrungspflanze akzeptieren, sollten die beträchtlichen Flugleistungen der Männchen von *P. tabaniformis*, die weite Strecken ohne Schwierigkeiten überbrücken können, in Betracht gezogen werden (MORAAL 1990).

Bei den Raupenfunden in *Loranthus europaeus* (LASTUVKA & LASTUVKA 1979) und in *Betula alba* (K. SPATENKA) handelt es sich um zufällige Raupennahrungspflanzen. Sie bestätigen das weite Nahrungsspektrum der Art.

Hier wurde der bisher einzige Fund einer Jungraupe in einer »*Saperda*-Galle« an Zitterpappel fotografisch festgehalten. Der geräumige Fraßgang geht auf die Tätigkeit der Larve des Kleinen Pappelbockes (*Saperda populnea*) zurück. Die junge Glasflügler-Raupe nutzt diese Höhlungen zur ersten Überwinterung. – Leonberg 10.12.89 D. BARTSCH. M.

Der Kleine Pappel-Glasflügler ist in Baden-Württemberg erst einmal bei der Eiablage beobachtet worden: R. HERRMANN sah am 2.6.1991 gegen 14 Uhr bei Kleinkems in der Markgräfler Rheinebene ein Weibchen bei der Ablage an Schwarzpappel. In einer aufgelassenen Kiesgrube mit offenen Schotterflächen legte das Tier ein Ei in einem einzeln stehenden, 2 m hohen Pappelbusch ab. Bei sonnig-heißem Wetter wurde es im Innern des Busches an ein beschattetes Ästchen 40 cm über dem Boden angeheftet.

Eine Eiablage von *P. tabaniformis* beschreibt RANGNOW (1926) in dem ihm eigenen, sehr blumigen Stil: »Plötzlich sehen wir, wie unser Falter, auf einem Blatt sitzend, seine allerdings nur kurze Legeröhre herausstreckt und ein Ei auf den Rand des Blattes klebt. Ehe wir uns von unserem maßlosen Erstaunen erholen können, hat sich der gleiche Vorgang auf anderen Blättern noch mehrere Male wiederholt. Jedesmal wurde nur ein Ei auf ein Blatt geklebt und stets an den Rand. Dann ging es zum nächsten, dicht dabei stehenden Strauch und so fort. In ca. 10 Minuten waren gegen 30 Eier untergebracht. Darauf verschwand das Tier...«

Die Raupe von *P. tabaniformis* hat eine breite ökologische Valenz. Zum einen nutzt sie Pflanzen aus verschiedenen Pflanzenfamilien, zum anderen erzeugt sie an ein- und derselben Pflanzenart verschiedenste Fraßbilder. Sie ist in den Wurzeln wie in den Baumkronen, im Stamm oder in dünnen Zweigen ihrer Wirtspflanzen zu finden. Dieses weite Habitatspektrum findet seinen Niederschlag in den konträren Meinungen von ZUKOWSKY (1910) und KÖHLER (1992). Für ersteren ist die Raupe dieser Art die am »leichtesten« zu suchende Glasflügler-Raupe, für letzteren ist sie dagegen »nicht leicht« nachzuweisen. Über die Lebensweise der Jungraupe vor der ersten Überwinterung ist aus Baden-Württemberg kaum etwas bekannt. Wir müssen der einschlägigen Literatur entnehmen, wie die frisch geschlüpften Jungraupen vom Pappelblatt (einer bevorzugten Eiablagestelle) ins Holz gelangen. Dazu lesen wir weiter bei RANGNOW (1926):

»Gegen Mitte September führte mich mein Weg wieder zu jenen Sträuchern. Genau wurden mehrere der vorher mit Eiern belegten und gezeichneten Blätter untersucht. Irgend welche Spuren zeigten sich an ihnen nicht. Aber weiter unten am fingerstarken Zweig klebte plötzlich ein aus Exkrementen zusammengesponnenes kleines Gewebe und unter diesem, lustig die frische Rinde abnagend, eine ca. 3–4 mm lange typische Sesienraupe. Nicht weit davon war ein zweites Gewebe auch mit einer Raupe besetzt. Und dann noch eins, und so fort. Alle jedoch, und das ist auffallend, kurz unter dem Schlupfloch des Bockkäfers. Ein Exemplar wird mitgenommen und zu Hause noch einmal unter der Lupe genau untersucht. Es ist wirklich eine kleine *tabaniformis*, aber äußerst lebhaft. Sie kriecht flink umher und läßt sich am Faden herunter wenn man sie anstößt. Am 10. Dezember werden die Sträucher noch einmal aufgesucht. Die Gewebe sind alle noch da. Unter ihnen ist jetzt die obere dünne Rindenschicht in ca. 1/2 qcm Größe weggenagt; doch sind alle Raupen verschwunden. Viele Gewebe reichen direkt bis zu den Käferlöchern und beim vorsichtigen Öffnen derselben findet sich das Räupchen stets im alten Gang des Bockkäfers und zwar fest in ein kleines Ueberwinterungsgespinst eingesponnen. Jetzt ist es etwa 1/2 cm lang und schon genau als *tabaniformis* zu erkennen. Im kommenden Frühjahr werden wohl nun die Räupchen ihr Gehäuse verlassen und wird dann die weitere Entwicklung in schon bekannter Weise vor sich gehen, bis die Raupen im Herbst verpuppungsreif sind«.

Die nach der zweiten Überwinterung erwachsene Raupe wurde in Baden-Württemberg öfters registriert. R. BLÄSIUS fand am 16.5.1992 bei Zienken in der Markgräfler Rheinebene eine erwachsene Raupe in einer Schwarzpappelwurzel. Die handgelenkstarke Wurzel durchzog die Fahrspur eines unbefestigten Forstweges, lag an der Oberseite offen und wies dort durch Fahrzeuge verursachte Verletzungen auf. Die Raupe verriet sich durch starken Auswurf von hellem Genagsel auf der Bodenoberfläche. Aus den Fundumständen können wir hier auf eine Eiablage an der verletzten Wurzel schließen! D. BARTSCH fand am 2.3.1991 bei Schriesheim an einem xerothermen Hang der Bergstraße mehrere Raupen bodennah in Schwarzpappelstümpfen, die wieder Stockausschläge gebildet hatten. Die verpuppungsreifen Raupen ruhten in ihren Verpuppungskammern knapp unter der Schnittfläche des Pappelstumpfes. Sie verrieten sich durch Kot- und Genagselauswurf zwischen Holz und Rinde und durch ungedeckte Schlupflöcher auf der Schnittfläche des Stumpfes. Ebenfalls aus einem Schwarzpappelstumpf meldet R. HERRMANN eine erwachsene Raupe, die er am 4.2.1992 in den Lößböschungen von Oberbergen im Kaiserstuhl fand.

Von mehreren Gewährsleuten (D. BARTSCH, E. BROMBACHER, H. LIENIG) wurden Raupenfunde in Schwarzpappelzweigen notiert. Stark befallen sind die Schwarzpappelbüsche an südexponierten Lößböschungen des Kaiserstuhls. Diese Büsche werden alle paar Jahre zurückgeschnitten. Die neuen Triebe bieten dem Kleinen Pappel-Glasflügler optimale Bedingungen. So beobachtete D. BARTSCH am 9.5.1993 auffällige Schwellungen an der Stammbasis und an

In dieser Zweiggalle eines schütteren Schwarzpappel-Busches lebte eine Raupe des Kleinen Pappel-Glasflüglers. Die recht dicke Galle fällt vor dem Laubaustrieb besonders auf. Kleinklimatisch bemerkenswert ist der Standort des Busches auf einer künstlichen, fast vegetationsfreien Kiesfläche. – Mannheim, Friesenheimer Insel 4.96 R. BLÄSIUS.

Hauptästen, die älter als zwei Jahre waren. Diese Knoten, die die Büsche als Reaktion auf die eingedrungenen Raupen erzeugen, enthielten sowohl einjährige als auch erwachsene Raupen. Ungewöhnlich ist der Fund von drei Raupen (2 einjährige, 1 erwachsene) in Zweiganschwellungen einer (umgestürzten) Zitterpappel in 8 m Höhe. R. BLÄSIUS fand die Tiere am 1.5.1991 auf einer Sandfläche bei Mannheim.

Aus Baden-Württemberg existieren drei Hinweise über Raupenfunde in Silberpappel. H. STEFFNY teilt uns mit: »Raupe einjährig, in Zweiganschwellung eines ca. 2 m hohen Silberpappelbusches auf nacktem Kiesboden bei Hartheim. Die Raupe starb vor der zweiten Überwinterung ab«. Mitte Oktober 1995 entdeckte R. BLÄSIUS bei Mannheim-Friedrichsfeld zahlreiche Jungraupen, die sich durch ausgeworfenes dunkelbraunes Bohrmehl an den Schnittflächen mehrerer abgesägter Silberpappeln verrieten. D. BARTSCH beobachtete am 25.1.1992 im Schönbuch eine erwachsene Raupe im Wipfeltrieb eines Silberpappelbusches in 2 m Höhe. Das Tier lebte in einer Anschwellung, die größer war als die am selben Zweig ober- und unterhalb befindlichen *Saperda*-Knoten. Auch in der Literatur wird mehrfach über die enge Vergesellschaftung der Raupe von *P. tabaniformis* mit der Larve des Pappelbockkäfers (*Saperda populnea*) berichtet. Aus Baden-Württemberg liegen nur zwei derartige Beobachtungen vor.

Die Raupe von *P. tabaniformis* ernährt sich vermutlich vom fließenden Saft ihrer Nahrungspflanze, wie wir das auch von anderen holzbewohnenden Glasflügler-Raupen annehmen. Deshalb können die Gänge der Raupe oft kurz bleiben!

In den Niederlanden (MORAAL 1990) und in Südeuropa ist der Kleine Pappel-Glasflügler ein gefürchteter Schädling in jungen Pappelanpflanzungen. SCHWENKE (1978) stellt fest: »Der Glasflügler findet dort die besten Vermehrungsbedingungen, wo durch wenig sorgfältige Behandlung der Jungpflanzen, Asten der Pappeln während der Flug- und Eiablagezeit und Verletzen der Pflanzen bei Bodenbearbeitung die Eiablage an Wundstellen vermehrt stattfinden kann und das Eindringen der Jungraupen an solchen Stellen besonders erleichtert wird. Jegliche Arten von Verletzungen, auch hervorgerufen durch Hagelschlag oder anprallendes Treibeis bei Überflutungen der Anbauflächen, erhöhen die Befallsmöglichkeiten und begünstigen die Entstehung von Massenvermehrungen. Die meist noch schwachen Stämme der Jungpappeln werden bereits durch den Fraß weniger Raupen schwer geschädigt. Durch die im Bereich der gallenartigen Anschwellungen weitgehenden Zerstörungen des Holzkörpers und durch den weiteren Fraßgang verursachte Aushöhlung des Stämmchens wird neben Wuchsstörungen eine besondere Windbruchgefahr herbeigeführt. So nützlich auch die Tätigkeit des Spechtes durch Heraushacken der Raupen des Glasflüglers in einer Art sein mag, stellt sie doch andererseits eine zusätzliche, erhebliche Schädigung der befallenen Jungpappeln dar. Wie ... [Sesia] apiformis ... gilt auch *Par. tabaniformis* als Wegbereiter für die durch Pilze und Bakterien verursachten Krebserkrankungen der Pappeln«.

Die Raupe von *P. tabaniformis* fertigt keinen Kokon an. Die Verpuppung erfolgt in einer etwa 3 cm langen Kammer am hinteren Ende des Schlüpfganges. Sie ist mit einem gesponnenen Deckel abgeschlossen. Von dieser Kammer führt der unterschiedlich lange Schlüpfgang (wenige mm bis über 10 cm) zum späteren Ausschlupfloch. Dort läßt die Raupe die äußerste Rindenschicht unversehrt stehen oder sie versieht den

Die Raupe besetzt recht unterschiedliche Habitate. In diesen Pappelbüschen auf Sandflächen nahe Schwetzingen lebt sie in Zweiganschwellungen. *Paranthrene tabaniformis* teilt hier den Lebensraum mit mindestens 6 weiteren Glasflügler-Arten, darunter *Pyropteron chrysidiformis* und *Synanthedon loranthi*. – Schwetzingen 30.4.95 R. BLÄSIUS.

Ausgang mit einem dünnen Gespinstdeckel. In seltenen Fällen liegt das Schlupfloch sogar völlig frei. Die Puppenkammer findet sich knapp unter der Oberfläche von Pappelstümpfen oder zentral im Fraßgang in einem Stockausschlag oder in einer Zweiganschwellung. So entdeckte D. BARTSCH am 28.4.1991 bei Grißheim eine von einem Vogel leergefressene frische Puppenkammer in einem abgestorbenen, nur 7 mm dicken Schwarzpappelzweig. R. BLÄSIUS fand am 15.4.1991 bei Schriesheim eine Puppe, die mit dem Kopf nach unten in einem 1 cm dicken Schwarzpappelzweig ruhte.

Nahrung des Falters: Aus Baden-Württemberg liegen drei Beobachtungen zum Blütenbesuch des Kleinen Pappel-Glasflüglers vor. Jeweils an einem 7. Juni sahen K. STROBEL in Illingen (1915) und W. STAIB in Dietlingen (1953) einen Falter auf Ligusterblüten. A. GREMMINGER notierte 1 Weibchen am 30.6. (1946, Karlsruhe) auf einer Baldrianblüte.

Bei Lingenfeld auf der pfälzischen Rheinseite wurde am 9.8.1985 (ein sehr später Beobachtungstermin!) ein Weibchen beim nachmittäglichen Blütenbesuch an Wald-Engelwurz (*Angelica sylvestris*) registriert (E. BETTAG). Aus anderen Gebieten werden noch Schwalbenwurz, Flieder, Steinbrech- und Spiräenarten aufgeführt, an denen die Falter von den ersten Morgenstunden bis zum Mittag bei der Nahrungsaufnahme beobachtet wurden (RAPPAZ 1979, VORBRODT 1914, KUSDAS & REICHL 1973). K. SPATENKA beobachtete in der Slowakei und in Ungarn die Falter auf den Blüten von Zwergholunder, wo sie manchmal auch, an der Unterseite hängend, übernachteten.

Verhalten: Außer einer Eiablagebeobachtung liegen aus Baden-Württemberg nur Beobachtungen von männlichen Faltern beim Anflug an künstliche Sexuallockstoffe vor. Die Pheromone wurden in der Zeit von 14.30 bis 19 Uhr angeflogen. Das Maximum lag zwischen 16 und 18 Uhr.

In den Niederlanden ermittelte MORAAL (1990) Pheromonanflüge zwischen 13 und 19 Uhr, mit einem Maximum von 15–17 Uhr. In dieser Zeit findet auch die Paarung statt.

Gefährdung und Schutz

Rote Liste Bundesrepublik: –
Rote Liste Baden-Württemberg: –

Oberrheinebene: Nicht gefährdet.
Schwarzwald: Noch ungeklärt.
Neckar-Tauberland: Noch ungeklärt.
Schwäbische Alb: Noch ungeklärt.
Oberschwaben: Noch ungeklärt.

- In Baden-Württemberg nicht gefährdet!

Paranthrene insolita[1]
(Le Cerf, 1914)
Eichenzweig-Glasflügler

Sciapteron aurantiacum REBEL, 1917
Paranthrene polonica SCHNAIDER, 1939
Paranthrene novaki TOSEVSKI, 1987

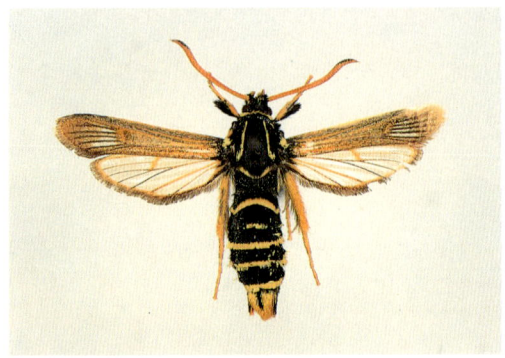

Weltweit sind erst wenige Exemplare von *Paranthrene insolita*-Weibchen bekannt geworden. Das einzige bisher in Deutschland gefundene Weibchen dieser Glasflügler-Art entdeckte W. STAIB bereits 1951 im Kraichgau bei Nöttingen.

Gesamtverbreitung: Die Kenntnisse über die Verbreitung sind lückenhaft. Die Art besiedelt offensichtlich ganz Süd- und Mitteleuropa (sie fehlt bisher in Großbritannien, Fennoskandien, im Baltikum und in Nordrußland). Funde sind aus Spanien, Südfrankreich, Deutschland, Italien, Österreich, Ungarn, Kroatien, Tschechien, der Slowakei, vom Balkan und der Türkei sowie aus den westlichen Teilen Rußlands und aus Syrien bekannt.

Verbreitung

Regional: Am Hohentwiel bei Singen wurde am 15.6.1989 ein Männchen am Pheromon gefangen (J. BERG, D. DOCZKAL und R. HERRMANN). Dies war das erste für Deutschland erkannte Tier dieser Art – allerdings nicht der älteste aus unserem Faunengebiet vorliegende Falter! Diesen fing W. STAIB am 29.6.1951 bei Nöttingen (Kraichgau). Es war ein in der Bodenvegetation sitzendes Weibchen, dessen Artzugehörigkeit lange unklar blieb, da über *P. insolita* aus Mitteleuropa nichts bekannt war. Das Tier wurde als eine aberrative *P. tabaniformis* angesehen.

Mit Hilfe der Pheromone konnten inzwischen an verschiedenen Lokalitäten viele Männchen angelockt werden. In der Oberrheinebene existieren offensichtlich zwei Schwerpunkte und zwar in den wärmebegünstigten Wäldern der Neckar-Rheinebene und in der Markgräfler Rheinebene (Trockenaue). Anders stellt sich dagegen die Situation im Neckar-Tauberland dar. Hier streuen die Fundmeldungen über den besser durchforschten Nordteil dieses Naturraumes. Nachweise liegen vor aus den Räumen Pforzheim und Stuttgart, vom Stromberg, aus den Schwäbisch-Fränkischen Waldbergen, der Hohenloher Ebene und aus dem Tauberland. Von der Schwäbischen Alb ist bisher erst ein Fundort bekannt (Kleines Lautertal, bei Herrlingen, D. BARTSCH, A. LINGENHÖLE). In Oberschwaben wurden, außer am randlich gelegenen Hohentwiel, wiederholt Falter im feuchtkühlen Rißtal bei Rißegg gefangen (A. LINGENHÖLE).

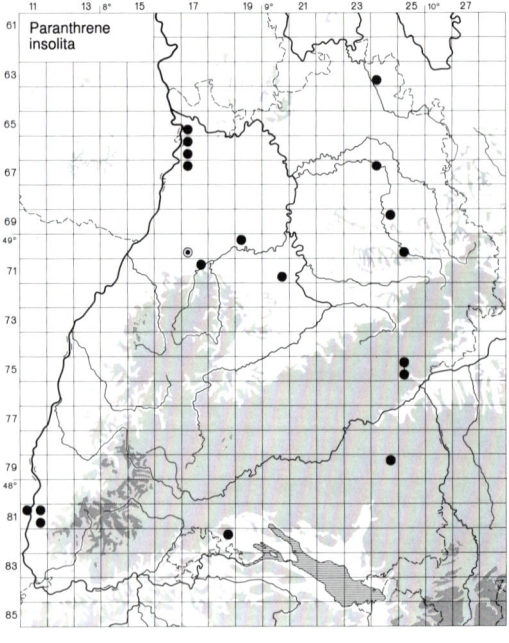

---

[1] Bearbeitet von ERNST BLUM

Paranthrene insolita wurde in vier von fünf Hauptnaturräumen Baden-Württembergs festgestellt. Lediglich aus dem Schwarzwald fehlt bislang noch jeglicher Nachweis. Aus den wenigen Fundorten läßt sich noch kein zusammenhängendes Bild über die tatsächliche Verbreitung dieser Art in unserem Faunengebiet machen. Vieles spricht jedoch dafür, daß ihr Areal mit dem der Eichen an wärmebegünstigten Standorten zusammenfällt.

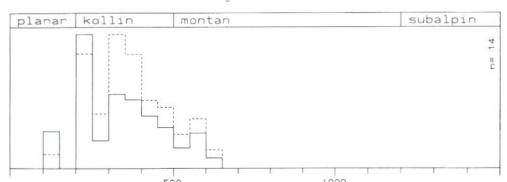

Vertikal: Von der planaren Stufe im Rheintal bei Ketsch (100 m) und Grißheim (200 m) bis zur kollinen Stufe oberhalb 500 m (Hohentwiel und Herrlingen).

Phänologie

Imagines: Die bisher in Baden-Württemberg gemachten Funde liegen zwischen dem 20. Mai und 25. Juni. Der Beginn der Flugzeit scheint aber jahrweise recht unterschiedlich zu sein und mit dem Auftreten sommerlicher Temperaturen ab Ende Mai zusammenzufallen.

Präimaginalstadien: R. BLÄSIUS fand am 10.1.1993 eine Raupe; diese ergab unter Zuchtbedingungen am 5.3.1993 den Falter (Männchen). Weitere Beobachtungen, aus denen Daten zur Phänologie der Präimaginalstadien gewonnen werden könnten, stehen noch aus.

Ökologie

Lebensraum: Lichte, meist südexponierte und somit warme Eichen- oder Eichenmischwälder der Ebene und des Hügellandes, sonnige Waldränder und Lichtungen. Am Hohentwiel fliegt die Art an den Rändern lückiger, xerothermer Mischwälder mit überwiegendem Eichenbestand. Der Fundplatz im Kleinen Lautertal liegt unterhalb eines Eichen-Rotbuchen-Mischwaldes auf einem locker mit Gebüsch bewachsenen, südwestexponiertem Felshang. Auch bei Stuttgart konnte sie am Rand eines auf einem Höhenzug gelegenen Eichen-Elsbeerenwaldes nur an der wärmsten Stelle oberhalb von Weinbergen festgestellt werden. Dagegen stellen die Fundplätze im Schwä-

Der Eichenzweig-Glasflügler (*Paranthrene insolita*) konnte erst 1989 durch ein am Hohentwiel (Singen) gefangenes Männchen als neu für Deutschland nachgewiesen werden. Inzwischen hat der Einsatz von Pheromonen deutlich werden lassen, daß diese verborgen lebende Art in Baden-Württemberg weit verbreitet ist. – Markgräfler Rheinebene 23.6.91 R. HERRMANN. M.

bisch-Fränkischen Wald und im Hegau (Hohentwiel) einen eher kühleren Lebensraumtyp mit teilweise hoher Luftfeuchtigkeit dar. Es zeigt sich, daß die Art zwar warme Stellen bevorzugt, aber auch mit einem rauher getönten Klima zurechtkommt.

Nahrung der Raupe:
Quercus robur – Stiel-Eiche
  L (BLÄ)

Die Raupe, die R. BLÄSIUS bei Ketsch fand, war ca. 25 mm lang und von quittengelber Farbe. Das Tier befand sich in einem Zweig (Durchmesser ca. 15 mm) einer gefällten Eiche im Kronenbereich (Baumhöhe ca. 15 m), etwa einen Meter unterhalb der höchsten Zweigspitzen. Der Fraßgang war etwa 30 mm lang und hatte einen Durchmesser von 6 mm. Er befand sich kurz oberhalb einer Astgabelung. Die Raupe war in einem festen, braunen, pergamentartigen, mit feinen Holzspänen durchmischten Kokon eingesponnen. Dieser lag der Wand eng an. Der extrem kurze Fraßgang läßt den Schluß zu, daß sich die Raupe wohl vom fließenden Saft der Eiche ernährt (BLÄSIUS 1993).

Nachdem nun ein erster Anhaltspunkt zur Larvalbiologie vorlag, wurde die Suche nach Raupen und Puppen verstärkt. Ein weiterer Raupenfund gelang aber nicht mehr! E. BETTAG, R. BLÄSIUS und R. HERRMANN fanden weitere Schlupflöcher und Fraßgänge in Eichenästen bei Kirrlach und Grißheim. Dabei zeigte sich, daß die Raupe nicht nur im Kronenbereich lebt, sondern auch in den unteren Ästen freistehender Eichen.

Bis jetzt wurden nur Fraßgänge in Zweigen von 12–25 mm Durchmesser festgestellt. In der Pfalz wurde ein Fraßgang gefunden, dessen Ausschlupfloch dicht bei einer kleinen Zweiggalle lag (E. BLUM).

Nahrung des Falters: Aus Baden-Württemberg unbekannt.

Verhalten: Am Pheromon erscheinen die Männchen nachmittags zwischen 14 und 17 Uhr. Ihr Anflugverhalten ist dabei stark von der Position der bait-strips abhängig. Sind die Lockstoffe in einiger Entfernung von Bäumen freihängend an Schnüren angebracht, so erscheinen die Tiere in wild kreisendem, große Bögen beschreibendem Flug. Befinden sie sich hingegen an den äußeren Zweigspitzen von Eichenästen oder gar im Kronenbereich der Bäume, so werden sie von den Faltern in langsamem Suchflug umkreist. Jetzt finden sogar Kopulationsversuche mit dem bait-strip statt.

In der Pfalz konnten einzelne Tiere beobachtet werden, wie sie die Wipfel von Jungeichen umflogen (E. BLUM).

Gefährdung und Schutz

Rote Liste Bundesrepublik: –
Rote Liste Baden-Württemberg: U

Oberrheinebene: Noch ungeklärt.
Schwarzwald: Nicht vertreten.
Neckar-Tauberland: Noch ungeklärt.
Schwäbische Alb: Noch ungeklärt.
Oberschwaben: Noch ungeklärt.

- In Baden-Württemberg eine Art mit ungeklärter Gefährdung!

Die Art ist erst seit wenigen Jahren als der mitteleuropäischen Fauna zugehörig erkannt worden. Die Raupe lebt in Eiche und ist schwer zu finden. Die meisten Nachweise gelangen durch den Einsatz von Pheromonen. *Paranthrene insolita* scheint weit verbreitet zu sein, mit Fundhäufungen im südwestdeutschen Raum. Wärmegebiete und xerotherme Stellen werden deutlich bevorzugt. Eine Einstufung in eine der Gefährdungskategorien ist wegen der geringen Kenntnis von Lebensweise und Verbreitung noch nicht möglich. Wo der Falter gefunden wurde, war er oft häufig.

Synanthedon scoliaeformis[1] (Borkhausen, 1789)

Großer Birken-Glasflügler

Sesia thynniformis LASPEYRES, 1891

Sesia scoliiformis BKH. (REUTTI 1898, ESCHERICH 1931)
Sesia scoliaeformis BKH. (LAMPERT 1907, REBEL 1910, ECKSTEIN 1913–1923)
Trochilium scoliaeforme BORKH. (HERING 1932)
Trochilium scoliiforme BKH. (SPULER 1908–1910)
Conopia scoliaeformis BORKHAUSEN (EBERT 1978)
Aegeria scoliaeformis BORKH. (NOVAK & SEVERA 1980)

Gesamtverbreitung: Von den (französischen) Pyrenäen über West-, Mittel- und Nordeuropa ostwärts durch die gemäßigte Zone bis Japan. Es liegen Nachweise aus Fennoskandien und dem Baltikum, aber auch aus dem Kaukasus (bis Georgien) sowie aus Mittelasien vor. In Südosteuropa ist die Art aus den Gebirgen Nordungarns, Rumäniens und Bulgariens bekannt.

Verbreitung

Regional: Der Große Birken-Glasflügler ist aus allen Hauptnaturräumen Baden-Württembergs bekannt. Trotz der leicht nachweisbaren arttypischen Schlupflöcher in alten Birken fehlen aus dem vergangenen Jahrhundert Nachweise für unser Faunengebiet, obwohl bereits um 1850 für Württemberg (SEYFFER 1850) und für Baden (REUTTI 1853) jeweils 12 Glasflügler-Arten bekannt waren. Als erster meldet GAUCKLER (1896) die »*Scoliaeformis*, Birken-Sesie. Im Durlacher Wald. Raupe unter Birkenrinde«, was von REUTTI (1898) wiederholt und mit dem Hinweis »von RIBBE nachgewiesen« ergänzt wird.[2] Es hat sich inzwischen gezeigt, daß diese Art bei uns weit verbreitet ist und die bestehenden Lücken in der Verbreitungskarte nur der Ausdruck vorhandener Kartierungsdefizite sind.

So stellten D. BARTSCH und F. WEBER durch gezielte Nachsuche ab Winter 1989/90 die Art an

---

[1] Bearbeitet von ERICH BETTAG.
[2] In coll. DAUB (LNK) befinden sich 10 Imagines, die von Karlsruhe stammen sollen, leider aber mit ungenauen Angaben auf den Fundortzetteln.

zahlreichen Orten fest. In der Oberrheinebene, besonders in den mittleren und nördlichen Bereichen, ist sie allerdings kaum vertreten. Trotz Vorhandenseins zahlreicher geeignet erscheinender Birkenbestände lassen sich nur ganz selten vereinzelte Schlupflöcher nachweisen. Bei den sehr flugtüchtigen *Synanthedon*-Arten deuten solche Verbreitungslücken in der Regel darauf hin, daß sie in diesen Gebieten keine adäquaten Lebensbedingungen vorfinden. Lediglich aus den etwas höher gelegenen Regionen der südlichen Oberrheinebene existieren einige Fraßbildnachweise durch H. STEFFNY.

Im Schwarzwald dürften hingegen die bestehenden Lücken, vor allem das Fehlen im nördlichen und mittleren Gebietsteil, auf mangelnde Durchforschung zurückzuführen sein. Allerdings scheint der Große Birken-Glasflügler dichte Waldungen zu meiden und mehr in lichteren Beständen und an Einzelbäumen im Offenland vorzukommen. In vielen Teilen des mittleren und nördlichen Schwarzwaldes herrschen ausgedehnte dunkle Fichten-Tannenwälder vor. Hier ist der Nachweis von alten Schlupflöchern oft zeitraubend.

Am günstigsten ist die Situation im Neckar-Tauberland. Dort ist die Art weit verbreitet und in einigen Regionen (Schwäbisch-Fränkischer Wald, Schönbuch und Glemswald, Stromberg und Mittleres Albvorland) auf vielen Meßtisch-

Frühmorgens ist der frischgeschlüpfte Große Birken-Glasflügler (*Synanthedon scoliaeformis*) gelegentlich im unteren Stammbereich alter Birken zu finden. Wegen seiner verborgenen Lebensweise wird er im Freiland nur selten beobachtet. – Hohenhaslach 15.6.91
K. NIMMERFROH. S.

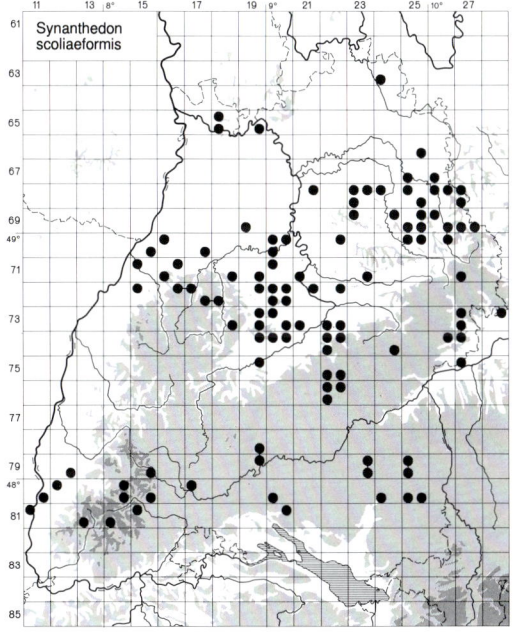

blatt-Quadranten nachgewiesen worden. Allerdings ist einschränkend zu bemerken, daß es sich oft nur um Funde weniger Schlupflöcher handelt, die im Kartenbild eine höhere Besiedlungsdichte vortäuschen, als tatsächlich gegeben ist. Der Kraichgau und die Hohenloher Ebene mit dem Bauland sind noch wenig durchforscht. Hier dürfte aber, bedingt durch die auf weiten Strecken vorherrschende Agrarflur, tatsächlich eine ausgedehnte Verbreitungslücke vorhanden sein.

Das eben Gesagte läßt sich auch für die südlichen Bereiche der Oberen Gäue annehmen. Von hier über den Oberen Neckar, die Baar und das Alb-Wutach-Gebiet bis hin zum Hochrhein besteht noch Kartierungsbedarf. Daß die Art vorhanden ist, zeigen einzelne Nachweise auf der Baar bei Donaueschingen (D. BARTSCH). Dünn besiedelt sind die Schwäbische Alb und Oberschwaben. Auf der Alb tritt der Falter oft nur an solitär stehenden Bäumen in offener Parklandschaft auf. Auffällige Schlupflochhäufungen, die auf kräftige Populationen hindeuten, finden sich auf der Irndorfer Hardt und auf der Mittleren Kuppenalb in der Gegend von Münsingen. In Oberschwaben ist die Art vor allem in den Birkenbeständen der Hochmoore gut vertreten, aber auch an Einzel- und Alleebäumen zu finden. Der einzige Freilandfund eines Falters stammt ebenfalls aus diesem Naturraum.

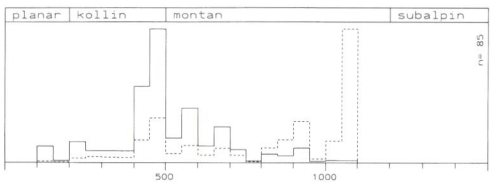

Vertikal: Die Art ist in Baden-Württemberg bevorzugt im Hügelland verbreitet. Die meisten Fundstellen liegen in Höhen zwischen 400 und 500 m. Sie wurden auch noch bei 870 m (Titisee, H. STEFFNY) sowie zwischen 900 und 1100 m (Friedenweiler und Oberjosttal, F. WEBER) nachgewiesen. In der Rheinebene (unter 200 m) wird *S. scoliaeformis* dagegen kaum gefunden.

Phänologie

Imagines: Aus Baden-Württemberg ist bis jetzt nur ein Freilandexemplar des Großen Birken-Glasflüglers bekannt geworden. G. REICH notierte unter dem 26.5.1960 »1 Weibchen auf Birkenzweig im Federseemoor (WÖHRLE).«

In der benachbarten Pfalz gelang am 27.6. (1992, E. BLUM und K. BASTIAN) gegen 14 Uhr die Beobachtung eines abgeflogenen männlichen Falters am artspezifischen Pheromon (PRIESNER/Seewiesen), wobei der Lockstoff in ca. 1 m Höhe an einem alten Brutbaum angebracht war. Zwei weitere abgeflogene Männchen näherten sich am 28.6. (1993, WAGNER) in einer Birkenallee um 13.50 und 14.30 Uhr dem Lockstoff. In Ost-Niedersachsen wurde das Schlüpfen der Falter zwischen dem 7. und 27.6. beobachtet, wobei das Maximum »am Ende der zweiten Juni-Dekade zu liegen scheint« (KÖHLER 1992).

Die Entwicklung zur Imago (aus der Zucht erwachsener Raupen) läßt sich über die Wintermonate durch Zimmerwärme beschleunigen. Bei solchen Treibzuchten erschien der Falter stets frühmorgens gegen 6 Uhr und entwickelte seine Flügel in etwa zwei Minuten. Einmal schlüpfte er bereits 23 Tage nach dem Eintragen der Raupen (E. BETTAG).

Aus Zuchten liegen im Beobachtungsgebiet reichlich Schlüpfdaten vor, die vom 12. April bis 12. Juni reichen. Die tatsächliche Flugzeit der Art in Baden-Württemberg läßt sich allerdings aufgrund fehlender Freilanddaten noch nicht erkennen.

Zunächst schiebt sich die Puppe aus dem vorbereiteten, durch eine dünne Membran verschlossenen Schlupfgang heraus, ehe sie den Falter entläßt. Zurück bleibt die leere Puppenhülle. – Hohenhaslach 15.6.91 K. NIMMERFROH. S.

Alte Schlupflöcher in der Rinde der Birke verraten die Anwesenheit des Großen Birken-Glasflüglers. Da die Art einem Brutbaum über viele Jahre treu bleibt, finden sich viele solcher Ausschlupflöcher am Stamm, bis in eine Höhe von ca. 3 m. Diese Hohlräume werden später von Bienen und Wespen als willkommene Nistgelegenheiten genutzt. – Stuttgart, Rotwildpark 15.4.90 D. BARTSCH.

nen. Das Flugmaximum dürfte aber, wie es sich in der Pfalz abzeichnet, auch hier in die zweite Juni-Dekade fallen. R. BLÄSIUS fand allerdings nahe Kell (bei Trier), ca. 650 m, schon am 30.5. (1993) eine frische Puppenexuvie.

Präimaginalstadien: Die Raupe hat eine mindestens zwei-, vermutlich aber dreijährige Entwicklung.

Ökologie

Lebensraum: Lichte Wälder oft feuchter Ausprägung, mit *Carex*- und *Molinia*-Beständen, sonnige und halbschattige Waldränder, ältere, entlang von Waldwegen stehende Einzelbäume, oft in Eichen-Hainbuchenwäldern, seltener in Buchenbeständen. Auf der Alb sind es vor allem sonnenexponierte Einzelbäume und Alleen, ebenso im Raum Crailsheim-Wört, in Oberschwaben gut besonnte, ältere Birkenbestände auf Mooren oder ebenfalls Alleen und Einzelbäume. Wichtig sind Alter und Zustand der Wirtsbäume, insbesondere abgestorbene Partien am Stamm, an deren Rändern sich die Raupen bevorzugt entwickeln.

In der benachbarten Pfalz konnten zahlreiche Vorkommen des Großen Birken-Glasflüglers in engen, schluchtigen Tälern des Pfälzer Waldes um alte Birken, direkt an oder in unmittelbarer Nähe von Bächen und Rinnsalen entdeckt werden. Feuchtere, schattige Hanglagen (Nordhänge) werden dort eindeutig bevorzugt (E. BETTAG). Ähnliche Fundstellen gibt es auch in Baden-Württemberg. Je höher die Art im kühlen Gebirge geht, desto mehr bevorzugt sie relativ wärmere Stellen an Waldrändern und Lichtungen (K. SPATENKA).

Nahrung der Raupe:
Betula pendula – Hänge-Birke
  5 L, P (BAR, BET, BLÄ, DOC, EBE, LIN, REI, STA, STF, WLL, WEF)
Betula pubescens – Moor-Birke
  L (BAR)

Alleinige Raupennahrungspflanzen sind die Birken, wobei *Betula pendula* und *Betula pubescens* sowie ihre Bastarde vermutlich gleichermaßen genutzt werden.

Nahrung des Falters: Keine Beobachtungen aus Baden-Württemberg.

»Der Falter saugt tagsüber an Blüten des Faulbaums, der Brombeere, des Baldrians, des Zwergholunders u. a. Arten, seltener auch an ausfließendem Birkensaft« (BERGMANN 1953).

Verhalten: Die Raupe frißt direkt unter der Borke in der nährstoffreichen, saftführenden Schicht. Die Innenschichten der Borke werden mitgefressen, das Holz aber nicht angegriffen. Durch diese Tätigkeit und sekundär auftretende Pilzerkrankungen kommt es zu einer Zerstörung des Kambiums um die Fraßstelle. Diese physiologische Schwächung gibt offensichtlich den Anreiz zu ständig neuen Eiablagen an den bereits befallenen Stämmen. Daraus erklärt sich, warum im Laufe der Jahre regelrechte »Brutbäume« entstehen, wohingegen andere Bäume im gleichen Biotop offensichtlich ignoriert werden. Diese Brutbäume weisen manchmal über 100 Schlupflöcher auf, die im Laufe vieler Jahre entstehen und sich in einer Stammhöhe von meist 1–2 m verteilen. Es wurden aber auch schon Schlupflöcher und Raupen in über 4 m Höhe gefunden (D. BARTSCH). Die Entwicklung der Raupe ist also nicht nur auf die unteren Stammpartien begrenzt. In der Pfalz ist eine Altbirke bekannt, die in ca. 2 m Höhe voluminöse Krebswucherungen aufweist. Diese sind von den Raupen des Großen Birken-Glasflüglers besetzt. Sie haben große Bereiche der Geschwulst bereits zum Absterben gebracht.

Der Fraßverlauf unter der Rinde strebt stets vom Stammfuß aufwärts, obgleich innerhalb eines Fraßbildes auch kurze Strecken in Querrichtung ausgefressen werden. Manchmal liegen im ersten Entwicklungsjahr mehrere Schleifen des Fraßganges der Jungraupe so dicht in Querrichtung übereinander, daß eine Art Platzfraß vorgetäuscht sein kann.

D. Bartsch beschreibt den Fraßgang wie folgt: Ein schräg oder senkrecht nach oben verlaufender Fraßgang, der sich auf einer Distanz von 5–10 cm rasch verbreitert, endet in einer Platzmine (Platzfraß) auf der Holzoberfläche. Diese ist bei erwachsenen Raupen mit schwärzlichem Bohrmehl-Kompost (sehr feucht) ausgefüllt. Unklar ist, ob Pilze als Raupennahrung eine Rolle spielen, da die Raupen oft auch in anbrüchigen Bäumen leben. Der Schlupfgang führt von dieser Platzmine meist schräg ansteigend nach oben und außen; er ist in der Borke angelegt und besteht aus einem ausgefressenen, länglich-ovalen Hohlraum, in dem locker angesponnen der Kokon ruht, und dem Ausschlupfloch mit Rindendeckel direkt über der Spitze des Kokons.

Zur Verpuppung der Raupe liegen einander widersprechende Beobachtungen vor. E. BETTAG beobachtete, daß die Raupe bereits im Spätherbst ihren Kokon anfertigt und darin überwintert. Dagegen teilt A. KALLIES mit, daß er die Raupen in Norddeutschland oftmals im März/April eingetragen hat, ohne dabei einen fertigen Kokon in der Rinde bemerkt zu haben. Die Raupen saßen nach seinen Angaben sogar noch in der »Platzmine«, obgleich die Schlupflöcher schon vorbereitet waren!

In Baden-Württemberg wurden am 6. 4. 1995 insgesamt 8 erwachsene Raupen in verschiedenen Brutbäumen registriert. Die Tiere hatten alle den Ausstieg (Rindendeckel) schon angelegt, waren aber noch mit der Herstellung des Kokons beschäftigt! Dazu wurden große Mengen zernagter Borke um die Raupe herum miteinander versponnen. Die Raupen drehten sich während dieser Tätigkeit immer wieder um, so daß sie ab-

Eine Birkenallee im Stromberggebiet. Die durch besonders grobe Borke im unteren Stammbereich auffallende Birke (links) ist ein solcher Brutbaum! Auch der Kronenzustand läßt bei alten Birken den Befall erkennen. Oft sind es anbrüchige Bäume mit größeren Totholzpartien oder abgebrochenen Hauptästen. – 28.4.90 G. EBERT.

wechselnd die Vorder- und die Rückseite des Kokons bearbeiteten. Daß die Raupe im Kokon überwintert, kann also nicht bestätigt werden. Die anderen Kokonfunde aus vergangenen Jahren erfolgten im April/Mai, also nach der Überwinterung (D. BARTSCH).

Der Falter wird frühmorgens zwischen 7 und 9 Uhr nach dem Schlüpfen am Stamm ruhend angetroffen (RAEBEL 1909, KÖHLER 1992). Zur Eiablage gibt es aus dem Untersuchungsgebiet keine Beobachtungen. KÖHLER (1992) notierte sie gegen 14 Uhr.

Gefährdung und Schutz

Rote Liste Bundesrepublik: –
Rote Liste Baden-Württemberg: 3

Oberrheinebene: Stark gefährdet.
Schwarzwald: Gefährdet.
Neckar-Tauberland: Gefährdet.
Schwäbische Alb: Gefährdet.
Oberschwaben: Gefährdet.

- In Baden-Württemberg gefährdet!

Die Art ist auf das Vorkommen alter, physiologisch geschwächter Birken angewiesen. Diese werden als Alleebäume und im Forst nicht geduldet. Der Schmetterling ist allerdings in der Lage, größere Strecken zu fliegen und weit auseinanderstehende Einzelbäume zu nutzen. Die speziellen Ansprüche, die er dabei stellt, sind noch wenig bekannt, weshalb auch die Einstufung in eine bestimmte Gefährdungskategorie schwer fällt. Warum fehlt *S. scoliaeformis* in weiten Gebieten der Oberrheinebene, wie finden sich die Tiere über Strecken von mehreren Kilometern Länge, was macht einen Baum erst attraktiv? Hier ist noch erheblicher Forschungsbedarf gegeben!

Synanthedon spheciformis[1]
([Denis & Schiffermüller], 1775)

Erlen-Glasflügler

Sphinx sphegiformis FABRICIUS, 1787 (unberechtigte Emendation)

Sesia sphegiformis F. (REUTTI 1898)
Sesia spheciformis GERN. (LAMPERT 1907, REBEL 1910, ECKSTEIN 1913–1923, ESCHERICH 1931, BRAUNS 1964 und 1970)
Trochilium spheciforme GERNING (SPULER 1908–1910, HERING 1932)
Conopia spheciformis SCHIFF. (EBERT 1978)

Gesamtverbreitung: Fast überall in Europa verbreitet. Im Norden von Schottland über Fennoskandien (hier auch nördlich des Polarkreises) und Rußland bis weit nach Sibirien (Amur). Im Süden vom nördlichen Portugal und Spanien durch Südfrankreich und Norditalien, über die westlichen Balkangebirge bis Nordgriechenland und Rumänien.

Das Weibchen des Erlen-Glasflüglers (*Synanthedon spheciformis*) unterscheidet sich, im Gegensatz zu vielen anderen Glasflügler-Arten, farblich nicht vom Männchen. Besonders markant ist die gelblichweiße Färbung der Fühlerspitzen, der inneren Begrenzung der Tegulae und des einzigen Hinterleibsringes. – Stuttgart-Vaihingen 9.5.92 K. NIMMERFROH. M.

Verbreitung

Regional: Der Erlen-Glasflügler ist in allen Hauptnaturräumen Baden-Württembergs vertreten. Schwerpunkte liegen in der nördlichen Oberrheinebene, dem Schönbuch und Glemswald, den Schwäbisch-Fränkischen Waldbergen und in Oberschwaben. Die auf der Karte dargestellte Verbreitung vermittelt aber sicherlich noch einen falschen Eindruck. Fast überall, wo gesucht wurde, konnte das Tier nachgewiesen werden. So werden vor allem die Regionen hervorgehoben, in denen die drei aktivsten Mitarbeiter, die Meldungen von diesem Tier machten, ihre Arbeitsschwerpunkte haben. Es sind dies Oberschwaben (A. LINGENHÖLE) und einige nördlich davon gelegene Landesteile (D. BARTSCH und F. WEBER). Die großen Lücken, vor allem in der südlichen Hälfte Baden-Württembergs und im Nordosten des Landes, zeigen nur das vorhandene große Bearbeitungsdefizit. Daß der Falter auch hier weit verbreitet sein dürfte, zeigen die wenigen Funde, die schon nach kurzer Nachsuche an günstig erscheinenden Stellen gelangen.

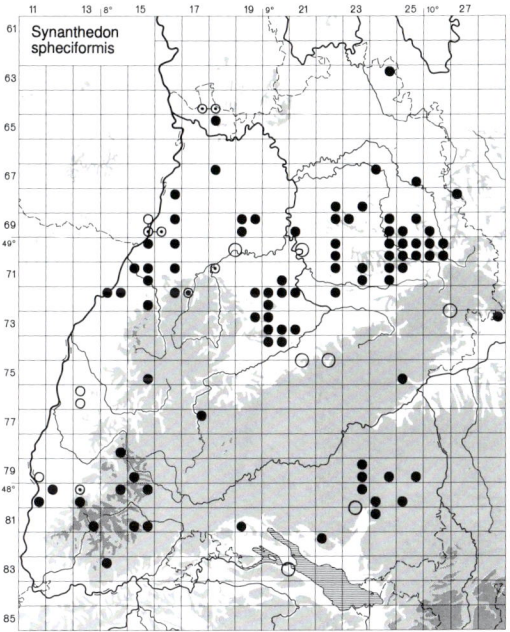

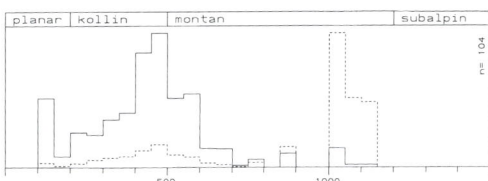

Vertikal: Das tiefste bekannte Vorkommen liegt bei Rußheim in etwa 100 m Höhe. Während die planare und kolline Stufe bis 600 m durch zahl-

[1] Bearbeitet von DANIEL BARTSCH

reiche Funde gut belegt sind, stehen Nachweise aus den höheren Regionen noch weitgehend aus. Die höchsten bisher bei uns bekannten Vorkommen liegen im Schwarzwald (Oberjosttal, Faulenfürst, Schönwald: Farnberg, alle über 1000 m (F. WEBER).

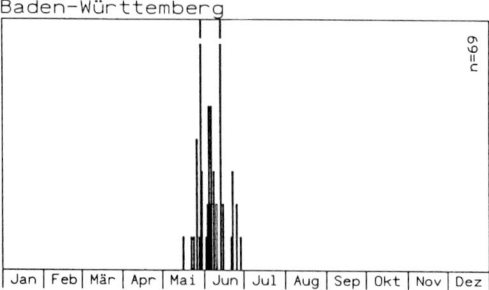

Phänologie

Imagines: Der früheste Falter, ein Weibchen, wurde von A. FUNK am 16.5.1921 bei Schussenried gefangen. M. SALMEN beobachtete am 28.5.1993 im Glemswald über 50 Falter an Pheromonpräparaten, F. WEBER konnte einen Tag später bei Laufen am Kocher ca. 20 Tiere mit Pheromonen anlocken. Zumindest im warmen Frühjahr 1993 schien der Hauptflug der Männchen in diesen Zeitraum zu fallen. A. LINGENHÖLE berichtete von einem Massenanflug im Steinacher Ried am 27.5.1990. Bereits nach Verlassen des Autos, also noch vor dem Ausbringen der Pheromone, waren einige hundert Tiere angelockt. Dann spielte sich ein unglaubliches Szenario ab: Um den Pheromonköder schwärmte eine Wolke von ca. 4 m Durchmesser mit Tausenden von Faltern. Die Tiere müssen sich auf einer mit Birkenaufwuchs bedeckten, stark gestörten ehemaligen Moorfläche entwickelt haben.

Vom Juni liegen Nachweise besonders aus der ersten Monatshälfte vor. Den letzten Falter stellte F. WEBER am 28.6. (1992, Tal der Blinden Rot) fest.

Präimaginalstadien: Erwachsen eingetragene Raupen vom 6.1.1993, 2.2.1993 und 8.3.1994 ergaben bei Zimmerzucht die Falter jeweils nach 5 Wochen. Eine am 31.3.1992 aufgefundene Raupe ergab den Falter schon nach 24 Tagen. Die ersten Puppen stammen vom 1.4. und 6.4.1990. Die Falter schlüpften am 25. und 26.4. Die deutlich kürzere Entwicklungszeit der ab Ende März eingetragenen Tiere läßt den Schluß zu, daß ab diesem Zeitpunkt auch im Freiland die Entwicklung wieder eingesetzt hat. Der Beginn der Flugzeit scheint je nach Witterung jahr- und gebietsweise zu schwanken.

Ökologie

Lebensraum: Der Erlen-Glasflügler besiedelt Bachauen, erlenreiche Gehölzgruppen in feuchten Wiesen und entlang von Gräben und Teichufern. In Wäldern bevorzugt er lichte Stellen, die Ränder von Waldwegen, Straßen und Schneisen oder Kahlschläge. Besonders auffallend ist das bisweilen massierte Auftreten an anthropogenen Stellen. Die entlang von Straßen und Autobahnen oder auf ehemaligen Erd- und Mülldeponien angepflanzten Erlen werden von Raupen bevorzugt befallen. Die Art findet sich auch in aufgelassenen Kiesgruben und Steinbrüchen.

Synanthedon spheciformis ist wie ihre beiden wichtigsten Raupennahrungspflanzen Schwarzerle und Hängebirke eine typische Pionierart. Der Falter folgt, wenn Jungwuchs dieser Baumarten aufkommt, meist nach. Die Raupenhabitate bestehen in der Regel nur wenige Jahre, dann sind die Bäumchen für die Art zu groß geworden und der Schmetterling verschwindet wieder. An geeigneten Stellen können sich vorübergehend erstaunlich individuenstarke Populationen entwickeln.

Offensichtlich stellt *S. spheciformis* keine hohen Ansprüche an die klimatischen Verhältnisse ihrer Lebensräume. Raupenfunde gelangen sowohl an sonnig-trockenen wie auch an schattig-feuchten Stellen sowie auf verschiedenem geologischem Untergrund.

Nahrung der Raupe:
Betula pendula – Hänge-Birke
  3 L (BAR, WEF)
Betula pubescens – Moor-Birke
  L (BAR)
Alnus glutinosa – Schwarz-Erle
  4 L, P (EBE, BAR, LIN, STA, WLL, WEF)
Alnus spec. – »Erle«
  L (WÖR)

Als weitere mögliche Raupennahrungspflanzen kommen in Baden-Württemberg noch *Alnus incana* und *Alnus viridis* in Betracht. Beide werden von verschiedenen Autoren für andere Gebiete genannt (ZUKOWSKY 1910, LASTUVKA 1989). Wenn Birken und Erlen nebeneinander vorkommen, läßt sich keine deutliche Bevorzugung einer Art durch den Glasflügler erkennen (vgl. SCHNEIDER 1937: »Die Raupe in jungen Stämmen von Erlen, seltener in Birken«).

Bohrmehlauswurf am Stammfuß einer jungen Schwarzerle. Diese doch recht beträchtliche Menge täuscht auf den ersten Blick über den Entwicklungszustand der Raupe hinweg. Die Verursacherin war nämlich keineswegs schon ausgewachsen, sondern benötigte noch ein weiteres Jahr zur Entwicklung. Bei erwachsenen Raupen ist das Bohrmehl meist nicht mehr rötlich, sondern gelbbraun gefärbt, da jetzt nicht mehr der Bast, sondern der Holzkörper befressen wird. – Stromberg 28.4.90 G. EBERT.

Nahrung des Falters: Uns liegen zwei Meldungen zum Blütenbesuch des Tieres vor: D. BARTSCH beobachtete am 16.6.1992 ein Weibchen, daß gegen 13 Uhr auf Zwergholunder (*Sambucus ebulus*) saugte. F. WEBER notierte am 28.6.1992 ein Weibchen auf Traubenholunder (*Sambucus racemosa*).

Verhalten: Wie bei allen anderen *Synanthedon*-Arten besteht auch bei den bisher kaum beobachteten Imagines dieser Art noch erheblicher Forschungsbedarf. Früher wurde der durchaus nicht seltene Erlen-Glasflügler nur zufällig festgestellt. Erst durch die in jüngster Zeit zum Einsatz gekommenen synthetischen Sexuallockstoffe konnten die Männchen in größerer Zahl angelockt werden. Die oben erwähnten großen Anflüge an die Pheromone erfolgten zwischen 11 und 13 Uhr. Bei einem weiteren Lockversuch durch F. WEBER am selben Tag wurde gegen 16 Uhr nur noch ein einziges Tier festgestellt. An beiden Tagen herrschte sehr warmes und schwüles Wetter vor einer längeren Schlechtwetterperiode. Dieser Aktivitätsschwerpunkt der Männchen im Tagesverlauf deckt sich mit der Beobachtung, daß bei Zuchten der Schlupf beider Geschlechter zwischen 10 und 13 Uhr erfolgt. Die Weibchen beginnen unmittelbar nach Entfaltung der Flügel zu locken.

Zur Eiablage liegen noch keine Beobachtungen vor. Der Erlen-Glasflügler ist, neben den Arten, die Gartenpflanzen befallen, eine der wenigen Sesien, deren Präimaginalentwicklung schon vor über hundert Jahren (fast) richtig erkannt und beschrieben wurde. Deshalb sei hier wiedergegeben, was C. SCHMIDT (1889) in Schlesien beobachtet hatte:

»Eine neben dem Wurzelstock von Birken und Erlen befindliche Anhäufung von feinen, Sägespänen ähnlichem Bohrmehl zeigt das Vorhandensein dieser schönen Sesia an. Durch Anfeuchtung, durch ausfliesenden Saft, sind diese Bohrspäne in der Regel an trockenen Stellen zu Klümpchen zusammengebacken, hellgelb oder bräunlichgelb gefärbt, lassen sie sich leicht zwischen den Fingern in feines Mehl zerreiben, im Gegensatz zu den Auswürflingen mancher Käferlarven, welche beim Zerreiben faserig bleiben. Als Wohnorte werden Wurzelausschläge und junge Bäume bevorzugt; die Raupe bohrt nach dem Ausschlüpfen sich ein freies Loch in die junge Rinde und lebt das erste Jahr im Splint. Im Herbst jedoch geht sie tiefer in den Wurzelstock, indem sie im Holz einen Gang nach dem Mark zu ausnagt und dort in der Erde den Winter verbringt. Die ersten Sonnenstrahlen des Frühlings beleben auch die Raupe wieder und nun geht das Geschäft des Bohrens flott von statten. War im ersten Jahr von Bohr-

Schwarzerlengebüsch auf einer Waldlichtung im späten Winter. An solchen etwas isoliert stehenden Pflanzen lohnt oft eine Nachsuche. Tatsächlich enthielt das dünne Stämmchen im Vordergrund gleich zwei erwachsene Raupen des Erlen-Glasflüglers. – Sindelfingen, Sommerhofenwald 28.2.90 D. BARTSCH.

spänen nichts zu bemerken, so werden die selben jetzt in größerer Menge ausgestossen. Nach der zweiten Überwinterung ist bis gegen Ende April oder Anfang Mai ein längerer Gang in einem jüngeren Triebe oder Stämmchen ausgearbeitet mit einem Flugloch für den ausschlüpfenden Falter versehen und das Puppenlager auf durch Gespinnst geglätteten Bohrspänen, in senkrechter Lage zubereitet. Dasselbe liegt etwa 8–10 cm unter dem Flugloch und dieses 20–60 cm über der Erde, wenigstens habe ich höhere Fluglöcher bei dieser Spezies nicht gefunden. Die Entwicklungszeit des Falters fällt in die Monate Mai und Juni und habe ich als frühesten Termin den 17. Mai, und als spätesten mit 2 Ausnahmen den 17. Juni notiert. Zwei kleine Männchen schlüpften am 8. resp. 11. Juli aus, ich möchte dieselben als einjährige Thiere ansprechen.«

Diese Darstellung der Lebensweise ging so in die Literatur ein (FORSTER 1960, KOCH 1984). Erst LASTUVKA (1982) machte auf die dreijährige Raupenentwicklung aufmerksam. Sie scheint auch in Baden-Württemberg so lange zu dauern. Ob die nachfolgenden Beobachtungen aber für alle Raupen zutreffen, muß noch offen bleiben.

Durch Aufgabe der Nutzung dieser feuchten, abgelegenen Talwiese entwickelt sich ein Erlenbruch. In den aufkommenden Schwarzerlengebüschen findet die Raupe des Erlen-Glasflüglers ideale Voraussetzungen. Nordschwarzwald, Eyachtal 1.7.95 W. STAIB.

Etwa einen Zentimeter große Jungraupen wurden schon mehrfach nach der ersten Überwinterung gefunden. Nahe der Stammbasis haben die Tiere im Bast einen quer zur Wuchsrichtung des Stammes verlaufenden, zwei bis vier Zentimeter langen Fraßgang ausgefressen. An der Ausgangsstelle des Ganges stoßen die Räupchen durch ein winziges Loch in der Rinde rotbraunes Bohrmehl aus, das der Rinde als kurzes, verklebtes »Würstchen« anhaftet. Die zur selben Zeit aufgefundenen zweijährigen Raupen sind bereits in das Holz eingedrungen. Oft haben sie kleine Wurzeln an der Basis total ausgefressen und den entstandenen Hohlraum wieder mit Genagsel verfüllt. Häufig wird auch die Basis eines Seitentriebes durch Ringelfraß geschädigt, so daß dieser abstirbt. Zumeist, besonders in stärkeren Stämmchen, wird lediglich ein unregelmäßiger Platzfraß im saftführenden Splintholz angelegt. Gleichzeitig nagt die Raupe einen gerade aufsteigenden Wohngang von 8–20 cm Länge. Er ist im Holz angelegt und befindet sich in den äußeren, jüngeren Schichten. Sein Durchmesser wird von der Raupe im Laufe ihrer Entwicklung entsprechend ihren Körpermaßen erweitert. Wie alle Sesienraupen ist sie in der Lage, sich in ihrem Gang an jeder Stelle umzudrehen.

Erst die ausgewachsene Raupe bereitet, vor der letzten Überwinterung, am oberen Ende des

Wohnganges das zukünftige Schlupfloch vor. Das Gangende wird schräg nach außen bis unter die Rinde verlängert. Diese wird bis auf eine dünne Schicht ausgefressen. Bei Erlen mit glatter, grüner Rinde ist das Schlupfloch als ein kirschkerngroßer, schwärzlicher Rindendefekt zu erkennen. In Bäumen mit grober Borke, wie Birken, spinnt die Raupe manchmal auch eine Kappe aus Rindennagsel über dem Schlupfloch. Dieses befindet sich 5–20 cm über dem Boden, selten höher. Ein Kokon ist nicht vorhanden. Die Raupe spinnt lediglich den obersten Abschnitt des Ganges mit einigen Fäden aus. Dabei können auch einige Holzspäne mit eingewoben werden. Die sehr bewegliche Puppe ist in der Lage, im Gang auf- und abzusteigen. Bei kühler Witterung befindet sie sich meist unten auf Bodenniveau. Bei Sonnenschein kommt sie nach oben. Vor dem Schlupf des Falters durchstößt sie die dünne Rindenhaut und schiebt sich zur Hälfte heraus. Der Falter schlüpft um die Mittagszeit. Es kann vorkommen, daß die Puppe dabei auf den Boden fällt, was aber auf den Schlupferfolg kaum Einfluß hat.

Gefährdung und Schutz

Rote Liste Bundesrepublik: –
Rote Liste Baden-Württemberg: –

Oberrheinebene: Nicht gefährdet.
Schwarzwald: Nicht gefährdet.
Neckar-Tauberland: Nicht gefährdet.
Schwäbische Alb: Nicht gefährdet.
Oberschwaben: Nicht gefährdet.

• In Baden-Württemberg nicht gefährdet!

Synanthedon stomoxiformis[1] (Hübner, 1790)

Faulbaum-Glasflügler

Sesia stomoxyformis HB. (REUTTI 1898, LAMPERT 1907, REBEL 1910, ECKSTEIN 1913–1923, BERGMANN 1951–1955)
Trochilium stomoxyforme HBN. (SPULER 1908–1910, HERING 1932)
Synanthedon stomoxyformis HBN. (SEITZ 1907–1954, SCHNEIDER 1936–1939, BERGMANN 1951–1955, REAL & BALACHOWSKY 1966)

Gesamtverbreitung: Von der Iberischen Halbinsel über Frankreich, durch Teile Mitteleuropas, die Balkanhalbinsel bis in die Türkei, Transkaukasien und Südrußland verbreitet. Nicht besiedelt werden die nordischen Regionen Europas, die Zentralalpen und die italienische Halbinsel. Isolierte Vorkommen bestehen in Nordpolen und Litauen. Die Verbreitung in Asien ist noch ungenügend bekannt.

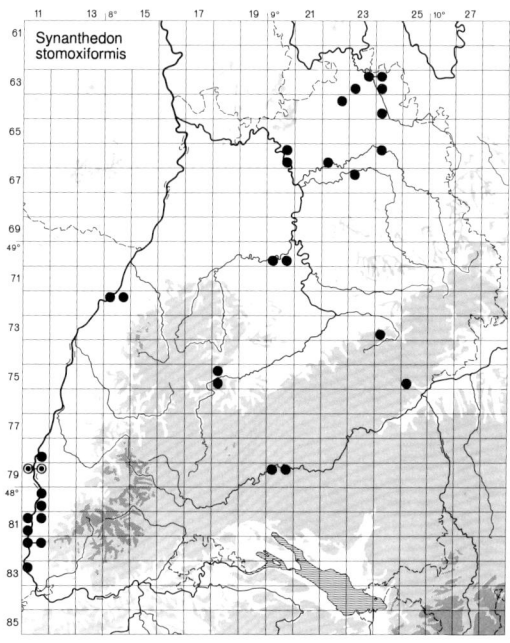

Verbreitung

Regional: Der Faulbaum-Glasflügler bleibt in Baden-Württemberg auf thermisch begünstigte Regionen beschränkt. Die Vorkommen finden sich besonders entlang der großen Flüsse und ihrer Nebentäler. Es lassen sich zwei Kerngebiete der Verbreitung erkennen: Die südbadische Trockenaue zwischen Kaiserstuhl und Isteiner Klotz und das im nordöstlichen Landesteil gelegene Muschelkalkgebiet zwischen Neckar, Kocher, Jagst und Tauber. Daneben gibt es nur wenige, sehr zerstreute Vorkommen. Sie befinden sich in der mittleren Oberrheinebene bei Rheinmünster, im unteren Enztal bei Markgröningen und im Neckartal bei Horb. Zu erwarten wäre die Art noch im Gebiet des Hochrheins und Dinkelberges oder im Hegau. Auf der Schwäbischen Alb gibt es zwar eine Fülle geeignet erscheinender Biotope, jedoch gelangen Nachweise bisher nur an wenigen Stellen im Bereich des Fils-, Kleinen Lauter- und Donautales. Da diese Fundorte räumlich sehr weit auseinanderliegen, ist es wahr-

---

[1] Bearbeitet von DANIEL BARTSCH

Die Männchen des Faulbaum-Glasflüglers (*Synanthedon stomoxiformis*) fliegen gern synthetische Pheromonköder an, verlassen dabei aber kaum ihre Entwicklungshabitate. Auffallend ist die rote, über mehrere Segmente verlaufende Hinterleibsbinde. Nektaraufnahme an weißen Blüten wurde bei uns noch nicht beobachtet, wohl aber an solchen von Rosmarin-Weidenröschen, Dost und Flockenblume. – Markgräfler Rheinebene 9.7.91 R. HERRMANN. S.

scheinlich, daß noch die eine oder andere bisher unbekannte Lokalität hinzukommt.

REUTTI (1898) erwähnt »Nur bei Karlsruhe einmal gefunden (Hofgerichtsassessor MANN)«. Diese Meldung, zu der kein Belegtier existiert, wird von DOCZKAL & RENNWALD (1992) mit dem Hinweis, daß MANN eher als Insektenhändler denn als Freilandforscher bekannt war, angezweifelt.[2] Der Faulbaum-Glasflügler wurde neuerdings sowohl in der Südhessischen als auch der Pfälzer Rheinebene, nahe unserer Landesgrenzen, in auf Sandboden stockenden, lichten Wäldern gefunden. Daher ist ein ehemaliges oder aktuelles Vorkommen bei Karlsruhe durchaus möglich. Die geographisch ungenaue Bezeichnung »bei Karlsruhe« läßt auch die im Bienwald/Pfalz lebende, sehr starke Population als Ursprung der MANN›schen Meldung denkbar erscheinen. Der erste, durch ein Belegstück abgesicherte Fund in Baden-Württemberg gelang E. BAUER am 28.7.1970 zwischen Breisach und Burkheim am Westrand des Kaiserstuhls.

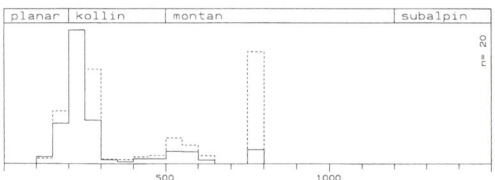

Vertikal: Die tiefstgelegene Fundstelle befindet sich in der Oberrheinebene bei Rheinmünster auf 125 m Höhe. Die höchsten Vorkommen sind die im Donaudurchbruchstal bei Beuron auf 550–600 m und im Filstal bei Deggingen in über 700 m Höhe. Meist bleibt die Art jedoch auf Höhen unter 350 m beschränkt.

Phänologie

Imagines: Es liegen aus allen drei besiedelten Hauptnaturräumen Falterfunde vor. Über die Flugzeit in den einzelnen Regionen läßt sich keine sichere Aussage machen, da die Zahl der beobachteten Individuen sehr gering ist. Daher seien sie hier nach Fundtagen aufgelistet:

18. 5.1990 1 Weibchen (E. RENNWALD)
 6. 6.1993 6 Männchen (A. LINGENHÖLE)
 8. 6.1993 1 Männchen (W. STAIB)
16. 6.1992 3 Männchen (F. WEBER)
18. 6.1993 2 Männchen (D. BARTSCH)
19. 6.1973 1 Falter (W. PANKOW)
21. 6.1992 1 Männchen (R. BLÄSIUS)
22. 6.1991 1 Männchen (R. HERRMANN)
23. 6.1992 1 Männchen (R. BLÄSIUS, E. BLUM)
26. 6.1993 1 Männchen (F. WEBER)
30. 6.1991 3 Männchen (R. HERRMANN)
 1. 7.1991 1 Männchen (R. HERRMANN)
 2. 7.1991 2 Männchen (R. HERRMANN)
17. 7.1989 1 Weibchen (C. SCHMID-EGGER)
17. 7.1992 1 Weibchen und 1 Männchen (D. BARTSCH, J. BERG)
18. 7.1991 1 Männchen (R. HERRMANN)
28. 7.1970 1 Falter (E. BAUER)

Die ersten Falter der Jahre 1990 und 1993 dürften in ihrem frühen Erscheinen durch die ungewöhnlich milden Winter, das frühe Einsetzen der Vegetationsperiode und durch schon im Mai auftretende sommerliche Temperaturen begünstigt worden sein. Bei »normalem« Witterungsverlauf

---

[2] Hier wird ein »Hofgerichtsassessor MANN« mit dem bekannten Wiener Insektenhändler JOSEPH JOHANN RITTER VON MANN (1804–1889) verwechselt!

dürfte die Flugzeit in der ersten oder zweiten Juni-Dekade einsetzen und im Laufe des Juli, vielleicht sogar erst Anfang August, ausklingen.

Präimaginalstadien: Nach übereinstimmenden Literaturaussagen hat *S. stomoxiformis* eine zweijährige Raupenentwicklungszeit. Funde von einjährigen Jungraupen stehen für unser Gebiet noch aus. D. HAMBORG fand in Niederösterreich im Frühjahr zwei Größenklassen von Raupen, die er verschiedenen Jahrgängen zuordnete. Die kleinen waren etwa 10 mm lang, mit deutlich durchscheinendem Darm. Sie saßen frei in ihren Fraßgängen, während die großen erwachsen in ihren Verpuppungsröhrchen ruhten. In Baden-Württemberg erfolgten Raupen- beziehungsweise Schlupfröhrenfunde von Februar bis in den Mai hinein. D. BARTSCH fand einerseits am 7. April (1991, Tauberland) Raupen, die sich schon in ihren Schlupfröhren im fertigen Puppenlager befanden. Am 12. Mai (1993, Südbaden, bei Hartheim) traf er andererseits erwachsene Raupen an, die sich noch frei in ihren Fraßgängen bewegten.

Ökologie

Lebensraum: Alle in Baden-Württemberg beobachteten Falter wurden in unmittelbarer Nähe der Raupenhabitate festgestellt. In der südlichen Oberrheinebene sind dies Lichtungen und lichte Stellen der durch Grundwasserabsenkung trockengefallenen ehemaligen Auenwälder. Der Untergrund besteht hier aus einer leicht lehmhaltigen, flachen Sandschicht über alluvialem Kies und Schotterbänken. D. HAMBORG fand in der Südoststeiermark ebenfalls Schlupfröhren an lichten, sandigen oder kiesigen Stellen warmer Auenwälder der Mur. Ältere, stabilisierte Sand- und Kiesbänke (die »Heißlenden« des Rheines, vor dessen Kanalisierung) dürften somit ursprünglich von *S. stomoxiformis* besiedelt worden sein. Die Biotope der mittleren und nördlichen Oberrheinebene (einschließlich Pfalz und Südhessen) liegen auf der Hochterrasse, in auf Flugsanden stockenden lichten Wäldern und Heideflächen. Hier gelangen Schlupfröhrenfunde am Rande von Mischbeständen aus Rotbuche und Waldkiefer, ja sogar in einem Stangenholzbestand der Waldkiefer mit 20 cm dicker Streuschicht. Im Neckar-Tauberland und auf der Schwäbischen Alb werden dagegen nur steile Kalkhänge, meist mit offenliegendem Gesteinsschotter oder zumindest nur sehr dünner Vegetationsdecke, besiedelt. Allen Fundstellen gemeinsam ist eine sehr geringe Bodenfeuchtigkeit und damit verbunden eine rasche Erwärmung der oberen Bodenschicht sowie eine gewisse Wärmespeicherkapazität des Substrates in den Nachtstunden.

Nahrung der Raupe:
Frangula alnus – Faulbaum
4 L (BAR, BLÄ, DOC, REN, WEF)
Rhamnus catharticus – Echter Kreuzdorn
3 L (BAR, BLÄ, DOC, MER, REN, WEF)

Denkbar wären noch Raupennachweise im Felsen-Kreuzdorn (*Rhamnus saxatilis*), von dem auf der südwestlichen Schwäbischen Alb einige reliktäre Vorkommen existieren (DEMUTH in SEBALD, SEYBOLD, PHILIPPI 1992).

D. HAMBORG gelangen Falterbeobachtungen bei Hainburg (Niederösterreich). Dort steht der Felsen-Kreuzdorn in großen Beständen, bei weitgehender Abwesenheit der beiden anderen bekannten Nahrungspflanzen. O. GORBUNOV und K. SPATENKA stellten in Armenien und der Türkei *Rhamnus palasi* als Nahrungspflanze fest (K. SPATENKA). Interessant ist die Beobachtung H. RIEFENSTAHLS aus Zentralspanien. Er fand dort Falter dieser Art auf *Crataegus* ruhend und am selben Busch Schlupfröhren mit Puppenexuvien. *Rhamnus* oder *Fran-*

Die sehr widerstandsfähigen Schlupfröhrchen bleiben lange erhalten. In diesem Fall sind sogar noch zwei Exuvien zu sehen, so frisch, als wären die Falter gerade erst geschlüpft. Außer bei hohen Schneelagen läßt sich die Art anhand solcher Schlupfröhrchen zu jeder Jahreszeit nachweisen. – Oberrheinebene, Bienwald (Pfalz) 10.10.95 W. AURES.

gula fehlten anscheinend an dieser Lokalität. Alle übrigen in der entomologischen Literatur angegebenen Raupennahrungspflanzen beruhen wohl auf Fehldetermination der Pflanze oder des Falters oder werden aufgrund von Verwechslungen irrtümlich *Synanthedon stomoxiformis* zugeschrieben. Allen voran die Echte Mispel (*Mespilus germanica*), z. B. in SPULER (1910), BARTEL in SEITZ (1912), BERGMANN (1953), FORSTER (1960), FIBIGER & KRISTENSEN (1974), aber auch andere Rosaceen wie Zwetschge (*Prunus domestica*), »nach DIKORE« (REUTTI 1898), *Sorbus*-Arten (MACK 1985) und »Zwergmispel« (*Cotoneaster* spec.) (SUKHAREVA 1987), *Cornus mas* (STAUDINGER 1856) sowie die zu anderen Pflanzenfamilien gehörenden Pfaffenhütchen (*Evonymus europaea*) (WICHRA 1966), Birke (*Betula* spec.) (MÖBIUS 1905) und *Quercus* (STAUDINGER 1856).

Sehr ausführlich wurden diese Meldungen von DOCZKAL & RENNWALD (1992) diskutiert und widerlegt. Diese beiden Autoren schlugen als neuen deutschen Namen »Kreuzdornglasflügler« vor. Sie stellen lapidar fest: »Der Kreuzdorn teilt seine Bedeutung anscheinend überall mit dem an gleicher Stelle wachsenden Faulbaum«. Dies ist in Baden-Württemberg nicht überall der Fall. Es trifft lediglich auf die Fundstellen in der südbadischen Trockenaue zu. Die anderen Populationen in der Rheinebene, insbesondere die individuenreichen in der Pfalz und in Südhessen, sind ausschließlich an Faulbaumbestände gebunden. Im Neckar-Tauberland kommen an den Fundstellen zwar meist beide Pflanzen vor, jedoch ist der Faulbaum häufiger und deshalb die wichtigere Raupennahrungspflanze. Lediglich auf der Schwäbischen Alb dominiert der Kreuzdorn, da diesem Naturraum der Faulbaum weitgehend fehlt. Wir ziehen aus diesem Grund den deutschen Namen »Faulbaum-Glasflügler« vor.

In Thüringen und Sachsen-Anhalt scheint *Frangula alnus* die Hauptnahrungspflanze der Raupen von *S. stomoxiformis* zu sein, was auch dort mit dem größeren Angebot an geeigneten Pflanzen zusammenhängt (STADIE 1995).

Als Nahrungspflanzen geeignet sind nur Büsche, die an begünstigten Standorten wachsen. Die Raupe lebt in einem flachen Fraßgang im Holz, direkt unter der Rinde, im Wurzelhalsbereich etwas unter Bodenniveau. Das Tier scheint sich vom Saft der Pflanze zu ernähren, da der Fraßgang so klein ist, daß sich eine holzfressende Larve kaum darin entwickeln könnte.

Nahrung des Falters: Einzelbeobachtungen gelangen C. SCHMID-EGGER an Rosmarin-Weidenröschen (*Epilobium dodonaei*), R. HERRMANN an Dost (*Origanum vulgare*) und J. BERG an Flok-

Dieser stark verbuschte, flachgründige Halbtrockenrasen auf Muschelkalkschotter bietet dem Faulbaum-Glasflügler vorübergehend optimale Entwicklungsmöglichkeiten. Ein weiteres Fortschreiten der Sukzession mit aufkommenden höherwüchsigen Gehölzen (Bildhintergrund!) dürfte den Standort allerdings in wenigen Jahren für den Falter unattraktiv werden lassen. – Mosbach 28.6.92 R. BLÄSIUS.

kenblume (*Centaurea* spec.). Die Tiere saugten zwischen 12 und 16 Uhr an diesen Blüten. Damit ist *Synanthedon stomoxiformis* als Blütenbesucher eine »unverhältnismäßig gut« erforschte Art! Tatsächlich dürfte das Spektrum an Falternahrungspflanzen noch viel größer sein. Es wird durch die Angaben »Klee« (*Trifolium* spec.) (KÖNIG 1943) und »Thymian« (*Thymus* spec.) (POPESCU-GORJ 1958) aus Rumänien erweitert.

Verhalten: DOCZKAL & RENNWALD (1992) berichten von einem Weibchen, das gegen 15.30 Uhr im vollen Sonnenschein mehrfach um lockeres Gebüsch (Roter Hartriegel, Pfaffenhütchen, Kreuzdorn und Faulbaum) in einem versaumenden Halbtrockenrasen flog. Die am Pheromonköder beobachteten Männchen flogen, soweit uns dazu nähere Angaben mitgeteilt wurden, zwischen 13 und 17 Uhr an.

Die Raupen fertigen zur Verpuppung ein Schlupfröhrchen, das, von der Fraßmine ausgehend, meist senkrecht nach oben bis über Bodenniveau gebaut wird. In seltenen Fällen legt die Raupe im Stämmchen einen kurzen Schlupfgang an, der nach höchstens 10 cm Länge in das an der Rinde angesponnene Röhrchen führt. Dies ist besonders bei im Geröll stehenden Nahrungspflanzen zu finden. In diesem Röhrchen findet auch die Verpuppung statt. Dazu begibt sich die Raupe in dessen oberen Teil und spinnt es hinter sich zu. Die Länge des Röhrchens variiert stark von wenigen Millimetern bis zu 15 cm. Die längeren sind meist an etwas schattigen und feuchten, die kürzeren an sonnigen und trockenen Standorten zu beobachten. Ihr Durchmesser beträgt konstant 1 cm, bei einer Wandstärke von 1–1,5 mm. Die Röhrchen bestehen aus rotbraunem Genagsel, das mit sehr kräftigen Seidenfäden versponnenen ist. Häufig finden sich mehrere Schlupfröhrchen an einer Pflanze.

Dieser an vollsonnigem Standort vor einer Felshalde aus dem Kalkschotter herauswachsende Faulbaum beherbergte an der Stammbasis zwei Schlupfröhrchen des Faulbaum-Glasflüglers. – Tauberland, Werbach 1.5.94 D. BARTSCH.

Gefährdung und Schutz

Rote Liste Bundesrepublik: 2
Rote Liste Baden-Württemberg: 2

Oberrheinebene: Stark gefährdet.
Schwarzwald: Nicht vertreten.
Neckar-Tauberland: Stark gefährdet.
Schwäbische Alb: Stark gefährdet.
Oberschwaben: Nicht vertreten.

• In Baden-Württemberg stark gefährdet!

Alle gegenwärtig bekannten Lebensräume des Faulbaum-Glasflüglers unterliegen keiner intensiven land- oder forstwirtschaftlichen Nutzung. Einige genießen schon – scheinbar besten – Schutz, da sie sich in Naturschutzgebieten befinden. Dennoch bestehen vielfältige Gefährdungen, die von DOCZKAL & RENNWLAD (1992) wie folgt angegeben werden:

– Falsch verstandene Pflegemaßnamen in Schutzgebieten, bei denen die Brutbüsche entfernt werden,
– Sukzession oder Aufforstungen,
– Schmetterlingssammler, die, ausgerüstet mit der Kenntnis der Raupenbiologie, die Schlupfröhrchen quantitativ absammeln könnten.

Letztgenannter Punkt ist aber eher zu vernachlässigen.

Parasitoide, Prädatoren, Krankheiten und Wettereinflüsse sind weitere wesentliche, die Abundanz beschränkende Faktoren (K. SPATENKA). Häufig findet man von Vögeln aufgepickte Schlupfröhrchen. D. HAMBORG berichtete von einer Lokalität in der Südoststeiermark, an der über mehrere Jahre hinweg jedes sichtbare Röhrchen ausgefressen war. Dennoch verschwand die Art nicht.

Alle Vorkommen dieses Glasflüglers sollten, soweit nicht schon geschehen, als flächenhafte Naturschutzgebiete gesichert und durch kompetente Pflegemaßnamen erhalten werden. Dabei sind besonders die an bevorzugten Standorten stehenden Nahrungspflanzen zu schonen. Noch unerforscht ist, inwieweit die Imagines in der Lage sind, die zum Teil beträchtlichen Entfernungen zwischen geeigneten Raupenhabitaten zu überbrücken.

Da an vielen der bisher bekannten Fundstellen nur Nachweise von wenigen Schlupfröhrchen gelangen, kann vermutet werden, daß es sich dabei (teilweise) um Nachkommen weit geflogener Weibchen handelt.

Synanthedon culiciformis[1]
(Linnaeus, 1758)

Kleiner Birken-Glasflügler

Sphinx culex RETZIUS, 1783 (unberechtigte Emendation)

Sesia culiciformis L. (REUTTI 1898, LAMPERT 1907, REBEL 1910, ECKSTEIN 1913–1923, ESCHERICH 1931, BRAUNS 1964 und 1970)

Trochilium culiciforme L. (SPULER 1908–1910, HERING 1932)

Aegeria culiciformis LINNAEUS (EBERT 1978)

Gesamtverbreitung: Die Art kommt in fast ganz Europa vor, lediglich aus Irland und Portugal wurde sie nicht gemeldet. Im Mittelmeerraum erreicht sie ihre südliche Verbreitungsgrenze. Sie fehlt dem größten Teil Spaniens und den Mittelmeerinseln, in Griechenland und in der Türkei bleibt sie auf den Norden beschränkt. In Skandinavien findet sich die Art noch weit nördlich des Polarkreises. Östlich ist sie bekannt über Transkaukasien bis in die Mandschurei und Nordmongolei. Im Fernen Osten scheint sie zu fehlen. Sie kommt auch in Nordamerika vor.

Verbreitung

Regional: Der Kleine Birken-Glasflügler wurde bereits von SEYFFER (1849) aus »Stuttgart nicht selten. Tübingen und Reutlingen selten« gemeldet. Nach REUTTI (1898) »einzeln gefangen bei Freiburg, Karlsruhe, Heidelberg«. Trotz dieser frühen Nachweise von verschiedenen Orten unseres Faunengebietes sind weitere Fundmeldungen nur sehr spärlich hinzugekommen. Diese Art entzieht sich allerdings auch sehr leicht der Beobachtung. Kaum bekannt sind die natürlichen Raupenfraßstellen. Erst wenn anthropogene Verletzungsstellen oder Baumstümpfe vorhanden sind, wird ihr Vorkommen erkannt. Sie taucht dann mitunter in erstaunlicher Häufigkeit auf, scheint also auch in gesunden Bäumen ihrer Raupennahrungspflanzen stabile Populationen zu haben.

Die Kartierung solcher Populationen und damit die Gewinnung eines besseren Überblicks über die tatsächliche Verbreitung dieses Glasflüglers in Baden-Württemberg ist zukünftige Aufgabe. Zum gegenwärtigen Zeitpunkt läßt sich aus den vorhandenen Fundnachweisen nur der Schluß ziehen, daß die Art zumindest in drei Hauptnaturräumen (Oberrheinisches Tiefland, Neckar-Tauberland und Oberschwaben) weiter verbreitet ist. Wie dicht Schwarzwald (bisher zwei Fundstellen bei Hinterzarten) und Schwäbische Alb, von wo noch keine Fundmeldung vorliegt, besiedelt sind, ist noch unbekannt.

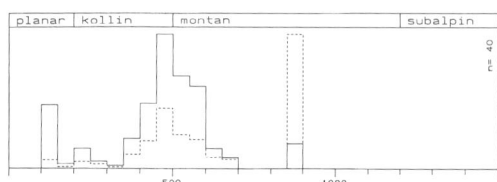

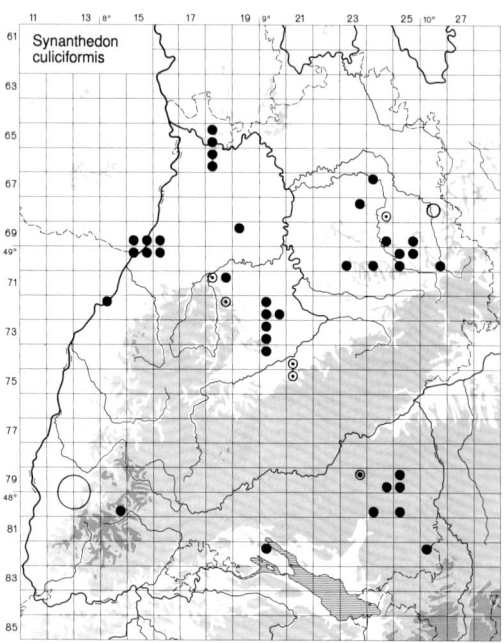

Vertikal: Die tiefsten bekannten Vorkommen in Baden-Württemberg liegen bei etwas über 100 m Höhe (Karlsruhe, H. KESENHEIMER und A. MEESS; Stollhofen, D. DOCZKAL), der höchste Fundort bei knapp 900 m Höhe (Hinterzartener Moor, H. STEFFNY). Die meisten Fundorte liegen zwischen etwa 300 und 600 m.

Phänologie

Imagines: Verglichen mit der relativ großen Zahl von Raupenfunden liegen nur wenige Freilandbeobachtungen des Falters vor. Nach Angaben von BARTSCH (1992) beginnt im Stuttgarter Raum, zumindest in warmen Jahren, die Flugzeit bereits in der zweiten April-Dekade: »Bemerkenswerterweise schlüpfte am 13.4. (1990) noch während der Exkursion 1 Falter aus einem gerade eingetragenen Kokon.« Tatsächliche Beob-

---
[1] Bearbeitet von AXEL KALLIES

Ein frisch geschlüpftes Männchen des Kleinen Birken-Glasflüglers (*Synanthedon culiciformis*). Die Glasfelder der Vorderflügel sind teilweise noch mit silbrigen Schuppen bedeckt, die aber schon beim ersten Flug des Falters verloren gehen. Durch den auffälligen orangeroten Fleck am Thorax unterhalb der Flügel, die teilweise ebenso gefärbten Palpen sowie die seitlich weiß gesäumten Augen unterscheidet sich die Art vom seltenen Faulbaum-Glasflügler (*Synanthedon stomoxiformis*), bei dem alle diese Körperteile einfarbig schwarz gefärbt sind. – Böblingen 16.4.90 (D. Doczkal leg.) G. Ebert. S.

achtungen von Freilandfaltern im April gibt es allerdings nicht. Die meisten Imagines wurden im Mai gefunden. Die bekannten Funddaten liegen zwischen dem 10. Mai und 18. Juni.

Präimaginalstadien: Die bereits in der Literatur angegebene einjährige Entwicklungszeit der Raupe läßt sich durch eine Beobachtung von D. BARTSCH auch für Baden-Württemberg belegen: Im Spätwinter 1992 wurden an der Autobahn bei Pforzheim einige an einem südexponierten Waldrand stehende Birken gefällt. Im darauffolgenden Januar enthielten die Stümpfe schon die fertigen Kokons mit den verpuppungsreifen Raupen.

A. GREMMINGER gibt in seiner Kartei eine teilweise zweimalige Überwinterung der Raupe an. Ob diese Angabe aber auf eigenen Beobachtungen beruht oder der (oft fehlerhaften) Literatur entnommen wurde, muß offen bleiben.

Ökologie

Lebensraum: Den Lebensraum von *Synanthedon culiciformis* bilden nicht zu trockene bis kühlfeuchte Gebiete von der Ebene bis in montane Lagen. Besiedelt werden in Baden-Württemberg vor allem Waldgebiete, insbesondere darin gelegene Kahlschläge und Windbruchflächen, aber auch degenerierte Moore mit Birkenaufwuchs sowie Moor- und Gewässerränder. Bevorzugt werden sonnige Plätze auf Sand, Torf und Silikatboden. Die Funde aus dem Rheintal zeigen, daß auch thermisch sehr begünstigte Gebiete besiedelt werden können. Entscheidend scheint eine zumindest zeitweise auftretende hohe Luftfeuchtigkeit im Siedlungsgebiet der Art zu sein. Trockene Abhänge und die warmen Auen werden anscheinend seltener bewohnt.

Besiedelt werden besonders Birkenstümpfe, die allerdings nicht zu alt sein dürfen. In diesen treten die Raupen oft gesellig auf. In Birkenschlägen kann die Art so für kurze Zeit sehr häufig werden. An einer solchen Stelle bei Böblingen fanden D. BARTSCH und D. DOCZKAL Anfang April 1990 mehr als 95 Kokons. Dabei wurden nur etwa 15 der mehr als 100 vorhandenen Birkenstümpfe untersucht. Auch A. LINGENHÖLE fand 1992 die Art lokal häufig auf einem Kahlschlag unter einer Hochspannungsleitung bei Ringschnait.

Die Art wurde bisher überwiegend an anthropogen beeinflußten Standorten gefunden. Wo ihre Primärhabitate tatsächlich liegen, ist unbekannt. In Mecklenburg-Vorpommern konnte beobachtet werden, daß die Art, vergesellschaftet

Das versteckte Puppenlager (links) von *S. culiciformis* wird häufig durch einige für diese Art sehr charakteristische Holzfasern verraten, die das Ende des Schlupfganges markieren. Solche Fasern werden auch zum Bau des Kokons verwendet, mit dem die Raupe schon im Herbst beginnt. – Böblingen 23.3.95 (D. BARTSCH leg.) G. EBERT. S. Der Kokon (rechts), hier im geöffneten Schlupfgang schön zu sehen, wird aus zernagten Holzpartikeln angefertigt und zeichnet sich zum Ausschlupfende hin durch lange, reusenförmig miteinander verbundene Holzfasern aus. Wie dieses Bild zeigt, werden nicht nur Stümpfe der Wirtspflanze besiedelt, sondern auch junge Schößlinge, sofern diese Beschädigungen aufweisen. Am häufigsten findet sich die Art in Birke, seltener in Schwarzerle. – Böblingen 23.3.95 (D. BARTSCH leg.) G. EBERT. S.

mit *S. scoliaeformis*, auch in alten Birken auftreten kann. Der Fraß geht dann von alten Schlupflöchern von *S. scoliaeformis* aus. Diese werden vermutlich als Eiablageplatz von *S. culiciformis* genutzt. Die Art ist an solchen Stellen allerdings selten (A. KALLIES). In Baden-Württemberg konnte dieses Verhalten noch nicht beobachtet werden. D. BARTSCH fand jedoch in einer kleinen Schwarzerle auf einer Erddeponie in Stuttgart-Leonberg einen Kokon in einem alten, teilweise offenliegenden Fraßgang des *Blausiebs* (*Zeuzera pyrina*). Weiterhin gelang ihm im Bienwald bei Steinfeld/Pfalz der Nachweis zweier Kokons an einer jungen Birke, die im Vorjahr von Hornissen am Stamm »geringelt« worden war. Man wird also davon ausgehen können, daß *S. culiciformis*, ähnlich wie es auch von anderen *Synanthedon*-Arten bekannt ist, in ihrem natürlichen Lebensraum jene Bäume befällt, die durch mechanische Verletzungen wie Tierfraß (Wild, Insekten) oder Windbruch vorgeschädigt sind. Sicher kommen auch krebsartige Wucherungen des Stammes für eine Besiedlung in Frage.

Daß solche Verletzungen jedoch nicht in allen Fällen die Vorausetzung für den Befall durch *S. culiciformis* sein müssen, zeigt ein Raupenfund in völlig gesunden Jungerlen (*Alnus glutinosa*) im Schönbuch (Eichenfirst, 30. Januar 1996, D. BARTSCH). Die Raupen waren an dem noch mit glatter Jugendrinde bedeckten Stämmchen im Bereich eines Astansatzes (hier ist die Rinde etwas rauher) eingedrungen und hatten quer zur Wuchsrichtung einen 3–5 cm langen Gang unter der Rinde ausgefressen, um dann nach oben in das Kernholz einzudringen, in dem das Puppenlager angelegt wird. Der Baum reagierte auf den Raupenfraß mit starker Kallusbildung um die beschädigte Stelle. Die Rinde über dem Fraßgang war abgestorben und schwarz verfärbt.

Nahrung der Raupe:
Betula pendula – Hänge-Birke[2]
5 L, P (BAR, BLÄ, DOC, GRE, LIN, REI, STEF, WEF)
Alnus glutinosa – Schwarz-Erle
3 L, P (BAR)

Neuere Raupenfunde gibt es aus Baden-Württemberg aus Birke und aus Erle. Erstere stellt jedoch, nach der Zahl der Raupenfunde zu schließen, die Hauptnahrungspflanze von *S. culiciformis* dar.

Als weitere Raupennahrungspflanzen entnehmen wir der Literatur *Populus* (LASTUVKA 1989), *Prunus* (BERGMANN 1953), *Sorbus* (AISTLEITNER 1988). Darüber hinaus geben FIBIGER & KRISTENSEN (1974) *Quercus, Fagus, Ulmus* und *Tilia* als Raupennahrungspflanzen an und bezeichnen *Synanthedon culiciformis* als polyphage Art. Inwieweit diese Angaben zutreffen, kann hier nicht beurteilt werden. Gerade bei älteren Meldungen, selbst wenn sie leicht kenntliche Glasflüglerarten betreffen, muß immer mit Fehlbestimmungen gerechnet werden. So könnte ein Teil dieser Angaben auf *Synanthedon myopaeformis* zurückgehen. Diese Art lebt in verschiedenen Rosaceaen. Dementsprechend ist die Angabe von VORBRODT (1914) »auch an beschnittenen Zwetschen- oder Birkenstämmchen« zu bewerten.

Nahrung des Falters: Aus Baden-Württemberg unbekannt. Nach FIBIGER & KRISTENSEN (1974) besuchen die Falter Blüten. BERGMANN (1953) nennt Liguster, Flieder und Faulbaum.

Verhalten: Über die Lebensweise der adulten Tiere ist nur sehr wenig bekannt. So gibt es kaum Beobachtungen aus Baden-Württemberg zum Anflugverhalten an Pheromonpräparate. Einzig H. STEFFNY konnte 1995 in Titisee einige Exemplare in einer Pheromonfalle fangen. A. LINGENHÖLE berichtet von erfolglosen Versuchen, die Art im Federseegebiet mit Hilfe von Pheromonködern anzulocken.

Nach G. REICH (Aufzeichnungen 1910–1965) wurden die Falter bei Bad Waldsee (Ried) »in Anzahl gefangen«, als sie »häufig um 2–3jährige Birkenstumpen« flogen. »Raupen aus diesen Birkenstöcken geholt Nov. 1947« (Gewährsmann GLASER).

In der Umgebung von Hamburg registrierte H. RIEFENSTAHL die Art nachmittags zwischen 14 und 15 Uhr beim Anflug an Pheromone. E. BETTAG beobachtete bei Speyer (Pfalz) am 7.5.1992 zwischen 13 und 15 Uhr mehrfach Weibchen bei der Eiablage an Birkenstümpfen mit jungen Stockausschlägen. Die Eier wurden am Rande der Schnittfläche bleistiftdünner, etwa ein Jahr alter Stockausschläge abgelegt.

Die Raupe von *Synanthedon culiciformis* lebt im Holz und im Kambium der Wirtspflanze, oft direkt hinter der Rinde, aber auch in tiefer gelegenen Bereichen des Stammes. Sie findet sich an Verletzungen oder in den Stümpfen von frisch bzw. im vorangegangenen Winter geschlagenen Birken oder Erlen, die noch Saft führen. So tritt die Art in der Regel nur im ersten Jahr nach dem Fällen des Fraßbaumes auf, doch kann sie nach Beobachtungen aus Norddeutschland im Einzelfall auch noch in zweijährigen Stubben vorhanden sein (A. KALLIES). Schon im Sommer verrät sie ihre Anwesenheit durch auffällige Nagespäne und Kot an der Fraßstelle. Besonders deutlich ist dies der Fall auf den Schnittflächen der Baumstümpfe. Die Larve führt einen vertikalen Platzfraß durch. Dieser erfolgt sowohl an der Rinde als auch am Holz. Von der eigentlichen Fraßstelle aus legt die bereits im Oktober erwachsene Raupe einen Verpuppungsgang zur Oberfläche des Stumpfes bzw. zum Rand der Schadstelle des Baumes an. Dieser Gang ist normalerweise nur einige Zentimeter lang und endet in der Regel im Holz hinter der Rinde. Er führt jedoch, je nach Zustand des Stumpfes, auch durch tiefere Bereiche des Holzes zur Oberfläche. Nach D. BARTSCH kann der Schlupfgang ausnahmsweise eine Länge von über 10 cm Länge erreichen. Manchmal frißt die Raupe sich auch durch einen

---

[2] A. KALLIES fand die Raupe in Mecklenburg-Vorpommern auch in *Betula pubescens* (Moorbirke). Ein solcher Nachweis fehlt derzeit noch aus Baden-Württemberg.

Der Kleine Birken-Glasflügler besiedelt unterschiedliche Biotope mit Beständen der Hauptnahrungspflanze Birke. Oft sind es Standorte in Mooren oder auf Silikatboden. Besonders häufig ist die Art auf Kahlschlägen zu beobachten, wie hier auf dem Böblinger Truppenübungsplatz. In Birkenstümpfen wie diesen finden sich dann oft zahlreiche Raupen oder Puppen hinter der Rinde, seltener im tiefen Holz. Stümpfe, die älter als zwei Jahre sind, werden in der Regel nicht mehr besiedelt. – Böblingen 27.10.91 D. BARTSCH.

der jungen, seitlich aus dem Stumpf wachsenden Triebe.

Der charakteristische Kokon wird meist dicht hinter dem Ausschlupfloch angelegt. Sein oberes Ende liegt normalerweise einige Millimeter unter der Oberfläche, findet sich nicht selten aber auch tiefer. Er ist aus feinen bis groben Nagespänen gefertigt und recht dünnwandig. An der Außenseite wird er der Länge nach mit zahlreichen, an den Enden weit überstehenden Holzfasern belegt. Diese bilden am Ausschlupfende des Kokons eine Reuse und ragen oftmals deutlich erkennbar aus dem vorbereiteten Ausschlupfloch. Das ganze Gebilde ist spindelförmig, etwa 30 mm lang und zumindest teilweise mit der Wand des Ganges versponnen. Auch der Schlupfgang selbst enthält unterhalb des Kokons die charakteristischen Holzfasern. Je nach Anlage des Ausschlupfganges ist die auffällig helle Puppe und ihr Kokon kopfauf oder -abwärts orientiert.

Ab dem Spätherbst ruht die Raupe in ihrem Kokon, um sich im folgenden Frühjahr an den ersten warmen Tagen zu verpuppen, oft schon im März. Im geheizten Zimmer dauert die Puppenruhe nur wenig länger als 2 Wochen. Der Kleine Birken-Glasflügler ist die am frühesten im Jahr fliegende Sesienart.

Gefährdung und Schutz

Rote Liste Bundesrepublik: –
Rote Liste Baden-Württemberg: –

Oberrheinebene: Nicht gefährdet.
Schwarzwald: Noch ungeklärt.
Neckar-Tauberland: Nicht gefährdet.
Schwäbische Alb: Noch ungeklärt.
Oberschwaben: Nicht gefährdet.

• In Baden-Württemberg nicht gefährdet!

Synanthedon formicaeformis[1] (Esper, 1783)

Kleiner Weiden-Glasflügler

Sesia formiciformis STAUDINGER, 1856 (unberechtigte Emendation)

Sesia formicaeformis ESP. (REUTTI 1898, LAMPERT 1907, REBEL 1910, ECKSTEIN 1913–1923, ESCHERICH 1931)
Trochilium formicaeforme ESP. (HERING 1932)
Trochilium formiciforme ESP. (SPULER 1908–1910)

Gesamtverbreitung: Eine weitverbreitete Art. Funde sind aus allen europäischen Ländern bekannt. Sie scheint nur in Südgriechenland und auf den Mittelmeerinseln zu fehlen. In Skandinavien ist sie eine der am weitesten nach Norden vordringenden Arten. Die Ostgrenze der Verbreitung ist nicht genau bekannt, sie liegt irgendwo in Sibirien. Östlich davon und in der Mongolei wird sie offenbar von der nahe verwandten *S. herzi* SPATENKA & GORBUNOV, 1992, in Nordamerika von *S. bolteri* (EDWARDS, 1883) abgelöst.

Verbreitung

Regional: REUTTI (1898) gibt einzelne Nachweise aus Geisingen, Freiburg und Heidelberg an, SCHNEIDER (1937) aus Stuttgart, Göppingen, Wasseralfingen und Hundersingen. A. GREMMINGER nennt in seiner Kartei einen Fund bei Pforzheim aus dem Jahre 1912. Auch danach wurde diese Art bis in die 80er Jahre hinein nur sehr vereinzelt gefunden, so 1950 bei Karlsruhe (A. GREMMINGER), 1953 in Neuenbürg (R. HÄUSSER) sowie 1979 bei Kenzingen (W. PANKOW) und Karlsruhe-Forchheim (G. EBERT). Heute ist der Kleine Weiden-Glasflügler aus den meisten Gegenden, in denen nach ihm gesucht wurde, bekannt. Eine Häufung der Fundorte ist, bearbeitungsbedingt, im Nordwesten sowie im Südosten des Landes zu erkennen. Auch in den

---

[1] Bearbeitet von AXEL KALLIES

Charakteristisch für viele *Synanthedon*-Arten ist die Sitzstellung. Die Flügel werden v-förmig aufgerichtet, das Hinterleibsende hochgebogen, der Afterbusch gespreizt. Das hier abgebildete Männchen des Kleinen Weiden-Glasflüglers (*Synanthedon formicaeformis*) sonnt sich gern auf den Blättern der Wirtspflanze und ist in feuchten Weidengebüschen mitunter nicht selten. Der Kleine Weiden-Glasflügler scheint überall dort aufzutreten, wo seine Nahrungspflanzen (*Salix*-Arten) in ausreichender Menge vorhanden sind. Typische Fundstellen sind Randbereiche von Mooren und Gewässern sowie nicht zu trockene Waldränder, aber auch Feldgehölze und Siedlungsgebiete werden nicht gemieden. – Muggensturm 28.6.87 G. EBERT.

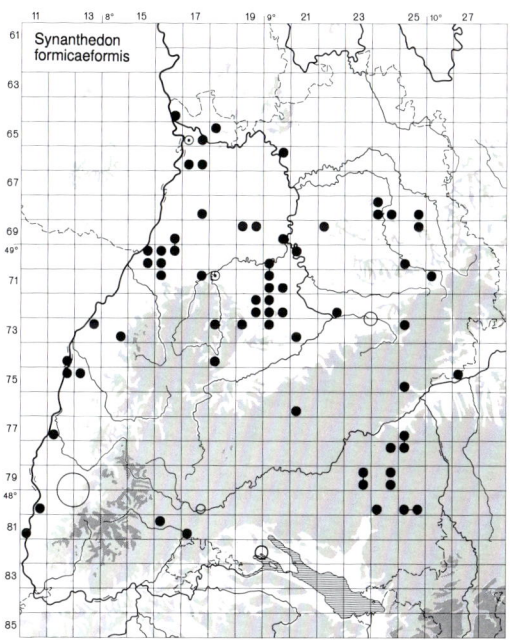

anderen Gebieten wird er sicher noch zu finden sein; er dürfte überall dort vorkommen, wo eine seiner bevorzugten Nahrungspflanzen in ausreichender Zahl auftritt.

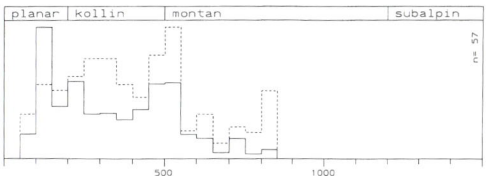

Vertikal: Die niedrigsten Fundstellen liegen in der Rheinebene um 90–100 m, die höchste bei Löffingen in 820–840 m Höhe (H. STEFFNY). In den Alpen (Aosta-Tal) wurde der Falter noch in 2200 m Höhe gefunden (M. PETERSEN & A. KALLIES, unveröff.).

Phänologie

Imagines: Aus den vorliegenden Daten ergibt sich für den Kleinen Weiden-Glasflügler eine langgestreckte Flugzeit von Mitte Mai bis Anfang August. Das früheste Funddatum ist der 17.5. (1953, Karlsruhe, A. GREMMINGER), das späteste der 9.8. (1986, Karlsruhe-Durlach, N. WINDSCHNURER). Eine Häufung der Funde ist gebietsweise in der zweiten Hälfte Juni zu verzeichnen. Diese Beobachtungen decken sich mit jenen aus anderen Teilen der Bundesrepublik. KÖHLER (1992) gibt für Lüchow-Dannenberg (Ost-Niedersachsen) eine Flugzeit von Anfang Juni bis Ende Juli an. Werden die Raupen bereits im Winter eingetragen, lassen sich die Falter schon erheblich früher erzielen.

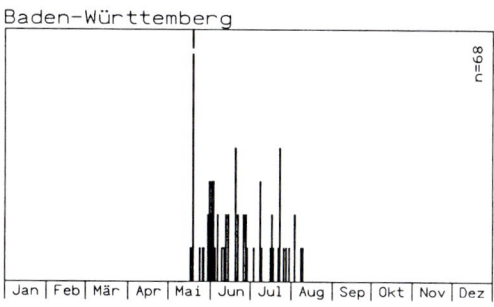

Präimaginalstadien: Sowohl BERGMANN (1953) als auch FIBIGER & KRISTENSEN (1974) beschreiben einen einjährigen Entwicklungszyklus der Art. HELLRIGL (1984) geht für Südtirol von einer zweijährigen Entwicklungszeit aus, doch bleibt er den Beweis schuldig.

Für Baden-Württemberg läßt sich eine nur einmalige Überwinterung der Raupe belegen. Konkrete Hinweise für eine zweijährige Entwicklung der Art liegen uns weder aus Baden-Württemberg noch aus anderen Gebieten vor.

Ökologie

Lebensraum: Der Kleine Weiden-Glasflügler stellt keine großen Ansprüche an seinen Lebensraum. Er kommt sowohl in den warmen Auenwäldern der Ebene als auch in Mooren höherer Lagen sowie an Wald- und Gewässerrändern vor. Selbst Funde aus innerörtlichen Gartenanlagen sind bekannt. So fand R. BLÄSIUS im Ortsbereich von Eppelheim sowohl Falter als auch Raupen.

Nahrung der Raupe:
Populus tremula – Zitterpappel, Espe
L (REN)
Salix fragilis – Bruch-Weide
L (BAR)
Salix viminalis – Korb-Weide
L (BAR)
Salix purpurea – Purpur-Weide
L (BAR)
Salix aurita – Ohr-Weide
3 L (BAR, BLÄ, BLU)
Salix cinerea – Grau-Weide
L (DOC)
Salix caprea – Sal-Weide
3 L (BAR, BLÄ, BLU, WEF)
Salix × smithiana – Kübler Weide
L (BAR)

Hauptnahrungspflanzen in unserem Gebiet sind *Salix aurita* und *S. caprea*. Die meisten Raupenfundmeldungen beziehen sich auf diese Pflanzen. Aber auch andere *Salix*-Arten werden je nach örtlichen Gegebenheiten besiedelt. Neben den bereits oben genannten dürfte noch *Salix alba* als Nahrungspflanze in Baden-Württemberg in Betracht kommen. D. BARTSCH beobachtete am 14.6.1992 im Arnegger Ried ein Weibchen auf der Spitze eines ca. 50 cm hohen Stockausschlages von *Salix alba*. Dieser überragte kaum die umgebende Vegetation. In anderen Gebieten wurden weitere *Salix*-Arten als Nahrungspflanzen von *Synanthedon formicaeformis* bestätigt, so z. B. *S. triandra* (BERGMANN 1953 [Thüringen]) und *S. repens* (D. BARTSCH [Insel Sylt]). Mit hoher Wahrscheinlichkeit werden die meisten Weidenarten oder ihre Bastarde in Baden-Württemberg besiedelt, darunter sicherlich auch die in

Die dem klassischen Bild einer Glasflügler-Larve entsprechende Raupe von *S. formicaeformis* gehört, im Gegensatz zu vielen verwandten Arten, nicht zu den reinen Saftfressern, sondern scheint sich auch direkt vom Holz zu ernähren, worauf die teilweise recht langen und tiefen Gänge hindeuten. Wie fast alle Glasflügler-Raupen bewohnt sie nur die lebenden Teile ihrer Wirtspflanze. Ihr Fraßbild ist uneinheitlich. Sie lebt wie viele andere Arten im Bereich von Stammverletzungen und anderen geschädigten Stellen, legt aber auch lange Gänge im Holz dünnerer, äußerlich unversehrter Äste und Zweige an. – Eppelheim 12.4.94 R. BLÄSIUS. S.

Gärten weit verbreitete Drachenweide. Daran fand A. SCHANOWSKI einen Falter, drei weitere kamen sofort an das Pheromon, nachdem dieses in einem Vorgarten im Randbereich einer Siedlung in der Schwarzwald-Vorbergzone aufgehängt worden war. LASTUVKA (1989) geht von einer Oligophagie der Art an »*Salix* spp.« aus. Eine Ausnahme scheint der von E. RENNWALD angegebene Fund einer Raupe in Zitterpappel zu sein. Auf das in einigen Gebieten angeblich auftretende carnivore Nahrungsverhalten der Raupen des Kleinen Weiden-Glasflüglers wird weiter unten eingegangen.

Nahrung des Falters: Es gibt nur wenige Beobachtungen über das Nahrungsverhalten der Imagines. FIBIGER & KRISTENSEN (1974) nennen als Nektarpflanze *Rubus idaeus*. BERGMANN (1953) führt außerdem Disteln an. In der Südslowakei wurde die Art auf Zwergholunder *(Sambucus ebulus)* gefunden (K. SPATENKA). Im Beobachtungsgebiet wurden Blütenbesuche auf folgenden Pflanzen registriert: Blutweiderich (*Lythrum salicaria*), Rautenblättriges Greiskraut (*Senecio erucifolius*), Dost (*Origanum vulgare*), Liguster (*Ligustrum vulgare*).

Verhalten: Der Falter wurde in Baden-Württemberg nur wenig beobachtet. Einzelne Tiere wurden auf der Nahrungspflanze ruhend oder auf Blüten gefunden. Die meisten Nachweise von Imagines gelangen mit Hilfe von Pheromonpräparaten. So beobachtete G. BAISCH am 19.5.1990 im Äpfinger Ried 9 Männchen am *formicaeformis*-Präparat des Max-Planck-Institutes Seewiesen. Die Tiere flogen einzeln zwischen 14.00 und 15.30 in einem Flachmoor mit alten Salweiden an. Ansonsten wurde die Art in unserem Gebiet auch an den Pheromonen nur einzeln gefunden. Die Beobachtungen erfolgten nachmittags in der Zeit von 14.00 bis 17.40 Uhr (R. BLÄSIUS, D. BARTSCH, D. DOCZKAL, G. EBERT, H. STEFFNY).

Die Raupe wurde schon in nahezu allen Weidenarten gefunden und kann in vorgeschädigten Pflanzen recht häufig sein. Sehr gern besiedelt sie krebsartige, von Pilzen verursachte Wucherungen an den Zweigen. An solchen Stellen verrät sie sich dann oft durch eine beachtliche Menge von braunem Fraßmehl. – Eppelheim 20.3.95 (R. BLÄSIUS leg.) G. EBERT. S.

Diese Angaben decken sich mit dem Verhalten der Tiere in anderen Gebieten, so in der Pfalz und in Mecklenburg-Vorpommern, wo die Falter teilweise in größerer Zahl an den Pheromonen beobachtet wurden. Außerdem wurden in Mecklenburg die Falter von A. KALLIES regelmäßig vom späten Vormittag bis in die Mittagszeit, sich auf Brennesselblättern sonnend, inmitten größerer *Salix*-Bestände gefunden (einmal zusammen mit *Sesia bembeciformis*). Sie waren dann gar nicht scheu und flogen erst bei stärkerer Beunruhigung ab.

Die Eier werden nach FIBIGER & KRISTENSEN (1974) in Rindenspalten oder Astgabeln abgelegt. Hierzu liegen keine eigenen Beobachtungen vor. Die Raupe lebt sowohl in alten als auch in jungen Büschen ihrer Nahrungspflanzen. Die durch *Synanthedon formicaeformis* hervorgerufenen Befallsbilder sind sehr heterogen. Sowohl der Fraß in anscheinend intakten Zweigen unterschiedlicher Dicke ist möglich als auch die Besiedlung von Stammverletzungen und Gallen[2]. Sehr oft werden auch von Käferlarven vorgeschädigte Stellen besiedelt.

Die junge Raupe lebt zwischen Rinde und Holz, wobei sie, wenn sie in einem Ästchen lebt, einen peripheren Gang um den Zweig herum anlegt (FIBIGER & KRISTENSEN 1974). Später frißt sie einen zentralen Gang von rundem Querschnitt aus, der teilweise mit Genagsel gefüllt ist. Dieses Fraßbild konnte in Baden-Württemberg von D. DOCZKAL beobachtet werden, der am 7.3.1991 in Malsch (bei Karlsruhe) eine Raupe in ihrem Überwinterungsgespinst in *Salix* cf. *cinerea* fand. Dieses war aus Seide gesponnen und mit feinen Holzspänen belegt. Der Zweig war durch abgestorbene Blütenknospen und mehrere kleine Hackstellen aufgefallen. Auch D. BARTSCH fand im Februar 1994 bei Berglen-Kottweil zwei Gallen in den Wipfeltrieben von *Salix caprea*.

---

[2] Bei den Anschwellungen, die durch Insektenlarven wie Käfer- oder Glasflüglerraupen an Zweigen u.ä. entstehen, handelt es sich nicht um echte Gallen! Es sind lediglich Wucherungen, die als Reaktion auf den Larvenfraß zu verstehen sind.

Die Zweige enthielten einen zentralen, von der Anschwellung nach unten verlaufenden Gang, in dessen Ende sich je eine *formicaeformis*-Raupe in einem »hauchzarten« Seidengespinst befand. Die Raupen ruhten mit dem Kopf nach unten und verharrten offensichtlich noch in der Diapause. Die Galle schien allerdings nicht durch die Sesienraupe selbst verursacht worden zu sein, sondern wahrscheinlich durch den Fraß einer Käferlarve (*Saperda* spec.?). Nach FIBIGER & KRISTENSEN (1974) bildet sich beim Fraß der Raupe des Kleinen Weiden-Glasflüglers in *Salix caprea* und *S. repens* eine birnenförmige Anschwellung am Zweig. An *Salix viminalis* ist dies nach eigenen Beobachtungen aus Norddeutschland nicht der Fall (A. KALLIES). Auf der Insel Sylt fand D. BARTSCH die Raupen in verlassenen Gängen von Bockkäferlarven, an durch Wind und Tritt bedingten Knickstellen sowie an Verletzungen, die durch Nagefraß von Kaninchen verursacht wurden. Auch hier ergaben sich keinerlei Hinweise auf eine durch die Raupe hervorgerufene Gallbildung.

Häufiger wurden die Raupen in krebsigen Knollen[3] an Zweigen gefunden, wie z. B. von D. BARTSCH und F. WEBER im Raum Stuttgart und in den Schwäbisch-Fränkischen Waldbergen. Bohrmehlauswurf und die oft zahlreichen Hackstellen von Vögeln verraten den Befall. Die Wucherungen haben einen Durchmesser bis zu 10 cm. Im Inneren einer solchen Knolle fanden D. BARTSCH, R. BLÄSIUS und E. BLUM im Februar 1991 in der Nähe von Hockenheim einmal 6 mit einem feinen Gespinst ausgewebte Kammern, in denen wohl die Überwinterung der Raupen stattfand. Bis auf eine waren die Kammern von Vögeln aufgehackt und ausgefressen. Das gleiche Befallsmuster konnte auch in anderen Regionen Europas an verschiedenen Weidenarten beobachtet werden (N. RYRHOLM, K. SPATENKA, D. HAMBORG u. a.).

Wie die meisten *Synanthedon*-Arten besiedelt auch *S. formicaeformis* bevorzugt geschädigte Bereiche ihrer Wirtspflanzen. So entdeckte D. BARTSCH an der Bruchstelle einer vom Sturm geknickten Salweide eine Raupe unter der Rinde. Die Raupe hatte sich durch Kotauswurf verraten. Die stark aufgefaserte Knickstelle befand sich im Wipfelbereich des etwa 5 m hohen Baumes und war durch die Winterstürme 1990 verursacht worden. Die Raupe ergab im Frühjahr 1991 den Falter, was als Beleg für den oben erwähnten einjährigen Entwicklungszyclus der Art gelten kann.

Zweifelhaft erscheinen uns die Ausführungen von HELLRIGL (1984) aus Südtirol, der bei den Raupen des Kleinen Weiden-Glasflüglers eine teilweise carnivore Lebensweise zu beobachten glaubte. Er bezeichnet sie sogar als »halbobligatorische Räuberraupen ... die sich offenbar gezielt auf die Larven und Puppen des Grünen Weidenprachtkäfers *Scintillarix* (= *Lampra*) *dives* GUILL. als Beutetiere spezialisiert haben.« Er berichtet, daß in dort assoziiert lebenden Populationen der beiden Arten mehr als 25% der Larven oder Puppen des Prachtkäfers ein Opfer der räuberischen Raupen des Kleinen Weiden-Glasflüglers werden. Dieses Verhalten konnte in Baden-Württemberg nicht beobachtet werden.

Auch in unserem Untersuchungsgebiet besiedelt die Raupe von *S. formicaeformis* primär vorgeschädigte Weidenzweige. So wird sie in der Oberrheinebene ebenfalls in »*dives*-Gallen« und im ganzen Land in den von *Saperda populnea* und anderen Bockkäfern geschädigten Zweigen gefunden. Gegen das Räuberverhalten spricht auch die Tatsache, daß die Raupen häufig gesellig leben und aus Pilzgallen an Weiden schon bis zu 8 Falter schlüpften. Weiter berichtet HELLRIGL, daß die Raupe sogar außen am Zweig kriechend nach neuen Opfern suche (!). Dies führen wir auf Zuchtbedingungen zurück. Außer bei Eiraupen (s. unter *P. tabaniformis*) tritt ein solches Verhalten bei keiner Sesienraupe ohne Not auf; erst wenn die Tiere in den abgeschnittenen und daher austrocknenden Zweigen kurz vor dem Verhungern stehen, läßt sich derartiges beobachten (D. BARTSCH).

Die Verpuppung erfolgt in einer ausgesponnenen Kammer am Ende des Fraßganges.

Gefährdung und Schutz

Rote Liste Bundesrepublik: –
Rote Liste Baden-Württemberg: –

Oberrheinebene: Nicht gefährdet.
Schwarzwald: Nicht gefährdet.
Neckar-Tauberland: Nicht gefährdet.
Schwäbische Alb: Nicht gefährdet.
Oberschwaben: Nicht gefährdet.

• In Baden-Württemberg nicht gefährdet!

---

[3] Bei diesen von Pilzen verursachten »krebsigen Knollen« handelt es sich um eine echte Pflanzengalle!

Synanthedon flaviventris[1]
(Staudinger, 1883)

Weidengallen-Glasflügler

Sesia flaviventris STGR. (REBEL 1910, ECKSTEIN 1913–1923)
Trochilium flaviventre STGR. (SPULER 1908–1910, HERING 1932)

Gesamtverbreitung: Im Norden von Südengland über Dänemark, Südschweden, Südfinnland bis an die russische und baltische Ostseeküste. Von West- bis Osteuropa ist die Art zumeist nur lokal bekannt aus Frankreich, den Benelux-Staaten, Deutschland, Schweiz, Österreich, Polen, Tschechien und der Slowakei.

Verbreitung

Regional: Als erster erkannte K. F. MARQUARDT das Vorkommen des Weidengallen-Glasflüglers in Baden-Württemberg. Ihm gelangen zwei Nachweise von Raupengallen bei Efrizweiler, Kreis Überlingen, und bei Waldburg, Kreis Ravensburg (MARQUARDT 1958, Kartei A. GREMMINGER). Diese Meldung geriet in der Folgezeit in Vergessenheit oder wurde für unglaubwürdig gehalten, FORSTER (1960) jedenfalls erwähnt keine Vorkommen der Art in Südwestdeutschland.

»Wiederentdeckt« wurde das Tier durch Funde von raupenbesetzten Gallen am 8.3.1991 bei

Ein frisch geschlüpftes Männchen des Weidengallen-Glasflüglers (*Synanthedon flaviventris*). Nach dem Entfalten der Flügel sitzen viele Sesien nur wenige Minuten ruhig am Entwicklungsort. Bei Sonnenschein, der oft auch den Schlupf anregt, werden sie meist sehr schnell aktiv und fliegen ab. Bei leichter Beunruhigung zeigen sie ein auffallendes Verhalten: Abwechselnd, meist im Abstand weniger Sekunden, wird jeweils ein Fühler langsam nach unten bewegt und wieder angehoben. – Böblingen 5.95 (e. l. leg. D. BARTSCH) K. NIMMERFROH. S.

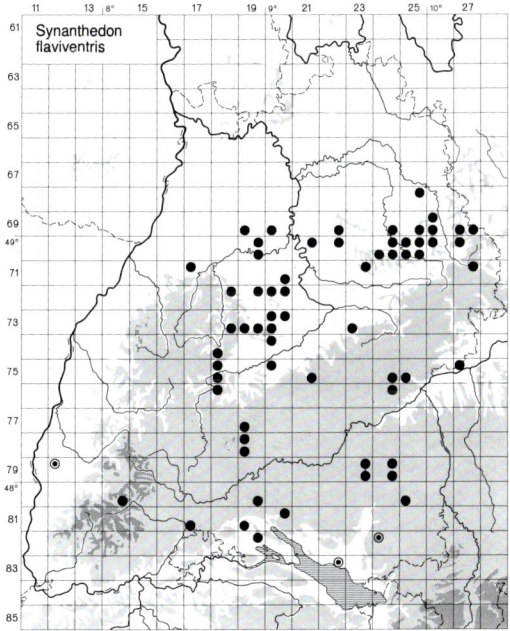

Herrlingen und Arnegg im Blautal (D. BARTSCH). Die ab diesem Zeitpunkt einsetzende planmäßige Nachsuche führte zu dem überraschenden Ergebnis, daß der Weidengallen-Glasflügler in unserem Bearbeitungsgebiet sehr weit verbreitet ist. Echte Lücken scheinen nur in weiten Bereichen der Oberrheinebene und des Schwarzwaldes zu bestehen. In stark landwirtschaftlich genutzten Regionen wie den Gäulandschaften, der Hohenloher Ebene oder der Hochfläche der mittleren und östlichen Schwäbischen Alb konnten Raupengallen nur sehr vereinzelt und selten gefunden werden. Siedlungsschwerpunkte bilden die waldreichen Gebiete des Stromberges, des Schönbuchs und Glemswaldes, der Schwäbisch-Fränkischen

---
[1] Bearbeitet von DANIEL BARTSCH

Waldberge und Oberschwabens. Ebenfalls gut besiedelt sind Fluß- und Bachtäler mit geeigneten Weidenvorkommen, insbesondere im Neckar-Tauberland und auf der Schwäbischen Alb. In Oberschwaben sind besonders in Mooren und Riedwiesen mit Weidengebüschen Vorkommen des Weidengallen-Glasflüglers entdeckt worden.

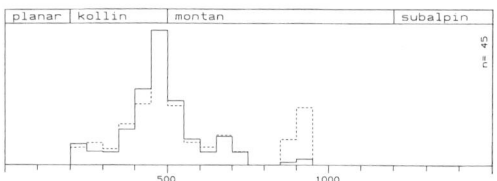

Vertikal: Das tiefste bekannte Vorkommen liegt bei Vaihingen/Enz auf 210 m (D. BARTSCH), die höchsten im Schwarzwald in der Umgebung von Titisee/Neustadt (D. HAMBORG, H. STEFFNY) und auf der Schwäbischen Alb am Lochenstein (D. BARTSCH) um 900 m.

Phänologie

Imagines: In Baden-Württemberg wurden erst zwei Falter im Freiland beobachtet. L. SETTELE fing am 7.6.1954 am Badberg im Kaiserstuhl ein Weibchen, das von ihm als *Synanthedon tipuliformis* publiziert wurde (SETTELE 1973). A. Lingenhöle beobachtete am 3.8.1991 bei Rißeck, am Rande des Ummendorfer Riedes, einen Falter auf der Blüte einer Umbellifere.

Der Weidengallen-Glasflügler ist eine Art mit starken jährlichen Häufigkeitsschwankungen. Schon von früheren Autoren wurde der auffallende zweijährige Rhythmus von »guten« und »schlechten« Raupenjahren beschrieben. ZUKOWSKY (1921) erwähnte: »Wir finden sie regelmässig jedes Jahr an bestimmten Stellen, alle zwei Jahre jedoch an den selben Orten.« MARQUARDT (1958) bemerkte: »In ungeraden Jahren sind die Falter häufiger.« VUOLA & KORPELA (1980) wundern sich ebenfalls, daß sie in den Wintern 1976–77 und 1978–79 zahlreiche Raupen fanden, in den dazwischen liegenden jedoch kaum eine. Auch in Baden-Württemberg konnten erwachsene Raupen immer nur in einem auf ein gerades Jahr folgenden Winter gefunden werden. Der Falter muß also auch bei uns in ungeraden Jahren häufiger auftreten. Dennoch kommen auch in geraden Jahren Imagines vor, wie das oben erwähnte Tier vom Kaiserstuhl beweist.

MARQUARDT (1958), der als erster durch gezielte Raupensuche die Bodenständigkeit dieser Art für unser Gebiet erkannte, gibt als Flugzeit pauschal »Juli« an. Er läßt dabei offen, ob es sich um Zuchtdaten oder Freilandbeobachtungen handelte. Da er aber über mehrere Jahre hinweg Raupen im Botanischen Garten von Schlave/Pommern züchtete, kann davon ausgegangen werden, daß es sich um die Schlüpfdaten der Falter aus Zuchten handelt. In der Literatur finden sich übereinstimmend Flugzeitangaben für Juni und Juli (ZUKOWSKY 1921, BARTEL in SEITZ 1912, FIBIGER & KRISTENSEN 1974, BAKER 1985). Da aber im jeweiligen Text in der Regel vom Falterschlupf berichtet wird, ist anzunehmen, daß sich die Angaben auch auf gezüchtete Schmetterlinge beziehen und damit keinen bzw. nur einen sehr eingeschränkten phänologischen Aussagewert besitzen. K. SPATENKA gibt für den Böhmerwald die zweite Julihälfte als Flugzeit an.

Aktuelle Beobachtungen zur Flugzeit gibt es aus Ostdeutschland. A. KALLIES stellte in Mecklenburg-Vorpommern zwischen dem 20.7. und 29.8.1993 zehn Falter in Pheromonfallen fest. Die Fallen waren während des Sommers stationär am Rande eines Flußtalmoores aufgehängt und wurden regelmäßig kontrolliert. T. SOBCZYK berichtete ebenfalls über Pheromonfallenfänge in Sachsen und Südbrandenburg. Er zählte in Fallen, die vom 1.7.1995 an ausgebracht waren, über 70 Männchen, davon allein 46 an einem Standort. Der Anflug erfolgte zwischen dem 19. Juli und 9. August.

Präimaginalstadien: MARQUARDT (1958), FORSTER (1960), KRALICEK (1974) und FIBIGER & KRISTENSEN (1974) berichten übereinstimmend von einer zweijährigen Raupenentwicklungszeit. Lediglich VUOLA & KORPELA (1980) gehen von einer einjährigen Entwicklungszeit aus, führen aber dafür keine Gründe an.

In Baden-Württemberg wurden noch keine Jungraupen gefunden, aber der zweijährige Häufigkeitsrhythmus im Auftauchen raupenbesetzter Weidengallen läßt eine zweijährige Raupenentwicklung auch für unser Gebiet plausibel erscheinen.

Bisher wurden nur Gallen mit (fast) erwachsenen Raupen gefunden. Die früheste Meldung vor der letzten Überwinterung stammt aus Böblingen vom 25. September. Danach erfolgt eine kontinuierliche Abfolge von Fundmeldungen bis in den Frühsommer hinein. Die spätesten Funde gelangen ebenfalls bei Böblingen, als am 26.6.1995 fünf noch die erwachsenen Raupen enthaltende Gallen gefunden wurden. Hieraus schlüpften vom 10.–23.7.1995 die Falter (D. BARTSCH).

Häufiger Anlaß für Verwechslungen mit dem Fraßbild des Weidengallen-Glasflüglers ist eine von der Larve des Kleinen Pappelbockes (*Saperda populnea*) erzeugte Zweiganschwellung. Markant ist die nach oben offene, hufeisenförmige Rindenverletzung, die noch von der Eiablage des Käferweibchens stammt (links). – Schwäbische Alb, Blautal 20.4.91 D. BARTSCH. Typische, jedoch von einem Vogel aufgepickte Behausung des Weidengallen-Glasflüglers (rechts). Die auffällige Schwellung ist an unbelaubten Büschen oft schon aus einiger Entfernung wahrzunehmen. Besonders an Stellen, wo der Glasflügler häufiger ist, können Vögel – haben sie erst einmal gelernt, sie zu erkennen – systematisch unter den Raupen aufräumen. – Schwäbische Alb, Blautal 20.4.91 D. BARTSCH.

Beim Weidengallen-Glasflügler scheint es sich um eine ausgesprochene Hochsommerart zu handeln. Die Flugzeit dürfte in der 1. oder 2. Juli-Dekade beginnen und im Laufe der letzten beiden Augustwochen ausklingen. Zeitlich aus dem Rahmen fällt dabei der Falter vom Badberg, dies dürfte aber mit den speziellen klimatischen Bedingungen im Kaiserstuhl zusammenhängen.

Ökologie

Lebensraum: Nach VUOLA & KORPELA (1980) bevorzugt der Falter in Finnland kleinere, lichte Buschgruppen. Die zahlreichen Raupenfunde lassen auch bei uns eine deutliche Vorliebe für offene Stellen mit kühlem und luftfeuchtem Klima erkennen. Die besiedelten Weiden stehen in derartigen Biotopen meist exponiert und gut besonnt. Besonders ausgeprägt zeigt sich dieses Lebensraumschema im Kleinen Lautertal bei Herrlingen auf der Mittleren Flächenalb. D. BARTSCH und J. BERG fanden am 16.1.1993 im Talgrund entlang des Bachufers und an einer stellenweise parallel dazu verlaufenden Landstraße 15 Gallen an verschiedenen freistehenden Sal- und Grauweidenbüschen. An Salweiden, die am Hang nur wenige Meter über dem Talgrund wuchsen, fand sich nicht eine Galle. Es herrschte ruhiges, mildes Hochdruckwetter. Am Abend grenzte sich die im Talgrund liegende Kaltluft durch dünne Nebelschleier deutlich gegen die darüberliegenden milderen Luftschichten ab. Sämtliche vom Weidengallen-Glasflügler genutzten Weiden standen im »Kaltluftsee«.

Nicht selten werden anthropogene Lebensräume besiedelt. Raupen wurden entlang von Eisenbahntrassen, Straßenböschungen und Gräben, selbst in innerörtlichen Gärten oder Parkanlagen gefunden. Bei Vaihingen/Enz wurde gar eine auf einer Verkehrsinsel wachsende Salweide genutzt. In Wäldern finden sich die Raupengallen nur an lichten Stellen, z.B. bei Böblingen entlang von breiten Waldwegen und auf grasigen Lichtungen, an Teichufern und in Weidengebüschen auf Ruderalflächen oder bei Zaisersweier im Stromberg auf einem verbuschten Kahlschlag. In Oberschwaben wurden Raupen in Hoch- und Flachmooren und deren unmittelbarer Nähe gefunden (MARQUARDT 1958, F. WEBER).

Nahrung der Raupe:
Salix purpurea – Purpur-Weide
  3 L (BAR)
Salix aurita – Ohr-Weide
  L (BAR, MAQ)
Salix cinerea – Grau-Weide
  3 L (BAR, MAQ)
Salix caprea – Sal-Weide
  5 L (BAR, MAQ, WEF)
Salix spec. – Schmalblättrige Weide
  L (WEF)

Eine am 27.2.1993 im Bienwald/Pfalz gefundene Raupe hatte bereits ihr Überwinterungsgespinst verlassen. Sie befand sich im unteren Teil der Galle und fraß am Kallusgewebe. An der befallenen Salweide hatte zu diesem Zeitpunkt der Saftfluß schon wieder eingesetzt. Vermutlich ernährt sich die Raupe vom Phloemsaft oder vom nachwachsenden Kallus.

Die meisten Raupenmeldungen betreffen die Salweide. Sie ist als Pioniergehölz besonders in Waldbiotopen die häufigste Weidenart. Die Raupen sind in dieser Pflanze am leichtesten nachzu-

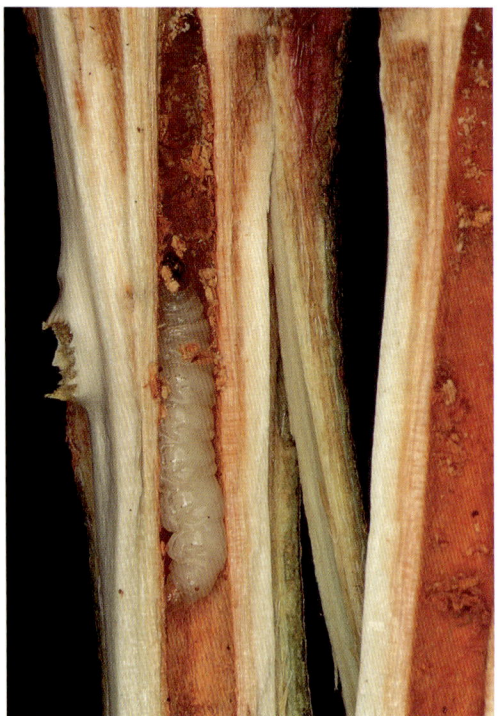 

Raupe im geöffneten Wohngang. Gut zu erkennen ist die Ähnlichkeit des Fraßbildes mit dem des nah verwandten Schneeball-Glasflüglers (*S. andrenaeformis*): Quer zur Wuchsrichtung verlaufender Fraßgang im Splintholz und dessen Kallusgewebe und der im Markkanal aufsteigende Wohngang. – Bad Liebenzell, Unterhangstett 23.3.95 (D. BARTSCH leg.) G. EBERT. S.

Nach dem Schlupf des Falters bleibt die leere, weit aus dem Schlupfloch herausragende Puppenhülle zurück. An der Basis der Zweiganschwellung ist noch die Blattnarbe, an der die Jungraupe wahrscheinlich in den Trieb eingedrungen ist, und der teilweise aufgerissene Fraßgang zu erkennen. – Böblingen 5.95 (e. l. leg. D. BARTSCH) K. NIMMERFROH. S.

weisen. Die aufgelockerte Wuchsform mit relativ wenigen Zweigen und die auf ihr besonders großen und auffälligen Gallen ermöglichen es, einen Busch rasch auf Raupengallen zu durchsuchen. So meldet F. WEBER, bis Januar 1995 nur an Salweide Gallen gefunden zu haben.

Besonders in staunassen Bereichen wie Flachmooren und Quellhorizonten wird die Salweide als bevorzugte Raupennahrungspflanze von der Grauweide abgelöst. Allerdings ist der Nachweis an dieser etwas schwieriger, da Grauweiden dichtverzweigte, unübersichtliche Gebüsche bilden und an den viel dünneren Zweigen auch die Gallen entsprechend kleiner sind. Dennoch sind sie oft in erstaunlicher Häufigkeit zu finden. So zählte D. BARTSCH am 29.4.1991 im Arnegger Ried 30 Stück. Die von verschiedenen Autoren (LÜDERS 1905, MARQUARDT 1958, FIBIGER & KRISTENSEN 1974, VUOLA & KORPELA 1980) erwähnte Bevorzugung breitblättriger Weidenarten trifft auch für Baden-Württemberg zu. Besonders bei der Salweide zeigt sich zudem eine deutliche Vorliebe für junge Exemplare mit kräftigem Höhenwachstum. Die Gallen befinden sich fast immer im Wipfelbereich oder im oberen Abschnitt langaufgeschossener Ruten, bei Ohr- und Grauweide dagegen mehr an der Peripherie der Gebüsche, zumeist auf der Sonnenseite.

Verschiedenen Berichten zufolge werden weitere Weidenarten genutzt: Kriechweide (MARQUARDT 1958, FIBIGER & KRISTENSEN 1974), Seidelbastweide (MACK 1985), Silber- und Bruchweide (LASTUVKA 1983) und Zweifarbenweide (VUOLA & KORPELA 1980). Die Meldungen von Zitterpappel (HEDDERGOTT & WEIDNER 1953) und Silberpappel (POSTNER 1978) als Raupennahrungspflanzen sind unglaubwürdig. Sie könnten auf Verwechslungen mit anderen *Synanthedon*-Arten wie *Synanthedon spuleri* beruhen, deren Raupe in Baden-Württemberg schon an Zitterpappel gefunden wurde. Die im pontomediterranen Raum lebende *Synanthedon melliniformis*, die wie der Weidengallen-Glasflügler ein ventral gelbes Abdomen besitzt, wurde oft verkannt und mit anderen Arten verwechselt. Ihre Raupe lebt an Verletzungsstellen und Mykosen verschiedener Pappelarten. Sie ist auch an krebsigen Wucherungen von Pappelzweigen zu finden. So berichtet LASTUVKA (1989) von vier ungarischen Tieren, die TOMALA (1913) gefangen und als *Synanthedon flaviventris* determiniert hatte.

Nahrung des Falters: Aus Baden-Württemberg gibt es nur die bereits oben erwähnte Beobachtung zum Blütenbesuch eines Falters an einem leider nicht näher bestimmten Doldenblütlergewächs (A. LINGENHÖLE).

Verhalten: Eine Eiablage des Weidengallen-Glasflüglers wurde in unserem Untersuchungsgebiet noch nicht beobachtet. Auch aus der Literatur kennen wir keinen Hinweis zur Eiablage. FIBIGER & KRISTENSEN (1974) geben zwar an: »The eggs are laid in axils on slender...branches.«, diese Angabe scheint aber kaum auf einer Freiland-Beobachtung zu beruhen. Bei einigen anderen Sesiiden-Arten wurde von ihnen der Eiablageort einfach in die Nähe der späteren Raupenfraßstelle gelegt. Dies hat sich durch neuere Beobachtungen vielfach als falsch herausgestellt. Viele Glasflügler legen ihre Eier an Blätter der Nahrungspflanze, die Eiraupe »muß zusehen, wie sie zurechtkommt«. Auch die Lebensweise der Jungraupe ist bei uns noch unerforscht. Sie scheint im Bereich eines Blattansatzes in die noch kaum verholzte Triebspitze einzudringen, da die Gallbildung wohl immer von einer Blattnarbe oder Knospe ausgeht. Zumeist unter der Blattnarbe, nicht selten auch daneben oder darüber, ist die Rinde abgestorben und schwärzlich verfärbt. Durch das weitere Wachstum des Zweiges reißt die Rinde an dieser Stelle oft auf und vernarbt. Dieser Rindendefekt dürfte auf eine von der Jungraupe angelegte Platzmine zurückzuführen sein, durch die das Kambium beschädigt wurde. Auch VUOLA & KORPELA (1980) beschreiben die Galle als weitgehend symmetrisch, nur an einer Seite sei sie etwas abgeflacht und die Oberfläche hier eingeschrumpft und dunkel verfärbt.

Fast alle Nachweise erfolgten durch Funde von Gallen mit mindestens einjährigen Raupen, zumeist während der winterlichen Diapause. Die Gallen befinden sich an zwei Jahre alten Zweigen, zumeist im Bereich der Triebspitze. Diese ist oberhalb der Galle nicht selten in ihrem Längenwachstum gestört und wirkt dadurch verkürzt. Allerdings wurden auch schon Zweige gefunden, die oberhalb der Galle noch mehr als einen Meter lang waren. Die Größe der Galle wird wesentlich durch die Wüchsigkeit und die Dicke des befallenen Zweiges bestimmt. Sie erreicht nach VUOLA & KOPELA (1980) durchschnittlich den 1,5-fachen Zweigdurchmesser. Es wurde im Extremfall aber auch schon eine über 2,5-fache Dicke festgestellt. Die Anschwellung ist im Idealfall birnenförmig und nach oben verjüngt. Oft ist der Zweig oberhalb der Galle auf einigen Zentimetern Länge etwas dicker als unterhalb. An der Basis der Galle hat die Raupe unter dem Bast einen rings um den Zweig führenden Gang ausgefressen. Die Gallbildung dürfte auf die durch den Fraß verursachte Kallus- und verstärkte Holzbildung zurückzuführen sein. Nicht selten werden Gallen gefunden, die keine Raupe enthalten, jedoch den vom Kallus zugewucherten Fraßgang erkennen lassen. Im Markbereich legt die ältere Raupe einen aufsteigenden »Wohngang« an, der meist zwischen drei und sechs Zentimeter lang und etwa zwei Millimeter breit ist. Erst einmal wurde ein absteigender Wohngang festgestellt (D. BARTSCH). Auch MARQUARDT (1939) berichtet, daß die Raupe ab und zu unterhalb des Knotens lebt.

Bei den ähnlichen, vom Kleinen Pappelbock (*Saperda populnea*) verursachten Knoten ist ebenfalls ein zentraler Gang oberhalb der Schwellung vorhanden, er bleibt aber mit 1–2 cm deutlich kürzer und hat einen abgeflachten, ellipsoiden Querschnitt, im Gegensatz zum runden *flaviventris*-Gang. Die Eiablagestelle des Käfers befindet sich irgendwo am Zweig, nur zufällig im Bereich einer Blattnarbe. Sie besteht aus einem hufeisenförmigen, nach oben offenen Rindenschnitt, in dem sich einige in die Rinde genagte Querfurchen befinden. Die innerhalb des Rindenschnittes gelegenen Teile trocknen vielfach ein und bleiben deshalb gut erhalten. Wenn keine Larve oder deren Reste mehr vorhanden sind, sind diese Unterschiede eine brauchbare Determinationshilfe. Gallen an Weidenzweigen erzeugt auch der Wickler *Cydia servillana*. Diese Gallen befinden sich aber stets an einjährigen Zweigen, sind bedeutend kleiner und mit einer obenliegenden Öffnung versehen.

Durch den Raupenfraß wird das Leitgewebe geschädigt und es können Teile der Galle oder sogar der gesamte Zweig absterben. Ist die Galle von einer Raupe besetzt, so sind seitlich ein oder zwei Löcher von 2–3 mm Durchmesser vorhanden, durch die das Tier während der Aktivitätsphase Genagsel und Kot ausstößt. Im Winter ist diese Öffnung mit dunkelbraunem Genagsel verstopft. Die Überwinterung findet in einem feinen Gespinst statt. Es liegt der Gangwand eng an und ist zumeist im mittleren Bereich der Wohnröhre angelegt. Im darüber liegenden Abschnitt

Ein Kaltlufteinbruch mit Schneefall im April läßt die Landschaft noch einmal winterlich erscheinen. Die in den Grauweiden im Vordergrund lebenden Raupen des Weidengallen-Glasflüglers haben zu diesem Zeitpunkt trotzdem schon wieder mit der Nahrungsaufnahme begonnen. – Schwäbische Alb, Blautal 20.4.91 D. BARTSCH.

befindet sich noch ein Genagselrest. Der Fraßgang sowie der unterste Abschnitt sind ebenfalls mit Kot und Genagsel verfüllt. Eingetragene Raupen verpuppen sich teilweise erst nach erneuter, mehrwöchiger Nahrungsaufnahme. Dabei kommt es noch zu Wachstumshäutungen, angezeigt durch ausgestoßene Kopfkapseln. Das zukünftige Schlupfloch wird im Bereich der Galle angelegt, oftmals ist es mit der alten Genagsel-Auswurfsöffnung identisch. Nur MARQUARDT (1939) berichtet von ausnahmsweise am oberen Gangende auftretenden Schlupflöchern. Die Zucht gelingt nur, wenn die Zweige eingefrischt wurden und bei mäßiger Wärme und hoher Luftfeuchtigkeit gehalten werden.

Parasitoide und Prädatoren: Der Weidengallen-Glasflügler hat sehr unter Brack- und Schlupfwespen zu leiden. Aus ca. 80 im Frühjahr 1993 eingetragenen Gallen aus der Umgebung von Böblingen schlüpften über 50% Parasitoide. MARQUARDT (1939) berichtet ebenfalls von hohen Verlusten durch Schlupfwespen. KRALICEK (1974) stellte für die Umgebung von Hodonin (Südmähren) etwa 30–50% Parasitoide fest. 1971 waren von 50 gesammelten Raupen sogar 49 parasitiert. VUOLA & KORPELA (1980) berichten für Finnland von Parasitierungsgraden von 50–90%, unter Beteiligung von 11 verschiedenen Parasitoiden-Arten.

Wiederholt wurden von Vögeln aufgepickte Gallen gefunden. E. BETTAG beobachtete im März 1995 in Karlstal/Pfalz eine Sumpfmeise beim Aufpicken einer Galle an Grauweide. Auch MARQUARDT (1939) und VUOLA & KORPELA (1980) berichten von Verlusten durch Meisen und Kleiber. Es wurden des öfteren Zweige festgestellt, die im Bereich des Fraßganges abgebrochen waren. Betroffen waren am selben Busch oft mehrere Zweige. Da in allen Fällen keine Raupen oder deren Reste gefunden wurden, könnten auch hier Vögel die Verursacher gewesen sein.

Gefährdung und Schutz

Rote Liste Bundesrepublik: –
Rote Liste Baden Württemberg: –

Oberrheinebene: Noch ungeklärt.
Schwarzwald: Noch ungeklärt.
Neckar-Tauberland: Nicht gefährdet.
Schwäbische Alb: Nicht gefährdet.
Oberschwaben: Nicht gefährdet

- In Baden-Württemberg nicht gefährdet!

Synanthedon andrenaeformis[1] (Laspeyres, 1801)
Schneeball-Glasflügler

Sphinx anthraciformis ESPER, 1800
Sesia andreniformis STAUDINGER, 1861 (unberechtigte Emendation)
Sesia anthraciformis ESP. (REUTTI 1898)
Sesia andrenaeformis LASP. (LAMPERT 1907, REBEL 1910)
Trochilium andrenaeforme LASP. (HERING 1932)
Trochilium andreniforme LASP. (SPULER 1908–1910)

Gesamtverbreitung: Die Verbreitung ist sicher erst lückenhaft bekannt. Das Areal reicht im Norden bis Mitteldeutschland, Böhmen, Südmähren, die Slowakei und bis zur Ukraine, in Asien über Südrußland bis fast zum Altai, im Süden Europas bis Nordostspanien, Mittelitalien, dem westlichen Balkan, Nordgriechenland und Bulgarien. Eine abweichende Form fliegt an der östlichen Schwarzmeerküste und im Kaukasus.

Verbreitung

Regional: Der Schneeball-Glasflügler wurde erst in jüngster Vergangenheit als unserer Fauna zugehörig erkannt. Der Erstnachweis erfolgte am

---
[1] Bearbeitet von DANIEL BARTSCH

4.7.1983 im Rheinwald bei Hartheim mit Hilfe synthetischer Pheromone (STEFFNY 1990). Durch weitere Pheromonfänge, vor allem aber durch planmäßige Suche nach den typischen Schlupflöchern, konnte der Schmetterling inzwischen auf über 250 Meßtischblattquadranten nachgewiesen werden, das entspricht etwa einem Fünftel der Landesfläche! Sehr ausführlich wurde die Verbreitung in Baden-Württemberg von RENNWALD et al. (1993) behandelt. Bis auf die inzwischen etwas höhere Punktdichte hat sich an den Grundzügen der Darstellung nichts geändert. Sie sei deshalb auszugsweise wiedergegeben: In der Oberrheinebene besteht eine geschlossene Verbreitung von Weil bis Mannheim. Besiedelt werden vor allem Auenwälder der Niederterrasse und ihre Ersatzforste (Hybridpappelkulturen!). Wesentlich seltener und regional fehlend ist der Falter auf der Hochterrasse, in den Hardtebenen und in der Vorbergzone zum Schwarzwald. Schwerpunkte im Süden dieses Gebietes bilden die »Trockenaue« bei Grißheim und Hartheim und nördlich davon die warmen Hartholzauenwälder im südlichen Taubergießen und im Raum Ichenheim-Meißenheim. Schlupflöcher finden sich dort gehäuft in der Hartholzaue und an den Ufern der Altrheinarme, oft direkt über dem Wasser. Im nördlichen Teil sind die Raupennahrungspflanzen meist nur einzeln und verstreut vorhanden, aber dennoch durchgehend genutzt.

Bei den meisten einheimischen *Synanthedon*-Arten haben die Männchen einen einfarbig schwarzen Afterbusch. Beim Schneeball-Glasflügler (*Synanthedon andrenaeformis*) tritt er dagegen leuchtend gelb hervor – ein auffallendes, unverwechselbares Kennzeichen dieser Art. Wie viele in Gehölzen lebende Sesienarten ist sie an keinen speziellen Biotoptyp gebunden. Sie folgt lediglich ihren Nahrungspflanzen (Wolliger und Gewöhnlicher Schneeball) und ist deshalb an deren Standorten meist ebenfalls vertreten. – Markgräfler Rheinebene 12.7.87 G. EBERT.

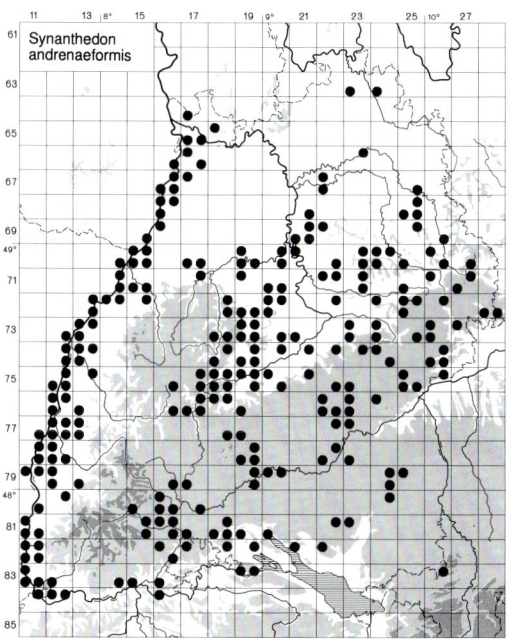

Dem Schwarzwald fehlt der Schneeball-Glasflügler fast völlig. Er tritt aber von allen Richtungen bis unmittelbar an diesen Naturraum heran. Lediglich vom Schwarzwaldrand südlich Kuppenheim sind einige Schlupflöcher bekannt. Im Neckar-Tauberland ist die Verbreitung dieser Art lückenhaft. Weitgehend zu fehlen scheint sie dem mittleren und nördlichen Kraichgau, dem badischen Odenwald und dem Bauland. Eine durchgehende Verbreitung besteht vom Hochrhein und Dinkelberg über Alb-Wutach, Baar, Obere Gäue, Schönbuch und Glemswald zum Neckarbecken. Vereinzelt sind Schlupflöcher im südlichen Kraichgau, dem Vorland der Schwäbischen Alb und den Schwäbisch-Fränkischen Waldbergen (mit Schurwald) zu finden. Noch seltener ist die Art im Tauberland, in der Hohenloher-Haller-Ebene und in der Kocher-Jagst-Ebene.

Auch auf der Schwäbischen Alb scheint die Verbreitung von *S. andrenaeformis* ziemlich geschlossen zu sein, obwohl die Nachsuche hier noch zu wünschen übrig läßt. Vor allem im Bereich der Hochfläche, besonders der Ostalb, kommen Schneeball-Sträucher oft nur vereinzelt vor. Wo sie aber gefunden wurden, da waren sie auch befallen. Häufiger ist die Art im Bereich des Albtraufs und der Täler. Im kühl-feuchten Oberschwaben ist der Wollige Schneeball weitgehend auf warme Waldränder beschränkt. Statt ausgeprägter Gebüschmäntel findet man an solchen Stellen meist scharfe Grenzen zwischen Fichtenforst und Acker oder Güllewiese. Gebüsche werden rigoros ausgeschlagen. Dennoch ist der Falter, wenn auch in zumeist sehr niedrigen Populationsdichten, weit verbreitet. Eine Stichprobe im Bereich der Adelegg erbrachte Schlupflöcher noch im montanen Bereich, in ca. 800 m Höhe.

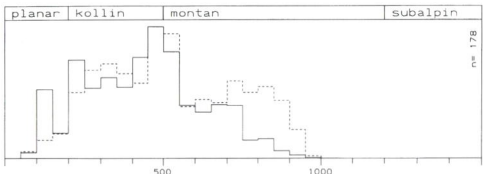

Vertikal: Tiefstes Vorkommen bei Mannheim auf 95 m, höchstes am Lochenstein (Schwäbische Alb) bei ca. 900 m. Die planare und kolline Stufe bilden die Schwerpunkte der vertikalen Verbreitung.

Phänologie

Imagines: Es liegen, bis auf eine Ausnahme, nur Beobachtungen von Männchen vor, die zumeist mit Hilfe synthetischer Pheromone angelockt wurden. Nach STEFFNY (1990) fliegen sie in Südbaden von Mitte Juni bis Anfang August. Die Hauptflugzeit fällt auf den Anfang Juli. Den frühesten Falter beobachtete M. PETERSEN am 19. Mai 1993 bei Grißheim. Es ist das einzige im Mai registrierte Tier. Weitere Falterbeobachtungen gelangen dann ab dem 14. Juni. Der letzte Falter flog am 2. August im naßkalten Jahr 1984. FORSTER (1960) und KRALICEK (1975) geben Ende Mai als Beginn der Flugzeit (in Mitteleuropa und der Tschechoslowakei) an. Bei Treibzuchten im Winter schlüpfen die Falter bereits nach 5–6 Wochen. Entscheidend für die Erscheinungszeit dürfte, wie bei anderen Sesien, das Erreichen einer bestimmten Temperatursumme sein.

Präimaginalstadien: Die Dauer der Raupenentwicklung wurde in der Literatur ausführlich und mit unterschiedlichen Ergebnissen diskutiert. RENNWALD et al. (1993) stellen für Baden-Württemberg eine zweijährige Raupenentwicklungszeit fest. HAMBORG (1994) kommt für sein Untersuchungsgebiet in der Steiermark zu dem Schluß, daß die Mehrzahl aller Raupen nur einmal, ein geringerer Prozentsatz – der jahrweise und regio-

Der locker auf dem Schlupfloch angesponnene Deckel klappt beim Herausschieben der Puppe wie eine Falltür nach oben. Beim Schneeball-Glasflügler schiebt sich die Puppe oft nur mit dem ersten Drittel aus dem Schlupfloch heraus. – Sindelfingen, Diebskarrenbachtal 5.92 (e. l. leg. D. BARTSCH) K. NIMMERFROH. S.

nal vermutlich schwanken kann – jedoch zweimal überwintert. In Baden-Württemberg scheint dagegen eine überwiegend zweijährige Raupenentwicklung vorzuliegen. D. BARTSCH beobachtet im Großraum Stuttgart an einigen isolierten *Viburnum*-Standorten seit mehreren Jahren eine zweijährige Periodik im Auftreten frischer Schlupflöcher. Fünf im Frühjahr 1994 gefundene Fraßstücke, die mutmaßlich Jungraupen enthielten, wurden markiert und im Frühwinter 1995 nachkontrolliert. Dabei zeigte sich, daß kein einziges Tier noch im ersten Jahr seine Entwicklung abgeschlossen hatte. Alle Raupen hatten erst jetzt ihr typisches Schlupfloch vorbereitet.

Puppenfunde von *S. andrenaeformis* gelangen mehrfach, der früheste im besonders warmen Frühjahr 1990 schon am 6. April: Fünf Exemplare bei Sindelfingen an einer schattigen Straßenböschung in einem kühlen Buchenwald. An der selben Lokalität wurde zu diesem Zeitpunkt nur noch eine nicht verpuppte, erwachsene Raupe festgestellt. Die bisher spätesten Puppenfunde stammen vom 17. Mai, aus einem kühlen Fichtenwald bei Möttlingen im Heckengäu. Bei Zimmerzucht schlüpften aus diesen Puppen die Falter nach vier bzw. drei Wochen.

Ökologie

Lebensraum: Der Schneeball-Glasflügler ist an keinen speziellen Lebensraumtyp gebunden. Das von früheren Autoren (BERGMANN 1953, FORSTER 1960) dargestellte Bild einer Xerotherm-Standorte bevorzugenden Art ist in der Zwischenzeit revidiert worden (BETTAG 1990). Der Falter siedelt praktisch überall, wo seine Hauptnahrungspflanze, der Wollige Schneeball, wächst. In Baden-Württemberg werden dabei oft schattig und feucht stehende Exemplare gegenüber sonnig und trocken wachsenden bevorzugt.

Raupenfunde gelangen in den verschiedensten Waldtypen wie Hart- und Weichholz-Auenwäldern, Laub(misch)wäldern der Ebene, des Hügel- und Berglandes oder Kiefern- und Fichtenwäldern. Besiedelt werden die Waldränder und Lichtungen, oft in noch stärkerem Maße auch die im dichten Unterholz versteckt und dunkel stehenden Büsche. Im Offenland gibt es deutlich weniger Funde an einzeln, in Gruppen oder Hecken stehenden Büschen.

Von den anthropogenen Lebensräumen sind Schneeball-Pflanzungen an Straßen- und Autobahnrändern zu erwähnen, besonders wenn diese durch Wälder führen. Sogar Gärten und Parkanlagen gehören zum Lebensraumspektrum des Schmetterlings.

Nahrung der Raupe:
Viburnum lantana – Wolliger Schneeball
  5 L, P (BAR, BLÄ, BOD, DOC, EBE, ECK, GOL, HER, KAL, KON, PAR, RAZ, REK, REN, STA, STF, WEF, WLL)
Viburnum opulus – Gewöhnlicher Schneeball
  3 L (BAR, BLÄ, DOC, REK, REN)

FIBIGER & KRISTENSEN (1974) nennen als Nahrungspflanze noch den Zwergholunder. RENNWALD et al. (1993) vermuten, daß dies auf einen Übersetzungsfehler der in rumänischer Sprache erschienen Arbeit von POPESCU-GORJ et al. (1958) zurückgeht. Da der Zwergholunder oberirdisch nicht verholzt, scheidet er als mögliche Nahrungspflanze einer xylophagen Raupe ohnehin aus. Verschiedentlich erfolgte Nachsuche in als Ziergehölzen angepflanzten, fremdländischen *Viburnum*-Arten brachte bisher keinen Hinweis auf Nutzung durch den Schneeball-Glasflügler.

Mit Sicherheit ernährt sich die Raupe weder vom Holz noch vom Mark des bewohnten Zweiges. Das zeigt schon der relativ kurze Fraßgang des Tieres. D. BARTSCH fand in Südfrankreich eine Raupe, die mit dem Hinterende im Wohngang steckte und Kopf und Thorax in den ausgefressenen Bastring vorgestreckt hatte. Das Tier machte sich am Kambium zu schaffen. Vermutlich ernährt sich die Raupe vom Phloemsaft, in dem die nährstoffreichen Assimilate transportiert werden. Das erklärt auch, warum eingetragene Jungraupen eingehen; durch das Absägen des Astes geht ihnen buchstäblich »der Saft aus«. Einige eingetragene Jungraupen fraßen, auf der Suche nach saftführenden Schichten, im Bast einen quer zur Wuchsrichtung verlaufenden Gang aus.

Nahrung des Falters: Den einzigen bisher ohne Hilfe von Pheromonen in Baden-Württemberg nachgewiesenen Falter fand D. DOCZKAL in einer Kiesgrube bei Rastatt, nachmittags an Blüten der Ackerkratzdistel (*Cirsium arvense*). D. BARTSCH und J. BERG fanden im Wallis gegen 13 Uhr zwei Weibchen im vollen Sonnenschein an Lindenblüten saugend. POPESCU-GORJ et al. (1958) berichten aus Rumänien von einem Männchen, das an Zwergholunderblüten saugte.

Ein Schlupfloch ohne Deckel (links)! Die hell erscheinende Innenwand des Raupenganges sowie die rund um die Ausschlupföffnung anhaftenden Nagespäne zeigen an, daß das Fraßstück frisch ist und eine erwachsene Raupe enthält. – Sindelfingen, Diebskarrenbachtal (e.l. leg. D. BARTSCH) 23.3.95 G. EBERT. S. Dieses Schlupfloch (rechts) ist alt und bereits verlassen. Das Holz zeigt sich schwärzlich verfärbt, unter der Rinde hat sich schon Kallus gebildet. Durch das Dickenwachstum des Zweiges erscheint das Loch breit-oval verformt. – Leonberg-Glemseck 23.3.95 (D. BARTSCH leg.) G. EBERT. S.

Verhalten: Die Lebensweise der Imagines ist uns noch weitgehend unbekannt. Auch außerhalb Baden-Württembergs liegen kaum Beobachtungen zum Verhalten der adulten Tiere vor.

Die oben erwähnten, im Wallis beobachteten Schmetterlinge flogen, zusammen mit 10 *Synanthedon loranthi*, äußerst lebhaft um eine kleine, etwa fünf Meter hohe, blühende Linde. Zum Saugen setzten sie sich kurz nieder und flogen bei Beunruhigung sofort wieder auf. Zumeist hielten sie sich in Höhen von über 2,5 m auf. In direkter Nähe stand Wolliger Schneeball im Unterholz eines Kiefernwaldes.

Eine Eiablage konnte bisher noch nicht beobachtet werden. Die Raupe des Schneeball-Glasflüglers lebt, nach übereinstimmenden Literaturangaben, im Markkanal der Nahrungspflanze (ROTHSCHILD 1907, BANKES 1907, HEGER 1911–1912, KAUTZ 1940, BRETHERTON 1946, KRALICEK 1975, BAKER 1985, BETTAG 1990, STEFFNY 1990, RENNWALD et. al. 1993 u. a.). Dicke und Alter der befallenen Äste spielen keine Rolle. Schlupflochfunde gelangen in jungen, bleistiftdünnen Zweigen und in armstarken Ästen. Sie können sich vom Bodenniveau bis hinauf zu den höchsten Zweigen befinden. Bisher ist unklar, wie die Eiraupe in den Zweig eindringt. RENNWALD et al. (1993) vermuten, daß die Jungraupe anfangs in einem kurzen, sich zur Platzmine erweiternden Gang lebt und erst später den Gang in Richtung Markkanal nagt. Dies wird von K. SPATENKA bestätigt. In Südfrankreich fand D. BARTSCH in einem 30 cm langen Ast des Wolligen-Schneeballs neun Raupenfraßgänge unterschiedlichen Alters. Darunter war der einer in einem frühen Stadium abgestorbenen Jungraupe. Das Tier hatte eine von außen nicht zu erkennende, annähernd runde Platzmine im Bast ausgefressen. Von deren Zentrum führte ein 1,5 mm breiter, 5 mm langer senkrechter Gang bis kurz vor den Markkanal. Die restlichen Fraßgänge waren fertiggestellt worden. Durch den starken Besatz hatten einige Raupen den Gang nicht im Markkanal, sondern im angrenzenden Holz angelegt. Zwei Gänge hatten einen vom Schlupfloch nach unten führenden Verlauf. RENNWALD et al. (1993) betonen, daß der Fraßgang stets im Markkanal, in Richtung Zweigspitze verlaufe. Dies wurde von HAMBORG (1994) widerlegt. D. BARTSCH und F. WEBER fanden auch in Baden-Württemberg abwärts verlaufende Fraßgänge.

Die Beschreibung des Fraßbildes folgt im Wesentlichen RENNWALD et al. (1993). Der Fraßgang ist in der Regel ca. 60–80 mm lang (41–180 mm), Längen von mehr als 100 mm sind

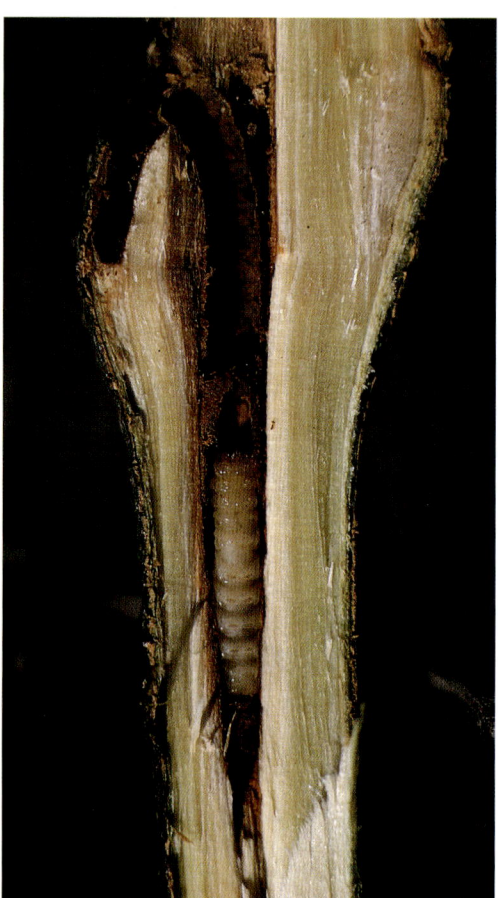

Nur 4 cm lang ist dieses Fraßstück, das die erwachsen überwinternde Raupe enthält. Deutlich erkennt man unter der Rinde die im saftführenden Bast angelegte Platzmine und den fein ausgesponnenen Schlupfkanal (für die Puppe). Während der winterlichen Frostperioden verharrt die Raupe in einem schlafähnlichen Zustand. Sie ist dann zu keiner Bewegung fähig. Erst nach längerer Wärmeeinwirkung wird das völlig erschlafft wirkende Tier wieder munter. – Schwäbische Alb, Degenfeld 19.1.90 D. BARTSCH. S.

die Ausnahme. Meist ist er vom Schlupfloch aus noch um 3–10 (ausnahmsweise 40) mm nach unten verlängert. Zum Zeitpunkt der Verpuppung ist dieser untere Teil durch Späne locker verfüllt. Das Mark unter- und oberhalb des Ganges ist oft auf 1–2 cm Länge dunkel verfärbt, wahrscheinlich durch eingedrungene Flüssigkeit. Vom Markkanal führt er in einem engen Bogen senkrecht zum Schlupfloch. Dieses hat etwa den selben Durchmesser wie der Gang. Zusammen mit seinem Umfeld ist es sehr charakteristisch gebaut. Bereits mit dem ersten Ausfressen des Bast- und Kambiumringes werden bei der Pflanze morphologische Veränderungen eingeleitet. Wo das Kambium fehlt, wird kein Bast und kein Holz mehr produziert. Das Loch mit dem Vorhof sinkt also von Jahr zu Jahr immer tiefer. Angeregt durch die Störung, wird das umgebende Kambium oftmals verstärkt aktiv. Durch vermehrte Holzproduktion schwillt der Knoten stark an und umwallt das Loch. Spätestens im Spätherbst fertigt die Raupe den Rindendeckel über dem Schlupfloch. Dieser hat etwa 7 mm Durchmesser und wird nur durch ein paar Spinnfäden im Zentrum gehalten. Durch einen Trocknungsprozeß reißt die runde Rindenscheibe vollständig von der übrigen Rinde ab und wird etwa 1 mm tiefer im Holz durch die Spinnfäden festgehalten (BETTAG 1990). Die nur aus der obersten Rindenschicht bestehende Rindenscheibe fällt im Herbst und Winter leicht ab, so daß viele Schlupflöcher – abgesehen von ein paar Fäden und Genagselresten – offenliegen. Nur wenige Raupen verschließen im Frühjahr das Loch wieder mit versponnenem Genagsel.

Die Überwinterung der erwachsenen Raupe und die Verpuppung im Frühjahr erfolgt am oberen Ende des Fraßganges. Darüber ist noch ein kleiner, 3–17 mm langer, mit Kot gefüllter Hohlraum zu finden. Der gesamte Gang ist mit einer Gespinströhre ausgekleidet, in die sehr feines Genagsel mit eingearbeitet ist. Der Kokon ist hinten mit einer dicken Genagselkappe versehen und vorne mit einem dünneren Kokondeckel abgegrenzt.

Die meisten Raupen verpuppen sich, soweit von außen sichtbar, ohne im Frühjahr wieder aktiv geworden zu sein. HAMBORG (1994) berichtet dagegen, daß in der Steiermark die meisten Tiere nach der Überwinterung erneut zu fressen beginnen, bevor sie sich verpuppen.

Gefährdung und Schutz

Rote Liste Bundesrepublik: –
Rote Liste Baden Württemberg: –

Oberrheinebene: Nicht gefährdet.
Schwarzwald: Nicht vertreten (nur randlich vorkommend).
Neckar-Tauberland: Nicht gefährdet.
Schwäbische Alb: Nicht gefährdet.
Oberschwaben: Art der Vorwarnstufe.

• In Baden Württemberg nicht gefährdet!

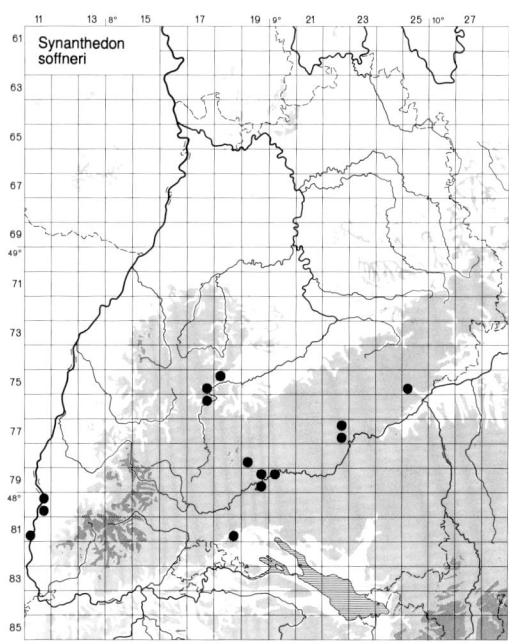

Synanthedon soffneri[1]
Spatenka, 1983

Heckenkirschen-Glasflügler

Gesamtverbreitung: Das Areal der erst 1983 beschriebenen, sehr unauffällig lebenden Art ist noch kaum bekannt. Bisher wurde sie aus dem zentralen Mitteleuropa (Süddeutschland, Österreich und Böhmen) sowie aus der Umgebung von Moskau und dem Altai-Gebirge gemeldet (PRIESNER 1993).

Verbreitung

Regional: Der Erstnachweis für Deutschland gelang H. STEFFNY am 24. Mai 1985 im Rheinwald bei Hartheim (Markgräfler Rheinebene) mit Hilfe synthetischer Pheromone (STEFFNY 1990). Für mehrere Jahre blieb diese Lokalität, an der zahlreiche weitere Funde gelangen, das einzige Vorkommen in unserem Gebiet. Erst nachdem Pheromone als Anlockmittel vermehrt zum Einsatz kamen und ein artspezifischer Sexuallockstoff entwickelt war (E. PRIESNER, Max-Planck-Institut Seewiesen), entstand das heutige Bild von der Verbreitung des Heckenkirschen-Glasflüglers in Baden-Württemberg. Es ist sicherlich noch nicht vollständig, zeigt aber schon gewisse Schwerpunkte auf. Neben der südbadischen

[1] Bearbeitet von DANIEL BARTSCH

Trockenaue sind dies der Raum Horb am oberen Neckar und der gesamte Südteil der Schwäbischen Alb. Ein Einzelfund stammt von einer Lokalität im Hegau (F. WEBER). Bis jetzt ohne positive Ergebnisse verliefen dagegen Nachweisversuche im Hochschwarzwald bei Titisee-Neustadt, im Raum Mittlerer Neckar, am Nordrand der Schwäbischen Alb, in den Schwäbisch-Fränkischen Waldbergen und bei Sandhausen im Rhein-Neckar-Gebiet.

Für die Zukunft steht zu erwarten, daß in der südlichen Landeshälfte noch weitere Vorkommen entdeckt werden, so in Oberschwaben, wo die Art bis jetzt unbekannt ist. Im nördlichen Teil erscheint dies nur in den oberen Gäuen und im Osten des Landes möglich. Mit Sicherheit fehlt S. soffneri im zentralen Mittel- und Nordschwarzwald sowie in den stark landwirtschaftlich geprägten Regionen des Kraichgaus, des Baulands und der Hohenloher Ebene. Die Raupennahrungspflanzen dieser Art fehlen hier entweder völlig, oder sie sind zumindest in zu geringer Menge vorhanden.

Ein Männchen des Heckenkirschen-Glasflüglers (*Synanthedon soffneri*) auf einem Blatt der potentiellen Raupennahrungspflanze. Die Tiere sehen auf den ersten Blick wie ein Apfelbaum-Glasflügler (*S. myopaeformis*) mit orangefarbigem Hinterleibsring aus. Der violette Metallglanz sowie die frühe Flugzeit sind weitere Unterscheidungsmerkmale. – Markgräfler Rheinebene 20.5.92 R. HERRMANN. M.

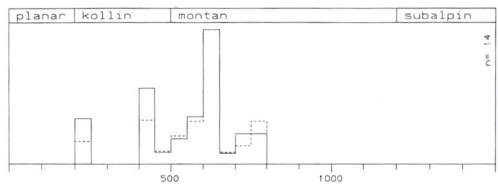

Vertikal: Die bis jetzt bekannte Höhenverbreitung erstreckt sich von der planaren Stufe um 200 m bis in die untere montane Stufe um 750 m. Verschiedene Fundstellen in Österreich und Böhmen lassen aber vermuten, daß zumindest auf der Schwäbischen Alb von *S. soffneri* noch größere Höhen erreicht werden.

Phänologie

Imagines: Zumindest in den unteren Lagen gehört der Heckenkirschen-Glasflügler zu den ersten im Jahr fliegenden Sesienarten. In der Markgräfler Rheinebene konnte D. BARTSCH bereits am 9. Mai 3 Tiere beobachten, die alle schon etwas abgeflogen waren. Zu dieser Zeit, im besonders warmen Frühjahr 1993, herrschte eine seit Ende April andauernde Schönwetterperiode, die den Beginn der Flugzeit vermutlich schon in der ersten Maiwoche zur Folge hatte. Weitere Falternachweise an diesem Fundort stammen von der Monatsmitte Mai und der letzte Falter flog am 24.5. (H. STEFFNY).

E. PRIESNER (1993) berichtet von einer nahezu zeitgleichen Imaginalphase für das Gebiet von Starnberg. Ebenfalls im Frühjahr 1993 beobachtete er die ersten Männchen am 10.5. und am 29.5. war die Flugzeit für dieses Jahr beendet. Für Jahre mit normalem Witterungsverlauf gab er den Falterflug mit Ende Mai an.

Keine taggenauen Angaben liegen aus dem Nekkar-Tauberland vor. Einzig F. WEBER gelang der Nachweis von 2 Männchen im Hegau Ende Mai in ausgebrachten Pheromonfallen. Die Flugzeitangaben für die Schwäbische Alb lassen eine deutliche Verschiebung in Richtung Sommer erkennen. Hier gelang der erste Falternachweis am 24.5. in einem Xerothermbiotop bei Ulm. Weitere Tiere wurden am 28.5. und 16.6. im selben Biotop gefangen (A. LINGENHÖLE). Aus den klimatisch weniger begünstigten Tälern der Zwiefalter Alb liegen mit dem 18.6. (1 Tier) und 20.6. (7 Tiere) noch spätere Meldungen vor. Dies deutet auf eine in den Hochlagen der Alb bis Ende Juni andauernde Imaginalphase. Die Flugzeit ist insgesamt kurz, sie dauert vermutlich nur zwei Wochen.

Präimaginalstadien: SPATENKA (1983) vermutet eine dreijährige Entwicklungszeit der Raupe. Setzt man eine Analogie zu den verwandten Arten *S. andrenaeformis* und *S. flaviventris* voraus, so dürfte sie mindestens zwei Jahre dauern. Konkrete Hinweise dazu stehen sowohl aus Baden-Württemberg wie auch aus anderen Gebieten noch aus. Die einzige bisher gefundene Raupe war ein Jungtier von ca. 8 mm Länge, das D. BARTSCH im Dezember 1994 bei Horb entdeckte.

Ökologie

Lebensraum: Wegen der fehlenden Raupennachweise lassen sich nur indirekte Aussagen zu den ökologischen Ansprüchen von *Synanthedon soffneri* machen. Im zentralen Böhmerwald, dem Typenfundort, wurde sie im Unterholz von Fichten-(Misch-)Wäldern in 700–1000 m Höhe gefunden (SPATENKA 1983). Im krassen Gegensatz dazu stehen die Fundstellen im südlichen Oberrheingraben. Hier sind Lichtungen und lichte Stellen im xerothermen Buschwald der »Trockenaue« der Lebensraum. Zumindest wurden an solchen Lokalitäten oftmals die Falter mit Pheromonen angelockt. Trotz eines immensen Zeitaufwandes gelang bis jetzt aber noch kein Raupennachweis, so daß eine exakte Eingrenzung der Entwicklungshabitate nicht möglich ist.

Ebenfalls sehr heterogen sind die Falterfundstellen bei Horb und auf der Schwäbischen Alb. Auch hier erfolgte der Nachweis fast ausnahmslos durch »manuellen« Pheromonfang (A. LINGENHÖLE) und mit Hilfe von Fallen (D. BARTSCH). Da derart angelockte Tiere von weither zugeflogen sein können (Entfernungen von mehreren hundert Metern sind durchaus möglich), ist der Fangort nur mit Vorbehalt dem tatsächlichen Lebensraum zuzuordnen. Es handelt sich dabei einerseits um sonnige und trockenwarme, andererseits um schattige und feuchtkühle Biotope. Zu ersteren sind die steilen, xerothermen Muschelkalkhänge des oberen Nekkars sowie die Fels- und Geröllhänge der Schwäbischen Alb zu zählen; letzterem Biotoptyp entsprechen dagegen Tannen-Fichtenmischwälder an nordexponierten Neckarhängen mit reichlich Heckenkirschen im Unterholz und Schluchtwälder der Weißjurastufe der Alb mit ihren Ersatzgesellschaften anthropogener Fichten-(Misch-)Wälder. Die Anzahl der gefangenen Tiere ließ dabei keine Präferenzen erkennen. So flogen an einem vollsonnigen Muschelkalk-Schotterhang 8 Tiere und 15 km entfernt in einem dunklen Fichtenforst weitere 7 Exemplare in ausgebrachte Pheromonfallen. Allen Fundorten gemeinsam war nur das Vorhandensein ausgedehnter Bestände der Roten Heckenkirsche (*Lonicera xylosteum*). Sie dürfte in Baden-Württemberg die wichtigste Raupennahrungspflanze sein und die Verbreitung von *S. soffneri* im Gebiet im Wesentlichen bestimmen.

E. PRIESNER vom Max-Planck-Institut Seewiesen, der in der Umgebung von Starnberg umfangreiche Tests mit dem von ihm entwickelten Standardlockstoff für *Synanthedon soffneri* durchgeführt hat, gibt als Habitatpräferenz an: »Nach den Fangzahlen zu schließen, bevorzugt die Art im Untersuchungsgebiet stärker beschattete Standorte mit reicher Krautvegetation, bei jedoch nicht zu feuchtem Untergrund.«

Dies wird durch die Fundstelle der einzigen bisher in Baden-Württemberg gefundenen Raupe bekräftigt. Dabei handelt es sich um einen steilen Nordosthang am oberen Neckar mit Fichten-Tannen-Mischwald und einer gut entwickelten Kraut- und Gebüschflur.

Nahrung der Raupe:
Lonicera xylosteum – Rote Heckenkirsche
   L (BAR)

Die erste, aus dem Böhmerwald bekannt gewordene Raupennahrungspflanze war *Lonicera nigra* (Schwarze Heckenkirsche). Sie kommt bei uns in Teilarealen im südlichen Schwarzwald und am Hochrhein sowie im südöstlichen Oberschwaben vor (HÄUPLER & SCHÖNFELDER 1989). Aus diesen Gebieten gibt es aber bis jetzt noch keine Hinweise auf das Vorkommen dieses Glasflüglers. Ein auf die Gattung *Lonicera* spezialisiertes, oligophages Nahrungsverhalten vorausgesetzt, kommt an allen bekannten Fundorten des Falters nur die Rote Heckenkirsche als Nahrungspflanze der Raupe in Betracht. Es gelang aber seither nur der Nachweis einer einzigen Jungraupe in einem ca. 1 cm dicken Stämmchen einer bei forstlichen Schonungspflegearbeiten abgehackten Pflanze. Das Tier hatte unter der Rinde eine flache Platzmine ausgefressen, von deren Zentrum ausgehend ein 3 cm langer aufsteigender Gang im Markkanal der Pflanze angelegt war. Dieses Fraßbild entspricht damit in wesentlichen Grundzügen dem der ebenfalls in Caprifoliaceen lebenden *S. andrenaeformis*.

Als weitere Nahrungspflanzen kommen die ebenfalls buschförmige Blaue Heckenkirsche und die Alpen-Heckenkirsche, die beide in Oberschwaben vertreten sind (HÄUPLER & SCHÖNFELDER 1989), in Betracht. Ob der Falter auch die rankenden *Lonicera*-Arten zu nutzen vermag, ist bis jetzt unbekannt.

In solch urwaldähnlichen Gebüschen der Markgräfler Rheinebene (Trockenaue) ist wohl das Larvalhabitat des Heckenkirschen-Glasflüglers zu suchen. Hier wurden zumindest die Falter regelmäßig an den Pheromonködern beobachtet. – Markgräfler Rheinebene 17.5.92 R. HERRMANN.

Nahrung des Falters: Wie andere *Synanthedon*-Arten dürfte auch der Heckenkirschen-Glasflügler verschiedene Nektarpflanzen besuchen. Konkrete Beobachtungen dazu stehen aber noch aus.
Verhalten: Die Männchen von *Synanthedon soffneri* wurden vergleichsweise zahlreich an den Pheromonen beobachtet, wie sie sich im langsamen Schwirrflug näherten. Dabei erschienen die meisten Tiere, soweit uns dazu Angaben vorliegen, zwischen 10 und 13.30 Uhr am Lockstoff. Vorher wurden keine Tiere registriert, danach nur Einzelexemplare.

E. PRIESNER, der im Gebiet um Starnberg zahlreiche Anflugversuche durchgeführt hat, gibt etwa die selbe Tageszeit zur Aktivität der Männchen an. Er bezog bei seinen Versuchen bewußt auch Standorte mit ein, an denen die Wirtspflanze nicht vertreten war. Dabei konnte er, mit Ausnahme offenen Geländes (Wiesen, Kulturland, Hochmoore) sowie größerer, geschlossener Fichtenbestände, an allen Standorten zumindest einzelne Männchen fangen, weshalb er von einer offensichtlich vagilen Art spricht. Daß der Heckenkirschen-Glasflügler im so gut durchforschten Mitteleuropa bis in die jüngste Vergangenheit nicht entdeckt wurde, wird unter Hinweis auf den kaum sichtbaren »kryptischen« Flug der kleinen Tiere erklärt (PRIESNER 1993).

Am 9.5.1993 gelang D. BARTSCH der Fang eines Weibchens. Dieses flog gegen 12.30 Uhr bei strahlendem Sonnenschein in der Nähe der Pheromonköder um einen *Lonicera xylosteum*-Busch in der Markgräfler Rheinebene. Ob hier eine Reaktion auf die ausgebrachten Lockstoffe oder der Eiablageflug des Tieres vorlag, läßt sich kaum beurteilen. In seltenen Einzelfällen wurden schon Weibchen verschiedener Glasflügler-Arten beim Pheromonanflug festgestellt, z. B. *Synanthedon vespiformis* oder *Bembecia ichneumoniformis*.

Gefährdung und Schutz

Rote Liste Bundesrepublik: D
Rote Liste Baden-Württemberg: –

Oberrheinebene: Gefährdet.
Schwarzwald: Nicht vertreten (Aussage nicht abgesichert).
Neckar-Tauberland: Nicht gefährdet (Aussage nicht abgesichert).
Schwäbische Alb: Nicht gefährdet (Aussage nicht abgesichert).
Oberschwaben: Noch ungeklärt.

• In Baden-Württemberg nicht gefährdet!

Diese optimistische Gefährdungseinstufung ergibt sich aus der breiten ökologischen Valenz der Art. Lokale Einbußen durch Aufforstungen oder durch das Abhacken der Büsche dürften von dem sehr mobilen Schmetterling durch rasche Besiedlung anderer, neu entstandener Standorte ausgeglichen werden.

Lediglich für die Oberrheinebene ist eine Gefährdung anzunehmen. Alle bisher bekanntgewordenen Fundstellen liegen in der Markgräfler Rheinebene innerhalb der Trockenaue, einem schon jetzt durch Verkehrswege (Autobahn), Deponien und Kiesgruben stark zerstückelten Gebiet.

Bei weiterer Zerstörung dieses Lebensraumes ist mit dem Verschwinden der Art aus diesem Naturraum zu rechnen. Aber auch schon der hier vielerorts praktizierte Versuch der Umwandlung in Kiefernforst verdrängt die Nahrungspflanze und damit den Falter.

Synanthedon myopaeformis[1]
(Borkhausen, 1789)

Apfelbaum-Glasflügler

Sesia luctuosa LEDERER, 1853
Sesia myopiformis STAUDINGER, 1856 (unberechtigte Emendation)
Sesia elegans LEDERER, 1861

Sesia myopiformis BKH. (REUTTI 1898, ESCHERICH 1931)
Sesia myopaeformis BKH. (LAMPERT 1907, REBEL 1910, ECKSTEIN 1913–1923)
Trochilium myopaeforme BKH. (HERING 1932)
Trochilium myopiforme BKH. (SPULER 1908–1910)
Aegeria myopaeformis BKH. (NOVAK & SEVERA 1980)
Synanthedon myopiformis BKH. (REAL & BALACHOWSKY 1966)

Gesamtverbreitung: Häufige Art, die in den meisten europäischen Ländern vorkommt und nördlich bis Skandinavien, im Süden und Osten bis Nordafrika (Ägypten) und Kleinasien verbreitet ist. In Deutschland ist sie in allen Bundesländern vertreten.

Verbreitung

Regional: REUTTI (1898) gibt die Art aus Baden von »Kiesenbach, Donaueschingen, Freiburg, Gengenbach, Karlsruhe, Heidelberg, Wertheim« an und meint (offenbar aufgrund dieser weit auseinander liegenden Fundorte), daß sie »wohl überall« verbreitet sei. GAUCKLER (1896) fand sie

Ein häufiger Bewohner von Apfelplantagen ist der Apfelbaum-Glasflügler (*Synanthedon myopaeformis*). Die Falter findet man bei sonnigem Wetter sowohl auf dem Blattwerk als auch an Stämmen und Ästen sitzen. Kiebingen 5.7.91 R. HERRMANN. S.

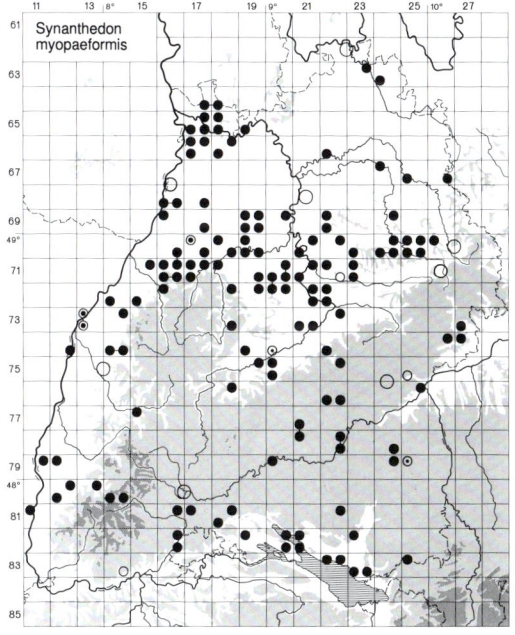

»an den Apfelbäumen der Obstalleen [!] in der Umgegend«. SCHNEIDER (1937) führt den Apfelbaum-Glasflügler als »bekannt von Stuttgart, Reutlingen, Ellwangen, Wasseralfingen, Heilbronn« auf, was ebenfalls auf eine weite Verbreitung in Württemberg schließen läßt. SEYFFER (1850) hatte ihn unter dem Namen »*Matillaeformis* LASP.« [recte: *mutillaeformis*] bereits vor fast 150 Jahren mit »Stuttgart ziemlich häufig« angegeben. G. REICH (Aufzeichnungen von 1910–1965) bezeichnet ihn, unter Hinweis auf einen einzigen Fund in Bronnen bei Ringschnait, als »sehr selten in Obstgärten«. Diese alten, auf der Karte durch offene Kreise gekennzeichneten Fundorte können oftmals nicht mehr aktuell bestätigt werden, was aber zumeist an der noch unvollständigen Erfassung dieser Art in unserem Faunengebiet liegen dürfte.

Dort, wo gebietsweise nach dieser Art gesucht oder bei Kartierungsarbeiten gezielt Sexual-Lockstoffe eingesetzt wurden wie z.B. im Neckarbecken und den südlich und westlich an-

---
[1] Bearbeitet von ERICH BETTAG

grenzenden Gebieten (Gäulandschaften, Stromberg/Heuchelberg, Kraichgau) oder in den Schwäbisch-Fränkischen Waldbergen, sind auch deutliche Fundorthäufungen zu verzeichnen. Dies gilt im besonderen für die vom Pflanzenschutz überwachten Obstanbaugebiete und Versuchsanlagen im Oberrheinischen Tiefland und seinen Randlagen. Recht spärlich sind Meldungen von der Schwäbischen Alb und aus den im Westen und Südwesten sich anschließenden Landschaften (aus den Naturräumen Baar, Alb-Wutach, Klettgau und Hochrhein fehlen sie bis jetzt noch fast vollständig!). Auch aus dem Schwarzwald, dem Alpenvorland und selbst aus dem Bodenseebecken liegen nur wenige Nachweise vor, was ebenso auf Kartierungsdefizite zurückzuführen sein dürfte wie die »weißen Flekken« in der nördlichen Landeshälfte östlich der Oberrheinebene.

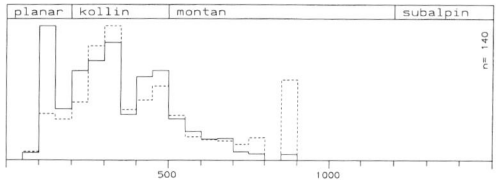

Vertikal: Bisher höchstgelegene Fundorte sind der Warmberg bei Oberstetten, 760–790 m (F. WEBER) und Titisee, 870 m (H. STEFFNY). Gehäufte Vorkommen liegen in Bereichen zwischen 100 und 350 m Höhe.

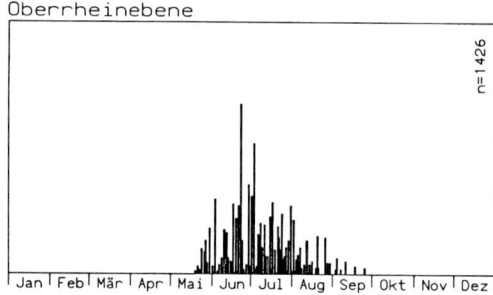

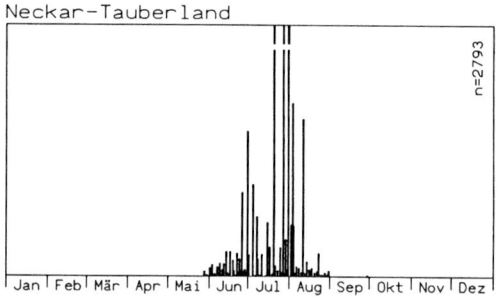

Phänologie

Imagines: Alte, aber genaue Angaben zu Freiland-Faltern sind nur sehr spärlich vorhanden: 10. Juni (1925, Graben, A. GREMMINGER); 28. Juni (1914, Bilfinger Heide, F. MÜLLER); 10. Juli (1932, Tübingen: Spitzberg, H. KAUFMANN); 20. Juli (1926, Pforzheim, K. STROBEL); 31. Juli (1932, Karlsruhe, HOHNDORF); 5. August (1939, Weinheim, H. LIENIG). REUTTI (1898) gibt eine Flugzeit »von Juni bis August« an.

In jüngster Zeit wurden die Falter in der freien Natur viel häufiger beobachtet. Insbesondere die zahlreichen Anflüge an Sexuallockstoffe geben einen guten Überblick über die Flugzeit dieser Art. Es liegen frühe Daten vor, wie der 20. Mai (1992, Hockenheim, R. BLÄSIUS), aber auch sehr späte Daten zwischen dem 4. und 25.9. (1992, Oberkirch, Pheromonfalle, I. NIKUSCH). Nach unseren Beobachtungen erstreckt sich die Hauptflugzeit von Juni bis Anfang September.

Präimaginalstadien: Zu Raupenfunden des Apfelbaum-Glasflüglers aus unserem Untersuchungsgebiet können folgende phänologische Aussagen gemacht werden: Die Raupe scheint in der Regel einmal zu überwintern, doch wird auch ein zweijähriger Entwicklungszyklus für den Rhein-Nekkar-Raum angegeben (DICKLER & HOFMANN 1974).

Unklarheit besteht über den zahlenmäßigen Anteil der Population, der zweimal überwintert. Hierbei handelt es sich offenbar um Raupen, die im vorhergehenden Jahr aus spät abgelegten Eiern geschlüpft sind. Aufgrund schlechter Nahrungsbedingungen sowie dem temperaturabhängigen Einstellen der Freßtätigkeit überwintern diese Raupen noch im zweiten Larvalstadium (DICKLER 1985). Das Eistadium dauert, in Abhängigkeit von der Temperatur, 10–14 Tage (DANIEL & THEMANN 1989).

Ökologie

Lebensraum: *Synanthedon myopaeformis* ist überall dort zu finden, wo Obstanlagen weniger gut gepflegt werden. Besonders zu nennen sind alte Apfelbäume entlang von Straßen und Feldwegen, in alten Streuobstwiesen, an Waldrändern und Hecken sowohl in der Ebene als auch in Hanglagen. Wärmere Lagen werden bevorzugt. In jüngerer Zeit wurde dem Apfelbaum-Glasflügler mit der Schaffung moderner Apfelintensivanlagen ein neuer Lebensraumtyp geboten, den er vortrefflich zu nutzen versteht:

Der Apfelbaum-Glasflügler ist in modernen Apfelanlagen ein durchaus ernstzunehmender Schädling, der bei stärkerem Auftreten bis zu 20% Ertragsausfall verursachen kann. Der Hauptschaden entsteht vor allem durch massive Zerstörung des kambialen Gewebes am Stammgrund (Ringelungseffekt) und durch die Schaffung von Infektionspforten für Holz- und Rindenpilze. *Synanthedon myopaeformis* ist praktisch in allen modernen Apfelanlagen in Südbaden als Schädling bekannt. Die Bekämpfung erfolgt im Winter durch Nach- bzw. Ausschneiden an den Befallsstellen, kenntlich an leichten Bohrmehlausstoß, und durch Vernichten der Raupen. Die entstandene Wunde wird durch ein Wundverschlußmittel vor Pilzinfektionen geschützt, ein bei stärkerem Befall erheblicher Zeitaufwand. Ein ein- bis zweijähriger Entwicklungszyklus kann auch für unser Gebiet bestätigt werden und ist bei der Länge der Flugperiode nur logisch. Den heutigen Lebensraum des Apfelbaum-Glasflüglers bilden vor allem moderne, integriert bewirtschaftete Apfelanlagen, in denen breitwirksame Insektizide nur noch sehr selten eingesetzt werden. Zunehmender Befall wird meist ab dem 3. Standjahr einer Anlage registriert (I. NIKUSCH).

Nach Beobachtungen aus der Landesanstalt für Pflanzenschutz im Regierungsbezirk Stuttgart dürfte der Apfelbaum-Glasflügler in den meisten Apfelerwerbsanlagen in unterschiedlicher Dichte vorkommen. Sein Auftreten wird durch die Verwendung schwachwuchsinduzierender Unterlagen (Typ M 9) gefördert, die bis auf wenige Ausnahmen in allen kleinkronigen Apfelintensivanlagen gepflanzt werden. Diese Unterlagen, auf die in ca. 10–30 cm Höhe über dem Boden die Edelsorte aufveredelt wird, besitzt ein ausgesprochen gut mit Nährstoffen versorgtes Rindengewebe und neigt zu starker oberirdischer Adventivwurzelbildung. In diesem kallusreichen Gewebe halten sich die Raupen von *S. myopaeformis* bevorzugt auf, wobei sich auch die Entwicklungsdauer einer Generation auf 1 Jahr verkürzen kann (P. EPP).

Nahrung der Raupe:
Malus domestica – Garten-Apfelbaum
  5 E, L, P (BAR, BLÄ, DIC, DOC, EBE, EPP, GRE, NIK, REI, STA, STR, TRA, WEF, WLL)
Sorbus aria – Mehlbeerbaum
  L (BAR)
Sorbus mougeotii – Berg-Mehlbeere, Vogesen-Mehlbeere
  L (DEN)
Crataegus monogyna var. *rubra* – Rotdorn
  P (BAR)

Der Hinweis auf Berg- oder Vogesen-Mehlbeere, die von dieser Sesienart stark angegriffen wird, kommt aus Rottenburg am Neckar. Die Raupen leben auch in den Zweigen und Ästen und bringen diese zum Absterben (K. DENGLER). Bei Münchingen wurde an einer als Alleebaum ge-

Rindenverletzung mit Kallusgewebe und freigelegter Raupe (etwas links von der Bildmitte). So stellt sich das Bruthabitat des Apfelbaum-Glasflüglers dar. Vorjährige Schlupflöcher in der Rinde (rechte Bildhälfte) zeigen den Befall. – Stromberg 28.4.90 G. EBERT. M.

pflanzten Mehlbeere (*Sorbus aria*) eine Raupe gefunden. Desweiteren liegt der Fund von zwei Exuvien aus einer Krebsgalle am Stamm eines Rotdorns vor (D. BARTSCH). Der Garten-Apfelbaum scheint jedoch überall die Hauptnahrungspflanze zu sein, wie die zahlreichen Raupenfundmeldungen bestätigen.

In der Literatur wird als weitere Nahrungspflanze *Pyrus* angegeben (BERGMANN 1953), was durch eine neue Meldung aus der Schweiz (»Williams-Christ«-Birne) bestätigt wird (I. NIKUSCH). FIBIGER & KRISTENSEN (1974) geben außerdem *Hippophae* an.

Die Raupe lebt im Bereich mechanischer Verletzungen an Bäumen (Rindenschäden, gekappte Äste) oder in den vom phytopathogenen Pilz *Nectria galligena* verursachten Krebsen, dort dann gern im Überwallungsbereich. In Apfelerwerbsanlagen sind es neben dem kallusreichen Gewebe oberirdischer Adventivwurzeln auch überwallte Krebswunden und Anheftstellen der Zweige am Draht, d.h. überall dort, wo reichlich kambiales Gewebe zur Verfügung steht. Moderne Obstanlagen bieten solche Bedingungen in viel höherem Maße als alte, nur noch schwach wachsende Hochstämme (I. NIKUSCH). Es werden unregelmäßige Gänge im Kallusgewebe gefressen. Diese sind oft schwarzbraun verfärbt und stark nässend (frische Fraßspuren). Rotbraunes Bohrmehl tritt nur unauffällig hervor. Die Raupe frißt zwischen Rinde und Holz in der saftführenden Schicht 6–8 cm lange Gänge aus (A. GREMMINGER) und legt am Gangende eine Puppenwiege

In modernen Apfelintensivanlagen, wo an den Bäumen durch ständige mechanische Verletzungen in hohem Maße kallusreiches Gewebe für die Larvenentwicklung vorhanden ist, findet der Apfelbaum-Glasflügler weitaus bessere Bedingungen vor als an den alten Hochstammsorten an Straßen und in Streuobstwiesen. – Großaspach 15.2.92 F. WEBER.

an. Nach A. GREMMINGER soll die Puppenruhe zwei Wochen dauern. Der Kokon ist braun, recht fest und aus feinen Fraßspänen gefertigt. Der Schlüpfgang mündet meist wenig auffällig in Rindenrissen und ist mit einem dünnen Rindendeckel abgeschlossen. Die Raupe ist durchscheinend rosa-grau gefärbt und recht agil. Erst vor der Verpuppung nimmt sie eine weißlichgelbe Färbung an.

Nahrung des Falters: Es liegen Angaben über Blütenbesuch an Liguster, Himbeere (A. GREMMINGER) und Distelarten (E. BETTAG) vor. In der nördlichen Oberrheinebene bei Huttenheim konnten der Falter an »diversen Blüten« registriert werden (J. THIELE). REUTTI (1853) fand ihn im Botanischen Garten von Freiburg »nicht selten, besonders auf den Blüten des *Philadelphus coronarius* im Juni«. A. KELLER (in KELLER & HOFFMANN 1861) fand ihn einmal »häufig auf Blüten des Hartringels [Hartriegels] an Hekken«. In der Südslowakei und Ungarn wurde die Art sehr oft auf Zwergholunder (*Sambucus ebulus*) (K. SPATENKA) und in Südtirol einmal an Waldknautie (*Knautia dipsacifolia*) (D. BARTSCH) saugend angetroffen.

Verhalten: Paarungen konnten mehrfach um die Mittagszeit und am frühen Nachmittag beobachtet werden. Die Weibchen saßen mit etwas nach oben gebogenem Abdomen meist im oberen Drittel der 2,5–3 m hohen Baumreihen. Schon nach kurzer Zeit wurden sie von einer größeren Zahl von Männchen (bis zu 10) sehr lebhaft umschwärmt. Die Kopula erfolgte sehr rasch, worauf die übrigen Männchen schlagartig verschwanden (I. NIKUSCH).

Zur Eiablage liegen aus Dossenheim folgende Beobachtungen vor: »Bei der Eiablage war das Abdomen ebenso wie beim Locken nach oben gebogen. Der Ovipositor war ausgestreckt und führte völlig unruhig kreisende Bewegungen aus. Das Weibchen flog hierzu an die Stammbasis oder in den Bereich der Astverzweigung der Bäume. Dabei bevorzugte es Bäume in der näheren Umgebung des Kopulationsortes. In Einzelfällen suchte das Weibchen am Schlupfbaum nach Eiablageplätzen. Es konnte beobachtet werden, daß einzelne Weibchen während des Suchfluges Nahrung in Form von Tautropfen auf Blättern bzw. Honigtau von Blattläusen aufnahmen. Die Sinneshaare am Ovipositor nehmen Informationen über die Substratoberfläche auf. An Blättern wurde nie eine Eiablage beobachtet. Sie erfolgte einzeln an Rindenschuppen, in Rindenrissen und an Kallusgewebe. Das Weibchen wandert nach Ablage des Eies jeweils einige Zentimeter, um weitere Eier abzulegen oder suchte fliegend nach neuen Ablageplätzen. Der Hauptanteil der Eier wurde bereits am Tage der Kopulation abgelegt, die Eiablage erfolgte aber über die gesamte Lebensdauer« (STÜBER & DICKLER 1988).

Sexuallockstoffe wurden von den Männchen von 10 Uhr bis ca. 18 Uhr angeflogen. In Apfelerwerbsanlagen erfolgt die Bekämpfung, vorläufig noch versuchsweise, aber schon recht erfolgreich, mit Hilfe der Verwirrtechnik. Dabei werden Dispenser mit dem Sexuallockstoff flächendeckend ausgebracht. Sie verhindern die Lokalisierung jungfräulicher Weibchen durch die Männchen. Eine Erfolgskontrolle wird durch Einfangen der Weibchen mit einem Gemisch aus Zuckerrübensirup und Apfelsaft erreicht, das, in Gärung übergehend, eine große Lockwirkung auf den Apfelbaum-Glasflügler ausübt. Befruchtete Weibchen enthalten eine Spermatophore. Wird diese beim Gros der Weibchen nicht gefunden, kann man von einem guten Verwirrungseffekt und damit von einem guten Bekämpfungserfolg ausgehen (I. NIKUSCH).

Gefährdung und Schutz

Rote Liste Bundesrepublik: –
Rote Liste Baden-Württemberg: –

Oberrheinebene: Nicht gefährdet.
Schwarzwald: Nicht gefährdet.
Neckar-Tauberland: Nicht gefährdet.
Schwäbische Alb: Nicht gefährdet.
Oberschwaben: Nicht gefährdet.

• In Baden-Württemberg nicht gefährdet!

Synanthedon vespiformis[1]
(Linnaeus, 1761)
Wespen-Glasflügler

Sphinx asiliformis ROTTEMBURG, 1775
Sphinx oestriformis ROTTEMBURG, 1775
Sphinx cynipiformis ESPER, 1783

Sesia asiliformis ROTT. (REUTTI 1898)
Sesia vespiformis L. (LAMPERT 1907, REBEL 1910, ECKSTEIN 1913–1923, ESCHERICH 1931, BRAUNS 1964 und 1970)
Trochilium vespiforme L. (SPULER 1908–1910, HERING 1932)
Aegeria vespiformis L. (NOVAK & SEVERA 1980)

Gesamtverbreitung: Von der Iberischen Halbinsel über West- und Mitteleuropa bis nach Rußland. Im Süden durch den Mittelmeerraum (einschließlich Korsika, Sardinien und Sizilien) bis Kleinasien und zum Libanon, im Norden bis Südschweden. Die Ostgrenze ist wenig bekannt (Umgebung Moskau, Südural). In Deutschland ist die Art in allen Bundesländern vertreten.

Verbreitung

Regional: Die Verbreitung des Wespen-Glasflüglers in Baden-Württemberg ist noch ungenügend erfaßt. Dennoch deuten die inzwischen bekannten Fundpunkte auf Vorkommen in allen 5 Hauptnaturräumen hin, vielleicht mit Ausnahme des Schwarzwaldes, der nur am Rande bzw. in den tieferen Lagen besiedelt zu sein scheint, was möglicherweise auch für die Schwäbische Alb zutrifft.

[1] Bearbeitet von ERNST BLUM

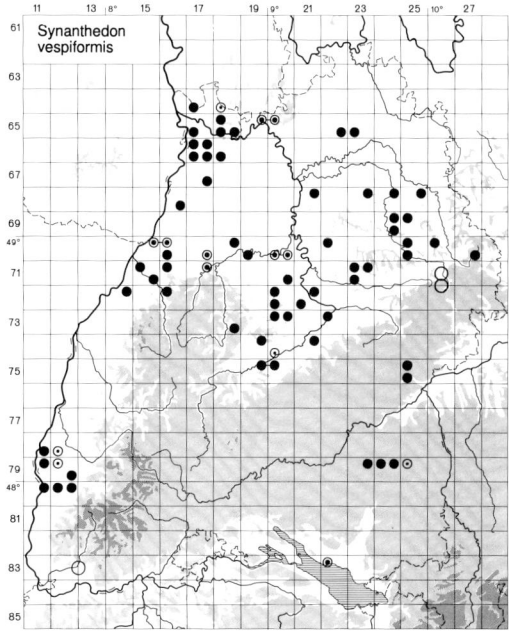

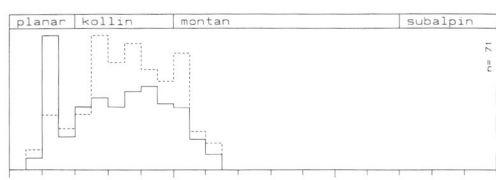

Fundhäufungen sind im Norden des Oberrheinischen Tieflandes und seiner Randgebiete sowie im Süden dieses Naturraumes (Kaiserstuhl, Freiburger Bucht) zu finden, ferner im Neckarbecken, Schönbuch und in den Schwäbisch-Fränkischen Waldbergen, wobei jedoch nicht vergessen werden darf, daß in einigen dieser Gebiete – im Vergleich zu anderen – schon recht intensiv nach Glasflüglern gesucht worden ist. Die Art ist jedenfalls an vielen Stellen im Neckar-Tauberland, aber wohl auch im Bodenseebecken und im Hegau noch zu erwarten.

Vertikal: *Synanthedon vespiformis* konnte von der Rheinebene bei Mannheim, um 100 m (R. BLÄSIUS), bis zur unteren Grenze der submontanen Stufe nachgewiesen werden. Die bisher höchstgelegenen Fundorte wurden aus Oberschwaben gemeldet (Federsee, 580 m, A. LINGENHÖLE; Dürnachtal, 570–630 m, G. REICH). Aus angrenzenden Gebieten (Österreich) sind Funde bis 1000 m bekannt (AISTLEITNER 1988). Das Vorkommen der Art oberhalb 600 m ist auch in unserem Faunengebiet denkbar. Der Schwerpunkt der vertikalen Verbreitung liegt jedoch eindeutig in der kollinen Stufe.

Phänologie

Imagines: Wie die meisten anderen Sesien-Arten entzieht sich auch der Wespen-Glasflügler leicht der Beobachtung. Die Flugzeit beginnt in Baden-Württemberg, nach den wenigen vorhandenen Daten zu urteilen, Ende Mai. In der Sammlung A. GREMMINGER (coll. LNK) befinden sich Tiere aus Dossenheim vom 5.6.1918 und Karlsruhe vom 30.5.1936, die anscheinend im Freien gesammelt wurden. G. REICH gelang der Fang eines Falters (♂) am 31. Mai (1945, Dürnachtal), R. BLÄSIUS fing am 30. Mai (1978, bei Heidelberg-Ziegelhausen) in einem kühlen Bachtal um 11 Uhr morgens ein Weibchen, R. HÄUSSER am 25. Mai (Birkenfeld) ebenfalls ein Weibchen.

Ab Mitte August klingt die Flugzeit aus. Am 11. August (1978, Friedrichstal im Hardtwald) fand J. THIELE ein Exemplar, am 12. August (1931, Ettlingen) W. STRITT ein Männchen dieser Art. Die letzte Meldung (ebenfalls ein Männchen) datiert sogar noch vom 26. August (1991, Völkersbach, D. DOCZKAL). Diese Funde bestätigen die in der Literatur (SPULER 1910, REBEL 1910 und KOCH 1984) gemachten Angaben über die lange Flugzeit von *Synanthedon vespiformis*.

Die schönen Falter des Wespen-Glasflüglers (*Synanthedon vespiformis*) besuchen Blüten wie die von Schafgarbe, Liguster oder Disteln, man findet sie aber auch auf Blättern oder Baumstümpfen. – Biberach (e.l. leg. A. LINGENHÖLE) 6.5.89 G. EBERT. S.

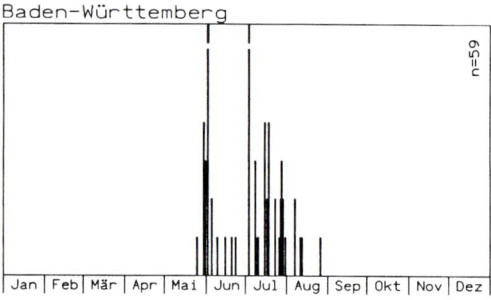

Präimaginalstadien: Die Eiablage konnte im Untersuchungsgebiet bisher noch nicht beobachtet werden.

Die Dauer des Larvenstadiums soll zwei Jahre betragen (KOCH 1984). In England fand man bei der Raupensuche im Frühling Larven in verschiedenen Größen und erklärte sich daraus die lange Flugzeit (Mai bis September), da noch nicht voll entwickelte Raupen zeitverzögert zur Verpuppung kamen und so die Falter zu einem späteren Zeitpunkt schlüpften (HEATH & EMMET 1985).

Ob dies auch in Baden-Württemberg so ist, kann gegenwärtig noch nicht beurteilt werden. Einge-

tragene Raupen verschiedener Größe, aber mit voll entwickeltem Fettkörper, ergaben relativ zeitgleich schlüpfende, aber unterschiedlich große Falter. Im Frühling läßt sich gut erkennen, welche Tiere ein- oder zweijährig sind. Selbst kleingebliebene zweijährige Raupen besitzen einen ausgeprägten, weißen Fettkörper. Bei den einjährigen ist der Leibesinhalt oft glasig-transparent, mit deutlich erkennbarem Darm.

Ökologie

Lebensraum: *Synanthedon vespiformis* scheint ein typischer Baumkrebsbewohner zu sein. Solche Baumkrebse bestehen Jahre oder gar Jahrzehnte und werden vom Wespen-Glasflügler oft dauerhaft besiedelt. D. BARTSCH fand mehrfach Raupen in Krebsanschwellungen an Eichen, die mitten im dichten Hochwald standen. Auch Krebse im Kronenbereich sind von der Art besetzt.

Einen anthropogenen Lebensraum stellen Eichenstubben dar. Sie werden besonders im ersten Sommer nach dem Fällen des Baumes von den

Weibchen belegt und sind zwei bis drei Jahre von Raupen dieser Art besiedelt. Danach sind sie in der Regel soweit ausgetrocknet oder zersetzt, daß eine weitere Nutzung durch den Glasflügler nicht mehr möglich ist. Trocken und sonnig stehende Stümpfe werden offensichtlich bevorzugt. Genutzt werden aber auch solche, die halbschattig oder im dichten Bestand stehen. D. BARTSCH konnte beispielsweise am 16.1.1993 im Glemswald bei Sindelfingen in vier Eichenstubben auf einer feuchten Kahlschlagfläche eines Fichtenmischbestandes über 100 Raupen von *S. vespiformis* zählen. In den ebenfalls vorhandenen Buchenstümpfen befanden sich dagegen nur zwei.

Die Raupe lebt in Baumkrebsen oder unter der Rinde verschiedener Laubbäume, insbesondere Eichen und Rotbuche. Im Frühjahr findet man sie in sehr unterschiedlichen Größen. Sehr kleine Raupen kommen erst im folgenden Jahr zur Entwicklung. – Biberach (e.l.-Zucht A. LINGENHÖLE) 2.5.92 G. EBERT. S.

Nahrung der Raupe:
Populus nigra – Schwarz-Pappel
 L, P (BLÄ)
Fagus sylvatica – Rotbuche
 L (BAR, BLÄ, HER)
Quercus robur – Stiel-Eiche
 3 L (BAR, BLÄ, LIN, MEI)
Quercus petraea – Trauben-Eiche
 L (BAR)
Quercus rubra – Rot-Eiche
 L (BAR)
Quercus spec. – Eiche
 L (BAR, WEF)

Von Gebieten außerhalb Baden-Württembergs werden noch folgende Raupennahrungspflanzen genannt:
Juglans regia – Walnuß (ZUKOWSKY 1915, BAKER 1985)
Castanea sativa – Edelkastanie (SPULER 1910, ECKSTEIN 1923, RAGUSA 1922)
Abies alba – Weißtanne (K. SPATENKA)
Juniperus communis – Gewöhnlicher Wacholder (KRALICEK 1987)
Populus alba – Silber-Pappel (D. BARTSCH)
Salix alba – Silber-Weide (E. BETTAG, K. SPATENKA)
Salix spp. – Weiden-Arten (LASTUVKA 1990)
Betula spp. – Birken-Arten (HEATH & EMMET 1985)
Ulmus glabra – Berg-Ulme (HEATH & EMMET 1985)
Prunus padus – Trauben-Kirsche (SCHINTLMEISTER & RÄMISCH 1986)
Malus spp. – Apfel (LASTUVKA 1990)

Die Hauptnahrungspflanzen im Untersuchungsgebiet sind Eichenarten. Die Raupen wurden in großer Anzahl aus Eichenstrünken eingetragenen. Bei der Suche nach den Raupen von *S. conopiformis* an Eichen wurden regelmäßig auch die Raupen von *S. vespiformis* gefunden, so von R. BLÄSIUS in Wurzelhöhlen von Eichen. Am 7.2.1992 entdeckte D. BARTSCH bei Dossenheim an einem Eichenast eine Krebsgalle. In deren Innern befand sich im Holz eine Raupe von *S. conopiformis*, während am Rande unter der Borke die Raupe von *S. vespiformis* fraß. R. HERRMANN züchtete die Art aus einem Rotbuchenkrebs, in dem sie zusammen mit *S. spuleri*-Raupen lebte.

Im April 1990 registrierten D. BARTSCH und D. Doczkal bei Stuttgart-Feuerbach einjährige Jungraupen mit deutlich durchscheinendem Darm, an der Basis von Eichen-Stockausschlägen fressend. Die Raupen drangen dabei sogar ein Stück in den Zweig vor und brachten diesen zum Absterben. A. LINGENHÖLE stellte das typische, dunkle Bohrmehl in den Rindenritzen von sonnig an einem Waldrand stehenden Eichen fest. Diese Bäume wiesen keine erkennbare Vorschädigung auf. Bemerkenswert sind auch Raupenfunde (mit anschließender Zucht bis zum Falter) an Schwarzpappeln der Rheinauen (R. BLÄSIUS).

Nahrung des Falters: J. THIELE fand ein Tier auf einer Schafgarben-Blüte (11.8.1978, Hardtwald bei Friedrichstal).

BERGMANN (1954) erwähnt Falter auf Liguster. Nach KÖHLER (1992) saugen sie auch an Blüten von Disteln und Rainfarn, nach K. SPATENKA in der Südslowakei oft auf Zwergholunder *(Sambucus ebulus)*.

In dieser ausgeprägten Wucherung am Stamm einer Stieleiche konnten Raupen des Wespen-Glasflüglers gefunden werden. Der Falter legt seine Eier aber auch an Verletzungen in der Rinde oder in Wurzelhöhlen ab. – Hardtebenen bei Kirrlach 3.94 R. BLÄSIUS.

Verhalten: Die Raupe von *S. vespiformis* frißt im Bast und geht nur ausnahmsweise ins Holz. Dabei folgt der Fraßgang oft der Grenze zwischen toten und noch lebenden, saftführenden Bereichen. Die älteren Raupen machen einen unregelmäßigen Platzfraß, der zum Teil mit Bohrmehl und Kot ausgefüllt ist. Die Überwinterung erfolgt in einem lockeren, mit Kot und Genagsel durchsetzten Gespinst. Im Winter zersetzt sich das Bohrmehl und der abgestorbene Bast in Baumstubben unter Einfluß von Pilzen und Feuchtigkeit zu einem schwarzbraunen, nassen Substrat. In diesem sind dann oft die Überwinterungsgespinste mit den Raupen zu finden (D. BARTSCH, E. BETTAG). Erst nach der Überwinterung fertigt die erwachsene Raupe aus zernagten Rindenteilchen einen stabilen Kokon an. Dieser wird in einem in die Rinde genagten Hohlraum angelegt, über dem ein dünner Rindendeckel stehen bleibt. In Baumstümpfen ist er oft nur am Holz oder an der Innenseite der Borke angesponnen, besonders wenn sie sich durch den Austrocknungsprozeß vom Holzkörper spaltartig abhebt.

Im Bauland bei Ravenstein entdeckte D. BARTSCH am 30.4.1990 hinter bereits trockener und sich ablösender Rinde in Eichenstubben inmitten von Ameisennestern über 30 Kokons dieser Glasflügler-Art! Vermutlich waren die Ameisen erst nach dem Einspinnen der Raupen eingezogen. Ob sich hier die Entwicklung bis zum Falter vollziehen konnte, muß offen bleiben.

Die Zusammensetzung und Wirksamkeit des artspezifischen Pheromons wurden von VOERMAN, AUDEMARD und PRIESNER (1983) untersucht. An diesem Pheromon wurden bei Muggensturm am 2.6.1989, zwischen 18 Uhr und 18.10 Uhr, 9 Männchen gefangen (D. DOCZKAL).

In Niedersachsen wurden während der Nachmittagszeit Falter um Eichenstubben schwärmend beobachtet (KÖHLER 1992). In der Pfalz gelang 1973 die Beobachtung einer Eiablage. Mehrere Weibchen legten ihre Eier gruppenweise in tiefe Rindenritzen, meist auf der Südseite von Eichenstümpfen (E. BLUM).

Gefährdung und Schutz

Rote Liste Bundesrepublik: –
Rote Liste Baden-Württemberg: –

Oberrheinebene: Nicht gefährdet.
Schwarzwald: Nicht gefährdet.
Neckar-Tauberland: Nicht gefährdet.
Schwäbische Alb: Noch ungeklärt.
Oberschwaben: Noch ungeklärt.

• In Baden-Württemberg nicht gefährdet!

Die Arten der Synanthedon tipuliformis-Gruppe[1]

Fünf auch in Baden-Württemberg vorkommende *Synanthedon*-Arten der *tipuliformis*-Gruppe (FIBIGER & KRISTENSEN 1974) werden von KRALICEK & POVOLNY (1977) in einem Subgenus *Tipulia* zusammengefaßt:

S. conopiformis (ESPER, 1782)
S. tipuliformis (CLERCK, 1759)
S. spuleri (FUCHS, 1908)
S. cephiformis (OCHSENHEIMER, 1808)
S. loranthi (KRALICEK, 1966).

Aufgrund ihrer großen Ähnlichkeit kommt es immer wieder zu Schwierigkeiten bei der Identifizie-

---
[1] Einleitung von ROLF BLÄSIUS

rung der Arten. Besonders betroffen sind die Artenpaare *tipuliformis/spuleri* und *cephiformis/ loranthi*, die sich habituell, aber auch in ihrer Genitalmorphologie – sonst ein gutes Kriterium zur Arttrennung – kaum unterscheiden.

Das weitverbreitete Handbuch »Wir bestimmen Schmetterlinge« (KOCH 1984) führt die schon 1908 beschriebene *Synanthedon spuleri* nicht auf, gibt aber bei *Synanthedon tipuliformis* auch die *spuleri*-Raupennahrungspflanzen Wacholder und Hasel an; ebenso fehlt, wie natürlich auch bei FORSTER (1960), die erst 1966 beschriebene *Synanthedon loranthi*.

Dementsprechend sind in einigen neueren faunistischen und angewandt-entomologischen Arbeiten – nicht nur des deutschen Sprachbereiches – immer wieder Verwechslungen dieser beiden Arten mit anderen Spezies dieser Gruppe zu finden. Es hat den Anschein, als werde bei Determinationsproblemen, sozusagen als Notmaßnahme, auf die beiden bekannteren Arten *Synanthedon tipuliformis* und *Synanthedon cephiformis* zurückgegriffen.

So ist bei vielen Angaben zu diesem Artenkomplex Vorsicht geboten, es sei denn, es existieren Hinweise auf die Raupennahrungspflanze, die unter Umständen im Nachhinein eine korrekte Determination erlauben.

Die drei folgenden Beispiele mögen diese Problematik verdeutlichen:

HEUSER & JÖST (1959) melden aus der Pfalz »*cephiformis*, ...Raupen ... unter Ahornrinde ...«. Von den Arten der *tipuliformis*-Gruppe lebt jedoch nur *S. spuleri* an Ahorn.

HEDDERGOTT (1931) berichtet: »*Sesia conopiformis* ... Raupe ... auch in Mistel«. Diese Aussage kann sich nur auf *S. loranthi* beziehen.

A. GREMMINGER meldet ein Männchen von *S. cephiformis* aus Karlsruhe (25. 5. 1953). Als montane Art kommt sie dort nicht vor, wohl aber 3 der anderen einheimischen Arten der *tipuliformis*-Gruppe.

Die vierte – *S. loranthi* – wurde dort zwar noch nicht nachgewiesen, ist aber in den Wäldern um Karlsruhe durchaus zu erwarten. Eine solche Angabe kann auch im Nachhinein nicht mehr interpretiert werden.

Wer sichergehen will, in seinem Untersuchungsgebiet die Arten der *tipuliformis*-Gruppe richtig anzusprechen, muß Raupen suchen und aus ihnen die Falter züchten. Bei – oft abgeflogenen – Freilandexemplaren bleibt in manchen Fällen selbst die Determination durch den Spezialisten unsicher.

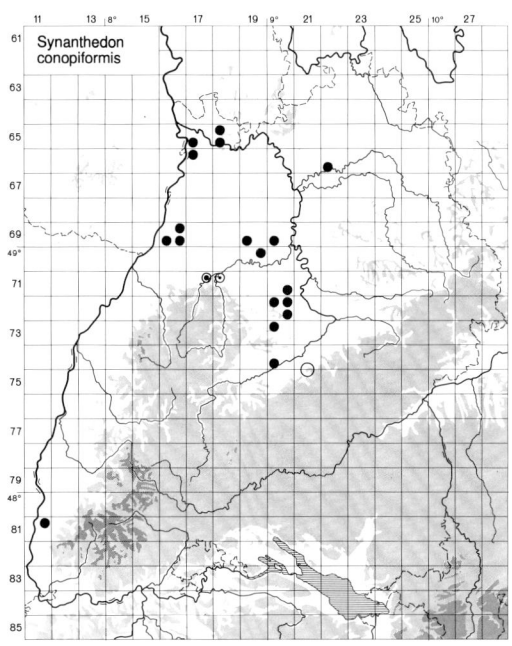

Synanthedon conopiformis[1]
(Esper, 1782)

Alteichen-Glasflügler

Sesia nomadaeformis LASPEYRES, 1801
Sesia conopiformis Esp. (REUTTI 1898, LAMPERT 1907, REBEL 1910, ECKSTEIN 1913–1923)
Trochilium conopiforme (SPULER 1908–1910, HERING 1932)
Conopia conopiformis Esper (EBERT 1978)
Aegeria conopiformis Esp. (NOVAK & SEVERA 1980)

Gesamtverbreitung: Von der Iberischen Halbinsel über Süd- und Mitteleuropa bis nach Weißrußland, der Ukraine, der Krim und Georgien. Die Art fehlt in den Niederlanden, Skandinavien sowie in Teilen Deutschlands und Polens. Von den Mittelmeerinseln liegen bisher nur Nachweise von Korsika und Sizilien vor. Auch in Kleinasien scheint die Art zu fehlen.

Verbreitung

Regional: Der Alteichen-Glasflügler hat den Schwerpunkt seiner Verbreitung innerhalb unseres Faunengebietes in der nördlichen Oberrheinebene, an deren Rändern und im Neckar-Tauberland im Stromberg und um Stuttgart. Karlsruhe ist klassisches *Synanthedon conopiformis*-Terrain! Schon GAUCKLER (1896) bemerkt:

---
[1] Bearbeitet von ROLF BLÄSIUS

»*Conopiformis*, Eichen-Sesie. Im Park [Karlsruhe, Wildpark] an Eichen« und führt später Funde von C. BISCHOFF und C. KÖNIG von der gleichen Lokalität an (GAUCKLER 1921). Auch heute noch wird die Art in Karlsruhe an mehreren Stellen gefunden.

Um Heidelberg wurde die Art erst 1992 entdeckt. Sie besiedelt dort die Hardtwälder und die zur Oberrheinebene und zum Neckar abfallenden Hänge von Bergstraße und Vorderem Odenwald. Einen sehr isolierten Standort hat der Alteichen-Glasflügler bei Hartheim in den Trockenauen der Markgräfler Rheinebene. Aus der Umgebung von Pforzheim, von wo H. ROMETSCH die Art als »ziemlich selten im Juni bis August« auflistet (Aufzeichnungen zur Groß-Schmetterlingsfauna Pforzheim, unveröffentlicht), existiert nur ein Belegstück in coll. W. STAIB (Birkenfeld, 15.6.1966, R. HÄUSSER leg.).

SCHNEIDER (1937) führt *S. conopiformis* nicht für Württemberg an, obwohl SEYFFER (1850) sie bereits unter dem alten Namen »*Nomadaeformis*« unter »Stuttgart selten« erwähnt, worauf sich wiederum A. KELLER (in KELLER & HOFFMANN 1861) bezieht, mit dem zusätzlichen Hinweis »bei Reutlingen einmal an einer Eiche im Juli; auch fand ich schon unter Eichenrinde die Larve«. Ob es sich dabei tatsächlich um *S. conopiformis* gehandelt hat, ist heute nicht mehr nachprüfbar. Neuerdings entdeckte D. BARTSCH die Art in Württemberg wieder an mehreren Stellen im Schönbuch und Glemswald sowie im Stromberg und bei Möckmühl.

Der Alteichen-Glasflügler (*Synanthedon conopiformis*) ist durch seine kupferroten Flügelspitzen gut von allen anderen einheimischen Glasflügler-Arten zu unterscheiden. – Karlsruhe 1.6.82, G. EBERT. S.

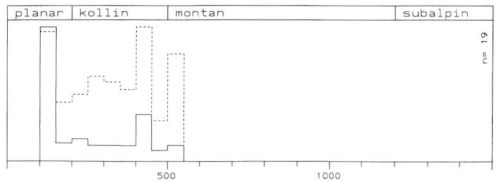

Vertikal: Die Art besiedelt in Baden-Württemberg die planare und die untere kolline Stufe. Die beiden Extreme ihrer Höhenverbreitung erreicht sie mit 100 m bei Schwetzingen und 520 m bei Altdorf (Schönbuch).

Phänologie

Imagines: *Synanthedon conopiformis* wurde in Baden-Württemberg in den letzten Jahrzehnten nur zwischen dem 15. Mai und 15. Juni beobachtet. Die frühesten Beobachtungen vom 15.5. (1990, Karlsruhe) und vom 16.5. (1992, Hartheim) wurden in der klimatisch begünstigten Oberrheinebene gemacht. An der Bergstraße flog der Alteichen-Glasflügler 1993 Anfang Juni. Der späteste Fund datiert vom 15.6. (1966, Birkenfeld bei Pforzheim). Aus der Reihe fällt der Fund von C. BISCHOFF am 17. Juli (1899, Karlsruhe, Wildpark) (GAUCKLER 1921).

Daß an warmen Lokalitäten der Flugbeginn schon um den Monatswechsel April/Mai liegen kann, zeigt eine Beobachtung von D. BARTSCH: Aus einer am 1.5.1993 an der Untermosel entdeckten Puppe schlüpfte der Falter noch am gleichen Tag. Damit ist *S. conopiformis* einer der am frühesten im Jahr erscheinenden Glasflügler. ZUKOWSKY (1910) und FRIESE & NICULESCU (1964) geben für Gebiete außerhalb Baden-Württembergs eine Flugzeit bis in den September hinein an.

Präimaginalstadien: Die ersten sicheren Raupenbeobachtungen aus unserem Faunengebiet stammen aus dem Jahre 1992: R. BLÄSIUS meldet vom 24.2.–8.3. 30 Raupen, die an der Bergstraße zwischen Heidelberg und Schriesheim gefunden wurden. Eine Raupe hatte sich schon am 24.2. im Kokon eingesponnen. D. BARTSCH fand je eine erwachsene Raupe am 31.3.1992 bei Möckmühl und am 10.2.1994 bei Freudental. Die Raupen von *Synanthedon conopiformis* haben eine zweijährige Entwicklungszeit. Erwachsene Raupen, die am 22.1.1994 bei Oftersheim gefunden wurden, waren 1,6 cm lang, Jungraupen im ersten Lebensjahr maßen 0,8 cm.

Alte Kokons und Exuvien (und natürlich Raupen) des Alteichen-Glasflüglers kann man an allen Tagen des Jahres finden. In Wurzelhöhlen befallener Eichen bemerkt man oft Exuvien, die hier vor Nässe geschützt sind und deshalb nur langsam zersetzt werden. R. BLÄSIUS entdeckte am 24.2.1992 bei Heidelberg 5 Exuvien und am 27.2.1992 bei Schriesheim über zwei Dutzend. Am Teufelsberg im Stromberg fand D. BARTSCH am 10.2.1994 mehrere Altkokons in einer Eichen-Wurzelhöhle. Die Kokons sind in den Raupenfraßgängen angesponnen, oft auch in denen der vorangegangenen Generationen. Sie bestehen aus feinem Genagsel und sind länglich-eiförmig. Je nach Witterungsverlauf des Jahres erfolgt die Verpuppung im April oder Mai.

Ökologie

Lebensraum: Die spärlichen Literaturdaten weisen diesen Glasflügler als eine Charakterart der Alteichenbestände der Auen, des Flach-, Hügel- und Berglandes aus. In Thüringen wird er von Kalkböden gemeldet, in der Steiermark von Basaltstandorten; im Saartal siedelt er in einem Quarzitsteinbruch (BERGMANN 1953, HAMBORG 1993, NIPPEL 1992).

In der Oberrheinebene wird die Art in den Alteichenbeständen der Hardtwälder und Auen oder an solitären Alteichen in Parkanlagen gefunden. Auf die gut untersuchten Verhältnisse am Rand dieses Naturraumes wird im Folgenden näher eingegangen: An den Steilhängen der Bergstraße und des unteren Neckartales (Stadtgebiet Heidelberg) stehen Quarzporphyr, Granit und Buntsandstein an. Besonders auf dem schwer verwitternden vulkanischen Porphyr liegt nur eine extrem flache Bodenschicht. Oft scheinen die Eichen aus dem nackten Fels herauszuwachsen. Die Steigungsregen des Odenwaldrandes laufen an diesen Stellen schnell ab. Zudem haben die Böden nur eine geringe Wasseraufnahmefähigkeit. Aufgrund ihres lückigen Bewuchses heizen sie sich schnell auf. In den hier stockenden Traubeneichenwäldern erreicht der Alteichen-Glasflügler sehr individuenstarke Populationen.

Einer dieser Waldstandorte auf Porphyr wird von PLESSING (1989) näher beschrieben. Danach handelt es sich bei den Sonderstandorten auf anstehendem Quarzporphyr um »alte« Wälder, da wegen der schlechten Bodenqualität keine Möglichkeit zu gartenbaulicher Nutzung bestand. Meist dominiert hier die Edelkastanie (*Ca-*

stanea sativa). Traubeneichen (*Quercus petraea*) und Rotbuchen (*Fagus sylvatica*) sind zwar immer wieder anzutreffen, erlangen aber nur stellenweise Bedeutung. Eine Ausnahme bildet ein Traubeneichenwald am nördlichen Ortsrand von Heidelberg. Der lichte, von verwachsenen Eichen geprägte Wald, der vermutlich wegen der Unzugänglichkeit des Geländes schon seit Jahrhunderten auf dem anstehenden Quarzporphyrfels stockt, birgt eine Reihe floristisch sehr interessanter Pflanzen. Die Traubeneiche wurde vornehmlich für die Gerberei genutzt. Zur Gewinnung der gerbstoffhaltigen Rinde wurden in Umtriebszeiten von ca. 15 Jahren die Loden (Stockausschläge) abgeschlagen. Während andere Gehölze der so entstandenen Niederwälder als Holzlieferanten dienten, ließ man einzelne Eichen als samenliefernde Überhälter stehen. Diese Nutzungsformen dokumentieren sich heute im verkrüppelten Wuchs vieler Traubeneichen und in einigen besonders alten Baumexemplaren.

Im Bereich des Buntsandsteines des Vorderen Odenwaldes findet die Art nur am Heidelberger Philosophenweg zusagende Lebensbedingungen. Dieser südexponierte Neckarhang ist wegen seines extrem milden Klimas berühmt, immerhin wächst in unmittelbarer Nähe der *Synanthedon conopiformis*-Habitate die einzige im Freien kultivierte Korkeiche nördlich der Alpen. Hanglagen sind in Frostnächten vor der Bildung bodennaher Kaltluftseen geschützt, weil die kalte Luft ständig in die Ebene abfließt. Aus diesem Grund können die Raupen hier auch die kühleren bodennahen Partien der Eichen besiedeln. KÖHLER (1992) bezeichnet *Synanthedon conopiformis* als xerothermophile Art. Dies mag für Norddeutschland uneingeschränkt gelten. In Baden-Württemberg bevorzugt der Schmetterling zwar trockenwarme Lebensräume, aber es sind auch (Rau-

Zwei Raupenjahrgänge von *S. conopiformis* leben hier nebeneinander in geräumigen Fraßgängen im Eichenholz. Die Raupe verursacht einen hellgelben Auswurf. Oftersheim (leg. R. BLÄSIUS) 22.1.94 LOSSEN-Foto Heidelberg. S.

pen-)Funde aus kühl-feuchten, schattigen Lokalitäten bekannt geworden (D. BARTSCH).

Nahrung der Raupe:
Quercus robur – Stiel-Eiche
   3 E, L, P (BAR, BLÄ, EBE, GÖB)
Quercus petraea – Trauben-Eiche
   3 L, P (BAR, BLÄ)

In der Literatur wird die Raupennahrungspflanze des Alteichen-Glasflüglers meist mit »Eiche« angegeben. Das mag seinen Grund in botanischen Determinationsproblemen vieler Entomologen haben. Aber schon ZUKOWSKY (1910) präzisiert: »... an *Quercus robur (= robur)* und *sessiliflora (= petraea)*.« In den Bergstraßenwäldern lebt die Raupe in Traubeneiche, in der Oberrheinebene (zumindest in Oftersheim und Karlsruhe) ist die Stieleiche die Raupennahrungspflanze. Die Flaumeichenwälder im Kaiserstuhl wurden von R. HERRMANN und R. BLÄSIUS vergeblich nach Spuren des Alteichen-Glasflüglers untersucht.

In Österreich (Wien) entdeckte Anfang April 1994 D. BARTSCH Raupen in Zerreiche (*Quercus cerris*). In Südeuropa kommen weitere Eichenarten in Frage. H. FISCHER fand am 10.6.1987 ein Weibchen auf einem Blatt einer Steineiche (*Quercus ilex*) in einem von dieser Pflanze und von Korkeiche (*Quercus suber*) durchsetzten Wald nahe Fréjus (Südfrankreich). D. HAMBORG fand Anfang April 1993 bei Apt (Südfrankreich) eine Raupe in Flaumeiche (*Quercus pubescens*). Die Angabe von HEDDERGOTT (1931) »... auch in Misteln ...« bezieht sich wohl auf den damals noch unbekannten Mistel-Glasflügler (*Synanthedon loranthi*).

Aus Baden-Württemberg liegen zwei Eiablagebeobachtungen von *Synanthedon conopiformis* vor, beide an Stieleiche. G. EBERT beobachtete am 2.6.1982 ein Weibchen, das an einem einzeln stehenden, sehr alten Baum an einer Verletzungsstelle in etwa 1,5 m Höhe Eier ablegte, wobei es das Hinterleibsende in feine Rindenspalten zwängte. M. GÖBEL beobachtete am 15.5.1990 am gleichen Baum die Eiablage, die in ein Schlupfloch des Großen Eichenbocks (*Cerambyx cerdo*) hinein erfolgte.

Die Raupe des Alteichen-Glasflüglers lebt sehr versteckt im Holz. Sie frißt tiefreichende, geräumige Gänge aus, die auch von den nachfolgenden Generationen genutzt werden. Man entdeckt ihre Anwesenheit am Vorhandensein des weißgelben Kotes. Manchmal lebt sie eng mit der Raupe von *Synanthedon vespiformis* zusammen (BETTAG 1991). Deren Raupen sind im Durchschnitt größer und produzieren schwarzbraunen Kot. Literaturangaben zum braunen Kot der *Synanthedon conopiformis*-Raupe (ZUKOWSKY 1910) mögen sich auf eine solche Vergesellschaftung beider Arten beziehen. Die Raupe von *Synanthedon vespiformis* lebt allerdings nie im Holz. Sie frißt immer nur in der Rinde. Wohl deshalb produziert diese Art bräunlichen Kot.

In der Literatur wird immer wieder betont, daß die Raupe des Alteichen-Glasflüglers in alten Eichenstämmen oder sogar in abgestorbenen Eichenstümpfen lebt. Die Stämme sollen sich durch Rindenverletzungen oder tiefe Rindenrisse auszeichnen, wie sie etwa nach Blitzschlag entstehen können. Diese Verletzungsstellen seien oft seitlich von Kallusbildungen überwallt. Aus den Rindenrissen oder unter den Kanten der Überwallungen trete der bräunliche Kot der Raupen aus. Nach PATOCKA (1980) lebt die Raupe mit Vorliebe in krebsartigen, vom Pilz *Innonotus nidus pici* PILAT hervorgerufenen Anschwellungen an Eichen. In Baden-Württemberg findet man an all diesen Stellen nur ausnahmsweise Spuren von *Synanthedon conopiformis*. Den Falter sieht man, wie fast alle Glasflügler, so gut wie nie, die wirklich bevorzugten Raupenhabitate hatte man offensichtlich noch nicht entdeckt. Es ist verständlich, wenn in der Literatur immer wieder die Seltenheit dieser Art betont wird. Erst K. SPATENKA gab 1989 den entscheidenden Hinweis, der zur Entdeckung des Vorkommens der Art an der Bergstraße führte: Die Raupe lebt bevorzugt an Steilhängen mit Eichenniederwald in den bodennahen Höhlungen im Übergangsbereich vom Stamm zur Wurzel. Dort besiedelt sie das »Dach« dieser »Wurzel«-Höhlen.

Exakt diesem Muster entspricht die Lebensweise der Raupen an den Hanglagen von Bergstraße und Vorderem Odenwald. Auch die bis dahin unbekannten Vorkommen von *Synanthedon conopiformis* in Württemberg, in der Nordpfalz und an der Untermosel konnten mit dieser Methode 1993 entdeckt werden. Um Stuttgart lebt die Raupe oft an alten, überwallten Verletzungsstellen, wie sie beim Holzrücken an den Stämmen entstehen. Das andere Befallsmuster (Raupe lebt höher im Eichenstamm) ist in Baden-Württemberg nur selten gefunden worden. Im Stadtgebiet von Karlsruhe sind mehrere alte, freistehende Stieleichen bekannt, die vom Großen Eichenbock (*Cerambyx cerdo*) befallen und geschädigt sind. Diese Eichen bieten auch dem Alteichen-Glasflügler günstige Lebensbedingungen. Am hellen Kot kann man die Anwesenheit seiner Raupen das ganze Jahr über erkennen.

Alte Eichen mit Wurzelhöhlen im Niederwald an steilen Hängen sind die Vorzugshabitate der Raupen des Alteichen-Glasflüglers. Mit dem Ende der Niederwaldwirtschaft werden solche Bäume bald verschwunden sein. – Dossenheim 5.4.92, R. BLÄSIUS.

In den Hardtwäldern der Oberrheinebene ist der Raupennachweis mit erheblichen Schwierigkeiten verbunden, da die Raupe im Eichenhochwald eher die oberen, stärker besonnten Stammbereiche bewohnt. So entdeckte R. BLÄSIUS am 21.1.1994 in einem parkartigen Eichen-Buchen-Mischwald auf Sandboden bei Oftersheim in einer gefällten Stieleiche 10 Raupen. Die ein- und zweijährigen Tiere fanden sich 7 m unterhalb der höchsten Zweigspitzen am Stamm in den kallösen Wucherungen um die Ansatzstelle eines abgestorbenen Seitenastes. Die unteren Teile des Baumstammes waren schon abtransportiert. Durch Vergleich mit Nachbarbäumen konnte die Gesamthöhe des gefällten Baumes auf 15 m geschätzt werden. Ein Exuvienfund von *Synanthedon conopiformis* in einer Wucherung in etwa 1 m Höhe am Stamm einer Alteiche bei Schwetzingen ist wohl die seltene Ausnahme. In einem Fall konnten die Raupen auch in Höhlungen an einem armstarken Eichenast nachgewiesen werden. D. BARTSCH und R. BLÄSIUS fanden bei Dossenheim den arttypischen Raupenkot, der in 2 m Höhe aus krebsartig aufgetriebenen Traubeneichenästen herausrieselte.

Nahrung des Falters: *Synanthedon conopiformis* wurde in Baden-Württemberg noch nicht bei der Nahrungsaufnahme beobachtet.

In der Schweiz und in Österreich wurde der Falter mittags bis nachmittags an Ligusterblüten saugend registriert (VORBRODT 1914, RAPPAZ 1979, HAMBORG 1993). BETTAG (1991) beobachtete in Griechenland den Falter beim Blütenbesuch an Brombeere. In Norddeutschland konnte WEGNER (1982) das Tier am frühen Nachmittag bei der Nahrungsaufnahme an weingetränkten Köderschnüren beobachten.

Verhalten: Über die Aktivität des Falters im Tagesgang liegen aus Baden-Württemberg nur wenige Beobachtungen vor. Sie werden deshalb ebenfalls durch gebietsfremde Beobachtungen ergänzt:

Der Falter ist von morgens 8 Uhr bis in die Abendstunden hinein aktiv. BETTAG (1991) berichtet über die Nahrungsaufnahme am frühen Morgen. Eine Hauptaktivitätsphase liegt in den frühen Nachmittagsstunden. Hier wurden Weibchen bei der Eiablage und verschiedentlich Falter beim Blütenbesuch beobachtet. ZUKOWSKY (1910) schreibt: »Falter in der Sonne an Eichen schwärmend«. Er könnte hier Weibchen bei der nachmittäglichen Eiablage oder Männchen beim Paarungsflug gesehen haben. Die Lockaktivität der Weibchen und der Paarungsflug der Männchen erfolgen in den frühen Abendstunden. In geeigneten Lebensräumen erscheinen die Männchen zwischen 19 und 20 Uhr (MESZ), im Licht der Abendsonne, in größerer Zahl am Pheromon. So flogen am 4.6.1993, bei warmem sonnigem Wetter, zwischen 19.15 und 20 Uhr bei Schriesheim 15 Männchen die Pheromone an (D. BARTSCH, A. KALLIES). Frei an einer Schnur hängende Lockstoffkapseln wurden ignoriert, direkt an den Traubeneichenstämmen befestigte dagegen angeflogen.

Über den Pheromonanflug in den Abendstunden berichten auch D. HAMBORG, E. BETTAG und P. KRISTAL.

Eine Pheromonbeobachtung in Leistadt (Pfalz) durch M. BEIERLEIN gegen 15 Uhr ist eher untypisch. Ganz aus der Reihe fallen Beobachtungen vom Alteichen-Glasflügler gegen Mitternacht. NIPPEL (1992) fing am 6.7.1991 ein Weibchen in einem Eichenbestand im rheinländischen Saartal am Licht. V. PELZ berichtet uns vom Fang eines Männchens am 4.7.1989 in Bornhofen am Mittelrhein. Dieses Tier flog um Mitternacht mehrere Male um den Leuchtturm einer Lichtfanganlage, ehe es gefangen werden konnte. Die nächsten Eichen standen etwa 150 m von der Fangstelle entfernt. Wir müssen davon ausgehen, daß diese Tiere aufgescheucht wurden und dann zum Licht flogen. Über ähnliche Einzelbeobachtungen scheinbar nachtaktiver Glasflügler wird mehrfach in der Literatur berichtet (SEITZ 1913; LE CERF 1924/1925; REZBANYAI-RESER 1989; BLUM & BLÄSIUS 1991).

Die Affinität von *Synanthedon conopiformis* zu »Höhlen« wird durch eine Beobachtung von D. HAMBORG bekräftigt: Zuchtfalter flüchteten bei Störungen in die von dieser Art als Raupe bewohnten Asthöhlungen.

Gefährdung und Schutz

Rote Liste Bundesrepublik: 3
Rote Liste Baden-Württemberg: 3

Oberrheinebene: Gefährdet.
Schwarzwald: Nicht vertreten.
Neckar-Tauberland: Noch ungeklärt.
Schwäbische Alb: Nicht vertreten.
Oberschwaben: Nicht vertreten.

• In Baden-Württemberg gefährdet!

Die Art ist in der Oberrheinebene vor allem dort gefährdet, wo sie in freistehenden Eichen, von der nächsten Population weit entfernt, in oder am Rande von Ortschaften lebt. Dies trifft auf das Stadtgebiet von Karlsruhe und seine unmittelbare Umgebung zu. Hier teilt sie den Lebensraum mit dem Großen Held- oder Eichenbock (*Cerambyx cerdo*).

Solche Eichen werden heute, wie an Beispielen aus Karlsruhe aus den letzten 10–20 Jahren nachweisbar ist, unter Hinweis auf »dauernde Gefahr durch Astbruch« viel rascher beseitigt als dies früher der Fall war. Mit dem Verschwinden dieser Bäume geht jedesmal unwiederbringlich ein ganzes Ökosystem zugrunde.

Davon ist neben seltenen Käfer- und Wespenarten (»Rote-Liste-Arten«) auch der Alteichen-Glasflügler betroffen. Es ist deshalb dringend geboten, jede dieser als »Brutbaum« festgestellten solitären Eichen als Naturdenkmal unter Schutz zu stellen.

In den Parks von Karlsruhe lebt *S. conopiformis*, zusammen mit dem Großen Heldbock (*Cerambyx cerdo*), noch in wenigen alten Solitäreichen. Die Weibchen nutzen die Schlupflöcher der Bockkäfer zur Eiablage. Diese etwa zweihundertjährige Eiche in Karlsruhe-Waldstadt sollte »aus Sicherheitsgründen« gefällt werden. Im letzten Moment gelang es, sie zu retten und als Brutbaum für gefährdete Insektenarten, darunter den Großen Heldbock und unseren Alteichen-Glasflügler, zu erhalten. – 2.4.82 B. TRAUB.

Synanthedon tipuliformis[1]
(Clerck, 1759)

Johannisbeer-Glasflügler

Sesia tipuliformis CL. (REUTTI 1898, LAMPERT 1907, REBEL 1910, ECKSTEIN 1913–1923, ESCHERICH 1931)
Trochilium tipuliforme CL. (SPULER 1908–1910, HERING 1932)
Aegeria tipuliformis CL. (NOVAK & SEVERA 1980)

Gesamtverbreitung: Die Art besiedelt ganz Europa und fehlt nur in Nordskandinavien sowie auf den Mittelmeerinseln mit Ausnahme von Sizilien. Sie kommt in der Nordtürkei, in Transkaukasien, den baltischen Staaten, Weißrußland, Ukraine, im europäischen Teil Rußlands sowie in Nordkasachstan bis zum Altai vor. Eingeschleppt wurde sie in den USA, Südkanada, Südaustralien und Neuseeland.

Verbreitung

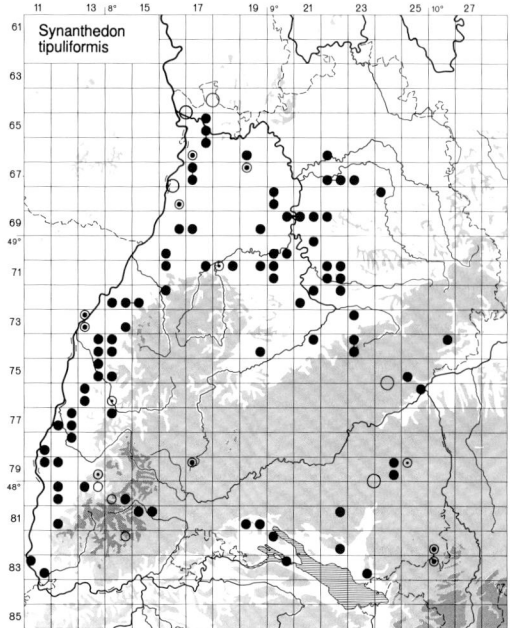

Regional: Trotz zahlreicher Funde ist die Verbreitung dieser häufigen Art in Baden-Württemberg noch unvollständig erfaßt. Deshalb können aus den sicherlich mehr zufälligen Häufungen von Fundpunkten in der nördlichen und südlichen Oberrheinebene und angrenzenden Gebieten (Bergstraße, Hardtebenen, Schwarzwald-Vorbergzone) oder in einigen Gebieten des Neckar-Tauberlandes (Kraichgau, Neckarbecken) und des Alpenvorlandes (Bodenseebecken) auch noch keine endgültigen Rückschlüsse gezogen werden. Es hat den Anschein, als ob die wärmeren Landesteile von *S. tipuliformis* bevorzugt werden, doch zeigen Einzelfunde vom Schwarzwald, der Schwäbischen Alb und aus Oberschwaben, daß die Art auch in Gebieten mit kühlerem Klima vorkommt. Weitere gezielte Nachforschungen sind nötig, um sich ein Bild von der Verbreitung des aus Landwirtschaft und Gartenbau bekannten Johannisbeer-Glasflüglers in Baden-Württemberg machen zu können. Von Experten des Staatlichen Pflanzenschutzes liegt uns dazu folgende Stellungnahme vor:

Der Johannisbeer-Glasflügler ist im gesamten südbadischen Raum ein durchaus bedeutender Schädling, vor allem an Roter Johannisbeere, aber auch an Schwarzer Johannisbeere, Stachelbeere und der Neuzüchtung Jostabeere. Ein besonders starkes Auftreten wurde in den Jahren 1977–1979, d.h. nach den warmen Sommern und milden Wintern 1975 und 1976 beobachtet. Zur Zeit ist der Johannisbeer-Glasflügler erneut in einer Gradationsphase. Besonders große wirtschaftliche Bedeutung hat er vor allem in an Draht gezogenen Rote Johannisbeeren-Anlagen, da hier pro Strauch nur etwa 5 Triebe hochgezogen werden. Der Verlust von 2–3 Tragtrieben pro Strauch bedingt also eine erhebliche Ertragseinbuße. Eine chemische Bekämpfung ist nicht möglich (I. NIKUSCH).

Im Landkreis Heilbronn spielt der erwerbsmäßige Anbau von Schwarzen Johannisbeeren eine große Rolle (mehrere 100 ha). Der Anbau erfolgt meist großflächig. Die Beerenernte wird überwiegend maschinell durchgeführt und der Saftindustrie zur weiteren Verarbeitung zugeführt. Diese maschinelle Ernte verursacht an den Beerensträuchern oft Beschädigungen, wodurch sich die Anfälligkeit gegenüber dem Johannisbeer-Glasflügler erhöht. Gleichzeitig werden die Sträucher aus arbeitswirtschaftlichen Gründen im Winter meist unregelmäßig geschnitten, wobei das restlose Entfernen befallener Triebe oft unterbleibt. Dies führt gerade bei älteren Ertragsanlagen, in denen diese Glasflügler-Art ein Hauptschädling ist, zu erhöhtem Befall (P. EPP).

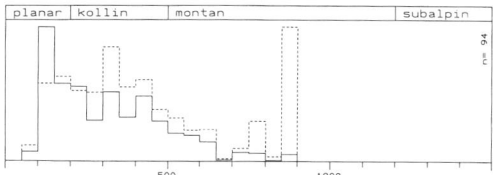

Vertikal: Die Art bevorzugt die tieferen Lagen, wo zwischen 100 und 350 m Höhe eine beträchtliche Fundortdichte registriert wird. Dies bedeutet jedoch nicht, daß sie nicht auch in höheren

[1] Bearbeitet von ERICH BETTAG

In den Mittagsstunden sitzt der Johannisbeer-Glasflügler (*Synanthedon tipuliformis*) gern auf den Blättern seiner Raupennahrungspflanze. An sonnenexponierten Stellen treffen sich dort beide Geschlechter. – Malsch-Sulzbach 10.7.87 G. EBERT.

Lagen hin und wieder vorkommt. So ist sie auf der Schwäbischen Alb noch um 800 m (Schopfloch, D. GATTER) und im Schwarzwald bei 870 m (Titisee, H. STEFFNY) gefunden worden. Da manche Funde nicht mehr überprüft werden konnten, ist eine Verwechslung mit *S. cephiformis* und *S. spuleri* nicht auszuschließen.

Phänologie

Imagines: Die Flugzeit von *Synanthedon tipuliformis* beginnt in der dritten Mai-Dekade. Als frühestes Datum wurde der 19. Mai notiert (1959, Sinsheim, M. SCHMITT). REUTTI (1898) gibt Ende Mai bis Juli an, was auch A. GREMMINGER für richtig hält. Aus neuerer Zeit liegen mehrere Funddaten auch aus dem August vor (E. KIEFER, A. LINGENHÖLE, J. THIELE). Der späteste Fund stammt aus Malsch-Sulzbach (Schwarzwald-Nordrand) und datiert vom 23.8. (1984, D. DOCZKAL). Das Häufigkeitsmaximum liegt im Juni.

Präimaginalstadien: Über die Phänologie der Präimaginalstadien existieren aus Baden-Württemberg nur spärliche Aufzeichnungen (die vom Staatlichen Pflanzenschutz erhaltenen Daten basieren ausschließlich auf Pheromonprotokollen!). STEFFNY (1990) erwähnt Zuchten aus Johannisbeere bei Sasbach (1984, A. SCHANOWSKI) und Raupen- und Puppenfunde am 22.5.1990 bei Burkheim (Kaiserstuhl); G. REICH (Aufzeichnungen 1910–1965) eine Anzahl Raupen Anfang Mai (1947), e.l. 25. Mai–15. Juni (1947, Ringschnait).

Ökologie

Lebensraum: Der Johannisbeer-Glasflügler besiedelt Hausgärten und Obstanlagen, soweit dort seine Raupennahrungspflanzen angebaut werden. Er bevorzugt anscheinend wärmere Lagen in der Ebene und im tiefer gelegenen Bergland, kommt aber auch sporadisch in klimatisch begünstigten Lagen des mittleren Berglandes vor.

Die Art hat sicher eine breitere ökologische Valenz als derzeit angegeben werden kann. Ihr Vorkommen in Gärten ist sekundär; sie muß in der freien Natur in anderen Biotopen und auch in anderen Pflanzen leben. REISSRICH (1960) führt das Vorkommen in »natürlichen Waldsteppen« an, wo die Raupe »in *Grossularia*« [= Stachelbeere, *Ribes uva-crispa*] lebt.

Nahrung der Raupe

Ribes uva-crispa – Stachelbeere
  3 L (NIK, WEF)
Ribes rubrum-Gruppe – Rote Johannisbeere
  5 L (BAR, BLÄ, EBE, GAU, NIK, REI, REU, RIE, SCH, WEF)
Ribes nigrum – Schwarze Johannisbeere
  4 L (BLÄ, EPP, NIK, REI, WEF)
Ribes aureum – Gold-Johannisbeere
  L (REU)
Ribes × *nidigrolaria* – Jostabeere[2]
  3 L (NIK)

Als weitere Raupennahrungspflanze kommt auch das Pfaffenkäppchen oder Pfaffenhütchen (*Evonymus europaeus*) in Betracht. Einer Bestätigung bedürfen Berberitze (*Berberis vulgaris*) und Himbeere (*Rubus idaeus*). Fraglich sind dagegen *Prunus* und Kakipflaume (*Diospyros kaki*), äußerst zweifelhaft Haselstrauch (*Corylus avellana*) und

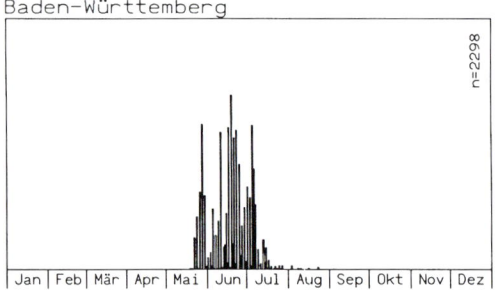

---

[2] Kreuzung Stachelbeere / Schwarze Johannisbeere.

Wacholder (*Juniperus* spec.) (Verwechslung mit *Synanthedon spuleri*) (K. SPATENKA).

Raupen, die sich in *Evonymus europaeus* entwickeln, sind auffallend schlank und lang. Sie fressen in der Mitte des Triebes einen manchmal bis 1 m langen Fraßgang aus. Die Verpuppung erfolgt dann oft in vertrockneten Triebspitzen in der Mitte einer Verzweigung. Diese Beobachtungen stammen aus dem Gebiet der ehemaligen Tschechoslowakei (K. SPATENKA).

Die Raupe entwickelt sich in *Ribes*-Arten, besonders in der kultivierten Roten Garten-Johannisbeere (*Ribes rubrum* var. *domesticum*). Dort frißt sie im Mark der Triebe mitunter längere Gänge aus. Eine Puppenwiege wird am oberen Gangende vorbereitet. Für den späteren Ausstieg der Imago frißt die Raupe ein Schlupfloch bis unter die äußerste Rindenschicht. Befallene Johannisbeersträucher sind an der Notreife der Früchte sowie am Anwelken und an der hellen Verfärbung einzelner Blätter zu erkennen. G. REICH fand Raupen »in Schwarzen Johannisbeersträuchern, meist an Seitenästen«.

Am 9.10.1994 wurden bei Eppelheim in Schwarzer Johannisbeere zahlreiche Raupen von *S. tipuliformis* gefunden. Die Raupen waren 1–1,2 cm lang und saßen auch in jungen Trieben.

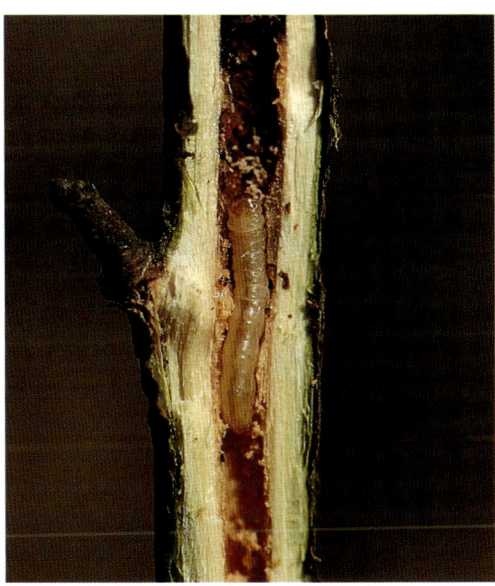

Der geöffnete Fraßgang im Trieb eines Johannisbeerstrauches macht den Schaden deutlich, den die Raupe durch das Ausfressen des Markes verursacht hat. Es kann zum Abwelken des Triebes und zur unerwünschten Frühreife der Beeren kommen. – Eppelheim 8.3.95 R. BLÄSIUS. S.

Es wurde beobachtet, daß die Fraßgänge zur Wurzel hin mit Bohrmehl verstopft waren. In den darunter liegenden Stengelhohlräumen verbargen sich viele Ohrwürmer (*Forficula* spec.) (R. BLÄSIUS). Ob die Raupen von ihnen gejagt werden?

Vom Praktiker im Johannisbeeranbau wird die Raupe häufig im Winter gefunden. Insbesondere dann, wenn beim Rückschnitt der Büsche ein Trieb bemerkt wird, bei dem das Mark zerfressen und schwärzlich ist, schneidet er solange gezielt nach, bis die Raupe (L_2–L_3) gefunden und zerschnitten ist. Auch Vögel suchen im Winter gezielt nach überwinternden Raupen. Es werden immer wieder von Meisen oder Spechten gepickte Löcher in den Trieben von Johannisbeeren gefunden, hinter denen sich das Ende eines Raupenfraßganges befindet. Daß etliche Raupen bereits im Herbst ihre Entwicklung abgeschlossen haben müssen, zeigt die Tatsache, daß auch aus dürrem Schnittholz noch Falter schlüpfen. Deshalb wird das Verbrennen des Schnittholzes empfohlen. Puppenhüllen geschlüpfter Falter findet man meist im unteren Drittel der Sträucher (I. NIKUSCH).

Nahrung des Falters: In der Literatur wird die Art als Blütenbesucher bezeichnet, wobei sie »blühende Sträucher« bevorzuge (BERGMANN 1953, FORSTER 1960). In unserem Faunengebiet wurde sie Anfang August 1970 im Hardtwald bei Friedrichstal auf Wasserdost (*Eupatorium cannabinum*) beobachtet. Auch hier muß eine mögliche Verwechslung mit anderen *Synanthedon*-Arten (*S. spuleri* oder *S. loranthi*) in Betracht gezogen werden. Weitere Pflanzen, an denen in Baden-Württemberg Falter bei der Nahrungsaufnahme beobachtet wurden, sind: Giersch (*Aegopodium podagraria*), Garten-Margerite (*Chrysanthemum* spec.), Einjähriger Feinstrahl (*Erigeron annuus*), Himbeere (*Rubus idaeus*), Brombeere (*Rubus fruticosus* agg.), Gewöhnliche Wiesen-Schafgarbe (*Achillea millefolium*), Wildkresse (*Rorippa sylvestris*). REUTTI (1853) gibt *Philadelphus coronarius* [Pfeifenstrauch] an [Freiburg, Botanischer Garten].

In der benachbarten Pfalz konnten die Falter am frühen Nachmittag in einem Hausgarten beobachtet werden, wie sie an den Blüten von Schnittlauch (*Allium schoenoprasum*) saugten (E. BETTAG). In der Südslowakei und Ungarn wurden sie häufig auf *Sambucus ebulus* angetroffen (K. SPATENKA).

Verhalten: Die Männchen fliegen ab 10 Uhr die Sexuallockstoffe an. Es gibt aber auch Untersuchungen die zeigen, daß virgine Weibchen in der Dämmerung, also bei Sonnenauf- und -untergang locken, wobei die maximale Aktivität etwa 3–4 Stunden vor Sonnenuntergang erreicht

Bevorzugter Lebensraum sind Hausgärten und Beerenplantagen mit Anpflanzungen von Roten und Schwarzen Johannisbeeren, Stachelbeeren und Jostabeeren.

In dieser Johannisbeer-Anlage bei Bodman am Bodensee konnten an einem Tag mehr als 100 Falter am Pheromon gezählt werden. – 8.7.95 H. MESSMER.

wird (BUDA & KARALIUS 1985, 1993). Dementsprechend registrierte D. BARTSCH am 26.6.1989 in einer Gartenanlage bei Gerlingen 6 Männchen zwischen 18 und 19 Uhr am Pheromon. In einem anderen Fall wurde der Anflug eines Falters bei Sonnenschein im Hausgarten an einen im Johannisbeerstrauch aufgehängten Pheromonköder bereits um die Mittagszeit beobachtet und fotografiert (G. EBERT). Die Falter des Johannisbeer-Glasflüglers werden nicht gerade selten in Gärten beobachtet, wo sie gern bei Sonnenschein auf den Blättern ihrer Raupennahrungspflanze sitzen.

Gefährdung und Schutz

Rote Liste Bundesrepublik: –
Rote Liste Baden-Württemberg: –

Oberrheinebene: Nicht gefährdet.
Schwarzwald: Nicht gefährdet.
Neckar-Tauberland: Nicht gefährdet.
Schwäbische Alb: Nicht gefährdet.
Oberschwaben: Nicht gefährdet.

• In Baden-Württemberg nicht gefährdet!

Synanthedon spuleri[1]
(Fuchs, 1908)
Spulers Glasflügler

Aegeria schwarzi KRALICEK & POVOLNY, 1977

Trochilium spuleri FUCHS (SPULER 1908–1910, HERING 1932)
Synanthedon schwarzi KRALICEK & POVOLNY 1977 (SPATENKA et al. 1993)

Gesamtverbreitung: Von Frankreich im Westen bis in die Türkei und Georgien im Osten; von Italien und Griechenland im Süden bis ins mittlere Deutschland im Norden. Die Verbreitung ist noch unzureichend bekannt.

Verbreitung

Regional: Die beiden Schwerpunkte der Verbreitung von Spulers Glasflügler in unserem Faunengebiet befinden sich nach gegenwärtigem Kenntnisstand im Neckarland um Stuttgart und in der nördlichen Rheinebene um Heidelberg. Aus diesen beiden Regionen liegen aus jeweils über 10

---
[1] Bearbeitet von ROLF BLÄSIUS

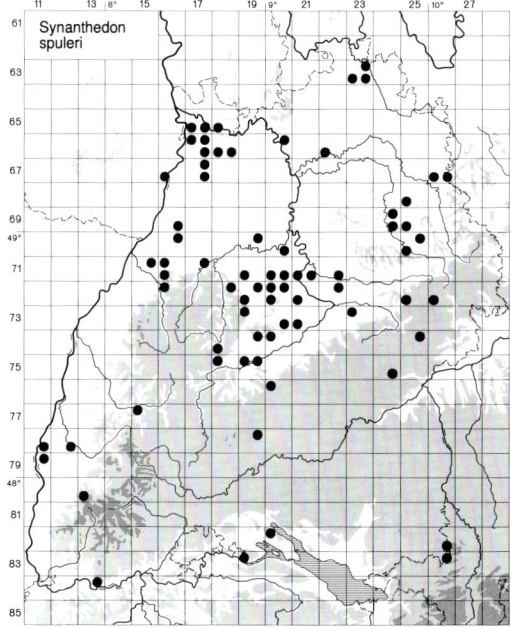

850 m, R. HERRMANN) und der Adelegg (1000 m, D. BARTSCH) verbreitet.

Phänologie

Imagines: Aus Baden-Württemberg existieren nur wenige Freiland-Falterfunde. Der Beginn der Flugzeit liegt in der Oberrheinebene um den Monatswechsel Mai/Juni. So fing R. BLÄSIUS am 7.6.1992 bei Walldorf 3 Männchen in einer Pheromonfalle. Bei einer Kontrolle am 25.5.1992 war die Falle noch leer. Von Mitte Juni bis Mitte Juli wurden in Baden-Württemberg weitere Falter gefunden. Dem entspricht auch das Erscheinen der Art in der benachbarten Pfälzer Oberrheinebene, wo der Falter im Juni beobachtet wurde (BETTAG 1991).

In besonders warmen Frühjahren können die Falter auch schon um die Monatswende April/Mai fliegen. Nur so ist der Fund einer frisch verlassenen Puppenhülle in einem Wacholderast am 2.5.1990 in Stuttgart-Feuerbach zu interpretieren. Aus diesem Wacholderast schlüpften (im Zimmer) weitere Tiere zwischen dem 9. Mai und 10. Juni (D. BARTSCH).

Quadranten (meist Raupen-)Funde vor. Aus dem Raum Karlsruhe, aus dem Tauberland, aus Ostwürttemberg, von der Alb, vom Bodensee und aus der Umgebung Freiburgs (Kaiserstuhl und Schwarzwald) sind bisher erst wenige Einzelfunde bekannt. Wir können jedoch davon ausgehen, daß die Art in Baden-Württemberg weit verbreitet ist, wegen der versteckten Lebensweise der Imagines und der erst in jüngster Zeit erfolgreich verlaufenden Raupensuche bisher aber kaum beobachtet wurde.

Den ersten Hinweis auf *Synanthedon spuleri* in Württemberg finden wir bei SCHNEIDER (1937): »Eine Raupe in *Fagus sylvatica*, Falter e.l. 17.VI.1936 (WÖRZ). Det. Professor Dr. HERING (Berlin). [?]«. Ein Fundort ist nicht namentlich aufgeführt. A. WÖRZ darf also als der Entdecker dieser Art für unser Faunengebiet gelten.

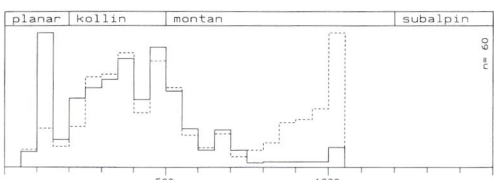

Vertikal: *Synanthedon spuleri* ist in Baden-Württemberg von den tiefsten Lagen (um 100 m) in der nördlichen Oberrheinebene bis in die montanen Lagen des Schwarzwaldes (Schauinsland bei

Mit diesem Männchen von Spulers Glasflügler (*Synanthedon spuleri*) stellte E. PRIESNER (Max-Planck-Institut, Seewiesen) eine Pheromon-Serie zur Anlockung der Männchen der »Laubholzpopulationen« dieser Art her. Das Tier wurde aus einer in Buche gefundenen Raupe gezüchtet. – Heidelberg 3.92 (e.p. R. BLÄSIUS) E. PRIESNER. S.

Die Raupe frißt kurze Gänge ins Holz. Selbst das geringe Nahrungsangebot in diesem abgestorbenen Hainbuchenast war für ihre Entwicklung ausreichend. Vielleicht konnte sie die Hyphen des verpilzten Totholzes als Nahrungsbasis nutzen? In den ausgedehnten Buchenwäldern der Bergstraße und des Vorderen Odenwaldes sind die Raupen von Spulers Glasflügler in jedem Jahr zu finden. Am Heidelberger Philosophenweg lebt die Art eng vergesellschaftet mit Wockes Zwergsackträger (*Dahlica wockei*, s. Band 3, S. 388–391). – Walldorf 27.2.94 R. BLÄSIUS. S.

Daß *Synanthedon spuleri* in Deutschland bis in den September hinein fliegt, vermerkt WEITZEL (1993). Ihm lag ein Tier vor, das A. WERNO am 12.9.1990 in Losheim (Saarland) gefangen hatte.

Präimaginalstadien: Die Entwicklungsdauer der Raupe soll ein- bis zweijährig sein. LASTUVKA (1990) bemerkt, in Wacholder dauere die Raupenphase ein Jahr, in Laubhölzern ein bis zwei Jahre. HAMBORG (1993) bewies die Einjährigkeit der Raupen einer österreichischen Laubholzpopulation durch die aufmerksame Beobachtung, daß sich in einer nachweislich erst ein Jahr alten Rindenverletzung eines Laubbaumes schon erwachsene Raupen von *Synanthedon spuleri* fanden.

In Baden-Württemberg hat sich besonders D. BARTSCH um die Erforschung der Art verdient gemacht. Die meisten Angaben zu den Präimaginalstadien wurden von ihm erarbeitet. Seit 1989 melden er und später R. BLÄSIUS, R. HERRMANN und F. WEBER von vielen Orten des Landes Raupenfunde, die zwischen Oktober und Ende April gemacht wurden. Dazu teilt uns D. BARTSCH folgendes mit: »Im Dezember 1992 fand ich bei Gerlingen an einem Wacholderzweig deutliche Befallsspuren. Der abgeschnittene Zweig blieb, in Wasser gestellt, noch 4 Wochen frisch. Die in der Rinde fressenden Raupen warfen Bohrmehl aus, in dem sich auch viele Kopfkapseln von Raupen befanden. Die Tiere häuteten sich also noch. Dann erfolgte die Verpuppung im Kokon. Etwa zwei Monate nach dem Eintragen der Raupen schlüpften die Falter, alle normal entwickelt. Bei Münklingen fand ich im Dezember 1992, ebenfalls im Wacholder, Raupen von ca. 6 mm Länge und vollkommen erwachsene von 20 mm Länge, beide im selben Zweig. Die erwachsenen Raupen verpuppten sich ohne erkennbare Nahrungsaufnahme, die kleinen fraßen noch etwa 4 Wochen lang. Beide Raupenstadien ergaben normal ent-

Solche krebsartigen Geschwulste sind für die Raupen der Laubholzpopulationen Primärhabitate. Durch das übermäßige Dickenwachstum des Stammes platzt die Rinde auf und es entstehen natürliche Wunden, an denen die Weibchen dieses Glasflüglers vermutlich ihre Eier ablegen; jedenfalls waren an anderen zugänglichen Stellen des Baumes keine Befallsspuren zu entdecken. – Walldorf 20.5.92, R. BLÄSIUS.

Durch Pilzbefall verändert sich die Struktur des Wacholderholzes. Davon profitiert die Raupe (links) von *Synanthedon spuleri* (Nadelholzpopulation). Diese schmutzig-weiß gefärbte Larve steht kurz vor der Verpuppung. – Stuttgart 20.3.95 (D. BARTSCH leg.), G. EBERT. S.

Der Pilzbefall ruft beim Wacholder Zweiganschwellungen hervor. Das austretende Bohrmehl (rechts) signalisiert Raupenbefall. Eine derartige Galle kann mehreren Raupen von Spulers Glasflügler Nahrung bieten. – Stuttgart-Feuerbach (leg. D. BARTSCH) 4.93 K. NIMMERFROH. S.

Ökologie

Lebensraum: *Synanthedon spuleri* besiedelt in Baden-Württemberg die Laubmischwälder von der Ebene bis zur montanen Stufe. Selbst einzeln stehende Bäume in der freien Feldflur werden bewohnt. Ein anderer Lebensraum sind die Wacholderheiden der Kalkgebiete. Als Kulturfolger dringt Spulers Glasflügler auch in Städte und Ortschaften ein und lebt dort in den Wacholderanpflanzungen der Gärten und Friedhöfe.

Nahrung der Raupe:
Abies alba – Weißtanne
   P (BAR)
Abies concolor – Colorado-Tanne
   L (WEF)
Juniperus communis – Gewöhnlicher Wacholder
   3 L, P (BAR, BLÄ, WEF)
Juniperus chinensis – China-Wacholder
   3 L (BAR, WEF)
Populus tremula – Zitter-Pappel
   P (BAR)
Carpinus betulus – Hainbuche
   L (BAR, BLÄ)
Corylus avellana – Hasel
   L (BAR)
Betula pendula – Hänge-Birke
   L (WEF)
Fagus sylvatica – Rotbuche
   5 L, P (BAR, BLÄ, HER, WEF, WÖR)
Acer pseudoplatanus – Berg-Ahorn
   L (BAR, BLÄ)
Acer platanoides – Spitz-Ahorn
   L (DEN)

wickelte Falter. Bei Stuttgart überwintern in Rotbuche Raupen, die noch nicht voll ausgewachsen sind. Ohne Fraßmöglichkeit im Frühjahr gehen solche Zuchttiere ausnahmslos ein«.

Nach den bisher vorliegenden Befunden aus Baden-Württemberg müssen wir davon ausgehen, daß hier die Raupen von Spulers Glasflügler in verschiedenen Entwicklungsstadien überwintern und, unabhängig von der Raupennahrungspflanze, eine einjährige Entwicklung haben. Im Januar aus dem Freiland eingetragene Raupen verpuppen sich im geheizten Zimmer oft sehr schnell und ergeben nach kurzer Puppenruhe von 2–3 Wochen den Falter (R. BLÄSIUS). Daraus sollte, zumindest in warmen Frühjahren, auf einen Beginn der Flugzeit im Mai geschlossen werden. Nach dem besonders kühlen Frühjahr 1995 fand R. BLÄSIUS bei Walldorf noch am 1. Juli unverpuppte, erwachsene Raupen (neben frischen Puppen) unter Buchenrinde.

Im Freiland erfolgt die Verpuppung ab April. D. BARTSCH meldet den Fund einer frischen Puppe am 21.4.1991 bei Horrheim am Stromberg in einem Zitterpappelstamm. Aus dieser Puppe schlüpfte am 14.5. ein Weibchen.

Die Raupen von *Synanthedon spuleri* nutzen ein breites Spektrum von Nahrungspflanzen. Zur ersten (und für Jahrzehnte einzigen) bekannten Raupennahrungspflanze »Wacholder«, die schon FUCHS (1908) in der Urbeschreibung der Art angibt, sind inzwischen eine Reihe von Laubhölzern, aber auch weitere Nadelhölzer hinzugekommen. Bei uns ist die Rotbuche die bei weitem wichtigste Raupennahrungspflanze.

In anderen Gebieten Mitteleuropas wurden weitere Nahrungspflanzen der Raupe gefunden: *Salix alba* (Silber-Weide), *Salix purpurea* (Purpur-Weide) (E. BETTAG); *Quercus robur* (Stiel-Eiche) (M. PETERSEN); *Ulmus* spec. (Ulme) (LASTUVKA 1990) und *Prunus domestica* (Zwetschge) (VORBRODT 1911–1914). In Südeuropa wurden außerdem Raupen beobachtet in *Juniperus phoenicea* (Phönizischer Wacholder) (R. BLÄSIUS) und *Diospyros kaki* (Kaki-Pflaume) (PROLA 1991). Unter Laborbedingungen kann die Raupe auch mit Äpfeln und Kartoffeln, ja sogar mit Kunstfutter gefüttert werden (VIGGIANI und MAZZONE 1975). Bei einem solchen Nahrungsspektrum verwundert es nicht, wenn die Art bei entsprechender Gelegenheit zum Schädling wird. Besonders aus Italien liegen Schadensmeldungen an Kaki-Pflaume und Hasel vor (ZUCCHERELLI 1970, SCHWENKE 1978). Aufgrund der bereits erwähnten Determinationsprobleme darf nicht ausgeschlossen werden, daß sich die Notiz von RUSS (1966), der Johannisbeer-Glasflügler (*Synanthedon tipuliformis*) gehe in der Nähe von Johannisbeerplantagen auf benachbarte Weinberge über und schade durch Fraß im Holz der Weinstöcke, auch auf *Synanthedon spuleri* bezieht!

REUTTI (1898) meldet aus der Nähe Freiburgs den Fund von zwei Exemplaren des Tannen-Glasflüglers (*Synanthedon cephiformis*) auf einem Holzlagerplatz. Wir halten es heute für möglich, daß es sich bei diesen Tieren auch um Exemplare der damals noch unbekannten *Synanthedon spuleri* gehandelt haben könnte. Selbst bei ausschließlicher Lagerung von Tannenstämmen auf jenem Holzlagerplatz könnten sich beide Arten in diesem Wirtsbaum entwickelt haben! Überraschenderweise nutzt Spulers Glasflügler in der Oberrheinebene Wacholder anscheinend nicht als Raupennahrungspflanze. Im Raum Heidelberg, wo die Art in Laubhölzern verbreitet zu finden ist, konnten keine Fraßspuren an angepflanztem Wacholder entdeckt werden, obwohl die von *S. spuleri* bevorzugten Zweiganschwellungen vorhanden waren.

Wie bei der Vielzahl von Raupennahrungspflanzen nicht anders zu erwarten, besiedelt die Raupe von *S. spuleri* die verschiedensten Habitate. In Wacholder lebt sie bevorzugt in den vom Brandpilz *Gymnosporangium clavariiforme* erzeugten Anschwellungen an Zweigen und Stämmen; sie ist aber auf diese Anschwellungen nicht angewiesen. In den Zweigen frißt sie kurze, unregelmäßige Gänge in der Rinde aus. Ihre Anwesenheit verrät sie durch rotbraunen Kot- und Genagselauswurf an den Zweiganschwellungen. Versponnenes Genagsel haftet an den Fraßstellen und gibt ihnen ein charakteristisches Aussehen. Bei befallenen Ästen wird durch den Raupenfraß oft der Saftfluß unterbrochen und der Ast stirbt ab (BARTSCH 1992).

In den französischen Westalpen bei Grenoble fand R. BLÄSIUS die Raupen in den unverpilzten Knickstellen von Wacholderstämmchen, die der Schnee der Vorjahre niedergebogen hatte. Meldungen über Fraßspuren von *S. spuleri* an Wacholder ohne nachfolgende Falterzucht sind mit gebotener Vorsicht zu behandeln, leben doch in Wacholderanschwellungen Kleinschmetterlingsarten mit sehr ähnlichem Fraßbild.

Die Raupen der Nadelholzpopulation leben nicht nur im wildwachsenden Wacholder (*Juniperus communis*), sondern nutzen auch verschiedene Gartenformen wie *Juniperus chinensis* im Siedlungsraum. – Stuttgart-Feuerbach 18.6.96 D. BARTSCH.

An Laubbäumen lebt die Raupe in frischen Baumstümpfen, in krebsartigen Anschwellungen oder unter Rindenverletzungen, die durch Windbruch oder durch Quetschungen der Rinde entstanden sind. Typische Raupenhabitate entstehen, wenn gefällte Baumstämme an lebenden Bäumen angelagert werden. Beim Aufstapeln des Lagerholzes entstehen an den lebenden Bäumen Schürfungen oder Quetschungen der Rinde, die in den Folgejahren regelmäßig von den Raupen dieser Art besiedelt sind. In den Hardtwäldern der nördlichen Oberrheinebene lassen sich die Raupen besonders gut an Wegkreuzungen von Forstwegen finden. Beim Abtransport des Holzes beschädigen die langen Stämme beim Abbiegen der Fahrzeuge an den Wegkreuzungen regelmäßig die zunächst stehenden Bäume und rufen so die für die Art so attraktiven Quetschstellen hervor. An Stammverletzungen von Rotbuche lebt die Raupe entweder unter der angrenzenden Rinde oder in einem auffälligen, an der Oberfläche verlaufenden Schlauch aus versponnenem Genagsel und Kot an der Grenze zwischen den lebenden und abgestorbenen Rindenteilen.

Die Raupe überwintert in einem feinen Gespinst. Im Frühjahr spinnt sie sich aus Rindenspänen einen Kokon, in dem sie sich verpuppt. In krebsartigen Anschwellungen lebt sie manchmal eng mit der von *S. vespiformis* zusammen. So konnte R. HERRMANN aus einer derartigen Anschwellung an einem Rotbuchenstamm im Frühjahr 1992 bei Oberbergen (Kaiserstuhl) die Raupen beider Arten bergen und bis zum Falter züchten.

Nahrung des Falters: Aus Baden-Württemberg liegt eine einzige Beobachtung von *Synanthedon spuleri* bei der Nahrungsaufnahme vor. T. SOBCZYK sah am 16.6.1994 gegen 18 Uhr ein Weibchen, wie es im NSG Lindenberg bei Werbach (Tauberland) an Blüten des Schwarzen Holunders *(Sambucus nigra)* saugte.

In der Pfälzer Oberrheinebene beobachtete E. BETTAG am 6.6.1992 bei Schifferstadt einen männlichen Falter, der um 14.30 Uhr an Faulbaumblüten saugte. PROLA (1991) gibt für Italien Zwergholunder *(Sambucus ebulus)* und »*Rubus*«-Arten als Nektarpflanzen an; in Griechenland fand E. BETTAG ein Weibchen morgens um 7 Uhr auf Brombeer-Blüten; HAMBORG (1993) beobachtete in Österreich die Nahrungsaufnahme an Liguster.

Verhalten: In Baden-Württemberg konnten bisher drei männliche Falter mit Pheromonen angelockt werden. Der Anflug erfolgte zwischen dem 25.5. und 7.6.1992. Nicht unerwähnt bleiben darf, daß Männchen von *S. spuleri* aus den österreichischen Hochalpen (Zuchttiere aus Wacholder) eine vollkommen andere Pheromonreaktion aufweisen als die Nadel- und Laubholztiere aus Deutschland. Dagegen entsprechen Wacholdertiere aus den französischen Westalpen (aus 1000 m Höhe) in ihrer Pheromon-Reaktion den Tieren aus Deutschland (E. PRIESNER). Hier sind noch viele Fragen offen!

In der Literatur findet sich der Hinweis auf einen nächtlichen Fang von Spulers Glasflügler an einer Lichtfanganlage (REZBANYAI-RESER 1989) am 29.6.1979 in Gandria/Schweiz (det. K. SPATENKA). Solche nächtlichen Einzelfänge von Glasflüglern müssen als Zufall gewertet werden. Die in der Vegetation ruhenden Tiere wurden wohl aufgescheucht und flogen zur nahen Lichtquelle.

VIGGIANI und MAZZONE (1975) meldeten aus Italien, daß unter Laborbedingungen die begatteten Weibchen von *Synanthedon spuleri* – von ihnen fälschlicherweise als *Synanthedon tipuliformis* interpretiert (PROLA 1991) – etwa 5 Tage leben und 80–120 Eier ablegen.

Gefährdung und Schutz

Rote Liste Bundesrepublik: –
Rote Liste Baden-Württemberg: –

Oberrheinebene: Nicht gefährdet.
Schwarzwald: Nicht gefährdet.
Neckar-Tauberland: Nicht gefährdet.
Schwäbische Alb: Nicht gefährdet.
Oberschwaben: Nicht gefährdet.

• In Baden-Württemberg nicht gefährdet!

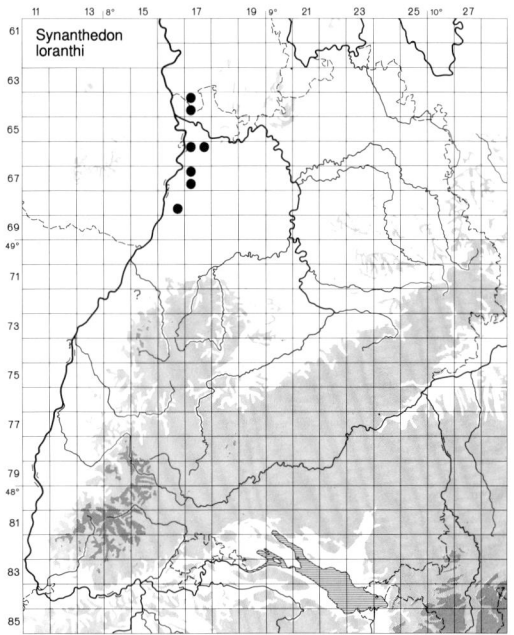

Synanthedon loranthi[1] (Kralicek, 1966)
Mistel-Glasflügler

Aegeria cryptica KRALICEK & POVOLNY, 1977

Gesamtverbreitung: Bisher wenig bekannt. Meldungen liegen aus Süd- und Mittelspanien, Frankreich, Deutschland, der Schweiz und Norditalien, Südböhmen, Südmähren, der Slowakei, Niederösterreich, Steiermark und vom gesamten Balkan vor. Ein Fund stammt aus dem Taurus-Gebirge (Türkei).

Verbreitung

Regional: *Synanthedon loranthi* ist in Deutschland bisher nur aus einem inselartigen Verbreitungsgebiet in der nördlichen Oberrheinebene sowie aus dem Moseltal bei Trier und aus Sachsen (Umgebung Hoyerswerda) bekannt geworden (KRISTAL 1990, BLUM 1990, BLÄSIUS & HERRMANN 1992; SOBCZYK 1995). Das Areal am Oberrhein erstreckt sich vom badischen Friedrichstal über Mannheim bis nach Darmstadt (Hessen) und im Westen bis nach Schifferstadt (Pfalz). In Baden-Württemberg ist der Mistel-Glasflügler nur von sechs Orten bekannt: Friedrichstal, Waghäusel, Oftersheim, Schwetzingen, Sandhausen und Mannheim-Käfertal. Zwei Meldungen von

---
[1] Bearbeitet von ROLF BLÄSIUS

Baden-Baden und Kehl müssen vorerst als fraglich bewertet werden.

Vertikal: Die Fundstellen in der nördlichen Oberrheinebene liegen zwischen 100 und 115 m Höhe.

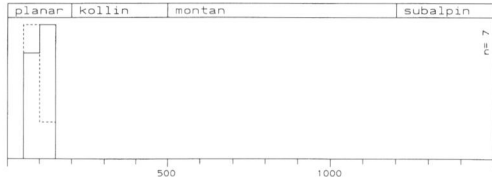

Phänologie

Imagines: Der Mistel-Glasflügler wurde erstmals 1990 in Baden-Württemberg durch Raupenfunde nachgewiesen. Die meisten Belegexemplare stammen aus Raupenzuchten. Im Freiland wurde der Schmetterling in Anzahl an künstlichen Pheromonen beobachtet. Erst einmal gelang die Beobachtung eines Tieres bei der Nahrungsaufnahme. In unserem Faunengebiet wurden Freiland-Imagines zwischen dem 9. Juni (1993) und dem 13. Juli (1991) gefangen.

Aus dem angrenzenden Südhessen (Lampertheimer Heide, 1 km nördlich der baden-württembergischen Landesgrenze) liegen einige Falter vor, die A. STRECK zwischen 1967 und 1983 tags auf Blüten fand. Das Belegstück vom 27.7.1967 dürfte der Erstnachweis für Deutschland sein. Die anderen Exemplare wurden am 23.6.1968, 16.7.1968 und 26.6.1983 gefunden. Die Identität dieser Tiere wurde erst 1990 von E. BLUM erkannt (KRISTAL 1990).

Aus dem übrigen Europa werden Flugzeitangaben zwischen Ende April (LASTUVKA 1983) und August (RAPPAZ 1979, wohl fälschlich als *Synanthedon cephiformis* gemeldet) gemacht.

Präimaginalstadien: Die Raupe von *Synanthedon loranthi* wurde in Baden-Württemberg bisher nur in Misteln gefunden, die auf Kiefern wachsen. Diese Halbschmarotzerpflanzen sind in den Kronen alter Kiefern in über 20 m Höhe für den Beobachter unerreichbar. Durch die Winterstürme im März 1990, die eine große Anzahl Kiefern im Oberrheingebiet zwischen Bruchsal und Mainz entwurzelten, ergab sich die Möglichkeit, die Misteln in den Kronenbereichen dieser Bäume zu untersuchen. Dabei wurde die Raupe dieser Schmetterlingsart erstmals in Deutschland gefunden. Die Bedenken der oberrheinischen Entomologen, daß sich der Mistel-Glasflügler nach diesem Windwurf wieder für viele Jahre der Beobachtung entziehen würde, bestätigten sich nicht. Auch in den Folgejahren konnten nach Baumfällarbeiten die Misteln mit Erfolg auf Raupenbefall untersucht werden.

Die ersten Raupen dieser Art in Baden-Württemberg fand R. BLÄSIUS am 17.3.1990 bei Oftersheim. Weitere Raupenfunde an den vom Sturm niedergeworfenen Kiefern gelangen in den folgenden Wochen durch D. BARTSCH, K. BASTIAN, E. BLUM, D. DOCZKAL, H. LAHM und H. STEFFNY. Den spätesten Raupenfund, neben einer frischen Puppe, erbrachte H. STEFFNY am 30.4.1990 bei Mannheim.

Am 15.6.1991 fanden R. HERRMANN und R. BLÄSIUS bei Montenach (Lothringen), unweit der Grenze zum Saarland, in Misteln auf Weißdorn neben erwachsenen Raupen eine bereits schlupfreife Puppe, die bereits am nächsten Tag den Falter entließ.

Die frühesten Puppenfunde datieren vom 26.4.1990 aus Mannheim. Dort fanden D. BARTSCH und R. BLÄSIUS mehrere frische, zum Teil noch nicht ausgehärtete Puppen.

Die Raupen von *Synanthedon loranthi* haben eine zweijährige Entwicklung (KRALICEK 1966, KRISTAL 1990). Aus Baden-Württemberg liegt nur ein Fund einer Raupe im ersten Jahr vor, den R. BLÄSIUS am 3.3.1995 bei Mannheim registrierte.

Ökologie

Lebensraum: Der Mistel-Glasflügler ist in seinem oberrheinischen Verbreitungsgebiet bisher nur aus wärmeliebenden Kiefern-Laubmischwäldern auf Flugsanden bekannt geworden. Bei den nordbadischen Fundstellen handelt es sich meist um Standorte auf Sanden mit gestörter Wasserführung. Bezeichnenderweise liegen zwei Fundstellen bei Oftersheim und Mannheim-Käfertal in unmittelbarer Umgebung von Wasserwerken. Wir gehen davon aus, daß die Kiefern an diesen Stellen durch eine mangelhafte Wasserversorgung geschwächt sind und dadurch der parasitischen Mistelpflanze und der Glasflügler-Raupe besonders zusagende Lebensbedingungen bieten. Eine andere Fundstelle bei Oftersheim liegt auf dem Kamm der höchsten Flugsanddüne Baden-Württembergs. In feuchteren Bereichen der nordbadischen Sandflächen (Sandhausen, Hockenheim, Waghäusel, Kirrlach, Ketsch) oder in den Auenwäldern des Rheins (Ketsch) konnte trotz intensiver Suche an gefällten Kiefern nur an drei Stellen bei Friedrichstal, Waghäusel und bei Sandhausen je eine Raupe gefunden werden.

Den mistelreichen Trockenwäldern der Markgräfler Rheinebene scheint *S. loranthi* zu fehlen.

In den nordbadischen Sandwäldern lebt, mit Spulers Glasflügler zusammen, der Mistel-Glasflügler (*Synanthedon loranthi*). Seine Weibchen haben einen gelben Afterbusch (bei *S. spuleri* ist er schwarz). – Mannheim-Käfertal (e.l. leg. E. BETTAG) 3.96 W. AURES. S.

R. HERRMANN und R. BLÄSIUS gelang dort kein Nachweis. Auf dem Freiburger Hauptfriedhof untersuchte H. STEFFNY etliche Mistelbüsche an gefällten Robinien – ohne Erfolg.

Der Mistel-Glasflügler bevorzugt in Baden-Württemberg aufgelockerte Kiefern-Mischwälder mit reichlichem Unterwuchs (mit Buche, Eiche, Hainbuche oder, wie bei Mannheim, Traubenkirsche als Begleitarten). Im Käfertaler Wald bei Mannheim lebt die individuenstärkste Population in unserem Gebiet. Die auf Sand stockenden Kiefernmischwälder nördlich von Mannheim-Käfertal besitzen einen Kiefernanteil von über 75%. Die Kiefern sind zwischen 80 und 140 Jahre alt. Ab 1950 wurden die bis dahin reinen Kiefernbestände mit *Prunus serotina* (der aus Nordamerika stammenden Späten Traubenkirsche) unterbaut. Man erhoffte sich dadurch einen gewissen Schutz vor Waldbränden und vor Schadfraß durch die Raupe der Kiefern- oder Forleule (*Panolis flammea*), die in den Kiefern-Reinbeständen regelmäßig große Schäden angerichtet hatte. Diese Kiefern-Altbestände, in direkter Nachbarschaft zum industriellen Ballungsraum Mannheim-Ludwigshafen, sind heute durch verschiedene Schadeinwirkungen schwer geschädigt oder bereits abgestorben (MÄRZ 1992). Die erkrankten und von Borkenkäfern befallenen

Die Raupe von *S. loranthi* frißt in einem flachen Gang am Grunde eines Mistelbusches. Starker Raupenbefall über Jahre hinweg bringt die Mistelpflanzen zum Absterben. – Mannheim 3.3.95, R. BLÄSIUS. S.

Die Raupen bevorzugen alte Mistelbüsche im oberen Bereich von Altkiefern. Nur selten sind auch dünne Zweige befallen. In der Bildmitte wirft die Jungraupe Bohrmehl aus. – Mannheim 1.3.95, R. BLÄSIUS. M.

Bäume sind stark mit Misteln besetzt. Sie werden von den Forstbehörden gezielt ausgeforstet. Für die jüngeren Kiefern entstehen dadurch weite Baumabstände. Man erwartet durch optimale Kronenausbildung für diese Bäume bessere Überlebenschancen an diesem schwierigen Standort.

Nahrung der Raupe:
Viscum album – Mistel
4 L, P (BAR, BAS, BLÄ, BLU, DOC, LAH, STE)

In der Sammelart *Viscum album* werden heute drei wirtsspezifische Mistel-Rassen vereinigt (OBERDORFER 1983, SEYBOLD in SEBALD, SEYBOLD & PHILIPPI 1992):

Viscum album ssp. *album* – Laubholzmistel
Viscum album ssp. *abietis* – Tannenmistel
Viscum album ssp. *austriacum* – Kiefernmistel

In Baden-Württemberg wurde die Raupe von *S. loranthi* bisher nur in Kiefernmisteln sicher nachgewiesen. Im Moseltal bei Trier wachsen die Misteln, die die Raupen beherbergen, auf Laubhölzern (Weißdorn und Mehlbeere). Aus anderen Gebieten Europas werden weitere Laub- und Nadelbäume als Wirtspflanzen für *Viscum album* mit der darin lebenden Glasflügler-Raupe gemeldet: Nußbaum, Weide, Eberesche, Silberweide, Pappel, Apfel, Mandelbaum, Erle, Birke, Robinie, Linde, Tanne, Platane, Spitzahorn, Feldahorn und Felsenahorn.

Von Tschechien (Südmähren) aus nach Südosten leben die Raupen des Mistel-Glasflüglers in einer weiteren Pflanze: *Loranthus europaeus* (Riemenblume, Eichenmistel). Nach Raupenfunden in dieser Mistelverwandten erhielt der Glasflügler bei der Erstbeschreibung seinen wissenschaftlichen Namen. In Spanien entdeckte R. BLÄSIUS den Mistel-Glasflügler in der rotbeerigen *Viscum cruciatum*. Diese nordafrikanische Pflanze erreicht im Süden der Iberischen Halbinsel den europäischen Kontinent.

Nach PHILIPPI (1970) wurde die Kiefer (und damit wohl auch die eng mit ihr assoziierte Kiefernmistel) erst Anfang des 16. Jahrhunderts im Oberrheingraben eingeführt. Nach den Beobachtungen in anderen Gebieten Europas, daß *S. loranthi* in der Wahl der ihre Raupennahrungspflanze beherbergenden Wirtspflanze nicht wählerisch ist, können wir annehmen, daß das Tier auch bei uns nicht an Kiefernmisteln gebunden ist. Ein erster Hinweis darauf findet sich bei KRISTAL (1990), der über den Fund einer Sesien-Raupe durch K. RENNWALD bei Kehl berichtet. Diese Raupe lebte in einer Pappelmistel, entwickelte sich aber leider nicht zum Falter.

In Baden-Württemberg besiedelt die Raupe des Mistel-Glasflüglers offensichtlich nur sonnenexponierte Misteln. Diese finden sich meist im Kronenbereich alter Kiefern, in seltenen Fällen aber auch tiefer am Stamm, wenn dieser, etwa auf einer Waldlichtung, an einem Waldweg oder am Waldrand frei steht und wenig beschattet ist. Die Raupen leben bevorzugt in den Randbereichen der Senkwurzeln alter Mistelbüsche, die oft schon teilweise abgestorben sind. Im Winter und im Frühjahr ist von der Anwesenheit der Raupen von außen oft nichts zu bemerken. Schlägt man aber, etwa mit einem Hammer, die Mistel aus dem Holz ihrer Wirtspflanze heraus, so sieht man die Fraßgänge der Raupe in den Senkwurzeln der Mistel. In seltenen Fällen tritt Kot oder frisch hellgelbes, später sich rotbraun verfärbendes Genagsel aus einem winzigen Auswurfloch an der Mistelpflanze aus. Bei frisch gefällten Kiefern sind diese Genagselspuren durch das Stürzen des Baumes oft weggeschüttelt. Einige Male wurden Raupen auch in kurzen Mistelzweigen von 5 mm Durchmesser gefunden, die dann total ausgefressen und verdorrt waren (D. BARTSCH, H. LAHM).

R. BLÄSIUS beobachtete am 3.3.1995 bei Mannheim eine 7 mm lange Jungraupe. Sie saß unter einem Gespinst aus Genagsel an der Grenze zwischen Kiefernast und Mistel. Fraßspuren unter Mistelrinde können nicht eindeutig der Jungraupe von S. loranthi zugeordnet werden. So fanden sich in Gesellschaft der oben erwähnten jungen eine erwachsene Raupe und die des Kleinschmetterlings Euzophera bigella Z. (det. G. DERRA), die alle in der Mistel fraßen. Vom selben Ort schlüpften zudem immer wieder Bock- und Rüsselkäfer, die ihre Larvalentwicklung ebenfalls im Mistelholz durchmachen.

Manchmal lebt die Raupe von S. loranthi mit der Raupe des Blausiebs (Zeuzera pyrina) zusammen. Die Blausieb-Raupe nagt lange Gänge ins Zentrum der Mistelzweige, die sie dadurch oft zum Absterben bringt. Die Fraßgänge ihrer Jungraupen sind oval, die der erwachsenen Raupe kreisrund. Sie messen oft 1 cm im Durchmesser. Solchermaßen befallene Mistelzweige brechen leicht ab. Bei dem von D. DOCZKAL aus Baden-Baden gemeldeten Fraßgang in einer heruntergefallenen Mistel (KRISTAL 1990) könnte es sich also auch um das Fraßbild des Blausiebs gehandelt haben.

Zur Verpuppung nagt die Raupe des Mistel-Glasflüglers ihren Fraßgang bis knapp unter die Misteloberfläche. Oft legt sie dort ihre seidig ausgesponnene Puppenkammer an. Eine dünne Wand nach außen bleibt unversehrt erhalten. Sie wird von der Puppe kurz vor dem Schlupf des Falters durchstoßen. Die Puppenkammer muß nicht immer im Mistelholz angelegt sein. In vielen Fällen findet sie sich im Holz des Wirtsbaumes oder geht in dieses über. Dabei wird ein aus Rindenteilchen zusammengesponnener Kokon gefertigt (D. BARTSCH).

Der von HAMBORG (1993) in Österreich gemachten Beobachtung zur Häufigkeit der Art können wir auch für Baden-Württemberg zustimmen: »Die Abundanz ist im Allgemeinen niedrig, selten findet man mehr als eine Raupe pro Pflanze und ein Großteil ist, auch in regelmäßig besetzten Regionen, überhaupt unbesetzt«.

Nahrung des Falters: Aus Baden-Württemberg liegt erst eine Beobachtung des Mistel-Glasflüglers beim Blütenbesuch vor. E. BETTAG entdeckte am 19.6.1995 gegen 16 Uhr nahe Schwetzingen ein Weibchen, das bei sonnig-warmem Wetter an einer Ligusterblüte saugte.

Aus Gebieten außerhalb Baden-Württembergs liegen weitere Nektarpflanzen-Beobachtungen vor: Katzenminze (Nepeta spec.) (Spanien: Albarracin, Z. LA-

Der Lebenszyklus des Mistel-Glasflüglers spielt sich im luftig-sonnigen Kronenbereich von Kiefernwäldern auf Sandböden ab. Manchmal können einzelne Falter auch in Bodennähe beim Blütenbesuch beobachtet werden. Nur selten gelingt es, Männchen mit Hilfe synthetischer Pheromone aus den Baumkronen herunterzulocken. – Oftersheim 4.3.96 R. BLÄSIUS.

STUVKA); Linde *(Tilia* spec.), Witwenblume *(Knautia* spec.) (Schweiz: Wallis, D. BARTSCH & J. BERG); »*Rubus*« (Slowakei, K. SPATENKA).

Da die Kiefernwälder des Oberrheintales, je nach Entkalkungsgrad des Sandbodens, recht blütenarm sind, könnte die hohe Individuendichte im Käfertaler Wald bei Mannheim auch darin eine Erklärung finden, daß dort die im Juli/August blühende Späte Traubenkirsche als Nektarpflanze in Frage kommt.

Verhalten: Das Leben des Falters spielt sich bei uns wohl größtenteils in den Baumkronen ab. Außer zum gelegentlichen Blütenbesuch scheint *S. loranthi* die Baumwipfel nicht zu verlassen. In groß angelegten Pheromon-Versuchen (E. PRIESNER, E. BETTAG, R. BLÄSIUS) konnten nur wenige Falter in Bodennähe heruntergelockt werden. So beobachtete R. BLÄSIUS am 13.7.1991 gegen 18 Uhr bei Mannheim mehrere Männchen beim Suchflug um die künstlichen Lockstoffe. In den Folgejahren fanden sich an der gleichen Lokalität niemals mehr Männchen in bodennahen Fallen. Wurden die Fallen dagegen mit Schnüren direkt in die Kronenregion der Kiefern hochgezogen, enthielten sie stets mehrere Tiere.

Gefährdung und Schutz

Rote Liste Bundesrepublik: –
Rote Liste Baden-Württemberg: R

Oberrheinebene: Art mit geographischer Restriktion.
Schwarzwald: Nicht vertreten.
Neckar-Tauberland: Nicht vertreten.
Schwäbische Alb: Nicht vertreten.
Oberschwaben: Nicht vertreten.

- In Baden-Württemberg eine Art mit geographischer Restriktion!

Synanthedon loranthi ist in Baden-Württemberg wegen ihrer restriktiven Verbreitung schützenswert. Da die halbparasitären Misteln bei den Forstleuten nicht sehr beliebt sind, ist der Mistel-Glasflügler an den Orten seines Vorkommens durch gezieltes Ausforsten der misteltragenden Kiefern gefährdet. Der forstliche Umbau der kiefernreichen Hardtwälder in ökologisch vielfältigere und gegen Umweltbelastungen widerstandsfähigere Laubmischwälder ist zwar grundsätzlich begrüßenswert, im Falle des Mistel-Glasflüglers dürften solche Maßnahmen jedoch zu deutlichen Bestandsrückgängen führen.

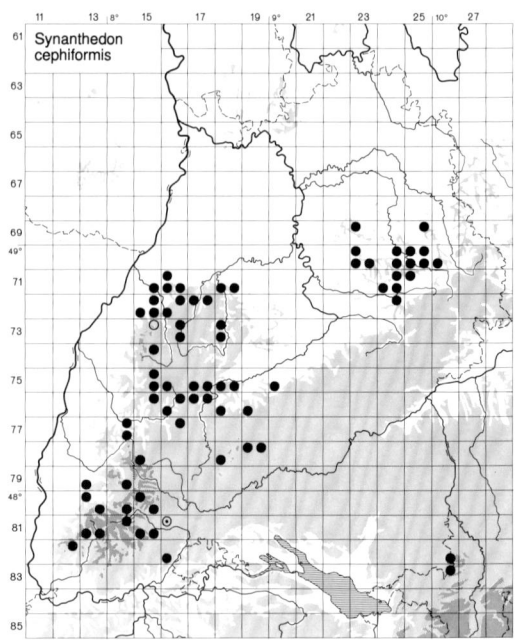

Synanthedon cephiformis[1]
(Ochsenheimer, 1808)

Tannen-Glasflügler

Aegeria gaderensis Kralicek & Povolny, 1977

Sesia cephiformis O. (REUTTI 1898, LAMPERT 1907, REBEL 1910, ECKSTEIN 1913–1923)
Trochilium cephiforme O. (SPULER 1908–1910, HERING 1932)

Gesamtverbreitung: Die Art ist pontomediterran verbreitet. Sie wird angegeben aus Frankreich, Italien, der Schweiz, Österreich, Polen, Tschechien, Slowakei, Ungarn, Rumänien, Bulgarien, dem ehemaligen Jugoslawien, Griechenland und Rußland. Aus Deutschland außerhalb Baden-Württembergs liegen Funde aus Bayern, Thüringen, Sachsen und Rheinland-Pfalz vor.

Verbreitung

Regional: Die Art wird von REUTTI (1898) als »im Schwarzwald verbreitet« gemeldet. Über ein halbes Jahrhundert später erwähnt A. GREMMINGER einen männlichen Falter von Karlsruhe, den er am 25.5.1953 in seiner Wohnung fing (und nennt außerdem Schopfheim im Wiesetal). Die heutigen Kenntnisse lassen in diesem Falle jedoch Zweifel an der Richtigkeit von GREMMINGERS Artbestimmung aufkommen.

---
[1] Bearbeitet von ERICH BETTAG

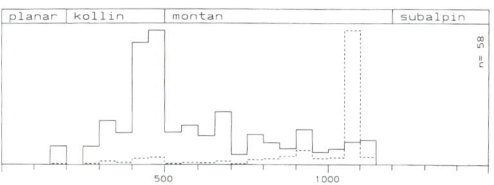

Der Tannen-Glasflügler (*Synanthedon cephiformis*) fliegt in schattigen Bergwäldern. Man bekommt ihn nur selten zu Gesicht, vielleicht weil er sich bevorzugt im Kronenbereich aufhält? – Nordschwarzwald, Eyachtal 4.7.95 W. STAIB. S.

Die intensive Kartierungsarbeit der vergangenen Jahre, vor allem durch D. BARTSCH, H. STEFFNY und F. WEBER, erbrachte ein recht genaues Bild der Verbreitung von *S. cephiformis* in Baden-Württemberg. Dieses deckt sich weitgehend mit dem der Weißtanne. Es lassen sich drei Teilareale erkennen. Das größte Vorkommen umfaßt den gesamten Schwarzwald und strahlt von da teilweise bis in die Randbereiche der Oberrheinebene (Vorbergzone) aus. Nach Osten greift es über die südlichen Gebiete der Oberen Gäue und den Oberlauf des Neckars auf die südwestliche Schwäbische Alb und ihr Vorland über. Im Süden bestehen durch Beobachtungsdefizite noch Unklarheiten darüber, wo die Arealgrenzen verlaufen. Der südlichste uns bekannte Fundort dieses Arealteiles liegt im Alb-Wutachgebiet bei Obermettingen.

Das zweite, wesentlich kleinere Teilareal umfaßt die Schwäbisch-Fränkischen Waldberge mit dem Welzheimer Wald. Das dritte Teilareal liegt auf der Adelegg im Württembergischen Allgäu und leitet in den alpinen Raum über, wo der Tannen-Glasflügler weit verbreitet ist. Vermutlich kommt die Art auch im Westallgäuer Hügelland vor. Dies wäre durch zukünftige Geländearbeit noch zu belegen.

Vertikal: Die tiefstgelegenen Fundstellen im Übergangsbereich der Oberrheinebene zum Schwarzwald liegen auf 150–200 m (Oberweier, Gaggenau, D. DOCZKAL). Auch in der benachbarten Pfalz liegen die wenigen bekannten Fundstellen um 200 m (E. BETTAG). Die meisten Funde stammen aus dem Höhenbereich zwischen 300 und 600 m. Die Art folgt auch in ihrer Vertikalverbreitung der Weißtanne und so gelangen noch Funde in den Gipfellagen der Schwäbischen Alb (Hossingen, Oberbuch, um 950 m, F. WEBER), der Adelegg (Schletteralm, um 1000 m, D. BARTSCH) und des Schwarzwaldes (bei Todtnau, um 1100 m, F. WEBER). Bei besserer Durchforschung des Südschwarzwaldes dürften noch höher gelegene Vorkommen bekannt werden.

Phänologie

Imagines: In der Literatur finden sich nur spärliche Angaben über Freilandfänge von Ende Mai bis Anfang August (SPULER 1910, BERGMANN 1953, FORSTER 1960); aus Baden-Württemberg fehlen sie oder müssen in Frage gestellt werden. Über die Flugzeit in unserem Untersuchungsgebiet läßt sich deshalb noch keine konkrete Aussage machen.

Präimaginalstadien: Die Entwicklungszeit der Raupe ist ein- bis zweijährig, sie kann deshalb auch zu jeder Jahreszeit gefunden werden. Im Winter eingetragene Raupen sind, in den Fraßstücken belassen, problemlos zu züchten.

Ökologie

Lebensraum: *Synanthedon cephiformis* ist eine echte Waldart und gehört somit zum »Inventar« der mitteleuropäischen Urlandschaft. Sie ist in fast allen Waldtypen vertreten, an deren Aufbau die Tanne beteiligt ist, zumeist Buchen-Tannenwälder auf verschiedenen geologischen Untergründen, in höheren Lagen des Schwarzwaldes auch Tannen-Fichtenwälder (»Heidelbeerwälder«). Dort, wo die Tanne nur forstlich ausgebracht wurde, konnte diese Schmetterlingsart bis

Eine Krebsgeschwulst, hervorgerufen durch den Brandpilz *Melampsorella caryophyllaceorum*, bildet die Entwicklungsgrundlage für die Raupe des Tannen-Glasflüglers. Hier lebt die Raupe im Kallusgewebe. – Nordschwarzwald, Eyachtal 26.5.95 W. STAIB. M.

jetzt noch nicht festgestellt werden. Tiefgelegene Vorkommen finden sich zumeist in schattigen und feuchten Taleinschnitten und Hanglagen. Die Baumkrebse, die die Lebensgrundlage bilden, sind in Tannenmischwäldern oft viel häufiger anzutreffen als in reinen Tannenforsten.

In Südböhmen, wo die Art stellenweise häufig vorkommt, bewohnt sie sowohl die ursprünglichen Mischwälder – felsige, steile Talabhänge im Moldautal, Gipfel der Vorgebirge des Böhmerwaldes bis 1000 m usw. – als auch die anthropogenen Fichten-Tannen-Ersatzwälder in den gleichen Gebieten, aber auch die Nadel-Mischwälder der Niederungen. Manchmal ist sie auch in Jungbeständen (5–7 Jahre) zu finden. Die Art scheint schattige Biotope bevorzugt zu besiedeln, sie bewohnt aber auch einzeln in Bergwiesen wachsende Bäume (K. SPATENKA).

Aus der benachbarten Pfalz liegt folgende Beobachtung vor: Stark beschattete Stammanschwellungen an alten Weißtannen nahe dem Stammfuß und in etwa 2 m Höhe an zwei verschiedenen Fundstellen enthielten ausschließlich Raupen von *Synanthedon spuleri*. Aus Anschwellungen im Kronenbereich und in großer Stammhöhe von Weißtannen im selben Biotop schlüpfte dagegen ausschließlich *Synanthedon cephiformis* (E. BETTAG, M. BEIERLEIN).

Ein weiteres Beispiel dafür, daß Angaben in der Literatur nicht ungeprüft übernommen werden können, findet sich bei REUTTI (1898). Als »Futterpflanze« wird dort *Picea* angegeben. Weiter ist dort zu lesen: »Die Raupe soll auch in Anschwellungen von Wacholder leben«. Tiere aus Wacholder gehören jedoch nicht zu *S. cephiformis*, sondern zu *S. spuleri*.

In Baden-Württemberg erhielt D. BARTSCH bisher aus allen eingetragenen Tannenkrebsen ausnahmslos *S. cephiformis*, z. B. bei Vöringen (Sulz) von einer inmitten einer Dickung stehenden, ca. 20–25jährigen Tanne 6 Falter aus einer Galle, die sich 20 cm über dem Erdboden befand! Die am höchsten an einem Baum befindlichen Gallen entdeckte er bei Unterreichenbach (Nagold) im Kronenbereich 30–40 m hoher, vom Sturm umgeworfener Tannen an den stärkeren Ästen. Auch hieraus schlüpften 6 Falter von *S. cephiformis*. Im Schönbuch fand er dagegen am Schaichtalhang des Betzenberges Exuvien von *S. spuleri* in einem vollsonnig ca. 2 m hoch am Stamm befindlichen Tannenkrebs. Dies ist aber nicht mehr autochthones Tannengebiet!

Nahrung der Raupe:
Abies alba – Weißtanne
5 L, P (BAR, BET, BLÄ, STA, STE, WEF, WLL)

Die alleinige Nahrungspflanze von *Synanthedon cephiformis* ist die Weißtanne. In der älteren Literatur werden auch noch Fichte (*Picea*) und Lärche (*Larix*) als »Futterpflanze« angegeben (REUTTI 1898, BERGMANN 1953). Dies ist nach den heutigen Erkenntnissen falsch (s. unter *Synanthedon spuleri*!). Die Raupe lebt oft in beträchtlicher Höhe an den Stämmen und stärkeren Ästen. Sie besiedelt dort durch Pilze verursachte krebsartige Anschwellungen, rissige Stellen in der Rinde oder Ränder von Verletzungen der Rinde, wie sie z. B. bei Holzfällarbeiten entstehen (D. BARTSCH, H. STEFFNY). Sie frißt zumeist im Grenzbereich zwischen bereits abgestorbenen und lebenden Rindenpartien sehr unregelmäßige, relativ kurze, flache Gänge in der saftführenden Schicht aus. Der Befall ist am ausgeworfenen Bohrmehl zu erkennen. Es finden sich jedoch auch Raupen in Geschwulststellen, an denen von außen kein Bohrmehl zu sehen ist. Die Verpuppung erfolgt dicht unter der Rindenoberfläche in einer fein ausgesponnenen Puppenwiege. Das vorbereitete Ausschlupfloch ist durch einen dünnen Rindendeckel oder durch eine Gespinsthaube verschlossen.

Die Entwicklung der Larven findet meist an unterständigen, physiologisch geschwächten Bäumen statt. In der Literatur werden die Pilze *Melampsorella caryophyllaceorum* und *Aecidium elatinum* als Erzeuger der »Krebsgallen« genannt.

Letzterer ist nur ein Entwicklungsstadium von *Melampsorella*. Die befallenen Tannen werden als »Rädertannen« bezeichnet.

Nahrung des Falters: Keine Beobachtung aus Baden-Württemberg.

In Österreich wurde der Falter auf blühendem Wasserdost (*Eupatorium cannabinum*) gefunden (KUSDAS & REICHL 1973), in der Slowakei und auf dem Balkan auf den Blüten des Zwergholunders *(Sambucus ebulus)*. Letzterer ist sicherlich die »erfolgreichste Fangpflanze« für Glasflügler, weil sie von vielen Sesien-Arten besucht wird (K. SPATENKA).

Verhalten: Bei Treibzuchten im warmen Zimmer schlüpften die Falter in der Regel in den frühen Morgenstunden (E. BETTAG). D. BARTSCH beobachtete hingegen, daß seine Zuchttiere meist um die Mittagszeit schlüpften, und zwar bei Sonnenschein, der offensichtlich als Schlupfreiz wirkt. Die Entwicklung der Flügel geht sehr rasch vonstatten.

Zum Lebensraum des Tannen-Glasflüglers gehören Tannenforste und Mischwälder mit reichlichem Anteil der Weißtanne (*Abies alba*). Hier besiedelt die Raupe die Krebsgeschwulste an Stämmen (Bildmitte) und Ästen der Tannen, oft in großer Höhe. – Nagoldtal, Unterreichenbach 16.10.90 D. BARTSCH.

Gefährdung und Schutz

Rote Liste Bundesrepublik: 2
Rote Liste Baden-Württemberg: V

Oberrheinebene: Nicht vertreten.
Schwarzwald: Art der Vorwarnliste.
Neckar-Tauberland: Art der Vorwarnliste.
Schwäbische Alb: Art der Vorwarnliste.
Oberschwaben: Art der Vorwarnliste.

- In Baden-Württemberg eine Art der Vorwarnliste!

Außerhalb des natürlichen Verbreitungsgebietes der Weißtanne wurde *Synanthedon cephiformis* noch nicht gefunden; alle derartigen Meldungen betreffen andere *Synanthedon*-Arten. Die Raupe des Tannen-Glasflüglers ist nicht in der Lage, gesunde Bäume zu befallen, vielmehr ist sie auf Rindenkrebse oder auf Verletzungsstellen angewiesen, wie sie z.B. beim Holzrücken entstehen können. Wo regelmäßig durchforstet wird, ist das Tier meist selten, in »ungepflegten« Bauernwäldern dagegen aber manchmal erstaunlich häufig. Eine Beurteilung der Gefährdung kann nur durch Untersuchung der Tannenbestände auf Raupenbefall und Häufigkeit obengenannter Mykosen erfolgen. Da die Weißtanne heute als die vom Waldsterben am stärksten betroffene Baumart gilt (VOGGESBERGER in SEBALD, SEYBOLD & PHILIPPI 1990) und nach PAPKE et al. (1986) sogar als in ihrem Bestand akut bedroht einzustufen ist, wird der Tannen-Glasflügler in die Vorwarnliste aufgenommen.

Die Gattung Bembecia[1]

Seit den Untersuchungen von SPATENKA & LASTUVKA (1990) zur Taxonomie von drei mitteleuropäischen *Bembecia*-Arten – *B. scopigera* (SCOPOLI, 1763), *B. ichneumoniformis* ([DENIS & SCHIFFERMÜLLER], 1775) und *B. albanensis* (REBEL, 1918) – besteht endlich Klarheit über deren Status und darüber, daß die auch bei neueren Autoren (FIBIGER & KRISTENSEN 1974, LERAUT 1980, KOCH 1984) erfolgte Synonymisierung von *B. ichneumoniformis* mit *B. scopigera* zu Unrecht geschehen ist.

In Baden-Württemberg kommen zwei Arten vor: *B. ichneumoniformis* und *B. albanensis*. Die dritte Art, *B. scopigera*, wird von SPATENKA &

---
[1] Bearbeitet von ERNST BLUM

LASTUVKA (1990) von Nürnberg angegeben. Obwohl diese Angabe bisher keine Bestätigung fand, ist ein Vorkommen dieser Art in unserem Faunengebiet nicht völlig auszuschließen.

Bembecia ichneumoniformis
([Denis & Schiffermüller], 1775)

Hornklee-Glasflügler

Sesia albanica REBEL, 1910

Sesia ichneumoniformis F. (REUTTI 1898, LAMPERT 1907, REBEL 1910, ECKSTEIN 1913–1923)
Dipsophecia ichneumoniformis F. (SEITZ 1907–1954, SPULER 1908–1910, HERING 1932, SCHNEIDER 1936–1939, BERGMANN 1951–1955, KOCH 1955 und 1984, FORSTER 1960, STRESEMANN 1969, Rote Liste BRD 1984)

Gesamtverbreitung: Von Spanien über West- und Mitteleuropa bis zur Ukraine und Südrußland. Im Norden bis Fennoskandien (60° n.Br.), im Süden durch den mediterranen Raum ostwärts bis Vorderasien.

Verbreitung

Regional: Die Verbreitung des Hornklee-Glasflüglers in Baden-Württemberg ist nur unvollständig erfaßt. Flächenhaft nachgewiesen ist diese Art bisher aus der nördlichen Oberrheinebene und den östlich und südöstlich sich an-

Gelegentlich findet man den Hornklee-Glasflügler (*Bembecia ichneumoniformis*) auf Blüten sitzend. Die Paarung findet in den frühen Mittagsstunden statt. Die Falter können keinen Nektar aufnehmen, da sie einen rudimentären Saugrüssel haben. – Kraichgau, Walzbachtal 11.8.91 F. LAIER.

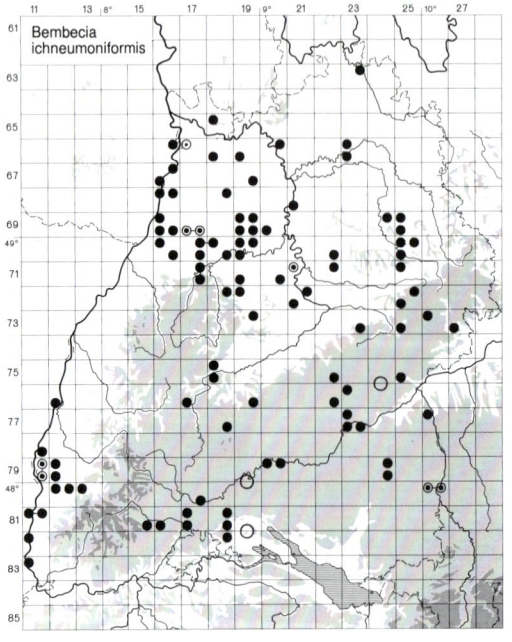

schließenden Naturräumen (Kraichgau, Stromberg/Heuchelberg, Neckarbecken und Obere Gäue) sowie aus der südlichen Oberrheinebene mit Kaiserstuhl und Freiburger Bucht. Auch östlich des Neckars (Kocher-Jagst-Ebenen, Bauland/Tauberland) scheint eine ähnlich dichte Verbreitung zu bestehen. Lücken dürfte es nur in stark landwirtschaftlich geprägten Räumen und in größeren Waldgebieten geben. Hier fehlt es aber bislang noch an genaueren Nachforschungen! *Bembecia ichneumoniformis* besiedelt ferner die gesamte Schwäbische Alb bis zum Hegau und ins Alb-Wutach-Gebiet. Aus dem Alpenvorland existieren ein alter Sammlungsbeleg vom Illertal (Mooshausen, 7.8.1960, G. REICH) sowie neuere Meldungen aus der Umgebung von Illerrieden und Biberach (A. LINGENHÖLE). Auch hier ist eine weitere Verbreitung zu vermuten.

Vom Schwarzwald ist diese Glasflügler-Art bisher nur aus einigen Randgebieten wie dem Tal der Kleinen Enz im Norden und dem Hirzberg und Schloßberg bei Freiburg im Südwesten nachgewiesen. Sie ist hier vor allem noch an warmen Hängen des Westrandes zu erwarten, wie ein Fund bei Bühl-Rittersbach (Hardtkopf, ca. 230 m, A. Schanowski) schon andeutet.

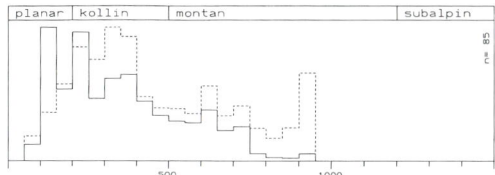

Vertikal: In Baden-Württemberg hat die Art den Schwerpunkt ihrer Verbreitung in der planaren und kollinen Stufe. Eine Reihe von Funden oberhalb von 600 m belegen aber auch das Vorkommen in der montanen Region. Das Maximum der Höhenverbreitung mit 930 m erreicht die Art am Plettenberg bei Dotternhausen (D. Bartsch). In den Alpen wurde sie bis nahe 1800 m gefunden (Maloja-Paß, M. Petersen).

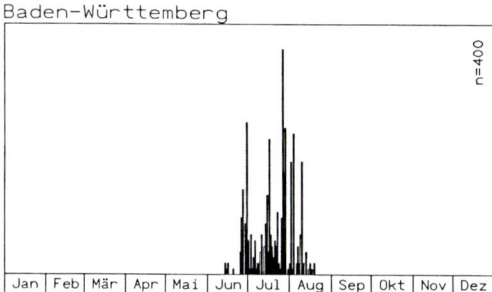

Phänologie

Imagines: Der Hornklee-Glasflügler fliegt in Baden-Württemberg von Mitte Juni bis Mitte August. Als frühestes Tier kann ein Exemplar vom 14. Juni (1888, Karlsruhe, M. Daub) angeführt werden. Den spätesten Fund registrierte F. Weber am 19. August (1989, bei Hondingen). Die Hauptflugzeit erstreckt sich von Anfang Juli bis Anfang August.

Präimaginalstadien: Die Entwicklung der Raupe ist in Mitteleuropa zweijährig (Spatenka & Lastuvka 1990). Obwohl aus Baden-Württemberg zahlreiche datierte Raupenfunde vorliegen, kann über die Dauer der Larvalentwicklung in unserem Gebiet noch keine genaue Angabe gemacht werden.

Ökologie

Lebensraum: Die thermophile Art bevorzugt warme Sand-, Kies- und Geröllflächen, Felsfluren, Trockenrasenflächen und Erosionshänge. Neben diesen ursprünglichen Biotopen ist *B. ichneumoniformis* auch in anthropogenen Lebensräumen wie Böschungen, Bahndämmen, Hochwasserdämmen (des Rheins), Steinbrüchen, Kies- und Sandgruben, Triften und an Waldrändern zu finden.

Es ist nicht leicht, unsere einheimischen Glasflügler im Freiland aufzuspüren. Hier gelang es, ein Weibchen von *B. ichneumoniformis* bei der Eiablage zu beobachten. – Freiburg-Wittnau 23.7.91 R. Herrmann.

Die schwarzen, oval abgeflachten Eier (oberhalb Bildmitte) werden einzeln an Blüten und Blättern der Raupennahrungspflanzen abgelegt. – Freiburg-Wittnau 23.7.91 R. Herrmann.

Nahrung der Raupe:
Lupinus polyphyllus – Vielblättrige Lupine
 L (Bar)
Anthyllis vulneraria – Gewöhnlicher Wundklee
 L (Bar, Wef)
Lotus corniculatus – Gewöhnlicher Hornklee
 4 E, L, P (Bar, Blä, Bod, Doc, Ebe, Her, Lin, Par, Sta, Wll, Wef)
Hippocrepis comosa – Hufeisenklee
 3 L (Bar, Wef)

Die von *B. ichneumoniformis* bevorzugten Raupennahrungspflanzen sind der Gewöhnliche Hornklee und, wo er vorkommt, der Hufeisenklee. Neu war die Entdeckung von Lupine als Wirtspflanze. Dabei handelte es sich um einen Bestand auf einer Böschung zwischen Weinbergen und Waldrand. In einer ca. 2 cm dicken Hauptwurzel fanden sich im oberen Teil zwei Raupen. Der in der Mitte verlaufende Fraßgang war ca. 10 cm lang (D. Bartsch). Wundklee als Raupennahrungspflanze von *B. ichneumoniformis* wurde am Stromberg (D. Bartsch) und im Hegau (F. Weber) registriert.

In der Literatur werden für Gebiete außerhalb Baden-Württembergs noch folgende Raupennahrungspflanzen genannt:
Onobrychis sativa – Esparsette (Predota 1913) (Nahrungspflanze von *B. scopigera*!)
Ononis spinosa – Dornige Hauhechel (Zukowsky 1910) (Nahrungspflanze von *B. albanensis*!)
Dorycnium germanicum – Seidiger Backenklee (Zukowsky 1910)
Lathyrus pratensis – Wiesen-Platterbse (Bergmann 1953, Zukowsky 1910)
Melilotus spp. – Steinklee (Wagner-Rollinger 1977)
Tetragonolobus maritimus – Spargelerbse, Spargelschote (Lastuvka 1990)
Medicago spp. – Schneckenklee, »Sichelklee« (Bergmann 1953, Wagner-Rollinger 1977).

Nahrung des Falters: Der Hornklee-Glasflügler kann keine Nahrung aufnehmen, da sein Rüssel rückgebildet ist.

Verhalten: Die Raupe lebt in einem meist im äußeren Wurzelbereich angelegten Fraßgang. Dieser kann teilweise auch an der Oberfläche der Wurzel verlaufen und ist mit einem aus Genagsel angefertigten Gespinst nach außen abgeschlossen. Häufig leben mehrere Raupen in einer Wurzel, jede in ihrem eigenen Fraßgang. Dieser kann bis 15 cm in den Boden hinabreichen. Die Überwinterung erfolgt meist in den unteren Partien des Fraßganges in einem feinen Gespinst. Dieser kann aber auch im Wurzelhalsbereich der Pflanze angelegt sein. Ende Oktober (1993, Stuttgart-

Im ausgegrabenen Wurzelstock des Hornklees (*Lotus corniculatus*) ragt der vordere Teil der beinfarbenen Raupe aus dem Fraßgang heraus. Die Verpuppung erfolgt in einem schlauchartigen Gespinst, das der Wurzel eng anliegt. – Kraichgau, Illingen 28.4.90 G. Ebert.

Weilimdorf) fand D. Bartsch die Raupen schon im Überwinterungsgespinst vor. Dabei konnte er die Tiere verschiedenen Größenklassen zuordnen, was aber kein Hinweis auf die Dauer der Raupenzeit sein muß, da die mit 6–8 mm kleinsten Tiere durch im Frühjahr entsprechend verstärkte Nahrungsaufnahme durchaus noch im gleichen Jahr den Falter ergeben können. Klarheit kann hier eine durchgängige Kontrolle während der Sommermonate bringen. Zur Verpuppung verlängert die Raupe zumeist ihren Fraßgang mit einem röhrenförmigen Gespinstschlauch, der von wenigen Millimetern bis zu mehreren Zentimetern lang sein kann. Er ist oft am Ansatz eines vorjährigen trockenen Blütenstengels angesponnen und ragt aus dem Wurzelhalsbereich heraus. Die eigentliche Puppenkammer ist aber ein ganzes Stück unterhalb der Schlauchspitze angelegt und nach oben von einer klappenähnlichen Gespinstkappe abgeschlossen, die von der Puppe vor dem Schlüpfen des Falters aufgestoßen wird. Die Puppe arbeitet sich durch den Schlauch nach oben und etwa zur Hälfte aus ihm heraus, ehe der Falter die Puppenhülle sprengt. Oftmals ist aber auch das gesamte Puppenlager im oberen Wurzelteil der Pflanze angelegt und die Exuvien findet man später im Wurzelhalsbereich zwischen den Stengeln (D. Bartsch).

Der Hornklee-Glasflügler besiedelt vorwiegend warme, sonnige Stellen wie Geröllhänge (Keuper, Muschelkalk, Jura) und Trockenrasenflächen mit ausreichenden Beständen seiner Raupennahrungspflanzen aus der Familie der Schmetterlingsblütler (Leguminosen). – Kraichgau, Illingen 28.4.90 G. EBERT.

Die Eiablage dieses Glasflüglers wurde in unserem Faunengebiet von R. HERRMANN und A. LINGENHÖLE beobachtet und von letzterem wie folgt beschrieben: Das beobachtete Weibchen umflog in schnellem Flug Pflanzen des Gewöhnlichen Hornklees (*Lotus corniculatus*). Nachdem es sich gesetzt hatte, wurden die Eier an Blattspitzen oberseits und unterseits abgelegt. Dabei wurden Blätter bevorzugt, in deren Nähe sich andere ›beschädigte‹ – z. B. trockene oder durch Minenfraß veränderte – befanden.

Folgende Beobachtung machte Pfarrer E. A. FUCHS (1888) am Mittelrhein: »*Sesia ichneumoniformis* pflegt als Schmetterling an geeigneten Stellen gegen Abend bis zu Sonnenuntergang in der Regel ruhig auf *Centaurea*-Köpfen zu sitzen und zwar kaum je auf eigentlichen Blüthen, sondern fast stets auf geschlossenen grünen, zuweilen auf ganz verhaideten Köpfen ... als es sich herausgestellt hat, dass die Schmetterlinge nicht blos auf *Centaurea* ruhen, sondern auch – ich bitte es wohl zu bemerken – auf bis zur Wurzel hinab dürren Compositeen, nie auf grünen ...«.

Dazu kann noch angemerkt werden, daß D. BARTSCH am Spätnachmittag eines schwülen Tages (Juli 1993, bei Heimsheim) ein ruhendes Männchen an einem dürren Grasblütenstand fand, der die umgebende Vegetation deutlich überragte. Nach KÖHLER (1992) paaren sich die Falter in den späten Vormittagsstunden. Nach Pheromonanflügen in der Pfalz zu urteilen, liegt das Aktivitätsmaximum der Männchen in den Morgenstunden zwischen 8 und 11 Uhr MESZ.

Gefährdung und Schutz

Rote Liste Bundesrepublik: –
Rote Liste Baden-Württemberg: –

Oberrheinebene: Nicht gefährdet.
Schwarzwald: Noch ungeklärt (nur randlich vorkommend).
Neckar-Tauberland: Nicht gefährdet.
Schwäbische Alb: Nicht gefährdet.
Oberschwaben: Noch ungeklärt.

• In Baden-Württemberg nicht gefährdet!

Bembecia albanensis
(Rebel, 1918)
Hauhechel-Glasflügler

Dipsosphecia kalavrytana SHELJUZHKO, 1924

Gesamtverbreitung: Die Art kommt von Zentralspanien über Südfrankreich, Italien, den Balkan bis Kleinasien vor. Sie ist (in geographischen Unterarten) von den großen Mittelmeerinseln ebenso wie aus Tunesien bekannt. Nach Norden erreicht sie Südengland, Frankreich, Deutschland, Österreich, Tschechien und die Slowakei, im Osten das südliche Wolgagebiet und den Kaukasus. Aus Deutschland liegen bisher nur Funde aus Baden-Württemberg, Rheinland-Pfalz und Thüringen vor.

Verbreitung

Regional: Die wenigen bis jetzt bekannten Vorkommen des Hauhechel-Glasflüglers in Baden-Württemberg liegen in der Oberrheinebene und am Unteren bzw. Mittleren Neckar. Der älteste Sammlungsbeleg datiert vom 15.7.1937 (Ketsch, A. MORANO). Neuere Funde von dort liegen bisher nicht vor, doch gelangen sie südlich davon auf den Hochwasserdämmen bei Rußheim, z.B. durch A. SCHANOWSKI, der am 20.7.1990 einen Falter fing, der um *Ononis spinosa* flog (Rußheim, Germersheimer Stadtwald). In der südlichen Oberrheinebene entdeckten H. STEFFNY die Art im NSG Taubergießen (27.7.1984) und R. HERRMANN bei Steinenstadt (28.7.1991) und im Kaiserstuhl, Badberg (27.7.1991), wo bereits L. SETTELE am 18.7.1943 einen Falter gefangen hatte. Einzelfunde im Neckar-Tauberland liegen vor aus dem Bauland (Neckarhänge bei Diedes-

Nur dem aufmerksamen Beobachter gelingt es, den Hauhechel-Glasflügler (*Bembecia albanensis*) in seinem Lebensraum zu entdecken. Selten findet man den Falter, meist in den Abendstunden, in der Vegetation ruhend. Dann sitzt er, wie dieses Männchen, in der Nähe von Hauhechelbeständen an trockenen Sproßteilen oder an Grashalmen. – Südlicher Oberrhein 21.7.91 R. HERRMANN. M.

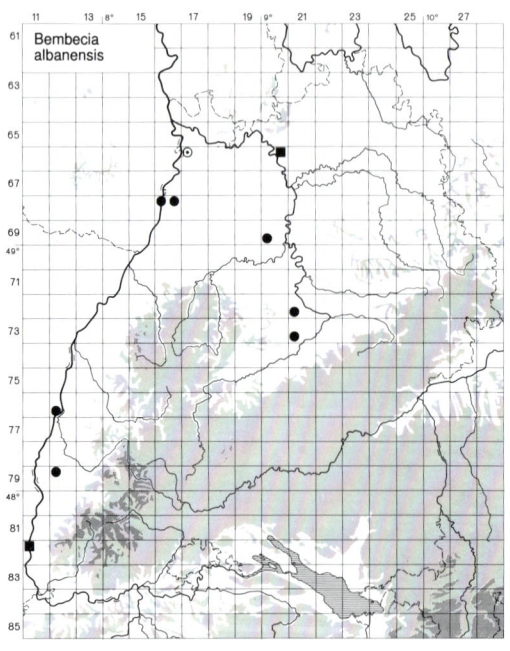

heim, 17.7.1989, R. BLÄSIUS), vom Stromberg (Hohenhaslach, 3.3.1991 [Raupe] D. BARTSCH) und von den Fildern (NSG Eichenhain, 21.2.1991 [Raupe], 27.7.1991 D. BARTSCH, 4.8.1992 F. Weber; Aichtal zwischen Aich und Neuenhaus, 1991 E. RENNWALD).

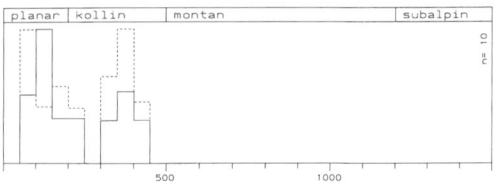

Vertikal: Die Vorkommen liegen in der planaren und kollinen Stufe und reichen bis etwa 400 m.

Phänologie

Imagines: Die wenigen Falterfunde in unserem Faunengebiet beschränken sich auf den engen Zeitraum vom 13. bis 28. Juli. Die Grenzen der Flugzeit sind in Baden-Württemberg sicherlich noch nicht vollständig erfaßt. So beobachtete F. WEBER noch am 4. August zwei Tiere über Hauhechel fliegend (1992, Stuttgart-Riedenberg). Aus einer eingetragenen Puppe schlüpfte am 5.8.1993 ein Weibchen (D. BARTSCH).

In der Pfalz wurde bei Pheromontests als frühestes Flugdatum der 5. Juli und als spätestes der 16. August festgestellt. Der Beginn der Flugzeit liegt zwei Wochen später als bei *B. ichneumoniformis*! Nach K. SPATENKA fliegt die Art noch Mitte September.

Präimaginalstadien: Zur Eiablage liegen uns bislang noch keine Beobachtungen vor. Die Raupen fand D. BARTSCH schon im Februar und März. Am 13. Juli (1993, Stuttgart-Riedenberg) entdeckte er sowohl die Fraßgänge erwachsener Raupen (diese waren bereits verpuppt) als auch gleichzeitig mehrere Jungraupen von 8–10 mm Länge. Wir müssen daher von einer zweijährigen Entwicklung ausgehen.

Ökologie

Lebensraum: Als Lebensraum dieser Art wurden in unserem Faunengebiet festgestellt: Halbtrockenrasen kalkhaltiger Böden (südliche Oberrheinebene, Kaiserstuhl; Filder: Mergelböden), warme, sonnenexponierte Böschungen (Rheindämme!) mit ausreichenden Beständen der Nahrungspflanze, sandige, trockenwarme Ruderalflächen (nördliche Oberrheinebene) oder Pionierstandorte der Nahrungspflanze wie ein

Die Weibchen des Hauhechel-Glasflüglers sind größer und bunter als die Männchen. Sie können in den Nachmittagsstunden beobachtet werden, wenn sie langsam Hauhechel-Pflanzen umfliegen, um geeignete Stellen für die Eiablage zu finden. – Kleine Kalmit (Pfalz) 12.7.93 E. BLUM. M.

durch Rebflurbereinigung entstandenes Massenvorkommen der Raupennahrungspflanze auf Mergelschutthängen (Neckarbecken).

Nahrung der Raupe:
Ononis spinosa – Dornige Hauhechel
3 L, P (BAR)

Nach SPATENKA (1990) lebt die Raupe ausschließlich in *Ononis spinosa*, nach LASTUVKA (1990) auch in *O. arvensis*. Man findet sie in den Wurzeln, hauptsächlich in den Nebenwurzeln. In Sizilien und Nordafrika lebt die Raupe in *Hedysarum coronarium*.

D. BARTSCH fand die Raupen mehrfach in den Wurzelstöcken von *Ononis spinosa*, so am 13. 7. 1993 in einigen kümmernden Büschen. Im Zentrum der Hauptwurzel konnte bei allen Pflanzen der ovale Fraßgang erwachsener Raupen bemerkt werden. Dieser war teilweise mit altem Genagsel gefüllt und reichte bis zu 20 cm tief in die Wurzel hinab. Die Raupen waren zu diesem Zeitpunkt schon verpuppt. Sie hatten im Bereich des Wurzelhalses eine senkrechte Kammer angelegt. Sie bestand aus fein versponnenem Fraßmehl. Zwei Raupen hatten die Kammern durch 8 bis 15 mm lange Ausschlupfröhren nach oben verlängert, die zwischen den Pflanzenstengeln kaum zu erkennen waren. In der Pfahlwurzel, in einer Tiefe von 10–15 cm, fanden sich außerdem unter der Wurzeloberfläche in kleinen Platzminen mehrere Jungraupen von 8–10 mm Länge.

Nahrung des Falters: Der Falter hat einen verkümmerten Rüssel!

Verhalten: Die Imagines bevorzugen trockenwarme bis heiße Plätze mit Beständen der Raupennahrungspflanze, von denen sie sich, besonders die Weibchen, kaum entfernen sollen. Nach SPATENKA (1990) sind die Falter deutlich weniger flugaktiv als die von *B. ichneumoniformis*.

Die Tagesflugzeit beginnt früh morgens. So können an warmen Sommertagen schon ab 8 Uhr MESZ die Männchen am Pheromon beobachtet werden. Ab 11 Uhr läßt der Anflug deutlich nach. Einzelanflüge erfolgen auch noch in den Nachmittagsstunden bis ca. 15 Uhr (D. BARTSCH). Bezüglich der Pheromonreaktion bestehen gegenüber der verwandten *B. ichneumoniformis* signifikante Unterschiede.

In der benachbarten Pfalz notierte E. BETTAG zur Eiablage: Anfang Juli (5.7.1993) konnten zwischen 13 und 16 Uhr mehrere Weibchen beobachtet werden, wobei das Aktivitätsmaximum etwa um 14 Uhr lag. Im langsamen Suchflug flogen die Tiere um die Hauhechelpflanzen, mal dicht am Erdboden, mal knapp über der Vegetation. Eines der Tiere setzte sich mehrfach nur für wenige Sekunden auf eine etwas exponiert stehende Pflanze am Rande eines größeren Hauhechel-Bestandes, um dann gleich wieder weiter zu fliegen. Schließlich blieb es auf einer kleinen, etwa 10 cm hohen, verkümmerten Hauhechel-Pflanze sitzen. Dort krümmte es den Hinterleib unter ein Blatt und flog dann nach ca. 5 Sekunden wieder ab. Die kleine Pflanze wurde mitgenommen, untersucht und ein Ei auf der Blattunterseite gefunden. Die kümmerliche Pflanze ließ Zweifel aufkommen, ob sie ausgereicht hätte, um die Raupe zu ernähren.

Gefährdung und Schutz

Rote Liste Bundesrepublik: 2
Rote Liste Baden-Württemberg: 3

Oberrheinebene: Gefährdet.
Schwarzwald: Nicht vertreten.
Neckar-Tauberland: Gefährdet.
Schwäbische Alb: Nicht vertreten.
Oberschwaben: Nicht vertreten.

• In Baden-Württemberg gefährdet!

Typischer Lebensraum des Hauhechel-Glasflüglers an einem Rheindamm, mit ausreichendem Vorkommen der Raupennahrungspflanze Dornige Hauhechel (*Ononis spinosa*). Die Art bevorzugt trocken-warme, meist nach Süden ausgerichtete Hänge oder Dämme. – Markgräfler Rheinebene 15.8.91 R. HERRMANN.

Die Trennung der drei Taxa *B. ichneumoniformis, B. albanensis* und *B. scopigera* ist noch wenig bekannt. Sämtliche alten Meldungen bedürfen der Überprüfung. Eine sichere Aussage wird sich nur anhand von Sammlungsbelegen machen lassen.

Insgesamt ist die Verbreitung der erst seit 1991 als neu für Deutschland erkannten *B. albanensis* noch ungenügend erforscht. Es können deshalb noch keine detaillierten Angaben über ihre Gefährdung gemacht werden. An vielen Stellen fehlt sie, obwohl dort reichlich *Ononis* wächst. Die Pflanze wird durch Beweidung zwar gefördert, verschwindet aber bei anderen Bewirtschaftungsmethoden (Mahd!) sehr schnell. Eine vorläufige Einstufung in die Kategorie »Gefährdet« erscheint aus diesen Erwägungen heraus sinnvoll.

Pyropteron chrysidiformis[1]
(Esper, 1782)

Roter Ampfer-Glasflügler

Sesia chalcochelmis STAUDINGER, 1856
Sesia lecerfi OBERTHÜR, 1909

Sesia chrysidiformis ESP. (REUTTI 1898, LAMPERT 1907, ECKSTEIN 1913–1923)
Chamaesphecia chrysidiformis ESP. (SPULER 1908–1910, SEITZ 1907–1954, REBEL 1910, HERING 1932, SCHNEIDER 1936–1939, BERGMANN 1951–1955, KOCH 1955 und 1984, FORSTER 1960, STRESEMANN 1969)
Bembecia chrysidiformis ESP. (LERAUT 1980, Rote Liste BRD 1984)

Gesamtverbreitung: Von der Iberischen Halbinsel über Westeuropa einschließlich Südengland bis Mitteleuropa. Im Süden auf den Mittelmeerinseln Mallorca, Sardinien und Korsika, außerdem auf der Apenninhalbinsel. Ältere, nicht mehr belegbare Funde aus Niederösterreich, Ungarn und Rumänien bedürfen der Bestätigung. In Deutschland liegt der Verbreitungsschwerpunkt in Rheinland-Pfalz und Baden-Württemberg. Einzelfunde sind aus Hessen, Thüringen und Bayern bekannt.

---

[1] Bearbeitet von ERNST BLUM

Verbreitung

Regional: In Baden-Württemberg glückte der Nachweis von *P. chrysidiformis* erst relativ spät: Am 3.6.1971 gelangen am Tuniberg westlich von Freiburg und am 22.7.1979 bei Weinstetten südlich von Hartheim die ersten Funde durch W. PANKOW (STEFFNY 1990). In den folgenden Jahren konnten R. HERRMANN (5.7.1987, Efringen), H. STEFFNY (26.5.1990, Weinstetten) und F. WEBER (26.6.1993, Grißheim) die Art erneut in diesem Gebiet feststellen und damit ein vom Kaiserstuhl bis in die südliche Markgräfler Rheinebene reichendes Areal nachweisen.

Auf einem Foto, das im Jahre 1982 bei Mannheim-Sandhofen aufgenommen worden war (H. GRAF), entdeckte R. BLÄSIUS den Glasflügler als neu für Nordbaden. Ab 1987 gelangen dort weitere Nachweise durch den Einsatz von Pheromonen und durch gezielte Raupensuche. Heute liegen aus diesem Raum, der Teile der Nördlichen Oberrhein-Niederung, der Neckar-Rheinebene und der Bergstraße umfaßt, Nachweise von 8 Meßtischblatt-Quadranten vor; weitere Funde auf Sand- und Brachflächen sind durchaus möglich.

In der Mittleren Oberrheinebene (Rheinaue bei Kehl) wurde 1995 eine Population des Roten Ampfer-Glasflüglers festgestellt (A. SCHANOWSKI). Auch hier können bei intensiver Nachsuche

Der Rote Ampfer-Glasflügler (*Pyropteron chrysidiformis*) – hier das Männchen – zählt zu den schönsten Glasflügler-Arten. Über seine Verbreitung in Baden-Württemberg war bis vor wenigen Jahren kaum etwas bekannt. – Kehl-Rheinhafen 30.6.95 G. EBERT.

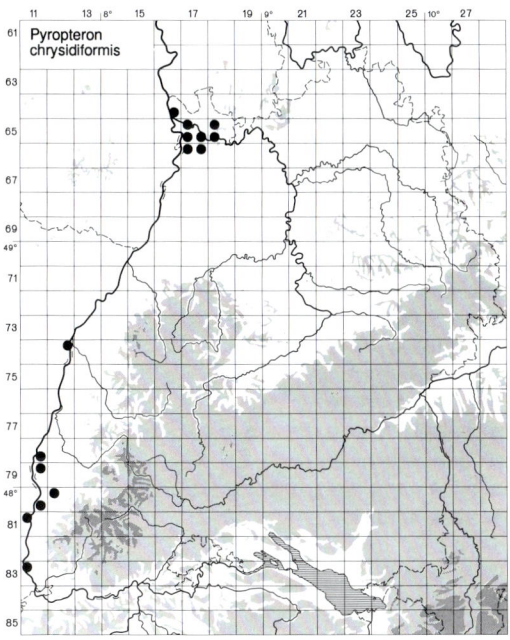

sicherlich noch weitere Vorkommen entdeckt werden. Ob die Art auch noch in anderen Naturräumen Baden-Württembergs vorkommt, ist fraglich. Funde von GICK (1978) bei Meilschnitz (Umgebung Coburg) und DIRKSCHNIEDER (1988) in Mainfranken lassen dies für das Main-Tauber-Gebiet möglich erscheinen. Bisher erfolglos war die Nachsuche auf xerothermen Flächen (Geröllhänge, Felshänge) der Schwäbischen Alb (Oberes Donautal und Plettenberg) mit ausreichenden Beständen des Schildampfers (*Rumex scutatus*), einer in der Nordpfalz und im Rheinland wichtigen Raupennahrungspflanze.

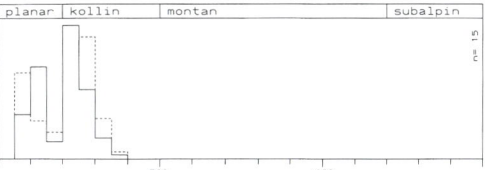

Die Eier sind flach-oval, schwarz und oben eingedellt. Nachdem seine Biologie besser erforscht war, konnte dieser Glasflügler inzwischen an vielen Stellen der Oberrheinebene nachgewiesen werden. – Kehl-Rheinhafen 30.6.95 G. EBERT.

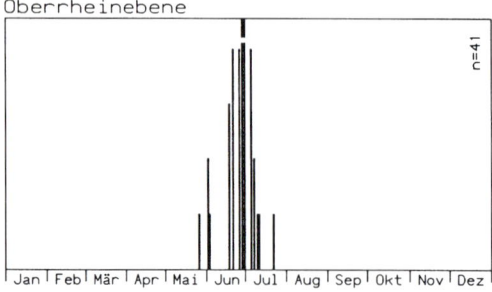

Das Weibchen legt jeweils mehrere Eier sehr schnell an Blättern (Unter- und Oberseite), aber auch an Blattstielen und Stengeln einer Ampfer-Pflanze ab. Dazwischen ruht es immer wieder oder nimmt Nektar auf. Kehl-Rheinhafen 30.6.95 G. EBERT.

Vertikal: Von der planaren (Mannheim-Sandhofen, 95 m) bis zur kollinen Stufe (Kaiserstuhl, 400 m).

Phänologie

Imagines: Die bis jetzt vorliegenden Falter, hauptsächlich Männchen, wurden zwischen dem 26. Mai (1990) und dem 22. Juli (1979) gefangen (STEFFNY 1990). Der überwiegende Teil wurde zwischen dem 28. Juni und dem 6. Juli registriert und dürfte die Hauptflugzeit markieren. Im Nahetal fliegen die Falter auffällig früher als in der Rheinebene. Ob dies klimatische Ursachen hat, ist noch unklar.

Die Lebensdauer von Weibchen, die im Labor gehalten wurden, betrug bis zu 14 Tagen (SCOTT & SAGLIOCCO 1991).

Präimaginalstadien: Aus Baden-Württemberg liegen Raupenfunde zwischen November und Juli vor. Über die Dauer des Larvenstadiums gibt es keine präzisen Angaben. Allgemein geht man von einer einjährigen Entwicklung aus (FORSTER 1960, KOCH 1984, SCOTT & SCAGLIOCCO 1991). R. BLÄSIUS untersuchte im Juli 1995 einen *Rumex obtusifolius*-Bestand bei Mannheim-Sandhofen. Die Wurzeln des Ampfers waren, wie so oft bei *P. chrysidiformis*-Befall, abgestorben. Zum Teil waren sie ausgefressen und mit schwarzem, modrigem Bohrmehl ausgefüllt. In ihnen lebten Raupen zweier Größenklassen: 6 Raupen von 8–9 mm Länge und 8 Raupen, die 15–16 mm lang waren. Aus dieser Beobachtung kann gefolgert werden, daß die Raupe eine zweijährige Entwicklung hat.

BAKER (1985) berichtet über in England vorkommende Populationen mit zweijähriger Entwicklung: »Larvae of 19 mm length have been discovered in December from roots taken the previous April, and ULLYETT (1871) bred moths the year after roots were collected early in the previous year.«

R. BLÄSIUS fand am 4. Mai (1993, bei Eppelheim) neben erwachsenen Raupen bereits mehrere Puppen. Nach SCOTT & SCAGLIOCCO (1991) dauert die Puppenruhe bis zu vier Wochen.

Ökologie

Lebensraum: Warme, trockene Sandflächen, Brachen, aufgelassene Kies- und Sandgruben, Eisenbahndämme und Ackerrandstreifen. Spärlich bewachsene Kiesflächen an Böschungen und Dämmen (Hochwasserdämme). Ebenso wurden Tiere auf Bauschuttdeponien und an einer Lößböschung gefunden. Bei der 1995 entdeckten Fundstelle bei Kehl handelt es sich um ein Industriegelände. Hier war Elektroofenschlacke abgekippt und mit Mutterboden überdeckt worden. Dort, wo auf diesen kalkhaltigen, porösen und deshalb gut wasserdurchlässigen Rückständen der Mutterboden nur dünn auflag, erreichte die Pionierpopulation von *P. chrysidiformis* offensichtlich ihre größte Individuendichte.

Bei fast allen Fundstellen handelt es sich um anthropogene Standorte. Ideale Lebensbedingungen findet die Art in sonnenexponierten, trocken stehenden Pflanzen mit möglichst wenig Unterwuchs. Oft findet man solche Pflanzen an Wegrändern und Schutthaufen, wo die Raupen auch an feuchteren Plätzen zu finden sind. In Eppelheim existiert eine große Population in den dichten *Rumex*-Beständen auf einer mit Lehm abgedeckten Deponie. Untypisch ist dagegen der Fund eines Tieres in einem Flaumeichenwald im Kaiserstuhl (R. HERRMANN).

Nahrung der Raupe:
Rumex obtusifolius – Stumpfblättriger Ampfer
  3 E, L, P (BAR, BLÄ, EBE, ECK, HER, REK, REN, SCH)
Rumex thyrsiflorus – Straußblütiger Sauer-
  Ampfer
  L (REK, REN)

In der Literatur werden noch weitere »Futterpflanzen« genannt:
Rumex scutatus – Schild-Ampfer (BETTAG 1991)
Rumex pulcher – Schöner Ampfer (SCOTT & SCAGLIOCCO 1991)
Rumex conglomeratus – Knäuel-Ampfer (SCOTT & SCAGLIOCCO 1991)
Rumex crispus – Krauser Ampfer (MABILLE 1866, SPENCER 1981)
Rumex hydrolapathum -Teich-Ampfer (BAKER 1985)
Rumex acetosa – Wiesen-Sauer-Ampfer (BUCKLER 1867, LE CERF 1903)
Helichrysum arenarium – Sand-Strohblume (BARTEL 1912, BERGMANN 1953, KOCH 1984, SPULER 1910)
Artemisia campestris – Feld-Beifuß (BARTEL 1912, BERGMANN 1953, KOCH 1984, SPULER 1910, FIBIGER & KRISTENSEN 1974, STEFFNY 1985, 1990, ZUKOWSKY 1910).

Die beiden zuletzt genannten kommen als Raupennahrungspflanzen wohl nicht in Frage. Scott & Scagliocco (1991) bemerken dazu: »LE CERF refers, without comment, to earlier work listing *Artemisia campestris, Calendula* sp. and *Helichrysum* sp. (Asteraceae) as host plants, but there has been no recent confirmation that these plants are fed on by the larvae of sesiids. Adult *B. chrysidiformis* most likely visit the flowers of these species and this might have led to the impression that they also served as food for larvae.«

Die Suche nach *P. chrysidiformis*-Raupen in *Artemisia*-Wurzeln blieb auch in Baden-Württemberg ohne Erfolg. Jedoch leben darin und in den Stengeln die Raupen mehrerer Kleinschmetterlingsarten. Dies könnte der Grund der Verwechslung sein!

Nahrung des Falters: Ein Falter wurde auf der Blüte einer Acker-Kratzdistel (*Cirsium arvense*) fotografiert. Weitere Beobachtungen in Baden-Württemberg wurden bei Kehl gemacht: Sprossende Felsennelke (*Petrorhagia prolifera*), Sumpfkresse (*Rorippa* spec.), Weiß-Klee (*Trifolium repens*), Roter Wiesen-Klee (*Trifolium pratense*), Einjähriger Feinstrahl (*Erigeron annuus*) (A. SCHANOWSKI, G. EBERT).

Verhalten: Die Falter schlüpfen meist in den Vormittagsstunden ab 8 Uhr MESZ (E. BLUM). Die Eiablage wurde in Baden-Württemberg erstmals 1995 beobachtet: Das Weibchen fliegt langsam und bodennah, bis es an eine Ampfer-Pflanze gelangt. Dort landet es meist auf einem Blatt, wonach sehr schnell mehrere Eier plaziert werden. Ein solcher Vorgang, bei dem die Eier an der

In den Ampferwurzeln findet man die Raupen häufig in großer Anzahl. Der Befall ist oft so massiv, daß die Pflanzen absterben und ganze Bestände innerhalb weniger Jahre verschwinden. In Australien will man sich diesen Effekt zunutze machen und den Roten Ampfer-Glasflügler zur Bekämpfung von Ampfer-Arten einsetzen, die dort sehr lästige Weideunkräuter sind. – Eppelheim (leg. R. Bläsius) 1.3.95 G. EBERT. S.

Brachen, Böschungen und Dämme, aber auch Kies- und Sandgruben in sonnenexponierten Lagen, mit größeren Ampferbeständen, insbesondere des Stumpfblättrigen Ampfers (*Rumex obtusifolius*), sind im Klimagunstgebiet Oberrheinebene der Lebensraum dieser südlichen Art. – Eppelheim 18.6.94 R. BLÄSIUS.

Blattunterseite abgelegt wurden, konnte zweimal beobachtet werden. Es wurden jedoch, und zwar in Anzahl (12–15 an einer Pflanze), auch Eier registriert, die auf der Blattoberseite, am Blattstiel und am Stengel selbst angeheftet waren. Teilweise waren an einer Pflanze mehr als 20 Eier zu finden (G. EBERT, A. SCHANOWSKI)!

LE CERF (1903) beobachtete in Frankreich Falter bei der Eiablage an tote Stengel von *Rumex acetosa*. SCOTT & SCAGLIOCCO (1991) fanden im Freiland Eier an vertrockneten Stengeln und Blüten von *Rumex pulcher* 10 bis 45 cm über dem Boden. Die gleichen Autoren berichten über die Eiablage im Labor. Das Weibchen legt erste Eier unmittelbar nach der Beendigung der Paarung; letzte Eier werden noch nach 11 Tagen abgelegt. Die Dauer des Eistadiums ist temperaturabhängig und beträgt 8 bis 14 Tage (Umgebungstemperatur 20–27 °C). Die Zahl der abgelegten Eier wird mit 230 bis 368 Stück pro Weibchen angegeben. SPENCER (1981) zählte durchschnittlich 457 abgelegte Eier pro Weibchen!

Nach SCOTT & SAGLIOCCO (1991) läuft die Jungraupe an einem Spinnfaden den Rumex-Stengel hinunter, bis sie die Bodenoberfläche erreicht. Dort frißt sie sich in die Wurzel ein. Unter der Wurzelhaut frißt sie eine flache Mine von etwa 7 mm Durchmesser. Die weitere Entwicklung findet in tieferen Wurzelbereichen statt. Die Raupe fertigt im Frühling am Wurzelhals eine ausgesponnene Kammer, in der die Verpuppung erfolgt.

Bei Zuchten mit Tieren aus der Pfalz (1992) konnten folgende Beobachtungen gemacht werden: Die auf einer kleinen Fläche im Frühling ausgegrabenen Wurzeln von *Rumex obtusifolius* waren zu 80–90 % besetzt. In einem zweiten Biotop waren es sogar 100 %. Größere Wurzelstöcke enthielten oft zwei bis drei Raupen. An einer anderen Stelle in der Pfalz wurden 5 bis 8 Raupen pro Pflanze gezählt. Nach dem Entfernen trockener Stengel und Blätter wurden die Wurzeln in Blumenkübel gepflanzt und regelmäßig gegossen. Die Kübel wurden im Freien aufbewahrt und mit Gaze dicht verschlossen. Überraschenderweise fanden sich gelegentlich Falter außerhalb der Zuchtbehälter oder in deren näherer Umgebung. Die Ursache war schnell gefunden: Einige Raupen kamen beim Anlegen ihrer Puppenkammer mit der 4 mm starken Kunststoffwand der Behältnisse in Berührung. Diese wurde von ihnen durchnagt und mit Schlupflöchern, die außen mit einer dünnen Kunststoffmembran verschlossen waren, versehen. Nach dem Schlupf der Falter waren in ihnen die leeren Puppenhüllen verblieben.

Im oben erwähnten *Rumex*-Bestand mit mehreren Hundert Pflanzen sollten zwei Jahre später Pheromontests für das Max-Planck-Institut in Seewiesen durchgeführt werden. Dazu kam es nicht mehr. 1994 wurden auf der Fläche noch ganze 7 Pflanzen gezählt. Es ist sicher, daß in der Zwischenzeit keine Herbizide eingesetzt oder andere Maßnahmen zur Beseitigung der Pflanzen vorgenommen wurden; so kann man davon ausgehen, daß sie durch *P. chrysidiformis* vernichtet wurden. Weitere vergleichbare Beobachtungen werden zur Zeit in einem anderen Biotop gemacht.

Schon BARTEL (1912), BERGMANN (1953), SPULER (1910), STEFFNY (1985) und ZUKOWSKY (1921) erwähnen, daß die befallenen Pflanzen vertrocknen. Darauf bauen die Untersuchungen von SCOTT & SAGLIOCCO (1991) auf. Sie planen, in Australien eingeschleppte Ampfer-Arten durch *Pyropteron chrysidiformis* bekämpfen zu lassen!

Bei wiederholtem Befall und hohen Populationsdichten können die Wurzelstöcke so stark geschädigt werden, daß die Pflanzen absterben. Dies geschieht oft erst bei über mehrere Jahre andauerndem Befall.

In den relativ dünnen Wurzeln von *Rumex scutatus* wurde mehrfach ein eng an der Wurzel anliegender Gespinstschlauch von ca. 4 mm Durchmesser gefunden. In seinem oberen Bereich war eine Kammer von etwa 2 cm Länge mit der aufrecht stehenden Puppe angelegt (Nordpfalz, BETTAG 1991). Nach BAKER (1985) reicht der Schlauch, röhrenförmig verlängert, 25–30 mm über den Erdboden und ist außen mit Nagespänen bedeckt. ZUKOWSKY (1910) fand die Raupen bei Hagenau im Elsaß an *R. acetosa* und *R.*

crispus: »Macht aber keinen Schlauch, sondern verpuppt sich im hohlen Stengel...«. D. BARTSCH beobachtete bei Eppelheim an 20 besetzten Wurzelstöcken von *R. obtusifolius* nur einmal eine Gespinströhre, die oben am Wurzelhals entsprang. Sie war ca. 60 mm lang und hatte etwa 5 mm Durchmesser.

Nach BARTEL (1912) fliegen die Falter nur »bei heißem Sonnenschein.« Bei Kehl waren sie bei Temperaturen um 30 °C (Nachmittagssonne bei klarem Himmel) aktiv. Allerdings legten die Falter immer wieder Ruhepausen in der Bodenvegetation ein (G. EBERT, A. SCHANOWSKI). In der Pfalz wurde der Falterflug auch bei bedecktem Himmel registriert, sofern die Temperatur ausreichte. Die Pheromone werden von den Männchen vorzugsweise während der Vormittagsstunden angeflogen. In Rheinland-Pfalz konnten vereinzelt Tiere aber auch noch bis 17 Uhr am Lockstoff beobachtet werden.

Parasitoide: Von SCOTT & SAGLIOCCO (1991) wurden zwei Tachinidenarten festgestellt, denen bis zu 40 % der Raupen zum Opfer fielen. Viele Raupen gehen während der Überwinterung an Verpilzung zugrunde (R. BLÄSIUS).

Gefährdung und Schutz

Rote Liste Bundesrepublik: –
Rote Liste Baden-Württemberg: V

Oberrheinebene: Art der Vorwarnliste.
Schwarzwald: Nicht vertreten.
Neckar-Tauberland: Nicht vertreten.
Schwäbische Alb: Nicht vertreten.
Oberschwaben: Nicht vertreten.

- In Baden-Württemberg eine Art der Vorwarnliste!

Die Art ist in den Wärmegebieten von Rheinland-Pfalz sowohl in naturbelassenen Lebensräumen wie Trockenhängen und Felsfluren, als auch an ruderal gestörten Stellen wie Unkrautplätzen verbreitet. In Baden-Württemberg befinden sich zahlreiche kleinere Vorkommen im Oberrheinischen Tiefland, bei denen es sich oft um individuenreiche Populationen an mehr oder weniger eng begrenzten, anthropogenen Standorten handelt. Eingriffe verschiedenster Art (Geländenutzung durch Maßnahmen des Hoch- und Tiefbaues, Müllablagerung, Freizeitnutzung, Mahd während der Sommermonate usw.) können diese Populationen schlagartig vernichten oder stark dezimieren, was durch das ausgeprägte Pionierverhalten dieser Art jedoch vielfach wieder ausgeglichen werden dürfte. Es empfiehlt sich daher, den Roten Ampfer-Glasflügler auf die Vorwarnliste zu setzen und dort, wo die Voraussetzungen dafür günstig erscheinen, entsprechende Erhaltungsmaßnahmen einzuleiten. So siedelt die 1995 bei Kehl entdeckte Population auf einer Grünfläche vor dem Verwaltungsgebäude eines Industriebetriebes. Die Fläche wird regelmäßig, also auch zur Flugzeit des Falters, gemäht. Durch die Initiative von A. SCHANOWSKI und das Entgegenkommen des Betriebsleiters dieses Industrieunternehmens konnte kurzfristig erreicht werden, daß die Mahd auf September verschoben und so den Jungraupen die Chance zum Überleben gegeben wird – ein Arrangement auf bilateraler, unbürokratischer Ebene, das zur Nachahmung empfohlen werden kann.

Synansphecia muscaeformis[1]
(Esper, 1783)

Sesia philanthiformis LASPEYERS, 1801
Chamaesphecia aestivata KRALICEK, 1969

Gesamtverbreitung: Die Art ist aus den meisten europäischen Ländern bekannt geworden, fehlt aber in vielen Gegenden oder kommt nur lokal vor. Im Norden besiedelt sie Schottland, ganz Dänemark und das südlichste Schweden. Im Süden reicht die Verbreitung bis zum Mittelmeer, doch ist sie auch hier nur gebietsweise anzutreffen. So fehlt sie im größten Teil der Iberischen Halbinsel, Südfrankreichs, Süditaliens und weiten Teilen des südlichen Balkans. Nach Osten gibt es nur wenige Meldungen aus Litauen, Weißrußland und der Ukraine.

In der Sammlung A. GREMMINGER (coll. LNK) steckt unter *Chamaesphecia leucopsiformis* ein Männchen von *Synansphecia muscaeformis*, auf dessen Etikett »Stuttgart« vermerkt ist. Es handelt sich dabei offenbar um die Handschrift von E. BROMBACHER, der jedoch, soweit uns bekannt ist, nie um Stuttgart gesammelt und seine eigenen Funde in der Regel sehr ausführlich beschriftet hat. Nach QUINGER (1990) hat es natürliche Vorkommen der Raupennahrungspflanze *Armeria maritima* (Grasnelke) im Raum Stuttgart niemals gegeben. Außerdem finden sich weder in der Literatur noch in den lokalen Sammlungen Hinweise auf neuere oder historische Funde von *Synansphecia muscaeformis*. Es muß also wie im Falle von *Chamaesphecia leucopsiformis* (siehe dort) davon ausgegangen werden, daß die Angabe auf

---
[1] Bearbeitet von AXEL KALLIES

einem Irrtum beruht. Trotzdem ist nicht völlig auszuschließen, daß S. *muscaeformis* in unserem Gebiet vorkommt oder doch vorkam. Typenfundort der Art ist Frankfurt am Main! Noch heute gibt es Vorkommen der Nahrungspflanze in der Neckar- und der Hessischen Rheinebene sowie im Maintal. Alle anderen von QUINGER (1990) aufgeführten Vorkommen von *Armeria* sollen, abgesehen von dem in einer Sandgrube nördlich von Rastatt, erloschen sein. Hier wurde über mehrere Jahre vergeblich nach dieser Art gesucht.

Allerdings sind aus Südböhmen Exemplare (leg. SOFFNER) von Lokalitäten bekannt geworden, an denen nie *Armeria* wuchs (K. SPATENKA)! Vielleicht lebt die Art noch in einer weiteren Pflanze? Die in der Literatur häufig angegebene *Calluna vulgaris* ist allerdings sehr unwahrscheinlich.

In Norddeutschland wurden die Falter von Anfang Juni bis Anfang August festgestellt. Aus Süddeutschland gibt es keine sicheren neuen Beobachtungen (angeblich wurde die Art in Bayern gefunden!). Die Raupenentwicklungszeit von *Synansphecia muscaeformis* beträgt nach nicht näher belegten Literaturangaben 1 Jahr (z. B. FIBIGER & KRISTENSEN 1974, KÖHLER 1992). Dem entsprechen auch Beobachtungen aus Mecklenburg und Brandenburg. Dort wurden neben verpuppungsreifen Raupen im Frühjahr regelmäßig nur wenige Millimeter lange Räupchen festgestellt, die jedoch nicht zur Entwicklung gebracht werden konnten. Da die Flugzeit sehr langgestreckt ist, was auch schon von KRALICEK (1969, als *Chamaesphecia aestivata*) angegeben wird, dürften diese Raupen Nachkommen spät im Jahr fliegender Falter sein.

Bevorzugt werden *Armeria*-Standorte in offenen, grasigen Biotopen auf Sandböden. Es sind aber auch Populationen bekannt, die an felsigen Hängen leben, so z. B. in der Steiermark und in Tschechien. Besiedelt werden vor allem kräftige Pflanzen am Rande des Bestandes. Diese fallen auch im Frühjahr noch durch zahlreiche vorjährige Blütenstände auf. Der Befall der Raupennahrungspflanze ist im allgemeinen leicht zu erkennen, da sie im Frühjahr nur zögernd austreibt und normalerweise keine neuen Blüten hervorbringt. Besetzte Pflanzen reißen bei der Suche nach der Raupe schon bei leichtem Ziehen im mittleren Bereich der Wurzel ab und der Fraßgang wird sichtbar. Nach KÖHLER (1992) werden Sekundärstandorte an Straßengräben in Norddeutschland nicht besiedelt.

Wie die Raupe ist auch der Falter verhältnismäßig einfach nachzuweisen. Man kann ihn auf den Blüten der Grasnelken finden oder im langsamen Schwirrflug über der Vegetation beobachten. Pheromonpräparate werden am späteren Nachmittag angeflogen. FIBIGER & KRISTENSEN (1974) geben an, daß die Eier nahe der Wurzel der Nahrungspflanze abgelegt werden. Nach Beobachtungen aus Mecklenburg und Brandenburg lebt die Raupe in der Hauptwurzel ihrer Nahrungspflanze,

wo sie einen sich nach oben erweiternden, zentralen Gang ausfrißt, der mit braunem, krümeligem Fraßmehl und Kot gefüllt ist. Die Verpuppung erfolgt meist im Zentrum der Blattrosette in einem lockeren, dünnwandigen Kokon im Ende des Fraßganges im Bereich des Wurzelhalses (A. KALLIES).

Synansphecia affinis[1] (Staudinger, 1856)

Sonnenröschen-Glasflügler

Sesia affinis STGR. (REUTTI 1898, LAMPERT 1907, REBEL 1910, ECKSTEIN 1913–1923)
Chamaesphecia affinis STAUDINGER, 1856 (LERAUT 1980)

Gesamtverbreitung: Von der Iberischen Halbinsel im Westen durch Mitteleuropa (Deutschland, Schweiz, Österreich, Ungarn, Slowakei) über den Balkan und die Türkei bis zur Ukraine, Südrußland und zur Krim. In Deutschland verläuft die bisher bekannte Nordgrenze der Verbreitung von der Südeifel über den Mittelrhein zum Kyffhäuser. Die südliche Arealgrenze erstreckt sich entlang der europäischen Mittelmeerküste und schließt die Inseln Sizilien und Kreta mit ein. In Nordafrika ist die Art bisher nur in der ssp. *erodiiphaga* DUMONT, 1922 aus Tunesien nachgewiesen.

Verbreitung

Regional: REUTTI (1898) meldet die Art von Überlingen, Lahr, Karlsruhe, Maxau und Bruchsal. A. GREMMINGER führt sie 1927 in seiner Kartei von Illingen (ohne genauere Angabe der Fundstelle) und dem Kaiserstuhl auf. Von ihm gibt es eine weitere Aufzeichnung, wonach E. BROMBACHER 1930 bei Vogtsburg im Kaiserstuhl »am frühen Morgen« mehrere Exemplare auf verschiedenen Pflanzen erbeutet hat (s. auch BROMBACHER 1935). Mit Ausnahme des Kaiserstuhls sind alle genannten Fundorte anzuzweifeln. Bei diesen alten Funden handelt es sich mit hoher Wahrscheinlichkeit um Verwechslungen mit dunklen Tieren von *Chamaesphecia empiformis*, da aus diesen Regionen keine aktuellen Falterfunde sowie kaum geeignete Lebensräume bekannt sind.

Aus neuerer Zeit liegen sichere Meldungen von verschiedenen Fundstellen im Kaiserstuhl vor (25. 5. 1958, L. SETTELE; 23. 5. 1981, M. HASSLER; 25. 6. 1982, H. J. TRÖGER). In der Markgräfler Rheinebene wurde die Art seit 1987 mit Pheromonen angelockt (G. EBERT, R. HERRMANN). Im gleichen Jahr gelang R. HERRMANN im Süd-

---

[1] Bearbeitet von ERICH BETTAG

Der wärmeliebende Sonnenröschen-Glasflügler (*Synansphecia affinis*) hat in Deutschland seine nördliche Arealgrenze. Die besten Vorkommen in Baden-Württemberg liegen in der südbadischen Trockenaue zwischen Breisach und Basel und sind durch Maßnahmen für den Hochwasserschutz bedroht. Hier ein Weibchen dieser Art. – Markgräfler Rheinebene 6.92 E. BLUM. S.

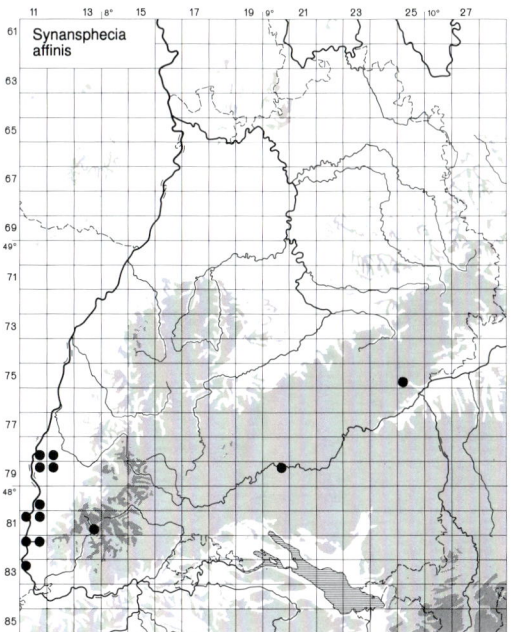

schwarzwald der Fund eines Weibchens. Bei Efringen-Kirchen wurde wiederum Pheromonanflug registriert (STEFFNY 1990). Weitere Funde am gleichen Ort gelangen R. BLÄSIUS (8.und 19.7.1990) und im Kaiserstuhl (23.6.1991) W. STAIB.

Raupenfunde wurden 1991 in der Markgräfler Rheinebene (R. BLÄSIUS) und noch im gleichen Jahr im Kaiserstuhl und im oberen Donautal notiert (D. BARTSCH). Letzterer beobachtete am 18.6.1992 in der Markgräfler Rheinebene 3 Männchen und 1 Weibchen »niedrig in der Vegetation umherfliegend«. Neu ist eine weitere Meldung von der Schwäbischen Alb. Hier fand A. LINGENHÖLE 1994 ein einzelnes Männchen im Tal der Kleinen Lauter bei Ulm. Dies läßt vermuten, daß die Art in diesem Hauptnaturraum noch an anderen Stellen vorkommt.

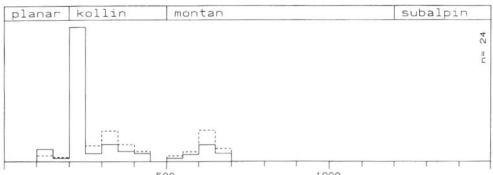

Vertikal: In der Markgräfler Rheinebene liegen die Fundstellen bei 200 m, im Kaiserstuhl bis 450 m, viel höher dagegen der bisher einzige Fundort im Schwarzwald (600 m) und die auf der Schwäbischen Alb (zwischen 520 und 650 m).

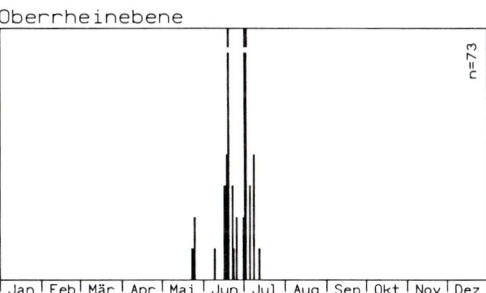

Phänologie

Imagines: Aufgrund der wenigen Falternachweise ist unsere Kenntnis der Flugzeit im Untersuchungsgebiet lückenhaft. Das früheste (23. Mai) und das letzte Funddatum (16. Juli) begrenzen eine Zeitspanne, die sich mit Angaben zur Flugzeit aus der Literatur deckt: Ende Mai bis Juli (BARTEL 1912, FORSTER 1960).

Der späte Falterfund im Hochschwarzwald (16. Juli) erklärt sich aus der Höhenlage und dem im Schwarzwald rauheren Klima, während in der Markgräfler Rheinebene zwischen Hartheim und Istein das Ende der Flugzeit sicherlich früher zu erwarten ist.

Präimaginalstadien: Eine Eiablage wurde in Baden-Württemberg bisher noch nicht beobachtet, die Raupen dagegen recht zahlreich gefunden. So konnten z. B. am 12. 5. 1994 in der Markgräfler Rheinebene an einem Straßenrand in mehreren *Helianthemum*-Pflanzen sowohl Raupen als auch zwei Puppen entdeckt werden. Darunter befand sich, im Ansatz eines Seitentriebes, auch eine Jungraupe von 3–4 mm Länge. Es muß bezweifelt werden, daß sie noch im selben Jahr zum Abschluß ihrer Entwicklung gekommen wäre. Die Raupenentwicklungszeit dürfte daher, zumindest teilweise, zweijährig sein. Die Jungraupe ist bei der ersten Überwinterung noch so klein, daß sie praktisch immer übersehen wird (D. BARTSCH).

Ein weiterer Freilandnachweis einer Puppe gelang am 20. Mai, zusammen mit 3 erwachsenen Raupen, im oberen Donautal (D. BARTSCH). Raupen aus Südbaden, die um Weihnachten 1992 eingetragen wurden, ergaben bei Zimmerzucht Ende Februar die Falter. Da die Sonnenröschen zur Fundzeit bereits abgestorben waren, müssen die Raupen schon im Spätherbst erwachsen gewesen sein.

In der Literatur wird eine einjährige Entwicklung angegeben (PREDOTA 1903, LASTUVKA & LASTUVKA 1995). Auch K. SPATENKA vertritt diese Auffassung: Die zweijährige Entwicklung ist unwahrscheinlich. Bei einer so kleinen Art wäre es auch ungewöhnlich. Es ist auch darauf hinzuweisen, daß die Art in der Natur relativ früh fliegt (Ende Mai, erste Hälfte Juni) und die Raupen dadurch während des Sommers genug Zeit zur Entwicklung haben. Die kleinen Raupen sind entweder parasitiert oder geben extrem kleine (7–8 mm Exp.), späte (im Juli fliegende) Einzeltiere. Dieses Phänomen ist auch bei anderen Arten bekannt.

Ökologie

Lebensraum: Das Hauptvorkommen dieser ausgesprochen xerothermophilen Art liegt in Baden-Württemberg auf den Kiesbänken und Geröllschottern in der Trockenaue der Oberrheinischen Tiefebene (Markgräfler Rheinebene) und den Lößhängen des Kaiserstuhls. Im Trockenwald der Rheinaue siedelt sie an Standorten des Sonnenröschens auf Lichtungen und an Wegrändern, im Kaiserstuhl auf Trocken- und Halbtrockenrasen, Lößböschungen und extrem heißen Felsheiden zwischen den Weinbergen. Die Fundstellen

Im oberen Donautal werden kräftige Exemplare des Gewöhnlichen Sonnenröschens (*Helianthemum nummularium*) auf exponierten Felsvorsprüngen und Felsgesimsen bevorzugt als Raupennahrungspflanzen genutzt. Von *S. affinis* befallene Pflanzen sind im Frühjahr am ausgeworfenen Bohrmehl leicht zu erkennen. – Markgräfler Rheinebene 24.4.92 F. WEBER.

auf der Schwäbischen Alb liegen an exponierten Stellen zwischen Gesteinsschotter und auf Felspartien (D. BARTSCH). Raupennachweise aus dem Schwarzwald stehen noch aus. Der Biotop, an dem R. HERRMANN das Weibchen fing, läßt jedoch vermuten, daß ähnliche Stellen wie auf der Schwäbischen Alb besiedelt werden.

Nahrung der Raupe:

Helianthemum nummularium – Gewöhnliches Sonnenröschen
4 L, P (BAR, BLÄ, HER, STF, WEF)

Der Literatur entnehmen wir als weitere Nahrungspflanze *Fumana procumbens* (LASTUVKA & LASTUVKA 1995) und *Erodium arborescens* (K. SPATENKA).

Die erwachsene Raupe frißt in der dicken Hauptwurzel direkt hinter der Rinde unregelmäßige Gänge aus. Die fein ausgesponnene Puppenkammer wird im Wurzelhals angelegt. Hin und wieder leben mehrere Raupen in einem Wurzelstock (D. BARTSCH), stets im oberen Bereich. Die befallenen Pflanzen sterben in der Regel ab, nur kräftige Exemplare erholen sich wieder vom Raupenbefall. Gelblicher bis rotbrauner Bohrmehlauswurf im Wurzelhalsbereich macht den Befall sichtbar.

Nahrung des Falters: In Baden-Württemberg wurden blütenbesuchende Falter an Graslilie (*Anthericum*) (M. HASSLER), Sichelklee (*Medicago falcata*) (J. BERG, R. HERRMANN) und am Gewöhnlichen Dost (*Origanum vulgare*) (R. BLÄSIUS) beobachtet.

Oben: Der Lebensraum in den Mittelgebirgen ist sonnenexponiert; dort bevorzugt die xerothermophile Art trocken-warme Felsheiden und Geröllfluren. – Schwäbische Alb, oberes Donautal 9.7.93 D. BARTSCH.

Unten: In der Ebene besiedelt die Art warme, geschützte Lichtungen und Wegschneisen, hier in der Trockenaue des südwestlichen Untersuchungsgebietes. Markgräfler Rheinebene 18.8.94 R. HERRMANN.

In der benachbarten Pfalz konnten die Falter mehrfach auf den Blüten von Thymian *(Thymus)* und Mauerpfeffer *(Sedum acre)* in den Spätnachmittagsstunden (16 Uhr) beim Saugen beobachtet werden (E. BETTAG). ROMIEUX (1946) gibt aus der Schweiz als weitere Nektarpflanzen Weißer Steinklee *(Melilotus albus)* und Hufeisenklee *(Hippocrepis comosa)* an.

Verhalten: Beobachtungen zum Verhalten dieser Schmetterlingsart sind in der Literatur kaum zu finden. Umso bemerkenswerter ist eine in blumiger Sprache gehaltene Aufzeichnung von Pfarrer A. FUCHS aus Bornich (Rheingau) von 1881:

»Hier trafen wir auch einst auf eine *Sesia affinis* STGR., welche in den Strahlen der untergehenden Sonne ruhig an einer Haidestaude saß. Der Thatsache eingedenk, daß Sesien in der Morgensonne freiwillig schwärmen, begaben wir uns anderen Tages wiederum hierher und waren, den Fußweg auf- und abschreitend, so glücklich, eine ganze Reihe schönster *Affinis*-♂♀ zu fangen, welche, einem eigenthümlichen Bienchen zum Verwechseln ähnlich, zwischen 10 und 12 Uhr im Sonnenschein um blühendes *Helianthemum vulgare* flogen«.

Das tageszeitlich früheste Exemplar in Baden-Württemberg war ein Männchen in den frühen Nachmittagsstunden gegen 14.15 Uhr am Pheromon, weitere Fänge gelangen gegen 17.30 bis 19.15 Uhr (F. WEBER). R. HERRMANN beobachtete einmal 37 Falter, die in der beginnenden Abenddämmerung die Pheromone anflogen.

In Südfrankreich flogen gegen 21 Uhr (bei hereinbrechender Dunkelheit) drei Männchen die Pheromone an (D. BARTSCH, R. BLÄSIUS). Im Wallis wurden bei bedecktem Himmel und schwül-heißer Witterung bereits um 13–15 Uhr zahlreiche Männchen an die Pheromone gelockt (7.7.1992, D. BARTSCH). Aus der benachbarten Pfalz liegen Beobachtungen von Männchen und Weibchen vor, die gegen 16 Uhr an Blüten saugten und zahlreiche Beobachtungen von Männchen an Pheromonen, die alle nach 17.30 Uhr bis in den Abend hinein gemacht wurden (E. BETTAG, K. BASTIAN).

Gefährdung und Schutz

Rote Liste Bundesrepublik: 2
Rote Liste Baden-Württemberg: 2

Oberrheinebene: Stark gefährdet.
Schwarzwald: Vom Aussterben bedroht (Aussage nicht abgesichert).
Neckar-Tauberland: Nicht vertreten.
Schwäbische Alb: Vom Aussterben bedroht (Aussage nicht abgesichert).
Oberschwaben: Nicht vertreten.

• In Baden-Württemberg stark gefährdet!

Die Vorkommen in Deutschland liegen an der nördlichen Arealgrenze dieser Art. Sämtliche Flächen, auf denen *Synansphecia affinis* vorkommt, sollten deshalb schon aus zoogeographischen Erwägungen heraus geschützt werden. Zudem handelt es sich bei den Fundstellen um xerotherme Standorte, die zugleich Lebensraum einer Vielzahl anderer bedrohter Pflanzen- und Tierarten sind. In Baden-Württemberg ist im am besten besiedelten Gebiet, der südbadischen Trockenaue zwischen Breisach und Basel, großflächige Auskiesung mit anschließenden Baumaßnahmen für den Hochwasserschutz (Anlage von Poldern) in der Diskussion!

Die im Donautal besiedelten Felspartien sind teilweise von der Sukzession bedroht. Unlängst wurde eine räumlich begrenzte Entbuschungsaktion (wohl zugunsten des Wundklee-Bläulings [*Plebicula dorylas*, s. Band **2**:371–375]) durchgeführt. Diese Maßnahme ist aber noch zu begrenzt, um für den Sonnenröschen-Glasflügler eine spürbare Verbesserung zu bewirken. Ein Felsen, auf dem die Art vorkommt, ist für Kletterer freigegeben. Diese Sportler stellen für *S. affinis* zwar keine große Bedrohung dar, aber eine Beeinträchtigung der Vegetation auf den Felsköpfen durch Tritt ist dennoch schon festzustellen.

Chamaesphecia aerifrons[1] (Zeller, 1847)
Dost-Glasflügler

Gesamtverbreitung: In Nordafrika ist die Art bekannt aus Marokko, Algerien und Tunesien. In Europa von der Iberischen Halbinsel über Frankreich, Süddeutschland und Italien bis nach Dalmatien, Griechenland und Kreta im Osten.

Verbreitung

Regional: Der Dost-Glasflügler hat im südbadischen Kaiserstuhl und dessen Umgebung seine einzigen bisher bekannten Vorkommen nördlich der Alpen. Meldungen aus anderen Gebieten Mitteleuropas erwiesen sich nachträglich als Fehldeterminationen, wie etwa der Hinweis von GRIEBEL (1910), der *C. aerifrons* für die Pfalz meldete. Eine Überprüfung der Belegexemplare ergab, daß es sich bei diesen Tieren um die nahe verwandte *Chamaesphecia nigrifrons* handelt (BLÄSIUS 1992).

---
[1] Bearbeitet von ROLF BLÄSIUS

Der Dost-Glasflügler (*Chamaesphecia aerifrons*) wurde erst 1991 in unserem Faunengebiet festgestellt und zwar bei Oberbergen im Kaiserstuhl (R. BLÄSIUS). Es war dies zugleich der erste Nachweis der Art in Mitteleuropa! Die Tiere verlassen kaum ihren engsten Lebensraum (Kräuterfluren mit reichlich Dost [*Origanum vulgare*]). Künstliche Pheromone werden von den Männchen gegen Abend angeflogen. – Oberbergen e.l. 6.92 E. BLUM. S.

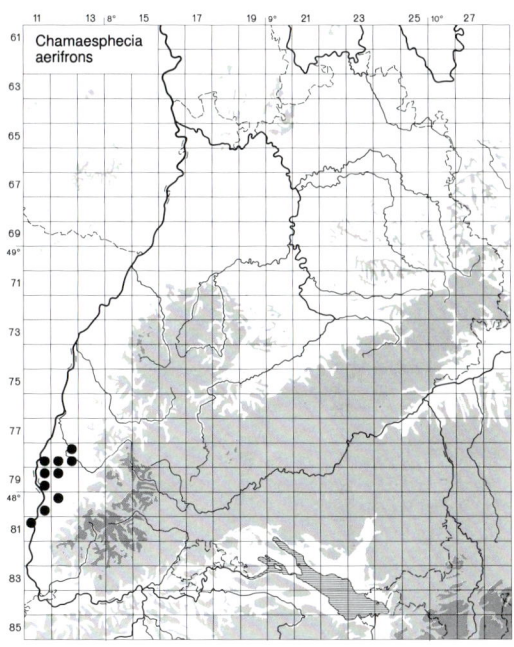

Aufgrund der intensiven Nachforschungen von R. HERRMANN (er stellte *Chamaesphecia aerifrons* durch Raupensuche an über 20 Lokalitäten im Gebiet fest) wissen wir heute, daß die Art über den ganzen Kaiserstuhl verbreitet ist. An vier Stellen dringt sie auch in Gebiete außerhalb des Kaiserstuhls vor: südlich bis zum Tuniberg und in die Trockenaue bei Grißheim, nördlich bis ins Lößhügelland der Emmendinger Vorberge bei Malterdingen. Aus dem Markgräfler Land liegen Raupenfunde von Autobahnböschungen und rheinnahen Kiesgrubenrändern vor (R. HERRMANN).

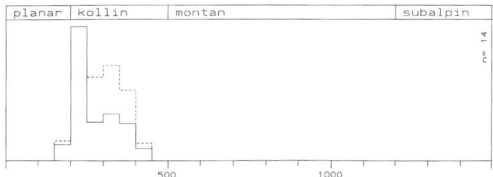

Vertikal: *Chamaesphecia aerifrons* kommt in Baden-Württemberg in Höhenlagen von 200 bis über 400 m vor.

In den französischen Westalpen bei Digne wurde die Art noch in Höhenlagen um 1200 m festgestellt (D. BARTSCH, E. BETTAG).

Phänologie

Imagines: Der Dost-Glasflügler fliegt in Baden-Württemberg von Anfang Juni bis in den Juli hinein. Der Erstnachweis der Art in Mitteleuropa gelang R. BLÄSIUS am 30.6.1991 bei Oberbergen, als er ein Männchen am Pheromon fing. Aus den folgenden Jahren liegen Freilandbeobachtungen von Imagines zwischen dem 9.6. (1994, W. STAIB) und dem 6.7. (1994, R. BLÄSIUS) aus dem zentralen Kaiserstuhl vor.

Je nach Höhenlage fliegt der Falter in seinem südwestmediterranen Hauptverbreitungsgebiet von Mitte Mai bis Anfang August (BLÄSIUS 1992).

Präimaginalstadien: Die Raupe des Dost-Glasflüglers lebt zweijährig in den Wurzeln ihrer Nahrungspflanzen. Im Herbst kann man erwachsene Raupen und Jungraupen nebeneinander in der gleichen Pflanze entdecken. So fanden H. STEFFNY und R. BLÄSIUS am 31.10.1991 bei Oberbergen Jungraupen von 5 mm Länge und voll erwachsene Raupen von fast 20 mm Länge.

Erwachsene Raupen wurden im Kaiserstuhl zwischen Oktober und März von mehreren Mitarbeitern gefunden und zum Falter gezüchtet (D.

Im Kaiserstuhl lebt die Raupe bevorzugt in lückigen Dostbeständen. Im ersten Lebensjahr wirft sie helles Bohrmehl aus, das im Winter zwischen den dürren Sprossen besonders auffällt. Die Fraßspuren der erwachsenen Raupe bleiben dagegen unter der Erde verborgen. – Ihringen 3.11.91, R. HERRMANN.

BARTSCH, E. BETTAG, R. BLÄSIUS, R. HERRMANN, W. STAIB, H. STEFFNY). Aus Baden-Württemberg liegt erst ein Puppenfund vor. Am 18.6.1992, als bereits die Falter flogen, fand D. BARTSCH bei Oberbergen eine schlupfreife Puppe in den Wurzeln des Gemeinen Dosts.

Ökologie

Lebensraum: *Chamaesphecia aerifrons* besiedelt im Kaiserstuhl, am Tuniberg und in den Emmendinger Vorbergen südexponierte, vollsonnige Plätze mit hohen Durchschnittstemperaturen. Dabei handelt es sich bevorzugt um Sekundärbiotope wie Böschungen, Straßenränder, Weinbergterrassen oder andere Störstellen auf Lößuntergrund. Diese Plätze dürfen nicht zu dicht bewachsen sein. Stehen die Dost-Pflanzen im dichten Grasfilz oder zwischen schattenwerfenden Hecken, so sind sie nicht von den Raupen des Glasflüglers befallen. Sehr günstige Bedingungen bieten derzeit die neu angelegten großflächigen Rebterrassen des Kaiserstuhls, wohingegen in felsdurchsetzten Trockenrasen die Raupe nur sehr spärlich zu finden ist.

Nahrung der Raupe:
Origanum vulgare – Gemeiner Dost
    4 L, P (BAR, BET, BLÄ, HER, STA, STE)
Thymus pulegioides – Feld-Thymian
    L (BLÄ)

Bis zum Jahr 1991 waren nur zwei Raupennahrungspflanzen des Dost-Glasflüglers bekannt. LE CERF (1920) gab als erster den Hinweis auf Dost, PUSSARD (1961) meldete die Art als Schädling in (französischen) Lavendelkulturen. Inzwischen sind aus Südeuropa weitere Raupennahrungspflanzen bekannt geworden: Bohnenkraut- und Minze-Arten (R. BLÄSIUS) sowie Salbei-Arten (D. BARTSCH).

Zur Eiablage liegen aus Baden-Württemberg keine Beobachtungen vor.
D. BARTSCH beobachtete Mitte Juli 1994 bei Naturns (Vintschgau) ein Weibchen bei der Eiablage an *Thymus*.

Im Kaiserstuhl lebt die Raupe bevorzugt in den Wurzeln des Gemeinen Dosts. Jungraupen im ersten Lebensjahr sind auch im Winter aktiv. So kann man selbst im Februar frisch ausgeworfenes, weißliches Fraßmehl am Boden zwischen den dürren Dostsprossen finden. Im zweiten Jahr frißt sich die Raupe in die tiefer liegenden Wurzeln ein und hinterläßt dort granulöses gelbbraunes Genagsel, das das ganze Wurzelinnere ausfüllt. Fraßspuren der erwachsenen Raupen sind deshalb von außen wenig auffällig. Bei Bedarf soll die Raupe in eine neue Wurzel überwechseln (LE CERF 1920). Unter Zuchtbedingungen frißt sich die Raupe vor der Verpuppung bis zur Basis eines Sprosses durch. Dort wird die Puppenkammer angelegt; nach dem Schlupf des Falters ragt die Puppenhülle aus dem Trieb heraus.

Nahrung des Falters: Obwohl der Dost-Glasflügler erst seit 1991 aus Deutschland bekannt ist, liegen doch schon mehrere Beobachtungen des Falters bei der Nahrungsaufnahme vor. So meldet D. BARTSCH vom 18.6.1992 aus dem Kaiserstuhl den Blütenbesuch mehrerer Imagines an Wiesen-Schafgarbe (*Achillea millefolium*) und Wiesen-Labkraut (*Galium mollugo*). Am 2.7.1992 beobachtete R. BLÄSIUS in den ersten Nachmittagsstunden Weibchen und Männchen beim Saugen an Dostblüten. Die Tiere verließen dabei ihren engsten Lebensraum nicht. Unter Umständen saugten sie an den Blüten der gleichen Pflanze, in der sie ihre Larvalentwicklung durchgemacht hatten!

Aus dem Mittelmeerraum nennt LE CERF (1920) als weitere Nahrungspflanzen des Falters: Löwenzahn, Johanniskraut, Thymian und Hellerkraut (*Thlaspi*).

Verhalten: *Chamaesphecia aerifrons* fliegt zwischen 15 und 18 Uhr die Lockstoffe an. Ein starker Anflug konnte am 2.7.1992 zwischen 17 und 17.45 Uhr beobachtet werden (R. BLÄSIUS).

Selbst diese schmale Lößböschung zwischen Rebkulturen im zentralen Kaiserstuhl ist vom Dost-Glasflügler gut besetzt. An dieser Stelle konnten im Umkreis von 200 m insgesamt 16 Glasflügler-Arten nachgewiesen werden. – 2.7.92 R. BLÄSIUS.

Im Gegensatz zu den meisten einheimischen Glasflüglern, die beim Anflug an künstliche Pheromone scheu sind und bei Störung abfliegen, läßt sich der Dost-Glasflügler hierbei leicht beobachten. Ohne Schwierigkeiten gelingen Macro-Fotosequenzen vom Pheromon-Anflug. Einmal blieb der Falter sogar auf der vom Pheromon kontaminierten Hand des Beobachters sitzen. Im Kaiserstuhl lebt der Dost-Glasflügler in Gesellschaft mit dem Sonnenröschen-Glasflügler (*Synansphecia affinis*), mit dem er Fluggebiet, Flugzeit und Dost als Nektarpflanze teilt.

Prädatoren: Beim Blütenbesuch fällt *Chamaesphecia aerifrons* öfters den farblich gut an ihren Untergrund angepaßten Krabbenspinnen zum Opfer. D. BARTSCH beobachtete am 18.6.1992 ein Weibchen, das auf einer Margeritenblüte (*Chrysanthemum leucanthemum*), wohl einer weiteren Nektarpflanze, von einer Krabbenspinne gefangen worden war. R. BLÄSIUS sah am 2.7.1992 ein Weibchen, das auf einer Dostblüte das gleiche Schicksal erlitten hatte.

Gefährdung und Schutz

Rote Liste Bundesrepublik: R
Rote Liste Baden-Württemberg: R

Oberrheinebene: Art mit geographischer Restriktion.
Schwarzwald: Nicht vertreten.
Neckar-Tauberland: Nicht vertreten.
Schwäbische Alb: Nicht vertreten.
Oberschwaben: Nicht vertreten.

- In Baden-Württemberg eine Art mit geographischer Restriktion!

Die Vorkommen in Südbaden sind die einzigen in Mitteleuropa! Im Kaiserstuhl ist der Dost-Glasflügler derzeit ungefährdet. An den großflächigen Steilhängen der Weinbergterrassen besitzt die Art stabile Populationen. Eine Gefährdung deutet sich dort an, wo diese Terrassenhänge sukzessionsbedingt stark verkrauten und verbuschen. Hier müssen immer wieder offene Stellen geschaffen werden, um das stark isolierte, von den nächsten bekannten Fundstellen in Mittelfrankreich über 250 km weit entfernte Vorkommen dieses Schmetterlings langfristig zu sichern.

Chamaesphecia dumonti[1]
Le Cerf, 1922
Ziest-Glasflügler

Chamaesphecia similis LASTUVKA, 1983

Gesamtverbreitung: Neben Südwestdeutschland und Ostfrankreich sind Funde aus der Schweiz, Nordostitalien, Niederösterreich, Mittelböhmen (dort wahrscheinlich ein isoliertes Vorkommen), Südmähren und Südslowakei, Ungarn, aus allen Balkanstaaten mit Ausnahme Albaniens sowie der Südukraine, Südrußland, der Türkei und Transkaukasien bekannt. Die westliche Verbreitungsgrenze weist große Lücken auf. Sie verläuft von der Untermosel über den südlichen Oberrhein und das Wallis bis in die französischen Seealpen (Typenfundort). Von der Mosel bis zum Mittelmeer folgt sie in etwa dem 7.° östl. Länge.

Verbreitung

Regional: Der Ziest-Glasflügler ist in Baden-Württemberg nur vom südlichen Oberrhein und aus dem Hegau bekannt. Sein größtes Vorkommen besitzt er im Kaiserstuhl, ein räumlich eng begrenztes kennen wir vom NSG Isteiner Klotz

---
[1] Bearbeitet von ROLF BLÄSIUS

Die Weibchen des Ziest-Glasflüglers (*Chamaesphecia dumonti*) sind denen des Zypressenwolfsmilch-Glasflüglers (*C. empiformis*) nicht unähnlich. Zuchttiere, die noch nicht geflogen sind, fallen durch ihre kupferglänzende Beschuppung auf. – Kaiserstuhl 25.7.91 R. HERRMANN. S.

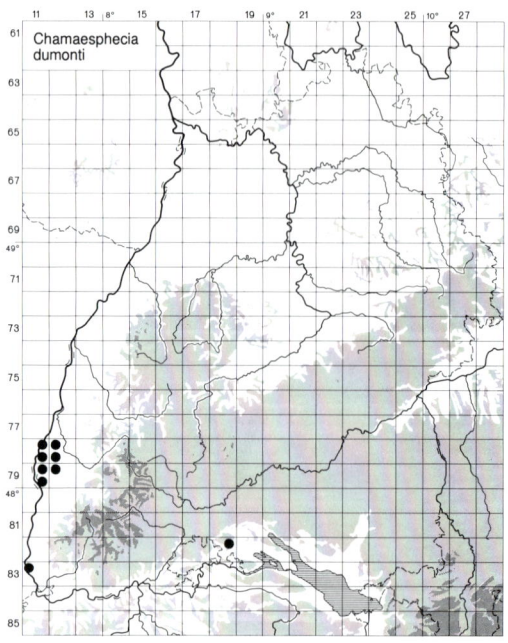

nahe der Schweizer Grenze. Vom Hohentwiel im Hegau sind bisher nur ein einzelner Falter und eine Raupe bekannt geworden.

An geeignet erscheinenden anderen Standorten wie den Hängen der Bergstraße, den Kalktriften des Tauberlandes oder an Felshängen der Schwäbischen Alb wurde bisher vergeblich nach der Art gesucht.

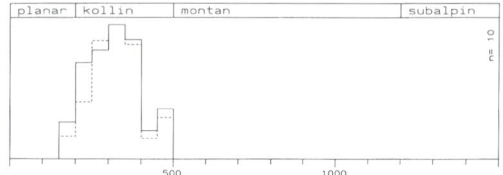

Vertikal: *Chamaesphecia dumonti* ist in Baden-Württemberg in Höhenlagen von 200 bis etwa 500 m verbreitet. Die tiefstgelegenen Vorkommen finden sich am Rand des Kaiserstuhls. Dort besiedelt die Art die untersten Hanglagen, im zentralen Kaiserstuhl steigt sie bis auf 400 m Höhe; am Hohentwiel erreicht sie ihr höchstes Vorkommen in unserem Faunengebiet.

Am Typenfundort in den französischen Seealpen lebt *Chamaesphecia dumonti* in Höhenlagen von über 1000 m. D. BARTSCH und J. BERG fanden die Art in Südtirol (Schnalstal) noch in 1500 m Höhe.

Phänologie

Imagines: Aus Baden-Württemberg liegen aus jedem der drei bisher bekannten Fluggebiete nur einzelne Freilandbeobachtungen des Ziest-Glasflüglers vor. Im Kaiserstuhl fand J. ASAL am 30.7.1984 ein Männchen, übrigens das erste aus Deutschland bekanntgewordene Exemplar dieser Art! Am Isteiner Klotz beobachtete R. BLÄSIUS am 19.7.1990 ein Weibchen bei der Eiablage, D. BARTSCH und J. BERG sahen am 17.7.1992 ein Weibchen beim Blütenbesuch. Das bisher einzige Tier vom Hohentwiel meldet K.-D. ZINNERT vom 27.6.1986. Wie Puppenfunde belegen, erstreckt sich die Flugzeit in Baden-Württemberg von Ende Mai bis Mitte August.

Präimaginalstadien: Die Raupe des Ziest-Glasflüglers überwintert zweimal. Dementsprechend kann man die Raupen zu jeder Jahreszeit nachweisen.

Aus Baden-Württemberg liegt eine Meldung über Funde von Raupen nach der ersten Überwinterung vor. D. BARTSCH fand am 9.5.1993 im Kaiserstuhl 2 etwa 10 mm lange Jungraupen. Die erwachsene Raupe wurde während und nach der

Diese Ziestpflanze wurde durch den Raupenbefall schwer geschädigt. Zwischen den vertrockneten Sprossen sind ausgeworfene Kotspuren sowie die leere Puppenhülle von *C. dumonti* noch deutlich zu erkennen. – Markgräfler Rheinebene 7.7.90, R. HERRMANN.

Die mit einer Raupe besetzte Nahrungspflanze kümmert oft, obwohl sie kräftige Wurzeln besitzt. Die Weibchen bevorzugen zur Eiablage gut besonnte, oft freistehende Pflanzen. – Markgräfler Rheinebene 9.8.90 R. HERRMANN.

zweiten Überwinterung von mehreren Mitarbeitern gefunden. R. HERRMANN meldet Funde erwachsener Raupen aus dem Kaiserstuhl und vom Isteiner Klotz. In verschiedenen Jahren fand er die Raupen zwischen dem 1. November und dem 1. Juli.

Ein sehr früher Puppenfund datiert vom 26. Mai (1990, Isteiner Klotz). R. BLÄSIUS fand dort eine frische Puppenhülle, die aus dem Puppenlager in der Raupennahrungspflanze herausragte. Ein später Fund einer Puppe (ob lebend?) gelang H. STEFFNY noch am 12. August (1991, Zentral-Kaiserstuhl).

Ökologie

Lebensraum: Einige Lebensräume des Ziest-Glasflüglers im Kaiserstuhl und am Isteiner Klotz werden wie folgt charakterisiert: »*Chamaesphecia dumonti* besiedelt an ihren südbadischen Standorten nur die Plätze mit den höchsten Temperaturen. Die Art findet sich nur auf sterilen, trockenen Stellen.

Am Isteiner Klotz handelt es sich dabei um südexponierte, flachgründige Stellen auf Kalkboden, bei den Fundstellen im Kaiserstuhl um felsige Primärstandorte vulkanischen Ursprungs oder bevorzugt um südexponierte, vegetationsarme Lößböschungen« (R. HERRMANN).

Am nordwestlichsten Punkt ihrer Gesamtverbreitung, im unteren Moseltal, siedelt *Chamaesphecia dumonti* auf devonischem Schiefer (HERRMANN und BLÄSIUS 1991).

Nahrung der Raupe:
Stachys recta – Aufrechter Ziest
4 E, L, P (BAR, BET, BLÄ, DOC, HER, REN, STE)

Aus Baden-Württemberg liegt eine Eiablagebeobachtung des Ziest-Glasflüglers vor. Am 19.7.1990, am frühen Nachmittag bei großer Hitze, beobachtete R. BLÄSIUS am Isteiner Klotz auf einer nordwestexponierten (!), lückig bewachsenen Kalkschotterhalde ein Weibchen, wie es Eier oben am Sproß eines blühenden Aufrechten Ziestes ablegte.

Über die Lebensweise der Raupe berichtet LASTUVKA (1983). Da seine Beobachtungen weitgehend mit den spärlichen Angaben aus Baden-Württemberg übereinstimmen, werden sie hier zitiert:

»The food-plant of the larva is *Stachys recta* (SCHWARZ, 1953). The female lays eggs on the stem of the food-plant into which the larva after hatching immediately bites through its way. Through the central part of the stem it gets as far as the root head and then to the root where it eats out a tunnel 4–7 cm long. First it hibernates when 5 mm long, for the second time when nearly full-grown. It pupates in the latter half of May or in June either in the root head or less often in the basal part of the previous year's stem.«

Aus Baden-Württemberg wird folgendes berichtet: »Im Mai gefundene Jungraupen stoßen größere Mengen weißlichen Bohrmehls im Wurzelhalsbereich aus. Die zur gleichen Zeit beobachteten erwachsenen Raupen produzieren

Auch in solchen unzugänglichen Felsen siedelt der Ziest-Glasflügler. Das besonnte Kalkgestein bewirkt eine starke Aufheizung der Standorte der Raupennahrungspflanze. In günstigen Jahren können die Falter hier zwei Monate früher fliegen als an den vergleichsweise eher kühlen Lößböschungen des Kaiserstuhls. – Markgräfler Hügelland 5.3.83 R. HERRMANN.

kein Bohrmehl mehr. Auffällig ist die Veränderung der Raupennahrungspflanze. Unbesetzte oder von Jungraupen befallene Exemplare sind meist stattlich und tragen gesunde Blütenstände. Ist die Pflanze dagegen von einer (oder manchmal von mehreren) erwachsenen Raupen befallen, so kümmert sie stark. Blütenstände werden meist nicht ausgebildet oder sie verdorren. So fand ich an zwei Tagen im Juni (1990 und 1991) im Kaiserstuhl bis zu zwei erwachsene Raupen in derartigen *Stachys*-Kümmerexemplaren, die allerdings sehr kräftige Wurzeln aufwiesen. Es scheint, als ob die Weibchen ihre Eier nur an blühenden *Stachys*-Pflanzen ablegen. Die mit erwachsenen Raupen besetzten Pflanzen werden bei der Eiablage wohl weitgehend gemieden. Dadurch erholen sich die geschwächten Pflanzen wieder und können von kommenden Generationen weiter genutzt werden. Bei einer Belegung aller zur Verfügung stehenden Pflanzen wäre die Art am Isteiner Klotz wohl schon längst verschwunden, da sie sich durch Zerstörung der wenigen Nahrungspflanzen ihre Nahrungsbasis selbst entzogen hätte« (D. BARTSCH).

Nahrung des Falters: In Baden-Württemberg wurde bis jetzt nur einmal ein Falter (Weibchen) bei der Nahrungsaufnahme beobachtet (Isteiner Klotz, 17.7.1992, D. BARTSCH und J. BERG). Das Tier saugte am Aufrechten Ziest (*Stachys recta*).

LASTUVKA (1983) meldet aus der (ehemaligen) Tschechoslowakei Zwergholunder (*Sambucus ebulus*) als Nektarpflanze. D. BARTSCH und J. BERG beobachteten in Südtirol Tiere beim Blütenbesuch an Lauchblüten (*Allium* spec.) und Flockenblume (*Centaurea* spec.).

Verhalten: Der Paarungsflug von *Chamaesphecia dumonti* ist, zumindest in Baden-Württemberg, noch nicht beobachtet worden. Es liegen auch keine Beobachtungen von Anflügen der Männchen an künstliche Pheromone vor.

Der Ziest-Glasflügler entzieht sich als Imago leicht der Beobachtung. Die wenigen Freilandbeobachtungen des Tieres, selbst im entomologisch gut erforschten Kaiserstuhl, belegen dies.

Gefährdung und Schutz

Rote Liste Bundesrepublik: 1
Rote Liste Baden-Württemberg: 1

Oberrheinebene: Vom Aussterben bedroht.
Schwarzwald: Nicht vertreten.
Neckar-Tauberland: Nicht vertreten.
Schwäbische Alb: Nicht vertreten.
Oberschwaben: Vom Aussterben bedroht (nur randlich vorkommend).

• In Baden-Württemberg vom Aussterben bedroht!

Die Vorkommen des Ziest-Glasflüglers in Baden-Württemberg liegen an der westlichen Verbreitungsgrenze der Art. Sie sind deshalb allein schon aus zoogeographischer Sicht bemerkenswert und bedürfen unseres Schutzes. Bei den Fundstellen handelt es sich oft um sehr kleinräumige, ausgesprochen xerotherme Lokalitäten an vegetationsfreien Stellen oder im anstehenden Fels. Die einzige Raupennahrungspflanze, der Aufrechte Ziest (*Stachys recta*), muß in einer genügend großen Anzahl alter, stattlicher Exemplare mit kräftigem Wurzelstock vorhanden sein. Da solche Pflanzen in den für *C. dumonti* geeigneten Habitaten oft vereinzelt oder nur in kleinen Herden auftreten, bedeutet der Verlust weniger Exemplare oft schon einen gravierenden Einschnitt in die Population dieses Schmetterlings. In unserem Untersuchungsgebiet dürfte dessen Bestandsgröße an allen Standorten ausgesprochen niedrig sein, so daß sich der Verlust weniger Tiere schon negativ auf die Bestandsentwicklung auswirken kann. Dies gilt besonders für die winzigen Reliktvorkommen am Isteiner Klotz und am Hohentwiel. Die wie viele rhizophage Sesien standorttreue und wenig mobile Art dürfte nach dem eventuellen Erlöschen einer solchen Reliktpopulation nicht mehr zur Wiederbesiedlung durch Zuwanderung aus anderen Gebieten imstande sein.

Noch ungeklärt sind die Verhältnisse am Hohentwiel. Die beiden einzigen von dort bekannt gewordenen Tiere wurden in einer von *Stachys recta* durchsetzten Magerwiese am Südfuß dieses Berges gefunden. Das Primärhabitat dürfte jedoch nicht dort, sondern in der teilweise unzugänglichen, steilen Basaltfelswand am Südhang (NSG!) zu suchen sein.

Kritisch ist die Situation am Isteiner Klotz. Zwar erscheint die dortige Population gegenwärtig stabil, doch können wegen des sehr kleinräumigen Habitates schon geringe Veränderungen ihr Erlöschen bewirken. Die Gefahr durch sammlerische Eingriffe scheint zwar durch Einfriedung des Geländes und ein Betretungsverbot gebannt, doch wird der Lebensraum durch Sukzession auf den Felsköpfen und zunehmende Beschattung der Steilabbrüche durch hochwachsende Bäume immer stärker eingeengt. Hier kann nur vorsichtiges Auslichten der Gehölze im Rahmen eines sachkundig durchgeführten Pflegeprogrammes Abhilfe schaffen.

Einzig im Kaiserstuhl scheint die Bestandssituation gegenwärtig noch etwas günstiger zu sein. Dies ist vor allem auf die Größe des dort vom Ziest-Glasflügler besiedelten Gebietes zurückzuführen. Die beim Dost-Glasflügler (*Chamaesphecia aerifrons*) vorgeschlagenen Schutzmaßnahmen dürften auch dieser Art zugute kommen. Eine flächengenaue Kartierung der wichtigsten, als Larvalhabitate von *C. dumonti* geeigneten Standorte des Aufrechten Ziests mit der Empfehlung lokaler Pflegemaßnahmen bei drohender Sukzession ist vorbeugend anzuraten.

---

[1] Bearbeitet von Daniel Bartsch

Chamaesphecia annellata[1]
(Zeller, 1847)

Gesamtverbreitung: *Chamaesphecia annellata* ist eine pontomediterrane, in Kleinasien, auf der Balkanhalbinsel, in Rumänien, Südrußland, Italien und im östlichen Mitteleuropa nördlich bis Polen verbreitete Art. In Italien westlich bis zum Gardasee, in Österreich westlich bis an den östlichen Bruchrand der Alpen bei Wien. Zweifelhaft sind Meldungen aus Deutschland, der Schweiz und Frankreich; vermutlich liegt in den meisten (allen?) Fällen eine Verwechslung mit der habituell sehr ähnlichen *Chamaesphecia dumonti* vor. Untersuchungen durch D. Bartsch im Wallis (im Jahr 1992) bestätigten das Vorkommen von *Chamaesphecia dumonti*, ergaben aber keinerlei Hinweise auf *Chamaesphecia annellata*.

Im Staatlichen Museum für Naturkunde Karlsruhe steckt in der Sammlung M. Daub ein Weibchen mit dem Etikett »Karlsruhe«. Die Herkunft des Tieres ist zweifelhaft, da viele der Daubschen Sammlungsexemplare mit aussageschwachen Fundortbezeichnungen ausgestattet sind oder die Originaletiketten von ihm gegen selbstgeschriebene ausgetauscht worden waren (vgl. Ebert 1964). Aus Baden-Württemberg ist kein weiterer Fund eines Falters dieser Art bekannt geworden.

Die Raupe lebt monophag in der Schwarznessel (*Ballota nigra*). Diese Pflanze ist in den tieferen Lagen Baden-Württembergs, an Stellen mit ruderalem Charakter, verbreitet (Häupler & Schönfelder 1988). Nachsuche im Raum Mannheim-Heidelberg, im Enztal, der Neckarbucht, am Hohentwiel, am Kaiserstuhl und am Isteiner Klotz blieben ohne Erfolg. Um zu weiterer Nachsuche anzuregen, sei hier die Biologie des Schmetterlings nach Literaturangaben und Freilandbeobachtungen im östlichen Mitteleuropa kurz beschrieben:

Die Eiablage erfolgt recht hoch, oft an der Spitze der Pflanze. Nach dem Schlupf frißt sich die Jungraupe in der Nähe des Eirestes in den Stengel ein und von hier zu dessen Basis und der Wurzel durch. Im Laufe ihrer ein-, ausnahmsweise auch zweijährigen Entwicklung erzeugt sie einen 3–6 cm langen Gang im Rhizom. Sie verpuppt sich im Mai oder Juni im obersten Wurzelteil oder häufiger in der Basis eines vorjährigen Stengels. In Mitteleuropa erscheinen die Falter von Mitte Juni bis August, in Südeuropa schon ab Mai (Lastuvka 1983).

Bei Wien fand D. Bartsch im April 1991 und 1994 Raupen in Weinbergsbrachen. Die besetzten Pflanzen wuchsen an windgeschützten und sonnenexponierten Stellen am Rande von Steinmauern und vor Schlehenhecken. Raupen fanden sich ausschließlich in Pflanzen, die im Vorjahr geblüht hatten. Die vorjährigen Triebe der Schwarznessel sterben bodennah meist nicht vollständig ab, sondern treiben im Frühjahr durch Nebensprosse erneut aus. In solchen alten Stengeln waren oft mehrere Raupen zu finden. Sie verrieten sich durch weißliches Bohrmehl im Wurzelhalsbereich. Im Zimmer gehalten, schlüpften die Falter zwischen dem 5. und 28. Juni, meist an sonnigen Tagen zwischen 11 und 15 Uhr. PREDOTA (1903) nennt als Nektarpflanze Schierling, LASTUVKA (1990) Dost und Zwergholunder.

Chamaesphecia nigrifrons[1] (Le Cerf, 1911)
Johanniskraut-Glasflügler

Chamaesphecia sevenari LIPTHAY, 1961

Gesamtverbreitung: Die Art ist bekannt aus Frankreich (Umgebung Paris, Südostfrankreich und Korsika), Deutschland (Baden-Württemberg und Rheinland-Pfalz), Niederösterreich, der Ostslowakei, Ungarn und Rumänien sowie den meisten Balkanländern (Serbien, Mazedonien, Montenegro), ferner aus der Südukraine (Krim und östliche Schwarzmeerküste) sowie aus der Türkei.

Verbreitung

Regional: Der Verbreitungsschwerpunkt des Johanniskraut-Glasflüglers liegt in Baden-Württemberg in den Hardtebenen, vor allem in der Oberen Hardt. In der Markgräfler Rheinebene gibt es ein zweites kleines Areal, das besonders auf die Gebiete des trockengefallenen ehemaligen

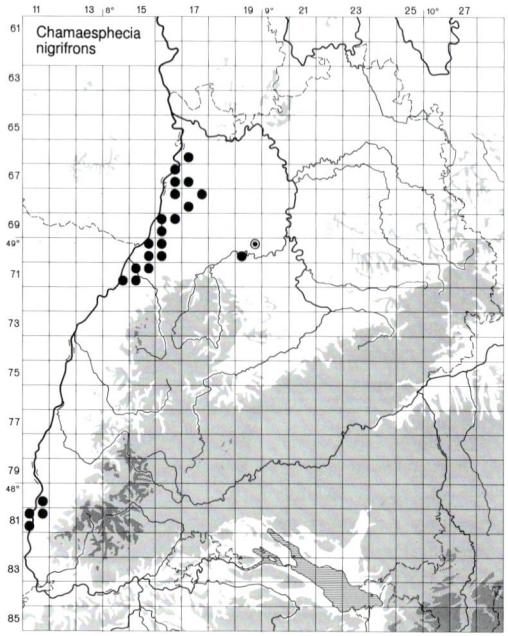

Der Johanniskraut-Glasflügler (*Chamaesphecia nigrifrons*) ist eine Charakterart der halbtrockenen und trockenen Brachflächen auf Sandunterlage. In Baden-Württemberg kommt er in der Rheinebene vor. – Rastatt (Sandgebiet) 4.6.91 R. HERRMANN. M.

Auwaldes begrenzt zu sein scheint. Hier fing W. PANKOW am 25.5.1973 bei Hartheim-Weinstetten den ersten Falter in Baden-Württemberg (STEFFNY 1990). Im Oktober 1990 wurden bei Zienken und Grißheim mehrere Raupen gefunden (R. BLÄSIUS). Am 31.5.1991 und 2.6.1991 flogen einige Männchen dort die Pheromone an (R. HERRMANN).

In den Hardtebenen ist *Chamaesphecia nigrifrons* eine typische Begleitart des Ginster-Bläulings (*Lycaeides idas*). Dessen Vorkommen wurde 1994 im Rahmen des Artenschutzprogrammes flächendeckend kartiert und dabei der Johanniskraut-Glasflügler in geeigneten Biotopen in der Umgebung von Stutensee, Graben-Neudorf, Rheinstetten, Neuforchheim, Philippsburg, Huttenheim, Oberhausen, Waghäusel, Wiesental und Blankenloch festgestellt (H. LUSSI). Vom August 1992 liegen Raupenfunde aus der Hockenheimer Hardt vor sowie vom Mai 1993 der Nachweis von zwei blütenbesuchenden Faltern an gleicher Stelle (R. BLÄSIUS).

---
[1] Bearbeitet von ERICH BETTAG

Außer den Funden im Oberrheinischen Tiefland existieren nur noch zwei Einzelfunde aus dem Neckarbecken, und zwar aus der Umgebung von Mühlacker, wo F. GUTH bereits am 8.6.1924 ein männliches Tier fand, und von Mühlhausen an der Enz, wo C. SCHMID-EGGER am 1.6.1990 ein Weibchen fing. In diesem Gebiet wurden, trotz oftmaliger Nachsuche, nie Raupen gefunden. Die Art besiedelt oft kleine Biotope, kann aber unter günstigen Bedingungen schnell expandieren und starke Populationen ausbilden (BETTAG 1991, D. BARTSCH).

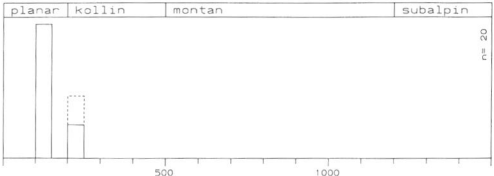

Vertikal: Die Fundstellen im Oberrheinischen Tiefland liegen zwischen etwa 100 m bei Hockenheim und 200 m bei Hartheim-Grißheim. Die Art kommt in unserem Gebiet wohl kaum über eine Höhengrenze von 250 m hinaus vor.

Phänologie

Imagines: Die Flugperiode beginnt mit der 2. Mai-Dekade, ist aber recht witterungsabhängig. Die ersten Falter wurden am 16.5. (1989) und 19.5. (1985) registriert (D. DOCZKAL, H.J. GREILER). Im Jahr 1986 war der Höhepunkt der Flugzeit an der gleichen Fundstelle (bei Rastatt) ver-

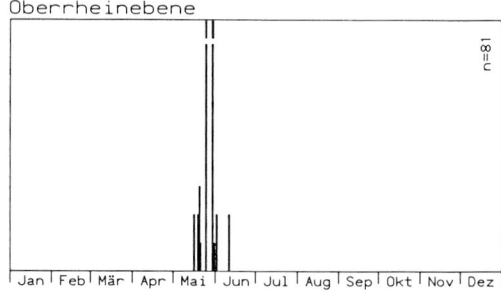

mutlich am 25.5. erreicht (50 Exemplare, D. DOCZKAL). Das Ende der Flugzeit ist im Untersuchungsgebiet noch nicht genau erforscht. Weitere Daten liegen von Anfang Juni vor, z.B. vom 2.6. (1987, bei Rastatt, G. EBERT; 1991, Grißheim, R. HERRMANN). Der bisher späteste Fund wurde am 11.6. (1991, bei Rastatt, D. DOCZKAL) notiert.

In der benachbarten Pfalz kamen die Männchen bereits am 12. Mai (1990) in einem Massenanflug an das Pheromon (BETTAG 1991). Es muß deshalb dort (zumindest für das Jahr 1990) ein Schlupfbeginn um den 9. oder 10. Mai angenommen werden, was sicher auch für Baden-Württemberg zutraf. In der Literatur findet ein Fund vom Juli aus der Umgebung von Paris Erwähnung (LE CERF 1911). In der Ostslowakei wurden in der ersten Juli-Dekade Falter auf Buchenwaldlichtungen gefunden (K. SPATENKA). Solch späte Funde wurden bei uns nicht registriert. Aus der Pfalz stammen allerdings zwei Weibchen, die am 17. Juni (1962, Umgebung von Dudenhofen, E. BETTAG) und am 20. Juni (1962, Bienwald bei Steinfeld, Sammlung JÖST) gefunden worden sind. Es ist anzunehmen, daß die Flugzeit langsam ausklingt, das Flugmaximum aber zwischen dem 20. und 30. Mai liegt.

Präimaginalstadien: Die Raupe hat eine einjährige Entwicklung und läßt sich am einfachsten im August suchen, weil sie zu dieser Zeit beachtliche Mengen feinsten Bohrmehls auswirft, was ihre Anwesenheit in der Pflanze verrät (BETTAG 1991). Der Bohrmehlauswurf ist im September/Oktober beendet; bei Treibzucht im warmen Zimmer findet die Weiterentwicklung zur Imago ohne erneute, äußerlich erkennbare Fraßtätigkeit statt. Die Raupe muß also vor Wintereintritt erwachsen sein, da Schlüpfgang und Ausschlupfstelle schon im Herbst (September, Oktober) vorbereitet werden.

Ökologie

Lebensraum: Die Art besiedelt Sandgebiete und Brachen der Rheinebene, auf denen zumeist stattliche Exemplare der Raupennahrungspflanze in ausreichender Menge vorhanden sind. *Chamaesphecia nigrifrons* ist eine typische »Pionierart«, die besonders trockene, mehrjährige Brachflächen in der offenen Landschaft der Ebene bevorzugt. Dort stellt sie sich an Straßenböschungen und Hanglagen auf Sandunterlage sehr rasch ein, wenn erst einmal kräftige, sonnenexponiert stehende Exemplare des Echten Johanniskrautes vorhanden sind. Geschlossene *Hypericum*-Bestände werden in der Regel gemieden oder höchstens im Randbereich spärlich angenommen. Im südbadischen Raum findet sie sich in der trockengefallenen Rheinaue, wo sie, wie bei Grißheim, Halbtrockenrasen auf kalkreichen, sonnenexponierten Rheinschotterflächen besiedelt (R. HERRMANN). In Nordbaden ist sie eine Charakterart der Sandgegenden und der Kiesgruben im Rheinvorland (Karlsruhe), deren Ränder und Randbereiche sie jahrelang besiedelt. Die Sukzes-

Im August beginnt die Raupe auffallende Mengen an Bohrmehl am Stengel ihrer Wirtspflanze einige Zentimeter über dem Boden auszuwerfen. Dies sind bereits die Vorbereitungen zur Schaffung des Freiraumes für die spätere Verpuppung. – Nördliche Oberrheinebene, Wiesental 10.8.94 H. LUSSI.

Im Herbst fertigt die Raupe von *Chamaesphecia nigrifrons* am Verpuppungsort durch Ringfraß eine »Sollbruchstelle« an. Hier bricht später der Stengel schon bei leichtem Wind ab. Vor dem Schlupf des Falters durchstößt die Puppe die Gespinsthaube und bleibt als leere Hülle (Exuvie) zurück. – Nördliche Oberrheinebene, Wiesental 27.5.95 H. LUSSI.

sion solcher Flächen entzieht der Art aber nach einigen Jahren die Lebensgrundlage. Ihre Fähigkeit, neu entstandene Biotope sehr rasch zu besiedeln, läßt jedoch hoffen, daß sie auch in Zukunft unserem Faunengebiet erhalten bleibt. Zur Eiablage werden fast stets kräftige Exemplare der Nahrungspflanze ausgewählt, die zudem sonnenexponiert, relativ isoliert und auf nur schütter bewachsenen freien Flächen, vorrangig auf Sandunterlage, stehen. Die höchsten Abundanzen erreicht der Falter auf alten Brachen. Hier ist er bei Nutzungsänderungen akut gefährdet.

Nahrung der Raupe:
Hypericum perforatum – Echtes Johanniskraut
4 E, L, P (BAR, BET, BLÄ, HER, LUS)

Das Echte Johanniskraut ist durch zahlreiche Funde der Raupe und deren Weiterzucht zur Imago als Raupennahrungspflanze belegt. In anderen *Hypericum*-Arten wurden in unserem Gebiet noch keine Raupen gefunden.

Die frisch geschlüpfte Raupe bohrt sich aus dem Ei in den Stengel ein und frißt sich nach unten bis zur Wurzel durch. Hier erzeugt sie, zumeist in der Hauptwurzel, einen abwärts verlaufenden Gang, der sich mit zunehmender Größe der Raupe erweitert. Nach einer unterschiedlich langen Fraßstrecke (je nach Dicke der Wurzel oft 15–20 cm) kehrt die Raupe um und frißt nun nach oben zur Erdoberfläche hin die Wurzel zentral aus. Dabei wird der Fraßgang der Jungraupe zerstört. Das Bohrmehl bleibt in den leergefressenen Hohlräumen. Im Wurzelhalsbereich wird dann ein in einen Stengel führender, dem Durchmesser der Raupe entsprechender Hohlraum ausgefressen und das anfallende Bohrmehl durch ein winziges Loch ausgeworfen. Dies geschieht ab Ende Juli. Einige Fingerbreit über der Bodenoberfläche wird der abgeblühte Stengel von innen ringförmig so benagt, daß nur noch Bruchteile der Stengelwand erhalten bleiben. An der so entstandenen »Sollbruchstelle« knickt der Stengel oft schon im Herbst durch Witterungseinflüsse ab. Der entstandene Stumpf wird von der Raupe mit etwas versponnenem Genagsel verschlossen. Während der Wintermonate lassen sich diese Stümpfe, in deren Nähe die abgebrochenen Stengel liegen, leicht finden. Nach der Winterpause verändert die Raupe häufig, aber keinesfalls immer, noch einmal die spätere Ausschlupföffnung, indem sie eine höhere Haube, manchmal auch eine kurze Röhre aus Gespinst und Genagsel an der Bruchstelle des Stumpfes aufspinnt (D. BARTSCH, E. BETTAG).

Der Lebensraum des Johanniskraut-Glasflüglers ist durch lockere Bestände des Johanniskrautes (*Hypericum perforatum*) auf trockenen Sandböden gekennzeichnet. Im lückigen Bewuchs sind dort neben der Nahrungspflanze der Raupe kleinblütige Begleitpflanzen wie z. B. Fingerkraut (*Potentilla* spec.) als Nektarspender für den Falter sehr wichtig. – Hockenheim 15.8.92 R. BLÄSIUS.

In starken Pflanzen können sich bis zu fünf Raupen gleichzeitig entwickeln. Häufig findet man in den Wurzeln neben der Raupe von *Chamaesphecia nigrifrons* auch die schlanken Larven des Prachtkäfers *Agrilus hyperici* (Buprestidae), die mit ihr den Lebensraum teilen, aber kein Bohrmehl auswerfen.

D. HAMBORG fand in Niederösterreich Raupen auf Lichtungen geschlossener Buchenwälder in einer nicht näher bestimmten, von *Hypericum perforatum* verschiedenen Johanniskraut-Art. Die Raupen überwinterten dort in einem wesentlich früheren Stadium und nahmen im Frühjahr noch Nahrung auf. Auch die Puppenkammer im abgenagten Stengel wurde erst im Mai/Juni angelegt. Flugzeit (durch Freilandfunde belegt) war Juli.

Nahrung des Falters: In Baden-Württemberg sind bisher Blütenbesuche an folgenden Pflanzen beobachtet worden: Greiskraut (*Senecio* spec.), Storchschnabel (*Geranium* spec.), Fingerkraut (*Potentilla* spec.) (R. BLÄSIUS); Margerite (*Chrysanthemum leucanthemum*), Gewöhnliches Hornkraut (*Cerastium holostoeides*) (G. EBERT).

In der benachbarten Pfalz wurden die Weibchen vormittags an den Blüten des Silberfingerkrautes (*Potentilla argentea*) beobachtet (E. BETTAG).

Verhalten: Aus Zuchten (ab Mitte Dezember) in beheizten Räumen schlüpften die ersten Falter bereits nach 7–8 Wochen. Nachzügler solcher Treibzuchten sind in der Regel Weibchen (D. BARTSCH, E. BETTAG).

Gefährdung und Schutz

Rote Liste Bundesrepublik: R
Rote Liste Baden-Württemberg: R

Oberrheinebene: Art mit geographischer Restriktion.
Schwarzwald: Nicht vertreten.
Neckar-Tauberland: Noch ungeklärt.
Schwäbische Alb: Nicht vertreten.
Oberschwaben: Nicht vertreten.

- In Baden-Württemberg eine Art mit geographischer Restriktion!

Die Populationen sind stark abhängig vom Angebot an älteren Ruderalstellen wie Kiesgruben, Straßenböschungen, Eisenbahndämmen und Brachäckern. Vor allem die Brachäcker sind hier als die Biotope mit den höchsten Individuenzahlen und gleichzeitig mit der höchsten Gefährdung zu nennen. Die Fundorte in der Oberrheinebene sind durch die Ausbreitung einiger konkurrenzstarker Pflanzen gefährdet. Brombeeren (*Rubus fruticosus* agg.), Goldruten (*Solidago canadensis* und *S. gigantea*), Feld-Beifuß (*Artemisia campestris*) und Kanadischer Katzenschweif (*Conyza canadensis*) bedrängen an Dämmen, Hängen und Verebnungen die einzige Raupennahrungspflanze (*Hypericum perforatum*), aufkommende Gehölze (Wildrosen, Weißdorn, Weiden, Pappeln, Ahorn) beengen und verändern zusehends die Larvalhabitate. Durch diese natürliche Sukzession droht der Art früher oder später die Lebensgrundlage entzogen zu werden, wenn nicht regelmäßig neue, gleichwertige Biotope in nächster Umgebung entstehen bzw. geschaffen werden. An Standorten, wo der Johanniskraut-Glasflügler zusammen mit dem Ginster-Bläuling (*Lycaeides idas*) vorkommt, profitiert auch ersterer von entsprechenden Pflegemaßnahmen (Gehölzpflege zur Verhinderung zu starker Beschattung und Verbuschung, mechanisches Entfernen konkurrenzstärkerer Sträucher und Hochstauden). Die Schaffung offener Sandstellen, auch an kleinräumigen Lokalitäten, kommt als bestandsfördernde Maßnahme beiden Arten zugute. Die badisch-pfälzische Population von *C. nigrifrons* stellt offensichtlich die stärkste bis jetzt bekannte dar. Sie verdient deshalb besondere Aufmerksamkeit.

Chamaesphecia leucopsiformis[1]
(Esper, 1800)

Spätsommer-Wolfsmilch-Glasflügler

Sesia leucopsidiformis LEDERER 1853 (unberechtigte Emendation)

Sesia leucopsiformis ESP. (REUTTI 1898)
Sesia leucopsiformis ESP. (LAMPERT 1907, REBEL 1910, ECKSTEIN 1913–1923)
Chamaesphecia leucopsidiformis ESP. (SPULER 1908–1910)

Gesamtverbreitung: In Süd-, Mittel- und Osteuropa weit verbreitet, aber sehr lokal. Vorkommen sind bekannt aus Spanien, Südfrankreich, der Schweiz, Nord- und Mittelitalien, Deutschland, Polen, Tschechien, der Slowakei, Kroatien, Serbien, Mazedonien, Ungarn, Rumänien, Bulgarien, Ukraine und der Nordwesttürkei.

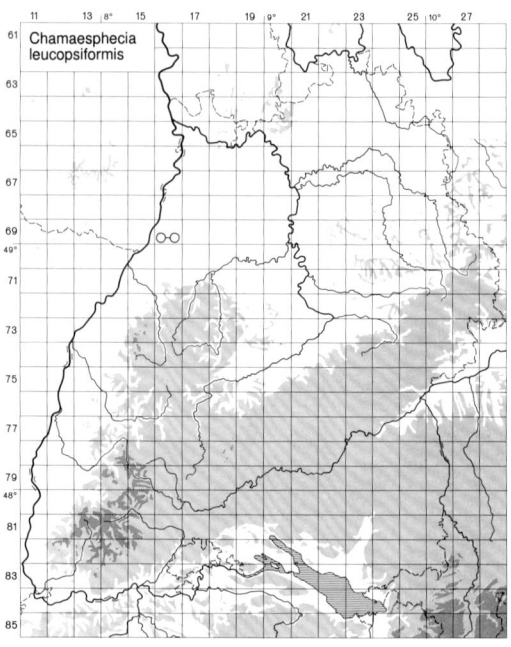

Verbreitung

Regional: Die erste Meldung aus unserem Faunengebiet stammt von GAUCKLER (1896): »*Leucopsiformis*, weissgezeichnete Wolfsmilch-Sesie. Im Park« [Karlsruhe, Wildpark]. REUTTI (1898) gibt zwei Jahre später den Gewährsmann C. BISCHOFF an und ergänzt: »Ende August durch Streifen an *Euphorbia cyparissias* im Park wiederholt gefangen«. Im Jahre 1899 fing A. MEESS hier zwei Falter. Ein weiteres Exemplar befindet sich in der Sammlung A. GREMMINGER (coll. LNK).

Die Angabe »Stuttgart« auf dem offenbar von E. BROMBACHER geschriebenen Etikett ist faunistisch nicht verwertbar, da bekannt ist, daß dieser nie um Stuttgart gesammelt und seine eigenen Funde sehr ausführlich beschriftet hat. Außerdem ist das Etikett identisch mit dem eines Falters von *Synansphecia muscaeformis*, der in der gleichen Sammlung steckt. Dieses Tier kann eindeutig nicht von Stuttgart stammen, da seine Wirtspflanze dort nie heimisch war. Es muß davon ausgegangen werden, daß es sich bei beiden Angaben um Verwechslungen handelt. Allerdings fing E. BROMBACHER selbst im August 1911 auf der Sporeninsel bei Straßburg ein Exemplar an Wolfsmilch. Die im Rhein gelegene Insel gehört heute zu Frankreich (die Grenze verläuft am

---

[1] Bearbeitet von AXEL KALLIES

Südostufer). Das Belegstück befindet sich in der Sammlung A. GREMMINGER (coll. LNK).

Zwei von v. DUNK (1990) aus Unterfranken gemeldete Stücke erwiesen sich als falsch determiniert. Auf Anfrage teilte er mit, daß es sich bei den Faltern um *B. ichneumoniformis* handeln würde (D. BARTSCH).

Vertikal: Der Wildpark bei Karlsruhe liegt in 115 m, die Sporeninsel in 140 m Höhe.

Phänologie

Imagines: Der Falter von der Sporeninsel wurde am 26.8. gefangen. Nach Puppen- und Exuvienfunden im Bundesland Brandenburg läßt sich eine Flugzeit von Anfang August bis Anfang September feststellen. In den Jahren 1991 bis 1993 wurden dort lebende Puppen vom 24.7. bis 29.8. gefunden, Exuvien ab dem 8.8. (J. GELBRECHT). Freilandfalter wurden nur zwischen dem 23. und 29. August beobachtet (D. HAMBORG).

Präimaginalstadien: Eine einjährige Entwicklungszeit der Raupen wird schon von PREDOTA (1903) angegeben. Damit decken sich auch Beobachtungen aus Brandenburg und Mecklenburg (J. GELBRECHT, A. KALLIES). Alle Raupen, die dort im Frühjahr und Sommer gefunden wurden, kamen noch im selben Jahr zur Entwicklung. Es ist anzunehmen, daß die Raupe wegen der späten Falterflugzeit in einem sehr frühen Stadium überwintert, dazu gibt es jedoch keine konkreten Beobachtungen. Die Raupen sind im Mai noch klein, wohingegen die Larven der oft in den gleichen Pflanzen lebenden *Chamaesphecia empiformis* zu dieser Zeit in der Regel erwachsen oder verpuppt sind. Unter Zuchtbedingungen dauert die Puppenruhe etwa 3 Wochen.

Ökologie

Lebensraum: *Chamaesphecia leucopsiformis* besiedelt, zumindest in Mitteleuropa, nur Standorte mit schütterer oder sehr lückiger Vegetation auf gut wasserdurchlässigen Böden wie Sandflächen, Kies- und Schotterbänken. Diese Biotope scheint sie vor allem im Bereich der großen Flußläufe, in den glazialen Urstromtälern und Sandern sowie in geringerem Maße auch auf den Erosionsabhängen der Mittelgebirge zu finden. In dieses Muster paßt auch der Nachweis der Art von der Sporeninsel im Rhein. Vor der »Regulation« des Flußlaufes und dem Bau der Staustufen in diesem Furkationsabschnitt gab es eine Vielzahl solcher Inseln, die einer natürlichen, hochwasserabhängigen Dynamik unterlagen. Durch die regelmäßig wiederkehrenden Umlagerungen und Neubildungen der Sedimentinseln entstanden immer wieder Pionierstandorte, die den Ansprüchen der Art genügten.

PREDOTA (1903) gibt die Auen der Donau als natürlichen Lebensraum dieser Art an. Wie in der Slowakei zu beobachten ist, weicht *Chamaesphecia leucopsiformis* dort auch auf die auf den Dammkronen entstandenen Sekundärbiotope aus (K. SPATENKA).

Noch heute gibt es relativ viele, wenn auch oftmals individuenarme Populationen der Art in den Sandgebieten von Brandenburg bis Mecklenburg (J. GELBRECHT, A. KALLIES) sowie im Bereich des Elbtales in Sachsen-Anhalt (H. WEGNER, O. ELIAS). *Chamaesphecia leucopsiformis* wird dort bevorzugt auf geschützt liegenden, nur spärlich bewachsenen Sandflächen gefunden, meistens an breiten Waldschneisen, auf festgelegtem Dünengelände oder am Rande von Truppen-

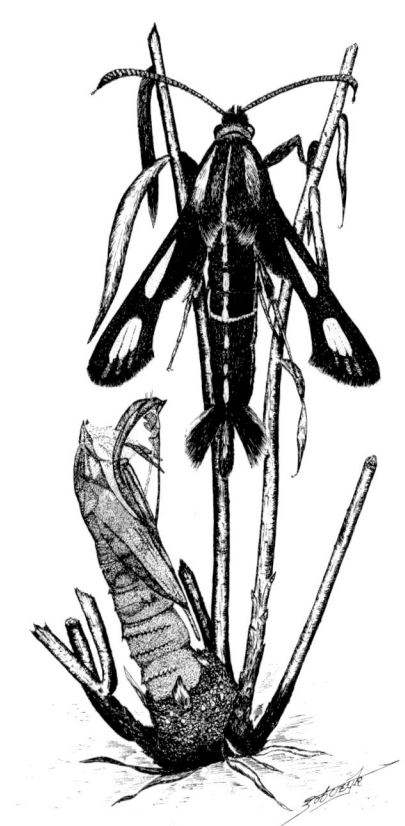

Ein frisch geschlüpfter Falter des Spätsommer-Wolfsmilch-Glasflüglers (*Chamaesphecia leucopsiformis*). Am Wurzelhals der Raupennahrungspflanze ragt die leere Puppenhülle aus der Gespinströhre. Zeichnung: T. SOBCZYK.

übungsplätzen. Die typische Vegetation dieser Standorte besteht neben der Raupennahrungspflanze nur aus Flechten und schütteren Gräsern sowie anderen kleinwüchsigen Pflanzen wie z. B. Thymian. Aus den deutschen Mittelgebirgen sind aktuelle Funde nur aus Thüringen bekannt (J. KÖHLER).

Nahrung der Raupe: Aus Baden-Württemberg unbekannt, vermutlich jedoch Zypressenwolfsmilch (*Euphorbia cyparissias*) wie in Brandenburg, Sachsen-Anhalt und anderen Gebieten auch. Diese wird von LASTUVKA (1990) als alleinige Raupennahrungspflanze angegeben.

PREDOTA (1903) nennt dagegen als bevorzugte Fraßpflanze Eselswolfsmilch (*Euphorbia esula*), was aber wohl auf einem Irrtum beruht. Zumindest sind uns aus dieser Pflanze keine Funde bekannt geworden. BERGMANN (1953) nennt außerdem die Steppenwolfsmilch (*Euphorbia seguierana*). Hierbei dürfte es sich allerdings um eine Vermutung handeln, denn er bezieht sich dabei auf eine Beobachtung von PETRY, der den Falter ruhend in Mischbeständen aus Zypressen- und Steppenwolfsmilch fand.

Nahrung des Falters: Dazu sind uns weder aus Baden-Württemberg noch aus anderen Gebieten Beobachtungen bekannt geworden.

Verhalten: Zum Verhalten der Imagines existieren aus Baden-Württemberg keinerlei Beobachtungen. Auch aus anderen Gebieten liegen nur spärliche Angaben vor.

Im Raum Berlin gelang es, Falter am Pheromon zu beobachten. Die Tiere reagierten auf eine Testserie von *leucopsiformis*-Präparaten von E. PRIESNER aus dem Max-Planck-Institut Seewiesen. Der Anflug erfolgte überwiegend in den frühen Nachmittagsstunden (vor allem zwischen 14 und 14.30 Uhr), doch wurden auch später noch einzelne Tiere registriert (D. HAMBORG).

Die Raupe von *Chamaesphecia leucopsiformis* lebt einjährig in der Wurzel der Zypressenwolfsmilch. Befallen werden bevorzugt Pflanzen, die in reinem Sand oder feinem Schotter stehen, also auf Flächen wachsen, die nur eine sehr geringe Bodendeckung aufweisen. Aus Südeuropa sind aber auch Vorkommen auf mesophilen Standorten bekannt, an denen die Wolfsmilch in einer dichten Vegetationsdecke steht (D. BARTSCH, R. BLÄSIUS). Wahrscheinlich sind hier die höheren Durchschnittstemperaturen und vor allem die ausgeprägtere Sommertrockenheit ausschlaggebend.

Nach Beobachtungen von A. KALLIES und A. SCHNEIDER in Brandenburg lebt die junge Larve im Frühjahr im peripheren Bereich der Hauptwurzel. Sie legt hier eine kleine Platzmine unter der Wurzelrinde an, von der ein kurzer, teilweise gewundener Gang ausgeht. Sie findet sich jedoch auch in dünnen unterirdischen Seitenausläufern, in denen sie einen zentralen Gang ausfrißt. Später legt sie einen geräumigeren Gang in der Mitte der Hauptwurzel an. Von der Raupe besetzte Pflanzen können im Hochsommer bei Trockenheit völlig verdorren, teilweise aber auch nur welke Triebe aufweisen, abhängig von der Größe und Stärke der Wurzel. In der Regel findet man nur eine Raupe pro Pflanze. Es wurden aber auch schon als seltene Ausnahme bis zu 3 Larven in einer Pflanze gefunden. Das von WAGNER (1887) angegebene geschlechtsspezifisch unterschiedliche Verhalten der Raupen, wonach männliche Larven sich in der Wurzel, weibliche sich dagegen in einer Gespinströhre außerhalb der Wurzel verpuppen, konnte nicht registriert werden. Vielmehr wurde beobachtet, daß fast ausnahmslos eine Gespinströhre angelegt wird. Sie wird entweder im Bereich des Wurzelhalses zwischen den Trieben oder seitlich aus der Wurzel heraus gebaut. Davon abhängig ist sie zwischen einigen Millimetern und mehreren Zentimetern lang. Sie endet etwa 3–8 mm oberhalb der Bodenoberfläche und ist aus braunem Genagsel gefertigt. In Brandenburg sind die Raupen Ende Juli erwachsen, lassen sich aber noch bis in den August hinein finden.

Gefährdung und Schutz

Rote Liste Bundesrepublik: 1
Rote Liste Baden-Württemberg: 0

Oberrheinebene: Ausgestorben oder verschollen.
Schwarzwald: Nicht vertreten.
Neckar – Tauberland: Nicht vertreten.
Schwäbische Alb: Nicht vertreten.
Oberschwaben: Nicht vertreten.

- In Baden-Württemberg ausgestorben oder verschollen!

Das Artenpaar Chamaesphecia tenthrediniformis und Chamaesphecia empiformis[1]

Im Jahr 1775 beschrieben DENIS & SCHIFFERMÜLLER eine Glasflügler-Art aus Österreich: *Sphinx tenthrediniformis*. 1783 beschrieb ESPER, ebenfalls aus Österreich, einen weiteren Glasflügler: *Sphinx empiformis*. In der Folgezeit wurden beide Taxa artgleich behandelt und miteinander synonymisiert. Von späteren Autoren wurde dem jüngeren Namen *Sphinx empiformis* dabei in der Regel – entgegen dem Prioritätsprinzip – der Vorzug gegeben. Neuere Untersuchungen haben jedoch gezeigt, daß es sich um zwei Arten han-

---
[1] Bearbeitet von ROLF BLÄSIUS

delt. Ihre Weibchen lassen sich gut, die Männchen dagegen nur mit Schwierigkeiten voneinander unterscheiden. Man spricht deshalb von Zwillingsarten (= Dualspezies). Aufgrund der umfangreichen Untersuchungen von NAUMANN & SCHRÖDER (1980) wird heute deren Interpretation akzeptiert: Die in Zypressenwolfsmilch (*Euphorbia cyparissias*) lebende Art ist *Chamaesphecia empiformis*, diejenige in Eselswolfsmilch (*Euphorbia esula*) ist *Chamaesphecia tenthrediniformis*! Inzwischen führt LASTUVKA (1989) für *Chamaesphecia tenthrediniformis* weitere Raupennahrungspflanzen an.

Chamaesphecia tenthrediniformis
([Denis & Schiffermüller] 1775)

Eselswolfsmilch-Glasflügler

Sesia taediiformis FREYER, 1836

Gesamtverbreitung: Die Verbreitung erstreckt sich inselartig von der Iberischen Halbinsel über Frankreich, Deutschland, Tschechien, die Slowakei, Ungarn und über den Balkan zur Osttürkei, nach Transkaukasien, Südrußland und weiter nach Osten bis zum Baikalsee.

Verbreitung

Regional: Der Eselswolfsmilch-Glasflügler ist in Baden-Württemberg bisher nur aus der nördli-

Ein Weibchen des Eselswolfsmilch-Glasflüglers (*Chamaesphecia tenthrediniformis*) ruht am Rheinuferdamm im Ulmengebüsch. Das Tier ist nur wenig scheu und fliegt auch beim Fotografieren nicht davon. – Mannheim (Umgebung) 15.5.93 R. BLÄSIUS.

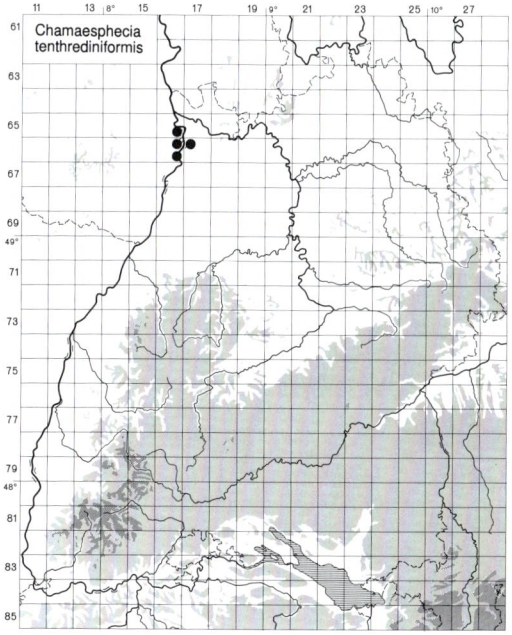

chen Oberrheinebene bekannt. Hier wurde er an wenigen Stellen an den Rheindämmen südlich von Mannheim gefunden.[1] Diese Plätze liegen in enger Nachbarschaft zueinander; ihre maximale Entfernung beträgt 7 km.

Die Eselswolfsmilch (*Euphorbia esula*) hat in Baden-Württemberg zwei Verbreitungsareale (DEMUTH in SEBALD, SEYBOLD & PHILIPPI 1992). Das eine reicht von Rußheim über Mannheim nach Norden bis zur hessischen Landesgrenze, das andere umfaßt Standorte im baden-württembergischen Maintal, wo D. BARTSCH und J. BERG die Eselswolfsmilch vergeblich auf Raupen hin untersuchten. In beiden Gebieten sollte weiter nach dem Eselswolfsmilch-Glasflügler gesucht werden. Eine weitere Verbreitung des Schmetterlings in Baden-Württemberg als die bisher bekannte ist jedenfalls zu erwarten.

---

[1] Aus Gründen des Artenschutzes muß auf jegliche nähere Ortsangabe verzichtet werden!

Vertikal: Die Vorkommen südlich von Mannheim liegen in 100 m Höhe.

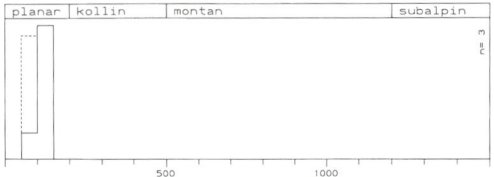

Phänologie

Imagines: Der Eselswolfsmilch-Glasflügler ist einer der am frühesten im Jahr erscheinenden einheimischen Glasflügler. Da die Art erst seit 1990 aus Baden-Württemberg bekannt ist, geben die wenigen vorliegenden Daten nur eine ungefähre Vorstellung vom Verlauf der Flugzeit. Der jahreszeitlich früheste Fund datiert vom 12. Mai (1993), der späteste vom 28. Mai (1991, R. BLÄSIUS).

In den frühen Nachmittagsstunden paaren sich die Falter auf den Blüten ihrer Raupennahrungspflanze. Das Biotop in der benachbarten Pfalz ist inzwischen durch Überlagerung mit Recyclinggut (!) zerstört worden. – Frankenthal 21.5.90 E. BLUM.

Aus dem benachbarten Rheinland-Pfalz liegen folgende phänologische Eckdaten vor: 27. April (1993, Trier, M. WEITZEL) und 30. Juni (1990, Frankenthal, H. LAHM und R. BLÄSIUS). In Norddeutschland fliegt die Art durchschnittlich einen Monat später. KÖHLER (1992) meldet sie aus dem Elbtal vom 10. Juni bis 27. Juli. D. HAMBORG fand in der Südoststeiermark in den feuchtwarmen Murauen eine Population, bei der noch Ende Juni/Anfang Juli frische Tiere auftraten, gleichzeitig aber auch schon völlig abgeflogene.

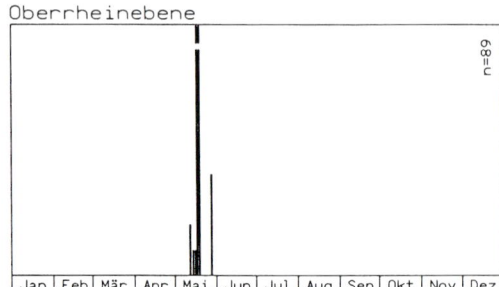

Präimaginalstadien: Die Raupe hat eine einjährige Entwicklung (LASTUVKA 1983). Bis zum Herbst sind die meisten Raupen erwachsen. WEITZEL (1994) beobachtete die Überwinterung in früheren Larvalstadien. Solche Raupen müssen im Frühjahr noch Nahrung zu sich nehmen.

Diese verzögerte Entwicklung könnte jahreszeitlich spätere Flugdaten erklären.

Aus Baden-Württemberg liegen nur zwei Hinweise auf Raupen des Eselswolfsmilch-Glasflüglers vor. R. BLÄSIUS beobachtete am 4.10.1994 am Rheindamm südlich Mannheim Fraßmehlauswurf aus dem Wurzelhals einer Eselswolfsmilch-Pflanze; am 12.5.1990 barg er am gleichen Platz eine verpuppungsreif eingesponnene Raupe aus einer Wurzel der Raupennahrungspflanze.

Nach LASTUVKA (1983) dauert die Puppenruhe etwa drei Wochen. Dementsprechend sind Ende April in Südwestdeutschland die meisten Raupen bereits verpuppt (WEITZEL 1994). Die Puppenfunde vom 9.5. (1993) und 12.5. (1990) an den badischen Fundplätzen fügen sich in diesen phänologischen Rahmen.

Ökologie

Lebensraum: Der Eselswolfsmilch-Glasflügler ist aus Baden-Württemberg bisher nur von den südwestexponierten Rheinuferdämmen südlich von Mannheim bekannt. Die flußseitigen Dämme sind wechselnden Wasserständen des Rheines ausgesetzt. In manchen Jahren werden die Raupen nicht vom Hochwasser tangiert, in anderen Jahren sind die Standorte mehrmals im Jahr überflutet.

Auch an der Mosel lebt *Chamaesphecia tenthrediniformis* mit ihrer Raupennahrungspflanze an den Dämmen und Uferwiesen des Flusses. Die Beobachtung WEITZELs (1994) von der Untermosel, daß der Schmetterling nur größere *Euphorbia esula*-Bestände von über 100 Pflanzen besetzt, trifft für unser Land nicht zu, handelt es sich doch bei einem der aus Baden-Württemberg bekannten Plätze um einen nur 2 × 2 m großen Bestand.

Die Bedeutung solch winziger, oft nur aus wenigen Pflanzen bestehenden Vorkommen ist nicht zu unterschätzen. Sie können eine wichtige »Trittstein«-Funktion zum nächsten Raupennahrungspflanzenvorkommen erfüllen.

In kleinen Beständen der Eselswolfsmilch, die zwischen 100 und 500 m vom Rheinufer entfernt wachsen, konnte der Schmetterling allerdings trotz mehrfacher Nachsuche noch nicht gefunden werden. Daraus darf aber nicht geschlossen werden, daß *Chamaesphecia tenthrediniformis* auf unmittelbare Wassernähe angewiesen wäre, kommt sie doch in der benachbarten Pfalz (Frankenthal) auf einer trockenen Sandfläche über 4 km vom Rhein entfernt vor.

KÖHLER (1992) vermerkt für das Elbtal Standorte auf nährstoffarmen, sandig-kiesigen, nicht zu trockenen Böden außerhalb der Talaue. Nach LASTUVKA (1990) besiedelt der Falter mit seiner Raupennahrungspflanze oft Sekundärstandorte wie Wegränder und Dämme.

Nahrung der Raupe:
Euphorbia esula – Esels-Wolfsmilch
   4 (E), L, P (BLÄ)

LASTUVKA (1989) führt als weitere Raupennahrungspflanzen *Euphorbia salicifolia* (Weidenblättrige Wolfsmilch) und *Euphorbia virgata* (Ruten-Wolfsmilch) an. Letztere könnte neben der Eselswolfsmilch auch in Baden-Württemberg als Nahrungspflanze der Raupe in Betracht kommen. Im Oktober 1994 untersuchte R. BLÄSIUS einen großen Rutenwolfsmilch-Bestand bei Mannheim. Raupen konnten dabei nicht gefunden werden. Im benachbarten Rheinland dagegen fand M. WEITZEL Glasflügler-Raupen in dieser Pflanze; leider gelang die Zucht bis zur Imago nicht.

Da *Chamaesphecia tenthrediniformis* einen einjährigen Entwicklungszyklus hat, sind die meisten Raupen im Herbst erwachsen. Bei Mannheim, wo *Euphorbia esula* mit ihren Sprossen und Wurzeln tief zwischen die Pflasterung oder die Steinschüttung der Rheindämme eindringt, gelang es nicht, eine Raupe vor der Überwinterung zu Gesicht zu bekommen. Zu tief dringt die Larve im Herbst in die unterirdischen Teile ihrer Nahrungspflanze ein. Dabei können beträchtliche Mengen Bohrmehl ausgeworfen werden. Dieses tiefe Eindringen unter die Bodenoberfläche kann als Anpassung an die oft wechselfeuchten Standortbedingungen der Wirtspflanze gedeutet werden. Die Standorte bei Mannheim sind oft tage-, manchmal wochenlang vom Hochwasser des Rheins überflutet. Inwieweit eine lange Überflutung der Pflanzen den Raupen schadet, konnte in Baden-Württemberg noch nicht ermittelt werden. Jedenfalls schlüpfen zumindest aus den Pflanzen auf den (meist) hochwasserfreien Dammkronen genügend Falter, um den Fortbestand der lokalen Populationen zu sichern.

In Trier stellte WEITZEL (1994) fest, daß die vierwöchige Überflutung der Pflanzen durch das Weihnachtshochwasser 1993 eine der dortigen Glasflügler-Populationen vernichtet hatte. An anderen Stellen hatte die lange Überflutung eine erheblich geringere Puppendichte zur Folge.

Die Raupe lebt einzeln im Wurzelstock der Eselswolfsmilch; in seltenen Fällen konnten bis zu drei Raupen in einer Pflanze festgestellt werden

(WEITZEL 1994). Befallene Pflanzen treiben im Frühjahr oft nur schwach aus, obwohl es sich, nach der Zahl der vorjährigen Triebe zu urteilen, um kräftige Pflanzen handeln muß. LASTUVKA (1983, 1987) berichtet, daß die oft massenhaft auftretenden Raupen durch ihren Fraß die befallenen Pflanzen zum Absterben bringen. Die Zerstörung der Nahrungspflanzen hat erhebliche Populationsschwankungen von Pflanze und Schmetterling zur Folge. In Baden-Württemberg konnte diese Erscheinung noch nicht beobachtet werden.

Euphorbia esula ist nach Nordamerika eingeschleppt worden und dort inzwischen als Unkraut (»leafy spurge«) weit verbreitet. Der Einsatz von *Chamaesphecia tenthrediniformis* zur Bekämpfung (»potential control agent«) der Eselswolfsmilch wird erwogen (NAUMANN & SCHRÖDER 1980, TOSEVSKI 1993).

Zur Verpuppung legt die Raupe im oberen Teil des Wurzelstockes, oft an der Basis vorjähriger Sprosse, einen Kokon oder eine kurze Gespinströhre an.

Nahrung des Falters: Nach KÖHLER (1992) ist der Eselswolfsmilch-Glasflügler in Norddeutschland eine streng biotopgebundene Art. Imagines wurden von ihm abseits von *Euphorbia esula*-Standorten nie beobachtet. So liegt es auf der Hand, daß gerade diese auch bei vielen anderen Insekten als Nektarquelle sehr beliebte Pflanze dem Schmetterling als Saugpflanze dient. Dementsprechende Beobachtungen liegen aus Norddeutschland und von der Mosel vor (STEFFNY 1990). R. BLÄSIUS beobachtete am 15.5.1993 bei Mannheim als Nektarpflanze neben der Eselswolfsmilch noch die Margerite (*Chrysanthemum leucanthemum*). D. BARTSCH sah am 19.5.1990 am gleichen Ort mehrere Tiere beim Blütenbesuch an Wiesen-Labkraut *(Galium mollugo)*.

Verhalten: Eine Paarung wurde am 19.5.1990 gegen Mittag bei Mannheim beobachtet (D. BARTSCH). Die Eier werden einzeln an Blatt oder Sproß der Nahrungspflanze abgelegt (LASTUVKA 1983). Auch E. BLUM und E. PRIESNER beobachteten in einem Biotop bei Frankenthal (Pfalz) mehrfach die Eiablage. Dabei war das Verhalten der Weibchen immer gleich. Der Falter läuft zum unteren, blattlosen Teil des Stengels der Eselswolfsmilch. Dort kriecht er rückwärts nach unten, bis das Abdomen Widerstand findet. An der Basis des Stengels wird dann ein Ei ablegt. Fliegend oder auch laufend bewegt sich das Weibchen weiter und die Prozedur wiederholt sich in der vorher geschilderten Weise. Eine derartige

Die oft nur wenige Quadratmeter großen Bestände der Esels-Wolfsmilch am flußseitigen Rheindamm sind besonders durch Freizeitaktivitäten wie Sonnenbaden oder Angeln sowie durch Verbuschung gefährdet. – Mannheim (Umgebung) 9.5.93 R. BLÄSIUS.

Freilandbeobachtung liegt aus Baden-Württemberg noch nicht vor. Allerdings klebte ein Weibchen, das am frühen Nachmittag des 12.5.1990 bei Mannheim gefangen worden war, in einem Glas einige Eier an einen Trieb der Eselswolfsmilch (R. BLÄSIUS).

Imagines aus einem *Euphorbia esula-Euphorbia cyparissias*-Mischbestand bei Mannheim stellen den Bearbeiter zunächst einmal vor Interpretationsprobleme! Bei Mai-Tieren könnte es sich um Exemplare handeln, die beiden, habituell kaum voneinander zu trennenden Arten (*Chamaesphecia tenthrediniformis* und *C. empiformis*) angehören. Hier hilft die Freilandbeobachtung weiter. Zwei Verhaltensweisen des Eselswolfsmilch-Glasflüglers sind geeignet, ihn gegenüber dem Zypressenwolfsmilch-Glasflügler abzugrenzen:

1. *C. tenthrediniformis* zeigt eine andere Pheromon-Reaktion als *C. empiformis* (E. PRIESNER). Der Eselswolfsmilch-Glasflügler fliegt die Pheromon-Präparate nur schlecht an. Niemals nähert

sich ein Männchen den Präparaten, die auf den Zypressenwolfsmilch-Glasflügler anziehend wirken. R. BLÄSIUS konnte bei Mannheim zweimal Pheromon-Anflüge registrieren. Am 15.5.1993 und am 28.5.1991 flogen am frühen Nachmittag einige Männchen die entsprechenden Pheromone an. An anderen Tagen konnte trotz reger Flugaktivität der Imagines kein Pheromon-Anflug beobachtet werden.

2. Die Falter von *C. tenthrediniformis* sind – im Gegensatz zur Vergleichsart – nicht scheu. Es gelingt ohne Schwierigkeiten, ruhende Falter des Eselswolfsmilch-Glasflüglers auf den Finger krabbeln zu lassen. Fängt man die langsam und schwerfällig über der Krautschicht fliegenden Falter mit der Hand ein, so bleiben die Tiere manchmal in der offenen Handfläche sitzen – beides bei *C. empiformis* undenkbar.

Die Befürchtung, daß diese *Chamaesphecia tenthrediniformis*-Population durch das Hochwasser 1995 nachhaltig geschädigt worden sein könnte, erwies sich als unbegründet: Hellbraunes Genagsel am Fuß einer kümmernden Eselswolfsmilch-Pflanze signalisiert die Präsenz einer Raupe (nachgemeldeter Fund!). – Mannheim (Umgebung) 12.9.96 A. SCHANOWSKI.

Gefährdung und Schutz

Rote Liste Bundesrepublik: 2
Rote Liste Baden-Württemberg: 1

Oberrheinebene: Vom Aussterben bedroht.
Schwarzwald: Nicht vertreten.
Neckar-Tauberland: Nicht vertreten.
Schwäbische Alb: Nicht vertreten.
Oberschwaben: Nicht vertreten.

- In Baden Württemberg vom Aussterben bedroht!

Nach den bisherigen Beobachtungen besiedelt der Eselswolfsmilch-Glasflügler in Baden-Württemberg ausschließlich die flußseitigen Rheindämme.

Diese Sonderstandorte sind vielfältigen störenden Einflüssen ausgesetzt:

Das Mai/Juni-Hochwasser des Rheines überflutete 1995 zur erwarteten Flugzeit der Falter für viele Tage den Hauptlebensraum von *C. tenthrediniformis*. Ob die Population hierdurch nachhaltig geschädigt wurde, wird sich in den Folgejahren zeigen. Eigentlich müßten die schlupfbereiten Puppen ertrunken sein und bereits geschlüpfte Weibchen keine Möglichkeit mehr zur Eiablage an der Esels-Wolfsmilch gehabt haben. – Mannheim (Umgebung) 25.5.95 R. BLÄSIUS.

- Hochwasser
- Steinschüttungen
- Wegebaumaßnahmen
- Verbuschung
- Trittbelastung durch Angler und Spaziergänger
- Unerlaubtes Befahren mit Autos
- Falsche Pflegemaßnahmen

Als schwerwiegend und daher **nicht empfehlenswert** muß eine Maßnahme, wie sie Anfang Oktober 1994 im Hauptlebensraum bei Mannheim erfolgte, eingestuft werden:
- Mahd des größten *Euphorbia esula*-Standortes (im Herbst eigentlich unbedenklich)
- Lagerung und spätere Verbrennung des Mähgutes im Lebensraum

Inwieweit (unabwendbare) Hochwasser die Schmetterlingspopulation schädigen, könnte Gegenstand weiterer Untersuchungen sein. Ob wasserbauliche Maßnahmen in Rheinnähe (Dammausbau, Polder) die Ausbreitung der Raupennahrungspflanze (und damit des Falters) beeinflussen, muß angesichts der lokalen Rückgänge und erloschenen Vorkommen für unser Untersuchungsgebiet abgewartet werden.

Die Vorkommen des Eselswolfsmilch-Glasflüglers in Nordbaden und auf der gegenüberliegenden pfälzischen Rheinseite südlich Speyer (E. BETTAG) sind die südlichsten bisher bekannten Vorkommen in Deutschland. Ihnen gebührt deshalb besonderer Schutz.

Chamaesphecia empiformis
(Esper, 1783)

Zypressenwolfsmilch-Glasflügler

Sesia empiformis ESP. (REUTTI 1898, LAMPERT 1907, REBEL 1910, ECKSTEIN 1913–1923)
Chamaesphecia tenthrediniformis DEN. & SCHIFF. (LERAUT 1980), partim

Gesamtverbreitung: Von den Pyrenäen durch Westeuropa, Mitteleuropa und weite Teile Südeuropas bis zur Ukraine und nach Weißrußland. Die Art fehlt auf allen Mittelmeerinseln sowie in Großbritannien, Irland, Dänemark, Fennoskandien und in der Türkei.

Verbreitung

Regional: *Chamaesphecia empiformis* ist mit ihrer einzigen Raupennahrungspflanze, der Zypressen-Wolfsmilch, in Baden-Württemberg weit verbreitet. DEMUTH (in SEBALD, SEYBOLD & PHILIPPI 1992) bemerkt zum Vorkommen der Zypressen-Wolfsmilch in Baden-Württemberg: »... Überall verbreitet, fehlt regional in den großen Waldgebieten des Nordschwarzwalds, stellenweise selten in intensiv genützten, großflächigen Ackerbaugebieten. ... Höchstes Vorkommen bei ca. 1000 m ...«. Über den Schmetterling schreibt schon ZUKOWSKY (1910): »*Sesia empiformis* ge-

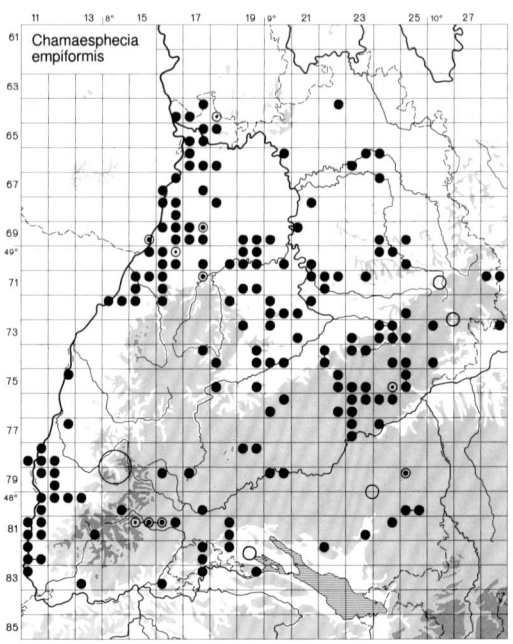

hört an einigen Orten (Deutschlands) nicht gerade zu den Seltenheiten«.

Der von den meisten Autoren und vielen unserer Mitarbeiter als häufig gemeldete Glasflügler dürfte an nahezu allen Lokalitäten Baden-Württembergs vorkommen, an denen die Zypressen-Wolfsmilch gefunden wird. Lücken in der Verbreitung des Schmetterlings wären somit vor allem Beobachtungslücken. Andererseits haben unsere Mitarbeiter den Glasflügler und mit ihm die Zypressen-Wolfsmilch auf drei Meßtischblatt-Quadranten entdeckt, die den Botanikern entgangen waren.

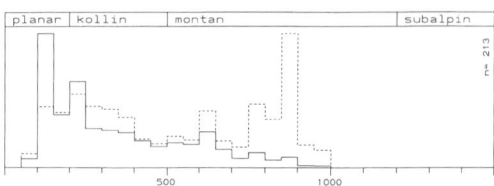

Vertikal: Von 100 m bei Mannheim bis in 950 m auf der Hohen Schwabenalb bei Hossingen.

Erstaunlicherweise finden sich in der Literatur kaum Hinweise auf die Höhenverbreitung der Art. FORSTER (1960) meldet: »Im Gebirge mit der Futterpflanze bis nahe an 2000 m.« R. BLÄSIUS fing den Falter im Wallis in über 2000 m Höhe, in eisiger Umgebung, direkt am Gletschertor des Arolla-Gletschers. Im Aosta-Tal fliegt die Art noch in 2200 m Höhe (A. KALLIES).

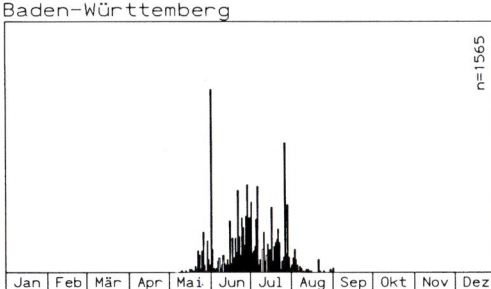

Phänologie

Imagines: Für *C. empiformis* wird in Mitteleuropa eine langgestreckte Flugzeit von Mai bis August angegeben (FORSTER 1960 u. a.). In diesen Rahmen fügen sich auch die phänologischen Daten aus Baden-Württemberg. Die früheste Beobachtung einer Imago gelang am 10.5. (1990, bei Sulzbach, an den Hängen der Bergstraße, D. DOCZKAL). Aber auch in der Oberrheinebene kann der Falter sehr früh fliegen, wie der Fund von R. BLÄSIUS am 13.5. (1991, bei Mannheim) zeigt. Ab Ende Mai erscheint der Falter dann auch im Neckar-Tauberland, im Schwarzwald und auf der Schwäbischen Alb. Etwa 14 Tage später werden die ersten Tiere in Oberschwaben beobachtet.

Die Hauptflugzeit liegt in allen 5 Hauptnaturräumen im Juni und Juli, ab August klingt sie langsam aus. Ab Mitte August werden nur noch wenige Falter beobachtet, meist in den höheren Lagen des Schwarzwaldes oder im kühlen Oberschwaben. Die spätesten Funde datieren von der Monatswende August/September. G. BARTH fing am 30.8. (1930, Spitzberg bei Tübingen) 2 Weibchen. Die einzigen Septembertiere, immerhin 3 Exemplare, beobachtete M. WEBER am 1.9. (1990, Villingen). H. STEFFNY notierte von 1982–1990 bei seinen allwöchentlichen Beobachtungen in Hartheim (Markgräfler Rheinebene) jeden Glasflügler. Vom 19.5. bis 7.8. stellte er insgesamt 66 Falter von *Chamaesphecia empiformis* fest. Am Rußheimer Altrhein registrierte J. THIELE während eines Beobachtungszeitraumes vom 2.7. bis 3.8. (1991) 36 Männchen.

Präimaginalstadien: Erste junge Raupen sollten, zumindest in der Oberrheinebene, schon im Juni/Juli zu finden sein (Meldungen stehen noch aus). Die früheste Raupenmeldung stammt vom 27.8. (1989, Riesbürg, D. BARTSCH), danach liegen Meldungen aus allen Folgemonaten (bis Juni) vor. Den spätesten Fund (erwachsener Raupen) meldete wiederum D. BARTSCH vom 14.6. (1990,

Das sattgelb gefärbte Weibchen des Zypressenwolfsmilch-Glasflüglers (*Chamaesphecia empiformis*) sitzt bei der Paarung mit dem Kopf nach oben in der Vegetation. Das kleinere und oft dunkler gefärbte Männchen (hier ein extrem blasses Exemplar) muß mit der Kopfunter-Position vorlieb nehmen. Manchmal findet man es auch freihängend mit dem Weibchen verbunden. – Karlsruhe-Weiherfeld 18.7.88 H. LUSSI.

Schmellbachtal bei Stuttgart). Hätte M. WEBER die Raupen zu seinen Faltern (Meldung vom 1.9.1990) im Schwarzwald gefunden, so hätte er uns wohl noch unverpuppte Raupen vom 1. August melden können!

Nach NAUMANN & SCHRÖDER (1980) überwintert die Raupe, wenn sie gegen Ende Oktober das vorletzte Larvenstadium erreicht hat. Im Frühjahr setzt sie dann ihren Fraß bis zur Verpuppungsreife fort.

Auch die aus Baden-Württemberg vorliegenden Meldungen über Raupenfunde im Spätherbst weisen darauf hin, daß diese Raupen noch nicht erwachsen waren. So fanden D. BARTSCH und R. BLÄSIUS im September und Oktober an verschie-

Das Weibchen legt seine flachen, dunkelbraunen Eier im mittleren Stengelbereich einer Zypressen-Wolfsmilch an beiden Seiten der Blätter ab. Zum Erreichen der Blattunterseite krümmt es seinen Hinterleib leicht ein. Die Schwesterart *C. tenthrediniformis* zeigt ein ganz anderes Eiablageverhalten. – Karlsruhe-Weiherfeld 22.7.88 H. LUSSI.

denen Orten 15 Raupen, die zwischen 8 und 12 mm lang waren (erwachsene Raupen im Frühjahr sind bis zu 20 mm lang). Allerdings konnten Raupen, die R. BLÄSIUS am 2.12.1990 bei Bötzingen in trockenen Wurzeln abgestorbener Pflanzen fand, keine frische Nahrung mehr aufnehmen; sie entwickelten sich aber trotzdem zum Falter.

Über Puppenfunde liegen nur zwei Angaben aus Baden-Württemberg vor: 28.4. (1990, bei Schützingen, D. DOCZKAL) und 18.5. (1990, bei Mannheim, als dort schon erste Falter flogen, R. BLÄSIUS).

Ökologie

Lebensraum: Aufgrund der festen trophischen Bindung der Raupe von *Chamaesphecia empiformis* an die Zypressenwolfsmilch ist es nicht uninteressant, sich vorab die Aussage der Botaniker zum Lebensraum dieser Pflanze in Baden-Württemberg vor Augen zu führen: »Auf kalkreichen bis kalkfreien, meist trockenen und nährstoffarmen Böden. In gemähten oder beweideten Magerrasen, in Sandtrockenrasen, in Säumen, in lichten Wäldern (z. B. Kiefernwälder), an Wegrändern, auf Dämmen und Feldrainen, in ausdauernden Ruderalgesellschaften« (DEMUTH in SEBALD, SEYBOLD & PHILIPPI 1992). Unsere Mitarbeiter melden den Zypressenwolfsmilch-Glasflügler aus vielfältigen Lebensräumen: Felsen, Kalkgebiete, Lößböden, Mergelhänge, Sanddünen, Bahndämme, Kiesgruben, Rheindämme, Wegränder, Weinbergsböschungen, Wiesen, Trockenrasen, Waldränder, Wacholderheiden. Meist lebt die Raupe in kräftigen Pflanzen, es können aber auch winzige Pflanzen mit nur 1 oder 2 Sprossen sein. Die Falter aus solchen Kümmerpflanzen bleiben wegen des unzureichenden Nahrungsangebotes für die Raupen oft deutlich kleiner.

Nahrung der Raupe:
Euphorbia cyparissias – Zypressen-Wolfsmilch
  5 E, L, P (BAR, BAS, BLÄ, DOC, GRE, NIM, REN, STE, WEF, WLL)

Die Raupe lebt monophag in dieser Nahrungspflanze. Wir müssen deshalb an dieser Stelle der Behauptung widersprechen, daß die Raupe des Wolfsmilchschwärmers *(Hyles euphorbiae)* die einzige Tierart sei, die obligatorisch von *E. cyparissias* lebe (vgl. DEMUTH in SEBALD, SEYBOLD & PHILIPPI 1992).

Literaturangaben über das Vorkommen der Raupe von *Chamaesphecia empiformis* in *Euphorbia amygdaloides* (MACK in FRANZ 1985), *Epilobium angustifolium* (FRIESE & NICULESCU 1964) oder »in allen *Euphorbia*-Arten« (ZUKOWSKY 1910) beziehen sich auf andere Glasflügler oder es lagen Verwechslungen mit Kleinschmetterlingsraupen oder Käferlarven vor. Meldungen über Raupen in *Euphorbia esula* (Esels-Wolfsmilch) beziehen sich auf die Schwesterart *Chamaesphecia tenthrediniformis*.

Aus Baden-Württemberg ist uns erst eine Eiablagebeobachtung gemeldet worden. Danach legt das Weibchen von *C. empiformis* seine Eier an die Blattober- und -unterseiten im mittleren Sproßbereich der Raupennahrungspflanze ab (H. LUSSI). Die junge Raupe lebt im Spätsommer im oberen Bereich der Wurzel. Wie sie vom Blatt in den Wurzelhals gelangt, ist zumindest in unserem Untersuchungsgebiet noch nicht beobachtet worden. Wir ziehen drei Möglichkeiten in Betracht:

1) Die Jungraupe frißt sich ihren Weg durch das Stengelmark abwärts Richtung Wurzel.

2) Sie bewegt sich außen an der Pflanze nach unten und frißt sich auf Bodenniveau in die Pflanze ein.

3) Sie läßt sich zu Boden fallen und frißt sich dort in die Pflanze ein.

Zum Ende der Vegetationsperiode hin, im Oktober, haben die Raupen einen Gang in die Wurzel gefressen, in dem sie überwintern. In vielen Fällen ist der Raupenbefall der Pflanze schon äußerlich anzusehen. An manchen Plätzen vergilben die Sprosse raupenbesetzter Wolfsmilch-Pflanzen im Herbst früher als die nicht befallener Pflanzen. Ein auffälliges Merkmal, an dem man im Herbst und im Frühjahr den aktuellen Raupenbefall einer Pflanze erkennen kann, ist das Vorhandensein dürrer Stengel. Durch den Raupenfraß in der Wurzel vertrocknen die Sprosse im Sommer verfrüht und bleiben dann monatelang erhalten. Besetzte Pflanzen treiben im Frühjahr nur noch kümmerlich aus. Sie bilden wenige Triebe, die Ausbildung von Blüten unterbleibt oft. Nur selten führt dagegen der Raupenbefall zum Absterben der Pflanze. Verdorrte Pflanzen, die immer wieder gefunden werden, zeigen nur in wenigen Fällen Fraßspuren von *C. empiformis* (D. BARTSCH). Im Gegensatz zu den meisten anderen Glasflügler-Raupen werfen die Larven dieser Art kein Genagsel aus. D. DOCZKAL beobachtete bei Zuchttieren, daß Kot und Bohrmehl im Fraßgang verbleiben und festgepreßt werden. Meist lebt nur eine Raupe in der Wurzel, in besonders kräftigen Pflanzen können sich auch mehrere Raupen ernähren (D. BARTSCH).

Die Verpuppung findet im oberen Bereich des Fraßganges statt. Zum Schlupf schiebt sich die Puppe aus einer vertrockneten Stengelbasis oder dem Wurzelhals heraus. Über die Dauer des Puppenstadiums liegen aus Baden-Württemberg keine Angaben vor. Sie dürfte, wie bei den anderen einheimischen Sesien, 3–4 Wochen betragen.

Nahrung des Falters: Für diese Glasflüglerart liegen aus unserem Bundesland überraschend viele Meldungen zur Falternahrung vor. Schon 1918 beschäftigte sich A. GREMMINGER mit deren Nahrungsbiologie. In seiner Kartei findet sich der Eintrag: »Saugt in der Morgenstund gern an Blüten von *Euphorbia*, auch *Globularia*, *Cytisus* und *Artemisia*«. D. DOCZKAL meldete Falter bei der Nahrungsaufnahme an Kleiner Bibernelle (*Pimpinella saxifraga*), Waldrebe (*Clematis vitalba*), Thymian (*Thymus* spec.) und Färberkamille (*Anthemis tinctoria*). STEFFNY (1990) berichtet, unter Hinweis auf SERMIN (1959), über Blütenbesuche an Liguster (*Ligustrum vulgare*), Ackerwitwenblume (*Knautia arvensis*) und Wasserdost (*Eupatorium cannabinum*). W. STAIB und M. WALLNER beobachteten saugende Falter an blühender Zypressenwolfsmilch, J. THIELE meldet Saugverhalten »an diversen Blüten«.

Aus Konz bei Trier (Mosel) liegen vom 18.6.1977 weitere Saugbeobachtungen an Natternkopf (*Echium vulgare*) und Echtem Johanniskraut (*Hypericum perforatum*) vor (R. BLÄSIUS).

Verhalten: Glasflügler gelten als »Sonnenkinder«. Jeder, der schon einmal mit Pheromonen Anlockversuche bei Sesien gemacht hat, weiß, daß die Aktivität der Tiere meist abrupt endet, wenn sich auch nur eine Wolke vor die Sonne schiebt. Umso mehr muß die Beobachtung STEFFNYs (1990) erstaunen, daß die Männchen von *C. empiformis* auch bei Nieselregen ans Pheromon fliegen!

In geeigneten Biotopen erscheinen die Männchen oft in großer Zahl. So berichtet D. BARTSCH (1992) von ca. 300 Männchen, die am 20.6.1989 bei Stuttgart anflogen. Erste Männchen fliegen gegen Mittag ans Pheromon, nach 18 Uhr endet der Anflug.

Aus Baden-Württemberg liegen zwei Beobachtungen zur Paarung vor. Eine solche fotografierte H. LUSSI am 18.7.1988 in Karlsruhe-Weiherfeld, eine weitere hielt U. DIRBACH am 19.6.1995 gegen 15 Uhr bei Schwetzingen im Bild fest. Das

Im Herbst vergilben raupenbesetzte Pflanzen der Zypressen-Wolfsmilch früher als nicht befallene. An manchen Orten enthalten sie allerdings statt der Sesienraupe die langgestreckte, beinlose Larve des Bockkäfers *Oberea erythrocephala*. – Markgräfler Rheinebene 23.10.92 R. BLÄSIUS.

An den Lößhängen von Kaiserstuhl und Bergstraße bildet der Zypressenwolfsmilch-Glasflügler starke Populationen aus. In diesem Lebensraum am Schriesheimer Branich lebt er zusammen mit *Bembecia ichneumoniformis*, *Sesia apiformis* und *Paranthrene tabaniformis*. – Schriesheim 17.6.88 R. BLÄSIUS.

Weibchen sitzt dabei in Ruheposition in der Vegetation, während das Männchen kopfunter oder freihängend mit dem Weibchen verbunden ist.

Das seltene Erlebnis, im Freiland das Eingehen einer Paarung des Zypressenwolfsmilch-Glasflüglers sozusagen »live« zu beobachten, hatte R. BLÄSIUS am 18.6.1977 bei Konz. Bei heißem Wetter, gegen 12 Uhr, entdeckte er an einem südexponierten Eisenbahndamm ein an einem Pflanzenstengel sitzendes (wohl lockendes) Weibchen. Kurze Zeit später flog ein Männchen an, das aus dem freien Flug sogleich in Kopula ging.

Gefährdung und Schutz

Rote Liste Bundesrepublik: –
RoteListe Baden-Württemberg: –

Oberrheinebene: Nicht gefährdet.
Schwarzwald: Nicht gefährdet.
Neckar-Tauberland: Nicht gefährdet.
Schwäbische Alb: Nicht gefährdet.
Oberschwaben: Nicht gefährdet.

- In Baden-Württemberg nicht gefährdet!

Arctiidae (Bärenspinner)

Einleitung

Von GÜNTER EBERT

Diese durch ihren Formenreichtum sehr auffällige Schmetterlingsfamilie ist bzw. war in Baden-Württemberg mit 39 Arten vertreten. Weltweit gehören ihr etwa 8000 Arten an. Der prozentual höchste Anteil entfällt dabei auf Südamerika, während in der paläarktischen Region nur etwas mehr als 6 % der Arten vorkommen.

Die Zuordnung der »Bärenspinner« zur Überfamilie Noctuoidea orientiert sich vor allem an der Morphologie und Lage des Tympanalorgans. Ansonsten bereiten sie den Systematikern aufgrund ihrer Heterogenität, mit bemerkenswerten Abweichungen im Geäderbau, erhebliche Schwierigkeiten. Aufbauend auf die von HAMPSON (1900–1901) durchgeführte Bearbeitung hat SEITZ (1910) die paläarktischen Bärenspinner-Arten in folgende Unterfamilien aufgeteilt: Nolinae[1], Lithosiinae, Hypsinae, Micrarctiinae, Spilosominae, Arctiinae, Callimorphinae und Nyctemerinae. Als ein fast allen Arten (Ausnahme: *Tyria jacobaeae* und verwandte Arten der Nyctemerinae) gemeinsames Merkmal kann die mehr oder weniger dichte, meistens braune Behaarung der Raupe angeführt werden. Ein optisch-emotionaler Vergleich mit Bären (Ursidae), der sich dadurch anbietet und diesen Schmetterlingen zu ihrem längst eingebürgerten Trivialnamen verholfen hat, wird noch durch den eigenartigen Bewegungsablauf vieler Raupen bestärkt, der sich bei Störung in einer schnellen, etwas unbeholfen wirkenden Fortbewegung äußert und damit entfernt an die eines Braunbären erinnert.

Ein weiteres gemeinsames Merkmal vieler Arten ist die bunte, durch kontrastreiche Muster auf den Flügeln oft grell hervortretende Färbung, die als Warn- oder Schrecktracht zu verstehen ist. In der Unterfamilie Nyctemerinae ist sie auch bei den Raupen deutlich ausgeprägt und unterstreicht gegenüber potentiellen Freßfeinden ihre Ungenießbarkeit. Sehr unterschiedlich ist hingegen das Verhalten dieser bunten Bärenspinner als Imago. So sind die Arten der Callimorphinae mit einem langen, voll funktionsfähigen Saugrüssel ausgestattet und fallen dementsprechend in den Sommermonaten als tagaktive Blütenbesucher auf. Besonders die Spanische Fahne (*Callimorpha quadripunctaria*) ist an hochstaudenreichen Waldwegen zu einer vertrauten Erscheinung geworden. Andere Arten wie z. B. der Braune Bär (*Arctia caja*) oder der Purpurbär (*Rhyparia purpurata*) besitzen nur einen verkümmerten Saugrüssel, mit dem sie keinen Nektar aufnehmen können. Sie sind überwiegend nachtaktiv und kommen gern an das Licht.

Sieht man einmal von dem aus Nordamerika eingeschleppten (in Baden-Württemberg jedoch fehlenden) Webebär (*Hyphantria cunea*) ab, so hat in Mitteleuropa keine dieser Arten eine nennenswerte wirtschaftliche Bedeutung erlangt. Lediglich *Arctia caja* wird von CARTER (1984) unter Hinweis auf BALACHOWSKY & MESNIL (1935) als Schädling an Weinreben aufgeführt. Von »forstlich schädlichen Vertretern« ist bei Arten wie *Lithosia quadra, Arctia caja, Spilosoma lubricipeda, Rhyparia purpurata* und den beiden *Callimorpha-* (= *Panaxia*)Arten *dominula* und *quadripunctaria* die Rede (SCHWENKE 1978), jedoch zu Unrecht, wie wir heute wissen. Alle genannten Arten sind, wie in dieser Familie überhaupt die Regel, auf ein breites Spektrum an Raupennahrungspflanzen fixiert, das sowohl Kräuter als auch Laubgehölze umfaßt. Außerdem zeigen sie meistens kein oder nur in einem frühen Larvenstadium erkennbares präferentes Verhalten. Davon weichen lediglich die »Grasbären« (*Spiris, Coscinia*) ab, die sich überwiegend auf Gramineen spezialisiert haben, ferner der Jakobskrautbär als *Senecio*-Spezialist sowie die Flechtenbärchen (Lithosiinae), die oligophag an Flechten, aber auch an Grünalgen und Moosen leben. Eine geradezu extreme Spezialisierung finden wir bei Arten der aus Südamerika bekannten Gattung *Palustra*, den sogenannten »Wasserbären«. Ihre Raupen leben fast ausschließlich in Bächen und kleineren Flüssen, wo sie sich, wie z. B. *Palustra*

---

[1] Sie wurden als eigene Familie (Nolidae) der Noctuoidea bereits in Band 4:466–497 (A. STEINER) bearbeitet.

burmeisteri, unter der Wasseroberfläche von den Blättern verschiedener Wasserpflanzen ernähren. Den lebensnotwendigen Sauerstoff holen sie sich aus der atmosphärischen Luft und speichern ihn in großen Blasen in ihrem Haarpelz.

Aus physiologischer und ethologischer Sicht bemerkenswert ist das Abwehr- und Totstellverhalten mancher Arten. Zwischen den beiden einheimischen *Spilosoma*-Arten *lubricipeda* und *luteum* wurden z. B. Abhängigkeitsmerkmale festgestellt, die zur Begründung einer Mimikry-Hypothese führten (ROTHSCHILD 1963). Näheres dazu siehe in diesem Band unter *Spilosoma*. Auch die Fähigkeit zur Lautäußerung, insbesondere bei neotropischen Bärenspinner-Arten, ist eine bemerkenswerte Eigenschaft. Darauf machte schon HERING (1926) unter Hinweis auf die mitteleuropäische *Endrosa aurita ramosa* aufmerksam. Beim männlichen Falter geraten die Ränder der thorakalen Stigmenspalten in Schwingung. Unter der Ansatzstelle des letzten Beinpaares befindet sich eine Schallblase, die zur Verstärkung der erzeugten Laute dient. »Wenn nun ein dicht über dem Erdboden fliegendes, laut knackendes Männchen[2] in die Nähe eines still im Gras sitzenden Weibchens gelangt, so reagiert dieses in auffälliger Weise durch zitternde Bewegungen des Abdomens und der Flügel ... Daraus muß man schließen, daß die Weibchen die vom Männchen erzeugten Geräusche hören. Die Männchen nahmen dann bald die auffälligen Bewegungen der Weibchen wahr, ließen sich auf die Erde nieder, und kurze Zeit später begann die Paarung« (HANNEMANN in: Urania Tierreich, 1990). Erstmalig beschrieben wurde diese Art der Lautäußerung wohl von GUENEE (1865). Später haben sich damit wie auch mit den durch solche »clicks« verursachten Störungen der Echolot-Peilung bei Fledermäusen auch noch andere Autoren befaßt, z. B. DUNNING & ROEDER (1965), FULLARD & FENTON (1977, 1979), FULLARD (1979), FULLARD & BARCLAY (1980), FULLARD & THOMAS (1981), MILLER (1982), SURLYKKE & MILLER (1985). Ebenso bekannt ist die Fähigkeit vieler Arctiiden-Arten, bei Störung aus prothorakalen Drüsen ein öliges Sekret abzusondern, das der Abwehr von Prädatoren dient.

Lithosiinae

Von GÜNTER EBERT

Wie der Name Flechtenbärchen andeutet, leben die Raupen dieser Schmetterlingsarten »an Flechten«. Aufgrund der bekannten Schwierigkeiten, die diese sehr spezielle Organismengruppe des Pflanzenreiches bei der Bestimmung bietet, ist es nicht verwunderlich, wenn die Angaben zu den »Futterpflanzen« in der Literatur über die Sammelbezeichnung »Flechten« meist nicht hinausgehen. Bestenfalls ist von »Baumflechten« oder »Steinflechten« die Rede. Welcher quantitative Anteil dem zweiten der beiden Symbiosepartner, aus denen Flechten entstehen, nämlich Grün- oder Blaualgen, als Nahrungslieferant zukommt, ist dabei noch völlig unklar.

Fütterungsversuche mit Raupen von *Setina aurita* haben gezeigt, daß von 23 dargebotenen Flechtenarten 18 Arten Fraßspuren aufwiesen. Dabei wurden sämtliche zugänglichen Teile der ausgewählten Flechten angefressen. Die meisten Raupen taten dies erst abends, wenn die Thalli künstlich befeuchtet waren, andere fraßen jedoch auch tagsüber an den bereits ausgetrockneten Flechtenlagern.

Was die chemischen Inhaltsstoffe anbelangt, wurden nur Flechten mit Salazin-, Thamnol und Vulpinsäure verschmäht. Neben den verschiedenen Flechten wurden auch Moose, darunter *Frullania dilatata* und *Tortella tortuosa* angenommen. Pilzhyphen waren in den Kotproben nur fragmentarisch vertreten, zahlreich dagegen Algenzellen. Salatblätter, bei diesem Fütterungsversuch ebenfalls dargeboten, wurden völlig verschmäht (RAMBOLD 1985).

Aus diesem interessanten Experiment lassen sich für unsere einheimischen *Eilema*-Arten folgende, natürlich noch immer hypothetischen Schlußfolgerungen herleiten:

- keine Art ist streng monophag an nur eine Flechtenart gebunden,
- Grünalgen spielen bei dieser Ernährungsweise eine sehr wichtige Rolle, ihr quantitativer Anteil ist derzeit noch unbekannt,
- über ein Präferenzverhalten sowohl gegenüber einzelnen Flechtenarten als auch gegenüber Algen und Moosen in entsprechend besetzten Habitaten liegen noch keine gesicherten Erkenntnisse vor,
- Blütenpflanzen scheiden als natürliche Nahrungsquellen aus.

---

[2] Beiläufig sei hier auf die, ebenfalls zoologisch gebrauchte, jedoch eher volkstümliche Bezeichnung »alter Knacker« hingewiesen!

Erwähnenswert ist die Beobachtung, daß verschiedene *Eilema*-Arten wie z. B. *E. griseola, E. deplana* sowie *Lithosia quadra* unter Zuchtbedingungen zu Mordraupen werden (FRIEDRICH 1975).

Untersuchungen im Immissionsgebiet Dübener Heide (bei Dresden) haben gezeigt, daß Arten der Lithosiinae als Bioindikatoren Bedeutung erlangen können. Drei Arten (*M. miniata, A. rubricollis* und *E. sororcula*) werden für Gebiete mit mehr als 40% Flechtendominanz genannt. Ihr Nichtvorhandensein in Gebieten mit weniger als 10% Flechtendominanz wird mit hoher Wahrscheinlichkeit auf industrielle Belastung zurückgeführt. Es wurde festgestellt, daß relativ unbeeinflußte Gebiete eine hohe, stark immissionsbelastete dagegen eine niedrige Artenzahl oder überhaupt keine [Lithosiinae-]Arten mehr aufweisen. Ein Verschwinden der Arten tritt schon auf, wenn noch ein augenscheinlich ausreichender Bestand an Nahrungspflanzen vorhanden ist. »Sie übertreffen damit in ihrer Empfindlichkeit das Bioindikationssystem Flechten stark, sind aber in ihrer Handhabung nicht einfach«.

Außer den bereits genannten Arten werden noch *S. irrorella, E. deplana, E. griseola, E. lurideola* und *E. lutarella* als »empfindliche Bioindikatoren« angesprochen (GROSSER 1979). Bei den Baumflechten *Lecanora conizaeoides* und *Lecanora varia* wurden, wiederum in der Dübener Heide, abnehmende Frequenz- und Dominanzverhältnisse zum Immissionszentrum hin ermittelt (SCHUBERT 1977). Welche quantitative Bedeutung sie als Nahrungsressource für *Eilema*-Arten haben, ist allerdings noch unbekannt.

Im Gegensatz zur nächstfolgenden Unterfamilie (Arctiinae) haben die Imagines der Lithosiinae in der Regel einen m.o.w. funktionsfähigen Saugrüssel. Man findet sie deshalb öfters tagsüber auf Blüten sitzend.

Thumatha senex
(Hübner,[1808])
Rundflügel-Flechtenbärchen

Nudaria senex HB. (REUTTI 1898)
Comacla senex HBN. (LAMPERT 1907, SEITZ 1907–1954, SPULER 1908–1910, REBEL 1910, ECKSTEIN 1913–1923, HERING 1932, SCHNEIDER 1936–1939, BERGMANN 1951–1955, KOCH 1955, FORSTER 1960, STRESEMANN 1969)
Comacla senex HBN. (NOVAK & SEVERA 1980, KOCH 1984)
Thumata senex HÜBNER 1808 (ROTE LISTE BRD 1984, FREINA & WITT 1987)

Gesamtverbreitung: Von Westeuropa einschließlich der Britischen Inseln durch die gemäßigte Zone bis ins Wolgagebiet und zum Ural. Im Süden durch Norditalien bis zum Balkan und dem nördlichen Teil Kleinasiens, im Norden bis zum Polarkreis (Schweden, Finnland).

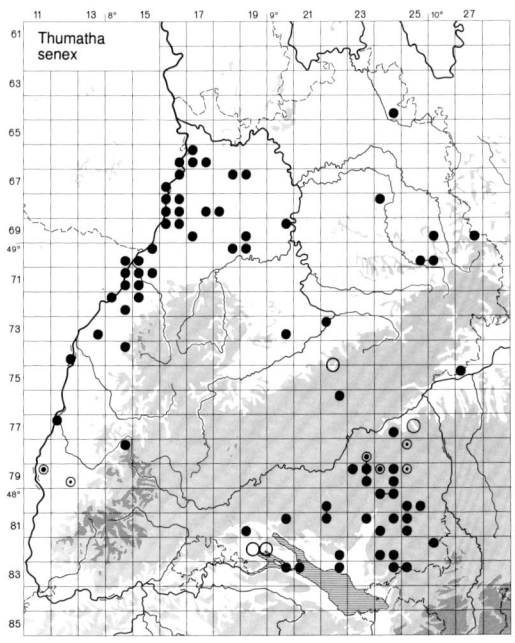

Verbreitung

Regional: Das Rundflügel-Flechtenbärchen ist zwar in allen Hauptnaturräumen Baden-Württembergs vertreten, hat aber in den Feuchtgebieten der nördlichen Oberrheinebene und des Alpenvorlandes eindeutige Schwerpunkte seiner regionalen Verbreitung. Meldungen von außerhalb dieser beiden Gebiete gründen sich zumeist auf Einzelfunde. Das gilt insbesondere für die Schwäbische Alb, für die bisher, außer der alten unbestätigten Meldung »Blaubeuren (ASCHENAUER)« von SCHNEIDER (1937) und Funden bei Urach (1967, H. JÜNGLING sensu KELLER 1970) nur ein gesicherter Nachweis vorliegt (Marbach an der Lauter, Dolderbachtal, 21.7.1989, M. MEIER), aber auch für den Schwarzwald, aus dem uns bisher nur zwei aktuelle Meldungen bekannt sind (Mösbach, 2.8.1991 und 29.7.1992, A. SCHANOWSKI; Elzach, 22.7.1992, T. ESCHE/S. FREUND/P. PAUSCHERT). Alte Meldungen liegen aus der Freiburger Bucht (Lehen) und vom Rand

Das Rundflügel-Flechtenbärchen (*Thumatha senex*) ist ein unscheinbares Falterchen, das in Baden-Württemberg in der Oberrheinebene und im Alpenvorland den Schwerpunkt seiner Verbreitung hat. Es lebt hier als typischer Feuchtgebietsbewohner in Auwaldlichtungen, auf Flachmoorwiesen oder am Rande von Mooren. – Nördliche Oberrheinebene 22.7.86. G. EBERT LF.

des Kaiserstuhls (Wasenweiler, Faule Waag, nach Kartei A. GREMMINGER) vor.

Es ist anzunehmen, daß die Art oft übersehen worden ist und sich bei genauerer Durchforschung der Feuchtgebiete noch weitere Funde ergeben werden. Allerdings ist auch zu befürchten, daß durch die Trockenlegung feuchter Wiesen und ihre Umwandlung in land- und forstwirtschaftliche Nutzflächen bereits zahlreiche, vielfach unentdeckt gebliebene Populationen verschwunden sind.

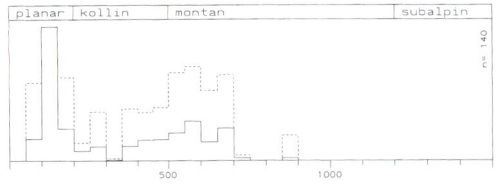

Vertikal: Die beiden regionalen Verbreitungsschwerpunkte in der nördlichen Oberrheinebene (planare Stufe) und im Alpenvorland (kolline/submontane Stufe) zeichnen sich auch im Höhendiagramm deutlich ab. Der höchste Fundort wird aus dem Schwarzwald gemeldet (Elzach, 850 m).

Phänologie

Imagines: Der jahreszeitlich erste Falternachweis stammt aus dem württembergischen Allgäu und datiert vom 15. Juni (1981, Gründlenried, J.U. MEINEKE). In der Oberrheinebene wurde am 17. Juni (1925, Graben-Neudorf, A. GREMMINGER) der erste Falter gefunden, so daß der Beginn der Flugzeit dieser univoltinen Art ziemlich genau auf die Monatsmitte Juni fällt, ihr Maximum dagegen in die 2. Hälfte Juli. Gegen Ende August klingt sie aus. Als spätester Fund wurden noch am 3. September (1971, Rußheim, K. RATZEL) drei Tiere notiert.

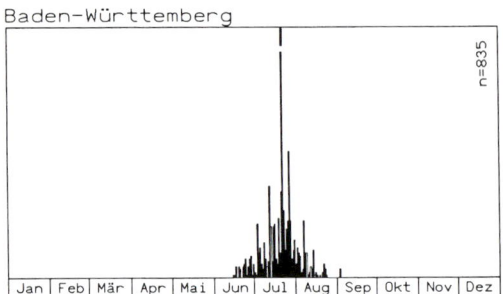

Präimaginalstadien: Aus Baden-Württemberg unbekannt.

Ökologie

Lebensraum: In der Oberrheinebene feuchte, schilf- und seggenreiche Lichtungen im Auwald (Weichholzaue) und im Erlenbruchwald. Lichtfallenstandorte, an denen die Art gefangen wurde, werden außer mit »Silberweiden-Auewald« auch mit »Tiefe Hartholzaue, alter Wirtschaftspappelforst, Mittlere Hartholzaue, Buntlaubholz, mehrschichtiger Aufbau« und »Hohe Hartholzaue, Buntlaubhölzer, mehrschichtig« beschrieben (KÖPPEL 1992). Die Falter wurden, oft in Anzahl, auf feuchten Wiesen (Flachmoorwiesen) gefangen wie z. B. im Weingartener Moor, bei den Saumseen (Karlsruhe) oder in der inzwischen nahezu trockengelegten Faulen Waag am Rande des Kaiserstuhls oder in einem waldfernen, ausgedehnten Großseggenried mit reichlichem Anteil an Röhrichtgesellschaften und Weidengebüschen (Murg-Kinzig-Rinne westlich von

Das Weibchen bedeckt seine ovalen, hellgelben Eier flockig mit Körperhaaren. Dieser Vorgang ist bei einem eingesperrten Tier dokumentiert worden; Beobachtungen im Freiland stehen noch aus. Ebenso unbekannt ist, an welchen Flechten (oder Algen?) die uns bisher noch verborgen gebliebene Raupe lebt. – Taubergießen 14.7.94 H. LUSSI. S.

Baden-Oos (M. WALLNER, B. TRAUB. R. HERRMANN). Im Tal der Blinden Rot markieren bachbegleitende Erlenbestände mit angrenzenden Feuchtwiesen den Lebensraum von *T. senex* (G. EBERT). Ferner »in allen oberschwäbischen Mooren« (G. BAISCH), auf Streuwiesen am Rande von Fichtenwäldern (Westallgäuer Hügelland, M. GOLDSCHALT), im Niedermoor mit Schwerpunkt im Großseggenried, aber auch im primären Bruchwald und in Torfstichgebieten (württembergisches Alpenvorland, MEINEKE 1982). Für die Fundstellen im Günzburger Moor gibt R. HEINDEL »Niedermoor, Fichtenwald, verbuschte Bereiche« an. MEIER (1990) entdeckte die Art in einem kleinen Hangquellmoor auf der Schwäbischen Alb, wo sie zusammen mit einigen Noctuidenarten wie z. B. *Caradrina morpheus* als Begleiter der frischen bis nassen Kräuter- und Hochstaudenfluren notiert wurde.

Nahrung der Raupe: Aus Baden-Württemberg unbekannt. Nach einer sicherlich aus der Literatur übernommenen Angabe von REUTTI (1898) lebt die Raupe »bis Mai, Juni an *Jungermannia*« [Lebermoose]. A. GREMMINGER bezieht sich mit seinen Karteiangaben auf URBAHN & URBAHN (1939), die sich wiederum auf HERING (1840 und 1881) berufen: »Die Raupe fand HERING an Erlenstämmen, die mit Hopfen umrankt waren, und fütterte sie mit Flechten von Erle. Sonst wurde sie mit Salat erzogen und soll im Freien an Lebermoos leben«. Der Hinweis auf das Lebermoos *Jungermannia* geht vermutlich auf WILDE (1861) zurück. Ihre Bedeutung als Raupennahrungspflanze in Feuchtbiotopen muß allerdings in Zweifel gezogen werden. Beblätterte Lebermoose spielen z. B. in Hoch- und Niedermooren nur eine ganz geringe Rolle. Sie kommen hier nur kleinflächig am Fuß von *Carex*-Bulten vor; im Federseeried, wo J.U. MEINEKE während seiner Untersuchungen (1977–1978) 261 adulte Tiere von *T. senex* nachweisen konnte, scheint *Jungermannia* sogar völlig zu fehlen (G. PHILIPPI).

Nach FREINA & WITT (1987) lebt die Raupe an Flechten, Moosen sowie Lebermoos, wobei unter ersteren namentlich *Peltigera canina*, unter den Moosen *Homalothecium* und *Dicranoweisia* aufgeführt werden (diese Meldung geht sicherlich auf gleichlautende Angaben für England zurück, s. HEATH & EMMET 1979). Die Arten dieser beiden Gattungen sind Baumepiphyten, von denen nur Vertreter von *Homalothecium* im Federseegebiet vorkommen dürften. Die Flechte *Peltigera canina* ist eine am Fuß von Bäumen, aber auch an Mauern häufige Art (G. PHILIPPI).

Nach einer alten Beobachtung aus Feuchtgebieten um Frankfurt (Main) sollen die Raupen in dürren Sumpfgräsern zwischen aufeinanderliegenden Blättern überwintern (KOCH 1856). Nach anderer Quelle wurden sie in Rohrstoppeln gefunden (RÖSSLER 1881).

Nahrung des Falters: Keine Angaben aus Baden-Württemberg. Der Saugrüssel ist verkümmert, so daß eine Nektaraufnahme nicht möglich ist.

Habitat: Wegen fehlender Raupenfunde können derzeit noch keine speziellen Angaben zum Larvalhabitat gemacht werden. Es wird auf die Angaben von MEINEKE (1982) verwiesen, der am Fallenstandort »Niedermoor« 189, am Fallenstandort »Übergangsmoor« 45 Falter am Licht registrieren und damit eine deutliche Präferenz gegenüber dem Biotoptyp »Hochmoor« (i. w. S.) nachweisen konnte.

Verhalten: Im Dürnachtal (Oberschwaben) fand G. REICH die Falter ab 1938 »jedes Jahr in naßer Wiese abends in Dämmerung häufig fliegen«. Auch G. BAISCH gibt unter Hinweis auf das Ummendorfer Ried an, daß sie »auch bei Dämmerung zuweilen massenhaft« gefangen werden können. MEINEKE (1982) gibt aus dem gleichen Naturraum an, daß die Männchen bereits in der frühen Abenddämmerung schwärmen, »am dichtesten ist die Art im Großseggenried, konstant, aber weniger dicht im Schilfröhricht vorhanden«. Falterfunde »im Schilf« verzeichnet E. BROMBACHER (Lehener Eck, 21.7.1923). Somit können die Angaben von URBAHN & URBAHN (1939) wenigstens teilweise bestätigt werden: »der Flug der Männchen beginnt in der Dämmerung, während die Weibchen mit schwirrenden Flügeln an Gras-

Bei diesem binsenreichen Gewässersaum mit angrenzender Feuchtwiese in einem Hochmoorkomplex handelt es sich um eine typische Fundstelle von *T. senex*. Die Falter kommen an solchen Lokalitäten oft in Anzahl ans Licht. – Kanzach, Blinder See 31.7.88 A. STEINER.

halmen emporklettern; später kommen die Tiere zum Licht und flattern besonders in der Morgendämmerung noch einmal lebhaft umher.« Lichtfänge liegen aus allen genannten Gebieten Baden-Württembergs vor, darunter auch aus Städten oder dem Rande von Ortschaften, die manchmal ziemlich weit vom nächsten Feuchtgebiet entfernt sind.

Gefährdung und Schutz

Rote Liste Bundesrepublik: V
Rote Liste Baden-Württemberg: V

Oberrheinebene: Art der Vorwarnliste.
Schwarzwald: Noch ungeklärt.
Neckar-Tauberland: Art der Vorwarnliste.
Schwäbische Alb: Noch ungeklärt.
Oberschwaben: Art der Vorwarnliste.

- In Baden-Württemberg eine Art der Vorwarnliste!

Obwohl noch erhebliche Kartierungsdefizite bestehen, kann doch festgestellt werden, daß *Thumatha senex* früher weiter verbreitet war und mit dem Verschwinden von Feuchtbiotopen gebietsweise entweder bereits ausgestorben ist oder immer stärker zurückgedrängt wird. Wegen dieser degressiven Bestandsentwicklung, deren Ausmaß erst dann besser eingeschätzt werden kann, wenn auch die larvalen Habitatansprüche dieser Art erforscht sind, wird Vorwarnung ausgesprochen.

Die Gattung Setina

Von den sechs westpaläarktischen Arten der Gattung *Setina* kommen bzw. kamen in Baden-Württemberg nur zwei vor, nämlich *S. irrorella* und *S. roscida*. Die Beurteilung der taxonomischen Situation, die sich in dieser Gattung außerordentlich schwierig gestaltet (FREINA & WITT 1987), ist in unserem Falle ziemlich einfach: Beide Arten lassen sich bereits nach ihren äußeren Merkmalen ohne besondere Schwierigkeiten unterscheiden. Das wichtigste Merkmal ist sicherlich der deutliche Größenunterschied.

Größenverhältnisse bei *Setina irrorella* und *S. roscida* (Länge in mm)

	Vfl	Ø	SpW	Ø
irrorella				
♂ (n = 58)	13–17	16.00	28–35	31.89
♀ (n = 14)	11–14	12.35	22–27	25.14
roscida[1]				
♂ (n = 31)	10–12	11.06	10–24	22.45
♀ (n = 1)	8	8.00	18	18.00
roscida[2]				
♂ (n = 4)	12	12.00	24–25	24.25
♀ (n = 4)	10–11	10.25	20–21	20.50

[1] Kaiserstuhl [2] Elsaß

Bei männlichen Tieren ist damit von vornherein eine Verwechslung ausgeschlossen, während bei weiblichen Exemplaren im Zweifelsfall die Hinterflügel-Oberseite Aufschluß über die Artzugehörigkeit gibt: Bei *S. irrorella* ist sie in der Regel ungefleckt – nur in Ausnahmefällen können schwach ausgebildete submarginale Flecken am Außenrand vorhanden sein – während sie bei *S. roscida* stets vorhanden sind, meist sogar wischartig verbreitet. Oft ist auch noch eine streifige Schwärzung der Hinterflügelbasis erkennbar, die bei *S. irrorella* stets fehlt. *Setina roscida* konnte in Baden-Württemberg nur aus dem Kaiserstuhl nachgewiesen werden (inzwischen dort ausgestorben oder verschollen), d.h. nur dort war Sympatrie mit *S. irrorella* innerhalb unseres Faunengebietes überhaupt möglich.

Setina irrorella ist hinsichtlich Färbung und Zeichnung in allen Naturräumen recht einheitlich geprägt. In einer größeren Belegserie (coll. LNK) befinden sich nur zwei Tiere, die zu den Formen f. *andereggi* (Schwarzwald: Bonndorf [800–890 m] 20.6.1952, RÖBEN leg.) und f. *nickerli* (Bodensee: Tettnang [420–520 m] 12.7.1964, M. SCHLUSCHE leg.) gehören. Von der Schwäbischen Alb (Schelklingen, 29.7.1964, G. BAISCH) wurde ein Männchen in der f. *signata* gemeldet, früher auch schon »einigemale bei Freiburg gefangen« (REUTTI 1898). Sofern keine Fundortverwechslungen vorliegen, muß von (seltenen) Individualformen dortiger *S. irrorella*-Populationen ausgegangen werden. Von *Setina roscida* wurde, außer der f. *brunnea* (29.4.1952, A. GREMMINGER), auch noch die f. *melanomos* (25.4.1959, H. MESSMER) und die f. *fasciata* (= *signifera*)(10.5.1929, E. BROMBACHER) gemeldet.

Setina irrorella
(Linnaeus, 1758)

Trockenrasen-Flechtenbärchen

Setina irrorella O. (REUTTI 1898)
Philea irrorella CL. (SEITZ 1907–1954, SCHNEIDER 1936–1939, BERGMANN 1951–1955, KOCH 1955, FORSTER 1960, STRESEMANN 1969)
Endrosa irrorella CL. (LAMPERT 1907, SPULER 1908–1910, REBEL 1910, ECKSTEIN 1913–1923, HERING 1932)

Philea irrorella CL. (NOVAK & SEVERA 1980, KOCH 1984)

Gesamtverbreitung: Von Süd- und Westeuropa einschließlich der Britischen Inseln nord- und ostwärts durch die gemäßigte Zone bis ins östliche Sibirien und nach Kamtschatka. Im Norden erstreckt sich die Verbreitung bis über den Polarkreis hinaus, im Süden verläuft sie von Südfrankreich über den Balkan bis zum Schwarzen Meer.

Verbreitung

Regional: Die Verbreitung des Trockenrasen-Flechtenbärchens erstreckt sich über alle Regionen unseres Faunengebietes, findet jedoch in den Muschelkalk- und Juralandschaften ihren natür-

Das Trockenrasen-Flechtenbärchen (*Setina irrorella*) ist in den Muschelkalk- und Juralandschaften auf Magerrasen-Standorten noch weit verbreitet, kommt aber auch im Alpenvorland auf verheideten, trockenen Hochmooren vor. Die Falter lassen sich am Tage leicht aufscheuchen, fliegen aber nur kurze Strecken. Wie dieses an den kammzähnigen Fühlern leicht kenntliche Männchen hängen sie sich mit dachförmig zusammengeklappten Flügeln an Halme und Blätter. – Bad Mergentheim 17.6.82 G. EBERT.

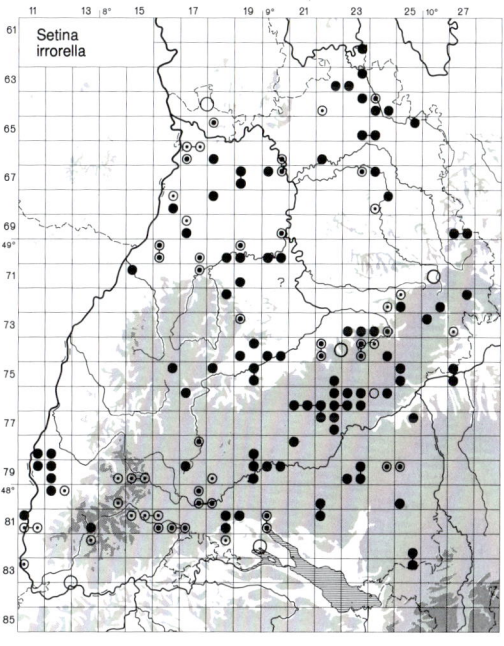

lichen Schwerpunkt. Auf der Schwäbischen Alb ist er besonders gut ausgeprägt, wie die große Zahl der Fundmeldungen aus diesem Hauptnaturraum beweist. Dagegen liegen aus dem Schwarzwald, von Einzelfunden einmal abgesehen (Todtnau-Schlechtnau, Hasenhorn, Utzenfluh, Wutach-Gutachbrücke, Hinterzarten, Wildgutach, Furtwangen-Linach), sowie aus weiten Teilen der Schwäbisch-Fränkischen Waldberge bisher nur wenige oder gar keine Nachweise vor. Auch in der Oberrheinebene und deren Randgebieten, den Kaiserstuhl ausgenommen, ist das Vorkommen dieser Art eher spärlich.

Dagegen existieren aus dem Alpenvorland eine Reihe von Fundmeldungen und Sammlungsbelege (Bihlafingen, Federseemoor, Dürnachtal, Saulgau, Ummendorfer Ried, Pfrunger Ried, Wurzacher Ried, Harprechter Moos). Meist handelt es sich dabei um Vorkommen auf verheideten, trockenen Hochmoorflächen oder entsprechenden xerothermen Randbereichen, wie sie auch OSTHELDER (1933) für das bayerische Alpenvorland angibt. Sie machen deutlich, daß wir es hier mit einer an strukturell sehr unterschiedlichen Trockenbiotopen angepaßten, relativ euryöken und daher im Gegensatz zu *S. roscida* auch viel weiter verbreiteten Art zu tun haben. ROTH VON SCHRECKENSTEIN (1800) bezeichnete sie damals als »eine bey uns sehr gemeine Phalaene«.

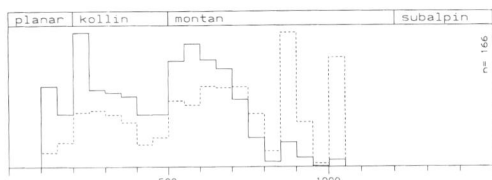

Vertikal: Die vertikale Verbreitung reicht von der Ebene (z. B. Hockenheim, um 100 m) bis in die montane Stufe. Die höchste Fundstelle liegt bei 1020 m (Todtnau: Hasenhorn).

Phänologie

Imagines: In Wärmegebieten wie z. B. im Kaiserstuhl kann der Beginn der Flugzeit von *S. irrorella* in günstigen Jahren bereits in die 1. Mai-Dekade fallen. Als frühestes Datum wurde hier der 5. Mai (1923, 4 Ex., O. SCHRÖDER) notiert. In anderen Naturräumen wie z. B. auf der Schwäbischen Alb oder im Hegau beginnt sie dagegen nicht vor Anfang Juni. Frühestes bisher festgestelltes Datum ist hier der 10. Juni (1918, Ulm) bzw. 13. Juni (1980, Engen: Bitzental, R. HERR-

MANN). Ihr Verlauf zeigt kein ausgeprägtes Maximum, dagegen eine sehr weitgedehnte Spanne, die in der Oberrheinebene, summarisch ausgewertet, einen Zeitraum von 98 Tagen umfaßt, wenn man die Eckdaten 5. Mai und 11. August zugrunde legt. Gerade in diesem Naturraum konnte allerdings beobachtet werden, daß noch im September, ja bis in den Oktober hinein Tiere fliegen, die zeitlich durch eine Spanne von 25 Tagen von den letzten, im August festgestellten Imagines getrennt sind.

Auch im Neckar-Tauberland gibt es solche späten Tiere. Auf dem Spitzberg bei Tübingen notierte A. STEINER am 13. September (1984) 20 »durchweg frische Falter«, während mit dem 11. Oktober (1984, Nagold-Schietingen, Steinachtal 500 m, N. HIRNEISEN, A. STEINER) das in Baden-Württemberg späteste Datum eines Freilandfalters festgehalten wurde. Selbst auf der Schwäbischen Alb, wo die Imaginalphase dieser Art am kürzesten ist, wurden zeitlich abgesetzte, frische

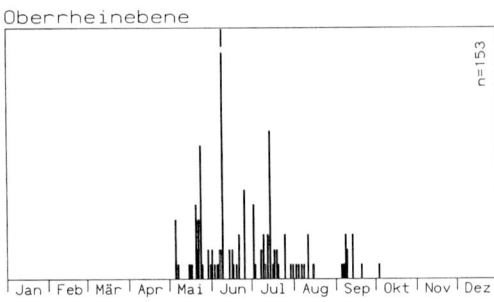

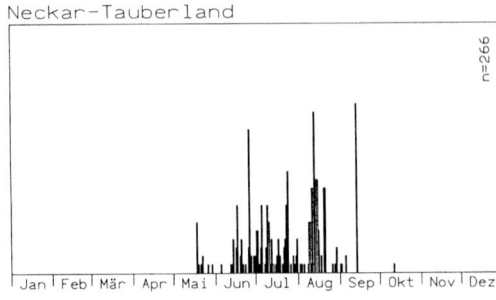

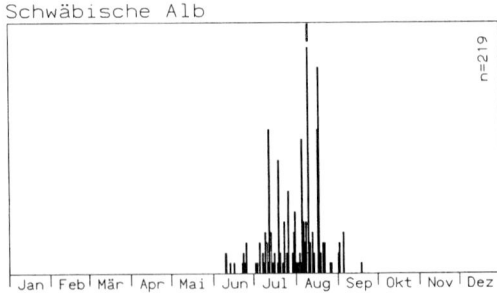

Das Weibchen von *S. irrorella* ist durchwegs kleiner als das Männchen und hat fadenförmige Fühler. Hier legt es seine runden, braungoldenen Eier schön aufgereiht an einem Wacholderblatt ab. – Schwäbische Alb, Dapfen 16.8.89 H. LUSSI.

(!) September-Tiere registriert. Daraus darf gefolgert werden, daß *S. irrorella* in unserem Faunengebiet in manchen Jahren eine partielle 2. Gen. hervorbringt, es also einem Teil der Raupen gelingt, sich noch vor Eintritt in die winterliche Ruhephase bis zum Falter zu entwickeln. Ob es sich dabei um einen genetisch fixierten Stamm handelt, oder ob das Erscheinen dieser späten Tiere vom jahreszeitlichen Witterungsverlauf abhängt, ist noch ungeklärt.

Präimaginalstadien: Raupen wurden mehrfach registriert, so z.B. nach der Überwinterung am 24. März und 24. April (1987, Kochhartgraben, A. STEINER, N. HIRNEISEN), am 27. April (1993, Oberrotweil, A. STEINER, R. HERRMANN, D. HAMBORG), am 23. Mai (1986, Veringenstadt, A. STEINER), am 2. Juni (1990, Grünsfeld: Seilingsberg, G. EBERT), am 4. Juni (1985, Utzenfluh, F. EBSER), am 25. Juni (1985, Veringenstadt, A. STEINER) und am 9. Juli (1986, Gerhausen, G. EBERT). Bemerkenswert dabei ist, daß es sich fast immer um Raupen im letzten Häutungsstadium handelte (Notiz A. STEINER vom 24.4.1987: »Viele Tiere jetzt bereits erwachsen«). Falterdaten wurden im Kochhartgraben zwischen dem 17. Juni (1985) und 8. August (1984) notiert. Bei Gerhausen wurden bereits am 23. Juni (1981, A. BAYER) Falter beobachtet, also deutlich vor dem Raupenfund vom 9. Juli (1986). Die in der Literatur enthaltenen Angaben zur »Raupenzeit« sind leider ungenau oder irreführend. Nach REUTTI (1898) lebt die Raupe »bis Mai«, nach KOCH (1984) bis Juni, nach FORSTER (1960) »von Ende Juni an ... verpuppt sich nach der Überwinterung nach wenigen Wochen ...«.

Eine Freiland-Eiablage wurde einmal am 16. August (1989, Dapfen, H. LUSSI) notiert, Puppenfunde bzw. zur Verpuppung eingesponnene Raupen am 24. April (1987, Kochhartgraben, A. STEINER). Aus einem Puppengespinst, das am 14. Juni unter einem Stein angelegt wurde, schlüpfte am 5. Juli der Falter (1985, F. EBSER).

Ökologie

Lebensraum: Trockenbiotope unterschiedlicher Ausprägung und Entwicklung, insbesondere Magerrasen kalkreicher und kalkarmer, mehr oder weniger xerothermer Standorte, Trockenrasen und Felsfluren, aber auch trockene Waldwiesen und verheidete Hochmoore. An anthropogenen Standorten sind vor allem Steinbrüche, ehemalige Kiesgruben, Bahndämme, Hochwasserdämme und Weinbergsgelände anzuführen, im Kaiserstuhl z.B. alte, stabilisierte Lößböschungen. Für alle diese Lebensraumtypen liegen Beobachtungen aus unserem Faunengebiet vor. Einzelne Falter können auch immer wieder in Ortschaften am Licht beobachtet werden.

Nahrung der Raupe:
Lichenes indet. – Krustenflechten
  L (STN)
Caloplaca coronata – Schönflechte
  L (HIR, STN)
Rinodina lecanorina – Braunsporflechte
  L (HIR, STN)
Tortula intermedia – Laubmoos
  L (STN)
Leucodon sciuroides – Laubmoos
  L (STN)
Bryophyta indet. – »Moose«
  L (STN)

Daß die Raupe »an Flechten« lebt, ist allgemein bekannt und gilt sicherlich auch für unser Faunengebiet, doch fehlt es auch hier noch an genaueren Untersuchungen. Nach Beobachtungen von A. STEINER im Kochhartgraben (NW Rottenburg), wo z.B. am 23.3.1987 schätzungsweise weit über 1000 Raupen auf einer ca. 50 m langen Strecke entlang der Felsbänder lebten, fraßen sie dort »hauptsächlich diverse Krustenflechten, auf Felsen und am Boden wachsende Moose (oder deren Algenüberzug ?), einige auch braune, vertrocknete vorjährige Pflanzenteile (darunter Blätter)«. Von den Moosen konnten zwei Arten be-

Die erwachsene Raupe ist dunkel, an den Seiten gelb gefleckt, mit einer doppelten Reihe subdorsaler Warzen, von denen jede einen Büschel borstiger Haare trägt. Besonders charakteristisch ist ein gelbes Rautenmuster auf dem Rücken. – Reusten, Kochhartgraben 25.6.96 A. Steiner.

stimmt werden (siehe oben, det. G. Philippi), ebenso von den Flechten (det. V. Wirth).

Hirneisen (1990) hat im gleichen Gebiet 1988 und 1989 eine große Anzahl von *S. irrorella*-Raupen beobachtet. »Teilweise konnten bis zu 20 Raupen auf einem Felsstück gezählt werden. Den Raupen scheint dabei das harte Futter nichts auszumachen – eine Tagesperiodik wie bei den *Cryphia*-Arten, um angefeuchtetes Substrat zu erhalten, konnte hier nicht festgestellt werden; die Raupen saßen auch im größten Sonnenschein an den Steinen. Die Raupen konnten beim Benagen verschiedener Flechtenarten beobachtet und photographiert werden; jedoch wurde auch Moos angefressen«. Eine etwas merkwürdige Beobachtung lieferte G. Reich (Aufzeichnungen 1910–1965). Er fand 1928 die Raupen »sehr häufig auf Ahornbäumen bei Ummendorf an der Bahnüberführung«.

Nach Hirneisen (1990) verpuppen sich die Raupen in Habitaten mit Felsstücken in einem lockeren Gespinst in Felsspalten oder unter Steinen.

Nahrung des Falters: Keine Angaben aus Baden-Württemberg. Der Saugrüssel ist auch bei dieser Art zurückgebildet.

Habitat: Beim Larvalhabitat im Kochhartgraben handelt es sich um Felsfluren (Oberer Muschelkalk), eingebettet in einen mit Schlehengebüschen durchsetzten Magerrasen. Auch an anderen Stellen wurden »Mesobrometen« notiert, die Raupen »zwischen *Sedum acre* und *Sedum album* an flechtenbewachsenem Weißjura-Kalkstein sitzend« (A. Steiner). Solche Kleinhabitate sind wohl dem Alysso-Sedion albi zuzuordnen. Sie zeichnen sich u. a. durch Kalkmoose des Tortellion-Verbandes und Flechten des Toninion coeruleo-nigricantis-Verbandes aus (Oberdorfer 1993), unter denen wir auch die Raupennahrung zu suchen haben. Von der Schwäbischen Alb (bei Zwiefalten) wird das Habitat als »kalkreiche, felsdurchsetzte, steile, südexponierte Wacholderheide« beschrieben (R. Herrmann). Bei den flechtenbewachsenen, in Wiesen eingebetteten, südgeneigten Felsen auf der Großen Fluh (Utzenfluh bei Utzenfeld, F. Ebser) handelt es sich um einen anderen Standort (Urgestein!), dessen als Larvalhabitat in Betracht kommendes Angebot an (Krusten-)Flechten ebenfalls noch näher zu untersuchen ist.

Die Raupen sieht man öfters auf flechtenbewachsenen Steinen und Felsbändern wie hier im Kochhartgraben (Obere Gäue). An einer solchen trockenen, sonnigen Stelle konnten einmal auf einer Fläche von 25 x 25 cm 28 Raupen gezählt werden. Meist leben sie von verschiedenen Krustenflechten, fressen aber auch Laubmoose. – 23.3.87 A. Steiner.

Wichtig für das Vorkommen von *S. irrorella* sind offene, d. h. von höherer Vegetation freie, trockene Flächen mit flechtenreichen Partien, wobei der geologische Untergrund anscheinend eine nur untergeordnete Rolle spielt.

Verhalten: Bemerkenswert sind einige Angaben zum Raupenverhalten. An den Felsbändern des Kochhartgraben mit ihren offenbar optimalen Lebensbedingungen für *S. irrorella* konnten Raupenansammlungen bis zu 28 Tieren auf einer Fläche von ca. 25 × 25 cm beobachtet werden. Der zu dieser Zeit vorherrschende scharfe Wind schien ihnen wenig auszumachen; sie saßen sehr fest und ließen sich erst bei stärkerer Störung zusammengerollt fallen (A. STEINER). Auch Falter können stellenweise recht häufig auftreten (z. B. 1971 an einem Bahndamm bei Linkenheim, oder auf einer nahegelegenen trockenen, sonnigen Waldlichtung, etwa 40 Exemplare an einem Tag registriert, K. RATZEL) und fliegen sowohl am Tage, als auch in der Nacht (oft am Licht!). Häufig sieht man die Tiere allerdings auch inaktiv an Grashalmen hängen, von wo sie leicht aufgescheucht werden können.

Gefährdung und Schutz

Rote Liste Bundesrepublik: 3
Rote Liste Baden-Württemberg: V

Oberrheinebene: Art der Vorwarnliste (regional bereits ausgestorben oder verschollen).
Schwarzwald: Noch ungeklärt.
Neckar-Tauberland: Art der Vorwarnliste (regional bereits ausgestorben oder verschollen).
Schwäbische Alb: Nicht gefährdet.
Oberschwaben: Noch ungeklärt.

- In Baden-Württemberg eine Art der Vorwarnliste!

Wie die Verbreitungskarte deutlich macht, kann eine erhebliche Anzahl älterer Fundorte nicht mehr bestätigt werden. Es ist damit zu rechnen, daß viele dieser Vorkommen aufgrund der Umwandlung von Trockenbiotopen (»Ödland«) in Nutzland, teilweise auch im Rahmen von Flurbereinigungsmaßnahmen, erloschen sind. Aufgrund einer solchen, zumindest gebietsweise eher regressiv einzuschätzenden Bestandsentwicklung wird Vorwarnung ausgesprochen. Inwieweit das Nahrungssubstrat »Flechten« durch Umwelteinflüsse geschädigt wird und ob daraus negative Auswirkungen auf die larvale Entwicklung abzuleiten sind, ist unbekannt.

Setina roscida
([Denis & Schiffermüller], 1775)
Felshalden-Flechtenbärchen

Setina roscida ESP. (REUTTI 1898)
Endrosa roscida ESP. (LAMPERT 1907, SPULER 1908–1910, REBEL 1910, ECKSTEIN 1913–1923, HERING 1932, SCHNEIDER 1936–1939, FORSTER 1960)
Endrosa roscida SCHIFF. (SEITZ 1907–1954, BERGMANN 1951–1955, KOCH 1955, EBERT 1978)

Endrosa roscida SCHIFF. (NOVAK & SEVERA 1980, KOCH 1984, ROTE LISTE BRD 1984)

Gesamtverbreitung: Von Westfrankreich durch Mitteleuropa ostwärts bis ins Wolgagebiet und zum Altai. Im Norden bis Südschweden und dem Baltikum. Die Verbreitung der »ssp. *roscida*« erstreckt sich durch die »gesamte Alpenregion bis Alpensüdrand ... über den Französischen und Schweizer Jurabogen und die Vogesen durch das südliche und mittlere Deutschland (Jura) bis Ober- und Niederösterreich ... durch Pannonien bis Bosnien« (FREINA & WITT 1987).

Verbreitung

Regional: Das Felshalden-Flechtenbärchen ist aus Baden-Württemberg nur vom Kaiserstuhl nachgewiesen. Fundmeldungen von der Feuerbacher Heide (SEYFFER 1850), Konstanz (LEINER 1829), Herrenwies (E. LOUDET, nach REUTTI 1898) oder Deggingen (Gewährsmann THIELEN,

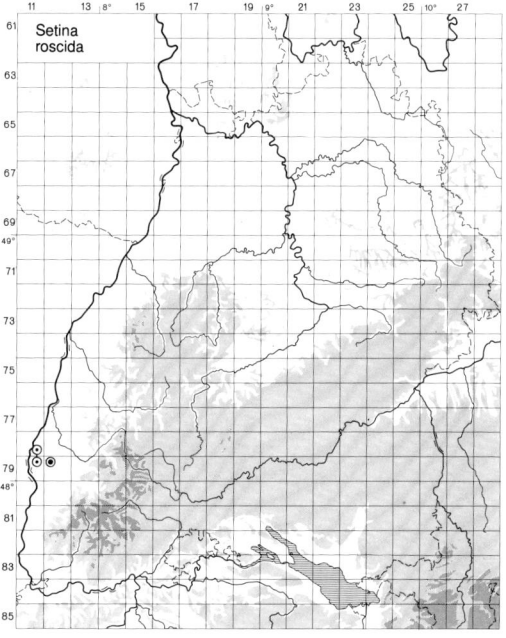

Das Felshalden-Flechtenbärchen (*Setina roscida*) kam früher auch im Kaiserstuhl vor, seinem einzigen Fundort in Baden-Württemberg. Dort wurde es über viele Jahre hinweg immer wieder nachgewiesen. Seit Anfang der 60er Jahre ist es ausgestorben. Der letzte Falter wurde am 6.6.1965 gefangen. Das Erlöschen dieser Population muß mit dem gleichzeitigen Verschwinden der Bunten Erdflechten-Gesellschaft, worauf diese außerordentlich stenöke Art spezialisiert ist, in Zusammenhang gebracht werden. Dieses Männchen (2. Gen.) wurde auf linksrheinischer Seite im Elsaß aufgenommen, wo die Art noch an einer Stelle zu finden ist. – 19.8.95 R. HERRMANN.

nach P.S. WAGENER, unveröff.) blieben unbestätigt oder stellten sich als Irrtum bzw. Verwechslung mit *S. irrorella* heraus. Das älteste uns vorliegende Belegstück stammt aus der Sammlung G. KABIS (coll. LNK) und wurde am 18.5.1902 auf der Mondhalde (Zentral-Kaiserstuhl) gefangen. In REUTTI (1898) fehlt noch der Hinweis auf den Fundort Kaiserstuhl!

Die frühesten Daten in der Kartei A. GREMMINGER beginnen mit dem Jahr 1922 (s. auch SCHRÖDER 1922) und reichen bis 1952 (Badberg, A. GREMMINGER, A. FRITZ, K. STROHM »29.4.–1.5.52 Männchen s[ehr] h[äufig], 3 Weibchen«). Dazwischen sind die Jahre 1923 bis 1929 (kontinuierlich), 1931, 1936, 1938, 1939, 1942, 1948 und 1951 durch Fang- und Beobachtungsdaten zu dieser Art ausgewiesen.

Auch nach 1952 wurde *S. roscida* noch verschiedentlich aufgefunden und zwar 1956 (9.5., H. MESSMER, 27.5. L. SETTELE), 1957 (22.4., L. SETTELE), 1959 (25.4., H. MESSMER), 1960 (5.8., Badberg, G. JUNGE, Belege in coll. LNK) und 1961 (25.7., W. SCHÄFER). Der letzte uns bekannte Fund stammt aus dem Jahr 1965 (6.6., Badberg, P. ROSSNAGEL). Seitdem ist diese Art aus dem Kaiserstuhl verschwunden und muß als »ausgestorben oder verschollen« betrachtet werden. Eine gezielte Nachsuche in den letzten (90er) Jahren verlief ohne Erfolg (R. HERRMANN). *Setina roscida* gehört damit zu einer Reihe von Arten, die noch vor der großen Rebumlegung im Kaiserstuhl das gleiche Schicksal ereilt hat (z.B. *Agrodiaetus damon, Pseudophilotes baton, Ochrostigma velitaris*), ohne daß dafür bis heute eine befriedigende Ursachenerklärung gefunden werden konnte. Auf der elsässischen Seite der südlichen Oberrheinebene kommt *S. roscida* auch heute noch vor (Beobachtungen zwischen 1990 und 1995, R. HERRMANN, A. HOFMANN, J.U. MEINEKE). Aus dem Nachbarland Rheinland-Pfalz, von wo GRIEBEL (1910) die Art aus der Umgebung von Grünstadt meldete, liegt eine (vorläufig) letzte Beobachtung vom 19.5.1987 (Oberhausen/Nahe) vor (KRAUS 1993).

Vertikal: Aus Baden-Württemberg nur von der kollinen Stufe im Kaiserstuhl bekannt.

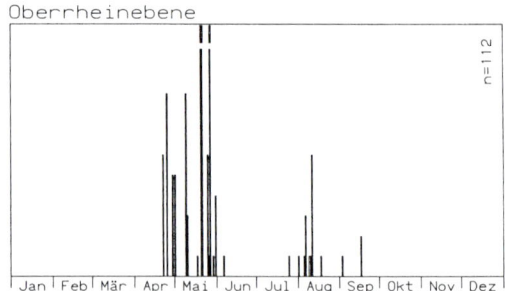

Phänologie

Imagines: Die Art kam im Kaiserstuhl in zwei deutlich voneinander getrennten Generationen vor. Die 1. Gen. ist vom 22. April bis 6. Juni, die 2. Gen. vom 25. Juli bis 17. September belegbar.
Präimaginalstadien: Über Raupenfunde existieren aus unserem Faunengebiet keine Angaben.

Ökologie

Lebensraum: Genaue Aufzeichnungen zum Lebensraum oder Habitat dieser im Gegensatz zu *S. irrorella* ausgeprägt stenöken Art im Kaiserstuhl liegen nicht vor. Es existieren nur Angaben wie »an der Mondhalde anscheinend recht häufig; an anderen Plätzen der Umgebung nur 1 Stück« (A. GREMMINGER) oder »auf der Kuppe des Badbergs« (K. STROBEL). Das Habitat kann jedoch insoweit noch beschrieben werden, als es sich dabei mit Sicherheit um kleinflächige Xerobrometen an sonnenexponierten Stellen mit reichlichem Anteil an Erdflechten handelt: »Auch zahlreiche Kryptogamen sind lokal eng an die Xerobrometen gebunden; besonders eindrucksvoll ist eine Gruppe von Flechten, die zusammen die sog. Bunte Erdflechten-Gesellschaft (auch Bunter Erdflechten-Verein) aufbauen« (WILMANNS, WIMMENAUER & FUCHS 1989). Diese Abbildungen zeigen die Erdflechte *Toninia caeruleonigricans*, *Fulgensia fulgens* und *Psora decipiens*, die als potentielle Raupennahrung von *Setina roscida* auch heute noch am Badberg vorhanden sind. Einschränkend ist allerdings darauf hinzuweisen, daß diese Bunte Erdflechten-Gesellschaft in den letzten Jahren bzw. Jahrzehnten einen starken Rückgang erlebt hat und inzwischen fast verschwunden ist. Die Tatsache, daß sie im Kaiserstuhl stets nur kleinflächig entwickelt war, korreliert mit dem lokalen Auftreten von *S. roscida* in diesem Gebiet. Eine Zerstörung durch Immissionen wird für denkbar gehalten (WILMANNS 1988).

Das frisch geschlüpfte Räupchen ist fleischfarben, mit dunklem Kopf. Die Rücken- und Seitenwarzen heben sich bereits deutlich ab. In diesem Stadium ist es noch mit einzelnen, langen und hellen Haaren besetzt. – Elsaß 2.7.95 (ex ovo R. HERRMANN, A. HOFMANN leg.) G. EBERT. S.

Nahrung der Raupe: Aus Baden-Württemberg unbekannt. Mit großer Wahrscheinlichkeit Erdflechten, wie oben beschrieben.
Nahrung des Falters: Keine Angaben aus Baden-Württemberg. Saugrüssel wie bei *S. irrorella*.
Habitat: Siehe unter Lebensraum.
Verhalten: Aus Baden-Württemberg gibt es außer dem Hinweis, daß die Falter am Tag fliegen, keine weiteren Angaben. An der Fundstelle im Oberelsaß konnten die Falter tagsüber an abgestorbenen Grashalmen beobachtet werden. Sie fliegen bei Sonne in mattem Flatterflug über den Trockenrasen, um sich schon nach wenigen Metern wieder an Halmen festzusetzen (R. HERRMANN).

Nach VORBRODT (1914) lebt die Raupe »bis April–Mai und im Juli an Felsen und Steinflechten und muss in den Morgenstunden gesucht werden; sobald die Sonne wärmer wird, birgt sie sich unter Steinen. Verpuppung unter vorspringenden Felskanten, zwischen den Flechten. Die Falter erscheinen nach 4 Wochen«.

Die Eier von *Setina roscida* sind denen von *S. irrorella* äußerst ähnlich. Die Eiablage geschieht in der gleichen Weise. – Elsaß 26.6.95 (R. HERRMANN, A. HOFMANN leg.) G. EBERT. S.

Gefährdung und Schutz

Rote Liste Bundesrepublik: 1
Rote Liste Baden-Württemberg: 0

Oberrheinebene: Ausgestorben oder verschollen.
Schwarzwald: Nicht vertreten.
Neckar-Tauberland: Nicht vertreten.
Schwäbische Alb: Nicht vertreten.
Oberschwaben: Nicht vertreten.

- In Baden-Württemberg ausgestorben oder verschollen!

Setina roscida wurde in Baden-Württemberg nur im Kaiserstuhl gefunden und ist seit mehr als 30 Jahren verschollen. Ursachen für ein Erlöschen der Kaiserstuhl-Population können definitiv nicht benannt werden, müssen aber im Zusammenhang mit dem Verschwinden der Bunten Erdflechtengesellschaft gesehen werden (s. oben). Auch in anderen Gebieten wie z. B. im Oberpfälzer Jura oder in der nördlichen Frankenalb ist die Art seit mehreren Jahrzehnten verschollen. In einem Fall wird die »Aufgabe traditioneller Bewirtschaftungsformen (Schafbeweidung, Egerten)« dafür verantwortlich gemacht. Dem wird als positive Erhaltungsmaßnahme die intensive Schafbeweidung von Erdseggenrasen als Biotopmanagment in einem mainfränkischen Faserschirm-Erdseggenrasen gegenübergestellt (WEIDEMANN & KÖHLER 1996).

Das Rosen-Flechtenbärchen (*Miltochrista miniata*), so genannt nach den rosafarbigen Flügeln, gehört zu den schönsten einheimischen Arten dieser Gruppe. Der Falter besitzt einen voll funktionsfähigen Saugrüssel. Man findet ihn manchmal auf Blüten wie hier an einem Waldweg auf Wasserdost (*Eupatorium cannabinum*). – Adelegg 6.8.62 T. MARKTANNER.

Miltochrista miniata
(Forster, 1771)
Rosen-Flechtenbärchen

Calligenia miniata FORSTER (REUTTI 1898)

Gesamtverbreitung: Vom Norden der Iberischen Halbinsel über Westeuropa einschließlich der Britischen Inseln, ostwärts durch die gemäßigte Zone bis Ostasien. Die Verbreitungsgrenze verläuft im Süden durch den Mittelmeerraum bis nach Kleinasien und umfaßt die Apennin- und Balkanhalbinsel, im Norden durch das südliche Fennoskandien.

Verbreitung

Regional: Die größte Fundortdichte des Rosen-Flechtenbärchens in Baden-Württemberg liegt im Bereich des Oberrheinischen Tieflandes und östlich angrenzender Gebiete (Kraichgau). Auch im Schwarzwald ist die Art schon an vielen Stellen gefunden worden. Ein weiteres Teilareal liegt im Schönbuch/Glemswald sowie in den Tälern der Mittleren Flächenalb. Davon wiederum getrennt existieren Vorkommen im Oberschwäbischen Hügelland und dem Bodenseebecken, außerdem westlich davon im Alb-Wutach-Gebiet und am Hochrhein. Einzelfunde stammen dagegen aus dem Albvorland, dem Tauberland und von der

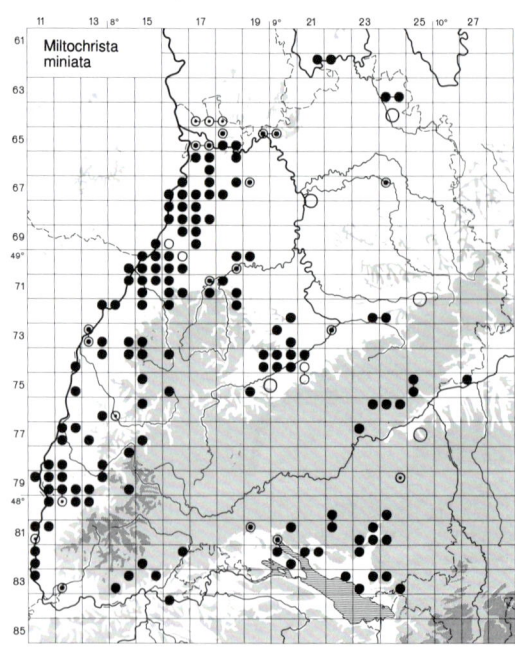

nördlichsten Landesgrenze (Sandstein-Spessart). Auch aus den Donauniederungen bei Günzburg (Günzburger Moos) an der östlichsten Landesgrenze ist die Art gemeldet worden.

Dagegen fehlt sie in weiten Teilen der Schwäbischen Alb und des württembergischen Alpenvorlandes. Aus den Schwäbisch-Fränkischen Waldbergen, wo die Erfassung der nachtaktiven Schmetterlinge noch sehr zu wünschen übrig läßt, liegen keine Meldungen vor. Auch aus den Muschelkalk-Gebieten (Kocher-Jagst-Ebenen, Bauland, Obere Gäue) fehlen sie fast vollständig. Insofern sind die Angaben in den alten Faunenwerken, wonach die Art im ganzen Gebiet verbreitet sei (REUTTI 1898, SCHNEIDER 1937) aus heutiger Sicht zu revidieren. Die erste Meldung stammt übrigens von ROTH VON SCHRECKENSTEIN (1800): »Diese schöne Phalaene, welche nach Herrn DEVILLERS auch in den Cabineten Frankreichs selten ist, entdekte bey Kiesenbach v. GOLDEGG«.

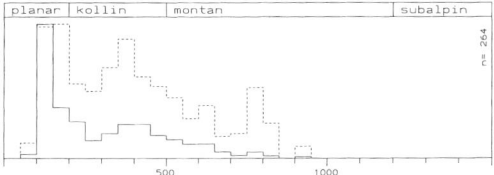

Vertikal: Die Höhenverbreitung erstreckt sich in Baden-Württemberg von der planaren Stufe (Oberrheinebene) bis in die montane Lage des Schwarzwaldes (bisher höchste Fundstelle im Raum Elzach bei 900 m).

Phänologie

Imagines: Bei *Miltochrista miniata* handelt es sich um eine auch bei uns univoltine Art mit einer in der Summe der Jahre relativ langen Flugzeit. In der Oberrheinebene kann sie bereits in der 2. Maihälfte beginnen, in den anderen Hauptnaturräumen dagegen später, d. h. um die Monatsmitte Juni. Von der Schwäbischen Alb kennen wir nur Juli- und Augustdaten.

Anscheinend gibt es auch immer wieder »Ausreißer«. Als solcher ist ein Falter vom 6. Mai (1980, Waldbronn-Busenbach, Lichtfang J. THIELE) zu bewerten. Schwieriger sind dagegen einzelne »Nachzügler« zu beurteilen, von denen einer mit dem Vermerk »frisch« noch am 1. Oktober (1994, Lauf: Bannbosch, M. OEHLER/A. SCHANOWSKI) notiert wurde. Normalerweise klingt die Flugzeit in der 2. Augusthälfte aus.

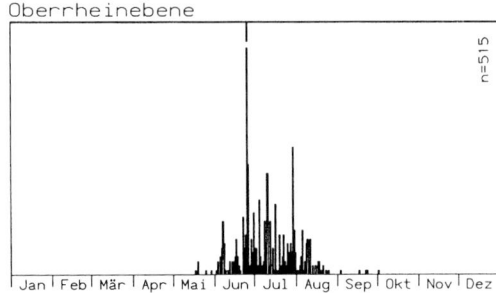

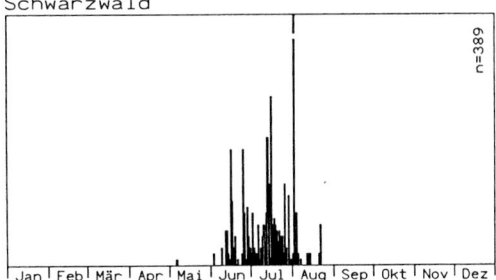

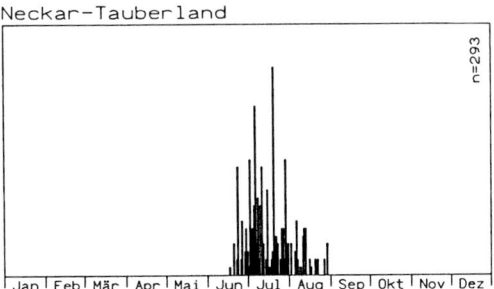

Präimaginalstadien: Hierzu liegen nur wenige Daten vor. Raupen wurden am 17. und 29. Mai (1925 und 1924, Graben: Erlicht, A. GREMMINGER), 21. Mai (1988, Friedrichshafen: Seewald, Raupe fast erwachsen, T. MARKTANNER) und 3. Juni (1978, Freiburg: Schlatthöfe, T. ESCHE) gefunden.

Ökologie

Lebensraum: Die Fundstellen der Falter, die zumeist am Licht gefangen wurden, deuten auf eine hohe Vielfalt unterschiedlichster Lebensräume hin. Allein in der Oberrheinebene reicht sie von der Silberweiden-Weichholzaue über die Eichen-Ulmen-Hartholzaue bis zu trockenen Kiefernwäldern auf Flugsandböden mit unterschiedlich hohen Laubholzanteilen, und vom Eichen-Hainbuchenwald bis zu einem Mosaik aus Rasen-, Waldrand-, Hecken-, Ufer- und Röhrichtgesellschaften. Hinzu kommen Laubmischwälder des

Die Raupe lebt an Flechten, mehr noch wahrscheinlich an den Grünalgen der Laubbäume. Die hier abgebildete ist erst im 2. Häutungsstadium und deshalb von heller Färbung. Die Beborstung ist noch dünn, doch bereits jetzt deutet sich die Umwandlung der thorakalen und abdominalen Borsten in die später so charakteristischen dichten Borstenbüschel (»Flaschenputzer«) an. – Taubergießen (ex ovo-Zucht) 5.9.94 H. LUSSI. S.

Hügel- und Berglandes wie z.B. im Schönbuch ein Elsbeeren-Eichen-Buchenwald, Erlen-Eschen-Bachauenwald und Hainsimsen-Buchenwald. Im Schwarzwald (untere und mittlere Lagen) sowohl Eichen- und Haselniederwald, brachgefallene, zugewachsene Weidfelder, aber auch offene Granit-Blockschutthalden mit umgebendem flechtenreichem Tannen-Eichen-Laubmischwald. In Oberschwaben wurden Falter beim Nahrungsflug in Riedwiesen beobachtet.

Nahrung der Raupe:
Lichenes indet. (an *Fagus sylvaticus*) – Flechten
  L (GAU, KLI)
? Grünalgen indet. (an *Carpinus betulus* und *Prunus padus*)
  L (EBE, MAR)

Eine eindeutige Feststellung zur Raupennahrungspflanze in Baden-Württemberg war bis jetzt noch nicht möglich. GAUCKLER (1896) gibt zwar für seine Funde von *M. miniata* bei Karlsruhe (Durlacher Wald, Hardtwald) »von mir auch aus der Raupe erzogen, welche an den Flechten der Buche lebt« an, doch kann es sich dabei auch um Grünalgen gehandelt haben, wie der Fund einer zur Verpuppung inmitten eines Grünalgenrasens an Hainbuche angesponnenen Raupe vermuten läßt, wenngleich natürlich auch hier nicht sicher ist, ob dieses Substrat der Raupe tatsächlich als Nahrung gedient hat. Der Hinweis, daß die Raupen dieser Art z.B. bei Wiesental (nördliche Oberrheinebene) »überall an Baumfl[echten]« lebten, findet sich unter Nennung von F. KLINGER auch in der Kartei A. GREMMINGER. Dieser hat sie selbst »im Erlicht [Erlenbruchwald bei Graben-Neudorf] an Baumflechten« gefunden (GREMMINGER 1925). T. MARKTANNER fand eine fast erwachsene Raupe »im Geäst von *Prunus padus*, in etwa 1,5 m Höhe«. Auch hier kann nicht mehr rekonstruiert werden, ob sie sich von Flechten oder Grünalgen (oder von beidem?) ernährt hat.

Aus der hessischen Nachbarfauna wurde berichtet, daß die Raupen an Eichen leben, deren Flechten sie verzehren (KOCH 1856).

Nahrung des Falters: Die mit einem funktionsfähigen Saugrüssel ausgestatteten Falter wurden im Rheinwald schon am Köder beobachtet (SERMIN 1959), saugen aber auch (bei Nacht beobachtet) an blühendem Gras (Bad Waldsee, Ried, G. REICH) und (bei Tag beobachtet) an Wasserdost (Jonistobel, 6.8.1992, T. MARKTANNER).

Habitat: Das Larvalhabitat wurde bisher in der »Strauchschicht eines Waldmantels im feuchten Laub-Nadel-Mischwald« (Seewald bei Friedrichshafen, T. MARKTANNER) und im hainbuchenreichen Waldmantel eines Hainsimsen-Buchenwaldes (Luzulo-Fagetum) (Schwarzwald-

Die erwachsene Raupe trägt ein dichtes, zweifarbiges Borstenkleid. Man findet sie öfters an Buchenstämmen, die mit Grünalgen und Flechten überzogen sind. Als Lebensraum kommt das gesamte Waldspektrum von den Auenwäldern der Rheinebene bis zu den Buchen-Tannenwäldern höherer Lagen in Betracht. – Bodensee, Seewald 25.5.88 T. MARKTANNER. S.

rand, Nordlage, G. EBERT) festgestellt. Das Imaginalhabitat der sehr vagilen adulten Tiere ist eher indifferent (siehe unter Lebensraum).

Gefährdung und Schutz

Rote Liste Bundesrepublik: –
Rote Liste Baden-Württemberg: –

Oberrheinebene: Nicht gefährdet.
Schwarzwald: Nicht gefährdet.
Neckar-Tauberland: Nicht gefährdet.
Schwäbische Alb: Nicht gefährdet.
Oberschwaben: Nicht gefährdet.

• In Baden-Württemberg nicht gefährdet!

Paidia murina
(Hübner, 1790)

Mauer-Flechtenbärchen

Nudaria murina HB. (REUTTI 1898)

Paidia rica FRR. (KOCAK 1983 a, FREINA & WITT 1987)
Lithosia rica FRR. (KOCAK 1983 b)

Gesamtverbreitung: Von der Iberischen Halbinsel durch das südliche West- und Mitteleuropa bis ins Schwarzmeergebiet, wo *P. murina* von nahestehenden, in Vorderasien verbreiteten und früher als Unterarten gewerteten Taxa wie *conjuncta* (STAUDINGER, 1892), *cinerascens* (HERRICH-SCHÄFFER, [1847] 1845) und *albescens* (STAUDINGER, 1892) abgelöst wird. Die Nordgrenze verläuft von Westfrankreich durch Mitteleuropa (Rheingau) bis Tschechien.

Verbreitung

Regional: Diese Art ist aus Baden-Württemberg nur von insgesamt 5 Fundstellen nachgewiesen, die alle in der Oberrheinebene liegen. Die älteste davon ist schon seit mehr als 150 Jahren bekannt, aber auch schon seit langem wieder erloschen. Es handelt sich dabei um das Mannheimer Schloß. Nach Beobachtungen des Oberwund- und Zahnarztes E. LOUDET in Mannheim waren dort in der ersten Hälfte des 19. Jahrhunderts »viele Raupen an einer Mauer im Juni« zu finden (REUTTI 1853), »eine Kolonie unter den Fenstern des Naturalienkabinetts; der Schmetterling wurde selten gefunden und scheint in neuerer Zeit verschwunden zu sein« (REUTTI 1898). A. GREMMINGER fing in Graben im Jahr 1916 einen Falter am Licht. Die nächste Meldung stammt erst wieder aus dem Jahr 1963. Damals fing K. STROBEL

Von *Paidia murina*, dem »Mauer-Flechtenbärchen«, kann nicht mit Gewißheit gesagt werden, ob es noch in Baden-Württemberg vorkommt oder hier inzwischen ausgestorben ist. Bei diesem Tier handelt es sich um den bisher letzten Nachweis. – Nördl. Oberrheinebene, Dettenheim (= Rußheim), 18.8.78 J. THIELE.

einen Falter im Kaiserstuhl (Badloch), ebenfalls am Licht, den auch SETTELE (1973) als einzigen Fund vom Kaiserstuhl aufführt. Elf Jahre später (1974, M. WALLNER) wurde die Art erneut festgestellt, diesmal im Auwald bei Rußheim, d. h. ca. 8 km NW vom Fundort Graben. Den bislang letzten Nachweis, und zwar aus dem gleichen Gebiet, nur etwa 2 km von der Auwald-Fundstelle entfernt, erbrachte J. THIELE, der 1978 einen Falter dieser Art am Haus (westlicher Ortsrand von Rußheim [Dettenheim]) hatte.

Gemessen an den wenigen Einzelfunden, noch dazu von Fundorten wie Graben oder dem Badberg im Kaiserstuhl, wo zumindest in früheren Jahren ausgiebig Lichtfang betrieben worden ist, kann *Paidia murina* in Baden-Württemberg als eine der seltensten Schmetterlingsarten bezeichnet werden. Dabei muß man davon ausgehen, daß sich ihr Vorkommen auf bodenständige Populationen gründet, die möglicherweise auf kleinste Flächen (flechtenbewachsene Mauern, Dächer, Felsen und dergl.) beschränkt bleiben. Umso höher ist auch bei entsprechenden Veränderungen (z.B. Sanierungsarbeiten!) die Gefahr des schlagartigen Erlöschens gegeben. Jedenfalls besteht nicht der Eindruck, daß die Falter nur deshalb so selten sind, weil sie ihr Entwicklungshabitat nicht verlassen und sich deshalb der Beobachtung entziehen. Die Praxis in anderen Gegenden wie z. B. in Südfrankreich hat vielmehr gezeigt. daß die Falter anscheinend ganz gern zum Licht kommen (J. THIELE, mündl. Mitt.).

In diesem Zusammenhang sollen einige bemerkenswerte Beobachtungen aus benachbarten Gebieten angeführt werden. So zählte *P. murina* bereits im vergangenen Jahrhundert in der Umgegend von Frankfurt zu den Seltenheiten: »ich entdeckte sie zuerst an einem Epithaphium auf unseren alten Petrikirchhof und fand auch später die Raupen; wahrscheinlich zog sich diese Species bei dem Abtragen der nahen Festungswerke (1806–1807) nach jenen stillen Ort; doch fing ich seitdem auch Falter hinter Oberrad an einer alten mit Moos und Steinflechten bewachsenen Mauer« (KOCH 1856). RÖSSLER (1866) fand die Raupe »auch auf hohen Ziegeldächern, z. B. der jetzt abgetragenen Neumühle im Salzbachthal« und gibt »in Anzahl in den Fugen alter besonnter Weinbergsmauern im Rheinthal versteckt ... an Felsen bei Wiesbaden« an (RÖSSLER 1881).

Nach HEUSER & JÖST (1959) neigt die Art »in günstigen Entwicklungsjahren an geeigneten Orten zur Massenvermehrung«. Sie beziehen sich dabei auf einen Fall aus dem Jahre 1951, als »hunderttausende von Raupen in das Kircheninnere der Otterberger Abteikirche eingedrungen waren, wo sie mit Kontaktgiften bekämpft und vernichtet wurden«. Sie hatten, »nachdem sie die Kirchenmauern mit ihren grauen Steinflechten abgeweidet hatten, auf der Suche nach neuer Nahrung oder einem geeigneten Verpuppungsort den Weg ins Kircheninnere gefunden...«.

Als bisher letzte Beobachtung für die Pfalz wird der 24.7.1985 (Kallstadt) angegeben. »Die Art kommt vorwiegend an warmen Örtlichkeiten in der Nordpfalz und am Haardtrand vor. Die Falter kamen vereinzelt zum Licht« (KRAUS 1993).

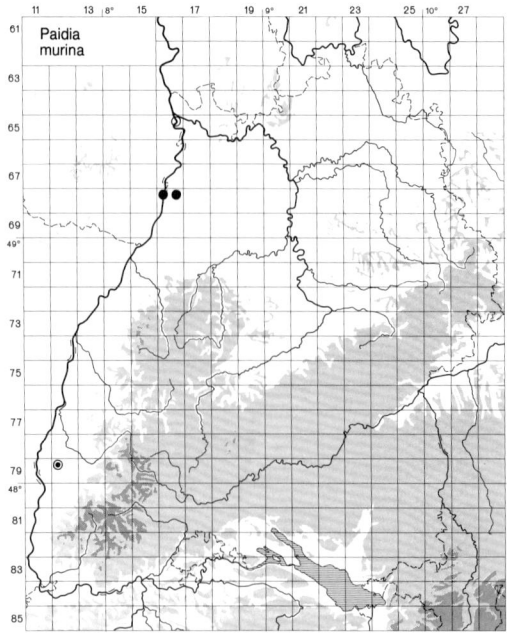

Vertikal: Nur aus der planaren Stufe (Oberrheinebene) und dem unteren Bereich des Hügellandes (Kaiserstuhl) nachgewiesen.

Phänologie

Imagines: Die wenigen Falterfunde datieren vom 29.7. (1916), 31.7. (1974), 18.8. (1978) und 16.9. (1963). Damit ergeben sich im überregionalen Vergleich deutliche Abweichungen. So wird die Flugzeit einmal mit »1 Generation von Juni bis Ende August« (FREINA & WITT 1987) oder mit Mitte Juni–Juli (KOCH 1984) bzw. »im Juli« (SEITZ 1910) angegeben.

Für die Pfalz wird »18.07.–29.08.« aufgeführt. Somit ist der Fund vom 16. September (1963, Kaiserstuhl, K. STROBEL) zugleich das phänologisch späteste Datum eines Freilandfalters, das wir kennen.

Präimaginalstadien: Die bisher einzige Raupenbeobachtung in unserem Faunengebiet (Mannheimer Schloß) wird zeitlich mit »bis in den Juni« angegeben (REUTTI 1898). Das Ei- und Puppenstadium sowie die Überwinterung (im Raupenstadium) wurden hier noch nicht beobachtet.

Ökologie

Lebensraum: Über die schon genannte Raupenbeobachtung hinaus liegen keine näheren Hinweise aus Baden-Württemberg vor, so daß auf die ebenfalls zitierten alten Angaben aus den benachbarten Gebieten verwiesen wird. Die Fundstellen der an Lichtquellen gefangenen Falter geben keinen näheren Aufschluß über den Lebensraum dieser Art.

Nahrung der Raupe:
?*Byssus botryoides* – Grünalge
   L (REU)

Die einzigen Hinweise zur Raupennahrung aus Baden-Württemberg finden sich bei REUTTI (1853, 1898) und beziehen sich auf das alte Vorkommen am Mannheimer Schloß. Leider sind sie insofern zweideutig, als einmal »an Flechten (*Byssus bryoides*)«, zum anderen dagegen »wahrscheinlich dient ihnen *Byssus botryoides* [sic!] zur Nahrung« angegeben wurde. Es bleibt also offen, ob tatsächlich eine Grünalge, oder eben doch »Flechten« als Nahrung dienten.

KOCH (1856) gibt »nur von Mauerflechten«, HEUSER & JÖST (1959) »Steinflechten« an. Die angeführten »Mauerflechten (*Marchantia*)« (KOCH 1984) und »Gesteinsflechten sowie Lebermoose (*Marchantia*)« (FREINA & WITT 1987) gehen wohl auf VORBRODT (1914) zurück, der zur Raupe ausdrücklich vermerkt »lebt an Mauerflechten, bes. *Marchantia*«[1]. Nach seinen Angaben findet man sie »gesellschaftlich an alten Mauern, meist auf deren Nordseite, wo sie sich unter Steinen oder den Bruchstücken der Mauern verbergen ... Die Ueberwinterung erfolgt von Oktober an sehr klein; im Frühjahr beginnen sie wieder zu fressen und sind im Juni erwachsen. Verpuppung in einem weichen Cocon in den Unebenheiten der Mauern oder unter Steinen; die Puppenruhe dauert 2–3 Wochen«.

Nahrung des Falters: Keine Angaben aus Baden-Württemberg.
Habitat: Keine Angaben aus Baden-Württemberg.

Gefährdung und Schutz

Rote Liste Bundesrepublik: 1
Rote Liste Baden-Württemberg: U

Oberrheinebene: Noch ungeklärt.
Schwarzwald: Nicht vertreten.
Neckar-Tauberland: Nicht vertreten.
Schwäbische Alb: Nicht vertreten.
Oberschwaben: Nicht vertreten.

- In Baden-Württemberg eine Art mit ungeklärter Gefährdung!

Zwar wissen wir von dieser Art, daß ihre Raupen an Grünalgen oder Flechten leben und deshalb alte Gebäude, Dächer und Mauern (auch Felsen?) zu ihrem Lebensraum gehören. Auch die Verbreitung scheint in unserem Faunengebiet insoweit geklärt, als offenbar nur die klimatisch begünstigte Oberrheinebene in Betracht kommt. Dennoch reichen diese Kenntnisse für die Einschätzung ihrer gegenwärtigen tatsächlichen Gefährdungssituation nicht aus.

Es sollte daher, zunächst im Bereich der wenigen Falterfundstellen, nach Larvalhabitaten gesucht und im Erfolgsfalle unverzüglich direkte Schutzmaßnahmen im Sinne der Erhaltung der sicherlich nur kleinflächig vorkommenden Population eingeleitet werden. Nicht zuletzt aus zoogeographischen Erwägungen – die Verbreitung von *Paidia murina* in Deutschland ist offensichtlich auf das Rheintal und seine Randgebiete beschränkt, am Mittelrhein verläuft die Nordgrenze des Gesamtareals – sind solche Schutzmaßnahmen dringend geboten.

---
[1] *Marchantia* ist eine Gattung der Lebermoose.

Nudaria mundana
(Linnaeus, 1761)
Blankflügel-Flechtenbärchen

Gesamtverbreitung: Von der Iberischen Halbinsel bis Mitteleuropa. Im Westen bis zu den Britischen Inseln, im Norden bis ins mittlere Fennoskandien, im Süden durch den nördlichen Mittelmeerraum und über den Balkan bis ins Schwarzmeergebiet.

Verbreitung

Regional: Das Blankflügel-Flechtenbärchen ist in Baden-Württemberg vor allem im Schwarzwald und auf der Schwäbischen Alb verbreitet. Aus diesen beiden Hauptnaturräumen ist die Art schon seit langem bekannt, sie kommt dort auch heute noch an zahlreichen Fundstellen vor. Eine flächenhafte Kartierung aller potentiellen Habitate (flechtenreiche, schattig-feuchte Felsen und Mauern) würde mit Sicherheit noch weitere Populationen zutage fördern.

Außerhalb dieser beiden Regionen liegen nur spärliche, teilweise nicht mehr bestätigte Fundmeldungen vor. Die älteste stammt von SEYFFER (1850), der die Art als selten von Stuttgart meldet. KELLER & HOFFMANN (1861) fügen Niedernau (bei Rottenburg) hinzu, SCHNEIDER (1937) gibt noch Markgröningen an. Neuere Meldungen (Stuttgart-Büsnau, 20.7.1962 Lichtfang von W.

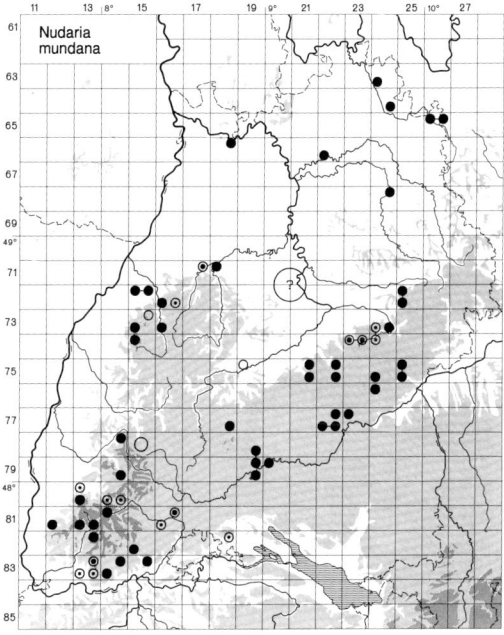

Das Blankflügel-Flechtenbärchen (*Nudaria mundana*) ist schon desöfteren mit *Thumatha senex* verwechselt worden, von der es sich jedoch deutlich durch die schwache, mehr glatte und daher glänzende Beschuppung (Name!) und die mehr verwaschene, bindenartige Zeichnung unterscheidet. – Hotzenwald 15.7.82 G. EBERT. LF.

Vertikal: Die Höhenverbreitung erstreckt sich in unserem Faunengebiet vom unteren Bereich der kollinen bis in die subalpine Stufe. Die höchste gemeldete Fundstelle liegt am Feldberg (Todtnauer Hütte, 1350 m, J. ASAL).

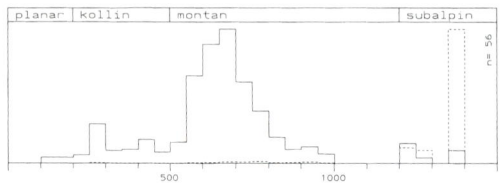

Phänologie

Imagines: Die Flugzeit dieser univoltinen Art reicht in Baden-Württemberg von Ende Juni bis Mitte (Ende) August. Der früheste Fund datiert vom 25.6. (1994, Fridingen: NSG Stiegelesfels, A. LINGENHÖLE, A. SCHOLZ), der späteste vom 19.8. (1992, Hausen im Filstal, M. MEIER).

Präimaginalstadien: Sämtliche Raupen wurden nach der Überwinterung in der Zeit von Ende März bis 2. Julihälfte gefunden: 24.3. (1921, Freiburg, am Kybfelsen, Verpuppung anfangs Mai, Falter e.l. 25.5., O. SCHRÖDER); 16.4. und 1.5. (1988, N-Schwarzwald, Seebach: Wolfsbrunnen, zahlreiche Raupen, N. HIRNEISEN) und 3.5. (1994, gleiche Fundstelle, 144 Exemplare, A. STEINER/H. LUSSI); 12.5. (N-Schwarzwald, Omerskopf, 1 cm lang, H. LUSSI); 10.6. (1923, Gauchachschlucht, Falter e.l. 3.7., O. SCHRÖ-

SCHÄFER; Markgröningen, 1951 Lichtfang von WÖRZ) finden sich nur bei KELLER (1970), sind jedoch offensichtlich falsch oder nachlässig recherchiert. Bei dem von ihm unter Hinweis auf A. GREMMINGER zitierten »Boll über Meßkirch« handelt es sich um Bad Boll bei Bonndorf. Aus dem Neckar-Tauberland existieren mit Cröffelbach bei Geislingen (Beleg in coll. SPEIDEL) und Ruchsen bei Möckmühl (M. MEIER) jedoch auch aktuelle Funde, die durch solche aus dem eigentlichen Tauberland (Grünsfeld, Oberbalbach, Creglingen) ergänzt werden. Aus dem Alpenvorland bzw. angrenzenden Gebieten ist nur ein Fund vom Hohentwiel aus dem Jahr 1924 (A. GREMMINGER) bekannt. Die Meldung vom Mindelsee (ZINNERT 1983) dürfte auf einer Verwechslung mit *Thumatha senex* beruhen. Im Oberrheinischen Tiefland fehlt diese an kühle, luftfeuchte Lokalitäten gebundene Art vollständig.

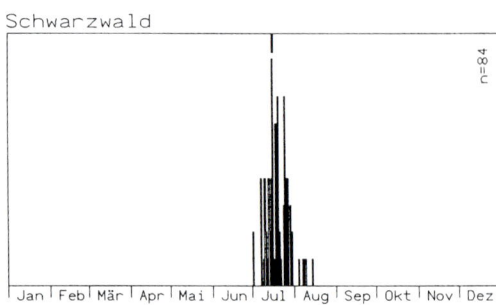

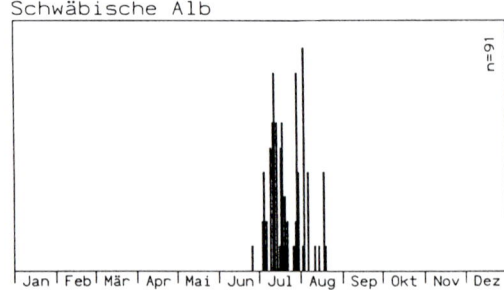

Die dicht und fein beborstete Raupe trägt auf dem Rücken zwei Reihen gelber Flecken, die am Abdominalende als Vierergruppe in Erscheinung treten. Auffallend ist ein schwarzer Rückenfleck über dem zweiten Beinpaar (Bauchfüße). – Nordschwarzwald, Ottenhöfen 3.5.94 A. STEINER.

DER); 11.6. (1982, Hochschwarzwald: Todtnau-Schlechtnau, 7 Raupen, 20.–26.6. Raupen bis auf zwei verpuppt, 5.–17.7. Falter e.l., F. EBSER); 12.6. (1939, Wutachschlucht bei Bad Boll, A. GREMMINGER); 22.6. (1991, Schwäbische Alb, Trailfinger Schlucht, E. LOSER); 13.7. (1991, SE-Schwarzwald, Höchenschwand, Rappenfelsen, 1 erwachsene Raupe zeitgleich mit 2 Faltern, A. STEINER/N. HIRNEISEN/C. KUON); 20.7. (1991, SE-Schwarzwald, Brenden: Kuchelfelsen, A. STEINER).

Ökologie

Lebensraum: Schattige feuchte, felsenreiche Täler, aber auch trockene Felsen, zumeist in montanen Laubmisch- und Nadelwäldern, sowohl im Jura- und Muschelkalk als auch im Urgestein, dort auch Blockschutthalden. An Sekundärstandorten sind Mauern und alte Steinbrüche, aber auch steinerne Brunnentröge zu nennen. Im Hochschwarzwald (Umgebung Todtnau) werden die Raupen jahrweise nicht selten in Steinhaufen und an Natursteinmauern auf Viehweiden und an Wegen gefunden (J. ASAL, schriftl. Mitt.).

Nahrung der Raupe:
Lichenes indet. – Flechten
  L (BOL)
»Grünalgen«
  L (HIR)

Genauere, über den Sammelbegriff »Flechten« hinausgehende Angaben fehlen auch hier, sieht man einmal von dem Hinweis »Uracher Wasserfall, die Raupen an den an den Felsen wachsenden Flechten (*Anthoceros*)« ab (SCHNEIDER 1937). Bei *Anthoceros* handelt es sich um ein Moos, das im übrigen am Uracher Wasserfall kaum zu finden sein wird. Anstatt Flechten dürften dort als Raupennahrung viel eher Lebermoose wie z. B. solche der Gattung *Pellia* in Betracht kommen.[1]

Es bleibt also nach gegenwärtigem Kenntnisstand immer noch offen, ob außer Flechten auch Moose und Algen gefressen werden. HIRNEISEN (1990) weist aufgrund eigener Beobachtungen darauf hin, daß die Raupen am Wolfsbrunnen

Vor der Verpuppung spinnt die Raupe an überhängenden Stellen einen reusenartigen Kokon, der mit langen Haarborsten umkleidet ist. In ihm verwandelt sie sich zur Puppe. – Nordschwarzwald, Ottenhöfen 3.5.94 H. LUSSI.

und Omerskopf (Nordschwarzwald) schattige und feuchte Mauern oder Felsen mit Ritzen und Spalten bevorzugen, »von deren Algenüberzug sie sich ernähren«, meint jedoch wenig später, daß »die Frage der Raupenfutterpflanzen noch nicht eindeutig geklärt ist und mit hoher Wahrscheinlichkeit angenommen werden kann, daß Flechten im Nahrungsspektrum nicht die entscheidende Rolle spielen«.

Aus dem südlichen Schwarzwald (Ravenna-Schlucht) gibt es eine Beobachtung zur Nahrungsaufnahme der Raupen von *N. mundana*: »Sie schaben den winzigen Flechtenbezug der Steine und Felsen ab, und solche dürftige Nahrung ist ihnen sehr bekömmlich. Sie suchen sich stets finstere, feuchtkalte Winkel und Felsspalten aus, weil ihre Nährkost nur an solchen Stellen gedeiht« (BOLDT 1928).

---

[1] Für fachliche Hinweise sei Herrn Prof. Dr. G. PHILIPPI herzlich gedankt.

In Westfalen fand SPEYER (1867) mehrere Raupen in einem Hohlweg, an schattiger Stelle, an Kalkgestein, »dessen grünlichen Flechtenanflug benagend«.

Nahrung des Falters: Keine Angaben aus Baden-Württemberg.

Habitat: Hinweise auf das Larvalhabitat oder Beschreibungen desselben liegen verschiedentlich vor. So fand O. SCHRÖDER die Raupen zahlreich »an Rindenstücken gefällter Tannen, an feuchten Stellen« und züchtete daraus die Falter. An einer nach Westen gerichteten, voll besonnten Natursteinmauer fand F. EBSER die Raupen und züchtete sie an einem flechtenbewachsenen Stein. Nach seinen Beobachtungen fressen sie auch an Baumflechten (in der Zucht auf einem Rindenstück). Beim Wolfsbrunnen, wo die Art bereits im Jahre 1885 als häufig festgestellt werden konnte (REUTTI 1898), fanden A. STEINER und H. LUSSI über 100 Jahre später 144 Raupen und 3 vorjährige Puppengespinste auf Steinen und in Ritzen einer mit Flechten-, Algen- und Moosgesellschaften bewachsenen Mauer am Straßenrand (s. auch HIRNEISEN 1990). In der Wutachschlucht entdeckte A. GREMMINGER die Raupen »in Menge an feuchten überhängenden Felsen«. E. LOSER notierte sie auf der Alb »an schattig feuchten Felsen«. In einer offenen Granit-Blockschutthalde im Südöstlichen Schwarzwald saß eine erwachsene Raupe an Steinflechten in der Blockschuttflur, eine andere am Kuchelfelsen an der Decke des die offene Höhle bildenden überhängenden Felsens (A. STEINER). BOLDT (1928) fand sie in Hohlräumen an Steinwällen, an der Unterseite übereinandergeschichteter Steine.

Gefährdung und Schutz

Rote Liste Bundesrepublik: 3
Rote Liste Baden-Württemberg: V

Oberrheinebene: Nicht vertreten.
Schwarzwald: Art der Vorwarnliste.
Neckar-Tauberland: Art der Vorwarnliste.
Schwäbische Alb: Art der Vorwarnliste.
Oberschwaben: Ausgestorben oder verschollen (nur randlich vorkommend).

- In Baden-Württemberg eine Art der Vorwarnliste!

Es ist schwierig, die Gefährdung an Flechten lebender Schmetterlingsarten einzuschätzen. Die Schädigung des Nahrungssubstrates durch Umweltgifte reicht angesichts sehr unterschiedlicher Standortverhältnisse als Kriterium allein nicht aus, hier eine durchgängig hohe Gefährdung zu postulieren. Hinzu kommt, daß das Präferenzverhalten der meisten lichenophagen Arten gegenüber den Kryptogamen, ob nun Flechten oder Grünalgen, teilweise vielleicht sogar Moosen, noch so gut wie unbekannt ist. Auch das Blankflügel-Flechtenbärchen macht da keine Ausnahme. Im Gegensatz zum zuvor behandelten Mauer-Flechtenbärchen (*Paidia murina*) können wir jedoch feststellen, daß von *N. mundana* in Baden-Württemberg noch viele Fundstellen bekannt sind, darunter auch Larvalhabitate an Felsen und Mauern in relativ geschützen Lagen (Schluchtwälder etc.), von denen wir annehmen dürfen, daß sie Bestand haben werden, wenngleich Sekundärstandorte wie künstlich errichtete Mauern, aber auch zu nahe an verkehrsreichen Straßen gelegene Felsen immer dem direkten menschlichen Einfluß (z. B. Renovierungsmaßnahmen, Autoabgase in hohen Konzentrationen) und damit einer latenten Gefährdung ausgesetzt sind. Es erscheint deshalb bei dieser vergleichsweise »besser bekannten« Art angebracht, sie auf die Vorwarnliste zu setzten. Die regelmäßige Überprüfung ausgewählter Populationen durch Raupensuche, die effektivste Nachweismethode, könnte zur Frage der Bestandsentwicklung Aufschluß geben.

Flechten- und algenreiche Felswände, Steine und Mauern bilden den Lebensraum von *Nudaria mundana*. Hier findet man die Raupen manchmal in großer Anzahl an schattigen, feuchten Stellen in Hohlräumen wie Felsspalten und Mauerritzen, aber auch an überhängenden Felsen. – Nordschwarzwald, Ottenhöfen 2.5.89 A. STEINER.

Atolmis rubricollis
(Linnaeus, 1758)

Rotkragen-Flechtenbärchen

Gnophria rubricollis L. (REUTTI 1898, LAMPERT 1907, SEITZ 1907–1954, REBEL 1910, ECKSTEIN 1913–1923, SCHNEIDER 1936–1939, BERGMANN 1951–1955, KOCH 1955)

Gesamtverbreitung: Vom Norden der Iberischen Halbinsel und Westeuropa einschließlich der Britischen Inseln ostwärts durch die gemäßigte Zone bis ins Amurgebiet. Im Süden erstreckt sich die Verbreitung durch den nördlichen Mittelmeerraum, einschließlich Italien und Sizilien, bis ins Schwarzmeergebiet, im Norden bis ins südliche Fennoskandien.

Verbreitung

Regional: Die regionale Verbreitung dieser Art erstreckt sich zwar über das gesamte Faunengebiet, findet aber in den waldreichen Gebieten des Alpenvorlandes, der Schwäbischen Alb und im Schwarzwald ihren natürlichen Schwerpunkt. Vergleichsweise wenige Meldungen liegen aus dem Oberrheinischen Tiefland vor; in den Auenwaldgebieten des Rheintales scheint *Atolmis rubricollis* überhaupt zu fehlen. Aus dem nördlichen Tauberland und dem nordwestlich davon gelegenen Maintal (Sandstein-Spessart) gibt es

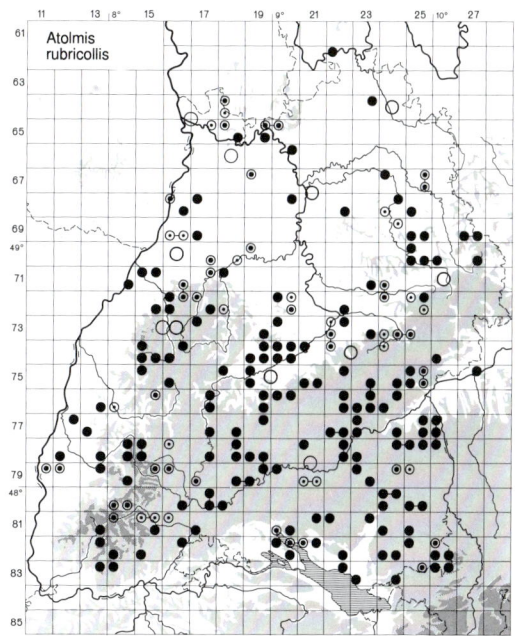

Das Rotkragen-Flechtenbärchen (*Atolmis rubricollis*) ist die einzige einheimische Art, die schwarze Flügel besitzt. In auffälligem Kontrast dazu steht der rote Halskragen und das leuchtend gelbe, hier nicht sichtbare Abdomen. – Adelegg 20.6.88 T. MARKTANNER.

nur wenige neuere Meldungen (Oberlauda, Oberbalbach, Freudenberg). Die vom Kraichgau über das Bauland ins Tauberland sich hinziehende Muschelkalklandschaft scheint von dieser Art weitgehend unbesiedelt geblieben zu sein, nicht dagegen der südliche Teil dieser Region (oberer Neckar, mit den angrenzenden Waldungen von Schönbuch, Glemswald und Rammert), von wo, bis ins Alb-Wutach-Gebiet, viele Fundmeldungen vorliegen. Es hat also den Anschein, als würde diese Art die Wärmegebiete meiden, doch bedarf dies noch der genaueren Untersuchung.

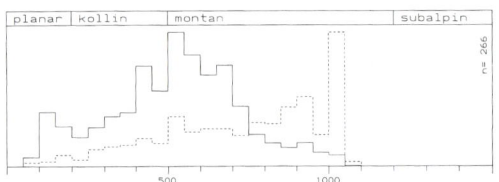

Männchen und Weibchen sind sich äußerlich vollkommen gleich. Bei diesem Foto, das die Paarung zeigt, ist das Weibchen nur am dickeren, mehr abgestumpften Hinterleib zu erkennen. Die Falter fliegen gern zum Licht, sie wurden aber auch schon nachmittags um die Gipfel hoher Bäume schwärmend beobachtet. – Schwarzatal 30.6.95 A. STEINER. M.

Vertikal: Die vertikale Verbreitung reicht von der Oberrheinebene (um 100 m) bis ins höhere Bergland (Adelegg, Feldberg, jeweils um 1000 m).

Ökologie

Lebensraum: Der Lebensraum dieser Art ist je nach Landschaft recht unterschiedlich geprägt. Im Schwarzwald und auf der Adelegg sind es nadelholzreiche Wälder wie z. B. Buchen-Tannenwälder oder Tannen-Fichtenwälder (und reine Fichtenwälder), insbesondere die beerkrautreichen Tannen-Fichten-Mischwälder (Nordschwarzwald), aber auch die hochstaudenreichen Bergahorn-Buchen-Tannen-Mischwälder in den oberen Lagen des Südschwarzwaldes. Dazu kommen noch Fichtenforste, insbesondere im Westallgäuer Hügelland.

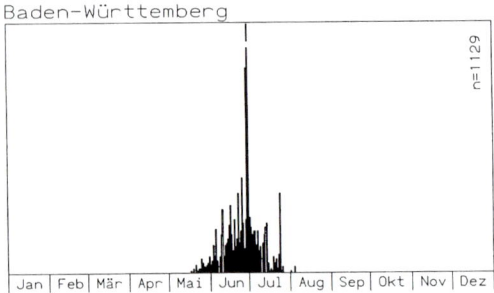

Phänologie

Imagines: Bei den Imagines reichen die Funddaten vom 17. Mai (1942, bei Gorxheim, 1 Falter im Gras sitzend, H. LIENIG) bis zum 4. August (1954, Feldberg, Lichtfang, L. SETTELE). Der Höhepunkt der Flugzeit fällt in die Zeit der Monatswende Juni/Juli. SCHNEIDER (1937) meldet die Art »im VII. 1932 zu Tausenden im Wental [Ostalb]«.

Präimaginalstadien: Zu Raupenfunden existieren nur einzelne Daten, z. B. vom 10. Oktober (1923, Salem, »viele Raupen ... verpuppten sich in den nächsten Tagen, [Falter] schlüpfen vom 3.5.1924 an«, O. SCHRÖDER), oder vom 24. September (1992, Göschweiler, Schattenmühle, H. LUSSI). Die Larvalperiode dürfte demnach von Juli bis Mitte Oktober reichen. Überwinterungsstadium ist die Puppe.

Auf der Schwäbischen Alb und im Neckar-Tauberland, ferner im Alb-Wutach-Gebiet, Hegau und im Bodenseebecken sind es dagegen vorwiegend laubholzreiche Wälder frischer bis trockener Standorte, darunter Elsbeeren-Eichen-Buchenwälder, eichenreiche Wälder und reine Buchenwälder (auf kalkarmen wie kalkreichen Standorten), an manchen Stellen (Obere Gäue!) steile Muschelkalkhänge mit Trockenrasengesellschaften und Laubgehölzen bzw. kontaktierendem Laubmischwald. In den oberschwäbischen Mooren wurden die Falter in primären und sekundären Bruchwäldern, Waldkiefernwäldern auf Hochmoortorf, im offenen Hochmoor und (schwerpunktmäßig) im Spirkenwaldhochmoor registriert (MEINEKE 1982). Daneben sind zahlreiche, über das Land verstreute Fundstellen in oder am Rande von Ortschaften mit angrenzenden Gärten und Streuobstwiesen zu erwähnen.

Besonders eindrucksvoll ist der Hinweis auf Tausende von Faltern an beleuchteten Schaufenstern neuer Geschäfte oder von Scheinwerfern angestrahlten Industrieanlagen im kriegszerstörten Pforzheim (Trümmerflora!) des Jahres 1952 (M. WALLNER).

Nahrung der Raupe:
Lichenes indet. – Flechten
  L (LUS, SCR)

Bei Salem (Bodensee) fand O. SCHRÖDER die Raupen an »Nadelholzflechten« (Kartei A. GREMMINGER). Die bei Göschweiler entdeckte Raupe saß an einem fingerdicken, mit wenig Algen, dafür aber mit Flechten bewachsenem Ast einer jungen, ca. 10 Jahre alten Rotbuche (H. LUSSI). GAUCKLER (1921) weist auf einen »aus eingetragenem Futter von Eichen gezogenen Falter« hin [Hardtwald bei Karlsruhe, Gewährsmann KÖNIG]. Hierzu paßt der aus Pommern stammende Hinweis auf einen Puppenfund »unter dem Moos an Eichenstämmen« (URBAHN & URBAHN 1939). REUTTI (1898) gibt die Raupe »an Flechten von Eichen und Nadelholz« an. Nach G. REICH (Aufzeichnungen 1910–1965) ist die Raupe im September/Oktober an Fichtenstämmen zu finden, »am besten bei Regenwetter«. In der benachbarten Pfalz wurde sie von Fichtenzweigen geklopft (HEUSER & JÖST 1959).
Nahrung des Falters: Von der Adelegg wurde die Beobachtung fliegender Falter gemeldet, »in einem Fall sogar beim Blütenbesuch« (T. MARKTANNER). Weitere Angaben liegen nicht vor.
Habitat: Zum Larvalhabitat können keine speziellen Angaben gemacht werden.

Die Raupe ist dunkel und hell gemustert, mit dorsalen und lateralen orangefarbigen Knopfwarzen, die büschelig angeordnete Borsten tragen. Sie lebt an Nadelholz- und Laubholzflechten. Der Lebensraum dieser Art ist daher sehr vielgestaltig; er umfaßt vermutlich alle Waldtypen, von der Ebene bis ins höhere Bergland. – Schwarzwald, Göschweiler 24.9.92 H. LUSSI. S.

Verhalten: Die Falter sind sowohl tag- als auch nachtaktiv. G. REICH (l.c.) sah sie im Dürnachtal (Oberschwaben) im Juni/Juli »in und am Rande von Fichtenwälder am Nachmittag um Gipfel hoher Bäume schwärmen, oft in Masse«. M. GOLDSCHALT beobachtete sie in lichten Tobeln auf der Adelegg, »die Tiere flogen bei Sonnenschein über den Weg«. Auch T. MARKTANNER fand sie dort entweder in der Vegetation ruhend, an einer Baumwurzel sitzend oder »auf Weg fliegend«. Die meisten Falter, die von den Mitarbeitern notiert wurden, kamen entweder ans Licht oder saßen an Grashalmen. GREMMINGER (1925) fand sie in den Erlichten bei Graben-Neudorf »öfter im Gras sitzend« und in den Waldungen zwischen Krauchenwies und Sigmaringen »in großer Anzahl im Grase«. H. HERRMANN (1970) berichtete von Faltern, die 1962 in Villingen-Schwenningen »zu Dutzenden an den beleuchteten Schaufenstern« saßen.

Gefährdung und Schutz

Rote Liste Bundesrepublik: G
Rote Liste Baden-Württemberg: –

Oberrheinebene: Nicht gefährdet.
Schwarzwald: Nicht gefährdet.
Neckar-Tauberland: Nicht gefährdet.
Schwäbische Alb: Nicht gefährdet.
Oberschwaben: Nicht gefährdet.

• In Baden-Württemberg nicht gefährdet!

Cybosia mesomella
(Linnaeus, 1758)

Elfenbein-Flechtenbärchen

Setina mesomella L. (REUTTI 1898)
Cybosia mesomela L. (SPULER 1908–1910)

Gesamtverbreitung: Vom Norden der Iberischen Halbinsel über Westeuropa einschließlich der Britischen Inseln ostwärts bis zum Altai und bis nach Sibirien. Im Süden bis in den nördlichen Mittelmeerraum und über den Balkan bis Kleinasien, im Norden bis ins mittlere Fennoskandien.

Verbreitung

Regional: Das Elfenbein-Flechtenbärchen kommt in allen Naturräumen Baden-Württembergs vor. Die Anzahl der Funde ist beträchtlich und zeigt, daß z.B. Schwäbische Alb und Alpenvorland be-

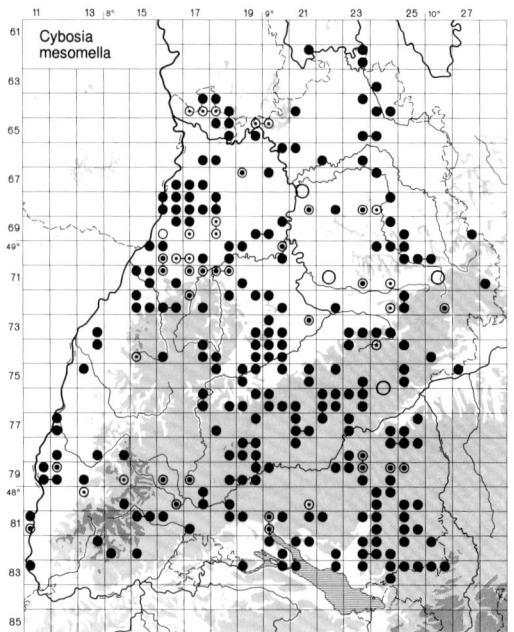

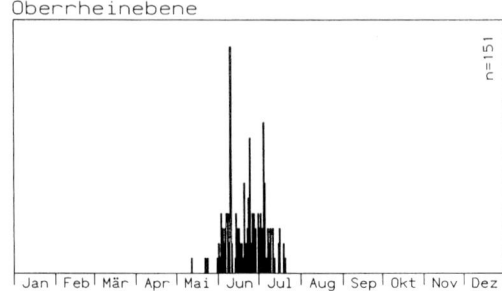

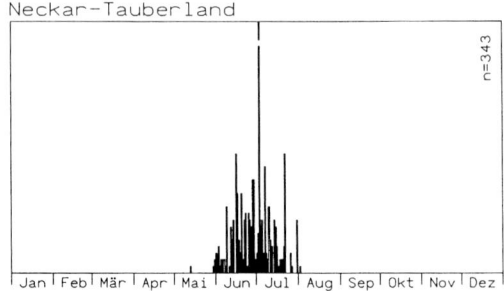

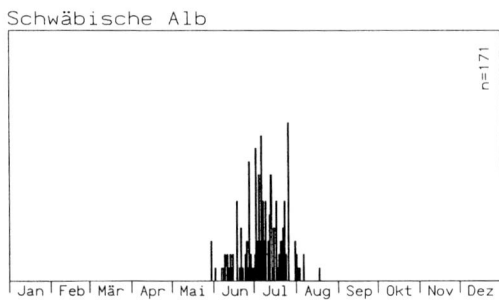

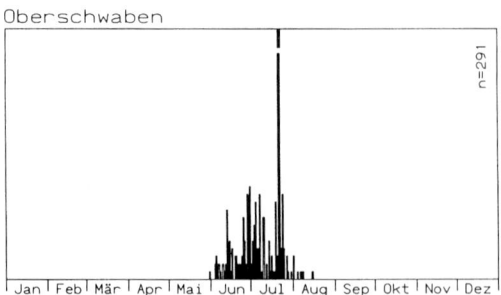

sonders dicht von dieser Art besiedelt sind. Auch im Neckar-Tauberland ist in manchen Regionen ein flächenhaft ausgedehntes Vorkommen nachweisbar (westlicher und südlicher Kraichgau, Schönbuch/Glemswald), was gebietsweise auch auf die Oberrheinebene zutrifft. Spärlicher sind dagegen Fundmeldungen aus dem Schwarzwald. Insbesondere am Hochrhein und in den östlichen Landesteilen sind auch bei *C. mesomella* noch Kartierungsdefizite aufzuholen.

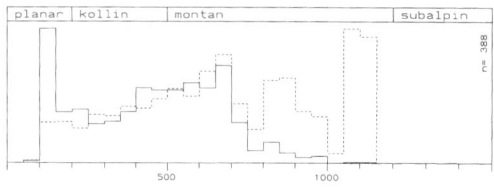

Vertikal: Die Höhenverbreitung erstreckt sich von der Rheinebene (um 100 m) bis in die montane Stufe. Höchster bis jetzt notierter Fundort ist der Farnberg bei Schönwald zwischen 1040 und 1150 m (J.U. MEINEKE).

Phänologie

Imagines: Die Art bringt nur eine Faltergeneration im Jahr hervor. Frühester Beginn ist der 13. Mai (1971, Markgröningen: Rotenackerwald, SCHÄFER 1977a), spätestes Funddatum der 18. August (1980, Schwäbische Alb, Aichelau, G. BAISCH). Die dazwischen liegenden Daten deuten auf ein Flugzeitmaximum hin, das um die Monatswende Juni/Juli liegt. Sie zeigen aber auch, daß der Verlauf der Imaginalphase nicht einheitlich ist. So gibt es in der Oberrheinebene zwar einen ziemlich frühen Beginn, jedoch mit dem 20.7. als spätestes Funddatum auch ein relativ frühes Ende. Im Vergleich dazu sind die Flugzeiten im Neckar-Tauberland, auf der Schwäbi-

Das Elfenbein-Flechtenbärchen (*Cybosia mesomella*) besticht durch seine schöne Grundfärbung, von der sich der dottergelbe schmale Flügelrand wirkungsvoll abhebt, und die beiden getrennt untereinander stehenden schwarzen Punkte auf den Vorderflügeln. – Bodenseebecken, Tannau 5.6.90 T. MARKTANNER.

Cybosia mesomella tritt oftmals in einer gelben Form (f. *flava*) auf, bei der die Vorderflügel nicht elfenbeinweiß oder gar reinweiß (f. *albescens*), sondern durchgehend dottergelb gefärbt sind. Die arttypische Punktzeichnung bleibt davon jedoch unberührt. – Bauland, Schweinberg 29.5.90 H. LUSSI.

schen Alb und im Alpenvorland, summarisch betrachtet, weiter ausgedehnt und reichen von Ende Mai bis Anfang (Mitte) August. Auch im Schwarzwald wurden am 14.8. (1987, Präg, J.U. MEINEKE) noch zwei Falter am Licht notiert.

Präimaginalstadien: Es liegen nur wenige Raupenfunde vor. Der erste datiert vom 16. Mai (1920, Freiburg: Mooswald, verpuppt 20.5., 1 Weibchen geschlüpft 1.6., O. SCHRÖDER, nach Kartei GREMMINGER), zwei andere schon vom 30. März (1973) und 7. April (1972, beide Hohnhurst, Endinger Wald, T. ESCHE). Ein weiterer Raupenfund wird mit 8.5.1964 angegeben (H. HERRMANN 1970), ist aber problematisch.

Ökologie

Lebensraum: Der Lebensraum von *Cybosia mesomella* ist durch eine eher noch größere Vielfalt ausgezeichnet, als sie schon bei *A. rubricollis* beschrieben wurde. Oft liegen die Fundstellen der Falter in mosaikreichen Landschaften mit feuchten oder trockenen Wiesen-Gebüsch-Waldanteilen, manchmal sind beide Varianten auch eng miteinander verzahnt. Auf Kalkmagerrasen (z.B. Wacholderheiden) ist die Art häufiger als das Rothals-Flechtenbärchen. Da sie auch in trockenen Kiefernwäldern auf Flugsanddünen (Hardtebenen) und in der »Trockenaue« der Markgräfler Rheinebene nicht selten ist, kann ganz allgemein von einer besseren Anpassung an trockene Wälder und Gebüsche gesprochen werden, während die ähnlich weit verbreitete Vergleichsart doch mehr die luftfeuchten Gebiete (allerdings mit Ausnahme der Auenwälder) bevorzugt. In den oberschwäbischen Mooren bewohnt *C. mesomella* zwar »sämtliche Biotoptypen«, hat jedoch den »Schwerpunkt im Niedermoor ... Falter wurden besonders im offenen Übergangsmoor und *Calluna*-Hochmoor registriert« (MEINEKE 1982). Im Westallgäuer Hügelland wurden sie, außer in hochmoornahen Streuwie-

Die Raupe ist im letzten Häutungsstadium tiefschwarz, mit braunem Kopf. Die Beborstung ist als eine Art »Rastalook« vorhanden, d. h. die Haarschuppen scheinen büschelweise zusammenzukleben, ein sicherlich sehr charakteristisches larvales Merkmal. Nahrung und Lebensweise sind bei uns noch weitgehend unerforscht. – Offenburger Rheinebene 7.4.72 T. ESCHE. S.

sen und der »Rauschbeerenflur im Latschenhochmoor«, auch auf feuchten Waldlichtungen in Flußtälern, ferner am Rande von Siedlungsgebieten und an Bahndämmen angetroffen (M. GOLDSCHALT). Überhaupt wurden viele Falter in Ortschaften (am Licht) beobachtet, manche auf kleinräumigen Ödlandflächen in der Agrarlandschaft, was auf eine hohe Vagilität schließen läßt.

Nahrung der Raupe: Aus Baden-Württemberg können keine speziellen Angaben zur Raupennahrung gemacht werden. T. ESCHE fand die Raupe einmal unter einem gefällten alten Baumstamm, ein weiteres Mal unter einem Stück Rinde, das am Waldrand in einem Graben lag. Die Raupen wurden erfolgreich mit vergilbten Weiden- und Brombeerblättern, im anderen Fall mit vergilbten Blättern und Blütenknospen von Löwenzahn gefüttert. An Löwenzahn (*Taraxacum officinale*) will H. HERRMANN (1970) eine Raupe gefunden und damit erfolgreich weitergefüttert haben. Während letzteres nicht bestritten wird, ist jedoch Löwenzahn als Freilandnahrungspflanze zumindest anzuzweifeln.

Die Nahrungsbiologie dieser Art, deren Raupe nach VORBRODT (1911–1914) an Flechten und Lebermoosen lebt, sich am Tage zwischen trockenem Laub am Fuß von Eichen oder in Rissen der Rinde verbirgt, langsam heranwächst und sich nach der Überwinterung zwischen den Flechten der Stämme verpuppt, muß für unser Faunengebiet noch geklärt werden!

Nahrung des Falters: Keine Angaben aus Baden-Württemberg.

Habitat: Sieht man einmal von den sehr vielgestaltigen Fundstellen der Falter und damit von einer Beschreibung des »Imaginalhabitates« auf dieser Grundlage ab, so bleibt nur die Angabe »Buchen-Birken-Laubmischwald und Forste«, die wir von T. ESCHE zu seiner Raupenfundstelle im Endinger Wald (Offenburger Rheinebene) erhalten haben. Forschungsbedarf ist also reichlich vorhanden!

Verhalten: Auch bei dieser Art wurde sowohl Tag- als auch Nachtaktivität festgestellt. Allerdings beziehen sich die meisten Meldungen auf Lichtfänge, öfters auch auf Falter, die am Tag auf Waldlichtungen und Kahlschlägen aus der (krautreichen) Vegetation aufgescheucht wurden.

Gefährdung und Schutz

Rote Liste Bundesrepublik: –
Rote Liste Baden-Württemberg: –

Oberrheinebene: Nicht gefährdet.
Schwarzwald: Nicht gefährdet.
Neckar-Tauberland: Nicht gefährdet.
Schwäbische Alb: Nicht gefährdet.
Oberschwaben: Nicht gefährdet.

• In Baden-Württemberg nicht gefährdet!

Die Gattung Pelosia

Von den sechs Arten dieser ausschließlich paläarktischen Gattung (SEITZ 1910) bzw. drei westpaläarktischen Arten (FREINA & WITT 1987) kommen zwei auch in Baden-Württemberg vor: *Pelosia muscerda* und *Pelosia obtusa*. Beide Arten sind hier entweder ausschließlich oder schwerpunktmäßig in der (nördlichen) Oberrheinebene verbreitet.

Bestimmungshilfe

Beide *Pelosia*-Arten können an habituellen Merkmalen leicht voneinander unterschieden werden (vgl. die nachfolgende Abbildung):

Der in der Ruhehaltung bereits erkennbare habituelle Unterschied ist auch bei Sammlungstieren nachprüfbar. *Pelosia muscerda* (oben) hat schmälere, mehr spitz zulaufende Vorderflügel, während sie bei der Vergleichsart *Pelosia obtusa* (unten) gedrungener sind. Färbung und Flügelzeichnung weichen ebenfalls deutlich voneinander ab. – Nördl. Oberrheinebene, Hochstetten, 28.7.79 und 14.7.82 K. & U. RATZEL.

Pelosia muscerda
(Hufnagel, 1766)

Mausgraues Flechtenbärchen

Lithosia muscerda HFN. (REUTTI 1898)

Gesamtverbreitung: Vom Norden der Iberischen Halbinsel über West- und Mitteleuropa ostwärts durch die gemäßigte Zone bis Ostasien. Im Süden durch den nördlichen Mittelmeerraum bis ins Schwarzmeergebiet, im Norden bis ins südliche Fennoskandien. In England findet sich die Art nur im äußersten Südosten.

Verbreitung

Regional: Wie ein Blick auf die Karte zeigt, ist die Verbreitung des Mausgrauen Flechtenbärchens in Baden-Württemberg schwerpunktmäßig auf die Oberrheinebene beschränkt. Im Norden dieses Areals sind in den Jahren 1934–1986 auch noch Funde aus dem Randbereich des westlichen Kraichgaues in der Umgebung von Bruchsal bekannt geworden: Büchenauer Hardt, Weingartener Moor, Rohr- und Saalbachtal, Erlenwald bei Münzesheim, (A. GREMMINGER, H. FEIL, H. HEIDEMANN, W. SPEIDEL, W. STAIB). Weiter östlich der alten Kinzig-Murg-Rinne fehlt die Art jedoch ebenso wie im gesamten Schwarzwald, der weiter südlich dieses Areal begrenzt. Bemerkenswert erscheint ihr offensichtliches Fehlen in der trockengefallenen Auenlandschaft der Markgräfler Rheinebene. Ihr südlichstes Vorkommen liegt in der Freiburger Bucht. Dort ist sie im Mooswald bei Freiburg bereits vor etwa 150 Jahren gefunden worden (REUTTI 1853). Nördlich davon, in der Umgebung von Oberhausen (Landkreis Emmendingen) wurde sie vereinzelt am Licht festgestellt (SERMIN 1959).

Ein disjunktes Teilareal innerhalb unseres Faunengebietes existiert noch im Alpenvorland. So liegen aus dem Bodenseebecken einige Meldungen vor, die sich auf die Jahre 1976 und 1981 (T. MARKTANNER) und 1990 (A. BERTALAN) und den Fundort Eriskircher Ried beziehen. Im Jahr 1969 (26.7. und 6.8.) wurde je ein Falterfund im Seewald bei Friedrichshafen notiert (T. MARKTANNER), ein weiterer Falterfund (22.7.) bezieht sich auf das Argental bei Pflegelberg im Jahr 1988 (W. SCHICK). Aus dem Oberschwäbischen Hügelland liegen Falterfunde aus den Jahren

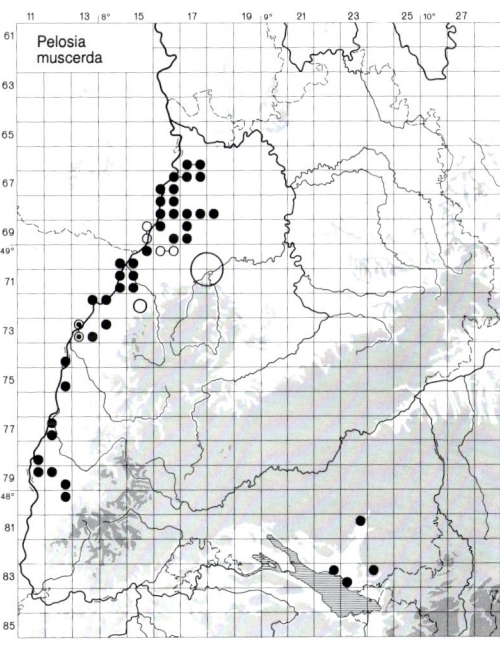

In neuerer Zeit wurden die beiden einheimischen *Pelosia*-Arten – hier das Mausgraue Flechtenbärchen (*Pelosia muscerda*) – nur am Licht beobachtet, obwohl sie auch zum Köder kommen und Blüten besuchen. In der Ruhe legt der Falter die Flügel bis zur Hälfte übereinander. Dabei wird, noch besser als am präparierten Tier, der habituelle Unterschied gegenüber *P. obtusa* deutlich. – Rußheim (Altrhein) 17. 6. 94 A. STEINER.

1979–1985 von Vorsee: Mettisried und Umgebung; Baindt: NSG Schenkenwald; Wolpertswende: Wegenried; Mochenwangen: Erlen- und Krummensbach vor (W. SCHICK). Sie stehen im gut besammelten württembergischen Alpenvorland ziemlich isoliert da, was wohl mit der Wärmebedürftigkeit dieser Art zusammenhängt, deren Vorkommen hier in die Zone einer mittleren Lufttemperatur im Januar oberhalb von –2° Celsius fällt. Zu weiteren Nachforschungen nach *P. muscerda* in diesem Naturraum soll hiermit angeregt werden.

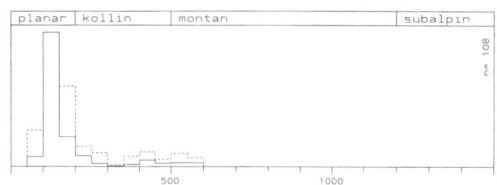

Vertikal: Der vertikale Verbreitungsschwerpunkt liegt in der planaren Stufe (Oberrheinebene). Aus dem Alpenvorland sind noch einige Fundorte aus der kollinen Stufe bekannt, der höchstgelegene bei Wolpertswende (580 m, R. SCHICK).

Phänologie

Imagines: Die additive Flugzeit dieser Art erscheint recht ausgedehnt und reicht in der Oberrheinebene von Anfang Juni bis Mitte September. Der früheste Falter wurde am 5. Juni (1980, Ichenheim, Rohrkopf, E. BAUER/B. TRAUB) gefangen, der späteste am 23. September (1971, Leopoldshafen G. EBERT/H. FALKNER). Der Höhepunkt liegt im Bereich der Monatswende Juli/August.

Präimaginalstadien: Aus Baden-Württemberg liegen keine Raupenfunde vor.

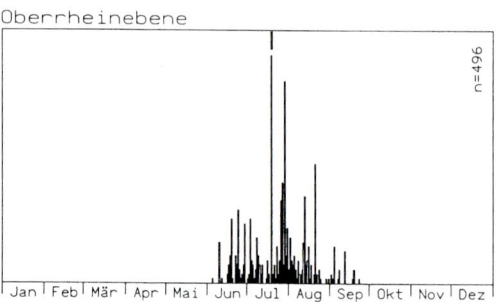

Ökologie

Lebensraum: Auenwälder (Weichholzaue/Hartholzaue) und krautreiche Auwaldlichtungen, Wirtschaftspappelforste, Erlenbrücher, erlenreiche Feuchtwiesen und Niedermoore, Erlen-Eschenwälder und Eichen-Hainbuchenwälder, krautreiche Buchen-Tannenwälder an feuchten Standorten wie auch Streuwiesen und Seggenrieder mit Laubgehölzen. Damit sind die Fundstellen der Falter in der Oberrheinebene und den Randgebieten zum Kraichgau, in der Freiburger Bucht sowie im Seewald und Eriskircher Ried am Bodensee als Lebensraum beschrieben. Im Kreis Ravensburg sind es Waldgesellschaften, in denen Erlen und Eschen vorherrschen (W. SCHICK). Die Falter selbst wurden meist am Licht, öfters aber auch am Köder gefunden.

Nahrung der Raupe: Aus Baden-Württemberg unbekannt. GAUCKLER (1921) gibt, ohne nähere Hinweise, »die Raupe an Baumflechten« an. In einer ex ovo-Zucht wurden die Raupen erfolgreich mit Grünalgen auf Erlenrinde gefüttert (H. LUSSI).

Zu Nahrung und Verhalten der Raupe wird angegeben, daß sie Ende Juni erwachsen an feuchten Waldstellen vereinzelt in Rindenritzen zu finden ist und »jung an den Algenüberzügen, später an den Flechten der Stämme« leben soll (URBAHN & URBAHN 1939). BERGMANN (1953) gibt unter Hinweis auf SPULER und REBEL

»Erlenflechten« und »Algen (*Protococcus viridis*)« an. Identische (aus dieser Quelle übernommene) Angaben finden sich bei KOCH (1984) und FREINA & WITT (1987). Nach FORSTER (1960) lebt die Raupe an »verschiedenen Flechten«.

Nahrung des Falters: Nach Beobachtungen bei Graben-Neudorf (GREMMINGER 1925) geht der Falter an den Köder. Hier und im Weingartener Moor hat A. GREMMINGER in den 30er Jahren die Art »häufig am Köder« festgestellt. Dieses Verhalten wird auch von anderen beschrieben, z. B. »tags im Gebüsch und gern auf *Eupatorium*-Blüten, kommt zum Licht und besonders oft an den Köder, so daß man zuweilen Dutzende an einem Köderfleck sieht (URBAHN & URBAHN 1939). Aus Baden-Württemberg existieren zum Blütenbesuch bisher keine Angaben.

Habitat: Aus Baden-Württemberg unbekannt.

Verhalten: Die Tiere scheinen von der nächtlichen Lichtfülle der Städte und Ortschaften über größere Strecken angelockt zu werden (z. B. Campus der Universität in Karlsruhe, 1 Weibchen am Licht, H. LUSSI). Das gute Flugvermögen wird durch einen Lichtfallenfang in 22 m Höhe über dem Boden (Auwald bei Wintersdorf, C. KÖPPEL) bestätigt.

Erhebliche Schwankungen der Jahresabundanz sind aus der Umgebung von Bielefeld gemeldet worden. Dort flogen die Falter von *P. muscerda* im Jahre 1935 »zu Hunderten« und konnten ein Jahr später »nicht ein einzigesmal« gefunden werden (SCHREIER 1936, 1937).

Gefährdung und Schutz

Rote Liste Bundesrepublik: –
Rote Liste Baden-Württemberg: V

Oberrheinebene: Art der Vorwarnliste.
Schwarzwald: Nicht vertreten.
Neckar-Tauberland: Art der Vorwarnliste (nur randlich vorkommend).
Schwäbische Alb: Nicht vertreten.
Oberschwaben: Noch ungeklärt.

- In Baden-Württemberg eine Art der Vorwarnliste!

Das Mausgraue Flechtenbärchen ist in Baden-Württemberg seiner Verbreitung nach recht gut, larvalbiologisch dagegen noch völlig unbefriedigend bekannt. Eine Stellungnahme zur Gefährdung ist deshalb nur insoweit möglich, als bei der zumeist durch aktuelle Funde nachgewiesenen Rheintal-Population keine direkte Bestandsbedrohung oder eine deutliche Verschlechterung

Die Raupe von *P. muscerda* ist dunkelbraun und kurz beborstet. Auf dem Rücken verläuft eine schwarze, in den Segmenteinschnitten unterbrochene Rückenlinie. Über ihre Lebensweise ist nichts näheres bekannt. Dieses ex ovo gezüchtete, aus der Eiablage eines bei Graben gefangenen Weibchens stammende Exemplar ließ sich erfolgreich mit Rindenflechten, diejenigen aus Eiern eines Weibchens aus Karlsruhe mit Grünalgen auf Erlenrinde füttern. – U. RATZEL. S.

der Bestandssituation erkennbar ist. Diese Aussage sollte jedoch bald auf der Grundlage der Kenntnis des Larvalhabitats überprüft und entsprechend präzisiert werden. Bis dahin wird die Art – zunächst einmal provisorisch – in die Vorwarnliste aufgenommen, und zwar unter Hinweis auf eine potentielle Gefährdung der Feuchtgebiete durch verschiedene Baumaßnahmen (Verkehrsstrassen, Industrieanlagen, Erweiterung von Siedlungsgebieten in Flächen der Niederterrasse hinein, Rückhaltebecken, Trockenlegung zum Zwekke land- und forstwirtschaftlicher Nutzung), eventuell auch durch die Einwirkung von Schadstoffen aus der Luft auf das Nahrungssubstrat.

Pelosia obtusa
(Herrich-Schäffer, 1852)
Schilf-Flechtenbärchen

Pelosia obtusa HERRICH-SCHÄFFER 1847
(FREINA & WITT 1987)

Gesamtverbreitung: Die Verbreitung dieser Art ist noch sehr wenig bekannt. Übereinstimmungen mit der ähnlichen *P. muscerda* dürften oftmals auf Verwechslungen beider Arten zurückgehen. SPEYER & SPEYER (1858) erwähnen die erst sechs Jahre zuvor beschriebene *P. obtusa* noch nicht, STAUDINGER & REBEL (1901) geben Mittelitalien, Süddeutschland, Südungarn, Galizien, Sarepta (Wolgagebiet) und Armenien an, FORSTER (1960) fügt Holland, Dänemark, Pommern, Mecklenburg, Brandenburg und Polen hinzu. HEATH & EMMET

(1979) führen zwei Falter aus den Norfolk Broads (Südostengland) auf. In Ostasien kommt die ssp. *sutschana*, in Kleinasien die ssp. *taurica* hinzu. FREINA & WITT (1987) geben für Nordspanien (Provinz Gerona) die ssp. *pavlasi* an.

Verbreitung

Regional: Das Schilf-Flechtenbärchen ist in Baden-Württemberg lange Zeit unentdeckt geblieben, obwohl es in der nördlichen Oberrheinebene an verschiedenen Stellen vorkommt. Ein Hinweis darauf fehlt sowohl bei REUTTI (1898) und GAUCKLER (1921) als auch im »Verzeichnis der Groß-Schmetterlinge aus der Umgebung von Graben-Neudorf« (GREMMINGER 1925). Auch im Nachtrag (GREMMINGER 1952a) ist *P. obtusa* nicht enthalten.

Sie wird erstmals, unter Hinweis auf einen Fund im Rußheimer Altrheingebiet vom 31.7.1974 (P. ROSSNAGEL/W. STAIB/M. WALLNER), vier Jahre später publiziert und abgebildet (EBERT 1978). In der benachbarten Pfalz ist diese Art zuerst am 17.7.1963 bei Sondernheim festgestellt worden (BETTAG 1966, KRAUS 1993).

Die ersten Funde aus Baden-Württemberg stammen aus dem Jahre 1969. Damals wurden mehrere Falter am Hochgestade in Hochstetten an zwei etwa 300 m voneinander entfernten Leuchtanlagen gesammelt. Die Entdeckung ge-

Während *P. muscerda* schlanke, mehr mausgraue und mit einer prägnanten schrägen Punktreihe gezeichnete Flügel besitzt, sind diejenigen des Schilf-Flechtenbärchens (*Pelosia obtusa*) mehr gedrungen und von bräunlicher Färbung. – Linkenheim-Hochstetten 23.7.92 U. RATZEL. LF.

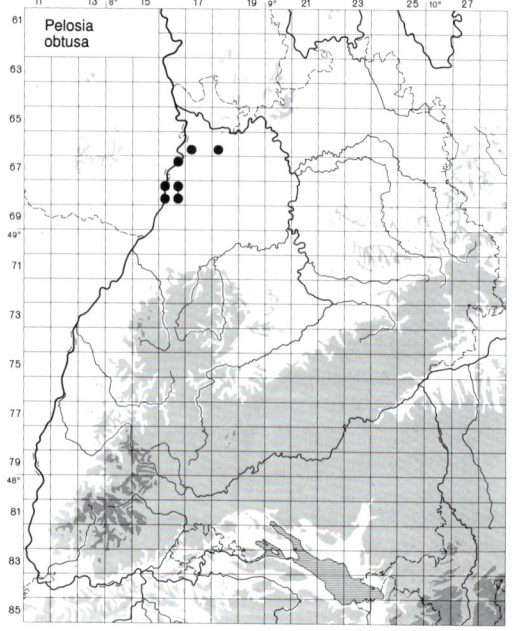

lang einer Arbeitsgruppe junger, begeisterter Entomologen, der die Schüler KLAUS BECKER, FRANZ BÜSCHEL, AXEL HOFMANN, RUDI LANG sowie BERNHARD und KARLHEINZ RATZEL angehörten.

Der Erstfund aus dem Jahre 1969 konnte in den Jahren 1971–1973 durch eine Anzahl weiterer Funde (insgesamt 21 Exemplare!) eindrucksvoll bestätigt werden. In den darauffolgenden Jahren sind an insgesamt 10 Fundstellen, alle im Bereich der Nördlichen Oberrhein-Niederung bzw. der angrenzenden Hardtebenen gelegen, immer wieder Falter dieser Art am Licht registriert worden, »in Anzahl« beispielsweise am 22.7.1986 bei Oberhausen-Rheinhausen im Bereich der Domkapitelwiesen (W. SPEIDEL).

In den 90er Jahren gelang bei Kartierungsarbeiten im Gradnausbruch nordöstlich von Hochstetten noch die Beobachtung einzelner Falter, die letzte diesbezügliche Meldung stammt aus dem Jahr 1992 (K. und U. RATZEL). Daraus ist zu schließen, daß die Art *Pelosia obtusa* dort zwar heute noch bodenständig, jedoch mittlerweile sehr stark im Rückgang begriffen ist.

Das Schilf-Flechtenbärchen kommt in unserem Faunengebiet nur in den bereits genannten Naturräumen vor; in der mittleren und südlichen Oberrheinebene scheint es ebenso zu fehlen wie in allen übrigen Landesteilen.

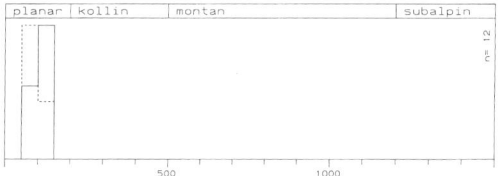

Vertikal: Die Höhenverbreitung dieser Art bleibt hier auf die planare Stufe bis etwa 150 m beschränkt.

Phänologie

Imagines: Die Falter dieser Art fliegen hier in einer Generation, die mit Daten vom 2. Juli (1973, Hochstetten: Rheinwald, Hochwasserdamm, 5 Exemplare, W. WEISSIG) bis 14. August (1971, Hochstetten-Linkenheim, 5 Exemplare, B. und K.H. RATZEL) abgesichert ist.

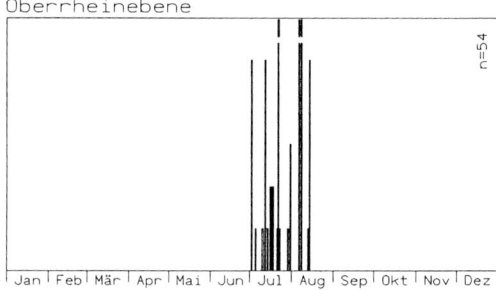

URBAHN & URBAHN (1939) berichten von der »Aufzucht einer 2. Gen., die vollständig im August schlüpfte ... Im Freien überwintert die Raupe vermutlich halberwachsen, doch mag in günstigen Sommern eine unvollständige 2. Brut zur Entwicklung gelangen ...«.

Präimaginalstadien: Keine Daten vorhanden.

Ökologie

Lebensraum: Schilfreiche Randzonen und Lichtungen in der Weichholz/Hartholzaue und im Erlen-Eschen-Auenwald, Feuchtwiesen mit Schilfbeständen. Hochwasserdämme, die diese Gebiete durchschneiden, dienten oftmals als Standort der Lichtquelle, mit der die Tiere angelockt wurden.

Am Neuenburger See (Schweiz) kamen im Sommer 1985 rund 30 Falter von *Pelosia obtusa* ans Licht. Bei diesem Fundort handelte es sich um Pfeifengras-Streuwiesen und Kalk-Kleinseggenrieder, die alle drei Jahre gemäht werden. Über das ganze Gebiet stehen lockere Bestände kümmerlich gewachsenen Schilfrohrs (BRYNER 1985).

Nahrung der Raupe: Aus Baden-Württemberg unbekannt.

Von einer Eizucht berichtet URBAHN (1932, 1933): »Die jungen *obtusa*-Räupchen schlüpften schon nach 10 Tagen ... Sie lassen sich in der Gefangenschaft mit Salat erziehen, sind aber recht empfindlich, besonders gegen Schwankungen der Luftfeuchtigkeit ... Die Raupe hielt sich dauernd in einem trockenen Rohrstengel versteckt, fraß von dort aus den erreichbaren Salat und wurde in dem Rohrstück unter einem leichten Gespinst zu einer rötlichbraunen Puppe mit anhaftender Raupenhaut ...«. STEHLIK (1938) berichtet von überwinternden Räupchen, die in Rohrhalmen gefunden und mit Süßgras (*Glyceria*) und vor allem Moosen (*Mnium*) gezüchtet wurden.

Nahrung des Falters: Keine Angaben aus Baden-Württemberg.

Habitat: Keine speziellen Angaben aus Baden-Württemberg (s. unter Lebensraum).

Gefährdung und Schutz

Rote Liste Bundesrepublik: 3
Rote Liste Baden-Württemberg: 1

Oberrheinebene: Vom Aussterben bedroht.
Schwarzwald: Nicht vertreten.
Neckar-Tauberland: Nicht vertreten.
Schwäbische Alb: Nicht vertreten.
Oberschwaben: Nicht vertreten.

- In Baden-Württemberg vom Aussterben bedroht!

Pelosia obtusa ist an Feuchtgebiete mit ausgedehnten Schilfflächen gebunden. In den 60er und 70er Jahren waren solche Schilfbestände in der Nördlichen Oberrhein-Niederung, insbesondere in der Umgebung von Hochstetten, noch reichlich vorhanden.

Inzwischen sind auch hier Eingriffe erfolgt, die diesen Lebensraum deutlich verändert haben (Austrocknung und nachfolgende Verbuschung, Nutzung der neu gewonnenen Flächen als Spielplätze, Pferdekoppeln, Rotwildgehege usw.). Auch im Gradnausbruch ist in den letzten 20 Jahren eine zunehmende Austrocknung festzustellen (U. RATZEL). Parallel zu diesen Veränderungen wird *P. obtusa* nur noch sehr spärlich

Der Lebensraum der Raupe von *P. obtusa* ist noch unbekannt. An dieser Falterfundstelle, wo die Art noch in den 90er Jahren beobachtet wurde, grenzt ein Schilfröhricht an einen Bruchwald mit Erlen, Birken und Weidenbeständen mit einzelnen Pappeln. – Linkenheim-Hochstetten 14.7.96 U. RATZEL.

Die Gattung Eilema

Diese in der Alten Welt vertretene Gattung ist, was die Zahl ihrer Arten angeht, aufgrund taxonomischer Schwierigkeiten nicht so leicht überschaubar. HAMPSON (1900) führt 117 Arten auf. Für die Westpaläarktis geben FREINA & WITT (1987) 18 Arten an, für eine weitere (*cereola*) haben sie eine eigene Gattung (*Setema*) errichtet.

In unserem Faunengebiet kommen 9 Arten vor, die relativ leicht zu unterscheiden sind. Da die Genitalmorphologie ihrer Männchen gut ausgeprägt ist und konstante Differenzierungsmerkmale aufweist, ist im Zweifelsfalle eine eindeutige Determination mit Hilfe dieser Untersuchungsmethode möglich. Zur schnellen Orientierung wird hier die wichtigste Merkmalskombination (Valve/Aedoeagus) nachfolgend unter »Bestimmungshilfe« zur Abbildung gebracht.

Bestimmungshilfe

Der Bau des männlichen Genitalapparates ist bei den einheimischen *Eilema*-Arten sehr charakteristisch entwickelt und besitzt Merkmale, die im Zweifelsfall zur Artunterscheidung herangezogen werden können. Am einfachsten ist es, wenn wir zum Vergleich Valve und Aedoeagus als diejenigen Strukturen auswählen, bei der die artspezifischen Unterschiede besonders deutlich ausgeprägt und daher leicht zu überprüfen sind.

gefunden. Ein Zusammenhang besteht ganz offensichtlich, der Trend einer stark rückläufigen Bestandsentwicklung zeichnet sich immer deutlicher ab und die Gefahr des Aussterbens ist inzwischen akut geworden.

Beim Schilf-Flechtenbärchen handelt es sich um eine noch weithin unbekannte Art, deren Larvalbiologie erst erforscht werden muß. Daß sie »in demselben Maße gefährdet« sein soll wie *P. muscerda* (FREINA & WITT 1987), ist reine Spekulation. Ohne genaue Kenntnis der Lebensweise müßte an sich auch die Gefährdung zunächst als »ungeklärt« bezeichnet werden, doch zeigt das durch Langzeit-Falterbeobachtungen gewonnene Bild der Bestandssituation in einem wesentlichen Teil des kleinen baden-württembergischen Areals Veränderungen an, die bei der Einstufung dieser Art zu berücksichtigen waren.

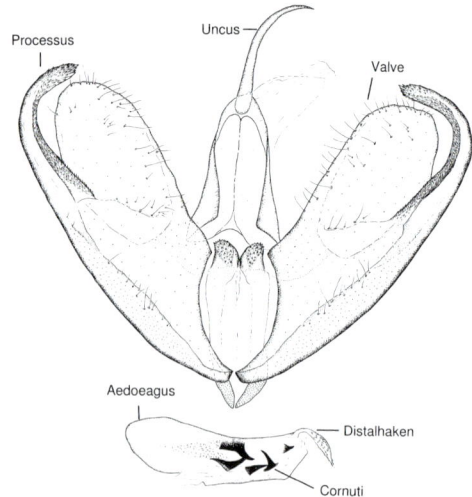

Genitalapparat (Männchen) einer *Eilema*-Art. Zeichnung nach Präp. Nr. B-1276 *E. sororcula*, Mosbach 5.5.90 U. BAUER.

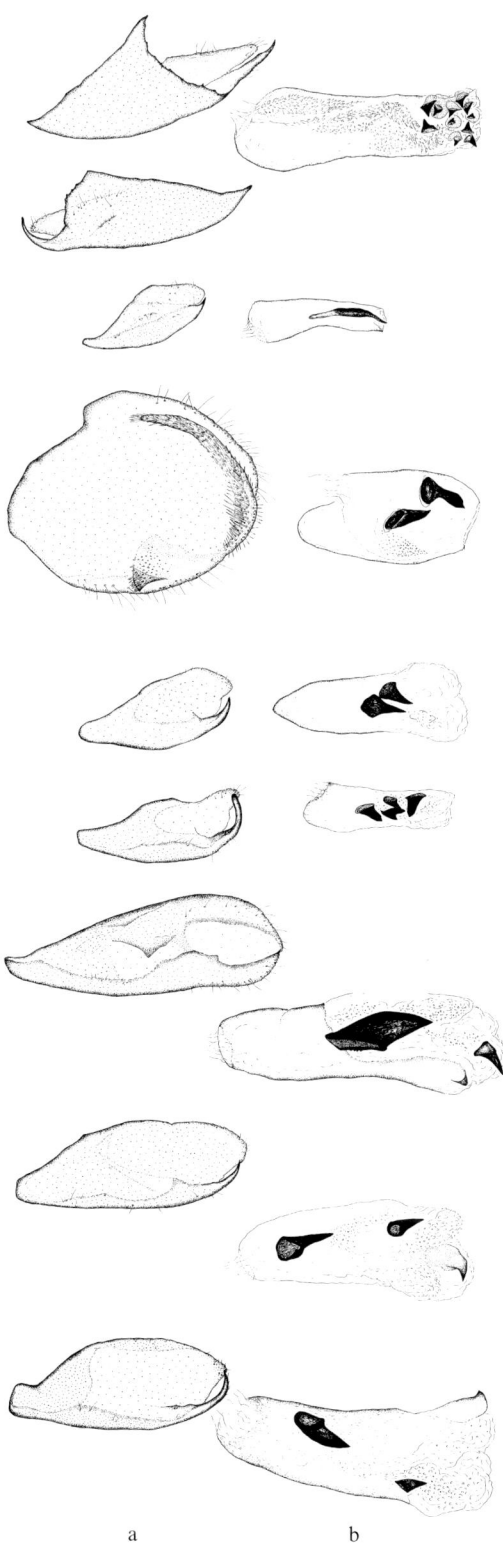

Linke Spalte:
Genitalapparat (Männchen) von Arten der Gattung *Eilema* (a = Valve, b = Aedoeagus)
Eilema griseola, Graben-Neudorf 20.6.25 A. GREMMINGER, Präp. Nr. B-747. Oben: Rechte Valve. Unten: Linke Valve.
Eilema deplana, Wildgutach 8.46 FEHRENBACH, Präp. Nr. B-735
Eilema lurideola, Wurzacher Ried 27.7.78 G. EBERT, Präp. Nr. B-1233
Eilema lutarella, Tauberbischofsheim 15.8.73 R. BLÄSIUS, Präp. Nr. B-1263
Eilema pygmaeola, Schwäbische Alb, Hungerbrunnental 30.7.81 G. EBERT/B. TRAUB, Präp. Nr. B-1243
Eilema caniola, Kaiserstuhl 11.8.77 W. STAIB, Präp. Nr. B-1281
Eilema palliatella, Kaiserstuhl 29.8.36 A. GREMMINGER, Präp. Nr. B-1279
Eilema complana, Ostalb, Utzmemmingen 10.7.82 G. EBERT/B. TRAUB, Präp. Nr. B-1221

Vereinfachte Differentialdiagnose

Eilema sororcula
Valve: Länglich-oval, Processus spazierstockartig gebogen, die Valvenspitze überragend.
Aedoeagus: Distalhaken vorhanden und so lang wie der Durchmesser des Aedoeagus, 5 unterschiedlich lange Cornuti.

Eilema griseola
Valve: Valven und Processi asymmetrisch.
Aedoeagus: Distal mit etwa einem Dutzend fast gleichgroßer Cornuti.

Eilema deplana
Valve: Zungenförmig, Processus nur wenig schmäler, distal mit verstärkter, leicht hakenförmig gebogener Spitze.
Aedoeagus: Nur ein kräftiger Cornutus, von etwa halber Aedoeagus-Länge, distal zugespitzt.

Eilema lurideola
Valve: Eirund, Processus parallel zum Valvenrand gebogen, auf ¾ Länge und basal dicht beborstet.
Aedoeagus: Kurz, mit zwei großen, kräftigen Cornuti.

Eilema lutarella
Valve: Zungenförmig, distal etwas vorgezogen. Processus säbelförmig nach außen gebogen, erreicht die Valvenspitze nicht.
Aedoeagus: Zwei paarig angeordnete große Cornuti.

Eilema pygmaeola
Valve: Zungenförmig, distal oft noch stärker vorgezogen. Processus ebenfalls nach außen gebogen, jedoch mit eher stumpfem, meist bis zur Valvenspitze reichendem Ende. Insgesamt ziemlich variabel.
Aedoeagus: Mit 3 oder 4 (selten 2) kleineren, kegelförmigen Cornuti, meist mit kleinem Distalhaken.

Eilema caniola
Valve: Länglich, mit gebogenem Vorderrand, Spitze meist stumpf. Processus mit fast geradem Außenrand und kleiner Spitze.
Aedoeagus: Ein großer, breit zugespitzter und ein kleiner, schlanker Cornutus, außerdem ein kurzer, kegelförmiger Distalhaken.

Eilema palliatella
Valve: Zungenförmig, distal gleichmäßig abgerundet. Processus säbelförmig gebogen und spitz zulaufend, jedoch schlanker als bei *lutarella*.
Aedoeagus: Zwei unterschiedlich große Cornuti sowie ein kräftiger Distalhaken.

Eilema complana
Valve: Oval, distal schwach zungenförmig vorgezogen. Processus schlank, säbelförmig gebogen, bis zur Valvenspitze reichend.
Aedoeagus: Zwei unterschiedlich große Cornuti und ein kleinerer Distalhaken.

Ein wichtiges Merkmal, das gerade dem Laien im Gelände die Determination wesentlich erleichtert, ist in der Ruhehaltung der Flügel zu erkennen. Darauf ist früher offensichtlich nicht genügend geachtet worden. SEITZ (1910) schreibt z. B. von »in der Ruhe sehr kompliziert gefalteten Hflgl. Alle 4 Flügel werden stark zusammen- und übereinander geschoben, so dass sie in der Ruhe den relativ kurzen Hlb nach hinten weit, aber seitlich wenig überragen«. Nach FORSTER (1960) »werden die Flügel in der Ruhestellung eng um den Leib geschlagen«, nach FREINA & WITT (1987) »übereinandergeschoben«. Alle diese Angaben treffen nur auf einen Teil der Arten der Gattung *Eilema* zu. Tatsächlich gibt es solche, die ihre Flügel eng um den Leib schlagen, so daß sie wie ein Röllchen aussehen, als auch andere, die sie in der Ruhe flach übereinanderlegen, was übrigens auch schon KOCH (1984) richtig bemerkt hat, ohne jedoch diagnostisch davon zu profitieren. Dabei ist dieses Merkmal durchaus geeignet, die einheimischen Arten in zwei gut unterscheidbare Gruppen einzuteilen:

Gruppe 1 – Flachflügel-Typ
  E. sororcula
  E. griseola
  E. deplana
  E. lurideola

Gruppe 2 – Rollflügel-Typ
  E. lutarella
  E. pygmaeola
  E. caniola
  E. palliatella
  E. complana

Bestimmungshilfe Eilema

Links (von oben nach unten):
Eilema sororcula ♂ Oberes Gäu, Ammerbuch-Breitenholz, 6.5.83 A. STEINER
Eilema griseola ♂ Nördl. Oberrheinebene, Rußheim, 2.8.65 K. STROBEL
Eilema deplana ♂ Nordschwarzwald, Omerskopf, 30.7.82 G. EBERT/B. TRAUB
Eilema deplana ♀ Kirchentellinsfurt bei Tübingen, 17.8.80 A. STEINER
Eilema lurideola ♂ Schwäbische Alb, Meßstetten, 6.8.80 G. EBERT/B. TRAUB

Rechts (von oben nach unten):
Eilema lutarella ♂ Lengfurt bei Marktheidenfeld, 15.8.84 U. BAUER
Eilema pygmaeola ♂ Stromberg, Häfnerhaslach, 4.8.90 A. STEINER
Eilema caniola ♂ Bodensee, Überlingen, 20.6.61 E. COMMERELL
Eilema palliatella ♂ Kaiserstuhl, 29.8.36 A. GREMMINGER
Eilema complana ♂ Schwäbische Alb, Schelklingen, 16.7.62 G. REICH

Die beiden äußerlich recht ähnlichen Arten *E. lurideola* und *E. complana* können z.B. auf Anhieb schon im Gelände aufgrund ihrer unterschiedlichen Ruhestellung voneinander getrennt werden. In diesem Zusammenhang bemerkenswert ist die recht unterschiedliche Genitalmorphologie: *E. complana* steht auch bei einem solchen Vergleich den durch die selbe Flügelhaltung charakterisierten *Eilema*-Arten *lutarella*, *pygmaeola*, *palliatella* und *caniola* erheblich näher als der habituell ansonsten ähnlicheren *lurideola*! Die Anordnung der in zwei Gruppen getrennten Arten und damit ihre Einteilung in Flachflügel- und Rollflügel-Typen ist hier als systematische Gruppierung zu verstehen.

Alle am präparierten Tier erkennbaren artspezifischen äußerlichen Unterscheidungsmerkmale können an den nachfolgenden Fotos überprüft werden; eine ausführlichere Beschreibung erscheint überflüssig.

Für ein Vorkommen von *E. pseudocomplana* in Baden-Württemberg, die wegen ihrer habituell wie auch genitalmorphologisch großen Ähnlichkeit mit *E. complana* vielleicht noch einer eingehenderen Untersuchung bedarf, gibt es nach unserem bisherigen Kenntnisstand keine Anhaltspunkte (s. auch WEISERT 1978, REZBANYAI-RESER & HELLMANN 1990).

Das Dottergelbe Flechtenbärchen (*Eilema sororcula*) fliegt bereits im April und Mai, zu einer Zeit, da von anderen Flechtenbärchen-Arten noch die überwinterten Raupen zu finden sind. Das Foto zeigt einen frisch geschlüpften Falter in der Bodenvegetation. – Mühlheim, Lippachtal 5.5.96 A. HOFMANN.

Eilema sororcula
(Hufnagel, 1766)

Dottergelbes Flechtenbärchen

Lithosia sororcula HFN. (REUTTI 1898, LAMPERT 1907, SEITZ 1907–1954, SPULER 1908–1910, REBEL 1910, ECKSTEIN 1913–1923, HERING 1932, SCHNEIDER 1936–1939, BERGMANN 1951–1955, KOCH 1955)
Systropha sororcula HBN. (FORSTER 1960, STRESEMANN 1969)

Wittia sororcula HFN. (KOCH 1984)

Gesamtverbreitung: Vom Norden der Iberischen Halbinsel über Westeuropa einschließlich dem Süden Englands, ostwärts durch die gemäßigte Zone bis Ostasien. Im Süden verläuft die Verbreitungsgrenze durch den Mittelmeerraum einschließlich Apennin- und Balkanhalbinsel, Sardinien und Sizilien, bis Kleinasien, im Norden durch das südliche Skandinavien.

Verbreitung

Regional: Das Dottergelbe Flechtenbärchen ist über das ganze Land verbreitet. Eine gewisse Häufung der Funde ist in laubholzreichen Wald-

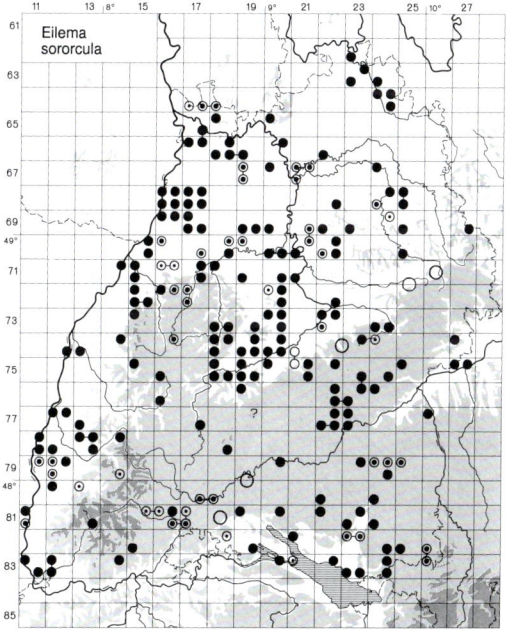

gebieten festzustellen, z. B. im Schönbuch/Glemswald, in den Hardtebenen, im Tauberland und auf der Mittleren Flächenalb. Doch auch im Schwarzwald, in den Schwäbisch-Fränkischen Waldbergen und im Alpenvorland, wo ein insgesamt kühleres Klima und Nadelwälder bzw. Nadelholzforste vorherrschen, kommt *E. sororcula* vor. Die Mehrzahl der Fundmeldungen stammt aus der Zeit nach 1970.

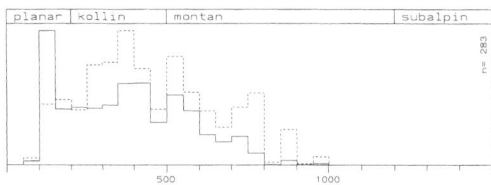

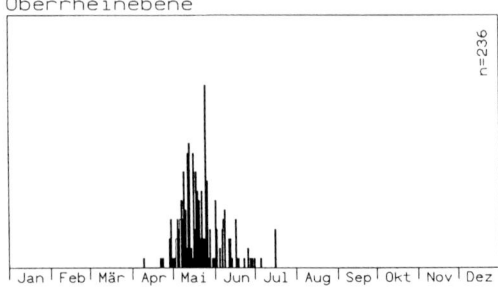

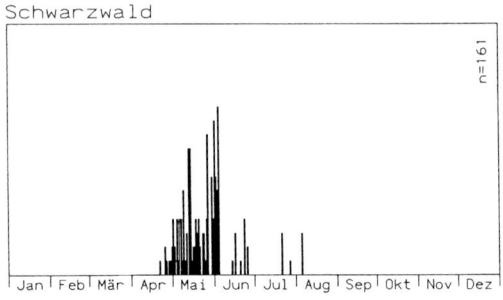

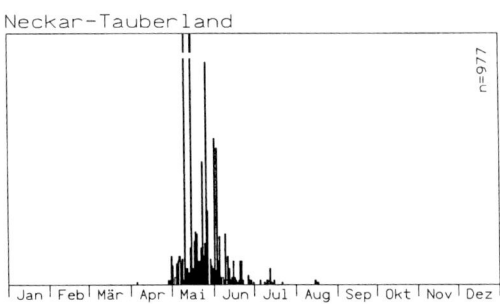

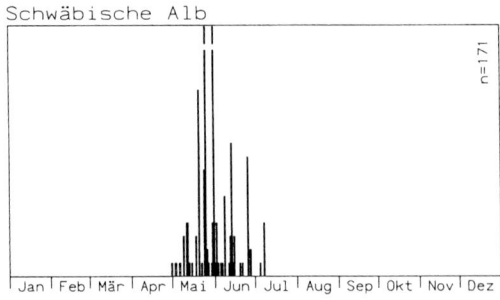

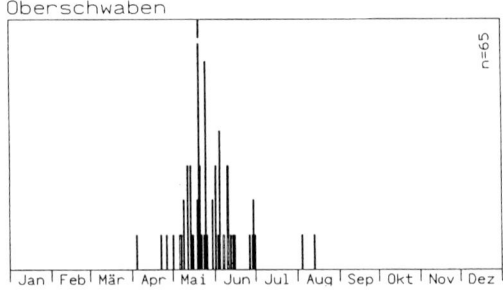

Vertikal: Die Art ist hier von der planaren bis in die montane Stufe verbreitet. Im Schwarzwald erreicht oder übersteigt sie bei Elzach, Todtnau oder im Wutach-Gutach-Gebiet, wahrscheinlich auch an anderen Stellen die 900 m-Höhenlinie.

Phänologie

Imagines: *Eilema sororcula* ist bei uns die jahreszeitlich früheste Art dieser Gattung, man könnte sie deshalb auch das »Frühlings-Flechtenbärchen« nennen. Ihre Flugzeit beginnt Ende April und reicht kontinuierlich bis Ende Juni. Als Anfangsdaten können der 21. April (1923, Freiburg-Littenweiler, O. SCHRÖDER; 1971, Hochstetten, A. HOFMANN) und 22. April (1961, Ummendorfer Ried. G. BAISCH) festgehalten werden. Das Maximum dieser Flugperiode liegt in der Oberrheinebene in der 2., in den anderen Regionen in der 3. Mai-Dekade oder später. Einzelne, sehr frühe Tiere sind vom 4. April (1962, Dürnachtal, G. REICH), 5. April (1959, Sinsheim, M. SCHMITT) und 9. April (1957, Weinheim-Lützelsachsen, H. LIENIG) bekannt.

Zwischen den letzten Daten aus der 3. Juni-Dekade und den ersten Juli/August-Daten klaffen unterschiedlich große Lücken. Im Schwarzwald und in Oberschwaben betragen sie 26 bzw. 35 Tage, in der Oberrheinebene 11 Tage, wenn man den Falterfund vom 16. Juli (1993, Kaiserstuhl: Oberbergen, AG FREIBURG) heranzieht und solche vom 5. Juli (1969, Kaiserstuhl: Niederrotweil, M. WALLNER) noch der April-Juni-Periode hinzurechnet. Im Neckar-Tauberland existieren sowohl Juli-Daten (5.7.–21.7., diverse Fundmeldungen) als auch solche vom 15. August (1990, Mühlhausen: NSG Silberberg, W. PFENNI-

Gegenüber anderen *Eilema*-Arten hat *E. sororcula* – hier die Paarung – leicht stumpfwinklig gebogene, außen stark gerundete Vorderflügel, die zudem keinen Vorderrandsstreifen besitzen und einfarbig dottergelb gefärbt sind. Diese Merkmale, zusammen mit der frühen Flugperiode, macht diese Art unverwechselbar. – Nagold 15.5.94 A. STEINER.

GER, M. WALLNER) und 17. August (1991, Neckargemünd, J. BASTIAN). Die späten, weit »abgehängten« Daten aus Oberschwaben fallen auf den 4. und 13. August (1956, Isny und 1966, Ravensburg, beide M. SCHLUSCHE).

Bei diesen späten Tieren dürfte es sich nicht um »Nachzügler« handeln, sondern tatsächlich um Vertreter einer (hier partiellen) 2. Gen., d. h. um Nachkommen der im April/Mai fliegenden Tiere, wie sie aus dem Süden als gen. aest. *plumbea* bekannt ist (FORSTER 1960).

Präimaginalstadien: Raupenfunde wurden bis jetzt nur einmal notiert und zwar am 2. August (1995, Wilfingen: unteres Ibachtal, 15 Raupen, A. STEINER/H. LUSSI). Das Überwinterungsstadium ist sicherlich die Puppe.

Ökologie

Lebensraum: Der Lebensraum von *E. sororcula* ist ähnlich vielgestaltig wie bei *A. rubricollis*, mit der sie am ehesten verglichen werden kann. Vermutlich ist bei *E. sororcula* die Bindung an laubholzreiche Wälder stärker ausgeprägt, doch wurde sie auch im lichten Fichten-Tannenwald mit Zwergstrauch-Unterwuchs oder in einem Niedermoorgebiet mit Fichtenwald registriert. In der Hauptsache handelt es sich jedoch um Eichen-Hainbuchenwälder, Buchenwälder und eichenreiche Wälder, forstlich meist mit Fichten und Kiefern durchmischt. Auch die Auenwälder (Hartholzaue, Erlen-Eschen-Auenwald) gehören dazu, im Alpenvorland der Kiefern-Birkenbruch im Übergangsmoor. Wichtig scheinen Laubmischwälder im Bereich felsenreicher Trockenhänge (Felsschluchtwälder!) an kalkreichen Standorten und im Bereich von Geröll- und Blockschutthalden an kalkarmen Standorten zu sein.

Anstelle solcher geröll- und felsenreichen Lebensräume werden jedoch an manchen Stellen alte, aufgelassene Steinbrüche als vergleichbare Sekundärstandorte besiedelt, wobei gerade von solchen Lokalitäten mehrfach hohe Falterabundanzen gemeldet wurden.

Diese durch eine hohe ökologische Valenz ausgezeichnete Art wird regelmäßig auch am Rande von Siedlungsgebieten (Gärten, Streuobstwiesen, Felder und Heckengebiete als mosaikreiches, traditionell bewirtschaftetes Kulturland) beobachtet. Von hier aus kommen die Falter öfters zum Licht und tauchen manchmal sogar inmitten unserer Großstädte auf.

Nahrung der Raupe:
Lichenes indet. – Flechten
  L (LUS, STN)
»Grünalgen«
  L (LUS, STN)

Es kann lediglich auf die bereits zitierte Beobachtung vom 2.8.1995 (A. STEINER/H. LUSSI) verwiesen und hinzugefügt werden, daß die Raupen den »Flechten-Algen-Belag auf dem Metallgeländer einer Brücke abweideten«.

Mit ihrer schwarzen Rückenfärbung, dem weißen Streifenmuster und den orangegelben Warzen erscheint die erwachsene Raupe recht bunt. Diese hier weidet gerade den Grünalgenrasen eines in der Zucht dargebotenen Weißdornzweiges ab. – Lußhardt (ex ovo-Zucht, leg. A. SCHANOWSKI) 29.7.95 G. EBERT. S.

An dieser stark mit Flechten überzogenen Esche ist das Larvalhabitat zu suchen. Der auf S. 237 abgebildete frisch geschlüpfte Falter wurde in unmittelbarer Nähe gefunden. Mühlheim, Lippachtal 5.5.96 A. HOFMANN.

In einer im gleichen Jahr parallel durchgeführten ex ovo-Zucht (A. SCHANOWSKI, G. EBERT) wurden die Raupen erfolgreich mit dem frischen Grünalgenbelag verschiedener Laubholzrinden (Apfel- und Zwetschgenbaum, Weißdorn) gezüchtet. Dagegen verweigerten sie, nach übereinstimmenden Beobachtungen, frische oder welke Blätter (z. B. von Löwenzahn und Hainbuche).

In der Umgegend von Frankfurt (Main) wurde die Raupe früher öfters längs den Waldrändern von Baumflechten geklopft, besonders von solchen, die auf Föhren und Tannen wuchsen (KOCH 1856).

Nahrung des Falters: Keine Angaben aus Baden-Württemberg.
Habitat: Vermutlich spielt die Qualität des Nahrungssubstrates (Algen-Flechtengesellschaft, Grünalgenbelag?), weniger dagegen die Standortmorphologie (Brückengeländer!) eine ausschlaggebende Rolle, wenngleich der Habitatstruktur insofern Bedeutung zukommen dürfte, als sich die Raupen tagsüber im Schatten verkriechen wollen. Diese zunächst rein hypothetische Aussage muß durch weitere Beobachtungen überprüft werden.

Verhalten: Auch diese Art wurde in Baden-Württemberg fast ausschließlich durch Lichtfänge registriert, so daß nur wenige Beobachtungen zum natürlichen Verhalten vorliegen. Sie beziehen sich auf Falterfunde in der Vegetation, wobei die Tiere tagsüber inaktiv an Blättern oder Grashalmen ruhend angetroffen wurden. Im Argental konnten sie mehrfach bei Tage aus der Kraut- und Strauchschicht lichter Mischwälder aufgescheucht werden, damit verbunden übrigens der Hinweis, sie seien »dennoch weitaus seltener als z. B. *E. depressa* [= *deplana*]« (M. GOLDSCHALT). Ein Falterfund im Auwald in einer 22 m hoch aufgehängten Lichtfalle (C. KÖPPEL) läßt zunächst einmal auf eine gut entwickelte Flugaktivität schließen.

Als Merkwürdigkeit sei das artfremde Paarungsverhalten eines Männchen von *E. sororcula* mit einem Weibchen von *Parectropis similaria* (= *Ectropis extersaria* [Geometridae]) anzuführen, das H. LIENIG am 1.6.1925 auf einer Waldlichtung bei Viernheim bemerkt und in sein Tagebuch eingetragen hat.

Gefährdung und Schutz

Rote Liste Bundesrepublik: –
Rote Liste Baden-Württemberg: –

Oberrheinebene: Nicht gefährdet.
Schwarzwald: Nicht gefährdet.
Neckar-Tauberland: Nicht gefährdet.
Schwäbische Alb: Nicht gefährdet.
Oberschwaben: Nicht gefährdet.

• In Baden-Württemberg nicht gefährdet!

Eilema griseola
(Hübner, [1803])
Bleigraues Flechtenbärchen

Lithosia griseola HB. (REUTTI 1898, LAMPERT 1907, SEITZ 1907–1954, SPULER 1908–1910, REBEL 1910, ECKSTEIN 1913–1923, HERING 1932, SCHNEIDER 1936–1939, BERGMANN 1951–1955, KOCH 1955)

Gesamtverbreitung: Vom Norden der Iberischen Halbinsel über Westeuropa einschließlich dem Süden Englands, durch die gemäßigte Zone bis Ostasien. Im Süden durch den nördlichen Mittelmeerraum bis Vorderasien, im Norden bis Südfinnland.

Verbreitung

Regional: Das Bleigraue Flechtenbärchen ist in Baden-Württemberg schwerpunktmäßig über die gesamte Oberrheinische Tiefebene und angrenzende Gebiete (westlicher und südlicher Kraichgau, Schwarzwald-Westrand) verbreitet. Ein weiteres Vorkommen wurde im Bodenseebecken und in einigen nördlich sich anschließenden, wärmegetönten Gebieten (Deggenhausen und Altdorfer Wald) festgestellt. Fundorte, die außerhalb dieser beiden Teilareale liegen, sind spärlich und bedürfen in der Regel der weiteren Bestätigung, da nicht sicher erscheint, ob es sich dabei immer um bodenständige Populationen handelt. Naturräumlich betrachtet gilt dies für den östlichen Kraichgau (Wollenberg: Wollenbachtal, 8.7.1981, K. JAEGER), den Sandstein-Odenwald (Dallau: Dallauer Tal, 1985, W. NOWOSAD) und den Hochschwarzwald bzw. Südöstlichen Schwarzwald, wo einzelne Tiere von E. griseola (überprüfte Sammlungsbelege vorhanden) noch in Höhenlagen um 700 m (Höchenschwand: Rappenfelsen, A. STEINER/N. HIRNEISEN/C. KUON) und sogar bis 1000 m (Schauinsland-Gipfel, R. HERRMANN) gefunden wurden. Einzelfunde aus den nach Westen sich öffnenden Tälern (Höllental, 13.8.1923, O. SCHRÖDER; Münstertal, 26.8.1983, R. HERRMANN) können mit dem Vorkommen in der Rheinebene zusammenhängen.

Dieses Weibchen des Bleigrauen Flechtenbärchens (*Eilema griseola*) saß am Tage inaktiv im Sonnenschein in der kniehohen Krautschicht am Wegrand auf einem Blatt, unmittelbar am Hangfuß des Badbergs im zentralen Kaiserstuhl. – 18.7.92 G. EBERT.

Weitere, allerdings nicht nachkontrollierte Fundmeldungen liegen aus dem Hinterzartener Moor (8.7.1928, L. SETTELE) und dem oberen Zastlertal (18.7.1969, H. MESSMER) vor, ferner aus dem Alb-Wutach-Gebiet (Stühlingen, 7.8.1938, P.S. WAGENER). SCHNEIDER (1937) meldet diese Art »in der Umgebung von Stuttgart jedes Jahr einzeln am Licht«, was ebensowenig bestätigt werden kann wie seine Angabe »Aalen, Wasseralfingen« (A. HAHNE). Gleiches gilt für die von KELLER (1970) genannten Fundorte Göppingen (O. POSPISCHIL), Schelklingen (H. BAYERLANDER) und Dürnachtal, bei Bronnen (G. REICH).[1] Es existieren weder von der Schwäbischen Alb noch aus den nördlich oder westlich sich anschließenden Naturräumen irgendwelche ernst zu nehmenden Hinweise auf das Vorkommen von *Eilema griseola*. Die Verwechslung mit Weibchen von *E. deplana* liegt hier sehr nahe.

Vertikal: Das Hauptvorkommen im Oberrheinischen Tiefland kommt im Höhendiagramm durch die große Zahl an Fundorten der planaren Stufe deutlich zum Ausdruck. Dagegen sind die Nachweise aus dem Hügel- und Bergland eher spärlich. Ob die Grenze der Höhenverbreitung in unserem Faunengebiet tatsächlich bei 1200 m (Schauinsland, R. HERRMANN) liegt, oder ob es sich bei diesem (gesicherten) Nachweis um ein

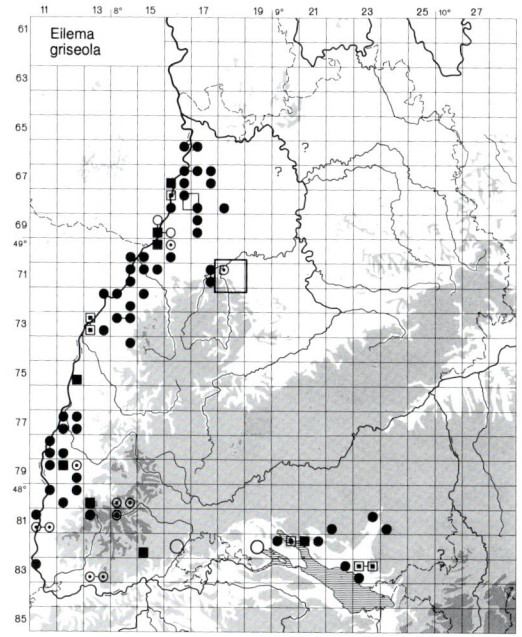

---

[1] G. REICH führt diese Art in seinen Aufzeichnungen (1910–1965) nicht auf!

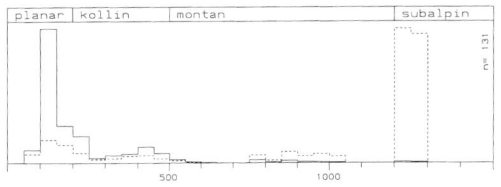

windverdriftetes Tier handelt, muß derzeit noch offen bleiben. Bei dem vom Rappenfelsen gemeldeten Tier wird vermutet, daß es aus der Erlenaue im Talgrund zuflog (A. STEINER).

Phänologie

Imagines: *Eilema griseola* entwickelt jährlich eine Faltergeneration, deren Flugzeit in der Oberrheinebene Mitte Juni beginnt und bis Ende August dauert. Frühe Einzelfunde wurden am 8. Juni (1980, Ichenheim, NSG Sauscholle, E. BAUER, B. TRAUB) und am 11. Juni (1981, Niederhausen, Oberlanggrün, T. ESCHE) notiert. Ein später Fund datiert vom 10. September (1993, Breisach, Karpfenhod, AG FREIBURG).

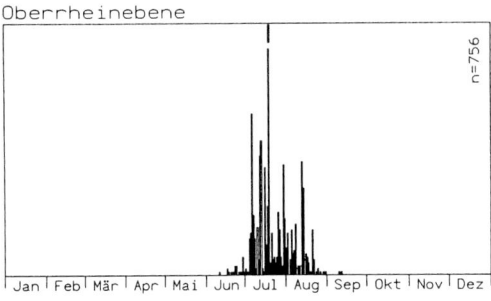

In unserem Langzeitdiagramm für die Oberrheinebene zeichnet sich ein Höhepunkt der Flugzeit in der 2. Julihälfte ab. Anhand einiger gut protokollierter Lichtfänge (S. FREUNDT/ P. PAUSCHERT/A. SCHANOWSKI) an drei Fundorten der Offenburger Rheinebene (Rench-Acher-Niederung) aus dem Jahr 1988 läßt sich dies auch tabellarisch wiedergeben:

Wagshurst	Abtsmoor	Waldhägenich
06.07. 51 Ex.	04.07. 9 Ex.	05.07. 10 Ex.
10.07. 16 Ex.	07.07. 19 Ex.	08.07. 12 Ex.
12.07. 34 Ex.	13.07. 34 Ex.	11.07. 2 Ex.
10.08. 3 Ex.	08.08. 11 Ex.	09.08. 1 Ex.
14.08. 3 Ex.	12.08. 3 Ex.	13.08. 6 Ex.
18.08. 2 Ex.	17.08. 4 Ex.	16.08. 1 Ex.

Im Abtsmoor wurde ein einzelnes Exemplar noch am 12. September notiert. Zwischen Mitte Juli und dem Ende der 1. August-Dekade wurden übrigens keine Lichtfänge durchgeführt, so daß auch keine Aussagen zum Abundanzverlauf während dieser Periode gemacht werden können.

Ein weiterer Peak taucht nochmals im August auf. Die gleiche Erscheinung finden wir in Oberschwaben (Bodenseebecken), wenngleich sie hier auf viel geringerer Datenbasis beruht. Ob es sich dabei um ein Artefakt handelt oder um Abundanzen, die auf zeitliche Unterschiede in der Larvalentwicklung (siehe unten) zurückgehen, ist derzeit noch unbekannt.

Präimaginalstadien: Die wenigen Raupenfunde datieren vom 13. Mai (1922, Freiburg: Mooswald, O. SCHRÖDER), 27. Mai (1984, Leopoldshafen: Altrhein, H. HEIDEMANN) und 1. Juni (1979, Liedolsheim-Graben, H. HEIDEMANN). Davon waren am 27.5. (2 Raupen) beide erwachsen, am 1.6. (5 Raupen) 3 erwachsen und 2 halberwachsen. Die Raupe überwintert halberwachsen (A. GREMMINGER, Kartei).

Ökologie

Lebensraum: Die Art bewohnt laubholzreiche Feuchtgebiete, insbesondere die Bruch- und Auenwälder der Oberrheinebene, in angrenzenden Naturräumen aber auch Bachtäler und gehölzreiche, meist mit Pappeln bestandene oder aufgeforstete Feuchtwiesen. Im Bodenseegebiet und südlichen Oberschwaben sind es feuchte bis mesophile Laubmischwälder. Dagegen fehlt sie ganz offensichtlich in den an Feuchtwäldern (Moorrandwälder, Bruchwälder) reichen Verlandungsmooren des Alpenvorlandes, was auf einen gewissen Wärmeanspruch hindeutet, den diese Art an ihren Lebensraum stellt.

Die Falter wurden fast durchweg am Licht gefangen. Ein Fallenfang in 22 m Höhe läßt annehmen, daß die Mobilität der Tiere ziemlich groß ist.

Nahrung der Raupe:
Lichenes indet. – Flechten
L (GRE)

In seiner Kartei hat A. GREMMINGER nach eigenen Beobachtungen vermerkt, daß im Durlacher Wald die Raupen im Mai an Baumflechten zu finden seien. Er gibt auch ex larva-Falter mit dem Hinweis »Rpn n[icht] s[elten] an Baumflechten« an. Nach Angaben von H. HEIDEMANN saßen am 1.6.1979 von 5 Raupen 4 an Pappelstämmen und eine an einem Ahornstamm. Weitere Beobachtungen fehlen. Ob die von VORBRODT (1914) gemachten, allerdings mit Sicher-

Wie alle Jungraupen der Flechtenbärchen sieht auch die von E. griseola gegenüber dem letzten Häutungsstadium noch völlig anders aus: sie ist grau, mit gelblichen Flecken und besitzt je ein dunkelfarbiges Segment im vorderen, mittleren und hinteren Körperdrittel. – Kaiserstuhl (ex ovo-Zucht) 9.8.92 G. EBERT. S.

Die erwachsene Raupe ist schwarz und trägt eine Doppelreihe ockerfarbener, paarig angeordneter Warzen. Im Nacken- und Abdominalbereich sind sie deutlich verbreitert – ein Merkmal, das bei der ähnlichen Raupe von Eilema complana fehlt. – Liedolsheim 1.6.79 H. HEIDEMANN.

heit nur übernommen[2] und von späteren Autoren kopierten Angaben »an den Flechten (*Parmelia* und *Hagenia*) von Eichen, Pappeln und Schlehen... auch an Steinflechten« oder »an den flechtenbewachsenen Stämmen von Eschen und Erlen« (URBAHN & URBAHN 1939) auch auf die *griseola*-Populationen Baden-Württembergs zutreffen, ist durchaus wahrscheinlich, bleibt aber noch nachzuprüfen. In der Zucht konnten die Raupen erfolgreich mit Flechten von Apfel, Zwetschge und Weißdorn gefüttert werden (G. EBERT). Sie sollen sich tagsüber in Stammritzen, unter Moos oder Flechten verbergen und zwischen Flechten auch ihr Puppengespinst anfertigen (VORBRODT 1911–1914).

Nahrung des Falters: Aus Baden-Württemberg liegt nur eine Angabe zum Blütenbesuch vor (in den Erlichten im Juni/Juli 1924 sehr häufig abends in der Dämmerung fliegend und auf Blüten sitzend gef., GREMMINGER 1925). Dagegen wurden mehrfach Falter am Köder festgestellt (BROMBACHER 1935, Kartei A. GREMMINGER, R. HERRMANN).

Habitat: Ergänzend zur Beschreibung unter »Lebensraum« können als Imaginalhabitat sowohl Weichholzaue (Weiden-Pappel-Aue, Salicion albae) als auch Hartholzaue (Eichen-Ulmen-Aue, Erlen-Eschen-Aue, Alno-Ulmion) und Erlenbrücher (Alnion glutinosae) angeführt werden. Auch aus Eichen-Hainbuchenwäldern (Carpinion) liegen genügend überprüfte Falterfunde vor. W. SCHICK teilte uns in diesem Zusammenhang mit, daß im südlichen Oberschwaben an den Fundorten von E. griseola wie z.B. im NSG Schenkenwald Hartholz-Auenwälder (Sternmieren-Eichen-Hainbuchen-Wald und Schwarzerlen-Eschen-Auwald) vorherrschen, während an den Fundorten im Achtal eher der Hainmieren-Schwarzerlen-Wald in Frage kommt. Überall dort ist auch das Larvalhabitat zu suchen, doch müssen Präferenz, Nischenstruktur etc. erst erforscht werden. Falterfunde in der offenen Landschaft bis hin zu Lichtfängen in Städten lassen nur vage Rückschlüsse auf flechtenbesetzte Einzelbäume an Bach- und Grabenrändern, Seeufern usw. zu. Vielleicht spielen auch flechtenbewachsene Felsen und Mauern eine Rolle. Dies ist durch Nachforschungen noch zu klären.

Gefährdung und Schutz

Rote Liste Bundesrepublik: –
Rote Liste Baden-Württemberg: –

Oberrheinebene: Nicht gefährdet.
Schwarzwald: Nicht gefährdet (nur randlich vorkommend).
Neckar-Tauberland: Nicht gefährdet.
Schwäbische Alb: Nicht vertreten.
Oberschwaben: Nicht gefährdet.

• In Baden-Württemberg nicht gefährdet!

---

[2] So schreibt z.B. RÖSSLER (1881) »auf Buchenflechten, insbesondere *Hagenia ciliaris*, auch an *Parmelia saxatilis* an Felsen und Mauern«. Diese Angabe lautet im Originaltext: »Ich fand sie an *Hagenia ciliaris* und *Parmelia saxatilis* fressend und erzog sie damit« und stammt von SPEYER (1867).

Die Verbreitung von *Eilema griseola* in Baden-Württemberg ist nach unseren jüngsten, auf sorgfältiger Materialüberprüfung beruhenden Erhebungen relativ gut bekannt. Es ist davon auszugehen, daß sich die larvale Entwicklung an verschiedenen Laubbaumflechten namentlich in Feuchtgebieten vollzieht. Da aber kein im Vergleich zu früheren Erhebungen deutlich erkennbarer Rückgang festzustellen ist, kann auch keine Einstufung in die Gefährdungsstufen U oder 3 vorgenommen werden. Ob eine durch Schadstoffimmission verursachte Schädigung des Nahrungssubstrates »Flechten« vorliegt und zu einer allmählichen Gefährdung der Populationen auf lokaler oder regionaler Ebene führt, was wiederum Anlaß zu einer Einstufung in die Vorwarnliste geben könnte, entzieht sich derzeit noch unserer Kenntnis. J.U. MEINEKE (schriftl. Mitt.) weist in diesem Zusammenhang darauf hin, daß *E. griseola* z.B. in den Feuchtwäldern des rheinisch-westfälischen Industriegebietes auch heute nicht selten ist. Es sollte deshalb untersucht werden, ob diese lichenophage Art nicht sogar von den Nährstoffeinträgen, die ja zumindest das Algenwachstum fördern, am Ende profitiert.

Eilema deplana
(Esper, 1787)

Nadelwald-Flechtenbärchen

Lithosia deplana ESP. (REUTTI 1898, LAMPERT 1907, SEITZ 1907–1954, SPULER 1908–1910, REBEL 1910, ECKSTEIN 1913–1923, HERING 1932, SCHNEIDER 1936–1939, BERGMANN 1951–1955, KOCH 1955)
Eilema depressa ESP. (FORSTER 1960)

Eilema depressa ESP. (KOCH 1984)

Gesamtverbreitung: Vom Norden der Iberischen Halbinsel über Westeuropa einschließlich der Britischen Inseln ostwärts durch die gemäßigte Zone bis Ostasien. Im Süden durch den nördlichen Mittelmeerraum einschließlich Apennin- und Balkanhalbinsel, im Norden bis ins südliche Fennoskandien.

Verbreitung

Regional: Das Nadelwald-Flechtenbärchen ist flächenhaft über das gesamte Land verbreitet. Für eine hohe Präsenz in Nadelholzforsten sprechen die dichten Vorkommen im Schwarzwald, Alpenvorland und in den Schwäbisch-Fränkischen Waldbergen. Aber auch Naturräume, in denen Laubwaldungen dominieren (Oberrheinebene, Schwäbische Alb) werden besiedelt.

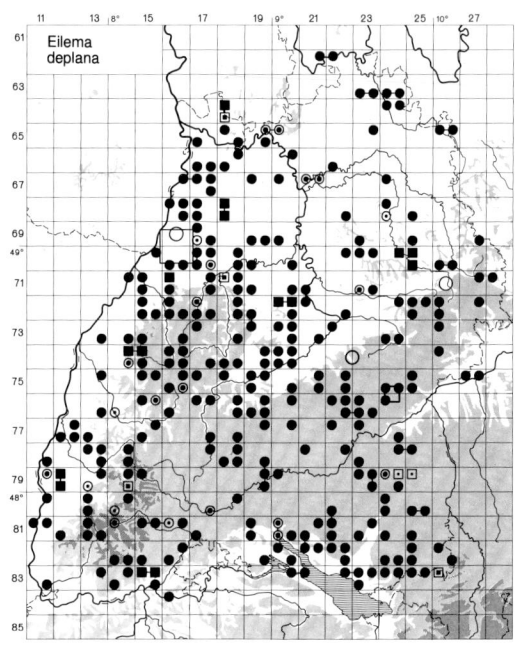

Eilema deplana gehört nicht nur zu den weit verbreiteten, sondern auch relativ häufig anzutreffenden Arten. In früheren Jahren, als Lichtfänge als Sammel- und Beobachtungsmethode noch nicht so bekannt waren, wurde diese Art noch als »verbreitet ... nicht häufig« bezeichnet (GAUCKLER 1921, SCHNEIDER 1937). Die durch regelmäßige Zählungen am Leuchtschirm festgestellte Abundanz ist vielerorts jedoch so hoch[1], daß von einer positiven Bestandsentwicklung ausgegangen werden darf.

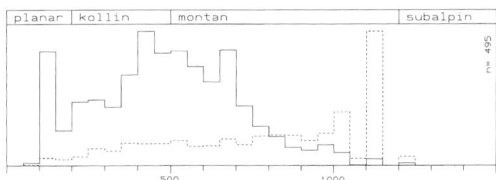

Vertikal: Die vertikale Verbreitung erstreckt sich von der planaren Stufe (Oberrheinebene) bis in den hochmontanen Bereich (Schwarzwald). Als bislang höchstgelegene Fundstellen sind Muggenbrunn, Notschrei, 1100–1144 m (J. ASAL) und Schauinsland, Gipfelgebiet, 1200 m (R. HERRMANN) notiert worden.

---

[1] Oft mehr als 100 Tiere an einem Abend. Am 10. 8. 1991 (Backnang-Steinbach) notierte M. MEIER sogar 577 Individuen!

Phänologie

Imagines: Die Flugzeit dieser univoltinen Art beginnt in allen Naturräumen, ziemlich übereinstimmend, um die Monatsmitte Juni. Ihren Höhepunkt erreicht sie in der 1. August-Dekade, im Schwarzwald schon um die Monatswende Juli/August. Im September klingt sie wieder aus, wobei einzelne Tiere noch bis in den Oktober hinein gefunden werden (z. B. ein frisches Tier am 1.10.1994, Lauf, Bannbosch, M. OEHLER/A. SCHANOWSKI, oder 11.10.1984, Steinachtal südl. Schietingen, M. MEIER/A. STEINER).

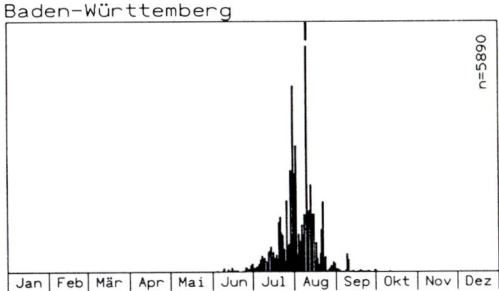

Das Nadelwald-Flechtenbärchen (*Eilema deplana*) gehört zu den häufigsten Vertretern seiner Gruppe. Bei diesem Foto einer Paarung ist der bei dieser Art stark ausgeprägte Sexualdimorphismus deutlich zu erkennen: rechts das Weibchen, das Ähnlichkeit mit *E. griseola* besitzt, links das hellere, unverwechselbare Männchen. Schönbuch, Birkensee, 2.8.92 A. STEINER. LF.

Präimaginalstadien: Von dieser recht häufigen Art sind uns bis jetzt nur wenige Raupenfunde aus Baden-Württemberg bekannt. Genau protokolliert wurde 2. Juni (1988, Malterdingen, Schlüpfinger Hof, U. LADENBURGER). Die Raupe verpuppte sich 4 Tage später, der Falter schlüpfte am 20.6.1988. Ein weiterer Raupenfund wird vom 27.6.(1952, Freiburg, Mooswald, L. SETTELE) angegeben. Im Juni 1951 hat G. REICH eine Anzahl Raupen gefunden und davon in der Zucht Falter vom 7.–24. Juli 1951 erhalten. Am 16. September (1990, bei Trossingen, R. HERRMANN) wurde eine Raupe an Fichte entdeckt; der Falter schlüpfte im Juni 1991. Es ist dies bis jetzt der einzige Fund einer Raupe vor deren Überwinterung.

Ökologie

Lebensraum: Aufgrund vieler Falterfunde innerhalb oder am Rande von Nadel- und Laubmischwäldern, aber auch im (gehölzreichen) Offenland und in Siedlungsräumen kann von einem breiten ökologischen Spektrum dieser Art ausgegangen werden, das sich nicht allein auf Nadelwälder und -forste beschränkt, obwohl die Tannen-Fichtenwälder des Schwarzwaldes wie auch die Buchen-Tannenwälder des Schwarzwaldes, der Schwäbischen Alb und des Schwäbisch-Fränkischen Waldes sowie Fichtenforste in allen Naturräumen eine sicherlich herausragende Rolle spielen. MEINEKE (1982) betont die Wichtigkeit des Waldcharakters, unter Hinweis auf das Vorkommen dieser Art in primären und sekundären Bruchwäldern, offenem Hochmoor und dem Spirkenwaldhochmoor im Alpenvorland. Funde in Auenwäldern (Eichen-Ulmen-Hartholzaue) und in Eichen-Hainbuchenwäldern (Oberrheinebene, Neckar-Tauber-Gebiet) zeigen die gute Anpassung auch an solche Lebensräume. Regelmäßige Falterfunde inmitten oder am Rande von Städten (Stuttgart, Karlsruhe, Pforzheim, Freudenstadt, Baden-Baden, Rastatt u. a.) deuten auf eine Nutzung von Parkanlagen (Friedhöfe!) und Gärten hin.

M. GOLDSCHALT bezeichnet *E. deplana* als den im württembergischen Allgäu häufigsten Flechtenbär, der sich »der Umgestaltung von Landschaft und Biotop am besten aus der *Eilema*-Gruppe angepaßt« hat.

Nahrung der Raupe: Der Nachweis von Flechten als natürliche Raupennahrung von *E. deplana* ist aus Baden-Württemberg explizit noch nicht erbracht worden. U. LADENBURGER klopfte »eine Raupe ... von Fichte« und gibt in seiner Diplomarbeit unter »Fraßpflanzen« nur »*Picea abies*« an (LADENBURGER 1989). Es ist anzunehmen, daß die Raupe tatsächlich von den Flechten

Im letzten Stadium ist die Raupe an ihrem breiten, hellgelben Rückenband mit den beiden charakteristischen schwarzen Flecken gut zu erkennen. Sie lebt wahrscheinlich von Nadelholzflechten und Grünalgen. Schlüchttal, Berau 5.96 F. NANTSCHEFF. S.

an Ästen und Zweigen lebte.[2] Gleiches gilt sicherlich für den Raupenfund an Fichte von R. HERRMANN wie auch für die »Anzahl Raupen«, die G. REICH im Dürnachtal »an Fichtenstämmen« fand. Ob es sich bei den Nadelholzflechten um *Parmelia*- und *Hagenia*-Arten handelt, wie dies BERGMANN (1953) für Mitteldeutschland angibt, muß für unser Faunengebiet ebenfalls noch erforscht werden!

VORBRODT (1911–1914) gibt »Flechten von Nadelhölzern aller Art« an und verweist auf einen Gewährsmann, der die Raupe auch an Steinflechten gefunden haben will. Die Verpuppung soll »in Stammritzen oder zwischen Blättern« erfolgen. In Pommern wurde die Raupe sehr zahlreich an Flechten der Kiefernstämme im Walde gefunden (HERING 1881). Gleiches gibt BERGMANN (1953) unter Hinweis auf einen Gewährsmann NICOLAUS an.

Nahrung des Falters: In Baden-Württemberg wurden mehrfach Falter an Kratzdisteln (*Cirsium* spp.) beobachtet (Adelegg, Rohrdorf, 1987 1 Exemplar, T. MARKTANNER; Wehr, Wehratal, 12.8.1988, 5 Exemplare, J.U. MEINEKE). An Wasserdost (*Eupatorium cannabinum*) saugend wurden am 6.8.1992 24 Falter notiert (Linzgau: Jonistobel, T. MARKTANNER).

Habitat: Die einzige genau lokalisierte Raupenfundstelle (Malterdingen, beim Schlüpfinger Hof, 395–400 m, jüngere Anschwemmungen auf holozänem Auelehm) wird als steiler Fichtentrauf beschrieben: »Beim Waldbestand handelt es sich um einen hallenartigen Buchenwald mit eingestreuten Stieleichen, Waldkiefern, Lärchen und Weißtannen, dem ein 15–20 m breiter Streifen aus Fichten vorgestellt ist. Diese 15–20 m hohen Fichten bilden auch den traufartigen Bestandesrand. Sie sind größtenteils bis an den Boden beastet« (LADENBURGER 1989).

Verhalten: Die meisten Falterbeobachtungen gehen auf Lichtfänge zurück. Daneben können die Tiere jedoch auch tagsüber einzeln in Streuwiesen oder auf krautigen Waldlichtungen (M. GOLDSCHALT) aus der Vegetation aufgescheucht oder »in der niederen Vegetation ruhend« beobachtet (T. MARKTANNER) bzw. »aus Gebüsch gescheucht« (BROMBACHER 1935) werden.

Gefährdung und Schutz

Rote Liste Bundesrepublik: –
Rote Liste Baden-Württemberg: –

Oberrheinebene: Nicht gefährdet.
Schwarzwald: Nicht gefährdet.
Neckar-Tauberland: Nicht gefährdet.
Schwäbische Alb: Nicht gefährdet.
Oberschwaben: Nicht gefährdet.

• In Baden-Württemberg nicht gefährdet!

Eilema lurideola (Zincken, 1817)

Grauleib-Flechtenbärchen

Lithosia lurideola ZINK. (REUTTI 1898, LAMPERT 1907, SEITZ 1907–1954, SPULER 1908–1910, REBEL 1910, ECKSTEIN 1913–1923, HERING 1932, SCHNEIDER 1936–1939, BERGMANN 1951–1955, KOCH 1955)

Gesamtverbreitung: Von der Iberischen Halbinsel über Westeuropa einschließlich der Britischen Inseln ostwärts durch die gemäßigte Zone bis Ostasien. Im Süden durch den nördlichen Mittelmeerraum über Mittelitalien und die Balkanhalbinsel bis Kleinasien, im Norden bis ins mittlere Fennoskandien.

---

[2] Auch VÖLKER (Jena) hat die Raupe von Fichtenästen geklopft (BERGMANN 1953).

Verbreitung

Regional: Das Grauleib-Flechtenbärchen kommt in allen größeren Naturräumen des Landes vor. Wie die Fundorthäufungen in einigen Teilen des Schwarzwaldes und auf der Schwäbischen Alb, am Oberrhein (Hardtebenen) oder in anderen Regionen wie etwa im Schönbuch und Glemswald zeigen, liegt der Schwerpunkt dieser Verbreitung in den waldreichen Gebieten. Im Gegensatz zu anderen Arten der Gattung *Eilema* wie beispielsweise *E. caniola* und *E. palliatella* wirken klimatische Faktoren hier weitaus weniger limitierend, was übrigens auch für *E. complana* gilt, die in Baden-Württemberg eine recht ähnliche Verbreitung hat. Die meisten Fundorte konnten durch Meldungen nach 1970 entweder aktualisiert oder neu hinzugewonnen werden. Die regionale Verbreitung ist durch genitalmorphologisch überprüfte Belegstücke (s. dazu die nachfolgend genannten Fundorte) aus allen Hauptnaturräumen zusätzlich abgesichert.

Oberrheinebene: Graben-Neudorf, Karlsruhe. Ettlingen: Hardtwald. Wintersdorf, Kippenheim, Kaiserstuhl (diverse Fundstellen), Freiburg, Grißheim.
Schwarzwald: Ettlingen: Albtal. Malsch-Sulzbach: Bergwald. Neuenbürg-Engelsbrand. Pforzheim: Erzkopf, Hagenschießwald. Baden-Baden. Hörden: Scheibenberg. Hohloh, Reichental, Herrenwies. Bühlertal: Omerskopf. Ottenhöfen, Freudenstadt. Elzach: Rohrhardsberg. Wildgutach, Höllental, Schauinsland, Hinterzarten, Belchen. Wutach: Kappel, Gutachsteg. Schlüchttal.
Neckar-Tauberland und Randgebiete: Hardheim, Weinheim (Bergstraße), Schriesheim-Altenbach, Creglingen, Mosbach, Enslingen, Berghausen, Bretten, Geifertshofen, Weipertshofen, Adelmannsfelden. Pforzheim: Dietlingen, Enzberg. Backnang-Steinbach, Ellwangen, Nagold-Schietingen, Leinstetten, Wutach-Flühen.
Schwäbische Alb: Fleinheim, Lonsee, Heldenfingen, Unterhausen (Lichtenstein), Urach, Blaubeuren, Schelklingen, Oberstetten, Schmiecher See, Bubsheim, Meßstetten.
Oberschwaben und Randgebiete: Federsee, Bronnen (Dürnachtal), Bad-Waldsee, Wurzacher Ried, Baienfurt, Singen (Hohentwiel), Liggeringen, Überlingen, Isny, Harprechtser Moos.

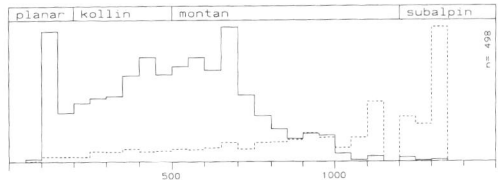

Vertikal: Die Höhenverbreitung reicht von der Ebene (100 m) bis in die subalpine Stufe, ihr Schwerpunkt im Bereich der submontanen Laubmischwälder tritt deutlich hervor. Die höchsten Fundstellen liegen im Gipfelbereich des Hochschwarzwaldes (Belchen, Schauinsland) bei über 1300 m.

Phänologie

Imagines: *Eilema lurideola* fliegt etwa zeitgleich mit *E. complana*, d. h. die Flugperiode beginnt in der 1. Juni-Dekade, in höheren kühl-feuchten Lagen erst um Mitte Juni, und endet in der 2. Augusthälfte. Frühe Tiere sind vereinzelt schon im Mai (26.5.1987, Heilbronn: Köpfertal, A. BERTALAN) und späte noch im September (16.9.1984, Tübingen, M. MEIER; 20.9.1946, Weinheim, H. LIENIG) festgestellt worden. Das Maximum der univoltinen Imaginalphase liegt im Vergleich zu *E. complana* eher etwas früher, in der Oberrheinebene z. B. recht deutlich schon um den Beginn des Monats Juli. Wie bei *E. complana* ist auch bei dieser Art die zumindest jahrweise an verschiedenen Lokalitäten recht hohe Abundanz bemerkenswert, wie die nachfolgenden Beispiele zeigen. Schwäbische Alb: Deggingen und Hausen (im Filstal) am 9.7.1992 248 und 412 Tiere (M. MEIER). Schwarzwald: Elzach (Umgebung) 22.7. und 31.7.1992 102 und 238 Tiere (T. ESCHE/S. FREUNDT/S. PAUSCHERT). Oberrheinebene: Hoch-

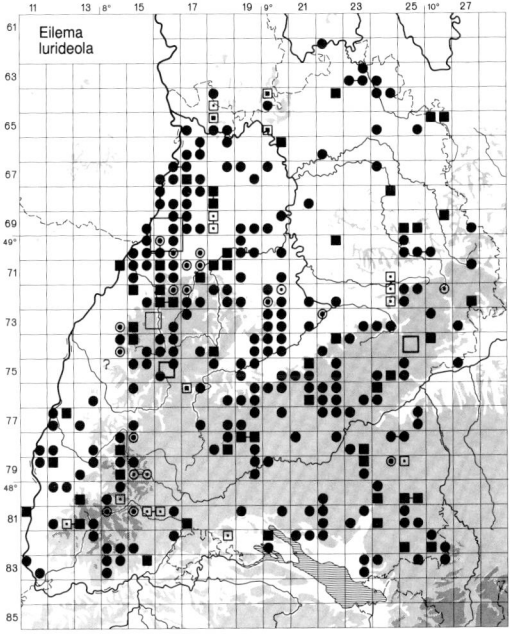

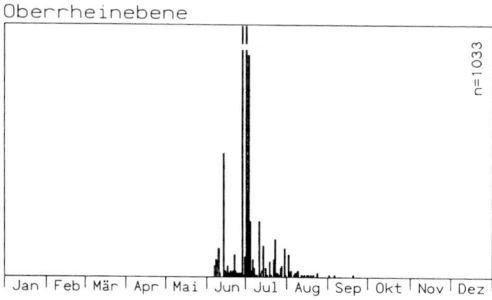

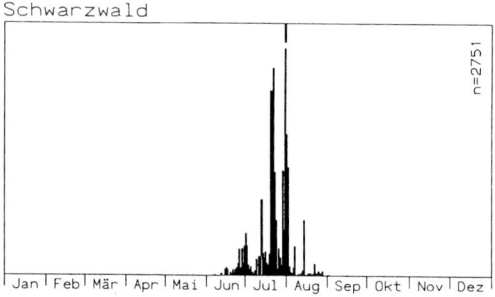

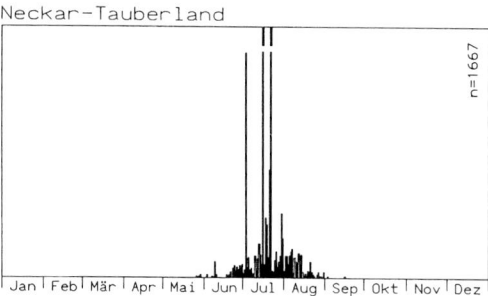

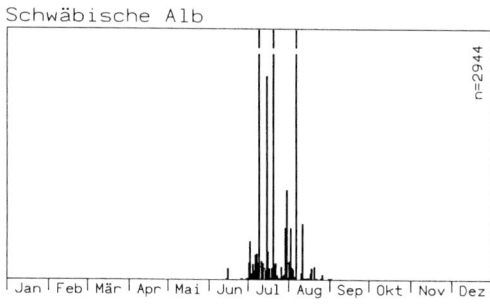

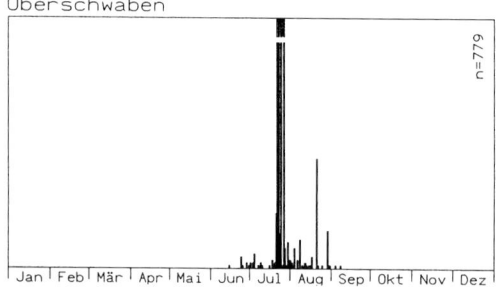

stetten (Umgebung) 1.7.1992 150 Tiere (K. und U. RATZEL); Forst und Weiher (Lußhardt) 28.6.1994 317 und 102 Tiere (A. SCHANOWSKI).
Präimaginalstadien: Nur einmal wurde bisher eine Raupe im Spätherbst notiert: 12. November (1995, Nordschwarzwald, ca. 300 m, E. ECKERT). Sie war etwa 3 mm groß und ruhte am Wegrand an einem trockenen *Rumex*-Stengel, ca. 50 cm über dem Boden. Wahrscheinlich hatte sie sich zur Überwinterung festgesetzt. Meistens werden die Raupen, je nach Höhenlage, vom Winterausgang an bis in das späte Frühjahr hinein gefunden. Einige Daten: 1.3. und 17.5.1987, 5.5.1991, 12.5.1988 (Schwarzwald, Tieflagen); 21., 29. und 30.5.1983 (Schwarzwald, Hochlagen). Der späteste Fund aus diesem Gebiet datiert vom 12.6. (1988, große Anzahl nahezu erwachsener Raupen. Falter hieraus schlüpften Mitte Juli 1989, J. ASAL). Funde aus anderen Naturräumen: 16.4.1988 (Schönbuch); 17.4.1988 und 11.5.1986 (Kraichgau); 22.5.1991 (Stromberg); 17.5.1986 und 19.5.1990 (Schwäbische Alb); 7.4.1994 und 24.5.1974 (Oberrheinebene und Randgebiete). Zur Entwicklung notierte F. EBSER (1983): 21.5. 2 Raupen, 1.6. Raupe spinnt sich ein, 3.6. 2 Raupen unter Moos verpuppt, 19.6. 2 Falter geschlüpft. Die Puppenruhe dauerte demnach knapp 3 Wochen.

Ökologie

Lebensraum: Wie bei der Vergleichsart *E. complana* sind auch bei *E. lurideola* die Imagines (meist Lichtfänge) in nahezu allen Waldtypen, von der Eichen-Ulmen-Hartholzaue über die Laubmischwälder der kollinen und submontanen Stufe bis hin zu den montanen Fichten-Tannenwäldern festgestellt worden. Hinzu kommen Falterfunde in felsenreichen Magerrasen (Jura- und Muschelkalk) wie auch in offenen Granit-Blockfluren. Auch in den oberschwäbischen Mooren sind beide Arten im gleichen Biotoptyp (primäre und sekundäre Bruchwälder, offenes Hochmoor und Spirkenwaldhochmoor) registriert worden, bei *E. lurideola* mit Schwerpunkt im Spirkenwaldhochmoor, wobei allerdings die Gesamtzahlen stark voneinander abweichen (*E. complana* = 892 Falter, *E. lurideola* = 430 Falter, nach MEINEKE 1982). Ziehen wir die Raupenfundstellen in Betracht, so ergibt sich für *E. lurideola* ein gewisser (sekundärer?) Schwerpunkt in Buchenwäldern, wogegen *E. complana* diesen Schwerpunkt eher an Standorten des Offenlandes zeigt (z. B. an Trockenmauern und ähnlichen Stellen).

Das Grauleib-Flechtenbärchen (*Eilema lurideola*) ist zwar vorwiegend nachtaktiv, wird jedoch immer wieder tagsüber an Waldwegen beobachtet, wo es an Wasserdost, Fuchs' Greiskraut und anderen Blütenpflanzen Nektar aufnimmt. – Schwarzwald 28.7.90 I. HEGAR.

Nahrung der Raupe:
Caloplaca citrina – Schönflechte
 L (HIR)
Lichenes indet. – Flechten
 L (EBS, HIR, STN)
Protococcales indet. – Grünalgen
 L (EBE, STN)
Bryophyta indet. – Moose
 L (HIR)

Die Raupe von *E. lurideola* ist in Baden-Württemberg an Stein-(Fels-)Flechten, Grünalgen und Moosen fressend festgestellt worden. Die Beobachtungen sind allerdings noch zu dürftig, um Aussagen über etwaige Präferenzen machen zu können. Fest steht, daß die Präsenz in Rotbuchenwäldern oder Mischwäldern mit Buchenanteilen, zumindest örtlich, recht hoch sein kann. Dort leben die Raupen vom Grünalgenbelag der Buchenstämme (G. EBERT). A. STEINER fand eine erwachsene Raupe, die den Algenbelag eines Pfostens am Wegrand abweidete. Daß auch Moose als Raupennahrung in Betracht kommen, hat N. HIRNEISEN festgestellt (Raupe im Geröll am Fuß eines Steinbruches, an Moosen fressend). A. GREMMINGER erwähnt einen Raupenfund »an Pappelflechten«.

Unter den Flechten konnte bis jetzt nur *Caloplaca citrina* an einer Weinbergsmauer (Sandstein) bei Ammerbuch-Breitenholz artgenau als Nahrungspflanze festgestellt werden (V. WIRTH det.). Bei Balingen hat der gleiche Beobachter (N. HIRNEISEN) in einem Steinbruch 4 Raupen gefunden, die bei Fütterung mit Flechten (auch vom Fundsubstrat) »nicht recht gedeihen wollten, angebotene *Corylus*-Blätter aber gerne annahmen« (HIRNEISEN 1990).

Häufig sind auch andere Meldungen von Raupenfunden an Stein- oder Felsflechten, z.B. im Hochschwarzwald nachmittags nach leichtem Regen in Anzahl an großen Steinen und Felsen (J. ASAL) oder in einem Weidfeld nachmittags im Schatten, 20 cm hoch auf einem Wiesenknöterichblatt ruhend (J. ASAL/A. STEINER). F. EBSER fand eine seiner beiden Raupen offen an einem Stein in einer Bachmulde, die andere an der Lesesteinmauer eines Viehweges, beide an Flechten fressend. A. STEINER entdeckte sie auf der Hohen Schwabenalb an Felsflechten (Weißjura), E. KIEFER im Nordschwarzwald an Flechten eines Wegmarkierungssteines. Daneben wurden einzelne Raupen auch auf Zwergsträuchern (z.B. 17.7.1919, Raupen auf Heidelbeeren, O. SCHRÖDER in Kartei GREMMINGER) gefunden und mit solchen gefüttert, z.B. »mit frischen Blättern von *Vaccinium uliginosum* ohne Beigabe von Flechten zur Verpuppung gezüchtet« (MEINEKE 1982), oder »in Gefangenschaft an Heidelbeere, Imago schlüpfte am 5.6.1974« (T. ESCHE).

Nahrung des Falters: Im Gegensatz zu *E. complana* wird in unserem Untersuchungsgebiet *E. lurideola* öfters beim Blütenbesuch beobachtet.

Schon im zeitigen Frühjahr kann man die Raupen an allen möglichen flechten- und moosbewachsenen Stellen finden, besonders in Buchenwäldern (s. Bd.3, S. 134), wo sie mit Vorliebe den Grünalgenbelag der Stämme abweiden. An ihrer orangeroten Seitenlinie, die sich kontrastreich vom einfarbig schwarzen, kurz beborsteten Körper abhebt, ist sie unschwer zu erkennen. – Malsch-Sulzbach, Bergwald 5.5.91 G. EBERT.

Auch die Artenzahl der beflogenen Pflanzen ist beträchtlich höher: Flatterbinse (*Juncus effusus*), Stauden-Phlox (*Phlox paniculata*), Wilde Möhre (*Daucus carota*), Wiesen-Schafgarbe (*Achillea millefolium*), Wasserdost (*Eupatorium cannabinum*), Ackerwitwenblume (*Knautia arvensis*), Fuchs'sches Kreuzkraut (*Senecio fuchsii*).

Im benachbarten pfälzischen Faunengebiet wurden Falter tagsüber »selten an blühendem Heidekraut und Thymian« angetroffen (HEUSER & JÖST 1959).

Habitat: Sieht man einmal von algen- und flechtenbedeckten Stämmen und Ästen der Laubbäume, insbesondere Rotbuchen, im Fagion (unterschiedlichster Ausprägung) ab, sind die Raupenhabitate oftmals im anthropogenen Bereich zu suchen, oder dort, wo Fels ansteht oder Felsbrocken als Blockflur oder einzeln verstreut vorhanden sind. Eine pflanzensoziologische Einordnung ist kaum möglich. In diesem Zusammenhang sei eine alte Beschreibung (BOLDT 1928) aus der Ravennaschlucht (Hochschwarzwald) zitiert: »An einem mit Moos und Flechten bewachsenen Wegweiser sitzt eine Raupe der *Lithosia lurideola* ZINCK. Bald zeigt sich's, daß das ganze Gelände davon wimmelt. Sie sitzen in den Himbeersträuchern oben in den Zweigspitzen, direkt zum Greifen – en passant –. So leicht habe ich sie anderwärts, wie z. B. im Taunus, nicht erbeuten können. Es mußten dort schon andere Methoden angewendet werden (mühsames Ausschütteln von altem Reisig)«. Das Imaginalhabitat wird vom Vorhandensein geeigneter Nektarpflanzen bestimmt und ist an Wald- und Wegrändern, auf Schlagfluren, oder im Offenland, ja sogar in Gärten zu suchen.

Verhalten: Die Tiere fliegen in der Hauptsache nachts und kommen dabei gerne ans Licht. Sie können allerdings auch tagsüber bei der Nahrungsaufnahme beobachtet werden. M. GOLDSCHALT fing einen Falter, der bei Tag aus dem Wald heraus auf eine Streuwiese flog.

Gefährdung und Schutz

Rote Liste Bundesrepublik: –
Rote Liste Baden-Württemberg: –

Oberrheinebene: Nicht gefährdet.
Schwarzwald: Nicht gefährdet.
Neckar-Tauberland: Nicht gefährdet.
Schwäbische Alb: Nicht gefährdet.
Oberschwaben: Nicht gefährdet.

• In Baden-Württemberg nicht gefährdet!

Eilema lutarella
(Linnaeus, 1758)

Dunkelstirniges Flechtenbärchen

Lithosia lutarella L. (REUTTI 1898, LAMPERT 1907, SEITZ 1907–1954, SPULER 1908–1910, REBEL 1910, ECKSTEIN 1913–1923, HERING 1932, SCHNEIDER 1936–1939, BERGMANN 1951–1955, KOCH 1955)

Gesamtverbreitung: Von der Iberischen Halbinsel und einigen Küstengebieten Nordafrikas (Maghreb) über Westeuropa ostwärts bis zu den innerasiatischen Gebirgen und zum Amur. Im Süden durch den nördlichen Mittelmeerraum einschließlich Apenninhalbinsel und Sizilien bis zum Schwarzen Meer und dem Wolgagebiet, im Norden bis ins mittlere Fennoskandien.

Verbreitung

Regional: Diese Art wurde bereits von SEYFFER (1850) unter dem Namen *Luteola* HÜBN. aus Württemberg (»Stuttgart häufig«) gemeldet, was KELLER & HOFFMANN (1861) mit »Angeblich bei Stuttgart, sehr selten« relativiert haben. Unter gleichem Namen hat sie REUTTI (1853) für Baden aufgeführt mit dem Vermerk »wenig beobachtet; bei Freiburg fehlend«. Als Fundorte nennt er »Konstanz. Baden, einmal (LOUDET). Karlsruhe (Hardtwald), mehrmals. Heidelberg«, die später durch »Speier« und »Weinheim« ergänzt werden (REUTTI 1898). GAUCKLER (1896) meldet »im

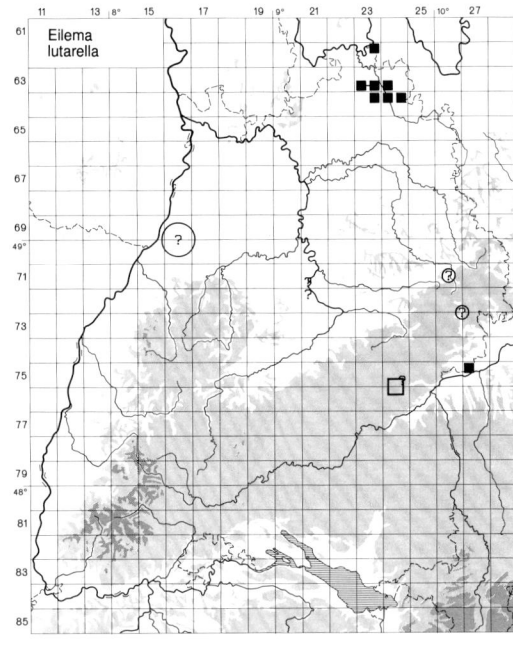

Das Dunkelstirnige Flechtenbärchen (*Eilema lutarella*) wird oft mit dem Blaßstirnigen (*E. pygmaeola*) verwechselt. In Baden-Württemberg kommt es vermutlich nur noch im Tauberland vor. Die sattgelb gefärbten Falter sitzen gerne auf Flockenblumen, oft syntop mit *Eilema pygmaeola* (Imaginalhabitat s. unter dieser Art). Grünsfeld 2.8.91. F. KIRSCH.

Park« [Karlsruhe: Wildpark], kann jedoch keine eigenen Beobachtungen anführen. SCHNEIDER (1937) gibt ebenfalls Stuttgart an (24.8.1929, Gewährsmann MOHN) und fügt Wasseralfingen (HAHNE), Blaubeuren (ASCHENAUER), Heidenheim »1894 in Anzahl« (LÖFFLER), 28.7.1916 Cannstatt (HARSCH) und Blaubeuren 26.7.1936 (REICH) hinzu. G. REICH notierte in seinen Aufzeichnungen (1910–1965) »Selten im Gebiet. Schelklingen erstmals a. Li. 16.7.69 1 Männchen. Blaubeuren 26.7.36 nicht, es ist *pallifrons*«. Das Schelklinger Tier ist noch vorhanden (coll. G. BAISCH) und konnte genitalmorphologisch überprüft werden (Gen. Präp. B 1252, G. EBERT det.). Es handelt sich tatsächlich um *Eilema lutarella*, damit aber auch gleichzeitig um das einzige Belegstück von der Schwäbischen Alb. Alle von SCHNEIDER genannten Fundorte können, wie eine Überprüfung der Sammlungen (coll. SMNS) ergab, aufgrund fehlender Belege nicht bestätigt werden. Als Fehlbestimmungen sind sämtliche von KELLER (1970) unter dieser Art aufgeführten Meldungen einzustufen (Heidelberg, H. GREULICH; Kaiserstuhl, Badberg und Pforzheim, Hagenschieß, jeweils P. ROSSNAGEL).

Die Frage, ob *E. lutarella* auf der Schwäbischen Alb vorkam oder vielleicht heute dort noch vorkommt, ist nicht sicher zu beantworten. An der Herkunft des von G. REICH am 16.7.1969 gefangenen Tieres kann nicht gezweifelt werden. Andererseits mangelt es vollständig an weiteren Funden, obwohl gerade bei Schelklingen sowie an anderen Stellen der Mittleren Alb auch nach 1969 noch viel Lichtfang betrieben wurde. Alle dabei gesammelten Tiere gehören jedoch ausnahmslos zu *E. pygmaeola*!

Vor diesem Hintergrund ist das Vorkommen von *E. lutarella* auf der Riesalb im Naturraum Kesselbachmulde, also schon außerhalb Baden-Württembergs, bemerkenswert. R. HEINDEL fand sie dort bei Thalheim (5.8.1995) und legte ein Genitalpräparat (Nr. 263) vor, das an der Artzugehörigkeit keinen Zweifel läßt. Weitere, durch Genitaluntersuchung bestätigte Fundorte liegen nahe der Landesgrenze bei Günzburg im Leipheimer Moos (31.7.1987, 30.7.1993) und Donaumoos (3.8.1991). Ein von ihm auf der Ostalb (Heidenheim: Eselsburger Tal) gefangenes Tier (17.7.1992) gehört dagegen eindeutig zu *E. pygmaeola*.

Weitere, durch genitaluntersuchte Belegtiere sicher nachgewiesene Fundorte:

Tauberland: Dertingen (20.8.1984, R. TRABOLD); Königheim (14.8.1983, F. KIRSCH; 9.8.1989, R. BLÄSIUS); Tauberbischofsheim (15.8.1973, R. BLÄSIUS); Grünsfeld (2.8. und 16.8.1991, A. BECHER, F. KIRSCH); Lauda (1.8.1985 und 14.8.1986, F. KIRSCH); Oberlauda (3.8.1991, F. KIRSCH); Oberbalbach (13.7.1990, F. KIRSCH); Dittwaer Berg (11.8.1975, A. BECHER).

Zum Fundort Karlsruhe existieren ex coll. M. DAUB (LNK) 11 Exemplare mit dem Sammeletikett »Karlsruhe–Europa«. Dabei handelt es sich zwar eindeutig um *E. lutarella* (Gen. Präp. B 31), doch stammen die Tiere mit ziemlicher Sicherheit nicht aus Karlsruhe. Dagegen konnte *E. pygmaeola* (undatiertes Belegstück, Ende 19. Jh., coll. KABIS) aus dem Wildpark bei Karlsruhe mit Hilfe der Genitalüberprüfung nachgewiesen werden.

Damit ist eine flächenhafte Verbreitung von *Eilema lutarella* in Baden-Württemberg nur im Tauberland nachgewiesen. Dieses Vorkommen ist Teil eines mainfränkischen Areales, das u.a. durch Funde aus »Rhön, Ostheim, Zellergrund« bekannt ist (GOTTHARDT 1958). Dazu zählt auch ein Belegtier aus Lengfurt bei Marktheidenfeld (15.8.1984, U. BAUER), 5 km nördlich unserer Landesgrenze. Diesem Fundort am nächsten liegt Dertingen (Neuenberg), das bereits zu unserem Untersuchungsgebiet gehört; dort hat R. TRABOLD (s. o.) die Art gefangen. Ob die sicheren Nachweise aus dem Donauried (Leipheimer Moos, Donaumoos) und von der Riesalb (südlich von Nördlingen) sowie der von der Mittleren Flächenalb (Schelklingen) als Indiz für ein Teilareal von *E. lutarella* auf der Schwäbischen Alb (Ostalb?) zu werten sind, muß gegenwärtig offenbleiben. Weitere Nachforschungen sind jedenfalls erforderlich.

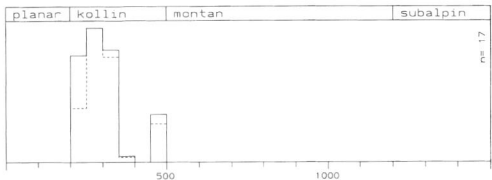

Vertikal: Die Fundstellen im Tauberland liegen alle in der kollinen Stufe zwischen 200 und 400 m. Lediglich das Vorkommen im Leipheimer Moos sowie der Einzelfund bei Schelklingen liegen etwas höher.

Phänologie

Imagines: Die Flugperiode dieser univoltinen Art bleibt auf die Monate Juli und August beschränkt. Ihr Schwerpunkt liegt in der 2. Augustdekade. Danach findet sie bald ihr Ende, die letzte Beobachtung datiert vom 27.8. (1991,

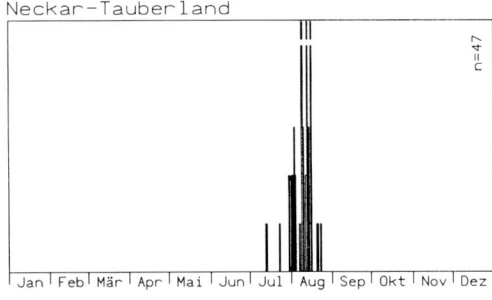

Grünsfeld, A. BECHER/F. KIRSCH). Das phänologisch früheste Tier stammt vom 13. Juli (1990, Oberbalbach, F. KIRSCH).
Präimaginalstadien: Aus Baden-Württemberg keine Angaben.

Ökologie

Lebensraum: Bei den Falterfundstellen im Tauberland handelt es sich um gebüschreiche bis offene Kalkmagerrasen (Oberer Muschelkalk).

Im Leipheimer Moos haben wir es mit einem trockengefallenen Niedermoor zu tun, das zur Hälfte als Schafweide genutzt wird (Erfassungszeitraum 1980–1987, R. HEINDEL, schriftl. Mitt.). Zum Fundort im Kesseltal zwischen den Orten Thalheim und Bissingen erhielten wir die Mitteilung, daß sich an einigen Abhängen [des Kesselgrabens] »Halbtrockenrasen mit einer typischen Albflora und einer entsprechenden Schmetterlingsfauna« finden (R. HEINDEL).

Im Nachbarland Rheinland-Pfalz konnte *E. lutarella* sowohl auf »Moorheideflächen« (Westpfälzische Moorniederung) als auch auf Trockenrasenflächen (Nordpfalz) festgestellt werden (HEUSER & JÖST 1959). Auch in Südbayern wurde diese Art in verschiedenen Mooren (Erdinger Moor, Gröbenzell b. München, Deininger Moor) »und an ganz trockenen Hängen« (Steinebach) beobachtet (WOLFSBERGER 1954). Auf der Frankenalb wurden die »Falter in verbuschenden, felsdurchsetzten Magerrasen sowohl am Licht, als auch tagsüber an Disteln saugend« gefunden. Auch von anderen Fundorten werden »Magerrasenhänge« angeführt (WEIDEMANN 1996). BERGMANN (1953) ordnet diese Art in Thüringen den »lichtbuschigen Steppenheiden (Fiederzwenkenheiden, Schafschwingelrasen, Federgrassteppe)« zu; URBAHN & URBAHN (1939) nennen für Pommern »Sandheiden« und »an den sonnigen Hängen der pontischen Hügel und auf trockenen Torfwiesen in Wäldern«.

Für unser Faunengebiet ist darauf hinzuweisen, daß *Eilema lutarella* **nicht** in den Sandfluren der Hardtebenen (Flugsanddünen mit Silbergrasfluren etc.) oder an den warmen Lößhängen des Kaiserstuhls fliegt, sondern dort durch *E. pygmaeola* ersetzt wird!
Nahrung der Raupe: Keine Angaben aus Baden-Württemberg.

In Pommern wurden die Raupen in lichten Kiefernschonungen an Sand- und Steinflechten gefunden (HERING 1881), »Stein- und Erdflechten« nennt BERGMANN (1953), allerdings unter Hinweis auf SPULER (1910).

Nahrung des Falters: Die Falter wurden tagsüber auf Wiesen-Flockenblume (*Centaurea jacea*) gefunden (F. KIRSCH).
Habitat: Spezielle Angaben, die über das unter »Lebensraum« Gesagte hinausgehen, liegen nicht vor. Die BERGMANN'sche Angabe Fiederzwenkenrasen [Gentiano-Koelerietum] kann als Imaginalhabitat für das Tauberland bestätigt werden.

Gefährdung und Schutz

Rote Liste Bundesrepublik: 3
Rote Liste Baden-Württemberg: V

Oberrheinebene: Nicht vertreten.
Schwarzwald: Nicht vertreten.
Neckar-Tauberland: Art der Vorwarnliste.
Schwäbische Alb: Noch ungeklärt.
Oberschwaben: Nicht vertreten.

- In Baden-Württemberg eine Art der Vorwarnliste!

Die Art ist in Baden-Württemberg auf den Kalkmagerrasen des Tauberlandes derzeit nicht erkennbar gefährdet. Allerdings wissen wir noch nichts Näheres über ihr Larvalhabitat. Es kommen aber offensichtlich nur Flechten als Raupennahrung in Betracht. Konkrete Aussagen zur Bestandsentwicklung sind angesichts zunehmender Stickstoffbelastung (Schadstoffeinträge aus der Luft!) gegenwärtig nicht möglich. Das Schicksal vergleichbarer Arten wie etwa *Eilema palliatella* oder die sehr lokal an »Bunten Erdflechten« lebende *Setina roscida* mahnt jedenfalls zur Vorsicht. Wir stufen deshalb *Eilema lutarella* in die Vorwarnliste ein. Die Erforschung ihrer Larvalbiologie in unserem Untersuchungsgebiet erscheint schon deshalb wichtig, um feststellen zu können, ob und in welchem Umfang diese lichenophage Art als Bioindikator für Kalkmagerrasen herangezogen werden kann.

Eilema pygmaeola
(Doubleday, 1847)

Blaßstirniges Flechtenbärchen

Lithosia pallifrons Z. (LAMPERT 1907, SEITZ 1907–1954, SPULER 1908–1910, REBEL 1910, ECKSTEIN 1913–1923, HERING 1932, SCHNEIDER 1936–1939, BERGMANN 1951–1955, KOCH 1955)

Gesamtverbreitung: Von der Iberischen Halbinsel und einigen Küstengebieten Nordafrikas (Maghreb) über Westeuropa (einschließlich Südengland) ostwärts bis Innerasien. Im Süden durch den Mittelmeerraum einschließlich Korsika, Sardinien und Sizilien bis Kleinasien, im Norden bis Südfinnland.

Verbreitung

Regional: *Eilema pygmaeola* und *E. lutarella* sind bis in die jüngste Zeit hinein immer wieder miteinander verwechselt worden. REUTTI (1898) führt erstere nicht in seiner badischen Lepidopterenfauna auf und SCHNEIDER (1937) gibt sie, unter Berufung auf seinen Gewährsmann HAHNE, für Württemberg nur als »vereinzelt auf dem Rosenstein« an. Auch A. GREMMINGER ließ sich

Das Blaßstirnige Flechtenbärchen (*Eilema pygmaeola*) besucht ebenfalls gerne Flockenblumen. Bei genauem Hinsehen wird deutlich, daß die Falter im Vergleich mit *E. lutarella* etwas blasser gefärbt sind und daher mehr grau erscheinen. – Tauberland, Wüstung 3.8.91 F. KIRSCH.

täuschen. Er führt sie in seinem Verzeichnis der Großschmetterlinge der Umgebung von Graben-Neudorf unter *Lithosia unita* auf, entdeckte jedoch später seinen Fehler und meint, daß auch »die Angaben im ›REUTTI‹ und ›GAUCKLER‹ ...

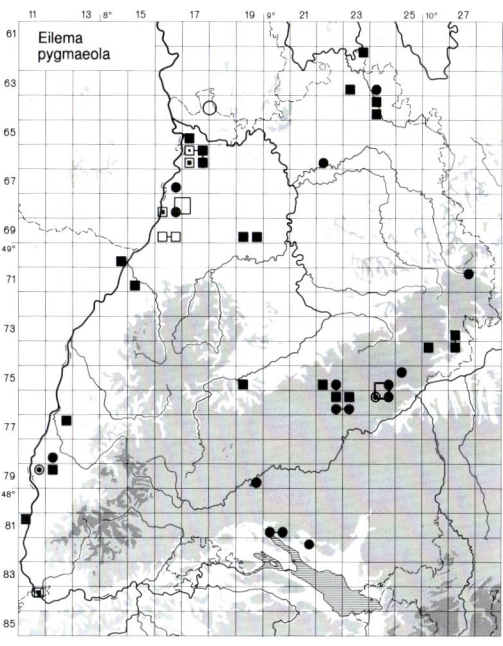

ebenfalls *pallifrons* ... betreffen. Insbesondere dürfte die Notiz über besondere Häufigkeit im Schwetzinger Wald von *unita* auf irrige Bestimmung zurückgehen, denn dort haben Mannheimer Sammler und ich selbst nur *pallifrons* angetroffen ...« (GREMMINGER 1925, 1952a).

Als »Neu für Baden« wurde sie unter Hinweis auf einen Fund am 29.7.1921 im Kaiserstuhl gemeldet (SCHRÖDER 1922). Tatsächlich kommt *E. pygmaeola* sowohl in der nördlichen als auch südlichen Oberrheinebene vor. Alle aus diesem Hauptnaturraum (einschließlich Kaiserstuhl) gemeldeten *E. lutarella* haben sich bei der Überprüfung als *E. pygmaeola* erwiesen (G. EBERT). Gleiches gilt – mit einer Ausnahme – auch für die Tiere von der Schwäbischen Alb. Auch dort ist *E. pygmaeola* flächenhaft verbreitet, wahrscheinlich aber nur in jeweils kleinen, räumlich eng begrenzten Populationen, wobei vermutet werden darf, daß zwischen den (nicht überprüften) Fundorten Fridingen (Stiegelesfels, W. SEEBURGER, B. STOKKER) im Naturraum Obere Donau und Anhausen (Sachsenberg, M. MEIER) auf dem Härtsfeld noch weitere Populationen dieser Art zu entdekken sind. Zu dem am 31.7.1949 bei Schelklingen entdeckten Vorkommen notierte G. REICH »in Anzahl auf kleinem Platz, auf halber Höhe des Schloßberges«. Die gemeldeten Vorkommen in den Naturräumen Obere Gäue (Bietenhausen, J.U. MEINEKE) und Kocher-Jagst-Ebene (Ruchsen, M. MEIER) beruhen auf Einzelfunden. Die ursprünglich unter *E. lutarella* gemeldeten Funde von Sipplingen (W. SEEBURGER, B. STOCKER) und Salem (B. und R. STOCKER) wurden, nach Rückfrage, korrigierend als *E. pygmaeola* bezeichnet, Belegtiere haben uns nicht vorgelegen.

Ein weiteres Vorkommen von *E. pygmaeola* kann aus dem Tauberland nachgewiesen werden. Dort ist diese Art tatsächlich mit *E. lutarella* syntop, was bisher für drei Fundorte festzuhalten ist: Dertingen (Neuenberg), Königheim und Oberlauda (Wüstung). *Eilema pygmaeola* ist hier allerdings die vergleichsweise seltenere der beiden Arten. Auch im Fränkischen Jura fliegen beide Arten »in Anzahl auf Felsheiden«, dies wurde auch genitalmorphologisch überprüft (ALBERTI 1939).

Durch genitaluntersuchte Belegtiere sicher nachgewiesene Fundorte:

Oberrheinebene und Randgebiete: Mannheim-Rheinau (11.8.1980, R. BLÄSIUS); Schwetzingen (23.6.1935, A. GREMMINGER); Sandhausen (30.7.1954, K. STROBEL; 27.7.1977, 5.8.1984 und 21.7.1990, alle R. BLÄSIUS); Hockenheim: Talhaus (10.7.1954, A. GREMMINGER); Graben-Neudorf (26.7.1922, A. GREMMINGER); Linkenheim (1.8.1970, J. THIELE); Karlsruhe: Wildpark (13.7.1882, G. KABIS); Rastatt-Süd (23.7.1982 und 6.8.1984, R. HERRMANN); Kaiserstuhl: Vogtsburg (17.7.1979 und 2.8.1984, R. HERRMANN), Badberg (15.8.1965, H. HEIDEMANN) und Haselschacher Buck (21.8.1987, J.U. MEINEKE); Eichstetter Tal (23.7.1982, R. HERRMANN); Grißheim (2.7. und 14.7.1986, J.U. MEINEKE, 3.8.1991, R. HERRMANN); Weil am Rhein-Friedlingen (15.8.1960, H. HEIDEMANN).

Neckar-Tauberland: Dertingen (1.8.1982, R. TRABOLD); Königheim (9.8.1989, R. BLÄSIUS); Oberlauda (3.8.1991, F. KIRSCH); Oberschüpf (23.7.1991, A. BECHER); Schweinberg (29.8.1984, R. TRABOLD); Bietenhausen: Starzeltal (3.8.1981, J.U. MEINEKE); Diefenbach, Mettenberg (15.8.1980, W. STAIB, M. WALLNER); Häfnerhaslach (4.8.1990, A. STEINER, A. RADTKE).

Schwäbische Alb: Heldenfingen (30.7.1981, G. EBERT, B. TRAUB); Gomadingen (8.1979, J.U. MEINEKE); Heutal (15.8.1978, J.U. MEINEKE); Hundersingen (6.8.1977, E. LOSER); Schelklingen (30.7.1963, G. REICH).

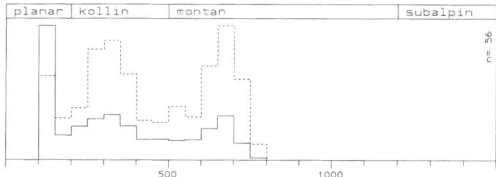

Vertikal: Die vertikale Verbreitung reicht von der Ebene bis in das untere Bergland. Die höchsten Fundstellen liegen auf der Schwäbischen Alb, oberhalb 700 m (Mehrstetten: Schandental, G. BAISCH).

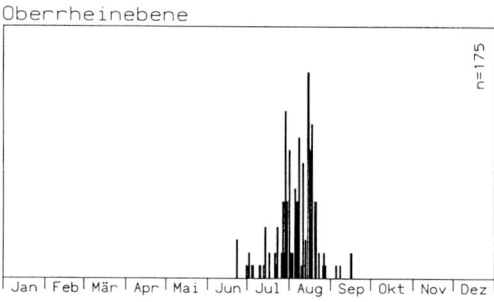

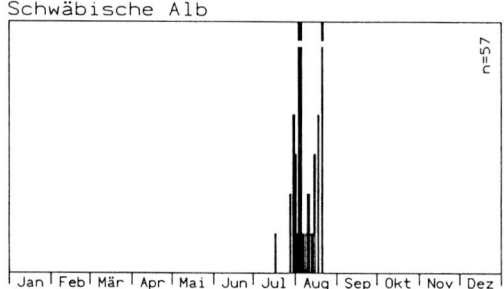

Im Gegensatz zu *E. lutarella* ist *Eilema pygmaeola* in Baden-Württemberg weiter verbreitet. Sie kommt sowohl auf den Flugsanddünen der nördlichen Oberrheinebene, auf Wacholderheiden der Schwäbischen Alb, als auch auf Kalkmagerrasen des Neckar-Tauberlandes vor. Hier ist es ein blumenreicher Trockenhang bei Oberlauda, auf dem im späten Frühling und noch einmal im Hochsommer die Falter des Blaßstirnigen Flechtenbärchens beim Blütenbesuch beobachtet werden können. – 2.8.90 F. KIRSCH.

Phänologie

Imagines: Anders als bei der Vergleichsart *E. lutarella* erweist sich die (additive) Imaginalphase bei *E. pygmaeola* als stärker ausgedehnt. Frühe Tiere können bereits in der 3. Juni-Dekade auftreten (23.6.1935, Schwetzingen, A. GREMMINGER), die letzten noch um Mitte September (16.9.1963, Kaiserstuhl: Badberg, H. MESSMER). Diese Aussage gilt allerdings nur für die klimatisch begünstigte Oberrheinebene; auf der kühleren Alb bleibt die Flugzeit dieser thermophilen Art größtenteils auf den Sommermonat August beschränkt.

Präimaginalstadien: Aus Baden-Württemberg liegen keine Meldungen vor.

Ökologie

Lebensraum: *Eilema pygmaeola* besitzt in unserem Untersuchungsgebiet gegenüber *E. lutarella* offensichtlich eine breitere ökologische Valenz, was dadurch zum Ausdruck kommt, daß sie, außer im Fiederzwenken-Halbtrockenrasen auf Oberem Muschelkalk – dort mit der Vergleichsart syntop –, auch im Halbtrockenrasen auf Löß und Jurakalk vorkommt. Ein weiterer Schwerpunkt findet sich in Sandfluren wie z.B. auf den Flugsanddünen der nördlichen Oberrheinebene.

Nahrung der Raupe: Keine Angaben aus Baden-Württemberg.

Die Raupe soll bis Juni an Steinflechten leben. »Sie wächst sehr langsam heran, verbirgt sich tagsüber unter Steinen und wird am frühen Morgen oder abends, an den vom Tau weich gewordenen Flechten, gefunden. Verpuppung zwischen den Flechten oder unter Moos« (VORBRODT 1914). BERGMANN (1953) nennt für Thüringen »Bodenflechten (Sand- und Kalkflechten)«, kann jedoch keine eigenen Beobachtungen anführen. In Norddeutschland (Pommern) wurde die Raupe durchschnittlich etwas später als die von *E. lutarella* und stets auf Sandflechten gefunden (HERING 1881).

Nahrung des Falters: Im Tauberland nutzt die Art wahrscheinlich die gleichen Nektarquellen wie *E. lutarella*. Es liegen leider nur zwei Beobachtungen vor (A. BECHER), von der die eine (»*Centaurea*-Blüte«) auf eine Nektarpflanze, die andere (»*Verbascum*-Blüte«) eher auf einen Ruheplatz hinweist. Beobachtungen über den Blütenbesuch aus anderen Naturräumen stehen noch aus. Die meisten Tiere wurden nachts am Licht gesammelt.

Habitat: Eine genauere Aussage wird erst dann möglich sein, wenn sorgfältig protokollierte Raupenfunde bekannt sind.

Gefährdung und Schutz

Rote Liste Bundesrepublik: 3
Rote Liste Baden-Württemberg: V

Oberrheinebene: Art der Vorwarnliste.
Schwarzwald: Nicht vertreten.
Neckar-Tauberland: Art der Vorwarnliste.
Schwäbische Alb: Art der Vorwarnliste.
Oberschwaben: Noch ungeklärt.

- In Baden-Württemberg eine Art der Vorwarnliste!

Die Einstufung in die Kategorie »Vorwarnliste« erfolgt nach den gleichen Kriterien, wie sie schon bei *E. lutarella* erläutert wurden. Die Tatsache, daß *E. pygmaeola* in unserem Faunengebiet an weitaus mehr Stellen als die Vergleichsart festgestellt worden ist, ändert nichts an der potentiellen Gefährdungssituation aufgrund einer vermutlich ebenso strengen Bindung an Flechten als Nahrungsquelle.

die Überprüfung der Belegstücke im Naturkundemuseum in Freiburg vor wenigen Jahren durch R. HERRMANN hat dies deutlich gemacht. Bis dahin galten die in Überlingen (Bodensee) 1960 und 1961 gefangenen Tiere (E. COMMERELL leg., A. GREMMINGER det.) als Erstfund dieser Art in unserem Faunengebiet (Belege vom 18. und 20. 9. 1960, 20. und 21. 6. 1961 in coll. LNK).

Der nächste Fund gelang wiederum im Kaiserstuhl und datiert vom 16. 9. 1963 (2 Belegstücke, K. STROBEL leg., in coll. LNK). Er wurde später von SETTELE (1973) veröffentlicht (»STROBEL am Licht im Badloch 2 Stück gefangen am 15.9.63«). Vom gleichen Fundort und Sammler befinden sich zwei weitere, mit 11. 9. 1964 bezettelte Exemplare in coll. LNK, dazu der Vermerk (K. STROBEL, schriftl. Mitt.) »von mir erstmals dort gefangen, seither auch von anderen Sammlern im September. Im Juni bis jetzt noch nicht«. In der Tat führen weder BROMBACHER (1933–1935) noch spätere Autoren (GREMMINGER 1950, 1952b; FRITZ 1954) diese Art vom Kaiserstuhl an. REUTTI (1898) verwies lediglich auf ein Vorkommen in benachbarten Gebieten (Schweiz: Aargau und Jura; nach RÖSSLER »auch im Rheintal bei St. Goarshausen«).

WARNECKE (1927) beschrieb *Eilema caniola* als eine »südeuropäisch-kleinasiatische Art, die aber auch in England vorkommt. In der Schweiz vom Wallis bis Jura selten an trockenen Abhängen, ist sie bis jetzt weder im

Eilema caniola
(Hübner, [1808])
Weißgraues Flechtenbärchen

Lithosia caniola HB. (LAMPERT 1907, SEITZ 1907–1954, SPULER 1908–1910, REBEL 1910, ECKSTEIN 1913–1923, HERING 1932)

Gesamtverbreitung: Von Nordafrika (Küstenregion des Maghreb) über die Iberische Halbinsel, West- und Südeuropa bzw. südliches Mitteleuropa ostwärts bis ins Wolgagebiet (Kasan) und Vorderasien. Der Mittelmeerraum (einschließlich Inseln) kann als Schwerpunkt, die Britischen Inseln als die Nordgrenze des Areals angenommen werden.

Verbreitung

Regional: *Eilema caniola* wurde in Baden-Württemberg zuerst am 29. 8. 1936, dann noch einmal in zwei Exemplaren am 5. 9. 1937 am Badberg (Kaiserstuhl) gefangen (H. KESENHEIMER leg.). Dieser Fund blieb jedoch unbekannt, d. h. erst

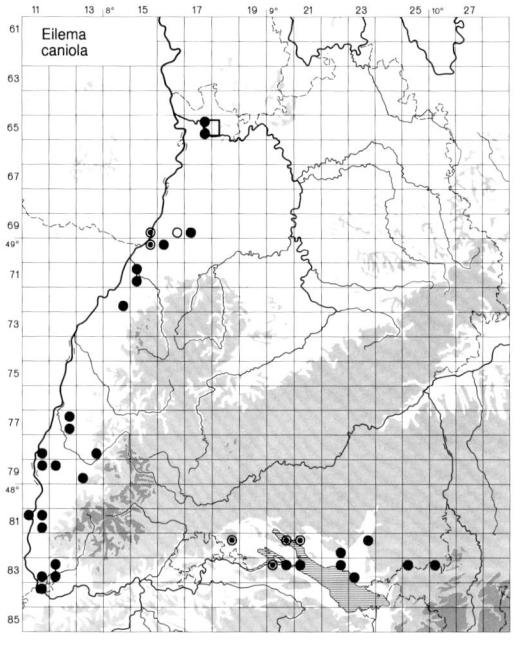

Das Weißgraue Flechtenbärchen (*Eilema caniola*) ist in Baden-Württemberg erst vor etwas mehr als 40 Jahren entdeckt worden, als seine Raupen in Lörrach und Weil am Rhein plötzlich massenhaft in Häusern auftraten. Seitdem wird diese Art vornehmlich in Städten und Ortschaften in der Oberrheinebene und im Bodenseegebiet beobachtet. Sie scheint weiter in Ausbreitung begriffen zu sein. – Langenargen-Oberdorf 27.9.89 T. MARKTANNER. S.

Elsaß noch in Baden gefunden, dagegen im Mittelrheingebiet (Rheingau) verbreitet und auch bei Kreuznach im Nahetal gefunden ...«. Im südlichen Elsaß ist sie inzwischen gefunden worden (im Jahre 1992 von R. HERRMANN). In der Rheinland-Pfalz wurde die Art erstmals am 8.8.1959 bei Bad Münster a. St. – Ebernburg festgestellt; sie kommt dort nur an wenigen Stellen in der Nordpfalz vor (KRAUS 1993).

Auch in diesem Zusammenhang interessant ist ein Bericht aus Basel von WYNIGER aus dem Jahre 1956, wonach dort »im Verlaufe der letzten 5 Jahre« Raupen dieser Art massenhaft auftreten. Diese Angaben decken sich mit Beobachtungen aus Lörrach und Weil am Rhein, wo die Art nur wenige Jahre später entdeckt und als »in Wohnungen lästig« beschrieben wurde (ENGEL 1961). Man gewinnt so den Eindruck, als sei *E. caniola* erst um die Mitte dieses Jahrhunderts in die warmen Gebiete am Oberrhein und über den Hochrhein bis zum Bodensee vorgedrungen, vermutlich vom Süden her, d.h. über den Schweizer Jura und das Dreiländereck nordwärts. Für eine Arealerweiterung sprechen auch die Funddaten im Oberrheinischen Tiefland nördlich von Basel, die fast alle – sieht man einmal von den drei Einzelfunden von 1936 und 1937 im Kaiserstuhl ab – erst nach 1963 registriert worden sind, teilweise sogar erst in den 80er und 90er Jahren (Raum Offenburg, Karlsruhe, Heidelberg). Im Bodenseebecken wurde die Art östlich von Überlingen, wo sie bereits um 1960 vorhanden war, seit den 70er Jahren in Langenargen-Oberdorf gefunden, sie kommt hier jährlich »regelmäßig mit 5–15 Exemplaren ans Licht« (T. MARKTANNER). Am Hohentwiel ist sie bereits 1970 gefangen worden (H. MESSMER). Auch aus Isny liegen zwei Belegstück vor (8.7.1974, Gen.Präp. Nr. 327 und 15.9.1974, M. SCHLUSCHE) und markieren den östlichsten Fundort in Baden-Württemberg. Desweiteren existieren Meldungen aus Wangen, Oberteuringen und Ravensburg.

Eilema caniola kommt somit in Baden-Württemberg nur in zwei Teilarealen vor. Das eine umfaßt das Oberrheinische Tiefland mit seinen warmen Randlagen (Schwarzwald-Vorbergzone) und der Wärmeinsel Kaiserstuhl. Die (vorläufige ?) Nordgrenze verläuft bei Heidelberg (Dossenheim). Eine Ausdehnung dieses Areals nach Osten in Richtung Kraichgau – Unterer Neckar – Kocher-Jagst-Region erscheint durchaus möglich. Einzelne Tiere wurden z.B. aus Bad Rappenau-Wollenberg gemeldet (K. JÄGER), müssen aber noch genauer überprüft werden.

Das andere Teilareal liegt im Bodenseebecken und erstreckt sich im Norden bis Ravensburg, im Westen bis zum Hegau und im Osten bis ins Westallgäuer Hügelland. Allerdings bedarf der Fundort Isny trotz der beiden vorhandenen und überprüften Belegstücke noch der Bestätigung[1]. Mit einem Jahresmittel von 6° Celsius und einer Höhenlage von 700 m gehört er nicht mehr zu den Wärmegebieten (warme Hanglagen und Stadtklimate in der planaren und kollinen Stufe, mit einem Jahresmittel von 9° Celsius und darüber), die diese thermophile Art für sich beansprucht. Es ist durchaus möglich, daß beide Teilareale über den Hochrhein miteinander verbunden sind.

Überprüfte oder glaubhafte Fundorte:

Oberrheinebene und Randgebiete
Dossenheim (1983, R. TRABOLD)[2]
Pfinztal-Wöschbach (1995, A. STEINER)
Karlsruhe (1992, M. HAUBER; 1993, J. BERG; 1995, E. ECKERT)
Rastatt-Lochfeld (1974, R. HERRMANN)
Baden-Oos, NSG Bruchgraben (1995, A. SCHANOWSKI)

---

[1] Sie erreichte uns nach Redaktionsschluß aus Wangen/Allgäu. Dort fand M. GOLDSCHALT an der Außenlampe eines Gebäudes in der Innenstadt am 17.6.1995 1 Exemplar (Erstnachweis!).
[2] War als »*Eilema unita*« fehlbestimmt (G. EBERT, durch Genitaluntersuchung geklärt).

Bühl-Vimbuch (1995, A. SCHANOWSKI)
Kippenheim (seit 1989 alljährlich, J.U. MEINEKE)
Ringsheim (1983, AG FREIBURG)
Kollnau (1984, A. SCHNEIDER)
Freiburg, Herdern (1979–1994, R. HERRMANN)
Freiburg, Sonnhalde (1978–1983, T. ESCHE)
Freiburg, Stühlinger (1994, R. HERRMANN)
Freiburg, Lorettoberg (1993, R. HERRMANN)
Lörrach-Hauingen (1989, V. BODEN)
Lörrach (1995, F. NANTSCHEFF)
Friedlingen (1995, D. FRITSCH)

Kaiserstuhl
Burkheim (1979–1988, R. HERRMANN, J.U. MEINEKE)
Bitzenberg (1980, J.U. MEINEKE)
Henkenberg (1984, 1987, AG FREIBURG)
Eichstetter Tal (1982, R. HERRMANN)
Vogelsangpaß (1987, R. HERRMANN, J.U. MEINEKE)
Badberg, Badloch (1963–1966, 1982, 1988, R. HERRMANN, J. KLÜBER, J.U. MEINEKE)

Hegau, Bodensee
Singen, Hohentwiel (1970, H. MESSMER)
Überlingen (1960–1966, E. COMMERELL)
Friedrichshafen (1977, K.H. FIALA)
Oberteuringen (1978, R. SCHICK)
Ravensburg (1990, M. WEBER)
Wollmatinger Ried (1985–1987, T. MARKTANNER)
Eriskircher Ried (1976, T. MARKTANNER)
Langenargen-Oberdorf (1973–1989, T. MARKTANNER)
Konstanz (1992, R. BAUER)
Reichenau (1970, W. STAIB)

Westallgäuer Hügelland
Isny (1974, M. SCHLUSCHE, Gen.Präp. B 327)
Wangen (1995, M. GOLDSCHALT)

Als Fehlbestimmungen sind die Angaben bei KELLER (1970) einzustufen (Pforzheim und Illingen über Mühlacker, W. DÜRR; Geisingen über Donaueschingen, H. HERRMANN). Letztere beruht auf einem Bericht zum Vorkommen von *Eilema caniola* (»Wandsteinflechtenbär«) auf der Baar (H. HERRMANN 1970). Es werden 1 Männchen und 1 Weibchen vom 19.7.1964 (Umgebung Geisingen, H. HERRMANN leg.) aufgeführt. Wie die Abbbildung des Männchens zeigt, handelt es sich dabei eindeutig um *Eilema lurideola*.

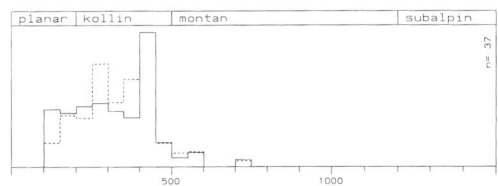

Vertikal: Die Höhenverbreitung ist bei dieser Art auf das Flach- und Hügelland beschränkt. Die montane Stufe wird in Isny und Wangen erreicht.

Phänologie

Imagines: Die Funddaten aus dem Bodenseegebiet weisen recht deutlich zwei Flugperioden aus. In der vergleichsweise wärmeren Oberrheinebene gibt es ebenfalls zwei solche Imaginalphasen. Allerdings ist hier der Abstand zwischen der 1. und 2. Gen. deutlich geringer: in unserer additiven Darstellung beträgt er nur 17 Tage, während er am Bodensee eine Spanne von 37 Tagen umfaßt. Die Art scheint in Klimagunstgebieten in unterschiedlich warmen Jahren dementsprechend empfindsam zu reagieren. Wie eine experimentelle Versuchsreihe (WYNIGER 1956) gezeigt hat, liegt die für die pupare Entwicklung kritische Temperatur bei 11–12 °Celsius. Während Fraßtätigkeit und Verpuppung bei Temperaturen von 12 °C nur schwach ausgeprägt sind, nehmen sie bei 18 °C enorm zu (30% gegenüber 90%). Eine Diapause konnte nicht beobachtet werden.

In den beiden Teilarealen Baden-Württembergs erstreckt sich die 1. Gen. von Mitte Mai bis zur 1. bzw. 3. Juli-Dekade, die 2. Gen. von der 1. August-Dekade bis Mitte Oktober (spätestes Funddatum Oberrheinebene: 17. Oktober [1995], spätestes Funddatum Bodensee: 3. Oktober [1975]).

Präimaginalstadien: Über Raupenfunde liegen aus dem Untersuchungsgebiet nur wenige Beobachtungen vor: »[Mai] Tausende von Raupen« (1961, Lörrach und Weil a. Rhein, [Dr.]ENGEL); »Anfang Mai« (1980, Freiburg, T. ESCHE); 17.5.

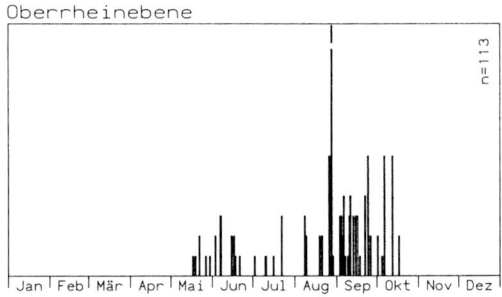

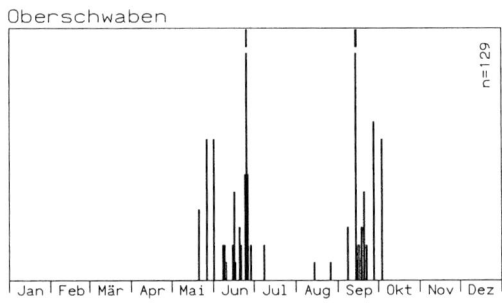

(1983, Freiburg, T. ESCHE); »April/Mai« (1979, Freiburg, T. ESCHE) und 27. Juli (1992, Karlsruhe, 3 Raupen M. HAUBER). Von letzteren verpuppte sich eine am 6. August und ergab am 17.8.1992 den Falter (pers. Mitt. H. LUSSI). Ebenfalls im Juli (1993, Karlsruhe, J. BERG) wurden wiederum 3 Raupen gefunden (D. BARTSCH).

In Basel wurden erwachsene, verpuppungsreife Raupen im Mai und Juni, aber auch im August und September gefunden. In der Zucht (bei 24 °C) dauerte die Raupenentwicklung vom Erscheinen der Eiraupe bis zur Verpuppung ca. 2 Monate bzw. 50–60 Tage. Überwinterungsstadium ist die Raupe, unter gewissen Bedingungen jedoch auch die Puppe (WYNIGER 1956).

Ökologie

Lebensraum: Das Weißgraue Flechtenbärchen wurde in Baden-Württemberg zumeist als Imago am Licht gefangen. Dennoch können einige Raupen- und Falterfunde als »habitatnah« gelten, z. B. solche an »Hauswand« (Raupenfunde T. ESCHE und Falterfunde R. HERRMANN) oder »Garten am Haus« (zahlreiche Falterfunde, T. ESCHE) oder in Karlsruhe in verschiedenen, weit voneinander entfernten Häusern jeweils 3 Raupen, »in einer Wohnung durch das Dachfenster eingedrungen« (H. LUSSI, ebenso D. BARTSCH). Öfters, teilweise sogar regelmäßig wurden Falter durch Lichtquellen am Haus angelockt (E. COMMERELL, T. MARKTANNER, W. STAIB). Dort, wo die Tiere frei aufgestellte Leuchtanlagen an unterschiedlichen Standorten (Halbtrockenrasen, felsige Hänge, Feuchtgebiete) anflogen, waren menschliche Ansiedlungen meist nicht weit entfernt.

Daraus, aus den wenigen Raupenfunden und einigen interessanten Berichten, vor allem aus Lörrach, Weil und Basel, kann der Lebensraum dieser Art als weitgehend anthropogen bezeichnet werden: Häuser, sowohl innerhalb als auch am Rande oder außerhalb geschlossener Ortschaften, sofern sie bestimmte mikroklimatische und nahrungsbiologische Voraussetzungen erfüllen. In der Schweiz wurde bemerkt, daß es sich dabei »häufig um alte Häuser handelt, die auf dem Dach und an sonnengeschützten, feuchten Wänden Algenbeläge aufweisen oder bei denen grosse schattige Parkbäume bis an die Mauern reichen, wodurch der Algenwuchs begünstigt wird« (WYNIGER 1956). Der Fundort auf dem Lorettoberg in Freiburg war ein zweihundert Jahre altes Bauernhaus mit von Flechten bedeckten Dachziegeln (R. HERRMANN). In Lörrach und Weil am Rhein hielten sich die Raupen »nicht … auf den Dächern auf sondern in der Bodenvegetation. Ob sie hier vorwiegend von Flechten und Moosen oder von Blütenpflanzen lebten, konnte nicht festgestellt werden. Die fast verpuppungsreifen Raupen wanderten während der Abend- und Nachtstunden an den Wänden alter und neuer Häuser empor, belästigten die Bewohner im Schlaf und versteckten sich bei Tagesanbruch unter den Dachziegeln, wo sie abends wieder hervorkamen. Die Zahl der beobachteten Raupen ging in die Tausende« (ENGEL 1961). In Karlsruhe handelte es sich um ein zweigeschossiges Haus am Stadtrand, mit freier Westseite und einer von einer großen Birke teilweise beschatteten Südseite, mit relativ geringem Flechtenwuchs zwischen den Dachziegeln (H. LUSSI) bzw. um ein mehrgeschossiges Wohnhaus in einer Straße im Südosten der Stadt (D. BARTSCH). Ob und inwieweit solche Sekundärbiotope nur bei Massenvermehrungen eine Rolle spielen und damit eine zumindest periodische Ausbreitung begünstigen, ist unbekannt. Felsige, algen- und flechtenreiche Hänge konnten in unserem Untersuchungsgebiet

Die Raupe hat sich offensichtlich auf den Moos-, Flechten- und Algenbewuchs feuchter Hauswände und Dächer spezialisiert. Sie ist sehr mobil, taucht daher öfters in dachnahen Wohnungen, Speichern usw. auf, ist aber völlig harmlos. Die Effizienz ihrer Anpassungsstrategie wird zunehmend durch Renovierungsarbeiten wie z. B. die chemische Behandlung von Ziegeldächern (gegen Moos- und Flechtenbewuchs) gestört. – Freiburg (ohne Datum) T. ESCHE. M.

bisher nicht als Larvalhabitate festgestellt werden.

Den Hinweis auf einen möglichen Primärbiotop lieferte R. HERRMANN, der 1982 bei Burkheim Falter von *E. caniola* am Köder registrierte. Die Köderstelle befand sich zwischen tagsüber besonnten, xerothermen und äußerst flechtenreichen Tephritfelsköpfen (s. Bd. 3, S. 472 und 474). Bestärkt wird er durch die Beobachtung von 20 Faltern dieser Art, die an einem einzigen Abend (19.8.1988, R. HERRMANN/J. KLÜBER/J.U. MEINEKE) in unmittelbarer Nähe zu den xerothermen Badberg-Felsen zum Licht und an den Köder kamen.

Nahrung der Raupe: Aus Baden-Württemberg können dazu keine speziellen Angaben gemacht werden. Nach Beobachtungen von ENGEL (1961) in Lörrach und Weil am Rhein »werden Moose wie *Bryum argentium* und *Tortula muralis* nicht abgelehnt«. Die in einer Wohnung in Karlsruhe gefundenen Raupen wurden mit Grünalgen auf Eichenrinde (cf. *Protococcus viridis*) erfolgreich gefüttert (H. LUSSI)

In der Schweiz ergaben die gemeldeten Fundorte keine Anhaltspunkte über die Nahrungspflanzen der Raupen. Es wurden deshalb im Labor Auswahlversuche angestellt, bei denen je 20–30 Raupen 31 verschiedene Futterpflanzen vorgesetzt wurden. Am meisten bevorzugt wurden Grünalgen, während Wand- und Krätzeflechten erst in zweiter Linie als Nahrung in Frage kamen. »Alle übrigen Pflanzen, ob Holzgewächse oder Kräuter, wurden in dem 3 Tage dauernden Versuch nicht angegriffen« (WYNIGER 1956). Die Richtigkeit der z.B. in FREINA & WITT (1987) enthaltenen Angaben, wonach die Raupe an Gesteinsflechten frißt (s. auch FORSTER 1960), »aber auch an den Blüten von Ginster … Hornklee … und Klee«, ist also fraglich, wenngleich in England (nach HEATH & EMMET 1979) einige Larven an Flechten gefunden wurden, die an Felsen oder sogar an schiefergedeckten Häusern wuchsen, andere dagegen an Leguminosen (*Lotus corniculatus, Anthyllis vulneraria, Trifolium repens*). Allerdings ist auch auf eine Bemerkung von FUCHS (1883) hinzuweisen. Er fand am Lennig »gegen Mitte Juli 1882 zwei *Caniola*-Raupen, trüber gefärbt als die von *Unita-Palleola*, an Flechten der Steine, bei Tage im Geröll versteckt. Mit Salat gefüttert, verpuppten sie sich Ende Juli. Der einzige Schmetterling, ein schönes Weibchen, erschien am 21. August«. Und er fügt noch hinzu: »ZELLER hat die hiesige *Caniola* als ächt anerkannt«. Nach RÖSSLER (1881) lebt die Raupe »an Flechten auf Felsen, Mauern und Dächern …«.

Nahrung des Falters: Auf den Anflug einiger Falter an ausgebrachtem Köder wurde bereits hingewiesen. Ansonsten liegen aus Baden-Württemberg keine Beobachtungen vor.

Eine interessante Beobachtung lieferte wiederum FUCHS (1883), der *E. caniola* am Lennig »in Mehrzahl Abends an Haideblüte« fand, »doch nur bei ganz warmem und windstillem Wetter. An einem solchen Abend, am 23. August 1881, sammelte ich 12 meist frische Exemplare, welche neben den die Haide besuchenden Noctuen behaglich an den Blüten saugten …«.

Habitat: Spezielle Angaben, die über die Beschreibung des Lebensraumes (s. dort) hinausgehen, können nicht gemacht werden.

Verhalten: Auf die Massenvermehrung im Grenzraum Schweiz/Deutschland am südlichen Oberrhein ist bereits hingewiesen worden. Diejenige in Lörrach und Weil am Rhein ist sicherlich durch den heißen Sommer des Jahres 1959 ausgelöst und durch das relativ warme Winterwetter im Februar und März 1961 begünstigt worden. Die Wanderung, welche die Raupen von *Eilema caniola* zu den Dächern unternehmen, erfolgt vielleicht aus dem Drang heraus, geeignete Nahrung und einen geschützten Platz für die Verpuppung zu finden (ENGEL 1961).

Gefährdung und Schutz

Rote Liste Bundesrepublik: –
Rote Liste Baden-Württemberg: V

Oberrheinebene: Art der Vorwarnliste.
Schwarzwald: Nicht vertreten.
Neckar-Tauberland: Nicht vertreten.
Schwäbische Alb: Nicht vertreten.
Oberschwaben: Art der Vorwarnliste.

- In Baden-Württemberg eine Art der Vorwarnliste!

Eine Gefährdung dieser Art, wie sie noch in der Roten Liste für Baden-Württemberg (EBERT 1978, 1986) und in der Roten Liste für die Bundesrepublik (PRETSCHER et al. 1984) durch die Einstufung in die Kategorie 3 zum Ausdruck kommt, kann aus heutiger Sicht nicht mehr hinreichend begründet werden, wenngleich eine von anthropogenen Faktoren abhängige präimaginale Entwicklung (auf algen- und flechtenbesetzten Dächern, Hauswänden etc.) immer mit einem gewissen Risiko behaftet ist. Neuerdings sind es zunehmend Renovierungs- und Verschönerungsmaßnahmen wie z.B. die jetzt gerade in Mode gekommene Reinigung von Hausdächern, die sich auf lokale Populationen von *E. caniola* durchaus verheerend auswirken können. Andererseits gibt es in Baden-Württemberg bisher noch kaum Hinweise auf dauerhafte Populationen außerhalb von Siedlungen, weshalb in dieser Richtung eine noch ungeklärte Gefährdung zu konstatieren ist. Über den weiteren Verlauf der wohl in erster Linie klimatisch bedingten Arealerweiterung lassen sich derzeit keine genaueren Angaben machen.

Eilema palliatella
(Scopoli, 1763)

Ockergelbes Flechtenbärchen

Lithosia unita HB. (REUTTI 1898, LAMPERT 1907, SEITZ 1907–1954, SPULER 1908–1910, REBEL 1910, ECKSTEIN 1913–1923, HERING 1932, SCHNEIDER 1936–1939, BERGMANN 1951–1955, KOCH 1955)

Eilema unita HBN. (FORSTER 1960, EBERT 1978)

Eilema unita HBN. (KOCH 1984, ROTE LISTE BRD 1984)

Gesamtverbreitung: Von der Iberischen Halbinsel über Süd- und Mitteleuropa ostwärts bis Innerasien. Im Süden erstreckt sich die Verbreitung durch den Mittelmeerraum, einschließlich Apennin- und Balkanhalbinsel sowie Sardinien und Sizilien bis Vorderasien, nach FREINA & WITT (1987) bis in den Iran, nach DANIEL (1965) und EBERT (1973) sogar noch bis nach Afghanistan (ssp. *sericeoalba* in Nuristan; ?ssp. im Safed Koh). Im Norden bis Südfinnland.

Verbreitung

Regional: Würde man alle historischen und aktuellen Fundmeldungen von *Lithosia unita* = *Eilema palliatella* aus unserem Faunengebiet ungeprüft in die Verbreitungskarte übertragen, müßte man diese Art als in allen Hauptnaturräumen (mit Ausnahme des Schwarzwaldes) vorkommend bezeichnen. In Wirklichkeit ist sie jedoch öfters sowohl mit *Eilema caniola*, als auch mit Vertretern des *Eilema pygmaeola-lutarella*-Komplexes, wahrscheinlich auch noch mit anderen (abgeflogenen!) *Eilema*-Arten verwechselt worden. Nach gegenwärtigem Kenntnisstand können aus unserem Untersuchungsgebiet nur 3 Fundorte (im Kaiserstuhl mehrere Fundstellen) nachgewiesen werden, wobei anzunehmen ist, daß die Art in Baden-Württemberg mittlerweile ausgestorben ist.

Die erste Meldung für den württembergischen Landesteil stammt von SEYFFER (1850), der »Tübingen und Reutlingen nicht selten« angibt. Sie wird weder von KELLER & HOFFMANN (1861), noch von SCHNEIDER (1937) bestätigt. Nachdem auch keine überprüfbaren Sammlungsbelege vorhanden sind, kann sie nicht als Nachweis gewertet werden.

REUTTI (1853) nennt die Art, unter Hinweis auf LEINER, für die Umgebung von Konstanz und gibt Heidelberg als fraglich an. Später bestätigt er den letztgenannten Fundort, fügt Waldshut hinzu und nennt die Art »besonders häufig im Schwetzinger Wald und bei Friedrichsfeld« (REUTTI 1898). Von diesen Fundortangaben kann nur letztere bestätigt werden, während die Tiere aus dem Schwetzinger Wald nach GREMMINGER (1952a) eher zu *E. pygmaeola* gehören. Seine Meldung aus Graben-Neudorf (GREMMINGER 1925) berichtigte er später selbst (s. unter *E. pygmaeola*).

Vom Kaiserstuhl meldet BROMBACHER (1933–1935) diese Art als »bei Ihringen und Vogtsburg nicht selten im Juli und August«, was später von weiteren Sammlern noch ergänzt wird, z.B. »nicht selten am Badberg Lichtfang 19.8.50 und 16.8.53« (SETTELE 1973). Unter dem 26.8.1923 (Kaiserstuhl-Limburg, O. SCHRÖDER) hatte sie bereits A. GREMMINGER in seine Kartei eingetragen, zusammen mit eigenen Funden im Kaiserstuhl (Schelingen und Achkarren).

Ein einzelnes Belegstück (coll. SMNS) stammt laut handschriftlichem Etikett von Neckarelz (16.8.1886, SCHUMANN). Weitere Meldungen zu diesem Fundort fehlen leider, so daß sich der Nachweis nur auf dieses eine Tier bezieht.

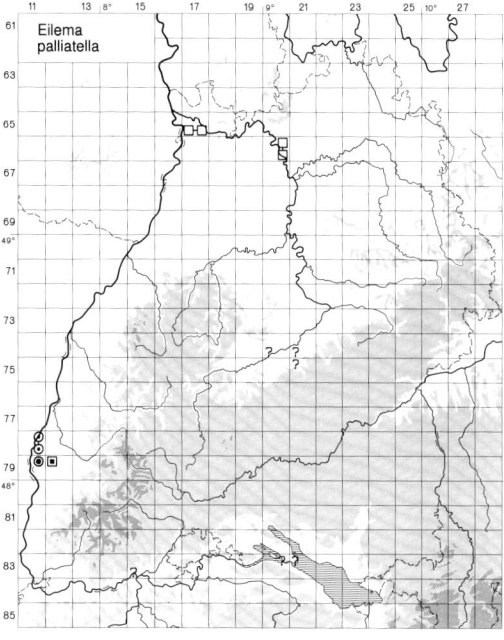

Das Ockergelbe Flechtenbärchen (*Eilema palliatella*) ist eine stenöke Art, die oft mit anderen verwechselt wurde, in Baden-Württemberg aber nur an zwei Stellen vorkam. Im Kaiserstuhl konnte sie noch bis Mitte dieses Jahrhunderts zusammen mit *Setina roscida* nachgewiesen werden. Wie diese ist sie aber auch dort, vermutlich aus denselben Gründen, ausgestorben. Das abgebildete Tier stammt aus Mainfranken, wo noch ein Vorkommen dieser Art bekannt ist. – 29.7.95 (e.l.-Zucht leg. H.-J. WEIDEMANN) G. EBERT. S.

Durch genitalüberprüfte Belegtiere abgesicherte Fundorte:

Oberrheinebene: Friedrichsfeld b. Mannheim (e.l. 4.8.1884, M. DAUB); Kaiserstuhl (ohne nähere Fundstellenangabe, 29.8.1936, 20.8.1938, A. GREMMINGER).
Neckar-Tauberland: Neckarelz (16.8.1886, SCHUMANN).

Zur Verbreitung und Bestandssituation dieser recht wärmeliebenden Art in Baden-Württemberg läßt sich heute zusammenfassend folgendes sagen:
1. *Eilema palliatella* ist auf Sandflächen bei Friedrichsfeld (Mannheim) vorgekommen und durch Sammlungstiere (11 Ex., LNK ex coll. M. DAUB und A. MEESS), die aus weitergezüchteten Freilandraupen stammen, belegt. Dazu existieren noch handschriftliche Aufzeichnungen von M. DAUB. Über das Jahr 1884 hinaus sind allerdings keine weiteren Meldungen mehr bekanntgeworden. Zeitangaben, die auf das Erlöschen dieser Population hindeuten, fehlen leider. Wahrscheinlich war sie schon zu Beginn dieses Jahrhunderts ausgestorben.
2. Das Vorkommen im Kaiserstuhl wird erstmals mit dem 26.8.1923 erwähnt (O. SCHRÖDER, nach Kartei A. GREMMINGER). Danach folgt eine Reihe von Funddaten verschiedener Sammler, die über die Jahre 1936–1938, 1946, 1950, 1953, bis 1954 reichen. Die letzte Meldung stammt vom 17.8.1954 (Achkarren, A. GREMMINGER). Danach scheint die auf mehrere Fundstellen verteilte Kaiserstuhl-Population erloschen zu sein.
3. Der Einzelfund bei Neckarelz aus dem Jahre 1886 kann im Nachhinein nicht als Nachweis dafür gelten, daß hier eine bodenständige Population bestanden hat.
4. Die alten Meldungen Tübingen, Reutlingen, Konstanz und Waldshut blieben unbestätigt; wahrscheinlich handelt es sich dabei durchweg um Fehlbestimmungen.
5. Ein Einzelfund wird vom 28.8.1947 (Kleinkems, E. LITZELMANN leg.) aufgeführt (LITZELMANN in SCHÄFER & WITTMANN 1966), ist aber nicht mehr überprüfbar und sehr wahrscheinlich auf Verwechslung (mit *E. caniola*?) zurückzuführen.

Vertikal: Die anhand mehrerer Belegexemplare überprüften und bestätigten Vorkommen stammen aus der planaren (Friedrichsfeld) und kollinen (Kaiserstuhl) Stufe.

Phänologie

Imagines: Aus den vorhandenen, leider nur spärlichen Daten läßt sich eine Flugperiode ermitteln, die sich von Anfang bis Ende August erstreckt und um die Monatsmitte ihren Höhepunkt erreicht.

Präimaginalstadien: Die einzigen hierzu passenden Daten fanden sich in den alten Aufzeichnungen von M. DAUB. Er entdeckte am 26. Mai (1884, Friedrichsfeld) »eine Anzahl Raupen«, desgleichen nochmals 4 Wochen später (29.6.). Am 20. Juli waren sämtliche Raupen verpuppt. Die Falter schlüpften »von Ende Juli bis Mitte August 1884«. Auch A. GREMMINGER hat diese Art offensichtlich aus Freilandraupen (Kaiserstuhl: Schelingen) gezüchtet, wie ein Karteieintrag über Schlüpfdaten vom »15.–20.8.36 e.l.« beweist. Angaben zu den Raupenfunden sind leider nicht vorhanden.

Ökologie

Lebensraum: Bei den Fundstellen in unserem Untersuchungsgebiet handelt es sich entweder um Sandrasen oder kalkhaltige Lößhänge. Genauere Angaben, die Rückschlüsse auf den Basengehalt und damit auf den jeweiligen pflanzensoziologischen Aspekt zulassen, fehlen leider. M. DAUB gibt an, die Raupen »auf Flechten (Cladonien-Arten)« gefunden zu haben. Damit ist jedoch noch kein genauer Hinweis auf den eigentlichen Lebensraum und schon gar nicht auf das Larvalhabitat gegeben. In Baden-Württemberg kommen allein 53–60 *Cladonia*-Arten vor, die meisten davon auf nährstoffarmen, flachgründigen Böden. Für kalkreiche Böden in Trockenrasen und Felsfluren sind folgende Sippen typisch: *Cladonia furcata, C. rangiformis, C. convoluta, C. symphycarpa* und *C. pyxidata*. Davon kommen auf dem Meßtischblatt Friedrichsfeld (Mannheim-Südost) die ersten drei, auf dem Blatt Kaiserstuhl nur *C. convoluta* und *C. symphycarpa* vor (WIRTH 1987). Ob eine oder mehrere davon die Nahrungspflanzen von *E. palliatella* waren, ist nicht mehr feststellbar.

Nahrung der Raupe:
Cladonia spec. – Becherflechte
   L (DAUB)

M. DAUB gibt »Cladonien-Arten« an (s. oben), vermerkt jedoch: »Die Raupen fressen auch sonstige niedere Pflanzen–Gräser«. Da es sich hierbei vermutlich um eine Beobachtung aus der Zucht handelt, werden diese Angaben nicht in die Nahrungspflanzentabelle übernommen. Demgegenüber führt A. GREMMINGER keine eigenen Beobachtungen an, sondern verweist auf VORBRODT (1911–1914):

»Die Raupe ... lebt bis Mai–Juni polyphag an Sand- und Steinflechten, welken Blättern und Blüten, bes. an warmen Hängen auf Kalkfelsen«. BERGMANN (1953) beschreibt die Raupe der f. *arideola* aus dem Kyffhäuser und meint, sie »frißt Steinflechten und abgefallene Blätter«.

Die Raupe des Ockergelben Flechtenbärchens ist von allen heimischen Arten dieser Gattung die wohl bunteste. Passend zu ihrer Färbung ist sie auf eine »Bunte Erdflechten-Gesellschaft« als Nahrungssubstrat spezialisiert, wie sie im Kaiserstuhl kleinflächig in Trockenrasengesellschaften (Xerobrometen) vorkam, inzwischen jedoch fast verschwunden ist. – 27.6.95 (e.l.-Zucht leg. H.-J. WEIDEMANN) G. EBERT. S.

Eine von J. WEIDEMANN (s. unten) erhaltene Raupe konnte erfolgreich mit Steinflechten gezüchtet werden (G. EBERT).

Nahrung des Falters: Keine Angaben aus Baden-Württemberg.

An sonnigen, felsigen Anhöhen des Rheintales wurden die Falter z.B. im Jahre 1874 in großer Zahl auf den vertrockneten Blüten von *Carlina vulgaris* gefunden, ein Jahr später dagegen auf den Blüten von *Eryngium campestre* (FUCHS 1876).

Habitat: Keine Angaben aus Baden-Württemberg (s. unter Lebensraum).

In Mainfranken kommt *E. palliatella* heute noch vor, durch optimale Biotoppflegemaßnahmen vielleicht sogar mit positiver Bestandsentwicklung. Lebensraum ist ein Faserschirm-Erdseggenrasen (Trinio-Caricetum humilis). Hier fand J. WEIDEMANN (pers. Mitt.) die Raupen dieser Art stellenweise sehr häufig, an heißen Tagen meist an Pflanzenstengel sitzend. Diese Pflanzengesellschaft fehlt in Baden-Württemberg. Im Kaiserstuhl ist dagegen das typische Xerobrometum südbadischer Ausbildung (Xerobrometi erecti), in dem sich u.a. *Cladonia furcata* und *C. pyxidata* als Begleitarten finden, in Betracht zu ziehen. Diese und andere, ökologisch verwandten Flechten kommen im Kaiserstuhl in weiteren Trockenrasengesellschaften, u.a. auch in Felsgrusgesellschaften vor. Auch im Tauberland gibt es noch Erdseggenrasen, allerdings ohne *Trinia glauca* (Faserschirm), aber mit den schon oben genannten Flechten, die allerdings in allen Gebieten stark im Rückgang begriffen sind (M. WITSCHEL).

Gefährdung und Schutz

Rote Liste Bundesrepublik: 2
Rote Liste Baden-Württemberg: 0

Oberrheinebene: Ausgestorben oder verschollen.
Schwarzwald: Nicht vertreten.
Neckar-Tauberland: Ausgestorben oder verschollen
Schwäbische Alb: Nicht vertreten.
Oberschwaben: Nicht vertreten.

- In Baden-Württemberg ausgestorben oder verschollen!

Wie in anderen Gebieten Deutschlands (z.B. Berlin: Jungfernheide oder Mitteldeutschland: Kyffhäuser) muß auch in Baden-Württemberg diese Art inzwischen als ausgestorben oder verschollen eingestuft werden. Über die Ursachen, die dazu geführt haben, können nur Spekulationen angestellt werden, absolute Klarheit besteht jedenfalls nicht. Eine Parallelität zur Bestandsentwicklung von *Setina roscida* im Kaiserstuhl ab den 50er

Jahren scheint realistisch, ist aber ohne die genaue Kenntnis der Larvalhabitate nicht beweisbar. Sollten Falter oder Raupen von *Eilema palliatella* doch noch in unserem Untersuchungsgebiet gefunden werden, sind sofortige Maßnahmen zur Erforschung, Sicherstellung und Erhaltung ihres Lebensraumes einzuleiten.

Eilema complana
(Linnaeus, 1758)

Gelbleib-Flechtenbärchen

Lithosia complana L. (REUTTI 1898, LAMPERT 1907, SEITZ 1907–1954, SPULER 1908–1910, REBEL 1910, ECKSTEIN 1913–1923, HERING 1932, SCHNEIDER 1936–1939, BERGMANN 1951–1955, KOCH 1955)

Gesamtverbreitung: Von Süd- und Westeuropa einschließlich der Britischen Inseln ostwärts bis zu den innerasiatischen Gebirgen. Im Süden durch den Mittelmeerraum (einschließlich Apennin- und Balkanhalbinsel sowie Korsika, Sardinien und Sizilien) bis Vorderasien, im Norden bis ins südliche Fennoskandien.

Verbreitung

Regional: Die beiden äußerlich auf den ersten Blick recht ähnlichen Arten *Eilema complana* und *E. lurideola* zeigen auch in ihrer regionalen Verbreitung große Übereinstimmung. Beide sind in allen 5 Hauptnaturräumen gleichermaßen gut vertreten, auch die Verbreitungslücken sind nahezu deckungsgleich und machen deutlich, daß wir es dabei in der Hauptsache mit Kartierungsdefiziten und artenarmen Wirtschaftsräumen zu tun haben. Die überwiegende Mehrzahl der Funde stammt aus der Zeit nach 1970 und vermittelt so ein relativ aktuelles Verbreitungsbild, das auch der historischen Aussage entspricht. Bei einer erfaßten Gesamtindividuenzahl von rd. 14 900 (*complana*) gegenüber 15 700 (*lurideola*) kann allerdings die frühere Meinung, wonach *complana* »häufiger« sei, nicht ohne weiteres bestätigt werden. Beide Arten haben eine deutliche Affinität zum Wald, die jedoch bei *lurideola* noch stärker ausgeprägt ist.

Das geläufigste Trennungsmerkmal zwischen beiden Arten ist die Ausbildung des gelben Costalrandes auf den Vorderflügeln. Auch die Färbung des Hinterleibes (»Gelbleib« = *complana*, »Grauleib« = *lurideola*) gibt einen guten Hinweis auf die habituelle Verschiedenheit beider Arten. Diese Merkmale sind bei der Determination des Materiales fast immer beachtet worden, so daß auch die von uns nicht überprüften Meldungen in der Regel als verläßlich gelten können. Daneben wurde zusätzlich eine Nachkontrolle von Sammlungstieren aus allen größeren Naturräumen des Landes vorgenommen und vielfach durch Genitaluntersuchungen abgesichert:

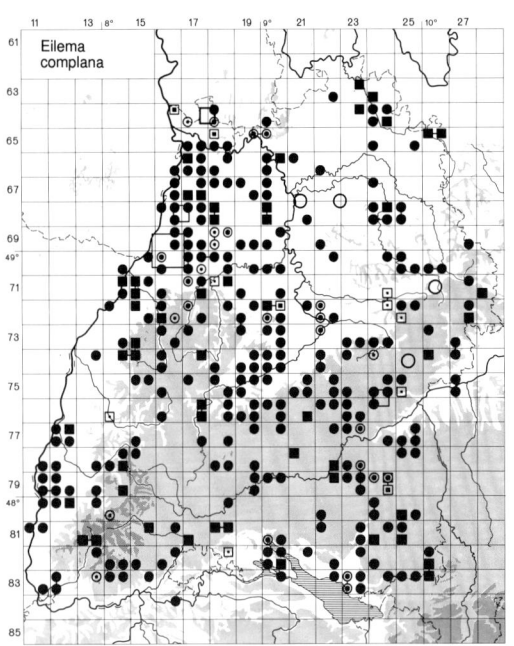

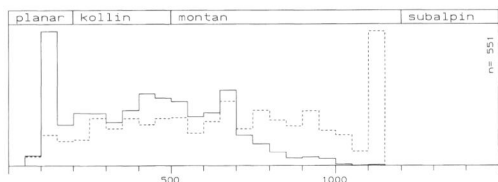

Oberrheinebene: Mannheim-Lampertheim, Ketsch, Bad Mingolsheim, Graben-Neudorf, Karlsruhe, Ettlingen, Wintersdorf, Rastatt, Kippenheim, Kaiserstuhl (diverse Fundstellen); Freiburg: Mooswald, Ebringen.
Schwarzwald: Neuenbürg-Engelsbrand, Pforzheim: Erzkopf, Hagenschießwald; Baden-Baden, Reichental, Bühlertal: Omerskopf; Ottenhöfen, Seebach, Zell am Harmersbach, Elzach: Rohrhardsberg; Wildgutach, Höllental, Utzenfeld, Wutach-Gutachbrücke.
Neckar-Tauberland und Randgebiete: Werbach, Oberlauda, Lauda, Bad Mergentheim, Königshofen, Creglingen, Weinheim: Bergstraße; Schriesheim-Altenbach, Mosbach, Enslingen, Schwaigern, Bretten, Dietlingen, Stuttgart, Tübingen, Altensteig, Sulz am Neckar, Wutach-Flühen.
Schwäbische Alb: Utzmemmingen, Nenningen, Fleinheim, Lonsee, Heldenfingen, Herrlingen, Schelklingen, Oberstetten, Veringenstadt, Engen.

Oberrheinebene

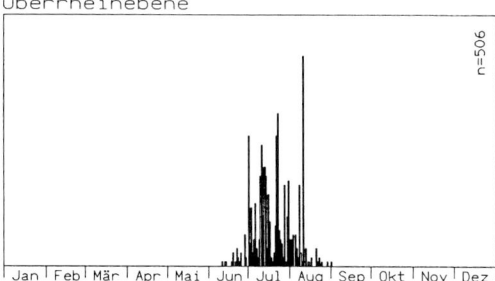

Schwarzwald

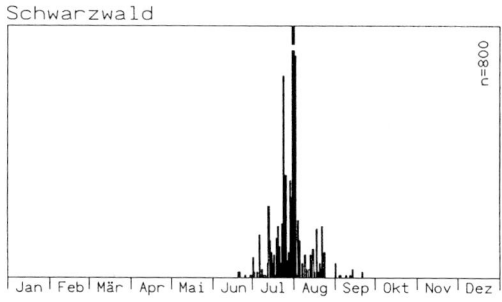

Neckar-Tauberland

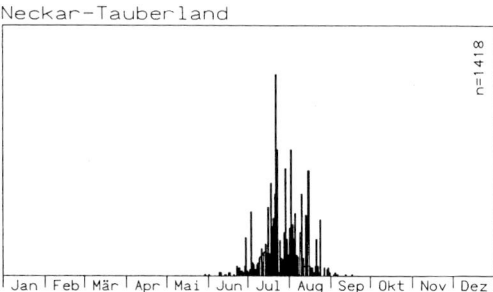

Schwäbische Alb

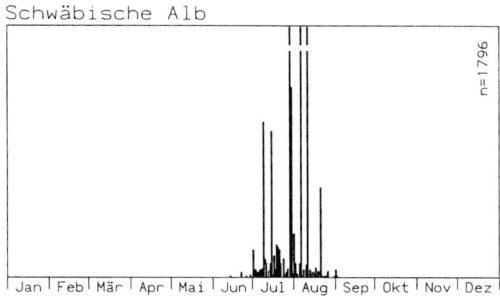

Oberschwaben

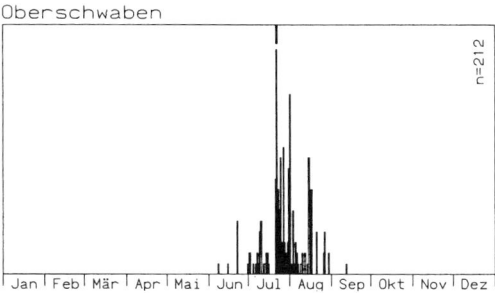

Oberschwaben und Randgebiete: Federsee, Ummendorf, Bad Wurzach: Alberser Ried; Baienfurt, Gründlenried, Eintürnen: Holzmühleweiher; Singen: Hohentwiel; Überlingen, Litzelstetten: Bussenried; Isny.

Vertikal: Die vertikale Verbreitung reicht von der Ebene bis in die hochmontane Stufe. Die höchsten Fundstellen wurden bei uns im Schwarzwald registriert (Elzach: Rohrhardsberg oberhalb 1100 m).

Phänologie

Imagines: Die Flugzeit beginnt bei dieser univoltinen Art um die Monatsmitte Juni. Beobachtungsdaten vor diesem Zeitpunkt sind spärlich. Der bisher früheste Fund wurde im Kraichgau am 29. Mai (1987, Walzbachtal-Jöhlingen, F. LAIER) notiert. Der Höhepunkt der Flugzeit fällt in die 2. Julihälfte, in den kühl-feuchten Regionen auf die Monatswende Juli/August. Ende August klingt sie in allen Naturräumen aus, wobei Nachzügler noch bis weit in den September hinein auftreten können (z. B. 21.9.1985, Hörden, R. HERRMANN/A. Steiner).

Präimaginalstadien: Raupen dieser Art wurden oftmals gefunden, die meisten davon nach der Überwinterung im Mai, also im (fast) erwachsenen Zustand.

Funddaten: 21.2. und 17.3.1990 (Schönbuch), 16.4.1988 und 24.4.1987 (Obere Gäue), 10.5.1992 (Oberrheinebene), 17.5. und 24.5.1921 (Bodensee), 2.5.1986 und 29.5.1983 (Schwarzwald), 22.5.1991 (Stromberg), 23.5.1986 und 28.5.1992 (Schwäbische Alb), 31.5.1987 (Schwäbisch-Fränkische Waldberge), 5.6.1986 (Neckarbecken). Der phänologisch späteste Raupenfund (»fast erwachsen«, M. ALBRECHT) wurde unter dem 8.6.1986 (Oberschwaben) notiert.

Eine am 2.6.1992 auf der Schwäbischen Alb (Böttingen, M. MEIER) gefundene Raupe verpuppte sich am 6.6. und ergab vier Wochen später (5.7.1992) den Falter (E. ECKERT). Eine am 18.6. (1983, Todtnau-Schlechtnau, F. EBSER) verpuppte Raupe ergab am 5.7. den Falter. Die Puppenruhe dauert demnach 3–4 Wochen.

Ökologie

Lebensraum: Geht man von den zumeist am Licht registrierten adulten Tieren aus, so umfaßt der Lebensraum dieser Art das gesamte Spektrum feuchter bis trockener Wälder und Forsten, d. h. periodisch überschwemmte Auenwälder und trockene Kiefernforste auf Sandböden der Rheinebene sind dabei ebenso vertreten wie die

Typisches Merkmal der Falter des Gelbleib-Flechtenbärchens (*Eilema complana*) ist ihr gelber, bis zur Flügelspitze durchgezogener Vorderflügelrand. Bei diesem Pärchen ist es am Männchen (oben) besonders gut zu sehen. Daran und an den in der Ruhe um den Körper gerollten Flügeln ist diese Art relativ leicht zu erkennen. – Blumberg, Eichberg 22.7.95 A. STEINER. LF.

Laubmischwälder des Hügel- und Berglandes und die Tannen-Fichtenwälder der höheren Mittelgebirgslagen. Hier werden die Falter zumeist auf Lichtungen, Schlagfluren, an Außen- und Binnensäumen, im Schwarzwald auch auf Blockschuttfluren und felsigen Hängen (Viehweiden!) gefunden. Zum Lebensraum gehören ferner sekundäre und primäre Bruchwälder, offenes Hochmoor und Spirkenwaldhochmoor, felsenreiche Trockenhänge wie überhaupt ein mosaikreiches Offenland bis hin zum Siedlungsraum. Viele nur hier vorhandene, sowohl natürliche als auch anthropogene Kleinbiotope wie Steinbrüche, alte Weinberge mit Trockenmauern, Straßenbegrenzungssteine, Gärten usw. spielen dabei als Larvalhabitate sicherlich eine wichtige Rolle, sind aber noch nicht näher untersucht worden.

Nahrung der Raupe:
Lichenes indet. – Flechten
  L (ALB, BLÄ, EBE, EBS, HEI, HER, HIR, MER, STN)

Die Raupe dieser Art ist in unserem Untersuchungsgebiet wiederholt an Flechten gefunden worden. Meist handelte es sich dabei um Steinflechten, wobei auch mehrfach der Freßvorgang beobachtet werden konnte (G. EBERT, N. HIRNEISEN, A. STEINER). Eine artgenaue Bestimmung dieser Flechtenarten steht allerdings noch aus. Daneben wurden die Raupen desöfteren an Grashalmen (N. HIRNEISEN, F. NANTSCHEFF, A. STEINER) oder krautigen Pflanzen wie z. B. dem Krausen Ampfer (M. ALBRECHT) bemerkt, was vermutlich nichts mit der Nahrungsaufnahme zu tun hat. Interessant ist eine Freilandbeobachtung an Moos (A. STEINER) insofern, als eine Raupe in der Zucht mit Vorliebe Moos fraß (G. EBERT/ E. ECKERT). Ebenso bemerkenswert ist der Fund je einer erwachsenen Raupe in »Torfheide mit Heidekraut« (Federseemoor) und an einem flechten- und algenbedeckten Zweig eines dürren, ca. 0,5 m hohen Zwergstrauches auf Moorboden (Wurzacher Ried). In beiden Fällen kommen Steinflechten als Nahrung nicht in Betracht (H. HEIDEMANN). Ansonsten wurden die Raupen tagsüber »in der Sonne sitzend, nicht fressend«, »über den Weg laufend« (N. HIRNEISEN, A. STEINER), aber auch »am Tag fressend« (G. EBERT, F. EBSER) beobachtet. Bei einer Zucht von *E. complana*-Raupen von der Schwäbischen Alb (Ulm–Gerhausen, Bahndamm) wurde notiert, daß sie an *Sedum album* fraßen (J. HOLSTEIN).

Nahrung des Falters: Nur einmal wurde ein Falter auf der Acker-Kratzdistel (*Cirsium arvense*) notiert (T. ESCHE). Nach BERGMANN (1953) saugen die Falter tagsüber gerne an Disteln und Skabiosen.

Habitat: Zwar geben REUTTI (1898) wie auch GAUCKLER (1921) Flechten an Laubhölzern als (einzige) Nahrungsquelle der Raupen an, doch fehlt es bisher an der genauen Beschreibung eines solchen Habitates durch entsprechende Freilandbeobachtung, obwohl die überaus häufigen Falterfunde in Laub- und Nadelwäldern oder an laubholzreichen Stellen in der offenen Landschaft darauf hindeuten. Als Larvalhabitate eindeutig erkannt wurden dagegen flechten- und moosbewachsene Trockenmauern (meist Sandstein) in Weinbergen, Muschelkalkfelsen sowie Granit- und Gneisbrocken im Wald, an Straßenböschungen oder auf Viehweiden bzw. in Gestalt alter Straßenbegrenzungssteine. R. HERRMANN entdeckte eine Raupe auf flechtenbewachsenem Fels im Xerobrometum des NSG Orberg (Kaiserstuhl). Der Raupenfund im Moor deutet auf ein von diesem Muster abweichendes Entwicklungshabitat hin. Immerhin konnte innerhalb der oberschwäbischen Moore aufgrund kontrollierter Lichtfänge das offene Hochmoor als Schwerpunkt des Vorkommens von *E. complana* ermittelt werden (MEINEKE 1982).

Verhalten: Der fast immer nur am Licht wahrgenommene Falter kann zuweilen auch am Tag beobachtet werden (z. B. auf Blüten, s. oben). An einem Magerrasenstandort (Schwäbische Alb) sah ihn A. STEINER »vor Einbruch der Dämmerung freifliegend, ohne aufgescheucht worden zu sein«. In der Ruhe hält er seine Flügel röllchenförmig um den Körper gelegt und kann dadurch sofort von der Vergleichsart *E. lurideola* unterschieden werden.

Gefährdung und Schutz

Rote Liste Bundesrepublik: –
Rote Liste Baden-Württemberg: –

Oberrheinebene: Nicht gefährdet.
Schwarzwald: Nicht gefährdet.
Neckar-Tauberland: Nicht gefährdet.
Schwäbische Alb: Nicht gefährdet.
Oberschwaben: Nicht gefährdet.

• In Baden-Württemberg nicht gefährdet!

Lithosia quadra
(Linnaeus, 1758)
Vierpunkt-Flechtenbärchen

Gnophria quadra L. (REUTTI 1898)
Oeonistis quadra L. (LAMPERT 1907, SEITZ 1907–1954, SPULER 1908–1910, REBEL 1910, ECKSTEIN 1913–1923, HERING 1932, SCHNEIDER 1936–1939, BERGMANN 1951–1955, KOCH 1955)

Gesamtverbreitung: Von der Iberischen Halbinsel über Westeuropa einschließlich der Britischen Inseln ostwärts durch die gemäßigte Zone bis Ostasien. Im Süden durch den nördlichen Mittelmeerraum (einschließlich Italien, Korsika und Sardinien) bis Kleinasien und zum Kaspischen Meer (Nordiran), im Norden bis ins südliche Fennoskandien.

Verbreitung

Regional: *Lithosia quadra* ist unter den einheimischen Flechtenbärchen wohl die auffälligste Art. Ihr Sexualdimorphismus, der zu Trivialnamen wie »Stahlmotte« (für das Männchen) und »Vierpunktflechtenbär, Vierpunktmotte« oder »Würfelmotte« (für das Weibchen) geführt hat, wird in dieser ausgeprägten, in Zeichnung und Färbung unterschiedlichen Form von keiner anderen europäischen Lithosienart erreicht. Bereits ROTH VON SCHRECKENSTEIN (1800) führt *L. quadra* mit dem Hinweis »Nicht ganz selten« in seinem Verzeichnis aus dem Quellgebiet von Donau und Neckar auf. KELLER & HOFFMANN (1861) melden sie aus

Die Raupe trägt eine doppelte, orangefarbige Fleckenreihe auf dem Rücken, die allerdings nicht bis zu den vordersten Segmenten reicht und außerdem von weißen Punkten begleitet wird. Sie lebt an vielerlei Flechten in sehr unterschiedlichen Habitaten (siehe z. B. unter *S. striata*). Oft findet man sie in der Sonne an Grashalmen oder auf krautigen Pflanzen ruhen. – Schwäbische Alb, Stettener Berg 26.5.86 A. STEINER.

der Umgebung von Stuttgart »an den mit Flechten stark bewachsenen Kastanienbäumen zunächst der Solitude, äußerst gemein, dann aber wieder jahrelang geradezu selten«. Aus Baden wurde sie von REUTTI (1853) als »Ueberall häufig« angegeben. Der gleiche Autor bezeichnet sie später als »in manchen Jahren ungemein häufig« und verweist darauf, daß sich die Falter »im Bahnhof zu Karlsruhe am elektrischen Licht zu Tausenden« einfanden (REUTTI 1898). 1888 und 1889 waren solche Jahre mit auffallendem Massenwechsel. Im Jahre 1901 zeigte sich *L. quadra* »nach etwa 10jähriger Pause ... wieder in großer Menge, Ende Juli bis Anfang August« (GAUCKLER 1901). SCHNEIDER (1937) führt für Württemberg die Jahre 1917 (Ellwangen) und 1921 (Reichenbachtal) an. In der Umgebung von Stuttgart soll sie 1938 »ungemein häufig« gewesen sein (SCHNEIDER 1939). Auch aus Böhmen wurde *L. quadra* »1938 zahlreich nach jahrelangem Fehlen« gemeldet (Anonymus [MICHEL, J.] 1940). Nach A. GREMMINGER (Kartei) fand 1932 Gewährsmann KLINGER die Raupen im Staatswald nördlich von Graben-Neudorf sehr häufig, sonst nur einzeln. NÖRDLINGER (1880) verweist auf »viele Exemplare der *Quadra*«, welche die Nonnenkalamität im Altdorfer Wald des Jahres 1840 begleiteten. Zur gleichen Zeit wurde bei Ellwangen ein verstärktes Auftreten des »Vierpunktspinners«, wiederum parallel zur *Lymantria monacha*-Gradation, festgestellt: »Bei dem fürstl. Oertingen-Wallerstein'schen Schloß Baldern, das ringsum mit Anlagen versehen ist, war der erste Raupenschaden von *Ph. quadra* in einer 30jährigen Fichten-Pflanzung zu sehen. Die Raupen hatten viele Gipfel und Seitenzweige entnadelt, doch ist der Schaden im Allgemeinen nur unbedeutend« (BRECHT 1839).

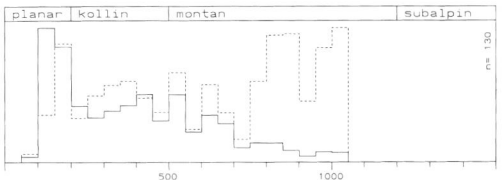

Ein derart gehäuftes Auftreten ist schon seit langem nicht mehr beobachtet worden. Zwar wurden besonders in den Jahren 1954, 1963, 1974 und 1988 gebietsweise jeweils mehrere bis zahlreiche Falter notiert, dennoch ist nicht zu übersehen, daß diese früher aus allen Naturräumen nachgewiesene Art heute ausgesprochen selten geworden ist. Diese deutlich rückläufige, wohl mit Arealverlusten verbundene Bestandsentwicklung wird in der Verbreitungskarte durch die vielen alten, nicht mehr bestätigten Fundpunkte sichtbar. G. REICH (Aufzeichnungen 1910–1965) bezeichnet *L. quadra* noch als »nicht selten bis häufig im Gebiet« und verweist auf Raupen- und Falterfunde »in Anzahl« im Dürnachtal oder bei Schelklingen (»jedes Jahr«), sowie im »Federseemoor auch viel a[m] Li[cht]«. Später konnte in Oberschwaben während einer über zwei Jahre (1977/78) in 10 ausgewählten Untersuchungsgebieten (darunter auch das Federseemoor) durchgeführten intensiven Lichtfallen-Kontrolle nur 1 Exemplar notiert werden, während im gleichen Zeitraum von *Eilema deplana* 210, von *E. complana* 892 und von *E. lurideola* insgesamt 430 Falter registriert wurden (MEINEKE 1982). Doch auch in den vergangenen zwei Jahrzehnten gab es bei *L. quadra* periodische Häufigkeitsschwankungen. So wurde sie z.B. bei Bietenhausen (Starzeltal) um die Mitte der 70er Jahre in größerer Anzahl beobachtet. Die Vermutung liegt nahe, daß sich die Raupen in einem trockenen Eichenbuschwald (Kapfhalde!) optimal entwickeln konnten und Falterfunde, die in der weiteren Umgebung notiert wurden, auf Dispersion zurückzuführen sind (J.U. MEINEKE). Das gleiche Phänomen wurde übrigens in einem am Mittelrhein auf Fels stockenden, trockenen Eichenbuschwald wahrgenommen (P. PRETSCHER).

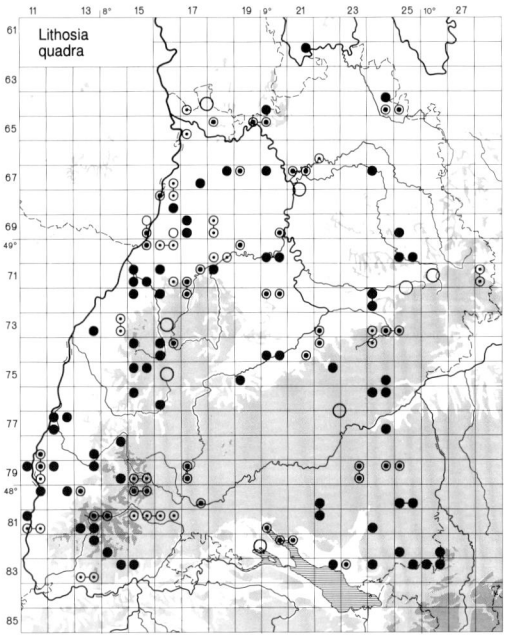

Vertikal: Entsprechend ihrer weiten Verbreitung in allen 5 Hauptnaturräumen des Landes wurde L. quadra von der Ebene bis ins höhere Bergland festgestellt. Die höchsten Fundstellen liegen wohl am Feldberg (ohne Höhenangaben, Kartei A. GREMMINGER), d. h. im hochmontanen/subalpinen Bereich. Bei Schollach wurde sie um 1000 m gefunden (K. STROBEL).

Phänologie

Imagines: Die Flugzeit dieser Art beginnt in der Regel um die Monatswende Juni/Juli und dauert bis Mitte (Ende) August. Einzelne Exemplare sind aber auch schon um Mitte Juni und noch im September beobachtet worden. Aus Weinheim (Bergstraße) liegt sogar ein mit 8. 5. 1934 bezetteltes Belegstück vor, ein weiteres vom 18. 6. 1959 (H. LIENIG). Im Durlacher Wald bei Karlsruhe hat G. KABIS am 17.6.1907 ein Weibchen gefangen. Späte Funddaten sind der 1.9. und 6.9. (jeweils 1954, Höfen: Eyachtal, M. WALLNER; Schwenningen, H. HERRMANN; Ettlingen: Hardtwald, P. PEKARSKY); 12.9. (1965, Freudenstadt, E. KIEFER), 17.9. (1993, Breisach, AG FREIBURG) und 28.9. (1969, Karlsruhe: Rheinwald, W. WEISSIG). Aus dem württembergischen Allgäu liegen 2 Exemplare vom 5.9. (1955 und 1974, Isny, M. SCHLUSCHE) vor. Auch früher wurden solch späte Tiere schon bemerkt: »Bei Karlsruhe eine zweite Generation in der zweiten Hälfte des September, meistens ♂♂, verschiedentlich beobachtet« (REUTTI 1898). Ob es sich dabei tatsächlich um Nachkommen von Juli-Tieren und damit um eine partielle 2. Gen. oder um Nachzügler der 1. Gen. handelt, ist nicht bekannt.

Präimaginalstadien: Die Raupen wurden nach der Überwinterung schon öfters gefunden, leider jedoch nie zeitgenau protokolliert. Nur A. GREMMINGER vermerkt zum Fund einer erwachsenen Raupe das genaue Datum (29.6.1938, Wutach-Gauchach, »davon Falter 29.7.38«). Auch G. REICH fand seine 12 Raupen im Juni (1937, Schelklingen).

Ökologie

Lebensraum: Die Fundstellen der meist am Licht gefangenen Falter sind über das ganze Land verstreut und entsprechend heterogen. Auenwälder der Ebene und Laubmischwälder des Hügel- und Berglandes, insbesondere eichenreiche Wälder, gehören ebenso dazu wie montane Fichten- und Tannenwälder oder gebüschreiche Trockenhänge in Jura- und Muschelkalklandschaften oder Weidfelder auf Urgestein. Hinzu kommen reich gegliederte Siedlungsräume mit Gärten und Parkanlagen, d. h. der Lebensraum adulter Tiere muß als sehr indifferent bezeichnet werden.

Nahrung der Raupe:
Lichenes indet. – »Flechten«
L (GAU, KEL, REU, SCN)

Hinweise auf »Baumflechten« als Raupennahrung sind aus unserem Faunengebiet mehrfach vorhanden (KELLER & HOFFMANN 1861, GAUCKLER 1896, REUTTI 1898). Im einzelnen werden Flechten an Kastanienbäumen (bei Stuttgart) und Buchenstämmen (Durlacher und Rittnertwald bei Karlsruhe) genannt. SCHNEIDER (1937) fand die Raupen zahlreich an Eichen (Flechten an Eichenstämmen?). In England sollen sie an Flechten, speziell *Peltigera canina* leben, die an den Stämmen und Ästen von Eichen und anderen Bäumen wachsen (HEATH & EMMET 1979).

Oberrheinebene

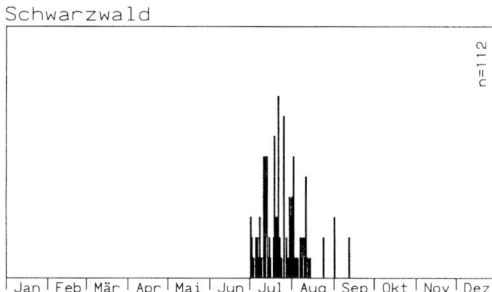

Schwarzwald

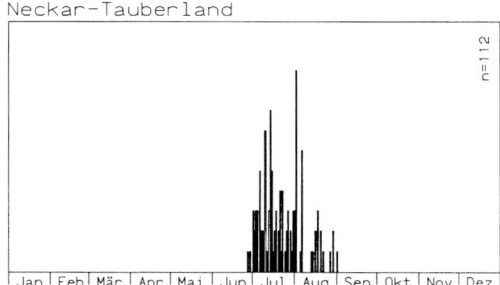

Neckar-Tauberland

Im Rheinwald bei Emmendingen wurden die Raupen im Jahre 1932 »zahlreich an den Pfosten der Baumschule« entdeckt, »deren feiner Flechtenbelag ihre Nahrung bildete« (SERMIN 1959). Dazu paßt eine alte Meldung aus Westfalen »auch an alten Gartenzäunen« (SPEYER 1867). G. REICH fand sie »auf junger Fichte«. In krassem Widerspruch dazu steht der Hinweis auf »eine einzelne Raupe fressend an den Blättern der Schlehe« (H. HERRMANN 1970).

REUTTI (1898) gibt, vermutlich aus der Literatur übernommen, »an Flechten der Bäume, aber auch an Tannen, Fichten, Lärchen, Eichen, Buchen, die Triebe und Blüten fressend und dadurch schädlich werdend« an. BERGMANN (1953 führt, unter Hinweis auf Nahrungsmangel infolge Massenauftretens (bei Zeitz) nur »Blätter

Das Männchen ist kaum kleiner als das Weibchen, hat aber keine Punktzeichnung. Die Vorderflügel sind vielmehr gelb, mit stahlgrauem Schimmer, daher auch der alte Name »Stahlmotte«. – Taubergießen 12.7.94 H. LUSSI. LF.

Das Vierpunkt-Flechtenbärchen (*Lithosia quadra*) ist die größte einheimische Art dieser Gruppe. Bei keiner anderen ist der Unterschied beider Geschlechter so deutlich ausgeprägt. Das Weibchen trägt auf jedem der beiden Vorderflügel zwei blauschwarze Punkte, deshalb auch der alte Name »Vierpunktmotte«. – Bodensee, Lochmoos 5.8.81 G. EBERT. LF.

und Blüten« auf. URBAHN & URBAHN (1939) verweisen auf ein stellenweises Massenvorkommen in Pommern im Jahre 1938 und darauf, daß die Raupen, »außer Flechten auch Blätter und Fichtennadeln annehmen und leicht zu Mordraupen werden«. BERGMANN (1953) gibt dazu an: »In Nadelwaldungen, wo die Nonnenraupe in Massen auftritt, wird die Raupe nützlich, indem sie sich als Mordraupe betätigt und die Nonnenraupen vertilgt«. Er bezieht sich dabei auf FÖRSTER (1935), bei dem sich jedoch keine solchen Angaben finden. Wenn URBAHN & URBAHN (1939) schreiben, daß die Raupen von *L. quadra* »gern Nonneneier fressen, auch Raupen« und deshalb »in Nonnenjahren zahlreich auftreten«, so beziehen auch sie sich dabei nicht auf eigene Beobachtungen, sondern auf MÖSCHLER (jedoch ohne nähere Angaben; in MÖSCHLER 1857 [»Die Schmetterlinge der Oberlausitz« Band 1] fehlt ein solcher Hinweis!). Weitere Nachforschungen durch P. PRETSCHER[1] und die dabei von den Forstwissenschaftlern W. SCHWENKE (Gröbenzell) und G. WELLENSTEIN (Freiburg) erhaltenen Auskünfte haben weder die Richtigkeit dieser Aussage bestätigt noch deren Quelle ermitteln können. T. SOBCZYK machte in diesem Zusammenhang auf eine, wiederum sekundäre, Textstelle von PABST in KRANCHERS Entomologischem Jahrbuch (1904) aufmerksam: »Außerdem ist sie [*L. quadra*] noch Mordraupe, und man hat beobachtet, daß sie mit Vorliebe die Raupen der Nonne, *Psilurus monacha* L., verzehrt.«

Nach NÖRDLINGER (1880) begleitete *Lithosia quadra* die Nonne bei deren verheerendem Auftreten in den Wallerstein'schen Waldungen (Ostwürttemberg) »jedoch in Minderzahl. Man traf die Raupe vorzugsweise in 40jährigen, etwas gelichteten Tannenbeständen, an den Stämmen sitzend. Verpuppung und Flugzeit fielen so ziemlich mit denen der Nonne zusammen. Im zweiten Jahr, wo man sie oft in ungeheurer Menge an einer Stelle sah, verschwand sie ebenfalls wieder ohne Schaden. Neuere Beobachtungen haben ja aber gelehrt dass sie nur unschädlich Flechten und Moose frisst«.

Der von BRECHT (1839) aus dem Osten unseres Faunengebietes gemeldete Schadfraß in einem 30jährigen Fichtenbestand wirft nach so langer Zeit erneut die Frage auf, ob die Raupen von *L. quadra* tatsächlich Fichtennadeln verzehrt haben. Mit ihr hat sich damals schon RATZEBURG (1840) eingehend befaßt. Dafür, daß sie nur Flechten fressen, gibt er vier Gründe an, 1. »Sie hungerten mehrere Tage lang, als ich sie mit Kiefern- und Buchenzweigen zusammen eingesperrt hatte, 2. Sie fielen, als ich ihnen Flechten vorwarf, gierig über diese her und versammelten sich nur um diese. 3. Ich habe sie auch im Freien nur an den Flechten der Stämme (*Parmilia furfuracea, saxatilis, olivacea* u. A.) fressend gefunden. 4. Die Buchen, auf denen sie zu Hunderten saßen, hatten nur wenig Laub verloren, und dies war nur durch den Fraß der gleichzeitig vorhandenen Nonne zerstört worden . . .«. Den »Verfechtern der Laubnahrung« tritt er mit der Vermutung entgegen, daß sie sich in ihren Beobachtungen haben täuschen lassen. Tatsächlich findet man im Standardwerk über die Forstschädlinge Europas (SCHWENKE 1978) zwar die Angabe, daß die Raupen bei starker Vermehrung »auch die Blätter

Mit der Raupe von *L. quadra* – hier ein zu Dokumentationszwecken präpariertes Exemplar (Dürnachtal 5.6.47 G. REICH) – haben sich schon im vergangenen Jahrhundert die Forstzoologen beschäftigt. Sie taucht immer dann in großer Zahl auf, wenn auch die Nonnenraupe (*Lymantria monacha*) in Massen die Fichtenforste heimsuchte. Zunächst glaubte man, daß auch sie Fichtennadeln fräße, später, daß sie auch Buchen entlauben könne und zuletzt, daß sie die Eier und Larven der Nonne verspeise. Sie lebt jedoch, wie die Raupen anderer verwandter Arten auch, von Flechten, insbesondere an Laub- und Nadelhölzern. – 15.8.96 G. EBERT. S.

und Nadeln ihrer Wohnbäume« fräßen und dadurch schon mehrfach schädlich wurden, doch auch hier wiederum keine konkreten Beobachtungsgrundlagen, sondern nur den Hinweis auf FORSTER (1960), dessen Aussage (ohne Quellenangabe) sicherlich nicht auf eigenen Beobachtungen beruht und selbst wieder von anderen Autoren (KOCH 1984, FREINA & WITT 1983) kopiert wurde. BRAUNS (1970) drückt sich da schon vorsichtiger aus wenn er schreibt »zuweilen aber auch an den Blättern oder Nadeln der besetzten Stämme vorkommend«.

Nahrung des Falters: Beobachtungen über Blütenbesuch liegen nicht vor. Dagegen wurden die Falter schon mehrfach am Köder registriert (BROMBACHER 1935, A. GREMMINGER, H. ROMETSCH, K. STROBEL).

Habitat: Aufgrund der wenigen, dazu noch ungenau protokollierten Raupenfunde können keine direkten Angaben zum Habitat gemacht werden. Die Funde von H. GAUCKLER sind den Eichen-Hainbuchen-Wäldern (Carpinion), diejenigen von SERMIN der Hartholzaue (Alno-Ulmion) zuzuordnen. Damit ist jedoch nur ein kleiner Teil des sicherlich sehr breiten Habitatspektrums benannt. Eine besondere Bedeutung könnte dem Steppenheidewald (Quercion pubescenti-petraeae) zukommen, muß aber noch erforscht werden.

---

[1] Allen hier genannten Herren sei auch von dieser Stelle aus herzlich gedankt!

Verhalten: Die Falter sind nachtaktiv und kommen anscheinend gerne zum Licht. Tagsüber ruhen sie an Stämmen, wie z. B. von M. DAUB und von A. GREMMINGER im Hardtwald bei Karlsruhe oder von G. REICH in Oberschwaben (ein Weibchen »frischgeschlüpft auf Apfelbaum«) festgestellt.

Unter Hinweis auf eine Massenvermehrung im Jahre 1889 im Forstbezirk Kuppenheim (Hardtebenen/Nördlicher Talschwarzwald) wird zu den ungemein zahlreichen Raupen bemerkt, daß sie in Gesellschaften von 30–60 (reihenweise) stammaufwärts liefen, sich bei trockenem Wetter versteckt hielten und nach dem Regen überall im Walde wieder zum Vorschein kämen (REUTTI 1898). Diese bemerkenswerte Beobachtung spricht dafür, daß die Raupen auch bei Massenvermehrung ihr lichenophages Verhalten nicht ändern, womit die Ansicht von RATZEBURG (1840) Unterstützung findet.

Gefährdung und Schutz

Rote Liste Bundesrepublik: G
Rote Liste Baden-Württemberg: U

Oberrheinebene: Noch ungeklärt.
Schwarzwald: Noch ungeklärt.
Neckar-Tauberland: Noch ungeklärt.
Schwäbische Alb: Noch ungeklärt.
Oberschwaben: Noch ungeklärt.

- In Baden-Württemberg eine Art mit ungeklärter Gefährdung!

Lithosia quadra fehlt noch in den Roten Listen der 70er und 80er Jahre (EBERT 1978, PRETSCHER et al. 1984). Die wenigen Funde in den vergangenen zehn Jahren und die vielen, über das ganze Land verteilten alten Fundorte, für die es keine Bestätigung mehr gibt, deuten auf eine stark rückläufige Bestandsentwicklung hin, deren Ursachen noch nicht näher erkannt sind. Möglicherweise handelt es sich um eine qualitative Veränderung der Flechtennahrung aufgrund von Schadstoffeinwirkungen aus der Luft. Inwieweit periodische Häufigkeitsschwankungen dieses Gesamtbild beeinflußt oder verändert haben, ist noch zu klären.

Arctiinae

Von GÜNTER EBERT p. p.[1]

Die Unterfamilie Arctiinae (»echte Bären«) war in Baden-Württemberg noch zu Beginn dieses Jahrhunderts mit 16 Arten vertreten, eine weitere Art (*Utetheisa pulchella*) tritt als Wanderfalter bei uns nur selten in Erscheinung. Drei Arten sind davon bereits ausgestorben (*Hyphoraia aulica, Arctia villica, Ammobiota festiva*), zwei weitere Arten vom Aussterben bedroht (*Pericallia matronula, Phragmatobia caesarea*).

Fünf Arten müssen zwischen »stark gefährdet« und »Vorwarnstufe« eingereiht werden (*Spiris striata, Parasemia plantaginis, Arctia caja, Rhyparia purpurata, Spilosoma urticae*), eine weitere (*Eucharia deserta*) gehört zu den »Arten mit geographischer Restriktion« (R-Arten), so daß eigentlich nur fünf Arten (*Diacrisia sannio, Spilosoma lubricipeda, Spilosoma luteum, Diaphora mendica, Phragmatobia fuliginosa*) übrig bleiben, die gegenwärtig als »nicht gefährdet« bezeichnet werden können.

Dies erscheint insofern verwunderlich, als alle Arctiinae-Arten mehr oder weniger polyphag sind und von den Nahrungsressourcen her eigentlich keine Probleme haben sollten. Die stark rückläufigen Bestandsentwicklungen, die bei mehreren Arten bereits zum Erlöschen von Populationen geführt haben, lassen auf artspezifisch hohe Standortansprüche und/oder Unverträglichkeit bestimmter anthropogener Einflüsse (Nutzungsänderungen und Intensivierungsmaßnahmen in der Landwirtschaft wie Aufgabe der Dreifelderwirtschaft, Einsatz von Herbiziden etc., vermutlich auch Immissionsbelastungen) schließen. Beispiele dazu werden bei den betroffenen Arten im Kapitel »Gefährdung und Schutz« aufgeführt. Hier ist noch ein weites Betätigungsfeld in der Erforschung kausaler Zusammenhänge!

Alle hier behandelten Arten (bis auf *Utetheisa pulchella*) haben einen mehr oder weniger stark rudimentären Saugrüssel und sind deshalb nicht in der Lage, Nektar aufzunehmen. Auf das Kapitel »Nahrung des Falters« kann deshalb in dieser Unterfamilie verzichtet werden.

---

[1] Die Arten *Phragmatobia caesarea* und *Eucharia deserta* wurden von AXEL HOFMANN und RENÉ HERRMANN, *Pericallia matronula* von JÖRG-UWE MEINEKE bearbeitet.

Spiris striata
(Linnaeus, 1758)
Gestreifter Grasbär

Emydia striata L. (REUTTI 1898)
Coscinia striata L. (LAMPERT 1907, SEITZ 1907–1954, SPULER 1908–1910, REBEL 1910, ECKSTEIN 1913–1923, HERING 1932, SCHNEIDER 1936–1939, BERGMANN 1951–1955, KOCH 1955, FORSTER 1960, STRESEMANN 1969, EBERT 1978)

Coscinia striata L. (KOCH 1984, ROTE LISTE BRD 1984, FREINA & WITT 1987)

Die Falter neigen in beiden Geschlechtern zur Ausbildung verschwärzter Hinterflügel. Näheres hierzu siehe unter WARNECKE (1936). Die mit f. *intermedia* bzw. f. *melanoptera* bezeichneten Formen kommen auch unter den Populationen unseres Faunengebietes nicht selten vor.

Gesamtverbreitung: Von der Iberischen Halbinsel über Mitteleuropa durch die gemäßigte Zone ostwärts bis ins Amurgebiet. Im Norden reicht die Verbreitung bis zur Ostsee und den Baltischen Staaten, im Süden bis in den nördlichen Mittelmeerraum einschließlich Apennin- und Balkanhalbinsel und bis Vorderasien.

Verbreitung

Regional: Der Gestreifte Grasbär kommt heute in Baden-Württemberg nur noch in zwei Hauptnaturräumen vor. Vom einen, der (nördlichen)

Von den beiden in Mitteleuropa heimischen Grasbären-Arten kommt nur der Gestreifte Grasbär (*Spiris striata*) in unserem Faunengebiet vor (den Punktierten Grasbär *Coscinia cribraria* will man hier zwar ebenfalls gefunden haben, doch handelte es sich dabei stets um Verwechslungen mit dem ähnlichen Kleinschmetterling *Myelois cribrella*). *Spiris striata* ähnelt zwar in seinem Verhalten (an Grashalmen ruhend) ebenfalls manchen Zünslern, insbesondere solchen der Gattung *Crambus*, an seiner typischen Streifenzeichnung ist er jedoch sofort zu erkennen. – Schwäbische Alb, Emeringen 10.6.81 G. EBERT.

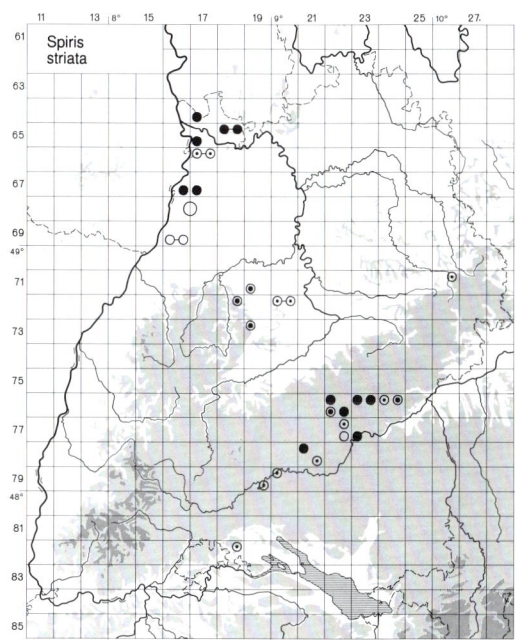

Oberrheinebene, meldete ihn bereits REUTTI (1853) »in ziemlicher Anzahl« aus dem Käfertaler Wald bei Mannheim. Ein weiterer Fund stammt vom »Exercierplatz bei Karlsruhe«. GAUCKLER (1921) führt die Art als »ziemlich häufig, aber nicht überall, im Hardtwalde bei Karlsruhe, ... Heidelberg, Friedrichsfeld, bei Mannheim« an, während GREMMINGER (1925) sie in der Umgebung von Graben-Neudorf »im Sandgebiet (auf Ginsterschlägen) ... ziemlich häufig« beobachten konnte. Unter Hinweis auf den Gewährsmann F. KLINGER werden auch noch Schwetzingen und Wiesental angegeben (Kartei A. GREMMINGER). An den meisten dieser Fundstellen kommt *S. striata* heute nicht mehr vor. Aktuelle Funde sind nur noch aus der Umgebung von Wiesental (27.6.1995, H. BAUMGÄRTNER) und Mannheim (6.7.1988, R. BLÄSIUS) bekannt. KRISTAL (1980) führt neben der Viernheimer Heide (auf hessischem Gebiet) auch noch Altenbach an.

Der zweite Hauptnaturraum ist die Schwäbische Alb. SCHNEIDER (1936) führt ihn »bei Wasseralfingen, Beuron, Fridingen, Zwiefalten und Sigmaringen« auf, außerhalb der Schwäbischen Alb auch noch »bei Münklingen« und »in den Steinbrüchen des Glemstales«. G. REICH (Aufzeichnungen 1910–1965) bezeichnet ihn als »Lokal, dann oft häufig auf felsigen Anhöhen der Alb. Ober der Wimshöhle bei Zwiefalten am 15.7.1932 sehr häufig ... am 10.6.1934 in Anzahl bei Obermarchtal ... Schelklingen 19.6.[19]48 1 Männchen *melanoptera* am Schloßberg«. Von einem nicht näher bezeichneten Platz bei Blaubeuren brachte ein Sammler BAYERLANDER (Ulm) in den 50er Jahren viele Exemplare in Umlauf (z.B. 17.6.1955, in coll. G. BAISCH).

Aus dem Quellgebiet des Neckars hat bereits ROTH VON SCHRECKENSTEIN (1800) den Gestreiften Grasbär gemeldet. Ein genauerer Fundort wurde allerdings nicht genannt.

Einige dieser Vorkommen müssen heute ebenfalls als erloschen betrachtet werden. Funde nach 1980 sind uns nur noch aus folgenden Gebieten bekannt[1]:

Oberstetten: Warmberg (16.5.1988, A. STEINER, D. HAMBORG); Ehestetten: Krähenberg (27.7.1980, G. BAISCH); Gomadingen: Sternberg (5.7.1980, G. BAISCH); Mehrstetten: Schandental (4.7.1986, G. EBERT, R. HERRMANN, E. RENNWALD); Emeringen: Schellenberg (6.6.1981 (G. BAISCH, G. EBERT, B. TRAUB); Veringenstadt: Stettener Berg (23.5.1986, A. STEINER).

Die Vorkommen aus der Umgebung von Pforzheim (Friolzheim: Betzenbuckel, 2.7.1966, W. DÜRR; Neuhausen: Büchelberg, 10.7.1955, R. HÄUSSER) sind ebenso erloschen wie das bei Singen (Hohentwiel, 9.8.1910; Gottmadinger Wald, 7.7.1911, beide A. GREMMINGER) und das bei Aidlingen (Venusberg, 23.6.1968, K.W. HARDE).

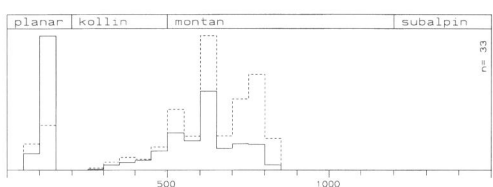

Vertikal: Die Höhenverbreitung von *S. striata* reicht in Baden-Württemberg von den tiefstgelegenen Stellen der nördlichen Oberrheinebene bei Mannheim (95 m) bis zu den höchstgelegenen auf der Schwäbischen Alb (Gomadingen: Sternberg, 750–840 m, G. BAISCH), hat ihre Schwerpunkte jedoch im planaren und kollin/submontanen Bereich.

Phänologie

Imagines: Die Flugzeit dieser bei uns univoltinen Art erstreckt sich von (Anfang) Mitte Juni bis Mitte (Ende) Juli. Ihr Maximum liegt um die Monatswende. Während aus der Oberrheinebene vor dem 12. Juni keine Falterdaten bekannt sind, existieren solche von der Schwäbischen Alb schon vom 6. Juni (1981, Emeringen: Schellenberg, 14 Männchen, 3 Weibchen, darunter auch die f. *melanoptera*, G. BAISCH). Der späteste Fund wurde von A. GREMMINGER am 9. August (1910, Singen: Hohentwiel, 1 Weibchen, Belegstück in coll. LNK) notiert.

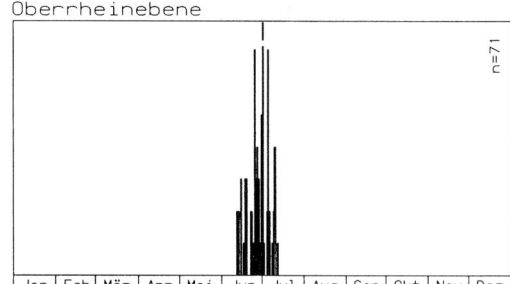

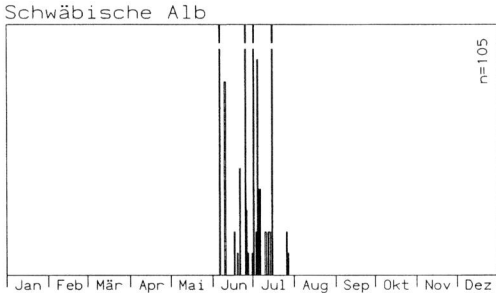

Präimaginalstadien: Die Raupe, die auch das Überwinterungsstadium bildet (BERGMANN 1953, u.a.), wurde in Baden-Württemberg bisher stets im Frühjahr gefunden. Beobachtungen liegen vor von M. DAUB (Karlsruhe: Wildpark, 2.5.1880, »1 Raupe«, 10.5.1866, »Raupen halb erwachsen. Auf Grasarten«, 25.5.1876, »4 Raupen«); A. GREMMINGER (Graben, 15.5.1924); G. BAISCH (Emeringen: Schellenberg, 12.5.1983); A. STEINER (Oberstetten: Warmberg, 16.5.1988; Veringenstadt: Stettener Berg, 18.5.1986, »ca. 60 Raupen«, 23.5.1986, »ca. 320 Raupen überall auf dem ganzen Hügel«). Je nach Witterungsablauf

---
[1] In Klammern die jeweils letzte Meldung.

dürfte bis Ende Mai der größte Teil der Raupen verpuppt sein. Über die Dauer des Puppenstadiums liegen keine Freilandbeobachtungen vor. Zur Eidauer findet sich bei H. LIENIG (Tagebuch) der Hinweis auf ein am 1. Juli zu Zuchtzwecken eingesperrtes Freilandweibchen. Aus den Eiern schlüpften die Raupen am 17. Juli, also rund 16 Tage nach der Ablage. Ein Freiland-Eigelege vom 26. Juni (1995, H. BAUMGÄRTNER) hatte sich zwei Tage später von goldgelb nach braungelb verfärbt; die Räupchen schlüpften am 7. Juli, also bereits nach 11 Tagen. Aus einem am 25. Juni (1938, Fridingen, A. GRABE) gefundenen Eigelege schlüpften die Räupchen am 3. Juli, ergaben vom 23. August an die Puppen und lieferten vom 11. September an die Falter »als 2. Generation« (SCHNEIDER 1939).

Ökologie

Lebensraum: Trockene, gut besonnte warme, offene Plätze und Brachen auf diluvialen Sanden, aber auch Waldschläge (»lichte Schläge« im Hardtwald, nach Aufzeichnungen M. DAUB) in

Die jungen Raupen (hier das 1. Larvalstadium) tragen noch eine hell bräunlichgelbe Färbung, von der sich der tiefschwarze Kopf gut abhebt. Sie leben gesellig an Gräsern. – Nördliche Oberrheinebene (ex ovo-Zucht leg. H. BAUMGÄRTNER) 9.7.95 G. EBERT. S.

Die Eier werden in einzelnen Gelegen um trockene Grasstengel herum abgelegt. Am Anfang sind sie leuchtend goldgelb, verfärben sich aber bald bräunlich. Die Räupchen schlüpfen nach etwa 11 bis 16 Tagen. – Nördliche Oberrheinebene (leg. H. BAUMGÄRTNER) 27.6.95 G. EBERT. S.

Eichen-Hainbuchenwäldern (Nördliche Oberrheinebene, Hardtebenen). In Muschel- und Jurakalkgebieten zumeist Wacholderheiden mit Trockenrasengesellschaften auf sonnigen, meist südexponierten, flachgründigen, lückigen und steinigen Böden.

Nahrung der Raupe:
Bromus erectus – Aufrechte Trespe
  L (STN)
Festuca ovina – Echter Schafschwingel
  L (STN)
Brachypodium pinnatum – Fieder-Zwenke
  L (STN)
Poa pratensis ssp. *angustifolia* – Wiesen-Rispengras
  L (STN)
Arrhenatherum elatius – Glatthafer
  L (STN)
»Grasarten« »Gras«
  L (DAU, BAI)
Rumex acetosella – Kleiner Sauerampfer
  L (GRE)
Salvia pratensis – Wiesen-Salbei
  L (STN)

Die erwachsene Raupe ist schwarz, mit heller basaler Fleckenreihe und einer auffallenden, rotbraunen Rückenlinie. In diesem Stadium leben die Raupen mehr zerstreut, stellenweise jedoch in großer Zahl, und ernähren sich neben Gräsern auch noch von anderen Pflanzen wie z. B. Kleinem Sauerampfer und Wiesensalbei. – Schwäbische Alb, Stettener Berg 26.5.96 A. STEINER.

Alte Angaben wie »an niederen Pflanzen« (REUTTI 1898; GAUCKLER 1921) und »an Löwenzahn, Ampfer, Wegerich und anderen niederen Pflanzen« (SCHNEIDER 1937) sind zu allgemein gefaßt und daher wenig aufschlußreich. Etwas genauer ist A. GREMMINGER: »Die Raupe im Mai erwachsen, fand ich meist auf einer kleinen, auf den Sandböden häufigen Ampferart«, womit nur der Kleine Sauerampfer (*Rumex acetosella*) gemeint sein kann (G. PHILIPPI, mdl. Mitt.). Seinem Karteieintrag zufolge sind die Raupen »auf Sandheiden im Mai gegen Abend leicht zu finden wenn sie an den Futterpfl. wie *Festuca*, *Calluna* u. a. hochkriechen ... mit *Salvia pratensis* leicht zu erziehen«. H. LIENIG (Tagebuch) fütterte Eiraupen mit Löwenzahn. G. BAISCH meldet von der Schwäbischen Alb »Raupen an Gras fressend bei Sonnenschein. Zuerst wird eine ca. 3 cm lange Grasspitze durchgenagt. Danach wird die Grasspitze von der durchgenagten Seite her aufgefressen«. A. STEINER, der die meisten Raupen beobachtet hat, fand sie am 18. Mai (1986) nachmittags »unbeweglich an Grashalmen u. ä. sitzend, gut die Hälfte davon kurz vor einer Häutung. Einige auf sonnengewärmten Steinen. Äußerst empfindlich gegen Erschütterungen und Wind (Anblasen), lassen sich dann sofort fallen und rennen bei weiterer Belästigung mit beachtlicher Geschwindigkeit davon«, und am 23. Mai (1986) »überall auf dem ganzen Hügel an *Bromus erectus*, *Brachypodium pinnatum*, *Festuca ovina*, *Poa pratensis angustifolia*, *Arrhenatherum elatius* und *Salvia pratensis* sitzend und fressend«. Über etwaige Präferenzen können keine Aussagen gemacht werden.

Habitat: In der Oberrheinebene offene oder lokker mit Besenginster (*Sarothamnus scoparius*) durchsetzte Sandfluren, teils mit Heidekraut (*Calluna vulgaris*) bewachsen (keine Flugsanddünen). Auf der Alb konnten Falter- und Raupenkonzentrationen vor allem im offenen oder locker mit Gebüschen bestandenen Enzian-Fiederzwenkenrasen (Gentiano-Koelerietum) festgestellt werden.

Gefährdung und Schutz

Rote Liste Bundesrepublik: 3
Rote Liste Baden-Württemberg: 2

Oberrheinebene: Vom Aussterben bedroht (stellenweise bereits ausgestorben oder verschollen).
Schwarzwald: Nicht vertreten.
Neckar-Tauberland: Ausgestorben oder verschollen.
Schwäbische Alb: Gefährdet.
Oberschwaben: Ausgestorben oder verschollen (nur randlich vorkommend).

- In Baden-Württemberg stark gefährdet! Besonders geschützt gemäß § 20 e ff. BNatSchG.

Spiris striata war früher in Baden-Württemberg weiter verbreitet als heute. Der extreme Rückgang dieser Art, wie er z. B. aus der nördlichen Frankenalb oder aus Niedersachsen und Mecklenburg berichtet wird (WEIDEMANN & KÖHLER 1996), kann auch aus unserem Faunengebiet bestätigt werden. Betroffen sind vor allem die Vorkommen in den Sandgebieten der Nördlichen Oberrheinebene/Hardtebenen, aber auch in den Muschelkalk- und Juralandschaften (Kraichgau/ Gäulandschaften, Schwäbische Alb).

Im Stuttgarter Raum wurde die Art »in den letzten zwei Jahrzehnten nicht mehr beobachtet

Als Lebensraum von *Spiris striata*, aber auch noch anderer Arten wie z. B. den Flechtenbärchen *Setina irrorella* und *Eilema complana* (Raupen an moos- und flechtenbewachsenem anstehenden Fels) und den Eulenfaltern *Cucullia lychnitis* und *Mythimna albipuncta* wurde diese Kalkmagerrasenkuppe entdeckt, die sich inselartig aus dem ringsum intensiv genutzten Ackerland erhebt. – Schwäbische Alb, Stettener Berg 26.5.86 A. STEINER.

(SCHÄFER 1980), eine Angabe die D. BARTSCH bestätigt.

Eine fortschreitende Arealverinselung ist deutlich erkennbar. Schuld daran ist das Verschwinden naturnaher Sandfluren durch Überbauung, Freizeitnutzung, Aufforstung und ihre Umwandlung in Sonderkulturen (Spargelfelder!). Auf der Alb dürfte die Ursache vor allem in der Verbuschung der einst durch Beweidung offen gehaltenen Flugstellen von *S. striata* zu suchen sein.

Noch vorhandene Populationen sollten durch Ausweisung ihres meist eng begrenzten Lebensraumes als flächenhaftes Naturdenkmal und einem Pflegeprogramm, das der fortschreitenden Sukzession entgegenwirkt, im Rahmen des Artenschutzprogrammes geschützt werden.

Coscinia cribraria
(Linnaeus, 1758)

Emydia cribrum L. (REUTTI 1898)

Gesamtverbreitung: Von Nordafrika über die Iberische Halbinsel und weite Teile Europas bis Sibirien. Im Westen bis England, im Norden bis ins mittlere Fennoskandien, im Süden bis in den nördlichen Mittelmeerraum einschließlich Italien und Sizilien sowie bis zum Balkan.

Nach DANIEL (1955) ist der »Stamm mit stark entwickelter Vorderflügelzeichnung (Nordstamm) *Cosc. cribraria cribraria* L. zerstreut verbreitet über Südschweden, Finnland, die Baltischen Staaten, Polen, das nördliche, mittlere und Teile des südlichen Deutschland, südlich bis zur Donau, Südbaden und Elsaß mit offensichtlich recht sporadischem Übergreifen in den Schweizer Jura und das Schweizer Mittelland, östlich durch Böhmen bis Niederösterreich.«

SEYFFER (1850) hatte *Coscinia cribraria* bereits als »var. *candida* ... Tübingen selten« aufgeführt, was von KELLER & HOFFMANN (1861) mit dem Hinweis »Sehr selten« ergänzt wurde, sowie mit dem interessanten Vermerk (A. KELLER): »Ich habe noch kein württ. Exempl. gesehen; Hr. Prof. HEPP vermischte aus Versehen mit dieser Art

Tinea cribrella HÜBN., was ihm auch Herr FREYER in seinem Werk (siehe Miscellen) nachwies«. REUTTI (1898) hat die Art als *Emydia cribrum* L. unter Hinweis auf eine Notiz v. TÜRKHEIMS für die Gegend von Pforzheim aufgeführt mit dem Vermerk »durch dortige Sammler mir nicht bekannt geworden«. SCHNEIDER führt einen Falter (10.7.1904, HARSCH) »bei Stuttgart« an, sowie »Eßlingen 1919 (HARTMANN)«. Ein Fund »Irrendorfer Hardt, Heidelandschaft, 1 Männchen 29.7.1964, K. NIMMERFROH« wird von KELLER (1970) angegeben.

Nachforschungen an den genannten Stellen haben keine Bestätigung dafür erbracht, daß *Coscinia cribraria* in unserem Faunengebiet vorkommt. In diesem Zusammenhang sei auch hier auf den Kleinschmetterling *Myelois cribrella* (Pyralidae, Phycitinae) hingewiesen, mit dem *Coscinia cribraria* schon öfters verwechselt wurde.

Mit Blick auf die Nachbarfauna des Elsaß ist noch zu sagen, daß *Coscinia cribraria* (nach BROMBACHER 1923) dort »bei Barr am Mönkalb und bei Lichtenberg vereinzelt« früher [ob heute noch ?] vorkam. PEYERIMHOFF (1880) führt Exemplare aus dem Münstertal an. Tatsächlich liegt uns ein Belegstück (coll. A. GREMMINGER) vom »30.7.1949 Schiesrothried pr. Metzeral Ht.-Rhin alt 950 m CH. FISCHER« vor, d.h. also vom selben Fundort und vom gleichen Sammler wie die von DANIEL (1955) erwähnten Belegstücke.

Nach heutigem Kenntnisstand muß ein ehemaliges Vorkommen von *Coscinia cribraria* in Baden-Württemberg bezweifelt, auf die heutigen Verhältnisse übertragen sogar verneint werden.

Utetheisa pulchella
(Linnaeus, 1758)

Deiopeia pulchella L. (REUTTI 1898, LAMPERT 1907, REBEL 1910, ECKSTEIN 1913–1923)

Gesamtverbreitung: Von Afrika bis in den nördlichen Mittelmeerraum und ostwärts bis Mittel- und Südasien. In Ostafghanistan ist diese Art mit der habituell sehr ähnlichen *Utetheisa lotrix* CRAMER, 1775 sympatrisch (EBERT 1973). Die Verbreitung beider Arten im subtropischen und tropischen Asien bedarf noch der genaueren Untersuchung. *Utetheisa pulchella* entwickelt in Nordafrika in günstigen Jahren extrem hohe Individuenzahlen. Die Falter wandern über Gibraltar bis nach Mitteleuropa, wo die Art in jahrweise wechselnder Häufigkeit auftritt. Sie wurde schon aus England, Schottland und Irland nachgewiesen (FREINA & WITT 1987).

Utetheisa pulchella, der »Harlekinbär«, wird als gelegentlicher Wanderfalter aus dem Mittelmeerraum nur selten bei uns registriert. Dieses Weibchen fing H. LIENIG am 23.6.60 in Weinheim an der Bergstraße.

Der ersten Nachweis dieser sporadisch zuwandernden Art ist bei REUTTI (1853) zu finden. Der von ihm zitierte Apotheker M. KELLER aus Freiburg hat sie bereits um 1823 »an der Dreisam ... in Menge« beobachtet. Seitdem wurden immer wieder, teils über längere Zeiträume und größere Gebiete streuend, Einzelfunde registriert:

Oberrheinebene und Bergstraße: Karlsruhe: Wildpark, »entlang der Palisaden«, 21.7.1874; Karlsruhe: »Entlang des Bahndammes – Ettlingen«, 1.10.1874 (beide M. DAUB, Aufzeichnungen); »Karlsruhe, vor Jahren von VOLLMER mehrf. gef., seither kein Fund mehr bekannt« (A. GREMMINGER, Kartei); »Heidelberg ... Bei Karlsruhe mehrmals im Juni, sonst im September und im Oktober, einmal noch 11.11.[18]93 an einer Laterne gefangen« (REUTTI 1898); Mannheim: Rosengarten, 21.5.1958 »ein frisch geschlüpftes Weibchen« (HOHENADEL 1960); Weinheim, 17.5.1960 »Fing einen Falter am Licht auf dem Balkon ... Zur gleichen Zeit fing Herr CZIPKA in Bensheim ebenfalls einen Falter am Licht«; Weinheim, 23.6.1960 »Fing einen weiteren Falter Weibchen am Licht auf dem Balkon« (beide H. LIENIG).

Schwarzwald: Nur vom Rande gemeldet: »Freiburg, Schloßberg; Lahr« (REUTTI 1853).

Neckar-Tauberland: Sinsheim/Elsenz: Stadtrand, 25.5.1958, M. SCHMITT; Birkenfeld, 18.8.1962, K. Strobel; Tübingen: Bebenhausen, Juni 1966, C. NAUMANN. SCHNEIDER (1937) meldet Heuchlingen (13.10.1876), Bottwartal (9.1920), Ellwangen (1922) und Stuttgart: Feuerbacher Heide (1870). »*Deiopeia pulchella* ... Der Güte des Herrn Dekan SCRIBA verdanke ich ein wohlerhaltenes Stück dieses Spinners, das er in der Nähe von Wimpfen im Neckarthale – im Oktober fing, während sonst Juli als Flugzeit angegeben wird« (SCHUMANN 1879). KELLER (1970) meldet einen Fund »Reutlingen, Sommer 1963 (H. GRAF).«

Schwäbische Alb: Aalen: Langer Stein, 8.10.1966, H. KAUFMANN. SCHNEIDER (1937) gibt noch Wasseralfingen (ohne Datum) an.

Oberschwaben: In Bronnen bei Ringschnait hat G. REICH (Aufzeichnungen 1910–1965) diesen Wanderfalter »Nur einmal a. Li. gefangen ... 9.9.1964 1 Weibchen. Dieses wie frisch geschlüpft – Nachkomme von einem Einwanderer. Sonst von keinem Sammler gefangen i. letzter Zeit«, womit die Meldung von KELLER (1970) widerlegt wird, der einen Fund von G. REICH vom 17.9.1961 bei Bronnen nennt. SCHNEIDER (1937) gibt Biberach (ohne Datum) an. LEINER (1829) führt die Art von Konstanz auf; REUTTI (1898) gibt außerdem noch Überlingen an.

Über Raupenfunde innerhalb unseres Faunengebietes liegen keine Angaben vor. Nach A. GREMMINGER (Kartei, Gewährsmann MISCHE) wurden bei Straßburg im Juli Raupen besonders an *Echium* gefunden.

Über das zeitweilige Erscheinen von *Utetheisa pulchella* hat sich bereits WARNECKE (1927) geäußert: » ... bei den Funden in Baden, in Nassau und im Elsaß handelt es sich immer um sporadisches Auftreten, wenn auch die Art aus Süddeutschland von recht viel verschiedenen Orten gemeldet ist. In günstigen Jahren sind Funde noch Ende Oktober gemacht. Nach Mittel- und Norddeutschland verfliegt sich der Falter seltener ...«. Diese Angaben können bestätigt werden, nicht jedoch jene von SPULER (1910), wonach *U. pulchella* »in Südwestdeutschland ... schon sicher einheimisch« sein soll.

Parasemia plantaginis
(Linnaeus, 1758)
Wegerichbär

Nemeophila plantaginis L. (REUTTI 1898)

Von den vielen beschriebenen Varietäten (vgl. BERGMANN 1953) von *Parasemia plantaginis* wurden aus Baden-Württemberg gemeldet: f. *hospita*, f. *borussia*, f. *subalpina*, f. *matronalis* sowie eine von REUTTI (1898) vorgestellte »besonders auffällige Aberration« ab. *confusa*, die »in 2 Exemplaren 1888 bei Hinterzarten« gefangen wurde.

Gesamtverbreitung: Von der Iberischen Halbinsel durch ganz Europa bis Ostasien und Nordamerika. Im Norden reicht die Verbreitung bis zum Nordkap, im Süden bis in den nördlichen Mittelmeerraum sowie über Kleinasien und die Kaspische Region bis Mittelasien.

Verbreitung

Regional: Der Wegerichbär besiedelt alle Naturräume des Landes, ausgenommen die Talebenen von Rhein, Neckar und Iller sowie das Bodensee-

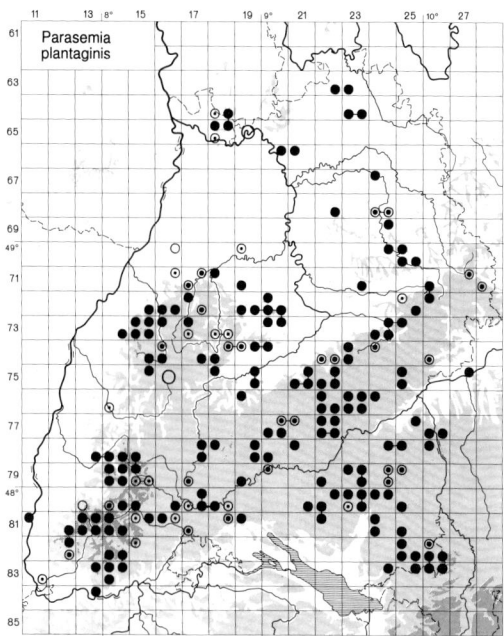

becken. Die dichtesten Vorkommen liegen im Schwarzwald und auf der Schwäbischen Alb, desweiteren in den Schwäbisch-Fränkischen Waldbergen, Oberschwaben und im Westallgäuer Hügelland. Sehr viel spärlicher wurde die Art dagegen in den Muschelkalklandschaften (Kraichgau, Bauland, Tauberland) gefunden.

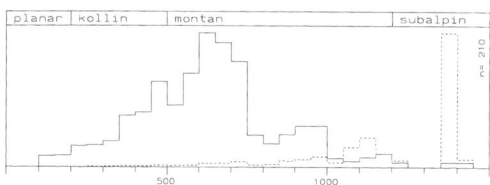

Vertikal: Vom Hügelland bis in die Hochlagen von Schwarzwald und Schwäbischer Alb. H. LIENIG fand die Art an der Bergstraße schon bei ca. 140 m; die höchsten Fundstellen liegen am Feldberg um 1400 m. Die meisten Beobachtungen stammen aus der montanen Stufe um 700 m.

Phänologie

Imagines: In allen untersuchten Hauptnaturräumen beginnt die Flugzeit (Mitte) Ende Mai und dauert bis Anfang (Mitte) Juli. Im Neckar-Tauberland und auf der Schwäbischen Alb fällt das Maximum auf die Monatsmitte Juni, im Schwarzwald scheint es zum Monatsanfang Juli hin verschoben. Dies trifft, abgeschwächt, auch auf die Moorgebiete des württembergischen Allgäus zu. Das früheste Funddatum eines Falters ist der 10. Mai (1976, Nagold-Schietingen: Steinachtal, A. STEINER/N. HIRNEISEN), das späteste der 26. Juli (1965, Feldberg: Rinken, H. LUSSI).

Präimaginalstadien: Von dieser oft gesammelten und ex ovo gezüchteten Art sind insgesamt nur 4 Raupenfunde gemeldet worden, wobei es sich dreimal um Raupen nach und einmal um eine

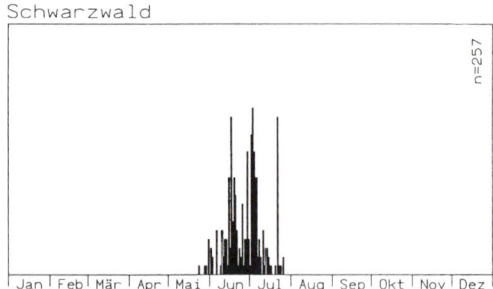

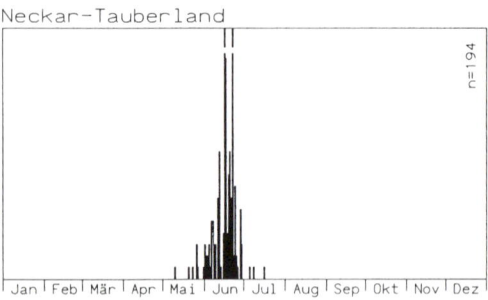

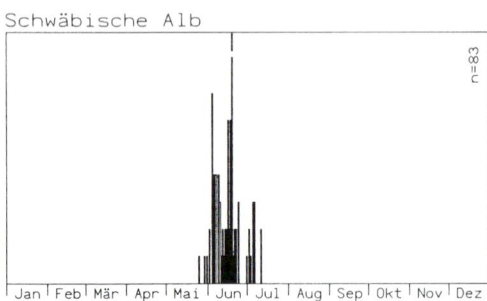

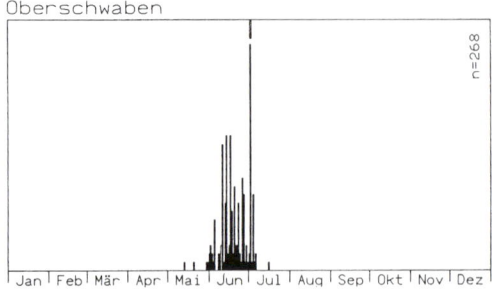

Der Wegerichbär (*Parasemia plantaginis*) war früher vor allem in den Mittelgebirgen und im Alpenvorland eine im Frühsommer auf Waldwegen, Lichtungen und auf waldnahen Wiesen vertraute Erscheinung. Heute ist dieser schöne Bärenspinner (hier ein Männchen) bereits selten geworden. – Nordschwarzwald, Reichental 18.6.72 J. PARTENSCKY. S.

Jungraupe vor der Überwinterung handelt: 20. Mai (1967, Nordschwarzwald: Wildseemoor, M. WALLNER); 3. Mai (1986, Nordschwarzwald: Klosterreichenbach, Murgaue/Steinbruch, M. MEIER); 1. Mai (1992, Schwäbische Alb: Hossingen, Oberbuch, A. LINGENHÖLE); 16. September (1991, Adelegg: Rohrdorf, T. MARKTANNER).

Ökologie

Lebensraum: Wiesen, Lichtungen, Schlagfluren, Wege und Wegränder in nadelholzreichen Wäldern (Buchen-Tannenwälder und Tannen-Fichtenwälder, Fichtenforste, Moorkiefernwälder), aber auch in laubholzreichen Wäldern (krautreiche Buchenwälder, Bergahorn-Buchenwälder, mitunter auch hoch gelegene Erlen-Eschen-Auenwälder). Im Wald oder an waldnahen Standorten: Feuchtwiesen (Binsenwiesen, Kohldistelwiesen), Pfeifengraswiesen, Flachmoorwiesen sowie Hochmoorflächen, aber auch Wegdämme und Straßenböschungen, ferner Hochstaudenfluren im feuchten Wiesentobel.

Nahrung der Raupe:
?*Melandrium rubrum* – Tag-Lichtnelke
   L (HEH)
?*Plantago major* – Großer Wegerich
   L (LIT)
?*Plantago* spp. – Wegerich
   L (HEH)

Angaben wie »Raupe lebt an Wegerich, Löwenzahn und anderen niederen Pflanzen« (SCHNEIDER 1937) lassen sich in der Regel nicht auf Freilandbeobachtungen zurückführen, sondern spiegeln das Futterpflanzenangebot bei der Zucht wider. Dies dürfte auch für die meisten in der Literatur enthaltenen Angaben zu den »Futterpflanzen« zutreffen, ausgenommen einige alte Meldungen wie z. B. die von SPEYER (1867) »auf Spitzwegerich und Heidelbeeren«. Ob die Angaben von H. HERRMANN (1970): »Sie frißt vor allem an Wegericharten (*Plantago*), aber auch an Lichtnelke (*Melandrium rubrum*)« auf Freilandbeobachtungen (Baar) beruhen, ist fraglich. Gleiches gilt für LITZELMANN (1966) vom Isteiner Klotz: »Raupe an Breitwegerich, der fast nur auf den Feldwegen als Trampelpflanze wächst, seltener in Rebgassen oder aufgelassenen Stücken«. Die Nahrungspflanzen des Wegerichbärs müssen für unser Faunengebiet noch erforscht werden!

Die Raupe ist aus zahllosen ex ovo-Zuchten bestens bekannt. Typisches Merkmal ist ihre dichte rotbraune, zum Abdominalende hin schwarze Behaarung. Die Tatsache, daß eingefangene Weibchen problemlos die Eier für eine solche Zucht liefern, hat dazu geführt, daß Präimaginalstadien im Freiland nie systematisch gesucht und bisher auch kaum gefunden wurden. – Adelegg 16.9.91 T. MARKTANNER. S.

Habitat: Wegen des Mangels an Raupenbeobachtungen ist eine genaue Beschreibung der sicherlich recht unterschiedlichen Strukturen des Larvalhabitates nicht möglich. Falterkonzentrationen wurden im Niedermoor mit Schwerpunkt in hochstaudenreichen Kohldistelwiesen (Calthion) festgestellt, weitere Falterbeobachtungen im offenen Übergangsmoor und Hochmoor (Sphagnion magellanici), in Torfstichgebieten und in lichten Bereichen des Bergkiefernwaldhochmoores (MEINEKE 1982). Wiederholt wurden Falter in Streuwiesen (Molinion) auf Waldlichtungen beobachtet (M. GOLDSCHALT).

Verhalten: Die Falter sind in distelbewachsenen Lichtungen leicht aufzuscheuchen. Sie fliegen max. 10 m und setzen sich wieder in die Vegetation (M. GOLDSCHALT, schriftl. Mitt.). Nach G. REICH (Aufzeichnungen 1910–1965), der die Art »lokal auf feuchten Waldwiesen u. Mooren jedes Jahr meist häufig« antraf, fliegen die Männchen gegen Abend und suchen die Weibchen. Über

Während die Männchen kräftigere Vorderflügelbinden und gelbe bis weiße (f. *hospita*) Hinterflügel besitzen, sind die Weibchen etwas weniger auffällig gezeichnet, haben dafür jedoch rot gefärbte Hinterflügel. Daran und an ihrem trägen Verhalten sind sie leicht zu erkennen. – Südschwarzwald, Kandel 25.6.87 R. DISCH.

Tagfang oder am Tage (Männchen) bzw. in der Dämmerung (Weibchen) fliegende Falter (oftmals aufgescheucht) berichten viele Mitarbeiter und Gewährsleute, z. B. FUNK (1923), der im südöstlichen Federsee auf »Graspfaden ... den Wegerichbär in Mannshöhe die Wege entlang« fliegen sah. Der beobachtete Weibchenanteil wird von MEINEKE (1982) aus den oberschwäbischen Mooren mit ca. 15% angegeben.

Gefährdung und Schutz

Rote Liste Bundesrepublik: V
Rote Liste Baden-Württemberg: 3

Oberrheinebene: Stark gefährdet (nur randlich vorkommend).
Schwarzwald: Gefährdet.
Neckar-Tauberland: Gefährdet.
Schwäbische Alb: Gefährdet.
Oberschwaben: Gefährdet.

- In Baden-Württemberg gefährdet!
  Besonders geschützt gemäß § 20 e ff. BNatSchG.

Nach Beobachtungen von G. BAISCH auf der Schwäbischen Alb handelt es sich beim Wegerichbär um eine »in den letzten Jahren stark zurückgehende Art«. Auch aus dem Westallgäuer Hügelland liegen recht negative Beobachtungen vor: »Biotop bei Dürren 1985 bereits abgeholzt. Fundort bei Oberau durch Aufforstung vernichtet. Beide Stellen durch Autobahnbau nun total zerstört. Die Art im Arrisrieder Moor seit Jahren nicht mehr festgestellt. Früher an den Flugstellen häufig ... 1975 auch bei Eglofs, Malaichen, Oberes Argental beobachtet ... Der winzige Biotopflecken aber längst verwaldet. Aus o. g. Gründen ist die Art um Wangen als akut gefährdet anzusehen« (M. GOLDSCHALT, schriftl. Mitt. 1989). Zum Vorkommen im Harprechtser Moos auf einem Fichten-Kahlschlag wird berichtet, daß dieses mit dem Aufwachsen der Neuanpflanzung schon vor 15 Jahren erloschen sei (T. MARKTANNER, schriftl. Mitt. 1992). D. BARTSCH fand »einmal ein ♂ bei Heimsheim auf einem Mesobrometum mit Schlehenhecken und Wacholderbüschen. Danach allerdings nie wieder. Das einzige – mir bekannte – Vorkommen bei Stuttgart ist das NSG Mahdenbachtal bei Stuttgart-Rohr.«

Unter solchen Umständen muß die Art in die Kategorie »gefährdet« eingestuft werden. Dies gilt auch für ihr Vorkommen in den Mooren des württembergischen Alpenvorlandes. Dort wurden z. B. noch anfangs der 80er Jahre bei Begehungen zur Hauptflugzeit maximal 15 Falter pro Stunde gezählt (MEINEKE 1982), eine Bestandsgröße, die heute nicht mehr gegeben ist.

Hyphoraia aulica
(Linnaeus, 1758)
Hofdame

Arctia aulica L. (REUTTI 1898, LAMPERT 1907, SPULER 1908–1910, REBEL 1910, ECKSTEIN 1913–1923, HERING 1932)

Gesamtverbreitung: Von Mittel- und Osteuropa durch die gemäßigte Zone bis zum Amurgebiet. Im Süden bis zum Balkan und dem Schwarzen Meer, im Norden bis ins südliche Fennoskandien.

Verbreitung

Regional: Die erste Meldung aus unserem Untersuchungsgebiet stammt wohl von SEYFFER (1850): »Zwischen Kleebronn und Freudenthal von Herrn Pfarrer HAHN gefunden«. Der Fundort Freudenthal taucht auch bei KELLER & HOFFMANN (1861) auf, mit dem zusätzlichen Vermerk »und Ulm einzeln« (A. KELLER). Unter »Ulm« ist das schon zur Ulmer Alb (Lonetal-Flächenalb) gehörende »Schammertal« [Schammental]

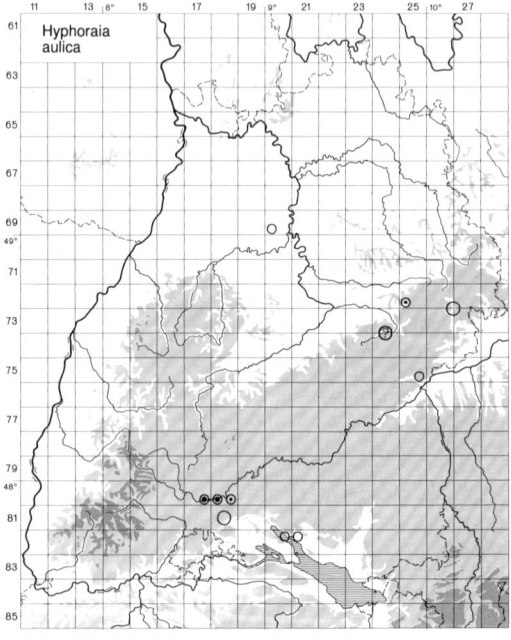

Die beiden einzigen, mit Sicherheit autochthon aus Baden-Württemberg stammenden Belegstücke von *Hyphoraia aulica* befinden sich in der Sammlung HELMUT HERRMANN (Universität Konstanz). Es handelt sich dabei um (schon abgeflogene) Freilandtiere, die am 24.5.1953 bei Geisingen (Männchen, oben) und am 19.5.1948 bei Witthoh (Weibchen, unten) gefangen wurden.

gemeint, von wo AICHELE im Jahr 1899 den Fund eines Weibchens gemeldet hat (REISS 1949). Von der Schwäbischen Alb werden außerdem »Am Heuberg um 1890 von ASCHENAUER gefunden« angegeben[1], ferner »auf dem Kuhberg (Kaltes Feld, Alb)« und »Heidenheim bis 1910 nicht selten, dann nicht mehr« (alles SCHNEIDER 1937).

Mit dem Freisetzen von *H. aulica* auf der Nordalb bei Deggingen experimentierte O. KNAUPP. Den vorliegenden Aufzeichnungen ist zu entnehmen:

»1 Raupe v. *H. aulica* gef. am 24.4.1966, verpuppt 27.4.1966, geschl. 21.5.1966.
1 Männchen von *H. aulica* gefangen 22. Mai 1966; ein 2. Männchen von *H. aulica* zu einem Weibchen in Käfig (Anflugapparat) gesperrt (Panoramaweg). Es erfolgte Copula am 22.5.1966 mittags, gegen Abend sämtliche Eier abgesetzt. Räupchen geschl. am 7.6.1966. Fütterung mit Wegerich und Klee.
1 Weibchen am 5.6.1967 ausgesetzt, hatte aber keinen Erfolg.
Weibchen von *H. aulica* [Herkunft: Berndorf, Niederösterreich, ex ovo-Zucht] 20.5.1971 am Panoramaweg ausgesetzt, konnte es sofort wieder mitnehmen, ca. 10 Männchen angeflogen.«

1983 hat O. KNAUPP wohl zum letzten Male Eier von *H. aulica* bezogen und zwar einmal von einem Wiener Händler, zum anderen von einem solchen aus Regensburg [Herkunft dieses Materiales: Kallmünz bei Regensburg]. Ob es sich bei der Raupe vom 24.4.1966 am Panoramaweg »versteckt an einem Stein sitzend« tatsächlich um einen autochthonen Fund gehandelt hat, ist nicht mehr nachvollziehbar. Geschlüpft ist jedenfalls am 21.5.1966 ein Weibchen, das am Panoramaweg freigesetzt wurde und sich am 22.5.1966 mit einem angeflogenen Männchen verpaarte (siehe oben). Da aber »Freilandfund« und »ausgesetzte Nachzucht« bei O. KNAUPP nicht mehr mit Sicherheit auseinanderzuhalten sind, wird der Fundort Deggingen vorerst mit einem Fragezeichen versehen.

Weitere Angaben dazu liegen von K. NIMMERFROH (schriftl. Mitt.) vor. Er fand auf einer Wanderung am Sommerberg [bei Deggingen, Nordalb] ein Weibchen von *H. aulica* und war der Meinung, per Zufall auf die KNAUPP'sche Fundstelle gestoßen zu sein. Von dessen Freisetzungs- und Anflugversuchen war ihm damals noch nichts bekannt. Ein weiterer Fund ist ihm jedoch nicht mehr gelungen, obwohl er in den Jahren 1989 und 1990 an der selben Stelle speziell nach dieser Art gesucht hat. Trotzdem hält er ein rein durch Freisetzung begründetes Vorkommen für unwahrscheinlich. An dem Fundort selbst habe sich zwischenzeitlich nichts verändert. Er gehe deshalb davon aus, daß *H. aulica* auch nach 1988 dort noch vorkomme.

Diese Frage war bis Redaktionsschluß nicht mehr zu klären. Sollte in Zukunft auf der Nordalb tatsächlich eine Population von *H. aulica* festgestellt werden, wäre sie unbeschadet dieser etwas mysteriösen Vorgeschichte als autochthon zu behandeln und Schutzmaßnahmen einzuleiten.

Aus der südlichen Landeshälfte führt REUTTI (1898) die Art »Bei Überlingen (GRAMLICH), Engen, in der Baar und bei Basel« auf. Die Glaubwürdigkeit dieser Angaben wird durch zwei spätere Funde untermauert:

»1 Männchen ... flog am 24.5.[19]53 ganz niedrig und langsam über einen Steppeheidestandort in der Umgebung von Geisingen. Es war ein schwüler, heißer Tag. Im unmittelbar südlich

---
[1] Fundortangabe zu ungenau, daher nicht auf die Verbreitungskarte übertragbar.

Dieser prächtige, »Hofdame« genannte Bärenspinner (*Hyphoraia aulica*) ist früher in Baden-Württemberg an verschiedenen Stellen gefunden worden. Eine sichere und zugleich letzte Meldung stammt aus der Umgebung von Geisingen (Baaralb) aus dem Jahr 1953. Ob die in den 60er und 70er Jahren bei Deggingen (Schwäbische Alb) gefangenen Tiere einer autochthonen Population angehörten, bleibt fraglich. Fest steht, daß dort mit dem Aussetzen von Zuchtmaterial aus Kallmünz (Oberpfalz) experimentiert wurde. Das Bild zeigt ein paarungsbereites (ausgesetztes) Weibchen, das von einem Männchen angeflogen wird. – Kallmünz (Umgebung) 8.5.93 K. NIMMERFROH.

Ökologie

Lebensraum: Bei den Fundstellen bei Geisingen und Hattingen handelt es sich um Kalkmagerrasen. Gleiches trifft vermutlich auf die Fundstellen bei Ulm, Heidenheim, auf dem Kuhberg und bei Engen zu. Über die bei Freudental [= Freudenthal] und Überlingen ist nichts näheres bekannt.

Für Pommern nennen URBAHN & URBAHN (1939) »stets sonnig-warme Stellen und Sandhänge, auch Ginsterheiden ...«, während BERGMANN (1953) für Mitteldeutschland »sonnig-warme, nicht zu feuchte, kräuterreiche Grasplätze auf steinigen Hochflächen«, aber auch »Steppenheiden (Fiederzwenkenheiden, Schafschwingelrasen) in Steppenwiesen, auf Trockenrasenflächen auf Waldwegen, Lichtungen und Rändern der Waldsteppe« angibt. WEIDEMANN (1982) weist auf die das Mikroklima beeinflussende Wärmespeicherfähigkeit der Kalkböden hin, womit das Vorkommen wärmeliebender »südländischer« Arten, darunter *Hyphoraia aulica*, erklärt wird, »von dem ich wiederholt Eigelege an der Blattunterseite von *Knautia arvensis*-Pflanzen über Werkkalkgeröll fand«.

Nahrung der Raupe: Aus Baden-Württemberg unbekannt. O. KNAUPP (Aufzeichnungen) fütterte seine am 24.4.1966 gefundene Raupe mit »Klee«, mit dem Hinweis »Wegerich, Simse u. Löwenzahn wurden von ihr nicht angenommen«.

In Hessen wurden die Raupen früher »auf Waldgraswegen an Spitzwegerich, Schafgarben, Hundszunge, Nesseln und *Galium aparine* [Kletten-Labkraut]« gefunden (KOCH 1856).

angrenzenden Gebiet, in der Gegend von Witthoh, fing der Verfasser am 19.5.48 ein Weibchen. Es hing an einem Grashalm«. Beide Tiere sind als Sammlungsbelege abgebildet (H. HERRMANN 1971). Es handelt sich dabei um die vermutlich einzigen gesicherten Nachweise aus neuerer Zeit von *Hyphoraia aulica* aus Baden-Württemberg.

Vertikal: Die alten Fundorte reichen von der kollinen Stufe (Stromberggebiet) bei 290 m bis zur montanen Stufe (Hegaualb) bei ca. 800 m.

Phänologie

Imagines: Es liegen nur die beiden taggenau notierten Freilandfunde von H. HERRMANN vor, die beide in die zweite Maihälfte fallen.

Präimaginalstadien: Auf dem Kuhberg (Schwäbische Alb) wurden am 15.4.1911 37 erwachsene Raupen gefunden (SCHNEIDER 1937).

Die kleinen weißen, kugelrunden Eier werden als sogenannter »Eispiegel« auf Blättern abgelegt. Dieses Verhalten ist für viele Bärenspinner typisch. – Deggingen (Zucht) 27.5.88 K. NIMMERFROH. S.

Habitat: Aus Baden-Württemberg unbekannt.
Verhalten: Aus Baden-Württemberg sind nur die Hinweise von H. HERRMANN (1971) zu den Funden bei Geisingen und Hattingen bekannt.

Nach VORBRODT (1914), der die Art auch vom Randen meldet, fliegt das Männchen vormittags im Sonnenschein, während das Weibchen nachts zum Licht kommt.

Gefährdung und Schutz

Rote Liste Bundesrepublik: 1
Rote Liste Baden-Württemberg: 0

Oberrheinebene: Nicht vertreten.
Schwarzwald: Nicht vertreten.
Neckar-Tauberland: Ausgestorben oder verschollen.
Schwäbische Alb: Ausgestorben oder verschollen.
Oberschwaben: Ausgestorben oder verschollen.

- In Baden-Württemberg ausgestorben oder verschollen!
  Besonders geschützt gemäß § 20 e ff. BNartschG.

Es ist nicht auszuschließen, daß es noch versteckte Vorkommen von *Hyphoraia aulica* in Baden-Württemberg (Schwäbische Alb bzw. Randgebiete) gibt, zumal Faktoren, die zum Aussterben dieser Art geführt haben könnten, nicht schlüssig nachzuweisen sind.

BERGMANN (1953) bringt ihren Rückgang in Mitteldeutschland mit dem der »sogenannten Ödländereien« in Zusammenhang, was natürlich auch für unser Faunengebiet zutreffen könnte, wenngleich etwaige Rückzugsgebiete in Naturräumen wie etwa der Hegaualb auch heute noch vorhanden sind.

Hyphoraia aulica fällt periodisch durch starken Massenwechsel auf. Der Verfasser erinnert sich an Tausende von Raupen im Jahr 1951 bei Erlangen. Solche zeitweilig enorm individuenstarken Populationen, für die es aus unserem Untersuchungsgebiet keine Hinweise gibt, können durch einen parasitischen Pilz (*Empusa aulica*) drastisch dezimiert bzw. zum Verschwinden gebracht werden. Nach neueren Beobachtungen (WEIDEMANN & KÖHLER, 1996) ist *H. aulica* in manchen Gebieten (Nahetal, Oberpfälzer Jura, bei Bayreuth) wieder gefunden worden. Auch deshalb scheinen Nachforschungen in Baden-Württemberg durchaus angebracht.

Pericallia matronula[1]
(Linnaeus, 1758)
Augsburger Bär

Pleretes matronula L. (REUTTI 1898, SPULER 1908–1910, HERING 1932)

Gesamtverbreitung: »Europa durch Rußland bis Ostasien und Japan...« [In der Westpaläarktis] »Von Ostfrankreich durch das südliche und mittlere Deutschland, Österreich, Schweiz, Südtirol, Piemont; vom Baltikum durch Polen und Ungarn bis Rumänien (Karpathenbogen).« (FREINA & WITT 1987).

Verbreitungsgeschichte in Mitteleuropa: Das rezent äußerst zersplitterte europäische Areal, wobei längst nicht (mehr) alle geeigneten (s. u.) Lebensräume besetzt sind, wird hier so interpretiert, daß der Augsburger Bär Mitteleuropa zum ersten Mal in der postglazialen Wärmezeit (ca. 7000 bis 3000 v. u. Z.) von Asien aus erreichte. Ein süd- oder westpaläarktisches Glazialrefugium (der Stammart) war offenbar nicht existent, sonst wären entsprechende Lebensräume weiter westlich ebenfalls besetzt. Nach dem wärmezeitlichen Optimum der Eichen- und Haselmischwälder im ausgehenden Boreal und im Atlantikum (vgl. ZOLLER 1960, 1967, LATTIN 1967) löste sich das europäische Areal von *P. matronula* in viele nach und nach erlöschende Reliktvorkommen auf. Es ist anzunehmen, daß diese natürliche Arealregression wie die vieler thermophiler Arten zunächst anthropogen gebremst, partiell sogar umgekehrt wurde (Rodung, Hauberg- und Reutbergnutzung, Schneitelung, Niederwaldwirtschaft, Waldweide usw.).

Heute läuft diese Entwicklung beschleunigt auf das völlige Verschwinden des Augsburger Bären aus der europäischen Kulturlandschaft hin (vgl. LATTIN 1967). Regelmäßige und hochfrequente Vorkommen in geeigneten Lebensräumen scheint es lediglich noch in Oberösterreich (Gegenden um das Trauntal mit Nebenflüssen) zu geben, wie dem Atlas von REICHL (1994) zu entnehmen ist. Die Durchsicht der an unser Gebiet angrenzenden Regionalfaunen zeigt, daß *P. matronula* in historischer Zeit, wenn überhaupt, immer nur lokal und einzeln gefunden wurde und zwar, obwohl dieser spektakulär gezeichnete und größte europäische Bärenspinner allzeit ein hochbegehrtes Sammelobjekt war, dessen Funde als Sensation weitergegeben wurden.

Frankreich, Belgien, Schweiz: LHOMME (1923–1935) gibt unter dem Stichwort »très localisé« Funde aus den Départements Aube, Doubs, Isère, Meurthe-et-Moselle, Ardennes und Côte d'Or an. Nach VORBRODT (1914) »im ganzen Lande [d. i. d. Schweiz] verbreitet, aber recht selten.« In der Sammlung R. HERRMANN, Freiburg, steckt ein Weibchen mit dem für diese Art »aktuellen« Fundortetikett »Münchenstein (B'land) e.o. 1. Juni 1935, Coll. H. CHRISTEN.« Auf das Vorkommen der Art in der Umgebung von Basel weist auch PEYERIMHOFF

---
[1] Bearbeitet von J.-U. MEINEKE

(1862) in seiner ersten Auflage der »Lepidoptères d'Alsace« hin in der Erwartung, daß die Art noch im Oberelsaß zu finden sei. In der Ausgabe von 1880 wird *P. matronula* nicht mehr erwähnt; sie wurde dann in unserem Jahrhundert einmal im Unterelsaß gefunden (BROMBACHER 1923): »Im Juni 1903 bei Barr am Mönkalb Männchen Weibchen in Copula an niedriger Tanne gefunden.«

Rheinland-Pfalz: Für die Pfalz findet sich bei HEUSER & JÖST (1959) der Hinweis, daß – nach früheren Funden eines Gewährsmannes bei Bad Dürkheim – neuere Beobachtungen fehlen. KRAUS (1993) führt *P. matronula* nicht mehr auf. [Keine Funde in Hessen -Nassau etc.].

Bayern: OSTHELDER (1933) gibt für Südbayern zahlreiche Fundorte an, allerdings auch damals schon mit dem Hinweis »nur sehr lokal verbreitet«, erwähnt aber Jahre mit starker Vermehrung wie 1901. Für Nordbayern beschreibt WITTSTADT (1949) Funde von Faltern und Larven aus der Zeit der Jahrhundertwende sowie 1926 und 1948 im Frankenjura. Bei WEIDEMANN & KÖHLER (im Druck) finden sich weitere Ausführungen zu den Vorkommen in der Fränkischen Alb (letzte Beobachtung 1971). 1971 wurde hiernach auch der letzte Falter auf dem Gebiet der damaligen DDR (Thüringen) gesichtet; über die Fundorte in Mittel- (und Ost-) Deutschland vgl. BERGMANN (1953).

Verbreitung

Regional: Die Verteilung der mitgeteilten und in der Literatur dokumentierten Funde zeigt (bis auf wenige, z. T. fragliche und dann oft sehr lange zurückliegende Ausnahmen), daß *P. matronula* in Südwestdeutschland auf wärmebegünstigte Landschaften mit ausgeprägtem Relief angewiesen ist bzw. war: Kaiserstuhl, Lößvorberge zwischen Lahr und Freiburg, (z. T. mit Ausstrahlung in die warmen Tallandschaften des Elz- und Dreisamtales), Karlsruher Rheinebene (von den Vorbergen ?), Muschelkalk- und Keuperlandschaft am Oberen und Mittleren Neckar sowie im Tauberland, Trauf der Mittleren Alb, Baaralb, Oberes Donautal, unteres Wutachtal.

Oberrheinebene und Randgebiete: Im Kaiserstuhl wurden bisher drei Funde registriert: Ihringen (20. 5. 1922 1 Raupe, daraus 9. 6. 1922 1 Männchen, E. BROMBACHER); Wasenweiler (29. 8. 1954 1 halberwachsene parasitierte Raupe, L. SETTELE); Achkarren (4. 7. 1957, Bahnhofswirtschaft am Licht, L. SETTELE). Seitdem fehlt jeder weitere Nachweis aus diesem so ausgiebig besammelten Gebiet. Vom Randbereich zum Schwarzwald liegen einige alte, unbestätigt gebliebene Meldungen aus dem vergangenen Jahrhundert vor: Freiburg (Stephanienwald, Möschen, Herdern), Ottoschwanden, Lahr (REUTTI 1853). Als zuverlässig darf die Meldung von GAUCKLER (1896) gelten, der am 19. 5. 1893 einen Falter am elektrischen Licht des Bahnhofs in Karlsruhe fing. Schon vorher war an einer Laterne in Karlsruhe 1 Männchen von *P. matronula* gefunden worden. Hinzu kommt noch eine alte, nicht belegte Fundmeldung aus Heidelberg (REUTTI 1853).

Schwarzwald: Ein Hinweis in der Kartei A. GREMMINGER »Bad Peterstal 1932 (SEITZ)« wird von uns nicht als Beleg eines Vorkommens gedeutet, dafür scheint die dortige Gegend klimatisch zu kühl zu sein. Dasselbe gilt für die alte Angabe »Schiltach (Pfarrer GÜNTHER)« von REUTTI (1853). Seine Angabe »Höllental (ROTHMD.) mehrf.« [ohne Jahr] stufen wir ebenfalls als recht vage ein, wie auch die Notiz »Pforzheim, vor vielen Jahren von WITZENMANN gef. (Ro)«, die allerdings schon dem Kraichgau [Neckar-Tauberland] zuzurechnen wäre.

Neckar-Tauberland: In der Umgebung von Tauberbischofsheim kam der Augsburger Bär vom Ende des vorigen Jahrhunderts bis mindestens 1912 jahrweise sogar zahlreich vor (SCHLEYER 1913). Auch Pfarrer K. A. SEITZ hat ihn dort um diese Zeit gefunden (nach Kartei A. GREMMINGER). Vom Neckarland liegen Meldungen von Wendlingen 1938 (A. LOSER), Esslingen 1922 und 1936, Markgröningen 1930, 1931, 1933 (SCHNEIDER 1937), Bebenhausen 1893 (coll. Zool. Inst. Univ. Tübingen), Tübingen (Dufelbachtal, Wankheimer Tälchen, Spitzberg) 1867, 1905, 1925, 1933, (KAUFMANN & SCHMID 1966) vor. Von der Haller Ebene (Hessental 1930) hat RENNER die Art gemeldet (SCHNEIDER 1937). GREMMINGER (1950) führt für das Alb-Wutachgebiet einen Fund von 1919 an (Gewährsmann HÖROLD).

Aktuelle Meldungen kommen vom Oberen Neckar (Starzeltal bei Bietenhausen) 1979 von J.-U. MEINEKE und J. KLÜBER und 1991 von J.-U. MEINEKE und R. HERRMANN.

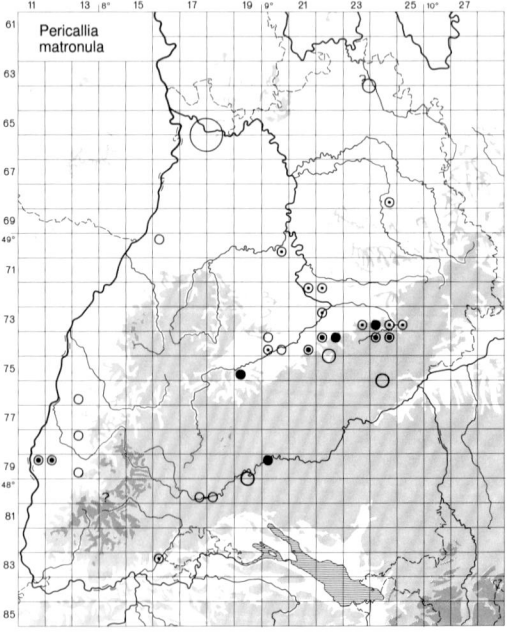

Pericallia matronula

Schwäbische Alb: Eine Häufung sogar z. T. aktueller Fundpunkte liegt im Bereich des Traufs der Mittleren Alb sowie des Oberen Donautals mit der Baaralb. Diese Konzentration im Bereich der Jurasteilhänge ist ein wichtiger Hinweis auf die Typisierung der Lebensräume des Augsburger Bären in Südwestdeutschland (s. u.). Insbesondere der Raum Deggingen/Auendorf scheint ein Bereich mit heute noch aktuellen Vorkommen zu sein: P. S. WAGENER [Gewährsmann THIELEN] 1934, 1935; O. KNAUPP 1969 (1 Falter), 1971 (3 Falter), 1973 (3 Falter), 1975 (2 Falter); R. MÖRTTER 1977 (1 Falter); von mindestens 5 Lichtfang-Lokalitäten. Auch die Angabe »Bad Boll (Schwäb. Alb) 1937 (JÄCKH, [Bremen])« bei SCHNEIDER (1937) gehört in diese Gegend. Vom nicht weit entfernten Albtrauf bei Dettingen/Erms teilt H. KIRCHNER, Dettingen den fotografisch belegten Fund eines Augsburger Bären im Jahr 1967 mit. Eine Fundortangabe »Urach 1895« an einem Beleg in coll. Zool. Inst. Tübingen erscheint glaubhaft. Weitere Funde in diesem Naturraum aus den 50er Jahren dieses Jahrhunderts dokumentiert KELLER (1970): Geislingen/Steige Dr. SCHABEL 1950 (2 Falter), Türckheim bei Geislingen G. STRAUB 1961 (1 Falter), Hoher Neuffen A. MACK 1955 (1 Falter), Oberlenningen A. MACK 1957 (1 Falter). GATTER et al. (1976) melden einen Fund aus dem NSG »Eichhalde« (1973, E. LOSER). (Die bei dieser Gelegenheit mitgeteilte Einschätzung, daß P. matronula »noch vor 30–40 Jahren in Württemberg verhältnismäßig häufig« war, läßt sich aus unseren Daten allerdings absolut nicht bestätigen). Von der Oberen Donau und der angrenzenden Baaralb gibt es eine alte Meldung über den Fang zweier Falter bei Geisingen 1889 (REUTTI 1898) sowie auch verhältnismäßig aktuelle Funde von 1971 bei Fridingen (H. KINKLER & W. SCHMITZ) und 1973 bei Hausen i. T. (F. NIPPEL). Weiter donauabwärts finden sich bei KELLER (1970) noch zwei Funde von Schelklingen (1950, K. NEUFISCHER; 1957, H. BAYERLANDER).

Alpenvorland: Die vagen Hinweise »Wangen im Allgäu 1922 (REISS)« bei SCHNEIDER (1937) sowie (in der Ausgabe von 1898 nicht mehr enthalten) »Konstanz (LEINER B. Matrona)« bei REUTTI (1853) werten wir nicht im Sinne einer ehemaligen Bodenständigkeit. Laut Angabe G. REISS (via A. HOFMANN, mdl.) kann es sich bei der Angabe bei SCHNEIDER allenfalls um Stuttgart-Wangen gehandelt haben.

Zusammenfassend läßt sich festhalten, daß der Augsburger Bär in den Hauptnaturräumen Oberrheinebene, Neckar-Tauberland und Schwäbische Alb lokal und selten vorkam und heute noch den Trauf der mittleren Alb, womöglich das Durchbruchstal der Donau sowie sicher eine Lokalität am oberen Neckar bewohnt. Dies sind zugleich die letzten Vorkommen im Bereich der Bundesrepublik Deutschland, wenn man vom südostbayerischen Rand des oberösterreichischen Vorkommens absieht, über dessen Status uns allerdings nichts näheres bekannt ist. Einem aktuellen Verdacht von der Baaralb (R. HERRMANN und A. HOFMANN) wird noch nachzugehen sein, auch das Alb-Wutachgebiet und der Klettgau bergen vielleicht noch unentdeckte Vorkommen.

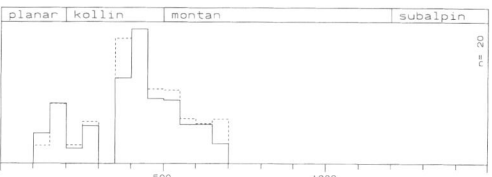

Vertikal: Der Augsburger Bär wurde in Baden-Württemberg in der planaren bis submontanen Höhenstufe zwischen 100 m (Karlsruhe) und 700 m (Albtrauf, Baaralb) in wärmebegünstigten Gegenden und Lokalitäten angetroffen. Die aktuellen Nachweise liegen zwischen 500 und 600 m.

Phänologie

Imgagines: Die Falter erscheinen im Juni und Juli, ausnahmsweise offenbar bereits Ende Mai. Als frühestes Funddatum wurde der 19. Mai (1893, Karlsruhe, H. GAUCKLER) notiert. Die Fundhäufungen liegen zwischen Mitte Juni und Mitte Juli; es verwundert nicht, daß die frühesten Meldungen aus den tiefsten Lagen (Rheinebene und Tauberland) kommen.

Die Ansicht, daß P. matronula als Ausdruck der zweijährigen Entwicklung nur jedes zweite Jahr auftritt (in geraden Jahren nach SCHLEYER laut Kartei A. GREMMINGER, in ungeraden nach BERGMANN 1953), läßt sich aus unseren Daten widerlegen; allerdings wurden die Nachweise der letzten Jahrzehnte tatsächlich ausschließlich in ungeraden Jahren gemacht: 1951, 1955, 1957, 1961, 1967, 1969, 1971, 1973, 1975, 1977, 1979, 1991. Dies beweist, daß P. matronula bei uns tatsächlich eine weitestgehend obligatorisch zweijährige Entwicklung haben muß (was von SCHNEIDER [1937] bezweifelt wurde) und, daß der in geraden Jahren auftretende Stamm wahrscheinlich bereits erloschen ist. (Die letzten Meldungen aus einem geraden Jahr sind die o. a. Funde von 1950 von Geislingen/Steige und Schelklingen). Bei der mit Sicherheit vollständigen (geographischen) Isolation der Teilpopulationen ist diese Gleichsinnigkeit außerdem ein Hinweis darauf, daß die auf das Aussterben des Augsburger Bären hinwirkenden Faktoren großräumig wirksam sind bzw. daß sie der Gesamtpopulation indigen sind (s. u.).

Diesem prächtigen, dazu höchst seltenen Bärenspinner hatte der in Augsburg lebende Entomologe und Kupferstecher JACOB HÜBNER im Jahre 1796 unter dem Namen *Bombyx Matrona* die deutsche Bezeichnung »Beyfußspinner« verliehen und als Heimat an erster Stelle »Schwaben« genannt. Daraus ist dann später der »Augsburger Bär« (*Pericallia matronula*) geworden. In Mitteleuropa lebt diese Art an der Westgrenze ihres Verbreitungsgebietes, das sich durch Rußland über Sibirien bis Ostasien erstreckt. – Umgebung Rangendingen 5.7.91 R. HERRMANN. LF.

Präimaginalstadien: Unsere beiden mit Datum belegten Raupenfunde geben her, daß noch Ende Mai (20.5.1922, Ihringen) erwachsene Raupen auftreten können, die also seit dem letzten Herbst nichts mehr gefressen haben (!) sowie, daß einjährige Raupen Ende August (29.8.1954, Wasenweiler) schon fast ausgewachsen sind (vgl. SETTELE 1973).

Ökologie

Vorbemerkung: Eine ökologische Beurteilung des Augsburger Bären ist nicht einfach. Von dieser rätselhaften Art sind seit dem 19. Jahrhundert aus dem heutigen Baden-Württemberg weit weniger als 100 Freilandexemplare bekannt geworden, wobei viele der Fundumstände im Dunkeln bleiben. Auch Zuchttiere unklarer Herkunft oder ausgesetzte Falter müssen in Rechnung gestellt werden bei einer so spektakulären Art, wo die Versuchung und die Möglichkeit des »Nachhelfens« – besonders früher – gegeben war, sei es in der Sammlung oder in der Landschaft, zumal die Art relativ leicht zu züchten ist.

Falter und Raupen sind sehr groß, auffällig und unverwechselbar, die Reproduktionsrate ist selbst für ein Insekt hoch (ca. 600 Eier pro Weibchen), Nahrungsaufnahme der Falter findet nicht statt, die Weibchen können nicht weit fliegen, die Jungraupen haben keine Flughaare; direkte oder passive Ausbreitung über Distanzen hinweg ist also nicht möglich. Demnach sind Einzelfunde, zumal, wenn sie, wenn auch im Abstand von Jahren oder Jahrzehnten, wiederholt am gleichen Ort gemacht werden, als Beleg der Bodenständigkeit zu werten.

Unter der Annahme, daß die Auflösung des mitteleuropäischen Areals zuletzt in den relativen Optimallebensräumen wirksam wird (abgesehen von zufälligen Ereignissen, denen natürlich eine immer größere Rolle zukommt, je weniger Vorkommen noch überdauert haben), kann daher durch Herausfiltern der Gemeinsamkeiten besonders der letzten Vorkommensgebiete die Typisierung eines »*Matronula*-Habitats« versucht werden:

Lebensraum: Es fällt ein gewisser Widerspruch zwischen abgeleiteten Zuordnungen (feucht-warme Wälder usw.) und konkreten Fundortbeschreibungen bei verschiedenen Autoren auf insofern, als eine auch trocken-warme Qualität der Fundgebiete (neben eher warm-feuchten) offenbar Bedingung ist (vgl. BERGMANN 1953, URBAHN & URBAHN 1939).

– Der Fundort im Starzeltal ist ein steiler, xerothermer und offener bis verbuschter Muschelkalkhang in Kontakt zu einem Platterbsen-Buchenwald.
– Eine fast identische Struktur bildet BERGMANN (1953, S. 164) ab, nimmt aber auf den darüberliegenden Hochwald bezug.
– Der von H. KIRCHNER brieflich beschriebene Fundort am Albtrauf ist ebenfalls eine xero- bis mesotherme Steilhalde mit offenen Felspartien, Rutschhängen etc. Entsprechende Landschaftsstrukturen finden sich bei Urach, Geislingen/Steige, am Hohen Neuffen, bei Oberlenningen usw.
– Die gleiche Struktur hat das Walberla der Frankenalb (WEIDEMANN & KÖHLER, 1996).
– WITTSTADT (1949) beschreibt mit Gesträuch bewachsene Steilhänge der Frankenalb, an denen nach Zygänen gejagt wurde, die also auch offen gewesen sein müssen.
– Die von SCHLEYER (1913) als Kiefernwälder mit Eichen und Brombeeren bzw. Eichenwälder mit Geißblatt beschriebenen Fundorte im Tauberland deuten auf trockene Örtlichkeiten hin, offene Muschelkalkhänge sind dort bis heute stark verbreitet.
– Bei Geisingen (Baden, Baaralb) und im Oberen Donautal sowohl bei Hausen als auch bei Fridingen und um Schelklingen sowie an der Wutach haben wir ebenfalls ausgeprägte Jura-Steilhänge mit offenen Felsbildungen, Block- und Schutthalden usw. im Kontakt mit Gebüschen.
– Auch im Kaiserstuhl gibt es bekanntlich in großem Umfang eher xerotherme Trockenrasen und Trockengebüsche sowie wärmeliebende (Flaum-)Eichen-Elsbeerenwälder usw. als feucht-warme Hochwälder.
– Auch LEPS (1977) schreibt für Oberösterreich: »... und die Hänge sind mit Buschwerk bestanden, das war der Biotop von *P. matronula*«.

Es muß also offenbar eine Steilhangsituation mit einem Mosaik aus vegetationslosen sowie versaumten und verbuschten Strukturen in xerothermer Ausprägung im Kontakt zu mesothermen Wäldern und Gebüschen gegeben sein. Eine darunter liegende Bach- oder Flußaue ist häufig zwar die Regel, für *P. matronula* jedoch nicht ausschlaggebend. Vielleicht würde uns eine genauere Betrachtung der offenbar gut besetzten oberösterreichischen Habitate bestätigen, daß dieses Schema auch in den dortigen Lokalitäten jeweils realisiert ist.

Nahrung der Raupe: Aus der Vielzahl der Zuchtberichte in der Literatur und den relativ wenigen Freilandbeobachtungen wird deutlich, daß *P. matronula* sehr polyphag ist. Es gibt keine eingegrenzte Nahrungspflanzenbindung, die Raupe frißt praktisch sämtliche Laubgehölze und Kräuter ihres Habitats. Daß hierunter besonders oft Hasel, Liguster, Eiche, Geißblatt etc. angegeben werden, liegt am Lebensraum. Auch die in Zuchtberichten angegebene altersbedingte Bevorzugung von Kraut- bzw. Laubfutter konnte bei einer vom Autor 1995 durchgeführten Zucht nicht bestätigt werden, die Raupen fraßen je nach Bedarf »saftigeres« oder trockeneres Futter.

Habitat: Der Augsburger Bär trifft aufgrund des oben angedeuteten Lebensraumschemas bei uns

Die Raupen des Augsburger Bären sollen in Mitteleuropa zweimal überwintern, mit zweiter Überwinterung erwachsen ohne anschließende Nahrungsaufnahme bis zur Verpuppung im Sommer. In der Zucht ist jedoch ein Teil der Raupen bereits vor dem ersten Winter erwachsen, andere stellen das Fressen halb- bis dreiviertelerwachsen ein. Diese Individuen wachsen dann schnell bis Juni heran, haben also ebenfalls nach einem Jahr ihre Entwicklung abgeschlossen. Über das Verhalten im Freiland scheint noch keine endgültige Klarheit zu bestehen. Die Falter treten bei uns in den letzten Jahrzehnten nur noch alle zwei Jahre auf. – Larve nach der 7. Häutung, 7.95 (ex ovo-Zucht) J.U. MEINEKE. S.

zusammen mit Arten dealpiner Verbreitung wie Blaugras, Alpenmaßliebchen, Reckhölderle, Immergrüne Segge, dem Eulenfalter *Euxoa decora*, dem Alpenbockkäfer (*Rosalia alpina*) u. v. a., solchen (west-) mediterraner Herkunft wie Bergkronwicken-Widderchen (*Zygaena fausta*), Flaumeiche, Südlicher Schmetterlingshaft (*Ascalaphus longicornis*) und wärmeliebenden Arten südöstlicher und kontinentaler Herkunft wie Elegans-Widderchen (*Zygaena angelicae*), Segelfalter (*Iphiclides podalirius*) etc., zu denen er selbst gehört. Seine heutigen Habitate können mit einem Hinweis auf Gradmanns Steppenheide (GRADMANN 1950) in Kontakt zu mesothermen Waldbiotopen bezeichnet werden, wobei der Begriff hier die Struktur und nicht die vegetationskundliche Soziologie meint. In diesem Sinne sind hier auch die Flaumeichengebüsche und -wälder des Kaiserstuhls und die Xerotherm-Gebüsche und Felsband-Komplexe der Muschelkalkhänge einbezogen.

Man muß leider skeptisch sein, ob uns der Augsburger Bär in Deutschland noch Gelegenheit zur Analyse seiner Autökologie oder wenigstens Feststellung seiner bevorzugten Lebensräume geben wird. Eine pflanzensoziologische Bearbeitung der Vegetation im Bereich des aktuellen Vorkommens am oberen Neckar legte BIERKAMP in BIERKAMP et al. (1985) vor.

Verhalten: Die Falter sind tag- und nachtaktiv (s. o.). SCHLEYER (1913) beschreibt, wie die Männchen in 4–10 m Höhe beim Paarungsflug bei Beginn der Dunkelheit an Waldschneisen entlangziehen. Anflug ans Licht wurde von der späteren Dämmerung bis spät nachts registriert. Nach eigenen Beobachtungen sind extrem hohe Nachttemperaturen günstig für den Anflug. Männchen lassen sich mit gezüchteten Weibchen anlocken. Ein Weibchen legt 500–600 (SCHLEYER 1913) bzw. 600–800 Eier (BATH 1932).

Die Raupen müssen sehr versteckt leben, da sie auch an bekannten Vorkommensorten fast nie gefunden wurden. Dies ist ein auffälliger Gegensatz zu anderen Arctiiden wie dem Braunen Bär (*Arctia caja*) oder dem Schwarzen Bär (*Arctia villica*), die fast eher über ihre Raupen als durch Falterfunde nachweisbar sind.

Den vielen Zuchtberichten soll hier kein weiterer hinzugefügt werden, lediglich die Beobachtung, daß die erwachsenen Raupen in der Gefangenschaft zur Überwinterung von trockenen Blättern gebildete Hohlräume aufsuchen und sich in diesem Winterquartier mit einigen Spinnfäden umgeben. (Nach Angaben in der Literatur überwintern die Raupen im Freiland zweimal und verpuppen sich nach dem zweiten Winter im achten Häutungsstadium ohne Nahrungsaufnahme. In der Gefangenschaft lassen sie sich z. T. durchtreiben.)

Gefährdung und Schutz

Rote Liste Bundesrepublik: 1
Rote Liste Baden-Württemberg: 1

Oberrheinebene: Ausgestorben oder verschollen.
Schwarzwald: Nicht vertreten (ob früher?).
Neckar-Tauberland: Vom Aussterben bedroht.
Schwäbische Alb: Vom Aussterben bedroht.
Oberschwaben: Nicht vertreten.

- In Baden-Württemberg vom Aussterben bedroht!
  Vom Aussterben bedroht gemäß § 20 e ff. BNatSchG.

Die baden-württembergischen Restvorkommen sind womöglich die letzten in Deutschland (s. o.). Der Rückgang kann in seiner Intensität nicht auf direkte Lebensraumveränderungen zurückgeführt werden. *Pericallia matronula* verhält sich hier vergleichbar dem Segelfalter, dem Apollo-Falter, dem Maivogel (*Hypodryas maturna*), einigen anderen Bärenspinnern u. v. a. Es wurden bewußt auch tagaktive Beispiele gewählt, um die Spekulation der Lichtempfindlichkeit etwas zu relativieren.

Schadstoffeinträge können ebenfalls kaum überwiegend verantwortlich gemacht werden, denn das Areal ist schon lange zersplittert und die Rückgänge werden seit mehr als hundert Jahren registriert. Die Zersiedlung und Erschließung der Landschaft könnte noch am ehesten ursächlich sein. Die heutigen Vorkommen sind offenbar siedlungsfern bzw. abgeschirmt. Von der zunehmenden Verbuschung und Verwaldung der Steilhänge sollte der Augsburger Bär eigentlich eher profitieren; falls seine Wald-Habitate zu dicht geworden sein sollten, würden ihm angrenzend Ersatzlebensräume zuwachsen.

Es bleibt also wohl nur das »Klima« als Ursache wie schon WITTSTADT (1949) und LATTIN (1967) vermuteten. Vielleicht wird der Augsburger Bär bei uns gerade noch von der momentanen Serie warmer Jahre profitieren, ähnlich wie die als Lebensformtyp in manchem vergleichbare Spanische Fahne (*Callimorpha quadripunctaria*). Allerdings wird der Augsburger Bär als sibirisches, wenn auch wärmeliebendes, Faunenele-

Arctia caja
(Linnaeus, 1758)
Brauner Bär

Gesamtverbreitung: Von der Iberischen Halbinsel über West- und Mitteleuropa durch die gemäßigte Zone bis Ostasien und Nordamerika. Im Norden verläuft die Arealgrenze durch das nördliche Fennoskandien, im Süden über Süditalien und den Peloponnes bis Vorderasien.

Verbreitung

Regional: Der Braune Bär ist aus allen Naturräumen nachgewiesen und wahrscheinlich auch heute noch über weite Teile des Landes verbreitet. Die Zahl der aktuellen Meldungen überwiegt, wenngleich die alten, nicht mehr bestätigten Funde nicht zu übersehen sind. Angaben aus den 30er Jahren, wonach *A. caja* z. B. in der Umgebung von Stuttgart merklich seltener geworden ist und in der Stadt selbst, wo er »vor Jahren ... zu Dutzenden am Licht...« beobachtet werden konnte, »heute immer nur ganz vereinzelt« auftritt (SCHNEIDER 1936), machen deutlich, daß auch die sogenannten »häufigen« Arten auf veränderte Umweltbedingungen (insbesondere die Bebauung, mit zahllosen Lichtquellen als Störfaktoren!) empfindlich reagieren. Bestandseinbußen sind also vor allem dort zu

Der Augsburger Bär trifft in diesem »Steppenheide-Komplex« auf Arten wie *Eilema pygmaeola, Euxoa decora, Chersotis multangula, Paradiarsia glareosa, Discestra microdon* (= *marmorosa*), *Polyphaenis sericata, Polymixis xanthomista, Catocala fulminea, Cyclophora ruficilaria, Eupithecia impurata, Gnophos furvatus* und andere. Diese Artenkombination enthält sowohl alpigene als auch südliche (mediterrane) sowie östliche Elemente. Gemeinsam ist ihnen ein hohes Wärmebedürfnis während der Vegetationszeit. – Umgebung Rangendingen 5.85 J.U. MEINEKE.

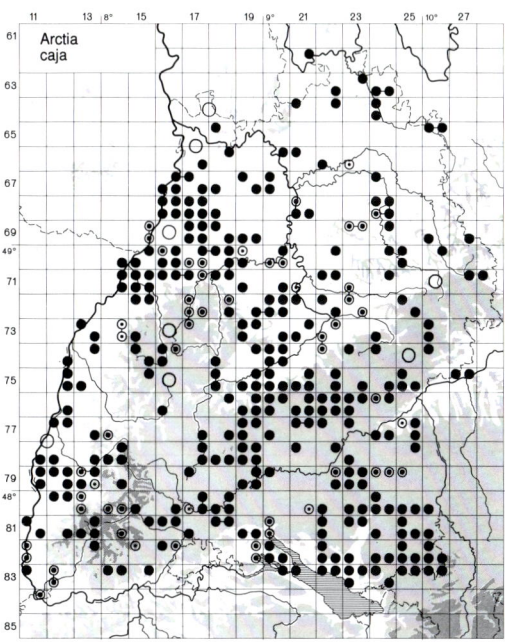

ment an kaltes und damit biologisch inaktives Wintermilieu adaptiert sein, wogegen sich zur Zeit eher eine »Mediterranisierung« der Winter mit milden Perioden und viel Regen abzeichnet.

Schutzmaßnahmen sind damit lediglich passiv möglich: Konsequente Abschirmung der Vorkommensorte vor milieuändernden Eingriffen wie »harter« forstlicher Nutzung, Erschließungen, Gesteinsabbau, elektrischer Beleuchtung usw. Für gezielte bestandsstützende Maßnahmen fehlen uns eindeutige Fakten. Festgestellte aktuelle Vorkommen sollten daher unbedingt der Naturschutz- sowie der Forstverwaltung bekannt gemacht werden.

Unsere bekannteste Bärenspinner-Art ist sicherlich der Braune Bär (*Arctia caja*). Die braunen, weiß gebänderten Vorderflügel und die nur im Flug oder bei Schreckstellung sichtbaren zinnoberroten Hinterflügel mit den großen, blauschwarzen Punkten machen ihn zu einem der farbenprächtigsten heimischen Schmetterlinge. Früher überall verbreitet, ist er heute bereits selten geworden und die Gefahr des Aussterbens nicht mehr zu unterschätzen. – Alpenvorland, Wolfegg 5.8.81 G. EBERT. LF.

Phänologie

Imagines: Die Art bringt nur eine Faltergeneration hervor. Deren Flugzeit reicht von Anfang Juli (Ende Juni) bis Mitte (Ende) September. Als frühester Falterfund wurde der 26. Juni (1954, Kaiserstuhl, A. GREMMINGER) notiert, die spätesten Meldungen datieren vom 22. und 25. September (1962 und 1955, Ettlingen »am Licht beob.«, P. PEKARSKY).

In der Zucht wird immer wieder eine »2. Generation« erzielt. So notierte z. B. A. GREMMINGER (Kartei): »7.8.42 an Salweide ein Eigelege, die schl. Rpn entwickelten sich völlig u. lieferten im X. 2. Gen.«. H. LIENIG (Kartei) vermerkte im Jahr 1920: »24.7. Es schlüpften Falter von im Freien gefundenen Raupen und erzielte in gleicher Nacht eine Copula. 25.7. Reichliche Eiablage erhalten. 2.11. Es schlüpften Falter der zweiten Generation«.

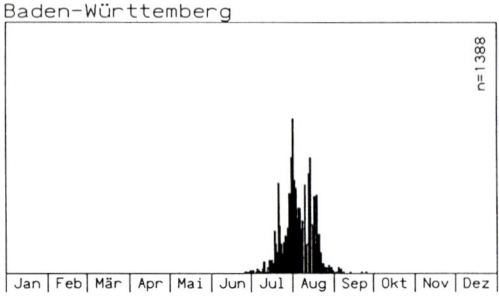

erwarten, wo dichte Bebauung und verkehrstechnische Erschließung, aber auch intensive Nutzung in der Land- und Forstwirtschaft (großflächige Monokulturen!), mit Einsatz von Herbiziden in Randbereichen (Wegränder!) den Lebensraum dieses schönen Bärenspinners immer stärker einengen.

Bei *Arctia caja* muß allerdings auch auf periodische Populationsschwankungen hingewiesen werden, wie sie früher schon bemerkt worden sind. So wird z. B. aus der Umgebung von Ingelheim (Mittelrhein) berichtet, daß diese Art dort von 1918 bis 1920 weder als Raupe noch als Schmetterling auffiel, sich 1921 bis 1924 vereinzelt fand, 1925 dann wieder »gemein, seitdem wieder weniger häufig« (BODE 1929).

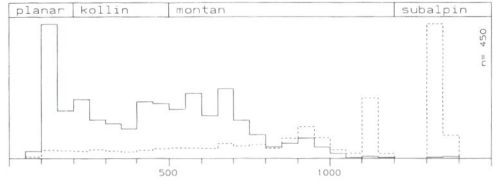

Vertikal: Die vertikale Verbreitung dieser Art reicht von der Ebene über die kolline und montane Stufe bis zu den Gipfellagen des Schwarzwaldes.

Präimaginalstadien: *Arctia caja* gehört zu den Bärenspinner-Arten, die weniger als Falter, dagegen weitaus häufiger im Raupenstadium gefunden werden. Eifunde wurden u.a. vom 7. August (1942, Berghausen, A. GREMMINGER) und 19. August (1986, Saulgau: Rosengarten, W. SCHÖN) gemeldet, »Eiraupen« (L_1) vom 30. August (1982, Mägerkingen, A. STEINER) und 5. September (1943, Auf der Tromm, H. LIENIG). Die in Anzahl vorhandenen Daten von Raupen nach der Überwinterung reichen vom 14. April (1920, Pforzheim, K. STROBEL) bis zum 14. Juli (1977, Bruchsal: Eichelberg, L_4, F. LAIER), wobei sich die Meldungen ziemlich gleichmäßig auf die Monate Mai und Juni verteilen, während solche vom Juli schon wieder spärlicher werden, d. h. Anfang Juli sind die meisten Raupen erwachsen oder bereits verpuppt, manchmal aber auch schon im Mai (z. B. Kaiserstuhl: 6.5.1986 fast erwachsene Larve, J.U. MEINEKE!). Überlappungen von Larval- und Imaginalstadium während der 1. Julihälfte sind nicht selten.

Wohl jeder Schmetterlingsliebhaber hat wenigstens einmal den Braunen Bär gezüchtet und dabei, je nach Experimentierfreudigkeit, Farb- und Zeichnungsaberrationen erzielt. Diese spektakuläre Form von *Arctia caja* ist allerdings kein Zuchtprodukt, sondern wurde im Freiland entdeckt, wobei es sich tatsächlich um einen äußerst seltenen Fund handelt. – Elztal, Unterspitzenbach 6.58 V. M1NK.

Ökologie

Lebensraum: Er ist durch ökologische Vielfalt geprägt und umfaßt beinahe die gesamten Wälder (Außen- und Binnensäume, Wegränder, Schneisen, Lichtungen, Schlagfluren, feuchte Waldwiesen). Dazu gehört aber auch der (gebüschreiche) Offenlandbereich, insbesondere extensiv bewirtschaftete Wiesen, Hoch- und Niedermoore, Kalk- und Silikatmagerrasen, ferner Dämme und Straßenböschungen, Uferränder, aufgelassenes und bearbeitetes Kulturland (Ackerbrachen, Gärten), Sand- und Kiesgruben. In den Verlandungsmooren des württembergischen Alpenvorlandes umfaßt der Lebensraum »alle Biotoptypen mit Ausnahme des Bergkiefernwaldhochmoors« (MEINEKE 1982).

Nahrung der Raupe:
Salix alba – Silber-Weide
  L (LEW)
Salix aurita – Ohr-Weide
  L (BAI)
Salix caprea – Sal-Weide
  3 E, L (HEH, HEI, KIE, LAI, MAR, STN, WLL)
Salix spec. – »Weide«
  E (HEI, MEI)
Quercus robur – Stiel-Eiche
  L (STN)
Urtica dioica – Große Brennessel
  3 L (BEN, GRE, HEG, HEH, KON, LEW, LUS, MAR, REK, REN, STR)
Rumex acetosa – Wiesen-Sauerampfer
  L (SCU)
?*Aconitum napellus* – Blauer Eisenhut
  L (MAR)
Rumex obtusifolius – Stumpfblättriger Ampfer
  L (EBE, ECK)
Rubus idaeus – Himbeere
  3 L (BAI, MAR, LIE, STN)
Rubus fruticosus agg. – Brombeere (Sammelart)
  E (SCÖ)
Filipendula ulmaria – Mädesüß
  3 L (BAI, EBE, KON)

Prunus spinosa – Schlehe
L (BAI, BAR)
Lupinus polyphyllus – Vielblättrige Lupine
L (BAR, MAR)
Sarothamnus scoparius – Besenginster
L (GRE, HER, SCO)
Trifolium pratense – Roter Wiesen-Klee
L (RAZ)
Trifolium spec. – »Klee«
L (WEF)
Onobrychis viciifolia – Futter-Esparsette
L (HEH)
Vicia sepium – Zaun-Wicke
L (HEH)
Vicia spec. – »Wicke«
L (BAI)
?*Euphorbia cyparissias* – Zypressen-Wolfsmilch
L (LUS)
Anthriscus sylvestris – Wiesen-Kerbel
L (RAZ)
Cornus sanguinea – Roter Hartriegel
L (REK)
Vaccinium myrtillus – Heidelbeere
L (SCÄ)
Vaccinium uliginosum – Moorbeere
L (BAI)
Calluna vulgaris – Heidekraut
L (HEH)
Galium glaucum – Blaugrünes Labkraut
L (HEH)
Galium mollugo – Wiesen-Labkraut
L (WAL)
»Grasnelke« (Gartenart)
L (HEH)
Fraxinus excelsior – Esche
L (GRE)
Myosotis spec. – »Vergißmeinnicht«
L (MAR)
Pulmonaria officinalis – Geflecktes Lungenkraut
L (BAI)
Lamium spec. – »Taubnessel«
L (BAI)
Salvia pratensis – Wiesen-Salbei
L (SCM)
Atropa belladonna – Tollkirsche
L (EBE, ECK, SCU)
Veronica teucrium – Großer Ehrenpreis
L (STN)
Rhinanthus serotinus – Großer Klappertopf
L (WLL)
Sambucus ebulus – Zwerg-Holunder
L (HEH)
Viburnum lantana – Wolliger Schneeball
L (HEH)

Viburnum opulus – Gewöhnlicher Schneeball
L (MAR)
Solidago spec. – »Kanadische Goldrute«
L (MAR)
Lonicera xylosteum – Rote Heckenkirsche
L (BAI, WLL)
Achillea millefolium – Gewöhnliche Wiesen-Schafgarbe
L (BECK, RAZ)
Cirsium oleraceum – Kohldistel
L (RAZ)
Cirsium arvense – Acker-Kratzdistel
L (BLÄ, LAI, MAR, RAZ, REN)
Carduus spec. – »Distel«
L (BAR)
– »Distel«
L (BAI, LUS)
Senecio helenitis – Spatelblättriges Greiskraut
L (HEH)
Senecio fuchsii – Fuchs' Greiskraut
L (HEH)
Taraxacum officinale – Wiesen-Löwenzahn
L (HEH, LUS)

Wie die lange Liste verdeutlicht, wurden in unserem Untersuchungsgebiet Raupen an zahlreichen, sehr unterschiedlichen Nahrungspflanzen registriert. Daneben existieren natürlich auch Beobachtungen von Raupen auf Straßen und Wegen (darunter viele Totfunde!). Oftmals wurden Raupen ruhend oder sich sonnend an Gräsern und anderen Pflanzen gefunden. Daß sie nicht nur in der Bodenvegetation sowie an Hochstauden und Sträuchern leben, zeigen der Hinweis von GREMMINGER (1925) »öfter auch an Esche gefunden« sowie die vielen Funde an Salweide, z. B. 12.9.1980, Walzbachtal »35 Raupen im 1. Stadium ca. 2 m hoch an *Salix caprea*« (F. LAIER). In Gruppen von 15–40 und mehr findet man nur die Jungraupen vor der Überwinterung, z. B. 5.9.1943, Affalterbach, ca. 20 Raupen kaum dem Ei entschlüpft (H. LIENIG); oder ein Fund an einem Eichenbusch am Straßenrand, 2.9.1979, Seebachtal, 2 Jungraupen-Gruppen, 13 und 41 Exemplare auf Blattunterseite (A. STEINER). Seltener sind solche Raupenansammlungen im Frühjahr, z. B. 16.4.1944, auf der Tromm »einige Raupen an Himbeeren gefunden. Es waren ca. 15–20 Stück, die gesellschaftlich auf einem Blatte saßen« (H. LIENIG). Blütenfraß wie beispielsweise an Klee (F. WEBER), oder Wiesen-Sauerampfer (W. SCHUBERT), oder am Wiesen-Kerbel (U. RATZEL) wurde ebenfalls festgestellt. Ob der Fund je einer Raupe am Blauen Eisenhut

Die Bezeichnung »Brauner Bär« leitet sich vom Aussehen der erwachsenen Raupe ab. Sie besitzt einen dichten, schwarzbraunen »Pelz«, aus dem nur die porzellanweißen Knopfwarzen an den Seiten hervortreten. Früher fand man sie oft, von Endoparasitoiden geplagt oder nach einem Verpuppungsplatz suchend, auf Wegen, wo ihre rasche, etwas unbeholfen wirkende Gangart ebenfalls an die eines Braunbären erinnert. – Adelegg 23. 5. 88 T. MARKTANNER.

(T. MARKTANNER) und an Zypressen-Wolfsmilch (H. LUSSI) tatsächlich auf Nahrungspflanzen hindeutet, konnte nicht ausdrücklich bestätigt werden, ist angesichts der polyphagen Lebensweise von *A. caja* jedoch nicht ausgeschlossen.

Dazu muß allerdings bemerkt werden, daß auch die Raupen von *A. caja*, wie experimentelle Fütterungsversuche gezeigt haben, eine ganze Reihe von Pflanzen selbst unter Hunger nicht annehmen, wenn bestimmte Inhaltsstoffe in besonders hoher Konzentration darin enthalten sind. Zur Pantophagie dieser Art ist zu sagen, daß die Raupen die dargebotenen Futterpflanzen freiwillig umso lieber wechseln, je älter sie sind. Solche, die beispielsweise nur mit *Lamium album* (Weiße Taubnessel) aufgezogen wurden, begannen halberwachsen zu kümmern. Sobald Mischfutter gegeben wurde, erholten sie sich wieder (MERZ 1959).

Habitat: Aufgrund genau protokollierter Raupenfunde können folgende Larvalhabitate genannt werden: Nitrophile Staudenfluren (Alliarion, Aegopodion podagrariae) in Auenwäldern (Oberrheinebene), Schlagflurgesellschaften (insbesondere Sambuco-Salicion capreae) in Buchenwäldern (Nordschwarzwald); Goldhafer-Bergwiese und »Bärwurz-Wiese« (Polygono-Trisetion) sowie kalkarme Magerrasen in höheren Lagen (Schwarzwald); Kohldistelwiesen, Mädesüßfluren (Calthion, Filipendulion) (Oberschwaben).

Gefährdung und Schutz

Rote Liste Bundesrepublik: V
Rote Liste Baden-Württemberg: 3

Oberrheinebene: Stark gefährdet.
Schwarzwald: Gefährdet.
Neckar-Tauberland: Gefährdet.
Schwäbische Alb: Gefährdet.
Oberschwaben: Gefährdet.

- In Baden-Württemberg gefährdet! Besonders geschützt gemäß § 20 e ff. BNatSchG.

Wie bereits unter »Verbreitung regional« erwähnt, liegen viele über das ganze Land verteilte »aktuelle« Fundmeldungen vor. Ihnen sind jedoch Beobachtungen gegenüberzustellen, die bereits in den 30er Jahren eine gewisse Rückgangstendenz aufzeigen, insbesondere im Siedlungsraum einschließlich dem bearbeiteten Kulturland. Dieser Trend scheint sich in den letzten Jahren, nach übereinstimmenden Berichten der Mitarbeiter, landesweit deutlich zu verstärken. Es ist durchaus möglich, daß viele der zwischen 1971 und 1990 noch aktuellen Funde – als solche auch noch heute in der Verbreitungskarte ausgewiesen – inzwischen schon nicht mehr bestätigt werden können. Auch wenn dies noch keine Beweisgrundlage ist, muß der Braune Bär, einer unserer auffälligsten und schönsten einheimischen Nachtfalter, als gefährdet angesehen und zur verstärkten Beobachtung seiner Bestandsentwicklung in Baden-Württemberg aufgerufen werden.

Arctia villica
(Linnaeus, 1758)
Schwarzer Bär

Epicallia villica L. (NOVAK & SEVERA 1980)

Gesamtverbreitung: Von Nordafrika und der Iberischen Halbinsel über West- und Südeuropa ostwärts durch das Schwarzmeergebiet bis Rußland und südlich davon bis Vorderasien.

Verbreitung

Regional: Die Frage, ob der Schwarze Bär (*Arctia villica*) Bestandteil der Fauna Baden-Württembergs war oder sogar noch ist, läßt sich nicht zweifelsfrei beantworten. Die überprüften Meldungen beziehen sich entweder auf Einzelfunde

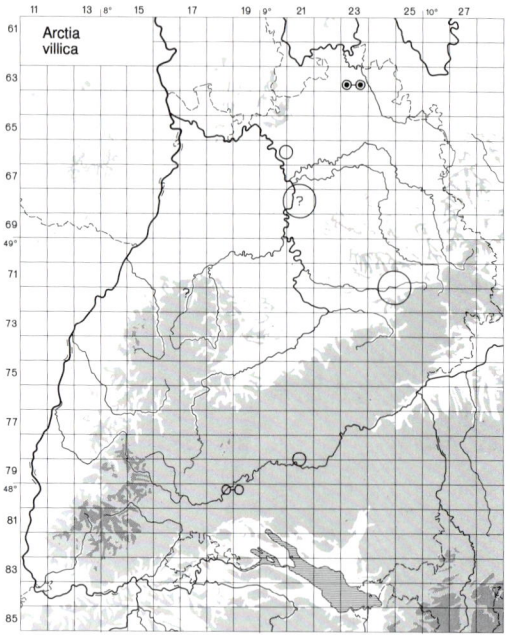

Desweiteren existieren Zuchttiere mit den Etiketten »Tübingen, KAUFMANN« und den e.l.-Daten 27.4.28, 4.5.26 und 21.5.38. Allerdings führen KAUFMANN & SCHMID (1966) *Arctia villica* nicht in ihrer »Schmetterlingsfauna ... von Tübingen ...« auf, so daß die tatsächliche Herkunft dieses Zuchtmaterials auch nicht mit Tübingen in Einklang gebracht werden kann.

Eine unkritische Wertung aller dieser Meldungen führt zwangsläufig zu der Annahme, daß *Arctia villica*, eine als Imago ebenso auffallende wie unverwechselbare Art, früher an verschiedenen Stellen unseres Faunengebietes wie etwa im oberen Donautal, vielleicht auch bei Wangen, Schwäbisch-Gmünd oder Mosbach vorgekommen ist. Eine solche Annahme kann jedoch nicht durch Sammlungsbelege oder genauere Angaben, welche die Glaubhaftigkeit dieser Meldungen erhöhen, untermauert werden. Die Herkunft der von WANNER in Heilbronn und erst recht der von KAUFMANN in Tübingen gezüchteten Tiere bleibt unbestimmt. Die Verläßlichkeit des Einzelfundes bei Wildbad (Nordschwarzwald), von dem ein Schwarzweiß-Foto des präparierten Tieres vor-

oder blieben unkommentiert, vorhandene Sammlungsbelege resultieren aus Zuchten.

Den ersten Hinweis auf diese Art gibt bereits ROTH VON SCHRECKENSTEIN (1800): »Um Duttlingen [=Tuttlingen], Sigmaringen ist sie einigemal gesammelt worden«. WERFER (1813) listet sie für das Gebiet um Schwäbisch-Gmünd auf. REUTTI (1853) zitiert die Angaben von ROTH VON SCHRECKENSTEIN und fügt hinzu: »nach unbestimmten Nachrichten in der Unterrheingegend aufgefunden«. Später (REUTTI 1898) gibt er außerdem »bei Lörrach« und »bei Mosbach oft« an, allerdings ohne nähere Hinweise. Nach SEYFFER (1850) wurde *A. villica* im Oberamt »Wangen von Herrn Pfarrer VON WOCHER gefunden«. SCHNEIDER (1937) wiederholt diese Angabe, ohne Neues hinzuzufügen.

Nicht publizierte Meldungen:

Heilbronn und Umgebung: 5.5.1950 2 Ex. e.l. coll. WANNER (in coll. WANNER); 19.4., 24.4. und 26.4.1950 e.l. coll. WANNER (in coll. A. GREMMINGER).
Königheim bei Tauberbischofsheim: »1956 3 Rpn, die am 10.4.[1957] die Falter (getrieben) lieferten (MEINKE)« (A. GREMMINGER, Kartei). Dazu inhaltlich gleichlautend eine schriftliche Mitteilung von K. STROBEL, in dessen Sammlung (coll. LNK) sich die 3 Belegstücke mit den Schlüpfdaten 8.4., 10.4. und 11.4.1957 befinden.
Nordschwarzwald: Wildbad, Rennbachtal 11.6.1976 1 Weibchen am Licht, leg. UHLEMANN.

Die beiden hier abgebildeten Tiere von *Arctia villica*, dem »Schwarzen Bär« (oben ♂, unten ♀) aus der Sammlung K. STROBEL sollen von Königheim (Tauberland) aus dort gefundenen Raupen stammen und am 11.4. bzw. 8.4.57 geschlüpft sein.

liegt, muß leider ebenfalls angezweifelt werden, wie andere fragliche Funde des gleichen Sammlers vom selben Ort zeigen.

Somit bleibt nur der Raupenfund bei Königheim, aus dem die zitierten Sammlungsbelege resultieren. Er stammt von einem Gewährsmann (E. MEINKE), der nach M. WALLNER (persönl. Mitt.) als zuverlässig gelten kann. Leider ist es ein einmaliger Fund geblieben. Auf eine autochthone Population von *A. villica* kann daraus ebensowenig geschlossen werden, wie eine Freisetzung gezüchteter Tiere beweisbar ist.

Vertikal: Der einzige, etwas genauer angegebene, Fundort Königheim liegt in der kollinen Stufe zwischen 220 und 350 m.

Phänologie

Imagines: Aus Baden-Württemberg unbekannt. REUTTI (1898) gibt »Juni, Juli« an.
Präimaginalstadien: Aus Baden-Württemberg nicht näher beschrieben.

Ökologie

Lebensraum: Aus Baden-Württemberg unbekannt.

Nach Angaben aus dem Nachbarland Rheinland-Pfalz (HEUSER & JÖST 1959) wurde der Falter »auf buschreichen Trockenrasenflächen und in Bergwäldern an heißen Hängen in manchen Jahren nicht selten beobachtet«. Im Nahetal wurde er übrigens auch in jüngster Zeit noch festgestellt (vgl. KRAUS 1993, WEIDEMANN & KÖHLER 1996).

Nahrung der Raupe: Aus Baden-Württemberg unbekannt.

Im benachbarten Elsaß wurden die Puppengespinste »in Anzahl in den unteren Ästen niederer Tannen bei Barr gefunden« (BROMBACHER 1923).

Habitat: Aus Baden-Württemberg unbekannt.
Verhalten: Aus Baden-Württemberg unbekannt.

Am Mittelrhein wurden die Falter »vereinzelt bei Tag und am Licht« beobachtet (LEDERER & KÜNNERT, 1963–1964). Nach HEUSER & JÖST (1959) sitzen die Tiere an den Fundstellen in der Pfalz »Tagsüber ... ruhend auf Blättern, fliegen bei Störung auf, fallen aber nach kurzem Flug wieder in die Vegetation ein«.

Über die Zucht (ex ovo 19. 5. 1990, Herkunft Nahetal) erhielten wir von einem Mitarbeiter folgenden Bericht: Bis Ende Juni/Anfang Juli fraßen die Raupen verschiedene Kräuter und wuchsen dabei bis ca. 10–12 mm Länge heran. Dann machten sie eine Sommerdiapause (absolut trockene Haltung, keine Nahrungsaufnahme, oft über 30 °C Tagestemperatur). Ab September (bis Oktober) erneute Nahrungsaufnahme und bei einer Größe von ca. 20 mm Winterdiapause. Ab Februar/März dann Weiterzucht bis zur Verpuppung. Die Zucht verlief fast ohne Ausfälle und gibt sicherlich wichtige Aufschlüsse über das Larvalverhalten im Freiland.

Gefährdung und Schutz

Rote Liste Bundesrepublik: 1
Rote Liste Baden-Württemberg: 0

Oberrheinebene: Nicht sicher nachgewiesen.
Schwarzwald: Nicht sicher nachgewiesen.
Neckar-Tauberland: Ausgestorben oder verschollen.
Schwäbische Alb: Ausgestorben oder verschollen.
Oberschwaben: Nicht sicher nachgewiesen.

- In Baden-Württemberg ausgestorben oder verschollen!
Vom Aussterben bedroht gemäß § 20 e ff. BNatSchG.

Ammobiota festiva
(Hufnagel, 1766)
Englischer Bär

Arctia hebe L. (REUTTI 1898, LAMPERT 1907, SEITZ 1907–1954, SPULER 1908–1910, REBEL 1910, ECKSTEIN 1913–1923, HERING 1932, SCHNEIDER 1936–1939, BERGMANN 1951–1955, KOCH 1955)

Arctia festiva HUFN. (FREINA & WITT 1987)

Gesamtverbreitung: Von der Iberischen Halbinsel über Süd- und Osteuropa sowie das Schwarzmeergebiet und die Türkei bis Mittel- und Ostasien, im Norden Europas bis zum Baltikum. Im Mittelmeerraum ist *Ammobiota festiva* sehr lückenhaft verbreitet, aus Deutschland ist die Art bereits verschwunden.

Verbreitung

Regional: Diese auch in unserem Faunengebiet inzwischen längst ausgestorbene Bärenspinner-Art wurde erstmals von ROTH VON SCHRECKENSTEIN (1800) gemeldet und zwar von Donaueschingen, mit der interessanten Bemerkung »Es scheint, als lasse sie sich nur in gewissen Jahren sehen«. Der gleichen Quelle zufolge soll sie 1797 auch um Immendingen aufgesammelt worden sein (unter Hinweis auf Belegstücke »in der Sammlung des Herrn MEGERLE«). WERFER (1813) gibt die Art für Schwäbisch-Gmünd an. SEYFFER (1850) listet sie für das »Oberamt Wangen« auf (»von Herrn Pfarrer VON WOCHER gefunden«). KELLER & HOFFMANN (1861) übernehmen in gewohnter Weise und fügen noch »Mergentheim« hinzu. Bei REUTTI (1898) werden, außer Immendingen und Donaueschingen, noch »bei Lörrach ... bei Heidelberg, Mosbach, Tauberbischofsheim, Wertheim« aufgelistet. Dagegen vermerkt GAUCKLER (1909) ausdrücklich, daß weder er selbst während 23jähriger Sammeltätigkeit, noch andere bekannte Sammler die Art in Baden gefunden haben. Neben diesen publizierten Fundmeldungen existiert eine weitere in Kartei A. GREMMINGER: »Überlingen (See) 6.1913 2 F[alter] e.l. von eingetr. Rpn (VOLLMER)«.

Bis dato unentdeckt geblieben ist ein einzelnes Sammlungstier von der Schwäbischen Alb (Sattelbogen, 26. Mai 1927, GÜNTHER BARTH, in coll. SMNS). Es ist insofern bemerkenswert, weil G. BARTH als ein äußerst zuverlässiger Gewährsmann gilt, dem Fehletikettierung nicht vorgeworfen werden kann. Für diesen Fund aus einem für *Ammobiota festiva* völlig untypischen Gebiet gibt es heute keine Erklärung mehr.

Das ehemalige Vorkommen im Tauberland wird unterschiedlich interpretiert. SCHNEIDER (1937): »Bei Mergentheim vor Jahrzehnten an den steinigen Abhängen der Tauber in manchen Jahren nicht selten ...«. LINDNER & SCHNEIDER (1939): »Nach freundlicher Mitteilung von Landgerichtsdirektor WARNECKE, Kiel, wurde die Art 1936 von Oberst a. D. BÜTTNER bei Mergentheim häufig angetroffen. Das in der ›Fauna‹ vermutete Ausgestorbensein der Art im Gebiet trifft also nicht zu«. A. GREMMINGER (Kartei): »Tauberbischofsh[eim], in früheren Jahren auf den Höhen westl. der Tauber als Falter, östl. der T. nie gef. (Stz)«[1].

Tatsächlich scheint *Ammobiota festiva* an mehreren Stellen vorgekommen zu sein, und zwar am Ölberg bei Lauda, am Stammberg und Höhberg bei Tauberbischofsheim sowie am Apfelberg südlich von Gamburg. Einem Bericht von R. TACK (persönl. Mitt.) zufolge hat ein Gewährsmann HUGO NECKERMANN (»ein bekannter Züchter«) am Ölberg (Lauda) im Jahre 1935 den ersten Fund getätigt (Puppe unter Stein, Raupe). Die gezielte Suche nach Raupen im März/April des darauffolgenden Jahres verlief erfolgreich. Bis 1938/39 wurde Material an Züchter in ganz Deutschland veräußert. Nach dem Krieg wurde *A. festiva* nicht mehr gefunden; eine von R. TACK im Jahr 1970 durchgeführte flächengenaue Nachsuche verlief erfolglos. Die in der Sammlung H. NECKERMANN um diese Zeit noch reichlich vorhandenen Belegtiere fielen sämtlich dem *Anthrenus*-Fraß zum Opfer.

Vertikal: Die ehemaligen Fundstellen im Tauberland liegen in der kollinen Stufe zwischen ca. 250 m und 380 m.

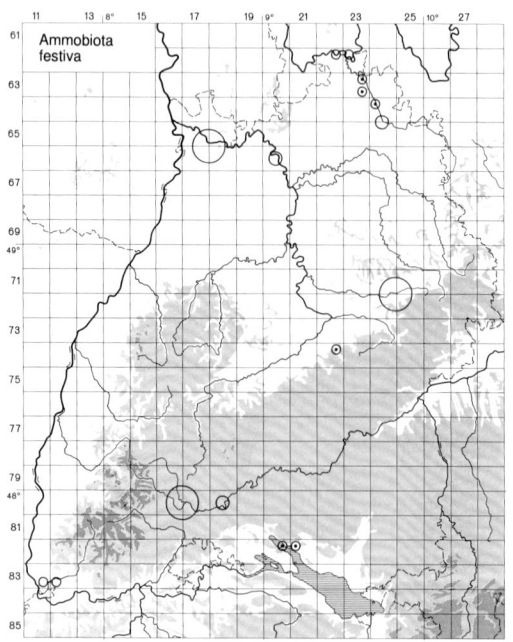

Phänologie

Imagines: Nach Pfarrer A. SEITZ war im Tauberland die Flugzeit »Anfang Mai« (SCHNEIDER 1937).

Präimaginalstadien: Es liegt nur eine Angabe vor: »Raupen schon Ende März erwachsen« (SCHNEIDER l. c.).

Ökologie

Lebensraum: Nach Mitteilung von R. TACK war die Fundstelle am Ölberg bei Lauda damals eine offene Geröllsteppe, mit starkem Bewuchs des Kleinen Habichtskrautes (*Hieracium pilosella*). Heute ist sie stark verbuscht (Kiefern und Schlehenaufwuchs). Das hat allerdings mit dem Ver-

---

[1] »Stz« = Pfarrer K. A. SEITZ (Gewährsmann).

schwinden der Art, bald nach ihrer Entdeckung an dieser Stelle, nichts zu tun.

Im benachbarten Hessen waren Brachfelder bei Neu-Isenburg der einzige Fundort (KOCH 1856). ALBERTI (1951) beschreibt den Lebensraum in Mecklenburg (Umgebung Waren) als »hügeliger Sandboden mit einzelnen Kiefernwaldstücken durchsetzt, dürftigste Sandäcker, die oft jahrelang brachliegen, untermischt mit Flächen, die überhaupt unbestellt bleiben und wo als Leitpflanzen neben *Hiracium pilosella* L. und *Rumex acetosella* L. vor allem *Weingärtneria canescens* B., auch *Festuca ovina* L. wachsen«.

Nahrung der Raupe: Das Kleine Habichtskraut (*Hieracium pilosella*), das in der Zucht als Futterpflanze erfolgreiche Anwendung fand, dürfte auch im Freiland eine (wichtige?) Nahrungspflanze der Raupe gewesen sein.

In Mecklenburg fraßen die Raupen »bevorzugt Feldsauerampfer und junge Getreidesaat, gelegentlich andere Gräser ... Die letzte Häutung vollzieht sich in einem Gespinst zwischen Sand und Grashalmen« (ALBERTI 1951).

Über die Zucht wurde von verschiedenen Autoren berichtet (z. B. BAU 1899, HERRMANN 1899, PAULS 1899, HOLIK 1917, LEDERER 1923, ALBERTI 1951, ALBERTI 1952, RIESCH 1953).

Habitat: Soweit noch rekonstruierbar, handelt es sich im Tauberland um Standorte des Kleinen Habichtskrautes in Sedo-Scleranthetea-Gesellschaften trocken-heißer Magerrasen auf Muschelkalk.

Gefährdung und Schutz

Rote Liste Bundesrepublik: 0
Rote Liste Baden-Württemberg: 0

Oberrheinebene: Ausgestorben oder verschollen (nur randlich vorkommend).
Schwarzwald: Nicht vertreten.
Neckar-Tauberland: Ausgestorben oder verschollen.
Schwäbische Alb: Ausgestorben oder verschollen.
Oberschwaben: Ausgestorben oder verschollen.

- In Baden-Württemberg ausgestorben oder verschollen!
  Vom Aussterben bedroht gemäß § 20 e ff. BNatSchG.

Das Verschwinden von *Ammobiota festiva* hat, großräumig gesehen, sicher verschiedene Ursachen. Zum Vorkommen im Niederelbegebiet

Das hier abgebildete Weibchen von *Ammobiota festiva*, dem »Englischen Bär«, entstammt einer nicht näher datierten Serie (coll. M. DAUB) von Belegtieren von der Bergstraße, wo die Art noch zu Beginn dieses Jahrhunderts vorgekommen sein soll.

wurde festgestellt, »daß die intensive Bebauung und Ausnutzung des Bodens der *hebe*-Raupe, welche möglichst unberührte Flächen liebt, schädlich ist und jedenfalls in unserer Umgegend schon seit langen Jahren das Seltenerwerden der Art zur Folge gehabt hat« (WARNECKE 1927). Dort, wo die als Lebensraum erkannten Brachfelder auf sandigen Böden verändert, d. h. umbrochen und mit Hilfe von Kunstdünger in Ackernutzland umgewandelt worden sind (vgl. JESCHKE 1931), ist der Grund für das Verschwinden offensichtlich. Auch durch das gezielte Absammeln der leicht sichtbaren Raupen an eng begrenzten Lokalitäten kann ein Freilandbestand stark dezimiert werden (ALBERTI 1951). Ob dies auch der Grund für das Verschwinden der Art im Tauberland war, wo sich die Fundstellen zwar langsam durch Sukzession, nicht jedoch durch die Umwandlung in Ackerland verändert haben, ist wahrscheinlich, jedoch nicht erwiesen.

Diacrisia sannio
(Linnaeus, 1758)
Rotrandbär

Nemeophila russula L. (REUTTI 1898)
Diacrisia sanio L. (LAMPERT 1907, SCHNEIDER 1936–1939)
Diacrisia vulpinaria L. (HERING 1932)

Gesamtverbreitung: Von der Iberischen Halbinsel durch ganz Europa bis Ostasien. Im Norden bis Fennoskandien (ohne die polaren Gebiete), im Süden bis in den nördlichen Mittelmeerraum einschließlich Apenninhalbinsel sowie über die Schwarzmeer- und Kaspiregion bis Mittelasien.

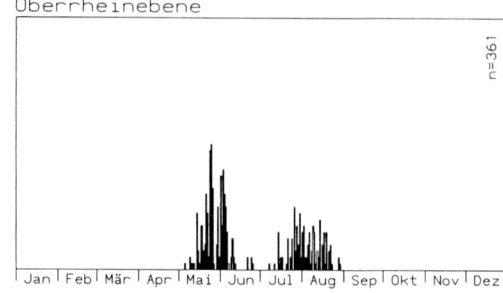
Oberrheinebene

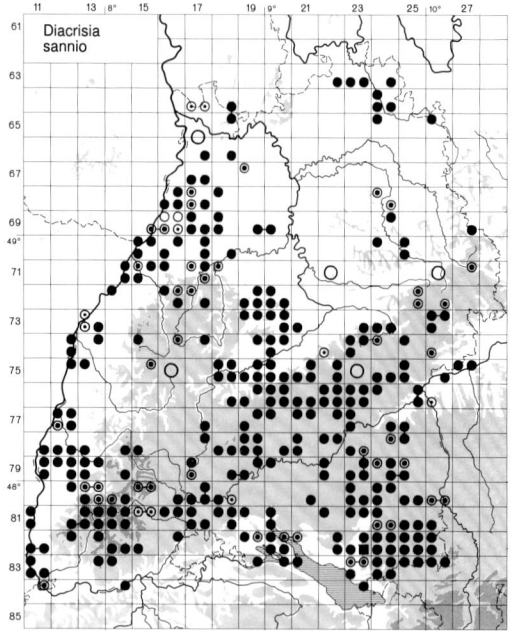

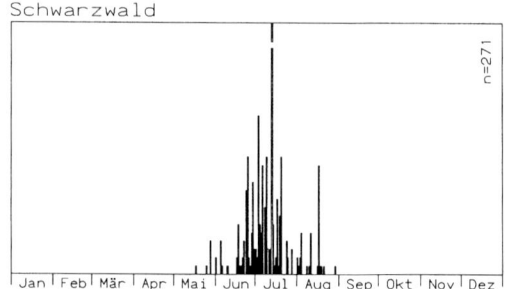
Schwarzwald

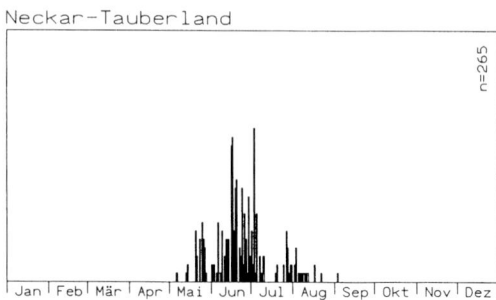
Neckar-Tauberland

Verbreitung

Regional: Der Rotrandbär kommt in allen Naturräumen Baden-Württembergs vor. Schwerpunkte seiner aktuellen Verbreitung liegen in der südlichen und westlichen Landeshälfte. Nachweise aus den intensiv genutzten Agrarlandschaften im Norden und Osten sind dagegen spärlich oder fehlen ganz. Nur aus dem Tauberland sind Fundmeldungen bekannt, ebenso aus den Schwäbisch-Fränkischen Waldbergen. Die Schwäbische Alb und das Alpenvorland sind dagegen besonders dicht besiedelt.

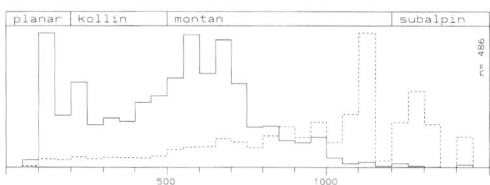

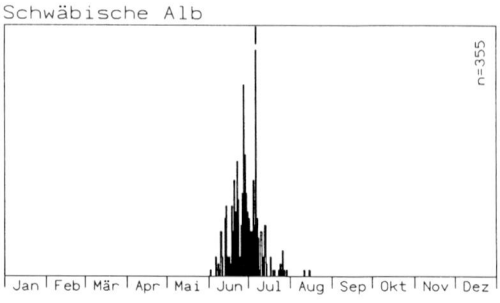
Schwäbische Alb

Vertikal: Die Art ist von der Oberrheinebene bis in die Gipfellagen von Schwäbischer Alb und Schwarzwald verbreitet. Am häufigsten wurde sie in der submontanen Stufe zwischen 600 und 700 m beobachtet.

Phänologie

Imagines: Die in verschiedenen Schmetterlingswerken enthaltenen Angaben zur Flugzeit von

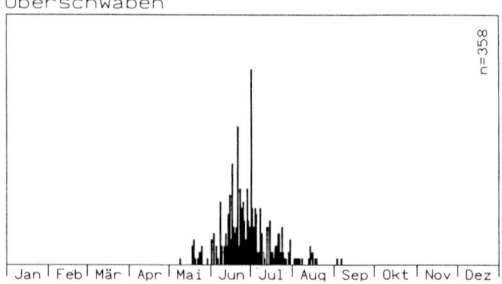
Oberschwaben

Diacrisia sannio sind (sofern sie aus verschiedenen Quellen stammen) ziemlich uneinheitlich. So wird z. B. die 2. Gen. mit August bis September (SPULER 1910, FORSTER 1960, FREINA & WITT 1987) oder »7–8« (KOCH 1984) angegeben. BERGMANN (1953) führt für Mitteldeutschland nur eine Generation »A.6 bis M.7« auf. Für unser Faunengebiet nennt REUTTI (1898) »im Mai, Juni und Juli, August«, SCHNEIDER (1937) »von M. V. bis E. VI. und in einer teilweisen 2. Generation im VIII«.

Heute kann auf der Grundlage von mehr als 1600 notierten Freilandtieren aus allen Regionen des Landes festgestellt werden, daß diese Art in der wärmebegünstigten Oberrheinebene zwei nahezu gleich starke Generationen ausbildet, die von Anfang Mai bis Mitte (Ende) Juni und von (Anfang) Mitte Juli bis Ende August dauern. Den frühesten Falter überhaupt notierte A. GREMMINGER am 5. Mai (1923, Kaiserstuhl, 1 Männchen). Im Neckar-Tauberland reicht die 1. Gen. bis in die 1. Juli-Dekade und ist deutlich individuenstärker als die hier noch regelmäßig zu beobachtende 2. Gen., die sich von der letzten Juli-Dekade bis Ende August (Anfang September) erstreckt. In den kühleren Mittelgebirgen Schwarzwald und Schwäbische Alb bleibt die Flugzeit auf eine Generation beschränkt, doch können auch hier im August Falter einer partiellen 2. Gen. auftreten.[1] Ähnliches gilt für Oberschwaben. Der späteste Fund datiert hier vom 6. September (1993, Isny Umgeb., M. GOLDSCHALT), der früheste vom 9. Mai (1968, Oberraderach: Ried, T. MARKTANNER).

Präimaginalstadien: Genauer protokolliert wurden leider nur sehr wenige Raupenfunde. Bei einer im Mai gefundenen erwachsenen Raupe (1989, Konstanz: Riesenberg, S. LEWANDOWSKI) handelt es sich ebenso um eine Überwinterungslarve wie bei den von A. GREMMINGER am 2. Juni (1939, Löffingen) und 6. Juni (1941, Wutach: Gauchachbrücke) notierten. Dagegen stammt die am 30. Juli (1942, Donauried, A. GREMMINGER) beobachtete Raupe sicherlich von der 1. Faltergeneration ab, solche vom 30. September (1953, Sandhausen, A. GREMMINGER), 2. Oktober (1985, Heuweiler, E. RENNWALD) und 19. Oktober (1984, Teningen: Elzdamm, E. RENNWALD) dagegen mit hoher Wahrscheinlichkeit von einer 2. Generation. Ob in der Oberrheinebene auch

[1] Das Schwarzwald-Diagramm wird durch Funde aus tieferen, von der warmen Oberrheinebene klimatisch noch günstig beeinflußten Tallagen etwas verfälscht!

Der Rotrandbär (*Diacrisia sannio*) kommt in Feucht- und Trockenbiotopen vor und ist vor allem auf den Trockenrasen der Schwäbischen Alb und in den Niedermooren des Alpenvorlandes noch recht zahlreich vertreten. Außerdem ist er ein guter Indikator für extensiv bewirtschaftete magere Wiesen. Im überdüngten, mehrfach gemähten Wirtschaftsgrünland wird man ihn dagegen vergeblich suchen. – Isny, Harprechtser Moos 3.7.91 T. MARKTANNER.

Während das Männchen durch seine leuchtend gelbe Vorderflügelfärbung auffällt, von der sich der rosafarbige Flügelrand (Name!) und der Diskalfleck wirkungsvoll abheben, ist das kleinere Weibchen hell rötlichbraun gefärbt.- Tauberland, Grünsfeld 16.8.91 F. KIRSCH.

Die Raupe ist dunkel, bräunlich behaart, hat einen schwarzen Kopf und eine für die Art charakteristische hellgelbe, durchgezogene Rückenlinie. Wie alle Bärenraupen lebt sie recht polyphag an krautigen Pflanzen. Für die Überwinterung wählt sie mit Vorliebe die trokkenen Stengeln von Umbelliferen und Disteln. – Kaiserstuhl 30.4.92 R. DISCH.

Raupen überwintern, die von der 1. Gen. abstammen, ist bis jetzt noch unbekannt, in den anderen Naturräumen dürfte dies regelmäßig vorkommen.

Über die larvale Entwicklung unter Zuchtbedingungen berichtet H. HERRMANN (1971): Am 20. Juni (1964, Unterbaldingen) wurde ein Weibchen gefangen, das 50 Eier ablegte. Nach 10 Tagen schlüpften die Räupchen. Nach weiteren 10 Tagen sind sie 6 mm lang, weitere 24 Tage später (Anfang August) ca. 3 cm lang und erwachsen. Am 25. August (1964) schlüpfte der erste Schmetterling, am 15. September des gleichen Jahres der letzte (insgesamt 17 Männchen, 15 Weibchen, der Rest entfällt auf Zuchtverluste).

Ökologie

Lebensraum: In unserem Faunengebiet zeichnet sich die breite ökologische Valenz dieser Art besonders deutlich ab: Im Alpenvorland bewohnt sie die Feuchtwiesen am Rande der Hochmoore, auf der Schwäbischen Alb, im Kaiserstuhl, teilweise auch im Neckar-Tauberland dagegen die Halbtrockenrasen warmer Hänge. Ihre weite, flächenhafte Verbreitung wird somit durchaus verständlich. Zu ihrem Lebensraum gehören Feuchtwiesen und Niedermoore bis hin zu Großseggenriedern und Röhrichten, insbesondere nicht gedüngte Streuwiesen und Binsen-Kohldistelwiesen, ferner extensiv bewirtschaftete Glatthaferwiesen, darunter auch Streuobstwiesen sowie »Waldwiesen« und »krautreiche Lichtungen« unterschiedlich feuchter Ausprägung (z. B. in Auenwäldern der Oberrheinebene oder Buchenwäldern des Hügellandes), »Bergwiesen« (im Schwarzwald) oder zum Halbtrockenrasen hin vermittelnde Glatthaferwiesen an Dämmen und Böschungen. Aus dem Alpenvorland meldet z. B. T. MARKTANNER die »Falter ... häufig auf Flachmoorwiesen, in alten Torfstichen ... u. auf verheideten Hochmoorflächen ... Im Hegau ... trockene, magere Glatthaferwiesen u. brachliegende Wiesen sowie nicht mehr gemähte Wiesenraine«. In den Jura- und Muschelkalklandschaften sind es Halbtrockenrasen in Wacholderheiden oder an Trockenhängen, in den Hochlagen des Schwarzwaldes dagegen Magerrasen kalkarmer Standorte. Im Wirtschaftsgrünland mit seinen überdüngten, mehrfach gemähten Fettwiesen ist *Diacrisia sannio* dagegen nicht zu finden.

Nahrung der Raupe:
Urtica dioica – Große Brennessel
   L (REN)
Thesium bavarum – Berg-Leinblatt
   L (HEH)
Epilobium palustre – Sumpf-Weidenröschen
   L (REN)
Galium glaucum – Blaugrünes Labkraut
   L (WAL)
Galium mollugo – Wiesen-Labkraut
   L (BAI, REN, WAL)
Lamium spec. – »Taubnessel«
   L (BAI)
Plantago lanceolata – Spitz-Wegerich
   L (ASA, HEH, LEW)
Achillea millefolium – Gewöhnliche Wiesen-Schafgarbe
   L (ASA)
Chrysanthemum vulgare – Rainfarn
   L (REN)
Hieracium spec. – »Habichtskraut«
   L (MER, STN)

Nach Beobachtungen in Oberschwaben überwintern die etwa 1 cm großen Räupchen mit Vorliebe in den Stengeln von Doldengewächsen und Disteln. Nach der Überwinterung bleiben sie am Boden. Sie sind nachtaktiv und können »geleuchtet« werden, im verheideten Hochmoor des Federseebeckens beispielsweise an Labkraut entlang der Wassergräben (G. BAISCH, schriftl. Mitt.). J. ASAL fand die Raupen, ebenfalls nachts, an einem beweideten Südhang, E. RENNWALD entdeckte sie in einem Straßengraben, an den Schoten des Sumpf-Weidenröschens fressend.

Habitat: Larvalhabitate wurden bisher nur sporadisch an anthropogen beeinflußten Standorten wie Entwässerungsgräben, Straßengraben und

Hochwasserdämmen beobachtet, dürften ansonsten aber, was die »feuchte Variante« der Habitate betrifft, im Calthion und Caricion, hinsichtlich der »trockenen Variante« im (ungedüngten!) Arrhenatherion zu finden sein. E. RENNWALD (schriftl. Mitt.) entdeckte eine Raupe an Rainfarn im Artemisio-Tanacetetum vulgaris (Dauco-Melilotion) und weitere an Wiesen-Labkraut in einem mageren Arrhenatheretum brometosum sowie an Brennessel auf einer Ruderalfläche, alle an Hochwasserdämmen der Elz am südlichen Oberrhein.

D. BARTSCH fand im Glemswald bei Böblingen (Truppenübungsplatz am Heuweg) und bei Gerlingen (Kaufwald) regelmäßig die 1 cm großen, zur Überwinterung festsitzenden Jungraupen. Sie wurden, gemeinsam mit den Raupen mehrerer Noctuidenarten (*Apamea crenata, A. remissa, A. aquila, Mythimna pudorina, M. albipuncta, M. pallens* u. a.) aus abgeblühten Pfeifengrashorsten geklopft. An Habitatstrukturen wurden hier notiert: Lückige Randbereiche feuchter Hochstaudenfluren, alte, feuchte Ruderalflächen mit verschiedenen *Carduus*-Arten, *Daucus carota* und *Lotus uliginosum*. Waldschläge mit *Molinia* und *Calamagrostis epigajos*-Beständen (letztere eine typische Begleitart!).

Im Alpenvorland liegt der Schwerpunkt des Vorkommens von *D. sannio* im Niedermoor. Diese Aussage gründet sich auf Kontrollen sowohl tagaktiver (bei Begehung bis zu 15 Ex/Std.) als auch am Licht registrierter Falter. Außerdem wurden sie im Heidehochmoor, Wollgrashochmoor und Bergkiefernwaldhochmoor (bei Begehung bis zu 10 Ex/Std.) festgestellt (MEINEKE 1982).

Nach Angaben aus Österreich leben die Raupen mit Vorliebe auf sonnigen, etwas feuchten Waldwiesen, Abhängen, Berglehnen etc. (GERHARDINGER 1953).

Verhalten: Wie bereits hinlänglich bekannt, fliegen die Falter (Männchen!) am Tage oder lassen sich leicht aus der Vegetation aufscheuchen, kommen aber auch nachts an das Licht. Die Weibchen sind dagegen äußerst flugträge. Eiablage, Larven- und Falterentwicklung wurden von H. HERRMANN (1971) aus unserem Untersuchungsgebiet beschrieben. Nach seinen Beobachtungen, bei denen ein bei Unterbaldingen in einem »Steppenheidegebiet an einer Hanglage« gefangenes Weibchen der Ausgangspunkt war, »kommen die Falter nur an warmen, trockenen Tagen aus der Puppe ... bei einer Witterung von wenigstens +25 °C« – eine Eigenschaft der Populationen trockener Standorte? Bemerkenswert ist die Fähigkeit der Raupe, bei Störung rasch davonzurennen, wobei sie schnellende Bewegungen auszuführen vermag.

Gefährdung und Schutz

Rote Liste Bundesrepublik: –
Rote Liste Baden-Württemberg: –

Oberrheinebene: Nicht gefährdet.
Schwarzwald: Nicht gefährdet.
Neckar-Tauberland: Nicht gefährdet.
Schwäbische Alb: Nicht gefährdet.
Oberschwaben: Nicht gefährdet.

• In Baden-Württemberg nicht gefährdet!

Die Einstufung in die Kategorie »Nicht gefährdet« ist nur haltbar, wenn der Anteil extensiv bewirtschafteter Wiesen nicht durch Intensivierung oder Umwandlung in Ackerland, Nutzholzforste usw. noch weiter zurückgeht – für den Rotrandbär eine auf längere Sicht durchaus existenzielle Frage!

Im Gegensatz zum Weibchen, das äußerst flugträge ist und meist am Boden verborgen bleibt, fliegt das Männchen auch am Tage umher oder läßt sich leicht aufscheuchen. Nach kurzem Flug läßt es sich an Grashalmen oder in der Vegetation nieder, hier in einem Halbtrockenrasen im Kaiserstuhl. – 26.5.92 R. DISCH.

Rhyparia purpurata
(Linnaeus, 1758)

Purpurbär

Arctia purpurata L. (REUTTI 1898)

Gesamtverbreitung: Vom Norden der Iberischen Halbinsel über Süd- und Mitteleuropa durch die gemäßigte Zone bis Ostasien. Im Norden bis Südfinnland, im Süden über Apenninhalbinsel, Balkan und Kleinasien bis in die Kaspiregion. Fehlt auf den Britischen Inseln.

Verbreitung

Regional: In Baden-Württemberg ist die Verbreitung des Purpurbären inselartig aufgelöst. Die Anzahl alter Fundorte, für die es keine Bestätigung mehr gibt, ist beträchtlich, das Verschwinden dieser auffallend schönen Art (Name!) aus mehreren Naturräumen offenkundig. Dennoch waren die alten Verbreitungsangaben »überall« (REUTTI 1898) oder »Im ganzen Gebiet häufig« (GAUCKLER 1921) schon damals falsch. So fehlte *R. purpurata* von jeher im gesamten Schwarzwald. Auch aus der mittleren Oberrheinebene und der angrenzenden Vorbergzone liegt uns kein Nachweis vor. Auf der Schwäbischen Alb und in den Schwäbisch-Fränkischen Waldbergen wurde die Art nur vereinzelt gefunden; am Hochrhein, einem allerdings stark vernachlässigtem Gebiet, scheint sie ganz zu fehlen, ebenso im Illertal.

Besiedelt werden dagegen heute noch, wenngleich recht lückenhaft, die Muschelkalklandschaften vom südlichen Kraichgau über Stromberg und die Kocher-Jagst-Ebenen bis ins Tauberland und an den Main sowie die Hardtebenen zwischen Karlsruhe und Mannheim, wobei die dort noch aktuellen Fundstellen bereits als Rückzugsgebiet einer ehemals stärker ausgedehnten Verbreitung im Norden des Oberrheinischen Tieflandes und seiner Randgebiete zu werten sind. Davon völlig isoliert ist das Vorkommen im Kaiserstuhl.

Von diesem westlich-nördlichen Teilareal deutlich abgetrennt ist ein zweites, das sich vom Schönbuch/Glemswald und dem angrenzenden Albvorland zur oberen Donau, Baar- und Hegaualb und weiter bis ins Bodenseebecken hinabzieht. Bereits deutlich isoliert sind wiederum die wenigen Vorkommen im württembergischen Alpenvorland (Harprechtser Moos, Wurzacher Ried und Federseebecken) sowie eine Population in den Schwäbisch-Fränkischen Waldbergen (Fischachtal bei Herlebach).

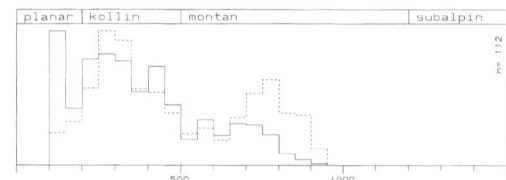

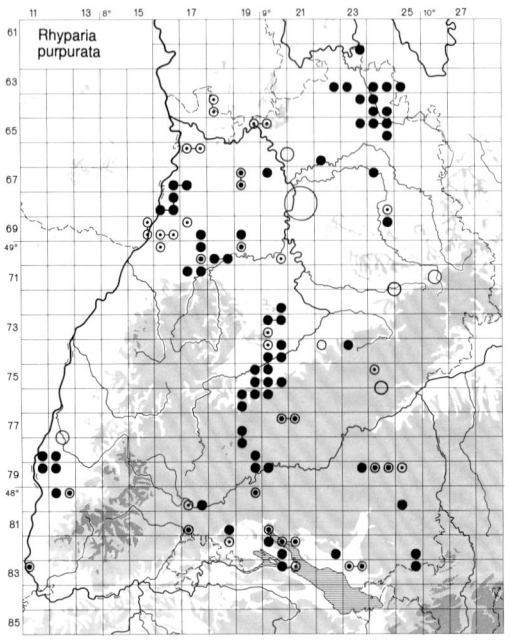

Vertikal: Von der Ebene bis in die montane Stufe. Die höchstgelegene Fundstelle wurde von der Hohen Schwabenalb (Tieringen/Umgebung, zwischen 800 und 930 m, A. LINGENHÖLE) gemeldet. Der Schwerpunkt der vertikalen Verbreitung ist jedoch eindeutig in der kollinen Stufe zu suchen.

Phänologie

Imagines: Die Flugzeit der univoltinen Art fällt in die Monate Juni und Juli, wobei als frühestes Beobachtungsdatum der 8. Juni (1992, Hard-

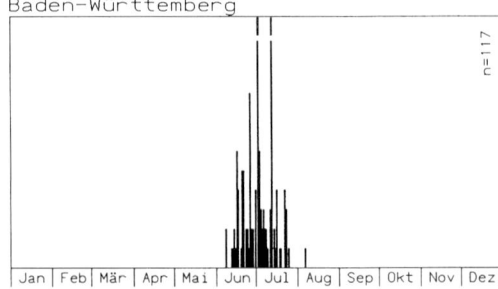

heim, F. VOGEL), als spätestes der 6. August (1984, Tübingen, M. MEIER) registriert worden ist. Das Maximum liegt um die Monatswende. Von der Alb sind nur Juli-Daten bekannt.

Präimaginalstadien: Raupen wurden vor der Überwinterung eher spärlich gefunden, so z. B. in der Oberrheinebene am 13. September (1946, Karlsruhe, »2 kl. Rpn. an Pfriemen«, A. GREMMINGER) und 26. September (1917, Heidelberg, O. SCHRÖDER), im Vorderen Odenwald am 14., 27. und 28. September (1947, 1931, 1930, alle H. LIENIG), oder auf der Schwäbischen Alb vom 14.–20. September (1978, Schopfloch, D. GATTER). Zahlreich sind dagegen Raupenfunde im Frühjahr, z. B. auf der Baar (A. GREMMINGER, Kartei) vom 15. April (1945) bis 15. Juni (1956). Die meisten Raupen wurden im Mai gefunden.

Ökologie

Lebensraum: Der Lebensraum von *R. purpurata* kann sowohl feucht als auch trocken geprägt sein. Zur ersten Variante gehören Hoch- und Niedermoore (Alpenvorland) und Feuchtwiesen bzw. »feuchte Waldwiesen« (Stromberg). Die meisten (Raupen-)Beobachtungen beziehen sich jedoch auf Trocken- und Halbtrockenrasen (Tauberland, Schwäbische Alb, Kaiserstuhl), auf Sandfluren und sonnige Lichtungen in Laubmischwäldern mit Beständen des Besenginsters (Hardtebenen), »im Schönbuch ... auf sonnigen, sandigen Heideflächen« (SCHNEIDER 1937). Raupenfunde liegen auch aus Garten- und Brachland, einem Bahndamm (Steinlachtal, MEIER & STEINER 1988) sowie von einem Truppenübungsplatz vor. Ebenso scheinen trockene bis mesophile Wege- und Waldränder eine gewisse Rolle zu spielen. Im Hegau sind magere, zweischürige Salbei-Glatthaferwiesen, trockene Wiesenbrachen (meist in Hanglage), ungemähte Ränder von Feldwegen und eine aufgelassene Kiesgrube als Lebensraum des Purpurbärs beobachtet worden.

Nahrung der Raupe:
Salix aurita – Ohr-Weide
 L (BAI)
Urtica dioica – Große Brennessel
 L (RAM, SER, WAL)
Rubus idaeus – Himbeere
 L (LAI)
Rubus fruticosa agg. – Brombeere (Sammelart)
 L (SCN)
Fragaria spec. – »Erdbeere«
 L (SCN)
Potentilla tabernaemontani – Frühlings-Fingerkraut
 L (MAR)
Filipendula ulmaria – Mädesüß
 L (LAI)
Prunus spinosa – Schlehe
 L (GRE, SCN, SEZ)
Sarothamnus scoparius – Besenginster
 3 L (DAU, GRE, LIE, SCN, SEZ)
Onobrychis viciifolia – Futter-Esparsette
 L (HEH)
Geranium pratense – Wiesen-Storchschnabel
 L (MAR)
Angelica sylvestris – Wald-Engelwurz
 L (LAI)
Heracleum sphondylium – Wiesen-Bärenklau
 L (MAR)
Cornus sanguinea – Roter Hartriegel
 L (MAR)
Galium glaucum – Blaugrünes Labkraut
 L (WAL)
Galium mollugo-Gruppe – »Wiesen-Labkraut«
 3 L (BAI, HEH, LEW, WAL)
Galium album – Weißes-Labkraut
 3 L (HEI, LAI, MAR)
Galium verum – Echtes Labkraut
 (GAT, KIR)
Galium spec. – »Labkraut«
 L (AG FRB, GRE, MER, STN)
Salvia pratense – Wiesen-Salbei
 3 L (AG FRB, HEH, HEI, HEN, LIT, LOS, MAR, SEZ)
Origanum vulgare – Gewöhnlicher Dost
 L (LIE)
Odontites lutea – Gelber Zahntrost
 L (GRE)
Plantago lanceolata – Spitz-Wegerich
 L (HEH)
Lonicera xylosteum – Rote Heckenkirsche
 L (KON)
Eupatorium cannabinum – Wasserdost
 L (LAI)
Artemisia vulgaris – Gewöhnlicher Beifuß
 L (GRE)
Tussilago farfara – Huflattich
 L (WEF)
Cirsium arvense – Acker-Kratzdistel
 L (KON, LAI, MAR)
Centaurea jacea – Wiesen-Flockenblume
 L (HEH, MAR)
Leontodon hispidus – Rauher Löwenzahn
 L (HEH)
Taraxacum officinale – Wiesen-Löwenzahn
 L (HEH)

Der Purpurbär (*Rhyparia purpurata*) hat als besondere Zierde leuchtend rote, mit schwarzen Flecken versehene Hinterflügel, die zu den gelben Vorderflügeln einen auffallenden Kontrast bilden. In der Ruhehaltung bleiben sie allerdings verdeckt. Anders als beim Rotrandbär sind bei dieser Art beide Geschlechter von gleichem Aussehen. – Schwäbische Alb, Beurener Heide 13.7.84 G. EBERT. LF.

Habitat: Die wichtigsten Larvalhabitate finden sich an Besenginster-Standorten auf warmen, trockenen Lichtungen (Sandboden) des Eichen-Hainbuchenwaldes (Carpinion) sowie an ähnlichen Standorten des Offenlandes (Sandfluren), ferner im Halbtrockenrasen (Mesobromion) oder im trockenen Flügel von Salbei-Glatthaferwiesen (Arrhenatherion). Welche Bedeutung mesophilen Saumgesellschaften wie dem Trifolion medii oder Brachen- und Ruderalgesellschaften (Dauco-Melilotion?) zukommt, muß erst untersucht werden. R. HERRMANN fand Raupen auf Großböschungen im Kaiserstuhl in lückigen Artemisietea-Gesellschaften mit Halbtrockenrasen- und Felsgrusflur-Elementen (ruderalisierte, lückige Magerrasen), LITZELMANN (1966) am Isteiner Klotz eine Raupe »im Grenzgürtel des Rebgeländes an den Trockenbuschwald«.

Bei den Funden an Labkraut in feuchten Wiesen oder Niedermooren handelt es sich meist um anthropogene Standorte (Kahlschläge, Grabenränder); die an Ohr-Weide sind den Moorwiesen

Überwinternde Räupchen wurden, zusammen mit denen von *Diacrisia sannio* und zahlreicher Noctuiden-Arten, im Oktober bei Böblingen (Glemswald) aus *Molinia*-Horsten geklopft (D. BARTSCH). Ferner wurden sie öfters in den Stengeln von Disteln sowie von Bärenklau und anderen Doldenblütlergewächsen gefunden. Im Federseemoor konnte beobachtet werden, wie sie nach der Überwinterung im Sonnenschein an den Knospen und Blättern von Ohr-Weiden (*Salix aurita*) fraßen. Die halberwachsenen Raupen sitzen mit Vorliebe am [Wiesen-]Labkraut, auch hier im Sonnenschein fressend. Erwachsen ist die Raupe dagegen nachtaktiv, allerdings nicht immer, wie Beobachtungen von D. BARTSCH zeigen, der sie bei fast 30 °C im Sonnenschein an Wiesen-Labkraut fressend fand. In warmen Nächten wurden sie im Federseemoor und im Ummendorfer Ried an Labkraut fressend registriert (G. BAISCH). Im Hegau konnten sie, blütenfressend, außer an Wiesen-Salbei auch am Frühlings-Fingerkraut festgestellt werden; fünf- bzw. viermal wurden Weißes Labkraut und Wiesen-Bärenklau als Nahrungspflanze notiert, nicht eindeutig (Ruheplatz?) hingegen Schafgarbe und Luzerne (T. MARKTANNER). Blütenfressend wurde sie auch an Huflattich festgestellt (F. WEBER).

Bemerkenswert sind Meldungen aus der Pfalz, wo die Raupen auch an Weinreben gefunden wurden (H. JÖST, G. DE LATTIN, in: HEUSER & JÖST 1959).

Die erwachsene Raupe ist bräunlich oder silbrig weiß behaart. Ihr Speisezettel ist sehr umfangreich und reicht von den Blättern verschiedener Laubgehölze wie z. B. Weiden, über Sträucher wie dem Besenginster bis hin zu Kräutern, von denen Labkraut und Wiesensalbei besonders gern gefressen werden. – Welschingen 25. 5. 92 T. MARKTANNER.

(Caricion) zuzuschreiben. Für Raupenfunde (14 Ex. im letzten Stadium) an Wasserdost, Mädesüß, Labkraut, Engelwurz und Acker-Kratzdistel (Stromberg: Krebsbachtal, Juni 1980, F. LAIER) werden als Fundstellen »feuchte, z.T. sumpfige Waldwiesen« (350 m) angegeben.

Das Habitatspektrum dieser recht anpassungsfähigen Art mit seinen regionalen Unterschieden sollte Gegenstand weiterer Forschung sein.

Verhalten: Zur Eiablage in Gefangenschaft wird berichtet, daß ein Weibchen (e. o. Schwäbische Alb) am 23. Oktober gegen 21 Uhr »in zwei Paketen« von 192 und 86 Eiern innerhalb von 4 Stunden seinen gesamten Vorrat ablegte, aus dem am 3. November gegen 17 Uhr die ersten 9 Räupchen schlüpften (H. HERRMANN 1980). Ein Eispiegel, aus ca. 600 Eiern bestehend, wurde am 28.6.1992 bei Herlebach (Schwäbisch-Fränkische Waldberge) auf der Unterseite eines in mittlerer Stengelhöhe sich befindenden Blattes von *Centaurea* spec. entdeckt (D. BARTSCH).

Die Falter (Männchen!) fliegen gerne zum Licht (zahlreiche Beobachtungen in Baden-Württemberg); bei Tage halten sie sich im Gras versteckt (GAUCKLER 1897). Nach Beobachtungen im Steigerwald sowie in Mecklenburg sitzen die Falter auch am Tage »hoch an Grashalmen« oder »gut sichtbar an *Calluna*« (WEIDEMANN & KÖHLER 1996).

Als Larvalhabitat kommen sowohl trockene wie auch feuchte Standorte in Betracht. Hier ist es ein kräuterreicher Halbtrockenrasen in Hanglage. Die Raupe ist in der Bildmitte zu erkennen. – Baar, Hondingen 14.5.93 H. LUSSI.

Gefährdung und Schutz

Rote Liste Bundesrepublik: 3
Rote Liste Baden-Württemberg: 3

Oberrheinebene: Gefährdet (regional bereits ausgestorben oder verschollen).
Schwarzwald: Nicht vertreten.
Neckar-Tauberland: Gefährdet (regional bereits ausgestorben oder verschollen).
Schwäbische Alb: Gefährdet (regional bereits ausgestorben oder verschollen).
Oberschwaben: Gefährdet (regional bereits ausgestorben oder verschollen).

- In Baden-Württemberg gefährdet! Besonders geschützt gemäß § 20 e ff. BNatSchG.

Die Zahl nicht mehr bestätigter Fundorte in vier Hauptnaturräumen deutet auf eine regressive Bestandsentwicklung hin. Eine der Ursachen dafür liegt sicherlich im starken Rückgang ehemals extensiv bewirtschafteter, zweimähdiger Wiesen während der vergangenen drei Jahrzehnte. Hinzu kommen Biotopverluste durch infrastrukturelle Maßnahmen (Siedlungs- und Straßenbau) sowie durch solche der Flurbereinigung, insbesondere in den 60er Jahren (Verluste an sogenannten Ödlandflächen!).

Maßnahmen zum Schutz der noch vorhandenen Populationen sind in der Sicherung der durch aktuelle Raupenfunde nachgewiesenen Habitate zu sehen. Dazu gehören z.B. in den Hardtebenen die Ausweisung bestimmter, meist kleinräumiger »Ödlandflächen« als flächenhafte Naturdenkmale sowie die strikte Aussparung sonniger Lichtungen des Hardtwaldes mit Beständen des Besenginsters bei der chemischen Bekämpfung gegen Maikäfer und Schwammspinner, eine Maßnahme übrigens, die auch anderen gefährdeten Arten wie etwa dem vom Aussterben bedrohten Ginster-Bläuling (*Lycaeides idas*) zugute kommt. Ganz wesentlich erscheint uns auch, ehemalige Truppenübungsplätze als Offenland zu erhalten bzw. solche oder ähnliche, im Wald gelegene Flächen nicht aufzuforsten.

Die Gattungen Spilosoma und Diaphora

Von ULRICH RATZEL und MARGARETE RATZEL

Die Arten dieser und verwandter Gattungen wurden von SEITZ (1910) in einer eigenen Unterfamilie (Spilosominae – Weissbären) mit folgender Begründung zusammengefaßt: »Die Weissbären verbinden den Arctiiden-Habitus mit der bei den anderen Gruppen dieser bunten Familie ganz ungewöhnlichen monotonen Weiss- und Graufärbung. Dieses rein äußerliche und unsystematische Symptom geht aber Hand in Hand mit einer Anzahl weiterer, sehr auffälliger Eigenheiten. Ein breiter Kopf mit zuweilen ganz kurzen Fühlerchen, ein sehr wolliger, breiter Thorax, fast ohne Zeichnung, schmale, oft sehr lange Vflgl, einen im männlichen Geschlechte sehr schwachen Hlb und kurze starke Füsse treffen wir bei den meisten hierhergehörigen Arten ... Das Geäder stimmt nicht nur ... sehr genau überein, sondern es hat überhaupt den typischen Bombyciden-Charakter derart, dass es auch mit ganz heterogenen Arten, z. B. gewissen *Lymantria*, fast genau übereinstimmt.« Gleichwohl betont SEITZ, daß er weit davon sei, »die Spilosomen als eine anatomisch von den übrigen Arctiinae geschiedene Gruppe im System zu separieren«, vielmehr diene die Teilung im Hauptzweck der Übersichtlichkeit. In der heutigen Taxonomie wird diese Abgrenzung nicht mehr praktiziert (siehe LERAUT 1980 u. a.).

Die Gruppe der »Fleckleibbären« oder »Weißbären« umfaßt in Baden-Württemberg insgesamt vier bodenständige Arten: *Spilosoma lubricipeda* (Breitflügeliger Fleckleibbär), *Spilosoma urticae* (Schmalflügeliger Fleckleibbär), *Spilosoma luteum* (Gelber Fleckleibbär), *Diaphora mendica* (Grauer Fleckleibbär). Von einer fünften Art, *Hyphantria cunea* (Amerikanischer Webebär) lag lediglich ein unsicherer, nicht mehr überprüfbarer Einzelfund aus der Oberrheinebene vor, diese Art ist sicherlich im Moment kein Bestandteil der baden-württembergischen Fauna. Verschleppungen und zukünftige, durch klimatische Änderungen begünstigte Einwanderungen sind aber nicht auszuschließen. Die heimischen Fleckleibbären besitzen einen kurzen Saugrüssel, mit dem sie in der Lage sind, Flüssigkeitströpfchen aufzunehmen. Blütenbesuche sind allerdings auszuschließen.

Im Rahmen der Bearbeitung dieser Gruppe traten zwei wesentliche Probleme auf: Zum einen hat es aufgrund der Namensänderungen von *lubricipeda (lubricipedum)* zu *luteum* und von *menthastri* zu *lubricipeda (lubricipedum)* bei Meldungen und der Dateneingabe Verwechselungen und Fehleingaben gegeben, die sicherlich bis zuletzt nicht vollständig bereinigt werden konnten. Zum anderen zeigte sich, daß die Ähnlichkeit von *S. lubricipeda* und *S. urticae* zu einer erheblichen Zahl von Falschmeldungen geführt hat (fast zeichnungslose *lubricipeda* wurden als *urticae* gemeldet). Außerdem befanden sich im Datenmaterial auch Meldungen von *Aglais urticae*. Dies alles führte vorübergehend zu einer falsch wiedergegebenen Verbreitung, wobei der Eindruck einer scheinbaren Häufigkeit des Schmalflügeligen Fleckleibbären entstand. Mit großem Aufwand mußte daher jeder einzelnen Meldung nachgegangen werden. Es wurden Belegstücke angefordert, Nachbestimmungen durchgeführt etc. Das Ergebnis ist ein neues, erstmals bereinigtes und aktuelles Bild der Verbreitung von *Spilosoma urticae* in Baden-Württemberg, die daraufhin in die Rote Liste der gefährdeten Schmetterlinge aufgenommen werden mußte.

Innerhalb des Textes zu den einzelnen Arten wird auf Unterscheidungsmerkmale der Raupen und Puppen eingegangen, es erfolgen jedoch lediglich Hinweise auf Auffälligkeiten, die ggf. auch im Freiland bei der Artbestimmung dienlich sind. Allgemein ist zu sagen, daß sich die Raupen in den frühen Stadien sehr ähneln und dann nur schwer zu unterscheiden sind. Im letzten Larvalstadium sind die Unterscheidungsmerkmale am besten ausgeprägt, so daß eine Trennung der Arten auch anhand von Fotos möglich ist.

Bestimmungshilfe

Von den vier heimischen Arten der Gattungen *Spilosoma* und *Diaphora* bereiten zwei erhebliche Determinationsprobleme: *Spilosoma lubricipeda* und *S. urticae*. Die beiden anderen Arten können dagegen sofort aufgrund der unverwechselbaren gelben oder grauen Flügelfärbung (*Spilosoma luteum*, *Diaphora mendica* ♂) oder am Fehlen der auffälligen gelb-schwarzen Körperzeichnung, der gerundeteren Flügelform sowie einer merklich früheren Flugperiode (*Diaphora mendica* ♀) erkannt werden.

Spilosoma lubricipeda und *S. urticae* sind sich in vielerlei Hinsicht sehr ähnlich. Insbesondere können Varianten der einen leicht mit der »normal« ausgeprägten Form der anderen Art verwechselt werden. Ein relativ großer Teil der Tiere

Links: *S. urticae* (von oben nach unten):
♂ Allgäu, Isny, 22.5.71 M. SCHLUSCHE
♂ Nördl. Oberrheinebene, Hochstetten, 25.5.71
B. & K.-H. RATZEL
♀ Nördl. Oberrheinebene, Hochstetten, 20.4.93
K. & U. RATZEL
♀ Allgäu, Isny e.l. 15.7.67 M. SCHLUSCHE
♂ Niederösterreich, Oberweiden, 31.7.38 coll.
H. REISSER

Rechts: *S. lubricipeda* (von oben nach unten):
♂ Allgäu, Isny, 28.5.67 M. SCHLUSCHE
♀ Nördl. Oberrheinebene, Hochstetten, e.l. 5.95
U. RATZEL
♂ Nördl. Oberrheinebene, Hochstetten, 14.5.71
B. & K.-H. RATZEL
♂ Schwarzwald, Wildgutach, 5.6.37 A. FEHRENBACH
♂ Aalen u. Umgeb., e.l. 24.4.57 H. KAUFMANN

stimmt mit dem augenscheinlichsten Merkmal der jeweiligen Art überein: *S. urticae* – reinweiß, keine oder sehr wenige schwarze Punkte. *S. lubricipeda* – Flügel mit vielen schwarzen Punkten. Diese Hauptcharakteristika führten zu den deutschen Namen »Weißer Fleckleibbär« (*S. urticae*) und »Punktierter Fleckleibbär (*S. lubricipeda*). Leider gibt es nun aber einen nicht unerheblichen Anteil fast oder ganz zeichnungsloser weißer Tiere unter *S. lubricipeda*, während unter *S. urticae* mehr oder weniger stark punktierte Exemplare auftreten können – schon hat sich die Bedeutung der Trivialnamen in ihr Gegenteil verkehrt!

Die hier verwendeten deutschen Namen sollen von dieser oft zu Fehlbestimmungen verleitenden Kennzeichnung «punktiert» oder «weiß» wegführen und das beständigere Merkmal der Flügelform in den Vordergrund stellen.

In vielen Veröffentlichungen (z. B. FOLTIN 1959, FREINA & WITT 1987, SCHMIDT 1990, WEIDEMANN & KÖHLER 1996) wurden Unterscheidungsmerkmale aufgelistet, von denen sich allerdings nur wenige als konstant erwiesen haben. Es handelt sich um Merkmale, die zwar für die Mehrzahl der Individuen gelten, bei den Ausnahmen aber zu Fehlbestimmungen oder Unsicherheiten führen. Ein direkter Vergleich anhand sicher bestimmter Belegexemplare ist in jedem Falle hilfreich und empfehlenswert.

Sichere habituelle Merkmale bei den Männchen:
– Fühlerkammzähne deutlich länger
.................*S. lubricipeda* (s. Abb.)
– Fühlerkammzähne deutlich kürzer
.... *S. urticae* (s. Abb.)

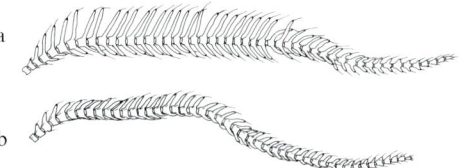

a = *Spilosoma lubricipeda*. Karlsruhe, 4.5.57
A. GREMMINGER, Präp. Nr. B-1095
b = *Spilosoma urticae*. Graben-Neudorf, 26.5.19
K. STROBEL, Präp. Nr. B-1130
Ein wichtiges Unterscheidungsmerkmal zwischen *Spilosoma lubricipeda* und *Spilosoma urticae* bilden die Fühlerkammzähne der Männchen, die bei *lubricipeda* meist deutlich länger sind. Nur in Einzelfällen gibt es innerhalb der Variationsbreite beider Arten Berührungspunkte. Die weißliche Beschuppung der Fühler ist bei *urticae* in beiden Geschlechtern generell stärker ausgeprägt, was den Eindruck »Fühler weiß« gegenüber »Fühler schwarz« bei *lubricipeda* hervorruft. Es finden sich aber bei *urticae* Exemplare, bei welchen die Beschuppung (mit Hilfe des Binokulars oder einer Lupe gut zu erkennen) nur noch rudimentär vorhanden ist und die Fühler dadurch ebenfalls dunkel erscheinen läßt. Daneben existieren gerade bei den Weibchen von *lubricipeda* solche mit dichter weißer Beschuppung bis zur Fühlerspitze.

- Vorderflügel breiter . *S. lubricipeda* (s. Tabelle)
- Vorderflügel schmäler. . . *S. urticae* (s. Tabelle)

Sichere habituelle Merkmale bei den Weibchen:
- Vorderflügel breiter   *S. lubricipeda* (s. Tabelle)
- Vorderflügel schmäler. . . *S. urticae* (s. Tabelle)

Genitalmorphologie:
- (♂) Valve schlanker . . *S. lubricipeda* (s. Abb.)
- (♂) Valve gedrungen, Spitze verbreitert, ziemlich variabel . . . . *S. urticae* (s. Abb.)

Die Bedornung des Aedoeagus ist aufgrund ihrer Variabilität kein konstantes Trennungsmerkmal.

- (♀) Ductus bursae schmäler
  . . . . *S. lubricipeda* (s. Abb.)
- (♀) Ductus bursae breiter . *S. urticae* (s. Abb.)

Die enge Verwandtschaft beider Arten zeigt sich nicht nur in der äußeren, habituellen Erscheinung, sondern auch in der Genitalmorphologie. Es ist bemerkenswert, daß das männliche Genital von *S. urticae* wesentlich variabler ist als das von *S. lubricipeda*, während sich beide Arten habituell gerade umgekehrt verhalten!

Genitalapparat (Männchen)

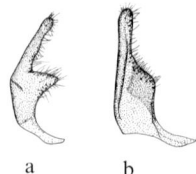

Linke Valve von *Spilosoma lubricipeda*.
a = Karlsruhe, 4.5.57 A. GREMMINGER, Präp. Nr. B-1095
b = Graben-Neudorf, 6.5.26 A. GREMMINGER, Präp.Nr. B-1107

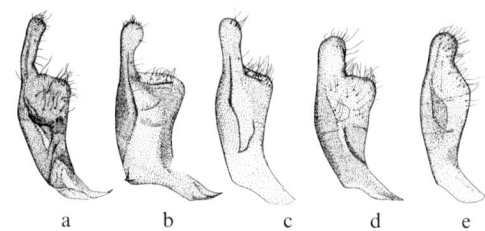

Linke Valve von *Spilosoma urticae*
a = Linkenheim-Hochstetten, 11.5.71 B. & K.-H. RATZEL, Präp.Nr. B-1146
b = dto., 18.5.71 B. & K.-H. RATZEL, Präp.Nr. B-1142
c = dto., 10.4.93 e.o. U. & K. RATZEL, Präp.Nr. B-1139
d = Mannheim, 1.6.24 K. MÜLLER, Präp.Nr. B-1122
e = Linkenheim-Hochstetten, 10.4.93 e. o. U. & K. RATZEL, Präp.Nr. B-1141
Mit Ausnahme von d stammen alle Tiere aus einer Population, Form e und c vom selben Weibchen.

Genitalapparat (Weibchen)

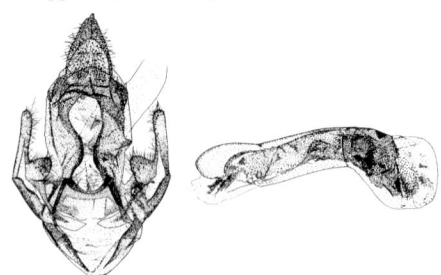

Spilosoma lubricipeda. Zeichnung nach Präp. Nr. B-1125, Schwarzwald, Schollach 6.6.54 coll. K. STROBEL.

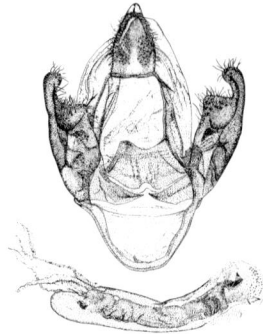

Spilosoma urticae. Zeichnung nach Präp.Nr. B-1147, Linkenheim-Hochstetten 10.5.71 B. & K.-H. RATZEL.

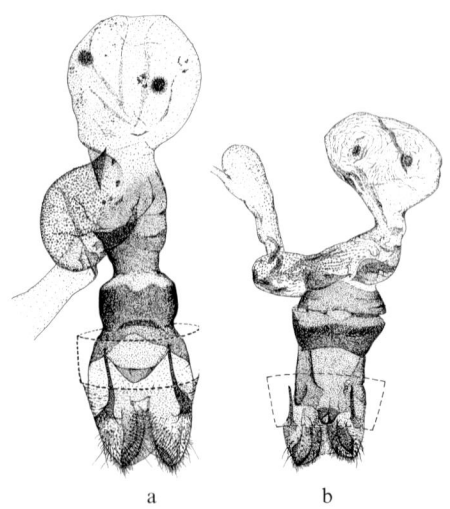

a = *Spilosoma lubricipeda*. Oberschwaben, Dürnachtal 25.5.55 G. REICH, Präp.Nr. B-1154.
b = *Spilosoma urticae*. Weinheim 28.5.56 H. LIENIG, Präp.Nr. B-1112

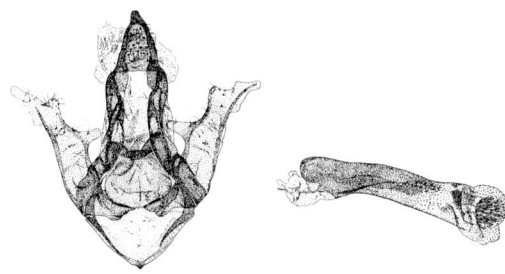

Spilosoma luteum. Zeichnung nach Präp.Nr. B-1110 ♂ Graben-Neudorf 1.6.16 A. GREMMINGER.
Spilosoma luteum als dritte einheimische Art dieser Gattung weicht nicht nur nach äußeren Merkmalen sondern auch in der Genitalmorphologie deutlich von den beiden anderen ab.

Anschließend sollen noch weitere äußerliche Merkmale diskutiert werden. Sie sind allerdings entweder nicht konstant oder in der Praxis nicht immer eindeutig zur Unterscheidung brauchbar:

– Die Flügelfärbung ist bei *S. urticae* stets reinweiß, bei *S. lubricipeda* oft (aber nicht immer!) mit cremegelbem Anflug.
– Der Innenrand der Vorderflügel verläuft bei *S. urticae* schwach konvex, bei *S. lubricipeda* dagegen eher gerade. Dieses Merkmal ist zweifellos vorhanden und bei zahllosen Flügelmessungen immer wieder aufgefallen. Es ist allerdings nicht immer klar erkennbar und daher subjektiv.
– Die Fühler von *S. urticae* sind beim Weibchen in ganzer Länge, beim Männchen an der Basis stärker, zur Spitze hin dagegen schwächer weiß beschuppt. Bei *S. lubricipeda* sollen die Fühler dagegen schwarz beschuppt sein. In der Statistik der Serie stimmt das auch, insbesondere bei frischen Freilandtieren, jedoch treten bei einzelnen Exemplaren immer wieder Abweichungen auf.
– Der Vorderrandfleck im Wurzelbereich der Vorderflügel ist bei *S. urticae* meist einfach, bei *S. lubricipeda* doppelt. Da letztere Art viel zu oft, insbesondere bei den Weibchen, reduzierte Vorderrandflecke ausbildet, ist dieses Merkmal nicht eindeutig.
– Der Mittelfleck im Hinterflügel fehlt bei *S. urticae* und ist bei *S. lubricipeda* vorhanden. Bei beiden Arten kommen Tiere mit angedeutetem, schemenhaftem Mittelfleck vor (z.T. von der Unterseite durchscheinend), daher nicht eindeutig.

– Nach FREINA & WITT (1987) sollen bei *S. urticae* die Hinterflügel »kantiger« und bei *S. lubricipeda* »runder« sein. Dies ist nicht klar definiert und damit nur subjektiv anwendbar.

Im folgenden wird gezeigt, daß über Messungen der Vorderflügellänge (Vfl-Länge) und Vorderflügelbreite (Vfl-Breite) ein für die Differentialdiagnose sehr wichtiges Kriterium gefunden werden konnte. Im allgemeinen ist der Hinweis, daß *S. urticae* »schmälere Flügel« hat, in dieser Aussageform nicht konkret und daher ebenfalls subjektiv belastet. Es wurden deshalb 200 Falter vermessen und definierte Meßgrößen festgelegt, mit denen die Flügelgeometrie objektiv charakterisiert werden kann (s. Tabelle auf Seite 312).

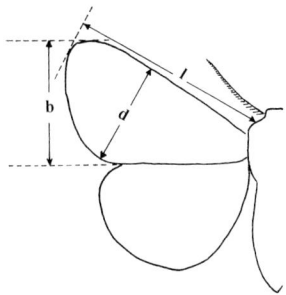

l = Vfl-Länge zwischen Wurzel und Flügelspitze (Apex)
d = Vfl-Breite, gemessen zwischen Vorderrand und Innenwinkel, senkrecht zum Vorderrand
b = Vfl-Breite, gemessen zwischen Innenrand und Flügelspitze, senkrecht zum Innenrand

Wichtig ist, daß die Länge der Vorderflügel auch wirklich bis zum Flügelansatz gemessen wird (Abtrag z.B. über Zirkel oder, noch besser, direkt auf Millimeterpapier. Die Flügelbreiten b und d werden am besten durch direkte Auflage des Flügels auf Millimeterpapier ermittelt). Zur Elimination der z.T. sehr unterschiedlichen Faltergrößen wurden die Flügelbreite b und d auf die jeweilige Flügellänge l normiert. Trägt man nun ein Diagramm dieser resultierenden Größen (d/l–b/l–Diagramm) auf, so ergibt sich eine Darstellung, in der sowohl bei den Männchen als auch bei den Weibchen eine klare Trennung beider Arten sichtbar wird. Die Ergebnisse sind in einer Tabelle zusammengestellt (untersucht wurden 140 Männchen und 60 Weibchen).

Auffällige Unterschiede sind in den auf die Flügellänge bezogenen Größen b/l und d/l zu finden. Die männlichen und weiblichen Tiere wurden getrennt voneinander dargestellt. Die normierten Größen zeigen jedoch keine signifi-

311

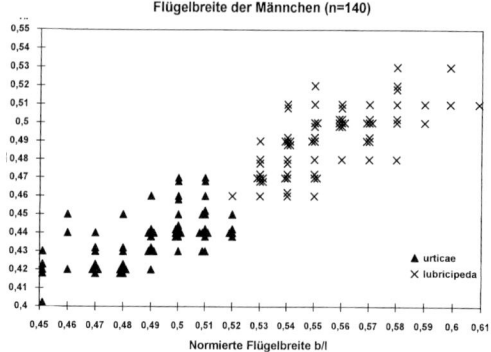

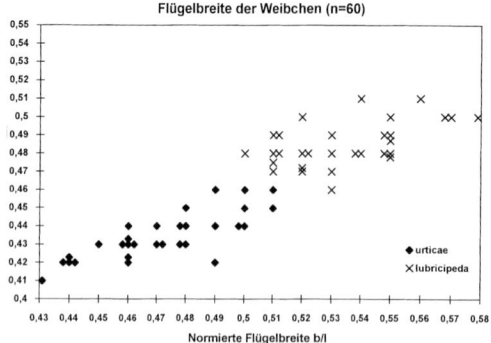

			lubricipeda		*urticae*	
			Männchen	Weibchen	Männchen	Weibchen
Flügellänge	l	(von–bis)	15,7–20	18–23	16–20	17,5–21
	l	(Mittelwert)	18,3	20,7	18,1	19,1
Flügelbreite	b	(von–bis)	8,8–11,5	9–13	7,5–10	8–10,2
	b	(Mittelwert)	10,2	11,0	8,9	9,0
normiert	b/l	(von–bis)	0,50–0,61	0,50–0,58	0,45–0,52	0,43–0,50
normiert	b/l	(Mittelwert)	0,56	0,53	0,47	0,47
Flügelbreite	d	(von–bis)	7,5–10	9–11,5	7,0–8,5	7,5–9
	d	(Mittelwert)	9,0	10,0	7,9	8,3
normiert	d/l	(von–bis)	0,46–0,53	0,46–0,51	0,40–0,47	0,41–0,46
normiert	d/l	(Mittelwert)	0,49	0,48	0,44	0,43

kanten Unterschiede bei den Geschlechtern. Vielmehr ist von einer weitgehend identischen Flügelform auszugehen. Auffällige Unterschiede sind natürlich in den absoluten Werten zu finden, was auf die in der Regel erheblichere Größe der Weibchen zurückzuführen ist.

Die Meßfehler der relativen Größen lag bei den Einzelmessungen im Mittel bei 2 %, im Maximum bei 5 %. Dies wurde durch eine Vergleichsmessung mit einer wesentlich exakteren Meßmethode an 10 Faltern ermittelt. Hierzu mußten allerdings die Flügel vom Körper abgetrennt und auf ein Dia aufgeklebt werden. Durch Projektion erhält man ein stark vergrößertes Schattenbild des Flügels, an welchem die relativen Größen b/l und d/l sehr genau bestimmt werden können.

Neben den habituellen Unterschieden sei noch auf solche in den ökologischen Ansprüchen beider Arten hingewiesen. Während *S. lubricipeda* praktisch überall und noch dazu zahlreich anzutreffen ist und sich somit in der Habitatwahl ziemlich anspruchslos verhält, beschränkt sich *S. urticae* in Baden-Württemberg ausnahmslos auf feuchte, offene Standorte (Oberrheinebene und Oberschwaben). Auch hier werden die Falter fast immer nur einzeln beobachtet.

Spilosoma lubricipeda (Linnaeus, 1758)
Breitflügeliger Fleckleibbär

Spilosoma menthastri ESP. (REUTTI 1898, LAMPERT 1907, SEITZ 1907–1954, SPULER 1908–1910, REBEL 1910, ECKSTEIN 1913–1923, HERING 1932, SCHNEIDER 1936–1939, BERGMANN 1951–1955, KOCH 1955, 1984, FORSTER 1960, STRESEMANN 1969)

Spilosoma lubricipedum L. (FREINA & WITT 1987)

Spilosoma lubricipeda ähnelt in einigen Formen außerordentlich der *Spilosoma urticae*, so daß es in vielen Fällen auch bei erfahrenen Meldern zu Verwechslungen kam. Überwiegend wurden dabei zeichnungsarme *lubricipeda*, auf die einige in der Literatur angegebene Merkmale zutrafen, für *urticae* gehalten und entsprechend gemeldet. Auch der umgekehrte Fall, daß die selten vorkommende zeichnungsreiche Form von *urticae* als *lubricipeda* gemeldet wurde ist denkbar, aber sicherlich in geringerem Maße aufgetreten. Näheres hierzu und zur morphologischen Abgrenzung beider Arten siehe im Einführungsteil zu den »Fleckleibbären«.

Gesamtverbreitung: Die Art ist in ganz Europa mit Ausnahme der südlichsten Teile verbreitet, sie fehlt im nördlichen Teil Skandinaviens. Die weitere Verbreitung erstreckt sich über Rußland, China bis nach Japan.

Verbreitung

Regional: *Spilosoma lubricipeda* ist im allgemeinen häufig und in Baden-Württemberg in allen Naturräumen anzutreffen. Einzelne Schwerpunkte sind nicht zu registrieren. Es ist fast anzunehmen, daß die Art in nahezu jedem Meßtischblatt-Quadranten vorkommt, die Verbreitungskarte somit lediglich Kartierlücken aufzeigt. Interessant ist die Einschätzung von BROMBACHER (1933–1935) für den Kaiserstuhl, der *S. lubricipeda* gegenüber *S. luteum* dort als merklich seltener angibt. Erstere wird von ihm mit »vereinzelt am Licht«, letztere als »verbreitet und häufig am Licht einfallend« charakterisiert. Normalerweise ist *S. lubricipeda* klar die häufigere Art. Sie wird in den meisten lokalfaunistischen Veröffentlichungen ebenso wie in den Meldungen der Mitarbeiter stets als häufig bis sehr häufig bezeichnet. Hier ist eine deutliche Abgrenzung zu *S. luteum* zu verzeichnen, bei welcher diese Zusätze in der Regel fehlen oder nicht so drastisch ausgedrückt werden. Diese subjektiven Einschätzungen lassen sich aber auch quantitativ belegen. So fand GATTER (1979) auf der Schwäbischen Alb (Schopfloch, 750 m) bei mehrjährigen Lichtfallenauswertungen eine gegenüber *S. luteum* um mehr als den Faktor 10 häufigere *S. lubricipeda*. Im Vergleich aller Meldungen, die aus Baden-Württemberg vorliegen, ist der Breitflügelige Fleckleibbär um den Faktor 5 häufiger als der Gelbe Fleckleibbär (*S. luteum*). Weitere Vergleichszahlen werden dort diskutiert.

Die erste Erwähnung von *S. lubricipeda* für unser Untersuchungsgebiet stammt von ROTH VON SCHRECKENSTEIN (1800), hier noch mit dem Zusatz »selten« versehen. REUTTI (1853) nennt die Art »überall häufig«; 1898 ergänzt er: »Verbreitet durch das Gebiet, ziemlich häufig, Mai bis August«. SEYFFER (1850) führt die Art für Württemberg auf, ebenso KELLER & HOFFMANN (1861). Letztere bemerken, daß sie »früher bei Stuttgart häufig« gewesen sei und nun »daselbst seit Jahren nur noch sehr spärlich« vorkäme. Ob es sich hier um jahrweise auftretende Häufig-

Der Breitflügelige Fleckleibbär (*Spilosoma lubricipeda*) – hier das Männchen – hat meistens schwarz punktierte Flügel. Insbesondere bei den Weibchen treten allerdings oft Exemplare mit stark reduzierter Punktierung auf. Eine präzise Unterscheidung vom nahe verwandten Schmalflügeligen Fleckleibbär (*S. urticae*) ist nicht immer einfach. Wichtige Merkmale sind die Fühler, die Flügelbreite und die Genitalmorphologie. – Eriskircher Ried 16. 5. 83 T. MARKTANNER. S.

keitsschwankungen oder nur um ungenaue Beobachtungen handelt, bleibt offen. F. LAIER berichtet über eine von ihm bei Jöhlingen (Kraichgau) beobachtete Population, die jahrweise auffälligen Häufigkeitsschwankungen unterläge. Leider wurden hierüber keine Aufzeichnungen geführt, so daß die Aussage lediglich qualitativ gemacht werden kann. SCHNEIDER (1937) schreibt, daß die Art im ganzen Gebiet (Württemberg) verbreitet und meist häufiger als *S. luteum* sei. SCHÄFER (1976) nennt zahlreiche Fundorte aus dem Schwarzwald, wo die Art auch gut vertreten ist.

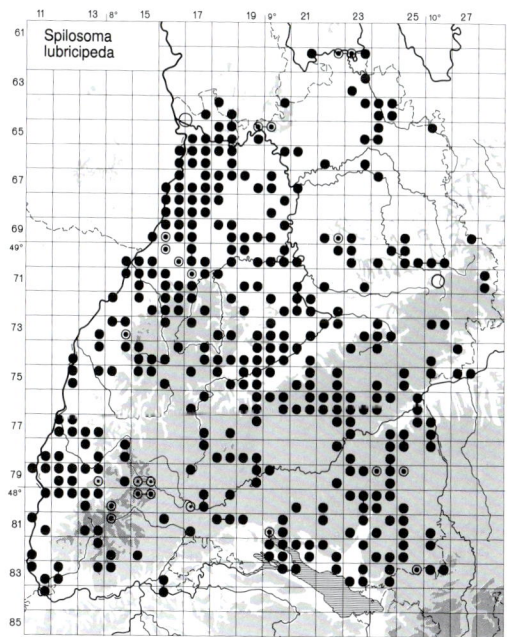

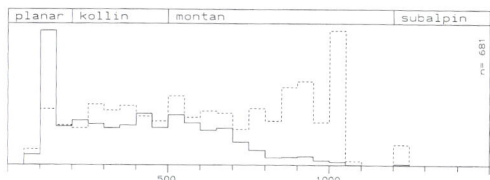

Vertikal: In der Höhenverbreitung reichen die Funde bei *S. lubricipeda* von der Ebene bis in Höhen um 1000 m. Der Schwerpunkt der Nachweise liegt im planaren Bereich. Unter Beachtung der statistischen Gewichtung der Höhenverteilung Baden-Württembergs zeigt sich jedoch eine fast gleichmäßige Verbreitung in allen Höhenstufen. Die Vertikalverbreitung ist nahezu dek-

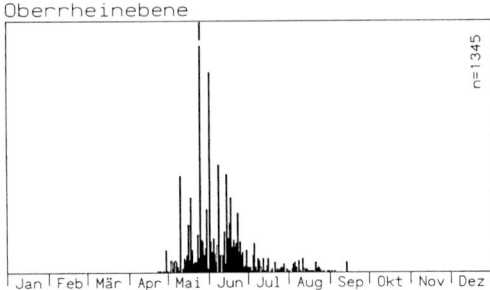
Oberrheinebene

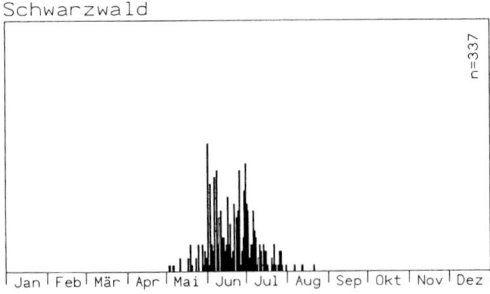
Schwarzwald

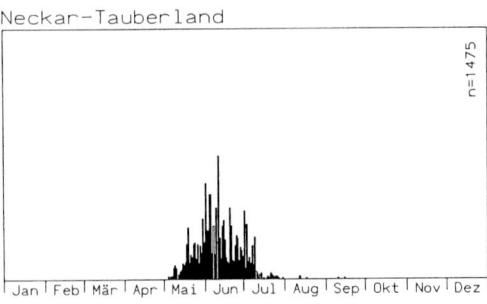
Neckar-Tauberland

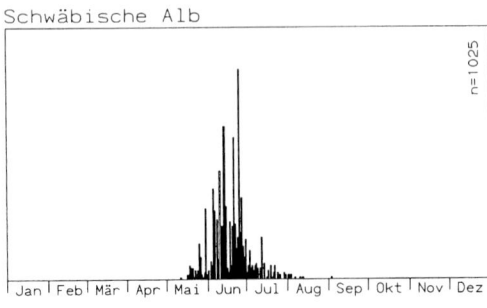
Schwäbische Alb

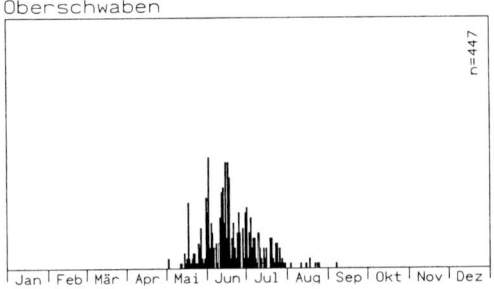
Oberschwaben

kungsgleich mit der von *S. luteum*. Die höchsten Funde liegen aus dem Schwarzwald vor (Schauinsland, 1200 m, 25.7.1983, R. HERRMANN).

Phänologie

Imagines: Die Phänogramme zeigen aus allen Naturräumen eine ziemlich langgezogene Flugperiode. Auffällig ist ein »Schwanzbereich« der Verteilungen bis in den August oder sogar Anfang September hinein, der in der Oberrheinebene am ausgeprägtesten ist. Er ist wesentlich auffälliger als bei *S. luteum*, bei der in diesem Bereich nur noch wenige Einzelfunde auftreten. Viele Melder schrieben auf die Meldebögen zu den Augusttieren die Bemerkung »2. Generation!« und bei den jetzt vorliegenden Informationen kann man sagen, daß *S. lubricipeda* in Baden-Württemberg eine partielle 2. Gen. bildet, die über den Einzelfalternachweis hinausgeht.

Dies deckt sich auch mit Literaturangaben. So geht FORSTER (1960) von einer Generation (Mai bis Ende Juli) aus und schreibt, daß in »günstigen Jahren und an warmen Lokalitäten, namentlich im Süden« eine 2. Gen. (Anfang Juli bis Anfang Oktober) auftreten soll. Nach CARTER (1987) wird eine Generation (Mai, Juni) gebildet, wobei gelegentlich im Herbst noch eine partielle 2. Gen. hinzukommt. Auch HEATH & EMMET (1987) geben für Großbritannien eine, wenn auch kleine, gelegentliche 2. Gen. an (»occasionally there is a small second brood in the early autumn«). FREINA & WITT (1987) sprechen dagegen in Mitteleuropa von einem einbrütigen Verhalten (Ende Mai bis Mitte Juli) und erst in Südeuropa von zwei Generationen (Mai, Juni und Juli, August). Nach SCHMIDT (1991) bildet *S. lubricipeda* in Ostdeutschland eine langgezogene Generation von Anfang Mai bis Mitte August mit dem Flugmaximum in der zweiten und dritten Juni-Dekade. In Einzelfällen Ende August und im Oktober auftretende Tiere rechnet er einer partiellen 2. Gen. zu und folgt damit einer Einschätzung von URBAHN & URBAHN (1939). Für Südeuropa gibt er zwei Generationen an (April, Mai und Mitte August bis September). Er schildert weiter die Hypothese, wonach sich die ausgedehnte Flugzeit der Art dadurch erklären ließe, daß ein Teil der Raupen in die Überwinterung ginge und der andere Teil sich verpuppte und somit zwei verschiedene Überwinterungsstadien existierten. Ersterer würden dann im nächsten Jahr wesentlich später die Falter ergeben. Hierdurch wären die Tiere im Juli und August zu erklären, während noch später auftretende Exemplare im September und gar Oktober dann tatsächlich einer partiellen 2. Gen. angehörten. Derzeit läßt sich diese Hypothese für Baden-Württemberg nicht bestätigen.

Im regionalen Vergleich stellt sich die Imaginalphänologie von *S. lubricipeda* wie folgt dar:

Oberrheinebene: Bereits ab Ende April treten einzelne Falter an besonders begünstigten Stellen auf (25.4.1951, 29.4.1988, Kaiserstuhl, A. GREMMINGER und AG FREIBURG, oder 30.4.1983, Linkenheim-Hochstetten, K. u. U. RATZEL). Die letzten Tiere, sie gehören einer partiellen 2. Gen. an, werden noch Mitte September angetroffen (Kaiserstuhl, 13.9.1968, M. WALLNER, W. STAIB). Der auffällige Auslaufbereich der Verteilungskurve ab Ende Juli bis Mitte September muß als Ausprägung einer partiellen 2. Gen. interpretiert werden. Auch die Ausführungen GREMMINGERS (1925) zur Fauna von Graben-Neudorf und Umgebung (Oberrheinebene) zeigen, daß er schon damals mit dem ihm zur Verfügung stehenden Datenmaterial von der Ausbildung zweier Generationen ausging. Er schreibt: Flugzeit »im Mai/Juni und Juli/August ziemlich häufig«.

Schwarzwald: Die Flugzeit beginnt hier Ende Mai. Einzelnachweise stammen bereits von Anfang/Mitte des Monats aus den Randbereichen. Die Flugzeit klingt bis Ende Juli deutlich ab. Im August werden nur noch Einzelfalter beobachtet.

Neckar-Tauberland: Für diesen Naturraum liegt ein sehr kompaktes Phänogramm vor, das auch die beste Statistik beinhaltet. Die Verteilung steigt von Anfang Mai bis zum Maximum Anfang Juni an und klingt dann bis Mitte Juli wieder fast entsprechend ab. Einzelne Tiere werden dann noch ab Ende Juli bis in den September hinein gefunden. SCHÄFER (1980) gibt für den Raum Stuttgart eine Flugzeit zwischen Ende Mai und Mitte August »mit einer teilweisen zweiten Generation« an.

Schwäbische Alb: Die Flugzeit beginnt hier Mitte Mai und steigt bis zum Maximum Mitte Juni zügig an. Danach klingt sie rasch ab, bildet aber auch hier einen sehr flachen Verlauf bis in den August hinein. Die Auswertungen von GATTER (1979) für Schopfloch (s. o.) ergaben eine Flugzeitspanne zwischen der zweiten Maiwoche und Mitte Juli, mit einem klaren Maximum im Juni (90 % der Falter; n = 594). Die Flugzeit ähnelt hier außerordentlich der von S. luteum, welche dasselbe Maximum aufweist und lediglich etwas später beginnt (ab der dritten Maiwoche). Die Phänologie für die Schwäbische Alb weist, wie auch die für den Schwarzwald, eine zeitliche Verschiebung von mehreren Wochen relativ zu den wärmebegünstigteren Naturräumen Oberrheinebene und Neckar-Tauberland auf. Ein Einzelfund im September liegt aus Schopfloch vor (3.9.1973, D. GATTER).

Oberschwaben: Auch hier sind die Tiere im August, vielleicht schon Ende Juli, einer 2. Gen. zuzurechnen. SCHNEIDER (1937) weist auf die späten Funde von G. REICH aus Bronnen (Oberschwaben) hin (7.10.1921, 21.8.1927, 19.8.1932) und stellt die Frage, ob es sich hier um eine 2. Gen. handle. In den Aufzeichnungen von G. REICH wird der späteste Falter mit 7.9.1921 angegeben, so daß SCHNEIDER hier ein Übertragungsfehler unterlaufen ist.

Präimaginalstadien: Der Fund eines Eigeleges von S. lubricipeda ist je einmal am 28. Mai (1989, Neckartal, Starzach-Silzau, A. STEINER) und Anfang Juli (1967, Oberrheinebene, Forchheim, P. SCHOTT) notiert worden. Die Raupen wurden relativ oft im Spätsommer und Herbst gefunden. Die frühesten Funde stammen vom Juli (7.7.1994 und 19.7.1993, Rastatt, C. KÖPPEL; 30.7.1994 Malsch-Sulzbach, G. EBERT sowie 1988, Malterdingen, U. LADENBURGER) und August (7.8.1994, Bruchsal-Büchenau, H. HEIDEMANN, bereits erwachsene Raupe; 8.8.1923, Schwarzwald, Hünersedel, Kartei A. GREMMINGER; 9.8.1962; Ettlingen-Spessart, H. LUSSI; 10.8.1975, Nagold-Schietingen, N. HIRNEISEN, A. STEINER; 14.8.1986, Kirchzarten, 20 Raupen, I. HEGAR; 15.8.1979, Birkenfeld, v.RAMIN und 31.8.1975, Rastatt, R. HERRMANN). Die überwiegende Zahl der Raupenmeldungen liegt aber im September und Oktober. Späteste Funddaten sind der 1.11. (1975, Muggensturm, R. HERRMANN) und 5.11. (1982, Burkheim, Rheinhalde, R. HERRMANN). Die ausgedehnte Larvalphase mit Funden von Anfang Juli bis Anfang November deckt sich mit der ausgedehnten Falterflugzeit (Ende April bis Mitte September). Nach der in SCHMIDT (1991) angegebenen Hypothese (s. o.) sollen neben der Puppe auch Raupen zur Überwinterung kommen. Dabei müßten dann im Frühjahr Raupen nachzuweisen sein, bzw. eingetragene Raupen nicht mehr im selben Jahr zur Verpuppung gelangen. Für Baden-Württemberg ist dies durch keine Beobachtung zu belegt.

Ökologie

Lebensraum: Aufgrund der polyphagen Lebensweise der Raupe kann sich S. lubricipeda verschiedenste Lebensräume erschließen. Dabei ist sie offenbar nicht allzu anspruchsvoll, was z.B. Meldungen aus dem Bereich von landwirtschaftlichen Nutzflächen (Kleeäcker, P. SCHOTT; Kartoffel- und Krautäcker, E. RENNWALD u.a.) belegen. Hauptlebensraum sind Wiesen, Hochstaudenfluren und Brachland sowohl auf trockenen wie feuchten Standorten. Weiter werden Gärten, Parkanlagen, ja sogar Golfplätze innerhalb der menschlichen Siedlungsbereiche genutzt. Auch an lichten Waldwegen und auf Waldlichtungen kann die Art gefunden werden. Nach BERGMANN (1953) soll sie nicht innerhalb von Wäldern vorkommen. Dem stehen jedoch die Funde zahlreicher Individuen innerhalb der Rheinauenwälder (C. KÖPPEL) und aus dem Hardtwald (Kammerforst, Büchenau, H. BAUMGÄRTNER) entgegen.

Nahrung der Raupe:
Typha latifolia – Breitblättriger Rohrkolben
E (STE)
»Poaceae« – »Gras«
L (HER)
Salix fragilis – Bruch-Weide
L (REN)
Urtica dioica – Große Brennessel
L (HEH, JAE, RAZ, REN)
Rumex spec. – Ampfer
L (WAT)
Sanguisorba spec. – Wiesenknopf
L (GRE)
Sarothamnus scoparius – Besenginster
L (GRE)
Medicago sativa – Luzerne
L (HEG)
Echium vulgare – Natterkopf
L (LUS, STN)
Trifolium pratense – Roter Wiesen-Klee
L (HEH, SCO)
Solanum lycopersicum – Tomate
L (HER)
Sambucus nigra – Schwarzer Holunder
L (LAD)
Sambucus racemosa – Traubenholunder
L (LAD)
Scabiosa spec. – Skabiose
L (JAE)
Eupatorium cannabinum – Wasserdost
L (EBE)
Senecio fuchsii – Fuchs' Greiskraut
L (LAD)
Taraxacum officinale – Wiesen-Löwenzahn
L (WAT)

Das polyphage Verhalten der Raupe geht aus dem Nahrungspflanzenspektrum hervor. Weitere Angaben dazu finden sich in der Literatur:

BERGMANN (1953) klopfte die Raupe in Thüringen zusätzlich von *Lamium* spec. (Taubnessel) und *Galium mollugo* (Wiesen-Labkraut). Daneben gibt er noch »*Polygonum* (Flohkraut)« an, wobei es sich in der Kombination hier um eine Unkorrektheit handelt: Flohkraut ist *Pulicaria* spec. und *Polygonum* bezeichnet diverse Arten von Knöterich (u.a. auch den Floh-Knöterich, im 18. Jh. als »Flöh-kraut« bezeichnet, woraus bei BERGMANN vielleicht das »Flohkraut« wurde). Neben WILDE (1861), der ebenfalls *Polygonum* nennt, gibt BLASCHKE (1914) korrekt *Polygonum persicaria* (Floh-Knöterich) an. Bemerkenswerterweise wurde die falsche Kombination direkt und ungeprüft von FREINA & WITT (1987) in ihre Pflanzenaufzählung übernommen. Nach BERGMANN (1953) nimmt die Raupe auch Weide an (Zucht). BLASCHKE (1914) nennt außerdem noch *Mentha* (Minze), *Tanacetum* (Rainfarn) und *Viola* (Veilchen). SEPPÄNNEN (1970) führt aus Finnland u.a. *Salix phylicifolia, Polygonum calcatum, Rubus idaeus, Pisum sativum, Trifolium repens, Geranium sanguineum, Vaccinium uliginosum, Plantago major* und *Lactuca sativa* auf.

Habitat: Eine Bindung der Art an bestimmte Pflanzengesellschaften dürfte kaum nachzuweisen sein. Vielmehr bilden die meisten lichten, nicht zu schattigen, mit einer Krautschicht versehenen Bereiche einen für die Art potentiellen Lebensraum. A. STEINER fand die Falter im Luzulo-Fagetum mit abgeholzten Flächen, E. RENNWALD die Raupe im mageren Arrhenatheretum und im Aegopodion (Artemisietea). M. DRÜG meldete sie aus Pfeifengraswiesen (Molinion) nahe dem Auwaldbereich (bei Radolfzell). R. HERRMANN fand die Raupe mehrfach auch innerhalb des Schilfgürtels (Phragmition) des Federsee-Moores (Bad Buchau, 25.9.1979). MEINEKE (1982) registrierte in den Oberschwäbischen Mooren zahlreiche Falter in allen Biotoptypen, mit Schwerpunkt im Niedermoor (Flachmoorwiesen). Sie sind auch in den Feuchtwiesen der Oberrheinebene vertreten. E. RENNWALD fand die Raupe im Salicion (an *Salix fragilis*), GÖBEL & RATZEL (1992) wiesen Falter mit lokal wirkenden Lebendlichtfallen innerhalb des Salicion cinereae (Grauweidenbusch) nach. *Spilosoma lubricipeda* wird weiter aus dem Auenwaldbereich (Alno-Ulmion) gemeldet. Auch hier wäre zu vermuten, daß das eigentliche Habitat, insbesondere das Larvalhabitat, die Rheindämme, Waldrandbereiche und -lichtungen sowie Wegränder sind. Die Untersuchungen von C. KÖPPEL zeigen jedoch, daß die Art offenbar als »typisch für den gesamten Lebensraum Aue« einzustufen ist. Er fand die Falter in hoher Individuenzahl sowohl im Weichholz- als auch im Hartholzauebereich. Die Individuendichte stieg von der Weichholzaue zur Hartholzaue an. E. RENNWALD fand eine erwachsene Raupe direkt am Rheinufer auf einem Kiesweg (Kehl-Marlen, 12.9.1984). Offen bleibt, inwieweit die Populationen durch die Winter- und Frühjahrshochwasser geschädigt werden und ob hier eine stetige Nachbesiedlung aus den Randbereichen vorliegt. Weiterhin war festzustellen, daß die Art, obwohl sie mit über 400 registrierten Exemplaren sehr häufig im Auenwald vorkam, nie im oberen Baumbereich (hohe Hartholzaue) aufgetreten ist. Als Bewohner der Krautschicht und Hochstaudenflur verlassen die Imagines somit kaum diesen Bereich und neigen auch nicht zum »Überfliegen« von Wald- oder

Baumgruppen. Nach FREINA & WITT (1987) meidet die Art trockene Landschaftsbereiche weitgehend, siedelt jedoch in sonnigen, aber niederschlagsreichen Talgründen der kollinen Stufe. Auch SCHMIDT (1991) gibt an, daß die Individuenzahl in trockenen Lebensräumen rasch abnimmt. Tatsächlich liegen für Baden-Württemberg zahlreiche Funde z. B. vom Kaiserstuhl vor. J.U. MEINEKE meldet sie vom Halbtrockenrasen (Oberbergen, 1986), ebenso A. STEINER (Kirchheim: Mesobrometum mit *Calluna*-Heide, Raupenfund 20. 8. 1992). Ob hier feine oder auch gröbere Häufigkeitsunterschiede zu anderen, weniger trockenen Standorten vorliegen oder nicht, ist quantitativ nicht belegbar. Tatsache bleibt aber, daß diese Bereiche von der Art besiedelt werden.

Verhalten: Die Eier werden, wie bei den meisten verwandten Bärenarten, in »Spiegeln« abgelegt. KURIR (1978) gibt an, daß von einem Weibchen bis zu 600 Eier abgelegt werden können. Ein eingetragenes Weibchen legte in einer Nacht insgesamt 350 Eier in 6 Gelegen zu je 30–80 Stück (U. RATZEL).

Die Raupen vollziehen einen Skelettierungsfraß. Sie leben in den ersten Stadien in Gruppen, später dann als Einzeltiere. Regelmäßig fallen sie Parasitoiden zum Opfer (Diptera: Tachinidae;

Die Raupe von *S. lubricipeda* besitzt im letzten Stadium eine für diese Art charakteristische orangefarbige, rötliche oder gelbliche Rückenlinie, die normalerweise nicht unterbrochen ist. Von den Raupen von *S. luteum* und *D. mendica* unterscheidet sie sich durch ihre dunklere Färbung und die hell hervortretenden Stigmen, von letzterer außerdem durch die bedeutendere Größe. – Linkenheim-Hochstetten (ex ovo-Zucht) 27.6.94 U. RATZEL. S.

Dieser Eispiegel von *S. lubricipeda* war auf dem Blatt eines Großen Rohrkolbens abgelegt worden. Erzwespen (Chalcididae) der Gattung *Trichogramma* hatten ihn bereits entdeckt und sind gerade dabei, die Wirtseier anzubohren und mit ihren eigenen Eiern zu belegen. In jedem Schmetterlingsei entwickelt sich somit statt der Raupe des Bärenspinners eine Larve dieses Parasitoiden. *Trichogramma*-Arten werden heute mit Erfolg in der biologischen Schädlingsbekämpfung (z. B. beim Maiszünsler) eingesetzt. – Starzach-Sulzau (Teich auf einem Golfplatz) 28.5.89 A. STEINER.

Hymenoptera: Braconidae, Ichneumonidae) – näheres hierzu in KURIR (1978). Im Herbst wurden die Raupen verschiedentlich in größerer Zahl auf »Wanderschaft« beobachtet, vor allem wenn sie Wege und Straßen überqueren oder in Gärten umherlaufen (R. HERRMANN; SCHÄFER 1989; H. HEIDEMANN, U. und M. RATZEL). Auf der Baar werden die Raupen von *S. lubricipeda* und *S. luteum* im Volksmund »Hauszünder« genannt (H. HERRMANN 1970). Vielleicht hat diese Bezeichnung etwas mit den herbstlichen Wanderschaften zu tun, die in früheren Jahren sicherlich häufiger und auffälliger zu beobachten waren. C. KÖPPEL beobachtete zwei Raupen im überfluteten Bereich der Rheinaue, die sich am obersten Ende von aus dem Wasser ragenden Pflanzen aufhielten und sich somit dem Hochwasser durch ein »vertikales Ausweichen« aktiv entzogen hatten. M. ALBRECHT fand eine Puppe »in Rindenritzen am Fuß einer Pappel« (Kaltbrunn, 23. 4. 1993).

SCHMIDT (1991) stellt die Hypothese auf – für die es offenbar auch Indizien gibt – daß bei *S. lubricipeda* parallel Raupen und Puppen zur Überwinterung kommen. Während die Puppen im Mai Falter ergeben, schlüpfen die Falter aus den überwinternden Raupen erst im Juni und Juli, wodurch sich die ausgedehnte Flugzeit der Art erklären ließe (näheres siehe unter Phänologie).

Die Falter werden von Lichtquellen angelockt, sind aber auch manchmal, allerdings meist ruhend oder in Paarung in der Vegetation sitzend, am Tage zu beobachten (H. HEIDEMANN, K. SCHMID, G. EBERT). K. RATZEL scheuchte ein Weibchen am Tage aus der Krautschicht auf (Feuchtwiese bei Linkenheim-Hochstetten). Bei allen Meldungen, die nicht in Zusammenhang mit Beobachtungen am Licht stehen, ist auffällig, daß die Falter, wie die Raupen, in ihrer Lebensweise stark auf die untere Vegetationsschicht (Krautschicht) fixiert sind. T. DEINHART beobachtete den Falter am 15.9.1991 an blühender *Molinia coerulea* saugend (Plochingen, Neckartal). Mit einem kurzen Rüssel ist es der Art möglich, Flüssigkeitstropfen aufzunehmen (U. RATZEL), so daß die Freilandbeobachtung plausibel ist. Blütenbesuche zur Nektaraufnahme dürften aber ausgeschlossen sein.

An den Faltern läßt sich bei Gefahr ein besonderes Abwehrverhalten beobachten. Sie stellen sich tot, um so einem möglichen Feind das Interesse zu nehmen. Es gibt dabei zwei unterschiedliche Muster: Zum einen verhält sich das Tier einfach regungslos (wenn man einen Falter stört oder wenn er herunterfällt). Bei heftigeren Störungen, insbesondere durch direkte Berührung des Körpers (z. B. durch einen Vogelschnabel, was mit den Fingern simuliert werden kann), legt der Schmetterling die Flügel nach hinten und krümmt seinen gelb-schwarz gefärbten Hinterleib sichtbar hervor (Warnfarbe!). In Verbindung mit dem am Körper ausgeprägten Gelb-Schwarz-Muster tritt die giftige *S. lubricipeda* in einen Mimikry-Ring wehrhafter, analog gefärbter Insekten ein, der die Art vor Freßfeinden schützt (MÜLLER'sche Mimikry). Die ungiftige *S. luteum* stellt sich durch ihre Körperfärbung, ihr Verhalten und möglicherweise auch durch ihre gelb gefärbten Flügel mit schwarzen Punkten ebenfalls unter diesen Schutz.

Der Breitflügelige Fleckleibbär ist für Freßfeinde, insbesondere Vögel, absolut ungenießbar. In seinem Körper finden sich erhebliche Mengen an Histaminen und Acetylcholin (FRAZER & ROTHSCHILD 1960, ROTHSCHILD 1963). Es liegen hierzu Fütterungsversuche an Zuchtvögeln vor, die nach dem ersten Freßversuch die Tiere angewidert ausspuckten und keine weiteren Versuche unternahmen.

Gefährdung und Schutz

Rote Liste Bundesrepublik: –
Rote Liste Baden-Württemberg: –

Oberrheinebene: Nicht gefährdet.
Schwarzwald: Nicht gefährdet.
Neckar-Tauberland: Nicht gefährdet.
Schwäbische Alb: Nicht gefährdet.
Oberschwaben: Nicht gefährdet.

• In Baden-Württemberg nicht gefährdet!

Spilosoma luteum
(Hufnagel, 1766)
Gelber Fleckleibbär

Spilosoma lubricipedum ESP. (REUTTI 1898, SPULER 1908–1910);
Spilosoma lubricipeda L. (LAMPERT 1907, ECKSTEIN 1913–1923);
Spilosoma lutea HUFN. (BERGE & REBEL 1910, SEITZ 1931)
Spilarctia lubricipeda L. (SEITZ 1910, SCHNEIDER 1936–1939, FORSTER 1960, STRESEMANN 1969, KOCH 1984);
Spilarctia lutea HUFN. (BERGMANN 1951–1955, KOCH 1955)

Gesamtverbreitung: Die Art ist nahezu in ganz Europa verbreitet. In Skandinavien kommt sie nur im südlichen Teil vor, in Finnland wird sie als Expansionsart betrachtet (SCHMIDT 1991). Nach Osten reicht die Verbreitung über Rußland und China bis nach Japan und Korea.

Verbreitung

Regional: *Spilosoma luteum* ist in ganz Baden-Württemberg verbreitet, einzelne Schwerpunkte sind jedoch nicht zu verzeichnen. Lediglich in der Oberrheinebene und in Oberschwaben ist eine etwas höhere Nachweisdichte erkennbar. Obwohl wie *S. lubricipeda* in allen Regionen des Landes vorkommend, sind doch auffällige Unterschiede zwischen den beiden Arten festzustellen: Sowohl die Zahl der gemeldeten Individuen, als auch die Zahl der Fundstellen ist bei *S. luteum* jeweils merklich geringer. In der Verbreitungskarte drückt sich dies durch ein lückigeres, weniger dichtes Punkteraster aus. An fast allen Fundstellen von *S. luteum* wird auch *S. lubricipeda* nachgewiesen, aber nicht immer umgekehrt! Letztere ist daher von beiden die merklich häufigere Art. Während für *S. luteum* nur um die 2500 Faltermeldungen vorliegen (im Schnitt knapp 3

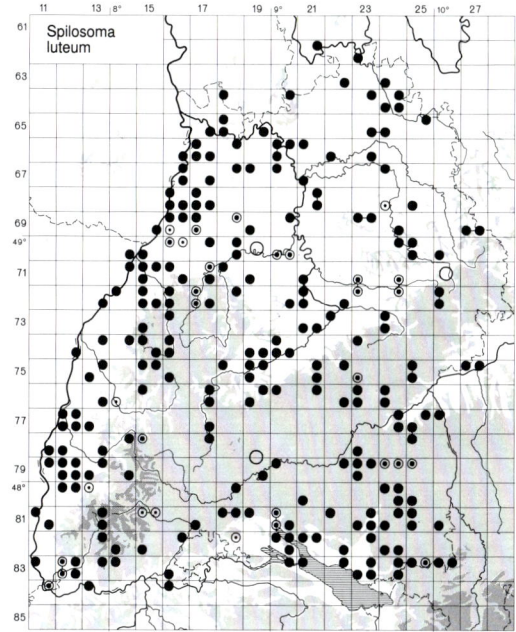

Falter pro Datensatz), sind es für *S. lubricipeda* über 10 600 (knapp 5 Falter pro Datensatz).

Eine erste Erwähnung dieser Art für unser Untersuchungsgebiet findet sich in ROTH VON SCHRECKENSTEIN (1800), wo sie als »selten« bezeichnet wird. Während REUTTI (1853) *S. luteum* als »überall ... aber nicht häufig« charakterisiert, nennt er sie später »ziemlich häufig« (REUTTI 1898). Nach GAUCKLER (1898) ist sie »allenthalben höchst gemein, vom Frühjahr bis in den Sommer«. SEYFFER (1850) führt sie ohne Kommentar für Württemberg an, KELLER & HOFFMANN (1861) ergänzen mit »bisweilen häufig«. SCHNEIDER (1936) schreibt, daß sie »im ganzen Gebiet, mit Ausnahme des höheren Schwarzwaldes, verbreitet und häufig« sei. BROMBACHER (1933–1935) bezeichnet sie für den Kaiserstuhl als »verbreitet und häufig am Licht einfallend« (abweichend von *S. lubricipeda*, zu der er »vereinzelt am Licht« vermerkt).

Vertikal: Von der Ebene bis in Höhen um 1000 m. Der Nachweisschwerpunkt liegt im planaren Bereich. Unter Beachtung der statistischen

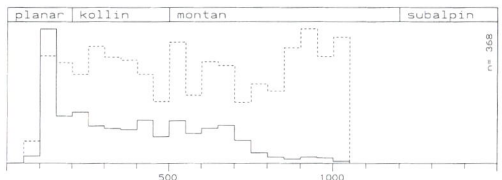

Gewichtung der Höhenverteilung zeigt sich eine fast gleichmäßige Verbreitung in allen Höhenstufen. Die höchsten Funde liegen aus dem Schwarzwald vor: Roßbühl, 950 m (Nordschwarzwald, M. WALLNER) und Präg um 1000 m (Südschwarzwald, R. HERRMANN, J.U. MEINEKE).

Nach FREINA & WITT (1987) findet sich die Art »in der Hügelstufe häufiger«. Diese Einschätzung wurde wohl aus BERGMANN (1953) übernommen. Für Baden-Württemberg kann sie nicht bestätigt werden.

Phänologie

Imagines: Der Beginn der Flugzeit fällt in der Oberrheinebene auf Anfang Mai (einzelne Exemplare wurden auch schon Ende April festgestellt). Ihr Maximum zieht sich über den ganzen Juni hin. Im Juli klingt sie deutlich ab, einzelne Funde liegen noch vom August vor. Schon REUTTI (1898) gibt an, daß die Art eine Flugzeit von Mai bis August hätte, was exakt den Verhältnissen in der Oberrheinebene entspricht. Die Frage, ob *S. luteum* eine 2. Generation bildet, bleibt momentan noch offen. Es existieren merklich weniger Meldungen spät fliegender Tiere als bei *S. lubricipeda*, welche ihr Flugmaximum früher erreicht, was die Ausbildung der Folgegeneration erleichtert. Wenigstens die Augusttiere könnten einer partiellen Folgegeneration zuzuordnen sein.

Der Gelbe Fleckleibbär (*Spilosoma luteum*) ist gegenüber den nächstverwandten einheimischen Arten an der gelben statt weißen Flügelfärbung leicht zu erkennen. – Linkenheim-Hochstetten 30.5.93 U. RATZEL.

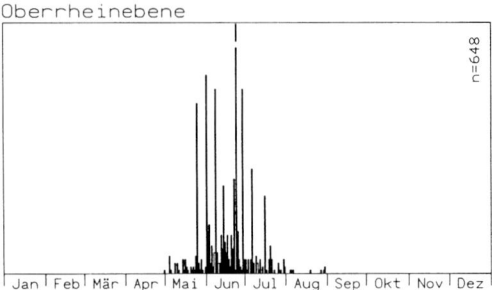
Oberrheinebene

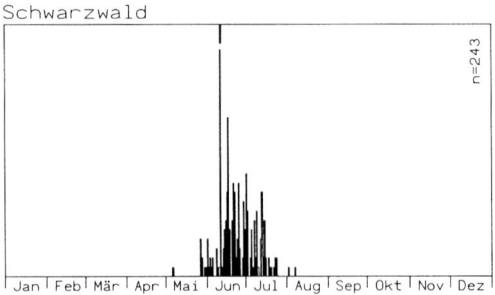
Schwarzwald

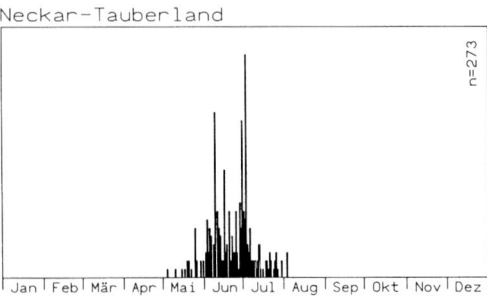
Neckar-Tauberland

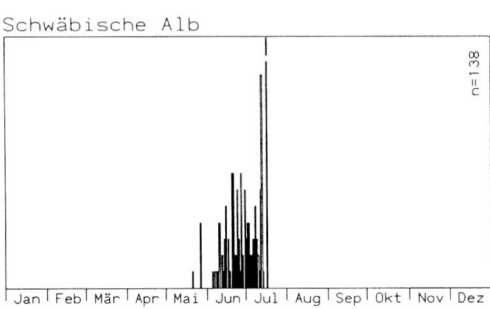
Schwäbische Alb

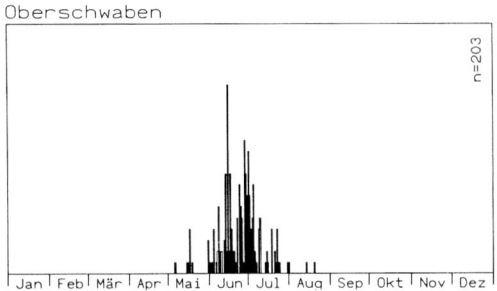
Oberschwaben

Unter Zuchtbedingungen war festzustellen, daß ab Ende Juli eine 2. Gen. ausgebildet wurde (U. RATZEL). Es ist allerdings problematisch, solche Beobachtungen direkt auf das Freiland zu übertragen. A. GREMMINGER wie später auch K. RATZEL trugen jeweils im Juli Raupen ein, die zum Teil schon im August Falter der 2. Gen. ergaben, ein deutliches Indiz für die Ausbildung einer partiellen Folgegeneration.

Im Schwarzwald liegt die Flugzeit zwischen Ende Mai und Ende Juli, also zeitlich gestraffter (mit einem »Ausreißer« am 6. 5. 1983 aus einem klimatisch begünstigten Randbereich bei Baden-Baden). Im Neckar-Tauberland sind ähnliche Verhältnisse wie in der Oberrheinebene festzustellen (Flugzeit Mitte Mai bis Ende Juli, mit einzelnen Tieren auch schon Anfang Mai und noch Anfang August). Die Schwäbische Alb zeigt eine zeitlich gedrängte Flugperiode, wie sie auch schon für den Schwarzwald festzustellen war. Dies ist in beiden Fällen auf die klimatischen Verhältnisse und die Höhenlage, mit längerem Winter und später einsetzendem Frühjahr, zurückzuführen. Die eigentliche Flugzeit beginnt Anfang Juni und endet Mitte Juli. Die Spitzenwerte im Maximum Mitte Juli sind auf zwei Einzelbeobachtungen am 15. und 16. Juli zurückzuführen (1971, jeweils 15 Exemplare bei Fridingen und Hausen, H. KINKLER, W. SCHMITZ, F. NIPPEL). GATTER (1979) gibt für Schopfloch eine Flugzeitspanne zwischen der dritten Maiwoche und Mitte Juli an, mit einem klaren Maximum im Juni. Die Flugzeit ist hier kaum zu der von *S. lubricipeda* differenziert, deren Flugbeginn mit der zweiten Maiwoche lediglich etwas früher liegt. In Oberschwaben fliegt die Art von Anfang Juni bis Mitte (Ende) Juli, mit Einzelfunden im Mai und August.

REICHHOLF (1974) gibt für eine Population von *S. luteum* in Bayern keine 2. Gen. an, im Gegensatz zu *S. lubricipeda*, die eine partielle 2. Gen. von Ende Juli bis Ende August ausbilden soll. Die Flugzeit liegt zwischen Ende Mai und Anfang August, mit einem Höhepunkt Mitte Juni bis Anfang Juli. FREINA & WITT (1987) gehen davon aus, daß *S. luteum* zwei Generationen im Juni, Juli und von August bis Oktober bildet, im »Norden Europas« soll sie dann einbrütig von Ende Mai bis Mitte Juli sein. Nach SCHMIDT (1991) bildet die Art in Ostdeutschland eine Generation von Anfang Juni bis Anfang August aus. Das Flugzeitmaximum liegt dabei in der ersten Juli-Dekade. Dies entspricht in etwa den Verhältnissen im Neckar-Tauberland. FORSTER (1960) nennt eine Flugzeit von Anfang Mai bis August und ergänzt, daß im Süden eine zweite Generation mit kleineren und stärker gelb gefärbten Tieren auftrete.

Bei der erwachsenen Raupe von *S. luteum* wird die dunkle Rückenpartie seitlich von einem weißlichen Streifen begrenzt, der gleichzeitig den Übergang zur charakteristisch hellen Flanke und Bauchpartie bildet. Der Kopf ist hellbraun bis ockerfarben und damit merklich heller als die braune Behaarung. Die junge Raupe ist dagegen mehr gelblich gefärbt. – Mittlerer Schwarzwald, Zwickgabel 31.7.94 U. RATZEL. M.

Präimaginalstadien: Die Raupen wurden in Baden-Württemberg vom Spätsommer bis in den Herbst hinein gefunden. Die frühesten Meldungen liegen vom Juli vor (z. B. 12.7.1986, Steinmauern, E. RENNWALD; 14.7.1884, Umgeb. Reisensburg, R. HEINDEL). Eine am 19.7. (1924, Kaiserstuhl A. GREMMINGER) gefundene Raupe ergab am 13.8.1924 einen Falter der 2. Gen., K. RATZEL fand am 18.7. (1994, Schwarzwald, Zwickgabel, um 650 m) acht Raupen. Der Schwerpunkt der Funde liegt aber im September. Als spätestes Funddatum ist der 13.10. (1990, Laufen/Kocher, F. WEBER) zu verzeichnen. O. SCHRÖDER (in Kartei A. GREMMINGER) fand am 23.10. (1921, Freiburg, Mooswald) einen überwinternden Kokon, aus welchem am 16.5.1922 der Falter schlüpfte. Auch T. ESCHE meldet einen Puppenfund (5.9.1968, Offenburg, Garten). Aus den Daten geht hervor, daß das Überwinterungsstadium die Puppe ist.

Ökologie

Lebensraum: Der Lebensraum dieser wenig anspruchsvollen Art ist außerordentlich vielschichtig. Die polyphage Raupe ist an den verschiedensten Pflanzen zu finden. Sie wird aus Gärten- und Parkanlagen gemeldet, ebenso von Brachflächen, Wiesen sowie Hochstaudenfluren an Waldrändern, Waldwegen, Lichtungen etc.

Nahrung der Raupe:
Epipactis violacea – Violette Sumpfwurz (Früchte)
  L (SPR)
Gymnadenia conopsea – Große Händelwurz
  L (HEH)
Urtica dioica – Große Brennessel
  L (HEH, REN)
Rumex sanguineus – Hain-Ampfer
  L (REN)
Clematis vitalba – Waldrebe
  L (WAT)
Sedum telephium – Purpur-Fetthenne
  L (KÖP)
Pelargonium spec. – »Geranien«
  L (LEW, LOS)
Evonymus europaeus – Pfaffenkäppchen, Pfaffenhütchen
  L (DOC)
Symphoricarpos racemosus – Schneebeere
  L (LOS)
Calendula officinalis – Garten-Ringelblume
  L (HEH)
Cirsium oleraceum – Kohldistel
  L (REN)
Prenanthis purpurea – Hasenlattich
  L (RAK)

BERGMANN (1953) beschreibt den Fund eines Eigeleges an Weißkohl (*Brassica oleracea*). Die Raupe lebt seinen Angaben nach »polyphag an Strauchgebüsch und Hochstauden«, er nennt eigene Raupenbeobachtungen aus Thüringen an *Rubus idaeus* (Garten-Himbeere), *Lonicera xylosteum* (Heckenkirsche), *Sambucus nigra* (Schwarzer Holunder), *Sambucus racemosus* (Roter Holunder), *Ligustrum vulgare* (Liguster) und *Urtica dioica* (Große Brennessel). FREINA & WITT (1987) übernehmen diese Reihenfolge praktisch unverändert, verfälschen die BERGMANN'sche Aussage jedoch insofern, als die Raupen jetzt »bevorzugt« an diesen Pflanzen leben sollen. Es dürfte schwierig sein, bei dieser polyphag lebenden Raupe Präferenzen anzugeben. WILDE (1861) gibt *Sambucus* und *Urtica* an, CARTER (1987) nennt ausdrücklich noch *Pteridium aquilinum* als Raupennahrungspflanze und hebt hervor, daß *S. luteum* eine der wenigen Arten sei, die diese Pflanze fräßen. GRIEBEL (1909) beschreibt einen eigenen Fund an einem Weinstock.

Habitat: Wie bei *S. lubricipeda* ist auch bei dieser Art eine Bindung an spezielle Pflanzengesellschaften kaum nachzuweisen. Besiedelt werden offene Bereiche mit gut entwickelter Krautschicht im bearbeiteten und unbearbeiteten Kulturland, bis in die urbanen Siedlungsräume hinein, darunter vor allem Wegränder, sogenannte Unkrautfluren und Ruderalgesellschaften. Bemerkenswert ist eine Beobachtung von S. LEWANDOWSKI in Konstanz. Er fand dort auf dem Gelände des Krankenhauses die Raupen zahlreich in Blumenkästen an blühenden Geranien. In einer Mädesüßflur (Filipendulion) bei Filderstadt saßen sie auf dem Stengelblatt einer Kohldistel (E. RENNWALD), in einer Hochstaudenflur lichter Wegränder im Buchen-Tannenwald des Mittleren Schwarzwaldes am Hasenlattich (K. RATZEL). In Oberschwaben wurden ebenfalls mehrere Raupen in einer Kiesgrube an der Purpur-Fetthenne entdeckt (C. KÖPPEL). Im gleichen Naturraum stellte MEINEKE (1982) aufgrund zahlreicher Falterbeobachtungen einen Schwerpunkt im Niedermoorbereich fest. Das Vorkommen dieser Art in Feuchtgebieten (Bruchwaldränder und Feuchtwiesen) ist auch in der Oberrheinebene festgestellt worden. C. KÖPPEL fand die Falter bei seinen Untersuchungen in den Rheinauen und bezeichnete die Art als typisch für den gesamten Lebensraum Aue (Weich- und Hartholzaue, Hochwasserdämme). Analog zu *S. lubricipeda* wurden sämtliche Tiere in den bodennahen Fallen festgestellt.

SCHMIDT (1991) gibt in seiner Arbeit über die Fauna der ehemaligen DDR an, daß bei dieser Art die Individuenzahl in trockenen Lebensräumen rasch abnähme. Diese Angabe scheint aus BERGMANN (1953) abgeleitet zu sein, wo es für Mitteldeutschland heißt: »in Warmtrockengebieten spärlicher«. Die aus Baden-Württemberg vorliegenden Meldungen lassen einen quantitativen Schluß hierzu nicht zu. Die Art ist mit zahlreichen Fundmeldungen aus dem Bereich der Trockenrasen (Xerobromion, Kaiserstuhl, Badberg) und Halbtrockenrasen (Mesobromion erecti, z. B. Pulverbuck bei Oberbergen, J. U. MEINEKE) nachgewiesen, exakte quantitative Auswertungen fehlen aber noch.

Verhalten: Die nachtaktiven Falter lassen sich von Lichtquellen leicht anlocken. Nach KURTZE (1974) soll *S. luteum* etwas später am Abend fliegen als *S. lubricipeda*, Meldungen über tagaktive Tiere liegen nicht vor.

Auch diese Art legt ihre Eier in Spiegeln ab. Die Raupen leben anfangs in Gruppen zusammen. K. RATZEL beobachtete eine Gesellschaft von 8 Jungraupen (vermutlich L_2) beim Lochfraß auf einem Blatt des Hasenlattichs. In späteren Stadien werden sie nur noch einzeln gefunden. In der Zucht kann beobachtet werden, daß sie sich bei Störung entweder totstellen, oder sehr flink davonrennen (im Freiland verkriechen sich die Tiere dann wohl in der Krautschicht). Was ein Individuum dazu veranlaßt, die eine oder andere Strategie zu wählen, scheint noch nicht genauer untersucht worden zu sein. Ein ähnliches Verhalten zeigen auch die Raupen anderer verwandter Arten.

Das bei Störungen zu beobachtende Abwehrverhalten der Falter ist bereits unter *S. lubricipeda* geschildert worden. FRAZER & ROTHSCHILD (1960) und ROTHSCHILD (1963) stellten fest, daß zwischen beiden Arten diesbezüglich offenbar eine direkte, weitaus subtilere Verbindung besteht als bisher angenommen. Es soll sich dabei um eine Mimikry-Verbindung zwischen der ungiftigen *S. luteum* und der giftigen *S. lubricipeda* handeln. Erstere stellt hierbei den Nachahmer dar, der vom Schutz des Vorbildes profitiert (BATES'sche Mimikry).

Das Vorhandensein einer solchen Mimikry setzt ein hohes Maß an Übereinstimmung in der Verbreitung und in der Nutzung gemeinsamer Lebensräume voraus; sie trifft für beide Arten zu. In Baden-Württemberg tritt *S. luteum* praktisch ausschließlich an Fundstellen auf, an denen auch *S. lubricipeda* vorkommt (aber nicht umgekehrt!). *Spilosoma luteum* als Nachahmerin gilt stets als die etwas seltenere Art. Quantitative Auswertungen an einem Standort erfolgten in Baden-Württemberg durch GATTER (1979). Es wurde ein Häufigkeitsverhältnis von *S. lubricipeda* : *S. luteum* von 10,4:1 (gemäß n=594:n=57) festgestellt. Aus den Angaben MEINEKE's (1980) für oberschwäbische Moore läßt sich ein entsprechendes Verhältnis von 3,3:1 berechnen (n=396:n=121). C. KÖPPEL's Lichtfallenauswertungen aus den Rheinauen (1992 und 1993) liefern ein Verhältnis von 1,3 (n=422:n=319). Sämtliche gemeldeten Individuen aus Baden Württemberg ergeben ein Verhältnis von 4,2 (n=10640:n=2520). REICHHOLF (1974, 1977) fand in Oberbayern nach mehrjähriger Beobachtung ein relativ konstantes Häufigkeitsverhältnis von 1,9–2,6:1. Wie die Beobachtungen zeigen, ist das relative Häufigkeitsverhältnis beider Arten zueinander keine »Naturkonstante«, sondern eine vom Standort und den Einzelverhältnissen stark abhängige Größe, die zudem noch jahrweisen Schwankungen unterlie-

Alle drei einheimischen *Spilosoma*-Arten zeigen dasselbe Verhalten, wenn sie mit Freßfeinden (z. B. Vögeln) in Berührung kommen: Sie stellen sich mit angelegten Flügeln und gekrümmtem Hinterleib tot. Das auffallend gelbe, schwarz gefleckte Abdomen wirkt als Warnsignal (Schreck- oder Warntracht). Der ungiftige Gelbe Fleckleibbär profitiert dabei vom gleichen Verhalten seines giftigen nächsten Verwandten, des Breitflügeligen Fleckleibbärs (BATES'sche Mimikry). – Linkenheim-Hochstetten 5.94 U. RATZEL. M.

gen dürfte. Insgesamt zeigt sich aber, daß das Verhältnis stets größer als Eins ist, das heißt *S. lubricipeda* tritt immer in höheren Individuenzahlen auf als *S. luteum*.

Ein letztes, wichtiges Indiz für das Auftreten von Mimikry sollte das phänologisch verzögerte Erscheinen der nachahmenden Art sein, damit bei den Freßfeinden zunächst ein Lernprozeß an der giftigen Art einsetzen kann. Während GATTER (1979) keine signifikante Verzögerung feststellen konnte, was auch auf die Standortverhältnisse zurückgeführt werden kann (Schwäbische Alb, 800 m, dort sind die Flugzeiten häufig enger auf die Sommermonate begrenzt), kann man aus den Daten MEINEKE's (1980) ein leicht verzögertes Auftreten von *S. luteum* ablesen. Während *S. lubricipeda* bereits in der letzten Mai-Dekade registriert wurde und einen steilen Anstieg in der 1. Juni-Dekade zeigt, konnte *S. luteum* erst in der ersten Juni-Dekade gefunden werden. Sie erreichte dann eine fast gleichbleibende Häufigkeit bis in die 2. Juli-Dekade, um in der dritten steil abzufallen. *S. lubricipeda* schließt in ihrer Flugzeit jeweils die gesamte Flugdauer von *S. luteum* ein. Auch aus den Daten KÖPPEL's

(Rheinauen) kann eine leichte Verzögerung festgestellt werden. *S. luteum* tritt hier praktisch erst in der 2. Maihälfte auf, während *S. lubricipeda* bereits in der 1. Maihälfte deutlich präsent ist.

REICHHOLF (l.c.) notierte in Oberbayern für *S. luteum* eine 14-tägige Verzögerung des Flugbeginns. Aus den für Baden-Württemberg vorliegenden Phänogrammen läßt sich eine signifikante Flugzeitverschiebung am Flugzeitbeginn der beiden Arten zueinander nicht ablesen, was aber nicht heißt, daß sie nicht existiert. Vielmehr würde man den Aussagegehalt der Phänogramme überschätzen, wollte man solch einen Effekt daraus ableiten. Man muß sich stets vergegenwärtigen, daß hier eine Mittelung über viele Jahre und viele verschiedene Standorte eines Naturraumes erfolgt, so daß es automatisch zu einer Verbreiterung der Verteilung kommt und die Darstellung relativ feiner Kopplungen verschwinden. Aus den Diagrammen ist aber eine Verschiebung des Flugmaximums signifikant ablesbar. Eine Analyse der Verteilung zeigt, daß die Verschiebung ziemlich genau bei den von REICHHOLF (l.c.) aufgezeigten zwei Wochen liegt.

Inwieweit die dritte, im Habitus der *S. lubricipeda* noch näher stehende Art, *S. urticae*, ebenfalls von der Giftigkeit des potentiellen Modells profitiert oder ob sie selbst giftig ist, kann hier nicht beurteilt werden. Vom Verhalten her zeigt sie das analoge sich Fallenlassen und Totstellen bei gleichzeitigem Hervorzeigen der gelb-schwarzen Hinterleibsfärbung. An fast allen ihren Fundstellen kommt auch *S. lubricipeda* vor. *Spilosoma urticae* ist aber insgesamt wesentlich seltener. Aufgrund der genitalmorphologischen und auch habituell außerordentlichen Ähnlichkeit von *S. urticae* und *S. lubricipeda* kann auf eine phylogenetisch wesentlich engere Nähe der beiden Arten geschlossen werden als zwischen *S. luteum* und *S. lubricipeda*, was zu der Hypothese Anlaß gibt, daß *S. urticae* ebenfalls giftig ist.

Gefährdung und Schutz

Rote Liste Bundesrepublik: –
Rote Liste Baden-Württemberg: –

Oberrheinebene: Nicht gefährdet.
Schwarzwald: Nicht gefährdet.
Neckar-Tauberland: Nicht gefährdet.
Schwäbische Alb: Nicht gefährdet.
Oberschwaben: Nicht gefährdet.

• In Baden-Württemberg nicht gefährdet!

Spilosoma urticae
(Esper, 1789)
Schmalflügeliger Fleckleibbär

FREINA & WITT (1987) bezeichnen S. urticae als eine der »*lubricipedum* zum verwechseln ähnliche« Art und verwechseln prompt beide Arten miteinander (vgl. S. 148, Abb. 158). Die Determination der auf Farbtafel 9 abgebildeten Falter – Fig.9 (»*lubricipedum*« Männchen) und Fig.12 (»*urticae*« Weibchen) – erscheint ebenfalls zweifelhaft. Die Autoren waren aber leider nicht bereit, eine kritische Überprüfung, ggf. mit Genitaluntersuchung, durchzuführen.

Für einen Teil der Tiere trifft es sicherlich zu, daß sie leicht mit der jeweils anderen Art zu verwechseln sind. Insbesondere wenn kein direkter Vergleich mit Belegstücken »echter« *S. urticae* möglich war, kam es bei vielen Meldern zu Determinationsproblemen, woraus eine größere Anzahl Falschmeldungen resultierte. Daher wurden im Zuge der Bearbeitung alle Meldungen genauer überprüft und zum Teil umfangreiche Determinationen durchgeführt, die zu einem neuen Bild der tatsächlichen Verbreitung des Schmalflügeligen Fleckleibbären in Baden-Württemberg führten. Da die stark punktierte Form von *S. urticae* sehr viel seltener auftritt als zeichnungsreduzierte *S. lubricipeda*, beschränkten wir uns bei den Untersuchungen weitgehend darauf, allen gemeldeten *S. urticae* nachzugehen. Alle wesentlichen Unterscheidungsmerkmale inklusive der genitalmorphologischen Unterschiede werden im Einführungsteil zu den »Fleckleibbären« genauer dargestellt und kommentiert.

Gesamtverbreitung: Vom Norden der Iberischen Halbinsel über Frankreich, Südengland, Südschweden bis nach Rußland, nach SCHMIDT (1990) auch in China. Fehlt in weiten Teilen Italiens, Griechenlands, Jugoslawiens und der Türkei.

Verbreitung

Regional: *Spilosoma urticae* ist in Baden-Württemberg wesentlich stärker eingeschränkt verbreitet als bisher angenommen. Nach heutigen Erkenntnissen leben sämtliche noch aktuellen Populationen in der Nördlichen Oberrheinebene und in Oberschwaben. Funddaten aus anderen Naturräumen liegen nur sehr spärlich vor. Aus dem Schwarzwald existieren drei Meldungen von Einzelfaltern, allerdings nur aus dem Randbereich, die zudem über 25 Jahre zurückliegen: Birkenfeld, 27.5.1963 (R. HÄUSSER); »Umgebung Pforzheim«, 20.5.1964 (K. STROBEL) und vom 21.6.1970 »Baden-Baden« (W. WEISSIG). Ob der Pforzheimer Fund tatsächlich authentisch ist oder nur »nachbezettelt« wurde, kann nicht mehr mit Sicherheit entschieden werden. Der Falter lag zur Determination vor und ist zweifelsohne ein *Spilosoma urticae*. Allerdings existiert eine handschriftliche Notiz STROBELS, in welcher er erklärt, *Spilosoma urticae* »nie bei Pforzheim« festgestellt zu haben. Ebenso ist der Baden-Badener Fund unsicher, da hier weder der Beleg geprüft werden konnte noch eine Äußerung dazu seitens des Melders erfolgte. Der Fund könnte außerdem der Oberrheinebene zuzurechnen sein. Als sicher ist somit lediglich der Falterfund aus Birkenfeld von 1963 anzusehen. Aus einem Randgebiet zur Oberrheinebene (Südlicher Odenwald) stammt ein ebenfalls schon über Jahrzehnte zurückliegender Einzelfund (Altenbach, 9.6.1963, G. JUNGE).

Aus dem Neckar-Tauberland existieren ebenfalls nur wenige, inzwischen viele Jahre zurückliegende Einzelmeldungen: Wollenberg (Kraichgau), 23.5.1978, K. JÄGER; Dielheim, 12.8.1971, R. STAREY; Sinsheim, 30.7.1958 und 8.6.1959, M. SCHMITT (die beiden letzten Funde sind unsicher, da weder der Beleg vorlag noch eine Äußerung des Melders erfolgte). Ebenso unsicher ist ein Beleg aus Heilbronn »ohne genaue Fundstelle, August 1938, coll. WANNER«. Einen schwer einzuordnenden Einzelfund vom 29.5.1979 lieferte J.U. MEINEKE aus Hirrlingen, Frommenhausen (Obere Gäue, Starzeltal). Sowohl hinsichtlich Habitat (Halbtrockenrasen) als auch Fundort bereitet das Tier, bei dem es sich ohne

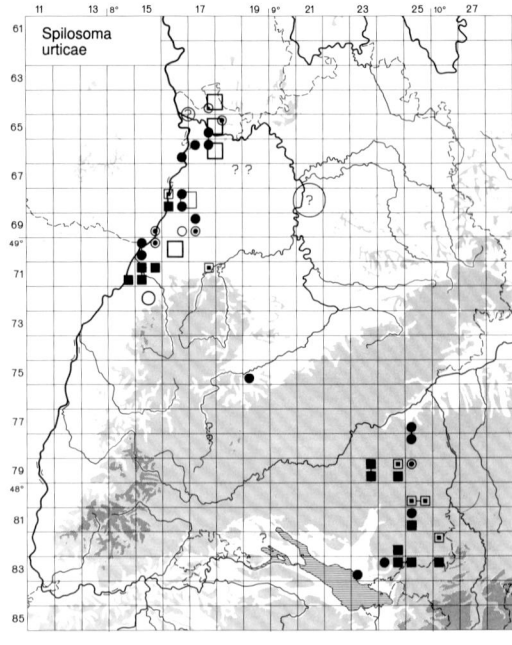

Der Schmalflügelige Fleckleibbär (*Spilosoma urticae*) kann im Freiland leicht mit dem Breitflügeligen (*S. lubricipeda*) verwechselt werden. Aufgrund seiner schmäleren Vorderflügel und den (meist) weißlich beschuppten, beim Männchen mit deutlich kürzeren Kammzähnen versehenen Fühlern ist eine Unterscheidung jedoch möglich. Die Falter wurden wiederholt tagsüber in der Bodenvegetation ruhend gefunden. Nachts lassen sie sich vom Licht anlocken. – Linkenheim-Hochstetten 6.93 U. RATZEL. S.

Zweifel um *S. urticae* handelt, Probleme. Der Fundort kann im Moment nur als räumlich völlig isoliert betrachtet und kommentarlos zugeordnet werden.

Aktuelle Fundmeldungen gibt es aus dem Nekkar-Tauberland keine mehr. Im Tauberland selbst fehlt die Art ebenso wie in fast allen anderen Teilen dieses Hauptnaturraumes. Die von H. HERRMANN (1970) veröffentlichte Meldung zweier Funde von Rottweil und dem Schwenninger Moos müssen bezweifelt werden. Bei dem abgebildeten Tier handelt es sich um ein zeichnungsarmes Männchen von *S. lubricipeda*. E. LOSER, dessen Beobachtungen und Funddaten bis in die 40er Jahre zurückreichen, berichtet aus dem Neckartal bei Wendlingen, dort nie *S. urticae* festgestellt zu haben. Auch in der »Schmetterlingsfauna von Stuttgart und der näheren Umgebung« (SCHÄFER 1980) ist sie nicht aufgeführt, wie sie überhaupt in fast allen Lokalfaunen des Landes fehlt.

Aus Oberschwaben liegt eine Reihe von Fundmeldungen vor. Der überwiegende Teil stammt aus den 60er und 70er Jahren, ist also schon 20 bis 30 Jahre alt, was zunächst auf einen Rückgang der Art schließen läßt. Inzwischen sind allerdings viele der alten Fundstellen als Naturschutzgebiete ausgewiesen worden und daher nicht mehr wie früher zugänglich. Über die derzeitige Bestandsentwicklung ist aus den genannten Gründen daher wenig zu sagen. G. BAISCH konstatiert für Oberschwaben einen massiven Rückgang der Art seit den 50er Jahren und bezeichnet sie heute als Seltenheit!

Die erste Fundmeldung aus der Oberrheinebene stammt von REUTTI (1853): »Einmal bei Karlsruhe, nächst der Stadt gefunden«. Ein Belegstück liegt erst vom 9.6.1882 (»Karlsruhe«, coll. A. MEESS) vor. Zur Verbreitung gibt REUTTI (1898) an: »Nur bei Karlsruhe (im Durlacher Wald) und bei Speier..., wohl weiter verbreitet, aber von folgender Art [gemeint ist *S. lubricipeda*] nicht genügend unterschieden.« Damit weist er schon damals auf die Problematik der Verwechslungsmöglichkeit mit der verwandten Art hin, die uns bis auf den heutigen Tag beschäftigt. GAUCKLER (1900a) berichtet von einem Fund eines Falter 1898 »am elektrisch beleuchteten Zifferblatt der Rathausuhr [Karlsruhe]«. Später werden von ihm weitere Funde aus Baden angegeben: »... auch bei Baden-Baden, Ettlingen, seltener als die vorigen« (GAUCKLER 1921).

SEYFFER (1850) führte die Art noch nicht für Württemberg auf, während KELLER & HOFFMANN (1861) Funde bei Reutlingen und Ludwigsburg nennen, die bis heute nicht bestätigt werden konnten. Lediglich der Fund MEINEKE's aus dem Kreis Tübingen (s.o.) reicht zumindest geographisch in die Nähe von Reutlingen. Die Verbreitungsangaben in SCHNEIDER (1937) sind äußerst fragwürdig. Dort heißt es über *S. urticae*: »Verbreitung, Flugzeit wie vorige [gemeint ist *S. lubricipeda*]«. Unter *lubricipeda* (im Original *menthastri*) findet man dann weiter die Angabe: »Verbreitung, Flugzeit wie vorige [diesmal ist *S. luteum* gemeint]«. Unter *S. luteum* (im Original *S. lubricipeda*) heißt es dann endlich: »Mit Ausnahme des höheren Schwarzwaldes im ganzen Gebiet verbreitet in lichten Wäldern, gern auch in Gärten und Anlagen«. Auf *S. urticae* bezogen steht diese Angabe in krassem Gegensatz zur heute bekannten Verbreitung und war sicherlich auch damals schon falsch.

Vertikal: Aus der Oberrheinebene liegen aktuelle Nachweise um 100 m und aus Oberschwaben

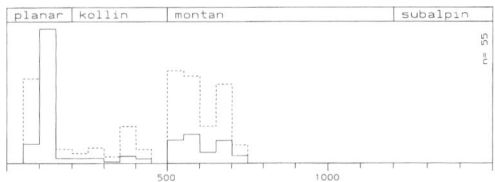

zwischen 500 m und 750 m vor. Im Diagramm ausgewiesene Höhen zwischen 200 m und 450 m beruhen auf Einzelfunden aus dem Neckar-Tauberland und vom Schwarzwaldrand. In den höheren Lagen des Landes fehlt diese Art.

Phänologie

Imagines: *Spilosoma urticae* bildet in Baden-Württemberg zwei Generationen aus, die zweite allerdings partiell und oft nur durch wenige Exemplare nachweisbar. In der Oberrheinebene fliegt die 1. Gen. von Mitte Mai bis Ende Juni (10.5.1915, Graben, A. GREMMINGER; 11.5.1971, Linkenheim-Hochstetten, B. & K.-H. RATZEL). Einzelne Tiere fanden sich auch noch Anfang bis Mitte Juli. Die Falter der partiellen 2. Gen. treten (Anfang) Mitte August bis Mitte September auf. H. LIENIG erhielt in der Zucht die 2. Gen. ab Mitte August. K., M. und U. RATZEL hatten noch am 17. September, also zu einem recht späten Zeitpunkt, ein frisches Weibchen am Licht (1992, Linkenheim-Hochstetten, Feuchtwiesen). Es zeigte sich, daß auch bei der in wesentlich geringerer Individuenzahl auftretenden

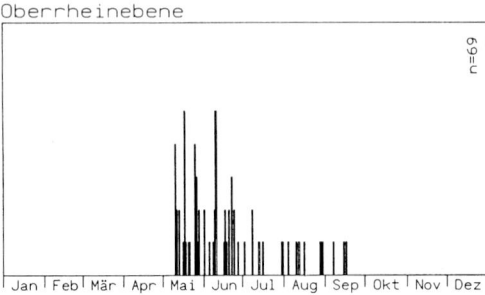

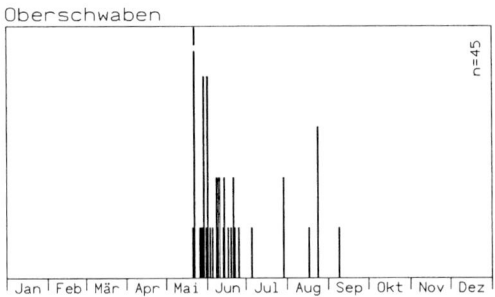

2. Gen. die Fortpflanzung gewährleistet ist (das Weibchen war, wie sich später herausstellte, befruchtet). Auch spätere Funde (Ende September, Anfang Oktober) sind sicherlich noch möglich. In Oberschwaben fliegen zwischen Mitte Mai und Ende Juni die Falter der 1. Gen. und ab Ende Juli einzelne Exemplare der partiellen 2. Gen. (17.8.1964, Federsee-Moor, G. BAISCH und 9.9.1925 Federsee-Moor, G. REICH).

Für die Einzelnachweise aus dem Neckar-Tauberland läßt sich kein Phänologiediagramm aufstellen. REUTTI (1898) gibt bereits eine auffällig lange Flugzeitspanne von Juni bis August an, geht aber noch von einer Generation aus. KRAUS (1993) gibt für die angrenzende Fauna der Pfalz eine Flugzeitspanne zwischen 11.5. und 30.8. mit dem Hinweis auf zwei Generationen an.

Auswertungen von Flugdaten aus den östlichen Bundesländern ergaben, daß die Art dort offenbar nur eine Generation ausbildet. Die Eckflugdaten werden mit 23.5. und 18.7., bei einem Flugmaximum in den ersten beiden Juni-Dekaden, angegeben (SCHMIDT 1990). URBAHN & URBAHN (1939) berichten von einem Fund noch Anfang November 1929 aus Pommern. FORSTER (1960) geht im allgemeinen von der Ausbildung nur einer Generation Anfang Mai bis Juni aus, lediglich »in den Südtälern der Alpen, in Niederösterreich und Ungarn zwei Generationen von April bis Juni und von Ende Juli bis September«, eine Aussage, die wir leicht abgewandelt auch bei FREINA & WITT (1987) wiederfinden.

Die Ergebnisse aus Baden-Württemberg zeigen, daß diese letzten Aussagen zu korrigieren sind. Zum einen bildet die Art auch in Süddeutschland zwei Generationen aus, zum anderen ist die Flugzeitangabe »April« in FREINA & WITT (1987) für Mitteleuropa in Zweifel zu ziehen.

Präimaginalstadien: Aus Baden-Württemberg liegen keine genau datierten Raupenfunde vor. Lediglich G. BAISCH berichtet von Raupenfunden aus dem Juli und August (in den 50er und 60er Jahren), was aufgrund der Falterphänologie auch die zu erwartende Raupenzeit ist. Für die aus der (partiellen) zweiten Faltergeneration stammenden Raupen im Herbst ist nicht auszuschließen, daß sie überwintern. Die aus der Eiablage des am 17.9.92 aufgefundenen Weibchens hervorgegangenen Raupen ergaben problemlos überwinternde Puppen (Zucht U. u. K. RATZEL), wobei dies nicht ohne weiteres auf Freilandgegebenheiten übertragbar ist. Der Temperatureffekt ist zu dieser Jahreszeit bereits erheblich. Das Überwinterungsstadium dürfte im Regelfall die Puppe (aus der 1. Gen.) sein. Über das Überwinterungs-

Ein Weibchen der 2. Gen., das kaum schwarze Punkte auf den Vorderflügeln besitzt, die übrigens durchschnittlich etwas breiter sind als beim Männchen. Deutlich erkennbar sind die bis zur Spitze weißlich beschuppten, fadenförmigen Fühler. – Linkenheim-Hochstetten 18.9.92 U. Ratzel. LF.

stadium der aus der partiellen 2. Gen. hervorgegangenen Nachkommen kann nur spekuliert werden. Vielleicht helfen Zuchten unter möglichst freilandnahen Bedingungen (herbstliche Temperaturen mit ausgeprägten Nachttiefen und bereits verkürzten Tageslängen), hierüber Klarheit zu finden. Reutti (1898) weist auf Raupenfunde im Oktober bei Speyer (Rheinland-Pfalz) hin, die aber auch in Griebel (1909) nicht näher behandelt werden (»Raupe im September und Oktober«).

Ökologie

Lebensraum: Hauptlebensräume in Baden-Württemberg sind die oberschwäbischen Moore und Feuchtgebiete und die Bruch- und Auwaldgebiete der Oberrheinebene. *Spilosoma urticae* bevorzugt feuchte Bereiche (Wiesen, Waldränder, Niedermoore). Bei Untersuchungen in einem Bruchgebiet (geplantes NSG nördlich von Karlsruhe) durch M., U. u. K. Ratzel fand sich die Art stets im (feuchten) Wiesenbereich nahe des Bruchwaldes bzw. Röhrichtes, also auch noch im Einzugsgebiet des Waldrandes. Innerhalb des Bruchwaldes und im Röhricht selbst wurde sie dagegen nicht angetroffen (Göbel & Ratzel 1992). Dies deckt sich auch mit Angaben von A. Hofmann, B., K.-H. und K. Ratzel aus den 70er Jahren (im selben Gebiet), die die Art in unmittelbarer Nähe der damals noch vorhandenen Streuwiesenbereiche sogar zahlreich und regelmäßig gefunden haben. (Mit der Verbuschung und Umnutzung dieser Bereiche verschwand diese Teilpopulation inzwischen gänzlich).

In Übereinstimmung mit den Beobachtungen von G. Baisch und T. Marktanner aus Oberschwaben, die die Tiere fast ausschließlich im Niedermoor beobachteten (auch tagsüber!), kann angenommen werden, daß *S. urticae* gut besonnte offene, feuchte Bereiche bevorzugt. In Gärten und Parkanlagen, wo die Art nach Literaturangaben auch vorkommen soll, wurde sie in Baden-Württemberg nicht gefunden. Lediglich bei den Meldungen aus Rastatt (»am Licht der Hauptstraße«, R. Herrmann) und Karlsruhe (Gauckler 1900a) handelt es sich um Einzelfunde aus dem städtischen Bereich. *Spilosoma urticae* ist (im Gegensatz zu den verwandten Arten *S. lubricipeda* und *S. luteum*) kein Kulturfolger. Vielmehr wird sie durch die menschlichen Aktivitäten immer mehr zurückgedrängt.

Nach Bergmann (1953) scheint der Falter »wiesenreiche Sandgebiete und Niederungen zu bevorzugen.« Als Lebensraum gibt er Staudengesellschaften »an warmen aber feuchten Stellen auf moorigen oder sumpfigen, buschigen Niederungswiesen« an und meldet die Art auch für »Gärten und Parkanlagen«. Interessant sind die Angaben von Urbahn & Urbahn (1939) für Pommern, nach denen sich *S. urticae* in manchen Jahren »fast überall, selbst in Stadtgärten« fände, »sonst aber liebt die Art mehr feuchte Wälder und Wiesen«.

Nutzt die Art auch trockene Bereiche? Nach Schneider (1936) liebt sie »sonnige trockene Stellen«, nach Rössler (1881) wurde sie »bei Wiesbaden auch auf Sandboden gefunden«. Für Baden-Württemberg gibt es den oben schon erwähnten Fund J.U. Meineke's aus dem Muschelkalkbereich auf einem Halbtrockenrasen, zu dem sich der Einzelfund eines Falters auf der Sanddüne bei Sandhausen (31.7.1968, M. Wallner) gesellt. Solche Meldungen sind allerdings Ausnahmen, so daß man davon ausgehen kann, daß sie eine untergeordnete Bedeutung besitzen.

Die Raupe ist, je nach Altersstufe, sehr variabel. Links das vorletzte, rechts das letzte Larvalstadium. Sie ähnelt derjenigen von *S. lubricipeda*. Die (helle) Rückenlinie ist jedoch unterbrochen und weniger auffällig. Im letzten Stadium kann die Raupe sowohl gänzlich schwarz als auch rostfarben behaart sein. Die weißen Stigmen sind ein charakteristisches Merkmal, das auch die Puppe besitzt. Freilandraupenfunde gelangen früher öfters, sind heute jedoch äußerst selten. Die hier abgebildeten Tiere stammen aus ex ovo-Zuchten. – Linkenheim-Hochstetten 8.93 U. RATZEL. S.

Nicht auszuschließen ist, daß diese Funde auf Arealerweiterungsversuche zurückzuführen sind. Im Fall des MEINEKE'schen Fundes ist zumindest eine Flußtalaue (Starzel) noch in Sichtweite der Leuchtstelle und der Neckar nur wenige Kilometer entfernt.

Nahrung der Raupe:
Galium spec. – Labkraut
    L (BAI)
Taraxacum spec. – Löwenzahn
    L (BAI)

Die einzigen Raupenfreilandbeobachtungen liegen von G. BAISCH aus Oberschwaben vor. Sie stammen aus einer Zeit, als der Schmalflügelige Fleckleibbär noch relativ häufig war und somit hin und wieder auch Raupen gefunden wurden. Heutzutage dürften solche Beobachtungen in Baden-Württemberg nur sehr schwer möglich sein.
REUTTI (1898) gibt an, daß die Raupe »im Raum Speier vorzugsweise im Oktober von Schilfrohr erzogen« worden sei (Gewährsmann DISQUÉ). Ob hieraus eine Freilandnahrungspflanze abgeleitet werden kann, ist aufgrund der Formulierung unsicher. Näheren Aufschluß gibt GRIEBEL (1909): »DISQUÉ fand die Raupe auch an Schilfrohr«, was auf eine tatsächliche Beobachtung schließen läßt. Dies wird durchaus plausibel, wenn man hier die Beobachtung HERING's gegenüberstellt, der die Raupe auf den Oderwiesen in Pommern zahlreich auf *Carex*-Arten fand (nach URBAHN & URBAHN 1939). Weitere dort zitierte, offenbar auf konkrete Beobachtungen zurückgehende Angaben sind: *Menyanthes trifoliata* (Fieberklee), *Rumex aquaticus* (Wasser-Ampfer) sowie *Urtica* (Brennessel). Es wird hierbei vom Massenauftreten der Raupen im Herbst auf feuchten Wiesen und in Wäldern berichtet. BERGMANN (1953) nennt eigene Funde aus Thüringen an *Senecio* (Greiskraut) in einer feuchten Hochstaudenflur. Unter Zuchtbedingungen nimmt die Raupe von *S. urticae*, ohne großes Präferenzverhalten, alle möglichen »krautigen« Pflanzen an (U. RATZEL). Es ist davon auszugehen, daß sie auch unter Freilandbedingungen flexibel ist und auf die verschiedensten Pflanzen ausweichen kann.

CARTER (1987) nennt eine Reihe weiterer Pflanzen: *Lysimachia vulgaris* (Gilbweiderich), *Mentha* (Minze), *Rumex hydrolapathum* (Flußampfer), *Pedicularis sylvatica* (Wald-Läusekraut), *Iris pseudacorus* (Sumpf-Schwertlilie), mit dem Zusatz »und andere Sumpfpflanzen«. Seine Aufzählung geht auf ALLAN (1949) zurück, der außerdem noch *Senecio jacobaea* und *Pedicularis palustris* (nicht *P. sylvatica*) angibt. In LAMPERT (1907) findet man noch *Polygonum* (Knöterich).

Habitat: Mit dem Versuch einer sehr spezifischen Festlegung der Habitatansprüche von *Spilosoma urticae* in Baden-Württemberg stößt man auf Probleme, allein schon deshalb, weil bis heute keine genauer dokumentierten Freilandraupenfunde vorliegen. Dennoch geben die vorhandenen Meldungen und Beobachtungen eine Grundlage, aus der sich ein Bild herauskristallisiert. Mehrfache Funde ruhender bzw. frisch geschlüpfter Falter aus Oberschwaben belegen die Nutzung von Flachmoorwiesen (Caricion) (G. BAISCH, T. MARKTANNER). MEINEKE (1982) konnte bei seinen Untersuchungen in den Oberschwäbischen Mooren keine Habitatpräferenzen festlegen, da die Art im Untersuchungszeitraum nur überaus selten auftrat (Einzelfunde am Licht im Niedermoor, Torfstichgebiete, offenes Hochmoor, Bergkiefernwald-Hochmoor). G. BAISCH gibt an, *S. urticae* stets nur in nassen Flachmoorwiesen angetroffen zu haben. Auf Pfeifengraswiesen (Molinion caeruleae) wie z. B. bei Linkenheim-Hochstetten (Oberrheinebene) konnte noch Ende der 60er Jahre durch Lichtfang eine starke Population dieser Art festgestellt werden (B., K.-H. RATZEL und A. HOFMANN). Die Falter wurden auch im Bereich von Kohldistel-Wiesen

Feuchte Wiesen, Flachmoore und ähnliche Bereiche sind das Habitat von *Spilosoma urticae*. Mit ihrem zunehmenden Verschwinden während der letzten Jahrzehnte sind auch die Bestände des Schmalflügeligen Fleckleibbärs stark zurückgegangen. Heute muß diese Art in Baden-Württemberg als »stark gefährdet« angesehen werden. Kleine Populationen finden sich nur noch, wie hier, in der nördlichen Oberrheinebene, außerdem in Oberschwaben. – Linkenheim-Hochstetten 31.5.96 U. RATZEL.

(Calthion) und feuchten Glatthaferwiesen (Arrhenatherion) gefunden (Lichtfänge). Genauere Zuordnungen sind mangels Raupenfunden hier nicht möglich. Negative Auswirkungen einer (heute üblichen) mehrmaligen Mahd sind anzunehmen. Noch dramatischer haben sich aber die in früheren Jahren beliebten Wiesenentwässerungen ausgewirkt (siehe auch unter Gefährdung und Schutz).

Feuchte Gebüsch- und Saumgesellschaften werden möglicherweise auch als Habitat genutzt. Bei der Kartierung eines Bruchgebietes (Oberrheinebene, Linkenheim-Hochstetten) beschränkten sich die Falterfunde auf den Wiesen- und Waldrandbereich. Innerhalb von Erlenbruchwald (Alnion glutinosae), Grauweidenbusch (Salicion cinereae) oder des Röhrichts (Phragmition australis) wurden keine Tiere festgestellt (GÖBEL & RATZEL 1992).

Spilosoma urticae wird außerdem im Bereich der Rheinauenwälder gefunden (Lichtfangbelege von Rheindämmen). Auch hier kann mangels Raupenbelegen nichts über die eigentlichen Habitatstrukturen gesagt werden.

JORDAN et al.(1994) berichten von *S. urticae*-Funden aus dem Müritz-Nationalpark (Mecklenburg-Vorpommern). Als Habitatstruktur geben sie »mesotrophe Feuchtwiesen des pflanzensoziologischen Verbands Calthion und Kleinseggenwiesen des Verbandes Caricion nigrae« in Verbindung mit »Schilfröhrichten und Großseggenrieden – vornehmlich das Blasenseggenried (Caricetum vesicariae)« an.

Die Autorinnen machen mit dem Begriff »selten« auch eine tendenzielle Angabe über das Auftreten und die Häufigkeit der Art. J.U. MEINEKE fand die Art übrigens auch in einem griechischen Küstensumpfgebiet (Lithochoron, Makedonien) und in der Dünenvegetation der Costa Brava (Spanien).

Verhalten: G. BAISCH berichtet davon, im Ummendorfer Ried in den Flachmoorwiesen mehrfach frisch geschlüpfte Falter im Gras sitzend aufgefunden zu haben. Auch T. MARKTANNER schildert dieses Verhalten. W. WEISSIG konnte einen Falter am Tage aufscheuchen. Auch eine Kopula wurde beobachtet. G. BAISCH fand sie nachmittags im Sonnenschein (Flachmoorwiesenbereich, Ummendorf, 1.6.1960). Die Falter kommen ans Licht, wobei der Männchenanteil deutlich überwiegt.

Gefährdung und Schutz

Rote Liste Bundesrepublik: –
Rote Liste Baden-Württemberg: 2

Oberrheinebene: Stark Gefährdet.
Schwarzwald: Nicht vertreten.
Neckar-Tauberland: Noch ungeklärt.
Schwäbische Alb: Nicht vertreten.
Oberschwaben: Stark Gefährdet.

• In Baden-Württemberg stark gefährdet!

In seinen Habitatansprüchen ist der Schmalflügelige Fleckleibbär auf feuchte, sonnige Bereiche (Streuwiesen, Flachmoorwiesen u. ä.) angewiesen. Mit dem Verschwinden vieler solcher Strukturen in den letzten Jahrzehnten ist leider auch ein erschreckender Rückgang dieses Schmetterlings zu verzeichnen. In Oberschwaben konnte die Art Anfang der 60er Jahre noch jedes Jahr regelmäßig beobachtet werden; inzwischen ist sie auch dort sehr selten geworden (G. BAISCH). Ein ähnlicher Trend ist aus der Oberrheinebene zu vermelden. *Spilosoma urticae* ist somit im gesamten Verbreitungsgebiet stark gefährdet, ihre Bestände sind signifikant zurückgegangen, vielerorts auf kleine Reste geschrumpft. Ähnlich ist die Situation in der Nachbarfauna Pfalz. Dort stammt der letzte Fund aus dem Jahr 1977. Auch hier hat man dem Rückgang Rechnung getragen und *Spilosoma urticae* in die Rote-Liste-Kategorie 2 aufgenommen (KRAUS 1993).

Das Verschwinden der Streuwiesen und Maßnahmen zur Wiesenentwässerung haben der Art schwer zugesetzt. Welchen Einfluß die Mahd ausübt, ist unklar. Mehrmalige großflächige Mahd im Jahr, wie sie heute leider üblich geworden ist, ist sicherlich von Nachteil. Extrem negativ wirkten und wirken sich die oft mit großer Aktivität betriebenen Wiesenentwässerungen aus. Zur Förderung gefährdeter Populationen sollte gerade hier angesetzt und durch Wiedervernässung solcher Wiesen verlorengegangener Lebensraum zurückgewonnen werden.

Solche Maßnahmen sind im Einzelfall oft nur schwer durchzusetzen. Ein Beispiel aus dem Landkreis Karlsruhe: In den 60er Jahren wurde in einer Gemeinde der gesamte Feuchtwiesen- und Bruchbereich mit zahlreichen Entwässerungsgräben durchzogen und Streuwiesenbereiche zum Teil in landwirtschaftliche Nutzflächen umgewandelt (Maisanbau). Der Wiesencharakter wandelte sich dadurch zusehends: Großflächige, mehrmalige Mahd war jetzt die Regel, Röhrichtbereiche verbuschten, Flachmoorbereiche wurden massiv zurückgedrängt. Um zu retten was zu retten war, plante man ein Naturschutzgebiet. Die Gemeinde als Besitzerin der Wiesenflächen untersagte auf Vorschlag der Naturschutzbehörde dem Landwirt (Pächter) das alljährliche Ausbaggern, Vertiefen und Ausputzen der Wiesenentwässerungsgräben, um so ein langsames Zuwachsen und Versanden der Gräben zu erzielen (zu einem Verschließen oder Beseitigen, auch in Teilen, konnte man sich nicht durchringen). Weitere, dringend notwendige Maßnahmen (Anstau der Gräben innerhalb des Röhrichtbereiches, um die nur noch rudimentär vorhandenen Flachmoorbereiche zu fördern) gingen in Auseinandersetzungen um das geplante NSG unter. Dessen Ausweisung hängt somit auf lange Zeit in der Luft. Der Landwirt verlegt nach wie vor Dränrohre und putzt seine Gräben wie bisher. Diese Geschichte ist nur ein repräsentatives Beispiel, man findet es in abgewandelter Form heute überall!

FREINA & WITT (1987) schreiben »Eine verkannte, versteckt lebende und meist nur in Einzelexemplaren nachgewiesene Art. Aufgrund ihrer Seltenheit für Rote Listen zu empfehlen. Etwaige Schutzmaßnahmen wären nur dann wirksam, wenn zugleich die zum Verwechseln ähnliche *S. lubricipeda* unter Schutz gestellt werden würde«. Den beiden ersten Sätzen kann voll zugestimmt werden, der letzte Satz zeugt jedoch davon, wie wenig die Autoren offenbar über Schutz und Erhalt gefährdeter Schmetterlinge nachgedacht haben. Zunächst einmal bringt es überhaupt nichts, wenn *S. urticae* – ob zusammen mit *S. lubricipeda* oder ohne sie – »unter Schutz gestellt« wird. (Der Nachweis dürfte bis heute noch ausstehen, daß allein die Unterschutzstellung einer Schmetterlingsart deren Rückgang in irgendeiner Weise tatsächlich verzögert oder gar verhindert hätte). Und weshalb etwa konkrete Maßnahmen wie die Wiesenvernässungen nicht auch ohne Berücksichtigung von *S. lubricipeda* wirksam sein sollen, bleibt das Geheimnis dieser beiden Autoren.

Diaphora mendica
(Clerck, 1759)
Grauer Fleckleibbär

Spilosoma mendicum CL. (REUTTI 1898, LAMPERT 1907, SPULER 1908–1910, REBEL 1910, ECKSTEIN 1913–1923, HERING 1932)
Cycnia mendica CL. (FORSTER 1960, STRESEMANN 1969, NOVAK & SEVERA 1980, KOCH 1984)

Gesamtverbreitung: Die Art ist von der nördlichen Iberischen Halbinsel über Süd- und Mitteleuropa (einschließlich der Britischen Inseln) durch Rußland bis Ostasien (Amur-Gebiet) verbreitet. Im Süden kommt sie bis Vorderasien vor. In Nordeuropa (Fennoskandien) ist sie insbesondere in den südlichen Teilen nachgewiesen worden. Nach SCHMIDT (1991) liegen die nördlichsten Fundorte in Finnland bei etwa 65° n.Br.

Verbreitung

Regional: Die Art ist in allen Naturräumen des Landes mit unterschiedlicher Dichte und Häufigkeit verbreitet. Gut vertreten ist sie im Kraichgau, südlichen Odenwald und im nördlichen Oberrheingebiet, während sie in Oberschwaben nur an wenigen Fundplätzen nachgewiesen wurde. Dort ist sie »sehr lokal und selten« (G. BAISCH). MEINEKE (1982) fand bei seinen intensiven Untersuchungen in den oberschwäbischen Mooren nur ein einzelnes Männchen. Im Schwarzwald liegen die meisten Funde im nördlichen und östlichen Teil.

Nach REUTTI (1898) war *Diaphora mendica* in Baden damals »verbreitet doch ziemlich selten«. Seiner Ansicht schloß sich auch GAUCKLER (1921) für die Umgebung Karlsruhe an (»ziemlich selten«) und selbst GREMMINGER (1925) nennt die Art für den nördlichen Landkreis Karlsruhe »ziemlich selten«. Ergänzend hierzu sei die Anmerkung GRIEBEL's (1909) für die benachbarte Pfalz erwähnt: »Ziemlich selten im Mai ...«. In wenigen Ausnahmen wurde die Art jedoch auch zahlreicher am Licht beobachtet.

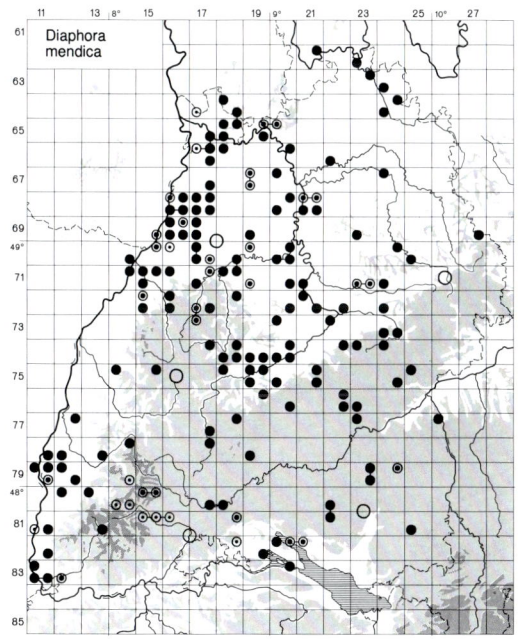

Das Foto einer Paarung des Grauen Fleckleibbärs (*Diaphora mendica*) zeigt deutlich den ausgeprägten Geschlechtsdimorphismus dieser Art. Im Gegensatz zu den in der Regel graubraun gefärbten Männchen sind die Weibchen reinweiß, mit wenigen schwarzen Punkten. – Malsch-Sulzbach 21.4.95 (ex ovo-Zucht) G. EBERT. S.

Heute würde man die Art keineswegs mehr als »ziemlich selten« bezeichnen! Möglicherweise liegt hier der Fall einer positiven Bestandsentwicklung vor.

Als »überall häufig« bzw. »überall verbreitet« wurde die Art im Wutachgebiet (GREMMINGER 1950) und im Kaiserstuhl (SETTELE 1973) festgestellt. Für den württembergischen Landesteil führen sie KELLER & HOFFMANN (1861) mit der Bemerkung »selten« auf, während sie später von SCHNEIDER (1936) als »im ganzen Gebiet verbreitet, ... die Männchen oft sehr häufig am Licht« eingestuft wird.

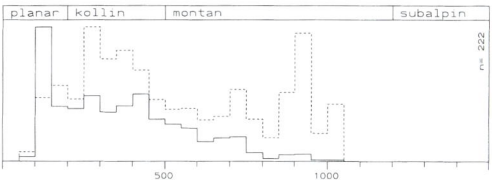

Vertikal: Von der Ebene bis in Höhen um 1000 m. Einen Schwerpunkt stellt der kolline Bereich dar, wo die Falter manchmal in großer Zahl am Licht erscheinen (z.B. Lauda-Königshofen, Neckar-Tauberland, 20.5.1975, ca. 35 Männchen, K., B. u. U. RATZEL). Weit über die Hälfte aller Meldungen stammen aus diesem Bereich zwischen 200 und 600 m! Die höchsten Fundmeldungen liegen aus dem Schwarzwald vor (z.B. Schollach, Todtnauberg, jeweils ca. 900–1000 m, A. GREMMINGER; Falkau, um 1000 m, G.

EBERT). Auf der Schwäbischen Alb wurde die Art bis 900 m nachgewiesen (Hohe Schwabenalb, Nusplingen, N. HIRNEISEN, C. KUON).

Phänologie

Imagines: *Diaphora mendica* ist die am frühesten fliegende Art unter den Fleckleibbären. In der Oberrheinebene beginnt ihre Flugzeit in warmen Frühjahren bereits in den ersten Tagen des Aprils oder schon in den letzten Märztagen (31.3. und 1.4.1990, Kippenheim, J.U. MEINEKE; 7.4.1923, Kaiserstuhl, A. GREMMINGER). Die Hauptflugzeit liegt jedoch im Mai und klingt im Verlauf des Juni rasch ab. Aus der 3. Juni-Dekade liegen nur zwei, nicht mehr überprüfbare, Einzelmeldungen vor. Im Neckar-Tauberland sind die Verhältnisse ganz ähnlich: Ab der zweiten April-Dekade steigt die Flugaktivität an, erreicht im Zeitraum Mitte Mai bis Anfang Juni ihren Höhepunkt und klingt Ende Juni aus. Im Schwarzwald beginnt die Flugzeit im Mai (mit Ausnahme von zwei Meldungen aus der zweiten Aprilhälfte), also merklich später als in der Oberrheinebene und im Neckar-Tauberland, wo sie um diese Zeit bereits in vollem Gange ist. Zieht man bei den Meldungen aus dem Schwarzwald die Höhenlage des Fundortes mit in Betracht, zeigt sich, daß die Funde vom Mai fast alle aus einer Randlage unter 500 m stammen. Die Funde oberhalb 500 m liegen nahezu alle im Juni oder Juli (weniger als 5 % im Mai!). Für die Schwäbische Alb stammen einzelne Meldungen aus dem Zeitraum Mitte April bis Mitte Mai; erst dann beginnt jedoch die eigentliche Flugzeit, die sich bis Ende Juni/Anfang Juli hinzieht. Die wenigen Funde aus Oberschwaben (n=22) lassen keine Darstellung eines Phänogramms zu. Sie liegen alle in der Zeit zwischen Mitte April und Mitte Juni, mit einem Schwerpunkt im Mai.

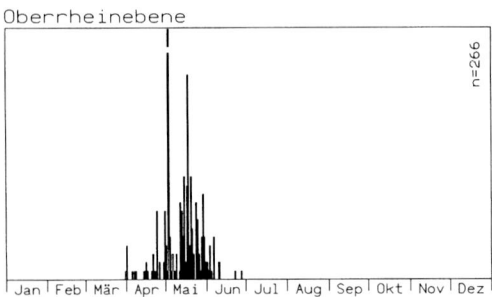

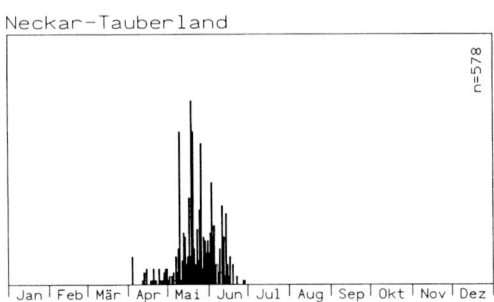

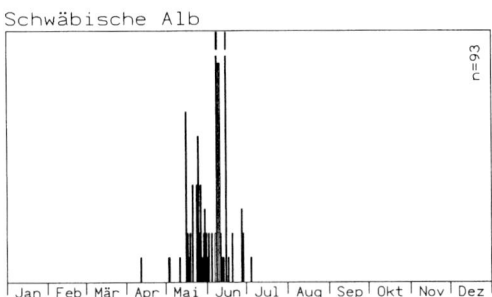

FORSTER (1960) gibt für das südliche Mitteleuropa zwei Generationen an (1. Gen. Mai–Juni, 2. Gen. Ende Juli und August), was VON FREINA & WITT (1987) praktisch wiederholt wird. Auch FRIEDRICH (1975) schreibt »gebietsweise eine partielle 2. Gen.«. In Baden-Württemberg gibt es derzeit weder für die klimatisch begünstigte Oberrheinebene, noch für das Neckar-Tauberland Indizien dafür, daß *D. mendica* eine 2. Gen. ausbildet. SCHMIDT (1991) bemerkt für Thüringen, daß auch dort eine 2. Gen. nicht festgestellt werden konnte. Die Angaben in FORSTER (1960) gelten daher sicherlich nur sehr eingeschränkt. Im Normalfall erhält man auch unter Zuchtbedingungen im Zimmer keine 2. Gen. (U. RATZEL, G. EBERT). Schwer einzuordnen sind die Phänologieangaben von SCHULZ (1995) aus Nordhessen, der eine Flugzeitspanne vom 4.3. bis 14.7. angibt. Verglichen mit den Daten aus Baden-Württemberg also eine jeweils in beiden Richtungen deutlich verbreiterte Phänologie.

Präimaginalstadien: Es liegt eine Anzahl von Raupenfundmeldungen vor, bei denen jedoch häufig exakte Funddaten (und Angaben zu Nahrungspflanzen) fehlen. So meldete K. WALZINGER die Raupe »Mitte Juli bis Mitte August« (Kaiserstuhl, Badberg) oder P. SCHOTT im »Juli« mehrere Raupen (Baden-Baden). Der früheste Raupenfund stammt vom 11. Juni (1991, Böblingen, um 400 m, K. NIMMERFROH). Im Schwarzwald wurde eine L_3-Raupe am 24. Juli (1994, Falkau, um 1000 m, G. EBERT) gefunden, eine andere (erwachsen) am 10. August (1976 Langenbrand, um 700 m, H. HEIDEMANN). Raupenfunde im September meldeten H. LIENIG am 14.9.(1962,

Das Weibchen von *D. mendica* ähnelt aufgrund seiner weißen Färbung manchen Exemplaren von *Spilosoma lubricipeda*. Der auffälligste Unterschied ist jedoch bei der Betrachtung des Hinterleibes festzustellen, denn die als Warntracht effektive schwarz-gelbe Körperfärbung fehlt hier. Es kann tagsüber öfters im Gras sitzend beobachtet werden, fliegt in der Abenddämmerung gerne umher und läßt sich nachts vom Licht anlocken. Das Habitat ist sehr vielgestaltig; warme und trockene Bereiche werden bevorzugt. – Bruchsal 12.5.94 U. RATZEL.

Weinheim, Lützelsachsen) und A. BAYER am 30.9. (1987, Bissingen/Teck, 600 m). Insgesamt verteilen sich die Funde auf die Monate Juli, August, September und Oktober. Der späteste stammt von R. KONTERMANN (erwachsene Raupe, 26.10.1978, Kraichgau, Ispringen). Nach FORSTER (1960) soll in der Regel die Raupe überwintern und die Verpuppung im April/Mai, »zuweilen schon im Herbst« erfolgen und dann die Puppe überwintern. Beobachtungen am Verhalten eingetragener Raupen, die sich im Herbst verpuppten sowie das gänzliche Fehlen von Raupenfunden im Frühjahr lassen hingegen den Schluß zu, daß in Baden-Württemberg das Überwinterungsstadium die Puppe ist. Es liegt außerdem noch der Fund eines Eigeleges am 23. Mai (1992, Schwäbische Alb, Unterhausen, 600 m, U. & K. RATZEL) sowie die Beobachtung einer Freiland-Eiablage am 29. Mai (1996, Sasbach b. Achern, A. SCHANOWSKI) vor.

Ökologie

Lebensraum: Der Lebensraum von *D. mendica* ist sehr vielschichtig. Die Art wird von Halbtrockenrasen, aber auch aus dem Bereich der Auenwälder (Rheindämme mit Waldrändern) gemeldet, desweiteren aus Laubmischwäldern bzw. deren Randbereichen, von Ortsrändern, Brachen, aus Gärten und Parkanlagen. Meldungen aus Feuchtgebieten sind insgesamt selten. Hohe Individuendichten wurden z. B. in aufgelassenen Weinbergen mit Bracheelementen (Neckar-Tauberland) festgestellt (U. und K. RATZEL).

Nahrung der Raupe:
Iris pseudacorus – Gelbe Schwertlilie
  E (SCH)
Crataegus monogyna – Eingriffliger Weißdorn
  E (RAZ, RAK)
Rubus idaeus - Himbeere
  L (MAR)
Galium glaucum – Blaugrünes Labkraut
  L (WAL)
Galium mollugo – Wiesen-Labkraut
  L (WAL)
Plantago media – Mittlerer Wegerich
  L (EBE)
Sambucus nigra – Schwarzer Holunder
  L (MAR)
Cirsium spec. – Distel
  L (MAR)
Centaurea scabiosa – Skabiosen-Flockenblume
  L (WAL)
Leontodon hispidus – Streifhaariger Löwenzahn
  L (EBE)
Taraxacum officinale – Wiesen-Löwenzahn
  L (WLL)

In der Literatur finden sich noch zahlreiche weitere Angaben zu Nahrungspflanzen. Bei den folgenden dürfte es sich um echte Freilandfunde handeln, da sie mit der Nennung eines konkreten Fundes und Gewährsmannes verbunden sind: URBAHN & URBAHN (1939): *Vaccinium myrtillus* (Heidelbeere), *Vaccinium uliginosum* (Rauschbeere), *Ledum palustre* (Porst), Eifunde; PETRY in BERGMANN (1953): *Tanacetum vulgare* (Rainfarn); MEURER in BERGMANN (1953): *Rumex acetosa* (Wiesen-Ampfer); BERGMANN (1953): *Rheum rhabarberum* (Garten-Rhabarber); RÖSSLER (1881): *Urtica* spec. (Brennessel), *Pteridium aquilinum* (Adlerfarn). URBAHN (1921) berichtet von einem Massenauftreten der Raupe in Pommern, bei dem diese an »Blaubeere« (= Heidelbeere) Kahlfraß verursachte. SPEYER (1867): *Conyza squarrosa* [= *Inula conyzae*](Dürrwurz); *Rumex hydrolapathum* (Teich-Ampfer).

FREINA & WITT (1987) nennen noch *Stellaria* spec. (Sternmiere), ALLAN (1949) aus Großbritannien u. a. *Stellaria media* (Vogelmiere), *Lamium purpureum* (Rote Taubnessel), *Plantago lanceolata* (Spitzwegerich), LAMPERT (1907) *Myosotis* spec. (Vergißmeinnicht) und STEEG (1961) *Genista* spec. (Ginster) und *Salix caprea* (Salweide). Auch BERGMANN (1953) nennt Weide, allerdings ohne Gewährsmann und mit dem Zusatz »soll auch ... Weide annehmen«, was deutlich auf Zuchtbedingungen hinweist.

Das Nahrungspflanzenspektrum aus Baden-Württemberg zeigt, in Verbindung mit den Angaben aus anderen Teilen Deutschlands, ein sehr polyphages Verhalten der Raupe auf. In der vertikalen Schichtung ist ein Schwerpunkt festzustellen, der sich in einem Bereich »Kräuter und Hochstauden« zusammenfassen läßt. Davon weicht lediglich der Fund eines Eigeleges an einer (älteren) Weißdornhecke (*Crataegus monogyna*) in 1,5–2 Meter Höhe ab (U. u. K. RATZEL). Die Raupen ließen sich problemlos mit *Crataegus* züchten, allerdings ist zu bezweifeln, daß sie sich im Freiland bis zur Verpuppung noch in diesem Gebüsch aufgehalten hätten. Insbesondere im fortgeschrittenen Raupenstadium ist *Diaphora mendica* recht störempfindlich. Beim »Beklettern« von Weißdornzweigen würden vor allem die älteren Raupen bei Störungen (Wind, Vögel, Regen u. a.) herabfallen und sehr bald gänzlich in den Bereich der Bodenvegetation (Krautschicht) übergehen.

Habitat: *Diaphora mendica* nutzt offene, bevorzugt trockene bis mäßig feuchte Standorte. Gut vertreten ist sie in Mager- und Trockenrasen (Mesobromion, Xerobromion), wie zahlreiche Funde, auch der Raupe, vom Kaiserstuhl (Badberg) und von der Schwäbischen Alb belegen. Vermutlich spielen hier auch Randbereiche mit Gebüschen (z. B. Berberidion) eine Rolle. M. WALLNER und W. DÜRR meldeten die Art wiederholt aus Halbtrockenrasen in Verbindung mit Schlehen-Liguster-Berberitzengebüsch, U. und K. RATZEL fanden ein Eigelege an *Crataegus* in solch einem Randbereich (Schwäbische Alb, Wacholderheide). Brachflächen (z. B. in aufgelassenen Weinbergen, aber auch anderswo) werden von der Art gerne genutzt. Während für die Raupen die Krautschicht von entscheidender Bedeutung ist, gibt es mehrere Beobachtungen von Faltern im Geäst von Büschen und Bäumen (s. unter Verhalten). Auch der erwähnte Fund eines Ei-

Die Raupe lebt polyphag in der Bodenvegetation, ein Eigelege wurde einmal in einem Weißdornbusch gefunden. Im hier abgebildeten letzten Stadium wird der Gesamteindruck durch die rotbraunen Haare geprägt. Der etwas hellere Kopf ist rostfarbig glänzend. Im vorletzten Stadium sind die Haare heller und lichter, so daß die graue Grundfärbung mit den dunklen Warzen deutlicher hervortritt. In ganz jungen Stadien ist die Raupe hellgelb, mit dunklen Warzen und hellen Haaren. In diesen Stadien ist sie von verwandten Arten kaum zu unterscheiden. – Linkenheim-Hochstetten 6.94 U. RATZEL. S.

geleges in einem Weißdornbusch ist hierfür ein Indiz. Inwieweit die von Mahd und Pflege betroffenen Wiesengesellschaften Arrhenatherion (Glatthafer-Wiese) und Trisetion (Goldhafer-Wiese) genutzt werden, ist nicht klar.

Der Graue Fleckleibbär wurde auch wiederholt aus Waldbereichen gemeldet, allerdings stets aus offenen Flächen (»krautreiche Lichtungen«). Wälder im eigentlichen Sinne dürften hingegen von der Art kaum genutzt werden. Meldungen aus den Rheinauewäldern sind, wie genauere Nachforschungen ergaben, immer in Verbindung mit offenen Strukturen (Hochwasserdämme!) zu sehen. Eine Präferenz für trockenere Standorte ist deutlich zu erkennen. Nachweise aus Feuchtbiotopen (Feuchtwiesen, Niedermoore, Moorgebüsche) sind selten, es ist daher fraglich, ob sie überhaupt (dauerhaft) besiedelt werden. Langjährige Lichtfänge in solchen Bereichen (z. B. bei Linkenheim-Hochstetten durch B., K.-H. RATZEL, A. HOFMANN, K. und U. RATZEL) zeigen, daß *D. mendica* hier überaus spärlich bis selten auftritt, während die verwandten Arten *Spilosoma lubricipeda*, *S. luteum* und *S. urticae* dauerhaft präsent sind. Auch in den Moor-Komplexen Oberschwabens ist *D. mendica* eher eine Seltenheit, wie die Erfahrungen von G. BAISCH und J.U. MEINEKE zeigen.

Verhalten: Über das Eiablageverhalten läßt sich aufgrund eines einzelnen Fundes nur wenig aussagen. Dabei handelte es sich um einen in 1,5–2 m Höhe an die Unterseite eines Blattes von *Crataegus monogyna* abgelegten Eispiegel von 40–50 Eiern. Aus Literaturangaben (z.B. BODE 1929) über das Eiablageverhalten von *D. mendica* in Gefangenschaft läßt sich schließen, daß ein Weibchen mindestens 150 bis 200 Eier ablegt, also deutlich weniger als bei den verwandten Arten. Die Wahl des Eiablagesubstrats scheint aber recht unspezifisch zu sein, was bei einer polyphag lebenden Raupe auch verständlich ist. BODE (1929) fand ein Weibchen in Ingelheim (Rheinland-Pfalz), das gerade an einem Holzzaun seine Eier ablegte. Unter Zuchtbedingungen schlüpften die Eier am 9. Tag nach der Ablage aus (E. ECKERT). In den ersten Stadien verursacht die Raupe Lochfraß an den benagten Blättern, später wird dann das Blatt bis auf die Hauptrippen gefressen. Die Raupe selbst zeigt das selbe Fluchtverhalten wie viele andere Bärenraupen. In der Krautschicht scheint dieses Verhalten eine gute Strategie zu sein, etwaigen Freßfeinden zu entfliehen. Neben diesem auffälligen Verhaltensmuster ist aber auch ein Sichtotstellen zu beobachten. Bei weiterer Störung kann die Raupe plötzlich wieder in das erste Verhaltensmuster überwechseln und davonrennen (Beobachtungen mit Zuchttieren, U. RATZEL).

Das Verhalten der Falter gegenüber Lichtquellen ist geschlechtsspezifisch stark differenziert. Mehr als 95 % der am Licht erscheinenden Tiere sind Männchen. Diese sind offenbar die ganze Nacht über aktiv. H. HEIDEMANN berichtet davon, daß Männchen wiederholt zwischen Mitternacht und den frühen Morgenstunden ans Licht kamen. Die (flugträgeren) Weibchen wurden dagegen verschiedentlich tagsüber gefunden, meist in der Vegetation ruhend, aber auch aktiv (z.B. beobachtete R. HÄUSSER bei Friolzheim mehrere bei Tage fliegende Weibchen). G. EBERT sah in der Abenddämmerung ein Weibchen in seinem Garten auffliegen, das sich dann im Geäst eines Apfelbaumes niederließ (Malsch-Sulzbach, 7.5.1994). Aufgrund der weißen Färbung fallen die Weibchen im Flug besonders auf. Auch H. LIENIG fand das Weibchen im Geäst »durch Schirmklopfen«, also bei der Raupensuche (Viernheim, 15.5.1949).

Gefährdung und Schutz

Rote Liste Bundesrepublik: –
Rote Liste Baden-Württemberg: –

Oberrheinebene: Nicht gefährdet.
Schwarzwald: Nicht gefährdet.
Neckar-Tauberland: Nicht gefährdet.
Schwäbische Alb: Nicht gefährdet.
Oberschwaben: Noch ungeklärt.

• In Baden-Württemberg nicht gefährdet!

Phragmatobia fuliginosa
(Linnaeus, 1758)
Zimtbär

Spilosoma fuliginosum L. (REUTTI 1898)

Gesamtverbreitung: Von Nordafrika über die Iberische Halbinsel durch ganz Europa bis Ostasien. Im Süden bis Vorder- und Mittelasien, im Norden bis in die Polarregion.

Verbreitung

Regional: Der Zimtbär ist in allen Naturräumen Baden-Württembergs gleichermaßen gut vertreten. Durch seine gute Anpassung an das Kulturland ist er auch in den Siedlungsräumen (Gär-

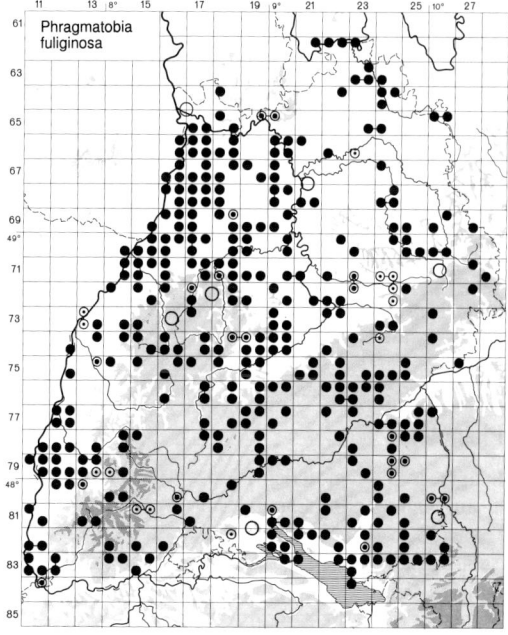

Von den ehemals 16 einheimischen Arten der Bärenspinner im engeren Sinne (Arctiinae), von denen drei bereits ausgestorben und zwei weitere vom Aussterben bedroht sind, können heute nur noch fünf Arten als »nicht gefährdet« bezeichnet werden. Eine davon ist der Zimtbär (*Phragmatobia fuliginosa*), der noch weit verbreitet ist und auch in Gärten vorkommt, sofern dort noch etwas Platz für Unkräuter übrig blieb (hier ein frisch geschlüpftes Weibchen im Garten des Bildautors). – Malsch-Sulzbach 4.8.91 G. EBERT.

ten!) überall vorhanden und dürfte nur auf land- und forstwirtschaftlich intensivst genutzten Flächen fehlen. Die Lücken in der Verbreitungskarte sind somit wohl überwiegend auf Beobachtungsdefizite zurückzuführen. *Phragmatobia fuliginosa* gehört bei uns zu den am weitesten verbreiteten und häufigsten Bärenspinnern.

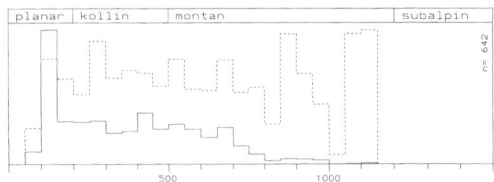

Vertikal: Die Art besiedelt die Ebene ebenso wie das Hügel- und Bergland bis zur hochmontanen Stufe. Nur aus den höchsten Gipfellagen des Schwarzwaldes liegen noch keine Meldungen vor.

Phänologie

Imagines: Die regionalen Flugzeitdiagramme, die ja auf Daten beruhen, die sich über einen sehr langen Zeitraum verteilen, liefern die Bestätigung dafür, daß *P. fuliginosa* auch in Baden-Württemberg in allen Naturräumen, in zwei Generationen auftritt, wovon die erste durchgängig individuenschwächer ausgebildet ist (s. Gesamtdarstellung). Besonders gilt dies für die Oberrheinebene und für das Neckar-Tauberland. In den übrigen drei Hauptnaturräumen fällt der Nachweis für die 1. Gen. spärlicher aus. Sie erstreckt sich von (Anfang) Mitte April bis Ende Mai; ihr Maximum liegt etwa um die Monatsmitte Mai. Aus dem Schwarzwald und aus Oberschwaben sind keine April-Falterdaten bekannt, von der Schwäbischen Alb nur ein einziges. Die frühesten Falterfunde datieren in der Oberrheinebene vom 19. April (1951, Freiburg: Mooswald, L. SETTELE), im Neckar-Tauberland vom 14. April (1974, Laufen: Hägelesburg, F. WEBER). Die 2. Gen. beginnt in allen Naturräumen am Anfang der 2. Juli-Dekade, erreicht ihren Höhepunkt um die Monatswende Juli/August und klingt Ende August aus. Allerdings sind aus allen Hauptnaturräumen auch September-Falter bekannt, die spätesten noch am 26.9. (Oberrheinebene: Weinheim, 1959 H. LIENIG) und am 20.9. (Vorderer Odenwald: Schriesheim-Altenbach, 1963 G. JUNGE). Zwischen diesen beiden Generationen zieht sich über den Juni hinweg eine äußerst individuenschwache Mischzone, deren Anteil an Faltern der 1. und 2. Gen. noch nicht näher untersucht worden ist. Auffallend ist ein scheinbarer zweiter Individuengipfel der 2. Gen. um die Monatsmitte August.

Präimaginalstadien: Raupen wurden fast das ganze Jahr über gefunden, am häufigsten im Oktober/November. Der Hinweis, daß sie im erwachsenen Zustand überwintern (SPULER 1910 u. a.) kann für unser Faunengebiet bestätigt wer-

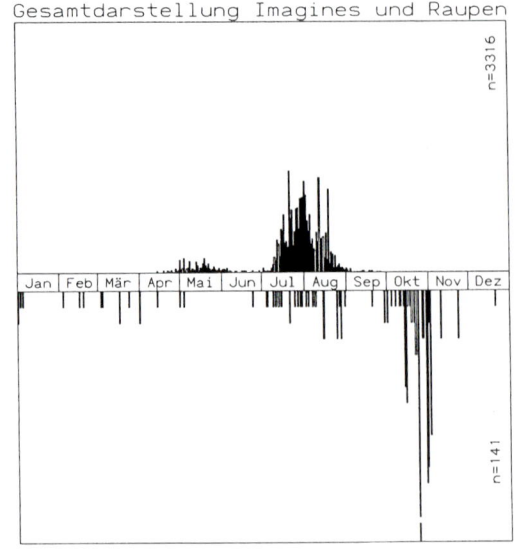

den. REUTTI (1853) bemerkt: »...zuweilen im Winter in Menge über den Schnee wandernd«. Die schwache 1. Faltergeneration dürfte auf Verluste bei den überwinternden Raupen zurückzuführen sein. Diese wurden bis Anfang Mai beobachtet. Die nächsten Raupenfunde datieren dann erst wieder ab 3. Juni-Dekade und enden mit dem 31. August. Sie ergeben die individuenstarke 2. Faltergeneration, wobei aus den späten August-Raupen vermutlich die September-Falter hervorgehen. In der 2. Septemberhälfte wurden (bis jetzt) nur wenige Raupen notiert. Dies dürfte am unauffälligen Verhalten der frühen Entwicklungsstadien liegen. Erst mit Beginn des Monats Oktober kommt es dann wieder zu Raupenfunden, die zum Winter hin beträchtlich zunehmen (vgl. kombiniertes Falter-Raupen-Phänogramm).

Ökologie

Lebensraum: Der Lebensraum von *P. fuliginosa* umfaßt den gesamten Bereich des Offenlandes bis hin zu den Wäldern und Gebüschen. Dort werden vor allem Waldränder (Außen- und Binnensäume), Schneisen, Kahlschläge usw. genutzt und zwar von trockenen Kiefernforsten auf Sandboden bis hin zu feuchten, krautreichen Lichtungen in Auenwäldern und mesophilen Waldwiesen in Laubmischwäldern des Hügel- und Berglandes. Im offenen Bereich findet sich die Art von den Magerrasen bis zu den Moorwiesen, wobei frische, krautreiche, nicht überdüngte Wiesen besonders beliebt sind. Als Kulturfolger besiedelt der Zimtbär mit Vorliebe sowohl das bearbeitete als auch das aufgelassene Kulturland wie z.B. Gärten, Streuobstwiesen, Ackerland (Feld- und Wegraine, Unkrautfluren) und Brachflächen. Herbizidbelastete Monokulturen und gepflegte Ziergärten etc. werden allerdings gemieden, anthropogen entstandene Flächen wie Bahn- und Hochwasserdämme, Truppenübungsplätze, aufgelassene Kiesgruben usw. dagegen eher bevorzugt. Ihr häufiges Auftreten in der »Trümmerflora« zerbombter Städte nach 1945 zeigt besonders eindrucksvoll das Pionierverhalten dieser Art, wenn es um die Besiedelung neu entstandener Lebensräume geht.

Nahrung der Raupe:

Gymnadenia conopsea – Mücken-Handwurz
  L (HEH)
Urtica dioica – Große Brennessel
  L (EBE, REN)
Rubus caesius – Kratzbeere
  L (BAR)
Rubus fruticosus agg. – Brombeere (Sammelart)
  L (BAR)
Potentilla anserina – Gänse-Fingerkraut
  L (BAR)
Filipendula ulmaria – Mädesüß
  L (EBE)
Prunus spinosa – Schlehe
  L (BAR)
Medicago sativa – Luzerne
  L (HEH)
Sherardia arvensis – Ackerröte
  L (HEI)
Echium vulgare – Natternkopf
  L (LUS, REN, STN)
Symphytum officinale – Arznei-Beinwell
  L (REN)
Plantago lanceolata – Spitz-Wegerich
  L (REN, SCH)
Knautia arvensis – Acker-Witwenblume
  L (REN)
Chrysanthemum vulgare – Rainfarn
  L (GOT)
Petasites hybridus – Gewöhnliche Pestwurz
  L (REN)
Senecio jacobea – Jakobs-Greiskraut
  L (BAR, SCH)
Senecio vulgaris – Gewöhnliches Greiskraut
  L L (HEH)
Cirsium oleraceum – Kohldistel
  L (BAI)
Cirsium arvense – Acker-Kratzdistel
  L (SCÖ)
Taraxacum officinale – Wiesen-Löwenzahn
  L (EBE, REN, WAT)
Hieracium umbellatum – Doldiges Habichtskraut
  L (REN)

Dieses Foto einer Paarung macht deutlich, daß auch beim Zimtbär beide Geschlechter unterschiedlich gefärbt sein können (was aber nicht immer so ist!). Die Vorderflügel des Weibchens (rechts) sind in diesem Falle weitaus kräftiger rotbraun gefärbt als beim Männchen. – Kaiserstuhl 21.5.95 H. LUSSI.

Die in den ersten Häutungsstadien graue, mit dunkel gerandeten Warzen und einer kräftigen gelben Rückenlinie versehene Raupe lebt in der Bodenvegetation versteckt, sitzt aber auch manchmal exponiert auf Blättern etwas höherer Pflanzen, hier in einer Kohldistelwiese in Oberschwaben. – Ingerkingen 4.7.80 G. EBERT.

Die erwachsene Raupe ist dicht braun behaart und hat einen schwarzen Kopf. Jeder hat sie schon gesehen, wenn sie im Spätherbst an sonnigen Tagen auf der Suche nach einem geeigneten Überwinterungsplatz hastig Wege und Straßen überquert. – Tauberland, Reicholzheim 13.10.96 G. EBERT.

Die hier aufgelisteten Raupen-Nahrungspflanzen von *P. fuliginosa* gehören zu den Kräutern und Hochstauden, nur eine Laubholzart befindet sich darunter; die Raupe wurde allerdings auch an Weidensträuchern (Ruheplatz ?) beobachtet (MEINEKE 1982). Im Gegensatz zu *Arctia caja* und einigen anderen Bärenspinner-Arten ist die Raupe des Zimtbärs stärker an die eigentliche Bodenvegetation gebunden. An der Mücken-Handwurz fraß sie übrigens an den Blüten und Fruchtständen (H. HERRMANN 1970). Am häufigsten findet man sie an warmen, sonnigen Herbsttagen auf Feldwegen und Straßen herumwandern.

Habitat: Im Alpenvorland wird die höchste Falterabundanz im Niedermoor (hier im weiteren Sinn: Röhrichte, Seggenrieder, Streuwiesen, Kalkniedermoor und Intensivgrünland auf Moorboden) erreicht (MEINEKE 1982). Mädesüßfluren (Filipendulion) und Kohldistelwiesen (Calthion) sind durch Raupenfunde als Larvalhabitat mehrfach nachgewiesen. Gleiches trifft auf die Getreide-Unkraut-Gesellschaften (Secalietea) und Ruderalgesellschaften (Artemisietea) zu. Aus chorologischer Sicht könnten letztere sogar zum »natürlichen Habitat« dieser bei uns als Kulturfolger auftretenden Art gehören. Der Schutz der Ackerunkräuter (wie *P. fuliginosa* zumeist pannonischer Herkunft) bringt also auch dem Zimtbär Vorteile. An den Elzdämmen und am Elzufer (Südliche Oberrheinebene) beobachtete E. RENNWALD (schriftl. Mitt.) die Raupen an verschiedenen Pflanzen wie Natterkopf (meist an Blättern, einmal auch an Blüten fressend), Wiesen-Löwenzahn, Doldiges Habichtskraut, Acker-Witwenblume, Gewöhnliche Pestwurz, Große Brennessel und Arznei-Beinwell und nennt als Habitate Arrhenatherion (mageres, ungedüngtes Arrhenatheretum), Sedo-Scleranthetea, Phalarido-Petasitetum hybridi (Aegopodion, Glechometalia, Artemisietea) und weitere Aegopodion-Gesellschaften.

Die Verpuppung findet in der Bodenvegetation statt. Dort spinnt die Raupe, wie hier zwischen Grashalmen, einen ziemlich festen Kokon, in dem sie sich in eine rotbraune Puppe verwandelt. – Bodanrück, Allensbach (Umgebung) 17.4.96 M. ALBRECHT.

Verhalten: Sowohl Nacht- als auch Tagaktivität sind bei dieser Art in unserem Faunengebiet beobachtet worden. GREMMINGER (1925) berichtet, daß die Falter tagsüber kaum aktiv seien, jedoch gerne zum Licht kämen, »mitunter in Menge«, was von SERMIN (1959) mit dem Zusatz »und fliegt auch bei Sonnenschein« bestätigt wird. J.U. MEINEKE beobachtete einmal drei Männchen, die vormittags bei Sonnenschein ein im Zuchtkasten frisch geschlüpftes Weibchen anflogen.

Gefährdung und Schutz

Rote Liste Bundesrepublik: –
Rote Liste Baden-Württemberg: –

Oberrheinebene: Nicht gefährdet.
Schwarzwald: Nicht gefährdet.
Neckar-Tauberland: Nicht gefährdet.
Schwäbische Alb: Nicht gefährdet.
Oberschwaben: Nicht gefährdet.

• In Baden-Württemberg nicht gefährdet!

Phragmatobia caesarea[1]
(Goeze, 1781)
Kaiserbär

Spilosoma luctiferum Esp. (REUTTI 1898)

Arctinia caesarea GOEZE (LAMPERT 1907, SEITZ 1907–1954, SPULER 1908–1910, REBEL 1910, ECKSTEIN 1913–1923, HERING 1932, SCHNEIDER 1936–1939, BERGMANN 1951–1955, KOCH 1955, FORSTER 1960, STRESEMANN 1969, EBERT 1978)

Arctinia caesarea GOEZE (NOVAK & SEVERA 1980, KOCH 1984)

Gesamtverbreitung: Die Verbreitung reicht von der Iberischen Halbinsel (Provinz Valencia) im Westen über die Zentralpyrenäen, durch Süd- und Mittelfrankreich, weite Teile Mittel- und Osteuropas und die Schwarzmeer-Region bis zum Baikalsee. Von hier weiter östlich bis ins Ussurigebiet und nach Japan. Die nördliche Verbreitungsgrenze verläuft in Europa etwa entlang einer Linie Paris – Belgien – Lüneburger Heide – Berlin – Danzig. Im Baltikum werden die Küstenregionen der Ostsee erreicht. Die Südgrenze dieses Areals reicht bis Mittelitalien und zieht über Mazedonien und Bulgarien ostwärts. In Anatolien ist die Art nur im küstenfernen Teil verbreitet, die meernahen Regionen des Balkan (weite Teile Kroatiens, Albaniens, Montenegros und Griechenlands) scheinen unbesiedelt, ebenso die Mittelmeerinseln.

[1] Bearbeitet von A. HOFMANN und R. HERRMANN

Verbreitung

Regional: *Phragmatobia caesarea* kommt in Baden-Württemberg schwerpunktmäßig nur in zwei Hauptnaturräumen vor, wobei die klimatisch begünstigten, tiefer gelegenen nördlichen Regionen des Neckar-Tauberlandes, besonders entlang dem Neckar (vom Neckarbecken bis zum Odenwald) und die Hügellandschaften des Kraichgaus den eigentlichen Siedlungsschwerpunkt bilden. Von hier strahlt die Art über Kocher und Jagst bis ins Tauberland hinein aus. Ein zweites Teilareal scheint räumlich sehr eng auf den Kaiserstuhl beschränkt zu sein. In allen anderen Regionen wurde der Kaiserbär nur sehr sporadisch gefunden, einige dieser Angaben sind zudem äußerst zweifelhaft, so z.B. eine Meldung aus Aalen (10.6.1972, e.o. M. SCHLUSCHE). In solchen Fällen handelt es sich meist um gezüchtete Falter unbekannter Herkunft (»Fundort« = Wohnort des Züchters).

Aus der Oberrheinebene (mit Ausnahme des Kaiserstuhls) kennen wir nur alte Meldungen. So bezeichnet GAUCKLER (1921) die Art als »sehr selten im Wildpark [bei Karlsruhe], Michaelsberg [bei Bruchsal]«, nachdem »Karlsruhe« bereits von REUTTI (1898) ohne nähere Angaben genannt wird. Vom Hauptnaturraum Schwarzwald liegen überhaupt keine Meldungen vor. Vom Hohentwiel bei Singen existieren zwei alte Fundmel-

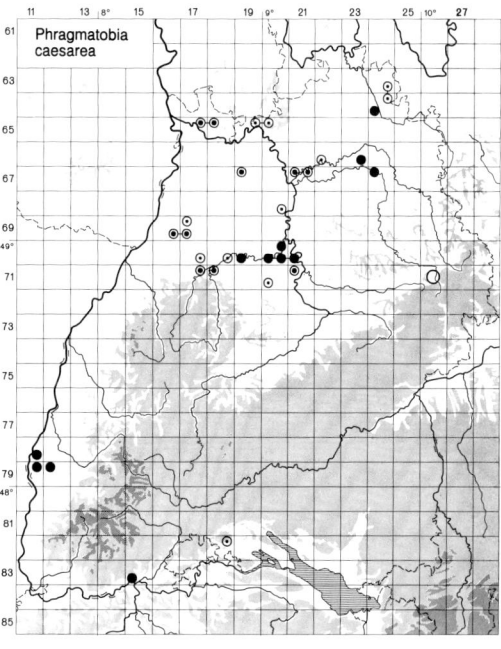

dungen (23.6.1913 und 7.6.1914 e.l., je ein Falter, A. GREMMINGER). Neuere Nachweise fehlen. An der Richtigkeit dieser Angaben bestehen jedoch keine Zweifel. Im etwas weiter westlich gelegenen Klettgau wurde am 21.5.1992 ein frisch geschlüpftes Männchen gefunden (M. WEBER). Ansonsten gibt es aus dem südlichen Landesteil (Bodenseegebiet) nur alte, unbestätigte Meldungen (REUTTI 1898). Aus dem württembergischen Alpenvorland zwischen Bodensee und Donau sind keine Vorkommen bekannt. Auch in den Faunenverzeichnissen südlich benachbarter Gebiete (Südbayern, Vorarlberg, Nordtirol und Salzburg) bleibt die Art unerwähnt (vgl. OSTHELDER 1933, REICHL 1994).

Generell ist festzustellen, daß sich südlich einer Linie Rastatt-Pforzheim-Stuttgart-Schwäbisch Gmünd nur noch vereinzelte Fundpunkte finden. Als deutlich warm-trocken orientierte Art meidet *P. caesarea* feuchte Regionen, was in der Höhenverbreitung gut zum Ausdruck kommt. Damit läßt sich jedoch keineswegs erklären, warum diese Fundpunkte so zerstreut sind und warum aus potentiell nicht ungeeigneten Gebieten überhaupt keine oder keine gesicherten Meldung vorliegen (z.B. Albvorland zwischen Neckar und Albtrauf, Trockenaue am südlichen Oberrhein, Bodenseebecken). Hier besteht noch erheblicher Klärungsbedarf.

Daß die Art an einigen Orten ihres Vorkommens über viele Jahre hinweg regelmäßig nachgewiesen werden konnte, zeigen kontinuierliche Meldungen vom Rotenacker bei Markgröningen (1974, 1976, 1980, 1981, 1983, 1987, 1990, 1992, D. BARTSCH, D. HEIN, W. SCHÄFER), vom Garnberg bei Künzelsau (1955, 1956, 1970, 1971, 1978, A. EBERHARD) oder vom Kaiserstuhl (1921–1988, fast durchgehende Nachweise zahlreicher Mitarbeiter). Seit Mitte dieses Jahrhunderts fällt das ohnehin stark verinselte Areal weiter auseinander. Besonders sein ehemaliger Kernbereich im heute gründlich flurbereinigten mittleren und nördlichen Neckar-Tauberland ist davon betroffen. Acht aktuellen Fundortnachweisen stehen hier 21 nach 1970 nicht wieder bestätigte Meldungen gegenüber, wobei es zu bedenken gilt, daß Nachweise aus den 70er Jahren heute kaum noch als aktuell zu bezeichnen sind und die auffällige Art mit Sicherheit von keinem Mitarbeiter verwechselt oder übersehen wurde. Aus weiten Landstrichen liegen überhaupt keine Nachweise neueren Datums mehr vor, so z.B. von der Bergstraße und aus dem südlichen Odenwald, dem Kraichgau, dem Strom- und Heuchelberg und vom westlichen Teil der Kocher-Jagst-Ebenen. Damit ist dieses einstige Verbreitungszentrum auf wenige Vorkommen im Nekkarbecken, im Tauberland und in den mittleren Kocher-Jagstebenen zusammengeschrumpft.

Die jeweils letzten Nachweise an allen Fundplätzen im Neckar-Tauberland werden nachfolgend angeführt (gezielte Nachforschungen sind wünschenswert!):

Tauberland: Zimmern, 1925 (A. GREMMINGER); Lauda, 20.5.1984 (J. PARTENSCKY); Bad Mergentheim, 4.6.1954 (W. LUNG); Oberschüpf, Euberg, 30.5.1974 (F. KIRSCH). Kocher-Jagstebenen: Möckmühl, 2.6.1910 (E. MARTIN); Crispenhofen, 1971 (E. FRIEDRICH); Herbolzheim/Jagst, 24.4.1959 (R. ZENKER); Künzelsau, Garnberg, 24.5.1978 (A. EBERHARD). Kraichgau: Sinsheim, Stadtrand, 27.5.1958 (M. SCHMITT); Grötzingen, 7.5.1955 (A. GREMMINGER); Untergrombach, Michaelsberg, 21.5.1933 (A. GREMMINGER); Dietlingen, 13.6.1936 und Niefern, 12.5.1934 (H. ROMETSCH, K. STROBEL); Birkenfeld, 30.8.1956 (R. HÄUSSER); Pforzheim, 10.5.1963 (W. DÜRR). Neckarbecken: Nordheim, 18.5.1928 (SCHNEIDER 1936); Heilbronn, 25.5.1947 (coll. WANNER); Illingen, 30.5.1965 (M. WALLNER); Mühlhausen, Kammertenberg, 20.5.1990 (H. OCHS); Besigheim, Wartturmsiedlung, 24.5.1993 (H. RENTSCH); Kornwestheim, 13.4.1952 (F. HELLER); Markgröningen, Rotenacker, 23.5.1990 und 22.5.1992 (D. BARTSCH, D. HEIN); Leonberg, 29.5.1910 (SCHNEIDER 1936). Strom- und Heuchelberg: Lienzingen, 1936 (SCHNEIDER 1936). Stuttgarter Bucht: Stuttgart (SEYFFER 1850). Von der Bergstraße datiert ein letzter Nachweis vom 20.4.1961 (H. LIENIG).

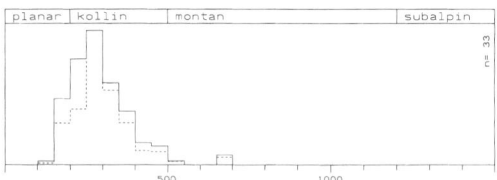

Vertikal: *Phragmatobia caesarea* ist in Baden-Württemberg sehr eng an die kolline Stufe (200–500 m) gebunden. Tiefer gelegene Fundstellen wie z.B. am Stadtrand von Sinsheim (150 m) sind selten oder bedürfen der Bestätigung. Mit 660–680 m wird im Klettgau der höchste Fundort notiert. Die Vertikalverbreitung umfaßt somit nur eine erstaunlich enge Spanne von etwas mehr als 500 Höhenmeter.

Phänologie

Imagines: In beiden Hauptnaturräumen kann die Flugzeit bereits Ende April/Anfang Mai beginnen, wobei aus dem Neckar-Tauberland deutlich

Der Kaiserbär (*Phragmatobia caesarea*) ist mit keiner anderen Bärenart zu verwechseln. Sehr auffällig kontrastiert die matt schwarze Grundfarbe mit der gelben Färbung am Außenrand der Hinterflügel und auf dem Hinterleib (in Ruhehaltung verdeckt), der mit seinen schwarzen Punkten an die nahe verwandten Arten aus der Gattung *Spilosoma* erinnert. Frisch geschlüpfte Falter wurden gelegentlich am späten Vormittag, an Grashalmen sitzend, angetroffen. – Tauberland 14.4.83 (ex ovo-Zucht leg. F. KIRSCH) G. EBERT. S.

mehr Belegtiere vom April vorliegen als aus der Oberrheinebene. Die früheste Beobachtung stammt nicht etwa vom Kaiserstuhl, sondern geht auf ein Einzeltier von der Bergstraße vom 20. April (1961, Schriesheim, Branich, 1 ♀ H. LIENIG) zurück, die früheste Falterbeobachtung aus dem Kaiserstuhlgebiet fällt in die erste Mai-Dekade (6.5.1988, Pulverbuck bei Oberbergen, A. BECK; 9.5.1925, Badberg, E. BROMBACHER). Im Neckar-Tauberland datiert der früheste Fund vom 13. April (1952, Kornwestheim, F. HELLER). Die Hauptflugzeit liegt jeweils in der zweiten Maihälfte und zieht sich dann noch in die erste Juniwoche hinein. Im Neckar-Tauberland endet die Flugzeit recht abrupt noch vor Monatsmitte (13.6.1933, Eberbach, R. GLEICHAUF; 14.6.1908, Möckmühl, E. MARTIN). 10 Wochen lang liegen dann keine weiteren Meldungen vor, ehe am 30. August (1956, Birkenfeld, R. HÄUSSER) erneut ein Falter registriert wird. Vor dem Hintergrund des Verlaufs der Flugzeit im Oberrheingebiet darf diese Einzelmeldung durchaus als glaubwürdig angesehen werden. Dort konzentrieren sich nochmals mehrere Funde auf die Zeitspanne von Ende Juni bis Mitte August, nachdem auch hier die Flugzeitkurve eine deutliche Senke in der Junimitte erkennen läßt. Sofern die wenigen Daten nicht täuschen, kann hieraus die (zumindest) gelegentliche Existenz einer partiellen 2. Gen. gelesen werden.

Als letztes Tier einer 1. Gen. könnte ein Falter vom 14. Juni (1924, A. GREMMINGER) angesehen werden. Die Nachweise vom Ende des Monats Juni (23.6.1913, A. GREMMINGER) und vom Beginn des Juli (2.7.1921, A. DOLD) wären dann entweder »phänologische Ausreißer« oder stellen den Beginn der zweiten partiellen Generation dar. Angaben zum Erhaltungszustand der Falter fehlen. Kaum noch zur ersten Generation können die Meldungen aus der zweiten Julihälfte und vom August (14.8.1932, coll. HAMMER via E.J. TRÖGER) gerechnet werden.

A. GREMMINGER (Kartei) nennt als Flugzeit »5/6, teilw. 2. Gen., nur bei Zuchten« und zitiert hinter Fundortaufzählungen aus dem Tauberland (»Zimmern, Grünsfeld, T'bischofsh«) einen Gewährsmann (Pfarrer K.A. SEITZ) »II. Gen. nie beob.«. Unsere Freilanddaten deuten jedoch auf die sporadische Existenz einer partiellen 2. Gen. auch im Freiland hin. Wie uneinheitlich die Beurteilung der Flugzeit in der Standardliteratur ist, sollen ein paar kurze Beispiele belegen: REUTTI (1898) gibt »Juni, Juli« an. Diese Zeitspanne trifft allerdings weder für die erste noch für die zweite Generation zu. BROMBACHER (1933–1935), BERGMANN (1953), KOCH (1984) und WEIDEMANN & KÖHLER (1996) gehen auf den Bivoltinismus dieser Art überhaupt nicht ein. SEITZ (1906), FORSTER (1960) und ihnen folgend FREINA & WITT (1984) sprechen von »2 Generationen im Mai, Juni und wieder von Ende Juli bis August, in höheren Lagen einbrütig.«

Präimaginalstadien: Aus Baden-Württemberg existieren keine Angaben zur Eiphase. Die wenigen Raupenfreilandfunde datieren in die Monate Juni und Juli. Im Freiland scheint die larvale Entwicklungsphase rasch zu verlaufen. A. GREMMINGER vermerkt: »die Rpn. oft verpuppungsreif von M VI an auf der Straße gef., II Gen. nie beob. (STZ)[= Gewährsmann SEITZ]«. Dieser Anmerkung ist zu entnehmen, daß alle eingetragenen Raupen erst im nächsten Jahr die Falter ergaben. KOCH (1991) und BERGMANN (1953) geben als Larvalphase die Monate Juli und August an. Aus unserem Faunengebiet sind bislang keine Larvalbeobachtungen im August oder später gemeldet worden. »Überwinterung als Puppe« (A. GREMMINGER).

BERGMANN berichtet von mehreren Zuchten, teils mit eingetragenen erwachsenen Raupen, teilweise ab dem Ei. Trotzdem scheint er nie direkte Nachkommen (also eine partielle 2. Gen. im gleichen Jahr) erhalten zu haben. FRIEDRICH (1975) bemerkt hierzu: »Eine partielle 2. Generation ist möglich; sie erscheint beispielsweise bei *A. caesarea*, wenn die Puppen warmgehalten werden, Ende September oder Anfang Oktober«. Aus dieser jahreszeitlich späten Phase liegen uns keine Freilanddaten vor.

Ökologie

Lebensraum: Die Funde im Kaiserstuhl entstammen trespen- und kräuterreichen Magerrasen auf löß- und kalkreichen, teilweise flachgründigen Standorten mäßig trockener bis trockener Ausprägung. Verschiedentlich sind sie durch Verbrachung oder Versaumung gekennzeichnet, auch ruderale Elemente wie z.B. Brombeergesellschaften an sonnigen, künstlich aufgeschütteten Böschungen oder an sandig-steinigen Wegrändern oder Hanganrissen könnten eine Rolle spielen. Diese Aussage gründet sich auf Falterfunde, die mit Hilfe künstlicher Lichtquellen gemacht wurden, weshalb die endgültige Bestätigung dafür, daß das Entwicklungshabitat auch tatsächlich in diesem Lebensraum zu suchen ist, noch aussteht. Verbürgt ist die Beobachtung ruhender Falter in

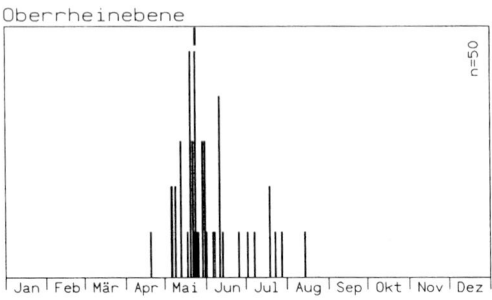

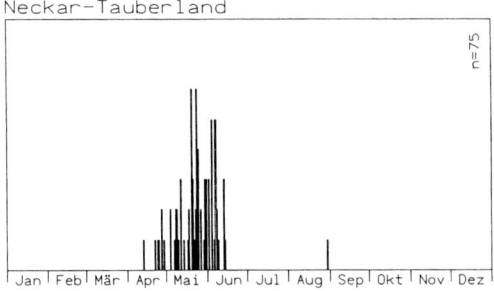

der Bodenvegetation von Lößhohlwegen (K. WALZINGER). Auch in anderen Gebieten wie z.B. im Klettgau (M. WEBER) und im Tauberland (F. KIRSCH) werden die Falterfundstellen als sonnige Magerrasen auf Jura bzw. Muschelkalk und die Hänge als »trocken-heiß« beschrieben.

Nahrung der Raupe: Raupen wurden verschiedentlich gefunden (Kaiserstuhl, O. SCHRÖDER; Tauberland, K.A. SEITZ, Neckarbecken, W. SCHÄFER u.a.), doch zu keiner liegen uns Angaben zur Nahrungspflanze vor! Ein solcher Nachweis für Baden-Württemberg steht noch aus.

Nach BERGMANN (1953) lebt die Raupe »polyphag an Sträuchern, besonders Brombeeren und an krautartigen Pflanzen.«

Habitat: Wie bereits unter »Lebensraum« ausgeführt, fehlt es noch an genaueren Beobachtungen, insbesondere der Präimaginalstadien. »Ein frisch geschlüpftes Weibchen, Puppensaft unterhalb Falter« gibt immerhin einen Hinweis auf seinen Verpuppungsort: »Einmähdiger, flacher Halbtrockenrasen ... viel Wundklee [*Anthyllis vulneraria*], Esparsette [*Onobrychis viciifolia*], Aufrechte Trespe [*Bromus erectus*] und Skabiosenflockenblumen [*Centaurea* spp.]«. Als bemerkenswerte Begleitarten unter den Schmetterlingen wurden festgestellt: *Plebicula dorylas, Cupido minimus, Mellicta parthenoides, Zygaena carniolica, Adscita notata.* (Alle zitierten Beobachtungen M. WEBER, 1992, im Klettgau bei Waldshut-Tiengen).

BERGMANN (1953) nennt *P. caesarea* eine »Leitart tonig-mergliger Plätze mit kräuterreicher Ruderalvegetation und reichen Beständen der Kratzbrombeere an sonnigen Lehnen warmer Kalklandschaften«. Dies trifft auf einige Fundstellen im Kaiserstuhl eher zu als auf den Fundort im Klettgau. Wie die weite, wenngleich sehr lückenhafte, vielfach nur durch Einzelfunde belegte Verbreitung dieser Art in unserem Faunengebiet vermuten läßt, ist ihr Habitat facettenreicher, als dies bei BERGMANN zum Ausdruck kommt. Der Bedeutung regionaler Unterschiede hinsichtlich der Beschaffenheit des Bodens, der Vegetation und des Klimas sollte deshalb mehr Aufmerksamkeit gewidmet werden. Dahinter könnte sich ein Schlüssel zum Verständnis der alarmierend regressiven Bestandsentwicklung verbergen.

Verhalten: Über das Verhalten der Falter läßt sich angesichts der Tatsache, daß die meisten Tiere am Licht gefunden wurden, nur wenig aussagen. Immerhin kann festgehalten werden, daß sie schon inmitten größerer Städte wie z.B. in Pforzheim zu mitternächtlicher Stunde an Schaufenstern bemerkt wurden (W. DÜRR), die Attraktivität künstlicher Lichtquellen für diese Art also recht groß sein muß. Beobachtet wurde ferner das Bestreben, die im Gelände installierten Lichtquellen nicht auf direktem Wege anzufliegen, sondern sich mehrere Meter davon entfernt im Grase niederzulassen. Auch das von anthropogenen Faktoren ungestörte Verhalten ist schon einige Male beobachtet worden. Nach BROMBACHER (1935) findet man den Falter am frühen Morgen an Grashalmen ruhend. Ähnliche Beobachtungen liegen uns von mehreren Mitarbeitern vor (A. EBERHARD, J.U. MEINEKE, H. OCHS, L. SETTELE, M. WEBER). K. WALZINGER beobachtete in den 60er Jahren im zentralen Kaiserstuhl Raupen des Kaiserbärs, teilweise in Anzahl, wie sie bei großer Sommerhitze beschleunigt Wege überqueren, vermutlich um einen Verpuppungsplatz zu finden.

Bei der schwarzen, büschelig behaarten Raupe des Kaiserbärs fällt die breite, kräftige, rotbraune Rückenlinie besonders auf. Bei der Raupe des Rotrandbärs (*D. sannio*) ist sie ebenfalls vorhanden, jedoch deutlich heller und wohl auch etwas schwächer entwickelt. Während beim gattungsgleichen Zimtbär die Raupe überwintert, ist beim Kaiserbär die Puppe das Überwinterungsstadium. Diese Übereinstimmung mit den *Spilosoma*-Arten hat neuerdings einige Autoren dazu veranlaßt, ihn in deren unmittelbare Verwandtschaft zu stellen. – Im Klettgau kommt *P. caesarea* zusammen mit dem Skabiosen-Grünwidderchen (*Adscita notata*) vor. Der Lebensraum ist in Bd. 3, S. 173 dargestellt. – Tauberland 7.82 (ex ovo-Zucht leg. F. KIRSCH)
G. EBERT. S.

Gefährdung und Schutz

Rote Liste Bundesrepublik: 2
Rote Liste Baden-Württemberg: 1

Oberrheinebene: Stark gefährdet.
Schwarzwald: Nicht vertreten.
Neckar-Tauberland: Vom Aussterben bedroht.
Schwäbische Alb: Nicht vertreten.
Oberschwaben: Ausgestorben oder verschollen.

- In Baden-Württemberg vom Aussterben bedroht!
  Besonders geschützt gemäß § 20 e ff. BNatSchG.

Der Kaiserbär ist im mittleren und nördlichen Neckar-Tauberland an den meisten bekannten Fundstellen seit Jahren nicht mehr festgestellt worden. Wir müssen davon ausgehen, daß seine Populationen an den meisten dieser Lokalitäten erloschen sind. Die Folge davon ist bereits heute eine Verinselung des Areals, in dem sich nur noch wenige, immer stärker isolierte Rückzugsgebiete abzeichnen. Eines davon liegt sicherlich im Kaiserstuhl, ein anderes könnte im Klettgau zu suchen sein. Auch im Neckarbecken deuten Funde bis Anfang der 90er Jahre auf noch bestehende Reliktvorkommen hin. In Anbetracht des erkennbaren starken Arealschwundes und der hieraus sich ergebenden zwangsläufig hohen Gefährdungseinstufung erscheint es dringend notwendig, diese Restpopulationen durch gezielte Nachkartierung zu erfassen. Eine darauf aufbauende Bestandsanalyse sollte sich vor allen Dingen auf die Beobachtung von Raupen in ihrem natürlichen Lebensraum konzentrieren, um so die nötige Grundlage für eine Bewertung der Bestandssituation und für die Einleitung gezielter, flächengenauer Schutz- und Pflegemaßnahmen zu schaffen.

Eucharia deserta[1]
(Bartel, 1902)
Labkrautbär

Arctia casta Esp. (Reutti 1898, Lampert 1907, Spuler 1908–1910, Eckstein 1913–1923, Hering 1932)
Eucharia casta Esp. (Seitz 1907–1954, Koch 1955, Forster 1960)

Eucharia casta Esp. (Novak & Severa 1980, Koch 1984, Lastuvka 1993)
Watsonarctia deserta Bartel 1902 (Freina & Witt 1987, Heinicke 1995)

Gesamtverbreitung: Das Areal erstreckt sich mit stark verinselten Vorkommen von den Trockengebieten im Süden der Iberischen Halbinsel über Süd- und Mitteleuropa durch die gemäßigte Zone bis zur Ukraine und zum Wolgagebiet, über Mittelasien noch weiter nach Osten (Ostsibirien?). Die Siedlungsschwerpunkte in Europa liegen im Süden, wo *Eucharia deserta* in einigen Regionen recht dicht besiedelte Subareale zu besitzen scheint (z. B. westlich der Alpen). Gemieden werden die unmittelbaren Küstenbereiche ebenso wie sämtliche Mittelmeerinseln. Die Alpensüdtäler, die gesamte (?) Apenninenhalbinsel, die mittleren und tieferen Lagen des Balkans bis Griechenland sowie Zentralanatolien bis zum Schwarzen Meer einschließlich der Halbinsel Krim gehören zum rezenten Areal dieser Art.

Nördlich der Alpen besteht in Mitteleuropa eine weite Verbreitungslücke von der Oberrheinebene bis Böhmen und Niederösterreich, die rezent das Areal in ein westmediterran-atlantisches und ein stärker kontinental geprägtes östliches Subareal aufspaltet und so noch deutlich die bizentrische pleistozäne Refugialsituation widerspiegelt, wie sie für mehrere Steppenheidearten unserer Fauna und Flora geradezu typisch ist (z. B. *Agrodiaetus damon, Chazara briseis, Arethusana arethusa, Zygaena transalpina-Zygaena angelicae, Synanthedon stomoxiformis, Arctia festiva, Nola subchlamydula, Malacosoma franconica*). Die postglaziale Einwanderung aus dem westmediterranen Subrefugium dürfte bei den meisten Arten durch die Burgundische Pforte erfolgt sein.

---
[1] Bearbeitet von A. Hofmann und R. Herrmann.

Der Labkrautbär (*Eucharia deserta*) kommt innerhalb unserer Landesgrenzen nur im Kaiserstuhl vor. Dabei handelt es sich um das einzige gesicherte Vorkommen in ganz Deutschland. Dieses frisch geschlüpfte Weibchen wurde allerdings im Oberelsaß beobachtet, wo es sich, vor der Eiablage noch schwerfällig, in der niedrigen Vegetation nur wenige Meter mehr hüpfend als fliegend fortbewegte. – 1.5.93 R. HERRMANN.

Die Männchen des Labkrautbärs sind wesentlich unauffälliger gefärbt als die Weibchen, das schöne Karminrot der Hinterflügel fehlt bei ihnen völlig. Am Tage ruhen sie versteckt in der Bodenvegetation. Erst spät nach Mitternacht werden sie aktiv und können gelegentlich noch bis in die frühe Morgendämmerung hinein am Licht beobachtet werden. – Kaiserstuhl 7.71 J. PARTENSCKY. M.

Verbreitung

Regional: Es erscheint bemerkenswert, daß die auffällige Art erst vergleichsweise spät als Bestandteil unserer Fauna erkannt wurde. REUTTI (1853) läßt den Labkrautbär noch unerwähnt und führt ihn erst 1898 von Lörrach und Istein auf. Beide Vorkommen konnten danach nicht wieder bestätigt werden. Aus diesem Jahrhundert existieren nur noch Nachweise aus dem zentralen Kaiserstuhl. Dabei handelt es sich anscheinend um das einzige aktuelle Vorkommen in Deutschland. Erstaunlicherweise fanden die heute bekannten Vorkommen am Kaiserstuhl bei REUTTI (1898) noch keine Erwähnung.

FREINA & WITT (1987) publizieren eine Verbreitungskarte, die in Mitteleuropa nur den Kernraum der Alpen ausnimmt. Weite Teile Süddeutschlands (Baden-Württemberg, Bayern), bis in den Norden (Hessen, Niedersachsen, Thüringen, Brandenburg), werden dort als zusammenhängendes rezentes *deserta*-Areal ausgewiesen.

Im Textteil werden Vorkommen »von Mitteldeutschland (Hessen, Thüringen)« genannt. Belegtiere, die den Autoren seinerzeit vorlagen, konnten jedoch nicht auf die Authentizität der Herkunft hin geprüft werden (J. DE FREINA, pers. Mitt.). Vermutlich handelt es sich bei diesen Tieren um Zuchtexemplare, deren Herkunft bezweifelt werden darf. Literaturauswertungen, Überprüfungen und Anfragen bei Spezialisten ergaben keine gesicherten Nachweise außerhalb des Kaiserstuhlgebietes (J. DE FREINA, P. KRISTALL, P. PRETSCHER). Nicht unerwähnt bleiben soll in diesem Zusammenhang eine aktuelle Meldung von K. EBERT (1993) für das Vogtland (Sachsen). Der Autor verweist auf zwei direkt aufeinander folgende Funde (1980 und 1981) desselben Sammlers (KROPF). Eine Überprüfungen steht noch aus. Gewissenhafte Bearbeiter der Fauna der ehemaligen DDR bzw. bestimmter Teilregionen (BERGMANN 1953, URBAHN & URBAHN 1939, SCHMIDT 1991) lassen *E. deserta* in ihren Artenlisten unerwähnt.

Sämtliche Angaben für Hessen gehen auf eine Zeit weit vor der Jahrhundertwende zurück. KOCH (1856) und SPEYER & SPEYER (1858) berichten über den ersten

Nachweis dieser Art durch Raupenfunde. Eine »geschätzte Seltenheit, von welcher wohl Niemand ein so nördliches Vorkommen ahnte« (KOCH 1856). In diesem Zusammenhang berichtet WARNECKE (1927) »und endlich bei Frankfurt a. M., wo die Art 1852 im Unterwald entdeckt wurde; 1853 wurden dort so viele Raupen gefunden, daß 100 Puppen erzielt wurden. Seit langen Jahren ist die Art aber bei Frankfurt nicht mehr beobachtet.« Wie lange die dortigen Vorkommen existierten, bleibt unklar. In diesem Jahrhundert wurde der Labkrautbär in Hessen nicht mehr aufgefunden.

Interessant ist die Parallele zu Baden-Württemberg. Auch hier konnten die alten Vorkommen in der Vorbergzone der südlichen Oberrheinebene (s. o.) in diesem Jahrhundert nicht mehr bestätigt werden, so daß eine Arealregression schon zu Beginn dieses Jahrhunderts angenommen werden kann. Offen bleiben muß die Frage, inwieweit es sich hierbei um eine natürliche Rückverlegung der Arealnordgrenze handelt und welchen Anteil menschliche Eingriffe hatten. Die Verluste in der zunehmend intensiver genutzten Vorbergzone dürften durch industrielle (Zementwerk am Isteiner Klotz) und agrartechnische Maßnahmen (Rebkulturen im Markgräflerland) und die Tatsache, daß es sich hier um bevorzugte Wohnlagen in angenehmer Westlage handelt, nicht unerheblich forciert worden sein.

Im ökonomisch-ökologisch hart umkämpften Kaiserstuhl kommt der Labkrautbär heute noch an mehreren Fundstellen vor. Den Kernbereich bildet das NSG Badberg. Aber auch außerhalb dieses besonders geschützten Areals sind Funde bekannt geworden: Schelingen, Braunental, 1973 (H. LUSSI), Vogtsburg, 1994 (R. HERRMANN, A. HOFMANN); BROMBACHER (1933–1935) nennt als Fundorte »bei Wasenweiler, Ihringen, Vogtsburg und auf der Mondhalde«. Meldungen wie »Vogtsburg« und »Oberbergen« dürften sich in der Regel auf den Badberg beziehen. Die allermeisten Meldungen geben (verständlicherweise) keine ganz genaue Lokalitätsbezeichnung an (auf den Fundortetiketten ist oft nur »Kaiserstuhl« oder »Zentralkaiserstuhl« vermerkt).

Gezieltes Nachsuchen an anderen potentiellen Fundorten auf der badischen Seite der südlichen Oberrheinebene (Markgräfler Rheinaue, Isteiner Klotz) blieb stets erfolglos (R. HERRMANN). Zwei bislang unbekannte Fundorte des Labkrautbärs liegen im Elsaß (R. HERRMANN, J.U. MEINEKE, unveröffentlicht). Da weiter östlich in Baden-Württemberg und Bayern keine Vorkommen bekannt geworden sind, kann eine Besiedelung von Westen her über die Burgundische Pforte angenommen werden. Unsere Populationen sind als die nordöstlichsten Vorposten des westmediterranen Subrefugiums dieser Art anzusehen.

Vertikal: Sämtliche Fundorte im Kaiserstuhl liegen zwischen 250 und 300 m (Schelingen) und 300–430 m im NSG Badberg. Die alten Meldungen »Lörrach und Istein« dürften sich auf xerotherme Hanglagen beziehen. Funde aus der planaren Stufe sind nicht bekannt. Auch auf elsäßischer Seite konnte der Labkrautbär bisher nicht in der Rheinebene festgestellt werden.

Phänologie

Imagines: In der Literatur (REUTTI 1898, FREINA & WITT 1987) wird als Flugzeit häufig Mai–Juni angegeben. Dies scheint nach den vorliegenden Daten für unsere Kaiserstühler Population etwas zu weitgefaßt zu sein. Fast alle Freilandbeobachtungen adulter Tiere beziehen sich ausschließlich auf den Monat Mai. Der späteste Nachweis datiert vom 1. Juni (1994, R. HERRMANN & A. HOFMANN), als noch ein einziges, mäßig geflogenes Männchen ans Licht kam. Die frühesten Meldungen fallen auf Anfang Mai, sind aber fast durchweg das Ergebnis von Raupenaufsammlungen im Jahr zuvor. Zumindest läßt sich bei den meisten Tieren älteren Datums heute nicht mehr mit Sicherheit feststellen, ob es sich um Freiland- oder Zuchttiere handelt. Anscheinend wurden Falter am Anfang ihrer Flugzeit nicht registriert. Von einem Flugbeginn im Laufe der ersten Mai-Dekade kann jedoch ausgegangen werden. Die Hauptflugzeit liegt mehr in der zweiten Mai-

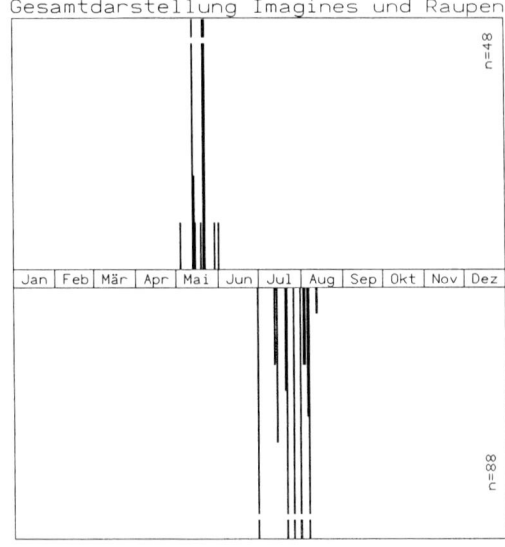

hälfte. Meldungen mehrerer Mitarbeiter und aus verschiedenen Jahren lassen hier einen deutlichen Häufigkeitsschwerpunkt erkennen (13. 5. 1966, 10 Exemplare, J. SETTELE; 14. 5. 1969, 2 Exemplare, M. WALLNER; 19. 5. 1929, 1 Exemplar, E. BROMBACHER; 21. 5. 1965, 10 Exemplare, W. DÜRR). R. HERRMANN konnte am 21.5. (1980) fast zwei Dutzend Männchen am Leuchttuch notieren.

Präimaginal: Gut dokumentiert ist die Larvalentwicklung des Labkrautbärs. Die Eiphase beträgt etwa 1 Woche (Kartei A. GREMMINGER). Nach 6 Häutungen sind die Raupen im Hochsommer vollerwachsen.

Zahlreiche Meldungen liegen uns von Mitte Juli bis Mitte August vor (12. 7. 1924, 3 Raupen, E. BROMBACHER; 14. 7. 1928, 6 Raupen, E. BROMBACHER; 20. 7. 1922, 4 Raupen, A. GREMMINGER; 21. 7. 1928, 10 Raupen, E. BROMBACHER; 23. 7. 1982, 10 fast erwachsene Raupen, R. HERRMANN, 25. 7. 1971, H. KAUFMANN; 26. 7. 1930 »unheimlich *casta*-Raupen gefunden«, E. BROMBACHER; 31. 7. 1926, 10 Raupen, E. BROMBACHER, 2. u. 3. 8. 1924, je 3 Raupen, E. BROMBACHER; 5. u. 6. 8. 1926, je 5 Raupen E. BROMBACHER). Frühere Raupennachweise sind selten (30. 6. 1929, 3 Raupen; 30. 6. 1930, 10 Raupen; jeweils E. BROMBACHER). A. GREMMINGER fand noch am 12.8. (1924) erwachsene Raupen, die sich dann Anfang September verpuppten. In diesem Stadium überwintert die Art. Freilandpuppenfunde und Eiablagebeobachtungen im Freiland stehen aus unserem Faunengebiet noch aus.

Ökologie

Lebensraum: Allen unseren aktuellen (und ehemaligen) Fundorten des Labkrautbärs ist gemeinsam, daß es sich um niederschlagsarme, trockenwarme, baumlose und fast strauchfreie Biotope handelt. Den Untergrund bilden Lößdecken, die an steilen Stellen von anstehenden Felspartien vulkanischen Ursprungs durchsetzt sind. Die Vegetation besteht aus einem Mosaik von versaumenden Halbtrockenrasen mit Übergängen zum Xerobrometum. Ergänzend hierzu werden für die Raupenfundstellen »hochwüchsige, kräuterreiche Säume« genannt (K. WALZINGER). Hier kommt der Labkrautbär syntop mit weiteren xerothermophilen »Steppenheidearten« vor, die sonst fast nirgendwo in Deutschland anzutreffen sind (*Adscita mannii, Nola subchlamydula, Chamaesphecia aerifrons* und die beiden ausgestorbenen oder verschollenen Arten *Endrosa roscida* und *Sideridis lampra*).

Durch ihre kontrastreiche Färbung – helle Rückenlinie auf dunklem Grund, schwarze, mit Haarbüscheln besetzte Flecken und rötlicher Seitenstreifen – ist die Raupe des Labkrautbärs unverkennbar. Sie lebt tagsüber versteckt und wird erst nach Einbruch der Dunkelheit freßaktiv. – Kaiserstuhl 20.7.92 G. EBERT. S.

Nahrung de Raupe:

Asperula cynanchica – Hügelmeister
  L (WAL)
Galium glaucum – Blaugrünes Labkraut
  L (HER, SCN, SKK, WAL)
Galium verum – Echtes Labkraut
  L (SCN, WAL)

Im Gegensatz zu vielen anderen Bärenspinnerarten sind die Raupen des Labkrautbärs in unserem Faunengebiet bisher nur auf wenigen Labkrautarten gefunden worden. Hinweise auf die oben aufgeführten Nahrungspflanzen finden sich auch in der einschlägigen Literatur wie beispielsweise SPULER (1910), FORSTER (1960), KOCH (1984). »Die Raupe lebt versteckt an *Galium* und *Asperula*« berichtet REUTTI (1898). Nicht ganz ausgeschlossen ist jedoch, daß auch noch weitere Pflanzen als Raupennahrung in Frage kommen.

Habitat: Als xerothermophile Art findet sich *Eucharia deserta* in unserem Faunengebiet nur an den klimatisch begünstigten, südwest- bis ostexponierten Sonnenhängen des inneren Kaiserstuhls.

Hier wurden von den oben angeführten Gewährsleuten mehrfach Raupen in größerer Zahl gefunden. Die Fundstellen werden als flachgründige, moosreiche, mit *Galium* und *Asperula* bewachsene Magerrasen beschrieben, in deren Be-

An den heißen Lößhängen trifft man manchmal auf Raupen von *E. deserta*, die tagsüber umherwandern. Es sind solche, die, durch Parasitierung gestört, ihr normales Verhalten aufgeben und die schützende Vegetation verlassen. – Kaiserstuhl 18.7.92 G. EBERT.

reich neben dem häufigen Blutstorchschnabel (*Geranium sanguineum*) auch die Goldhaaraster (*Aster linosyris*) stellenweise faziesbildend auftritt. Hier kommt der Labkrautbär syntop mit den ebenfalls nördlich der Alpen nur noch reliktär verbreiteten mediterranen Mönchseulen *Cucullia dracunculi* und *C. xeranthemi* vor. Vergleichbare Standortverhältnisse sind am Isteiner Klotz anzutreffen gewesen.

Als Larvalhabitate werden nördlich des Weilers Altvogtsburg vegetationsarme, steinige, prallsonnige und schon ausgesprochen steppenhaft wirkende Hanglagen genannt (K. WALZINGER). Ferner fanden sich die Raupen auch an felsigen und nicht minder trocken-heißen Lokalitäten in den steilen Hanglagen oberhalb eines aufgelassenen Steinbruchs. An solchen Stellen[2] wurden nach Auskunft von K. WALZINGER die Raupen des Labkrautbärs bei nächtlichen Suchaktionen stets in großer Anzahl (bisweilen mehr als 50 Exemplare) angetroffen. Ob dies auch noch heute so zutrifft, ist ungewiß. Auch auf dem artenärmeren Gipfelkamm des Badbergs sowie inmitten niederwüchsiger, sonnendurchlässiger Berberidion-Gesellschaften in gras- und kräuterreichen offenen Flächen von oftmals nur wenigen Quadratmetern wurden sie gefunden (R. HERRMANN). Mehrere Raupennachweise beziehen sich auf steinige, gebüschbestandene Wegränder und künstliche Hanganrisse im Löß (1982, R. HERRMANN, K. SCHLENKER, A. SCHNEIDER, K. WALZINGER). An gleicher Stelle wurden an einem Tag 5 Raupen gefunden, die um die Mittagszeit bei Sonnenschein (nach vorangegangenem Regen) auf dem nackten Lößboden umherliefen. Es stellte sich später heraus, daß alle parasitiert waren (1993, G. EBERT).

Die ausgedehnten Mesobrometen des NSG Orberg sowie zwischen Mondhalde und dem Schelinger Eck mit den nach Süden offenen Trockentälchen und xerothermen Lokalitäten im Bereich der Weinbergsterrassen sind bisher noch nicht auf das Vorkommen des Labkrautbären untersucht worden, obwohl gerade hier noch weitere Habitate zu vermuten sind.

Verhalten: Ungeachtet der Tatsache, daß sich in der Vergangenheit viele Entomologen mit dem Vorkommen von *Eucharia deserta* am Badberg beschäftigten, liegen dennoch nur verhältnismäßig wenige brauchbare Angaben und Hinweise zur Verhaltensbiologie dieser Bärenspinnerart vor. So ist es kaum zu glauben, daß trotz der relativen lokalen Häufigkeit dieser Art (ob heute noch?), über die vergangenen 60–70 Jahre hinweg, nur wenige Freiland-Falterbeobachtungen notiert wurden. Die Gründe dafür liegen einerseits sicherlich in der zeitlich kurzen Aktivitätsphase der Männchen, die allem Anschein nach erst kurz vor der Morgendämmerung mit dem Paarungsflug beginnen und dann auch an den Lichtquellen zu bestaunen sind, anderseits am flugträgen, vermutlich eher bodennahen Verhalten der Weibchen.

Neben Freßfeinden wie Vögel und Eidechsen gehört auch der Ameisenlöwe (*Euroleon nostras* [= *Myrmeleon europaeus*]) zu den Prädatoren des Labkrautbärs. Dort, wo beide Arten gemeinsam vorkommen wie etwa in den lößreichen Habitaten im Kaiserstuhl, sind die trichterförmigen Fanggruben an offenen Stellen oft recht zahlreich. Dieses Bild zeigt die Überreste eines Weibchens von *E. deserta*, das in einen solchen Fangtrichter geriet und der gefräßigen Larve zum Opfer fiel. Kaiserstuhl 16.5.92 H. LUSSI.

---

[2] Heute streng geschützt und überwacht.

Am 20.5.1980 wurden im Eichstetter Tal auf versaumten bzw. verbrachten Halbtrockenrasen nach einer sehr warmen Nacht, zwischen 4–4.30 Uhr (MESZ) morgens über 20 Männchen beobachtet, wie sie im pfeilschnellen Flug schon im ersten Morgenlicht ans Leuchttuch kamen (R. HERRMANN). Ganz ähnliche Beobachtungen werden uns aus den fünfziger und sechziger Jahren mitgeteilt (L. SETTELE, K. WALZINGER). Hingegen wurden bei uns bis jetzt noch keine weiblichen Falter im Freiland beobachtet. Dies gelang dagegen im benachbarten Oberelsaß, wo am 22.5.1992 an einem warmen, gewittrig-schwülen Nachmittag, gegen 17 Uhr (MESZ), ein aktives, schon etwas geflogenes Weibchen des Labkrautbärs von I. MEINEKE, R. HERRMANN und J.U. MEINEKE entdeckt wurde. Es befand sich offensichtlich auf der Suche nach geeigneten Eiablagestellen. Dabei bewegte es sich, einem Laufkäfer gleich, meist sehr flink und geschickt, bisweilen auch hüpfend und kurze Strecken niedrig über dem Boden fliegend, über die vegetationsarmen Magerrasen-Flächen zwischen kurzwüchsigen Gräsern, Moosen und Erdflechten. Nach dem Einfangen legte es eine größere Menge Eier ab (R. HERRMANN, J.U. MEINEKE).

Einen interessanten Hinweis zum Paarungsverhalten erhielten wir von K. WALZINGER, der mitteilte, daß aus Raupenzuchten stammende Weibchen einige Male in Anflugkäfigen ausgesetzt worden sind, um Freilandmännchen anzulocken. Diese stellten sich kurz vor der Morgendämmerung ein und vollzogen sofort die Kopula. Seltener wurden diese Vorgänge in den Mittagsstunden, dann schon bei großer Hitze und starker Sonneneinstrahlung beobachtet. Darüber hinaus ist bekannt geworden, daß ein einziges Männchen in kurzen Abständen unbeirrt sieben Paarungen vollzog, um danach in völliger Ermattung dahinzuscheiden. Eiablagen im Freiland wurden bisher noch nicht beobachtet.

Die Raupen des Labkrautbärs sind dämmerungs- wie auch nachtaktiv und lassen sich mit einer Handlampe an den Nahrungspflanzen auffinden, an denen sie zum Fressen emporsteigen (R. HERRMANN, K. SCHLENKER, A. SCHNEIDER, K. WALZINGER). Bei auffällig tagaktiven Raupen ist anzunehmen, daß sie durchwegs parasitiert sind. Wie von K. WALZINGER zu erfahren war, schlüpften aus den vielen, über die Jahre hinweg eingetragenen Raupen stets nur weibliche Imagines aus den Puppen. Die Gründe hierfür sind ungeklärt. Die Raupe »verwandelt sich in einem eiförmigen, mit Haaren und Erde vermischten Gewebe, zu einer rotbraunen, an beiden Enden abgestumpften Puppe« (SPULER 1910). Auch hierzu fehlen Freilandbeobachtungen.

Gefährdung und Schutz

Rote Liste Bundesrepublik: R
Rote Liste Baden-Württemberg: R

Oberrheinebene: Art mit geographischer Restriktion.
Schwarzwald: Nicht vertreten.
Neckar-Tauberland: Nicht vertreten.
Schwäbische Alb: Nicht vertreten.
Oberschwaben: Nicht vertreten.

- In Baden-Württemberg eine Art mit geographischer Restriktion! Besonders geschützt gemäß § 20 e ff. BNatSchG.

Die Tatsache, daß innerhalb der Bundesrepublik nur im Kaiserstuhlgebiet gesicherte Vorkommen existieren, spricht für sich. Dabei muß betont werden, daß das Wort »gesichert« hier in doppelter Bedeutung zu verstehen ist. Die wenigen Einzelmeldungen aus anderen Regionen sind als unglaubwürdig oder »unsicher« anzusehen. Unter dem Aspekt des Artenschutzes können die Hauptvorkommen im Zentral-Kaiserstuhl derzeit als gesichert angesehen werden. Der Standort ist als Schutzgebiet ausgewiesen, Pflegemaßnahmen werden seit Jahren durchgeführt. Ohne diese Nutzungssimulation in Form regelmäßiger Mahd durch Pflegetrupps der Bezirksstelle für Naturschutz und Landschaftspflege Freiburg bestünde für die langfristige Erhaltung dieser spektakulären Art keine reale Chance.

Diese Pflege muß in der jetzigen Form beibehalten werden. Kontroll-Leuchten am Rande des NSG Badbergs sowie Raupennachweise aus den 90er Jahren zeigen, daß die Art noch immer bodenständig ist. Berichte älterer Mitarbeiter lassen jedoch den Schluß zu, daß die Bestände abnehmen.

Auf lange Zeit gesehen könnten Probleme durch die völlige Isolation dieser Populationsgruppe entstehen. Genetischer Austausch mit den Populationen im Elsaß ist rezent auszuschließen. Der Verlust an geeigneten Trittsteinbiotopen auf der rechtsrheinischen Vorbergzone in diesem Jahrhundert scheint irreversibel. Intensive Nutzung mit Sonderkulturen (insbesondere Flächenverbrauch durch Reb- und Obstbau in obligatorischer Verbindung mit Insektizid- und Herbizideinsatz), dichte Verbauung durch Siedlungen, Straßennetz und Industrieanlagen sowie permanent hohes Verkehrsaufkommen lassen eine theoretisch mögliche Biotopvernetzung durch Trittsteine nicht mehr realisierbar erscheinen. Umsomehr ist jetzt darauf zu achten, daß die Biotopqualität am Badberg uneingeschränkt gewährleistet wird. Die Entwicklung der Bestände dieser Art sollte regelmäßig kontrolliert werden. Zunächst müssen jedoch potentielle *deserta*-Lokalitäten in Absprache mit der BNL Freiburg gezielt nach der Art abgesucht werden, um einen besseren Überblick über die kleinräumige Verteilung der Teilpopulationen zu erhalten. Aus dieser systematischen Kartierung könnten sich autökologische Erkenntnisse ergeben (Expositions- und Reliefpräferenzen, Abundanzen in unterschiedlichen Habitaten u. ä.), die Konsequenzen für die weitere Schutz- und Pflegekonzeption haben könnten.

Callimorphinae

Von GÜNTER EBERT

Eine nur wenige Arten umfassende Unterfamilie, die in ihrer Verbreitung auf das Paläarktikum beschränkt ist. Ihr Ausbreitungszentrum liegt in der himalayischen Region. Die adulten Tiere fallen durch ihre bunte, zeichnungsreiche Färbung auf. An manchen Lokalitäten sind sie in hoher Individuenzahl vertreten. Auf der Insel Rhodos ist eine der beiden auch in Baden-Württemberg vorkommenden Arten (*Callimorpha quadripunctaria*) durch ihr zeitweiliges Massenauftreten in einem engen, feuchten Tälchen zu einer weithin bekannten Touristenattraktion geworden. Die Falter besitzen einen funktionsfähigen Saugrüssel und sitzen tagsüber auf nektarreichen Blüten.

Callimorpha quadripunctaria
(Poda, 1761)

Spanische Fahne

Callimorpha hera L. (REUTTI 1898)
Panaxia quadripunctaria PODA (FORSTER 1960, STRESEMANN 1969, EBERT 1978)

Panaxia quadripunctaria PODA (KOCH 1984)
Euplagia quadripunctaria PODA (NOVAK & SEVERA 1980, FREINA & WITT 1987)

Gesamtverbreitung: Von der Iberischen Halbinsel über Mitteleuropa (im Westen noch bis Südengland) und die gemäßigte Zone bis nach Rußland. Im Norden bis zum Baltikum, im Süden durch den Mittelmeerraum bis Vorderasien.

Verbreitung

Regional: Im Vergleich zum Schönbär ist die Spanische Fahne in Baden-Württemberg weniger weit verbreitet. Sie fehlt praktisch im ganzen württembergischen Alpenvorland. In den Schwäbisch-Fränkischen Waldbergen kommt sie nur im Randgebiet (z. B. bei Löwenstein) vor. Im Schwarzwald besiedelt sie mit Vorliebe die Tallagen, insbesondere die zur Oberrheinebene sich öffnenden warmen Täler, aber auch solche mit Schluchtwaldcharakter (z. B. bei Triberg: Gremmelsbach, Untertal, Seelenwald; oder das Tal der Schwarza im südöstlichen Schwarzwald). Aus dem Wildgutach-Gebiet (Simonswälder Tal) wird sie »vereinzelt am Licht« gemeldet, vom Belchen »in der montanen Fels- und Geröllflur« (SCHÄFER 1977 und 1989). Letzteres gilt auch für die Utzenfluh, wo sie aufgrund der wärmeren Lage zahlreicher auftritt (G. EBERT u. a.). Im Osten dieses Naturraumes scheint sie dagegen vollständig zu fehlen.

Ihr Vorkommen auf der Schwäbischen Alb ist auf den Nordteil der Mittleren Kuppenalb, das

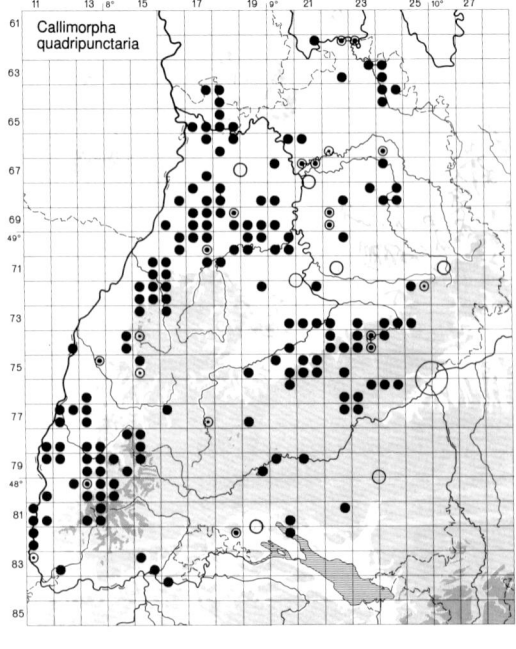

sich anschließende Vorland und den Schönbuch sowie auf die Täler der Mittleren Flächenalb konzentriert. Weitere Populationen wurden im Oberen Donautal festgestellt. Im Neckar-Tauberland ist *C. quadripunctaria* vom Kraichgau über Stromberg/Heuchelberg und Neckarbecken bis in das Kocher-Gebiet verbreitet, außerdem vom Tauberland bis zum Main. Ein weiteres isoliertes Vorkommen liegt im Alb-Wutach-Gebiet. Von den Neckarhängen bei Rottweil liegen alte Meldungen vor. Im Oberrheinischen Tiefland werden die Hardtebenen bis zum Vorderen Odenwald, die Vorbergzone, Kaiserstuhl und Markgräfler Rheinebene bewohnt, nicht dagegen die Auenwälder der mittleren und nördlichen Oberrheinebene. Neben diesen sich mehr oder weniger deutlich abzeichnenden Teilarealen existieren Einzelfundmeldungen wie z. B. von der Hohen Schwabenalb, Ostalb, aus dem Bodenseebecken, dem nördlichen Oberschwaben (Biberach)[1] sowie der mittleren Oberrheinebene (Kehl-Marlen).

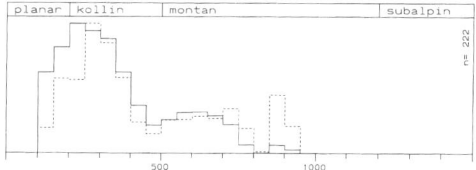

Vertikal: Der Schwerpunkt der vertikalen Verbreitung befindet sich in den tieferen Lagen (planare/kolline Stufe). Einige Fundstellen im Schwarzwald und auf der Alb liegen schon im montanen Bereich, die höchste bei Tieringen um 900 m (M. MEIER).

Phänologie

Imagines: Die Flugzeit beginnt in allen Naturräumen um die Monatsmitte Juli und dauert bis Ende August (Anfang September). Ihr Maximum liegt im August. Einzelne sehr frühe wie auch sehr späte Tiere werden immer wieder beobachtet, z. B. 28. Juni (1986, Öhringen: Bernbachtal, D. HEIN), 2. Juli (1993, Kaiserstuhl: Oberbergen, AG FREIBURG) und 15. September (1988, Kollnau, A. SCHNEIDER). Aus Deggingen (Nordalb) wurden Falter »noch Anf. Oktober an Luzerner Klee sitzend, die meisten allerdings mit stark zerfetzten Flügeln« gemeldet (5.10.1934, Ge-

währsmann THIELEN, zitiert nach P.S. WAGENER). Es fällt auf, daß in der Oberrheinebene bisher nur einmal ein Falter nach dem 31. August registriert worden ist (Lörrach, Autobahn, 9.9.1995, F. NANTSCHEFF), während in drei anderen Naturräumen jeweils noch öfters Tiere im September (und Oktober) beobachtet wurden.

Präimaginalstadien: Die kleine Raupe wurde vor ihrer Überwinterung nur selten gefunden, z. B. 25. September (1923, Kaiserstuhl: Ihringen, O.

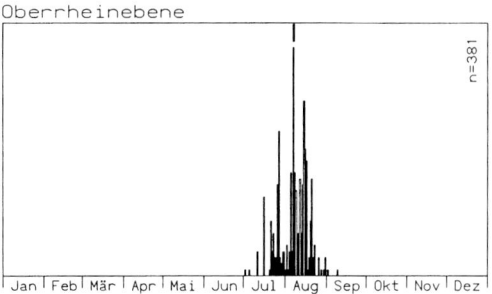

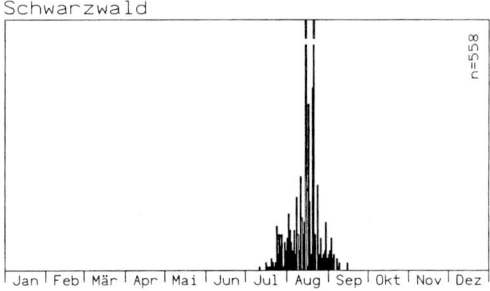

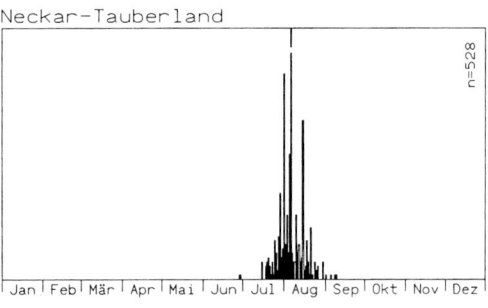

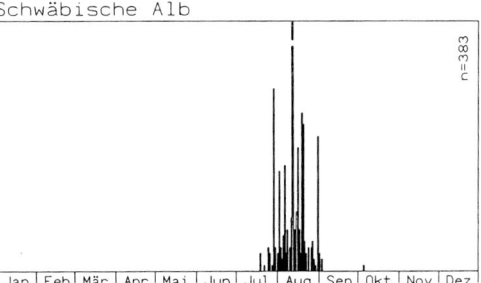

---

[1] Ein Falter (Belegfoto H.-J. MASUR) wurde im August 1986 in einem Garten in Wilhelmsdorf beobachtet (W. SCHÖN).

SCHRÖDER) und 2. Oktober (1993, Gaggenau: Gewann Heil, im Garten, C. KÖPPEL). Wie H. LIENIG notierte, schlüpften aus den von eingefangenen Weibchen (Weinheim: Lützelsachsen, 17.8.1941 und 29.8.1943) abgelegten Eiern die Raupen nach jeweils zwei Wochen (1.9.1941 und 13.9.1943). H. LUSSI meldete eine Eiablage (unter Zuchtbedingungen) vom 16.–25. August (1963, Karlsruhe-Durlach – Weingarten), L_1-Raupen ab 30.8., L_2 ab 7.9.1963. Öfter werden sie dann im Frühjahr beobachtet, z.B. 19. März (1992, Malsch – Völkersbach, 1 L_2-Raupe nachts bodennah an *Lonicera periclymenum*, in der Zucht am 29.5. verpuppt, 16.7. Falter geschlüpft, E. ECKERT), 13. April–19. Mai (1991, Waldkirch: Schwarzenberg, insgesamt 14 Raupen auf *Senecio fuchsii*, H. DEZULIAN) oder 16. April (1936, Grötzingen »in ob. Hohlweg überw[interte] Rpn in Anzahl auf allerlei nied. Pflanzen, dsgl. 2.5. [1936], 4.5. [1935], A. GREMMINGER). Der phänologisch letzte Raupenfund datiert vom 8. Juni (1986, Ettlingen, B. NIPPE).

Ökologie

Lebensraum: Weg- und Straßenränder, Lichtungen, Außen- und Binnensäume, Schlagfluren und sonstige offene, sonnige und trockene bis halbschattige und feuchte Flächen in Laubmischwäldern. Am Wald angrenzende oder nahe gelegene Heckengebiete, aufgelassene Weinberge, Steinbrüche, Hohlwege und hochstaudenreiche Randbereiche von Magerrasen sowie blütenreiche waldnahe Gärten (Sommerflieder!).

Nahrung der Raupe:
Salix caprea – Sal-Weide
    L (BAR, STN)
Quercus petraea – Trauben-Eiche
    L (BAR)
Urtica dioica – Große Brennessel
    L (WAL)
Rubus idaeus – Himbeere
    3 L (HAM, KIE, MER, SCÄ, STN)
Rubus fruticosus agg. – Brombeere (Sammelart)
    L (DEZ)
Sanguisorba minor – Kleiner Wiesenknopf
    L (MER)
Trifolium spec. – »Klee«
    L (HAM, HER, STN)
Lotus corniculatus – Gewöhnlicher Hornklee
    L (BAR, STN)
Onobrychis viciifolia – Futter-Esparsette
    L (BAR, STN)

Die wohl auffälligste, zu den »Schönbären« gehörende Nachtfalterart, die wir im Hochsommer auf Waldwegen beobachten können, ist die Spanische Fahne (*Callimorpha quadripunctaria*). Die Falter sitzen dort gern, oft in großer Anzahl, auf den Blüten des Wasserdosts. Sie fliegen aber auch in waldnahe Gärten, um vornehmlich am Sommerflieder (*Buddleja*) zu saugen. Auf der Schwäbischen Alb kann man sie, oft zusammen mit Zygaenen (Widderchen), auf Disteln beobachten. – Bissingen, Eichhalde 7.8.92 A. BAYER.

Lithospermum purpurocaeruleum – Blauroter Steinsame
    L (HEN)
Echium vulgare – Natterkopf
    L (ALB)
Lamium album – Weiße Taubnessel
    L (WAL)
Lamium spec. – »Rote Taubnessel«[2]
    L (WAL)
Salvia pratensis – Wiesen-Salbei
    3 L (HAM, HER, STN, WAL)
Lonicera xylosteum – Rote Heckenkirsche
    L (BAR, STN)
Lonicera periclymenum – Wald-Geißblatt
    L (ECK)
Eupatorium cannabinum – Wasserdost
    L (DEZ)
Tussilago farfara – Huflattich
    L (BAR, STN)
Senecio fuchsii – Fuchs' Greiskraut
    3 L (EBE, ECK, DEZ)

---
[2] Gemeldet als *Lamium purpureum* (Rote Taubnessel), möglicherweise aber *Lamium maculatum* (Gefleckte Taubnessel).

In Ausnahmefällen können die Hinterflügel gelb statt zinnoberrot gefärbt sein. Diese Färbungsvariante kommt auch bei anderen Bärenspinnerarten mit roten Hinterflügeln vor und war früher ein begehrtes Sammelobjekt. – Malsch-Sulzbach 18.8.91 G. EBERT.

Gegenüber der Vergleichsart *C. dominula* wurden bei *C. quadripunctaria* bisher um die Hälfte weniger Raupennahrungspflanzen festgestellt. Dies dürfte jedoch am etwas abweichenden Larvalverhalten liegen (tagsüber mehr einzeln und versteckt, insgesamt weniger auffällig). Während bei *C. dominula* 15 von 34 notierten Pflanzenarten auf Bäume und Sträucher entfallen, sind es bei *C. quadripunctaria* nur 3 von bisher 16. Zweifellos wird man bei beiden Bärenspinnern auch in Baden-Württemberg noch weitaus mehr Pflanzenarten ermitteln können; dennoch scheint schon jetzt klar, daß für die Raupen der Spanischen Fahne Kräuter und Hochstauden (und damit bodennahe Vegetation) eine wichtigere Rolle spielen. Dies steht im Widerspruch zu den Angaben anderer Autoren, denen zufolge sie zunächst an krautigen Pflanzen leben, um nach der Überwinterung hauptsächlich auf Sträucher überzuwechseln (FORSTER 1960, FREINA & WITT 1987). Weitere, genau protokollierte Beobachtungen sind wünschenswert.

Beiden Arten gemeinsam ist eine auffallende larvale Präferenz für Himbeere und Fuchs'sches Greiskraut. So waren z. B. von 18 am 28. Mai (1992, Waldkirch: Wegelbach) beobachteten Raupen 12 an *Senecio fuchsii*, aber nur je 2 an *Eupatorium cannabinum* und *Rubus fruticosus* agg. (H. DEZULIAN). In waldnahen Gärten gefundene Raupen stammen von Weibchen ab, die hier vorhandene Nektarquellen wie z. B. den als Saugpflanze sehr attraktiven Sommerflieder (*Buddleja*) nutzen. Solche Raupen sind dann in Staudenbeeten, Rabatten usw. an vielerlei Pflanzen zu finden. Ihr nachtaktives Verhalten konnte hier schon mehrmals beobachtet werden (G. EBERT/E. ECKERT), aber auch an anderen Lokalitäten wie etwa trockenen Wegböschungen (mit Mesobrometen und Gebüschen) im Kaiserstuhl: um 22.30 Uhr 3 Raupen an Natternkopf fressend (M. ALBRECHT).

Nahrung des Falters: Die Flugzeit der Spanischen Fahne fällt ziemlich genau mit der Blühphänologie des Wasserdosts (*Eupatorium cannabinum*) zusammen. In Verbindung mit Morphologie (»Sitzblüte«), lokaler Häufigkeit und Standort dieser Pflanze dürfte dies auch die Ursache für das auffallende Präferenzverhalten der Falter sein, die in hohem Maße auf diese Pflanze als Nektarquelle fixiert sind. Zahlreiche Beobachtungen, insbesondere aus dem Schwarzwald und vom Albvorland, bestätigen das recht eindrucksvoll, z. B. K. BAUMANN: 6. August (1986, Dettingen, Sommerberg) von 172 Faltern 155 auf Blüten des Wasserdost. »Die Waldwege am Sommerberg mit ihren breiten, freien Seitenstreifen und der teilweise lichte Wald boten auch ein sonstiges gutes Blütenangebot, so daß es nicht so ist, daß dort ... kaum etwas außer Wasserdost zur Verfügung steht« (gleichzeitig 3 Falter an Zwergholunder, 5 an Acker-Kratzdistel und 6 an Wilder Karde). Mit insgesamt 570 noch weitaus höher war die Anzahl der am 12. August 1991 im gleichen Gebiet beobachteten Falter (K. BAUMANN). Davon saßen 493 an *Eupatorium cannabinum*, 15 an *Origanum vulgare*, 2 an *Angelica sylvestris*, 3 an *Stachys officinalis*, 1 an *Cirsium arvense*, 1 an *Daucus carota* und 13 an *Sambucus ebulus* (42 Tiere flogen oder saßen, ohne erkennbare Nahrungsaufnahme). Immerhin wurden mit Sumpf- und Kohldistel, Kugeldistel, Arznei-Baldrian, Fuchs' Greiskraut, Späte Goldrute und Taubenskabiose, außerdem noch Brombeere und Berg-Sandrapunzel (Einzelbeobachtungen) noch 9 weitere Nektarpflanzen notiert. Zusammengenommen verteilen sie sich auf 8 verschiedene Pflanzenfamilien (Korbblütler 7, Kardengewächse 2, Lippenblütler 2, Doldengewächse 2, und Baldriangewächse, Rosengewächse, Geisblattgewächse und Glockenblumengewächse je 1 Art). Große Bedeutung in Gärten hat der Fliederspeer (*Buddleja davidii*), während von der Prachtscharte (*Liatris spicata*) und dem Schecken-Knöterich (*Polygonum affine*) nur Einzelmel-

Aus der Nähe betrachtet zeigt die Raupe ihr unverwechselbares Aussehen: hellbraune, gelblich beborstete Warzen auf dunklem Grund, eine gelbe Rückenlinie und weiße Seitenflecken. Der Kopf ist schwarz. – Kaiserstuhl, NSG Badberg 25.5.94 M. ALBRECHT.

dungen vorliegen. Ein Falter wurde sogar an den reifen Früchten eines »Ringlo-Baumes«[3] beobachtet (Ispringen, Gewährsmann BREUER). Nicht bestätigte Hinweise sind »Luzerner Klee« (*Medicago sativa*?) und »Drüsiges Springkraut« (*Impatiens glandulifera*?). Bemerkenswert ist eine Beobachtung von G. BAISCH auf der Nordalb: »Am 12. 8. 1953 sah ich die Falter auf einem Trockenrasen nahe am Dorf Wiesensteig in einer solchen Anzahl [ca. 100], daß die Tiere auf den Distelblüten kaum Platz fanden«. Ähnliches berichtet G. REICH (Aufzeichnungen 1910–1965): »Donautal bei Inzighofen ... 4.VIII.29 in Masse auf Ackerdisteln ... 60 St. gefg.«. »Disteln« (*Cirsium* spp.) werden sicherlich dort, wo Wasserdost fehlt oder noch nicht aufgeblüht ist, am stärksten bevorzugt.

Habitat: Für *C. quadripunctaria* sind Schlagfluren und Vorwaldgehölze (Epilobietea angustifolii) wichtige Habitate, wobei frische, beschattete, wie auch sonnige, trockene, stellenweise aber auch luftfeuchte Binnensäume mit Kräutern und Hochstauden sowohl als Larval- wie auch als Nektarhabitat Bedeutung haben. In kalkreichen Gebieten wie der Schwäbischen Alb werden Falterkonzentrationen auch in offenen Bereichen wie z. B. an sonnigen, oftmals ruderalisierten Rändern waldnaher Magerrasen sowie in diesen selbst festgestellt, die dann dem Aufsuchen von Nektarquellen (Imaginalhabitat) zuzuordnen sind. Larvalhabitate in verbuschten Mesobrometen und an sonnigen, trockenen Waldrändern fand D. BARTSCH am Kappelberg und im Stromberg. Außerhalb unseres Untersuchungsgebietes, im Nahetal, fand er sogar Raupen an den trockensten Stellen der dortigen Xerothermhänge in Trockenmauerspalten ruhend!

Verhalten: Auf der Insel Rhodos ist diese Art durch ihr merkwürdiges Verhalten, nämlich in einem bestimmten Tal (»Schmetterlingstal, Butterfly Valley«) zu Tausenden dichtgedrängt an Ästen und Stämmen alter Bäume zu ruhen, zu einer bekannten, inzwischen jedoch überstrapazierten Touristenattraktion geworden. Eine derartige Sommerdiapause wird bei Populationen des europäischen Festlandes nicht beobachtet. Immerhin kommt es aber auch bei uns zu höheren Falterkonzentrationen, die in diesem Fall jedoch von Qualität und Standort der Nektarpflanzen abhängen, mit einem Diapauseverhalten also nichts zu tun haben. Auf der Suche nach Nahrungsquellen verlassen manche Falter ihr Entwicklungshabitat und fliegen mitunter weit

Die Raupe lebt an allerlei krautigen Pflanzen, hier z. B. an Roter Taubnessel, ist jedoch manchmal auch an Laubgehölzen zu finden. Himbeere und Fuchs' Greiskraut scheinen besonderen Vorzug zu genießen. Als Habitat sind vor allem sonnige, trockene bis frische Wegränder und Schlagfluren in Laubmischwäldern zu nennen. – Kaiserstuhl, Bötzingen 13.3.89 R. DISCH.

---

[3] Ringlotte, Reneklode, Reineclaude, auch Rundpflaume = *Prunus domestica* ssp. *italica*.

umher. Dabei gelangen sie auch in Gärten, wo sie mit Vorliebe an *Buddleja* saugen. Am Nordrand des Schwarzwaldes wurden mehrfach weibliche Tiere registriert, die an trüben aber schwülwarmen Spätnachmittagen im August aus einem etwa 300 m entfernten Wald über eine Streuobstwiese zum Ortsrand flogen. Sie verweilten hier in einem Garten nektarsaugend bis zur Morgendämmerung, wobei sie während der Nacht den *Buddleja*-Strauch mehrmals, vermutlich zum Zweck der Eiablage im Gartenbereich, kurzfristig verließen (G. EBERT). Über tagesrythmische Populationsbewegungen und Migration (ELGER 1969) liegen bisher aus Baden-Württemberg keine Beobachtungen vor.

Die Art fliegt am Tage bei Sonnenschein, kommt aber auch nachts zum Licht und dürfte in den Abend- und frühen Morgenstunden ihre größte Aktivität entfalten. Auch die Paarung fällt in die Nachtstunden. Die meiste Zeit verbringen die Tiere auf ihren Saugpflanzen, wobei sie auf Geräusche wie etwa das Klicken eines Kameraverschlusses, durch blitzschnelles Auffliegen reagieren können. Die Raupen von *C. quadripunctaria* sind nicht nur nachtaktiv, sie kommen sogar zum Licht. Auf einem breiten, sonnigen, von trockener Krautvegetation gesäumten Waldweg im Stromberg, auf dem geleuchtet wurde, waren es etwa 30, die aus allen Richtungen, über den Weg laufend, zur Lichtquelle kamen (D. BARTSCH).

Gefährdung und Schutz

Rote Liste Bundesrepublik: –
Rote Liste Baden-Württemberg: –

Oberrheinebene: Nicht gefährdet.
Schwarzwald: Nicht gefährdet.
Neckar-Tauberland: Nicht gefährdet.
Schwäbische Alb: Nicht gefährdet.
Oberschwaben: Nicht gefährdet.
(nur randlich vorkommend).

- In Baden-Württemberg nicht gefährdet!
  Besonders geschützt gemäß § 20 e
  ff. BNatSchG.
  Art der FFH-Richtlinie[4].

Die Bestandsentwicklung dieser früher als »gefährdet« eingestuften Art ist seit etwa 10 bis 15 Jahren deutlich progressiv. Während sie z. B. am Schwarzwaldrand südlich von Karlsruhe vor 1975 nur recht vereinzelt vorkam, können jetzt im Hochsommer an vielen zusagenden Stellen (Waldwege mit Beständen des Wasserdostes) Ansammlungen von 20 und mehr Tieren auf engem Raum festgestellt werden. Gleiches wird aus dem Ermstal bei Dettingen und von anderen Gebieten des Albvorlandes und der Schwäbischen Alb sowie aus dem Tauberland berichtet. Vermutlich handelt es sich dabei um ein zyklisches Verhalten, wie es ähnlich vom Trauermantel (*Nymphalis antiopa*) bekannt ist (vgl. Band 1, S. 362 ff.). Dafür und somit gegen eine rezente Arealerweiterung sprechen Beobachtungen aus früheren Jahrzehnten wie z. B. im mittelbadischen Raum, wo diese Art »sehr häufig und überall bei Tage im Sonnenschein fliegend, aber mehr im hügeligen und bergigen Terrain« vorkommt (GAUCKLER 1921). Schon vor fast 200 Jahren wurde sie um den Bodensee und in der Baar als »nicht ganz selten; sie flattert bey Tage an den Felsen« notiert (ROTH VON SCHRECKENSTEIN 1800). REUTTI (1853) meldete sie »im ganzen Lande am Gebirge hin stellenweise häufig...«, in Freiburg (Schlossberg etc.) »in Menge«. An der Neckarburg bei Rottweil wurde sie von 1930–1936 zahlreich, später jedoch nicht mehr beobachtet (H. HERRMANN).

Callimorpha dominula
(Linnaeus, 1758)
Schönbär

Panaxia dominula L. (FORSTER 1960, STRESEMANN, 1969, EBERT 1978, KOCH 1984)

Gesamtverbreitung: Vom Norden der Iberischen Halbinsel durch Europa einschließlich Südengland und dem Süden Fennoskandiens, bis ins Wolgagebiet und zum Ural. Im Süden erstreckt sich die Verbreitung durch den nördlichen Mittelmeerraum bis nach Iran.

Verbreitung

Regional: Der Schönbär ist in Baden-Württemberg in den waldreichen Gebieten zuhause. Die Schwerpunkte seiner Verbreitung befinden sich im Schwarzwald, Schönbuch/Glemswald, in den Schwäbisch-Fränkischen Waldbergen sowie im Alpenvorland (Oberschwäbisches und Westallgäuer Hügelland, Adelegg, Bodenseebecken). Weitere Vorkommen liegen im nördlichen und südlichen Oberrheinischen Tiefland und angrenzenden Gebieten (Hardtebenen, Kaiserstuhl, Schwarzwald-Vorbergzone, Sandstein-Odenwald, Kraichgau), im Neckarbecken und Stromberg,

[4] Siehe Band 3, S. 119.

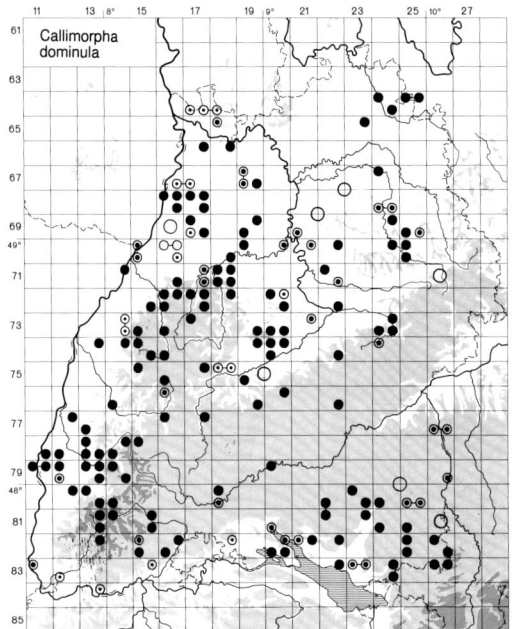

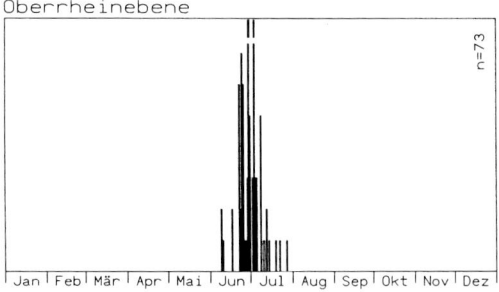

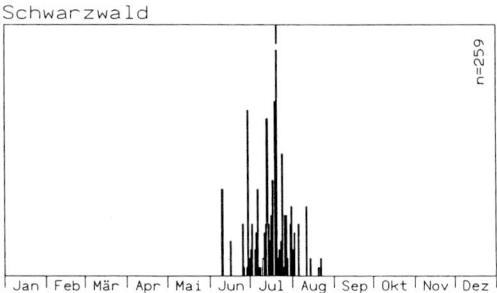

Schwarzwald und in Oberschwaben bis Anfang (Mitte) August. Sie erreicht Anfang bis Mitte Juli ihren Höhepunkt, in der Oberrheinebene schon um die Monatswende Juni/Juli. Als frühestes Falterdatum wurde der 9. Juni (1993, Kaiserstuhl: Schelingen, AG FREIBURG) notiert, als spätestes der 22. August (1987, Schwarzwald: Oppenau, M. MEIER). Eine schwache zeitliche Verschiebung der Imaginalphase in den kühleren Naturräumen gegenüber dem wärmebegünstigten Oberrheini-

dem Vorland der Schwäbischen Alb sowie im Tauberland und Alb-Wutach-Gebiet. Auf der Schwäbischen Alb ist die Art nur spärlich vertreten (Mittlere Kuppenalb, Baaralb und Oberes Donautal). In anderen Gebieten fehlt sie (Bauland, Ostalb, nördliches Oberschwaben) oder es liegen nur alte Meldungen vor (Illertal, Hochrhein, Vorderer Odenwald). Zu älteren Verbreitungsangaben (vgl. REUTTI 1898, SCHNEIDER 1937), nach denen *C. dominula* »überall« bzw. »im ganzen Gebiet verbreitet und häufig« (gewesen) sein soll, ergibt sich somit ein deutlicher Widerspruch.

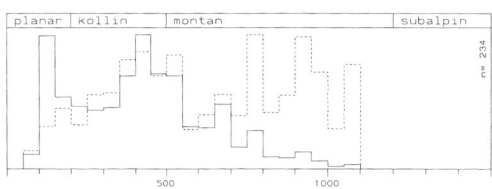

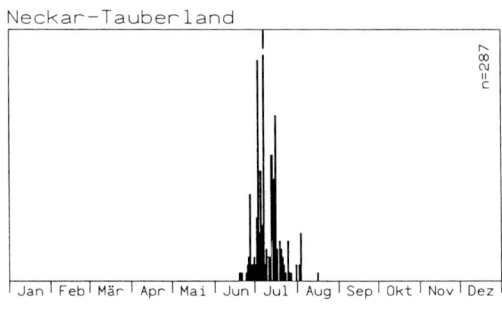

Vertikal: Von der Ebene bis in die montane Stufe, mit Schwerpunkt im Hügelland. Die höchsten Fundstellen liegen im Hochschwarzwald und auf der Adelegg um 1000 m.

Phänologie

Imagines: Die Flugzeit dieser univoltinen Art dauert von Mitte (Anfang) Juni bis Ende Juli, im

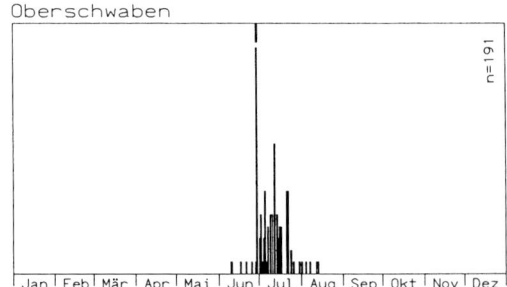

Sicherlich ebenso schön wie die Spanische Fahne, insgesamt jedoch viel seltener und daher auch weniger auffallend ist der Schönbär (*Callimorpha dominula*). Auch er benötigt nektarreiche Blütenpflanzen. Da er jedoch schon im Juni/Juli fliegt, steht ihm der erst später voll aufgeblühte Wasserdost noch kaum zur Verfügung. Seine Nektarpflanzen sind deshalb vornehmlich Disteln. – Adelegg 22.7.85 T. MARKTANNER.

schen Tiefland, aus dem z. B. keine Falterdaten im August bekannt sind, ist deutlich erkennbar.

Präimaginalstadien: Vor ihrer Überwinterung ist die Raupe bisher kaum beobachtet worden (Ausnahmen: 21.9.1951, Raumünzach, A. GREMMINGER; 19.10.1987, Klosterreichenbach, M. MEIER). BAUDREXLER (1900) will sie am 10.12.1898 von Salweide geklopft haben (Prim-Tal bei Rottweil). Im Frühjahr macht sie dagegen durch ihre hübsche schwarzgelbe Färbung und ihr zunächst gesellschaftliches Auftreten sofort auf sich aufmerksam und wird dementsprechend oft registriert. Die Meldungen reichen vom 15. März (1989, Pforzheim: Hagenschieß, 2 Raupen 2 cm, R. KONTERMANN) bis zum 11. Juni (1987, Adelegg, T. MARKTANNER).

Ökologie

Lebensraum: Krautreiche, feuchte Talauen, Lichtungen, Böschungen und Randstreifen an Straßen und Wegen, Bach- und Grabenränder sowie Schlagfluren und Quellgebiete in Nadel- und Laubmischwäldern. Dieser für *C. dominula* typische Lebensraum hat für alle Hauptnaturräume des Landes die selbe Bedeutung; regionale Varianten gehen aus den Beschreibungen der Mitarbeiter hervor, z. B. im Hochschwarzwald (bei Todtnau) »lichte Hochwaldflächen ... Bachlauf« (J. ASAL); auf der Adelegg »Hochstaudenflur im Tobeltal ... aufgeforsteter krautiger Tobelhang mit Quellfluren« (M. GOLDSCHALT, T. MARKTANNER); im Stromberggebiet »Erlen-Bachaue mit Beständen der Sumpfdotterblume« (G. EBERT); am Kraichgaurand »krautreicher Waldschlag am Hang mit viel Disteln und Wasserdost« (H. HEIDEMANN); im Nordschwarzwald »in allen engeren Tälern« (K. STROBEL).

Nahrung der Raupe:
Salix fragilis – Bruch-Weide
  L (MAR)
Salix purpurea – Purpur-Weide
  L (MAR)
Salix aurita – Ohr-Weide
  L (SCI)
Salix caprea – Sal-Weide
  L (BAR, MAR, SCÄ, STR, WLL)
Carpinus betulus – Hainbuche
  L (KIE)
Corylus avellana – Hasel
  L (KIE)
Alnus glutinosa – Schwarz-Erle
  L (MAR)
Fagus sylvatica – Rotbuche
  L (HEH, WER)
Quercus robur – Stiel-Eiche
  L (KIE)
Urtica dioica – Große Brennnessel
  3 L (ASA, DEZ, GRE, LOS, MAR, REI, SCA, SCÄ, STN, WEF, WLL)
Caltha palustris – Sumpfdotterblume
  L (LOS)
Rubus idaeus – Himbeere
  3 L (BAI, BAR, BER, DAU, DEZ, GAU, KIE, KNA, LOS, MAR, SCI, STU, WAL, WLL)
Rubus fruticosus agg. – Brombeere (Sammelart)
  L (HER, KIE, MAR, NIK)
Potentilla reptans – Kriechendes Fingerkraut
  L (KON)
Fragaria spec. – »Erdbeere«
  L (DAU, GAU)
Filipendula ulmaria – Mädesüß
  L (KIE, KON)
Prunus padus – Traubenkirsche
  L (KIE)
Evonymus europaeus – Gewöhnliches Pfaffenkäppchen
  L (KIE)
Cornus sanguinea – Roter Hartriegel
  L (KIE)

Primula elatior – Große Schlüsselblume
  L (Mar)
Fraxinus excelsior – Esche
  L (Kie)
Cynoglossum spec. – »Hundszunge«
  L (Lie)
Myosotis spec. – »Vergißmeinnicht«
  L (Asa, Dau)
Pulmonaria spec. – »Lungenkraut«
  L (Scu)
Symphytum spec. – »Beinwell«
  L (Gre, Kie, Los)
Lamium spec. – »Taubnessel«
  L (Asa, Bai, Dau, Dez)
Sambucus spec. – »Holunder«
  L (Göp)
Lonicera xylosteum – Rote Heckenkirsche
  L (Heh, Mar, Wer)
Tussilago farfara – Huflattich
  L (Mar)
Senecio fuchsii – Fuchs' Greiskraut
  3 L (Bar, Dez, Ebe, Eck, Kie)
Senecio spec. – »Greiskraut«
  L (Göp)
Cirsium vulgare – Gewöhnliche Kratzdistel
  L (Mar)
Cirsium oleraceum – Kohldistel
  L (Hei, Mar)
Cirsium arvense – Acker-Kratzdistel
  (Mar)

Die Raupen des Schönbärs erinnern wegen ihrer gelbschwarzen Färbung, vor allem wenn sie noch auf Brennesseln sitzen, zunächst an diejenigen vom Kleinen Fuchs (*Aglais urticae*, s. Bd. 1, S. 395). Bei näherem Hinsehen läßt sich dann allerdings sehr schnell der Unterschied feststellen. – Adelegg, Eisenbacher Tobel 8.5.93 M. Albrecht.

Wie die umfangreiche Liste der in Baden-Württemberg beobachteten Nahrungspflanzen zeigt, sind die Raupen sowohl auf Bäumen und Sträuchern als auch auf krautigen Pflanzen zu finden. Über dieses interessante Verhalten liegen genauere Beobachtungsdaten vor. So hat E. Kiefer am Mindelsee (Bodenseebecken) zur Zeit des Laubaustriebes eine deutliche Präferenz der zweidrittel- bis vollerwachsenen Raupen für Büsche und Bäume festgestellt: »Am Boden wuchs stellenweise reichlich *Filipendula*, es wurde aber nicht eine einzige Raupe daran gefunden«. Die Sitzhöhe betrug »überwiegend zwischen 0.5 und 1.5 m über dem Boden. Einige wenige über 2 m, in einem Fall in 3 m Höhe[1] an Esche«. Eindeutig bevorzugt wurde übrigens die Hasel. Andere Mitarbeiter kamen zu ähnlichen Beobachtungen. So fand H. Herrmann »an einer steilen Halde, Kahlhieb mit Gestrüpp (abgeholzter Buchenwald, Halbschatten)« 10 Raupen, von denen 8 an der Roten Heckenkirsche und 2 an Buchenschößlingen fraßen. D. Bartsch fand eine Raupe »an *Salix caprea* in 50 cm Höhe fressend« (und andere in 1–2 m Höhe), E. Friedrich (schriftl. Mitt.) »bei Stuttgart u. Böblingen in den 50er und 60er Jahren Raupen oft häufig im Mai an frisch austreibenden Distelrosetten und jungen Salweidenruten, meist (halb-)schattig und feucht stehend«.

Schmalblättrige Weidenarten als Raupennahrungspflanzen von *C. dominula* werden von T. Marktanner gemeldet. Larvalhabitat war hier ein erst vor Jahren als Forstweg ausgebauter Waldweg entlang eines tief eingeschnittenen Tobels mit Bachlauf. Der durch den Wegebau angeschnittene Hang ist quellig und besteht an mehreren Stellen aus sandig-lehmigen, mehrere Meter hohen Steilwänden, an denen die Weiden wohl zur Befestigung angepflanzt wurden. Von den am 28.4.1992 gezählten 62 Raupen saßen 11 auf den schmalblättrigen Arten, auf einer Pflanze 3 Raupen bis in 1.5 m Höhe, weitere 11 auf Schwarzerle, davon eine am Schößling, 6 an bis zu 4 m hohen Sträuchern in 1.5–2 m Höhe, eine an Blattknospe fressend, 5 an Salweide und 1 an

---

[1] D. Bartsch fand in der Südoststeiermark eine Raupe von *C. dominula* an Silberpappel in ca. 6 m Höhe!

Roter Heckenkirsche. Am gleichen Tag wurden am selben Forstweg 13 Raupen an Huflattich, 2 an Kohldistel, 1 an der Großen Schlüsselblume, 2 an Brombeere und 12 an Himbeere gefunden; drei saßen im Fallaub. »Trotz vorhandener Brennesselbestände wurde keine Raupe an der sonst bevorzugten Futterpflanze gefunden. Später austreibende Gehölze, wie Erle und Weide, werden erst nach der Laubbildung aufgesucht. Der erste Frühjahrsfraß erfolgt offenbar auch bei solchen Raupen an niederen Pflanzen« (T. MARKTANNER).

Diese Beispiele zeigen, wie sehr das Präferenzverhalten der Raupen von *Callimorpha dominula* vom regional und jahreszeitlich unterschiedlichem Nahrungsspektrum abhängt. Die in der Regel bevorzugten Nahrungspflanzen Himbeere, Große Brennessel und Fuchs'sches Greiskraut müssen nicht überall und während der gesamten Larvalentwicklung diesen Rang einnehmen. Dafür, daß es dennoch der Fall sein kann, liegen ebenfalls Beobachtungen vor, z. B. »seit 28 Jahren regelmäßig Raupenfunde entlang eines Weges im Seewald bei Friedrichshafen, davon 90% an Großer Brennessel, außerdem an Himbeere u. (1) Gewöhn. Kratzdistel. Art ist also sehr standorttreu. Maximum an einem Tag: 75 Raupen« (T. MARKTANNER). »In den Schönbuchtälern vor allem an Brennesseln nicht selten« wird von MEIER & STEINER (1988) angegeben.

In England (Oxford-Region) wurde festgestellt, daß die Raupen nach der Überwinterung zunächst an *Symphytum officinale* fraßen, um dann auf andere Pflanzen überzuwechseln, insbesondere auf Weiden (*Salix caprea, S. alba*), Hasel, Stieleiche und Hundsrose. Besonders bemerkenswert war hier jedoch die Beobachtung von Raupen, die an den Sporangien des Riesen-Schachtelhalms (*Equisetum telmateia*) fraßen (OWEN 1993).

Nahrung des Falters: Wie die Spanische Fahne so ist auch der nahe verwandte Schönbär auf Nektarnahrung angewiesen. Die Falter sind deshalb an sonnigen bis halbschattigen Plätzen im lichten Wald oder in Waldnähe vorwiegend an Disteln (*Cirsium arvense, C. vulgare*) anzutreffen, ferner an frühzeitig aufgeblühtem Wasserdost (*Eupatorium cannabinum*) sowie an Bärenklau (*Heracleum sphondylium*). Einmal wurde ein Exemplar auch auf Acker-Witwenblume (*Knautia arvensis*), zwei Falter auf Einjährigem Feinstrahl (*Erigeron annuus*) und ein Falter auf Arznei-Baldrian (*Valeriana officinalis*) beobachtet. Andererseits konnte an verschiedenen Stellen im Schwarzwald bei insgesamt 13 frischen Tieren »trotz intensiver Beobachtung kein Blütenbesuch festgestellt werden. Die Art ist weit flugunlustiger als *quadripunctaria*« (E. KIEFER). Auf einer bestimmten Waldlichtung bei Stuttgart saßen die Falter regelmäßig im Juli auf Brombeerblüten (D. BARTSCH).

Habitat: Oftmals durch anthropogene Faktoren entstandene oder gestörte Flächen, die sich pflanzensoziologisch nicht näher beschreiben lassen (insbesondere die Ränder von Waldwegen und Gräben, ferner Böschungen, Hänge usw.). Hervorzuheben sind jedoch Schlagfluren und Vorwald-Gehölze (Epilobietea angustifolii). Ihre Sukzession bis hin zur Wiederbewaldung wird, soweit es die mesophytischen buchenwaldartigen Laubwälder (OBERDORFER 1957) betrifft, durch eine im 1. Stadium dominante Kratzdistel-Gesellschaft, im 2. Stadium durch das Überhandnehmen von Himbeer-Gebüschen und Fuchs'-Greiskraut-Hochstaudenfluren geprägt, die später von

Luftfeuchte Brennesselfluren auf Waldlichtungen, an Gräben und an ähnlichen Stellen gehören zum Habitatspektrum dieser Art, die im Larvenstadium allerdings noch eine Vielzahl anderer Standorte mit sehr unterschiedlichen Pflanzen, darunter auch reichlich Laubgehölze, zu nutzen vermag. – Waldkirch-Buchholz 13.5.92 R. DISCH.

den Holunder-Salweiden-Schlaggebüschen abgelöst werden. In diesem Bereich ist in unserem Faunengebiet heute das »natürliche Habitat« von *C. dominula* zu suchen, dem sich Larven und Falter phänologisch angepaßt haben.

Verhalten: Verschiedenen Beobachtungen zufolge sind die Falter tagaktiv, fliegen gerne im Sonnenschein, kommen aber auch nachts zum Licht. »Sie besuchen gerne die Blüten verschiedener Kratzdisteln. Tagsüber ruhen sie in der Vegetation. Gestört, flüchten sie oft in das Geäst von Fichten und anderen Bäumen« (T. MARKTANNER). Auch anderenorts wurde der kraftvolle Flug und das nach oben gerichtete Flugverhalten (»into a Poplar tree at the height of about 50 ft«) festgestellt (MOORE 1981). Bei Leonberg-Eltingen wurde im Juli 1967 innerhalb einer Pappelpflanzung und in Mischwaldrandlage (halbschattig, teils sonnig) ein »Massenflug von Faltern am späten Vormittag auf ca. 250 m^2 Fläche ca. 70 Falter. Einzige Beobachtung dieser Art« notiert (E. FRIEDRICH).

Gefährdung und Schutz

Rote Liste Bundesrepublik: –
Rote Liste Baden-Württemberg: V

Oberrheinebene: Art der Vorwarnliste.
Schwarzwald: Nicht gefährdet.
Neckar-Tauberland: Art der Vorwarnliste.
Schwäbische Alb: Art der Vorwarnliste.
Oberschwaben: Gefährdet (im Naturraum regional bereits ausgestorben oder verschollen).

- In Baden-Württemberg eine Art der Vorwarnliste!
Besonders geschützt gemäß § 20 e ff. BNatSchG.

In den Roten Listen Bundesrepublik (1984) und Baden-Württemberg (1977) ist *Callimorpha dominula* jeweils unter »gefährdet« aufgeführt. Tatsächlich gibt es aus unserem Untersuchungsgebiet zahlreiche Hinweise, die auf einen Rückgang schließen lassen. Gemeint ist damit das »massenhafte« Vorkommen von Raupen in früheren Jahren an Stellen, wo diese Art heute nicht mehr beobachtet wird. Als Beispiele können der Hardtwald bei Karlsruhe (»27.4.–13.5.1877 216 Raupen«, M. DAUB) und das Monbachtal am Nordrand des Schwarzwaldes (»in manchen Jahren bis zu 150 Raupen gefunden«, K. STROBEL) angeführt werden. Anfang der 60er Jahre konnten im Wurzacher Ried noch einzelne Falter am Licht registriert werden, später dann nicht mehr (G. BAISCH). Im Raum Stuttgart war diese Art um 1960 »noch recht zahlreich, in den letzten Jahren aber merklich seltener geworden, an einzelnen Flugstellen bereits ganz verschwunden (Mahdenbachtal bei Rohr, Schmellbachtal, Katzenbacherhof)«(SCHÄFER 1980), nach D. BARTSCH aber auch nach 1977 noch im Schwarzwildpark bei Botnang, Mahdenbachtal bei Musberg und die Bodenseewasserleitung entlang bis ins Sulzbachtal, Schönbuch-Eichenfirst sowie im Glemswald (verschiedene Lokalitäten).

Aus solchen Beobachtungen lassen sich natürlich noch keine Gefährdungsfaktoren ableiten. Aufgrund ihrer Lebensweise könnte die Art sogar als anpassungsfähig bezeichnet werden, wenngleich sie auf bestimmte forstliche Maßnahmen (großflächige Kahlhiebe mit maschinell betriebener Ausstockung und Wiederaufforstung, »Waldpflege« mit Säuberung der Weg- und Grabenränder usw.) sicherlich sehr empfindlich reagiert. Ob sich die gebietsweise großen, durch die Stürme zum Jahresbeginn 1990 verursachten Windwurfflächen positiv auf die Art ausgewirkt haben, ist noch nicht näher untersucht worden. Zum gegenwärtigen Zeitpunkt erscheint es sinnvoll, eher eine Vorwarnung auszusprechen und die weitere Bestandsentwicklung in allen Hauptnaturräumen aufmerksam zu beobachten.

Nyctemerinae

Von GÜNTER EBERT

Die Arten dieser Unterfamilie sind indoaustralisch-afrikanisch verbreitet. Eine von ihnen, der Jakobskrautbär oder »Blutbär« (*Tyria jacobaeae*) kommt auch in unserem Faunengebiet vor. Charakteristisch für ihn wie auch für einige seiner nächsten Verwandten ist, daß er sich auf alkaloidreiche, d.h. für die meisten anderen Tiere giftige Pflanzen der Gattung *Senecio* spezialisiert hat. Wie die Widderchen (Zygaenidae, vgl. Bd.3) besitzt auch unser einheimischer Vertreter eine deutlich ausgeprägte Rot-Schwarz-Kontrastfärbung bei den Imagines und Gelb-Schwarz-Färbung bei den Raupen (aposematisches Muster), die Ungenießbarkeit anzeigt und so einen trefflichen Schutz gegenüber Freßfeinden wie z.B. Vögel bietet. Beim Falter ist der Saugrüssel verkümmert, er kann deshalb keine Blütennahrung aufnehmen.

Tyria jacobaeae
(Linnaeus, 1758)

Jakobskrautbär, Blutbär

Euchelia jacobaeae L. (REUTTI 1898)
Hipocrita jacobaeae L. (LAMPERT 1907, SEITZ 1907–1954, SPULER 1908–1910, REBEL 1910, ECKSTEIN 1913–1923, HERING 1932, SCHNEIDER 1936–1939, BERGMANN 1951–1955, KOCH 1955)
Thyria jacobaeae L. (FORSTER 1960, STRESEMANN 1969, NOVAK & SEVERA 1980, KOCH 1984)

Gesamtverbreitung: Von der Iberischen Halbinsel durch Europa, einschließlich der Britischen Inseln und dem Süden Skandinaviens, ostwärts bis Sibirien und zum Altaigebirge. Im Süden durch den Mittelmeerraum bis Kleinasien. Auch in Nordamerika und Australien, wo die Art versuchsweise zur Bekämpfung der als Weideunkraut gefürchteten ragwort (*Senecio jacobaea*) eingesetzt wurde (HEATH & EMMET 1979).

Verbreitung

Regional: Fundmeldungen zum Vorkommen des Jakobskrautbären finden sich über das ganze Land verstreut. Die Hälfte davon stammt aus der Zeit vor 1970, oft sogar vor 1950 und bedarf dringend der Bestätigung. Es hat den Anschein, als seien viele Populationen erloschen und die Art in einer anhaltend regressiven Bestandsentwicklung begriffen. Das betrifft vor allem die wenigen Nachweise aus dem Schwarzwald, wobei nicht klar ist, ob sie dort überhaupt jemals bodenständig war, sowie die spärlichen Funde von der Ostalb. Beides steht im Widerspruch zu älteren Angaben (REUTTI 1898: »überall gemein«; SCHNEIDER 1937: »im ganzen Gebiet verbreitet und häufig«), die sicherlich durch lokale Raupenfunde (»oft zu Tausenden«, SCHNEIDER l.c.) beeinflußt worden sind. Tatsächlich kann aus keinem Naturraum, die Markgräfler Rheinebene vielleicht ausgenommen, eine auch nur annähernd flächendeckende Verbreitung nachgewiesen werden. Teilweise noch aktuelle Fundhäufungen sind in der Oberrheinebene, auf der Mittleren Kuppenalb mit Vorland, im nördlichen Oberschwaben, westlichen Bodenseebecken, Hegau und auf der Hegaualb festgestellt worden. Auch aus dem Tauberland/Bauland liegen einige neuere Meldungen vor.

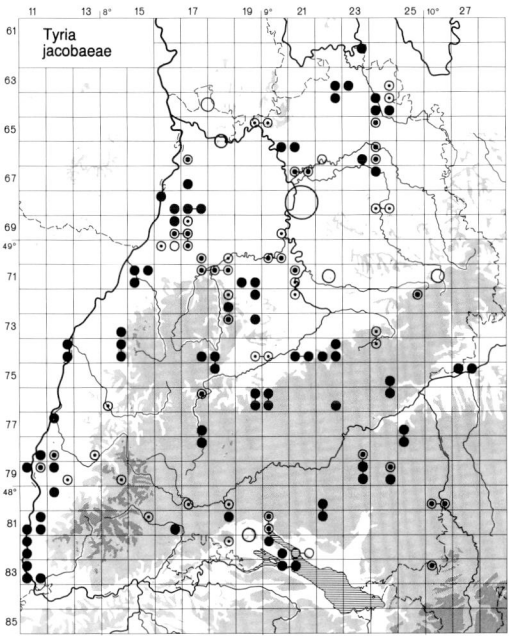

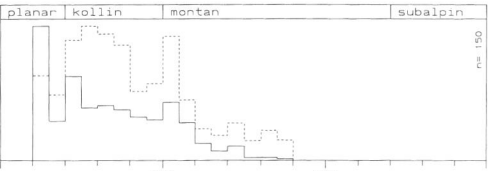

Vertikal: Die Höhenverbreitung umfaßt die planare und kolline Stufe. Aus dem submontanen Bereich stammen nur noch wenige Funde, der höchstgelegene aus der Umgebung von Rötenbach, um 850 m (1937, Gewährsmann VOLLMER, nach Kartei A. GREMMINGER).

Phänologie

Imagines: In der Literatur sind voneinander abweichende Interpretationen der Phänologie dieser Art enthalten: »... von Mai bis Anfang August« (FORSTER 1960), »Von Mai bis Juli in 1 Generation« (FREINA & WITT 1987), »M5 – M7« (KOCH 1984), »Der Falter fliegt von E. 5 bis E. 6« (BERGMANN 1953). In Großbritannien fliegen die Falter »univoltine« von Ende Mai bis Mitte Juli (HEATH & EMMET 1979). Für unser Faunengebiet wird »V. und VI.« (SCHNEIDER 1937) und »Von Mai bis August in mehreren Generationen« (REUTTI 1898) angegeben.

Wie die Datenauswertung zeigt, wird die Flugzeit von *T. jacobaeae* von klimatischen Verhältnissen beeinflußt. In der Oberrheinebene und in den warmen Gebieten des Neckar-Tauberlandes beginnt sie übereinstimmend am Anfang der 1. Mai-Dekade und dauert bis Ende Juni. Eine 2.

Flugperiode, die allerdings durch eine weitaus geringere Individuenzahl geprägt ist, baut sich im Juli auf und endet Mitte August. Daß es sich dabei um eine in diesen beiden Naturräumen regelmäßig auftretende partielle 2. Gen. handeln könnte, wird durch die Beobachtung gestützt, daß sie im merklich kühleren nördlichen Oberschwaben fehlt. Dort beginnt die Flugzeit um die Monatsmitte Mai und endet mit Ablauf der 2. Juli-Dekade.

Präimaginalstadien: Im kombinierten Phänogramm tritt der Verlauf der Imaginal- und Larvalphasen deutlich hervor. Ein erster, früher Raupenfund datiert vom 31. Mai (1964, Friolzheim, M. WALLNER). Von Mitte Juni an häufen sich die Funde und erreichen Mitte Juli ihr Maximum. Es handelt sich um die Nachkommen der individuenstarken Mai/Juni-Generation, aus denen sich wiederum die August-Falter entwickeln dürften. Es ist jedoch anzunehmen, daß ein größerer Teil als Puppe überwintert (z. B. W. NOWOSAD: »... ca. 30 Raupen auf *Senecio jacobaeae* am 12. 6. 1987 in Schweinberg ... 9 Raupen mitgenommen ... Verpuppung zwischen dem 3. und 7. 9. 1987 ... Überwintern derzeit auf dem Balkon«). BAUDREXLER (1900) berichtet von »drei Puppen von *Euchelia jacobaeae*«, die er im Prim-Tal bei Rottweil »unter einem großen Feldsteine« am 10. 12. 1898 fand. Im August treten, zeitgleich mit den Imagines, wieder vermehrt Raupen auf (z. B. A. GREMMINGER: 13. 8. 1944, Bruchsal: Michaelsberg, frische Falter und Raupen). Die hohen Individuenzahlen des Monats Juli werden dabei allerdings nicht mehr erreicht. Diese Rau-

Der Jakobskrautbär (*Tyria jacobaeae*), auch »Blutbär« genannt, ist in den letzten Jahren zunehmend seltener geworden und muß inzwischen in Baden-Württemberg als »gefährdet« betrachtet werden. Den charakteristisch gezeichneten Falter sieht man manchmal einzeln in der Bodenvegetation an Grashalmen und Pflanzenstengeln ruhen. – Kaiserstuhl 15.5.89 R. DISCH.

pen verpuppen sich bis Ende August/Anfang September und überwintern ebenfalls in diesem Stadium. Die Frage, ob daraus zeitverzögert die Imagines der »2. Gen.« schlüpfen, ist zunächst rein hypothetisch und für unser Untersuchungsgebiet noch nicht überprüft worden. In England wechseln die Raupen Ende Juli oder einige Wochen später in das Puppenstadium über, je nach jahreszeitlichem Witterungsverlauf. Vereinzelte Raupen verbleiben noch für einige Wochen, nachdem sich der größte Schub verpuppt hat, auf den Wirtspflanzen (CAMERON 1935).

Ökologie

Lebensraum: Halbtrockenrasen, magere Wiesen und Brachen sowie Ruderalflächen, oft an Weg- und Straßenrändern, Böschungen und Dämmen, auch in Steinbrüchen. Daneben aber auch

Feuchtwiesen (nährstoffreiche Naßwiesen, ungedüngte Streuwiesen und Flachmoorwiesen) und Seggenrieder.

Nahrung der Raupe:
Senecio paludosus – Sumpf-Greiskraut
   L (Mar)
Senecio erucifolius – Raukenblättriges Greiskraut
   3 L (Ebe, Kie, Lus, Mar, Ren)
Senecio jacobaea – Jakobs-Greiskraut
   3 L (Ebe, Heg, Hen, Hof, Hüb, Kie, Lie, Los, Now, Ram, Rei, Ren, Ser, Tho, Wal, Wei)
Senecio aquaticus – Wasser-Greiskraut
   2 L (Alb, Sch)

Bei einem vielleicht nicht unerheblichen Teil der an »Jakobskreuzkraut« gemeldeten Raupen dürfte es sich um solche vom Raukenblättrigen Greiskraut gehandelt haben. Dies trifft vor allem auf Larvalfunde aus den oberschwäbischen Mooren zu. Dennoch kann die Bewertung von *Senecio erucifolius* und *S. jacobaea* in dieser Form bestehen bleiben, da an Trockenstandorten in unserem Faunengebiet beide Pflanzen regelmäßig von *T. jacobaeae* genutzt werden. Über die quantitative Bedeutung des Sumpf-Greiskrautes, das in den Moorgebieten hinzukommt, liegen noch keine ausreichenden Beobachtungen vor. Als eine weitere Raupennahrungspflanze wird das Wasser-Greiskraut angeführt. An ihm fand bereits H. Lienig (allerdings im benachbarten Hessen) am 18.8.1946 im »Muggensturmer Moor ... die Raupen in großer Anzahl ... sämtliche *Senecio aquatica*-Stauden sind besetzt ... sammelte ca. 150 Stück ein«. Nun liegt auch aus unserem Faunengebiet eine solche Meldung vor (Kaltbrunn: Schalmenried, 16.7.1993, M. Albrecht). Dabei handelt es sich um eine ähnlich große Raupenkonzentration (150, halb bis ganz erwachsen) am Wasser-Greiskraut. Schon 1988 hatte A. Schanowski bei Lauf (Schwarzwaldrand) einige Raupen an dieser Pflanze gefunden.

Die Raupen des Blutbärs sind oligophag an *Senecio*-Arten gebunden. Diese Pflanzen enthalten pyrrolizidine Alkaloide, die eine wirksame chemische Abwehr gegenüber polyphagen Blattfressern bilden. Dagegen wird die gebietsweise monophag an *Senecio jacobaea* oder oligophag an verschiedenen *Senecio*-Arten lebende Art *Tyria jacobaeae* davon nicht beeinflußt. Sie hat sich ihren Nahrungspflanzen angepaßt, auch wenn diese Alkaloide in hohen Konzentrationen enthalten. Dort, wo es signifikante Unterschiede im

Die Eier werden an der Nahrungspflanze auf der Unterseite meist tiefer sitzender Blätter zwischen den Blattrippen abgelegt. Es handelt sich dabei um mehrere, auf verschiedene Pflanzen verteilte Eispiegel, die gewöhnlich zwischen 20 und 40 Eier, oft jedoch auch noch mehr enthalten. – Südbaden, Istein 31.5.84 F. Ebser. S.

Wachstum der Raupen gibt, können sie nicht auf unterschiedliche Konzentrationen dieses chemischen Wirkstoffes zurückgeführt werden (Vrieling, Soldaat & Smit 1991). Das auf steinigen Böden häufige Klebrige Greiskraut (*Senecio viscosus*) scheidet allerdings aus. Hier ist das Klebsekret, das die ganze Oberfläche der Pflanze überzieht, in seiner Abwehrfunktion auch gegenüber *T. jacobaeae* wirksam. Befreit man jedoch die Pflanze im Fütterungsversuch durch Alkoholspülung von diesem Sekret, wird sie genau so wie alle anderen *Senecio*-Arten gefressen (Merz 1959).

Die enge Verbindung des Blutbärs mit dem Jakobs-Greiskraut als eine der beiden in unserem Untersuchungsgebiet besonders bevorzugten Greiskraut-Arten ist wegen des von Zeit zu Zeit zu beobachtenden Kahlfraßes, gefolgt von Abwanderung und Hungertod der Raupen besonders bemerkenswert. Einmal wurde in einem solchen Fall Weiterfraß an Huflattich[1] beobachtet (Umgebung Künzelsau, A. Eberhard), in einem anderen (Bad Cannstadt, 1928) an Brennesseln

---
[1] Bode (1929) erwähnt, daß er »bei Oberstdorf im Allgäu ein Gelege auf Huflattich (!)« entdeckt habe. In Ungarn sollen Raupen »feeding on *Sisymbrium sophia* ... und »*Podospermum jacquinianum*« gefunden worden sein (C. Rothschild 1915).

Die Raupen sind einmal durch ihr gesellschaftliches Auftreten, zum anderen durch ihre gelbschwarze Warntracht eindeutig charakterisiert. Sie leben oligophag an *Senecio*-Arten. Die Alkaloide, die diese Pflanzen in hohem Maße enthalten und die sie – meist sehr effektiv – vor dem Gefressenwerden schützen, machen ihnen überhaupt nichts aus. – Oberrheinebene, Philippsburg 29.5.93 F. LAIER.

und Löwenzahn (SCHNEIDER 1937). Nahrungskonkurrenz und der durch Kahlfraß bedingte Zusammenbruch lokaler Nahrungsressourcen haben Veränderungen in der Bestandsentwicklung zur Folge, weil dadurch lokale Populationen des Blutbärs schlagartig aussterben können.

Die Bestandsentwicklung kann von zwei Faktoren wesentlich beeinflußt werden, nämlich dem Stickstoffgehalt der Nahrungspflanzen und dem Parasitierungsgrad durch *Apanteles popularis*. Niedriger Stickstoffgehalt in der Nahrungspflanze (*Senecio jacobaea*) wirkt sich negativ auf die Entwicklung der Eier des Blutbärs aus. In Laborversuchen wurde z. B. bei einer Konzentration von 17.2% ein Fruchtbarkeitsgrad von 170 Eiern pro Weibchen festgestellt, während unter optimalen Nahrungsbedingungen (Stickstoffgehalt über 22%) die Fruchtbarkeitsrate bei mehr als 400 Eiern pro Weibchen liegt. Beobachtungen an *T. jacobaeae*-Populationen und deren ausgedehnten Fluktuationen in Dünengebieten der Niederlande führten zu dem Schluß, daß das Risiko lokalen Aussterbens sehr hoch ist, dies umso mehr, als nach dem Zusammenbruch einer Population wegen Nahrungsmangel eine zweite Degression der Individuenzahlen zu beobachten ist, wahrscheinlich als Folge einer Verschlechterung der Nahrungsqualität oder erhöhter Parasitierung. Ökologische Vielfalt des Lebensraumes könne diese degressive Bestandsentwicklung zwar etwas, vermutlich jedoch nicht ausreichend abpuffern (VAN DER MEIJDEN, VAN WIJK und KOOI 1991).

Die Eiablage findet gewöhnlich in Gelegen zwischen den Blattadern auf der Unterseite der tieferen Blätter der Nahrungspflanze statt. Die Größe der Eigelege kann beträchtlich variieren. Ein Weibchen kann seine Eier in einer Anzahl von Gelegen ablegen, die Zahl hängt vom Zustand seiner Fruchtbarkeit ab. Die einzelnen Gelege enthalten meist mehr als 20 Eier. Eiablagen in größeren Gelegen und das gregare Verhalten junger Raupen bieten bessere Überlebenschancen. Frisch geschlüpfte Raupen bleiben zusammen und skelettieren zunächst das Blatt, auf dem die Eier abgelegt wurden, später die nächst erreichbaren Blätter. Nach dem 2. Häutungsstadium verteilen sie sich allmählich über die ganze Pflanze, mit zunehmendem Wachstum werden Blüten und Blütenknospen gefressen. Der Wechsel im Farbmuster der Raupen von einem unauffälligen Graugrün im L_1-Stadium zur bekannten Warnfärbung koinzidiert mit dem Wechsel der Larven von der Unterseite der Blätter zum Blütenstand. Die gelbschwarze Bänderzeichnung entwickelt sich erst in den späteren Häutungsstadien. Raupen aus saisonal späten Eiablagen haben gegenüber solchen aus frühen Eigelegen an noch kleinen *Senecio*-Pflanzen keine Entwicklungschancen, weil die Blätter, an welchen die Eier abgelegt wurden, von den älteren Larven noch vor dem Schlüpfen der L_1-Raupen abgefressen werden. Kleine Pflanzen mit geringer Biomasse bieten manchmal sogar für Raupen aus saisonal frühen Eigelegen nicht genügend Nahrung, um die Mindestgröße für die Verpuppung zu erreichen (VAN DER MEIJDEN 1976).

Habitat: Das Habitat wird hauptsächlich durch die jeweilige *Senecio*-Art bestimmt, die als Raupennahrungspflanze genutzt wird. Beim Jakobs-Greiskraut sind das Standorte (Störstellen !) im Arrhenatherion und Cynosurion, aber auch in stickstoffreichen Krautfluren (Dauco-Melilotion) oder im Mesobromion. Die meisten der frühsommerlichen Raupenfunde gehen wohl darauf zurück. Das Raukenblättrige Greiskraut in Kalkmagerrasen und auf ruderalisierten Flächen (meist an Bahndämmen, Straßenböschungen usw.) kann ebenfalls gleichzeitig oder im weiteren Verlauf des Sommers von den Raupen des Blutbärs belegt oder gar bevorzugt sein. In Feuchtgebieten (Bodensee, Oberschwaben) sind es die Standorte von *Senecio erucifolius* in trockenen Moorwiesen (Molinion) oder die des Sumpf-Greiskrautes im Magnocaricion (und Calthion) bzw. im Niedermoor (Caricion), häufig an Grabenrändern oder in den Verlandungsgesellschaften.

Verhalten: Die Falter ruhen tagsüber an Grashalmen u. dergl., fliegen aber auch oder können leicht aus der Vegetation aufgescheucht werden. Nachts kommen sie an das Licht. Wie z. B. T. MARKTANNER (schriftl. Mitt.) berichtet, fliegen sie »sowohl in trockenen Bereichen (Halbtrockenrasen, Magerwiesen) als auch auf feuchten Flächen (Naßwiesen, Steifseggenried)«.

Parasitoide: Für Baden-Württemberg liegt uns noch keine Meldung vor.

Als Parasitoid von *Tyria jacobaeae* ist in den Niederlanden die Brackwespe *Apanteles popularis* bekannt (VAN DER MEIJDEN 1980).

Gefährdung und Schutz

Rote Liste Bundesrepublik: V
Rote Liste Baden-Württemberg: 3

Oberrheinebene: Gefährdet (regional bereits ausgestorben oder verschollen).
Schwarzwald: Nicht vertreten.
Neckar-Tauberland: Gefährdet (regional bereits ausgestorben oder verschollen).
Schwäbische Alb: Gefährdet (Aussage nicht abgesichert).
Oberschwaben: Gefährdet (Aussage nicht abgesichert).

- In Baden-Württemberg gefährdet! Besonders geschützt gemäß § 20 e ff. BNatSchG.

Wie bereits dargestellt, deutet eine beträchtliche Anzahl alter, nicht mehr bestätigter Fundmeldungen auf einen Rückgang des Jakobskrautbären hin. Die Tatsache, daß er bislang nicht in den Roten Listen (1984, Bundesrepublik; 1977, Baden-Württemberg) aufgeführt wurde, ist wohl darauf zurückzuführen, daß die an manchen, jedoch stets mehr oder weniger eng begrenzten Stellen oftmals sehr zahlreich auftretenden Raupen eine Häufigkeit der Art vortäuschen, die gar nicht gegeben ist.

Untersuchungen in Großbritannien und den Niederlanden haben gezeigt, daß jährliche Schwankungen der lokalen Witterungsverhältnisse für die Kapazität an Biomasse der *Senecio*-Pflanzen in unterschiedlichen Habitaten von großer Bedeutung sind. Sie wiederum bestimmt die Größe der Populationen von *T. jacobaeae*. Die aus Nahrungsmangel und Hungertod resultierende geringe Anzahl von Raupen, die noch zur Verpuppung kommen und die darauf zurückzuführende Verringerung der Puppengröße und der Fruchtbarkeit der Weibchen sind das wichtigste Korrelat der Populationsgröße von *T. jacobaeae* (DEMPSTER 1971).

Eine Erklärung für die rückläufige Bestandsentwicklung dürfte in Baden-Württemberg generell in der Intensivierung der Mahd, insbesondere an Wegrändern, Dämmen und Böschungen, und dem Verschwinden der Magerwiesen durch Überdüngung und Umwandlung in Wirtschaftsgrünland, Weihnachtsbaumplantagen usw. zu suchen sein. Auch der Rückgang des sog. »Ödlandes« in den 60er Jahren durch Flurbereinigung, Bebauung etc. hat sicherlich zur immer stärkerer Aufsplittung des Vorkommens von *Tyria jacobaeae* beigetragen. Im Stuttgarter Raum wird das Verschwinden der Art entlang der Bahndämme mit dem Einsatz von »Herbiziden und Wachstumshemmern« in Zusammenhang gebracht (SCHÄFER 1980). Dieser Entwicklung sollte regional durch Veränderung des Mahdregimes entgegengewirkt werden, sofern dadurch keine Konfliktsituation mit anderen, eventuell noch stärker gefährdeten Arten entsteht, was im Einzelfall zu prüfen ist. Für die Raupen des Jakobskrautbären wäre eine Mahd im Mai und dann erst wieder im September angebracht, keinesfalls jedoch während der Larvalphase im Juli/August.

Noctuidae (Eulen)

Einleitung

Von AXEL STEINER

Die Eulenfalter oder kurz Eulen sind mit weltweit 20000 bis 25000 Arten die größte Schmetterlingsfamilie und auch eine der umfangreichsten Familien in der Klasse Insecta. Ihre Größe variiert von wenigen Millimetern Flügelspannweite bis zu über 30 cm bei der südamerikanischen Rieseneule *Thysania agrippina* (CRAMER, 1776), dem Schmetterling mit der größten Spannweite überhaupt. Sie sind mit Ausnahme der Antarktis auf allen Kontinenten verbreitet und besiedeln die meisten terrestrischen Habitate von den tropischen Regenwäldern bis in die arktischen Tundren.

Dennoch bleiben sie aufgrund ihrer meist nächtlichen Lebensweise und unscheinbaren Färbung den meisten Menschen unbekannt. Höchstens die Raupen einiger ökonomisch wichtiger Arten (»Schädlinge« in Land- und Forstwirtschaft und Gartenbau) werden vom Laien als »Würmer« oder die abends an Lichtquellen anfliegenden Falter als »Motten« apostrophiert.

Dabei spielen die Eulenfalter eine wichtige Rolle im Ökosystem: Die häufigeren Arten bilden – meist im Raupenstadium, aber auch als Ei, Puppe oder Falter – einen bedeutenden Anteil der Nahrung für insektenfressende Vögel und Kleinsäuger (Fledermäuse) sowie für invertebrate Prädatoren wie Wanzen, Wespen und Spinnen. Als Wirt für Parasitoide der Ordnungen Hymenoptera (Chalcidoidea, Braconidae, Ichneumonidae) und Diptera (Tachinidae) sind fast alle Arten von Bedeutung. Die meist mit gut ausgebildeten Saugrüsseln versehenen Falter spielen eine wichtige Rolle als Bestäuber nachts blühender Pflanzen.

Die Arten aus Gruppen mit ursprünglichen Merkmalen (etwa aus Unterfamilien wie den Hypeninae, Hypenodinae und Herminiinae) ähneln im Habitus zuweilen sehr den Angehörigen anderer Familien wie den Geometridae (Spanner) mit großen und breiten Flügeln und zierlichem Körper, den Tortricidae (Wickler) mit langen, schmalen Flügeln und geringer Körpergröße, und anderen. Erst die entwicklungsgeschichtlich jüngeren Gruppen zeigen einen einheitlichen Habitus, den man im allgemeinen als »typisch« für die Noctuiden zu bezeichnen pflegt: Kräftiger, oft stark behaarter Körper, gestreckte, schmale bis mäßig breite Flügel, Ruhestellung mit flach oder »dachförmig« über dem Hinterleib zusammengelegten Flügeln. Sehr charakteristisch ist die Flügelzeichnung, die nur aus einer kleinen Anzahl von vielfach variierten Elementen, der sogenannten »Eulenzeichnung« besteht.

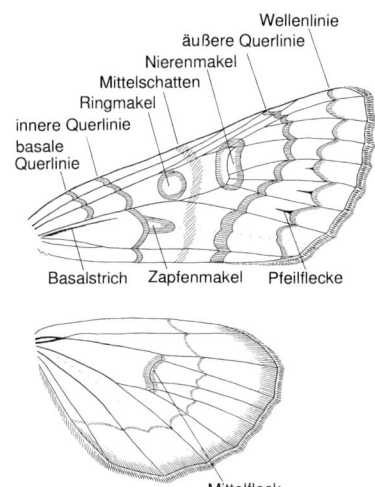

Wichtigste Elemente der Flügelzeichnung eines Eulenfalters.

In Baden-Württemberg kommen bzw. kamen 426 Arten vor. 21 dieser Arten gelten heute in unserem Gebiet als ausgestorben oder verschollen. 24 weitere sind bei uns Zuwanderer, die nicht dauernd bodenständig werden können, oder wurden durch den Menschen eingeschleppt. Außerdem wurden nicht weniger als 49 Arten fälschlich gemeldet; diese recht hohe Zahl erklärt sich durch die früher noch ungenauen Kenntnisse über Taxonomie und Verbreitung vieler Arten und durch die Schwierigkeiten bei der Bestimmung vieler Arten.

Systematik und Taxonomie

Der Kenntnisstand über die höhere[1] Systematik der Noctuidae bis in die siebziger und achtziger Jahre läßt sich am treffendsten mit dem Begriff »Konfusion« umschreiben. Zwei Gründe sind es vor allem, die sich der Erarbeitung eines phylogenetisch fundierten Systems entgegenstellen: Zum einen die Tatsache, daß die Noctuidae eine strukturell sehr homogene Gruppe bilden, zum anderen die ungeheure Artenzahl und die schwerpunktmäßig tropische Verbreitung einiger Gruppen, die für die mangelhafte Kenntnis – besonders der Entwicklungsstadien – vieler Arten und zum Teil ganzer Gattungen verantwortlich ist.

Im deutschsprachigen Raum hat sich Anfang des 20. Jahrhunderts das von HAMPSON (1898–1913) aufgestellte System durchgesetzt, jedoch mehr aus praktischen Gründen als wegen seiner Zuverlässigkeit. HAMPSONs Familiengruppen-Taxa basierten zu einem großen Teil auf Merkmalen, die nicht phylogenetisch interpretiert wurden (Apomorphie, Plesiomorphie, Konvergenz?), die Taxa waren also künstliche und keine natürlichen Gruppen. Der Entwurf von HAMPSON wurde in der populären Bestimmungsbuch-Serie »Die Gross-Schmetterlinge der Erde« (Hrsg. A. SEITZ) benutzt und dadurch in der Folge zahllosen Lokalfaunen und kleineren Arbeiten zugrundegelegt[2].

Auf dem Art- und Gattungsniveau fußt die gegenwärtige Klassifikation der paläarktischen Arten vor allem auf den Arbeiten von CHARLES BOURSIN, ADOLF CORTI, MAX DRAUDT, CLAUDE DUFAY, GEORGE F. HAMPSON, I. KOŽANČIKOV, RUDOLF PÜNGELER, E. P. WILTSHIRE und anderen. Erst seit den siebziger Jahren werden allmählich die für die nearktische Fauna gewonnenen Erkenntnisse (Arbeiten von WILLIAM T. M. FORBES, JOHN G. FRANCLEMONT, DAVID F. HARDWICK, JAMES H. McDUNNOUGH u. v. a.) auch in Eurasien zunehmend mit berücksichtigt und es wird der Versuch unternommen, zumindest die holarktische Noctuidenfauna als Gesamtheit zu behandeln. Besonders glücklich ist dies beispielsweise in den Arbeiten von V. I. KONONENKO, J. DONALD LAFONTAINE und KAURI MIKKOLA über zirkumpolare bzw. zirkumboreale Gattungen zum Ausdruck gekommen. Die Einbeziehung präimaginaler Merkmale, wie sie in Amerika seit langem üblich war (also die Betrachtung der Holomorphe statt nur der Imago), setzt sich in den europäischen Ländern erst allmählich durch.

Zur Zeit ist es noch nicht möglich, die Noctuidae durch eine Autapomorphie als monophyletische Einheit zu definieren, weshalb man gelegentlich die Herminiinae als eigene Familie und Schwestergruppe aller übrigen Noctuidae aufgefaßt hat (z. B. KITCHING 1984, SCHNACK 1985). Auch die derzeitige Einteilung in Unterfamilien steht in manchen Fällen noch immer auf phylogenetisch schwachen Füßen, da manche Gruppierungen oder die Zuordnungen einzelner Gattungen und Arten zu bestimmten Unterfamilien mehr auf der Intuition eines Bearbeiters als auf konkret nachweisbaren Verwandtschaftsverhältnissen beruhen. Bis ein weltweit zuverlässigeres höheres System der Noctuidae vorliegt, das einigermaßen frei von paraphyletischen und polyphyletischen Taxa ist, dürften noch einige Jahrzehnte vergehen. Teilerfolge liegen bei gut definierbaren Gruppen aber bereits vor, beispielsweise in der vorbildlichen Bearbeitung der Plusiinae durch KITCHING (1987).

Die im vorliegenden Grundlagenwerk verwendete Systematik richtet sich nach der »Systematic List of the Noctuidae of Europe« (FIBIGER & HACKER 1991, Ergänzungen 1992). Obwohl ursprünglich geplant war, alle Bände an der Liste von LERAUT (1980) zu orientieren, wurde schon in Bd. 3 aufgrund neuerer Forschungsergebnisse davon abgewichen. Auch bei den Noctuidae haben sich in den achtziger Jahren derart einschneidende Änderungen ergeben, daß es sinnvoll erschien, eine neuere Bearbeitung zugrunde zu legen. Leider ist klar, daß auch die gegenwärtig diskutierten Systeme in der Zukunft noch Veränderungen erfahren werden.

So basiert die »neue« Reihenfolge der Unterfamilien auf der Forderung, die phylogenetisch »ältesten« Gruppen zuerst, die »jüngsten« zuletzt anzuführen. Eine Reihe von höheren Taxa, beispielsweise die Unterfamilie Ipimorphinae, werden sich mit Sicherheit als para- oder polyphyletisch erweisen.

Aufgrund neuerer Forschungen sind die folgenden Abweichungen von der FIBIGER & HAKKER-Liste notwendig. Sie sind gut fundiert und werden sich mit Sicherheit weltweit durchsetzen. In vier dieser Fälle hatten ungültige taxonomische Akte in der Vergangenheit zu Namensände-

---

[1] Hier im Sinne von »Systematik auf Unterfamilien- und Familienniveau« zu verstehen.
[2] In den immer neuen Auflagen des Bestimmungsbuchs von KOCH (1954–1961, 1984, 1991) wurde das HAMPSONsche System sogar bis in die Gegenwart verschleppt.

rungen geführt, die nun wieder rückgängig gemacht werden. Dies wird alle konservativen Entomologen freuen, die diese Namen im alten Sinne weiterverwendet haben.

Pseudoips prasinanus (LINNAEUS, 1758) = älteres subjektives Synonym von *Pseudoips fagunus* (FABRICIUS, 1781) = Kleine oder Buchen-Kahneule, Jägerhütchen (in den vergangenen 40 Jahren: *Pseudoips fagunus* sensu auctorum nec LINNAEUS).
MIKKOLA & HONEY (1993) konnten die Identität dieses Taxons klären, indem sie die in der LINNÉ-Sammlung erhaltenen Exemplare von »*Phalaena prasinana*« untersuchten und einen gültigen Lectotypus auswählten. Bereits vor 50 Jahren hatte LEMPKE (1947) ein Exemplar dieser Serie als Lectotypus festgelegt, das zu der anderen Art, *Bena bicolorana*, gehört. Dieses stammte jedoch, wie sich heute nachweisen läßt, nicht von LINNÉ sondern von J. R. FORSTER aus den 1770er Jahren. LEMPKES Lectotypus-Festlegung und der darauf basierende Namenswechsel beider Arten ist damit ungültig.

Bena bicolorana (FUESSLY, 1775) = älteres subjektives Synonym von *Bena quercana* ([DENIS & SCHIFFERMÜLLER], 1775) = Große oder Eichen-Kahneule (in den vergangenen 40 Jahren: *Bena prasinana* sensu auctorum nec LINNAEUS).
Nachdem MIKKOLA & HONEY (1993), wie oben erläutert, das Taxon *Phalaena prasinana* identifiziert haben, erhält die »Große Kahneule« wieder den Namen *Bena bicolorana*.

Abrostola triplasia (LINNAEUS, 1758) = älteres subjektives Synonym von *Abrostola trigemina* WERNEBURG, 1864).

Abrostola tripartita (HUFNAGEL, 1766) = *Abrostola triplasia* sensu auctorum nec LINNAEUS, 1758.
MIKKOLA & HONEY (1993) untersuchten die in der LINNÉ-Sammlung erhaltenen Exemplare (beide *Abrostola*-Arten waren vertreten) und legten einen Lectotypus fest.

Lithophane hepatica (CLERCK, 1759) = älteres subjektives Synonym von *Lithophane socia* (HUFNAGEL, 1766).
MIKKOLA (1985, 1993) konnte anhand des Typusexemplars (Lectotypus) nachweisen, daß der Name *Phalaena hepatica* CLERCK, 1759 die bisher als *Lithophane socia* (HUFNAGEL, 1766) bezeichnete Art betrifft. Da CLERCKs Abbildung falsch koloriert wurde (hellblau statt braun), haben spätere Autoren darin die *Polia*-Art *trimaculosa* (ESPER, 1788) = *tincta* (BRAHM, 1790) zu erkennen geglaubt und sie als *Polia hepatica* (CLERCK, 1759) bezeichnet.

Hada plebeja (LINNAEUS, 1761) = älteres subjektives Synonym von *Hada nana* (HUFNAGEL, 1766).
MIKKOLA & HONEY (1993) identifizierten und bildeten den Lectotypus von »*Phalaena plebeja*« ab, bei dem es sich um ein leicht aberratives Stück der bisher teils als *dentina*, teils als *nana* bezeichneten *Hada*-Art handelt.

Polia trimaculosa (ESPER, [1788]) = gültiger Name für *Polia hepatica* sensu auctorum nec CLERCK, 1759.
Da der Name *hepatica* sich auf eine andere Art bezieht (siehe oben), tritt für diese Art als nächstjüngerer Name *trimaculosa* ESPER ein. Der von FIBIGER & HACKER (1992) benutzte Name *Phalaena tricomma* HUFNAGEL, 1766 (in der falschen Schreibweise »*tricoma*«) ist ein nicht identifizierbares Nomen nudum; von seinem Gebrauch sollte abgesehen werden.

Für die Nomenklatur wurde der International Code of Zoological Nomenclature (International Commission on Zoological Nomenclature 1985) zugrunde gelegt, wodurch sich im Vergleich zur Behandlung anderer Familien Unterschiede ergeben. Bei den Noctuidae wurden auch die Artikel 31b, 34b, 51c und Empfehlung 22A angewendet (51c, 22A: Autor und Jahr in Klammern, falls Taxon in anderer Kombination als bei der Erstbeschreibung; 31b, 34b: adjektivische Artnamen richten sich im Geschlecht nach dem Gattungsnamen). Der letztere Artikel ist in der Liste von FIBIGER & HACKER (1991) nicht befolgt worden; deshalb ergeben sich bei einigen adjektivischen Artnamen Abweichungen in der Endung.

Deutsche Namen

Über die Unzulänglichkeit landessprachlicher Artnamen für artenreiche Insektenfamilien läßt sich trefflich streiten. Entomologen befassen sich damit nur selten. Behörden und Ministerium bestehen jedoch auf deutschen Namen für alle Arten. Näheres siehe Bd. 1, S. 25 ff. und Bd. 3, S. 62 ff.

Liste älterer Namen (Synonyme)

Von manchen Lesern ist die Liste der in älteren Faunenwerken und Handbüchern verwendeten Namen als echte Synonymieliste im taxonomisch-nomenklatorischen Sinn mißverstanden worden. Es sei daher nochmals ausdrücklich darauf hingewiesen, daß es sich nur um Namen handelt, die in einigen wichtigen Handbüchern, Regionalfaunen, Roten Listen u.ä. verwendet wurden, aber nicht um eine vollständige Synonymieliste im strengen Sinn. Da in Bd. 1 die betreffenden Literaturstellen nicht im Einzelnen aufgeführt wurden, sei dies hier nachgeholt:

Handbücher: LAMPERT 1907, SPULER 1908–1910, WARREN in SEITZ 1909–1914, REBEL 1910, ECKSTEIN 1913–1923, HERING 1932, BERGMANN 1951–1955, KOCH 1954–1961, FORSTER 1954–1981, HANNEMANN & URBAHN in STRESEMANN 1969, BRAUNS 1970, BALACHOWSKY 1972.

Faunenwerke: REUTTI 1898, SCHNEIDER 1936–1939.

Rote Listen: EBERT 1978, PRETSCHER et al. 1984.

Zusätzlich werden für die Eulenfalter auch die Namen aus überregional wichtigen Noctuidenarbeiten aufgeführt: DRAUDT in SEITZ 1931–1938, BOURSIN 1964, HARTIG & HEINICKE 1973, LERAUT 1980, HEINICKE & NAUMANN 1980–1982, FIBIGER & HACKER 1991, 1992, FIBIGER 1990, 1993, RONKAY & RONKAY 1994, 1995.

An zweiter Stelle wurden in den bisherigen Bänden aufgeführt: »Andere Namen bzw. neue Kombinationen, die nach 1980 publiziert worden sind. Außerdem bereits publizierte Änderungen an den von LERAUT (1980) primär benutzten Namen bzw. Kombinationen«. Gemeint waren damit jedoch lediglich **aufgrund neuerer Forschungen** abgeänderte Namen. Die in der Neuauflage des KOCHschen Werks (1984) wiederum an erster Stelle genannten Namen nach SEITZ(!) fallen nicht unter diese Definition, da sie lediglich die unveränderte Wiedergabe aus älteren Auflagen übernommener Namen darstellen. Sie werden deshalb im Noctuidenteil im Gegensatz zu den bisherigen Bänden nicht mehr aufgeführt.

Subspezifischer Kontext

Sofern aus Baden-Württemberg oder angrenzenden Gebieten Subspezies beschrieben wurden, werden diese kurz diskutiert. Eine abschließende Beurteilung der subspezifischen Gliederung der einzelnen Arten ist in einer Regionalfauna natürlich nicht möglich. Das Subspezies-Konzept sollte in einer Familie wie den Noctuidae, die sich vielfach durch ausgeprägte individuelle Variation auszeichnen, keinesfalls überstrapaziert werden, so wie es z.B. früher bei den Zygaenidae und bei den Papilionoidea der Fall war. Nach Ansicht des Autors sind überhaupt nur bei zwei Noctuidenarten in Südwestdeutschland echte Subspezies zu erkennen (*Apamea rubrirena*, *Oligia fasciuncula*). In beiden Fällen handelt es sich um im montanen Bereich (Nordschwarzwald) differenzierte Taxa.

Gesamtverbreitung

Um im Kapitel »Gesamtverbreitung« bei den einzelnen Arten die stetige Wiederholung von Faunenwerken zu vermeiden, auf die sich die Ausführungen für dieses Kapitel stützen, sollen die neuesten und wichtigsten dieser Arbeiten nachfolgend aufgezählt werden. Grundlegende Übersichten finden sich bei HEINICKE & NAUMANN (1980–1982) und HACKER (1989).

Fennoskandien: SKOU (1991). Britische Inseln: BRETHERTON, GOATER & LORIMER in HEATH & EMMET (1979, 1983). Frankreich: LERAUT (1980). Belgien: DE PRINS (1983). Schweiz: VORBRODT (1911–1914), RAPPAZ (1979). Deutschland: HEINICKE (1993). Österreich: HUEMER & TARMANN (1993). Polen: NOWACKI (1991). Tschechien: LASTUVKA et al. (1993). Spanien: CALLE [1983]. Balkan, speziell Griechenland: HACKER (1989). Marokko: RUNGS (1979). Vorderasien: HACKER (1990). Nur wenn außer diesen Werken wichtige Spezialarbeiten benutzt wurden, werden sie im Kapitel Gesamtverbreitung ausdrücklich zitiert.

Verbreitung

In manchen Arbeiten über Noctuiden sind Verbreitungskarten für Europa oder für die Westpaläarktis publiziert worden, die teils auf ungenügender Kenntnis der Literatur beruhen, teils ohnehin nur schematischen Charakter haben. Soweit es sich dabei um unrichtige oder unvollständige Verbreitungsdarstellungen von in Baden-Württemberg vorkommenden Arten handelt, werden diese durch die Verbreitungskarten im vorliegenden Grundlagenwerk überholt bzw. korrigiert, ohne daß in jedem einzelnen Fall auf solche Diskrepanzen hingewiesen wird.

Manche Autoren haben aber Karten veröffentlicht, auf denen Arten für Baden-Württemberg verzeichnet sind, die hier ganz sicher nicht vorkommen. Wenn im Textteil solcher Arbeiten ein Vorkommen in Baden-Württemberg nicht ausdrücklich angegeben ist, wurde darauf verzichtet, allein aufgrund derartiger Karten die betreffenden Arten in den Speziellen Teil des vorliegenden Werks aufzunehmen. Es handelt sich um die folgenden Fälle:

Calophasia platyptera (ESPER, [1788]): Von GÓMEZ DE AIZPÚRUA (1987) für ganz Baden-Württemberg und Südbayern angegeben. Kommt in Baden-Württemberg nicht vor!
Valeria jaspidea (DE VILLERS, 1789): Von GÓMEZ DE AIZPÚRUA (1987) für ganz Süd- und Mitteldeutschland angegeben. Kommt in Baden-Württemberg nicht vor!
Dryobota labecula (ESPER, [1788]): Von GÓMEZ DE AIZPÚRUA (1987) für die mittleren und südlichen Teile von Baden-Württemberg und Südbayern angegeben. Schon das Fehlen ihrer alleinigen Nahrungspflanze *Quercus ilex* nördlich der Alpen hätte GÓMEZ von der Irrigkeit seiner Darstellung überzeugen müssen. Kommt in Baden-Württemberg nicht vor!
Ammoconia senex (GEYER, [1828]): Von GÓMEZ DE AIZPÚRUA (1987) für ganz Süd- und Westdeutschland angegeben. Kommt in Baden-Württemberg nicht vor!
Yigoga nigrescens (HÖFNER, 1888): Von FIBIGER (1991) für das Bundesland Baden-Württemberg angegeben. Die Art kommt in Baden-Württemberg nicht vor!
Yigoga forcipula ([DENIS & SCHIFFERMÜLLER], 1775): Von FIBIGER (1991) für ganz Baden-Württemberg angegeben. Kommt in Baden-Württemberg nicht vor! Es existiert zwar eine alte Meldung, nach der die Art am Kniebis im Nordschwarzwald gefunden worden sein soll (WITZENMANN nach REUTTI 1898), sie stammt jedoch von einem unzuverlässigen Gewährsmann und ist schon wegen Biotop und Höhenlage unmöglich (montanes Nadelwald- und Moorgebiet in 800–950 m Höhe).
Euxoa cos (HÜBNER, [1824]): Von FIBIGER (1991) für das südliche Baden-Württemberg (südliche Oberrheinebene, Hochrhein, Südschwarzwald und Bodenseegebiet) angegeben. Kommt in Baden-Württemberg nicht vor!

Die Verbreitungsgrenze folgender Arten berührt auf den Karten von FIBIGER (1991) die Süd- oder Westgrenze von Baden-Württemberg. Um Fehlinterpretationen vorzubeugen, sei ausdrücklich festgestellt, daß keine von ihnen in Baden-Württemberg vorkommt:

Euxoa distinguenda (LEDERER, 1857)
Euxoa temera (HÜBNER, [1808])
Dichagyris candelisequa ([DENIS & SCHIFFERMÜLLER], 1775)
Dichagyris renigera (HÜBNER, [1808])
Agrotis fatidica (HÜBNER, [1824])

Verbreitungskarten: Für die Darstellung der Verbreitungskarten wurde in der Regel die in Bd. 1, S. 42 beschriebene Konvention angewendet, ungenaue Angaben (»Großkreis«, »Superkreis«) wegzulassen, wenn aus ihrem Bereich quadrantengenaue Meldungen vorliegen. Bei einigen Arten wurde von diesem Schema abgewichen, (d. h. es wurden alle Angaben dargestellt), weil nur so Vorgänge wie Rückgänge, Zunahme, Verlagerung von Arealgrenzen und ähnliches adäquat dargestellt werden können.

Der für das vorliegende Grundlagenwerk geprägte Terminus »Hauptnaturraum« (Bd. 1, S. 36) bezeichnet unterschiedlich zusammengesetzte Gruppen von **Gruppen naturräumlicher Haupteinheiten** im Sinne der naturräumlichen Gliederung; er sollte nicht mit dem Terminus »naturräumliche Haupteinheit« verwechselt werden.

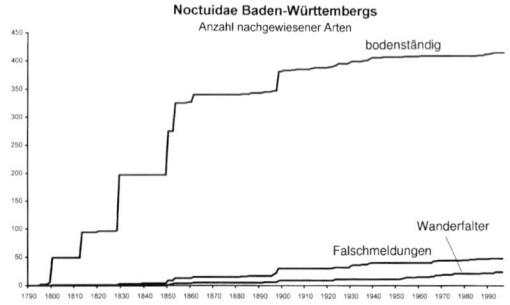

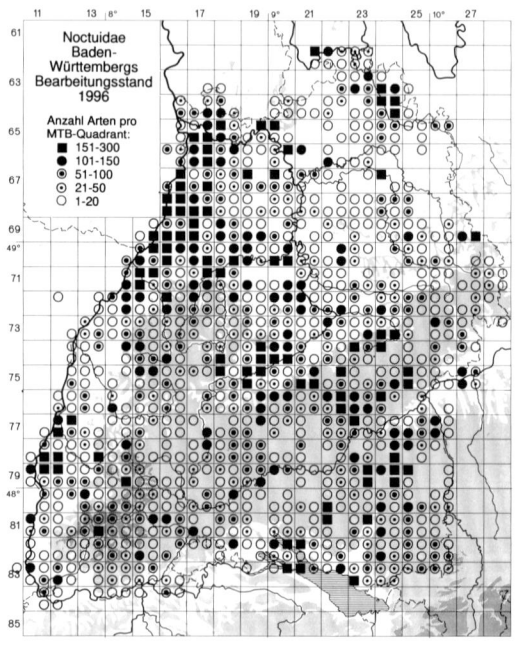

Noctuidae Baden-Württembergs
Artenzahl nach Unterfamilien aufgeschlüsselt. Forschungsstand wichtiger Regionalfaunen und aktueller Stand (1996)

Autor und Jahr	gesamt	Herm	Rivu	Hypo	Hype	Scol	Cato	Noli	Sarr	Chlo	Pant	Dilo	Acro	Acon	Plus	Cucu	Heli	Stir	Ipim	Hade	Noct
Roth v. Schreckenstein (1800)[1]	49	1	2		3	1	6					1	2	2	5	6		1	10	6	3
Werfer (1813)[2]	72			1	1	7					1	1	9		5	9	2		15	15	6
Leiner (1829)[3]	189	6	2		4	1	12	2	2	3	3	1	13	4	9	12	3	1	50	33	28
Seyffer (1850)[4]	239			1	1	17					3	1	16	6	11	14	4	1	84	43	37
Reutti (1853)[5]	309	9	2	1	4	1	17	5	2	3	3	1	19	9	12	20	5	1	104	51	40
Keller & Hoffmann (1861)[6]	276			1	1	17					3	1	19	6	12	17	6	1	94	52	46
Reutti (1898)[7]	390	10	3	3	5	1	17	8	2	4	3	1	21	9	16	22	7	1	137	58	62
Gauckler (1921)[8]	342	9	3	1	5	1	16	7	2	4	3	1	21	8	14	16	6	1	120	55	49
Schneider (1936–1939)[9]	374	9	3	3	5	1	16	7	2	3	3	1	20	5	16	23	6	1	131	61	58
bodenständig	**426**	**13**	**3**	**3**	**5**	**1**	**17**	**9**	**2**	**4**	**3**	**1**	**21**	**7**	**17**	**26**	**4**	**1**	**158**	**63**	**68**
Wanderfalter & eingeschleppt	23						2		1				3	3		3			5	2	4
Falschmeldungen	49	1					8						4	1	2	6	3		11		13
insgesamt gemeldet	498	14	3	3	5	1	27	9	3	4	3	1	25	11	22	32	10	1	174	65	87
Europa (Fibiger & Hakker 1991)	1306	22	8	8	16	1	85	18	6	9	4	1	57	56	52	120	25	10	399	160	246

Unterfamilien abgekürzt, in systematischer Reihenfolge. Bei den Artenzahlen der Faunenwerke wurden eindeutige Fehldeterminationen nicht gezählt; sie erscheinen nur in der Zeile »Falschmeldungen«.

SEYFFER (1850) und KELLER & HOFFMANN (1861) benutzten das System von BOISDUVAL (1840), nach dem eine Reihe der kleineren Unterfamilien noch nicht zu den »Groß«schmetterlingen gezählt und deshalb nicht bearbeitet wurde.

[1] Teile Südbadens und -württembergs
[2] Raum Schwäbisch Gmünd
[3] Raum Konstanz
[4] Königreich Württemberg
[5] Großherzogtum Baden
[6] Königreich Württemberg
[7] Großherzogtum Baden
[8] Nordbaden
[9] Württemberg und Hohenzollern

Durchforschungsstand

Die faunistische Erforschung der Noctuidae Baden-Württembergs setzte erst zu Beginn des 19.Jahrhunderts ein (im 18.Jh. waren lediglich einzelne Taxa von ESPER beschrieben worden). Die wichtigsten faunistischen Werke seit 1800 und die Anzahl der darin behandelten Arten sind der obenstehenden Tabelle zu entnehmen.

Die graphische Darstellung auf Seite 370 zeigt die Zunahme der faunistischen Kenntnisse. Anfangs stiegen die Artenzahlen schrittweise mit der Veröffentlichung faunistischer Arbeiten. Später, als nicht nur die Namen der Arten, sondern auch deren Nachweisjahre registriert und publiziert wurden, ergibt sich ein kurvenartiger Verlauf. Im 20. Jh. flacht die Kurve ab. Heute sind faunistische Neufunde selten; häufiger kommt es durch die Auftrennung von kryptischen Arten zu Zuwächsen.

Der heutige Bearbeitungsstand ist der Karte auf Seite 370 zu entnehmen.

Phänologie

Bei der graphischen Darstellung der Phänologie hat es sich in manchen Fällen als möglich und sinnvoll erwiesen, auch die Larvalphänologie darzustellen, denn für eine Reihe von Noctuidenarten liegen Raupenfunddaten in aussagefähiger Menge vor. Die Larvalphänologie wird dabei für das gesamte Bundesland (nicht nach Hauptnaturräumen aufgeschlüsselt) angegeben. Die Darstellung erfolgt entweder als einzelnes Diagramm zusätzlich zu den Naturraum-Diagrammen der Falterflugzeit oder in einem kombinierten Diagramm, in dem nach oben die Imaginal- und nach unten die Larvalphänologie für das Gesamtgebiet aufgetragen ist.

Bestimmungshilfe

Die vorliegende Fauna ist **kein Bestimmungsbuch**. Bestimmungshilfen werden im allgemeinen nur dort gegeben, wo die gängigen deutschen Bestimmungsbücher (KOCH 1984, FORSTER & WOHLFAHRT 1971) keine ausreichende Hilfe sind, weil wichtige diagnostische Merkmale nicht genannt werden, weil die Abbildungen unkenntlich sind oder weil neue Erkenntnisse vorliegen, z. B. bei kürzlich erfolgter Aufspaltung von Arten. Aus Platz- und Kostengründen konnten natürlich nicht sämtliche Arten so behandelt werden, weshalb zur Artbestimmung von Noctuiden stets auch ein Bestimmungsbuch zu Rate gezogen werden muß. Wir müssen Nichtfachleute ausdrücklich davor warnen, Bestimmungen nur nach den Falterfotos des vorliegenden Werks vorzunehmen. Einerseits ist die infraspezifische Variabilität bei vielen Arten sehr groß (größer als unser Platz uns darzustellen erlaubt, selbst wenn von allen wichtigen Formen Fotos vorlägen), andererseits gehört zur sicheren Ansprache von Noctuiden viel Erfahrung, die nur durch intensive, langjährige Beschäftigung mit dieser Gruppe erworben werden kann.

Bestimmungsliteratur: Die meistbenutzten Bestimmungsbücher für Schmetterlinge sind in Deutschland das mehrbändige Werk von FORSTER & WOHLFAHRT (1954–1982, Eulenband 1971) und das ursprünglich mehrbändige, jetzt in einem Band vorliegende Buch von KOCH (1954–1961, Eulenband 1958, einbändige Ausgabe 1984, Neuauflage 1991). FORSTER & WOHLFAHRT behandeln ganz Mitteleuropa, KOCH dagegen nur Deutschland mit Ausnahme der Alpen. Während FORSTER zur Determination kaum Text bietet, dagegen manche, allerdings unkommentierte, Genitalzeichnungen abbildet, sind die Texte bei KOCH meist ausreichend. WOHLFAHRT bildet die Arten in oft mehreren Exemplaren ab, um die Variationsbreite zu zeigen, KOCH bringt meist nur ein Exemplar pro Art. In der einbändigen Auflage sind (mit Ausnahme der Geometriden) die Abbildungen gut, wenn auch etwas zu hell, während sie in den ersten Auflagen unbrauchbar waren. Um wirklich verläßliche Grundlagen zur Bestimmung aller schwierigeren Noctuidae zu erhalten, ist es unerläßlich, die umfangreiche lepidopterologische Fachliteratur (Zeitschriften, Bücher) hinzuzuziehen oder sich an einen Spezialisten zu wenden.

Ökologie

Die Eulen sind als Imagines überwiegend dämmerungs- und nachtaktiv. Manche Arten sind in gleichem Maße tag- und nachtaktiv (*Autographa gamma*), aber nur sehr wenige sind obligatorisch tagaktiv (*Euclidia glyphica, Callistege mi, Panemeria tenebrata, Anarta myrtilli, Anarta cordigera*).

Zum Grundbauplan der Noctuiden gehört der gut entwickelte Rüssel, der viele von ihnen zu wichtigen Bestäubern für nachts blühende Pflanzen macht. Daneben profitieren sie in ähnlichem Maß wie Ameisen von den Aphidenausscheidungen (»Blattlaushonig«, »Honigtau«), saugen Säfte an »blutenden« Bäumen oder lassen sich mit Köder anlocken (siehe auch Bd. 3, S. 37–40). Der im Text hierfür oft verwendete Begriff »künstlicher Köder« bezeichnet in diesem Zusammenhang ein Gemisch, das aus natürlichen Bestandteilen (z. B. Honig), aber auch aus künstlich hergestellten Stoffen (z. B. Wein, Bier, Fruchtether) bestehen kann und gezielt zur Anlockung von Nachtfaltern eingesetzt wird.

Bei einigen Arten ist der Saugrüssel sekundär reduziert; dies sind meist Arten, die in blütenarmen Habitaten leben und/oder in blütenarmen Jahreszeiten fliegen; in der Regel sind sie bereits am großen Abdomen des Weibchens zu erkennen, denn wie bei manchen Spinnerfamilien ohne Saugrüssel müssen bei kurzer Imaginal-Lebensdauer die Eier schon beim Schlupf des Weibchens größtenteils entwickelt sein.

Tagsüber sind die in der Vegetation ruhenden Falter von insektenfressenden Prädatoren, vor allem Vögeln, bedroht. Deshalb haben sich bei vielen Arten Tarntrachten entwickelt (Rinden-, Holz-, Laub-, Blatt-, Flechtenmimese). Bei Nacht werden die Falter von Fledermäusen gejagt, deren Schreie im Ultraschallbereich sie jedoch dank ihrer gut entwickelten Tympanalorgane hören und ihnen mit Ausweichmanövern oft entkommen können.

Die Eier werden einzeln, in kleinen Gruppen oder in größeren Gelegen abgelegt. Meist werden sie an den Nahrungspflanzen angeheftet; bei Bäumen kann dies auch die Rinde sein, insbesondere bei überwinternden Eiern. Bei einigen Arten ist der Ovipositor so ausgebildet, daß sie ihre Eier in die Blattscheiden von Gräsern (*Apamea, Mythimna, Archanara*), in Rindenritzen (*Catocala*) oder in Blütenköpfe (*Hadena*) plazieren können. Manche Arten der Unterfamilie Noctuinae legen die Eier einfach in den Erdboden (*Euxoa*); hier leben die Raupen subterran und sind bezüglich ihrer Nahrung wenig wählerisch. Ansonsten sind die jungen Raupen vielfach heliophil und halten sich tagsüber auf den Nahrungspflanzen auf, während sie mit zunehmender Größe dazu übergehen, nachts zu fressen und sich tagsüber zu verstecken. Die Noctuidenraupen sind meist nackt, nur bei wenigen Gruppen mehr oder weniger stark behaart (Acronictinae, Pantheinae). In der Regel tragen sie die volle Anzahl von 8 Beinpaaren, doch können die ersten zwei Bauchbeinpaare fehlen oder in der Größe reduziert sein (Hypeninae, Hypenodinae, Catocalinae, Acontiinae, Plusiinae), manchmal nur bei jungen Raupen. Eine ganze Reihe von Raupen lebt endophytisch in Grashalmen (*Oligia, Mesoligia, Photedes, Archanara, Nonagria, Rhizedra*) und in anderen Pflanzenstengeln oder in Wurzelknollen (*Amphipoea, Hydraecia, Gortyna*). Solche Larven können meist auf bunte Färbung und Zeichnung verzichten. Dagegen sind manche freilebenden Raupen recht auffallend gefärbt. Zum Teil kann dies auf geeigneten Sitzplätzen zur Tarnung dienen, zum Teil handelt es sich um Warntrachten, nämlich dann, wenn die Raupen durch aus den Nahrungspflanzen aufgenommene sekundäre Pflanzeninhaltsstoffe ungenießbar sind.

Weitere Angaben zu ökologischen Aspekten finden sich in einigen Einleitungskapiteln zu Unterfamilien, Gattungen und Artengruppen.

Für einige in Land- und Forstwirtschaft schädlich auftretende Arten existiert eine außerordentlich umfangreiche Literatur, die sich teils mit der Bekämpfung dieser Arten durch mechanische, chemische oder biologische Methoden, teils mit Aspekten ihrer Ökologie und Physiologie befaßt, die aber in nahezu sämtlichen Fällen auf Laboruntersuchungen beruhen. Für die Lebensweise der Arten im Freiland lassen sich aus solchen Arbeiten nur in erstaunlich seltenen Fällen gesicherte Rückschlüsse ziehen. Entsprechend selten wurden sie für die vorliegende Bearbeitung benutzt; zudem sind die meisten dieser »pest species« subtropisch-tropisch verbreitet und in Mitteleuropa – wenn überhaupt – nur als mehr oder weniger unregelmäßige Zuwanderer anzutreffen (z. B. *Trichoplusia ni, Spodoptera littoralis, Pseudaletia unipuncta*).

Nahrung der Raupe

Der Schwerpunkt des vorliegenden Grundlagenwerks liegt auf der Fauna von Baden-Württemberg. Deshalb finden Angaben aus anderen Gebieten nur dann Erwähnung, wenn aus dem Untersuchungsgebiet wenige oder keine Informationen vorliegen.

Die Angaben in der Sekundärliteratur (z. B. KOCH 1958, 1984, FORSTER 1971) sind oft problematisch, weil sie nicht nur auf Nahrungspflanzen im Freiland beruhen, sondern auch Pflanzen enthalten, die die Raupen in der Gefangenschaft gefressen haben. In vielen Büchern sind diese beiden Kategorien unter dem Begriff »Futterpflanzen« unentwirrbar vermischt. Es wurden deshalb vor allem solche Arbeiten zitiert, in denen sicher oder doch mit hoher Wahrscheinlichkeit originale Freilandbeobachtungen niedergelegt sind. Angaben über Gefangenschafts-Fütterungspflanzen, wie sie z. B. in Zuchtberichten enthalten sind, haben vielfach wenig Aussagekraft. Bei polyphagen Arten werden z. B. meist der unvermeidliche Löwenzahn, Ampfer, Salat usw. aufgeführt. Im günstigsten Falle trägt dies zur Kenntnis des potentiellen Nahrungsspektrums bei. In ungünstigen Fällen führt es zu irreführenden Vorstellungen über Habitat und Verbreitung der betreffenden Art, wie im speziellen Teil am Beispiel von *Paradrina selini* dargelegt wird. Gefangenschafts-Fütterungspflanzen werden deshalb höchstens in solchen Fällen erwähnt, wo sie Licht auf die Nahrungspräferenzen im Freiland werfen können. Nähere Erläuterungen zu dieser Problematik finden sich in Bd. 1, S. 87–95.

Um Mißverständnisse zu vermeiden, benutzen wir den Begriff »Futterpflanze« überhaupt nicht, sondern verwenden »Nahrungspflanze« für echte, von der Raupe im Freiland selbst gewählte Pflanzen und »Fütterungspflanze« für der Raupe in Gefangenschaft aufgezwungene Pflanzen, von denen unbekannt ist, ob sie auch im Freiland gefressen (bzw. vom Weibchen mit Eiern belegt) werden.

Parasitoide

Aus Baden-Württemberg sind für eine Reihe von Noctuidenarten einzelne Parasitoide der Ordnungen Hymenoptera und Diptera nachgewiesen. Eine Aufzählung dieser Parasitoide unter den jeweiligen Falterarten wäre allerdings wenig hilfreich. Zum einen handelt es sich noch um wenige Nachweise, die im vorgegebenen regionalen Rahmen weder ein brauchbares Bild über das Parasitoidenspektrum der Noctuiden noch über das Wirtsspektrum der betreffenden Parasitoiden liefern könnten. Zum anderen stößt die Determination vor allem bei den taxonomisch zum Teil sehr problematischen Hymenopteren noch auf bedeutende Schwierigkeiten. Die Raupenfliegen (Tachinidae) sind dagegen besser bekannt. Der Bearbeiter dieser Familie, Dr. H.-P. TSCHORSNIG (Staatliches Museum für Naturkunde, Rosenstein 1, 70193 Stuttgart), bittet alle Lepidopterologen, ihm bei Raupenzuchten gewonnene Tachiniden mit möglichst genauen Daten zur Verfügung zu stellen.

Fossile Arten

Auch bei den Noctuidae existiert ein Fossilnachweis aus Baden-Württemberg, der allerdings ungleich schlechter erhalten und schlechter untersucht ist als die fossilen Zygaenidae (THÉOBALD 1937, LEESTMANS 1983). Es handelt sich um die Reste eines Falters aus dem Oligozän von Kleinkems am südlichen Oberrhein, dessen Abdruck und Gegenabdruck heute im Naturhistorischen Museum Basel (coll. MIEG) aufbewahrt werden. Das Alter wird mit ca. 35 bis 40 Millionen Jahren angegeben. Das Stück erlaubt weder eine Zuordnung zu einer Unterfamilie noch zu einer Gattung und selbst die Bestimmung als Noctuide ist nicht völlig unzweifelhaft. Eine Abbildung findet sich bei LEESTMANS (1983).

Herminiinae

Von ARNO SCHANOWSKI, GÜNTER EBERT, AXEL HOFMANN und AXEL STEINER[1]

Die Herminiinae sind eine entwicklungsgeschichtlich ursprüngliche Gruppe und bilden möglicherweise die Schwestergruppe aller übrigen Noctuidae. Sie können durch ihre Tympanalmorphologie charakterisiert werden, doch sind die phylogenetischen Zusammenhänge noch nicht eindeutig geklärt (nähere Erläuterungen finden sich bei KITCHING 1984). Die Falter erinnern im Habitus an Geometriden oder Pyraliden: Sie haben breite Flügel und einen schmächtigen Körper. Charakteristisch (aber nicht auf diese Unterfamilie beschränkt) sind die langen, sichelförmigen Palpen, die zu deutschen Namen wie »Palpeneulen«, »Schnauzeneulen« oder »Zünslereulen«[2] Anlaß gegeben haben. Zu Beginn der zoologischen Systematik wurden viele Arten der ursprünglichen Noctuidengruppen aufgrund solcher (phylogenetisch irrelevanter) Merkmale in anderen Familien eingeordnet, wie heute noch die Endungen der wissenschaftlichen Namen zeigen (-*ata* und -*aria* für Geometriden, -*alis* für Pyraliden, -*ana* für Tortriciden).

Die Raupen sind zum Teil detritivor, zum Teil lichenophag, doch sind bei nahezu allen Arten, selbst den häufigsten, Defizite in der Kenntnis ihrer Larvalbiologie zu verzeichnen. Unter Gefangenschaftsbedingungen können die meisten Arten mit lebenden Pflanzenteilen ernährt werden. Wie bei den folgenden drei Unterfamilien besteht bedeutender Forschungsbedarf bezüglich ihrer Ökologie.

In Europa kommen 21 Arten vor, in Baden-Württemberg sind 13 Arten nachgewiesen worden. Die Meldung einer weiteren Art beruht vermutlich auf Fehlbestimmung.

Idia calvaria
([Denis & Schiffermüller], 1775)

Dunkelbraune Spannereule

Helia calvaria F. (REUTTI 1898)
Epizeuxis calvaria F. (LAMPERT 1907, WARREN in SEITZ 1909–1914, SPULER 1908–1910, REBEL 1910, ECKSTEIN 1913–1923, HERING 1932, SCHNEIDER 1936–1939, BERGMANN 1951–1955, KOCH 1954–1961, 1984, 1991)
Epizeuxis calvaria SCHIFF. (HARTIG & HEINICKE 1973, FORSTER 1954–1981, HEINICKE & NAUMANN 1980–1982)

Gesamtverbreitung: Von Mittelfrankreich bis ins nördliche und östliche Mitteleuropa. Der Verbreitungsschwerpunkt liegt weiter südlich im Mittelmeerraum. Funde sind auch aus der Türkei, dem Kaukasus sowie aus Vorderasien bekannt. In Mitteleuropa löst sich das zusammenhängende Areal nach Norden allmählich auf. Nur wenige Nachweise stammen aus Polen und den Benelux-Staaten. Der exakte Verlauf der Arealnordgrenze in Deutschland ist noch unklar.

Verbreitung

Regional: Von dieser fast immer nur in einzelnen Exemplaren gefundenen Art existieren in Baden-Württemberg nur wenige, meist alte Fundmeldungen. Die erste reicht bis in die Mitte des 19. Jahrhunderts zurück und bezieht sich ebenso auf das Stadtgebiet von Karlsruhe, wie das bei der vorläufig letzten Meldung aus dem Jahre 1991 der Fall ist. Daneben gibt es nur noch drei aktuelle, d. h. nach 1970 getätigte Funde aus dem Raum Tübingen. Alle anderen sind zeitlich wie räumlich weit gestreut und geben keinen Aufschluß über ein eventuell naturräumlich präferentes Vorkommen von *Idia calvaria* in unserem Faunengebiet.

---

[1] Die Kapitel Ökologie wurden von A. SCHANOWSKI, Gesamtverbreitung und Phänologie von A. HOFMANN, Verbreitung, Gefährdung und Schutz von G. EBERT erstellt. AXEL STEINER schrieb die Einleitung und bearbeitete die Art *Polypogon zelleralis*.
[2] Hier haben die Schilfzünsler mit ihren langen Palpen Pate gestanden (z. B. *Chilo*).

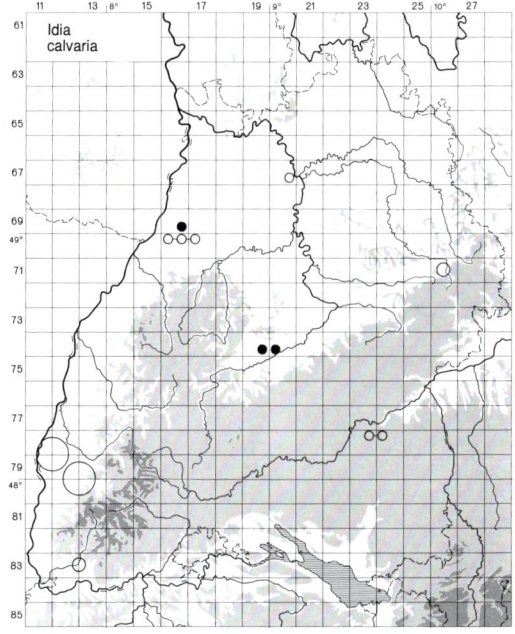

Ebene bis ins Hügelland, d.h. von 110 m bis ca. 450 m. Die von SCHNEIDER (1938) ohne nähere Angaben genannten Fundorte Hundersingen und Aalen liegen noch etwas höher.

Phänologie

Imagines: REUTTI (1898) gibt als Flugzeit »im Juli, August, selten« an. Diese Beobachtung stimmt mit den wenigen uns vorliegenden Daten aus der Oberrheinebene gut überein. Der jahreszeitlich früheste Nachweis aus diesem Hauptnaturraum ist eine Beobachtung vom 28. Juni (1935, Karlsruhe, Hardtwald, A. GREMMINGER). Auch die späteste Meldung bezieht sich auf einen Falter bei Karlsruhe (21.8.1889, H. GAUCKLER, Aufzeichnungen M. DAUB). Die einzige aktuelle Meldung aus dieser Region entstammt der Monatsmitte (12.8.1991, H. LUSSI). Aus dem Nekkar-Tauberland sind vergleichbare Eckwerte anzuführen. Hier liegen die frühesten Meldungen am Monatsende Juni (23.6.1983, Pfäffingen,

Oberrheinebene: Karlsruhe, um 1850, »Ein Exemplar fing Prof. SEUBERT in seiner Wohnung zu Karlsruhe!« (REUTTI 1853). Karlsruhe: Durlacher Wald, Wildpark (GAUCKLER 1896, REUTTI 1898). Karlsruhe-Hardtwald, 1935–1943, diverse Funde und gezüchtete Tiere (A. GREMMINGER, H. KESENHEIMER, K. STROBEL). Karlsruhe: Oststadt, 12.8.1991 (H. LUSSI). Kaiserstuhl, Mai 1942 (K. STROBEL). Freiburg (Fundort?), 6 Ex. ex ovo, 1941 (L. SETTELE, coll. SMNS).
Schwarzwald: Schopfheim (ohne Datum, REUTTI 1898).
Neckar-Tauberland: Tübingen, VI.1897, »Am elektrischen Licht«, HINDERER (SCHNEIDER 1930). Tübingen: Neckarhalde, 24.6.1906, HEBSACKER (SCHNEIDER 1930). Tübingen: Sand, 25.8.1976 (M. MEIER). Stuttgart-Münster, »bis 1926 regelmäßig« (SCHNEIDER 1938)[1]. Pfäffingen: Pfaffenberg, 23.6.1983 (A. STEINER). Pfäffingen: Alter Berg, 23.7.1984 (N. HIRNEISEN). Bonfeld (ohne Datum, SCHNEIDER 1938).
Schwäbische Alb: Aalen (ohne Datum, SCHNEIDER 1938).
Oberschwaben: Hundersingen (ohne Datum, SCHNEIDER 1938).

Vertikal: Die wenigen Fundorte im Raum Karlsruhe, Tübingen und Stuttgart reichen von der

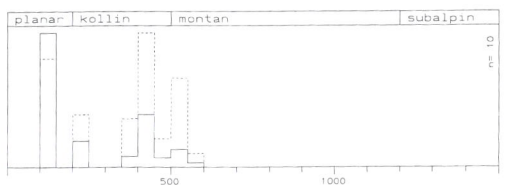

Von der auch früher immer nur einzeln gefundenen, seltenen Dunkelbraunen Spannereule (*Idia calvaria*) wurden in Baden-Württemberg nach 1980 nur noch drei Tiere an drei verschiedenen Fundstellen registriert. Über ihre Larvalhabitate und natürliche Lebensweise können keine näheren Angaben gemacht werden. – Pfäffingen 6.7.85 A. STEINER. S.

[1] Nach SCHNEIDER (1938) und SCHÄFER (1980) »dort jetzt infolge Kanalbauten verschwunden.«

Die junge Raupe ist glasig durchscheinend und je nach Darminhalt verschiedenfarbig. Erwachsen nimmt sie dagegen eine bräunlich-violette Färbung an. Charakteristisch sind die schwarzen, paarig angeordneten Punkte auf jedem Segment. – Schweiz (Tessin) 5.90 K. FREYTAG. S.

Pfaffenberg, A. STEINER), die spätesten Ende August (25.8.1976, Tübingen-Sand, M. MEIER).

Präimaginalstadien: Phänologisch verwertbare Angaben zur Präimaginalphase liegen aus Baden-Württemberg nicht vor. Ob die Anmerkung bei GAUCKLER (1921) »die Raupe überwintert ... bis zum Juni des nächsten Jahres« auf verbürgte Freilandbeobachtungen in Baden-Württemberg zurückgeht, bleibt unklar.

Ökologie

Lebensraum: Die wenigen Fundorte dieser Art liegen in Laubmischwäldern oder an deren Rändern. GAUCKLER (1897) meldet sie z.B. in der Umgebung von Karlsruhe aus dem Durlacher Wald. Im Tübinger Raum lag die Fundstelle von M. MEIER in einem »Laubwald mit Kiefern- und Fichtenanteil« (Waldrand), die von N. HIRNEISEN bei Pfäffingen (Pfaffenberg-Ostseite und Alter Berg) in einem Waldmeister-Eichen-Buchenwald (Waldrand). H. LUSSI hatte 1991 ein Tier im Stadtgebiet von Karlsruhe am Licht zu verzeichnen.

Nahrung der Raupe: Über die Raupennahrung liegen uns keine Beobachtungen aus Baden-Württemberg vor.

Gemeinhin werden modernde Blätter von Laubgehölzen und Kräutern angegeben (BERGMANN 1954, KOCH 1984, FORSTER 1971). DISQUÉ erzog die Raupe mit welkem Ampfer (REUTTI 1898), H. KESENHEIMER mit verrottenden Eichenblättern.

Nahrung des Falters: GAUCKLER (1896) vermerkt: »Geht gern an den Köder.« Auch A. GREMMINGER fing die Art am Köder. Weitere Angaben fehlen.

Habitat: Das Habitat dieser Art ist in der Kraut- und Streuschicht von Laubwäldern, eventuell an Stellen mit größeren Ansammlungen feuchter Blätter zu suchen. Genauere Beobachtungen dazu liegen leider nicht vor.

Verhalten: KESENHEIMER (1941) veröffentlichte eine »Zuchtanweisung für *Epizeuxis calvariae* F.«, aus der hier einige Passagen wiedergegeben werden sollen:

»Der Gesamteindruck der Lebensweise ist mehr der einer Fliegenmade als einer Raupe. ... (Ei)Ablage erfolgt lose ins Glas oder über die Blätter. Sie dauert über 10 Tage, ... In der Mitte des Blattstapels bildet sich ein Wärme- und Zersetzungszentrum. Dort sitzen die Raupen kolonieweise zusammen. ... Die Raupen fressen das Futter auch als Zweig gegeben, wie bei anderen Arten, aber nicht so willig. Die Raupen minieren das Blatt zunächst auf einer Seite, später auf beiden Flächen ab und lassen ein herrliches Netzwerk des Geäders zurück. ... Die Raupen sind glasig durchscheinend und je nach Inhalt verschiedenfarbig. Sie entgehen außerordentlich leicht der Auffindung. ... Manche tarnen sich mit dem Schimmel der Blätter, da schimmelige, zersetzte Blätter die Lieblingsspeise sind. ... Verpuppung in der Mitte des Wärmezentrums in ziemlich festen Kokons, die mit Blattresten belegt sind.« Nach LHOMME (1923–1935) lebt die Raupe auf »*Rumex* divers«, nach FREY (1880) an *Salix* und *Populus*, nach P. CHRÉTIEN (in LHOMME l.c.) soll sie in Gefangenschaft *Hieracium* und *Rumex* präferieren.

Der Falter ruht tagsüber kopfabwärts an (Eichen-)Stämmen und fliegt leicht ab (REUTTI 1898).

Gefährdung und Schutz

Rote Liste Bundesrepublik: 1
Rote Liste Baden-Württemberg: U

Oberrheinebene: Noch ungeklärt.
Schwarzwald: Noch ungeklärt.
Neckar-Tauberland: Noch ungeklärt.
Schwäbische Alb: Noch ungeklärt.
Oberschwaben: Noch ungeklärt.

- In Baden-Württemberg eine Art mit ungeklärter Gefährdung!

Die Art wird in der neuen Fassung der Roten Liste der gefährdeten Tiere und Pflanzen in der Bundesrepublik Deutschland (PRETSCHER et al., im Druck) mit unbekannter Gefährdung eingestuft, was ebenso für Baden-Württemberg zutrifft. Auch aus unserem Bundesland liegen bis jetzt noch keine Beobachtungen zur Larvalbiologie im natürlichen Habitat vor. Damit können auch keine direkten Gefährungsfaktoren benannt werden. Die Art ist bis jetzt nur sehr vereinzelt sowohl am Licht als auch am Köder festgestellt worden; Angaben zu den Raupen resultieren aus ex-ovo-Zuchten (vgl. KESENHEIMER 1941). Die dabei gewonnenen Kenntnisse können jedoch nicht ohne weiteres auf die Verhältnisse im Freiland übertragen werden. Insofern muß *Idia calvaria* derzeit in Baden-Württemberg noch als eine nur selten gefundene Art mit ungeklärter Gefährdung bezeichnet werden.

Außer in Baden-Württemberg ist sie nach 1980 nur noch im Saarland gefunden worden (vgl. HEINICKE 1993). In allen östlichen Bundesländern ist sie seit den 70er Jahren verschollen (ausgestorben?). Im Nachbarland Pfalz wurde sie aus der Faunenliste gestrichen (KRAUS 1993), nachdem für die alten Angaben um 1900 (vgl. GRIEBEL 1910) keine Bestätigung mehr erbracht werden konnte (s. auch HEUSER, JÖST & ROESLER 1960–1962). Die Ursachen, die zu dieser Gesamtsituation geführt haben, sind unbekannt.

Simplicia rectalis
(Eversmann, 1842)

Schmalflügelige Spannereule

Gesamtverbreitung: Von Westfrankreich (Elsaß) über die Südalpentäler und den Balkan bis zur Schwarzmeerküste. Östlich durch die gemäßigte Zone bis zum Pazifik. Im Norden werden Brandenburg und die Ostsee erreicht. Die Art fehlt in weiten Teilen West- und Nordeuropas.

Verbreitung

Regional: Ähnlich wie bei *Idia calvaria* kennen wir auch bei dieser Art nur wenige aktuelle Funde, dafür jedoch mehrere alte Meldungen, die seither nicht mehr bestätigt wurden. Alle bisher festgestellten und durch (überprüfte) Sammlungsbelege bestätigten Fundorte liegen im Westen unseres Faunengebietes in den Naturräumen Oberrheinebene/Bergstraße und Kraichgau.

Als erster hat diese Art auf rechtsrheinischer Seite A. GREMMINGER entdeckt und seinen Fund später auch veröffentlicht (GREMMINGER 1925). Ein solcher war bereits von REUTTI (1898) vorhergesagt worden: »... wurde von DISQUÉ und

Die Schmalflügelige Spannereule *(Simplicia rectalis)* ist in Baden-Württemberg in den letzten Jahren kaum noch gefunden worden. Das hier abgebildete Männchen stammt aus der Sammlung HERMANN LIENIG und wurde am 10. 6. 1956 in Weinheim (Bergstraße) am Licht gefangen.

GRIEBEL bei Speier im Juli gefunden und kommt sicher auch diesseits des Rheines vor.«

Die Angaben von HEUSER, JÖST und ROESLER (1960–1962) für die angrenzende pfälzische Seite, *Simplicia rectalis* sei eine »im Gebiet verbreitete Art, die ziemlich häufig, aber ausschließlich am Licht beobachtet wird«, wird von KRAUS (1993) relativiert: »... können heute nicht mehr bestätigt werden. In der neuen Periode wurden nur noch wenige Falter besonders an sandigen Plätzen in der Rheinebene am Licht beobachtet«. Die letzte Meldung stammt vom 1.7.1981 (Langenberg).

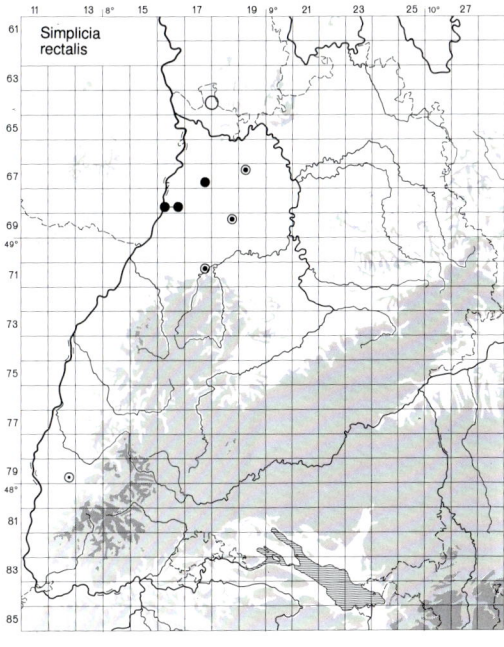

Auch auf badischer Seite liegt die letzte Meldung schon fast 10 Jahre zurück! Als »Neu für Württemberg!« meldet STROBEL (1968) die Art aus Birkenfeld (bei Pforzheim), unter Hinweis auf ein von R. HÄUSSER am 11.6.1954 gefangenes Tier (Beleg in coll. LNK). Bisher bekannt gewordene Funde:

Oberrheinebene und Randgebiete: Weinheim, 31.8.1930, 9.9.1932 sowie spätere Funde aus den Jahren 1954–1964 (alle H. LIENIG); Graben-Neudorf, 10.9.1915 (A. GREMMINGER); Hochstetten, 2.7.1973 (W. WEISSIG); Bad Mingolsheim, 28.7.1987 (G. SCHWARZ); Freiburg-Lehen, 7.7.1923 (E. BROMBACHER, nach SCHRÖDER 1923).

Neckar-Tauberland: Birkenfeld, 11.6.1954, 17.6.1959 (R. HÄUSSER). Oberderdingen, 23.7.1956 (JUDEX). Sinsheim, 16.7.1955, 21.6.1958, 28.6.1959, 1.9.1960 (M. SCHMITT).

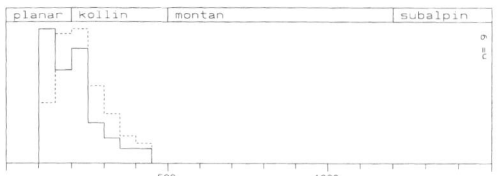

Vertikal: Auch bei *Simplicia rectalis* bleibt die vertikale Verbreitung in unserem Faunengebiet auf die planare und kolline Stufe beschränkt.

Phänologie

Imagines: Die Beurteilung der Flugzeit dieser Art ist recht uneinheitlich. KOCH (1958) gibt »M7–8« an, FORSTER (1971) spricht von zwei Generationen (»Mitte Juni bis Ende Juli und von Mitte August bis Ende September«). Tatsächlich scheinen die wenigen uns vorliegenden Daten die Annahme zweier Generationen an geeigneten Lokalitäten zu bestätigen. Zumindest in der Oberrheinebene kann von bivoltinen Populationen ausgegangen werden, wobei der gesamte Monat August die falterfreie Phase zwischen den beiden Generationen darstellt. Die frühesten Tiere der 1. Gen. werden Ende Juni/Anfang Juli notiert (30.6.1956, Weinheim, H. LIENIG; 2.7.1973, Hochstetten, W. WEISSIG), die letzten in der dritten Juli-Dekade (27.7.1956, Weinheim, H. LIENIG). Erste Falter der 2. Gen. sind ab Ende August (31.8.1930, Weinheim, A. GREMMINGER) zu beobachten.

Schwieriger interpretierbar sind die Beobachtungsdaten aus dem Neckar-Tauberland. Hier handelt es sich vermutlich überwiegend um monovoltine Populationen mit Flugzeit in den Monaten Juni–Juli. Eventuell treten jedoch sporadisch Nachzügler oder vereinzelt Tiere einer partiellen 2. Gen. in Erscheinung. Als solche könnten die etwas isolierten Meldungen Ende Juli angesehen werden (23.7.1956, Oberderdingen, W. STAIB, M. WALLNER; 28.7.1987, Bad Mingolsheim, G. SCHWARZ).

Präimaginalstadien: »Die Raupen ... lieferten am 23. August Schmetterlinge, aus deren Nachzucht die Raupen sich im November verpuppten« (REUTTI 1898). Aktuelle Freilandbeobachtungen und Nachzuchten unter Freilandbedingungen zur Klärung der Generationenfolge wären sehr wünschenswert.

Aus einem Zuchtbericht (HASEBROEK 1909) geht hervor, daß Raupen, die Ende August 1907 erwachsen waren, in diesem Stadium überwinterten und vom 18.–22.3.1908 und 6.–10.5.1908 die Falter ergaben.

Eine daraus am 10.5. erzielte Paarung erbrachte Eiablage; die Räupchen aus dieser Zucht schlüpften am 24.5. und waren Ende August erwachsen. Nach dreiwöchiger Puppenruhe schlüpften am 21.9. und 3.10.1908 insgesamt drei Falter.

Ökologie

Lebensraum: Von der ohnehin nur sehr selten nachgewiesenen Art liegen uns in den wenigsten Fällen Informationen über die Lebensräume vor, in denen sie gefangen wurde. W. WEISSIG meldet ein Tier beim Lichtfang auf einem Rheindamm bei Hochstetten. Am Stadtrand von Sinsheim in der Nähe des Friedhofes gelang M. SCHMITT mehrfach der Nachweis von *Simplicia rectalis*. Auch aus Birkenfeld wird der Friedhof als Fundstelle genannt (M. WALLNER: leg. R. HÄUSSER). In Bad Mingolsheim war die Fundstelle ein am Ortsrand gelegenes Haus (Lichtfang, G. SCHWARZ).

Alle Fundorte liegen im Bereich einer mittleren Jahrestemperatur von 8° bis über 9° Celsius und einer jährlichen Niederschlagsmenge von unter 600 mm bis 800 mm.

Nahrung der Raupe: Verbürgte Angaben zur Nahrung der Raupen liegen aus unserem Faunengebiet nicht vor. Nach REUTTI (1898) leben sie an dürren Blättern. Auch in der gängigen Sekundärliteratur (FORSTER 1971, KOCH 1984) finden sich keine weitergehenden Aussagen. Hinweise auf die Herkunft ihres Wissens bleiben die Autoren ebenso schuldig wie die Antwort auf die Frage, ob es sich um Freilandfunde oder Fütterungsversuche handelte. A. GREMMINGER verwendet bei der Zucht trockenes Eichenlaub.

HASEBROEK (1909), der seine Zucht ebenfalls mit welkem Eichenlaub durchführte, weist ausdrücklich darauf hin, »dass als Futter selbst allertrockenste Eiche aus dem Vorjahre den anspruchslosen Tieren genügt.« Aus Hessen wird die Raupe übrigens von Korbweide angegeben (FRANZ nach v. REICHENAU 1905).

Nahrung des Falters: Die Nahrungsaufnahme der Imago ist in Baden-Württemberg bisher nicht beobachtet worden.
Habitat: Das Habitat von *Simplicia rectalis* dürfte – folgt man den Angaben zur Raupennahrung – in der Streuschicht von warmen Laub- und Laubmischwäldern, deren Rändern und von Hecken zu suchen sein.
Verhalten: Die Verpuppung soll in einem zarten Gespinst an der Erde erfolgen (FORSTER 1971). Die Falter kommen zum Licht.

Gefährdung und Schutz

Rote Liste Bundesrepublik: R
Rote Liste Baden-Württemberg: U

Oberrheinebene: Noch ungeklärt.
Schwarzwald: Nicht vertreten.
Neckar-Tauberland: Noch ungeklärt.
Schwäbische Alb: Nicht vertreten.
Oberschwaben: Nicht vertreten.

- In Baden-Württemberg eine Art mit ungeklärter Gefährdung!

Von *Simplicia rectalis* ist in unserem Faunengebiet bestenfalls die Verbreitung, nicht jedoch Lebensweise und Habitat bekannt. Wie im Nachbarland Rheinland-Pfalz deuten auch hier die alten, nicht mehr bestätigten Funde auf eine rückläufige Bestandsentwicklung, die allerdings kausal nicht näher belegt werden kann. Zwar bewegt sich die Art in diesem Raum an ihrer westlichen Arealgrenze, doch kann eine auf stärkere Isolation hindeutende geographische Restriktion, wie sie z. B. bei Arten wie *Adscita mannii* oder *Eucharia deserta* zweifellos besteht, nicht konstatiert werden. Bis zur Aufklärung ihrer ökologischen Ansprüche, die dann vielleicht auch zur Entdeckung bestimmter Gefährdungsfaktoren führt, wird *Simplicia rectalis* in Baden-Württemberg zu den Arten mit noch ungeklärter Gefährdung gestellt.

Trisateles emortualis
([Denis & Schiffermüller], 1775)
Gelblinien-Spannereule

Zanclognatha emortualis SCHIFF. (REUTTI 1898, LAMPERT 1907, ECKSTEIN 1913–1923)
Standfussia emortualis SCHIFF. (REBEL 1910, SPULER 1908–1910, HERING 1932)
Aethia emortualis SCHIFF. (WARREN in SEITZ 1909–1914, KOCH 1954–1961, 1984, 1991)

Gesamtverbreitung: Vom Norden der Iberischen Halbinsel über Südfrankreich, Norditalien und die Balkanhalbinsel bis nach Kleinasien und den Kaukasus. Im Osten weiter bis Japan. In Nordeuropa werden Südengland sowie die südlichen und mittleren Regionen Fennoskandiens besiedelt.

Verbreitung

Regional: Diese spannerähnliche Eulenart kommt in allen größeren Naturräumen Baden-Württembergs vor. Wie die Karte zeigt, läßt ihre sich über alle Landesteile erstreckende Verbreitung keine geographischen Schwerpunkte erkennen. Der größte Teil der Meldungen ist aktuell und zumeist ein Ergebnis der in den vergangenen 20 Jahren landesweit betriebenen Lichtfänge.

REUTTI (1898) bezeichnete diese Art noch als »ziemlich selten«, SCHNEIDER (1938) dagegen als »Im ganzen Gebiet mit der Eiche verbreitet«.

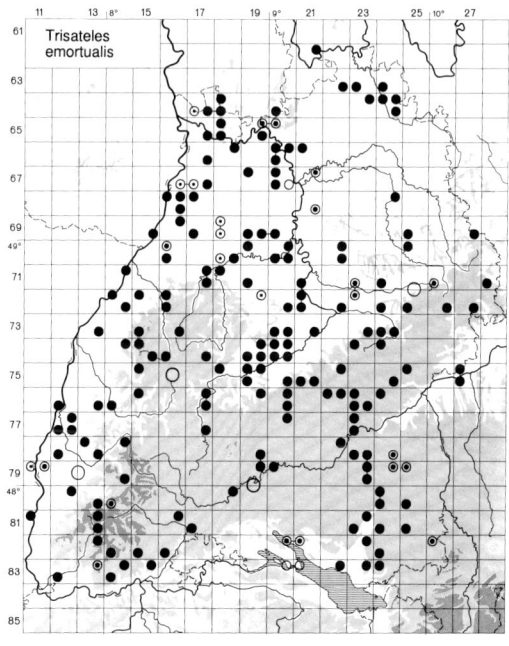

Dies trifft für beide Landeshälften zu und kommt auch im Höhendiagramm zum Ausdruck, es darf jedoch daraus keine engere Bindung an *Quercus*-Arten abgeleitet werden. Unsere Kenntnis über die ökologische Einnischung von *Trisateles emortualis* ist angesichts der Tatsache, daß bisher nur mit Hilfe von Lichtquellen oder Köder angelockte Falter registriert wurden, noch völlig unzureichend.

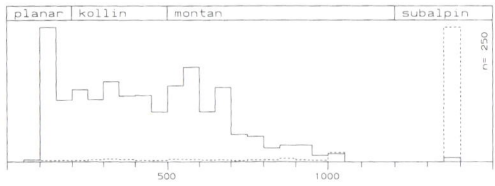

Die Gelblinien-Spannereule (*Trisateles emortualis*) gleicht tatsächlich eher einer Spannerart. Durch ihre leicht grünliche Flügelfärbung hebt sie sich innerhalb der Herminiinae unverkennbar von den übrigen, untereinander ziemlich ähnlichen Arten ab. – Belegstück: Kirchentellinsfurt 3.7.85 A. STEINER.

Vertikal: Die vertikale Verbreitung reicht von der planaren bis zur montanen Stufe, klingt aber nach oben hin ziemlich rasch ab. Funde in montanen Lagen um 1000 m sind selten. Die höchstgelegene Fundstelle konnte am Feldberg bei 1350 m festgestellt werden (J. ASAL).

Phänologie

Imagines: Die Flugzeit von *Trisateles emortualis* ist in allen fünf Hauptnaturräumen ungefähr gleich. In der zweiten Maihälfte werden die ersten Falter beobachtet. Die größten Abundanzen sind stets in der ersten Julihälfte zu verzeichnen, danach fällt die Kurve steil ab. Bei den dann nochmals etwas gehäuft auftretenden Meldungen im August könnte es sich um Tiere einer partiellen 2. Gen. handeln, wie sie aus südlicheren Ländern bekannt ist. Der späteste Falternachweis datiert vom 14. September (1982, Tübingen: Spitzberg, M. MEIER/A. STEINER).

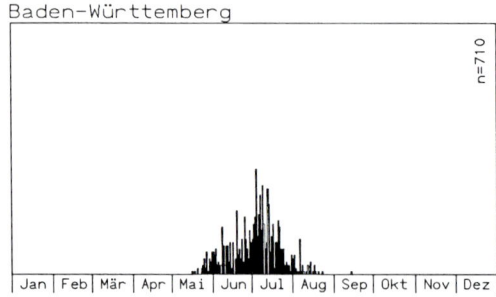

Präimaginalstadien: Aus Baden-Württemberg liegt uns nur eine einzige, leider nicht taggenaue Raupenmeldung vor: U. LADENBURGER beobachtete im August (1988) eine Freilandraupe bei Malterdingen. Das Überwinterungsstadium ist die Puppe (KOCH 1958, FORSTER 1971).

Ökologie

Lebensraum: *Trisateles emortualis* fliegt in einem weiten Spektrum verschiedener Waldtypen sowie an deren Rändern. Die aus Baden-Württemberg vorliegenden Fundmeldungen stammen beispielsweise aus Weich- und Hartholz-Auenwäldern, feuchten Eichen-Hainbuchenwäldern, Hainsimsen-Buchenmischwäldern, Kiefernmischwäldern auf Binnendünen, trockenwarmen Eichenwäldern oder Beerkraut-Tannen-Fichtenmischwäldern. Ferner werden Feldgehölze, Hecken und Gebüsche besiedelt. Seltener kommt die Art auch im Offenland sowie im Siedlungsbereich ans Licht (z. B. Trümmergrundstück in Pforzheim, M. WALLNER; Neckargemünd, Weststadt, J. BASTIAN).

Nahrung der Raupe:
Carpinus betulus – Hainbuche
  L (LAD)
Quercus spec. – Eiche
  L (GAU)

REUTTI (1898) und GAUCKLER (1909) nannten Eichen (*Quercus* spec.) als Nahrungspflanzen.

Im Taunus erlangte BOLDT (1925) die Raupe aus abgehauenen Eichenbüschen sowie aus moderndem Eichenlaub, das er trocken in seinem Stall deponiert hatte, schüttelte sie aber auch von grünen Buchenzweigen (nach Schultz 1962). An *Quercus* fand auch Freyer (1831) die Raupe, die nur dürre Blätter fraß und die grünen verschmähte.

Nach Bergmann (1954) kommen aber auch andere Laubholzarten (als Fütterungspflanzen oder Freilandnahrung?) in Frage. Die von ihm zitierten U. Völker sowie C. Beer fanden die Raupen an Eichenwindbruch bzw. an abgefallenem Eichenlaub. In der Pfalz hat de Lattin sie von *Salix* spec. geklopft (Heuser, Jöst & Roesler 1960–1962), sie wurden dort auch unter Falllaub gefunden. Bretherton, Goater & Lorimer (1983) berichteten für Großbritannien, daß die Larve im Freiland in Haufen von verdorrenden Eichen-, seltener Rotbuchen-Blättern gefunden werde.

Nahrung des Falters: Zur Nahrungsaufnahme der Imagines liegen über das Aufsuchen des Köders hinaus keinerlei Kenntnisse vor. (A. Steiner beobachtete einen Falter, der, als er ihn zum Fotografieren positionierte, an Regentropfen auf einem modernden Traubeneichenblatt zu saugen begann.)

Habitat: U. Ladenburger beschrieb den Fundort einer *Trisateles emortualis*-Raupe als steilen Rand eines Fichtenaltbestandes in der Rheinebene. Dessen Randbäume waren vor allem Hainbuchen, aber auch Fichten, Traubeneichen, Bergahorn und Salweide. Ein Mantel aus Schwarzem Holunder und Hainbuche war nur sehr kleinflächig ausgeprägt. Der teilweise üppige Saum mit Großer Brennessel, Hohlzahn, Giersch u. a. war dem Urtico-Aegopodietum zuzuordnen.

Die Raupenfunde von U. Ladenburger und H. Heidemann, der bei Bad Windsheim (Steigerwald) eine Raupe von Eiche klopfte, belegen, daß frisches, lebendes Laub durchaus zum Nahrungsspektrum der Raupen zählt. Das Larvalhabitat der Art ist also sowohl in der Streuschicht als auch in der Strauchschicht bzw. am Rand von Laub- und Laubmischwäldern, Feldgehölzen oder Hecken zu suchen. Ob auch die Baumschicht genutzt wird, und ob eventuell Präferenzen für bestimmte Wald- oder -mantelgesellschaften etc. vorliegen, bleibt zu klären.

Bergmann (1954) bezeichnet *T. emortualis* als »Leitart von feuchten Eichen-Randgebüschgruppen und deren Bodenlaubschicht in Mischgehölzen kurz besonnter Lehnen.«

Verhalten: Die Raupe soll die dürren Eichenblätter fein siebartig durchlöchern (Gauckler 1909). Sie verpuppt sich in einem Kokon zwischen toten Blättern (Bretherton, Goater & Lorimer 1983). Die »an Stämmen oder auf Blättern am Boden und im Gebüsch« ruhenden Falter lassen sich leicht klopfen (Bergmann 1954).

Gefährdung und Schutz

Rote Liste Bundesrepublik: –
Rote Liste Baden-Württemberg: –

Oberrheinebene: Nicht gefährdet.
Schwarzwald: Nicht gefährdet.
Neckar-Tauberland: Nicht gefährdet.
Schwäbische Alb: Nicht gefährdet.
Oberschwaben: Nicht gefährdet.

• In Baden-Württemberg nicht gefährdet!

Paracolax tristalis (Fabricius, 1794)

Trübgelbe Spannereule

Herminia derivalis Hbn. (Reutti 1898, Lampert 1907, Spuler 1908–1910, Rebel 1910, Warren in Seitz 1909–1914, Eckstein 1913–1923, Hering 1932, Schneider 1936–1939, Bergmann 1951–1955, Koch 1954–1961, 1984)
Paracolax glaucinalis Schiff. (Forster 1954–1981, Hartig & Heinicke 1973)
Paracolax derivalis Hbn. (Leraut 1980, Heinicke & Naumann 1980–1982)

Gesamtverbreitung: In Europa weit verbreitet vom Atlantik bis zum Ural, von den Pyrenäen bis Südengland und Südschweden. Die Südgrenze bildet das Mittelmeer. Östlich erstreckt sich das Areal durch Kleinasien, Ostsibirien und Japan bis Sachalin und Korea.

Die Raupe von *T. emortualis* fällt durch ihre spindelförmige Gestalt auf. In Baden-Württemberg wurde sie an Hainbuche und Eiche gefunden. Dabei ist allerdings noch unklar, ob frisches Laub an Bäumen und Sträuchern oder welke Blätter in der Streuschicht das Nahrungsspektrum bestimmen. – Steigerwald 24.8.84 H. Heidemann. S.

Die Trübgelbe Spannereule (*Paracolax tristalis*) kommt nur im Westen unseres Faunengebietes vor. Sie wird hier an den unteren, eichenreichen Hanglagen des westlichen Schwarzwaldrandes und in der Rheinebene immer wieder gefunden. – Gaggenau, Murgtal 18.9.82 G. EBERT. S.

Verbreitung

Regional: *Paracolax tristalis* ist in Baden-Württemberg nur in der westlichen Landeshälfte verbreitet. Sie besiedelt hier die Oberrheinebene von Mannheim (1979, W. KINTZL) im Norden bis Grißheim (1987, J.U. MEINEKE) im Süden. Aus dieser Region wurde sie schon von REUTTI (1853) angegeben (Freiburg, Karlsruhe, Heidelberg), nicht jedoch vom Schwarzwald. Dort wurde *P. tristalis* erst in den 30er Jahren von A. GREMMINGER an verschiedenen Stellen nachgewiesen (Ottenhöfen, 1935; Lauf, Lautenbächle, 1936). Am Schloßberg in Freiburg hat L. SETTELE am 25.7.1924 ein Tier gefangen (Beleg in SMNS). Aus den vergangenen Jahren sind zahlreiche, gut belegte Fundmeldungen aus dem nördlichen und mittleren Schwarzwald hinzugekommen. Bewohnt werden hier vor allem warme, eichenreiche Hanglagen in den Tälern der Rheinzuflüsse Murg, Rench, Kinzig und Elz. Auch aus Freiburg gibt es eine neue Meldung (Herdern, 1992, I. HEGAR). Die Grenze dieses Areals wird im Norden durch wenige Funde am Südrand des Kraichgaus bei Pforzheim (Dietlingen, Birkenfeld) markiert, der bisher letzte bei Illingen (1973, M. WALLNER).

Vom mittleren Neckar existiert eine alte, nicht belegte Meldung aus Bonfeld (SCHUMANN nach SCHNEIDER 1938). Vom unteren Neckar kennen wir alte Aufzeichnungen von Lichtfängen an der Neckarhalde in Eberbach (1932–1959, M. CRETSCHMAR). Die Meldungen aus dem südlichen Odenwald/Bergstraße liegen ebenfalls lange zurück (Weinheim und Umgebung, 1922–1956, H. LIENIG). Die älteste Meldung stammt vom Bodensee (Konstanz, nach LEINER 1829), dürfte aber auf einer Fehlbestimmung beruhen.

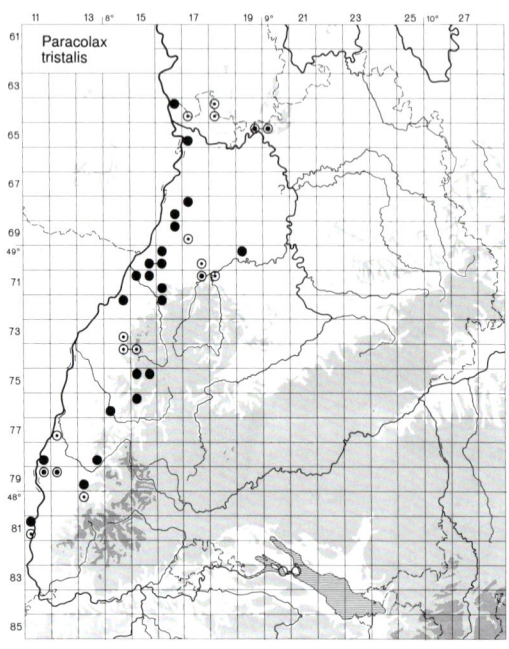

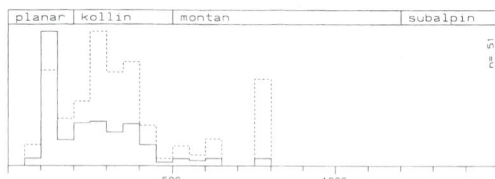

Vertikal: Die vertikale Verbreitung bleibt größtenteils auf die planare und kolline Stufe beschränkt. Nur wenige Fundorte auf der Westseite des Schwarzwaldes liegen im unteren montanen Bereich. Der höchste wurde von M. MEIER bei Bad Rippoldsau an einem mit Felsen durchsetzten Südosthang bei 790 m festgestellt.

Phänologie

Imagines: Die Flugzeit von *Paracolax tristalis* konzentriert sich auf eine sechswöchige Zeitspanne von Mitte Juni bis Anfang August. Der mit weitem Abstand späteste Nachweis gelang G. EBERT am 18. September (1982, Hörden, Scheibenberg). Hierbei handelt es sich mit Sicherheit um einen direkten Nachkommen (2. Gen.) der

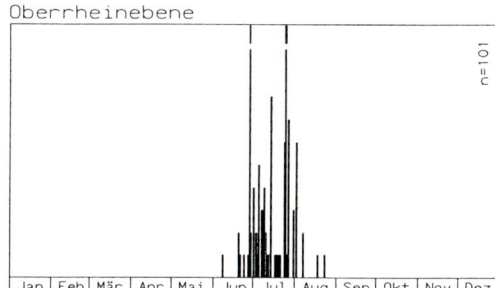

Oberrheinebene

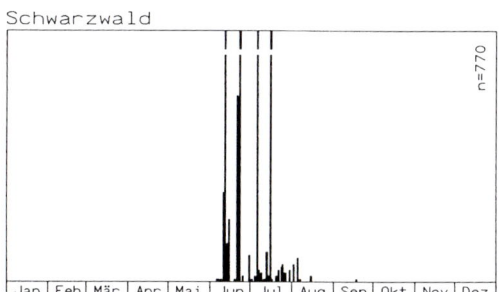

Schwarzwald

Nahrung der Raupe:
Quercus spec. – Eiche
   L (GAU)

Über die Raupennahrung sind aus Baden-Württemberg bislang keine verbürgten Meldungen bekannt. Lediglich bei GAUCKLER (1909) findet sich die Angabe »Eiche« (*Quercus* spec.).

R. BOLDT schüttelte im Frühjahr Raupen aus Laubstreu (nach BERGMANN 1954). Nach BRETHERTON, GOATER & LORIMER (1983) lebt die Raupe in Großbritannien an toten Blättern von Eiche. ALLAN (1949) führte *Crataegus oxyacantha* (=*laevigata*) (Zweigriffeliger Weißdorn) als Nahrung an und fuhr fort: Vollendet Entwicklung an den benachbart wachsenden krautigen Pflanzen. In der Zucht frißt sie tote (aber nicht trockene) Blätter von Eiche und *Castanea sativa* (Eßkastanie). RÖSSLER (1881) erzog sie mit Salweide und Brombeerblättern. LHOMME (1923–1935) hatte *Crataegus monogyna* angegeben und ergänzt: »... descend ensuite sur les plantes basses.«

Nahrung des Falters: W. KINTZL meldete mehrfach mit Hilfe von Köder angelockte Tiere.

Habitat: Zwar sind keine Raupenfunde aus Baden-Württemberg bekannt geworden, doch sollte das Habitat in der Strauch- und Streuschicht von Laub- und Mischwäldern zu finden sein. Eichenreiche Wälder an trockenwarmen Standorten scheinen der Art besonders zuzusagen. So findet sich bei GAUCKLER (1909) – ohne Hinweis auf die Quelle – die Angabe: »Die Raupe an Eichen an sonnigen und trockenen Stellen.«

gleichjährigen Juni-Juli-Falter. Ob auch einige Augusttiere als Vertreter dieser partiellen 2. Gen. anzusehen sind, kann ohne Kenntnis des Erhaltungszustandes der Falter nicht gesagt werden. In Südeuropa bringt die Art »häufig zwei nicht scharf getrennte Generationen« hervor (FORSTER 1971).

Präimaginalstadien: Hierzu gibt es keine Beobachtungen. Als Überwinterungsstadium gibt KOCH (1958) die Raupe an.

Ökologie

Lebensraum: Der überwiegende Teil der Funde von *Paracolax tristalis* stammt aus Laubwäldern. Besonders gute Lebensraumbedingungen fand sie offenbar in einem trockenwarmen, durchgewachsenen Traubeneichen-Schälwald im Kinzigtal. Hier flog sie in zwei aufeinanderfolgenden Jahren (1990, 1991) ausgesprochen zahlreich (S. FREUNDT/P. PAUSCHERT/A. SCHANOWSKI). Auch aus Eichen-Hainbuchenwäldern der nördlichen Oberrheinebene (z. B. Lußhardt bei Bruchsal, Hardtwald bei Karlsruhe) und den nassen Wäldern des Weingartener Moores liegen Nachweise vor. Gelegentlich findet sich die Art auch im Offenland (Mesobrometen am Badberg, dort allerdings in der Nähe eines Eichenwaldrandes, M. WALLNER; Feuchtwiesengelände bei Leiberstung, A. SCHANOWSKI) oder im Siedlungsbereich (H. LIENIG, Weinheim, »Zimmerlicht« und »auf Balkon«; K. STROBEL, Pforzheim, Pelikanstraße).

In Baden-Württemberg konnte die Raupe, die an Eiche leben soll, bis jetzt noch nicht gefunden werden. Die hier abgebildete Raupe stammt aus einer ex ovo-Zucht. Sie wurde mit welkem Laub gefüttert, was jedoch noch keine Rückschlüsse auf die Freilandnahrung zuläßt. – Ettlingenweier 20.4.94 H. LUSSI. S.

Nach BERGMANN (1954) ist *Paracolax tristalis* in Mitteldeutschland Leitart dichter Eichenbuschbestände an warmfeuchten, felsdurchsetzten Hängen.

Verhalten: Die Imago ist tags aus Büschen aufzuscheuchen. Sie kommt gerne ans Licht. Die Überwinterung der Raupe erfolgt in zusammengesponnen Blättern (BUCKLER 1901 nach BRETHERTON, GOATER & LORIMER 1983).

Gefährdung und Schutz

Rote Liste Bundesrepublik: –
Rote Liste Baden-Württemberg: –

Oberrheinebene: Noch ungeklärt.
Schwarzwald: Nicht gefährdet.
Neckar-Tauberland: Nicht gefährdet
(nur randlich vorkommend).
Schwäbische Alb: Nicht vertreten.
Oberschwaben: Nicht sicher nachgewiesen.

- In Baden-Württemberg nicht gefährdet!

Eine unmittelbare Gefährdung dieser Art ist in Baden-Württemberg nicht zu erkennen, wenngleich mehrere alte Fundorte nicht mehr bestätigt werden können. Angesichts des Mangels an Raupenfunden und damit der Unkenntnis des eigentlichen Larvalhabitates sind Prognosen nur auf der Basis von Lichtfangkontrollen möglich. Sie lassen die Bestandssituation in einigen Schwarzwaldtälern noch in einem recht günstigen Licht erscheinen, was für die Laubwaldungen der Ebene aufgrund der relativ wenigen, zeitlich weit streuenden Funde nicht behauptet werden kann. Hier muß die Bestandsssituation eher als ungeklärt bezeichnet werden.

Macrochilo cribrumalis
(Hübner, 1793)

Sumpfgras-Spannereule

Herminia cribrumalis HBN. (LAMPERT 1907, REBEL 1910, WARREN in SEITZ 1909–1914) ECKSTEIN 1913–1923, KOCH 1954–1961, 1984)
Herminia cribralis HBN. (HERING 1932, SPULER 1908–1910)
Chytolitha cribrumalis HBN. (FORSTER 1954–1981)
Chytolita cribrumalis HBN. (HARTIG & HEINICKE 1973)

Gesamtverbreitung: Die Arealsüdgrenze verläuft von Südwestfrankreich entlang dem Alpensüdrand zur adriatischen Küste und weiter bis zu den Karpaten. Im Norden werden Ostengland, Norddeutschland, Dänemark und Südfinnland erreicht. Innerhalb dieses Gebietes fehlt die feuchtigkeitsorientierte Art jedoch in weiten Teilen.

Verbreitung

Regional: *Macrochilo cribrumalis* wird in den alten Landesfaunen entweder gar nicht erwähnt (SCHNEIDER 1938) oder nur für das Nachbargebiet angegeben (»Elsaß«, vgl. REUTTI 1898). Es blieb daher O. SCHRÖDER (1923a) vorbehalten, diese Art in unserem Untersuchungsgebiet als erster entdeckt zu haben. Er fand sie im Mooswald bei Freiburg Anfang der 20er Jahre »in Anzahl« und macht dabei auf den gleichzeitig auftretenden Zünsler *Chilo phragmitellus* aufmerksam, mit dessen Männchen sie im Freiland (bei Dämmerung) verwechselt werden kann.

Im württembergischen Landesteil wurde *M. cribralis* von G. REICH in den 40er Jahren im Dürnachtal sowie im Ummendorfer Ried südlich von Biberach gefunden. In seinen Aufzeichnungen (1910–1965) vermerkte er »Nasse Wiesen ... Im Weiher in Sumpfgräser[n] häufig.« Veröffentlicht wurden diese Funde von REISS (1949) unter den beiden allerdings sehr merkwürdigen Namen »*Herminia* LATR. *cribalis* HBN.« und »*Herminia* LATR. *crifunsalis* HBN.«, von denen der erste ein Lapsus (Druckfehler?) von *Herminia cribralis* (siehe oben), der zweite nicht eruierbar (Verball-

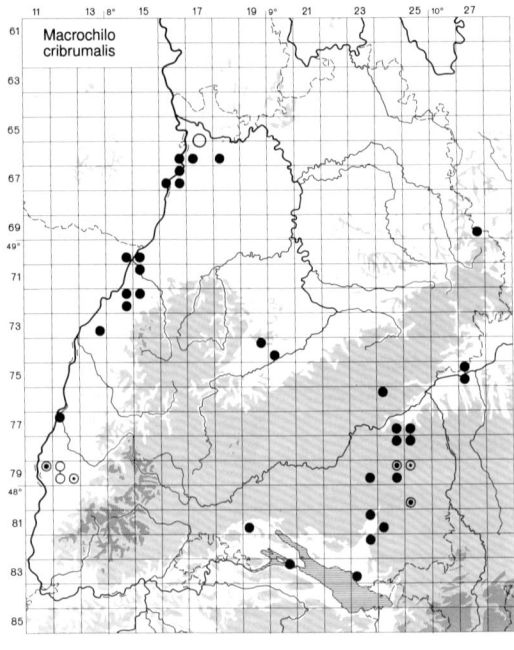

hornung?) ist. In den nachfolgenden Jahren (1941–1987) sind aus dem Donauried bei Leipheim (R. HEINDEL), aus Oberschwaben (G. REICH, G. BAISCH, G. EBERT, J.U. MEINEKE, R. SCHICK) und vom Bodensee (T. MARKTANNER) zahlreiche weitere Funde hinzugekommen, so daß der Hauptnaturraum Alpenvorland heute als ein wichtiges Teilareal dieser Art bezeichnet werden muß.

In der Oberrheinebene liegen aus dem Mooswald bei Freiburg seit der Entdeckung durch O. SCHRÖDER und den Aufsammlungen von E. BROMBACHER (bis 1930) keine neuen Funde mehr vor. Dagegen wurde die Art in den vergangenen 15 Jahren von Ötigheim und Rastatt und von der Murgmündung südwärts bis in die Rheinniederung bei Wagshurst durch Lichtfang recht zahlreich nachgewiesen (S. FREUNDT, R. HERRMANN, C. KÖPPEL, P. PAUSCHERT, A. SCHANOWSKI). Hier wie in der nördlichen Oberrheinebene zwischen Brühl und Philippsburg haben außer der Gruppe um A. SCHANOWSKI noch R. BLÄSIUS, J. LENZ und H. LAHM diese Art wiederholt nachweisen können. Der südlichste aktuelle Punkt dieses oberrheinischen Vorkommens liegt im Taubergießen (A. STEINER/H. LUSSI). Das alte, 1952 von L. SETTELE gemeldete Vorkommen bei Achkarren in der »Faulen Waag« dürfte dagegen der Melioration dieses einst so artenreichen Feuchtgebietes zum Opfer gefallen sein.

Vereinzelte aktuell belegte Vorkommen von *M. cribrumalis* werden vom Schönbuch und den Oberen Gäuen (A. STEINER, MEIER & STEINER 1985) sowie von einer Stelle auf der Schwäbischen Alb (Schmiechener See, G. BAISCH) gemeldet, ein weiteres aus einem Weihergebiet an der östlichen Landesgrenze bei Wört (M. MEIER). Weitere, wenn auch sehr lokale Vorkommen in diesen Naturräumen sind zu erwarten.

Die Sumpfgras-Spannereule (*Macrochilo cribrumalis*) ist eine Feuchtgebietsart, die besonders in Streuwiesen und Röhrichtgesellschaften vorkommt. Sie wird vor allem in den Mooren Oberschwabens und in einigen Auenwald/Feuchtwiesenkomplexen der Oberrheinebene, ansonsten nur sehr zerstreut gefunden. – Belegstück: Oberschwaben, Rißtal, Ummendorfer Ried 28. 6. 68 (ex coll. G. BAISCH).

Phänologie

Imagines: In der Sekundärliteratur wird als Flugzeit Mitte Juni bis Anfang August (KOCH 1958, FORSTER 1971) angegeben. Dies stimmt auch ausgezeichnet mit den uns vorliegenden Meldungen aus Oberschwaben sowie aus dem Neckar-Tauberland und von der Schwäbischen Alb überein.

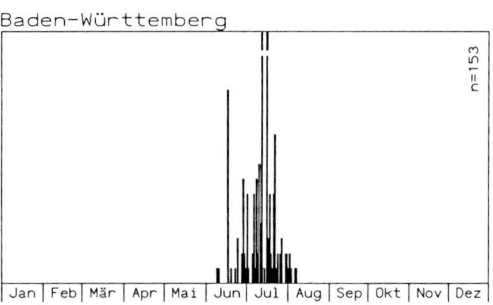

Davon phänologisch abweichend sind die beiden von SETTELE (1973) aus der Faulen Waag gemeldeten Exemplare (in coll. SMNS)[1]. Sie sollen am 17.5.1952 (am Licht) gefangen worden sein. Dieses äußerst frühe Datum (Etikettierungsfehler?) bedarf der Bestätigung.

Präimaginalstadien: Überwinterungsstadium ist die Raupe. E. BROMBACHER fand im Februar 1930 (Freiburg, Lehener Eck) fünf überwinternde Raupen unter Büschen.

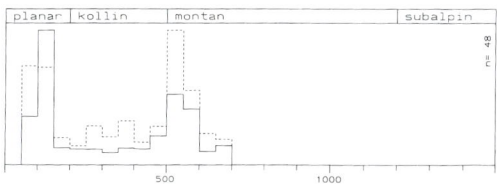

Vertikal: Bedingt durch die beiden Teilareale in der Oberrheinischen Tiefebene und im Alpenvorland zeichnet sich die Höhenverbreitung von *M. cribrumalis* in Baden-Württemberg zweigipfelig ab, mit jeweiligem Schwerpunkt im planaren und submontanen Bereich. Das eigentliche Bergland wird jedoch schon nicht mehr besiedelt.

---

[1] Im Flugzeitdiagramm (Gesamtphänogramm) nicht ausgedruckt!

Die hier abgebildete Raupe stammt aus einer ex ovo-Zucht (Wört, M. MEIER leg.). Im Freiland soll sie, nach verschiedenen Autoren, »an Gräsern« leben (Lebensraum s. Bd. 4, S. 491). – 9.12.91 G. EBERT. S.

Ökologie

Lebensraum: Die Meldungen stammen von Lichtfängen in nassem, sumpfigem und meist offenem Gelände. So zeigte *Macrochilo cribrumalis* bei den Untersuchungen von J.-U. MEINEKE (1982) in den Verlandungsmooren des Alpenvorlandes einen Verbreitungsschwerpunkt in den Streuwiesen und Röhrichtgesellschaften des Federseeriedes. T. MARKTANNER bezeichnete sie im Wollmatinger Ried als typisch für die Pfeifengraswiesen. L. SETTELE gibt das Schilfröhricht der Faulen Waag als Fangstelle an. In der mittleren und nördlichen Oberrheinebene im Bereich der Kinzig-Murg-Rinne wurde sie verschiedentlich in Feucht- und Naßwiesengelände gefangen, in dem z. T. kleinflächig Großseggenriedbestände ausgebildet waren (S. FREUNDT /P. PAUSCHERT, A. SCHANOWSKI). Auf einer nassen Wiese in einer Bachaue mit *Scirpus* und *Carex* im Schaichtal (Schönbuch) lockte J. SETTELE Falter an. Selten gelingt ein Nachweis in Wäldern. In einem lichten Bestand von Silberweiden und Hybridpappeln in der Rheinaue bei Rastatt kam sie mehrfach ans Licht (A. SCHANOWSKI), ebenso im Silberweiden-Auenwald bei Plittersdorf (C. KÖPPEL).

Nahrung der Raupe: Aus Baden-Württemberg liegen bislang keinerlei Angaben zur Raupennahrung vor.

In der gängigen Sekundärliteratur finden sich nur sehr allgemein gefaßte Aussagen wie »Gräser« (KOCH 1984) oder »Sumpfgräser« (FORSTER 1971). Nach BRETHERTON, GOATER & LORIMER (1983), die auf BARRET verweisen, frißt die Raupe an Weiden (*Salix* spec.) und an verschiedenen Sumpfgräsern (Cyperaceae) und Gräsern (Gramineae). BOLDT (1928) fütterte eingetragene Raupen mit trockenen *Carex*- und Schilfblättern.

Nahrung des Falters: Nahrungspflanzen der Falter sind aus unserem Gebiet nicht bekannt. Die Tiere gehen an den Köder (F. STEUERWALD).

Habitat: Über das Habitat von *Macrochilo cribrumalis* besitzen wir aus Baden-Württemberg nur ungenaue Kenntnis. Die Lebensräume, in denen die Art für gewöhnlich beim Lichtfang nachgewiesen wird, lassen vermuten, daß das Larvalhabitat ebenfalls in deren Bereich zu suchen ist. Es sind dies mit Gehölzen durchsetzte Großseggenrieder und Verlandungszonen von Gewässern, verkrautete Gräben sowie lichte, nasse Waldbestände (Weichholzaue, Bruchwälder). Diese Annahme unterstützt die Notiz von E. BROMBACHER, der bei Freiburg mehrere Raupen »unter Büschen und Sträuchern, wo altes Schilf liegt«, fand.

Entsprechendes teilte BOLDT (1928) über die winterliche Raupensuche in den Niederlanden mit: »Man findet denn auch die Raupen an Orten, wo viel vergilbte *Carex*-Blätter herumliegen, auf Böschungen an Wassergräben und Wegrändern, Entwässerungsschloten in Bauerngehölzen, immer aber an geschützten Stellen unter niedrigem Weiden-, Erlen- und Brombeerbusch...«

Verhalten: Die Falter fliegen ans Licht und wurden nachts an Gräsern sitzend beobachtet. FORSTER (1971) gibt an, daß die Verpuppung in einem zartem Gespinst in der Erde erfolgt.

Gefährdung und Schutz

Rote Liste Bundesrepublik: V
Rote Liste Baden-Württemberg: V

Oberrheinebene: Art der Vorwarnliste.
Schwarzwald: Nicht vertreten.
Neckar-Tauberland: Art der Vorwarnliste.
Schwäbische Alb: Noch ungeklärt.
Oberschwaben: Art der Vorwarnliste.

- In Baden-Württemberg eine Art der Vorwarnliste!

Dieser Art dürfte aufgrund ihrer engen Bindung an Feuchtgebiete, insbesondere an Pfeifengraswiesen, eine hohe Indikatorqualität zukommen. Das offensichtliche Erlöschen der Populationen im Mooswald bei Freiburg und in der Faulen Waag am Rande des Kaiserstuhls ist auf die gravierenden Veränderungen zurückzuführen, die diese Gebiete erfahren haben. *Macrochilo cribrumalis* ist Vorwarnart für bedrohte Feuchtbiotope. Genaue Standortkartierungen und die Erforschung ihrer Larvalhabitate sind dringend zu empfehlen.

Herminia tarsipennalis
Treitschke, 1835

Laubgehölz-Spannereule

Zanclognatha tarsipennalis Tr. (REUTTI 1898, LAMPERT 1907, SPULER 1908–1910, WARREN in SEITZ 1909–1914, REBEL 1910, ECKSTEIN 1913–1923, HERING 1932, SCHNEIDER 1936–1939, BERGMANN 1951–1955, KOCH 1954–1961, 1984, FORSTER 1954–1981, HARTIG & HEINICKE 1973)

Die Laubgehölz-Spannereule (*Herminia tarsipennalis*) gehört zu den weit verbreiteten und häufigen Arten dieser Gattung. Die Falter können am Tag leicht aus der Vegetation aufgescheucht werden, sie fliegen aber auch nachts zum Licht. – Kirchentellinsfurt 3.7.85 A. STEINER. LF.

Gesamtverbreitung: Von Westeuropa bis zum Altai und nach Ostchina. In Europa bildet das Mittelmeer die Arealsüdgrenze. Nördlich bis Irland, Südschottland und das südliche Fennoskandien; auf gleicher geographischer Breite weiter bis zum Ural.

Verbreitung

Regional: *Herminia tarsipennalis* ist in Baden-Württemberg weit verbreitet. Sie kommt praktisch in allen Naturräumen vor, ein Schwerpunkt innerhalb dieser Verbreitung ist nicht erkennbar. Die Zahl aktueller Fundmeldungen überwiegt bei weitem. Es ist davon auszugehen, daß auch an den alten, nicht mehr aktualisierten Fundorten Wiederfänge möglich sind, so daß sich die Lücken in der Verbreitungskarte auf nicht kartierte Gebiete und reine Agrarlandschaften beziehen.

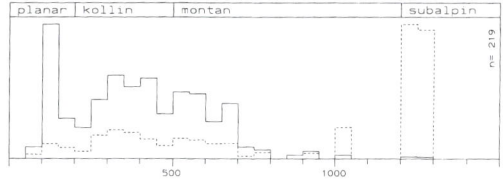

Vertikal: Die Art ist sowohl in der planaren wie auch in der kollinen und submontanen Stufe gut vertreten. Daß sie auch noch im höheren Bergland bis hinauf in den subalpinen Bereich vorkommt, zeigen verschiedene Funde aus dem Hochschwarzwald. Allerdings muß die Frage, ob dort auch die präimaginale Entwicklung abgeschlossen wird, wegen mangelnder Kenntnis der Larvalhabitate vorerst offen bleiben.

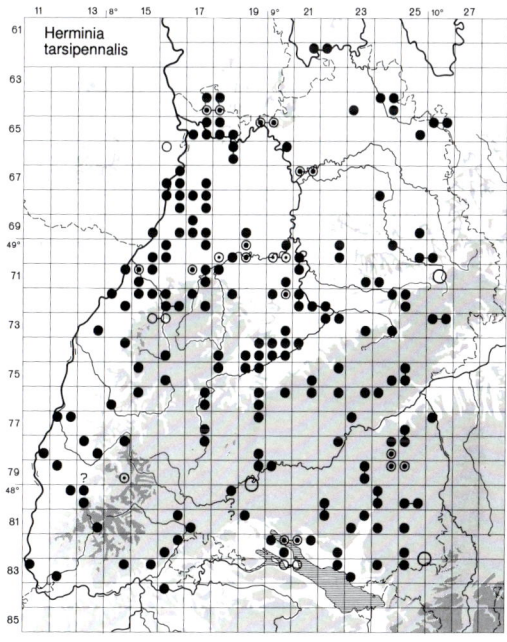

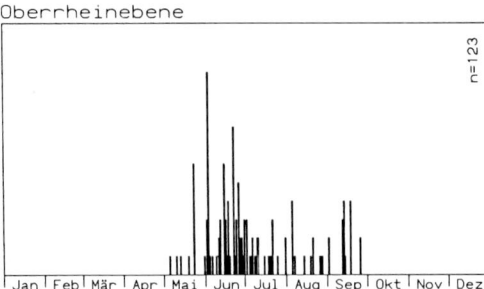

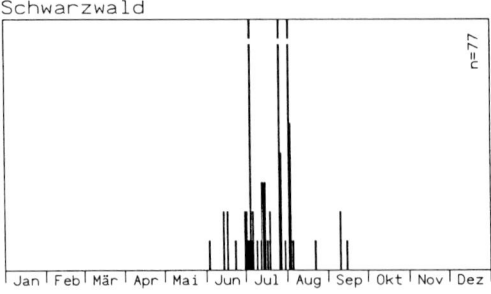

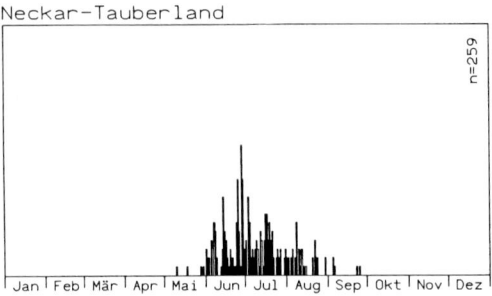

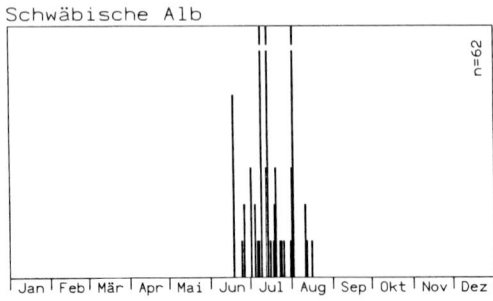

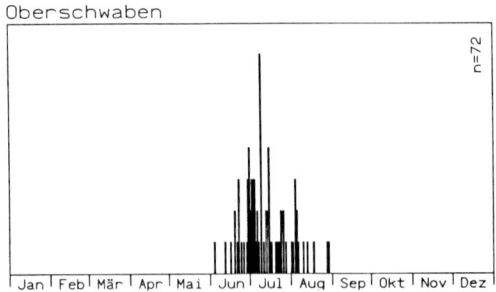

Phänologie

Imagines: An geeigneten Lokalitäten bringt *H. tarsipennalis* zwei Generationen pro Jahr hervor. Dies trifft in Baden-Württemberg insbesondere für zahlreiche Standorte der Oberrheinebene und des niedrig gelegenen Neckar-Tauberlandes zu. Bei Weinheim notierte H. LIENIG bereits am 5. Mai (1940) den ersten Falter. Späteste Nachweise: Karlsruhe-Hardtwald, Friedrichstaler Allee, 18. September (1995, 1 ♂, 1 ♀, beide noch frisch, am Köder, A. STEINER); 25. September (1964, Rußheim, M. WALLNER). Auf die 1. Gen. dürften sich Meldungen von Mitte Mai bis Ende Juli beziehen. Spätere Beobachtungen sind wohl größtenteils einer unvollständigen 2. Gen. zuzurechnen. Dies gilt sicherlich auch für die wärmeren Teile des Neckar-Tauberlandes. Die klimatische Unterschiedlichkeit der verschiedenen Standorte bedingen in diesem Naturraum allerdings eine stärkere Komprimierung des Diagramms.

Überwiegend monovoltin scheinen die Populationen in den klimatisch weniger begünstigten Hauptnaturräumen Schwarzwald, Oberschwaben und Schwäbische Alb zu sein. Das Individuenmaximum wird hier jeweils im Juli erreicht, zu einer Zeit also, in der die 1. Gen. in der Oberrheinebene bereits verschwunden ist.

Präimaginalstadien: F. BIHLMAIER fand 1989 (7. März und 21. Mai) zwei Raupen bei Allmersbach (Neckarbecken), die noch im selben Jahr die Falter ergaben (16. und 27. Juni). Die Puppenphase dauerte 4 bzw. 6 Wochen. Das mögliche Auftreten einer partiellen Spätsommergeneration konnte A. GREMMINGER (Karteinotiz) durch e. o.- Zucht nachweisen (»Falter schl. teilw. noch im Spätjahr«). Als Überwinterungsstadium gibt er die Raupe an. Die gleichen Beobachtungen bei Eizuchten dieser Art machte A. STEINER.

Ökologie

Lebensraum: Die weit verbreitete *H. tarsipennalis* wird aus einem großen Spektrum verschiedener Lebensräume gemeldet. Sie fliegt in Wald- und Offenlandbiotopen – Waldrand oder Gebüsche scheinen aber immer in der Nähe zu sein – mit sehr unterschiedlichen Standortverhältnissen (Auenwälder, Eichen-Hainbuchen-Wald, artenarmer Buchen-Eichenwald, Beerkraut-Tannen-Fichten-Mischwald, Wacholderheide etc.). Gelegentlich taucht sie auch im Siedlungsbereich (Gärten, Friedhöfe) auf. Vergleichende Untersu-

In der Zucht erweist sich die Raupe von *H. tarsipennalis*, wie übrigens auch diejenigen anderer *Herminia*-Arten, recht polyphag. Unter natürlichen Verhältnissen soll sie in der Bodenstreu leben. Die braune Färbung könnte somit als Tarnfärbung erklärt werden. – Albvorland, Bodelshausen (ex ovo-Zucht) 28.10.87 A. STEINER. S.

chungen von MEINEKE (1982) in Verlandungsmooren des württembergischen Alpenvorlandes ergaben einen Schwerpunkt der Art im Niedermoor sowie ein regelmäßiges Vorkommen im Spirken-Waldhochmoor.

Nahrung der Raupe: Informationen zur Raupennahrung aus unserem Faunengebiet fehlen noch weitgehend. D. BARTSCH fand (bei der schwäbischen Kehrwoche!) eine erwachsene Raupe am 25.4.1987 in Stuttgart-Feuerbach unter Efeuranken in der Bodenstreu. Das Tier ruhte zwischen altem Laub und Kies im Winkel zwischen Asphalt und Mauer. *Herminia*-Raupen, bei denen es sich entweder um *H. tarsipennalis* oder *H. tarsicrinalis* handelte, sind tagsüber (nicht fressend) verschiedentlich in der Laubstreu lichter Wälder und Waldränder gefunden worden, z. B. im Schwarzwald bei Klosterreichenbach (D. HAMBORG/M. MEIER).

Üblicherweise sind in der Sekundärliteratur »modernde und abgefallene Blätter von Kräutern, Gräsern und Laubgehölzen« als Nahrungspflanze der Raupe angegeben. BERGMANN (1954) berichtet, daß NICOLAUS im Spätherbst Raupen aus Kleehaufen für Wildfütterung und aus Laubbüscheln geschüttelt habe. BOLDT (1925) fand die Raupe zusammen mit einigen anderen Arten in belaubtem Eichenreisig, das er einige Wochen in einem offenen Kaninchenstall als »Köder« ausgelegt hatte.

Nahrung des Falters: Die Art kommt gern an den Köder, wie die Beobachtungen verschiedener Mitarbeiter ergeben haben.

Habitat: Zum Habitat von *H. tarsipennalis* liegen uns aus Baden-Württemberg keine Kentnisse vor. Vermutlich leben die Raupen in der Streu- und Krautschicht von Laub- und Mischwäldern, Feldgehölzen und Hecken.

Für Thüringen bezeichnet sie BERGMANN (1954) als »Leitart des modernden Bodenlaubs in grasigen, feucht-schattigen Laubgebüschfluren in Auengehölzen sowie auf Garten- und Parkland in Niederungen.«

Verhalten: Der Falter läßt sich am Tage leicht aufscheuchen und kommt nachts ans Licht. Die Raupen ruhen tagsüber im Laubstreu und in der Bodenvegetation.

Gefährdung und Schutz

Rote Liste Bundesrepublik: –
Rote Liste Baden-Württemberg: –

Oberrheinebene: Nicht gefährdet.
Schwarzwald: Nicht gefährdet.
Neckar-Tauberland: Nicht gefährdet.
Schwäbische Alb: Nicht gefährdet.
Oberschwaben: Nicht gefährdet.

• In Baden-Württemberg nicht gefährdet!

Herminia tarsicrinalis
(Knoch, 1782)
Braungestreifte Spannereule

Zanclognatha tarsicrinalis KNOCH (REUTTI 1898, LAMPERT 1907, SPULER 1908–1910, WARREN in SEITZ 1909–1914, REBEL 1910, HERING 1932, SCHNEIDER 1936–1939, BERGMANN 1951–1955, KOCH 1954–1961, 1984, FORSTER 1954–1981, HARTIG & HEINICKE 1973)

Gesamtverbreitung: Eine süd- bis südöstlich verbreitete Art, die in Nordeuropa bis zur Nord- und Ostsee vordringt. Die Arealsüdgrenze verläuft vom Norden der Iberischen Halbinsel über Norditalien, die adriatische Küste und Südbulgarien bis zum Kaukasus. Im Osten bis zum Pazifischen Ozean.

Verbreitung

Regional: *Herminia tarsicrinalis* ist bezüglich ihrer Verbreitung in Baden-Württemberg mit der sehr ähnlichen *H. tarsipennalis* direkt vergleichbar. Mit Sicherheit sind beide Arten schon oft miteinander verwechselt worden, was in unserem

Die Braungestreifte Spannereule (*Herminia tarsicrinalis*) ist ebenso häufig und weit verbreitet wie *H. tarsipennalis*. Ihre »ökologische Bandbreite« umfaßt Feucht- und Trockenbiotope im Offenland und in Waldgebieten. – Kinzigtal, Steinach (ex ovo-Zucht) 8.95 A. SCHANOWSKI. S.

gere Art zu sein (D. BARTSCH). *Herminia tarsicrinalis* wurde aus allen größeren Naturräumen unseres Untersuchungsgebietes gemeldet, für Nachweislücken gilt die gleiche Erklärung wie bei *H. tarsipennalis*.

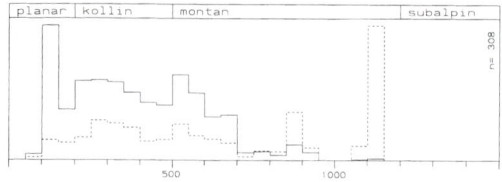

Vertikal: Auch die vertikale Verbreitung dieser Art stimmt mit der von *H. tarsipennalis* gut überein. In der subalpinen Stufe des Schwarzwaldes wurde *H. tarsicrinalis* bis jetzt allerdings noch nicht festgestellt.

Phänologie

Imagines: Etwas seltener als *Herminia tarsipennalis* bringt *H. tarsicrinalis* an geeigneten Lokalitäten des Oberrheinischen Tieflandes eine partielle 2. Gen. hervor. Die Flugzeit beginnt im Neckar-Tauberland und am Oberrhein erst Ende Mai (in der Oberrheinebene wurden Einzelfunde schon Anfang und Mitte Mai registriert). Auf der Schwäbischen Alb, in Oberschwaben und im Schwarzwald beginnt die Flugzeit dagegen erst Anfang Juni (Maifunde fehlen in diesen Regionen fast vollständig!). Das Maximum fällt im Neckar-Tauberland auf die Monatswende Juni/Juli, im Schwarzwald auf Anfang Juli. Hier, wie wahrscheinlich auch im Neckar-Tauberland, fliegen Anfang August noch Falter der 1. Gen., erst solche ab Mitte August sind der 2. Gen. zuzurechnen. Am Oberrhein gehören dagegen Tiere, die ab Anfang August beobachtet werden bereits zur 2. Gen.[1] Spätere Nachweise im September sind selten (6.9.1982, Mannheim, Kollekturwald, W. KINTZL; 7.9.1989, Waldenbuch, M. MEIER; 8.9.1982, Rohrbach, J. FREY; 9.9.1991, Backnang-Steinbach, M. MEIER).

Präimaginalstadien: K. FREYTAG fand am 29.9. (1990, Göppingen) eine Raupe in abgefallenem Laub. In diesem Stadium findet die Überwinterung statt (A. GREMMINGER). A. GREMMINGER notierte mehrfach Raupenfunde im Mai (»Weingarten 2.5.42 erw. Rp., davon Falter 19.5.42«).

Falle jedoch keinen merklichen Einfluß auf das Verbreitungsbild haben dürfte. Die Angabe von REUTTI (1898), wonach *H. tarsipennalis* »selten« und *H. tarsicrinalis* »wohl überall« vorkomme, kann so nicht bestätigt werden. Auch in Siedlungsräumen scheint *H. tarsipennalis* die häufi-

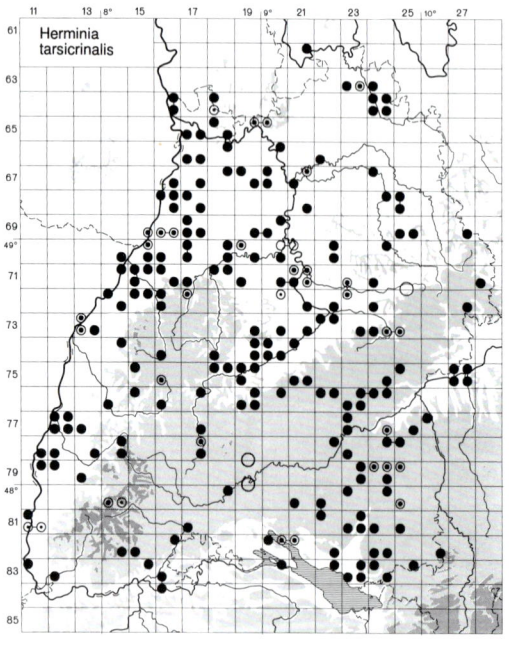

---

[1] Tiere der 2. Gen. sind oft durch geringere Größe ausgezeichnet und dadurch leicht mit *Herminia grisealis* zu verwechseln.

Oberrheinebene

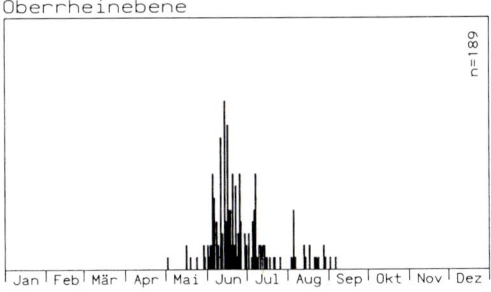

Schwarzwald

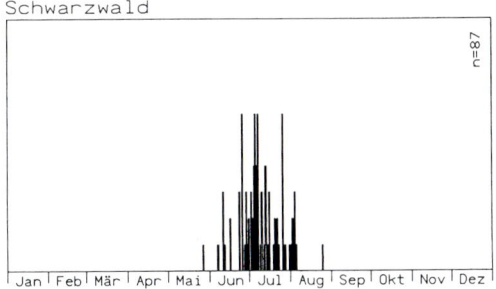

Neckar-Tauberland

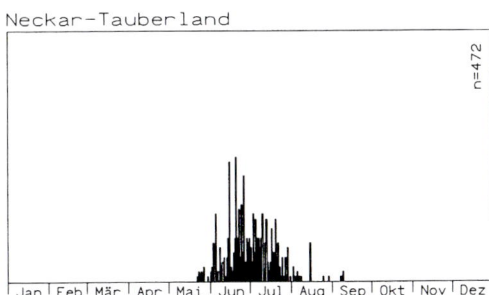

Schwäbische Alb

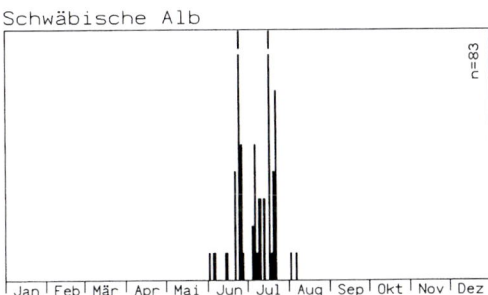

Oberschwaben

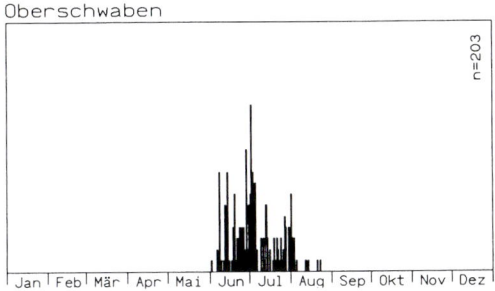

Die Raupe fällt, im Gegensatz zu der von *H. tarsipennalis*, durch eine dunkle, rautenförmige Rückenzeichnung auf. In ihrer Lebensweise scheint es keine großen Unterschiede zu geben, doch fehlt es auch bei dieser Art noch an entsprechenden Beobachtungen. – Kinzigtal, Steinach (ex ovo-Zucht) 8.95 A. SCHANOWSKI. S.

Ökologie

Lebensraum: *Herminia tarscrinalis* zählt zu den fast nur durch Lichtfang registrierten Arten, für die auf der Grundlage dieser Erhebungsmethode ein sehr weites Spektrum von Lebensräumen festzustellen ist. Sie wird in Weichholzauenwäldern des Rheines ebenso gefangen wie in Eichen-Buchen-Hainbuchenwäldern, Rotbuchen- oder Buchen-Tannenwäldern. Auch im Offenland tritt sie sowohl in Feuchtwiesen wie in Halbtrockenrasen auf, fliegt aber auch in Kiesgruben und Steinbrüchen. Eine Reihe von Meldungen stammt aus dem Siedlungsbereich (Gärten). Bei den vergleichenden Lichtfängen von MEINEKE (1982) in Verlandungsmooren des Alpenvorlandes ergab sich ein Schwerpunkt in Niedermooren, die Art kam aber regelmäßig auch im Spirken-Waldhochmoor vor. ZINNERT (1983) bezeichnet sie am Mindelsee als typische Art des Laubwaldes und der Kahlschläge. Frische wie trockene Gebüsche sind sicherlich ebenfalls von Bedeutung, vor allem an Waldrändern (z. B. Brombeergebüsche).

Nahrung der Raupe: Aus Baden-Württemberg liegen uns keine sicheren Angaben zur Raupennahrung vor. Einen Hinweis mag der Fund einer Raupe von K. FREYTAG am 29.9.1990 in abgefallenem *Clematis*-Laub geben (siehe dazu den Hinweis unter *Herminia tarsipennalis* an gleicher Stelle).

BERGMANNS (1954) Gewährsmann C. BEER fand erwachsene Raupen »nur an feuchten, modernden Brombeerblättern am Boden im Walde.« Blätter von *Rubus*-Arten und *Clematis* werden von verschiedenen Autoren als Raupennahrung angeführt (BERGMANN 1954, FORSTER 1971, KOCH 1958). FREYER (1831) klopfte die Raupe von Himbeerstauden.

Nahrung des Falters: Eine Nahrungsaufnahme unter natürlichen Bedingungen konnte bisher nicht registriert werden, wohl aber der von verschiedenen Mitarbeitern beobachtete Anflug an künstlich ausgebrachten Köder.

Habitat: Das Larvalhabitat ist wahrscheinlich in der Streuschicht von Laub- und Mischwäldern, Feldgehölzen, Gebüschen und Hecken zu suchen, wie der Raupenfund von K. FREYTAG zeigt. Eventuell vorhandene Vorlieben für frische bis feuchte Standortverhältnisse sind noch zu klären.

Verhalten: Die Falter sind dämmerungs- und nachtaktiv. Sie fliegen ans Licht.

Gefährdung und Schutz

Rote Liste Bundesrepublik: –
Rote Liste Baden-Württemberg: –

Oberrheinebene: Nicht gefährdet.
Schwarzwald: Nicht gefährdet.
Neckar-Tauberland: Nicht gefährdet.
Schwäbische Alb: Nicht gefährdet.
Oberschwaben: Nicht gefährdet.

• In Baden-Württemberg nicht gefährdet!

Herminia griesalis
([Denis & Schiffermüller], 1775)
Bogenlinien-Spannereule

Zanclognatha griesalis HBN. (REUTTI 1898, LAMPERT 1907, SPULER 1908–1910, REBEL 1910, ECKSTEIN 1913–1923)
Zanclognatha griesalis SCHIFF. (FORSTER 1954–1981, HARTIG & HEINICKE 1973)
Zanclognatha nemoralis F. (WARREN in SEITZ 1909–1914, HERING 1932, BERGMANN 1951–1955, KOCH 1954–1961, 1984)
Herminia nemoralis F. (LERAUT 1980)

Gesamtverbreitung: Diese Art ist aus allen europäischen Ländern bekannt. Die Arealsüdgrenze bildet in Europa das Mittelmeer und der Kaukasus. Im Osten erstreckt sich die Verbreitung bis zum Ussuri und nach Japan, im Norden bis Schottland und die südlichen und mittleren Regionen Skandinaviens.

Eine weitere häufige, in Baden-Württemberg weit verbreitete Art ist die Bogenlinien-Spannereule (*Herminia griesalis*). Neben vielen Falternachweisen wurden bei dieser Art auch Raupenfunde notiert und zwar an Holunder- und Hartriegelbüschen. Damit ist jedoch noch kein ausreichender Hinweis auf das Nahrungsspektrum gegeben, das nach Literaturangaben sehr breit sein soll und sowohl Kräuter als auch Laubgehölze umfaßt. – Malsch-Sulzbach 4.6.89 G. EBERT. LF.

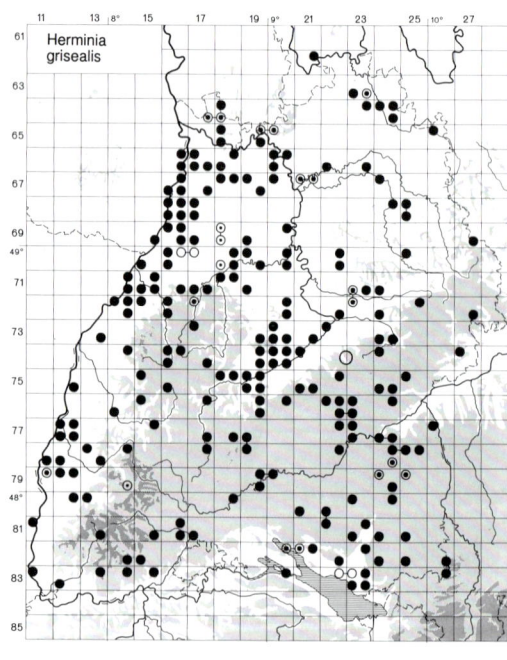

Verbreitung

Regional: *Herminia grisealis* ist die dritte der zumindest in Baden-Württemberg »häufigen«, d. h. weit verbreiteten und praktisch in allen größeren Naturräumen vorkommenden *Herminia*-Arten. Allerdings sind auch bei ihr noch genügend Kartierungslücken vorhanden. Regionale Schwerpunkte lassen sich nicht erkennen. Inwieweit zwischen diesen drei Arten Übereinstimmungen bzw. Abweichungen in der Wahl des Habitates bestehen und welchen Einfluß das auf die Verbreitung hat, kann nur durch larvalbiologische Forschung geklärt werden – angesichts der versteckten Lebensweise der Raupen ein schwieriges Unterfangen!

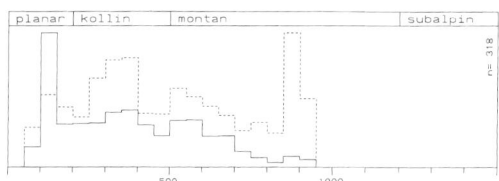

Vertikal: Die Höhenverbreitung von *H. grisealis* ist gegenüber den beiden Vergleichsarten nur dadurch etwas abweichend, als bis jetzt Funde aus den hochmontanen/subalpinen Lagen fehlen. Dennoch ist auch diese Art im Schwarzwald relativ gut vertreten.

Phänologie

Imagines: Die Eckwerte für die Oberrheinebene liegen fast fünf Monate auseinander. Frühester Nachweis: 29. April (1993, Wintersdorf, C. KÖPPEL), spätester: 19. September (1988, Wagshurst, S. FREUNDT/P. PAUSCHERT). Die größte Zeitspanne an einem einzigen Fundort wird für Rußheim notiert (17. 5. 1971–12. 9. 1977, M. WALLNER). Ähnliche Werte werden im Kraichgau und an der Bergstraße erreicht (spätester Nachweis insgesamt: 24. September 1957, Eberbach/Neckar, M. CRETSCHMAR). Wenngleich viel seltener, so liegen doch auch aus den anderen Hauptnaturräumen Meldungen aus den Monaten Mai und September vor.

Die Generationenfolge ist den einzelnen Diagrammen nur vage zu entnehmen. Eine Ausnahme bildet das der Oberrheinebene, in dem sich zwei Generationen deutlich abzeichnen. Genauer interpretierbare Mitarbeiterangaben zu diesem Problem (wie z. B. Hinweise auf den Erhaltungszustand der Tiere) fehlen. Die Angaben

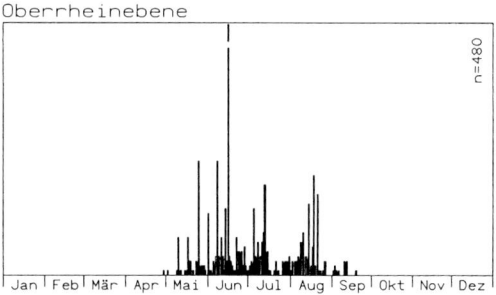
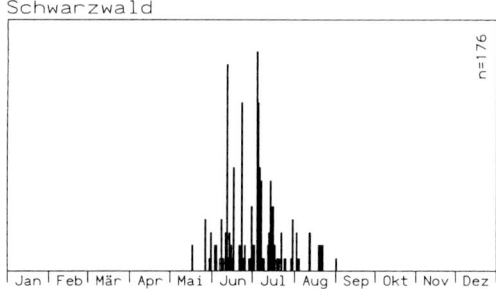
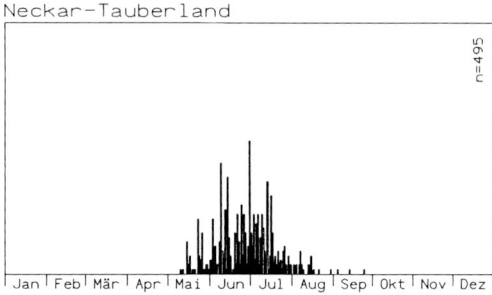
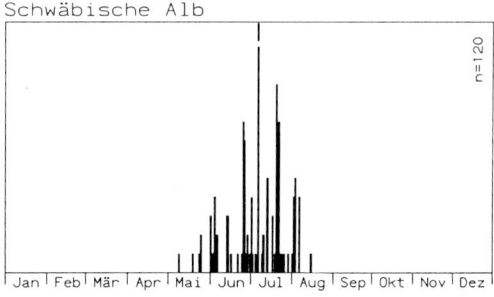
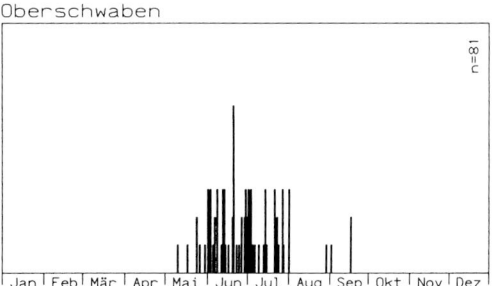

An der bräunlichgrauen Raupe fällt die schwärzliche, scharf kontrastierende Rückenlinie auf, außerdem das etwas rötlich sich abhebende 1. Segment. – Göppingen Anf. 7.93 K. FREYTAG. S.

in der Literatur sind widersprüchlich. So gibt KOCH (1958) nur eine undifferenzierte Flugzeit von Ende April bis Anfang August an. FORSTER (1971) spricht dagegen von einer »Flugzeit in 2 Generationen von Ende April bis Ende Juli und von Anfang August bis Mitte September. In klimatisch ungünstigen Gegenden ist die 2.Generation unvollständig; zuweilen fehlt sie auch ganz.« Dieser Einschätzung möchten wir uns hier auch anschließen.

Präimaginalstadien: Als Überwinterungsstadium werden von KOCH (1958) und FORSTER (1971) die Puppe genannt. Konkrete Beobachtungen aus Baden-Württemberg stehen noch aus.

Ökologie

Lebensraum: Die häufige Art wird in den verschiedensten Lebensräumen registriert. In der Hauptsache sind dies Laub- und Laubmischwälder, deren Ränder und Binnensäume. Hier fliegt sie in Weich- und Hartholzauenwäldern, in Eichen-Hainbuchenwäldern, warmen Eichen-Mischwäldern, Buchenwäldern bis hin zu montanen Tannen-Buchenwäldern. Aber auch in mehr oder weniger mit Gebüschen durchsetztem Wiesengelände, in Halbtrockenrasen, Wacholderheiden und aufgelassenen Weinbergen tritt der Falter auf.

Nahrung der Raupe:
Sambucus nigra – Schwarzer Holunder
   L (LAD)
Sambucus racemosa – Trauben-Holunder
   L (LAD)
Cornus sanguinea – Blutroter Hartriegel
   L (LAD)

Die Liste der Nahrungspflanzen von *Herminia grisealis* ist mit den oben genannten Sträuchern sicherlich bei weitem noch nicht vollständig. Im Vergleich zum Wissen über die Raupennahrung der anderen Vertreter der Herminiinae ist sie allerdings schon erfreulich lang. Es ist allerdings darauf hinzuweisen, daß dieser von U. LADENBURGER erbrachte Nachweis auf der Klopfmethode beruht. GAUCKLER (1909) gibt noch *Rubus*-Arten und Buchen an.

VORBRODT (1911) erwähnt *Chrysosplenium alternifolium* und *Betula pendula*. Erstere stammt von v.TISCHER, wurde von FREYER (1829–1830) publiziert und von allen nachfolgenden Autoren übernommen (z. B. von BERCE, s. dazu LHOMME 1923–1935). LHOMME (l. c.) nennt ferner *Galium* und *Rumex* sowie *Betula*, *Carpinus*, *Rubus* und *Vaccinium*. Aus Großbritannien werden *Rubus idaeus* (ALLAN 1949) und *Quercus* (BUCKLER 1876) angegeben, außerdem *Sisymbrium sophia* [= *Descurainia sophia*](BROWN & BROWN 1866–1867). Relativ umfangreich gestaltet sich die Liste bei BERGMANN (1954) für Mitteldeutschland. Als Hauptnahrungspflanzen führte er Schlehe, Weißdorn und Eiche, daneben aber auch Birke, Gewöhnlichen Schneeball, Hainbuche, Himbeere, Große Brennessel und Waldziest an. Aus Westfalen wird *Rubus fruticosus* gemeldet (UFFELN 1908).

Nahrung des Falters: Über eine Nahrungsaufnahme der Imago an natürlichen Nahrungsquellen liegen aus unserem Gebiet keine Beobachtungen vor. Dagegen wurde sie schon öfters an Köder gefunden.

Habitat: LADENBURGER (1989) beschreibt die beiden Waldränder, an denen er Raupen von *H. grisealis* antraf als einen Traubenkirschen-Haselbusch (Pado-Coryletum), der teils einem Pruno-Fraxinetum, teils einem Stellario-Carpinetum vorgelagert war. Dieser Mantel setze sich in der Strauchschicht aus *Prunus padus*, *Cornus sanguinea*, *Viburnum opulus*, *Prunus spinosa*, *Evonymus europaea* und *Rosa canina* zusammen. Beim zweiten Waldrand handelte es sich um einen steilen Fichtentrauf, der nur auf einer kurzen Strecke einige Büsche von *Sambucus nigra*, *S. racemosa*, *Carpinus betulus* und *Sorbus aucuparia* aufwies. Aller Wahrscheinlichkeit nach ist die Art in der Lage, buschförmige Laubgehölze der Mäntel bzw. Ränder der verschiedensten Laub- und Laubmischwälder sowie von Feldgehölzen und Hecken als Habitat zu nutzen.

Verhalten: Die Falter scheinen, wie die Fangergebnisse von zwei in 1,7 m Höhe und 22 m Höhe aufgehängten Lichtfallen zeigen, bevorzugt in Bodennähe zu fliegen. C. KÖPPEL registrierte bei sechs Vergleichsfängen im Jahr 1993 in der unteren Falle insgesamt 42 Individuen, in der oberen nur zwei. Die Falter sind dämmerungs- und nachtaktiv. Sie fliegen Lichtquellen an. Gelegentlich werden sie tagsüber aus der Vegetation aufgescheucht.

Gefährdung und Schutz

Rote Liste Bundesrepublik: –
Rote Liste Baden-Württemberg: –

Oberrheinebene: Nicht gefährdet.
Schwarzwald: Nicht gefährdet.
Neckar-Tauberland: Nicht gefährdet.
Schwäbische Alb: Nicht gefährdet.
Oberschwaben: Nicht gefährdet.

• In Baden-Württemberg nicht gefährdet!

Herminia tenuialis
Rebel, 1899

Südliche Bogenlinien-Spannereule

Zanclognatha tenuialis RBL. (WARREN in SEITZ 1909–1914, SPULER 1908–1910, REBEL 1910, FORSTER 1954–1981, KOCH 1954–1961, 1984, HARTIG & HEINICKE 1973)
Pechipogo tenuialis RBL. (EBERT 1978)

Gesamtverbreitung: Von den Südalpentälern bis zur Balkanhalbinsel, der Schwarzmeerküste und Kleinasien. Im Osten weiter bis ins Amurgebiet. Die südlich orientierte eurasiatische Art dringt in Mitteleuropa lokal bis Westfrankreich (Bas-Rhin, Haut-Rhin, Doubs, Haute-Saône, Isère, Savoie), in die Pfalz und bis nach Südbaden vor.

Verbreitung

Regional: *Herminia tenuialis* wurde erst 1924 als »Neu für Baden« entdeckt (GREMMINGER 1925). Sie kommt in unserem Faunengebiet nur in der Oberrheinebene vor. Die Fundorte im einzelnen:

Brühl (1. u. 13.7.1975, R. BLÄSIUS); Philippsburg, mehrere Fundstellen (17.–21.7.1990, S. FREUNDT/P. PAUSCHERT/A. SCHANOWSKI); Rußheim (19.7.1989, S. FREUNDT/A. SCHANOWSKI); Graben-Neudorf, »im Erlicht« (21.6. u. 5.7.1924, 4.7.1931, A. GREMMINGER); Karlsruhe-Daxlanden (29.7.1944, A. GREMMINGER); Munchhausen, Murgmündung (16.7.1992, C. KÖPPEL); Plittersdorf (12.7.1979, R. HERRMANN); Bietigheim (6.7.1981, D. DOCZKAL); Steinmauern, Große Röder (16.7.1981, D. DOCZKAL); Malsch (22.7.1981, D. DOCZKAL); Wintersdorf (26.7.1979, R. HERRMANN); Iffezheim (15.7.1976, A. BIEBINGER); Muggensturm

Die Südliche Bogenlinien-Spannereule *(Herminia tenuialis)* ist eine wärmeliebende Art, deren Arealnordgrenze durch unser Faunengebiet verläuft. Von hier wurde sie 1924 erstmals gemeldet. Das abgebildete Exemplar stammt aus der Faulen Waag. – 8.7.34 E. BROMBACHE (coll. LNK)

(7.–17.7.1976, A. BIEBINGER, R. HERRMANN; 9.7.1981, D. DOCZKAL); Leiberstung, Riedmatten (17.7. u. 8.8.1991, A. SCHANOWSKI); Baden-Oos, Kinzig-Murg-Rinne (1979, R. HERRMANN); Urloffen, Max-Jordan-See (1982, R. HERRMANN); Mösbach (22.8.1991, A. SCHANOWSKI); Ichenheim, Rohrkopf (5.6.1980, E. BAUER/B. TRAUB); Taubergießen, Gschleder (1978, T. ESCHE); Oberhausen, Rheinwald (20.6.1925, 26.7.1927, 7.7.1939, K. SERMIN nach Kartei GREMMINGER, vgl. auch SERMIN 1959); Kaiserstuhl, Faule Waag (2.7.–3.8.1933 [und 1934], E. BROMBACHER nach Kartei GREMMINGER, vgl. auch BROMBACHER 1935:572;

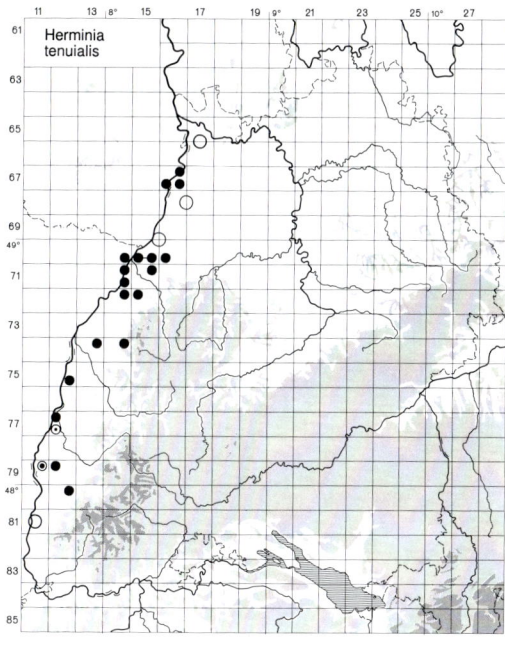

14.7.1951, 8. u. 12.7.1952, alle L. SETTELE, vgl. SETTELE 1973; 19.–21.7.1958, A. FRITZ nach Kartei GREMMINGER); Wasenweiler, Forst Nötig (14.7.1979, R. HERRMANN); Ebringen, Jennetal (17.6.1979, R. HERRMANN); Grißheim (11.7.1958, A. FRITZ nach Kartei GREMMINGER).

Wie die dieser Aufstellung zugrunde liegenden Individuenzahlen zeigen, handelt es sich fast immer nur um einzelne Falter, die mit Hilfe einer Lichtquelle angelockt wurden. Lediglich E. BROMBACHER (l.c.) registrierte sie »in Anzahl« und A. SCHANOWSKI konnte am 21.7.1989 am Licht 8 Tiere zählen. Diese Einzelfunde und ihre zeitlich breite Streuung zeigen, daß es sich hier um eine relativ »seltene« Art handelt, über deren Verhalten wir allerdings noch nichts Näheres wissen. Es läßt sich daher auch nicht sagen, ob diese Einzelfunde bereits Rückschlüsse auf die Abundanz zulassen, zumal sicherlich oft Verwechslungen mit *H. grisealis* vorkommen. Das auf den Oberrheingraben begrenzte Vorkommen in Baden-Württemberg weist auf eine wärmeliebende Art an der Nordgrenze ihres Areals hin.

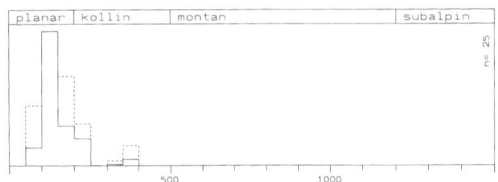

Vertikal: Das Vorkommen bezieht sich fast ausschließlich auf die planare Stufe. Lediglich der Einzelfund im Jennetal bei Ebringen kommt aus einem etwas höher liegenden Gebiet (verflogenes oder verdriftetes Tier?).

Phänologie

Imagines: Die Hauptflugzeit von *Herminia tenuialis* ist in Baden-Württemberg der Monat Juli. Frühere oder spätere Beobachtungen sind selten. Den jahreszeitlich frühesten Nachweis (5. Juni

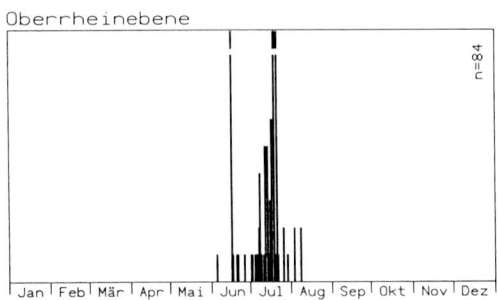

1980, Ichenheim) erbrachten E. BAUER und B. TRAUB in der Offenburger Rheinebene, der späteste Falterfund datiert vom 22. August (1991, Mösbach, Nördlicher Talschwarzwald, A. SCHANOWSKI).

Präimaginalstadien: Die Präimaginalbiologie scheint noch völlig ungeklärt. Aus Baden-Württemberg sind keine Beobachtungen bekannt.

Ökologie

Lebensraum: Nur wenige Nachweise von *Herminia tenuialis* stammen von im Wald gelegenen Hochwasserdämmen des Rheines. Die meisten der verhältnismäßig spärlichen Falterfunde dagegen aus Offenlandbiotopen wie z.B. von Gräben durchzogenes (Feucht-) Wiesengelände mit Gebüschen und Röhricht.
Nahrung der Raupe: Hinweise auf die Raupennahrung gibt es aus Baden-Württemberg nicht.
Nahrung des Falters: Beobachtungen zur Nahrungsaufnahme der Imago fehlen.
Habitat: Über das Larvalhabitat ist so wenig bekannt wie über die Raupennahrung.

Gefährdung und Schutz

Rote Liste Bundesrepublik: R
Rote Liste Baden-Württemberg: R

Oberrheinebene: Art mit geographischer Restriktion.
Schwarzwald: Nicht vertreten.
Neckar-Tauberland: Nicht vertreten.
Schwäbische Alb: Nicht vertreten.
Oberschwaben: Nicht vertreten.

- In Baden-Württemberg eine Art mit geographischer Restriktion!

Auf die chorologische Situation dieser Art wurde bereits hingewiesen. Aus zoogeographischen Gründen ist nicht nur ihr Erhalt, sondern auch die Erforschung ihrer Larvalbiologie und damit der Habitatstrukturen in unserem Untersuchungsgebiet anzustreben. Mit Sicherheit sind Teilpopulationen wie die der Faulen Waag durch Umnutzung ihres Lebensraumes (Trockenlegung und Umwandlung der Feuchtwiesen in Ackerflächen, insbesondere für den Maisanbau) bereits ausgerottet worden. Durch Standortsicherungsmaßnahmen sollte deshalb dafür gesorgt werden, daß den noch vorhandenen Teilpopulationen in der mittleren und nördlichen Oberrheinebene (siehe oben) dieses Schicksal erspart bleibt.

Polypogon tentacularius
(Linnaeus, 1758)

Palpen-Spannereule

Herminia tentacularia L. (REUTTI 1898, WARREN in SEITZ 1909–1914, SPULER 1908–1910, REBEL 1910, ECKSTEIN 1913–1923, HERING 1932, BERGMANN 1951–1955, KOCH 1954–1961, 1984)
Herminia tentacularia HBN. (LAMPERT 1907, SCHNEIDER 1936–1939)
Macrochilo tentacularia L. (STRESEMANN 1969, HARTIG & HEINICKE 1973)
Polypogon tentacularia L. (LERAUT 1980, HEINICKE & NAUMANN 1980–1982, FIBIGER & HACKER 1991)

Gesamtverbreitung: Von Mittelfrankreich bis zum Polarkreis. Die Arealsüdgrenze bildet das Mittelmeer. Im Osten bis Ostchina und Japan.

Verbreitung

Regional: Die Verbreitung dieser Art, die wegen ihrer extrem langen Palpen innerhalb der Herminiinae besonders auffällt, ist in Baden-Württemberg zum gegenwärtigen Zeitpunkt noch recht mangelhaft erforscht. Die aus der Verbreitungskarte ablesbaren Disjunktionen dürften deshalb eher ein Artefakt als der Hinweis auf reale chorologische Verhältnisse sein. Bemerkenswert ist das Fehlen aktueller Funde in der Rheinebene. Dies steht in deutlichem Widerspruch zu KOCH (1984), der »Fluß-und Stromniederungen« an erster Stelle nennt. Verhältnismäßig gut belegt ist *P. tentacularius* aus dem Tauberland, von der östlichen Schwäbischen Alb und aus dem Schwarzwald. Wie Einzelfunde im Schwäbisch-Fränkischen Wald, im Bauland und im Donauried anzeigen, ist der Nachweis weiterer Vorkommen innerhalb unseres Faunengebietes zu erwarten. Bisher registrierte Fundorte:

Oberrheinebene und Randgebiete: Heidelberg (nach REUTTI 1898); Graben-Neudorf (1924 und 1925 »vereinzelte Stücke im Erlicht«, vgl. GREMMINGER 1925); Karlsruhe (nach REUTTI 1898); Weingarten bei Karlsruhe (1934, A. GREMMINGER); Karlsruhe, Durlacher Wald (1887, M. DAUB; 1920, A. GREMMINGER).
Schwarzwald: Elzach, Rothhalde (nach REUTTI 1898); Elzach, Wernetsbühl (1990, S. FREUNDT/P. PAUSCHERT/ A. SCHANOWSKI); Steinach, Brückenbühl (1991, S. FREUNDT, P. PAUSCHERT); Kaltbrunn und Wolfach (1968, R. BANTLE, H. EGLE); Schenkenzell, Wittichen (1967–1981, R. BANTLE/H. EGLE, D. DOCZKAL, E. KIEFER); Utzenfeld, Utzenfluh (1979, R. HERRMANN).
Neckar-Tauberland: Königheim, Haigergrund (1986, G. EBERT); Grünsfeld, Galgen und Besselberg (1990–1993, A. BECHER, F. KIRSCH, J. STUMPF); Lauda, Eisberg (1993, A. BECHER); Oberbalbach, Am Rot (1989, F. KIRSCH); Igersheim-Neuses, Heischer (1987, A. STEINER); Dallau, Dallauer Tal (1985, W. NOWOSAD); Berghausen bei Karlsruhe (1940–1942, A. GREMMINGER); Schorndorf, Urbachtal (1972, M. SCHMUNK); Aalen (nach SCHNEIDER 1938).
Schwäbische Alb: Utzmemmingen, Ringlesmühle (1982, G. EBERT/J. PARTENSCKY/B. TRAUB); Oberkochem (1952, H. KAUFMANN); Zang, Wental (1938, H. KAUFMANN); Heidenheim, Dudelberg (1979, G. BAISCH); Steinheim a. A., Hirschtal und Schäfhalde (1978–1985, G. BAISCH); Hürben, Schafweide Greut (1992, R. HEINDEL); Blaubeuren (nach SCHNEIDER 1938); Herrlingen, Kleines Lautertal (1976–1987, G. BAISCH, J.-U. MEINEKE); Ulm, Kiesental (1982, G. BAISCH); Blautal (1931, G. REICH).
Alpenvorland: Leipheimer Moos (1985, 1986, R. HEINDEL); Heudorf [Riedlingen] (ohne nähere Angaben, Beleg in coll. SMNS); Konstanz (LEINER 1829).

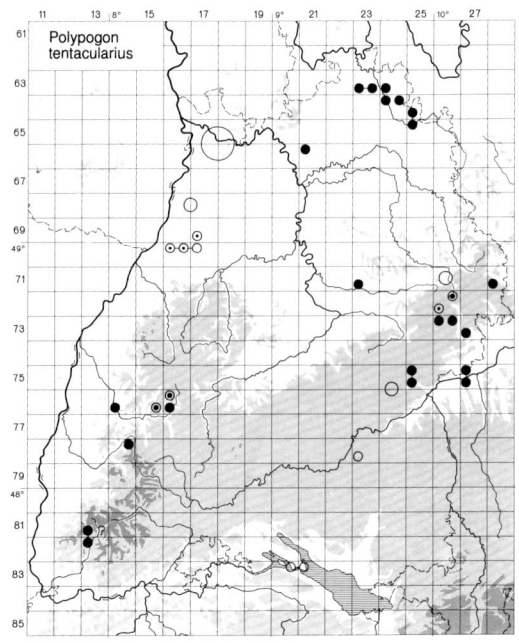

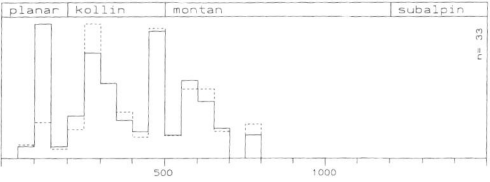

Vertikal: Auch die vertikale Verbreitung erscheint gegenwärtig sehr indifferent. Sie reicht – nach den vorliegenden Funden beurteilt – von der Ebene bis in die montane Stufe oberhalb 700 m. Im Schwarzwald, wo die Art schon von REUTTI

Eine der auffallendsten Arten dieser Gattung ist die Palpen-Spannereule (*Polypogon tentacularius*). Bei ihr sind in beiden Geschlechtern (hier ein Weibchen) die Palpen besonders lang entwickelt, wobei das vordere Glied (Maxillarpalpus) etwas abgeknickt erscheint. – Tauberland, Grünsfeld 24.7.92 F. KIRSCH. LF.

(1898) aus der Umgebung von Elzach angeführt wird, dürften bei intensiven Nachforschungen sicherlich weitere und wohl noch höher gelegene Fundstellen hinzukommen.

Phänologie

Imagines: Die Flugzeit von *Polypogon tentacularius* beginnt in allen Regionen Mitte/Ende Juni und zieht sich nicht über das Monatsende Juli hinaus. Die frühesten und spätesten Meldungen kommen aus der nördlichen Oberrheinebene: 11.

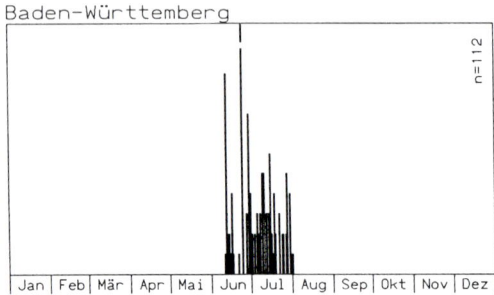

Juni 1925, Graben-Neudorf und 1.August 1920, Durlacher Wald (Kartei A. GREMMINGER). In der Oberrheinebene scheint die Hauptflugzeit im Juni zu liegen, in den anderen Naturräumen etwas später, im Juli. Die schwache Datenbasis erlaubt jedoch keine klare Interpretation. Für das Neckar-Tauberland kann eine recht »kompakte« Flugzeit von Ende Juni bis Ende Juli (27.6.–30.7.) festgestellt werden.

Präimaginalstadien: Aus Baden-Württemberg sind keine Präimaginalbeobachtungen bekannt. Nach Literaturangaben überwintert die Raupe (KOCH 1984).

Ökologie

Lebensraum: Die Fundstellen der Art liegen in Wäldern, an äußeren und inneren Waldrändern sowie im Offenland, wobei es sich sowohl um feuchte bis frische als auch ausgesprochen trokkenwarme Standorte handelt. Im Mittleren Schwarzwald wurde sie in einem durchgewachsenen Traubeneichen-Schälwald (ohne Unterholz und mit nur spärlicher Krautschicht) gefunden. Gebüsche und Staudenfluren spielen sicherlich auch eine Rolle, zumal die Falter daraus aufgescheucht werden können. Wahrscheinlich ist der Wald gar nicht die entscheidende Habitatstruktur. G. BAISCH fand nördlich von Ulm mehrere Falter sehr lokal auf grasigen, trockenheißen Böden!

Nahrung der Raupe: Aus Baden-Württemberg liegen noch keine Kenntnisse über die Nahrung der Raupe von *Polypogon tentacularius* vor.

In der Sekundärliteratur finden sich gemeinhin Angaben wie »niedere Pflanzen« und »Gräser«. Bei FORSTER (1971) werden besonders *Hieracium*-Arten, bei KOCH (1984) namentlich *Hieracium pilosella* genannt. BERGMANN (1954) nimmt an, daß verrottendes Bodenlaub bevorzugte Raupennahrung ist, zumal bei Eizuchten die Jungraupen zunächst nur faulendes Laub akzeptierten. Ferner zitiert er PETRY, der Weibchen von *Polypogon tentacularius* im Harz »besonders zahlreich zwischen Horsten des Schmalblättrigen Weidenröschens, wo sie offenbar Eier ablegten«, sah. BOLDT (nach SCHULTZ 1962) fand die Raupe im September in »Laubabfall«.

Nahrung des Falters: Über die Nahrungsaufnahme der Imago ist nichts bekannt.

Habitat: Aus dem Südschwarzwald bei Utzenfeld wurde die Beobachtung von Imagines in Anzahl in Farnbeständen gemeldet (R. HERRMANN). Dies deckt sich mit dem Bericht von BERGMANN (1954): »Im Pitztal in Tirol begegnete mir die Art in 1000 m Höhe massenhaft auf grasigen, buschigen Muren und Viehweidenhalden in der Umgebung von Wildbächen, jedoch nur da, wo der Adlerfarn in großen Beständen vorhanden war.« Hochstauden- und Farnfluren, Schläge, Säume u. ä. mit einer Streuschicht wären auf ihre

Nutzung als Larvalhabitat durch die Art zu untersuchen.
Verhalten: Die Falter kommen ans Licht. Sie scheinen auch am Tage aktiv zu sein. So beobachtete A. STEINER am 12.7.1987 um 16.30 Uhr ein am Rande eines Schlehengebüsches im Sonnenschein fliegendes Tier.

Gefährdung und Schutz

Rote Liste Bundesrepublik: V
Rote Liste Baden-Württemberg: U

Oberrheinebene: Ausgestorben oder verschollen.
Schwarzwald: Noch ungeklärt.
Neckar-Tauberland: Noch ungeklärt.
Schwäbische Alb: Noch ungeklärt.
Oberschwaben: Ausgestorben oder verschollen (Aussage nicht abgesichert).

- In Baden-Württemberg eine Art mit ungeklärter Gefährdung!

Bei fast allen in Baden-Württemberg vorkommenden Herminiinae-Arten bestehen hinsichtlich Lebensweise und Habitat noch erhebliche Wissenslücken. Bei *P. tentacularius* kommt hinzu, daß auch ihre Verbreitung noch sehr unzureichend bekannt ist, so daß zumindest bei dieser Art der Gefährdungsstatus als ungeklärt bezeichnet werden muß. Der von A. GREMMINGER in den 20er Jahren gelieferte Nachweis für ihr Vorkommen in der nördlichen Oberrheinebene ist durch Belegtiere zweifelsfrei abgesichert. Dennoch ist es später nicht mehr gelungen, weitere Exemplare zu finden, obwohl in diesem Naturraum bis in die jüngste Zeit lepidopterologisch sehr eifrig geforscht worden ist. Die Gründe dafür sind unbekannt.

Polypogon strigilatus
(Linnaeus, 1758)
Bart-Spannereule

Pechypogon barbalis CL. (REUTTI 1898, SPULER 1908–1910)
Pechipogon barbalis CL. (LAMPERT 1907, REBEL 1910, SCHNEIDER 1936–1939, ECKSTEIN 1913–1923, HERING 1932, BERGMANN 1951–1955, KOCH 1954–1961, 1984)
Pechipogo barbalis CL. (WARREN in SEITZ 1909–1914)
Herminia barbalis CL. (FORSTER 1954–1981)
Zanclognatha barbalis CL. (HARTIG & HEINICKE 1973)
Pechipogo strigilata L. (LERAUT 1980)
Polypogon strigilata L. (FIBIGER & HACKER 1991)

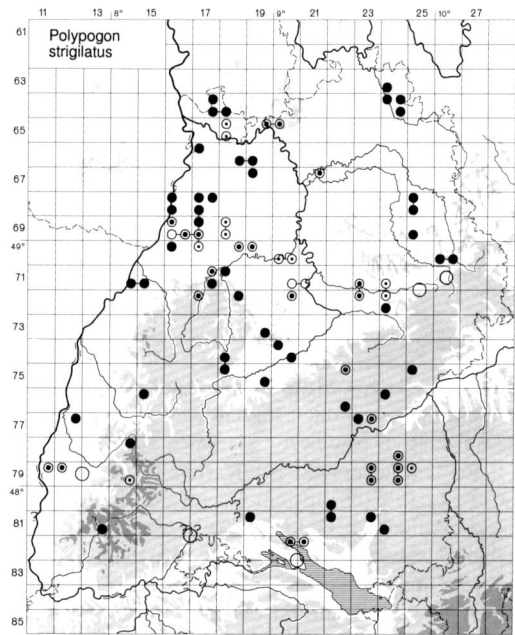

Gesamtverbreitung: Vom Atlantischen Ozean im Westen bis zum Ussuri-Gebiet und Japan im Osten. Nördlich werden Mittelengland und die südlichen Regionen Fennoskandiens erreicht. In Europa südlich bis zum Mittelmeer.

Verbreitung

Regional: Die vereinzelten Fundmeldungen zu dieser Art sind über das ganze Land verstreut. Man kann davon ausgehen, daß sie in allen größeren Naturräumen vertreten ist. Schwerpunkte sind nicht zu erkennen. Auffallend ist die gegenüber den aktuellen Meldungen etwa gleichgroße Zahl alter Fundmeldungen, für die keine neuen Nachweise mehr vorliegen. Ob daraus eine rückläufige Bestandsentwicklung bzw. das Erlöschen lokaler Populationen abzuleiten ist, bleibt fraglich. Jedenfalls liegen keine speziellen Beobachtungen für einen solchen Trend vor. Ebensowenig kann die alte, nicht näher begründete Aussage von REUTTI (1898) bestätigt werden, die Art sei »überall gemein«.

Auch bei *P. strigilatus* ist das hier demonstrierte Verbreitungsbild sicherlich noch recht unvollständig. Weitere Nachforschungen in möglichst vielen Landesteilen sind daher wünschenswert.

Vertikal: Die Höhenverbreitung reicht von der Rheinebene bis in das höhere Bergland. Der

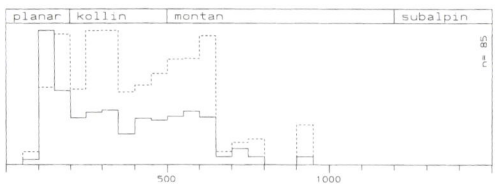

höchste bislang festgestellte Fundort liegt bei 900 m (Elzach-Yach, Biggertkopf, S. FREUNDT/ P. PAUSCHERT).

Phänologie

Imagines: Bereits Mitte Mai beginnt in den wärmeren Regionen die Flugzeit von *P. strigilatus*. Die frühesten Nachweise stammen vom 11. Mai (1946, Durlacherwald bei Karlsruhe, A. GREMMINGER; 1957, Sandstein-Odenwald, Eberbach, Neckarhalde, M. CRETSCHMAR). Aber auch aus Oberschwaben (12. Mai 1946, Warthausen, G. REICH) und von der Schwäbischen Alb (15. Mai 1981, Kleines Lautertal bei Herrlingen, F. HOHENSTEINER) liegen vergleichbare Daten vor. Von Mitte Mai bis Ende Juni/Anfang Juli reicht in der Oberrheinebene, auf der Schwäbischen Alb und in Oberschwaben die Hauptflugzeit. Im Schwarzwald und im Neckar-Tauberland werden sogar noch bis Mitte Juli vereinzelt Falter beobachtet. Nachweise nach dem ersten Julidrittel fehlen aus der Oberrheinebene ebenso wie aus dem Schwarzwald und aus Oberschwaben. Nur von der Schwäbischen Alb (1. August 1991, Hohen-

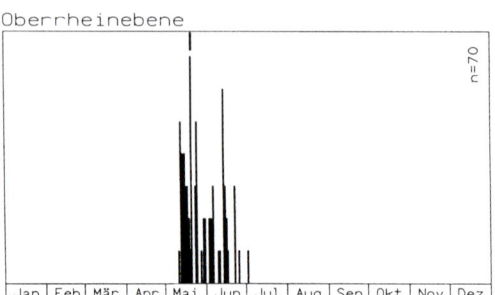

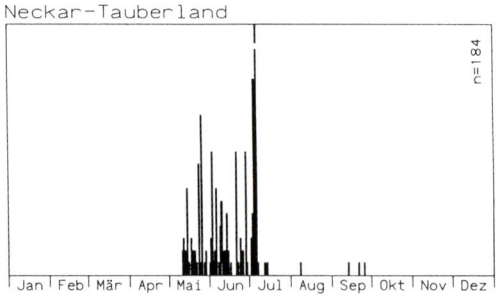

Die Bart-Spannereule (*Polypogon strigilatus*) kommt – vor allem in Wäldern – über das ganze Land verstreut vor. Ihre Raupe wurde früher bei Möckmühl an Birken gefunden; neuere Meldungen liegen jedoch nicht vor. – Rammert 3.6.95 A. STEINER. LF.

stein-Eglingen, 3 Falter, M. MEIER) und vom Sandstein-Odenwald existieren Falterbeobachtungen, die einer 2. Gen. zuzurechnen sind. Dabei fällt auf, daß alle Meldungen zwischen dem 8. August und 25. September von einem einzigen Gewährsmann (M. CRETSCHMAR) aus nur einer einzigen, niedrig gelegenen Lokalität (Eberbach, Neckarhalde, 150 m) und nur aus dem außergewöhnlich warmen Jahr 1958 stammen. Eine partielle 2. Gen. tritt demzufolge bei uns nur unter sehr günstigen Bedingungen und eher sporadisch auf.

Präimaginalstadien: Das Überwinterungsstadium ist die Raupe. A. GREMMINGER klopfte eine Raupe im Frühjahr von einer Föhre (12. April 1942, Durlacher Wald, »verp.[uppte] sich n.[ach] wenigen Tagen«). Raupen vor der Winterperiode werden von G. REICH (September 1945 u. 1949) gemeldet.

Ökologie

Lebensraum: *Polypogon strigilatus* wird vornehmlich in Laub- und Laub-Nadel-Mischwäldern gefangen. Es handelt sich um Wälder unterschiedlicher Feuchtestufen, von Auenwäldern des Oberrheingrabens über Eichen-Hainbuchenwälder bis hin zu trockenwarmen Traubeneichenwäldern. Bei Untersuchungen in einem ehemaligen Traubeneichen-Hasel-Niederwald und einem benachbarten Fichtenwald zeigte die Art einen deutlichen Schwerpunkt im Niederwald (S. FREUNDT & P. PAUSCHERT 1992).

Nahrung der Raupe:
Betula spec. – Birke
　L (MRT)

Nach SCHNEIDER (1938) fand E. MARTIN »die Raupen bei Möckmühl nur an Birken«. Aus Oberschwaben (Dürnchtal) existieren in coll. SMNS einige Raupenpräparate aus verschiedenen Jahren (1945, 1949, 1952), die mit »Eiche« und »niedere Pfl.« bezettelt sind (leg. et präp. G. REICH). Es kann nicht mehr nachvollzogen werden, ob es sich dabei um Freiland-Nahrungspflanzen gehandelt hat. In seinen Aufzeichnungen (1910–1965) gibt G. REICH darüber keinen näheren Aufschluß. A. GREMMINGER notierte in seiner Kartei:»von mir im Frühjahr von Föhre geklopft«. Es ist zu bezweifeln, daß *Pinus sylvestris* als Nahrungspflanze diente. Vermutlich war sie auf der Suche nach einem geeigneten Verpuppungsort.

Aus Thüringen kennen wir Angaben zur Raupennahrung von U. VÖLKER (nach BERGMANN 1954): »läßt sich im Spätherbst von Eichenbuschwerk und Eichenwindbruch klopfen«. Als weitere bevorzugte Futterpflanzen nennt BERGMANN Birke, Erle, Hasel und Hainbuche. BOLDT (1925) schüttelte mehrere Raupen zusammen mit *Herminia tarsipennalis*, *Trisateles emortualis* und *Paradrina clavipalpis* aus belaubtem Eichenreisig, das er 7 bis 8 Wochen in einem offenen Kaninchenstall als »Köder« ausgelegt hatte. Entsprechendes berichtete auch VORBRODT (1911) aus der Schweiz: »im Spätherbst halberwachsen zahlreich von Eichenbüschen zu klopfen.« Bei FORSTER (1971), KOCH (1984) und anderen Autoren werden verschiedene Laubgehölze als Raupennahrung vor der Überwinterung genannt, danach soll sie am Boden dürres Laub fressen. Aus Großbritannien wird *Quercus robur*, *Alnus glutinosa* und *Betula pendula* (im Frühling an den Kätzchen) angegeben (ALLAN 1949). FREYER (1831) klopfte die Raupe von Himbeerstauden.

Nahrung des Falters: Über die Nahrungsaufnahme an natürlichen Nahrungsquellen liegen uns aus Baden-Württemberg keine Beobachtungen vor. GAUCKLER (1898a) meldet »am Köder nicht häufig«.
Habitat: Über das Larvalhabitat der Art gibt es keine Hinweise aus Baden-Württemberg (weiteres s. u. Lebensraum).
Verhalten: Die Falter lassen sich leicht aufscheuchen und können selbst am Tage aktiv sein. Meist fliegen sie jedoch in der Dämmerung und nachts, sie kommen auch ans Licht. Bei G. REICH (Aufzeichnungen 1910–1965) finden wir den Hinweis »Vom 20.V. bis 20.VI. aus Gebüsch zu klopfen«.

Nach BRETHERTON, GOATER & LORIMER (1983, unter Hinweis auf BARRETT 1900) erfolgt die Verpuppung in einem leichten Kokon zwischen Blättern oder in Borkenhöhlungen.

Gefährdung und Schutz

Rote Liste Bundesrepublik: –
Rote Liste Baden-Württemberg: –

Oberrheinebene: Nicht gefährdet.
Schwarzwald: Nicht gefährdet.
Neckar-Tauberland: Nicht gefährdet.
Schwäbische Alb: Nicht gefährdet.
Oberschwaben: Nicht gefährdet.

● In Baden-Württemberg nicht gefährdet!

Polypogon plumigeralis
(Hübner [1825])

Herminia crinalis TR. (REUTTI 1898, LAMPERT 1907, WARREN in SEITZ 1909–1914, SPULER 1908–1910, REBEL 1910, ECKSTEIN 1913–1923, HERING 1932, KOCH 1954–1961, 1984, 1991)
Pechipogon plumigeralis HBN. (FORSTER 1954–1981)
Pechipogo plumigeralis HBN. (HARTIG & HEINICKE 1973, LERAUT 1980)

Gesamtverbreitung: Von Nordwestafrika über die Iberische Halbinsel bis zum Balkan, Südrußland und dem Schwarzmeergebiet. Im Osten bis Afghanistan und Zentralasien. Die Arealnordgrenze in Europa verläuft vom Wallis über Südwestdeutschland nach Belgien.

Angaben in der Literatur, wonach die Art früher auch in Baden gefunden wurde (vgl. KOCH 1984), gehen auf eine alte Meldung von REUTTI (1853) – »Bei Freiburg, sehr selten (KELLER)« – zurück. Sie wird später mit dem Hinweis »Nur bei Freiburg gefunden ...« bereits relativiert (REUTTI 1898). SPULER (1908–1910) benutzte ganz offensichtlich die gleiche Quelle und gibt »vom südlichsten Deutschland ab im südlichen Mittel- und Südeuropa ...« an.

Alle diese Angaben beruhen höchstwahrscheinlich auf einer Fehlbestimmung. Weder sind sichere Belegstücke noch spätere, zuverlässige Meldungen aus dem sehr gut durchforschten südbadischen Raum vorhanden. Die Art ist kein Bestandteil unserer Landesfauna, anders lautende Angaben in der Literatur sind entsprechend zu revidieren.

Polypogon lunalis
(Scopoli, 1763)

Felsbuschwald-Spannereule

Zanclognatha tarsiplumalis HBN. (REUTTI 1898, LAMPERT 1907, WARREN in SEITZ 1909–1914, SPULER 1908–1910, REBEL 1910, ECKSTEIN 1913–1923, HERING 1932, SCHNEIDER 1936–1939, BERGMANN 1951–1955, KOCH 1954–1961, 1984)
Zanclognatha lunalis SCOP. (FORSTER 1954–1981, HARTIG & HEINICKE 1973)
Pechipogo lunalis SCOP. (EBERT 1978)
Herminia lunalis Scop. (LERAUT 1980)

Die Felsbuschwald-Spannereule *(Polypogon lunalis)* ist mit etwa 35 mm Spannweite die größte einheimische *Herminia*-Art. Nachzumelden sind Tiere aus dem Gengenbachtal bei Stein, die R. HÄUSSER im Juni 1953 fand und von denen ein Beleg hier abgebildet ist.

Gesamtverbreitung: Von Nordspanien über die Apenninenhalbinsel und Griechenland bis zum Kaukasus verläuft die Arealsüdgrenze. Nördlich werden Südengland und das südliche Fennoskandien (dauerhaft?) besiedelt. Östlich über den Ural zum Ussuri-Gebiet, bis Japan und Korea.

Verbreitung

Regional: Die Verbreitung von *Polypogon lunalis* in Baden-Württemberg ist am ehesten mit der von *Paracolax tristalis* vergleichbar. Beide Arten kommen nur in der westlichen Landeshälfte vor und besiedeln hier, wenngleich offensichtlich sehr lokal, sowohl den Oberrheingraben als auch den Schwarzwald und angrenzende Landesteile bis zum Neckar. Zwar soll *P. lunalis* nach SCHNEI-

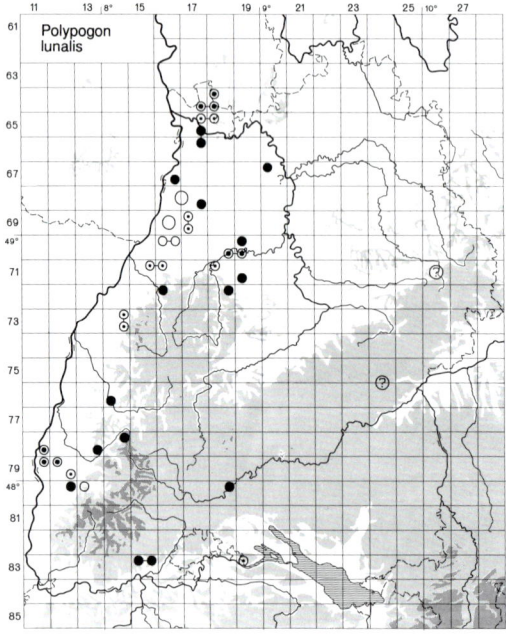

DER (1938) auch auf der mittleren und östlichen Schwäbischen Alb gefunden worden sein (Blaubeuren, Aalen), doch konnte dafür kein neuer Nachweis erbracht werden (vermutlich Fehlbestimmungen). Der ebenfalls von SCHNEIDER (l.c.) publizierte Fund auf dem Steinenberg bei Tübingen (20.6.1890, HEBSACKER) wurde anhand des in der Sammlung (coll. Universität Tübingen) noch vorhandenen Belegstückes überprüft und als Verwechslung mit *H. tarsicrinalis* festgestellt (A. STEINER). Ebenso kann es sich bei dem wegen fehlendem Beleg nicht mehr überprüfbaren Fund bei Bonfeld (vgl. SCHNEIDER l.c.) um eine Fehlbestimmung handeln, so daß als östlichste Vorkommen im Untersuchungsgebiet die durch Sammlungsstücke belegten Fundorte Wollenbachtal bei Wollenberg (K. JAEGER, det. A. STEINER) und Tuttlingen (R. BANTLE/H. EGLE) anzuführen sind. Ein Fund im Ortsgebiet von Stein/Rhein (Kanton Schaffhausen) wird von PFÄHLER-ZIEGLER & STIERLIN (1927) angegeben. Das südlichste Vorkommen in Baden-Württemberg wurde im Schlüchttal bei Witznau festgestellt (R. HERRMANN), wo in der Nähe auch *P. zelleralis* gefunden wurde (A. STEINER), während die nördlichsten Funde aus der Umgebung von Weinheim stammen (H. LIENIG), aber schon ein halbes Jahrhundert zurückliegen. Dazwischen gibt es eine Reihe weiterer, teils aktueller, teils alter, nicht mehr bestätigter Fundorte. Vor allem im Kaiserstuhl und im Raum Karlsruhe fehlt es an neueren Meldungen, die meisten stammen hier aus der Zeit vor 1950.

Vertikal: Die Höhenverbreitung hat ihren Schwerpunkt in der planaren und kollinen Stufe.

Funde in höheren Lagen sind selten. Der höchste wurde im Schwarzwald bei Hinterprechtal mit 900 m notiert (S. FREUNDT/P. PAUSCHERT/A. SCHANOWSKI).

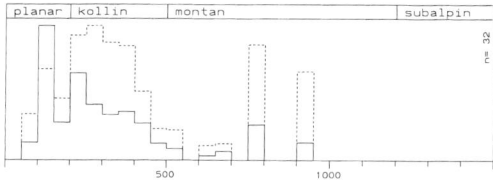

Phänologie

Imagines: Die Flugzeit von *Polypogon lunalis* beginnt in allen Hauptnaturräumen Ende Mai. Nur aus der nördlichen Oberrheinebene liegt ein einziger wesentlich früherer Nachweis (5. Mai 1940, Weinheim, H. LIENIG) vor. Als eigentliche Hauptflugzeit ist die Zeitspanne von Mitte Juni bis Mitte Juli anzusehen. Schwer interpretierbar sind phänologisch etwas abgesetzte Meldungen ab Mitte/Ende August. Eventuell handelt es sich hierbei um Nachkommen der 1. Gen. des selben Jahres. Eine regelmäßige 2. Gen. tritt jedoch nicht auf. Die späteste Meldung datiert vom 28. September (1922, Freiburg, Lehen, O. SCHRÖDER nach Kartei A. GREMMINGER).

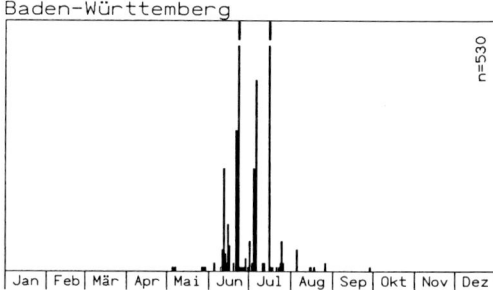

Präimaginalstadien: Aus Baden-Württemberg liegen keine Beobachtungen vor. Nach Literaturangaben (z. B. KOCH 1984) überwintert die Raupe.

Ökologie

Lebensraum: Die Falter kamen in verschiedenen Wäldern (Weichholzaue, feuchter Eichen-Hainbuchenwald, trockener Buchen-Eichenwald, Eichen-Elsbeerenwald, trockenwarmer ehemaliger Eichenschälwald, felsiger Eichenbuschwald, Beerkraut-Tannen-Fichtenmischwald) sowie in (Halb-)Offenlandbiotopen (Streuobstwiese mit Hecken, Kohldistelwiese, Trocken- und Halbtrockenrasengesellschaften) ans Licht. Der Schwerpunkt liegt im trockenwarmen Bereich. Die einzige Beobachtung am Tage meldete M. WALLNER aus dem Steinbruch bei Oberrotweil im Kaiserstuhl.

Nahrung der Raupe: Aus unserem Faunengebiet liegen keine Kenntnisse über die Larvalnahrung von *Polypogon lunalis* vor.

Angaben zur Raupennahrung finden sich in der Literatur nur spärlich. BERGMANN (1954) schreibt: »an abgefallenen, modernden, trockenen Blättern von Laubgesträuch (Eiche, Hainbuche, Schlehe, Kräutern usw.). Sie läßt sich im Frühjahr mit Laubstreu eintragen.«

Nahrung des Falters: Nach BERGMANN (1954) suchen die Imagines den Köder auf. Aus Baden-Württemberg liegen solche Beobachtungen bislang nicht vor.

Habitat: Aus den spärlichen Mitteilungen über die meist durch Lichtfang nachgewiesenen Imagines können keine präzisen Schlüsse auf das Habitat von *Polypogon lunalis* gezogen werden. Der Anflug zahlreicher Individuen beim Lichtfang (1990, 1991) in einem durchgewachsenen Eichenschälwald mit reichlicher Streuauflage (S. FREUNDT/P. PAUSCHERT) deutet auf eine Präferenz für trockenwarme Wälder hin.

Verhalten: Der Falter ist nachtaktiv und wird durch Licht angelockt, läßt sich aber tagsüber aus Gebüsch aufscheuchen.

Gefährdung und Schutz

Rote Liste Bundesrepublik: 2
Rote Liste Baden-Württemberg: 3

Oberrheinebene: Gefährdet (regional bereits ausgestorben oder verschollen).
Schwarzwald: Nicht gefährdet (Aussage nicht abgesichert).
Neckar-Tauberland: Nicht gefährdet (Aussage nicht abgesichert).
Schwäbische Alb: Noch ungeklärt.
Oberschwaben: Nicht vertreten.

• In Baden-Württemberg gefährdet!

Aus der Oberrheinebene sind nur noch zwei aktuelle Fundmeldungen bekannt: 1981, Eppelheim (R. BLÄSIUS); 1990, Philippsburg (S. FREUNDT/ P. PAUSCHERT / A. SCHANOWSKI). Alle anderen Funde (Graben-Neudorf, Weingarten bei Karlsruhe, Karlsruhe und Ettlingen [Hardtwald] und Kaiserstuhl) sind seit Jahrzehnten nicht mehr bestätigt worden. Auch in den angrenzenden Gebieten (Bergstraße, Südlicher Odenwald, Kraichgau) gibt es Fundorte, die nicht mehr aktualisiert worden sind. Daraus kann – eher als bei *Paracolax tristalis* – auf eine rückläufige Bestandsentwicklung geschlossen werden. Die Einstufung in die Kategorie »Gefährdet« geschieht auf dieser zunächst noch vorwiegend hypothetischen Grundlage, die durch zukünftig genauere Beobachtung dieser Art noch zu überprüfen ist.

Polypogon zelleralis
(Wocke, 1850)

Felsflur-Spannereule

Zanclognatha tarsicristalis H.-SCH. (REUTTI 1898, SPULER 1908–1910, REBEL 1910, HERING 1932, BERGMANN 1951–1955, KOCH 1954–1961, 1984)
Zanclognatha zelleralis WOCKE (FORSTER 1954–1981, HARTIG & HEINICKE 1973)
Herminia zelleralis WOCKE (LERAUT 1980, HEINICKE & NAUMANN 1980–1982)

Gesamtverbreitung: In Europa vor allem im Mittelmeergebiet von Südfrankreich über Italien und die Balkanhalbinsel, östlich bis in die Türkei und zur Krim verbreitet. Nördlich stößt die Art bis Ungarn, Österreich, die Slowakei, Tschechien und Polen (Schlesien) vor, isolierte Reliktvorkommen existieren ferner in der Südschweiz (Wallis) und in Deutschland (Südschwarzwald, Mittelrhein- und Nahegebiet, Thüringer Schiefergebirge, Oberlausitz[1]). Fragliche Angaben stammen aus Nordspanien (CALLE [1983]) und aus Belgien (HEINICKE & NAUMANN 1980–1982).

Verbreitung

Regional: In Baden-Württemberg sind bislang nur drei Fundpunkte im südlichen Schwarzwald bekannt, wo die Art erst 1991 entdeckt wurde. Der eine liegt im Schwarzatal im Hotzenwald (Hochschwarzwald)[2] (N. HIRNEISEN/A. STEINER), der andere nur wenige Kilometer entfernt in der Schlüchtschlucht, im Naturraum Alb-Wutach-Gebiet im Grenzbereich zum Hochschwarzwald (A. STEINER). Eine weitere Verbreitung sowohl in diesem Gebiet als auch möglicherweise an ähnlichen Stellen im Höllental ist durchaus wahr-

[1] Außerdem einige Einzelfunde (z. B. Fränkisches Keuper-Lias-Land, Gaabsweiher bei Lichtenfels, HACKER 1987) sowie fragliche Angaben.
[2] Die Bodenständigkeit an diesem Fundort wurde durch weitere Nachweise 1995 bestätigt (R. HERRMANN/A. HOFMANN/J.-U. MEINEKE).

Erst 1991 wurde die Felsflur-Spannereule (*Polypogon zelleralis*) im südlichen Schwarzwald (Schwarzatal) als neu für Baden-Württemberg entdeckt. Inzwischen sind zwei weitere Fundstellen (Schlüchttal und Präg) hinzugekommen. – Schwarzatal (ex ovo-Zucht) 12.91 A. STEINER. S.

scheinlich. Einen dritten Fundort entdeckte J. ASAL 1995 im Gletscherkessel bei Präg.

Vielleicht ist die wenig bekannte *Polypogon zelleralis* gelegentlich mit der weiter verbreiteten *Polypogon lunalis* verwechselt worden (obwohl sich beide recht gut unterscheiden lassen, stößt man immer wieder auf derartige Fehldeterminationen,

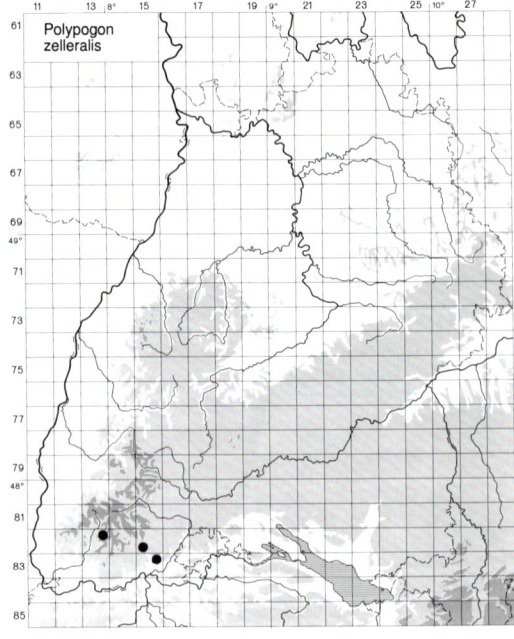

z. B. bei CALLE [1983], Taf. 50, Abb. 665). Die Suche in verschiedenen Sammlungen blieb bisher allerdings ohne Ergebnis. Hier wird wieder einmal der bezüglich nachtaktiver Arten sehr dürftige Durchforschungsstand des Südschwarzwalds deutlich.

Vertikal: Die Fundorte liegen in Höhen von 540–560, 700 und 760 m, also in der submontanen Stufe.

Phänologie

Imagines: Im Schwarzwald wurde die Art bisher nur Mitte bis Ende Juli nachgewiesen (13. 7. 1991, 15. 7. 1995, 20. 7. 1991, 21. 7. 1995, 22. 7. 1995).

Während in Südeuropa zwei Generationen im Jahr die Regel zu sein scheinen (z. B. Juni-Juli und Juli-September in Griechenland, HACKER 1989), ist nördlich der Alpen eine zweite Generation nicht belegt und dürfte wohl aus klimatischen Gründen ausscheiden. Die umfangreichste Datenbasis stammt aus Thüringen, wo die Art von Mitte Juni bis Ende August gefunden wurde. Aus dem Nahegebiet liegen Daten von Ende Juni bis Anfang August vor, aus dem Mittelrheingebiet von Ende Juli bis Mitte August. Die übrigen Gebiete sind nur durch Einzelfunde vertreten, die in die zweite Julihälfte und damit wohl in die Hauptflugzeit fallen.

Präimaginalstadien: Keine Freilandfunde aus Baden-Württemberg. Nach Zuchtbeobachtungen überwintert wie bei den verwandten Arten die Raupe. Im Freiland dürfte sie etwa von August bis Mai zu finden sein.

Ökologie

Lebensraum: Der Lebensraum kann nur nach den wenigen Fundstellen beschrieben werden, die uns bislang bekannt sind: Im Schwarzatal handelt es sich um eine steile, westexponierte Blockschutthalde aus mittelgroßen und größeren Granitblöcken und eine 30 m entfernte offene Stelle neben einem Felskamin im umgebenden Tannen-Laubmischwald.

Der Fundort im Schlüchttal ist ein kleiner, aufgelassener Steinbruch, daran angrenzend befindet sich eine offene Geröllhalde. Nur 100 m nördlich des ersten Fundorts, an einer Stelle, wo massiver Fels ansteht, konnte die Art nicht nachgewiesen werden. Sie scheint also Felsschutt- und Geröllhänge zu benötigen, wo Habitatstrukturen wie Ritzen, Spalten und Hohlräume auftreten. Trotz der relativ hohen Lage zwischen 540 und 760 m sind beide Lebensräume durchaus als xerotherm zu beschreiben, da der Insolation voll

Die Raupe zeigt die für viele Herminiinae-Arten im Larvenstadium typische Färbung und Gestalt. – Schwarzatal (ex ovo-Zucht) 25.10.91 A. STEINER. S.

ausgesetzte Blockhalden des Schwarzwalds ausgesprochene Wärmeinseln sein können (vgl. LÜTH 1990). In Sommernächten ist der Unterschied zwischen der bis tief in die Nacht Wärme abstrahlenden Blockflur und dem deutlich kühleren angrenzenden Wald besonders auffällig spürbar. Auch der dritte Fundort (Präger Becken) liegt an einer Blockflur (J. ASAL).

Nach der äußerst lokalen Verbreitung in Mitteleuropa zu schließen, meidet die Art Kalkboden und ist deshalb auch weder auf der Schwäbischen Alb noch im Muschelkalkgebiet zu erwarten. Sie kommt – wenigstens im Nordteil ihres Areals – offenbar nur auf Silikatgestein vor. Die Fundstellen an Mittelrhein und Nahe sind sonnige Felssteppen- und Buschheidenbiotope extrem warmer Klimalagen. Im Thüringer Schiefergebirge[3] besiedelt die Art nach BERGMANN (1954) »montane Felsbuschheiden und sonnige, lichte Felsbuschwälder auf Silikatboden«. Eine genauere Beschreibung gab STEUER (1989), dessen Abbildungen 1 und 2 trotz des andersartigen Gesteinstyps (Schiefer) sehr gut die auffallende strukturelle Ähnlichkeit zu den Fundstellen im Südschwarzwald zeigen.

Nahrung der Raupe: Keine Beobachtungen aus Baden-Württemberg. Wie bei den verwandten Arten darf von Polyphagie ausgegangen werden.

---

[3] Um Verwechslungen vorzubeugen, sei darauf hingewiesen, daß der Fundort in Thüringen kurioserweise genau wie im Schwarzwald im Tal eines Flusses namens Schwarza liegt.

In der Zucht fraßen die Raupen *Taraxacum officinale* agg., mehrere *Hieracium*-Arten und *Rubus idaeus*, sowohl in frischem als auch in vertrocknetem Zustand.

Habitat: Ohne Raupenfunde nicht genau einzugsgrenzen, möglicherweise im Bereich der Silikatschutt-Gesellschaften (Galeopsietalia) zu suchen.

Nahrung des Falters: Keine Beobachtungen aus Baden-Württemberg.

Verhalten: Die Imagines sind nachtaktiv und kommen innerhalb ihres Lebensraums gern und manchmal in Anzahl ans Licht.

Gefährdung und Schutz

Rote Liste Bundesrepublik: R
Rote Liste Baden-Württemberg: R

Oberrheinebene: Nicht vertreten.
Schwarzwald: Art mit geographischer Restriktion.
Neckar-Tauberland: Art mit geographischer Restriktion (nur randlich vorkommend).
Schwäbische Alb: Nicht vertreten.
Oberschwaben: Nicht vertreten.

- In Baden-Württemberg eine Art mit geographischer Restriktion!

Polypogon zelleralis ist eine in Baden-Württemberg noch wenig bekannte Art mit offenbar sehr beschränkter Verbreitung. Sie muß daher in der Kategorie R (Art mit geographischer Restriktion) geführt werden. Die bekannten Standorte sollten vor straßenbaulichen, forstlichen und allen sonstigen Eingriffen – auch vor intensivem Wander- oder Klettertourismus – verschont bleiben und die Bestände der Art (durch Lichtfang) regelmäßig kontrolliert werden. Der Fundort in der Schlüchtschlucht ist ein aufgelassener Steinbruch; hier sollte sichergestellt werden, daß eventuelle weitere Steinbrucharbeiten sich nicht auf die angrenzende kleinräumige Blockflur ausdehnen (oder am besten ganz unterbleiben). Besondere Pflegemaßnahmen sind in diesen Blockflurhabitaten nicht nötig; es könnte sich höchstens langfristig als nötig erweisen, an bestimmten Stellen eine etwaige Sukzession zurückzudrängen.

In unserer Kenntnis der Verbreitung, der Ökologie und insbesondere der Larvalbiologie von *Polypogon zelleralis* bestehen noch so bedeutende Defizite, daß Spezialuntersuchungen zu diesen Themen zu empfehlen sind.

Als Lebensraum von *P. zelleralis* wurde im Schwarzatal diese offene, steile, westexponierte Blockhalde festgestellt. Hier wird das Gestein von der Nachmittagssonne kräftig erhitzt und strahlt noch bis in die Nachtstunden hinein Wärme ab. An ähnlichen Stellen, immer auf kalkarmem Gestein, lebt die Art auch an Mittelrhein und Nahe sowie in Thüringen. – Schwarzatal 20.7.91 A. STEINER.

Rivulinae

Von ARNO SCHANOWSKI, GÜNTER EBERT, AXEL HOFMANN und AXEL STEINER[1]

Die Unterfamilie Rivulinae wurde erstmalig von RICHARDS (1932) für nordamerikanische Arten aufgestellt und in einigen neueren Arbeiten wieder aufgegriffen (FRANCLEMONT & TODD 1983, FIBIGER & HACKER 1991). Diese kleine, höchst umstrittene Gruppe ist schwer zu charakterisieren, ihre Monophylie ist nicht belegbar.

In Europa sind 8 Arten bekannt, von denen drei in Baden-Württemberg vorkommen.

---

[1] Bearbeitungsmodus wie bei den Herminiinae.

Rivula sericealis
Scopoli, 1763

Seideneulchen

Gesamtverbreitung: Von Nordafrika über die Iberische Halbinsel bis ins südliche Fennoskandien, östlich bis zum Pazifischen Ozean. Auch in Griechenland (HAKKER 1989), Kleinasien und auf einigen Mittelmeerinseln wurde die Art nachgewiesen.

Verbreitung

Regional: Die Verbreitung dieser Art erstreckt sich in Baden-Württemberg über alle Naturräume. Besonders häufig und in vielen Regionen flächendeckend wurde sie in der Rheinebene und den angrenzenden Landschaften (Bergstraße, Südlicher Odenwald, Kraichgau) nachgewiesen; auch im Tauberland, im gesamten Neckarraum und im Alpenvorland ist sie noch weit verbreitet. Etwas spärlicher sind die Fundmeldungen aus dem Schwarzwald und den Schwäbisch-Fränkischen Waldbergen sowie aus einigen östlichen und südwestlichen Gebieten der Schwäbischen Alb.

Nachweislücken beziehen sich vor allem auf das intensiv genutzte Agrarland. Trotz seiner geringen Größe und der Ähnlichkeit mit manchen Kleinschmetterlingen ist das Seideneulchen recht gut bekannt und wird regelmäßig gemeldet.

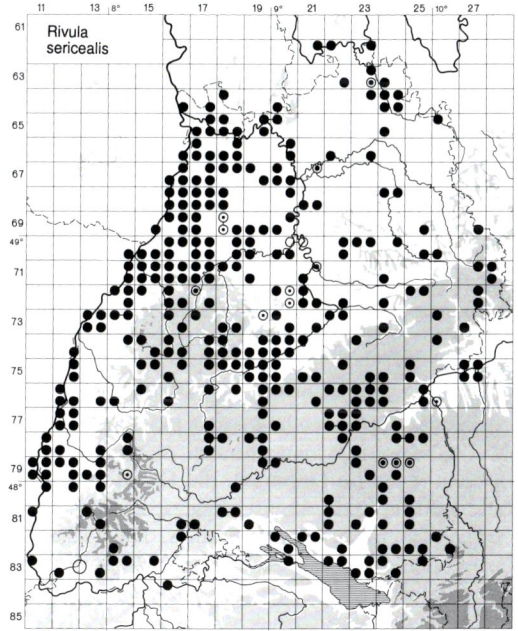

Das sowohl an grasreichen, lichten Stellen in Wäldern als auch im Offenland bevorzugt in frischen bis feuchten Bereichen an Wegrändern, in Wiesen, an Ufersäumen, auf Brachen und Ruderalfluren (auch im Ortsbereich) lebende Seideneulchen (*Rivula sericealis*) kommt in allen Naturräumen des Landes vor. Die Falter findet man oft kopfunter an Grashalmen sitzen, wo sie sich auch paaren. – Rangendingen 26.5.88 A. STEINER.

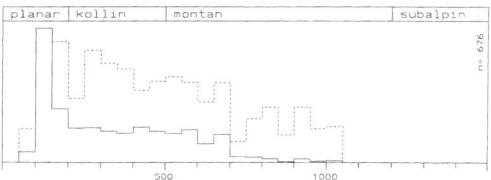

Vertikal: Die Schwerpunkte der vertikalen Verbreitung von *R. sericealis* liegen in der planaren und kollinen Stufe. Im Bergland nimmt sie allmählich ab und erreicht bei 1000 m (z.B. Adelegg, 1020 m, N. HIRNEISEN/C. KUON/A. STEINER) ihre obere Grenze.

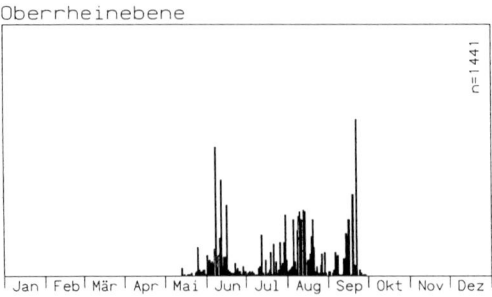
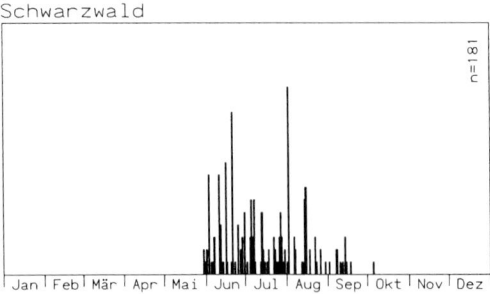
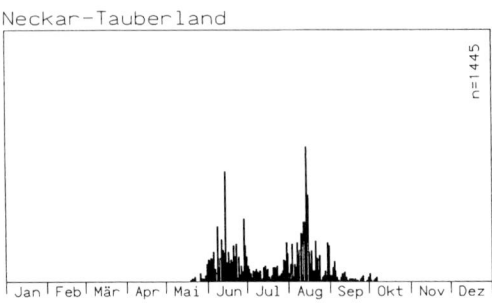
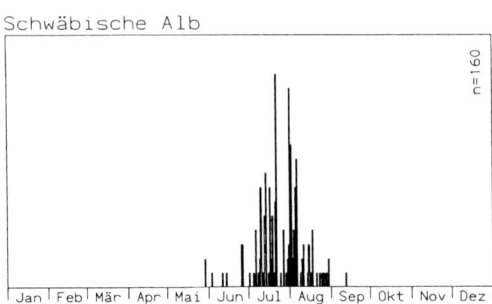
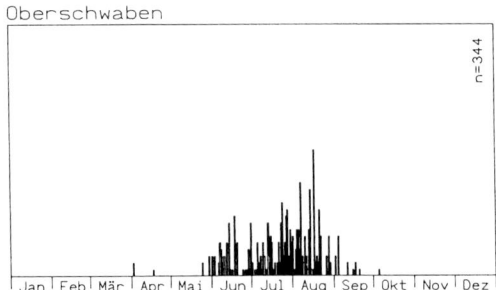

Phänologie

Imaginal: Die gute Datenbasis für die Oberrheinebene und das Neckar-Tauberland erlauben eine abgesicherte Interpretation der Phänologie dieser weitverbreiteten Art. Mitte Mai beginnt im Oberrheingraben in günstigen Jahren die Flugzeit, erreicht in der ersten Juni-Dekade ein erstes Maximum und klingt dann zur Monatswende Juni/Juli aus. Ab Mitte Juli erfolgt ein erneuter Anstieg, der Mitte August kulminiert und zum Ende des Monats hin abfällt. Die Datenbasis dünnt im September aus, läßt aber noch deutlich eine dritte Welle in der Monatsmitte erkennen. Gut abgesichert durch Beobachtungen zahlreicher Mitarbeiter (K. STROBEL: »überall 2 Generationen von Juni bis August«) und die graphische Umsetzung in Diagramme kann für alle Hauptnaturräume von einem alljährlichen Auftreten in mindestens zwei Generationen ausgegangen werden. Dabei kommt es – wie zu erwarten – zu regionalen Verschiebungen der Abundanzmaxima und des Flugzeitbeginns. Die 1. Gen. fliegt im Oberrheinischen Tiefland bereits ab Mitte/Ende Mai (frühester Nachweis: 13.5.1980, Ketsch, 4 ♂, 1 ♀, W. KINTZL; 15.5.1981, Malsch, D. DOCZKAL), etwa eine Woche später liegen die frühesten Daten aus dem Neckar-Tauberland vor (20.5.1946, Weingarten, A. GREMMINGER; 22.5.1989, Dietlingen, M. WALLNER). Die mit Abstand frühesten Meldungen kommen jedoch überraschenderweise aus Oberschwaben (2.4. und 17.4.1976, Eriskircher Ried, 397 m, Lichtfang, T. MARKTANNER). Vom selben Mitarbeiter wird uns für den 5.10. (1981, gleiche Lokalität) auch der späteste Falterfund für Oberschwaben mitgeteilt. Noch einen Tag später datiert der allerletzte Nachweis aus Baden-Württemberg (6.10.1986, Dürrn, 3 Falter, M. WALLNER). Die Bewertung dieser Herbsttiere fällt nicht ganz leicht. Die beiden Phänogramme Oberrheinebene und Neckar-Tauberland legen den Verdacht einer 3. Gen. nahe. Auch im Schwarzwald zeigen sich in diesem Zeitabschnitt (Mitte September) nochmals Beobachtungshäufungen. Schwierig zu interpretieren ist das (von der Zahl der Daten her schwächste) Phänogramm der Schwäbischen Alb. Eine Trennung in zwei gleichwertige Generationen ist nicht auszumachen, ganz im Gegenteil, die Daten von Anfang Juli bis Ende August suggerieren eher eine einzige durchgehende Generation. Die Generationsabfolge sollte durch ex-ovo-Zuchten genauer untersucht werden. Im Freiland ist der Erhaltungszustand der Falter genauer zu beachten.

Die Falter sind vor allem während der Dämmerung und in der Nacht aktiv. Als Nahrungsquellen dienen Dost und Goldruten, aber auch die Blüten von Wiesengräsern werden gerne besucht. – Malsch-Sulzbach 20.8.79 G. EBERT.

Präimaginalstadien: A. GREMMINGER (Kartei) gibt als Raupenphase »V-VII u. VIII-IX« an. Dies stimmt gut mit den aus den Imaginalphänogrammen ermittelten Flugperioden überein. Aus Baden-Württemberg liegt uns nur eine einzige Raupenbeobachtung vor: 18. August (1992, Plittersdorf, Rheinaue) eine erwachsene Raupe, die sich noch in der gleichen Nacht verpuppte (C. KÖPPEL).

Ökologie

Lebensraum: Die Falter von *Rivula sericealis* fliegen in erster Linie im Grünland, wobei sie bevorzugt in feuchten, frischen und mesophilen Bereichen vorkommen. Deutlich seltener treten sie im trockenwarmen Flügel, Halbtrockenrasen und in trockenen Säumen auf. In zweiter Linie sind die Imagines auch in sehr lichten Beständen in den verschiedensten Wäldern, vom Weichholzauenwald, Erlenbruch und Erlen-Eschenwald über die Wälder der Hartholzaue und Eichen-Hainbuchenwälder, Kiefernmischwälder bis hin zu Buchen- und Tannen-Buchenwäldern sowie in Fichtenwäldern anzutreffen. Normalerweise werden in Wäldern vornehmlich grasreiche Wegränder, Schneisen und Schlagfluren besiedelt. Regelmäßig finden sich Tiere auch im Siedlungsbereich.

Nahrung der Raupe: Raupenfunde in Verbindung mit einer Nahrungspflanze liegen uns aus Baden-Württemberg bisher nicht vor.

BERGMANN (1954) streifte in Thüringen die Raupe von *Brachypodium pinnatum*. Er nennt weiter Seggen (Gewährsmann STANGE) und hohe Wiesen-, Wald- und Parkgräser. Aus Finnland wird *Elytrigia repens* als Freilandnahrung genannt (SEPPÄNEN 1970). ALLAN (1949) führt aus Großbritannien *Brachypodium sylvaticum* und *B. pinnatum* als Nahrungspflanzen an und fährt fort »In der Zucht frißt sie *Bromus* spp., *Festuca elatior*, *Digraphis arundinacea* und andere Gräser.«

Nahrung des Falters: In der Wahl ihrer Nahrungsquellen scheinen die Falter wenig wählerisch zu sein. Sie nutzen sowohl entomophile Pflanzenarten wie *Origanum vulgare* (G. EBERT), *Helichrysum arenarium* (J. BASTIAN) oder die Goldruten *Solidago canadensis*, *S. gigantea* (A. STEINER/H. LUSSI) als auch Gräser wie *Phleum pratense* und *Agrostis alba* (A. STEINER). Vermutlich saugten sie an den Gäsern an Blüten, die von Mutterkornpilzen (*Claviceps* spec.) befallen waren und deshalb Conidien aussonderten.

Habitat: Der einzige Larvalfund (C. KÖPPEL) aus Baden-Württemberg stammt aus einer Brennessel-Grasflur in der tiefen Hartholzaue des Rheins.

Nach den Falterbeobachtungen, die nicht am Licht erfolgten, scheint dem Arrhenatherion und Cynosurion (mesophile Rasen, Wiesen, Weiden) große Bedeutung zuzukommen. Ferner dürften Molinion, Filipendulion und Calthion in Frage kommen. Es scheint eine Präferenz für frische bis feuchte Bereiche zu bestehen. ZINNERT (1983) bezeichnet *R. sericealis* für das Mindelseegebiet als typische Art des Ufersaumes und der Feuchtbiotope (Groß-, Kleinseggensümpfe, Naßwiesen [Kohldistel], Mädesüßflur, Pfeifengraswiese).

Verhalten: Die Imagines kommen ans Licht, sind aber auch oftmals am Tage aktiv oder zumindest leicht aufzuscheuchen.

Gefährdung und Schutz

Rote Liste Bundesrepublik: –
Rote Liste Baden-Württemberg: –

Oberrheinebene: Nicht gefährdet.
Schwarzwald: Nicht gefährdet.
Neckar-Tauberland: Nicht gefährdet.
Schwäbische Alb: Nicht gefährdet.
Oberschwaben: Nicht gefährdet.

• In Baden-Württemberg nicht gefährdet!

Parascotia fuliginaria
(Linnaeus, 1761)
Pilzeule

Boletobia fuliginaria L. (REUTTI 1898)

Gesamtverbreitung: Eine nordmediterrane Art, die vom Süden der Iberischen Halbinsel bis Südrußland und Kleinasien verbreitet ist. Nördlich werden Südengland und die südlichen Teile Skandinaviens besiedelt.

Verbreitung

Regional: Die Verbreitung der Pilzeule in Baden-Württemberg erscheint recht indifferent. Aus der (zufälligen?) Häufung von Fundmeldungen in der nördlichen Oberrheinebene und im angrenzenden Kraichgau sowie in Oberschwaben können noch keine Verbreitungsschwerpunkte abgeleitet werden, nachdem weitverstreute Einzelfunde aus allen größeren Naturräumen bekannt sind. Wir haben es hier mit einer versteckt lebenden Art zu tun, die relativ selten beobachtet wird, obwohl sie aufgrund ihrer Lebensweise gerade in Siedlungsräumen zu finden ist. Die Zahl der von dort vorliegenden Meldungen ist jedoch viel geringer als bei anderen vergleichbaren Arten wie z. B. der zu den Schnauzeneulen (Hypeninae) gehörenden *Hypena rostralis*.

Vertikal: Die Zahl der Fundnachweise ist in der planaren Stufe am größten, erstreckt sich aber recht gleichmäßig noch über die kolline Stufe bis ins untere Bergland. Oberhalb 700 m gibt es nur noch wenige Funde, die höchsten stammen aus dem Mittleren Schwarzwald (Elzach, Belchwald, 850 m, S. FREUNDT/P. PAUSCHERT).

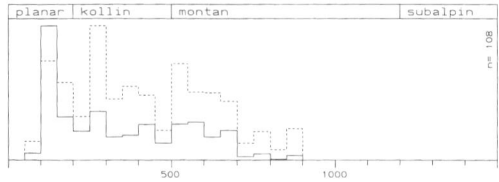

Phänologie

Imagines: Das Imaginalphänogramm weist *P. fuliginaria* deutlich als monovoltine Art aus. Als Hauptflugzeit können für alle Naturräume die Monate Juli und August angesehen werden. Wesentlich frühere oder spätere Meldungen sind selten.

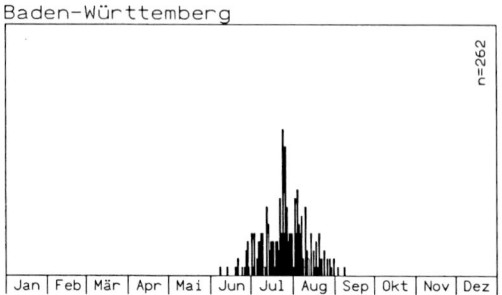

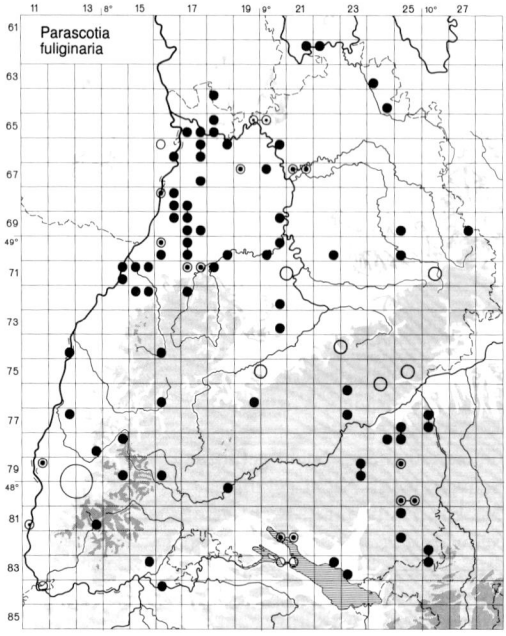

ten. Nur vom Neckar-Tauberland existiert ein Einzelnachweis noch vor der zweiten Juni-Dekade (8.6.1994, Wöschbach, A. STEINER). Aus der Oberrheinebene sind die jahreszeitlich spätesten Falterbeobachtungen bekannt (3.9.1965, Rußheim, M. WALLNER; 8.9.1973, Rastatt-Ost, A. BIEBINGER).

In den anderen Regionen geht die Flugzeit meistens schon Mitte August zu Ende; Septembermeldungen liegen nicht vor.

Präimaginalstadien: Aus Baden-Württemberg erreichen uns nur wenige verwertbare Meldungen zur Larvalphänologie. Zwar werden die Raupen anscheinend gelegentlich gefunden (»Raupe öfter zu finden« K. STROBEL; »Puppe gefunden, 1926« J. ELSNER nach KELLER 1928), doch leider sind uns keine genauen Fund- oder Schlüpfdaten bekannt. »Raupe ... überwintert klein und ist im Mai und Juni des nächsten Jahres erwachsen« (GAUCKLER 1909). Dies stimmt mit den Beschreibungen bei FORSTER (1971) und KOCH (1958) gut überein.

Die Pilzeule (*Parascotia fuliginaria*), die eher wie ein Spanner aussieht, wird immer nur einzeln gefunden, meist in Scheunen, alten Gartenhäuschen oder an Holzplanken und -zäunen. Über ihre Gefährdung läßt sich wegen der verborgenen Lebensweise noch wenig sagen. Als sicher darf jedoch gelten, daß ihr Lebensraum, soweit es den Siedlungsbereich betrifft, durch den Abbruch alter Gebäude, insbesondere aber durch die Anwendung von Holzschutzmitteln, fortschreitend eingeengt wird. – Oberrheinebene, Hochstetten 7.91 U. Ratzel. S.

Ökologie

Lebensraum: Die Falter treten in frischen bis feuchten, totholzreichen Laubwäldern (Hartholzauen-, Eichen-Hainbuchen-, Rotbuchenwälder), aber auch in Laub-Nadel-Mischwäldern und Schluchtwäldern, gern an nordseitigen Hängen oder in schattigen Lagen auf. Nur selten werden sie im Offenland angetroffen. Auffällig viele Fundmeldungen stammen aus dem Siedlungsbereich, wo Holzlager, Schuppen, Verschläge, Bretterzäune u. ä. ihren engeren Lebensraum bilden. So wurde z. B. noch vor wenigen Jahren in Freiburg ein Falter in einem 150jährigen, inzwischen abgerissenen Bauernhaus gefunden, in dem es reichlich morsche, feuchte, mit Schimmelpilzen besetzte Holzbalken gab (R. Herrmann).

Die erwachsene Raupe ist schwärzlich, mit gelben Punktwarzen, auf denen lange, dünne Haare aufsitzen. (ex ovo-Zucht) 6.91 U. Ratzel. S.

Nahrung der Raupe: Nach Gauckler (1909) leben die Raupen von *Parascotia fuliginaria* »an Schwämmen und Flechten alten Holzes, wie z. B. an den alten Bretterzäunen im Wildpark [Karlsruhe].« G. Reich notierte: »Raupen in Holzdecke an kl[einen] Schwämmen« (Aufzeichnungen 1910–1965). J. Elsner fand eine Puppe an einer Holzpilzart (Keller 1928).

Reutti (1898) berichtet von Funden aus der benachbarten Pfalz: »Raupen an Schwämmen auf Eichenholz. Auf dem früheren städtischen Holzhof in Speier war sie 1883 ungemein häufig an auf demselben lagerndem Buchenholz; sie fraß sowohl an den Schwämmen wie auch am feuchten, faulenden Holz« (Gewährsmann: Disqué). Vorbrodt (1911–1914) gibt an, daß vor allem *Polyporus*- und *Polystictus*-Arten gefressen werden. Informationen über die genutzten Arten finden sich bei Allan (1949), der für Großbritannien *Polystictus versicolor*, *P. abietinus*, *Polyporus schweinitzii*, *P. betulinus*, *Pauxillus pannoides*, *Corticium laeva*, *Daldinia concen-*

Die Raupen leben an Pilzen auf totem Holz. In Baden-Württemberg wurden sie daran an alten Bretterzäunen und an einer Holzdecke gefunden. In der Zucht konnten sie erfolgreich mit Flechten ernährt werden. Im Bild zwei etwa 3–4 mm lange Jungraupen. In diesem Stadium erscheinen sie noch glasig, nur der Darminhalt hebt sich dunkel ab. – Oberrheinebene, Hochstetten (ex ovo-Zucht) 12.8.90 U. Ratzel. S.

trina und *Stereum hirsutum* aufzählt. BRETHERTON, GOATER & LORIMER (1983) erwähnen ferner die Gattung *Botryobasidium*. Aus Finnland wird *Polyporus tomentarius* gemeldet (SEPPÄNEN 1970).

Es werden aber nicht ausschließlich Pilze gefressen. BERGMANN (1954) berichtet aus Thüringen von Schüsselflechten (*Parmelia* spec.), von Algenbelag (*Protococcus viridis*) auf Rinde sowie Ast- und Rindenflechten (Gewährsmann: E. KRIEGHOFF). BAKER [1964, in: HEATH & EMMET (1983)] stellt die Flechte *Cladonia fimbriata* als Nahrungspflanze fest. In der Zucht nehmen die Tiere auch Brot an (WOHNIG 1908/1909).

Die Verpuppung ist bemerkenswert! Sie erfolgt in einer Art Hängematte, d.h. der mit Algen und Flechten getarnte Kokon, in dem die Puppe ruht, wird an zwei langen Gespinstfäden frei aufgehängt. – (ex ovo-Zucht) 6.91 U. RATZEL. S.

Nahrung des Falters: Imagines, die den Köder aufsuchten, sind in unserem Untersuchungsgebiet wiederholt beobachtet worden.

Habitat: Das Larvalhabitat von *Parascotia fuliginaria* ist in Wäldern zu suchen, in denen von Pilzen befallenes Holz vorhanden ist. Ob Pilze an stehendem oder liegendem Totholz gleichermaßen genutzt und bestimmte Feuchtigkeitsverhältnisse bevorzugt werden, bedarf noch der Klärung. Außerdem kann sich die Art offenbar im Siedlungsbereich an alten Holzzäunen, Holzstapeln, Gartenhäuschen u.ä. etablieren, sofern ihr Ordnungsliebe und Holzschutzmittel des Menschen eine Nische lassen.

Eine ausführliche Schilderung von Präimaginalfunden in einem solch anthropogenen Habitat findet sich bei BOLDT (1925) (Paderborn). »Gleich beim Eintritt in den Schuppen erblicke ich an der Hauswand, dort, wo der durch eine Fuge heruntersickernde Regen einen Moos- und Flechtenüberzug geschaffen hat, eine Raupe. ... Mir aber fiel es wie Schuppen von den Augen, ich hatte die mein Leben lang vergeblich gesuchte Raupe von *Parascotia fuliginaria* L. in der Hand. Ein weiterer Blick nach der Fundstelle entdeckte die zweite Raupe. Mein herbeigerufener Sohn berichtete mir, daß er die beiden Raupen tagzuvor an derselben Stelle habe sitzen sehen, ... Oben an der Decke des Verschlages fanden wir weitere 4 Raupen.«

Verhalten: Die Raupen scheinen sich unmittelbar am Fraßplatz zu verpuppen. Die Verpuppung erfolgt in einem ovalen Kokon, der in einem einer Hängematte ähnelnden Gespinst hängt (BRETHERTON, GOATER & LORIMER 1983).

Hierzu soll nochmals ein Ausschnitt des Berichtes von R. BOLDT wiedergeben werden: »Beim Zufassen stößt mein Finger an ein von der Decke herunterbaumelndes Etwas, das aussieht wie eine von der Spinne umgarnte Bremse. ... Eine dunkelgrüne bewegliche Puppe war darin. Es war die so charakteristische Puppengespinst-Luftschaukel von *Parascotia fuliginaria*. Ein Dutzend von diesen stets auf der Unterseite der Deckenbretter an 2 Fäden aufgehängten reizend anzuschauenden «Hängemättchen» haben wir noch zusammengebracht. Stößt man mit dem Finger dagegen, so schaukelt die Puppe ein ganze Weile aufgeregt hin und her. Die ausschlüpfenden Falter sitzen stundenlang angeklammert an ihrer Schaukel, ehe sie sich fort machen.«

Die Imagines verstecken sich gerne an dunklen Orten, öfter in Häusern, wie REUTTI (1898) bemerkt. ROTH VON SCHRECKENSTEIN (1800) berichtet: »Freyherr v. SCHRECKENSTEIN fand sie im Hochsommer des Jahrs 1799 in Menge, vorzüglich an der Decke der Winterpflege seines Gartens. Auch sonst an Mauern, wo sie den ganzen Tag ruhig gesessen.«

Wie BRETHERTON, GOATER & LORIMER (1983) berichten, führen die Falter ein sehr heimliches Leben, so daß man sie kaum zu Gesicht bekommt, außer wenn sie durch Licht angelockt werden. Auch wenn sie in eine Lichtfalle geraten sind, entkommen die agilen Tiere leicht.

Gefährdung und Schutz

Rote Liste Bundesrepublik: –
Rote Liste Baden-Württemberg: –

Oberrheinebene: Nicht gefährdet.
Schwarzwald: Nicht gefährdet (Aussage nicht abgesichert).
Neckar-Tauberland: Nicht gefährdet (Aussage nicht abgesichert).
Schwäbische Alb: Nicht gefährdet (Aussage nicht abgesichert).
Oberschwaben: Nicht gefährdet.

• In Baden-Württemberg nicht gefährdet!

Colobochyla salicalis
([Denis & Schiffermüller], 1775)
Weiden-Spannereule

Madopa salicalis SCHIFF. (REUTTI 1898, LAMPERT 1907, SPULER 1908–1910, REBEL 1910, ECKSTEIN 1913–1923, HERING 1932, SCHNEIDER 1936–1939)

Gesamtverbreitung: Die Südgrenze des Areals verläuft durch Nordspanien, Süditalien, Dalmatien bis Südbulgarien und zum Schwarzen Meer. Im Norden werden die Küsten der baltischen Staaten und Südfinnland erreicht. Östlich kommt *Colobochyla salicalis* bis zum Ural vor. HEINICKE & NAUMANN (1980–1982) verweisen auf nordwärts gerichtete Expansionswellen in diesem Jahrhundert.

Verbreitung

Regional: Die Weiden-Spannereule kommt in Baden-Württemberg in zwei gut besetzten Teilarealen vor. Das eine davon umfaßt das Oberrheinische Tiefland von der nördlichen Oberrheinebene – bei Bruchsal auch noch den westlichen Rand des Kraichgaus – bis zur Markgräfler Rheinebene im Süden. Das zweite erstreckt sich vom nördlichen Oberschwaben und den Illerauen bis zum Bodensee. Darüberhinaus kennen wir nur wenige aktuelle Einzelfunde von der Schwäbischen Alb (Gundelfingen, 26.6.1979 und Reichenstein, 13.6.1980, beide G. BAISCH; Schel-

Die Weiden-Spannereule (*Colobochyla salicalis*) besiedelt in Baden-Württemberg insbesondere die Moore des Alpenvorlandes und die Auenwälder der Oberrheinebene. Die drei geraden, dunklen, gelb gesäumten Querlinien auf den Vorderflügeln, von denen die äußere in die Flügelspitze mündet, verleihen dem Falter ein unverwechselbares Aussehen. – Oberrheinebene, Stollhofen 15.6.91 A. STEINER. LF.

klingen, Lurgenbahn, 12.7.1991 F. HAUFF), der Hegaualb (Aach, Wasserburger Tal, 18.6.1977, G. EBERT/H. FEIL), aus dem Alb-Wutach-Gebiet (Wutach-Flühen, 13.7.1982, G. EBERT/R. HERRMANN/B. TRAUB), aus dem Tauberland (Oberbalbach, 21.6.1991, J. STUMPF) und vom südlichen Rand des Sandstein-Spessarts (Freudenberg, 8. und 28.6.1987, A. BECHER). Alte, nicht mehr bestätigte Meldungen:

Pforzheim (1901 und 1927, K. STROBEL); Heilbronn (26.7.1948, coll. WANNER); Bonfeld (ohne Datum, SCHUMANN nach SCHNEIDER 1938), Stuttgart-Vaihingen, 20.6.1903, ROTH, nach SCHNEIDER 1938), Schwäbisch-Gmünd (15.7.1932, coll. E. DANGELMAIER); Aalen (ohne Datum, HAHNE nach SCHNEIDER 1938).

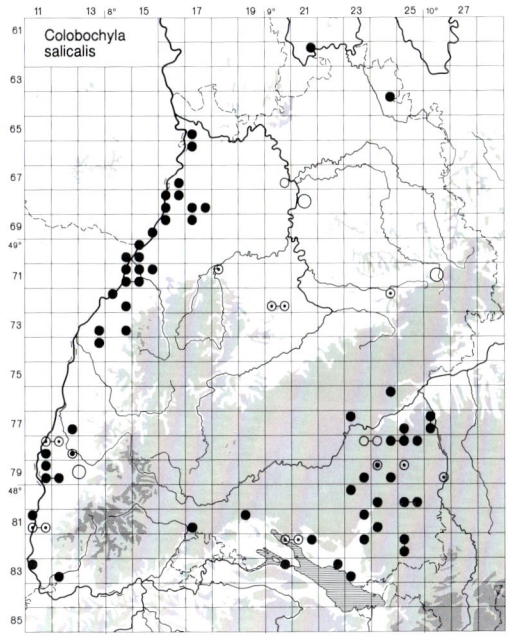

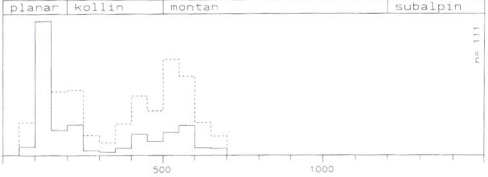

Vertikal: Entsprechend den beiden Teilarealen liegt der Schwerpunkt der Vertikalverbreitung von *C. salicalis* in Baden-Württemberg zum einen in der planaren Stufe – dort auch mit der größeren Zahl an Fundstellen – zum anderen im Übergangsbereich kolline/submontane Stufe, dort jedoch unterhalb 700 m.

Phänologie

Imagines: »V-VIII, an günstigen Stellen vom IV-VI und VI-VIII in zwei Generationen. Überwinterungsstadium ist die Puppe« (HACKER 1989). Diese Beschreibung der griechischen Populationen trifft, nur leicht modifiziert, auch für Baden-Württemberg zu. Im klimabegünstigten Oberrheinischen Tiefland sind deutlich zwei verschiedene Generationen auszumachen. Die individuenreichere 1. Gen. fliegt von Anfang Mai bis Ende Juni/Anfang Juli, mit einem Maximum an der Monatswende Mai/Juni. Ab Ende Juni tritt die 2. Gen. auf. Eine späte Beobachtung aus der Oberrheinebene datiert vom 25. August (1984, Rußheim, Auwald, M. WALLNER); von der gleichen Lokalität stammt auch eine sehr frühe Meldung (17. Mai 1971, M. WALLNER). Die späteste Beobachtung stammt vom 23. September (1971, Leopoldshafen, Rheindamm, G. EBERT/H. FALKNER). Eine zweite Septembermeldung liegt vom 17.9. aus Oberschwaben vor (1979, Schwendi, Dietenbronn, 3 Falter in einer Kiesgrube, F. HAUFF). Eine 2. Gen. scheint in diesem Hauptnaturraum allerdings die Ausnahme zu sein. Hier liegt das Individuenmaximum etwas später im Juni. Augusttiere sind relativ selten.

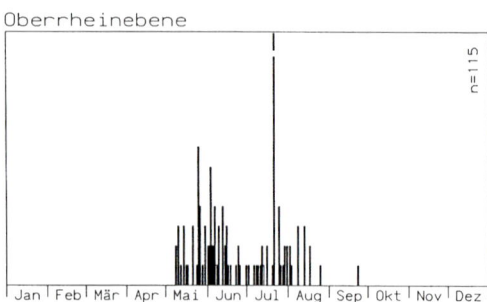

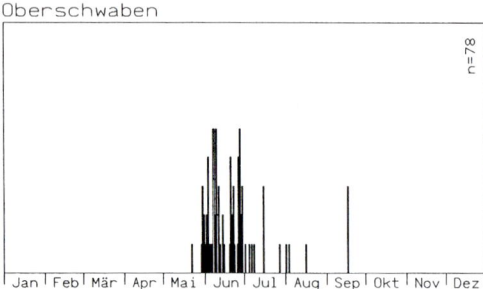

Präimginalstadien: Abgesehen von einem einzelnen Raupenfund (A. SCHANOWSKI) liegen keine Beobachtungen zur Larvalphänologie aus Baden-Württemberg vor.

Die Raupe lebt an breit- und schmalblättrigen Weidenarten. In England konnte die Zitterpappel als Nahrungspflanze festgestellt werden. Die hier abgebildete Raupe wurde in einem Feldgehölz auf einem Grauweidenbusch gefunden. – Sasbach (b. Achern) 23.7.95 A. SCHANOWSKI. S.

Ökologie

Lebensraum: Die Falter von *Colobochyla salicalis* fliegen in Wäldern der Weich- und Hartholzaue, aber auch in Erlen-Eschen- und Eichen-Hainbuchenwäldern. Wenn sie im Offenland auftreten, so handelt es sich meistens um frische bis feuchte Grünlandstandorte mit in der Nähe befindlichen Waldrändern oder Gebüschen. MEINEKE (1982) stellte in den Mooren des Voralpenlandes Falter ausschließlich in stark gestörten Hochmooren fest, in denen sich mineralisierte und eutrophierte Torfstiche mit einem Vegetationsmosaik u.a. aus *Calluna-Molinia*-Moorbirken-Flächen und sekundäre Bruchwaldbildungen fanden.

Nahrung der Raupe:
Salix cinerea – Grau-Weide
  L (SCH)
Salix spec. – Weide
  L (BRM)

Nach GAUCKLER 1909) stellt die Salweide (*Salix caprea*) die wichtigste Nahrungspflanze dar. ALLAN (1949) fügt aus Großbritannien noch *Salix alba* (Silberweide) als Nahrungspflanze hinzu.

Für *C. salicalis* kommen also sowohl schmal- als auch breitblättrige Weiden als Nahrungspflanzen in Frage.

MEINEKE (1982) vermutet in seinen Untersuchungsgebieten in Oberschwaben Espen (*Populus tremula*) als Nahrungspflanzen. Diese wurde von BRETHERTON, GOATER & LORIMER (1983) in Großbritannien als Nahrungspflanze angeführt, während sie Weidenarten – wohl irrtümlich – nur als Fütterungspflanzen ansahen.

Nahrung des Falters: Nur in einem Fall liegt eine Meldung über einen Nachweis am Köder vor (J.-U. MEINEKE/R. HERRMANN).

Habitat: Der Fund einer Raupe gelang an einem Grauweidenbusch am Rande eines kleinen, vorwiegend aus Weiden bestehenden Feldgehölzes. Er stand etwas von dem Gehölz abgerückt unmittelbar an einem Feldweg. Die noch sehr kleine Raupe fiel dadurch auf, daß sie nur wenige Zentimeter unter einem Ast in etwa 1,5 m Höhe an ihrem Sicherheitsfaden baumelte, nachdem sie wohl gerade ihren Halt verloren hatte. Bei genauerer Betrachtung zeigte sich, daß sie an den noch nicht voll entwickelten Blättern der Triebspitze gefressen hatte. Das Gebüsch kann, zumindest im nasseren Bereich, dem Salicion cinereae zugeordnet werden.

Als Habitat von *C. salicalis* sind lichtere Bereiche mit Grauweide in Erlenbrüchern sowie deren Mantel (Alnetea glutinosae), aber auch einzelne Grauweidenbüsche oder -gruppen in Feuchtwiesen und Großseggenriedern anzusehen. Darüber hinaus werden aber sicherlich mit anderen Weidenarten noch eine Reihe weiterer Habitate genutzt.

Verhalten: Die Falter lassen sich tags leicht aufscheuchen (BRETHERTON, GOATER & LORIMER 1983). ALLAN (1949) erwähnt, daß die Raupe gewöhnlich an den zarten Endblättern von Zitterpappeln frißt. Am Tage ruht sie am Blattstiel. Die junge Raupe frißt an der Unterseite junger Blätter. Die Verpuppung vollzieht sich in einem gut getarnten Kokon aus Borke und Gespinst an einem Zweig der Nahrungspflanze.

Gefährdung und Schutz

Rote Liste Bundesrepublik: –
Rote Liste Baden-Württemberg: –

Oberrheinebene: Nicht gefährdet.
Schwarzwald: Nicht vertreten.
Neckar-Tauberland: Nicht gefährdet (Aussage nicht abgesichert).
Schwäbische Alb: Nicht gefährdet (Aussage nicht abgesichert).
Oberschwaben: Nicht gefährdet.

• In Baden-Württemberg nicht gefährdet!

Hypenodinae

Von ARNO SCHANOWSKI, GÜNTER EBERT, AXEL HOFMANN und AXEL STEINER[1]

Auch die Hypenodinae sind als Unterfamilie schlecht charakterisierbar. Sie könnten eine monophyletische Einheit bilden, doch läßt sich dies derzeit nicht belegen (KITCHING 1984). Sie enthalten in den europäischen Gattungen *Hypenodes* und *Schrankia* eine Reihe von sehr kleinen Arten, deren Biologie noch kaum bekannt ist.

In Europa sind 8 Arten nachgewiesen, in Baden-Württemberg kommen drei Arten vor.

Das als Larvalhabitat von *C. salicalis* entdeckte Feldgehölz entlang eines Feldweges besteht vorwiegend aus Weidengebüsch (Grauweidenbusch). Es wird von einem Graben begrenzt, an den sich ein Großseggenried mit Hochstaudenflur anschließt. – Sasbach (b. Achern) 27.5.96 A. SCHANOWSKI.

[1] Bearbeitungsmodus wie bei den Herminiinae

Hypenodes humidalis
(Doubleday, 1850)

Moor-Motteneule

Tholomiges turfosalis WOCKE (REUTTI 1898, LAMPERT 1907, SPULER 1908–1910, REBEL 1910, ECKSTEIN 1913–1923, HERING 1932, SCHNEIDER 1936–1939)
Schrankia turfosalis WOCKE (WARREN in SEITZ 1909–1914, KOCH 1954–1961, 1984)
Hypenodes turfosalis WOCKE (LERAUT 1980)

Gesamtverbreitung: Von Mittelengland über Lappland bis zum Ural verläuft die Nordgrenze dieser Art. Im Osten wird das Amurgebiet erreicht. In Europa dringt *Hypenodes humidalis* südlich bis Südfrankreich vor; der Nordrand des Alpenbogens, Südungarn, die Karpaten und das Donaudelta bilden die Südgrenze. Ältere Angaben für Nordamerika beziehen sich auf eine andere Art (*Hypenodes palustris* FERGUSON, 1954).

Die Moor-Motteneule *(Hypenodes humidalis)* ist mit 14 mm Spannweite die kleinste einheimische Noctuidenart. In Baden-Württemberg ist sie auf den oberschwäbischen Mooren stellenweise nicht selten. Ihre Lebensweise muß noch erforscht werden. – Belegstück: Federsee 10. 9. 66 G. BAISCH.

Verbreitung

Regional: Die erste Erwähnung dieser in unserem Gebiet kleinsten, eher an einen Kleinschmetterling erinnernden Eulenfalterart findet sich bei REUTTI (1898), der auf Funde von STÖCKHERT aus dem Pfohrener Ried (bei Donaueschingen) verweist und meint, daß sie »sicher auch auf anderen Torfmooren des Schwarzwaldes« vorkommt. Diese Vermutung hat sich bisher nicht bestätigt. Vielmehr markiert der Fundort Pfohrener Ried (zu dem übrigens keine späteren Meldungen mehr vorliegen, obwohl dort einigemale geleuchtet wurde) in Baden-Württemberg ein isoliertes, westliches Teilareal, das möglicherweise erloschen ist. Das eigentliche Areal beschränkt sich in unserem Faunengebiet auf die Moore Oberschwabens und reicht von Tettnang (Wasenmoos) im Süden bis nach Baustetten (Osterried) im Norden. Der nördlichste Verbreitungspunkt wird durch den Fundort Arnegger Ried im Blautal westlich von Ulm (1982, G. BAISCH) markiert. Ein alter, allerdings ungenauer Fundort von der Schwäbischen Alb (»Schelklingen«) ist auf Etiketten an Sammlungsstücken (G. REICH, coll. SMNS) vermerkt. Ein entsprechender Hinweis fehlt jedoch in den Aufzeichnungen (1910–1965) von G. REICH. In diesem deutlich abgrenzbaren regionalen Verbreitungsgebiet, das im bayerischen Alpenvorland seine Fortsetzung findet (vgl. OSTHELDER 1927), kommt *H. humidalis* stellenweise häufig vor (s. unter Lebensraum). G. REICH beobachtete sie erstmals 1933 im Federseemoor und im Ummendorfer Ried. Seitdem sind weitere Funde hinzugekommen:

Baustetten (Osterried), 1980 (A. SCHOLZ), 1982–1984 (G. BAISCH); Warthausen, 1937 (G. REICH); Äpfingen, 1992–1993 (G. BAISCH); Biberach (Riß): Zweifelsberg, 1960 und Birkendorf, 1966 (G. BAISCH); Federseeried, 1942–1993 (G. REICH, J.U. MEINEKE, G. BAISCH); Ummendorf (Ummendorfer Ried), 1934–1968 (G. REICH, G. BAISCH); Unteressendorf (Lindenweiher), 1959 und 1971 (G. REICH, G. BAISCH); Bronnen (Dürnachtal), 1953 (G. REICH); Pfrunger Ried, 1990 (J.U. MEINEKE); Bad Wurzach (Wurzacher Ried), 1963–1979 (G. BAISCH), 1977 (J.U. MEINEKE); Gründlenried, 1989 (G. BAISCH); Kemmerlang (Flattbachried), 1984 (R. SCHICK); Tettnang (Wasenmoos), 1983 (R. SCHICK).

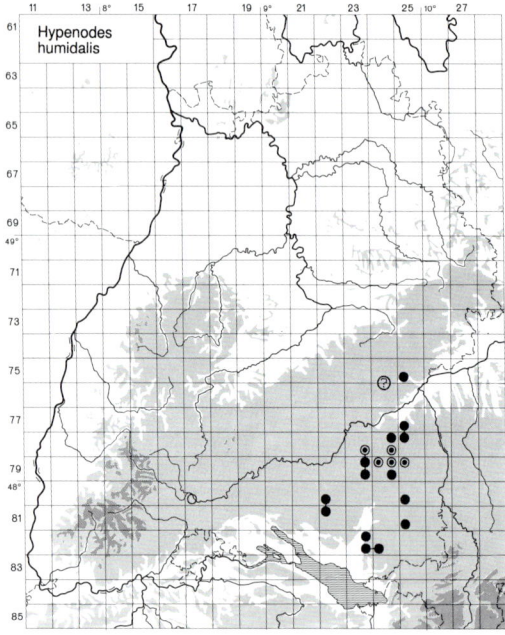

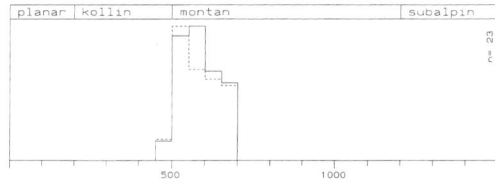

Vertikal: Die Höhenverbreitung dieser Art umfaßt in unserem Untersuchungsgebiet eine Spanne von etwa 200 m und bleibt auf den untersten Bereich der submontanen Stufe beschränkt.

Phänologie

Imagines: Eine ausreichend phänologisch verwertbare Datenmenge liegt nur aus Oberschwaben vor. Die wenigen Funde von der Donauseite der Schwäbischen Alb (Arnegger Ried) datieren vom 13. August (1982, G. BAISCH). Die Datenmenge für Oberschwaben erlaubt allerdings keine eindeutige Interpretation der Generationsfolge. Es könnte sich um eine einzige langestreckte (?) Flugperiode von Mitte Juni (frühester Nachweis: 16.6.1966, Ummendorfer Ried, G. BAISCH) bis Ende September (spätester Fund: 29.9.1977, Wurzacher Ried, J. U. MEINEKE) handeln. Nicht auszuschließen ist allerdings, daß sich hier zwei Generationen überlagern (SCHNEIDER 1938 nach Mitt. G. REICH). Ein Massenanflug Mitte September (10.9.1966, Federsee-Moor, G. BAISCH) mit weit über 100 frischen Individuen kann kaum als später Nachzüglertrupp interpretiert werden.

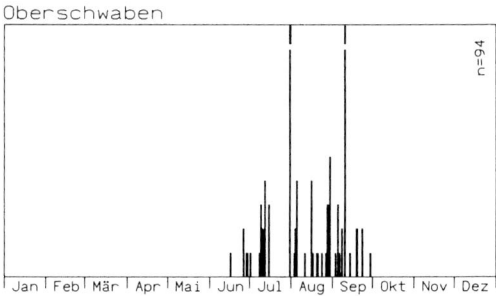

Präimaginalstadien: Aus Baden-Württemberg liegen keine Angaben zur Präimaginalbiologie vor (»Raupe anscheinend noch unbekannt«, SCHNEIDER 1938). 1971 vermerkt FORSTER »Raupe und Puppe wurden noch nicht beschrieben«. Erst 1976 (KOPONEN & PELTONEN) wurden Raupenfreilandfunde aus Skandinavien publiziert. Ohne genauere Kenntnis dieser Stadien wird sich die exakte Generationsfolge in Süddeutschland nicht ermitteln lassen. »Genauere systematische Untersuchungen über mehrere Jahre an einem Fundort stehen noch aus« (HEINICKE & NAUMANN 1980–1982).

Ökologie

Lebensraum: Die Falter fliegen in den Riedern und Mooren Oberschwabens z. T. in großer Zahl. J.-U. MEINEKE registrierte in den Jahren 1977 und 1978 an einem Lichtfallenstandort in den Streuwiesen und Röhrichten des Federsees insgesamt 243 Falter, weitere 74 in einem 1 km entfernten Übergangsmoorwald (Kiefern-Birkenbruch).

Nahrung der Raupe: Die Raupennahrung von *Hypenodes humidalis* ist nicht nur aus unserem Faunengebiet unbekannt. KOCH (1984) mutmaßt Riedgräser. Daß sie jedoch eher unter den Heidekrautgewächsen zu suchen ist, zeigt ein Hinweis aus England. Dort wurde in einem Moor in Shropshire die Glockenheide *Erica tetralix* als Nahrungspflanze festgestellt (FIELDING 1978).

Nahrung des Falters: Imagines lassen sich nach BRETHERTON, GOATER & LORIMER (1983) in Anzahl an den Köder locken.

Habitat: Aufgrund mangelnder Informationen über die Präimaginalstadien sind allenfalls Vermutungen zum Habitat möglich. Die z. T. ausgesprochen individuenstarken Anflüge der sehr kleinen Falter in Streuwiesen und Röhrichten lassen den Schluß zu, daß sie dort auch ihre Larvalentwicklung durchlaufen. Das Habitat ist also sicherlich in den Verbänden Molinion, Phragmition und/oder Magnocaricion zu suchen.

Verhalten: Die Falter sind tags nicht leicht aufzuscheuchen, fliegen aber bereits in der frühen Dämmerung in Schwärmen umher (BRETHERTON, GOATER & LORIMER 1983). Im Federseemoor kamen sie häufig ans Licht geflogen (G. REICH, G. BAISCH, J. U. MEINEKE).

Gefährung und Schutz

Rote Liste Bundesrepublik: 3
Rote Liste Baden-Württemberg: V

Oberrheinebene: Nicht vertreten.
Schwarzwald: Nicht vertreten.
Neckar-Tauberland: Noch ungeklärt.
Schwäbische Alb: Noch ungeklärt.
Oberschwaben: Art der Vorwarnliste.

- In Baden-Württemberg eine Art der Vorwarnliste!

An 7 von insgesamt 17 in Oberschwaben bekannten Fundorten sowie an einer Stelle am Südrand der Mittleren Flächenalb ist *H. humidalis* nach 1980 noch beobachtet worden (G. BAISCH, J.-U. MEINEKE, R. SCHICK). Zumindest an einigen dieser Lokalitäten sprechen die bereits erwähnten hohen Individuenzahlen eher gegen eine rückläufige Bestandsentwicklung. Andererseits ist eine Schädigung der Populationen durch direkte anthropogene Maßnahmen (Entwässerung, Nutzungsänderung) oder indirekt durch die Einwirkung von Schadstoffen nicht auszuschließen. Für mehr als die Hälfte der bekannten Fundorte, an denen *H. humidalis* in den vergangenen zwei Jahrzehnten nicht mehr festgestellt werden konnte, müssen wir dies sogar zwingend annehmen. Diese den Niedermoorspezialisten zugeordnete Art (vgl. MEINEKE 1982) wird deshalb in die Vorwarnliste aufgenommen und gleichzeitig auf ihre Eignung als Bioindikator hingewiesen, die noch näher erforscht werden sollte.

Die Schmalflügel-Motteneule *(Schrankia costaestrigalis)* ist die bei uns am weitesten verbreitete Art dieser Unterfamilie. Auch sie wird oft mit Kleinschmetterlingen verwechselt und daher selten gemeldet. – Malsch-Sulzbach 25. 9. 83 G. EBERT. LF.

Schrankia costaestrigalis
(Stephens, 1834)

Schmalflügel-Motteneule

Hypenodes costaestrigalis STEPH. (REUTTI 1898, LAMPERT 1907, WARREN in SEITZ 1909–1914, SPULER 1908–1910, REBEL 1910, ECKSTEIN 1913–1923, HERING 1932, SCHNEIDER 1936–1939, BERGMANN 1951–1955, KOCH 1954–1961, 1984)

Gesamtverbreitung: Von den Kanarischen Inseln und Madeira durch weite Teile West-, Mittel- und Osteuropas bis Vorderasien. Im Südwesten bis Marokko, die weitere Arealsüdgrenze bildet das Mittelmeer. Im Norden dringt *Schrankia costaestrigalis* bis Schottland, Südschweden und Mittelfinnland vor.

Verbreitung

Regional: *Schrankia costaestrigalis* scheint überwiegend (oder ausschließlich?) in der westlichen Landeshälfte vorzukommen. Die höchste Nachweisdichte liegt in den Auenwäldern der nördlichen Oberrheinebene, wo immer wieder einzelne Falter am Licht gefangen wurden. Aktuelle Funde liegen auch aus dem Kraichgau (1984, Dietlingen, M. WALLNER) und vom Mittleren Neckar vor (1990, Wernauer Baggerseen, M. MEIER; 1991, Lauffen, D. BARTSCH). Daneben existiert eine Reihe von Meldungen aus dem Schwarzwald, die meisten wurden schon von REUTTI (1898) publiziert (»Freiburg, Lahr, Allerheiligen, beim Wolfsbrunnen [unter der Hornisgrinde]«. In der 1. Hälfte dieses Jahrhunderts sind davon nur Freiburg (1922, Lehen und Höllental, O. SCHRÖDER nach Kartei GREMMINGER) und Hornisgrinde (1936, Einzelfund, A. GREMMINGER) bestätigt worden. Zweimal wurde die Art auch am Nordrand des Schwarzwaldes ge-

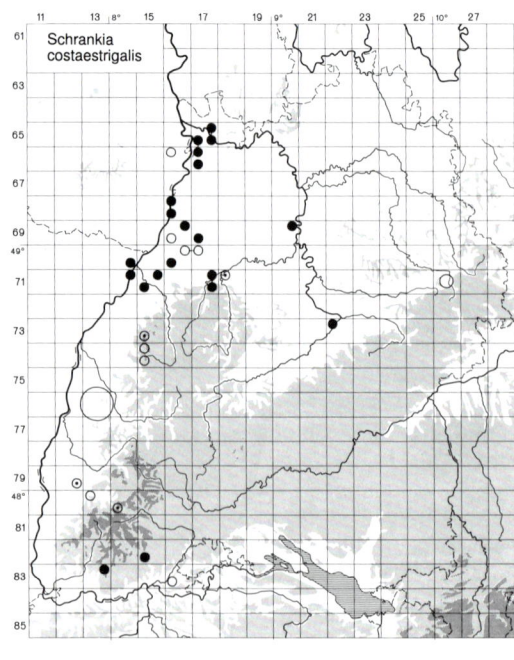

fangen (1939, Pforzheim, Erzkopf, V. RÖBEN; 1985, Murgtal, Hörden, R. HERRMANN). Aktuelle Funde liegen aus dem südlichen Schwarzwald vor (1981, Wehr, Wehratal, G. EBERT/B. TRAUB; 1995, Schwarzatal, Brenden, A. STEINER; R. HERRMANN/A. HOFMANN/J.U. MEINEKE). Aus dem angrenzenden Klettgau kennen wir eine alte Meldung von REUTTI (1898): »Bei Geislingen [bei Waldshut]«.

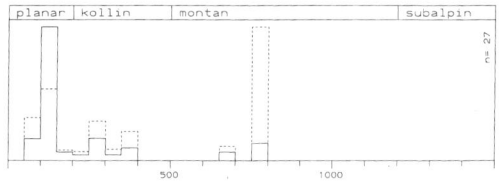

Für den von SCHNEIDER (1938) aufgeführten alten Fund bei Wasseralfingen (A. HAHNE) gibt es keinen neueren Hinweis. Die alte Meldung aus Wendlingen (A. LOSER) findet dagegen durch neuere Funde bei Wernau (MEIER 1991) ihre Bestätigung.

Vertikal: Die vertikale Verbreitung hat ihren Schwerpunkt in der planaren Stufe, setzt sich aber noch in das untere Hügelland hinein fort. Nachweise aus dem Bergland sind durch Einzelfunde im Schwarzwald gegeben, von denen der bei Brenden (Rappenfelsen) mit 760 m genau notiert wurde (A. STEINER), während zum Fundort »Hornisgrinde« (A. GREMMINGER, Kartei) keine Höhenangabe existiert.

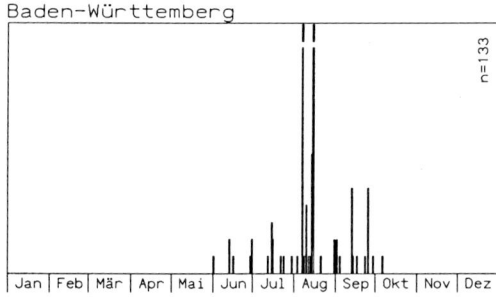

Phänologie

Imagines: Zwei Generationen, wie übereinstimmend in der Literatur berichtet (URBAHN 1968, KOCH 1958, FORSTER 1971, HEINICKE & NAUMANN 1980–1982), sind den Häufungen auf unserem Diagramm nicht unmittelbar zu entnehmen. Die geringe Datenmenge, überlappende Generationen mit anscheinend eher partieller 2. Gen. und jahrweisen Schwankungen dürften die Ursachen hierfür sein. Dennoch kann auch bei uns, zumindest was die Oberrheinebene und das Neckar-Tauberland betrifft, von zwei Generationen pro Jahr ausgegangen werden. Eine einzige langgestreckte Flugperiode von Mitte Juni (früheste Meldung: 13.6.1992) bis Anfang Oktober (späteste Meldung: 6.10.1993, Plittersdorf, Murgmündung, C. KÖPPEL) erscheint sehr unwahrscheinlich. Beide Nachweise stammen von der selben Fundstelle. Dazwischen liegen weitere Beobachtungen (29.6.1992, 16.7.1992, 25.9.1992). Interessanterweise fehlen von dieser Lokalität Meldungen aus dem Monat August, aus einer Zeitspanne also, von welcher die meisten Meldungen (erste Augusthälfte!) datieren. KOCH (1958) gibt als Flugzeit der 1. Gen. Juni bis Ende Juli an; für die 2. Gen. nennt er Ende Juli bis Ende September. Die Datenhäufung Anfang August könnte also auf Überschneidungen an bestimmten Lokalitäten zurückzuführen sein.

Aus dem Schwarzwald liegen nur wenige phänologisch verwertbare Meldungen zwischen Mitte Juni und Mitte September vor (16.6.1981, Wehratal; 30.6.1995, Brenden, Rappenfelsen; 15.7.1939, Pforzheim, Erzkopf; 22.7.1995, Brenden, Rappenfelsen; 14.8.1922, Höllental; 14.9.1985, Hörden).

Aus dem Neckar-Tauberland werden Falterbeobachtungen von Anfang Juni (1.6.1990) bis Mitte/Ende September (13.9.1990, Wernauer Baggersee, 5 Falter, M. MEIER/A. STEINER; 29.9.1984, Dietlingen, M. WALLNER) gemeldet. In großer Anzahl wurde die Art 1991 bei Lauffen am Neckar (140 m) von D. BARTSCH beobachtet (7.8.: ca. 50 Falter; 15.8.: ca. 30 Falter). Der Erscheinungszeit dieser Art sollte an solchen Lokalitäten verstärkte Aufmerksamkeit zukommen.

Präimaginalstadien: Beobachtungen in Baden-Württemberg stehen noch aus. Als Überwinterungsstadium wird von KOCH (1958) die Raupe angeführt. Etwas unklar drückt sich FORSTER (1971) aus: »Die Raupen der 2. partiellen Generation überwintern nicht selten halberwachsen; sie verpuppen sich erst im Frühjahr«. Zwei Zeilen weiter schreibt der gleiche Autor: »Die Puppe überwintert«.

Ökologie

Lebensraum: Unter den ohnehin spärlichen Fundmeldungen von *Schrankia costaestrigalis* sind nur wenige mit mehr oder weniger ausführlichen Angaben zum Lebensraum versehen. C. KÖPPEL konnte mehrfach einzelne Falter in der

Weichholz- und tiefen Hartholzaue des Rheins registrieren. Weiter wurde die Art mehrfach im Weingartener Moor bei Karlsruhe (R. HÄUSSER/ W. STAIB/M. WALLNER) gefunden. REUTTI (1898) vermerkte zu seinem Fund beim Wolfsbrunnen (Ottenhöfen-Seebach): »unter Felsen und an feuchten Stellen.« A. STEINER fand die Art auf einer südexponierten Granit-Blockhalde im Schwarzatal, aber auch in einem trockenen, lichten, mit Laubbäumen durchmischten Kiefernwald auf Sandboden nördlich von Karlsruhe. R. HERRMANN notierte sie bei Rastatt auf Sanddünen und im vorderen Murgtal auf trockenwarmen *Calluna*-Flächen über Rotliegendem. R. BLÄSIUS gelang der Nachweis auf Wiesen bei Schwetzingen. G. EBERT und H. FALKNER fingen einen Falter auf einem Hochwasserdamm bei Leopoldshafen. Die Fundstelle am mittleren Neckar bei Lauffen wird von D. BARTSCH als vernäßte Silberweidenaue mit Großseggenriedern und Schilfflächen angegeben, die nach Norden von Ackerflächen (Eutrophierung!) und nach Süden von einem Steilhang mit Weinbergen und Schluchtwald begrenzt wird. Die Falter flogen im Übergang des Feuchtgebietes zum Steilhang an den Köder, entlang eines schattig unter *Prunus*-Gebüsch verlaufenden Feldweges.

URBAHN & URBAHN (1939) melden die Art in Pommern vor allem aus Moorwäldern, später wird diese Angabe durch »Sumpfwiesen und überhaupt in feuchten Gebieten« ergänzt bzw. erweitert (URBAHN 1968).

Nahrung der Raupe: Aus unserem Gebiet liegen keine Meldungen über die Raupennahrung vor.

In der Zucht nehmen die Raupen Thymian-Blüten an (RÖSSLER 1881), URBAHN & URBAHN (1939) nennen Wachtelweizen, später noch Hohlzahn (*Galeopsis*) und Glockenblume (*Campanula rapunculoides*)(URBAHN 1968). Blütenblätter von Rose und Weidenröschen werden unter Hinweis auf Gewährsmann VOLLMER von A. GREMMINGER (Kartei) angegeben. BERGMANN (1954) nennt für Thüringen *Thymus serpyllum* und *Calluna vulgaris*, hiervon bevorzugt die Blüten. ALLAN (1949) fügt der Futterpflanzenliste aus Großbritannien noch die Blüten von *Mentha aquatica* hinzu.

Der Versuch, durch Eiablage erhaltene Räupchen mit (blühender) *Calluna vulgaris* zu züchten, schlug fehl; die Tiere nahmen diese Fütterungspflanze nicht an (G. EBERT).

Nahrung des Falters: Mehrfach wurden im Untersuchungsgebiet Falter an Köder beobachtet. Wie BERGMANN (1954) und URBAHN (1968) ausführen, können sie nachts an Blüten geleuchtet werden. BRETHERTON, GOATER & LORIMER (1983) nennen aus Großbritannien *Calluna vulgaris*, URBAHN aus Pommern *Lolium*-Blüten.

Habitat: Über das Larvalhabitat der Art ist aus Baden-Württemberg nichts bekannt. Auch aus den Imaginallebensräumen ergeben sich keine Hinweise.

BERGMANN (1954) sieht die Art in Mitteldeutschland (Thüringen) als »Leitart von Krautgrasgesellschaften zwischen Heidekrauthorsten in moorigen Laubmischgehölzen« an.

Verhalten: Die Falter fliegen nachts Lichtquellen an, kommen jedoch, wie D. BARTSCH beobachtete, wesentlich häufiger an den Köder.

URBAHN (1968) beschreibt den Verpuppungsvorgang. Danach befestigt die Raupe ein schmales Blütenteilchen oder zartes Stengelchen, senkrecht nach unten hängend, das dicht umsponnen wird. Daran sitzend umgibt sie sich im Laufe eines Tages mit zernagten Blütenstückchen und formt diese, spinnend, zu einem beutelähnlichen Behälter, der an einem festen Gewebsfaden hängt. In diesem Beutel ruht kopfaufwärts die Puppe.

Gefährdung und Schutz

Rote Liste Bundesrepublik: –
Rote Liste Baden-Württemberg: –

Oberrheinebene: Nicht gefährdet.
Schwarzwald: Noch ungeklärt.
Neckar-Tauberland: Noch ungeklärt.
Schwäbische Alb: Nicht vertreten.
Oberschwaben: Nicht vertreten

• In Baden-Württemberg nicht gefährdet!

Schrankia taenialis (Hübner, [1809])

Breitflügel-Motteneule

Hypenodes taenialis HB. (REUTTI 1898, LAMPERT 1907, SPULER 1908–1910, WARREN in SEITZ 1909–1914, REBEL 1910, ECKSTEIN 1913–1923, HERING 1932, SCHNEIDER 1936–1939, BERGMANN 1951–1955, KOCH 1954–1961, 1984)

Gesamtverbreitung: Sehr zerstreut von den Pyrenäen im Westen bis zum Kaukasus im Osten. Auch aus Korea und Japan wird die Art gemeldet. Isolierte Vorkommen existieren ferner auf den Kanarischen Inseln und in Sizilien. Ansonsten scheinen die Südränder der Pyrenäen und Alpen die Südgrenze des noch wenig erforschten Areals darzustellen. Dieses setzt sich über das südliche Ungarn nach Südbulgarien fort. Im Norden wird Ostengland, der Süden Fennoskandiens und Litauen erreicht.

Die Breitflügel-Motteneule *(Schrankia taenialis)* ist schon an verschiedenen Orten unseres Faunengebietes gefunden worden, dennoch sind Verbreitung und Lebensweise unbekannt. Dieses Tier stammt aus der Umgebung von Schopfheim (3. 8. 31 coll. H. EHINGER).

Verbreitung

Regional: Von dieser ebenfalls sehr kleinen und unscheinbaren, sicherlich oftmals nicht als Eulenfalter erkannten Art kennen wir nur wenige, weit verstreute Einzelfunde. Sie lassen vermuten, daß sich die Verbreitung auf alle größeren Naturräume ausdehnt. Arealstrukturen sind jedoch aufgrund der wenigen Nachweise noch kaum zu erkennen. Fundorte:

Oberrheinebene: Dossenheim, 1981 (P.M. KRISTAL); Hochstetten–Linkenheim, 1986 (K. und U. RATZEL); Karlsruhe (Hardtwald), 1931 (A. GREMMINGER).
Schwarzwald: Wildgutach, 1937 (A. GREMMINGER); Schopfheim, 1930 und 1931 (H. EHINGER); Schlüchttal, Witznau, 1979 (R. HERRMANN).
Neckar-Tauberland: Geißlingen (Klettgau), 1856 (»Ein Exemplar, von FR. MAYER am 8.August 1856 bei Geislingen [bei Waldshut] gefangen, befindet sich in meiner Sammlung« REUTTI 1898).
Schwäbische Alb: Zwiefalten, 1938 (WENDLER, nach SCHNEIDER 1938); Hausen im Tal, 1937 (A. GREMMINGER),dto., 1984 (leg. A. SCHOLZ, nach G. BAISCH).
Alpenvorland (Bodenseebecken): Überlingen, 1958 (E. COMMERELL, nach Kartei A. GREMMINGER).

Vertikal: Die wenigen diesem Diagramm zugrunde liegenden Meldungen streuen von der planaren bis in die montane Stufe. Ein Schwerpunktbereich ist nicht erkennbar.

Phänologie

Imagines: Die jahreszeitlich frühesten Meldungen kommen aus dem Schwarzwald (17.7.1979, Schlüchttal, Witznau, R. HERRMANN; 28.7.1937, Wildgutach, A. GREMMINGER) und von der Schwäbischen Alb (26.7.1937, Hausen im Tal, A. GREMMINGER). Aus diesen beiden Naturräumen liegen noch Daten von Anfang (2. u. 3.8.1931, Schopfheim, H. EHINGER; 8.8.1856, Geißlingen, Klettgau, MAYER nach REUTTI 1898) bis Ende August vor (31.8.1984, Hausen im Tal, leg. A. SCHOLZ nach Mitt. G. BAISCH). Die einzige Meldung aus dem Alpenvorland datiert vom 16.August (1958, Überlingen, E. COMMERELL, nach Kartei A. GREMMINGER). Wesentlich später liegen die beiden Beobachtungen aus der nördlichen Oberrheinebene (6.9.1931, Karlsruhe, Hardtwald, A. GREMMINGER; 7.10.1986, Hochstetten. Bei den 100 Morgen, K. u. U. RATZEL).

Die sehr sporadischen und weitgestreuten Nachweise lassen keine fundierte Auswertung zu. FORSTER (1971) und HEINICKE & NAUMANN (1980–1982) gehen in Übereinstimmung mit BERGMANN (1954) und URBAHN & URBAHN (1939) von zwei Generationen aus (1. Gen.: E.6.–E.7., 2. Gen.: E.9.). Dahingehend könnten auch die Daten aus Baden-Württemberg interpretiert werden.

Präimaginalstadien: Angaben aus Baden-Württemberg fehlen. »Zuweilen überwintert die Raupe ... In der Regel [?] überwintert die Puppe« (FORSTER 1971).

Ökologie

Lebensraum: Von *Schrankia taenialis* liegen uns nur sehr wenige Funde, meist ohne Angaben zum

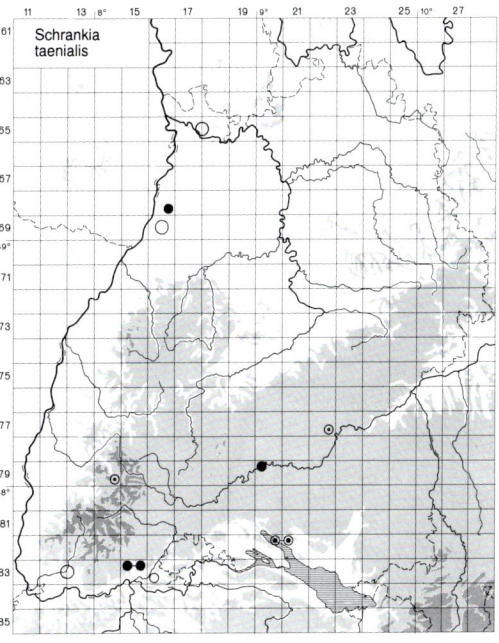

Lebensraum vor. A. GREMMINGER fing sie im »Hardtwald« bei Karlsruhe, wahrscheinlich in einem Eichen-Hainbuchenwald.

Bei BERGMANN (1954), der ihr den deutschen Namen »Mischwald-Kleinzünslereule« gab, finden sich aus Thüringen folgende Angaben zum Lebenraum: »... an etwas feuchten grasigen Waldwegen im Hainbuchen-Birken-Eichenmischwald...«; oder: »In den Gehölzen auf Sandboden.« In Pommern fliegt sie in Kiefernmischwäldern (URBAHN & URBAHN 1939).

Nahrung der Raupe: Die Raupennahrung ist aus Baden-Württemberg unbekannt. Wahrscheinlich ist die Raupe bis jetzt überhaupt noch nie im Freiland gefunden worden.

VORBRODT (1911) will aus der Schweiz die Blüten von *Thymus serpyllum* und *Calluna vulgaris* als Raupennahrung kennen. URBAHN & URBAHN (1939) führten die Eizucht mit Heidekrautblüten durch. ALLAN (1949) gibt aus Großbritannien *Calluna vulgaris*-Blüten als Nahrungspflanze an (nach BRETHERTON, GOATER & LORIMER [1983] ist die natürliche Nahrungspflanze unbekannt) und als Futter bei der Zucht Blüten von *Thymus serpyllum* und *Heracleum sphondylium*.

Nahrung des Falters: Auch über die Falternahrung besitzen wir keinerlei Kenntnis aus unserem Gebiet.

Aus Thüringen erwähnt BERGMANN (1954), daß der Falter an Blüten, (Liguster, Schneeball und anderen Pflanzen) sowie an Grashalmen zu leuchten sei (ob beim Blütenbesuch, ließ er offen). In Pommern wurden die Imagines an Liguster und Schneebeeren beobachtet (URBAHN & URBAHN 1939). BARRETT (1900, nach BRETHERTON, GOATER & LORIMER 1983) berichtet von Faltern, die an Efeublüten flogen. Die letztgenannten Autoren geben weiter an, daß die Falter früh an Köder kommen und zusammen mit *Catocala*-Arten beobachtet werden können.

Habitat: Hinsichtlich des Habitats von *Schrankia taenialis* besteht ebenfalls noch Forschungsbedarf.

Verhalten: Keine Angaben aus Baden-Württemberg.

Die Verpuppung erfolgt in einem seidigen, an einen Grashalm gehefteten Kokon, in den Erdstückchen eingesponnen sind. Die Falter fliegen bereits in der Dämmerung und kommen später spärlich ans Licht (BRETHERTON, GOATER & LORIMER 1983). Beobachtungen, die MÖRTTER (1987) im Rheinland (Kottenforst bei Bonn) beim Lichtfang von *Schrankia taenialis* machte, seien hier auszugsweise wiedergegeben: »... habe ich die Art seltsamerweise nie am Leuchtturm (ca. 250 Leuchtexkursionen, Leuchtturm mit 160-Watt-Mischlichtlampe und zwei superaktinischen Röhren à 40 Watt) oder am Köder beobachten können. Die oben erwähnten 22 Falter von *S. taenialis* fanden sich ausnahmslos in fünf Lichtfallen (Minnesota-Typ mit 8-Watt-Schwarzlichtröhre)... ist anzunehmen, daß die starken Lichtquellen im Leuchtturm von *S. taenialis* gemieden werden, und die Art bevorzugt schwächere Lichtquellen anfliegt.«

Gefährdung und Schutz

Rote Liste Bundesrepublik: G
Rote Liste Baden-Württemberg: U

Oberrheinebene: Noch ungeklärt.
Schwarzwald: Noch ungeklärt.
Neckar-Tauberland: Noch ungeklärt.
Schwäbische Alb: Noch ungeklärt.
Oberschwaben: Noch ungeklärt.

- In Baden-Württemberg eine Art mit noch ungeklärter Gefährdung!

Hypeninae

Von ARNO SCHANOWSKI, GÜNTER EBERT, AXEL HOFMANN und AXEL STEINER[1]

Früher wurden in den Hypeninae oft auch die jetzt auf die Herminiinae, Rivulinae und Hypenodinae verteilten Gattungen eingeschlossen. In ihrem heutigen Umfang könnten die Hypeninae (sensu FRANCLEMONT & TODD 1983, FIBIGER & HACKER 1991) aufgrund ihrer Tympanalmorphologie ein Monophylum bilden. Habituell erinnern die Falter wie die der vorhergehenden Unterfamilien an Geometriden oder Pyraliden. Den Großteil der Hypeninae bildet die in den Tropen und Subtropen äußerst artenreiche Gattung *Hypena*.

In Europa kommen 16 Arten, in Baden-Württemberg 5 Arten dieser Unterfamiie vor.

Hypena proboscidalis (Linnaeus, 1758)

Nessel-Schnabeleule

Gesamtverbreitung: In Europa weitverbreitet von der Iberischen Halbinsel durch Frankreich, Italien, über den Balkan bis Griechenland und die Türkei. Die Arealsüdgrenze bildet das Mittelmeer. Nördlich bis nahe zum Polarkreis. Im Osten bis Japan.

---

[1] Bearbeitungsmodus wie bei den Herminiinae

Die Nessel-Schnabeleule (*Hypena proboscidalis*) ist unter den Schnabeleulen die weitaus häufigste und eine der am weitesten verbreiteten Eulenarten überhaupt. Typisch sind die in der Ruhe deltaförmig zusammengelegten Flügel und die schnabelartig vorgestreckten langen Palpen. – Malsch-Sulzbach 28.8.82 G. EBERT.

Verbreitung

Regional: Die Nessel-Schnabeleule ist in unserem Faunengebiet die häufigste Art der Gattung *Hypena* (und eine der häufigsten Noctuiden überhaupt). Mit ihrer Raupennahrungspflanze, der (Großen) Brennessel, ist sie ohne erkennbare Schwerpunkte über das ganze Land verbreitet und somit in allen Naturräumen aufzufinden.

Vertikal: Der flächenhaften Verbreitung adäquat ist auch die Höhenverbreitung dieser Art. Sie reicht von der Ebene bis in die subalpine Stufe.

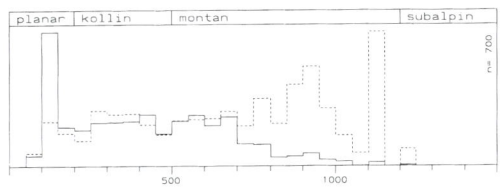

Phänologie

Imagines: In der Oberrheinebene und den klimatisch günstigeren Lagen des Neckar-Tauberlandes bringt *Hypena proboscidalis* zwei Generationen hervor, wobei die 2. Gen. zahlenmäßig meist stärker hervortritt. Anfang/Mitte Mai erscheinen die ersten Falter (frühester Nachweis: 8. Mai 1990, Kippenheim, J. U. MEINEKE). Das Abundanzmaximum der 1. Gen. wird Mitte Juni erreicht. Anfang Juli nimmt dann die Zahl der Beobachtungen rasch ab; Mitte des Monats klingt die Kurve in der Oberrheinebene aus. Ende Juli/Anfang August beginnt die 2. Gen.; ihren Höhepunkt erreicht sie zwischen Mitte August und dem ersten Septemberdrittel. Die spätesten Nachweise aus der Oberrheinebene datieren vom 9. Oktober (1962, Ettlingen, P. PEKARSKY; 1991 Neckargemünd, J. BASTIAN). Das Diagramm des Neckar-Tauberlandes (frühester Nachweis: 12. Mai 1950, Heilbronn, coll. WANNER) weicht hiervon insofern ab, als die falterarme Zeit zwischen den Generationen durch populationsspezifische Anpassungen an unterschiedliche Höhenlagen mit leicht versetzten Flugzeiten und eventuell uni- und bivoltinen Populationen bzw. stellenweise unvollständigen zweiten Generationen stark verwischt wird. Nur mit Mühe kann die Senke Ende Juli/Anfang August als Flugzeitlücke interpretiert werden. Aus dem Neckar-Tauberland stammt der landesweit späteste Nachweis: 27. Oktober (1995, Bammental, J. BASTIAN).

Als Gegenstück zum Oberrhein-Flugzeitdiagramm kann die graphische Flugzeitdarstellung für Populationen der Schwäbischen Alb angesehen werden. Hier beginnt die Flugzeit einen Monat später (frühester Nachweis: 6. Juni 1980, Lauterach, Wolfstal, G. BAISCH); anstatt zwei wird nur ein einziges Abundanzmaximum aufgebaut, so daß in diesem Naturraum überwiegend von univoltinen Populationen ausgegangen wer-

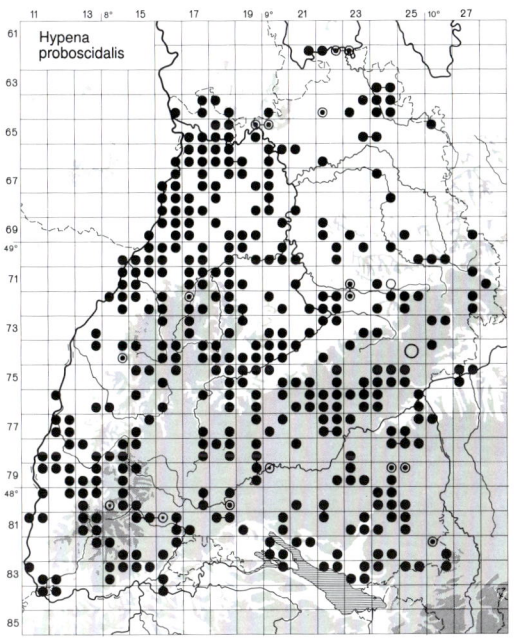

Oberrheinebene

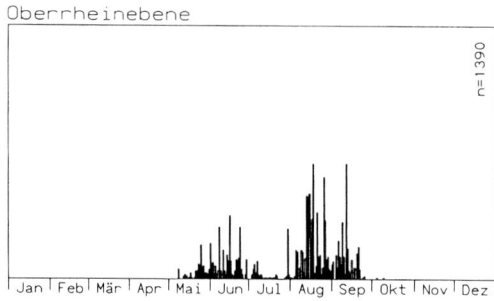

Schwarzwald

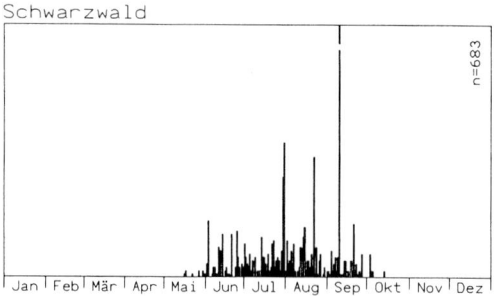

Neckar-Tauberland

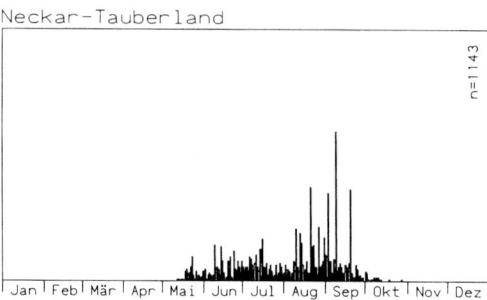

Schwäbische Alb

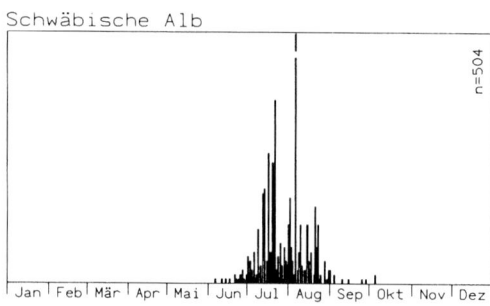

Oberschwaben

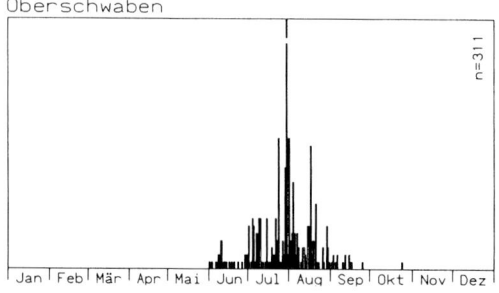

den muß. Ein leichter »Peak« Ende August und vereinzelte Beobachtungen bis in den Oktober (spätester Nachweis: 5. Oktober 1993, Hundersingen, K. FREYTAG) hinein könnten Vertreter einer partiellen 2. Gen. oder verspätete Nachzügler darstellen. Fast gleiches läßt sich für Oberschwaben sagen (spätester Nachweis: 24. Oktober 1954, Überlingen, »total verfl. ♂«, E. COMMERELL nach Kartei A. GREMMINGER). Etwas indifferent ist dagegen das Flugzeitdiagramm des Schwarzwaldes. Dort scheinen je nach Exposition und Höhenlage uni- und bivoltine Populationen zu existieren. Eine klar trennbare Generationenabfolge kann dem Diagramm nicht entnommen werden.

Präimaginalstadien: Alle Präimaginaldaten deuten auf eine obligatorische Überwinterung im Raupenstadium hin. Die Raupenfunde sind insgesamt gut mit der regionalen Generationenabfolge korreliert, so wie diese den Diagrammen zu entnehmen ist. Frühe Raupenfunde ab Anfang April aus der Oberrheinebene (1. 4. 1993, Ottersdorf, NSG Rastatter Rheinaue, »2 fast erwachsene Raupen«, C. KÖPPEL/A. STEINER; 15. 5. 1988, Freiburg, Attental, I. HEGAR) und spätere Funde ab Anfang bis Mitte/Ende Mai aus dem Neckar-Tauberland (1. 5. 1994, Göppingen, K. FREYTAG) ergeben noch im gleichen Jahr die Falter der 1. Gen. (z. B. 22. 5. 1966, Rottweil, R. BANTLE; 1 ♀ geschlüpft am 16. 6. 1966). Raupenfunde Ende Mai (27. 5. 1981, Burladingen, 4 Raupen, A. STEINER) auf der Schwäbischen Alb, wo anscheinend nur eine Generation gebildet wird, lieferten im Juni/Juli des gleichen Jahres noch die Falter. Raupenfunde vor (April, s. o.) und nach (19. 10. 1992, Plittersdorf, C. KÖPPEL) der Imaginalphase belegen, daß die Art im Raupenstadium überwintert. D. BARTSCH klopfte sie immer wieder im Herbst (meist im Oktober).

Ökologie

Lebensraum: Die weit verbreitete Art fliegt in den verschiedensten Lebensräumen. Besiedelt werden Bestände der Großen Brennessel in Laub-, Misch- und Nadelwälder, Lichtungen, Schlagfluren sowie innere und äußere Waldränder. In der offenen Landschaft treten die Falter in Brennnesselfluren an Hecken, Ufergehölzen, Obstwiesen, Rainen und Böschungen auf. Verschiedentlich sind sie auch im Siedlungsbereich in Ruderalfluren, Gärten und Parks anzutreffen.

Der wesentliche Bestandteil des Lebensraumes sind Brennesselfluren in oder am Rande der ge-

Die Raupen findet man, oft mehrere beisammen, zumeist an nährstoffreichen, halbschattigen Stellen in Wäldern, aber auch im Offenland und im Siedlungsbereich. Sie fressen stets an der Großen Brennessel. – Malsch-Sulzbach 7.5.95 G. EBERT.

nannten Lebensräume, meist an nährstoffreichen, mäßig trockenen bis frischen, oft auch feuchten Stellen in sonniger bis vollschattiger Lage, auch auf Schuttplätzen, in Steinbrüchen und Blockfluren sowie in Randbereichen von Schilfgürteln, Fluß-, Bach- und Teichufern.

Nahrung der Raupe:
Urtica dioica – Große Brennessel
  5 E, L (BAR, BAS, BCH, EBE, ECK, FRY, KÖP, LAD, LUS, SKK, SCN, STN, WAL)
Urtica spec. – Brennessel
  L (FEI, REI, SCR, WAT)

Die Raupe lebt primär an Brennesseln. Auch bei den Meldungen, die lediglich die Gattung *Urtica* beinhalten, ist davon auszugehen, daß es sich um *U. dioica* handelte. Ob auch die weitaus seltenere Kleine Brennessel (*Urtica urens*) als Nahrungspflanze gelegentlich eine Rolle spielt, ist unbekannt.

Fraglich erscheinen Angaben von *Sambucus nigra* (U. LADENBURGER) und *Clematis vitalba* (D. DOCZKAL). Möglicherweise handelte es sich dabei um Ruheplätze. Inwieweit außer *Urtica dioica* auch noch andere Pflanzen wie z.B. Hopfen, Giersch, Waldziest genutzt werden (BERGMANN 1954, FORSTER 1971, KOCH 1984), bedarf noch der Klärung.

Nahrung des Falters: H. LUSSI beobachtete einen an einer überreifen Brombeere rüsselnden Falter. Als Nektarpflanzen sind aus unserem Gebiet bislang *Solidago canadensis* (D. BARTSCH), *Solidago* cf. *gigantea* (H. LUSSI/A. STEINER), *Hedera helix* (A. SCHANOWSKI/A. STEINER) und *Senecio* cf. *fuchsii* (A. STEINER) bekannt geworden. BRETHERTON, GOATER & LORIMER (1983) konnten für Großbritannien Blütenbesuch an Sommerflieder anführen. C. KÖPPEL berichtete von einem Falter, der von einem Regentropfen trank. Die Art besucht auch den Köder.

Habitat: Das Larvalhabitat findet sich oft, anscheinend aber nicht ausschließlich (wie Meldungen von L. SETTELE über Raupenfunde in Halbtrockenrasen am Badberg sowie im Liguster-Schlehengebüsch am Freiburger Schloßberg zu entnehmen ist) in Brennesselbeständen an frischen bis feuchten, nährstoffreichen, meist halbschattigen Stellen in Wäldern und Gebüschen bis hinein in den Siedlungsbereich (G. REICH, Aufzeichnungen 1910–1965: »Raupen auf Brennesseln ums Haus; R. BANTLE/H. EGLE: Raupe im Garten). Die Raupenfundstellen von C. KÖPPEL/ A. STEINER lagen z.B. in der Weichholz- sowie in der Mittleren Hartholzaue (Salicion albae, Alno-Ulmion). Auch in schattig-feuchten Fagetalia-Gesellschaften und im Atropion wurden Raupen gefunden (Schwarzwaldrand, G.EBERT/E. EKKERT).

Verhalten: Die Falter lassen sich tagsüber, insbesondere am späteren Nachmittag oder an trüben Tagen, leicht aus der Vegetation aufscheuchen. Sie sind primär dämmerungs- und nachtaktiv und kommen gerne ans Licht.

Gefährdung und Schutz

Rote Liste Bundesrepublik: –
Rote Liste Baden-Württemberg: –

Oberrheinebene: Nicht gefährdet.
Schwarzwald: Nicht gefährdet.
Neckar-Tauberland: Nicht gefährdet.
Schwäbische Alb: Nicht gefährdet.
Oberschwaben: Nicht gefährdet.

• In Baden-Württemberg nicht gefährdet!

Hypena rostralis
(Linnaeus, 1758)
Hopfen-Schnabeleule

Gesamtverbreitung: Nördlich des Mittelmeeres bis Mittelengland und zur norwegischen Südküste. In West-Ost-Ausdehnung erstreckt sich das Areal von der Iberischen Halbinsel bis zum Ural, dem Kaukasus, durch weite Teile Vorder- und Zentralasiens bis zum Ussurigebiet und nach Japan.

Verbreitung

Regional: Die Verbreitung dieser Art konzentriert sich bei uns am stärksten auf das Oberrheinische Tiefland und seine Randgebiete. Sie reicht von den Naturräumen Nördliche Oberrheinniederung und Südlicher Odenwald über die Hardtebenen und den westlichen Kraichgaurand südwärts bis in die Markgräfler Rheinebene und in das angrenzende Hügelland. Östlich dieses Teilareals gibt es sowohl alte als auch aktuelle, aber doch mehr vereinzelte Funde entlang des Neckars, im Albvorland und im Bereich von Kocher und Jagst. Häufiger sind die Fundnachweise aus dem Tauberland, der nördlichste bereits aus dem Sandstein-Spessart bei Freudenberg.

Auf der Schwäbischen Alb scheint die Art zu fehlen. Auch der Schwarzwald dürfte nur an wenigen, tiefer gelegenen, wärmebegünstigten Stellen von ihr besiedelt sein (nördlicher Schwarzwaldrand bei Pforzheim, Gaggenau-Hörden im Murgtal, Ottenhöfen, Kollnau). Alte Nachweise liegen aus dem nördlichen Oberschwaben (Dürnachtal, Federsee- und Ummendorfer Ried, Illertal) vor, der bislang jüngste aus Bad Brandenburg im unteren Illertal. Das Gebiet südlich von Biberach bis Wangen und Isny scheint von *H. rostralis* gemieden zu werden, jedenfalls ist sie bisher von dort noch nicht gemeldet worden. Erst aus dem Bodenseebecken sind wieder (alte) Funde bekannt. Das Kartenbild deutet auf einen gewissen Wärmeanspruch dieser Art hin, der auch im Höhendiagramm zum Ausdruck kommt.

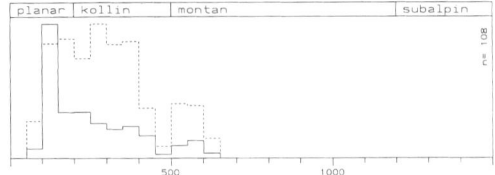

Vertikal: Die vertikale Verbreitung umfaßt die Ebene und das angrenzende Hügelland. Nur im Dürnach- und Illertal sowie am Schwarzwaldrand wird die submontane Stufe erreicht.

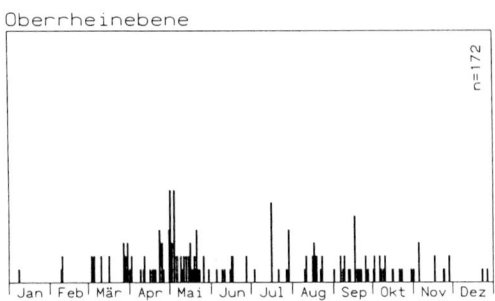

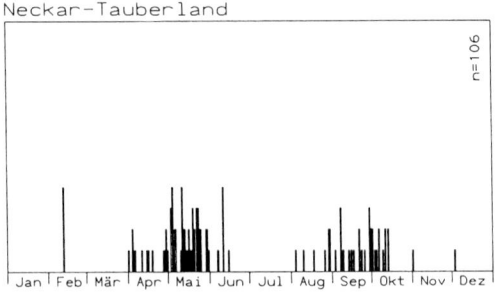

Phänologie

Imagines: »Die phänologischen Verhältnisse sind noch nicht ganz aufgeklärt« (HEINICKE & NAUMANN 1980–1982). »... von Ende Mai bis Juli und von Ende August – überwinternd – bis April. Die 2. Gen. ist oft unvollständig. Oft entwickeln sich die Nachkommen eines ♀ verschieden rasch und bilden zum Teil eine Generation von Ende Juli – überwinternd – bis Ende Juni oder 2 Generationen, wenn einzelne Raupen sich rascher entwickeln und schon Ende Mai Falter liefern, die dann eine 2. Generation hervorbringen« (FORSTER 1971). Fast gleichlautende Einschätzungen finden sich bei KOCH (1958) und HEINICKE & NAUMANN (1980–1982). Auch ältere

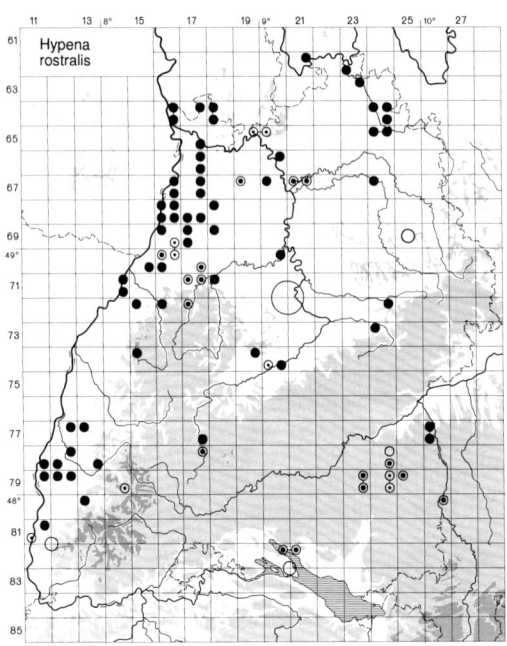

Faunisten hatten bereits auf sehr lange Erscheinungszeiten (SCHNEIDER 1938) bzw. zwei Generationen pro Jahr (GAUCKLER 1909) und Überwinterung als Falter (REUTTI 1853) hingewiesen.

»Überwinterung als Falter, geht gern in Wohnungen« notierte A. GREMMINGER in seiner Kartei. Überwinternde Falter beobachtet in jedem Jahr J. U. MEINEKE im Keller eines Hauses in Kippenheim. Hinweise auf überwinternde Falter liegen ferner von M. DAUB (17.11.1900, Karlsruhe, Beiertheim, »1 ♀ zieml. gut, im Zimmer«), R. HERRMANN (10.3.1977, Iffezheim) und K. STROBEL (Pforzheim) vor, sowie von G. EBERT, in dessen Haus sich seit mehr als 10 Jahren regelmäßig Falter den Winter über aufhalten. In einem alten, feucht-kühlen Bauernhaus (Freiburg, Lorettoberg) wurden von 1976–1995 alljährlich überwinternde Falter beobachtet (R. HERRMANN). Ähnliches berichtet D. BARTSCH (Stuttgart, Steinhaldenfeld alljährlich mehrere Falter im Keller eines Wohnhauses: 25.3.1989 ca. 30 Ex.; Februar 1996 ca. 12 Ex.). Insgesamt bestätigen die uns vorliegende Daten die Generationenabfolge.

Die Schwierigkeit, überwinternde Falter generationsmäßig zuzuordnen, tritt bei einigen Eulenarten auf (z. B. *Hypena rostralis, H. obesalis* u. a.). Überwinternde Falter bilden hier die Elterngeneration der im Sommer des darauffolgenden Jahres erscheinenden Falter. Es existieren de facto zwei Generationen, obwohl pro Jahr nur von einem einzigen, vollständigen Entwicklungszyklus ausgegangen werden kann. Die Bezeichnungen 1. Gen. und 2. Gen. sollen nur dort angewandt werden, wo mehr als ein Entwicklungszyklus vom Ei bis zum Falter pro Jahr durchlaufen wird (z. B. *Scoliopteryx libatrix*).

Aus der Oberrheinebene liegen Falternachweise aus jedem Monat vor. Gehäufte Beobachtungen sind in den Zeitspannen Mitte April–Ende Mai und Mitte August–Anfang Oktober zu erkennen. Dies dürfte den zwei oben genannten »Generationen« entsprechen. Beobachtungen außerhalb dieser Kernzeiten sind jedoch in diesem Hauptnaturraum keineswegs selten. Strengge-

Die Hopfen-Schnabeleule (*Hypena rostralis*) fällt nur dann auf, wenn sie sich zur Überwinterung in Häuser zurückzieht. Dort trifft man sie manchmal in dunklen Kellern, Dachböden und Treppenhäusern. Wie die Abbildungen zeigen, haben die Falter dieser Art ein sehr unterschiedliches Aussehen. – Fotos: A. STEINER, H. HEIDEMANN, G. EBERT.

nommen handelt es sich um eine einzige Generation mit sehr langer Erscheinungszeit von Anfang August – überwinternd – bis Ende Mai des nächsten Jahres. Zwischen den beiden Maxima im Diagramm werden regelmäßig von Mitte Juni bis Anfang August Falter registriert und auch aus den Wintermonaten liegen zahlreiche Meldungen vor. Im Neckar-Tauberland sind die beiden Hauptflugperioden (April–Juni; August–Oktober) dadurch prägnanter entwickelt, daß aus der Zeit zwischen den beiden Flugperioden (Mitte Juni–Anfang August) überhaupt keine Nachweise vorliegen. Beobachtungen in den kalten Jahreszeiten sind seltener (12.2.1958, Sinsheim, M. SCHMITT, 3.12.1963, Pforzheim, Arlinger, M. WALLNER). Dies trifft auch für Oberschwaben zu (2.11.1927 und 18.1.1936, Bronnen, Dürnachtal, G. REICH). Aus dem Schwarzwald fehlen Nachweise zwischen Mitte Oktober und Anfang Mai.

Präimaginalstadien: Sämtliche Raupenmeldungen entstammen der Zeitspanne von Mitte Mai bis Anfang August. Dies korreliert ausgezeichnet mit der Zeit zwischen den beiden Falterflugperioden. Die früheste Meldung kommt aus der Lahrer Vorbergzone (17.5.1992, Schmieheim, Rebgelände, E. RENNWALD). Mehrfach wurden in den Sommermonaten 1953 von Juni bis August Raupen von H. LIENIG bei Weinheim/Bergstraße »von Hopfen geklopft« (27.6.1953, 1 Raupe; 27.7.1953, 3 Raupen; 9.8.1953, 3 Raupen).

Ökologie

Lebensraum: *Hypena rostralis* wird in Laub- und Mischwäldern, auf Lichtungen, an Waldrändern, Hecken und Feldgehölzen gefunden, wo sie Hopfenbestände und Brennesselfluren bewohnt. In der Oberrheinebene sind dies vor allem die Auenwälder und ihre Randbereiche. Sie dringt auch in den Siedlungsbereich vor, wo sie in Obstwiesen und Gärten fliegt und immer wieder in Häusern auftaucht. An einem Fundort besonders zahlreicher Überwinterungsfalter besteht dieses Umfeld aus »Schrebergärten, Hausgärten, Park- und Friedhofsanlagen, Weinberge« (D. BARTSCH).

Nahrung der Raupe:
Urtica spec.- Brennessel
   L (GAU, REU)
Humulus lupulus – Hopfen
   3 L (ANO, LAD, LIE, REN)

Hopfen scheint als Raupennahrungspflanze für diese Eulenart größere Bedeutung zu besitzen. Er ist in Auenwäldern und an Auenwaldrändern besonders häufig anzutreffen. Hier in der Rheinebene hat auch *H. rostralis* ihren Verbreitungsschwerpunkt.

Zusätzlich zu den oben genannten Nahrungspflanzen findet sich bei BERGMANN (1954) die Meldung (WENZEL) über Raupen an Himbeere und Brombeere.

Nahrung des Falters: Die Falter suchen, wie von zahlreichen Mitarbeitern berichtet wird, den Köder auf. BERGMANN (1954) beobachtete sie in Thüringen an Schilfblüten und Weidenkätzchen.

Habitat: Die Art ist – abhängig vom Vorkommen des Hopfens als Hauptnahrungspflanze – in Auwäldern sowie in Erlenbrüchern und an deren Rändern (Alno-Ulmion, Alnion) zuhause. Auch Gebüsche, Saumgesellschaften sowie Schlagfluren feuchter, nährstoffreicher Standorte mit Hopfenbeständen und Brennesselfluren zählen zu ihrem Habitat. Bei dem von LADENBURGER (1989) beschriebenen Fundort in der Umgebung von Freiburg handelte es sich um einen westexponierten Waldrand mit vorgelagerten wechselfeuchten Mähwiesen. Den steilen Waldmantel bildeten überhängende Äste von *Alnus incana* und eine dichte Strauchschicht mit *Prunus padus, Cornus sanguineum, Viburnum opulus, Prunus spinosa, Evonymus europaeus* sowie *Rosa canina* und *Humulus lupulus* – eine typische Mantelgesellschaft der Hartholzaue (Pado-Coryletum).

Verhalten: Die Raupen ruhen auf der Blattunterseite. Bei Störung können sie sich leicht wegschnellen. A. WALTER scheuchte bei Tag einen ruhenden Falter aus Waldreben- und Hopfengeschling auf. Die Imagines kommen gerne ans Licht. Gebäude werden allerdings auch aktiv bei der Suche nach einem geeigneten Überwinterungsquartier aufgesucht. Hier überwintern sie, mancherorts sogar regelmäßig, in Kellern, Hausböden und Treppenhäusern.

Gefährdung und Schutz

Rote Liste Bundesrepublik: –
Rote Liste Baden-Württemberg: –

Oberrheinebene: Nicht gefährdet.
Schwarzwald: Nicht gefährdet (nur randlich vorkommend).
Neckar-Tauberland: Nicht gefährdet.
Schwäbische Alb: Nicht vertreten.
Oberschwaben: Ausgestorben oder verschollen (Aussage nicht abgesichert).

• In Baden-Württemberg nicht gefährdet!

Hypena obesalis
Treitschke, 1828

Voralpen-Schnabeleule

Bomolocha obesalis TR. (WARREN in SEITZ 1909–1914, BERGMANN 1951–1955, KOCH 1954–1961, 1984)

Gesamtverbreitung: Die Verbreitung dieser Art erstreckt sich nördlich des Mittelmeeres von der Iberischen Halbinsel bis Anatolien und reicht im Osten bis Zentralasien. Die Nordgrenze der permanenten Besiedelung bildet eine Linie Westpyrenäen-Vogesen-Thüringer Wald-Erzgebirge-Karpaten. Weiter nördlich tritt die Art wohl nur als gelegentlicher Einwanderer auf.

Verbreitung

Regional: *Hypena obesalis* ist die seltenste der vier in Baden-Württemberg heimischen *Hypena*-Arten. Ihr Areal innerhalb unseres Untersuchungsgebietes liegt im nördlichen Oberschwaben. Hier und vom Bodensee ist sie teilweise noch aktuell nachgewiesen; am westlichen Schwarzwaldrand wurde sie 1983 gefunden. Nicht mehr nachgeprüft werden konnte eine Meldung aus dem Wutachgebiet (Blumberg-Achdorf, 22.5.1971, H. HERRMANN).

Früher wurde diese Art, wenngleich immer einzeln und weit verstreut, auch in der nördlichen und westlichen Landeshälfte festgestellt. Diese nachstehend aufgelisteten Funde sowie einige

Die Voralpen-Schnabeleule (*Hypena obesalis*) ist in den Alpen weit verbreitet und kommt in Baden-Württemberg in alpennahen Gebieten vor. Ob hier dauernd oder nur zeitweilig bodenständig, ist nicht erwiesen. Aosta, Dondena, 2400 m, 28.7.94 A. STEINER. LF.

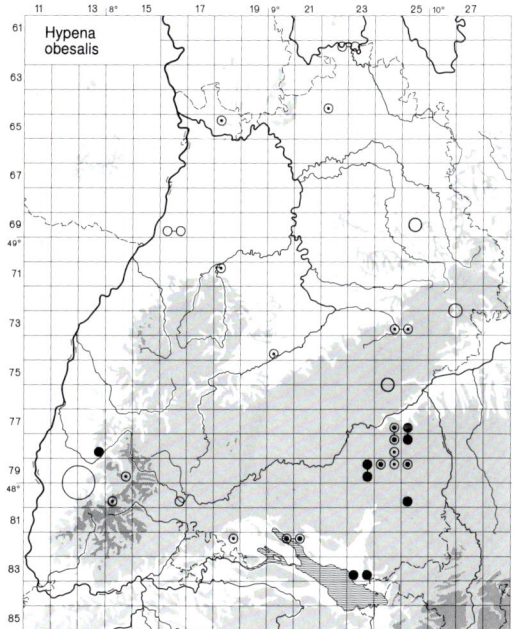

weitere aus dem Osten und Süden unseres Untersuchungsgebietes können nicht mehr bestätigt werden. Vermutlich hat es sich dabei um wandernde Tiere gehandelt. Wären es Vertreter bodenständiger Populationen gewesen, müßten diese als ausgestorben oder verschollen betrachtet werden:

Oberrheinebene und Randgebiete: Schriesheim, 19.6.1931 (ROELL 1938); Karlsruhe, Freiburg (REUTTI 1898); Karlsruhe: Wildpark (17.9.1882. M. DAUB; Karlsruhe: »Von mir einmal am 13.September 1898 in meiner Wohnung [Karlsruhe-Stadtgebiet] gefunden« (GAUCKLER 1909).
Neckar-Tauberland: Wertheim (REUTTI 1898); Hettingen, 8.1922 (A. GREMMINGER); Pforzheim (Stadtrand), 18.6.1938 (K. STROBEL); Bühlertann, 8.6.1954 (E. LANGER); Hüfingen (REUTTI 1898); Tübingen (Bahnhofsnähe), 24.5.1924 (H. KAUFMANN).
Schwarzwald: Pforzheim (Hoheneck, Erzkopf) 20.5.1912 (H. ROMETSCH); Höllental, 14.8.1922 (O. SCHRÖDER), Wildgutach, 5.6.1937 (A. FEHRENBACH).
Schwäbische Alb: Geislingen (Steige), 17.6.1950 (H. SCHABEL); Schelklingen, 13.5.1966 (G. BAISCH).

Fundorte, an denen *H. obesalis* noch nach 1970 festgestellt wurde:

Schwarzwald: Kollnau (Prozeßbühl), 1983 (A. SCHNEIDER).

Alpenvorland: Baustetten (Osterried), 26.5.1979 (F. HOHENSTEINER); Federseemoor, 14.8.1971 (G. BAISCH); Wurzacher Ried, 10.6.1977 (J.U. MEINEKE); Langenargen-Oberdorf (Tettnanger Wald), 29.5.1973 und 25.5.1975 (T. MARKTANNER).

Über ein Wanderverhalten dieser Art in unserem Untersuchungsgebiet ist nichts Näheres bekannt, kann aber aus den hier aufgelisteten Funden abgeleitet werden. In nördlichen Gebieten ist *H. obesalis* verschiedentlich als Migrant festgestellt worden, so z.B. in England, wo bisher drei Exemplare gefunden wurden (1908, 1969 und 1973, vgl. HEATH & EMMET 1983), oder in Dänemark (1911) und Finnland (1932), vgl. SKOU (1991).

Vertikal: *Hypena obesalis* konnte von der Ebene bis ins untere Bergland festgestellt werden. Die meisten Nachweise stammen aus dem submontanen Bereich und beziehen sich auf Fundorte in Oberschwaben.

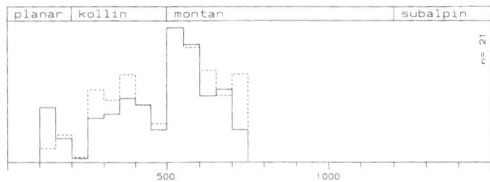

Phänologie

Imagines: »Flugzeit in 1 Generation von Ende Juli – überwinternd – bis Anfang Juni« (FORSTER 1971). Ähnliche Einschätzungen finden sich bei BERGMANN (1954), KOCH (1958) und HEINICKE & NAUMANN (1980–1982). Dahingehend können auch die wenigen uns vorliegenden Daten aus Baden-Württemberg interpretiert werden. Allerdings fehlen Beobachtungen überwinternder Falter zwischen Oktober und Anfang Mai.

Zwar konnte die Art in allen fünf Hauptnaturräumen festgestellt werden, jedoch nur aus Oberschwaben liegen imaginalphänologisch verwertbare Datenmengen vor. Der früheste Nachweis datiert vom 7. Mai (1962, Biberach, Ölweiher, G. BAISCH), der späteste aus diesem Naturraum stammt vom 10. Juni (1977, Wurzacher Ried, 1 ♂, J.U. MEINEKE). Der erste Falter der Nachfolgegeneration konnte am 23. Juli (1935, Dürnachtal, G. REICH) registriert werden. Am häufigsten sind die Nachweise dann im August. Nach dem 29. September (1963, Ringschnait, WÖHRLE, coll. W. STAIB) liegen keine Meldungen mehr vor.

Aus dem Neckar-Tauberland und von der Schwäbischen Alb erreichen uns nur Meldungen zwischen Mitte Mai und Mitte Juni. Eine einzige genau datierte Meldung aus dem Schwarzwald stammt vom 14. August (1922, Höllental, A. GREMMINGER). Aus der Oberrheinebene bzw. ihren Randbereichen wurden Tiere vom 19. Juni (1931, Schriesheim, A. GREMMINGER) und 17. September (1882, Karlsruhe, Wildpark, M. DAUB) nachgewiesen.

Präimaginalstadien: Hierzu liegen keine Beobachtungen aus Baden-Württemberg vor.

Ökologie

Lebensraum: Die spärlichen Funde von *Hypena obesalis* stammen zum Großteil aus dem Siedlungsbereich. G. REICH (Aufzeichnungen 1910–1965) notierte »nicht selten um Häuser wo Brennessel.« K. STROBEL fand ein Exemplar in der Wohnung. T. MARKTANNER fand die Art in einem Areal mit Obstgärten und Grünland, ferner trat sie verschiedentlich in Wäldern auf. Bei seinen Untersuchungen über die Großschmetterlingsfauna der Verlandungsmoore des württembergischen Alpenvorlandes konnte MEINEKE (1982) sie in stark gestörten Hochmooren feststellen. Auch G. BAISCH teilte Nachweise aus diesem Biotoptyp mit.

Nahrung der Raupe: Aus unserem Gebiet wurden keine Raupennahrungspflanzen der Art bekannt. BERGMANN (1954) klopfte die Raupen in Tirol massenhaft von *Urtica dioica*.

Nahrung des Falters: Zur Nahrungsaufnahme des Falters liegen aus unserem Faunengebiet keinerlei Angaben vor. Nach BERGMANN (1954) kommt er an den Köder.

Habitat: Aus Baden-Württemberg ist uns über das Habitat von *Hypena obesalis* nichts bekannt. BERGMANN (1954) bezeichnet sie als »Leitart von Brennesselhorsten an kurz besonnten, feuchten bis nassen steinigen Böschungen und Abraumstellen in waldumrahmten Wiesentälern der Ge-

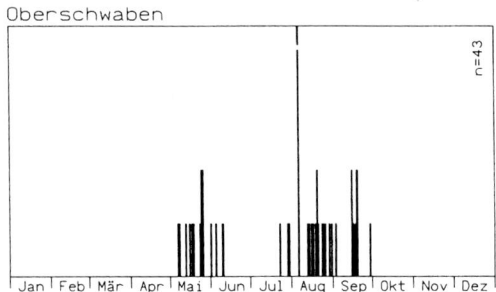

Die Raupe gleicht in Färbung und Habitus der von *H. proboscidalis*, es gibt jedoch Unterschiede in der Zeichnung. In Baden-Württemberg ist sie noch nicht gefunden worden. – Südtirol, Naturns (ex ovo-Zucht) 6.91 K. Freytag. S.

birgslandschaften.« Das Habitat ist an inneren und äußeren Rändern der verschiedensten Waldgesellschaften von der montanen Stufe an, in entsprechenden Schlagfluren und Vorwäldern aber auch in Ruderalfluren frischer und stickstoffreicher Standorte zu suchen.

Verhalten: O. Schröder (nach Kartei A. Gremminger) berichtete, daß die Falter aufgescheucht sehr schnell ins Nadelholzdickicht flögen und schwer zu fangen seien. Sie kommen gerne ans Licht.

Die Raupen sollen gesellig an Brennesseln leben und seien besonders abends zu klopfen (Vorbrodt 1911, Bergmann 1954, Forster 1971). Sie verpuppen sich nach Forster (l. c.) in zusammengesponnenen Blättern.

Gefährdung und Schutz

Rote Liste Bundesrepublik: –
Rote Liste Baden-Württemberg: 3

Oberrheinebene: Nicht bodenständig.
Schwarzwald: Nicht bodenständig.
Neckar-Tauberland: Nicht bodenständig.
Schwäbische Alb: Nicht bodenständig.
Oberschwaben: Gefährdet (regional bereits ausgestorben oder verschollen).

• In Baden-Württemberg gefährdet!

Die Einstufung dieser Art in die Kategorie »gefährdet« resultiert aus der Tatsache, daß sie in Oberschwaben, wo sie zumindest über einen längeren Zeitraum hinweg regelmäßig festgestellt und als bodenständig betrachtet wurde, heute kaum noch gefunden wird. Auch von den alten Fundorten außerhalb des Alpenvorlandes liegen keine neueren Meldungen mehr vor. Der letzte uns bekannte Nachweis überhaupt stammt aus dem Jahr 1983 (s. o.).

Um Aufschluß über ihr Wanderverhalten, vielleicht sogar über ihre zeitweilige(?) Bodenständigkeit zu erhalten, sollte dieser Art in unserem Untersuchungsgebiet zukünftig größere Aufmerksamkeit zuteil werden.

Hypena crassalis
(Fabricius, 1787)

Heidelbeer-Schnabeleule

Bomolocha fontis Thnbg. (Reutti 1898, Lampert 1907, Warren in Seitz 1909–1914, Spuler 1908–1910, Rebel 1910, Eckstein 1913–1923, Hering 1932, Schneider 1936–1939, Bergmann 1951–1955, Koch 1954–1961, 1984)
Bomolocha crassalis F. (Stresemann 1969, Forster 1954–1981)

Gesamtverbreitung: Die Verbreitung dehnt sich von den Pyrenäen, Mittelitalien und Bosnien bis zum Südrand des Kaukasus aus. Südlich dieser Linie scheint die Art zu fehlen. Die Arealnordgrenze verläuft von Irland über Südnorwegen bis Karelien.

Verbreitung

Regional: Die Verbreitung von *Hypena crassalis* zerfällt in Baden-Württemberg in mehrere Teilareale. Das größte und wohl am dichtesten besiedelte ist der Schwarzwald in seiner ganzen Ausdehnung. Ein zweites umfaßt das Alpenvorland vom nördlichen Oberschwaben bis zum Westallgäuer Hügelland und Bodenseebecken. Das dritte ist auf den Südlichen Odenwald und den Sandstein-Odenwald beschränkt; hinzuzurechnen ist auch noch das Vorkommen im Sandstein-Spessart bei Freudenberg. Die dazwischen liegenden Muschelkalk- und Juralandschaften werden dagegen weitgehend gemieden. So fehlen im Norden Nachweise aus dem Tauberland, Bauland, den Kocher-Jagst-Ebenen und dem Kraichgau, im Süden aus dem Hegau, der Baar und dem Alb-Wutach-Gebiet. Die Schwäbische Alb ist in ihrer ganzen Ausdehnung unbesiedelt geblieben, lediglich am Nordrand der Mittleren Kuppenalb ist *H. crassalis* einmal an einer Stelle in einem einzigen Exemplar gefangen worden (Deggingen, 9.7.1992, M. Meier). Ähnliches gilt für die Landschaft der Oberen Gäue, wo ein Einzelfund

(Nagold-Schietingen, 6.7.1985, N. HIRNEISEN/A. STEINER) an der geologischen Nahtstelle Buntsandstein/Muschelkalk erfolgte.

Zum Vorkommen auf der Schwäbischen Alb vermerkt SCHNEIDER (1938): »... soweit die Heidelbeere dort vorkommt von mir auch im lichten Buchenwald festgestellt.« Für diese Aussage gibt es jedoch keine überprüfbaren Nachweise. Auf der Alb sind nur wenige, meist ältere Standorte der Heidelbeere bekannt; zumeist befinden sie sich auf der Ostalb oder mehr randlich im Südwesten dieses Naturraumes. Bei Deggingen fehlen sie z. B. vollständig (vgl. PHILIPPI 1990). SCHNEIDER hätte *H. crassalis* also dort finden müssen oder neue Heidelbeer-Standorte entdeckt, die den Botanikern unbekannt geblieben wären – beides wenig wahrscheinlich. In der Keuperlandschaft der Schwäbisch-Fränkischen Waldberge kommt diese Schmetterlingsart dagegen wieder vor, ebenso im Schönbuch und im Albvorland. So gibt es beispielsweise Meldungen aus Göppingen (1989, 1993, K. FREYTAG), wo auch die Heidelbeere auf dem Braunen Jura β ihre Standorte hat (vgl. GRADMANN 1898). Aus dem Neckarbecken (Markgröningen, 1933, O. WITZ; Kornwestheim, 1896, coll. v.SCHULER) existieren nur zwei alte, unbestätigt gebliebene Meldungen. Auch das Oberrheinische Tiefland (wo *Vaccinium myrtillus* rechtsrheinisch weitgehend fehlt) wird von dieser Art gemieden. Bei wenigen Einzelfunden im Raum Heidelberg und Karlsruhe-Rastatt könnte es sich um verflogene Tiere handeln.

Auch die Heidelbeer-Schnabeleule (*Hypena crassalis*) kann recht variabel gezeichnet und sowohl heller als auch dunkler gefärbt sein. Am breiten, spitz zur Flügelbasis hin verlaufenden Mittelfeld ist sie jedoch immer gut zu erkennen. – Tübingen, Spitzberg 17.5.90 A. STEINER. LF.

Vertikal: *Hypena crassalis* ist in Baden-Württemberg hauptsächlich in der unteren montanen Stufe verbreitet, kommt aber von der Ebene bis in den subalpinen Bereich vor. Als höchste Fundstelle ist die Umgebung der Todtnauer Hütte am Feldberg nachgewiesen (1350 m, J. ASAL).

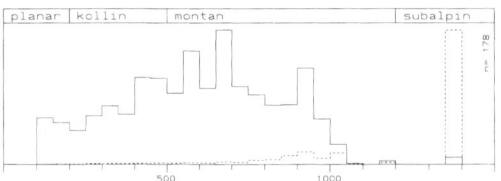

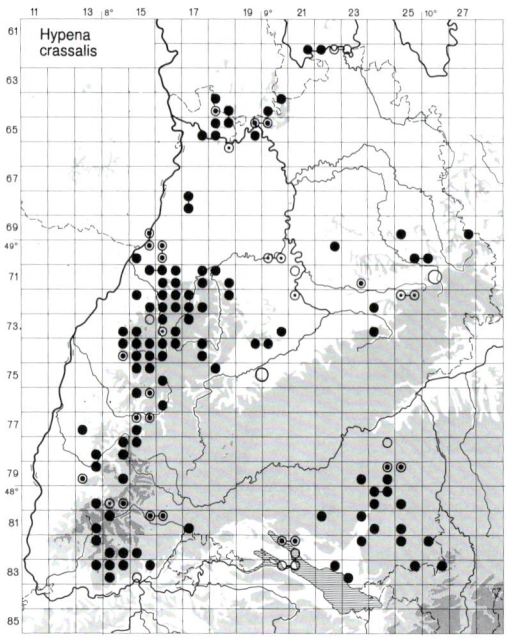

Phänologie

Imagines: Die früheste Meldung kommt aus dem Verbreitungsschwerpunkt Schwarzwald und datiert vom 12. Mai (1949, Hinterzarten, A. GREMMINGER), die späteste stammt aus dem Bodenseebecken (22. August 1954, Überlingen, E. COMMERELL). Als Hauptflugzeit tritt im Schwarzwald der Monat Juli hervor. Im Neckar-Tauberland und in Oberschwaben läßt sich ein Maximum weniger klar ausmachen, scheint jedoch eher etwas früher zu liegen (Wende Juni/Juli).

Präimaginalstadien: A. STEINER fand am 19. September (1993, Dobel, Brenntenwald) 8 halb- bis ganz erwachsene Raupen. Weitere, genau protokollierte Raupenfunddaten liegen nicht vor. Die Puppe überwintert, gelegentlich auch die erwachsene Raupe (KOCH 1984).

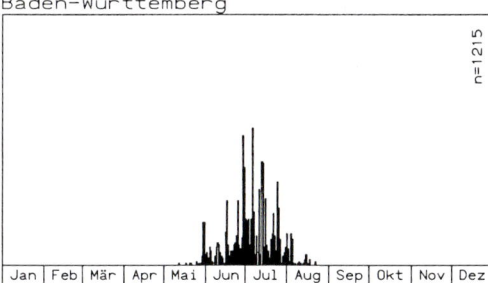

Ökologie

Lebensraum: Der größte Teil der Falterbeobachtungen stammt aus Wäldern. Besiedelt werden Laub-, Misch- und Nadelwälder, in der Regel solche mit Heidelbeerbeständen. Die Falter sind sowohl im Inneren der Bestände als auch an den inneren und äußeren Waldrändern zu finden. Bei vergleichenden Lichtfängen in den Mooren Oberschwabens stellte MEINEKE (1982) eine Präferenz für Spirken-Waldhochmoor fest. Mitunter werden auch Falter im Siedlungsbereich angetroffen.

Nahrung der Raupe:
Vaccinium myrtillus – Heidelbeere
  4 L (GAU, LIE, STN, WEG)

Aus unserem Gebiet sind nur Raupenfunde an Heidelbeere belegt.

HERING (1881) meldet solche aus Pommern auch an *Calluna vulgaris* und *Urtica dioica*. Für Großbritannien gibt ALLAN (1949) außerdem *Erica tetralix* und *E. cinerea* an. Aus Finnland wird neben Heidelbeere auch *Vaccinium uliginosum* gemeldet (SEPPÄNEN 1970).

Nahrung des Falters: Die Falter kommen an den Köder. A. STEINER beobachtete ein Exemplar, das einen Regentropfen von einem *Juncus*-Halm saugte. M. MEIER/A. STEINER sahen einen Falter in der Dämmerung an Brombeerblüten saugen.

Habitat: Das Habitat der Art sind Wälder mit Heidelbeerbeständen. So stammen die Raupenfunde von A. STEINER aus einem den Vaccinio-Piceetea zuzuordnenden Fichten-Tannenwald mit Unterwuchs aus Heidelbeere, Heidekraut und Farnen. Die Bestände der Nahrungspflanze waren gut beschattet und wuchsen z. T. nordexponiert, kühl, auf frischen bis feuchten Standorten. Außer den Fichtenwäldern der Hochlagen kommen auch Wälder z. B. der Verbände Luzulo-Fagion und Quercion robori-petraeae als Habitat in Frage.

Verhalten: Die Imagines sind dämmerungs- und nachtaktiv, lassen sich aber auch bei Tage leicht aufscheuchen. Sie kommen gerne ans Licht.

Mit Beginn der Dämmerung kreist der Falter über der Nahrungspflanze (BRETHERTON, GOATER & LORIMER 1983).

Gefährdung und Schutz

Rote Liste Bundesrepublik: –
Rote Liste Baden-Württemberg: –

Oberrheinebene: Nicht vertreten.
Schwarzwald: Nicht gefährdet.
Neckar-Tauberland: Nicht gefährdet.
Schwäbische Alb: Nicht vertreten.
Oberschwaben: Nicht gefährdet.

• In Baden-Württemberg nicht gefährdet!

Die einfarbig grüne, schwach behaarte Raupe wurde in Baden-Württemberg bisher nur an Heidelbeere festgestellt, ihrer hier wahrscheinlich einzigen Nahrungspflanze. Dies macht auch die regionale Verbreitung deutlich: In den Jura- und Muschelkalklandschaften fehlt mit dieser Pflanze auch die Heidelbeer-Schnabeleule. – Nordschwarzwald, Dobel 19.9.93 A. STEINER.

Phytometra viridaria
(Clerck, 1759)

Kreuzblumen-Bunteulchen

Prothymnia viridaria CL. (REUTTI 1898, LAMPERT 1907, REBEL 1910, SCHNEIDER 1936–1939)
Prothymia viridaria CL. (WARREN in SEITZ 1909–1914, SPULER 1908–1910, ECKSTEIN 1913–1923, HERING 1932, BERGMANN 1951–1955, KOCH 1954–1961, 1984)

Gesamtverbreitung: Im Süden vom Mittleren Atlas in Marokko durch die Iberische Halbinsel, Südfrankreich, Italien, über die Adriatische Küste, den südlichen Balkan bis zum Kaukasus. Im Osten wird Mittel- und Ostasien erreicht. Die Art ist aus allen europäischen Ländern bekannt. Im Norden dringt sie bis Mittelschottland und zur Ostküste Schwedens vor.

Das Kreuzblumen-Bunteulchen (*Phytometra viridaria*) ist verschiedentlich schon von ungeübten Naturbeobachtern mit tagfliegenden Zünslern aus der Verwandtschaft der *Pyrausta*-Arten verwechselt worden, die ähnlich klein und bunt sind und sich bei Tage in der niedrigen, krautreichen Vegetation aufhalten. – Feldberg 11.7.95 A. SCHANOWSKI.

Verbreitung

Regional: Das Kreuzblumen-Bunteulchen kommt in allen Hauptnaturräumen Baden-Württembergs vor, seine flächenhafte Verbreitung ist allerdings sehr unterschiedlich ausgeprägt. Die an Kalkmagerrasen angepaßten Populationen haben z. B. im Tauberland und auf der Schwäbischen Alb eine relativ hohe Besiedlungsdichte erreicht. Sie können dort auch heute noch an vielen Fundstellen nachgewiesen werden. Die Populationen der Moorwiesen des Alpenvorlandes findet man vor allem noch im Westallgäuer Hügelland, während sie im nördlichen Oberschwaben stark aufgelockert erscheinen und in einer rückläufigen Bestandsentwicklung begriffen sind.

In den übrigen Naturräumen kommt *P. viridaria* dagegen mehr zerstreut vor, so z. B. in der Oberrheinebene, hier vor allem an einzelnen Abschnitten der Hochwasserdämme, an trockenwarmen Stellen der Markgräfler Rheinebene und im Kaiserstuhl. Einige dieser Vorkommen, insbesondere in der nördlichen Oberrheinebene, sind inzwischen den veränderten Bewirtschaftungsmethoden im Agrarland und Grünlandbereich zum Opfer gefallen. Auch im Kraichgau und am Mittleren Neckar zeigen nicht mehr bestätigte Fund-

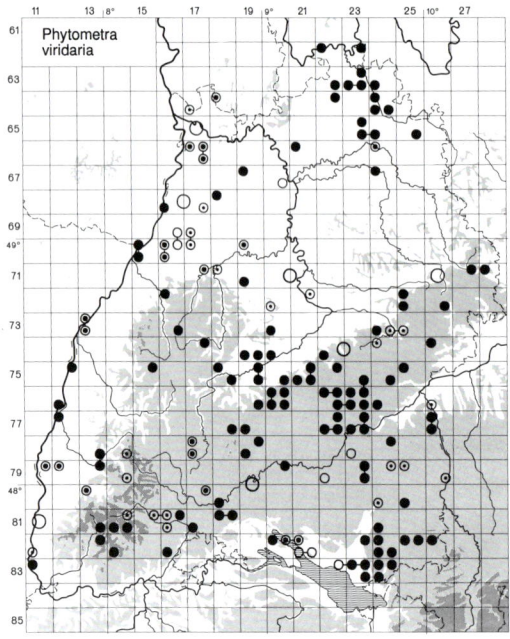

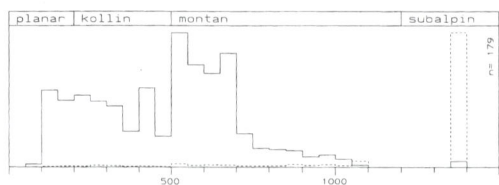

orte die Arealverinselung an. Im Schwarzwald dürfte die Art nur in den Silikatmagerrasen der höheren Lagen, wenigstens stellenweise, noch ungefährdet sein; eine große Besiedlungsdichte in diesem Naturraum konnte allerdings auch früher nicht nachgewiesen werden. In den Schwäbisch-Fränkischen Waldbergen scheint sie völlig zu fehlen. Etwas besser stellt sich die Situation im nördlichen Teil der Oberen Gäue sowie im angrenzenden Albvorland und Schönbuch dar. Hier kann die Art noch auf Magerrasen und warmen, sonnigen Laubwaldlichtungen beobachtet werden.

Vertikal: *Phytometra viridaria* kommt von der Ebene bis in den subalpinen Bereich vor. Ihre größte Besiedlungsdichte erreicht sie bei uns in der kollinen und submontanen Höhenstufe.

Phänologie

Imagines: Deutlich sind den Diagrammen aller fünf Hauptnaturräume je zwei mehr oder weniger gleichwertige Generationen zu entnehmen. In der Oberrheinebene scheint die 2. Gen. sogar stärker repräsentiert zu sein. Als Flugzeit der 1. Gen. ist hier und im Neckar-Tauberland die Zeitspanne von Anfang Mai bis Anfang/Mitte Juni anzusehen. Frühe Einzeltierbeobachtungen datieren bereits ab dem 18. April (1924, Kaiserstuhl, Bickensohl, A. GREMMINGER; 1933, Pforzheim, M. WALLNER). Die 2. Gen. beginnt Ende Juni und ist noch bis Mitte August anzutreffen. Letzte Nachweise: 19. August (1971, Leopoldshafen, Rheindamm, G. EBERT/H. FALKNER), 25. August (1989, Künzelsau, Garnberg, A. BECHER/ F. KIRSCH). Durch den späteren Flugzeitbeginn etwas stärker komprimiert erscheinen die Diagramme der anderen drei Hauptnaturräume. Immer ist jedoch der Einschnitt in der zweiten Junihälfte deutlich zu erkennen, ehe die 2. Gen. ab Anfang Juli in Erscheinung tritt. Die spätesten Nachweise stammen vom Schwarzwald (8. September 1980, Murgtal, Hörden, 2 Falter, R. HERRMANN) und der Schwäbischen Alb (12. September 1989, Seeburg, G. BAISCH).

Präimaginalstadien: Raupenfundmeldungen liegen aus Baden-Württemberg nicht vor. »Die Puppe überwintert« (FORSTER 1971).

Ökologie

Lebensraum: Falterbeobachtungen stammen aus sonnigen, trockenen bis feuchten Wiesen sowie von Hochwasserdämmen. Eine solche liegt z. B. aus einem Trockenrasen des NSG Taubergießen (A. SCHANOWSKI) vor, ferner werden eine Reihe von Funden aus Halbtrockenrasen (Kaiserstuhl, Neckar-Tauberland) gemeldet. Als Beispiele für feuchte Grünlandgesellschaften seien die ehemaligen Kohldistelwiesen der Faulen Waag (L. SETTELE, Lichtfang) oder aus dem Raum Wangen

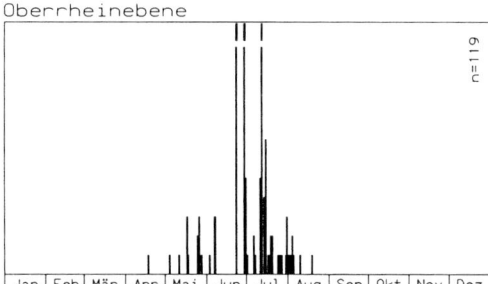

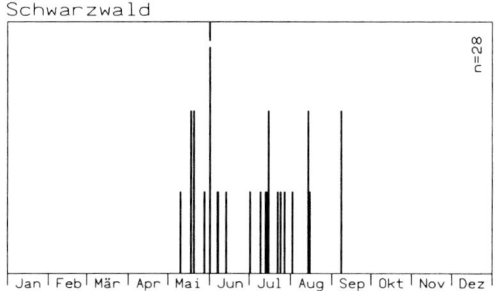

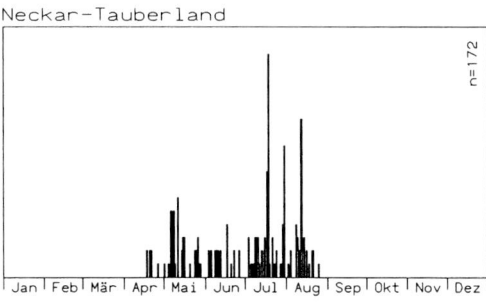

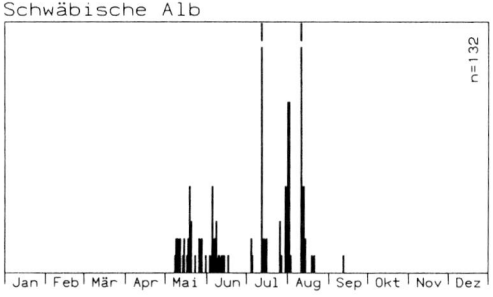

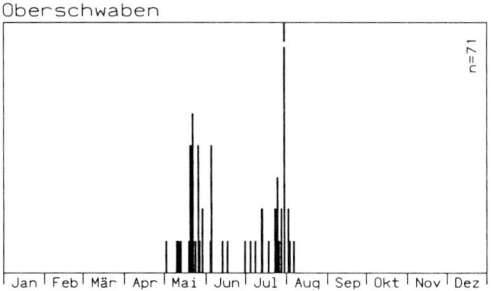

eine »sumpfige, leicht geneigte Wiese mit Binsen« (H. HEIDEMANN, Beobachtung am Tage) genannt. Im Juli 1995 waren wiederholt Falter in den Borstgrasrasen in der Nähe des Feldberg- und des Seebuckgipfels in Bereichen mit reichlich entwickelten *Polygala vulgaris*-Beständen zu beobachten (A. SCHANOWSKI). Auch mehr oder weniger verbuschte Lebensräume wie Wacholderheiden (G. EBERT, H. HEIDEMANN, B. TRAUB u. a.), Steppenheiden (A. STEINER), lückige Sanddorngebüsche am südlichen Oberrhein (R. HERRMANN) oder lichte, trockenwarme Wälder bzw. deren Ränder (R. TRABOLD: »Diptamwald« bei Dertingen) werden besiedelt. Selbst auf Lichtungen oder Schlägen in Nadelwäldern treten Falter auf (N. HIRNEISEN/C. KUON/A. STEINER).

Nahrung der Raupe:
Polygala vulgaris – Gewöhnliche Kreuzblume
L (DIQ, GAU)

DISQUÉ (nach REUTTI 1898) fand Raupen dieser Art an *Polygala vulgaris*, wobei unklar bleibt ob dies auf der badischen oder pfälzischen Rheinseite war. GAUCKLER (1909) nannte dieselbe Nahrungspflanze. Eventuell bezog auch er sich auf DISQUÉ.

Angeblich lebt die Raupe in Großbritannien auch an *Pedicularis sylvatica* (Wald-Läusekraut) (ALLAN 1949).

Nahrung des Falters: Aus Baden-Württemberg liegen bisher nur zwei Beobachtungen des Falters beim Blütenbesuch vor und zwar an Berg-Gamander (*Teucrium montanum*) (A. SCHANOWSKI) und Taubenskabiose (*Scabiosa columbaria*) (G. EBERT).

Habitat: Als Habitat von *Phytometra viridaria* kommen Grünlandgesellschaften mit *Polygala vulgaris* in Frage. Diese ist in Borstgrasrasen (Violion, Nardion) sowie in mageren, saueren Mesobromion-, Arrhenatheretalia- und Molinietalia-Gesellschaften zuhause. Es ist davon auszugehen, daß auch *Polygala comosa* genutzt wird, somit auch Kalkmagerrasen zum Habitat der Art zählen. Genauere Untersuchungen stehen noch aus.

Verhalten: Die Raupen ruhen bei Tage an den Stengeln der Nahrungspflanze. Sie lassen sich sofort fallen, wenn sie gestört werden. Die Verpuppung erfolgt in einem festen Kokon zwischen den Blättern der Nahrungspflanze oder auf der Erde. Die Falter sind tagaktiv. Sie fliegen meist nur kurze Strecken und setzen sich gerne auf offene Bodenstellen (BRETHERTON, GOATER & LORIMER 1983).

Die Raupe lebt ausschließlich an Kreuzblumen-Arten. In der Ruhe schmiegt sie sich an den Pflanzenstengel an, dem sie auffallend ähnlich ist. Ihre Bewegung ist spannerartig, was auf die fehlenden ersten beiden Bauchfußpaare zurückzuführen ist. Beim Habitat von *P. viridaria* kann es sich, je nach Standort, um Kalkmagerrasen und magere Wiesen mit ihren Saumgesellschaften, aber auch um Moorwiesen, in den höheren Lagen des Schwarzwaldes um Silikatmagerrasen handeln. Immer jedoch ist die Raupennahrungspflanze (*Polygala* spec.) vorhanden, von der sich die Falter nie weit entfernen. – Blumberg (ex ovo-Zucht) 23.6.94 H. LUSSI. S.

Gefährdung und Schutz

Rote Liste Bundesrepublik: V
Rote Liste Baden-Württemberg: V

Oberrheinebene: Art der Vorwarnliste (regional bereits ausgestorben oder verschollen).
Schwarzwald: Art der Vorwarnliste.
Neckar-Tauberland: Art der Vorwarnliste (regional bereits ausgestorben oder verschollen).
Schwäbische Alb: Nicht gefährdet.
Oberschwaben: Art der Vorwarnliste (regional bereits ausgestorben oder verschollen).

• In Baden-Württemberg eine Art der Vorwarnliste!

Auf die in Baden-Württemberg drohende bzw. in einigen Landesteilen sich bereits deutlich abzeichnende Arealverinselung dieser Art ist bereits im Kapitel Verbreitung hingewiesen worden. Aus diesem Grunde folgen wir der bundesweiten Einschätzung und setzen *Phytometra viridaria* ebenfalls auf die Vorwarnliste. Zu empfehlende Schutzmaßnahmen sind die Erhaltung von Standorten der Schopfigen und Gewöhnlichen Kreuzblume, nicht nur in Kalk- und Silikatmagerrasen oder auf Moorwiesen, sondern auch in der Feldflur auf sogenannten »Ödflächen«, einschließlich breiter, herbizidfreier Wegränder, Wiesenböschungen und Ackerrandstreifen, die als Lebensraum auch für das Kreuzblumen-Bunteulchen durchaus geeignet sein können. Sie werden im übrigen als Trittsteine eines Biotopverbundsystems für eine Reihe von Schmetterlingsarten dringend benötigt.

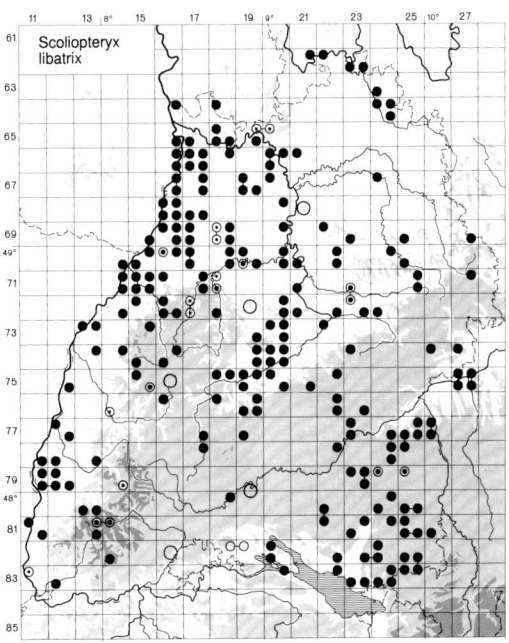

Scoliopteryginae

Von Arno Schanowski, Günter Ebert, Axel Hofmann und Axel Steiner[1]

Die beiden Arten der Gattung *Scoliopteryx* werden von manchen Autoren als eigene Unterfamilie aufgefaßt (Merževskaja 1989, Fibiger & Hacker 1991). In Europa kommt eine Art vor.

Scoliopteryx libatrix
(Linnaeus, 1758)

Zackeneule

Gesamtverbreitung: Eine holarktisch verbreitete Art, die in der Nearktis von Kanada bis Virginia und New Mexico vorkommt. In der Paläarktis von Nordafrika durch das gesamte Europa bis fast zum Polarkreis. Östlich bis Vorder- und Zentralasien, Korea und Japan.

Verbreitung

Regional: Die Zackeneule *(Scoliopteryx libatrix)* ist durch ganz Baden-Württemberg verbreitet. Sie kann mit keiner anderen heimischen Schmetterlingsart verwechselt werden und fällt vor allem dann auf, wenn sie im Herbst entweder natürliche oder künstliche Höhlen aufsucht, um hier

[1] Bearbeitungsmodus wie bei den Herminiinae

zu überwintern. Bei solchen Gelegenheiten ist sie schon oft registriert worden.

Die Nachweise, die sich daraus, aus zahlreichen Lichtfängen, aber auch durch Raupenfunde ergaben, zeigen eine weite, in einzelnen Naturräumen sogar sehr dichte Besiedlung an. Dies gilt vor allem für die nördliche und südliche Oberrheinebene, den gesamten Neckarraum und das Alpenvorland einschließlich dem Bodenseebekken. Hier sind die dieser Art zusagenden feuchten, laubholzreichen Lebensräume, insbesondere in Fluß- und Bachtälern, an Teich- und Seeufern, in Mooren usw. noch reichlich vorhanden. Vergleichsweise spärlich sind hingegen die Meldungen aus Trockenräumen wie den Jura- und Muschelkalklandschaften. Auch hier siedelt *S. libatrix* meist an stehenden oder fließenden Gewässern.

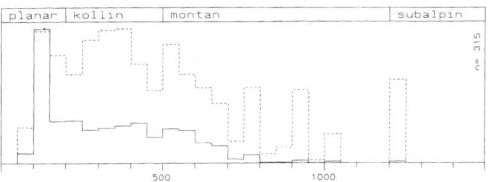

Vertikal: Aufgrund der Lebensweise dieser Art liegt der Schwerpunkt ihrer vertikalen Verbreitung in der planaren und kollinen Stufe. Mit zunehmender Höhe werden die Nachweise deut-

Die Zackeneule (*Scoliopteryx libatrix*), verschiedentlich auch »Zimteule« genannt, hat ein unverwechselbares Aussehen. Der Falter fällt allerdings erst dann auf, wenn er im Spätherbst in Höhlen, Tunnels usw., vor allem aber in Häuser eindringt, um hier zu überwintern. – Ammerbuch-Breitenholz (ex larva-Zucht) 27.9.84 A. STEINER. S.

lich geringer. Aus der subalpinen Stufe liegt nur noch eine Meldung vor (Schauinsland oberhalb 1200 m, R. HERRMANN).

Phänologie

Imagines: *Scoliopteryx libatrix* bringt jedes Jahr zwei Generationen hervor. Überwinternde Falter werden von Januar bis Mai, gehäuft ab Ende April beobachtet, die durch frische Tiere gut belegte Nachfolgegeneration (1.Gen.) von Ende Juni ab; frische Tiere treten erneut im Spätsommer auf (2.Gen.), die dann wieder als Überwinterer registriert werden. Ob sie alleine die Überwinterer bilden oder ob auch langlebige Falter der 1.Gen. daran beteiligt sind, ist noch zu klären.

Mehr als ein Dutzend überwinternder Falter (»auffallend frisch«) notierten U. u. K. RATZEL am 27. Dezember 1991 in einem unterirdischen Bunker bei Eggenstein. Beobachtungen hibernierender Falter an geschützten Lokalitäten werden uns von zahlreichen Mitarbeitern zwischen November und März gemeldet. Sie treten in unserem Diagramm zweimal gehäuft in Erscheinung und täuschen im Imaginalphänogramm auf diese Weise eine frühe Generation von Mitte März bis Ende Mai/Anfang Juni vor.

Schwierig bleibt die Interpretation der fast kontinuierlichen Faltermeldungen ab Ende Juli. Die Langlebigkeit der überwinternden Falter suggeriert mehr Generationszyklen pro Jahr, als wirklich durchlaufen werden. Andererseits überlagern sich durch die Langlebigkeit der Falter die Generationen im Sommer so stark, daß eine klare Trennung kaum möglich erscheint. Nimmt man die Raupenmeldungen zu Hilfe, zeichnet sich ein etwas konkreteres Bild ab.

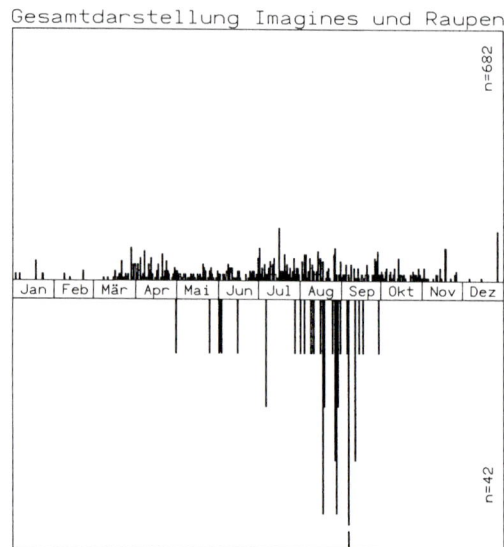

Präimaginalstadien: Die Häufungen und zeitliche Einordnung der Raupenfunde sind dem kombinierten Phänogramm zu entnehmen. Meldungen der 1.Gen. erreichen uns ab dem 30. April (1993, Plittersdorf, C. KÖPPEL). Bis Mitte Juni handelt es sich um Nachweise dieser Generation. Die wenigen Funde Anfang Juli sind ohne weitere Kenntnis keiner der beiden Generationen zuzuordnen. Von Ende Juli/Anfang August bis Ende September (29.9.1967, Karlsruhe, W. WEISSIG) dürften sich alle Beobachtungen auf Raupen der 2.Gen. beziehen.

Ökologie

Lebensraum: *Scoliopteryx libatrix* wird in Laubwäldern und Laub-Nadelmischwäldern mit Pappel- und Weidenbeständen sowie an deren Rändern gefunden. Sie lebt ferner in Bachtälern mit

Weidengebüschen sowie regelmäßig in älteren, in Sukzession (Vorwaldstadien) befindlichen Bereichen von Steinbrüchen oder Kiesgruben. Nur selten tritt sie in trockenwarmen Lebensräumen auf. MEINEKE (1982) fand sie in den Moorgebieten Oberschwabens in allen untersuchten Biotoptypen, mit Schwerpunkt in stark gestörten Hochmooren mit *Calluna-Molinia*-Moorbirken-Flächen, Waldkiefer-Birken-Wäldern und sekundären Bruchwäldern. Im Herbst und Winter sind die Falter in Höhlen, alten Bergwerken, Bunkern, Gebäuden oder unter Brücken anzutreffen. Die Raupen werden auch in Hausgärten, Parks und auf Friedhöfen gefunden.

Nahrung der Raupe:
Populus alba – Silber-Pappel
  L (SCÄ)
Populus tremula – Zitter-Pappel
  L (KÖP, RAM, STN)
Populus x canadensis – Kanadische Pappel
  L (BAR)
Populus spec. – Pappel-Art
  L, P (HEI, LUS, SCR, STN, WEI)
Salix x rubens – Bruchweiden-Bastard
  L (KÖP, SCH)
Salix alba – Silber-Weide
  L (KÖP)
Salix alba ssp. *vitellina* – Dotter-Weide
  P (STN)
Salix triandra – Mandel-Weide
  L (SCH)
Salix viminalis – Korb-Weide
  L (SCH)
Salix daphnoides – Reif-Weide
  L (BAR)
Salix purpurea – Purpur-Weide
  L (BAR)
Salix rosmarinifolia – Rosmarin-Weide
  L (BAR)
Salix aurita – Ohr-Weide
  L (BAR)
Salix cinerea – Grau-Weide
  L (EBE/ECK)
Salix caprea – Sal-Weide
  L, P (BAR, BCK, HEI, MAR, RAZ, SCB, SCN, STN)
Salix spec. – Weide
  L, P (BAR, BEN, FRY, GRE, KIN, KÖP, SCB, SCÄ)
Betula pubescens – Moor-Birke
  L (MEI)

Aus der großen Zahl der Beobachtungen an *Salix caprea* sollte nicht unbedingt auf eine Bevorzu-

Hohe Luftfeuchtigkeit wie z. B. in einem alten Westwall-Bunker bei Eggenstein ist für eine verlustlose Überwinterung unabdingbare Voraussetzung. Den Faltern macht es dabei überhaupt nichts aus, wenn sie von Wassertröpfchen bedeckt werden. Dagegen wurde beobachtet, daß sie trockene Kellerräume sehr schnell wieder verlassen. – 27.12.91 U. RATZEL.

gung dieser Weidenart geschlossen werden. Vielmehr ist diese besonders häufig, weit verbreitet und erfreut sich großer Bekanntheit und Beliebtheit bei den Entomologen. Die bereits relativ umfangreiche Liste ließe sich sicherlich noch um die eine oder andere Weiden- oder Pappelart erweitern. Da *S. libatrix* sich auch in Grünanlagen und Gärten ansiedelt, sind durchaus nicht autochthone Weiden im Nahrungspflanzenspektrum zu erwarten. *Vaccinium uliginosum*, an der MEINEKE (1982) eine Raupe fand, kann nicht als Fraßpflanze gewertet werden, bei *Betula pubescens* ist dies noch unklar (Ruheplatz?). In der Literatur werden, außer (weiteren) *Salix*- und *Populus*-Arten, auch *Mespilus germanica* (MÖBIUS 1922), *Rubus idaeus* und *Chamaenerion* [= *Epilobium*] *angustifolium* (SEPPÄNEN 1970) genannt, was eher auf Ruheplätze hindeutet.

Nahrung des Falters: Die Imagines sind mit ihrem speziell ausgebildeten Rüssel in der Lage, Früchte anzustechen. Sie wurden nachts an Beeren von *Rubus fruticosus* (s. Band 3, S. 45) und *Viburnum opulus* (H. LUSSI/A. STEINER) saugend beobachtet. M. ALBRECHT fand in drei aufeinanderfol-

Die Raupe lebt an Pappeln, mehr aber noch an breit- und schmalblättrigen Weidenarten. Sie ist langgestreckt, einfarbig grün mit hell-dunkler Seitenlinie und sitzt gerne an den Blättern der Zweigspitzen. – Achern 8.6.95 A. SCHANOWSKI.

genden Nächten ein Exemplar an reifen Holunderbeeren saugend. J. BASTIAN meldete einen Falter an einer Himbeerfrucht, war sich aber unsicher, ob er saugte. Die Falter kommen gern an Köder.

Habitat: Die Zackeneule ist in den Weiden- und Pappelgesellschaften der Auen (Salicion albae) sowie in Vorwaldgesellschaften (Sambuco-Salicion) zuhause. Weitere Angaben s. unter Lebensraum.

Verhalten: Die Raupen sitzen bevorzugt an den Triebspitzen, entweder auf dem Ast selbst oder auf den Blättern. Sie verpuppen sich teils in zusammengesponnenen Blättern ihrer Nahrungspflanze, oft in 1,5–2 m Höhe, teils suchen sie die Krautvegetation auf. Hier konnte A. SCHANOWSKI nachts ein Tier an einer Grabenböschung dabei beobachten, wie es sich ein Blatt von *Rumex* cf. *hydrolapathum* zur Verpuppung vorbereitete.

Die Falter fallen besonders dadurch auf, daß sie zur Überwinterung gerne Keller aufsuchen, wie schon REUTTI (1853) berichtet. Diese müssen kühl und feucht sein, sonst verlassen die Tiere sie nach kurzer Zeit wieder (G. EBERT). Im Keller von B. HÜBNER, in dem alljährlich Falter überwintern, beträgt die Temperatur konstant 7–8° C bei einer relativen Luftfeuchte von 87–88%. Bei Kartierungen von Fledermäusen in ehemaligen Bergwerksstollen des Schwarzwaldes waren regelmäßig Falter anzutreffen (A. SCHANOWSKI).

Widersprüchlich sind die Angaben zu den bevorzugten Sitzplätzen der Falter. BRONNER (1987) stellte bei Untersuchungen zur Überwinterung von Schmetterlingen in Höhlen der Schwäbischen Alb fest, daß sie sich gerne an von der Decke hängenden Pflanzenwurzeln oder an senkrechten Wänden, den Kopf nach oben, aufhielten. Demgegenüber berichteten U. und K. RATZEL von Faltern, die in einem sehr feuchten Bunker überwinterten, daß diese an der Decke, nicht an den Wänden saßen. Dies deckt sich auch mit B. HÜBNERs Beobachtungen. D. BARTSCH fand in einem sehr feuchten, als Überlauf des Neuen Sees (bei Stuttgart) dienenden Stollen (ganzjährig 20 cm Wasser führend) die Falter über Jahre hinweg überwinternd immer an der Decke. Dagegen konnten alle Tiere, die in vergleichsweise etwas trockeneren Kellern überwinterten, stets an den Wänden sitzend festgestellt werden. Dieses Verhalten ist sicherlich entscheidend von den jeweiligen mikroklimatischen Verhältnissen abhängig.

Gefährdung und Schutz

Rote Liste Bundesrepublik: –
Rote Liste Baden-Württemberg: –

Oberrheinebene: Nicht gefährdet.
Schwarzwald: Nicht gefährdet.
Neckar-Tauberland: Nicht gefährdet.
Schwäbische Alb: Nicht gefährdet.
Oberschwaben: Nicht gefährdet.

• In Baden-Württemberg nicht gefährdet!

Die Verpuppung erfolgt oft in einem Blatt der Raupennahrungspflanze wie hier an schmalblättriger Weide, manchmal aber auch am Boden. – Achstetten 6. 10. 95 F. HAUFF.

Catocalinae

Von Arno Schanowski, Günter Ebert, Axel Hofmann und Axel Steiner[1]

Die Catocalinae sind in den Tropen und Subtropen eine ungemein artenreiche Gruppe mit über 10000 Arten. Ihre Systematik ist noch weitgehend ungeklärt. Da keine Autapomorphien bekannt sind, ist es unwahrscheinlich, daß sie eine monophyletische Einheit bilden (Kitching 1984, Speidel & Naumann 1995). Tatsächlich sind sie die Restgruppe der »quadrifinen« Noctuiden, die übrigbleibt, wenn die wahrscheinlich oder sicher monophyletischen Gruppen (Herminiinae + Hypeninae, Euteliinae + Stictopterinae, Plusiinae, Acontiinae, Camptolominae + Chloephorinae + Sarrothripinae + Nolinae) ausgesondert werden[2]. Ähnlich wie die Ipimorphinae bilden die Catocalinae derzeit wahrscheinlich ein poly- oder paraphyletisches Taxon.

Zu den Catocalinae gehören die größten und auch einige sehr bunt gefärbte Noctuiden. Unter den einheimischen Arten sind besonders die »Ordensbänder« (*Catocala*) bekannt, die ihren Namen von den schwarzen Hinterflügeln mit roten, gelben oder blauen Querbändern erhalten haben.

In Europa kommen nur 85 Arten vor; das ist wenig verglichen mit anderen Kontinenten. Aus Baden-Württemberg wurden 27 Arten gemeldet. Davon sind 17 Arten bodenständig, zwei Arten sind Zuwanderer, die übrigen 8 Arten sind fälschlich angegeben worden.

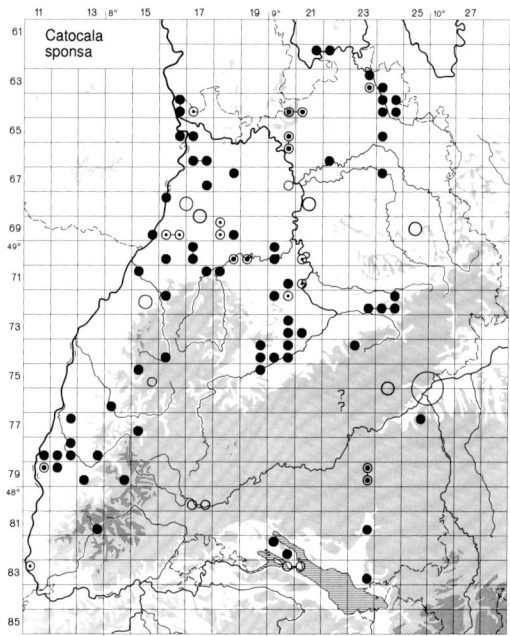

Catocala sponsa
(Linnaeus, 1767)

Großes Eichenkarmin

Mormonia sponsa L. (Warren in Seitz 1909–1914, Schneider 1936–1939, Bergmann 1951–1955, Koch 1954–1961, 1984, Stresemann 1969)
Astiodes sponsa L. (Forster 1954–1981)
Astiotes sponsa L. (Hartig & Heinicke 1973)

Gesamtverbreitung: Die Art ist in Europa weit verbreitet. Im Norden dringt sie bis Südengland und die südlichen Regionen Fennoskandiens vor, im Nordosten bis zum Ural. Im westlichen Mittelmeergebiet reicht ihr Areal bis Nordafrika. In Südosteuropa siedelt *Catocala sponsa* bis Mittelgriechenland; ferner von Kleinasien bis zum Kaukasus. Außerhalb der Eichenverbreitungsgebiete tritt sie gelegentlich als Immigrant in Erscheinung.

So beziehen sich die Meldungen aus dem hohen Norden (Finnland) mit Sicherheit auf Zuwanderer. Auch innerhalb ihres permanenten Verbreitungsgebiets kann von einer regelmäßigen jedoch unterschiedlich großen Anzahl vagabundierender Falter ausgegangen werden. In den Alpen überschreiten Einzeltiere gelegentlich die Eichenzone.

Verbreitung

Regional: *Catocala sponsa* ist in Baden-Württemberg aufgrund ihrer engen Bindung an Eiche vorwiegend in Landschaften mit hohen Anteilen an Laubmischwäldern (Buchen- und sommergrüne Eichenwälder) vertreten. So werden die Oberrheinebene und das Neckar-Tauberland vergleichsweise am dichtesten besiedelt. Hingegen kommt die Art auf der Schwäbischen Alb nicht oder nur randlich vor. Zu erwähnen sind Einzelfunde von Schelklingen (7.8.1972, G. Baisch)

---

[1] Bearbeitungsmodus wie bei den Herminiinae. Von Axel Steiner wurden außerdem die hier nicht bodenständigen oder fälschlicherweise aus Baden-Württemberg gemeldeten Arten bearbeitet (siehe auch Inhaltsverzeichnis).
[2] Die früher durchgeführte Trennung in Catocalinae und Ophiderinae ist unhaltbar. Das zugrundeliegende Merkmal war ein Reduktionsmerkmal (Fehlen der... Dornen an den Mitteltibien bei den »Ophiderinae«), das mehrfach konvergent aufgetreten ist (Berio 1959).

Das Große Eichenkarmin (*Catocala sponsa*) teilt in den warmen, eichenreichen Wäldern mit Schwammspinner und Eichen-Prozessionsspinner den Lebensraum (z. B. in Bd. 4, S. 458 unter *Lymantria dispar* abgebildet). Damit ist diese zu den größten und schönsten Ordensbandeulen zählende Art der Gefahr ausgesetzt, bei Massenvermehrungen dieser beiden Spinnerarten durch Nahrungskonkurrenz oder Bekämpfungsmaßnahmen geschädigt zu werden. – Tauberland, Lauda 10.7.83 G. EBERT. LF.

und vom Randecker Maar (25.8.1977, D. GATTER). Die Herkunft eines alten, undatierten Sammlungsstückes aus »Hundersingen« (LANZ, coll. SMNS) ist zweifelhaft. Auch aus dem Schwarzwald – wärmebegünstigte Tallagen im Westen ausgenommen – sind nur sporadische Fundmeldungen bekannt, so z. B. aus Wildgutach (W. SCHÄFER) oder aus Todtnau (J. ASAL). Eine Meldung vom Kinzigtal bei Steinach aus einem durchgewachsenen alten Eichenschälwald läßt darauf schließen, daß die Art früher in diesem Waldtyp des westlichen Schwarzwaldes, durch die damalige Bewirtschaftung begünstigt, weiter verbreitet war. Dort, wo die Eiche infolge günstiger Standortbedingungen noch im höheren Bergland vertreten ist, kann auch im Schwarzwald mit *C. sponsa* gerechnet werden, wie ein Fund am Schnallenkopf bei Steinenbach (A. STEINER) zeigt.

Aus dem Alpenvorland nördlich des Bodenseebeckens sind ebenfalls nur wenige Funde bekannt geworden. In den Schwäbisch-Fränkischen Waldbergen dürfte die Art etwas weiter verbreitet sein, allerdings eher in den Westrandlagen warmer Laubwälder, die an die Weinberge angrenzen, weniger dagegen im Innern großer Waldflächen wie z. B. dem Murrhardter und Gaisbühler Wald, doch fehlt es hier noch an der gründlichen Durchforschung. Aus dem gut explorierten Gebiet um Sulzbach-Laufen (Kochertal) liegen bisher keine Beobachtungen vor.

Vertikal: Die Höhenverbreitung von *Catocala sponsa* deckt sich im Untersuchungsgebiet mit der von Stiel- und Traubeneiche in den unteren und mittleren Lagen. Funde in der submontanen Stufe sind bereits selten und korrelieren mit hoch gelegenen Eichenstandorten auf der Schwäbischen Alb (z. B. Schopfloch, Randecker Maar 650–750 m, D. GATTER) oder im Schwarzwald (Todtnau-Schlechtnau, 630–640 m, J. ASAL). Von der Baar werden alte Funde aus dem Unterhölzer Wald (um 690 m) angegeben (REUTTI 1898). Der höchste bis jetzt nachgewiesene Fundort wurde im Mittleren Schwarzwald bei Steinenbach auf dem Schnallenkopf (»Offenbacher Eckle«, 730–750 m, A. STEINER) festgestellt.

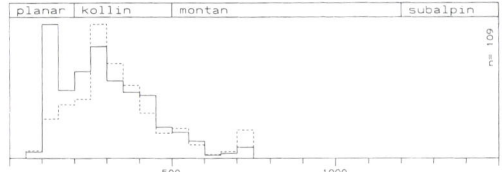

Phänologie

Imagines: Die ersten Falter von *Catocala sponsa* werden in der südlichen Oberrheinebene bereits Anfang Juli (3.7.1953, Kaiserstuhl, Badberg, A. GREMMINGER) beobachtet. Fast zeitgleich be-

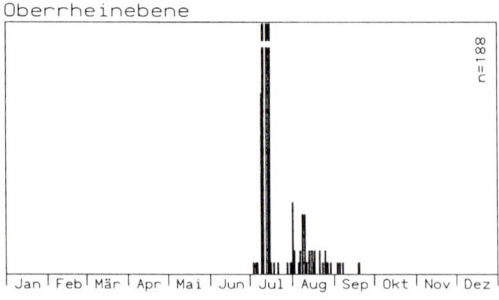

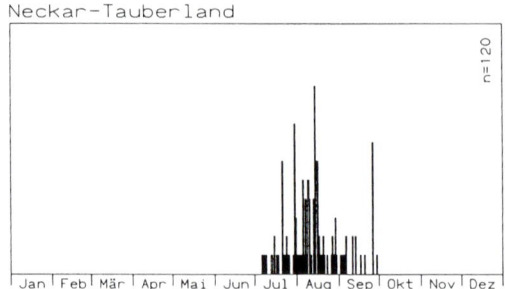

ginnt auch im Neckar-Tauberland die Flugzeit (frühester Fund: 6.7.1952, Heilbronn, coll. WANNER). In beiden Hauptnaturräumen wird zwischen Anfang und Mitte August das Individuenmaximum aufgebaut, wobei im Neckar-Tauberland ein leichter zeitlicher Versatz zur Mitte des Monats hin zu erkennen ist. Bemerkenswert sind gehäufte Meldungen aus der Oberrheinebene gleich zu Beginn der Flugzeit (1. Julihälfte). Im letzten Jahrhundert notierte hier M. DAUB an drei Abenden jeweils 5 Falter (13.7.1866, 14.7.1881, 15.7.1881, Karlsruhe, Wildpark). Hinzu kommen einige weitere Meldungen aus der Hessischen Rheinebene von H. LIENIG (9.7.1950, Viernheim, 15 Falter), so daß die wenigen Meldungen dieser beiden Faunisten das Diagramm mit einem Maximum im Juli belegen, das nichts mit dem normalen Höhepunkt der Flugzeit zu tun hat. Aus den anderen Naturräumen liegen keine Beobachtungen vor Ende Juli (25.7.1990, Steinach, Brückenbühl, S. FREUNDT/P. PAUSCHERT/A.SCHANOWSKI) bzw. Anfang August (5.8.1981, Litzelstetten, Bussenried, G. EBERT/B. TRAUB) vor. Bereits Ende August fällt die Häufigkeitskurve wieder ab, reicht aber noch weit in den September hinein. Der späteste Fund kommt aus dem Schwarzwald (3.10.1985, Hörden, Scheibenberg, M. MEIER/A. STEINER).

Präimaginalstadien: Bei einem am 21.9.1985 gefangenen Tier handelte es sich um ein Weibchen, das in Gefangenschaft erst ab 1.10.1985 Eier ablegte (R. HERRMANN). Überwinterungsstadium ist das Ei.

Freilandbeobachtungen halberwachsener und erwachsener Raupen erreichen uns mehrfach aus dem Zeitraum Anfang Mai (15.5.1949, Viernheim, H. LIENIG, 5 Raupen) bis Juli (9.7.1967, Wasenweiler, L. SETTELE, 2 Raupen).

Ökologie

Lebensraum: *Catocala sponsa* ist innerhalb von trockenen bis frischen Laub- und Mischwäldern mit Eichen anzutreffen. Deren Ränder und reich strukturierte Waldmäntel mit vorgelagerten Jungeichen spielen wohl eine größere Rolle als das Waldinnere, obwohl auch dort sowie an Binnensäumen (»innere Waldmäntel entlang von Lichtungen und Waldwegen«, D. BARTSCH) regelmäßig Raupen gefunden wurden. Ferner kommen Feldgehölze, Alleen und Obstgürtel am Rande von Ortschaften als Imaginallebensraum in Frage. Die Art erscheint auch im Siedlungsbereich in Parks und Gartenanlagen. M. WALLNER fing sie 1954 mehrmals auf einem Trümmergrundstück in der Stadtmitte von Pforzheim.

Nahrung der Raupe:
Quercus spec. – Eiche
4 L (BAR, DAU, HEI, LIE, SET, WAG)

Raupen, an den Blättern der unteren Äste von Eichen (bis 4 m Höhe) oft noch in der Morgensonne (bis ca. 9 Uhr MESZ) fressend, wurden regelmäßig bei Stuttgart gefunden. Die Bäume standen teilweise halbschattig bis vollschattig mitten im Bestand. In einem Fall wurde eine vermutlich herabgefallene Raupe beobachtet, wie sie an einem Eichenstamm emporkletterte. Sie mußte aus dem Kronenbereich (ab ca. 5 m Höhe) stammen, da keine tieferen Äste am Baum waren (D. BARTSCH).

Die Raupe von *C. sponsa* lebt ausschließlich an Eichen, oft zusammen mit der von *Catocala promissa*. Sie schmiegt sich eng an Äste und Zweige an und verharrt tagsüber unbeweglich in dieser Stellung. Dadurch ist sie gegenüber Freßfeinden relativ gut geschützt. – Tauberland, Lauda 6.83 J. PARTENSCKY. S.

Es ist davon auszugehen, daß sowohl Stiel- als auch Traubeneiche als Raupennahrung dienen. Ob auch Flaum- oder Roteichen genutzt werden, bleibt noch zu klären. CALLE (1982) erwähnt aus Spanien ferner *Castanea*.

Nahrung des Falters: Die Tiere saugen am Köder. Sonstige Beobachtungen zur Nahrungsaufnahme an Blüten, Baumsaft o.ä. wurden bislang aus Baden-Württemberg nicht bekannt.

Habitat: Als Habitat von *Catocala sponsa* kommen Laubholz- oder Nadelholz-Mischwälder in Frage, in denen Stiel- oder Traubeneichen vertreten sind. Zu nennen sind an erster Stelle Hartholz-Auenwälder und Eichen-Hainbuchenwälder sowie wärmeliebende eichenreiche Wälder ver-

schiedener Standorte. Es ist anzunehmen, daß die Art auch die Waldränder, eventuell auch einzeln stehende Eichen nutzt. P.S. WAGENER klopfte zwei Raupen von Eichenbüschen. Auch die sonstigen durch Klopfen erzielten Raupenfunde dürften kaum aus dem Kronenbereich stammen.
Verhalten: Die einzeln oder in kleinen Gruppen abgelegten Eier überwintern in Vertiefungen der Borke. Junge Raupen bewegen sich spannerartig vorwärts. Bei Tage ruhen sie an Äste oder den Stamm geschmiegt. Sie fressen bereits an den Knospen der Eichen. Nach der Blattentfaltung erfolgt zuerst Löcher-, später Seitenfraß (PATOCKA 1980). Die Falter ruhen in den oberen Bereichen des Stammes oder der Krone. An heißen Tagen kommen sie, wie M. DAUB in seinen Aufzeichnungen sowie REUTTI (1898) und GAUCKLER (1921) übereinstimmend berichten, in der Mittagshitze aus den Kronen der Bäume herab. H. LIENIG hielt folgende Beobachtung vom 9.7.1950 bei Viernheim (Eichenschlag) fest: »Vor 11 Uhr saß kein Falter an den Baumstämmen. Erst bei höher steigender Sonne kamen diese, erst einzeln, dann immer zahlreicher aus den Baumkronen, um sich nun auf den Schattenseiten der Stämme festzusetzen.« Den Aufzeichnungen von M. DAUB ist zu entnehmen, wie *Catocala sponsa* im Laufe des Juli 1881 im Karlsruher Wildpark immer zahlreicher auftrat: »5. und 6.7.1881 an sehr heißen Tagen an den Eichenstämmen (noch einzeln), 14.7.1881 nachmittags bei drückender Hitze häufig, 15.7.1881 nachmittags bei drückender Hitze massenhaft!« Man kann sie dann in Gesellschaft von *Catocala promissa* an den Stämmen finden. Die Falter sind sehr scheu und fliegen bei Annäherung leicht auf. Sie kommen früh an den Köder, erst später in der Nacht spärlich ans Licht.

Gefährdung und Schutz

Rote Liste Bundesrepublik: –
Rote Liste Baden-Württemberg: V

Oberrheinebene: Art der Vorwarnliste.
Schwarzwald: Nicht gefährdet.
Neckar-Tauberland: Art der Vorwarnliste.
Schwäbische Alb: Noch ungeklärt.
Oberschwaben: Noch ungeklärt.

- In Baden-Württemberg eine Art der Vorwarnliste!
  Besonders geschützt gemäß § 20 e ff. BNatSchG.

In den warmen, eichenreichen Wäldern der Ebene und des Hügellandes, wo *Catocala sponsa* in Baden-Württemberg ihren Verbreitungsschwerpunkt besitzt, ist auch die Gefährdung am größten. Sie resultiert aus der Konkurrenz mit anderen Arten, die den gleichen Lebensraum präferieren. Dabei handelt es sich vor allem um den Schwammspinner (*Lymantria dispar*) und um den Eichen-Prozessionsspinner (*Thaumetopoea processionea*). Bei Massenvermehrungen der beiden genannten Arten kommt es einerseits zu Nahrungsmangel sowie erhöhten Druck durch Fraßfeinde und Parasitoide, andererseits stellen auch Bekämpfungsmaßnahmen für die an Eichen lebenden Ordensbandarten einen erheblichen lokalen Gefährdungsfaktor dar.

Catocala dilecta
(Hübner, [1808])

Mormonia dilecta HBN. (WARREN in SEITZ 1909–1914, DRAUDT in SEITZ 1931–1938, SCHNEIDER 1936–1939)
Astiodes dilecta HBN. (FORSTER 1954–1981)
Astiotes dilecta HBN. (HARTIG & HEINICKE 1973)

Gesamtverbreitung: Von Nordwestafrika (Marokko, Algerien) quer durch Südeuropa (einschließlich Sizilien, Kreta, Zypern) bis nach Kleinasien (Armenien, Kaukasus) verbreitet. Nordwärts kommt die Art bis Südfrankreich, in die Südtäler der Alpen, ins östliche Österreich (Niederösterreich, Burgenland), die Südslowakei, Rumänien und Südrußland vor. Alte Angaben aus Mitteleuropa gehen auf Verwechslungen mit *C. sponsa* zurück.

Catocala dilecta wurde in früherer Zeit mehrmals aus Baden-Württemberg gemeldet (SEYFFER 1850, KELLER & HOFFMANN 1861, REUTTI 1898, KIEFER 1915 sowie unkritisch übernommen von REBEL 1910, ECKSTEIN 1920, ferner LINZ 1847). In diesen Fällen dürfte es sich – wie auch bei allen anderen Meldungen aus Deutschland (z. B. TREITSCHKE 1826: »Schwaben und Franken«) – um Fehlbestimmungen großer Exemplare von *Catocala sponsa* gehandelt haben, die man früher noch nicht sicher von *Catocala dilecta* unterscheiden konnte, wenngleich bei der bekannten Migrationstendenz vieler Catocalen ein sehr sporadisches aktives Einwandern nicht gänzlich auszuschließen ist. Belege hierfür, insbesondere sicher determinierte Exemplare aus neuerer Zeit, fehlen jedoch bislang[1].

---

[1] HEINICKE (1993) hat die Meldungen aus Deutschland – wenn auch mit einem Fragezeichen – als Immigranten interpretiert.

Catocala fraxini
(Linnaeus, 1758)

Blaues Ordensband

Gesamtverbreitung: Das Blaue Ordensband kommt vermutlich in allen europäischen Ländern vor. Es kann aber davon ausgegangen werden, daß einige periphere Regionen (England, Portugal, Südspanien, Griechenland) nur sehr spärlich oder nicht permanent besiedelt sind. Ihre Südgrenze verläuft etwa entlang einer Linie Pyrenäen – Mittelitalien – Bulgarien – nördliche Türkei. Nach Norden und Osten ist *C. fraxini* sehr weit verbreitet. Nordschweden und der Pazifische Ozean stellen die entferntesten Verbreitungseckpunkte dar.

Verbreitung

Regional: Das Blaue Ordensband ist in allen fünf Hauptnaturräumen Baden-Württembergs gefunden worden. Sein Vorkommen scheint über das ganze Land verstreut zu sein, wobei die Mittelgebirge Schwarzwald und Schwäbische Alb eher gemieden bzw. meist nur in den wärmeren Tallagen (z. B. Elz, Murg, Fils) besiedelt werden. Auffallend ist eine engere Bindung an Flußtäler, wie die Funde an Rhein, Neckar, Iller und Tauber zeigen.

Aus städtischen Bereichen wie z. B. Pforzheim, wo während der Jahre 1922–1935 immer wieder einzelne Tiere beobachtet wurden, liegen schon lange keine Wiederfunde mehr vor. Die Angaben »... um Stuttgart ... an Tannenstämmen des Bopsers« (KELLER & HOFFMANN 1861) wie auch die von SCHÄFER (1980) aufgeführten alten Fundstellen in und um Stuttgart (»Olga-Eck, Neckardamm zwischen Berger Steg und Daimlerbrücke, Max-Eyth-See und Scillawäldchen bei Hofen«) können ebenfalls nicht mehr bestätigt werden, was bei einer solch auffallenden Art besondere Beachtung verdient.

Es ist anzunehmen, daß es sich bei manchen Einzelfunden um wandernde Tiere gehandelt hat. Solche Dispersionsflüge dürften in Jahren mit günstigen Vermehrungsraten nicht eben selten sein. Die in der Verbreitungskarte ausgewiesenen Fundorte müssen daher nicht in allen Fällen Nachweis für bodenständige Populationen sein.

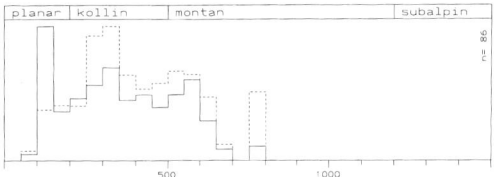

Vertikal: Wegen ihrer Anpassung an natürliche und forstlich kultivierte Pappelbestände in den Auenwäldern der planaren Stufe und solchen in den Tälern des Hügellandes kann *C. fraxini* als eine Art der tiefen und mittleren Höhenlagen bezeichnet werden. Der höchstgelegene Fund stammt aus dem Hochschwarzwald von einem warmen Südhang bei Höchenschwand (Rappenfelsen, 760 m, A. STEINER).

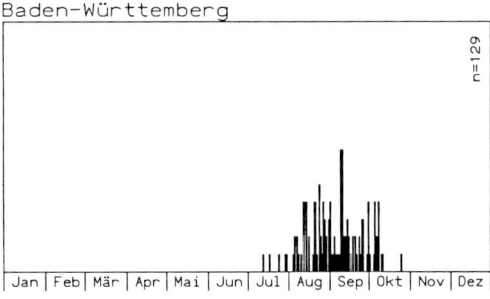

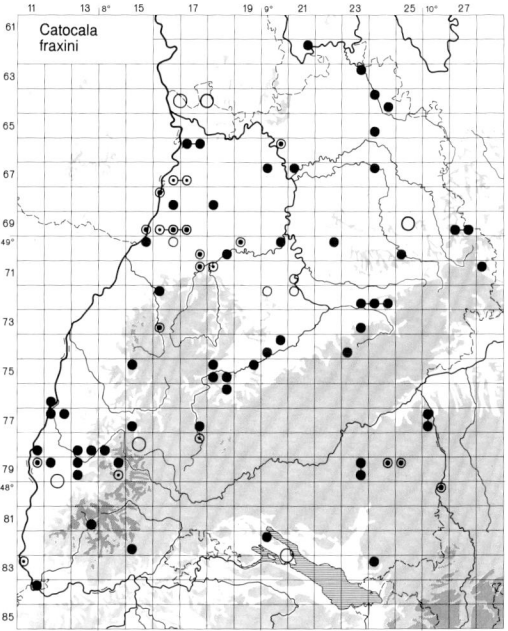

Phänologie

Imagines: Die Flugzeit von *Catocala fraxini* beginnt im Hochsommer. In der Oberrheinebene und den tiefen Lagen des Neckar-Tauberlandes werden die ersten Falter selten vor Anfang August registriert. Nur wenige Einzelfunde aus der Rheinaue liegen jahreszeitlich deutlich früher

Die größte und wohl auffallendste Art dieser Gattung ist bei uns das Blaue Ordensband (*Catocala fraxini*). Sein nächster Verwandter (*Catocala relicta*) lebt in Nordamerika und trägt auf den Hinterflügeln eine weiße statt blaue Bindenzeichnung. – Tauberland, Lauda 20.7.92 R. TACK. S.

(17.7.1993, Taubergießen, J. BURTON; 22.7.1965, Rußheim, W. DÜRR/M. WALLNER; 24.7.1995, Friedlingen, D. FRITSCH).

Vom Schwarzwald und aus Oberschwaben datieren die frühesten Nachweise nicht vor Mitte/Ende August. Zu dieser Zeit baut sich in der Oberrheinebene bereits das Individuenmaximum auf. Die Hauptflugzeit dehnt sich dann bis Mitte September, im Neckar-Tauberland noch etwas länger (fast bis Ende des Monats) aus, um Anfang Oktober auszuklingen. Eine sehr späte Beobachtung datiert noch vom 25.10. (1953, Ettlingen, P. PEKARSKY).

Präimaginalstadien: Wie bei allen echten Ordensbändern (Gattung *Catocala*) überwintert das Ei. Die Art wurde zwar des öfteren ab-ovo gezüchtet, Freilandraupenfunde sind uns jedoch nur dreimal gemeldet worden (6.1972, Gutenberg, Donau, D. GATTER; 3.6.1992, Lauda, Talaue, R. TACK; 4.6.1922, Pforzheim, K. STROBEL). »Puppenruhe 4–5 Wochen« (A. GREMMINGER).

Ökologie

Lebensraum: *Catocala fraxini* bewohnt Laub-, Mischwälder und Feldgehölze sowie deren Ränder auf frischen bis feuchten Standorten, Galeriewälder von Fließgewässern und die Begleitvegetation stehender Gewässer (z. B. Pappelgehölze an Teichen) sowie Pappelalleen, in denen das Weibchen geeignete Eiablagebedingungen vorfindet. Die Falter fliegen weit umher, auch in die Siedlungsbereiche, wo sie gelegentlich an Hauswänden ruhend gefunden werden.

Nahrung der Raupe:

Populus nigra ssp. *pyramidalis* – Pyramiden-Pappel
L (TAC)

Der einzige aus Baden-Württemberg genauer dokumentierte Freilandfund einer Raupe erfolgte an einem aus dem unteren Stammabschnitt einer Pyramidenpappel herauswachsenden Trieb (R. TACK).

In der Literatur finden noch eine ganze Reihe von Pappelarten sowie andere Laubgehölze Erwähnung, die vom Blauen Ordensband genutzt werden sollen. So schreibt REUTTI (1898): »... Pappelarten, doch auch an Eschen, Eichen usw.« Die namensgebende Esche hat LINNÉ vermutlich von RÖSEL VON ROSENHOF übernommen; sie wird auch für Hessen (KOCH 1856) und Finnland (SEPPÄNEN 1970) aufgeführt. Für Mitteldeutschland nennt BERGMANN (1954) *Populus italica, P. balsamifera* sowie *P. tremula*, die von BRETHERTON, GOATER & LORIMER (1983) in Großbritannien als bevorzugte Raupennahrung bezeichnet wird. Die Zitterpappel ist in Finnland als Hauptnahrungspflanze gemeldet (SEPPÄNEN 1970). »*Populus italica*« wird bereits von KOCH (1856) aus Hessen angegeben, außerdem Pyramidenpappel (*Populus nigra* ssp. *pyramidalis* (s. auch SPEYER 1867). BERGMANN fand die Raupe ferner an *Salix babylonica* (Trauerweide). VORBRODT (1911–1914) gibt aus der Schweiz Birke und Erle an. Für Baden-Württemberg steht die Überprüfung und Bestätigung all dieser Arten als Nahrungspflanze noch aus.

Nahrung des Falters: U. RATZEL beobachtete einen Falter im Baum eines Obstgartens, der an überreifen Birnen saugte. K. STROBEL (Aufzeichnungen) fing die Art »nicht selten am Köder«, was auch von anderen Mitarbeitern bestätigt wird.

BERGMANN (1954) erwähnt Funde an blutenden Eichen und anderen Bäumen. In Rußland wurde beobachtet, wie ein Falter an totem Fisch saugte (NABOKOV 1947).

Eine Fundstelle aus neuerer Zeit zeigt dieses Bild: Am unteren Zweig einer Pyramiden-Pappel (*Populus nigra* ssp. *pyramidalis*) in der Talaue der Tauber saß die am 3.6.92 gefundene Raupe. – Lauda 6.92 R. TACK.

Die Raupe von *C. fraxini* trägt auf dem 8. Segment nur einen schwärzlich gefärbten Wulst; Rückenzapfen oder dornartige Fortsätze fehlen. Sie lebt an Pappeln, wobei früher in den damals noch intakten Auenwäldern die autochthone Schwarzpappel (*Populus nigra*) die wohl wichtigste, vielleicht sogar einzige Nahrungspflanze gewesen sein könnte. – Lauda 3.6.92 R. TACK.

Habitat: Über die genauen Fundorte und -umstände der Raupen des Blauen Ordensbandes *(Catocala fraxini)* stehen aus Baden-Württemberg keine Aufzeichnungen zur Verfügung. Da verschiedene Pappelarten als Raupennahrung eine große Rolle spielen, sollte das Blaue Ordensband aufgrund der starken forstlichen Förderung von Hybridpappeln an Standorten der Weich- und Hartholzaue (Salicion albae, Alno-Ulmion: Querco-Ulmetum, Pruno-Fraxinetum) in naturnahen Beständen ebenso wie in Forsten eigentlich weit verbreitet sein, was so jedoch nicht bestätigt werden kann.

Den Fundmeldungen nach zu schließen werden auch Bestände der Nahrungspflanzen außerhalb von Wäldern genutzt, beipielsweise Galeriewälder und Pappelalleen.

Verhalten: Das Ei überwintert an der Borke. Im November (1898, Rottweil) will BAUDREXLER (1900) ein Gelege von 30 Eiern an einer alten Pappel »ungefähr in halber Höhe des Baumes« gefunden haben. Die Raupen sollen sich überwiegend im Kronenbereich aufhalten, weshalb sie selten gefunden werden (Kartei A. GREMMINGER, BERGMANN 1954). Sie ruhen bei Tage an Äste oder in Borkenvertiefungen geschmiegt. Die Verpuppung erfolgt in einem dünnen Kokon zwischen Moos und Laub. Die Falter fliegen schon kurz nach der Dämmerung. Sie lassen sich, viel regelmäßiger als andere einheimische *Catocala*-Arten, ans Licht locken.

R. HERRMANN fand den Falter bei Grißheim am Köder (Wein-Zucker-Lösung), etwa eine Stunde nach Sonnenuntergang. Tagsüber ruhen sie an Baumstämmen (Aufzeichnungen M. DAUB) oder werden gelegentlich an Hauswänden oder an Straßenbeleuchtungen gefunden (O. SCHRÖDER, A. HOFMANN).

Gefährdung und Schutz

Rote Liste Bundesrepublik: V
Rote Liste Baden-Württemberg: V

Oberrheinebene: Art der Vorwarnliste.
Schwarzwald: Nicht gefährdet.
Neckar-Tauberland: Art der Vorwarnliste.
Schwäbische Alb: Nicht vertreten.
Oberschwaben: Art der Vorwarnliste.

- In Baden-Württemberg eine Art der Vorwarnliste!
  Besonders geschützt gemäß § 20 e ff. BNatSchG.

Die zahlreichen, in neuerer Zeit nicht mehr nachgewiesenen oder durch Beobachtungen im näheren Umkreis nicht mehr bestätigten Fundorte deuten auf eine rückläufige Bestandsentwicklung hin. Bei alten Einzelfunden kann meist nicht mehr festgestellt werden, ob es sich um bodenständige oder auf Dispersionswanderung befindliche Tiere handelte. Deshalb muß angesichts der vielerorts tiefgreifenden Veränderungen an exponierten Standorten der Auen- und Laubmischwälder (Randbereiche, Feldgehölze, Altbaumbestände etc.) Vorwarnung ausgesprochen werden. Damit verbunden ist die Aufforderung nach einer verstärkten Erforschung der Habitatstrukturen.

Catocala nupta
(Linnaeus, 1767)
Rotes Ordensband

Gesamtverbreitung: Durch ganz Europa, die Türkei, Zentralasien bis zum Pazifischen Ozean reicht das Verbreitungsareal dieser Art. Aus Südspanien und Nordafrika sind keine Nachweise bekannt. Im Norden werden England und Finnland erreicht.

Verbreitung

Regional: Das Rote Ordensband ist in Baden-Württemberg die am häufigsten nachgewiesene

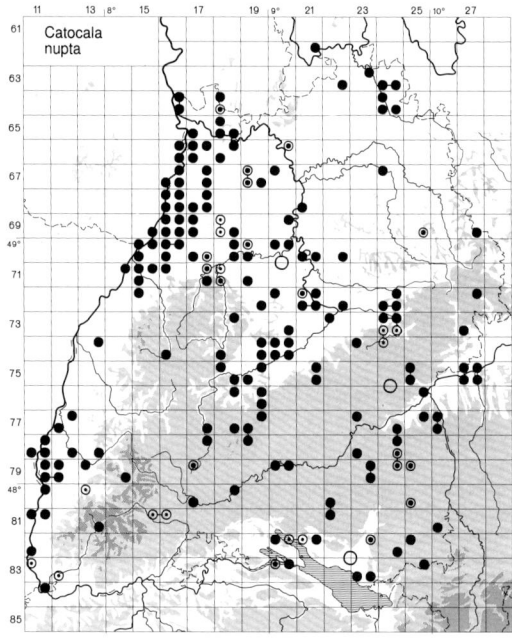

Art der Gattung *Catocala*. Ihre Verbreitung erstreckt sich zwar über das ganze Land, scheint jedoch in der Oberrheinebene am dichtesten zu sein. Weitere Verbreitungsschwerpunkte finden sich in den Flußtälern von Neckar, Donau und Iller, am Nord- und Westrand der Schwäbischen Alb sowie in Oberschwaben und am Bodensee. Auch im Tauberland und im Maintal wurde die Art immer wieder festgestellt. Noch sehr lückenhaft bekannt ist ihr Vorkommen in den Schwäbisch-Fränkischen Waldbergen und im Schwarzwald. Gewässerferne Hochflächen der Schwäbischen Alb sowie im Schwarzwald dürften allerdings gemieden werden.

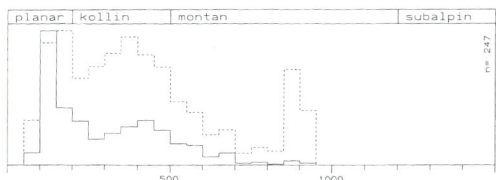

Das Rote Ordensband (*Catocala nupta*) ist die bekannteste unter den einheimischen Ordensbandarten. Immer wieder kann man Tiere beobachten, die an schwülwarmen Nachmittagen zwischen Häusern herumflattern oder tagsüber an Bäumen, Wänden und Mauern sitzen. Die roten, schwarzgebänderten Hinterflügel sind allerdings nur beim aktiven Falter wahrzunehmen, z. B. wenn er wie hier an Fallobst saugt. – Freiburg 25.8.82 R. HERRMANN.

Vertikal: Als häufigste der heimischen Ordensband-Arten hat *C. nupta* die größte Höhenverbreitungsamplitude aufzuweisen. Sie reicht von der planaren bis in die montane Stufe. Doch auch bei dieser Art liegt der vertikale Schwerpunkt in der Ebene und im angrenzenden Hügelland. Der höchstgelegene Fundort wurde auf der Schwäbischen Alb bei Dotternhausen (Plettenberg, 950 m, D. BARTSCH/R. HERRMANN/A. STEINER) festgestellt.

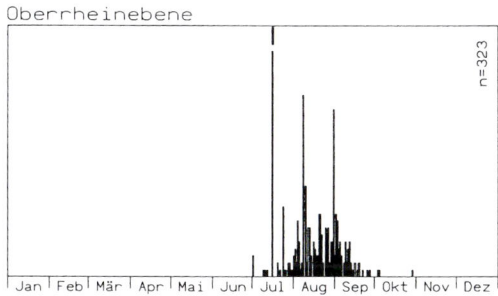

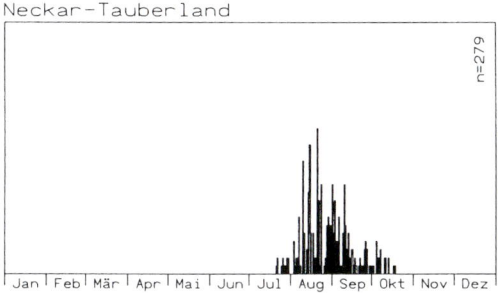

Phänologie

Imagines: In allen 5 Hauptnaturräumen liegt der Flugzeitschwerpunkt zwischen Mitte August und Anfang/Mitte September. Die ersten Falter treten in der Oberrheinebene bereits ab Anfang Juli (1.7.1930, Philippsburg, H. KESENHEIMER; 9.7.1959, Karlsruhe, Rheinwald, W. IPP; 12.7.1983, Mannheim, Am Rotloch, W. KINTZL), im Schwarzwald und im Neckar-Tauberland ab Mitte des Monats in Erscheinung (17.7.1985, Kollnau, Prozeßbühl, A. SCHNEIDER). Während in der Oberrheinebene gegen Ende September die Datenmenge kontinuierlich ausdünnt, baut sich im Neckar-Tauberland an der Wende September/Oktober nochmals ein leichtes Maximum auf; das Flugzeitende wird erst in der zweiten Oktoberhälfte erkennbar (18.10.1984, Dürrn, Erlenbachtal, M. WALLNER). Die jahreszeitlich späteste Meldung erreicht uns jedoch aus dem Schwarzwald, Übergangsbereich zur Oberrheinebene (31.10.1922, Freiburg-Wiehre, A. GREMMINGER).

Präimaginalstadien: Mehrere Raupenfundmeldungen dokumentieren gut die Entwicklung von der »Eiraupe« ab Anfang Mai (1.5.1988, Friedrichshafen, Ailingen, »Jungraupe«, M. ALBRECHT), über verschiedene Wachstumsstadien Mitte Mai bis Mitte Juni (19.5.1984, Staffort, Büchenau, »2 Raupen, 1 cm«, H. HEIDEMANN; 30.5.1925, Graben, A. GREMMINGER) bis hin zu erwachsenen Raupenfunden ab Anfang Juni.

Jahreszeitlich späte Meldungen reichen bis weit in den Juli hinein (7.1980, Kirchentellinsfurt, südl. Ortsrand, »1 Raupe, erw.«, A. STEINER; 11.7.1866, Karlsruhe, M. DAUB). Die meisten Raupenfundmeldungen beziehen sich auf die Oberrheinebene. Als Dauer der Puppenruhe notiert A. GREMMINGER »6 Wochen«. Überwinterungsstadium ist das Ei.

Ökologie

Lebensraum: Das Rote Ordensband bewohnt Weiden- und Pappelbestände an stehenden und fließenden Gewässern, auf Schlägen und Lichtungen sowie an Rändern von Auenwäldern, Laub- und Mischwäldern, ferner in der Kulturlandschaft (Pappelforste, Parks, Wiesen und Weiden mit gewässerbegleitenden Weichholzstreifen). Geschlossene Wälder werden in der Regel gemieden. Die Falter werden häufig im Siedlungsbereich gefunden, wo sie sich an günstigen Stellen mit entsprechenden Weichholzbeständen auch entwickeln können.

Nahrung der Raupe:
Salix alba – Silber-Weide
  L (STN)
Salix babylonica – Trauer-Weide
  E, L (DAU, NOL)
Salix spec. – Weide
  L (HEI, MER)
Populus x canadensis – Kanadische Pappel
  L (ALB, EBE)
Populus spec. – Pappel
  L (KGR)

Sowohl Weiden- als auch Pappelarten kommen für die Larvalentwicklung in Betracht. Die Liste der Nahrungspflanzen ist mit Sicherheit bei weitem noch nicht vollständig.

Als weitere Nahrungspflanzen werden von BERGMANN (1954) sowie BRETHERTON, GOATER & LORIMER (1983) *Salix fragilis* und *Populus nigra* genannt. Unglaubwürdig erscheint *Prunus domestica* (BRETHERTON, GOATER & LORIMER 1983). BERGMANN nennt auch »Kopfweiden« [= *Salix viminalis*], an denen er selber Raupen gefunden hat.

Nahrung des Falters: Der Falter saugt an überreifen (noch im Baum hängenden) Birnen (U. RATZEL) und an anderen, faulenden Früchten (I. HEGAR, R. HERRMANN). Er kommt regelmäßig an den Köder.

TUTT (1907, nach BRETHERTON, GOATER & LORIMER 1983) berichtet von einem bei Tag an einer Wasserpfütze trinkenden Tier.

Die Raupe des Roten Ordensbandes besitzt auf dem 8. Segment einen kleinen Höcker. Sie lebt auf Pappel- und Weidenarten und hält sich im letzten Häutungsstadium tagsüber gerne in Rindenspalten im unteren Stammbereich älterer Pappeln auf, vermag sich aber auch eng an Äste und Zweige anzuschmiegen (Lebensraum siehe unter *Catocala fraxini*). – Bruchsal 6.72 H. FEIL. S.

Habitat: *Catocala nupta* findet, der weiten Verbreitung und Häufigkeit nach zu schließen, in Weichholzauenwäldern (in Südbaden auch in der Trockenaue), in Galeriewäldern von Gewässern, Pappelforsten und -alleen oder auch in Niederungslandschaften mit Pappel- oder Weidengruppen geeignete Larvalhabitate. Über bestimmte Präferenzen lassen sich derzeit noch keine Aussagen machen.

Verhalten: Die einzeln oder in kleinen Gruppen abgelegten Eier überwintern in Vertiefungen der Borke. Die Eiablage selbst konnte G. NOLL zweimal an dem selben Baum (eine ältere Trauerweide) beobachten. Sie erfolgte in 2–3 m Höhe in Rindenspalten am Stamm. Die Raupen fressen nachts und verbergen sich am Tage in Höhlungen oder unter loser Borke. So fand G. EBERT im unteren Stammbereich von Hybridpappeln in den Vertiefungen der groben Borke ruhende Raupen. Sie hatten bis zur nächstmöglichen Fraßstelle mehrere Meter Weg zurückzulegen. Die Verpuppung erfolgt in einem weitmaschigen Kokon zwischen Blättern oder in Hohlräumen der Borke.

Die Imago ruht an Baumstämmen, oder im Laub der Bäume (z. B. an den unteren Ästen einer Birke, D. BARTSCH), scheint aber auch gerne an schattigen, feuchten Mauern zu sitzen (W. IPP), gelegentlich soll mehrere Tage hintereinander dieselbe Stelle aufgesucht werden (BRETHERTON, GOATER & LORIMER 1983). H. HEIDEMANN scheuchte einen Falter aus dem Gras auf. Andere Mitarbeiter fanden Falter öfters an Hauswänden sitzend. An schwülwarmen, wolkenverhangenen Nachmittagen wurden in verschiedenen Jahren zwischen Häusern einer waldnahen Ortschaft immer wieder einzelne Falter beobachtet, die sich gern an weißen Hauswänden niederließen, dabei jedoch immer wieder eine andere Stelle aufsuchten (G. EBERT). Regelmäßig konnten Falter auch im Innern eines Fußgängertunnels (W. BACK, R. HERRMANN) oder an Straßenlaternen (mehrere Mitarbeiter) bemerkt werden. BERGMANN (1954) schreibt, daß die Falter nachmittags mitunter wild um Baumkronen schwärmen. Eine solche Beobachtung machte auch D. BARTSCH in Stuttgart-Feuerbach (Anfang der 80er Jahre). Dort schwärmten sie gegen 13 Uhr in ca. 15–20 m Höhe um eine Birke. Ans Licht kommen sie nur ungern.

Gefährdung und Schutz

Rote Liste Bundesrepublik: –
Rote Liste Baden-Württemberg: –

Oberrheinebene: Nicht gefährdet.
Schwarzwald: Nicht gefährdet.
Neckar-Tauberland: Nicht gefährdet.
Schwäbische Alb: Nicht gefährdet.
Oberschwaben: Nicht gefährdet.

- In Baden-Württemberg nicht gefährdet! Besonders geschützt gemäß § 20 eff. BNatSchG.

Catocala elocata
(Esper, 1788)

Pappelkarmin

Gesamtverbreitung: In ihrer Nord-Süd-Ausdehnung erstreckt sich die Verbreitung von Nordafrika durch die Iberische Halbinsel bis Belgien und Nordrhein-Westfalen. Einzelfunde weiter nördlich (England, Skandinavien) gehen auf sporadische Einwanderer zurück. Im Osten dringt die Art bis zum Ural und Kaukasus, eventuell sogar bis zum Pamir(?) vor. Auch im Elburs-Gebirge konnte sie beobachtet werden (G. EBERT).

Verbreitung

Regional: Alten Angaben zufolge soll *Catocala elocata* in unserem Faunengebiet weit verbreitet gewesen sein: »Verbreitet, mehr in der Ebene ... fehlt in der Baar« (REUTTI 1898) und »Wie vorige ...« [»*Catocala fraxini* ... überall wo Pappeln wachsen verbreitet«] (SCHNEIDER 1938). SEYFFER (1850) gibt »Stuttgart nicht selten, Tübingen und Reutlingen selten« an, KAUFMANN & SCHMID

Das Pappelkarmin (*Catocala elocata*) sieht dem Roten Ordensband sehr ähnlich, ist jedoch weitaus seltener. In Baden-Württemberg scheint es nur in den Auenwäldern der Oberrheinebene vorzukommen, alte Meldungen aus dem Neckartal bedürfen der Bestätigung. – Markgräfler Rheinebene 8.9.86 I. HEGAR. LF.

(1966) nennen »Spitzberg, Schönbuch«. Einige mit »Stuttgart« gekennzeichnete Sammlungsstücke aus den Jahren 1904, 1905, 1907 und 1925 sind vorhanden (coll. SMNS). In der Sammlung WANNER steckten (bei einer Überprüfung im Jahre 1979) noch zwei Belege (1951, 1952), von denen vermutet werden kann, daß sie aus dem Neckartal (Heilbronn oder Umgebung) stammen. Aus Neckargröningen sind Belegstücke aus

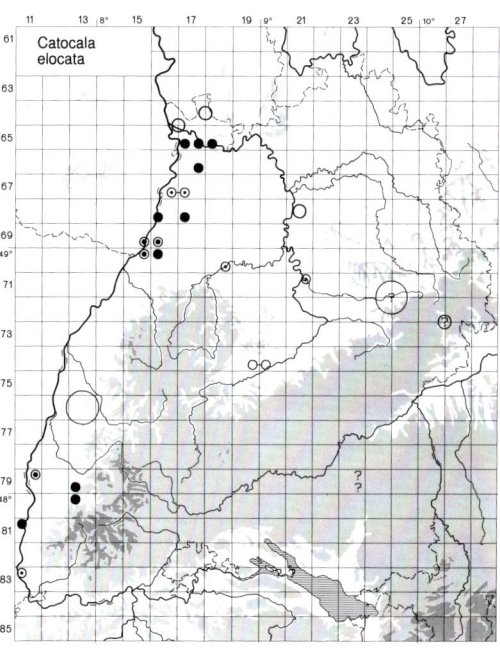

den Jahren 1920 und 1929 vorhanden (coll. SMNS). Aus dem Raum Pforzheim, wo diese Art früher ebenfalls gefunden worden sein soll (H. ROMETSCH, Aufzeichnungen unveröff.) fehlen sie. Ähnliches gilt für das Federseeried, von wo eine alte Meldung bekannt ist (FUNK 1921–1923). Sie dürfte ebenso auf einer Fehlbestimmung beruhen, wie dies von einer noch erheblich älteren Veröffentlichung (WERFER 1813) aus dem Raum Schwäbisch Gmünd anzunehmen ist, die auch nicht mehr überprüft werden kann. Ein aus dem Jahr 1901 stammendes Belegstück mit dem Zettel »Hdhm« [= Heidenheim?] ist unsicher. Die alte Angabe aus Konstanz von LEINER (1829) ist seither nicht mehr bestätigt worden.

Eindeutig nachgewiesen werden kann *Catocala elocata* dagegen von verschiedenen Fundorten aus der nördlichen und südlichen Oberrheinebene und einigen Randgebieten:

Mannheim und Umgebung (1934, E. ELLINGER, 1977–1983, W. KINTZL); Weinheim und Umgebung (1935–1960, H. LIENIG; 1963, R. TRABOLD); Heidelberg-Handschuhsheim (1980, R. TRABOLD); Heidelberg, Neuenheimer Feld (1985–1987, H. LAHM); Eppelheim (1978, R. BLÄSIUS); Wieblingen (1986, H. LAHM); Sandhausen (1984, F. STEUERWALD; 1991, J. BASTIAN); Wiesental (1930–1936, F. KLINGER); Büchenau (1982, H. HEIDEMANN); Karlsruhe, Stadtgebiet und Rheinwald (1960, W. IPP, 1964, J. PARTENSCKY); Ettlingen (1947–1964, P. PEKARSKY); Neuforchheim (1991, A. SCHANOWSKI); Lahr (Reutti 1853); Freiburg-Herdern (1986, I. HEGAR); Freiburg, Innenstadt (1990, J.U. MEINEKE); Kaiserstuhl, Achkarren (1954, A. GREMMINGER); Grißheim (1987, J.U. MEINEKE; 1991, R. HERRMANN).

Nach gegenwärtigem Kenntnisstand dürfte *Catocala elocata* in der Oberrheinebene auch heute noch weiter verbreitet sein. Ob dies auch auf andere Gebiete wie z.B. das Neckartal zutrifft, scheint zumindest fraglich und bedarf der Bestätigung.

Die Art wurde übrigens im Donau- und Illertal (z.B. bei Senden auf bayerischer Seite, 30.8.1932, H. LEMM, in coll. SMNS) und angeblich auch bei Ulm (1912, MAIER, kein Beleg vorhanden) in einzelnen Exemplaren gefunden.

Vertikal: Diese wärmeliebende Art ist nur in den tieferen Lagen anzutreffen. Ihr dauerhaftes Vorkommen in der planaren Stufe (Rheinebene) kann als gesichert gelten. Auf die alten Funde im Hügelland um 500 m trifft dies, zumindest aus heutiger Sicht, schon nicht mehr zu.

Phänologie

Imagines: Als Flugzeit gibt KOCH (1954) Ende Juli bis Anfang Oktober an. Dies stimmt ziemlich genau mit unseren Daten überein. Der früheste Fund datiert vom 28.7. (1933, Karlsruhe-Hardtwald, H. KESENHEIMER) (bei Sammlungstieren vom 15. und 17.7. (1951, 1952 Heilbronn, coll. WANNER könnte es sich um gezüchtete Exemplare handeln). Die spätesten Funde stammen vom 8.10. (1978, Eppelheim, R. BLÄSIUS) und 10.10. (1980, Heidelberg-Handschuhsheim, R. TRABOLD). Am häufigsten tritt die stets einzeln zu beobachtende Art zwischen Anfang August und Anfang September auf.

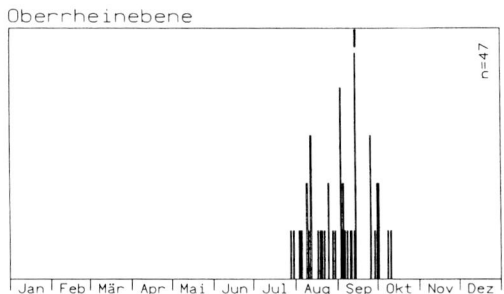

Präimaginalstadien: Aus Baden-Württemberg liegen keine phänologisch verwertbaren Meldungen zur Präimaginalbiologie vor. Drei »ex-larva«-etikettierte Falter (21.7.1933 u. 8.8.1933, Karlsruhe, H. KESENHEIMER; 9.1907, Stuttgart, coll. SMNS) zeigen jedoch, daß Freilandraupen gefunden wurden. Das Ei überwintert.

Ökologie

Lebensraum: Die Fundstellen von *Catocala elocata*, soweit Angaben dazu gemacht wurden, liegen in der Weichholzaue des Rheins (und der trocken gefallenen Aue bei Grißheim) sowie in Buchen-Eichenwäldern der nördlichen Oberrheinebene. Auffälligerweise stammt eine Reihe von Meldungen aus dem Siedlungsbereich. So fing W. KINTZL ein Tier im Stadtgebiet von Mannheim, R. BLÄSIUS meldete zwei Falter am Ortsrand von Eppelheim, H. LAHM einen am Ortsrand von Wieblingen sowie zwei im Neuenheimer Feld (Uni Heidelberg) und F. STEUER-

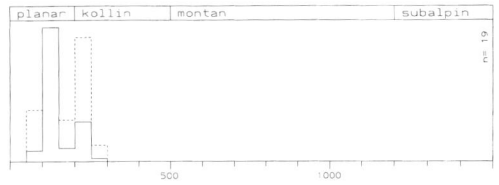

Die Raupe von *C. elocata* ist in Baden-Württemberg noch nie im Freiland gefunden worden. Das zu Vergleichszwecken abgebildete Tier (Zuchtfoto) stammt aus Wien. – K. JÄKEL. S.

WALD einen aus Sandhausen. H. HEIDEMANN teilte den Fund eines Falters auf dem Dachboden seines Hauses in Büchenau mit. In Stuttgart beobachtete PETER (1909) *Catocala elocata* an Straßenlaternen. J. PARTENSCKY fand einen Falter im Stadtgebiet von Karlsruhe, F. NIPPEL einen in Vogtsburg/Kaiserstuhl an einer Hauswand, J.-U. MEINEKE einen solchen in einem Gebäude in der Nähe der Dreisam (Freiburg).

Nahrung der Raupe: Aus Baden-Württemberg liegen uns keine verläßlichen Meldungen über Nahrungspflanzen vor. REUTTI (1898) und GAUCKLER (1909) nennen Pappel- und Weiden-Arten.

BERGMANN (1954) fand die Raupen in Thüringen an *Populus nigra* und *P. italica*. Er schreibt ferner, daß die Art nach DANNEHL in den südlichen Alpentälern bevorzugt Kopfweiden an Bachufern nutze. CALLE (1982) erweitert die Liste für Spanien noch um die Gattung *Alnus*. GÓMEZ DE AIZPURÚA (1985) bildet an *Populus tremula* fressende Raupen ab. In der Zucht hat A. STEINER *Populus x canadensis* als Raupenfutter verwendet. D. BARTSCH fand die Raupen in Griechenland zahlreich an buschförmigen Weiden (schmalblättrige Art). Sie saßen hier, zusammen mit *Catocala puerpera*, am Spätnachmittag an die Zweige geschmiegt und fraßen nachts an den Zweigspitzen (1–3 m hoch). Die besetzten Weiden standen sonnenexponiert aber luftfeucht über offenem Flußschotter.

Nahrung des Falters: Aus Baden-Württemberg kamen uns bislang nur Beobachtungen am Köder zur Kenntnis.

Habitat: Über die Habitatansprüche der Art ist aus Baden-Württemberg nichts bekannt. Zu suchen ist vornehmlich in der Weichholzaue (Salicion albae) und im Übergang zur Hartholzaue (Alno-Ulmion). Die relativ vielen Funde aus dem Siedlungsbereich legen nahe, daß auch Nahrungsbäume in Grünanlagen, Pappelalleen etc. genutzt werden könnten. Das wärmere »Stadtklima« könnte ebenfalls eine Rolle spielen.

Verhalten: Die Falter ruhen bei Tage an Baumstämmen, Mauern etc.; am Licht erscheinen sie nur spärlich. Sie kommen für gewöhnlich erst spät an den Köder. Allerdings wurde daran auch schon eine Stunde nach Sonnenuntergang einmal ein Tier beobachtet (Grißheim, August 1991, R. HERRMANN).

Gefährdung und Schutz

Rote Liste Bundesrepublik: 3
Rote Liste Baden-Württemberg: 2

Oberrheinebene: Stark gefährdet.
Schwarzwald: Nicht vertreten.
Neckar-Tauberland: Ausgestorben oder verschollen.
Schwäbische Alb: Nicht vertreten.
Oberschwaben: Nicht sicher nachgewiesen.

- In Baden-Württemberg stark gefährdet! Besonders geschützt gemäß § 20 e ff. BNatSchG.

In Baden-Württemberg muß diese Art als »stark gefährdet« eingestuft werden. Zwar gibt es noch an verschiedenen Stellen der Oberrheinebene aktuelle Einzelfunde (s. unter Verbreitung), die auf bodenständige Populationen in oder am Rande der Auenwälder hindeuten, sie lassen sich jedoch nicht quantifizieren. Für mindestens ebenso viele Fundorte gibt es keine Nachmeldungen mehr. Dies trifft vor allem auf die schon Jahrzehnte zurückliegenden Funde aus dem Neckarraum zu. Gezielte Nachsuche an den alten Fundstellen oder in deren Umkreis ist trotzdem wünschenswert. Auch in der Rheinebene sollte dieser Art, die vom Nichtfachmann leicht mit *Catocala nupta* verwechselt werden kann, mehr Aufmerksamkeit gewidmet werden.

Catocala promissa
([Denis & Schiffermüller], 1775)
Kleines Eichenkarmin

Catocala promissa ESP. (REUTTI 1898, LAMPERT 1907, SPULER 1908–1910, WARREN in SEITZ 1909–1914, REBEL 1910, ECKSTEIN 1913–1923, HERING 1932, SCHNEIDER 1936–1939, BERGMANN 1951–1955, KOCH 1954–1961, 1984, Rote Liste BRD 1984)

Gesamtverbreitung: Der Verbreitungsschwerpunkt dieser Art liegt im Mittelmeerraum. Hier kommt sie von Marokko über die Iberische Halbinsel bis Kleinasien vor. Auch in Mitteleuropa ist sie noch verbreitet. Weiter nach Norden wird *C. promissa* jedoch merklich seltener. Sie fehlt nördlich einer Linie Südengland-Südfinnland.

Verbreitung

Regional: Das Kleine Eichenkarmin ist, verglichen mit seinem größeren, ebenfalls an Eichen lebenden Verwandten (*Catocala sponsa*), von beiden die wärmeliebendere Art. Ihre dichtesten Vorkommen liegen in Baden-Württemberg in den warmen, eichenreichen Laubwäldern des Schönbuchs und Tauberlandes. Daneben existiert eine Reihe aktueller Einzelfunde, so z.B. aus der Oberrheinebene (Rastatt: Woogsee, 1976; Grißheim 1991, beide R. HERRMANN), aus dem Nekkarbecken (Markgröningen, 1986, D. BARTSCH), dem Kraichgau (Illingen, Burgberg, 1976, W. STAIB, M. WALLNER) und vom Randen (Reckingen, 1991, A. STEINER). Auch am Kocher (Laufen, 1986, F. WEBER; Künzelsau, 1991, A. EBERHARD) wurde diese Art festgestellt. Auffallend sind zahlreiche alte Funde aus Gebieten um Weinheim, Mannheim, Karlsruhe, Pforzheim, Bretten, vom mittleren Neckar und aus der Freiburger Bucht, für die keine neueren Meldungen mehr vorliegen.

Das Kleine Eichenkarmin (*Catocala promissa*) lebt, wie *C. sponsa*, ausschließlich an Eichen und ist von beiden die wärmeliebendere Art. Insofern ist seine Verbreitung noch stärker auf relativ wenige Standorte in Klimagunstgebieten (Tauberland, Schönbuch, Rheinebene) beschränkt. Für zahlreiche alte Fundstellen in der nördlichen Oberrheinebene, im Kraichgau und am mittleren Neckar gibt es keine neueren Meldungen mehr. – Tauberland, Lauda 7.83 J. PARTENSCKY. S.

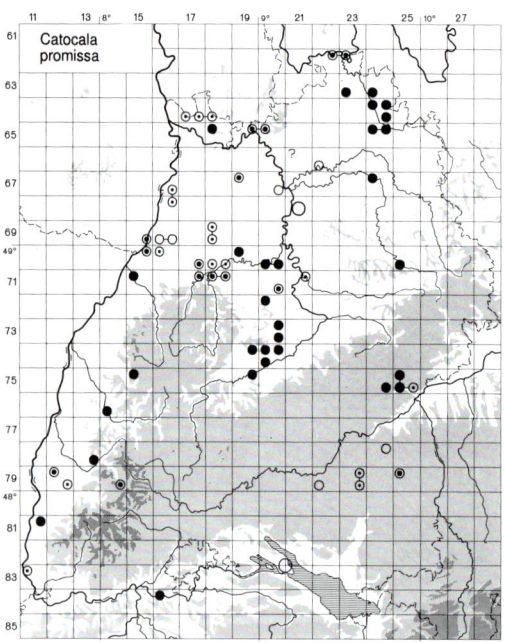

Catocala promissa fehlt im gesamten Alpenvorland. Ausnahmen sind Einzelfunde, bei denen es sich sehr wahrscheinlich um umherstreifende Tiere handelte. So meldete FUNK (1923) aus dem Federsee-Gebiet »1 Stück gegen den Schienenhof«. Gleiches trifft zu auf Sammlungstiere von »Alberweiler« (coll. LANZ in coll. SMNS) und »Enzkofen« (coll. HUBER [19.Jh.] in coll. SMNS). In Bronnen (Dürnachtal) wurde am 29.8.1954 einmal ein großes und frisches Weibchen am Licht gefangen (G. REICH). In den höheren Lagen von Schwarzwald und Schwäbischer Alb ist diese Art ebenfalls nicht vertreten. Beide Mittelgebirge werden nur am Rande bzw. in wärmeren Taleinschnitten besiedelt, wobei auch hier nicht geklärt ist, ob es sich bei den Einzelfunden (Oppenauer Steige (2.8.1986, M. MEIER; Steinach, Brückenbühl, 27.7.1990 und 5.8.1991, S. FREUNDT/P. PAUSCHERT/A. SCHANOWSKI; Kollnau, 1982, A. SCHNEIDER; Wildgutach, 1954, A. FEHRENBACH) um bodenständige oder vagabundierende Tiere gehandelt hat. Alte Funde aus dem Kleinen Lautertal (1912–1924, MAIER) sind später bestätigt worden, zuletzt 1977 (G. BAISCH) und 1980 (Gerhausen, Blautal, F. HOHENSTEINER). Ob das Kleine Eichenkarmin heute dort (Klingenstein?) noch vorkommt, ist ungewiß.

Vertikal: Die vertikale Verbreitung von *Catocala promissa* reicht von der planaren bis an die montane Stufe heran. Ihren Schwerpunkt hat sie, der Eiche folgend, im Hügelland. Funde oberhalb 500 m sind bereits selten und gründen sich auf Einzeltiere im Schwarzwald (Oppenau, 530–560 m) und am Rande der Schwäbischen Alb (Kleines Lautertal, 500–640 m).

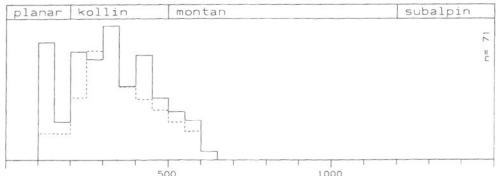

Phänologie

Imagines: Im Neckar-Tauberland, dem Hauptverbreitungsgebiet von *Catocala promissa* in Baden-Württemberg, können in günstigen Jahren frühe Falter bereits ab Mitte Juni beobachtet werden (14.6.1952, Pforzheim, Schönbiegel; 17.6.1931, Bretten; M. WALLNER). Flugzeitbeginn in normalen Jahren dürfte jedoch nicht vor Anfang Juli sein. Anfang/Mitte August wird das Häufigkeitsmaximum erreicht. Vom September liegen nur noch vereinzelte Nachweise vor, der späteste datiert vom 26.9.1958 (Eberbach, Nekkarhalde, M. CRETSCHMAR). Die spärlichen Meldungen aus der Oberrheinebene stimmen mit diesem Diagramm überein (Eckdaten: 27.6.1930, Karlsruhe, Hardtwald; 25.8.1924, Freiburg-Lehen). Etwas später scheint die Flugzeit im Schwarzwald zu beginnen (7.7.1964, Birkenfeld, W. STAIB). Die wenigen Daten von der Schwäbischen Alb liegen zwischen dem 16.8. (1991, Rekkingen, Lache, A. STEINER) und 28.8. (1980, Blaubeuren, Gerhausen, F. HOHENSTEINER).

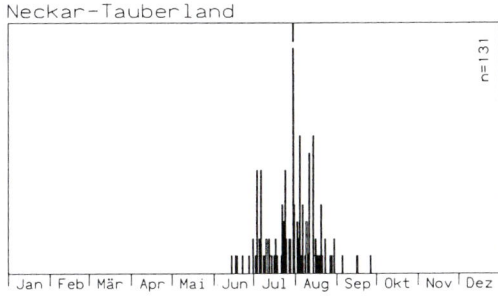

Präimaginalstadien: Überwinterungsstadium ist das Ei. Freilandbeobachtungen hierzu liegen jedoch aus Baden-Württemberg nicht vor. Von einigen Mitarbeitern (E. MARTIN, L. SETTELE; mehrere Exemplare in coll. WANNER) wurde die Art aus dem Ei gezüchtet. A. GREMMINGER verweist auf eine extrem kurze Larvalphase (»Zucht dauert knapp 3 Wochen«). Aus der Hardtebene, vom Kaiserstuhl, aus den Oberen Gäuen und vom Schönbuch und Glemswald liegen uns einige wenige Meldungen über Freilandraupenfunde zwischen dem 26. Mai (1986, Echterdingen, Weidacher Höhe, 4 Raupen, D. BARTSCH) und 15. Juli (1966, Wasenweiler, L. SETTELE) vor.

Ökologie

Lebensraum: Lichte Eichen- und Eichenmischwälder, insbesondere deren warme, sonnige Randbereiche und Waldwege, vielleicht auch noch waldnahe Feldgehölze stellen Lebensräume des Kleinen Eichenkarmin dar.

Die Raupe wurde schon mehrfach in Eichen-Hainbuchenwäldern gefunden. Als Larvalhabitat kommen aber auch sonnige Waldränder der Eichen-Ulmen-Hartholzaue (Oberrheinebene), die mit Eichen durchmischten Liguster-Schlehengebüsche kalkreicher Trockenhänge (Tauberland) und der Flaumeichenbusch (Kaiserstuhl) in Betracht (Lebensraumfoto s. u. *Meganola strigula*, Bd. 4). – Tauberland, Lauda 18.6.83 J. PARTENSCKY. S.

Nahrung der Raupe:
Quercus sp. – Eiche
  L (AIC, BAR, DAU, SET)

Wenn auch von keinem Gewährsmann eine Angabe zur Eichenart gemacht wurde, so lassen doch die Fundorte von *Catocala promissa* den Schluß zu, daß sowohl Stiel- als auch Traubeneiche als Raupennahrung in Frage kommen. In der Literatur wird verschiedentlich *Castanea* als Nahrungspflanze genannt (VORBRODT 1911–1914, CALLE 1982).

Nahrung des Falters: Beobachtungen zur Nahrungsaufnahme liegen aus Baden-Württemberg nur vom Köder vor. CALLE (1982) erwähnte eine Meldung, nach der die Art während der Dämmerung über Skabiosenblüten flog.

Habitat: L. SETTELE klopfte die Raupen von *Catocala promissa* mehrfach in Eichen-Hainbuchenwäldern (Carpinion). Im Schönbuch wurden sie außerdem an südexponierten Rändern von Buchenwäldern mit vielen randständigen Eichen gefunden (A. STEINER).

Als Habitat kommen ferner sonnige Bereiche in der Hartholzaue (Alno-Ulmion) und auf dem trockenen Flügel im Quercion robori-petraeae, eventuell auch im Quercion pubescenti-petraeae (L. SETTELE meldete Raupen vom Badberg im Kaiserstuhl) in Frage. Auch Eichenkulturen sowie mit Eichen durchsetzte Gebüsche des Berberidion und Pruno-Rubion fruticosi können möglicherweise besiedelt werden.

Verhalten: Wie bei den anderen Arten der Gattung werden die Eier einzeln oder in Gruppen in Vertiefungen der Borke abgelegt. Sie überwintern. Anfangs fressen die Raupen an Blüten- und Blattknospen. Solange sie jung sind, ruhen sie an Zweigen (BRETHERTON, GOATER & LORIMER 1983). Später suchen sie Höhlungen in der Borke auf. So berichtet AICHELE (1924) von einer ausgewachsenen *C. promissa*-Raupe, die er, zusammen mit einer solchen von *C. sponsa*, in der Umgebung von Böblingen in den Rindenritzen einer Eiche entdeckte. Bei Echterdingen fand D. BARTSCH die Raupen beider Arten an den unteren Ästen verschiedener Eichen.

Die Verpuppung erfolgt in einem Kokon zwischen Blättern oder Flechten am Stamm. F. VOGEL und R. HERRMANN fanden je einen Falter, der bei Tag in etwa 1,5 m Höhe an einem Baumstamm ruhte. Sie sind leicht aufzuscheuchen und bei sehr heißer Witterung auch am Nachmittag aktiv. Nachts kommen sie vereinzelt ans Licht.

Gefährdung und Schutz

Rote Liste Bundesrepublik: 3
Rote Liste Baden-Württemberg: 3

Oberrheinebene: Gefährdet (regional bereits ausgestorben oder verschollen).
Schwarzwald: Noch ungeklärt.
Neckar-Tauberland: Gefährdet (regional bereits ausgestorben oder verschollen).
Schwäbische Alb: Noch ungeklärt (nur randlich vorkommend).
Oberschwaben: Nicht vertreten.

- In Baden-Württemberg gefährdet! Besonders geschützt gemäß § 20 e ff. BNatSchG.

Der schon bei *Catocala sponsa* gegebene Hinweis auf eine Gefährdung der Bestände durch Nahrungskonkurrenz und chemische Bekämpfungsmaßnahmen bei Massenvermehrung von Schwammspinner und Eichen-Prozessionsspinner in warmen, lichten Eichenwäldern und an Waldrändern trifft in besonderem Maße auf *Catocala promissa* zu. Bei ihr kann sich die Schädigung der Populationen durch derartige Ereignisse noch drastischer auswirken, da diese Art, verglichen mit *C. sponsa*, noch höhere Standortansprüche hat.

Catocala electa
(Vieweg, 1790)
Weidenkarmin

Catocala electa BKH. (REUTTI 1898, LAMPERT 1907, REBEL 1910, WARREN in SEITZ 1909–1914, SPULER 1908–1910, ECKSTEIN 1913–1923, HERING 1932, SCHNEIDER 1936–1939, BERGMANN 1951–1955, FORSTER 1954–1981, KOCH 1954–1961, 1984)

Gesamtverbreitung: Die Art wird in Mitteleuropa nur an wenigen Stellen regelmäßig angetroffen. Das Gesamtareal umfaßt den nördlichen Mittelmeerraum und dehnt sich nach Osten über Griechenland, die Türkei, Zentralasien bis Korea. Die permanente Arealnordgrenze ist schwierig bestimmbar, da vagabundierende Tiere regelmäßig angetroffen werden. Meldungen aus

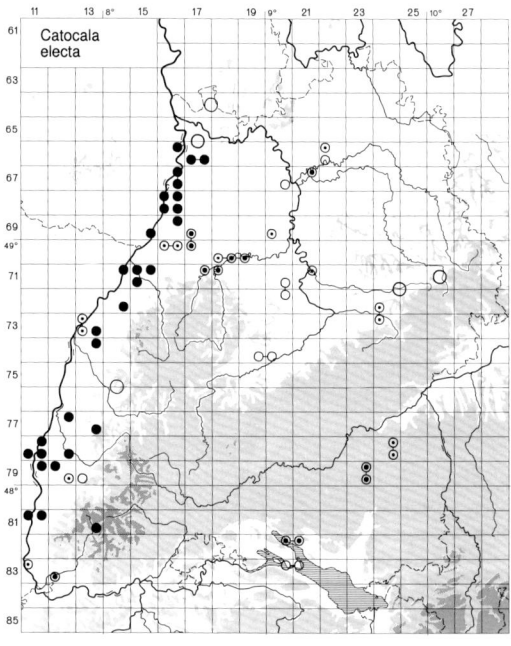

Skandinavien, England und den Benelux-Staaten gehen mit Sicherheit auf wandernde Falter zurück. Aus den östlichen Bundesländern liegen Nachweise nur bis zur Jahrhundertwende vor. HEINICKE & NAUMANN (1980–1982) vermuten hier eine regressive Arealverschiebung.

Verbreitung

Regional: Von den fünf Teilarealen, nach denen sich die Funde von *Catocala electa* in der 1. Hälfte dieses Jahrhunderts gliedern lassen, ist nur noch die Oberrheinebene übrig geblieben. Hier hat das Weidenkarmin seine größte und bisher sicherlich auch beständigste Siedlungsdichte erreicht, wie die Anzahl aktueller Funde (nach 1970) heute noch zeigt. Aus allen anderen Gebieten sind uns keine neueren Meldungen mehr bekannt. Sofern es sich bei den dort früher festgestellten, teilweise als Sammlungsbelege erhalten gebliebenen Tieren um Vertreter bodenständiger Populationen gehandelt hat, müssen diese als erloschen betrachtet werden:

Neckar-Tauberland: Roigheim (1909, e.l. E. MARTIN); Möckmühl (1897, 1900, e.l. E. MARTIN); Bonfeld (1887, 1880, SCHUMANN); Herbolzheim/Jagst (1957, 1962, R. ZENKER); Neudenau (1952, R. ZENKER); Heilbronn (1910, 1916, e.l. E. MARTIN; 1957, e.l. coll. WANNER); Cleebronn (1908, ohne nähere Angaben [coll. SMNS]); Neckargröningen (1920, ohne nähere Angaben [coll. SMNS]); Stuttgart (1883, 1884, v. SCHULER); Stuttgart-Feuerbach (1890, v. SCHULER); Eislingen/Fils (1946, H. SCHABEL); Schwäbisch Gmünd (1956, N. SCHMUNK); Tübingen (»Spitzberg, Schönbuch« ohne Zeitangaben, KAUFMANN & SCHMID 1966); Berghausen/Kraichgau (1951, A. GREMMINGER); Pforzheim: Niefern, Enzauen und Enzrücken (1935, H. ROMETSCH, K. STROBEL; 1967, R. HÄUSSER); Pforzheim: Stadtrand und Stadtmitte (1913, K. STROBEL; 1951, M. WALLNER); Birkenfeld (1951, 1952, R. HÄUSSER); Dietlingen, Steinbruch (1965, W. DÜRR).

Albvorland: Aalen (1937, ohne genaue Fundstelle, e.l. H. KAUFMANN, coll. SMNS). Kein gesicherter Nachweis von *C. electa* für diesen Naturraum!

Schwarzwald: Gengenbach (ohne nähere Angaben, REUTTI 1898); Todtnau-Schlechtnau (1972, J. ASAL); Hauingen-Haagen/Wiesetal (1952, H. HEIDEMANN).

Das Weidenkarmin (*Catocala electa*) war, alten Aufzeichnungen zufolge, noch in der ersten Hälfte dieses Jahrhunderts in den oberschwäbischen Mooren häufig. Man fand damals die Falter »häufig an Torfstichwänden sitzend«. Auch aus dem Neckar-Tauberland existieren zahlreiche alte Funde. Heute kommt diese Art nur noch an wenigen Stellen der Oberrheinebene (mit Vorbergzone) vor und muß als »stark gefährdet« eingestuft werden. – Baden-Baden (ex larva-Zucht) 7.95 A. SCHANOWSKI. S.

Nachweise für ein ehemals dauerhaftes Vorkommen dieser Art im Schwarzwald fehlen. Der von J. ASAL genau protokollierte und belegbare einzige Fund (10.8.1972, 1 ♂ am Licht) im Verlaufe vieler Beobachtungsjahre zeigt jedoch, daß einzelne Tiere immer wieder, vermutlich von der Rheinebene her, ins Bergland fliegen. Aus der Vorbergzone bei Steinbach (SW Baden-Baden) liegen Raupenfunde vor (1995, A. SCHANOWSKI).

Oberschwaben und Bodensee: Federsee (nach FUNK 1923; 1956, G. BAISCH); Warthausen (1940, G. REICH). Zu den oberschwäbischen Funden von *Catocala electa* schreibt G. REICH (Aufzeichnungen 1910–1965): »War früher 1920–50 häufig in Mooren. Federseem[oor] oft an Birkenstämmen v. M.VIII–E.IX. Rißtal-Warthausen 1.IX.41 a. Köder, 14.IX.47 a. Köder. Waldsee-Ried, häufig an Torfstichwänden sitzend. Seit 1960 kein Fund mehr.« Konstanz (LEINER 1829); Überlingen (1952 und 1958, E. COMMERELL).

Die junge Raupe erinnert in ihren Bewegungen eher an eine Spannerraupe. Als Nahrungspflanzen sind ausschließlich schmalblättrige Weidenarten wie Purpur-, Bruch- und Korbweide (einschließlich ihrer Bastarde) bekannt. – Baden-Baden 9.6.95 A. SCHANOWSKI.

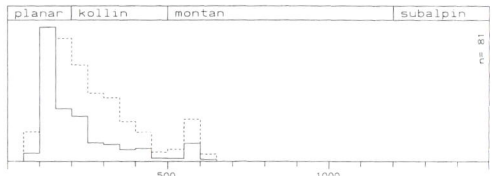

Vertikal: Der Schwerpunkt der Höhenverbreitung liegt bei dieser Art deutlich in der planaren Stufe. Vorkommen im Hügelland sind in Baden-Württemberg relativ selten; die submontane Stufe ist nur im Alpenvorland besiedelt worden. Fundmeldungen aus höher gelegenen Gebieten (Schwäbische Alb, Schwarzwald) sind ungenau oder müssen wandernden Tieren zugeschrieben werden.

Phänologie

Imagines: Ab Ende Juli werden regelmäßig die ersten Falter aus der nördlichen Oberrheinebene gemeldet. Einzelfunde vor diesem Zeitpunkt sind selten, der früheste stammt vom 10.7. (1937, Karlsruhe, Rheinwald, H. KESENHEIMER). Eine erstaunlich große Anzahl (15) frischer Falter

An der erwachsenen Raupe fällt der hellbraune Kopf und die an der Basis schwarz gerandete, oben helle Knopfwarze auf dem 8. Segment besonders auf. Auch sie besitzt auf den Abdominalsegmenten unterschiedlich große, paarig angeordnete kleine Höcker, die ihre gute Tarnung wirkungsvoll unterstützen. – Baden-Baden 2.7.95 A. SCHANOWSKI. S.

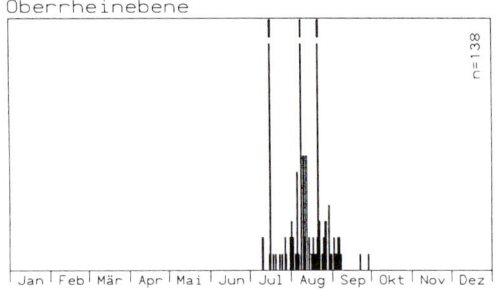

konnte 1976 gleich zu Flugbeginn am 16. Juli (Hockenheim, R. BLÄSIUS) beobachtet werden. Ansonsten werden erst ab Anfang August (8.8.1977, Leopoldshafen, Altrhein, 12 Falter, H. HEIDEMANN; 8.8.1990, Burkheim, Rheinaue, 8 Falter, H. DEZULIAN) die Falter zahlreicher an ihren Fundorten angetroffen. Ein auffälliges Maximum zeigt sich noch im ersten Augustdrittel. Anfang September reißt die durchgehende Datenbasis ab. Als später Nachzügler wird am 28.

September (1922, Freiburg, Lehen, O. SCHRÖDER in Kartei A. GREMMINGER) ein Einzeltier registriert. Die wenigen Funde aus den anderen Naturräumen liegen innerhalb dieser Zeitspanne. Eine Verschiebung des Flugzeitenmaximums ist jedoch deutlich zu erkennen. So werden im Nekkar-Tauberland im letzten Augustdrittel, in Oberschwaben sogar erst an der Monatswende August/September die höchsten Abundanzen notiert. Der späteste Fund aus Oberschwaben datiert vom 20. September (1964, Federsee-Moor, G. BAISCH).

Präimaginalstadien: Phänologisch verwertbare Freilandbeobachtungen aus Baden-Württemberg sind selten. Die Raupenfunde bei Steinbach wurden am 6., 7. und 9. Juni (1995, A. SCHANOWSKI) registriert. Überwinterungsstadium ist das Ei. Basierend auf Zuchterfahrungen gibt A. GREMMINGER eine »Puppenruhe« von 6 Wochen an.

Ökologie

Lebensraum: Ein erheblicher Teil der Falterfunde stammt aus den warmen Wäldern der Rheinaue (Weich- und Hartholzaue). Ferner werden im Oberrheinischen Tiefland, im Kaiserstuhl sowie im Schwarzwald Bruchgebiete (Murg-Kinzig-Rinne bei Rastatt!) und Bachtäler mit Feld- bzw. Ufergehölz (Weidengehölze!) von *C. electa* ebenso besiedelt wie Bruchwälder in den Moorgebieten des Alpenvorlandes. Auch aus einem Steinbruch (W. DÜRR), von einem Trümmergrundstück in Pforzheim (M. WALLNER) sowie von einer Weide aus einem Schulgarten (E. LITZELMANN) stammen Meldungen. Die Korbweiden, an denen A. SCHANOWSKI mehrere junge Raupen entdeckte, standen unmittelbar neben einem Feldweg auf der Böschung eines Grabens. Jenseits des Grabens schloß sich in einem Hochwasserrückhaltebecken ein Schilfröhricht an. Die Weiden waren ganztags voll besonnt. Ihre Stämme besaßen eine Höhe von 1–1,5 m.

Nahrung der Raupe:
Salix spec. – Weide
 L (REI)
Salix purpurea – Purpur-Weide
 L (LIT, SCÄ)
Salix fragilis – Bruch-Weide
 L (LIT, SCÄ)
Salix x viminalis – Korbweiden-Bastard
 L (SCH)

Aus Baden-Württemberg wurden bisher ausschließlich schmalblättrige Weiden als Raupennahrung bekannt.

Nahrung des Falters: U. RATZEL teilte die Beobachtung eines an überreifen Birnen am Baum saugenden Tieres mit. Die Falter lassen sich auch an den Köder locken.

Habitat: Als Habitat kommen, nach unseren bisherigen Kenntnissen, (schmalblättrige) Weiden in Silberweidenwäldern, Galeriewäldern und Bruchwäldern in Frage. Ferner werden auch einzeln oder in Gruppen stehende (Kopf-)Weiden in Niederungslandschaften, an Gräben und Bächen, auf Sukzessionsflächen u. ä. genutzt.

Verhalten: Aus dem Raupenfund an noch in Nutzung befindlichen Kopfweiden ist zu schließen, daß die Eier auf die Borke des Stammes oder größerer Äste abgelegt werden. Raupen des ersten Larvenstadiums ruhen bei Tag auf den befressenen, ganz jungen Blättern an der Triebspitze. Nach der ersten Häutung findet man sie eng an Zweige geschmiegt, einige Dezimeter von den Fraßstellen entfernt. Die Suche nach dem Aufenthaltsort erwachsener Raupen, die sich eventuell am Stamm verbergen, steht noch aus.

Wie gut die Tarnung der Raupen ist, geht aus einem Bericht von LITZELMANN (1966) hervor: »... bei einer im oberen Drittel ganz abgefressenen Zweigrute der Purpurweide (*Salix purpurea*) wollte es einfach nicht gelingen, die dazugehörige Raupe zu finden. Endlich fanden wir sie doch, ganz flach und eng an den Zweig gedrückt; gelbbraun, mit Höckern und Fransen an der Seite ... entdeckte ich nach den Sommerferien ihre blaubereifte Puppe in einem zusammengesponnen Blattgehäuse.« Die Falter werden vom Licht angelockt. Tagsüber ruhen sie gerne an Baumstämmen.

Ein recht auffälliges Merkmal der Puppe (für die Ordensbandeulen charakteristisch) ist ihre blaue Bereifung. – Karlsruhe-Daxlanden) (ex ovo-Zucht) 7.71 J. PARTENSCKY. S.

Gefährdung und Schutz

Rote Liste Bundesrepublik: 2
Rote Liste Baden-Württemberg: 2

Oberrheinebene: Gefährdet.
Schwarzwald: Noch ungeklärt (nur randlich vorkommend).
Neckar-Tauberland: Ausgestorben oder verschollen.
Schwäbische Alb: Nicht vertreten.
Oberschwaben: Ausgestorben oder verschollen.

- In Baden-Württemberg stark gefährdet! Besonders geschützt gemäß § 20 e ff. BNatSchG.

Diese bundesweit als »stark gefährdet« eingestufte Art muß auch in Baden-Württemberg in diese Kategorie gestellt werden. Wie bereits unter »Verbreitung« ausführlich erläutert, sind sämtliche ehemaligen Vorkommen außerhalb der Oberrheinebene und ihrer Randgebiete als »verschollen« zu betrachten. Ob dahinter in jedem Einzelfall das Aussterben einer Population zu sehen ist, bleibt offen. Erfassungsmodus und Verbreitungsangaben früherer Jahre (vgl. SCHNEIDER 1938:222 *C. fraxini* bis *C. electa*) führten zu keinen quantifizierbaren Aussagen. Dementsprechend können auch keine speziellen Gefährdungsfaktoren benannt werden. Die allgemeine Aussage über die Zerstörung von Feuchtbiotopen durch Eingriffe in Fließ- und Stillgewässerbereiche und ihre Begleitvegetation ist hinlänglich bekannt.

Als Raupenfundstelle konnten in diesem Falle einige Korbweidenbastarde an einem Wegrand hinter einem Graben mit anschließendem Schilfgebiet dokumentiert werden. Die Raupen saßen an den neuen Trieben. – Steinbach (Baden-Baden) 10.6.96 A. SCHANOWSKI.

Maßgebend für den Erhalt von *Catocala electa*-Populationen in der Oberrheinebene ist die Kartierung der tatsächlichen oder potentiellen Larvalhabitate (s. dazu die Ausführungen im Kapitel Ökologie). Diese sind nur teilweise nach § 24 a NatSchG geschützt. Wir empfehlen daher ihre Erfassung im Rahmen des Artenschutzprogrammes Schmetterlinge und die unverzügliche Einleitung von Sicherungsmaßnahmen.

Catocala conversa
(Esper [1787])

Gesamtverbreitung: Von Nordwestafrika (Marokko, Algerien) durch Südeuropa verbreitet, nördlich bis Südfrankreich, in die Südschweiz (Wallis), die Südalpentäler, ins östliche Österreich, Tschechien und die Slowakei, Rumänien und Südrußland vorstoßend. Weiter östlich aus Kleinasien (südlich bis zum Libanon), Armenien und dem Kaukasus bekannt.

Catocala conversa wurde von SEYFFER (1850) als angeblich in Stuttgart gefunden aufgeführt (»ich selbst habe aber den Schmetterling oder die Raupe nie beobachtet«), was auch KELLER & HOFFMANN (1861) und viel später unkritisch ECKSTEIN (1920, unter dem Namen »Stuttgarter Ordensband«!) übernahmen. Mit ziemlicher Sicherheit handelte es sich um eine Fehlbestimmung, vielleicht von *Catocala fulminea*, oder eine Fundortverwechslung (vgl. dazu auch ANONYMUS [=WARNECKE?] 1926).

Catocala fulminea
(Scopoli, 1763)
Gelbes Ordensband

Catocala paranympha L. (REUTTI 1898)
Ephesia fulminea SCOP. (WARREN in SEITZ 1909–1914, SCHNEIDER 1936–1939, BERGMANN 1951–1955, FORSTER 1954–1981, KOCH 1954–1961, 1984)

Gesamtverbreitung: *Catocala fulminea* ist von Nordspanien durch Zentralfrankreich bis zur Ostsee verbreitet. Südlich der Alpen und im Südosten (Albanien, Montenegro, Griechenland) fehlt sie oder ist sehr selten, im Osten jedoch weiter verbreitet. Über den mittleren Balkan erstreckt sich ihr Areal zum Schwarzen Meer, zum Kaukasus, bis ins südliche Sibirien und zum Pazifischen Ozean.

Verbreitung

Regional: Die gelben Ordensbandeulen, deren Mannigfaltigkeitszentrum im vorderasiatisch-mediterranen Raum liegt, sind durchweg wärmeliebende Arten. Ihr einziger Vertreter in unserem Faunengebiet, das Gelbe Ordensband, verleugnet seine ursprüngliche Herkunft nicht und besiedelt nur die wärmeren Landesteile. Hier wiederum vorwiegend die gebüschreichen Trockenhänge der Muschelkalklandschaften des Neckar-Tauberlandes (Tauberland, Bauland, die Regionen Mittlerer und Oberer Neckar einschließlich Schönbuch und Neckarbecken sowie den Kraichgau). Es ist anzunehmen, daß die Art auch an geeigneten Stellen der Oberen Gäue und im westlichen Albvorland vorkommt. Einzelne, im Gebiet von Jagst und Kocher registrierte Tiere (Künzelsau, 1965, A. EBERHARD; Laufen, 1986 und 1994, F. WEBER) könnten lokalen Populationen angehören.

Im nördlichen Oberrheinischen Tiefland ist *C. fulminea* sowohl ein Begleiter der Auenwälder – hier vor allem der sonnigen Waldmäntel der Hartholzaue – als auch der eichenreichen Wälder (mit Randgebüschen und Vorgehölzen) der Hardtebenen. Entsprechendes gilt für die Trockenaue der Markgräfler Rheinebene, für den Kaiserstuhl und die Lahr-Emmendinger Vorbergzone, wo sie an Schlehengebüschen der Lößhänge gefunden wird. Im Schwarzwald – von den wärmeren westlichen Randlagen einmal abgesehen – fehlt diese Art ebenso wie auf der Schwäbischen Alb und im gesamten Alpenvorland. Eine alte

Die gelben Ordensbandarten sind schwerpunktmäßig in den Karstgebieten Südeuropas und in den Hartlaubwäldern Vorderasiens verbreitet. In Baden-Württemberg kommt nur eine Art, das Gelbe Ordensband (*Catocala fulminea*) vor. Als wärmeliebende Art besiedelt es hier die Muschelkalklandschaften des Neckar-Tauberlandes und das Oberrheingebiet. – Oberrheinebene, Ichenheim 5.8.80 G. EBERT. LF.

Meldung aus Konstanz geht auf LEINER (1829) zurück. Für einige alte, was erste betrifft sehr unzuverlässige Meldungen wie Laupheim (1928, e.l. V. MAYER) und Schwäbisch-Gmünd (WERFER 1813) gibt es keine neueren Hinweise.

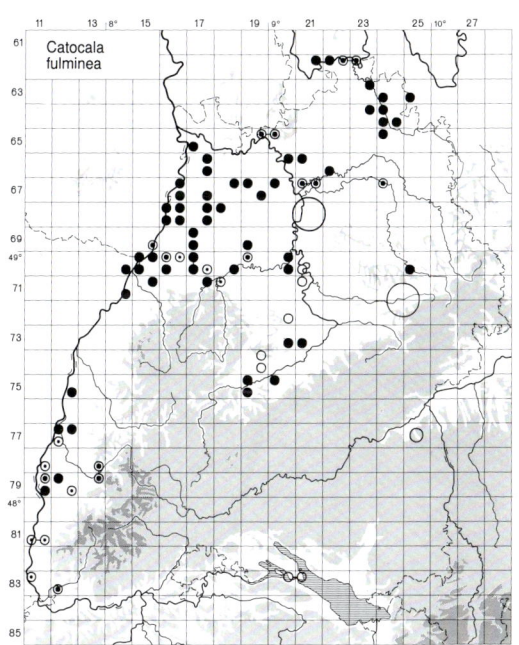

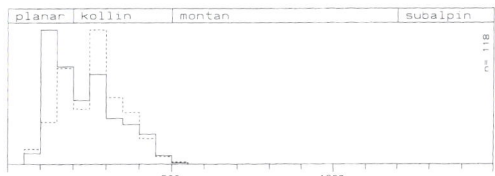

Vertikal: Die Höhenverbreitung umfaßt die planare und kolline Stufe.

Phänologie

Imagines: Die Flugzeit von *Catocala fulminea* beginnt üblicherweise Anfang Juli. Nur ein paar seltene Einzelfunde aus niederen Lagen liegen uns schon aus dem letzten Junidrittel vor (23.6.1953, Achkarren, Faule Waag, 180 m, ALBERS nach Kartei A. GREMMINGER; 29.6.1993, Ruchsen, 240–280 m, M. MEIER; 30.6.1976, Rußheim, Altrhein, 100 m, H. FEIL; 30.6.1990, Markgröningen, Rotenacker, 250–310 m, »4 ♂

Die Raupe von *C. fulminea* fällt durch einen besonders langen Rückenzapfen auf dem 8. Segment auf. Die »Fransen« an beiden Seiten dienen dem am Zweig angeschmiegten Tier zur besseren Tarnung und erinnern an den Larvenhabitus der in ihrer Lebensweise ähnlichen Glucken (Lasiocampidae: *Gastropacha* und *Odonestis*, vgl. Bd. 4, S. 80–91). – Karlsruhe-Forchheim 24.5.79 G. EBERT. M.

ganz frisch«, D. BARTSCH/D. HEIN). Als Hauptflugzeit kann der gesamte Monat Juli bis gegen Ende des ersten Augustdrittels angesehen werden. Zur Monatsmitte August nehmen die Meldungen dann rasch ab und bereits vom 26. und 30. August (1956, Karlsruhe, P. PEKARSKY) sind die jahreszeitlich spätesten Funde aus der Oberrheinebene anzuführen. Nur aus dem Kraichgau (12.9.1981, Jöhlingen, F. LAIER; 16.9.1982, Rohrbach, J. FREY) und den Kocher-Jagst-Ebenen (8.9.1965, Künzelsau, Garnberg, A. EBERHARD) liegen uns noch Meldungen bis Mitte September vor.

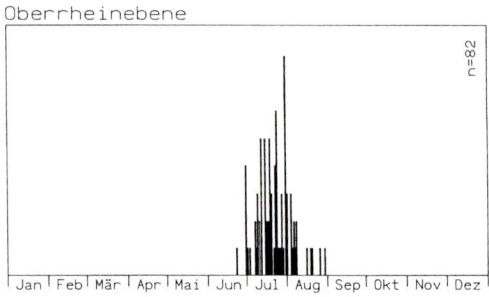

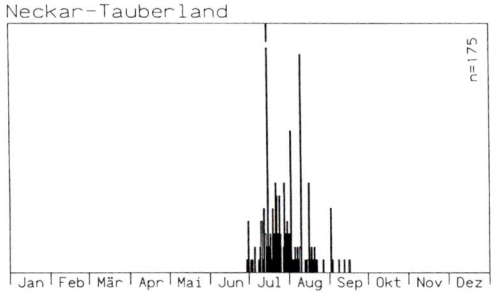

Präimaginalstadien: Wie bei dem Blauen Ordensband und allen roten Ordensbändern, so überwintert auch bei dem Gelben Ordensband das Ei. Die Art wurde oft vom Ei ab gezüchtet. »Eiablage dauert 14 Tage« (A. GREMMINGER). Ende April dürfte die Larvalphase beginnen. Ab der zweiten Maihälfte erreichen uns Meldungen von Freilandraupen, die bereits 1,5 bis 3 cm Größe aufweisen (19.5.1921, Mühlacker, A. GREMMINGER; 20. und 22.5.1986, Markgröningen, Leudelsbachtal, 5 Raupen, D. BARTSCH; 21.5.1977, Bruchsal, Gewann Berg, 5 Raupen, H. HEIDEMANN). Zahlreicher werden Anfang und Mitte Juni die Raupen von Schlehen geklopft.

Ökologie

Lebensraum: Das Gelbe Ordensband lebt in aufgelichteten Wäldern und Steppenheiden sowie an Waldrändern. In der Kulturlandschaft findet es sich in Heckenlandschaften, verbuschenden Bereichen von Halbtrockenrasen, aufgelassenen Abbaustellen, Weinbergen und trockenwarmen Steinbrüchen sowie extensiven Zwetschgen- und Pflaumenkulturen bzw. deren Brachen. Auch im Siedlungsbereich ist die Art in Parks, Friedhöfen und Gartengelände gelegentlich anzutreffen.

Nahrung der Raupe:
Prunus spinosa – Schlehe
5 L (BAR, GRE, HEI, PAR, SET, WEI)

Der Schlehe kommt in Baden-Württemberg überragende Bedeutung als Raupennahrung zu. Auch Zwetschgen sollen gelegentlich genutzt werden (REUTTI 1898). An anderen Gehölz-Rosaceen wurde die Raupe bislang kaum gefunden.
Nahrung des Falters: Außer einer Reihe von Meldungen über den Anflug an Köder liegen aus Baden-Württemberg keine Beobachtungen zur Nahrungsaufnahme des Falters vor.
Habitat: *Catocala fulminea* soll vor allem ältere Schlehen mit Eiern belegen. Als Larvalhabitat können lichte Bestände des Alno-Ulmion (Hartholzauenwald) ebenso wie des Carpinion (Eichen-Hainbuchen-Wälder) dienen.

In höherem Maße aber sind wohl deren Mäntel und Hecken für die Entwicklung der Art von Bedeutung. Hier sind die Gebüsche mesophiler und trockener Standorte zu nennen, die zu den Verbänden des Pruno-Rubion fruticosi und des Berberidion zählen. Letzteres dürfte die höchste Präferenz aufweisen. Genutzt werden können auch Zwetschgen und Pflaumen auf Obstwiesen bzw. -brachen.

Zum Lebensraum von *C. fulminea* gehören schwarzdornreiche Kalkmagerrasen wie hier im Tauberland bei Lauda, aber auch die Schlehengebüsche an sonnigen Waldrändern der Eichen-Ulmen-Hartholzaue und des Eichen-Hainbuchenwaldes. – (ohne Datum) R. TACK.

Verhalten: Die Raupen ruhen an den Ästen und Zweigen ihrer Nahrungspflanzen. Sie sind dort durch ihre rindenartige Färbung gut getarnt; der lange Fleischzapfen täuscht außerdem eine Zweigabbruchstelle vor. Die Imagines lassen sich durch Licht anlocken und kommen auch gerne an den Köder.

Gefährdung und Schutz

Rote Liste Bundesrepublik: 2
Rote Liste Baden-Württemberg: 3

Oberrheinebene: Gefährdet (regional bereits ausgestorben oder verschollen).
Schwarzwald: Nicht vertreten.
Neckar-Tauberland: Gefährdet (regional bereits ausgestorben oder verschollen).
Schwäbische Alb: Nicht vertreten.
Oberschwaben: Nicht vertreten.

- In Baden-Württemberg gefährdet! Besonders geschützt gemäß § 20 e ff. BNatSchG.

Eine rückläufige Bestandsentwicklung bis hin zum Verschwinden von Populationen und der Aufsplitterung des Areals ist in Baden-Württemberg beim Gelben Ordensband noch nicht so weit fortgeschritten, wie das vergleichsweise beim Weidenkarmin der Fall ist. Bundesweit sind beide Arten als »stark gefährdet« eingestuft. In unserem Untersuchungsgebiet kann *Catocala fulminea* derzeit noch in der Kategorie »gefährdet« verbleiben, jedoch verbunden mit der dringenden Empfehlung, die als Larvalhabitate erkannten bzw. bereits kartierten Waldmäntel mit Vorgehölzen und Gebüsche an Trockenhängen in der Oberrheinebene, im Kaiserstuhl und im Neckar-Tauberland im Rahmen des Artenschutzprogrammes Schmetterlinge als »Gehölzbestände und Gebüsche« zu erfassen und Sicherungsmaßnahmen einzuleiten.

Catocala nymphaea
(Esper, [1787])

Ephesia nymphaea ESP. (DRAUDT in SEITZ 1931–1938, FORSTER 1954–1981, HARTIG & HEINICKE 1973)

Gesamtverbreitung: Nordafrika, Südeuropa, Vorder- und Mittelasien bis Irak, Iran, Afghanistan und Kaschmir. In Südeuropa nördlich bis zur Grenze der mediterranen Hartlaubzone verbreitet; darüber hinaus nur als sehr seltener Wanderfalter auftretend. Die von GÓMEZ DE AIZPÚRUA (1987) veröffentlichte Verbreitungskarte ist unrichtig: sie zeigt ein Areal, das ganz Bayern und den größten Teil Baden-Württembergs (außer dem Südschwarzwald) umfaßt.

Die große Einwanderungswelle von 1987 hat auch in Baden-Württemberg Spuren hinterlassen: Am 21.7.1987 fing W. SCHÄFER ein Exemplar im Wildgutachgebiet im Schwarzwald (REZBANYAI-RESER & SCHAEFER [recte SCHÄFER] 1989). Aus Deutschland liegt ein weiterer Nachweis vom 20.7.1987 in Zwickau (Sachsen) vor (HEINICKE & VIERHEILIG 1988), aus Österreich vom 28.7.1987 vom Timmelsjoch bei 2220 m (HUEMER & TARMANN 1993), und in der Schweiz wurden vom 18.7. bis 19.8.1987 nicht weniger als 46 Exemplare registriert. Aus Frankreich und Spanien wurden in diesem Jahr Massenauftreten von *C. nymphaea* (und anderen gelben Ordensbandarten) gemeldet (ESSAYAN 1989, REZBANYAI-RESER & SCHAEFER 1989). Offenbar hat der hohe Populationsdruck das Wanderverhalten ausgelöst.

Minucia lunaris
([Denis & Schiffermüller], 1775)

Braunes Ordensband

Pseudophia lunaris SCHIFF. (REUTTI 1898, LAMPERT 1907, SPULER 1908–1910, REBEL 1910, ECKSTEIN 1913–1923, HERING 1932)

Gesamtverbreitung: Von Algerien und Marokko im Südwesten bis England und Südschweden im Norden. In weiten Teilen Norddeutschlands, Skandinaviens, in den Baltischen Staaten und in Nordpolen fehlt die Art. Östlich dringt sie bis Vorderasien vor.

Verbreitung

Regional: Das Braune Ordensband kommt in Baden-Württemberg in warmen, eichenreichen Wäldern der Rheinebene vor, stellenweise auch noch im angrenzenden Hügelland (Kraichgau bis unterer Neckar) sowie in einzelnen Eichenniederwäldern und an wärmebegünstigten Eichenstandorten des westlichen Schwarzwaldes. Außerhalb dieses Gebietes kennen wir nur noch einen zuverlässigen Fund (Tauberland) aus der Zeit nach 1970.

Die alten Landesfaunen geben keinen näheren Aufschluß über Bodenständigkeit oder Wanderverhalten dieser Art. SEYFFER (1850) bezeichnet sie für Stuttgart als »selten«, für Tübingen und Reutlingen als »nicht selten« und fügt hinzu »In Stuttgart ... stets zur Zeit wenn es *Agl. Tau* gibt,

beobachtet.« SCHNEIDER (1938) machte daraus »Im Gebiet nur in Eichenwäldern verbreitet, mal häufig, dann wieder längere Zeit fehlend.« Tatsächlich existieren aus dem Raum Stuttgart nur diese alten SEYFFERschen Angaben. Hinzu kommen zwei Sammlungsbelege aus dem Jahr 1885 (v. SCHULER, coll. SMNS), die allerdings keinen verläßlichen Nachweis darstellen. Interessant sind die folgenden Beobachtungen aus dem nördlichen Oberschwaben:

24.6.1952 Bronnen, 1 ♂, G. REICH (»erster Fund im Gebiet«).
14.5.1953 Ummendorfer Ried, G. REICH (»am Köder«).
12.6.1953 Bronnen, 1 ♀, G. REICH.
21.6.1954 Bronnen, 1 ♂, G. REICH.
26.6.1954 Biberach, 1 ♀, G. BAISCH.
20.6.1959 Federseemoor, G. BAISCH.

Seitdem sind keine weiteren Beobachtungen mehr hinzugekommen, ausgenommen 8 gezüchtete Falter aus dem Jahr 1978 (Ringschnait, WÖHRLE, coll. SMNS), deren Herkunft jedoch unsicher sein dürfte. Ein alter Sammlungsbeleg (Heudorf, Krs. Riedlingen, TROLL, coll. SMNS) ist aus dem Jahr 1877 bekannt.

Die zeitliche Nähe dieser oben aufgelisteten Funddaten läßt auf eine zeitweilige Bodenständigkeit von *M. lunaris* in den 50er Jahren schließen. Sie hängt möglicherweise mit dem zeitglei-

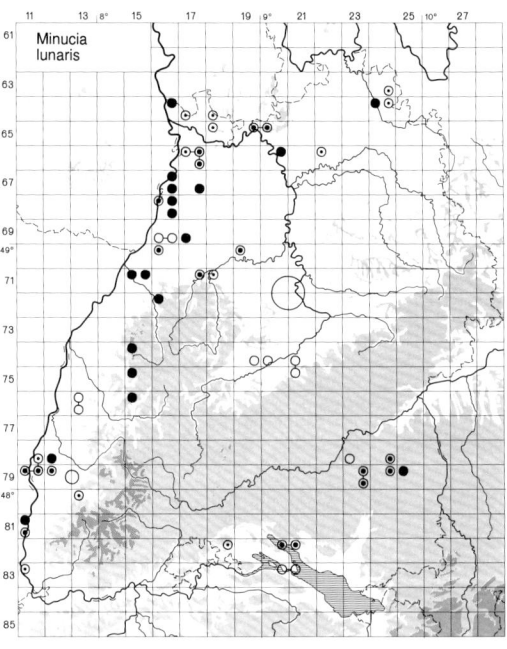

Beim Braunen Ordensband (*Minucia lunaris*) erinnert nur das dunkle Band auf den Hinterflügeln sowie die Gestalt seiner Raupe noch entfernt an die unter sich viel ähnlicheren »echten« Ordensbandeulen. Seine Heimat sind die Flaumeichenwälder des Mittelmeerraumes. Bei uns kommt es nur in warmen Gebieten wie der Oberrheinebene vor. – Philippsburg (e. l. A. SCHANOWSKI leg.) 10.5.96 A. STEINER. S.

chen Auftreten dieser Art in anderen Gebieten außerhalb der Rheinebene zusammen:

1.7.1951 Schriesheim, H. LIENIG.
20.5.1951 Illingen, W. STAIB.
26.4.1952 Birkenfeld, W. STAIB.
22.5.1953 Birkenfeld, R. HÄUSSER.
19.6.1954 Überlingen, E. COMMERELL.
15.5.1957 Eberbach, M. CRETSCHMAR.

Zum ersten dieser Funde ist zu sagen, daß es sich dabei um mehrere Raupen handelte, die auf einem riesigen, mit Rotem Fingerhut dicht bewachsenen Kahlschlag an Eichenbüschen saßen (Tagebucheintragung H. LIENIG). Diese Beobachtung erinnert an das Jahr 1950, wo auf ausgedehnten Kahlschlagflächen bei Nürnberg (mit Wald-Weidenröschen bewachsen) die Raupen des Labkrautschwärmers (*Hyles gallii*) sehr häufig waren (MEIER & WITTSTADT 1951). Ob auch *M. lunaris* zu den Migranten dieses bekannt günstigen Wanderfalterjahres gehörte und an solchen und ähnlichen Stellen vorübergehend neue Populationen begründete?

Das Vorkommen von *Minucia lunaris* im Oberrheinischen Tiefland und seinen Randgebieten ist seit Mitte des 19. Jh. belegt: »Verbreitet, überall aber selten ... Freiburg (Lorettoberg etc.), Dinglingen, Karlsruhe, Heidelberg« (REUTTI 1853).

Seitdem können für diese Region folgende Beobachtungsjahre aufgezählt werden:

1896, 1905, 1908, 1922–1926, 1930, 1933–1934, 1936, 1939, 1942, 1951–1955, 1959, 1960–1961, 1965–1967, 1969–1971, 1973–1975, 1977–1979, 1985, 1988, 1993, 1995.

Aus dem Schwarzwald sind folgende Funde zu nennen:

17.5.1982 Gaggenau-Hörden, R. HERRMANN.
3.6.1988 Seebach, Bosenstein, N. HIRNEISEN/ A. STEINER.
10.6.1988 Oppenau, An der Steig, M. MEIER.
2.6.1989 Oberwolfach, S. FREUNDT/P. PAUSCHERT.

Aus dem Tauberland wurde *M. lunaris* von Pfarrer K.A. SEITZ von Zimmern als selten angegeben (ohne Meldedaten, nach Kartei A. GREMMINGER). Ein weiterer uns von dort bekannter Fund stammt aus Lauda (6.6.1973, R. TACK, Beleg in coll. F. KIRSCH). Aus dem Bauland/ Unterer Neckar liegt uns ein neuerer Sammlungsbeleg vor (14.6.1981, Mosbach, U. BAUER, coll. LNK). Ein altes Sammlungstier ist mit Roigheim (23.5.1908 e.l. E. MARTIN, coll. SMNS) bezettelt. Aus Pforzheim sind nur alte Funde aus den Jahren 1929 und 1931 bekannt (K. STROBEL).

Die wechselnde Häufigkeit und das vielerorts nur in bestimmten Jahren registrierte Erscheinen des Braunen Ordensbandes ist schon früher diskutiert worden. Sowohl in Böhmen als auch in Pommern (Raum Stettin) wurde ein Zusammenhang zwischen dem Auftreten von *M. lunaris* und dem späten Austrieb der Eichen aufgrund von Frühjahrsfrösten oder Maikäferjahren (Johannistrieb!) festgestellt (URBAHN 1936). Andere Freilandbeobachtungen bestätigen, »daß der Massenwechsel, das An- und Abschwellen der Individuenzahl, von *M. lunaris* vor allem von dem Vorhandensein junger Eichentriebe beeinflußt wird« (LEDERER 1943).

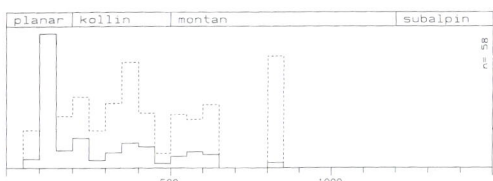

Vertikal: Falternachweise liegen gehäuft von der Ebene und – in geringerer Anzahl – aus dem Hügelland vor. Daß die Art aber auch an klimatisch günstigen Stellen (warme Hänge mit Eichenbeständen) des Berglandes gefunden werden kann, zeigen Meldungen aus dem Schwarzwald bis 810 m (Seebach, Bosenstein). Es ist allerdings zu vermuten, daß es sich dabei um aus niedrigeren Lagen zugeflogene Tiere handelt.

Phänologie

Imagines: In der Oberrheinebene ist fast der gesamte Monat Mai (früheste Beobachtung: 5.5.1923, Ihringen, E. BROMBACHER) bis Anfang Juni als Hauptflugzeit von *Minucia lunaris* anzusehen. Danach dünnt die Datenbasis schnell aus und nach dem 20. Juni liegen uns nur noch drei Meldungen aus der nördlichen Oberrheinebene vor, die späteste datiert vom 3. Juli (1936, Karlsruhe, Hardtwald, »1 verspät. ♀«, A. GREMMINGER). Der früheste Falterfund stammt aus den Schwarzwald-Randplatten (26.4.1952, Birkenfeld, W. STAIB). Von dort liegen vereinzelte Nachweise noch bis Mitte Juni vor. Auch im Neckar-Tauberland reichen die Beobachtungen nur bis zu diesem Zeitpunkt (spätester Nachweis: 14.6.1981, Mosbach, U. BAUER). Hier und in Oberschwaben gruppieren sich die Fundmeldungen insgesamt etwas später als in der Oberrheinebene auf eine enge Zeitspanne zwischen Mitte Mai und Mitte/Ende Juni. Der späteste Nachweis von Oberschwaben kommt aus dem Dürnachtal (26.6.1954, Bronnen, G. REICH).

Die Bewegung der langgestreckten, jungen Raupe ist wegen der fehlenden mittleren Bauchfüße eher spannerähnlich. Sie frißt nur zarte, frische Eichentriebe und lebt deshalb bodennah an Stockausschlägen und kleinen Büschen oder etwas höher an frisch austreibenden Ästen. – Philippsburg 19.6.95 A. SCHANOWSKI.

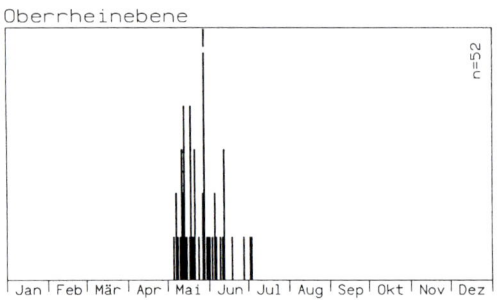

Präimaginalstadien: Im Gegensatz zu den »echten« Ordensbändern (*Catocala, Ephesia*) überdauert bei *Minucia lunaris* nicht das Ei die kalte Jahreszeit sondern die Puppe. Die Eiphase ist recht kurz. A. GREMMINGER erhielt von einem Weibchen, das er am 3. Juli (1936, s.o.) fand, eine Eiablage. Bereits nach 7 Tagen schlüpften die Jungräupchen. Zur gleichen Zeit beobachtete er auch Raupen im Freiland (Karlsruhe, Hardtwald). Aus der Oberrheinebene kommen Funde von Jungraupen am 19.6.1995 hinzu (A. SCHANOWSKI). Weitere Freilandbeobachtungen meist halberwachsener bis erwachsener Raupen gelangen zwischen dem 1.7. (1925, Graben, A. GREMMINGER) und 19.7. (1924, Kaiserstuhl, O. SCHRÖ-

DER). Am 3.7. (1930, Ihringen) konnte E. BROMBACHER 5 Raupen notieren. Die Larvalphase muß im Freiland sehr schnell ablaufen. Hierauf deutet eine jahreszeitlich ungewöhnlich frühe Beobachtung einer erwachsenen Raupe am 31. Mai (1953, Grißheim, A. GREMMINGER) hin.

Ökologie

Lebensraum: Das Braune Ordensband fliegt in lichten Eichen(misch)wäldern und an deren Rändern. Dabei handelt es sich vor allem um reich strukturierte, sonnige Waldränder, aber auch um Binnensäume, Lichtungen und breite Wegränder. Hinzu kommen Steppenheiden, Schläge und Schonungen sowie Hecken mit eingestreuten Eichen.

Nahrung der Raupe:
Quercus robur – Stiel-Eiche
  L (SCH)
Quercus spec. – Eiche
  L (GRE, KIN, LIE, SCR)

Der Fund eines Falters in einem ehemaligen Traubeneichen-Schälwald im Mittleren Schwarzwald (S. FREUNDT/P. PAUSCHERT) macht wahrscheinlich, daß auch *Quercus petraea* als Raupennahrung dient. Ob auch Flaumeiche oder Roteiche angenommen werden, wäre noch zu klären.

Die jungen, zarten Eichenblätter werden offenbar bevorzugt gefressen. Nach BRETHERTON, GOATER & LORIMER (1983) werden selbst von Mehltau befallene Blätter aufgenommen. Zwischen Weinheim und Schriesheim klopfte H. LIENIG einige Raupen von *Quercus*-Büschen. Weitere Angaben über Raupenfunde, die insbesondere von (leicht zugänglichen) Eichenstockausschlägen und -büschen stammen, liegen aus unserem Untersuchungsgebiet vor (REUTTI 1898, GAUCKLER 1897, A. Gremminger [Kartei], W. KINTZL) oder können in der Sekundärliteratur nachgelesen werden (BERGMANN 1954, FORSTER 1971, BRETHERTON, GOATER & LORIMER 1983). Daraus wird – möglicherweise voreilig – eine Bevorzugung junger, niedriger Eichen gefolgert.

Nahrung des Falters: A. GREMMINGER notierte in seiner Kartei eine Beobachtung vom 8.5.1925 an blühender Berberitze. Ob es sich dabei tatsächlich um einen Blütenbesuch handelte, bleibt unklar. Die Falter suchen den Köder auf.

Habitat: Bei Philippsburg gelang im Juni 1995 der Fund mehrerer Jungraupen (A. SCHANOWSKI). Abgesucht wurden frische Triebe von randständigen Stieleichen sowie Stockausschläge an einem N-NW exponierten Waldrand. Der Erfolg stellte sich erst nach längerer Suche an einem die Krautschicht des Weg-/Waldrandes kaum überragenden Eichenbusches ein. Die Raupen saßen einzeln in etwa 20 bis 30 cm Höhe. Die jüngste, maximal wenige Tage alte, fand sich auf einem erst in Entfaltung begriffenen Blatt. Die anderen, die schon die erste Häutung hinter sich hatten, fraßen an voll entfalteten, aber noch weichen Blättern. Später konnte auch in etwa 1,5 m Höhe an einem frisch austreibenden Ast einer am Waldrand stehenden Eiche eine weitere Raupe festgestellt werden. Es werden also durchaus nicht nur Büsche belegt. Inwieweit auch der Johannistrieb in der Krone größerer Bäume als Raupennahrung genutzt wird, ist unklar.

Habitat des Braunen Ordensbandes sind die Wälder des Carpinion, des Quercion robori-petraeae sowie des Quercion pubescenti-petraeae. Hier werden Bestände besiedelt, in denen Eiche in der Strauchschicht vorhanden ist, freigestellte Eichen Wasserreiser am Stamm ausbilden, ferner Stockausschläge auf Hiebsflächen, Eichenschonungen und die Waldränder. W. KINTZL fand bei Mannheim (Kollekturwald) Raupen an jungen Eichenbüschen einer Baumschule. Lokal profitiert die Art sicherlich von der kleinflächigen Wiederaufnahme der traditionellen Schäleichennutzung im mittleren Schwarzwald.

Verhalten: Jungraupen sitzen, nach den Beobachtungen bei Philippsburg, auf der Blattunterseite. Erst später ruhen sie am Zweig. Die Falter lassen sich bei Tage aus der Laubstreu aufscheuchen. Sie kommen ans Licht. Bei Muggensturm (Oberrheinebene) konnten sie jährlich (zwischen 1967 und 1973) in den Nachmittagsstunden beobachtet werden, wie sie unstet über Glatthaferwiesen flogen, die an einen eichenreichen Waldrand angrenzten (R. HERRMANN).

Gefährdung und Schutz

Rote Liste Bundesrepublik: 3
Rote Liste Baden-Württemberg: 3

Oberrheinebene: Gefährdet (regional ausgestorben oder verschollen).
Schwarzwald: Noch ungeklärt.
Neckar-Tauberland: Noch ungeklärt.
Schwäbische Alb: Nicht vertreten.
Oberschwaben: Noch ungeklärt.

• In Baden-Württemberg gefährdet! Besonders geschützt gemäß § 20 e ff. BNatSchG.

Da man nicht weiß, ob und inwieweit sich die heimischen Populationen durch Zuwanderung ergänzen, ist eine Einschätzung der Gefährdungssituation bei *Minucia lunaris* schwierig. Für die Oberrheinebene ist sie sicherlich durch Eingriffe

Die erwachsene Raupe ist bräunlichgrau, mit schwacher, bandartiger Rückenzeichnung und zwei kleinen Höckern vor dem letzten Segment. Wie diejenigen der Ordensbandeulen schmiegt sie sich eng an die Zweige ihrer Nahrungspflanze an (Astmimese). – Philippsburg 2.7.95 A. SCHANOWSKI. S.

Das Larvalhabitat befand sich hier an einem sonnenexponierten Waldrand der nördlichen Oberrheinebene. Auf dem kleinen Eichenbusch saßen mehrere Jungraupen. Da es sich um einen befahrenen Wald- und Feldweg handelte, in den die Wirtspflanze hineinragte, waren sie akut gefährdet. – 19.6.95 A. Schanowski.

in den Lebensraum wie z. B. die chemische Bekämpfung von Forstschädlingen (s. unter *Catocala sponsa* und *C. promissa*) sowie Säuberungsaktionen an Waldrändern und ähnliche Maßnahmen im Grenzbereich Wald/Feldflur gegeben. Im Schwarzwald hängen Fortbestand oder Besiedlung vom Erhalt einzelner, sowieso nur noch kleinparzellig vorhandener Eichenniederwälder (ehemaliger Eichenschälwald) und einzelner Eichenstandorte ab. Für das Neckar-Tauberland und das Alpenvorland sind keine konkreten Aussagen möglich.

Ophiusa tirhaca
(Cramer, 1777)

Pseudophia tirhaca Cr. (Lampert 1907, Rebel 1910)
Pseudophia tyrrhaea Cr. (Spuler 1908–1910) (unberechtigte Emendation)
Anua tirhaca Cr. (Draudt in Seitz 1931–1938)

Gesamtverbreitung: Eine altweltlich tropisch-subtropisch verbreitete Art, die von Afrika bis Indo-Australien vorkommt. In Europa bewohnt sie das Mittelmeergebiet und kommt nördlich bis in einige Südalpentäler (Gardaseegebiet) vor.

Die Art wurde von Keller (1839) in ziemlich vager Ausdrucksweise unter anderem aus dem Freiburger Raum erwähnt, was sicherlich auf eine Fundortverwechslung oder Fehlbestimmung zurückgeht.

Dysgonia algira
(Linnaeus, 1767)

Grammodes algira L. (Lampert 1907, Spuler 1908–1910, Rebel 1910)
Ophiusa algira L. (Corti & Draudt in Seitz 1931–1938)

Gesamtverbreitung: Nordwestafrika (Marokko, Algerien), europäische Mittelmeerländer, nördlich bis Mittelfrankreich, Südalpen, Ost-Österreich, Slowakei, Rumänien und Südrußland, ferner Vorderasien (Zypern, Türkei, Irak). Wegen Verwechslung mit der subtropischen *Dysgonia torrida* (Guenée, 1852), die in Europa in Südspanien, Malta und auf dem Balkan nachgewiesen wurde, ist die weitere Verbreitung noch unklar.

Diese Art will H. Herrmann (1976) am 23.8.1959 bei Unterbränd in der Baar als Raupe an *Salix caprea* gefunden haben. Das Tier soll sich am 12.9. verpuppt und am 22.7.1960 den Falter ergeben haben. Merkwürdig erscheint das späte Schlupfdatum, da die 1. Generation im Freiland bereits ab Mai fliegt.

In den letzten Jahren wurde *Dysgonia algira* mehrmals in unserem Untersuchungsgebiet gefunden und zwar am 1.7.1992 (Kippenheim, 1 Falter am Haus, J.U. Meineke), am 23.6., 13.8. und 21.8.1993 (Eimeldingen, je 1 Falter am Licht, der vom 21.8. bereits abgeflogen, F. Nant-

Bei diesem schon etwas »exotisch« anmutenden Nachtfalter handelt es sich um die südliche *Dysgonia algira*, die in jüngster Zeit öfters im Raum Weil-Lörrach gefunden wurde. Bis jetzt ist noch nicht bekannt, ob es sich in allen registrierten Fällen um Zuwanderung oder vielleicht, aufgrund warmer Sommer und milder Winter, um eine zumindest zeitweilige Bodenständigkeit handelt. – Eimeldingen 13.8.93 F. Nantscheff. LF.

Die Raupe (hier im dritten Häutungsstadium) ist in Baden-Württemberg noch nicht gefunden worden. Sie lebt polyphag. Bei uns wäre sie beispielsweise an Brombeeren zu suchen. Sollte sich der Trend zu warmen Wintern festigen, müßte in den Wärmegebieten des südbadischen Raumes auf sie geachtet werden. – Aosta (ex ovo-Zucht) 12.9.95 H. LUSSI. S.

SCHEFF) und am 16.6.1993 und 30.7.1994 (Friedlingen, je 1 Falter in der Wohnung, D. FRITSCH). Ein weiterer Falter wurde in Weil am Rhein, unmittelbar an der Landesgrenze, am 5.6.1993 in Brombeeren ruhend gefunden (D. FRITSCH).

Wie diese überprüften Funde aus dem südbadischen Raum zeigen, ist ein sporadisches aktives Einwandern (oder passive Verschleppung?) bei dieser Art durchaus möglich. Das Auftreten in mehreren aufeinanderfolgenden Jahren während einer Periode mit milden Wintern und in einem ausgesprochen wärmebegünstigten Gebiet wirft sogar die Frage auf, ob sich *D. algira* im Raum Südbaden/Elsaß/Nordschweiz über mehrere Jahre hinweg fortpflanzen kann.

Lygephila lusoria
(Linnaeus, 1758)

Toxocampa lusoria L. (REUTTI 1898, LAMPERT 1907, SPULER 1908–1910, WARREN in SEITZ 1909–1914, REBEL 1910, ECKSTEIN 1913–1923, HERING 1932, SCHNEIDER 1936–1939)

Gesamtverbreitung: Südeuropa mit Ausnahme der Iberischen Halbinsel (westlich bis Südfrankreich), nördlich bis in die Südwestschweiz (Wallis), die Alpensüdtäler, Ostösterreich (Niederösterreich, Wien, Burgenland) und die Slowakei. Weiter östlich durch den Balkan und Kleinasien bis Iran, Afghanistan und West-Turkestan.

Lygephila lusoria ist eine mediterrane Art, von der *Lygephila pastinum* erst relativ spät abgetrennt wurde (TREITSCHKE 1826). Es dauerte lange, bis man beide Arten sicher unterscheiden konnte und erkannte, daß *Lygephila lusoria* nördlich der Alpen nicht vorkommt. Aus Baden-Württemberg wurde sie noch von SEYFFER (1850), REUTTI (1853), KELLER & HOFFMANN (1861, bereits mit Fragezeichen), LAMPERT (1893, 1907) GAUCKLER (1896, 1898, 1909, 1921) und REUTTI (1898) gemeldet. In allen diesen Fällen dürfte es sich um Fehlbestimmungen von *Lygephila pastinum* oder gar anderen *Lygephila*-Arten gehandelt haben (in coll. SMNS existiert eine *Lygephila viciae* mit dem Etikett »*T.[oxocampa] lusoria* L. Württemb.[erg] SEYFF.[ER] [18]52«). Die alten Angaben aus der Pfalz (LINZ 1847, BERTRAM 1859, GRIEBEL 1909) konnten ebenfalls nicht bestätigt werden (HEUSER, JÖST & ROESLER 1962). Trotzdem gab noch FORSTER (1971) kritiklos »Südwestdeutschland« an.

Lygephila ludicra
(Hübner, 1790)

Eccrita ludicra HBN. (REUTTI 1898, LAMPERT 1907, SPULER 1908–1910, REBEL 1910, ECKSTEIN 1913–1923, FORSTER 1954–1981, HARTIG & HEINICKE 1973)

Gesamtverbreitung: Von West-Turkestan über Transkaspien, das Kaukasusgebiet und Südrußland bis nach Ungarn und ins östliche Österreich (Niederösterreich, Wien, Burgenland) verbreitet.

Lygephila ludicra soll nach REUTTI (1898) »einmal von HÜBSCH bei Engen gefangen« worden sein. ECKSTEIN (1920) hat diese Angabe unkritisch übernommen. Mit großer Wahrscheinlichkeit handelte es sich um eine Fehldetermination.

Lygephila pastinum
(Treitschke, 1826)

Nierenfleck-Wickeneule

Toxocampa pastinum TR. (REUTTI 1898, LAMPERT 1907, SEITZ 1907–1954, SPULER 1908–1910, REBEL 1910, ECKSTEIN 1913–1923, HERING 1932, BERGMANN 1951–1955, KOCH 1954–1961, 1984)
Toxocampa pastinum FR. (SCHNEIDER 1936–1939)(lapsus calami)

Gesamtverbreitung: Die Arealsüdgrenze verläuft vom Norden der Iberischen Halbinsel über Südfrankreich und den Südrand der Alpen zur adriatischen Küste und über die Karpaten bis zur Halbinsel Krim und dem Kaukasus. Im Norden geht die Art bis England und Westnorwegen. Östlich werden Zentralasien, Nordchina, Ostsibirien und Japan erreicht.

Die Nierenfleck-Wickeneule (*Lygephila pastinum*) ist unter den drei einheimischen Arten dieser Gattung nicht nur die häufigste, sondern auch die am leichtesten zu bestimmende. Untrügliches Kennzeichen ist die schmale, scharfrandige Nierenmakel auf den Vorderflügeln. – Mühlheim/Donau 8.7.94 H. Lussi. LF.

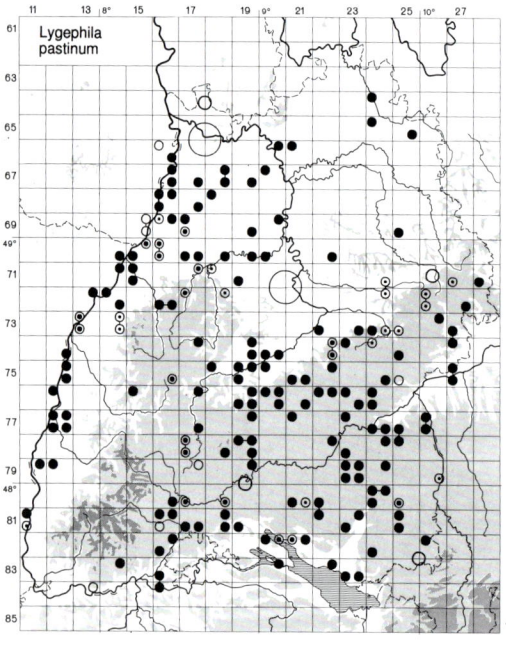

Verbreitung

Regional: Von den drei *Lygephila*-Arten, die in Baden-Württemberg vorkommen, ist *L. pastinum* die hier am weitesten verbreitete. Ihr Areal erstreckt sich über alle Hauptnaturräume. Aus dem Schwarzwald sind allerdings nur einzelne Funde bekannt (Schwarzwald-Nordrand bei Pforzheim, K. Strobel; Eyachtal bei Höfen, M. Wallner; Reichental, G. Ebert; Freudenstadt, E. Kiefer; Oberwolfach, S. Freundt/P. Pauschert). Die wenigen Fundpunkte in den Schwäbisch-Fränkischen Waldbergen und in den nördlich angrenzenden Gebieten (Kocher-Jagst- und Hohenloher-Haller-Ebene) dürften – mehr noch als im Schwarzwald – auf Kartierungsdefizite zurückzuführen sein.

Die größte Nachweisdichte liegt aus der Oberrheinebene und dem angrenzenden Kraichgau, von der Schwäbischen Alb und den nördlich und westlich anstoßenden Gebieten (Schönbuch, Obere Gäue, westliches Albvorland) sowie aus dem gesamten Alpenvorland und den westlich sich anschließenden Regionen (Hegau, Alb-Wutach-Gebiet, Klettgau) vor.

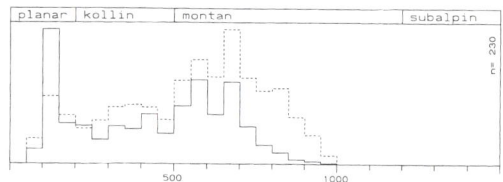

Vertikal: *Lygephila pastinum* kommt in Baden-Württemberg von der Ebene bis in das höhere Bergland vor, wobei ein Schwerpunkt im submontanen Bereich sichtbar wird. Die höchsten bis jetzt ermittelten Fundstellen liegen auf den Höhen der Schwäbischen Alb um 900 m (Bubsheim, Kirchberg, E. Bauer/B. Traub).

Phänologie

Imagines: Koch (1954) und Heinicke & Naumann (1980–1982) geben nur eine einzige jährliche Flugperiode von Ende Mai bis Ende August an. Forster (1971) nennt ebenfalls nur eine Generation für Norddeutschland, »weiter südlich von Ende Mai bis August, an günstigen Stellen eine 2. Generation Ende August und September«. Dies trifft in dieser Form ziemlich genau für die Oberrheinebene zu. Deutlich baut sich hier eine 1. Gen. von Mitte/Ende Mai (früheste Beobachtung: 9.5.1992, Kippenheim [Ortsgebiet], J.U.

MEINEKE) bis Mitte Juli auf. Einer fast falterlosen Zeit Mitte Juli folgt eine schwächer entwickelte 2. Gen. von Ende Juli/Anfang August bis Mitte September (20.9.1984, Hochstetten, Rohrköpfle, H. BAUMGÄRTNER). In den anderen Hauptnaturräumen ist diese Zweigipfeligkeit im Diagramm nicht entwickelt. Im Neckar-Tauberland (letzte Meldung: 6.9.1971, Bühlertann, E. LANGER) und besonders auf der Schwäbischen Alb (letzte Meldung: 9.8.1988, Marbach/Lauter,

Die Raupe ist mit vielen schwarzen Punkten und Flekken übersät und wirkt ziemlich bunt. Deutlich ist zu erkennen, daß von den vier Bauchfußpaaren nur drei voll entwickelt sind. – Schwäbische Alb, Bargen 9.5.94 A. STEINER. S.

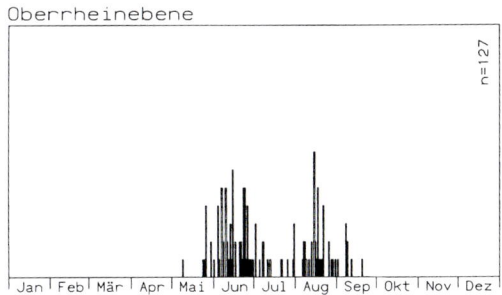
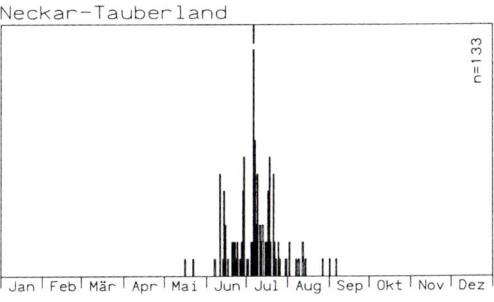
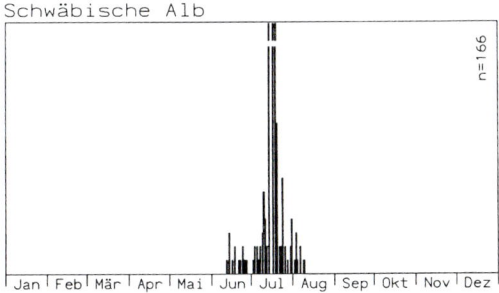
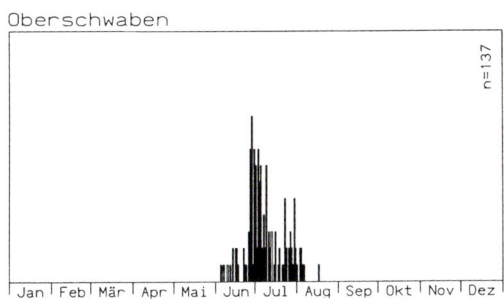

M. MEIER) und in Oberschwaben (letzte Meldung: 17.8.1987, Dürmentingen, Kanzachtal, M. MEIER) treten nur sehr sporadisch Anfang August bis Anfang September einige direkte Nachkommen der Falter des gleichen Jahres noch in Erscheinung. Von zwei vollentwickelten Generationen kann hier nicht die Rede sein. Im Schwarzwald fehlt diese partielle 2. Gen. völlig. Nach einem wesentlich späteren Flugbeginn Mitte Juni endet dort die Flugperiode bereits Ende Juli (23.3.1933, Pforzheim [Schwarzwald-Nordrand], K. STROBEL).

Präimaginalstadien: Die Raupe überwintert. Eiablage und Raupen vor der Winterperiode wurden in Baden-Württemberg bislang nicht beobachtet. Lediglich einige wenige halberwachsene oder erwachsene Raupen sind uns vom 16. April (1993, Ottersdorf, Hochwasserdamm, 3 Raupen, C. KÖPPEL/A. STEINER), 5. Mai (1992, Kippenheim, Krummhalden, E. RENNWALD) und 10. Mai (1994, Bargen, H. LUSSI/A. STEINER) gemeldet worden.

Ökologie

Lebensraum: Lebensraum der Art sind in erster Linie Säume an Waldrändern, Gebüschen und Hecken, Lichtungen, Schläge sowie verbuschende Brachen und in Sukzession befindliche Abbaustellen. Im Wiesengelände reicht das Spektrum der Standorte vom trockenen (Halbtrockenrasen des Badberges im Kaiserstuhl, L. SETTELE, M. WALLNER) bis zum nassen Grünland (Sumpfwiese am Rand eines Schilfriedes, H. HEIDEMANN). Gerne fliegt sie auf Hochwasserdämmen. Gelegentlich wird sie aus dem Siedlungsbereich (G. SCHWARZ, K. STROBEL u.a.) gemeldet.

Nahrung der Raupe:
Vicia sepium – Zaun-Wicke
  L (KÖP)
Vicia cracca – Vogel-Wicke
  L (REN, STN)
Vicia spec. – Wicke
  L (LUS, STN)

Als weitere Nahrungspflanzen werden *Astragalus* spec. (REUTTI 1898, GAUCKLER 1909) und *Coronilla* (REUTTI 1898) genannt. PEYERIMHOFF (1880) gibt einen Raupenfund an *Vicia cracca* auf einer französischen Rheininsel bei Straßburg an.

ALLAN (1949) listete aus Großbritannien ebenfalls *Vicia cracca*, die nach BRETHERTON, GOATER & LORIMER (1983) Hauptnahrungspflanze sein soll, *Astragalus glycyphyllos* und *Lathyrus pratensis* auf. Fraglich erscheint die Angabe von VORBRODT (1911–1914) aus der Schweiz, der mit *Viola* spec. die einzige Nicht-Fabacee aufführt. BOLDT (nach SCHULTZ 1962) will die Raupe »stellenweise auch an Pastinak gef.[unden]« haben, doch handelt es sich hierbei wohl eher um einen Ruheplatz.

Nahrung des Falters: Aus Baden-Württemberg ist über die Nahrungsaufnahme der Imagines ausschließlich Anflug am Köder gemeldet. Nach BERGMANN (1954) sowie BRETHERTON, GOATER & LORIMER (1983) besuchen die Falter Blüten. Welche Arten genutzt werden, geben die Autoren nicht an.

Habitat: C. KÖPPEL/A. STEINER gelangen mehrere Raupenfunde auf einem Hochwasserdamm mit Halbtrockenrasenvegetation. Die Fundstelle von A. STEINER/H. LUSSI lag an einem Liguster-Schlehengebüsch mit anschließenden mesophilen bis trockenen Glatthaferwiesen.

Als Habitat kommen Mähwiesen – sofern Düngeintensität und Mahdrhythmus dies zulassen – und Halbtrockenrasen in Frage. Insbesondere dürfte an wärmebegünstigten Lokalitäten Grünlandbrachen mittlerer bis trockener Standorte sowie Säumen und Wegrainen eine größere Bedeutung zukommen.

Verhalten: Verhältnismäßig ausführliche Angaben zum Verhalten finden sich bei BRETHERTON, GOATER & LORIMER (1983). Danach werden die Eier einzeln auf die Blätter der Nahrungspflanze abgelegt. Die jungen Raupen ruhen bei Tag an der Pflanze, ältere Raupen begeben sich unter diese. Sie sind nachtaktiv; zur Nahrungsaufnahme erklettern sie die Pflanzen. In der Regel findet die Verpuppung an oder in der Erde statt, manchmal aber auch zwischen zusammengesponnenen Blättern.

Die Falter lassen sich tagsüber leicht aufscheuchen. Nach kurzem Flug setzen sie sich wieder, gewöhnlich mit halbausgebreiteten Flügeln, erhobenem Kopf und gesenktem Hinterleib. Die Hauptaktivität liegt in der Zeit gleich nach der Dämmerung. Sie fliegen ans Licht.

Gefährdung und Schutz

Rote Liste Bundesrepublik: –
Rote Liste Baden-Württemberg: –

Oberrheinebene: Nicht gefährdet (regional eine Art der Vorwarnliste).
Schwarzwald: Noch ungeklärt.
Neckar-Tauberland: Nicht gefährdet (regional eine Art der Vorwarnliste).
Schwäbische Alb: Nicht gefährdet (regional eine Art der Vorwarnliste).
Oberschwaben: Nicht gefährdet.

• In Baden-Württemberg nicht gefährdet!

Bestimmungshilfe Lygephila

Links: Von zwei der drei einheimischen *Lygephila*-Arten sind die Falter nicht ganz leicht zu bestimmen. Die Marmorierte Wickeneule (*Lygephila viciae*) hat als wichtigstes Unterscheidungsmerkmal keine oder, wie hier, nur undeutlich entwickelte dunkle Flecken am Vorderrand der Flügel. Die Nierenmakel ist auffällig von den hellen Adern durchschnitten, eine Ringmakel fehlt. – Horb (ex ovo-Zucht) 28.10.88 A. STEINER. S.

Rechts: Die Randfleck-Wickeneule (*Lygephila craccae*) ist der Marmorierten Wickeneule (*Lygephila viciae*) recht ähnlich, hat aber am Vorderrand der Flügel meist vier stets deutlich ausgeprägte schwarze Randflecken (Name!). Die Nierenmakel ist etwas schmaler. Die Ringmakel, die der Vergleichsart fehlt, kann, wie hier schön zu sehen, punktförmig vorhanden sein. – Schwäbische Alb, Plettenberg 11.8.91 A. STEINER. LF.

Lygephila viciae
(Hübner, [1822])

Marmorierte Wickeneule

Toxocampa viciae Hb. (Reutti 1898, Lampert 1907, Seitz 1907–1954, Spuler 1908–1910, Rebel 1910, Eckstein 1913–1923, Hering 1932, Schneider 1936–1939, Bergmann 1951–1955, Koch 1954–1961, 1984)

Gesamtverbreitung: Nordwestlich der Pyrenäen bis zu den Beneluxstaaten, mit dispersen Vorkommen nördlich bis Südschweden und Südwestfinnland. Im Osten bis zum Ural, durch Zentralasien bis Japan und Südchina. Die Art fehlt in weiten Teilen Südosteuropas.

Verbreitung

Regional: Die beiden *Lygephila*-Arten *viciae* und *craccae* sind sich nicht nur äußerlich ziemlich ähnlich, auch in ihrer Verbreitung innerhalb Baden-Württembergs stimmen sie recht gut miteinander überein. Beide Arten fehlen bzw. kommen nur randlich vor im Schwarzwald und im Alpenvorland, und beide haben bei uns auf der Schwäbischen Alb und in den Muschelkalklandschaften der Oberen Gäue und des Tauberlandes ihren Verbreitungsschwerpunkt. Dabei fällt allerdings auf, daß sie auf der Schwäbischen Alb zwar beide den nördlichen Teil dieses Hauptnaturraumes besiedeln, jedoch nur *L. viciae* auch im Osten der

Das bei Lichtfangkontrollen aufgenommene Exemplar einer *L. viciae* zeigt die typischen Artmerkmale: Nur schwach entwickelte Randflecken, eine breite aber mehr fleckig aufgelöste Nierenmakel. Die Flügelfärbung ist weniger homogen sondern wirkt eher marmoriert. – Tauberland, Grünsfeld 7.6.91 F. Kirsch. LF.

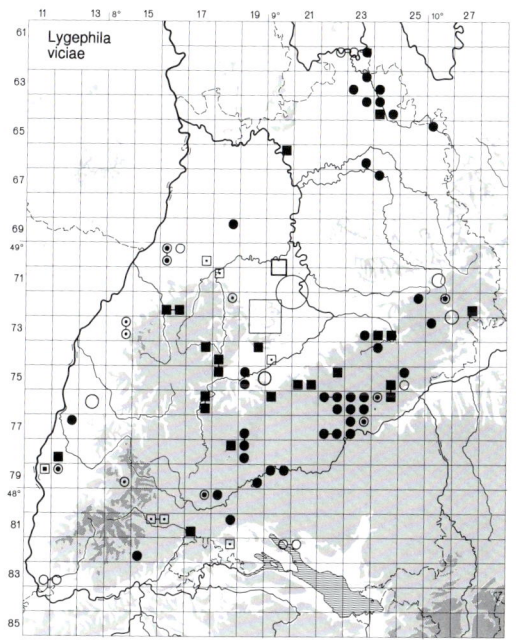

Mittleren Flächenalb flächendeckend verbreitet ist, während *L. craccae* dort zu fehlen scheint. Im Kaiserstuhl kommen beide Arten zusammen vor. Fundorte überprüfter Belegexemplare von *L. viciae*:

Oberrheinebene: Kaiserstuhl, Badberg (A. Gremminger, W. Staib); Faule Waag (L. Settele); Schelingen (H. Lussi/A. Steiner).
Neckar-Tauberland: Oberschüpf, Schmertal (G. Ebert/ F. Kirsch); Königshofen, Kaltenberg (G. Ebert/B. Traub); Mosbach (U. Bauer); Pforzheim (Albert, K. Strobel); Dietlingen (K. Strobel); Nöttingen, Ranntal (K. Strobel); Markgröningen (A. Wörz); Böblingen (coll. SMNS); Tübingen, Schwärzlocher Wald (H. Kaufmann) Egenhausen, Kapf (G. Ebert/B. Traub); Nagold-Schietingen (N. Hirneisen/M. Meier/A. Steiner); Breitenholz (A. Steiner); Bietenhausen (A. Steiner); Sulz/Neckar (G. Ebert/J.U. Meineke/B. Traub/ A. Steiner); Wutachtal (A. Gremminger).
Schwäbische Alb: Lichtenstein, Zellertal und Reißenbachtal (M. Meier); Fleinheim, Ohrberg (G. Ebert/B. Traub); Blautal und Schelklingen (G. Reich); Schelklingen und Gerhausen (G. Baisch); Urach, Hohenwittlingen (G. Baisch); Bad Ditzenbach, Filstal (G. Baisch); Lauterach, Wolfstal (G. Baisch); Anhausen, Lautertal (G. Baisch); Herrlingen (G. Baisch); Ostalb, Umgeb. Heubach (G. Baisch); Mochental (G. Reich); Geislingen/Steige (H. Schabel); Oberkochen (H. Kaufmann); Reichenbach im Täle (M. Meier/A. Steiner); Hausen/Fils (M. Meier); Seeburg (M. Meier/A. Steiner); Deilingen, Oberhohenberg (N. Hirneisen/C. Kuon/A. Steiner); Blumberg, Eichberg (H. Lussi/A. Steiner).

Alpenvorland (Hegau): Singen, Hohentwiel (A. GREMMINGER); Engen, Zimmerholz (R. HERRMANN).

Vertikal: Die Art ist von der Ebene bis ins höhere Bergland verbreitet. Die höchsten Fundstellen liegen auf der Schwäbischen Alb noch oberhalb 900 m (Deilingen, Oberhohenberg, 950 m). Die meisten Fundstellen sind aus diesem Naturraum bekannt, sie liegen in der Mehrzahl zwischen 600 und 700 m.

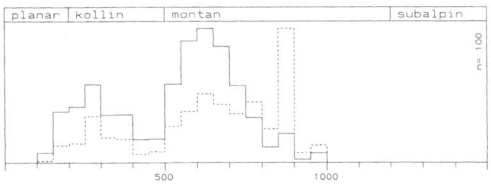

Phänologie

Imagines: Wie *Lygephila craccae* so bringt auch *L. viciae* zwei Generationen pro Jahr hervor, allerdings mit dem Unterschied, daß die individuenstärkere Generation bei *L. viciae* nicht die Hochsommer- sondern die Frühsommergeneration ist, deren Flugzeit etwa zur gleichen Zeit wie bei *L. craccae* beginnt. Die frühesten Falter werden in der Oberrheinebene, im Neckar-Tauberland und auf der Schwäbischen Alb jeweils ab Mitte Mai gemeldet. Mit Datum vom 12. Mai (1966, Schelklingen, G. BAISCH) kommt der jahreszeitlich früheste Nachweis von der Schwäbischen Alb. Als Hauptflugzeit darf der gesamte

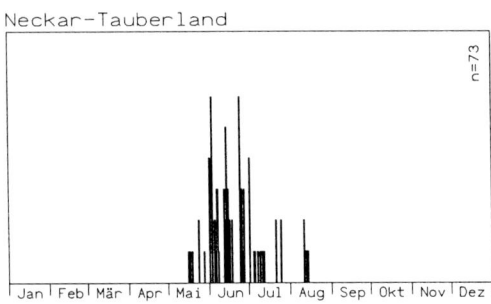

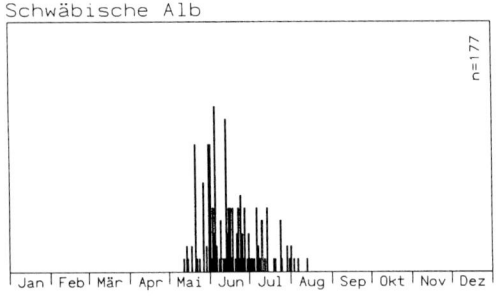

Monat Juni angesehen werden. Mitte Juli läßt sich in den drei genannten Regionen dann eine deutliche Senke im Diagramm ausmachen. In günstigen Jahren bzw. an klimatisch günstigen Lokalitäten treten nochmals ab Ende des Monats bis weit in den August hinein Falter einer partiellen 2. Gen. in Erscheinung. Nach dem 13. August (1986, Lauda, Galgenberg, A. BECHER) liegen aus dem Neckar-Tauberland keine Meldungen mehr vor. Die späteste Meldung von der Schwäbischen Alb datiert vom 13. August (1985, Reichenbach im Täle, M. MEIER/A. STEINER).

Präimaginalstadien: Aus Baden-Württemberg liegen keine phänologisch verwertbaren Meldungen über Präimaginalstadien vor. Nach KOCH (1954) und FORSTER (1971) dauert die Raupenzeit von Juli bis Anfang Oktober. Das Überwinterungsstadium ist die Puppe.

Ökologie

Lebensraum: Fundstellen von Imagines liegen vorwiegend in mehr oder weniger von Gehölzen geprägten aber offenen, meist trockenwarmen Lebensräumen. Besiedelt werden Halbtrockenrasen, Wacholderheiden, z.T. mit Felsen durchsetzte Trockenrasen, Felswände, aufgelassene Weinberge mit ruderalsierter halbtrockenrasenähnlicher Vegetation sowie die äußeren Waldränder lichter Laubwälder. Gelegentlich tauchen Falter auch in weniger trockenen Bereichen auf, wie eine Meldung aus dem nahe dem Kaiserstuhl gelegenen Feuchtgebiet der Faulen Waag belegt.

Nahrung der Raupe:
Vicia spec. – Wicke
   L (BRM)

Aus Baden-Württemberg liegen Freilandbeobachtungen nur von E. BROMBACHER vor, der die Raupen an Wicke fand. In der Zucht wurde erfolgreich mit *Vicia cracca* und *V. sepium* gefüttert (A. STEINER).

In Thüringen wurden Raupen an verschiedenen Wickenarten – *Vicia dumetorum, V. tenuifolia, V. cracca* – gefunden (BERGMANN 1954). Bei weiteren von BERGMANN angeführten Pflanzenarten (*Astragalus glycyphyllos, Lathyrus tuberosus, Coronilla varia*) ist nicht sicher zu entscheiden, ob es sich um Zucht- oder Freilandnahrung handelt. Nach SEPPÄNEN (1970) wurden Eizuchten mit *Polygonum aviculare, Lathyrus pratensis, Viola* spec. und *Melilotus officinalis* durchgeführt.

Nahrung des Falters: E. BROMBACHER notierte Falter am Köder. BERGMANN (1954) berichtet aus Thüringen von nächtlichem Blütenbesuch.

Die Raupe ist braun mit dunkler Bänderzeichung. Von den Bauchfüßen ist auch das zweite Paar schon etwas rudimentär. Sie wurde in Baden-Württemberg zwar schon an Wicke gefunden, genauere Beobachtungen stehen aber noch aus. – Horb (ex ovo-Zucht) 16.8.88 A. STEINER. S.

Lygephila craccae
([Denis & Schiffermüller], 1775)
Randfleck-Wickeneule

Toxocampa craccae SCHIFF. (REUTTI 1898, LAMPERT 1907, SEITZ 1907–1954, SPULER 1908–1910, REBEL 1910, ECKSTEIN 1913–1923, HERING 1932, SCHNEIDER 1936–1939, BERGMANN 1951–1955, KOCH 1954–1961, 1984)

Gesamtverbreitung: Vom marokkanischen Rifgebirge durch die Iberische Halbinsel, durch Süd- und Westeuropa mit weiten Verbreitungslücken in Mittel- und Osteuropa nördlich bis zu einer Linie Südengland – Südskandinavien. Vorkommen sind ferner bekannt von Kleinasien bis zum Kaukasus, aus Afghanistan und Mittelasien. Im Nordosten bis Kasan. Östlich dringt die Art bis Japan vor.

Habitat: Über das Larvalhabitat ist aus Baden-Württemberg nichts bekannt. Es sollte u.a. in verbrachten Festuco-Brometea-Gesellschaften sowie in Gesellschaften der Trifolio-Geranietea und Quercetalia pubescentis zu suchen sein.

Verhalten: Die ruhenden Imagines sind bei Tage leicht aus der Vegetation aufzuscheuchen. Sie sind nachtaktiv und kommen zum Licht.

Verbreitung

Regional: Auf die Verbreitung von *Lygephila craccae* in Baden-Württemberg ist bereits unter *L. viciae* näher eingegangen worden. Interessant sind in diesem Zusammenhang zwei Meldungen über das Vorkommen der erstgenannten Art im Alpenvorland. Einmal handelt es sich um den Fund eines abgeflogenen Weibchens am 17.9.1954 in Überlingen (E. COMMERELL), das zur Eiablage gebracht wurde (Belegstücke aus der ex ovo-Zucht sind in coll. LNK und SMNS vorhanden). Über einen Fund »Eisenbach am

Gefährdung und Schutz

Rote Liste Bundesrepublik: 3
Rote Liste Baden-Württemberg: –

Oberrheinebene: Noch ungeklärt.
Schwarzwald: Nicht vertreten.
Neckar-Tauberland: Art der Vorwarnliste (regional ausgestorben oder verschollen).
Schwäbische Alb: Nicht gefährdet.
Oberschwaben: Noch ungeklärt (nur randlich vorkommend).

• In Baden-Württemberg nicht gefährdet!

Während die wenigen Einzelfunde aus der Oberrheinebene einschließlich Kaiserstuhl für diesen Hauptnaturraum noch keine gültige Aussage zulassen, deuten mehrere alte, nicht mehr bestätigte Funde auf regionale Bestandsrückgänge bzw. auf das Erlöschen lokaler Populationen hin. Nur im Tauberland und im Bereich des Oberen Neckars scheinen sie noch stabil zu sein. Der Kernraum des baden-württembergischen Areals von *Lygephila viciae*, die Schwäbische Alb, ist überwiegend durch aktuelle Funde belegbar, so daß diese Art, insgesamt betrachtet, noch als ungefährdet gelten kann.

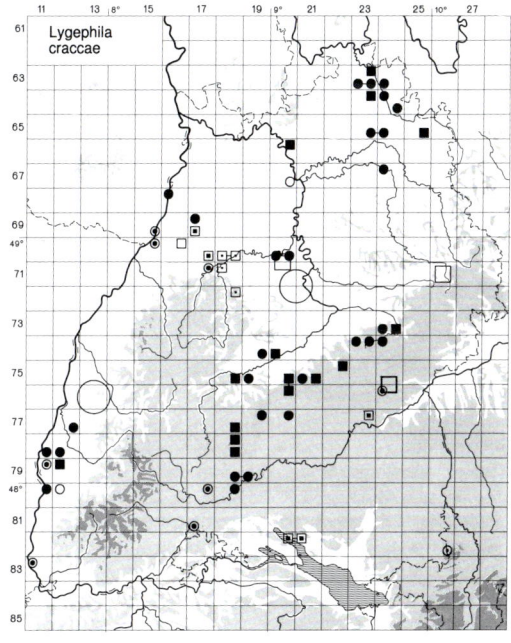

An diesem bei Lichtfangkontrollen fotografierten Falter sind nur drei Randflecke zu sehen, aber auch diese in der für *L. craccae* typisch schärfer schwarz ausgeprägten Form. Die Ringmakel ist wiederum, wenn auch nur als Punkt, vorhanden. Der aus anderen Gebieten berichtete Blütenbesuch an Flockenblumen und Disteln wurde hier noch nicht beobachtet. – Tauberland, Grünsfeld 30.7.91 F. KIRSCH. LF.

Vertikal: Anders als *L. viciae* scheint *L. craccae* ihren Schwerpunkt im Hügelland zu haben, von dort liegen jedenfalls die meisten Fundmeldungen vor. In der montanen Stufe kommt sie jedoch ebenfalls noch in den Hochlagen der Schwäbischen Alb vor, z. B. auf dem Plettenberg bei Dotternhausen (890–950 m, D. BARTSCH/A. STEINER). Die höchste, auf einer alten Meldung beruhende Fundstelle liegt bei 1100 m auf der Adelegg (Schwarzer Grat, G. BARTH).

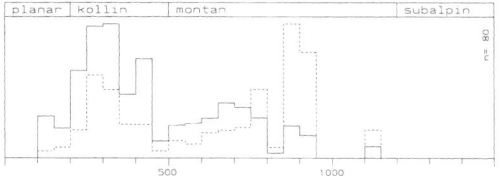

Phänologie

Imagines: *Lygephila craccae* bringt an klimatisch günstigen Lokalitäten zwei Generationen hervor. Bemerkenswert ist hierbei, daß die 2. Gen. in allen drei Hauptnaturräumen (Oberrheinebene, Neckar-Tauberland, Schwäbische Alb) wesentlich individuenstärker auftritt als die erste. Phänologisch unterscheiden sich die beiden ähnlichen *Lygephila*-Arten – *L. viciae* und *L. craccae* – also recht deutlich. Die früheste Beobachtung stammt von der Schwäbischen Alb (22.5.1971, Wiesensteig, Filswiesen, E. LOSER). Erst Anfang Juni werden die ersten Falter aus der Oberrheinebene (9.6.1961, Karlsruhe, Rheinwald, W. IPP) und vom Neckar-Tauberland gemeldet (5.6.1952, Dietlingen, 3 Falter, M. WALLNER). Sämtliche Meldungen bis Anfang/Mitte Juli dürften sich auf Falter dieser Frühsommergeneration beziehen. Danach tritt im Diagramm eine deutliche Senke ein, ehe ab Mitte/Ende Juli erneut ein zweites, kräftigeres Maximum zu erkennen ist. Anfang/Mitte August wird in der Oberrheinebene und im Neckar-Tauberland das Individuenmaximum erreicht; auf der Schwäbischen Alb etwas später (Ende August). Von hier datiert die späteste Beobachtung vom 19. September (1990, Schopfloch, Schopflocher Moor, M. MEIER). In den anderen beiden Regionen zieht sich die Flugzeit noch bis Ende dieses Monats hin. Aus Oberschwaben existieren nur je ein Nachweis vom Bodensee (17.9.1954, Überlingen, E. COMMERELL, nach Kartei A. GREMMINGER) und von der Adelegg (1.8.1921, Schwarzer Grat, Eisenbach, G. BARTH nach SCHNEIDER 1938). Mit dem 5.Oktober (1924, Kaiserstuhl, »verfl.

Schwarzen Grat 1.VIII.1926 1 abgeflogener Mann (BARTH)« berichtet SCHNEIDER (1938). Welche Bedeutung die montane Waldregion auf der Adelegg für diese Art haben könnte (Durchzugsgebiet?), ist uns unbekannt. OSTHELDER (1927) führt übrigens »einige Stücke im VIII.[18]83 bei Innsbruck in der Buchenregion unterhalb der Arzler Alpe« an. Aus unserem Untersuchungsgebiet können folgende Fundorte überprüfter Belegstücke von *L. craccae* aufgelistet werden:

Oberrheinebene: Kaiserstuhl, Badberg (E. BROMBACHER, A. GREMMINGER, R. HERRMANN, H. MESSMER, L. SETTELE, W. STAIB).
Neckar-Tauberland: Werbach (A. BECHER, F. KIRSCH); Oberlauda (G. EBERT, F. KIRSCH); Niederstetten (A. STEINER); Mosbach (U. BAUER); Karlsruhe-Durlach, Turmberg (A. MEESS); Pforzheim (K. STROBEL); Dietlingen (coll. K. STROBEL); Niefern (K. STROBEL); Neuhausen, Büchelberg (coll. K. STROBEL); Tübingen, Spitzberg (H. KAUFMANN, M. MEIER, A. STEINER); Bad Imnau (A. STEINER); Markgröningen (A. WÖRZ).
Schwäbische Alb: Honau/Lichtenstein, Rötelstein (M. MEIER); Geislingen/Steige (H. SCHABEL); Hausen/Fils (M. MEIER); Mössingen, Filsenberg (A. STEINER); Dotternhausen, Plettenberg (D. BARTSCH/A. STEINER); Deilingen, Ortenberg (A. STEINER); Denkingen, Klippeneck (A. STEINER); Schelklingen (G. BAISCH); Urach, Hohenwittlingen (G. BAISCH); Aalen (H. KAUFMANN).
Alpenvorland: Überlingen (E. COMMERELL).

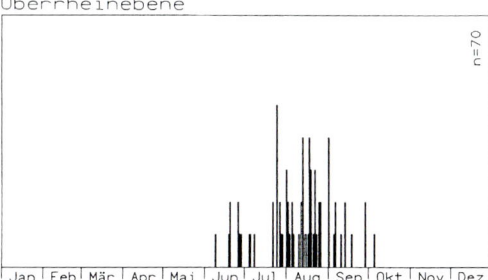

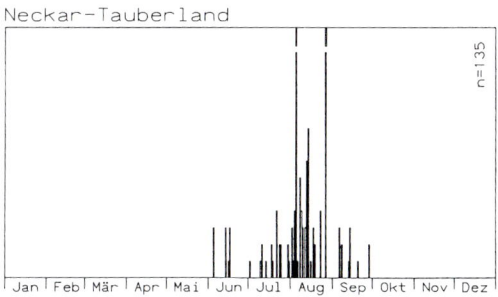

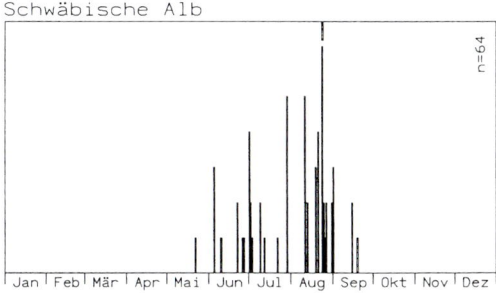

St.«, A. GREMMINGER) liegt uns die jahreszeitlich späteste Meldung aus der Oberrheinebene vor.

Präimaginalstadien: Von einem ♀ aus Überlingen (17.9.1954) erzielte E. COMMERELL eine Eiablage. Erst Anfang Mai des nächsten Jahres schlüpften die Räupchen und verpuppten sich ab Mitte Juni. Am 11.Juli (1955, A. GREMMINGER) schlüpfte der erste Falter. Freilandraupen wurden von A. GREMMINGER am Kaiserstuhl mehrfach bei Nacht geleuchtet. Hiervon erhielt er Falter der 2. Gen. (20. und 23.8.1957). Eine weitere Freilandraupe wurde am 28.Juni (1991, Deggingen, Ave Maria, K. FREYTAG) beobachtet.

Ökologie

Lebensraum: Die Falter von *Lygephila craccae* sind meist in mehr oder weniger versaumenden und verbuschenden Halbtrockenrasen (Wacholderheiden!) und an den Rändern lichter, trockener (Hang-)Wälder zu finden. Einige Fundmeldungen stammen von Kalkschutthängen oder Felsfluren mit Trockenrasen bzw. aus aufgelassenen Steinbrüchen mit Trockenrasen und Ruderalfluren sowie aufgelassenen Weinbergen. Ausschlaggebend ist vor allem das Vorhandensein gut entwickelter Saumgesellschaften. Im Siedlungsbereich tritt die Art nur sehr selten auf.

Nahrung der Raupe:
Vicia cracca – Vogel-Wicke
   L (FRY)
Vicia spec. – Wicke
   L (GRE)

Das Nahrungspflanzenspektrum von *Lygephila craccae* in Baden-Württemberg ist mit *Vicia cracca* sicherlich noch nicht erschöpfend bekannt.

Auch BERGMANN (1954) klopfte die Raupe in Thüringen von *Vicia cracca*, sein Gewährsmann M. LIEBMANN fand sie an *Lathyrus pratensis*, E. KRIEGHOFF an *Astragalus glycyphyllos*. Als weitere Nahrungspflanzen nennt BERGMANN *Coronilla varia* und *Vicia silvatica*. Letztere wird auch von BRETHERTON, GOATER & LORIMER (1983) als einzige Freilandnahrungspflanze angegeben. Bei allen anderen aus Großbritannien gemeldeten Arten (*Vicia sepium*, *Astragalus glycyphyllos*, *Lathyrus montanus*, *L. pratensis*) sind sie sich nicht sicher, ob diese nicht lediglich unter Zuchtbedingungen akzeptiertes Futter darstellen.

Nahrung des Falters: Die Tiere können mit Köder angelockt werden. Blütenbesuchsbeobachtungen sind aus Baden-Württemberg nicht bekannt. BERGMANN (1954) berichtet von Blütenbesuch an Flockenblume und Disteln. BRETHERTON, GOATER & LORIMER (1983) zählen aus Großbritan-

Die Raupe von *L. craccae* steht in Färbung und Zeichnungsanlage der von *L. pastinum* nahe. Der Unterschied liegt in dem etwas kräftigeren Rückenband, das von einer dünnen, dunklen, hell gesäumten Linie durchzogen wird, die bei *L. pastinum* fehlt. – Südtirol, Staben (ex larva-Zucht) 6.90 K. FREYTAG. S.

nien *Teucrium scorodonia, Centhrantus ruber, Eupatorium cannabinum* und *Solidago* spec. auf.
Habitat: Das Larvalhabitat dürfte sich weitgehend mit den Flugstellen der Falter decken, so daß u. a. Gesellschaften der Festuco-Brometea, Trifolio-Geranietea sowie Quercetalia pubescentis in Frage kämen.
Verhalten: Am Tage bleiben die Falter verborgen, lassen sich aber leicht aus ihrem Versteck aufstöbern. Nachts kommen sie ans Licht. Ihre Flugaktivität beginnt aber schon bei fortgeschrittener Dämmerung. Die Eier werden einzeln auf den Blättern der Nahrungspflanze abgelegt. Die Raupen sollen nur die zartesten Sprosse fressen. Die Verpuppung erfolgt in einem Kokon an der Erdoberfläche (BRETHERTON, GOATER & LORIMER 1983).

Gefährdung und Schutz

Rote Liste Bundesrepublik: 3
Rote Liste Baden-Württemberg: –

Oberrheinebene: Noch ungeklärt.
Schwarzwald: Nicht vertreten.
Neckar-Tauberland: Art der Vorwarnliste (regional bereits ausgestorben oder verschollen).
Schwäbische Alb: Nicht gefährdet.
Oberschwaben: Nur Einzelfunde nachgewiesen.

• In Baden-Württemberg nicht gefährdet!

Die Einschätzung der Gefährdungssituation, wie sie bei *Lygephila viciae* dargelegt wurde, trifft auch auf *L. craccae* zu. Bei beiden Arten ist eine Beobachtung der weiteren Bestandsentwicklung während der kommenden Jahre schon deshalb angezeigt, weil ihnen als Indikatorarten für trockene Säume (am Rande von Halbtrockenrasen an Kalk- und Lößhängen, sonnigen Gebüschen und Waldrändern) vermutlich größere Bedeutung zukommt.

Apopestes spectrum
(Esper [1787])

Spintherops spectrum ESP. (REUTTI 1898)

Gesamtverbreitung: Von Nordafrika (Marokko, Algerien, Tunesien, Ägypten) quer durch Südeuropa verbreitet, nördlich bis Südfrankreich, in die Alpensüdtäler, das ehemalige Jugoslawien und Bulgarien vorstoßend. Im vorderasiatischen Raum ist das Areal infolge Verwechslungen mit *Apopestes phantasma* (EVERSMANN, 1843), im zentralasiatischen Bereich wegen Verwechslungen mit *A. centralasiae* WARREN, 1913 ungenügend bekannt. Nach HACKER (1989) scheint die östliche Arealgrenze durch Afghanistan und West-Turkestan zu verlaufen.

Apopestes spectrum wird von SEYFFER (1850) unter Berufung auf Pfarrer VON WOCHER aus Oberschwaben gemeldet. KELLER & HOFFMANN (1861) sowie REUTTI (1898) halten noch eine aktive Einwanderung für denkbar, ECKSTEIN (1920) übernimmt die Angabe kritiklos. Es dürfte sich am ehesten um eine Verwechslung (z. B. mit *Mormo maura*) gehandelt haben. Die Meldung LITZELMANNS (1966b) hat keinen Anspruch auf Glaubwürdigkeit.

Autophila dilucida
(Hübner, [1808])

Spintherops dilucida HBN. (REUTTI 1898)
Apopestes dilucida HBN. (SPULER 1908–1910, REBEL 1910, HERING 1932)

Gesamtverbreitung: Von Nordafrika (Marokko, Algerien, Libyen) durch Südeuropa (Spanien, Portugal, Südfrankreich), die Schweiz (Wallis), Südtirol, Österreich (Vorarlberg, Nordtirol), Italien, Sardinien, Sizilien, ehemaliges Jugoslawien, Albanien, Bulgarisch Mazedonien, Griechenland und Kreta (hier ssp. *troniceki* REISSER, 1958) bis nach Südrußland (Krim, Saratov) und in die Türkei (HACKER 1990) verbreitet.

Die Angaben von GAUCKLER (1896) »wurde einmal bei dem botanischen Garten [in Karlsruhe] von SPULER gefunden« und von REUTTI (1898) »Ein Exemplar wurde im Jahr 1881 an der Schloßgartenmauer zu Karlsruhe von M. MAYER gefangen« sind auffallend divergent, obwohl sie doch wohl auf ein und dasselbe Belegstück Bezug nehmen. NÜSSLIN (1885) gibt lediglich »Karlsruhe« an. Am ehesten ist hier eine Fehlbestimmung oder Etikettenverwechslung anzunehmen, zumal GAUCKLER die Art in der zweiten und dritten Auflage seiner Fauna (GAUCKLER 1909, 1921) nicht mehr erwähnt, genau wie im Falle von *Platyperigea kadenii*. Auch die älteren Angaben aus dem Elsaß (PEYERIMHOFF & MACKER 1910) müssen heute bezweifelt werden.

Catephia alchymista
([Denis & Schiffermüller], 1775)
Weißes Ordensband

Gesamtverbreitung: Eine zirkum-mediterran verbreitete Art, die von Libyen bis zum Atlantischen Ozean in Marokko, durch die Iberische Halbinsel und Südeuropa bis Südengland vordringt. In Mitteleuropa nördlich bis Schleswig-Holstein, zur Ostsee und den baltischen Republiken. Im Osten bis zum Kaukasus und Vorderasien. Auch aus Israel bekannt.

Verbreitung

Regional: Das Weiße Ordensband wird bereits in den alten Landesfaunen als »seltene Art« erwähnt. Fundorte aus dem 19. Jh.[1]:

Konstanz (LEINER 1829)
Stuttgart (SEYFFER 1850)
Freiburg, Alleegarten, Mooswald bei Hochdorf (REUTTI 1853)
Karlsruhe (REUTTI 1853, 1898)
Lahr (REUTTI 1853, 1898)
Reutlingen (KELLER & HOFFMANN 1861)
Karlsruhe, Wildpark, 29.5.1881 (M. DAUB)
Karlsruhe, Durlacher Wald, 21.6.1896 (G. KABIS)
Säckingen (REUTTI 1898)
Waldshut (REUTTI 1898)
Tübingen, Spitzberg (LAMPERT 1899)

Zum Auftreten dieser Art während der 1. Hälfte des 20. Jh. notiert SCHNEIDER (1938): »Sehr vereinzelt und selten im ganzen Gebiet nachgewiesen«. Funde bis 1970:

Zimmern bei Grünsfeld (ohne Jahresangabe)(Pfarrer K.A. SEITZ, nach Kartei GREMMINGER)
Stuttgart-Rohr, Waldheim, 6.1909 (coll. SMNS)
Lienzingen, 7.6.1916 (H. ROMETSCH)
Böblingen (Umgebung), 29.5.1924 (AICHELE 1924)
Tübingen, Lindenallee, 1924 (STOLL, nach KAUFMANN & SCHMID 1966)
Pforzheim (Umgebung), 1926 (H. ROMETSCH)
Neuenburg, Rheinebene, 22.5.1927, 25.5.1933 (L. SETTELE)
Bretten, 22.6.1931 (H. SCHLÖRER leg.)
Tübingen, Großholz, 10.8.1931 (H. KAUFMANN)
Mannheim, Käfertaler Wald, 20.5.1932 (E. ELLINGER)
Stuttgart (Umgebung), 1933 (RECK leg., in coll. SMNS)
Heudorf (Riedlingen), ohne Datum (ERHARDT, coll. SMNS)
Biberach, 16.6.1933 (G. REICH)
Heilbronn (Umgebung), 21.6.1939 (coll. WANNER)
Stuttgart, 5.6.1946 (SCHWARZ leg., coll. SMNS)

[1] Aufzählung in zeitlicher Abfolge.

Das Weiße Ordensband (*Catephia alchymista*), das früher bei uns häufiger gefunden wurde, ist heute vom Aussterben bedroht. Nach 1990 wurde es nur noch an zwei Stellen der Oberrheinebene beobachtet. In südlicheren Gebieten ist es dagegen noch weiter verbreitet. Italien, Seealpen 24.5.96 A. STEINER. LF.

Bronnen, Dürnachtal, 17.6.1952, 1.7.1953, 13.7.1954 (G. REICH)
Ummendorf, Rißtal, 5.8.1953 (G. REICH)
Überlingen, 4.7.1953 (E. COMMERELL)
Karlsruhe, Rappenwörth, 26.5.1954 (P. PEKARSKY)
Ettlingen, 7.6.1954 (P. PEKARSKY)
Birkenfeld, 26.6.1954 (R. HÄUSSER)
Kaiserstuhl, Achkarren, 26.6.1954 (L. SETTELE)
Biberach, Birkendorf, 26.7.1954 (G. BAISCH)
Weinheim, 22.6.1955 (H. LIENIG)
Kornwestheim, 9.7.1958 (H. STEINER)
Todtnau, 1960 (J. ASAL)
Rußheim, 26.6.1964, 22.6.1965, 12.6.1969 (M. WALLNER)
Pforzheim, Enzberg, 11.6.1968 (R. HÄUSSER)
Kaiserstuhl, Vogtsburg, 21.6.1969 (K.-F. SCHÜLLER)
Karlsruhe, Rheinwald, 22.6.1970 (W. WEISSIG)

Aktuelle Funde (ab 1971):

Dallau (ohne genauere Fundstelle), 15.6.1976 (R. BICKEL, nicht überprüft!)
Hochstetten, Bei den 100 Morgen, 18.6.1984 (K. und U. RATZEL)
Künzelsau, Garnberg, 3.6.1985 (A. EBERHARD)
Grißheim, 8.5.1993 (I. HEGAR)
Lußhart, Weiher, 28.6.1994, 11.6.1996 (A. SCHANOWSKI)

Catephia alchymista ist zu allen Zeiten immer nur in einzelnen Exemplaren – eher zufällig – gefunden worden. Wie diese beinahe über das ganze Land verstreuten Funde zeigen, sind warme, eichenreiche Wälder keineswegs an allen Fundstellen nachzuweisen.

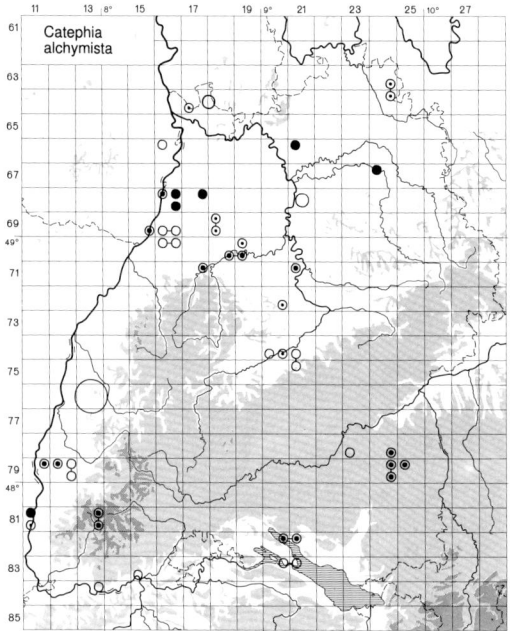

Raupenfunde, die viel eher Aufschluß über die ökologische Einnischung und damit über die regionalen Vorkommen dieser Art geben könnten, sind noch seltener, d. h. solche wurden bis jetzt nur zweimal aus unserem Untersuchungsgebiet erwähnt (FREYER in TREITSCHKE 1826, Kaufmann & Schmid 1966). Zwei Beobachtungen deuten jedoch auf frisch geschlüpfte Tiere (»sehr rein an den Palisaden« [= nicht mehr existierender Plankenzaun im eichenreichen Wildpark bei Karlsruhe], M. DAUB) und »frisch geschlüpft am Fuß einer Eiche« in einem südexponierten, lichten Eichenwald auf sich rasch erwärmendem Muschelkalkboden nahe Böblingen (AICHELE 1924), die an den Fundstellen sicherlich auch ihre Larvalentwicklung vollzogen haben. An der – zumindest zeitweiligen – Bodenständigkeit dieser Art kann also nicht gezweifelt werden, ihre Populationen scheinen allerdings sehr individuenschwach zu sein. Ob sie sich durch Zuwanderung ergänzen, bleibt ebenso offen wie die Frage, ob die Seltenheit dieser Art in ihrem Verhalten begründet ist. Durch ihr typisches Aussehen kann sie in Mitteleuropa mit keiner anderen verwechselt werden!

Vertikal: Die weit verstreuten Einzelfunde stammen fast ausschließlich aus der Ebene und dem Hügelland. Die höchstgelegenen Fundstellen wurden in Oberschwaben um 600 m registriert. Beim Fund aus Todtnau (oberhalb 600 m) könnte es sich um ein zugeflogenes Tier handeln.

Phänologie

Imagines: FORSTER (1971) verweist auf zwei Generationen an klimatisch günstigen Stellen. Dies trifft auf keine Lokalität in Baden-Württemberg zu. Hier ist die Art rein monovoltin. Die wenigen Fundmeldungen lassen eine Flugzeit von Anfang Mai (frühester Nachweis: 8. 5. 1993, Grißheim, I. HEGAR) bis Ende Juni (28. 6. 1994, Lußhart, Alter Schlag, A. SCHANOWSKI) in der Oberrheinebene und von Ende Mai (29. 5. 1924, Böblingen, AICHELE 1924) bis Anfang Juli (9. 7. 1958, Kornwestheim, coll. SMNS) im Neckar-Tauberland erkennen. Hauptflugzeit dürfte in beiden Regionen der gesamte Juni sein. Noch etwas später sind die Funde aus Oberschwaben angesiedelt (Eckwerte: 17. 6. 1952, Bronnen; 5. 8. 1953, Ummendorf; jeweils G. REICH). 5 von 7 Daten aus diesem Naturraum liegen im Juli.

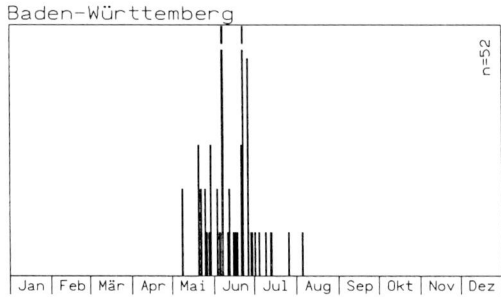

Präimaginalstadien: Nach FORSTER (1971) lebt die Art als Raupe »von Juli bis September«, verpuppt sich im Spätjahr und überdauert den Winter als Puppe (»sie überliegt häufig«). KAUFMANN & SCHMID (1966) berichten von einem Raupenfund am 10. August (1931, Tübingen, Großholz). Darüber hinaus liegen uns keine Meldungen vor.

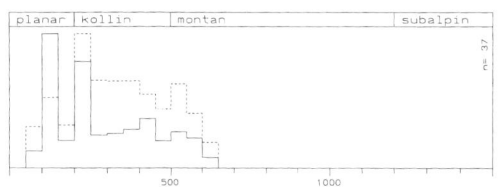

Ökologie

Lebensraum: Der Falter fliegt in (lichten) Eichen-Mischwäldern, an deren Rändern, auf Schonungen, in Steppenheiden sowie – umhervagabundierend(?) – in Grünanlagen und Gärten. Aktuelle

Falterfunde in Baden-Württemberg stammen aus dem Grenzbereich zwischen einem aufgelichteten, mit alten Stieleichen untermischten Rotbuchenaltholz und einem Eichen-Hainbuchenbestand mit Kiefer in der nördlichen Oberrheinebene.

Nahrung der Raupe:
Quercus spec. – Eiche
   L (KAU, LEI)

Beide Gewährsleute nennen nicht die Eichenart, an der sie die Raupe fanden: H. KAUFMANN klopfte eine Raupe im »Großholz« am Spitzberg bei Tübingen von Eiche (KAUFMANN & SCHMID 1966), F.X. LEINERs Fund (nach FREYER in TREITSCHKE 1826) stammte von einer Eiche bei Konstanz. Es ist aber davon auszugehen, daß sowohl Stiel- als auch Traubeneiche als Nahrungspflanze dienen, im Mittelmeergebiet wohl auch noch andere Arten.

Nahrung des Falters: Es liegen keine Angaben aus Baden-Württemberg vor. Nach BERGMANN (1954) sucht der Falter den Köder auf.

Habitat: Die Habitate dürften mit Stiel- oder Traubeneichen, eventuell auch Flaumeiche durchmischte Wälder und deren Randbereiche der Verbände Fagion, Carpinion, Quercion robori-petraeae sowie Quercion pubescentis sein. Inwieweit Eichenbüsche oder niedrige, freistehende Bäume zur Eiablage bevorzugt werden, wie dies verschiedentlich in der Literatur angeführt wird (BERGMANN 1954, FORSTER 1971), bedarf noch der Klärung.

Verhalten: Der Falter ruht tagsüber an Stämmen, was auch von BERGMANN (1954) mitgeteilt wird. Er kommt erst spät nachts ans Licht.

Gefährdung und Schutz

Rote Liste Bundesrepublik: 2
Rote Liste Baden-Württemberg: 1

Oberrheinebene: Stark gefährdet.
Schwarzwald: Nicht vertreten (Aussage nicht abgesichert).
Neckar-Tauberland: Vom Aussterben bedroht (regional bereits ausgestorben oder verschollen).
Schwäbische Alb: Nicht vertreten.
Oberschwaben: Ausgestorben oder verschollen.

- In Baden-Württemberg vom Aussterben bedroht!
  Besonders geschützt gemäß § 20 e ff. BNatSchG.

Obwohl es sich bei *Catephia alchymista* um eine der sogenannten »seltenen Arten« handelt, bei denen die Beurteilung der Gefährdungssituation auf Schwierigkeiten stößt, ist ein Rückgang der Bestandsentwicklung doch unverkennbar. Dies umso mehr wenn man bedenkt, daß nach 1960 in noch größerem, dazu auch räumlich stärker ausgedehntem Umfang Licht- und Köderfang betrieben wurde, als dies früher der Fall war. Dennoch wurden vergleichsweise weniger Tiere festgestellt. Wir müssen davon ausgehen, daß diese Art in Baden-Württemberg vom Aussterben bedroht ist. Bereits GAUCKLER (1909) bemerkt: »Früher bei Karlsruhe häufig, in den letzten Jahren hier aber sehr selten geworden.« G. REICH (Aufzeichnungen 1910–1965) notiert: »In neuerer Zeit keine Funde mehr« [letztes Fundjahr 1954]. Auch in der Umgebung von Tübingen gelang bei intensiven 15-jährigen Bestandsaufnahmen (MEIER & STEINER 1985) kein Wiederfund der dort zuletzt in den 30er Jahren nachgewiesenen Art.

Welche Faktoren für den Rückgang verantwortlich sind, ist unklar. Regional könnte die Aufgabe der Eichenschälwaldnutzung, sofern Stockausschläge und Eichenbüsche tatsächlich wesentliche Requisiten für die Art sind, eine Rolle gespielt haben. Aktuell ist eine große Gefahr für die wenigen noch bekannten Vorkommen in einer Massenvermehrung des Schwammspinners (*Lymantria dispar*) und des Eichenprozessionsspinners (*Thaumetopoea processionea*) zu sehen (s. die Anmerkungen bei *Catocala sponsa*).

Aedia funesta
(Esper, 1786)

Zaunwinden-Trauereule

Aedia funesta HBN. (REUTTI 1898)

Gesamtverbreitung: Von Marokko über Spanien, West- und Südfrankreich bis Belgien und Nordrhein-Westfalen. Östlich durch NE-Deutschland und Polen bis Moskau und zur Wolga. Südlich davon im Kaukasus, in Kleinasien, dem Balkan und Teilen Vorderasiens.

Verbreitung

Regional: Der Verbreitungsschwerpunkt von *Aedia funesta* liegt in Baden-Württemberg in der Nördlichen Oberrheinebene und ihren Randgebieten (Bergstraße, Südlicher Odenwald). Hier wurden im Raum Dossenheim und Heidelberg-

Handschuhsheim (1974–1984, R. TRABOLD), Eppelheim (1977–1982, R. BLÄSIUS), Wieblingen (1984–1989, H. LAHM), Bad Mingolsheim (1979–1984, G. SCHWARZ), Bruchsal (1975–1976, H. FEIL) und Ettlingen (1947–1962, P. PEKARSKY) zahlreiche Falterfunde (meist Lichtfänge) getätigt. Der südlichste Punkt dieser aktuellen Beobachtungen liegt bei Kehl (1986, K. RENNWALD). Auffallend ist, daß *A. funesta* in der gut explorierten Markgräfler Rheinebene offenbar fehlt. Eine alte Meldung »Freiburg« stammt von REUTTI (1898).

Östlich ihres oberrheinischen Siedlungsraumes wurde die Art aktuell nur am Neckar bei Esslingen, Sirnau (1987, H. LAHM) und Dallau (1976, R. BICKEL, nicht überprüft!) gefunden. Alte Funde werden von Mosbach (REUTTI 1898) und Stuttgart (SEYFFER 1850, KELLER & HOFFMANN 1861) angegeben. Die letztgenannten Autoren nennen auch noch »Mergentheim«. Dazu ist zu bemerken, daß diese Angabe aus dem heute gut durchforschten Tauberland weder durch Pfarrer K.A. SEITZ, noch durch die aktive Gruppe um F. KIRSCH bestätigt werden kann.

Die Dispersion von *Aedia funesta* scheint sich innerhalb unseres Faunengebietes nicht über den Neckar hinaus fortzusetzen. Alle weiteren Hauptnaturräume wie der Schwarzwald, die Schwäbische Alb und das Alpenvorland werden von dieser Art nicht besiedelt.

Von der auf den ersten Blick dem Weißen Ordensband ähnlichen Zaunwinden-Trauereule (*Aedia funesta*) liegen überwiegend neuere Meldungen vor. Sie hat bei uns ihren Verbreitungsschwerpunkt in der nördlichen Oberrheinebene und tritt regelmäßig im Siedlungsbereich (Gartengelände!) auf. – Leimersheim (Pfalz) 18.7.95 J. PARTENSCKY. LF.

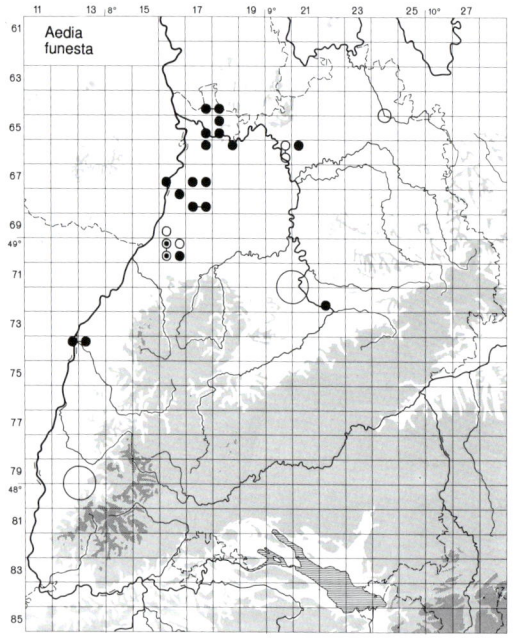

Vertikal: *Aedia funesta* bleibt auch in ihrer Höhenverbreitung im wesentlichen auf die planare Stufe beschränkt. Nur wenige, offensichtlich dauerbesiedelte Fundorte in den Randbereichen der Oberrheinebene liegen in der Hügelstufe (noch unterhalb 400 m).

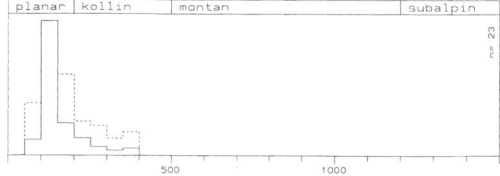

Phänologie

Imagines: Die Generationsfolge bei *Aedia funesta* ist noch ziemlich unklar. HEINICKE & NAUMANN (1980–1982) sprechen von einer Generation (mit Fragezeichen versehen) und zitieren BERGMANN (1954) wonach »in warmen Jahren im August eine zweite, aber sehr unvollständige Generation«

erscheinen soll. Ähnlich lautende Formulierungen finden sich bei KOCH (1958) und FORSTER (1971). Die uns vorliegenden Daten erlauben keine eindeutigen Interpretationen. Zweifelsohne kann nicht von einer einzigen Generation über fünf Monate von Ende Mai (frühester Nachweis: 26.5.1982, Eppelheim-Süd, R. BLÄSIUS) bis Ende Oktober (25.10.1989, Wieblingen, H. LAHM) ausgegangen werden, unklar bleibt jedoch, wie die Generationen zeitlich zu trennen sind. Vermutlich überlagern sich beide. Allerdings wäre eine partielle 2. Gen. nicht erst für August anzunehmen, sondern bereits ab dem letzten Julidrittel. Neben dem Verlauf des Flugzeitdiagramms spricht hierfür auch der gute Erhaltungszustand einiger Sammlungstiere. Am 28. Juli (1980, Heidelberg-Handschuhsheim) fing R. TRABOLD je ein frisches und ein abgeflogenes Männchen. Ein abgeflogenes Exemplar fing der gleiche Mitarbeiter bereits am 15. Juni (1979), während vom 30. Juli (1980) ein frisches ♀ und ein abgeflogenes ♂ in der Sammlung des SMNS stecken. Die 1. Gen. dürfte also in der Zeitspanne von Ende Mai bis Ende Juli fliegen. Überwiegend zur partiellen 2. Gen. sind Tiere ab Ende Juli zu rechnen. Das Extremtier vom 25. Oktober (s.o.) könnte ein sehr verspäteter Nachzügler der 2. Gen. oder gar ein solitärer direkter Nachkomme dieser Generation sein. Die wenigen Daten aus dem Neckar-Tauberland fallen in die Zeit zwischen dem 7. Juni (1975, Bruchsal, H. FEIL) und dem 29. Juli (1984, Dossenheim, R. TRABOLD).

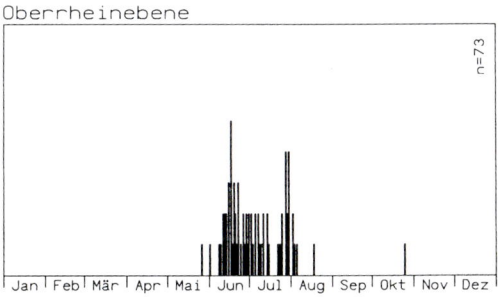

Präimaginalstadien: Beobachtungen hierzu liegen aus Baden-Württemberg nicht vor. Zur Klärung der Generationsfolge wären genau protokollierte Zuchten aus dem Ei sehr wünschenswert.

Ökologie

Lebensraum: Die Funde von *Aedia funesta* stammen fast ausschließlich aus dem Siedlungsbereich, insbesondere aus Gartengelände. Auch im angrenzenden südhessischen Raum liegen Meldungen aus Gärten vor (P.M. KRISTAL). Aus der freien Landschaft werden ein Steinbruch (H. LAHM/R. BLÄSIUS) und eine Schlagflur am Rande eines Hartholzauenwaldes (W. BENDER) als Lebensraum genannt.

Nahrung der Raupe: Raupenfunde aus unserem Gebiet stehen noch aus.

Bei REUTTI (1898), FORSTER (1971) und CALLE (1982) findet sich lediglich die Angabe »Winden« bzw. »*Convolvulus*« · BERGMANN (1954) und KOCH (1984) nennen *Convolvulus (Calystegia) sepium* als »Raupenfutterpflanze«. Nach RÖSSLER (1866) findet man die Raupe »an *Convolvulus arvensis*, aber nur in Hecken und an Geländern, wo sie sich in der Nähe der Pflanze verbirgt, nicht im Ackerfeld«.

Nahrung des Falters: Über die Nahrung der Imagines liegen keine Meldungen aus Baden-Württemberg vor. Nach BERGMANN (1954) kommt die Imago spärlich an den Köder. RÖSSLER (1866) gibt »an Blüthen z.B. von *Ligustrum vulgare*« an.

Habitat: Das Habitat ist aus Baden-Württemberg noch unbekannt. Folgt man BERGMANN (1954), so kommen zunächst Zaunwindengesellschaften der Calystegietalia sepium und Weidengesellschaften (Salicion albae) in Betracht. Daneben kommen auch Acker- und Garten-Unkraut-Fluren frischer, gut nährstoffversorgter Standorte in Frage.

Verhalten: Die Raupe ist »über Tage meist unter Hecken verborgen« (VORBRODT 1911–1914). Sie lebt einzeln oder in kleinen Gruppen an Zaunwinde (FRISCHE 1850), an der sie abends ge-

Die Raupe von *Aedia funesta* ist ähnlich bunt gesprenkelt wie die von *Lygephila pastinum*. An ihrem breiten, ockergelben Seitenstreifen ist sie jedoch unschwer zu erkennen. Sie lebt an Zaunwinde. – Leopoldshafen, Rheindamm (ex ovo-Zucht, D. BARTSCH leg.) 18.7.96 G. EBERT. S.

leuchtet oder geklopft werden kann. Den Winter verbringt sie, nach FRISCHE, in einem sehr festen Lehmkokon (nach RÖSSLER [1866] »in festem papierartigen Cocon«). Über die Aktivitätszeit des Falters gehen die Angaben auseinander. Er soll bereits am Tage bei Sonnenschein fliegen (FORSTER 1971) oder erst in der Dämmerung (BERGMANN 1954), vor allem aber in der Nacht. Die meisten Funde aus Baden-Württemberg sind Lichtfänge!

Gefährdung und Schutz

Rote Liste Bundesrepublik: –
Rote Liste Baden-Württemberg: –

Oberrheinebene: Nicht gefährdet.
Schwarzwald: Nicht vertreten.
Neckar-Tauberland: Nicht bodenständig (kritische Einzelfunde).
Schwäbische Alb: Nicht vertreten.
Oberschwaben: Nicht vertreten.

- In Baden-Württemberg nicht gefährdet! Besonders geschützt gemäß § 20 e ff. BNatSchG.

Die überwiegend aktuellen Funde aus der nördlichen Oberrheinebene deuten darauf hin, daß *Aedia funesta* in ihrem nordbadischen Areal nicht gefährdet ist. Alte Funde wie »Freiburg« (REUTTI 1898) oder »Bei Bad Mergentheim und Stuttgart« (s. auch SCHNEIDER 1938) sind nicht belegbar und sicher kein Indiz für bodenständige Populationen. Gleiches gilt für »Tauberbischofsheim« (H. SCHLÖRER, nach Kartei A. GREMMINGER). Dennoch verdient die weitere Bestandsentwicklung dieser Art unsere Aufmerksamkeit, insbesondere in Gebieten wie dem Raum Karlsruhe, von wo keine neueren Meldungen mehr vorliegen.

Aedia leucomelas
(Linnaeus, 1758)

Anophia leucomelas L. (SPULER 1908–1910, REBEL 1910, FORSTER 1954–1981)

Gesamtverbreitung: Eine altweltlich-subtropisch verbreitete Art, die von Nordafrika über Südeuropa und Kleinasien bis zum Libanon, Iran, dem armenisch-kaukasischen Raum und Nordindien und weiter bis nach China und Japan vorkommt. In Europa erreicht sie nach Norden Südfrankreich, die Südtäler der Alpen, Slowenien[1], Nordjugoslawien, Südrumänien und Südrußland.

Der Name *leucomelas* sensu DENIS & SCHIFFERMÜLLER und HÜBNER bezeichnet *Aedia funesta* und nicht *Aedia leucomelas* LINNAEUS. So ist unter der von REUTTI (1853) gemeldeten »*Catephia Leucomelas* S. V.« lediglich *Aedia funesta* zu verstehen, wie auch aus der später von REUTTI (1898) angegebenen Synonymie klar hervorgeht. Auch bei den von SCHNEIDER (1936–1939) gemeldeten Belegstücken von »*Anophia leucomelas*« in coll. SMNS handelt es sich um *Aedia funesta*. Eines der Belegstücke existiert noch; es trägt das Etikett »*leucomelas* V. Württ[em]b[er]g. v.[ON] ROSER 1858«. SCHNEIDER war offenbar nicht in der Lage, *Aedia funesta* von *Aedia leucomelas* zu unterscheiden und sein Seitenhieb auf VON ROSERs Glaubwürdigkeit (»Irrgast? oder Irrtum VON ROSERs; es ist merkwürdig, wieviel [sic] Seltenheiten man früher in Württemberg fing.«) stößt daher ins Leere.

Tyta luctuosa
([Denis & Schiffermüller], 1775)
Ackerwinden-Trauereule

Acontia luctuosa ESP. (REUTTI 1898, LAMPERT 1907, SPULER 1908–1910, REBEL 1910, ECKSTEIN 1913–1923, HERING 1932, FORSTER 1954–1981)
Tarache luctuosa ESP. (WARREN in SEITZ 1909–1914, SCHNEIDER 1936–1939, BERGMANN 1951–1955, KOCH 1954–1961, 1984)

Gesamtverbreitung: In Nordafrika von Tunesien bis zum Mittleren Atlas in Marokko. Nördlich des Mittelmeeres durch die Iberische Halbinsel und weite Teile Süd- und Mitteleuropas nördlich bis Ostengland, Belgien, Dänemark und Südschweden. Weitverbreitet in Südosteuropa bis Anatolien; vom Kaukasus bis Afghanistan, Zentralasien und zum Altai.

Verbreitung

Regional: Das Verbreitungsbild in Baden-Württemberg weist *Tyta luctuosa* als wärmeliebende Art aus. Am stärksten besiedelt sie das Oberrheinische Tiefland, mit kräftiger Ausdehnung in das angrenzende Hügelland des Kraichgaus, Neckarbeckens und der Gäue hinein. Dieses Teilareal reicht bis zum Neckar und über das sich anschließende Bauland – hier bereits aufsplitternd – bis ins Tauberland. Dieser gesamte Raum gehört zu den Klimagunstgebieten des Landes,

---

[1] HUEMER & TARMANN (1993) geben die Art auch für Kärnten an.

Wie zahlreiche andere Arten der Catocalinae ist auch die Ackerwinden-Trauereule (*Tyta luctuosa*) eine wärmeliebende Art, die in Südeuropa weiter verbreitet ist. Bei uns kommt sie vor allem in den klimabegünstigten Gebieten vor. Die Falter fliegen auch am Tage und besuchen nektarreiche Blüten wie Knautien und andere. – Hegau, Welschingen 11.6.92 T. MARKTANNER.

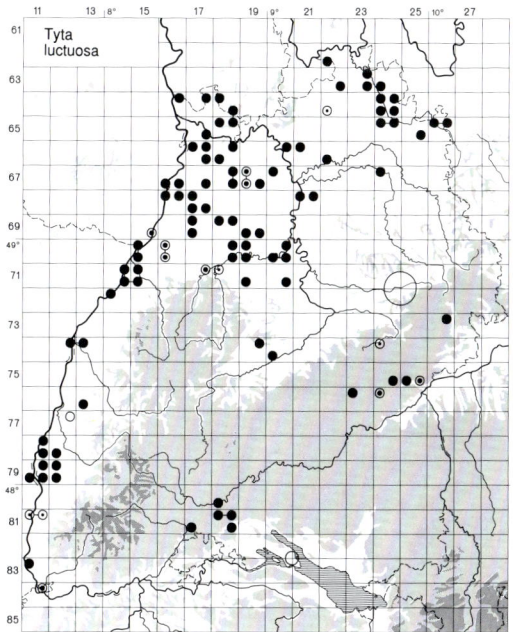

mit einer mittleren Jahrestemperatur von 8° bis über 9° C. Weitere Vorkommen liegen – voneinander getrennt – am Südrand der Schwäbischen Alb (Mittlere Flächenalb, Hegaualb und Obere Donau). Auch hier finden wir noch günstige Klimabedingungen, mit einer mittleren Jahrestemperatur oberhalb 6° Celsius, wobei ein reiches Angebot mikroklimatisch günstiger felsiger Standorte in diesen Naturräumen nicht übersehen werden darf! In den kühleren Gebieten (Schwarzwald, Hochflächen der Alb, Schwäbisch-Fränkische Waldberge, Alpenvorland[1]) fehlt diese Art.

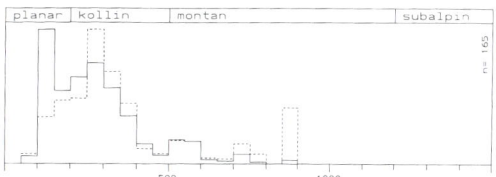

Vertikal: Der Schwerpunkt der Höhenverbreitung liegt im planaren und kollinen Bereich. Oberhalb von 500 m können verschiedene Fundstellen auf der Mittleren Flächenalb und der Südwestalb belegt werden, die höchste davon am Südwestabfall des Eichberges bei Blumberg (870 m, R. HERRMANN/J.U. MEINEKE). Vermutlich befinden sich solche Tiere auf Dispersionswanderung bzw. außerhalb ihres eigentlichen Entwicklungsgebietes.

Phänologie

Imagines: *Tyta luctuosa* bildet zwei Generationen aus, die sich teilweise überschneiden. Hinzu kommen jahrweise Schwankungen, so daß dem Diagramm für das Neckar-Tauberland nur schwerlich zwei Individuenmaxima zu entnehmen sind. In der klimatisch-topographisch homogeneren Oberrheinebene sind die beiden Peaks jedoch gut zu erkennen. Hier tritt die 2. Gen. deutlich individuenstärker auf. Als Flugzeitbeginn kann Anfang Mai angesehen werden. Bis Ende Juni/Anfang Juli sind Falter dieser 1. Gen. anzutreffen, danach tritt im Flugzeitdiagramm eine Senke ein, ehe sich ab Mitte Juli ein zweites Maximum aufbaut. Zu Beginn des letzten Augustdrittels endet die Flugzeit der 2. Gen. (23.8.1991, Kaiserstuhl, Haselschacher Buck, AG Freiburg). Ein sehr spätes Tier wurde noch am 12. September

---

[1] Eine »*luctuosa*« wurde von LEINER (1829) aus Konstanz angegeben, blieb aber unbestätigt.

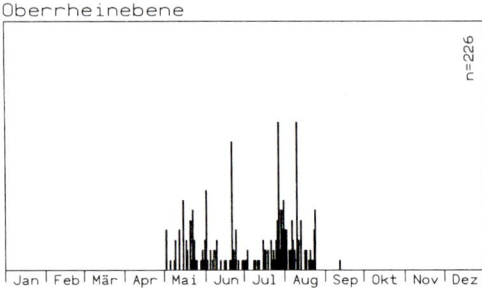

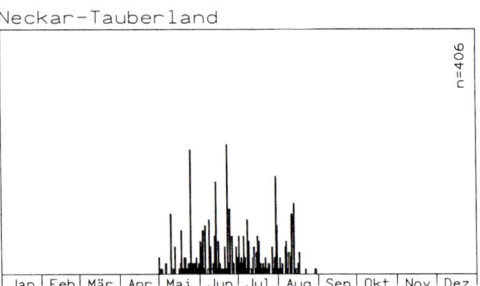

(1977, Rußheim, M. WALLNER) in der nördlichen Oberrheinebene registriert. Abgesehen von diesem Extremdatum gilt für das Neckar-Tauberland ziemlich exakt die gleiche Flugzeitspanne, beginnend am 1. Mai (1992, Kieselbronn, Lattenwald, C. SCHMID-EGGER) und endend am 30. August (1990, Stromberg, D. BARTSCH). Innerhalb einer engeren Spanne liegen die wenigen Meldungen aus der Schwäbischen Alb (Mitte Mai bis Ende Juli) und aus Oberschwaben (Anfang Juni bis Mitte Juli).

Die Raupe ist in der Jugend hellgrau, erwachsen braun gefärbt, mit helleren und dunkleren Linien. Auch bei ihr sind wiederum die ersten Bauchfüße verkümmert. Sie lebt an Ackerwinde, kann aber, wie in diesem Falle, in der Gefangenschaft problemlos mit Zaunwinde gefüttert werden. – Saarland (ex ovo-Zucht, leg. A. SCHANOWSKI) 8.6.96 G. EBERT. S.

Präimaginalstadien: Überwinterungsstadium ist die Puppe (KOCH 1958). Aus Baden-Württemberg liegt nur eine einzige Freilandbeobachtung einer Raupe der 2. Gen. vom 24. Juni (1992, Sulz, Schambach, E. RENNWALD) vor.

Ökologie

Lebensraum: *Tyta luctuosa* kommt vornehmlich an warm-trockenen Stellen des Offenlandes vor. Die Falter sind auf Wiesen, sonnigen Hochwasserdämmen, Rainen, Böschungen, Brach- und Ruderalflächen, Säumen, Schlagfluren, in Weinbergen sowie in Gartenanlagen zu beobachten.

Nahrung der Raupe:
Convolvulus arvensis – Ackerwinde
 L (GAU)
Convolvulus spec. – Winde
 L (BRM)

Convolvulus arvensis (»die Raupe an den Blüten ...«) wird von REUTTI (1898) und GAUCKLER (1909) als Raupennahrungspflanze angegeben. Ob diesen Angaben tatsächlich Beobachtungen aus unserem Untersuchungsgebiet zugrunde lagen, ist nicht ganz eindeutig. BROMBACHER (1934) nennt »*Convolvulus* spec.« und meint damit wahrscheinlich ebenfalls die Ackerwinde.

BERGMANN (1954) führt aus Mitteldeutschland ebenfalls *Convolvulus arvensis* an, mit dem Hinweis, daß die Raupe am Tag in den Blüten verborgen sei, was später auch FORSTER (1971) sowie BRETHERTON, GOATER & LORIMER (1983) so wiedergeben. Dagegen führt CALLE (1982) für Spanien an, die Raupe sei auf verschiedenen krautigen Pflanzen gefunden worden: *Convolvulus, Malva, Plantago* ... Inwieweit es sich nur um in der Gefangenschaft angenommene Futterpflanzen oder nur um Sitzplätze handelt, bleibt unklar.

Nahrung des Falters: R. BLÄSIUS dokumentierte den Blütenbesuch von *Tyta luctuosa* auf *Euphorbia esula* mit der Kamera. J. BASTIAN konnte sie bei der Nahrungsaufnahme an *Thymus* spec., G. EBERT an *Sedum album* beobachten. H. LUSSI nennt *Vicia* spec. und E. RENNWALD *Thymus pulegioides, Knautia arvensis* sowie *Lotus corniculatus*. Die Art besitzt also ein sehr weites Spektrum an Nektarquellen.

Habitat: Als Habitat kommen Vegetationseinheiten in Frage, in denen die Raupennahrungspflanze reichlich vertreten ist. Zu nennen sind Mesobromion und Convolvulo-Agropyrion, aber auch junge Stadien der Stellarietea (REUTTI 1953: »auf Ackerfeldern im Rebgebirge bei Mahlberg ziemlich häufig«) und Artemisietea.

Die Ackerwinde (*Convolvulus arvensis*) als Wärmezeiger erfüllt vom Standort her die Lebensansprüche von *T. luctuosa* weitaus besser als die nur wenig wärmeliebende, mehr frische bis feuchte Böden bevorzugende Zaunwinde. An solchen Stellen wie hier auf heißen Schotterflächen im Gelände des Kehler Rheinhafens ist das Larvalhabitat der Ackerwinden-Trauereule zu suchen. – 6.94 A. SCHANOWSKI.

Verhalten: Die Falter sind am Tage und in der Dämmerung aktiv. Nachts kommen sie auch ans Licht. Die Eier werden einzeln an Stengel und Knospen von *Convolvulus arvensis* abgelegt (HEATH & EMMET 1983). Tags sollen sich die Raupen in den Blüten verborgen halten. Die Verpuppung erfolgt in einem festen Erdkokon (FORSTER 1971, VÖLKER 1928).

Gefährdung und Schutz

Rote Liste Bundesrepublik: –
Rote Liste Baden-Württemberg: –

Oberrheinebene: Nicht gefährdet.
Schwarzwald: Nicht vertreten.
Neckar-Tauberland: Nicht gefährdet.
Schwäbische Alb: Nicht gefährdet (nur randlich vorkommend).
Oberschwaben: Nicht vertreten.

- In Baden-Württemberg nicht gefährdet!

Callistege mi
(Clerck, 1759)

Scheck-Tageule

Euclidia mi CL. (REUTTI 1898, LAMPERT 1907, SPULER 1908–1910, REBEL 1910, ECKSTEIN 1913–1923, HERING 1932)
Gonospileia mi CL. (SCHNEIDER 1936–1939, BERGMANN 1951–1955, KOCH 1954–1961, 1984, WARREN in SEITZ 1909–1914)
Euclidimera mi CL. (STRESEMANN 1969)

Gesamtverbreitung: Vom Norden der Iberischen Halbinsel durch West- und Mitteleuropa bis nördlich des Polarkreises. Die Art ist aus allen europäischen Ländern bekannt. Im Osten dringt sie bis zum Amur-Gebiet vor.

Verbreitung

Regional: Die Scheck-Tageule *(Callistege mi)* ist durch das ganze Faunengebiet Baden-Württemberg verbreitet, ein besonderer Schwerpunkt ist dabei nicht erkennbar. Aufgrund ihrer Tagaktivität und ihres unverwechselbaren Aussehens wird sie ziemlich oft beobachtet.

Außer in geschlossenen Waldungen und dicht bebautem Gelände dürfte sie noch in allen offenen Landschaften vorkommen, wenngleich deren Bewirtschaftung (großflächige Intensivkulturen, Wirtschaftsgrünland) einen durchaus limitierenden Faktor darstellt.

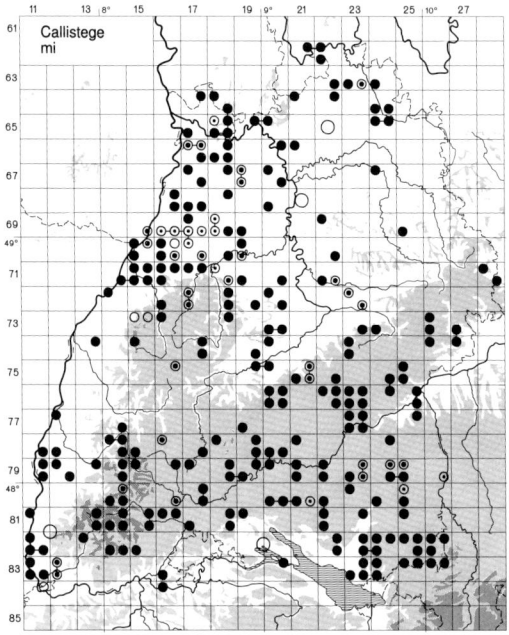

stuhl, O. SCHRÖDER nach Kartei A. GREMMINGER). Alle anderen Meldungen fallen in den Zeitraum zwischen Mitte April und Mitte Juni, den das Diagramm als kompakte Flugspanne mit einem Individuenmaximum Mitte/Ende Mai ausweist. Im Neckar-Tauberland beginnt die Flugzeit etwas später (frühester Nachweis: 26.4.1981, Bruchsal, H. HEIDEMANN); aus dem Schwarzwald und von der Schwäbischen Alb liegen uns keine Beobachtungen vor Anfang/Mitte Mai vor. Etwas überraschend sind mehrere frühe Aprilfunde aus Oberschwaben (15.4.1960, Bronnen, Dürnachtal, G. REICH). In allen Hauptnaturräumen endet die Flugzeit Ende Juni. Sehr sporadisch werden dann im Juli und August nochmals Einzeltiere beobachtet, deren Zuordnung unklar bleibt (Schwarzwald: 11.7.1978, Villingen, A. SCHABEL; 14.7.1987, Höchenschwand, J. U. MEINEKE; Neckar-Tauberland: 23.7.1983, Nußloch, R. BLÄSIUS; 27.7.1979, Stromberg, H. FEIL; 1.8.1943, Wössingen, A. GREMMINGER; Schwäbische Alb: 15.8.1980, Tieringen, A. LINGENHÖLE; 22.8.1986, Sigmaringen, W. SCHÖN; Oberschwaben: 22.7.1974, Bihlafingen, F. HAUFF; 17.8.1986, Hohentengen, W. SCHÖN).

Vertikal: Die Höhenverbreitung dieser Art erstreckt sich im Untersuchungsgebiet von der planaren bis zur montanen Stufe, wobei das Hügelland und das untere Bergland ziemlich gleichmäßig besiedelt sind. Zum höheren Bergland hin nehmen die Fundnachweise ab, aus den Hochlagen des Schwarzwaldes fehlen sie. Auf der Adelegg wurde *Callistege mi* noch oberhalb 1000 m registriert (R. HERRMANN).

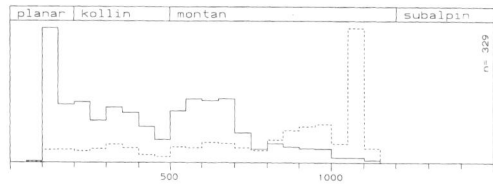

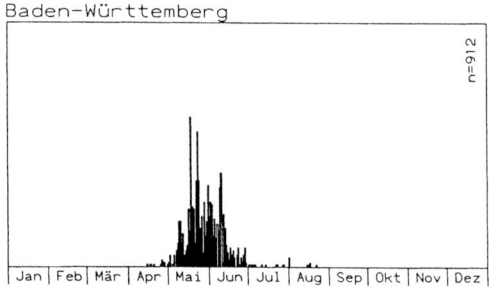

Phänologie

Imagines: In der Literatur werden für *Callistege mi* meistens zwei Generationen pro Jahr angegeben (KOCH 1954, FORSTER 1971, HEINICKE & NAUMANN 1980–1982). Die erste soll von Ende April bis in den Juli hinein, die partielle zweite im August und September fliegen. In Baden-Württemberg tritt die Art dagegen fast rein monovoltin auf. Selbst aus der klimabegünstigten Oberrheinebene liegt unter den phänologisch verwertbaren Datensätzen nur ein einziger Hinweis auf das letzte Julidrittel vor (28.7.1923, Kaiser-

Präimaginalstadien: Alle Raupenfunde aus Baden-Württemberg entstammen dem Spätsommer/Frühherbst. Am 20. August (1992, Kirchheim/Ries) fanden H. LUSSI/A. STEINER zwei halb erwachsene Raupen. Mit Datum vom 11. (1989, Stuttgart, Krumbachtal, D. BARTSCH) und 12. September (1985, Kißlegg, T. MARKTANNER) erreichen uns die jahreszeitlich spätesten Raupenfundmeldungen. Das Überwinterungsstadium ist die Puppe.

Ökologie

Lebensraum: Die Falter von *Callistege mi* fliegen sowohl im blütenreichen Offenland als auch in mehr oder weniger verbuschtem Gelände und an Waldrändern. Sie zeigen eine gewisse Vorliebe für

Wie die verwandte *Euclidia glyphica* gehört auch die Scheck-Tageule (*Callistege mi*) zu den nur bei Tage fliegenden Nachtschmetterlingen. Ihre ornamentale Zeichnung macht sie zu einem der auffälligsten Wiesenfalter. Sie kommt sowohl in mageren Glatthaferwiesen als auch in Niedermooren vor, nicht dagegen im überdüngten Wirtschaftsgrünland. – Kißlegg, Burgermoos 16.5.86 T. MARKTANNER. S.

Wald vordringen können. Die Art kommt aber nicht ausschließlich im trockenen Flügel des Grünlandes vor. MEINEKE (1982) stellte bei seinen Untersuchungen in Oberschwaben als Schwerpunkt den Bereich von Niedermooren im weiteren Sinn, gehäuft in Glatthaferwiesen und an Wegen fest. Sie fliegt auch in verbuschten Bachtälern, in Riedern und Mooren. Zum Imaginalhabitat zählen ferner blütenreiche Ruderalstandorte. So wurden von den Mitarbeitern mehrfach Beobachtungen aus Steinbrüchen mitgeteilt. Selten tritt die Art auch im Siedlungsbereich in Erscheinung.

trockenes und mageres Grünland und werden deshalb häufig von Halbtrockenrasen (Wacholderheiden!), aber auch von Bergmatten gemeldet. Oft sind sie in blütenreichen Versaumungsstadien an ungemähten Wald- und Wegrändern anzutreffen, an denen entlang sie gelegentlich in den

Raupen wurden verschiedentlich tagsüber an Gräsern ruhend angetroffen. Hier sitzt sie am Pfeifengras in einer Streuwiese des Alpenvorlandes. Trockene Ruderalfluren sind ein weiteres Beispiel aus dem breiten Spektrum der Entwicklungshabitate dieser Art. – Kißlegg, Burgermoos 12.9.85 T. MARKTANNER.

Die Eiablage erfolgt in der tiefen Vegetation. Das Ei ist links von der Mitte in der unteren Bildhälfte zu erkennen. Es wurde einzeln an einen dünnen Grashalm (*Deschampsia*?, *Festuca*?) angeheftet. Die hier beobachtete Ablage dauerte etwa 20 Sekunden. Das Räupchen schlüpfte nach elf Tagen. – Schwarzwald, NSG Utzenfluh 24.5.95 F. EBSER.

Nahrung der Raupe:
Genista sagittalis – Flügel-Ginster
  L (BAR)

Neben dem aus Baden-Württemberg belegten Raupenfund an Flügelginster kommen sicherlich noch eine Reihe anderer Arten in Frage. Aus Hessen werden »Kleearten« (KOCH 1856), aus der Pfalz *Vicia* spec. (HEUSER, JÖST & ROESLER 1960–1962) aufgeführt. Bei

BERGMANN (1954) finden sich für Thüringen (mit Verweis auf verschiedene Gewährsleute) *Trifolium pratense* – den auch BRETHERTON, GOATER & LORIMER (1983) für Großbritannien nennen – *Medicago falcata, Genista tinctoria* und *Melilotus officinalis* (dieser auch bei ALLAN 1949). BRETHERTON, GOATER & LORIMER (1983) führen ferner *Trifolium repens* an. SEPPÄNEN (1970) nennt als Freiland-Nahrungspflanzen aus Finnland: *Elymus arenarius, Polygonum aviculare, Lathyrus pratensis, Vicia* spp., *Calluna vulgaris, Hypericum maculatum, Andromeda polifolia* und *Galium verum*.

Ob drei an *Aster linosyris* vorgefundene Raupen (AG Freiburg) an dieser auch tatsächlich fraßen bedarf der Überprüfung. Fraglich erscheint auch *Molinia caerulea* (Pfeifengras) als Nahrungspflanze (Raupenfund von T. MARKTANNER).
Nahrung des Falters: Als Nektarquelle sind aus Baden-Württemberg bislang nur *Euphorbia cyparissias* (H. LUSSI), *E. seguieriana* (R. BLÄSIUS) sowie *Listera ovata* (H. HEIDEMANN) notiert worden.
Habitat: Mehrere Raupenfunde (die drei oben genannten Raupen an *Aster linosyris* und eine weitere) stammen aus Halbtrockenrasen des zentralen Kaiserstuhl. Das Mesobromion (und dessen Versaumungsstadien) stellt mit Sicherheit nicht das einzige Larvalhabitat dar. In Frage kommt eine Reihe anderer Grünland- und Saumgesellschaften.
Verhalten: Die spannerartige Raupe frißt tags und nachts. Sie wird oft an Grashalmen ruhend gefunden und läßt sich bei Beunruhigung gerne zusammengerollt fallen. Die Verpuppung erfolgt in einem Kokon, der oft an eine Pflanze geheftet ist. Die Falter sind ausschließlich tagaktiv. Sie besuchen Blüten, setzen sich aber auch gerne auf Blätter oder offene Bodenstellen, meist mit halb erhobenen, leicht vibrierenden Flügeln. Nach BERGMANN (1954) schwärmen die Falter am späten Nachmittag wild im Lebensraum der Raupe. Mit Einbruch der Dunkelheit endet die Aktivität.

Gefährdung und Schutz

Rote Liste Bundesrepublik: –
Rote Liste Baden-Württemberg: –

Oberrheinebene: Nicht gefährdet.
Schwarzwald: Nicht gefährdet.
Neckar-Tauberland: Nicht gefährdet.
Schwäbische Alb: Nicht gefährdet.
Oberschwaben: Nicht gefährdet.

• In Baden-Württemberg nicht gefährdet!

Euclidia glyphica
(Linnaeus, 1758)
Braune Tageule

Gonospileia glyphica L. (WARREN in SEITZ 1909–1914, SCHNEIDER 1936–1939, BERGMANN 1951–1955, KOCH 1954–1961, 1984)
Ectypa glyphica L. (FORSTER 1954–1981, STRESEMANN 1969)

Gesamtverbreitung: Vom Mittleren Atlas in Marokko, durch Süd- und Mitteleuropa bis Schottland. In Skandinavien geht die Art weit über den Polarkreis hinaus. Östlich sind Vorkommen bis Zentralasien und zur Mongolei bekannt.

Verbreitung

Regional: Wie in den Nachbarländern ist *Euclidia glyphica* auch bei uns – vom tag- und nachtaktiven Wanderfalter Gammaeule einmal abgesehen – die häufigste der obligatorisch tagaktiven Eulenarten. Im Vergleich zur nahe verwandten *Callistege mi* weist sie eine noch größere Besiedlungsdichte auf, die alle Naturräume umfaßt. Insbesondere in der Oberrheinebene (mit Randgebieten), auf der Schwäbischen Alb und im Alpenvorland ist die Braune Tageule nahezu flächenhaft verbreitet. Lediglich in den kühlmontanen Waldregionen des Schwarzwaldes und der Schwäbisch-Fränkischen Waldberge bleibt sie

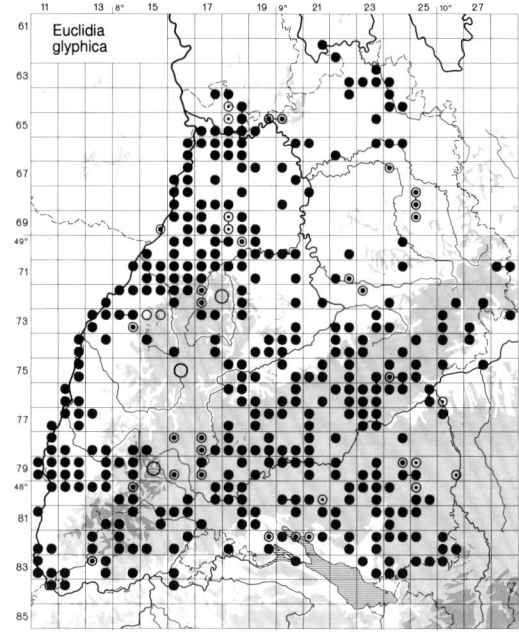

mehr auf die Talhänge beschränkt. Bei den »weißen Flecken« in den Agrarlandschaften der östlichen Landesteile handelt es sich sowohl um Kartierungsdefizite als auch um intensiv bewirtschaftetes und deshalb kaum besiedeltes Ackerland (Getreideanbau!).

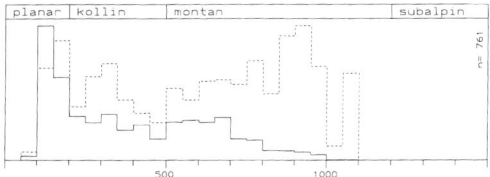

Vertikal: Die Höhenverbreitung von *E. glyphica* ist mit der von *C. mi* vergleichbar. Noch größer ist allerdings die Zahl der Fundorte im Bergland, dies geht vor allem auf die dichte Besiedlung der Schwäbischen Alb zurück. Die höchsten Fundstellen liegen auf den Hochflächen der Hohen Schwabenalb und im Mittleren Schwarzwald bei etwa 1000 m.

Phänologie

Imagines: In klimatisch begünstigten Regionen wie etwa der gesamten Oberrheinebene, den niedrigeren Westrandlagen des Schwarzwaldes und in weiten Teilen des Neckar-Tauberlandes bringt *Euclidia glyphica* regelmäßig zwei fast gleichstarke Generationen hervor. Deutlich individuenschwächer ist die 2. Gen. in Oberschwaben; auf der Schwäbischen Alb und in den kontinentaleren Lagen des Neckar-Tauberlandes tritt sie nur partiell in besonders warmen Jahren auf. Mit Ausnahme der Schwäbischen Alb werden sehr frühe Falter bereits Anfang/Mitte April registriert (2.4.1976, Rastatt-Niederbühl, R. HERRMANN; 3.4.1945, Bronnen, G. REICH; 11.4.1981, Tübingen, Spitzberg, 11 Falter, A. STEINER). Ab Mitte/Ende April nehmen die Fundmeldungen aus der Oberrheinebene deutlich zu. Mit leichtem zeitlichem Versatz von etwa einer Woche beginnt Ende April im Neckar-Tauberland und in Oberschwaben die Flugzeit der 1. Gen. Noch etwas später (Anfang/Mitte Mai) kann der Flugzeitbeginn für den Schwarzwald und die Schwäbische Alb angesetzt werden. Zu einer Überschneidung der beiden Generationen dürfte es Mitte bis Ende Juni in der Oberrheinebene, Ende Juni/ Anfang Juli im Schwarzwald und Neckar-Tauberland und erst im Juli in Oberschwaben (und auf der Schwäbischen Alb) kommen. Falter ab Anfang/Mitte Juli gehören bereits überwiegend

Die Braune Tageule (*Euclidia glyphica*) ist die häufigere der beiden Tageulen. Sie kommt in allen Naturräumen des Landes vor, meist an denselben Stellen wie *Callistege mi*, mit einer noch größeren ökologischen Amplitude. Die Falter sind eifrige Blütenbesucher. – Bodenseebecken, Landolz 2.6.94 T. MARKTANNER.

der 2. Gen. an. Mitte/Ende August geht in allen Regionen die Flugzeit dieser Hochsommergeneration zu Ende. Die jahreszeitlich spätesten Meldungen datieren vom 2. September (1968, Sasbachwalden, M. WALLNER; 1985, Federseeried, W. SCHÖN). Der späteste Falterfund überhaupt wurde von O. SCHRÖDER am 15. September (1923, Steinenstadt, nach Kartei A. GREMMINGER) gemeldet.

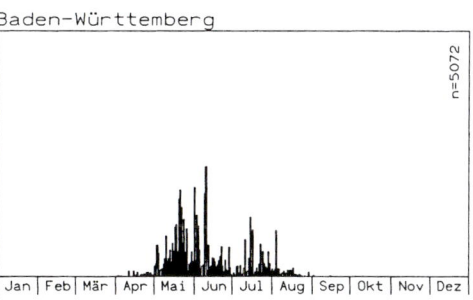

Präimaginalstadien: Mehrere Meldungen über Freilandraupenfunde liegen uns für die 1. Gen. (4.8.1989, Philippsburg, Rheinschanzinsel, E. RENNWALD; 28.8.1993, Göppingen, Eichert, K.

Die Paarung erfolgt bei dieser Art ebenfalls bei Tage. Mehrfach wurde beobachtet, wie ein Weibchen Eier einzeln oder zu mehreren an frischem oder auch bereits vertrocknetem Gras anheftete (F. EBSER). – Bodenseebecken, Landolz 24.5.94 T. MARKTANNER.

FREYTAG; 23.9.1922, Kaiserstuhl, A. GREMMINGER) vor. Diese Raupen verpuppen sich noch im Spätjahr und entwickeln sich im Frühjahr des nächsten Jahres zum Falter. Eine direkte Entwicklung – ohne Überwinterung – durchlaufen Raupen der 2. Gen., die Ende Mai (22.5.1986, Markgröningen, 50 Raupen, D. BARTSCH) und Anfang Juni (6.6.1992, Schönberg, Sonnenhalde, B. BREHMER) beobachtet werden. Eiablagen werden uns vom 23. Mai (1979, Dietlingen, v. RAMIN) und 5. August (1975, Oberstetten, Warmberg, A. STEINER) gemeldet.

Ökologie

Lebensraum: *Euclidia glyphica* ist als Falter im Grünland aller Feuchtestufen zu beobachten. So liegen Fundmitteilungen aus dem breiten Spektrum von Flachmoor-, Naß- und Feuchtwiesen über Glatthaferwiesen und Weiden mittlerer Standorte bis hin zu Halbtrockenrasen vor. Besonders viele Meldungen stammen von Hochwasserdämmen. Wiederholt wurden Tiere in Luzernefeldern registriert. Die Imagines fliegen ferner gerne an blütenreichen Wald-, Gebüsch- und Heckenrändern. Sie dringen entlang von Wegrändern gelegentlich auch in Wälder vor. Nur wenige Funde stammen aus dem Siedlungsbereich. Bei Untersuchungen in den Mooren des Alpenvorlandes zeigte die Art einen Vorkommensschwerpunkt in den Niedermoorbereichen im weiteren Sinn, besonders jedoch in Glatthafer-Mähwiesen (MEINEKE 1982).

Nahrung der Raupe:
Medicago sativa – Luzerne
  L (HER, LUS, REN)
Medicago spec. – Schneckenklee
  L (LUS)
Lotus corniculatus – Gewöhnlicher Hornklee
  L (BAR)
Vicia sepium – Zaun-Wicke
  L (FRY)

Eine ganze Reihe weiterer Schmetterlingsblütler wird von BERGMAN (1954) für Thüringen angeführt: *Trifolium pratense, Lathyrus pratensis, Hippocrepis comosa, Medicago falcata* und *Vicia*. Aus Großbritannien ist ferner *Trifolium repens* hinzuzufügen (ALLAN 1949). SEPPÄNEN (1970) nennt für Finnland *Viola* spp., *Lathyrus pratensis, Vicia* spp., *Trifolium medium, T. pratense, T. hybridum, T. repens*. Hauptnahrung sollen *Trifolium*-Arten sein.

Nahrung des Falters: Die Imagines sind hinsichtlich ihrer Nektarquellen nicht besonders wählerisch. Mehrfach wird von Blütenbesuch an Luzerne berichtet. Aber auch eine Anzahl anderer Schmetterlingsblütler sind gemeldet. Daneben

Die beiden am trockenen Grashalm abgelegten Eier waren dicht nebeneinander wie unter einem kleinen Dach befestigt. Die Räupchen schlüpften nach neun Tagen. – Schwarzwald, Todtnau-Schlechtnau 8.7.95 F. EBSER. S.

liegen Notizen von verschiedenen Korbblütlern sowie *Euphorbia esula*, *Thymus* spec., *Polygonum bistorta*, *Origanum vulgaris*, *Geranium* spec. und *Cornus sanguinea* vor.

Habitat: Angaben zum Larvalhabitat sind aus Baden-Württemberg nur ungenügend bekannt. Es dürfte in nicht zu fetten Mähwiesen-, Halbtrockenrasen- und Saumgesellschaften mit Beständen von Schmetterlingsblütlern zu suchen sein. Ferner ist zu vermuten, daß die Fortpflanzung auch in Luzerne- und Kleeäckern erfolgt.

Die erwachsene Raupe ist langgestreckt und mit einem schönen Linienmuster geziert, wobei die hellgelbe Seitenlinie unterhalb der dunklen, punktförmigen Stigmen auffällt. Diese gelbe Linienzeichnung zieht sich seitlich über die Kopfkapsel hinweg fort. – Schwarzwald, Todtnau-Schlechtnau 28.7.95 F. EBSER. S.

Verhalten: Die Eier werden in kleinen Gruppen auf ein Blatt der Nahrungspflanze abgelegt (BRETHERTON, GOATER & LORIMER 1983). A. STEINER konnte am 5.8.1975 ein davon abweichendes Verhalten beobachten. Die Eiablage erfolgte nicht an die Raupennahrung, sondern an benachbarten Gräsern. Wie BRETHERTON, GOATER & LORIMER (1983) weiter ausführen, ist die Raupe nachtaktiv. Dies deckt sich mit der Notiz von K. FREYTAG zu seinem Raupenfund an *Vicia sepium*. Tags ruht sie ausgestreckt am Stengel der Nahrungspflanze. Als junge Raupe bewegt sie sich spannerartig. Zur Verpuppung begibt sie sich unter die Pflanze. Die obligatorisch tagaktiven Falter sind leicht aufzuscheuchen. Ihre spezifische Blütenbesuchsstrategie wurde von T. ESCHE in Band 3, S. 55 beschrieben.

Gefährdung und Schutz

Rote Liste Bundesrepublik: –
Rote Liste Baden-Württemberg: –

Oberrheinebene: Nicht gefährdet.
Schwarzwald: Nicht gefährdet.
Neckar-Tauberland: Nicht gefährdet.
Schwäbische Alb: Nicht gefährdet.
Oberschwaben: Nicht gefährdet.

• In Baden-Württemberg nicht gefährdet!

Laspeyria flexula
([Denis & Schiffermüller], 1775)
Sicheleule

Aventia flexula SCHIFF. (REUTTI 1898)

Gesamtverbreitung: Die Arealsüdgrenze verläuft vom Norden der Iberischen Halbinsel, Korsika und Süditalien nach Südgriechenland zum Schwarzen Meer und Südkaukasus. Nördlich bis Südengland und Südnorwegen. Vorkommen sind auch vom Ussurigebiet und aus Ostasien bekannt.

Verbreitung

Regional: Diese an ihren sichelförmig gebogenen Vorderflügeln leicht kenntliche Eulenart ist recht gleichmäßig über das ganze Land verbreitet. Sie bewohnt Laub- und Nadelwälder in den verschiedensten Höhenlagen, was zu dieser flächenhaften Verbreitung geführt hat. Nadelwälder und -forste sind offenbar besonders dicht besiedelt, wie die vielen Fundmeldungen aus dem Schwarzwald, den Schwäbisch-Fränkischen Waldbergen und dem Alpenvorland zeigen.

Vertikal: Die vertikale Verbreitung reicht von der Ebene bis in die montane Stufe. Auf der Schwäbischen Alb sind dies die Hochlagen um 970 m auf der Hohen Schwabenalb (Deilingen, Oberhohenberg, N. HIRNEISEN/A. STEINER), im

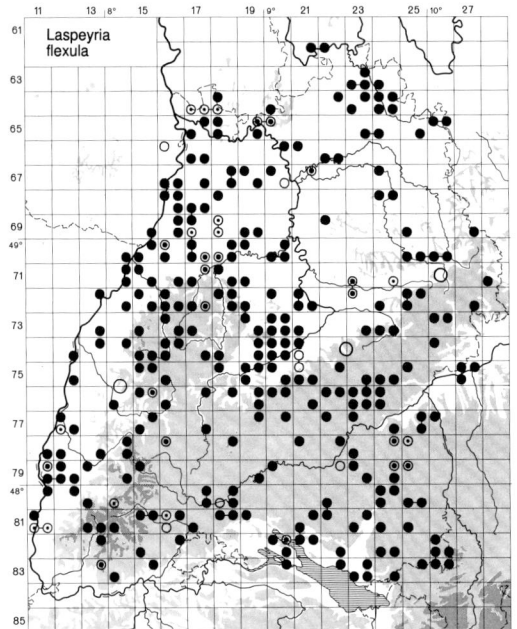

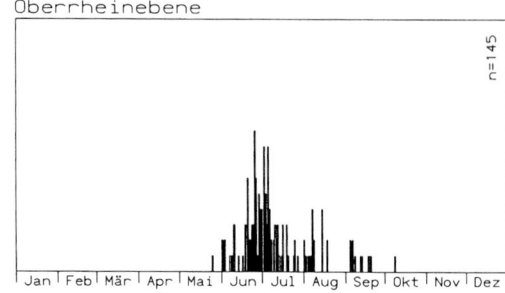

Oberrheinebene

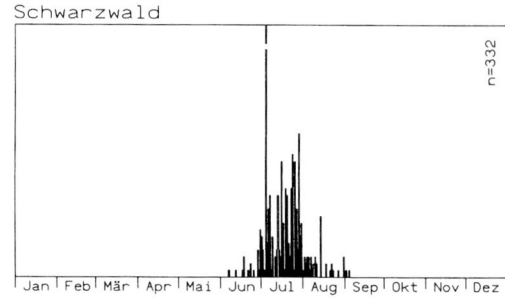

Schwarzwald

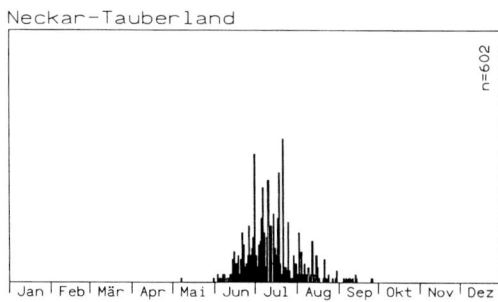

Neckar-Tauberland

Schwarzwald diejenigen um 1000–1200 m (Menzenschwand, H. HEIDEMANN; Schauinsland, R. HERRMANN; Schönwald, Farnberg, J.-U. MEINEKE).

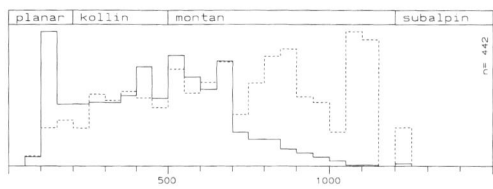

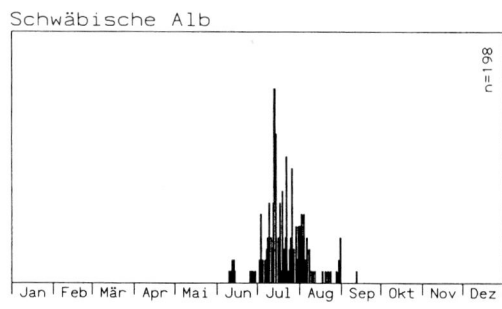

Schwäbische Alb

Phänologie

Imagines: Nach FORSTER (1971) bringt *Laspeyria flexula* »an besonders günstigen Stellen 2 bis 3 ineinander übergehende Generationen von Anfang Juni bis Anfang Oktober« hervor. Die uns vorliegenden imaginalphänologischen Eckwerte aus der Oberrheinebene gehen sogar noch über diese Zeitspanne hinaus (frühester und spätester Nachweis: 25.5.1993, Plittersdorf, C. KÖPPEL; 8.10.1976, Iffezheim, R. HERRMANN). Die Generationsfolge wird aus den Diagrammen nicht eindeutig ersichtlich. Mit Sicherheit treten mindestens zwei Generationen an klimatisch günstigen Lokalitäten in Erscheinung, so etwa in der Oberrheinebene und in den niedrigeren Lagen des Neckar-Tauberlandes. Diesen Diagrammen sind bei genauerem Hinsehen sogar drei abneh-

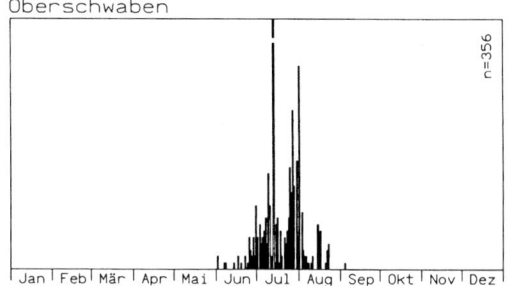

Oberschwaben

Die Sicheleule (*Laspeyria flexula*) verdankt ihren Namen den an der Spitze leicht sichelförmig gebogenen Flügeln. Sie erinnert damit auf den ersten Blick an Sichelflügler-Arten (Drepanidae, vgl. Bd. 4, S. 210 ff.). Im Gegensatz zu diesen lebt ihre Raupe nicht am Laub der Bäume, sondern an deren Flechten. Freilandbeobachtungen aus Baden-Württemberg wurden uns jedoch noch nicht mitgeteilt. Die Falter findet man am häufigsten in Nadelwäldern. – Tettnang, Steckenbühl 21.7.84 T. MARKTANNER. LF.

mende Wellen zu entnehmen, die tatsächlich drei Generationen pro Jahr widerspiegeln könnten. Durch die kurze Generationsdauer, durch jahrweise Schwankungen und die Zusammenfassung verschiedener Lokalitäten in einem Diagramm werden die Generationsgrenzen stark verwischt. Als Flugzeit der 1. Gen. ist die Zeitspanne von Ende Mai/Anfang Juni bis Mitte/Ende Juli anzusehen. Die 2. Gen. fliegt von Ende Juli bis Mitte August. Meldungen ab Anfang September dürften Falter einer partiellen 3. Gen. darstellen. Die jahreszeitlich früheste Beobachtung kommt vom Kraichgau (7.5.1992, Niefern, Enzbuckel, V. BODEN, W. PFENNINGER). Dort, wie auch an anderen geeigneten Lokalitäten des Neckar-Tauberlandes, beginnt die Flugzeit der 1. Gen. Ende des ersten Junidrittels und reicht bis Ende Juli. Hier überschneiden sich die Generationen. D. BARTSCH und D. HEIN melden frische Falter am 15. (1989) und 20. Juli 1990 (Markgröningen, Rotenacker). Vermutlich treten in höheren Lagen nur eine oder zwei Generationen auf, so daß dieses Diagramm noch stärker nivelliert wird. Ein zweiter Peak Anfang bis Mitte August dürfte durch das Abundanzmaximum der 2. Gen. entstehen. Eine 3. Gen. tritt nur sehr sporadisch im September auf. Sehr späte Falter wurden noch am 25. (1976, Rottenburg, Rammert, »frisches Exemplar«, J.-U. MEINEKE) und 26. September (1983, Tübingen, Spitzberg, A. STEINER) beobachtet. Wesentlich stärker komprimiert sind die Flugzeiten in den anderen drei Hauptnaturräumen. Die ersten Falter werden nicht vor Anfang/Mitte Juni registriert. Hier überwiegen deutlich monovoltine Populationen. Nur an wenigen Stellen und in günstigen Jahren kann es zur Ausbildung einer partiellen 2. Gen. kommen. Nach dem 12. September (1982, Emeringen, F. HOHENSTEINER) wurden uns keine Falter mehr aus diesen Regionen gemeldet. Exakt protokollierte Lichtfänge und Zuchten unter Freilandbedingungen über mehrere Jahre hinweg wären zur Klärung der Generationsdauer und -folge sehr wünschenswert.

Präimaginalstadien: O. SCHRÖDER (Kartei A. GREMMINGER) brachte am 10. August (1922, Höllental) ein ♀ zur Eiablage. Die Eiphase dauerte bis zum 18. August. Überwinterungsstadium ist die Raupe (KOCH 1954). Ein leider nicht genau datierter Raupenfund gelang G. REICH im Juni 1945 (Dürnachtal). Ansonsten liegen keine Beobachtungen aus Baden-Württemberg vor.

Ökologie

Lebensraum: Die Falter fliegen in Laub- und Nadelwäldern verschiedenster Standorte. So werden sie in der Weich- und Hartholzaue ebenso angetroffen wie in Rotbuchenwäldern, Tannen-Buchenwäldern oder Fichtenforsten. Bei vergleichenden Erhebungen in einem Fichtenforst und einem durchgewachsenen Niederwald im Mittleren Schwarzwald zeigte *Laspeyria flexula* am Licht eine deutlich höhere Abundanz im Fichtenforst (FREUNDT & PAUSCHERT 1989). MEINEKE (1982) stellte im Alpenvorland einen Schwerpunkt im Spirken-Waldhochmoor fest. Gleichzeitig trat die Art aber auch in anderen untersuchten Bioptypen regelmäßig auf: Übergangsmoor mit Kiefern-Birkenbruch; stark gestörtes Hochmoor mit Heidekraut-Moorbirken- und Waldkiefern-Birken-Flächen; ungestörtes Hochmoor mit eingestreuten *Pinus mugo*-Beständen. Auch von Waldrändern und aus dem Offenland liegen Meldungen vor. Sie stammen aus Streuobstwiesen, Feuchtwiesen, Halbtrockenrasen, aufgelassenen Weinbergen u.a. Regelmäßig treten die Tiere ferner in waldnahen Dörfern und Städten auf.

Nahrung der Raupe: Freilandbeobachtungen zur Raupennahrung sind aus Baden-Württemberg nicht bekannt geworden.

ALLAN (1949) nannte, ohne jeglichen Hinweis auf eine Zucht, die Flechtenarten *Physica stellaria* und *Xanthoria parietina*. BRETHERTON, GOATER & LORIMER (1983) übernahmen diese beiden Arten und führten aus, daß verschiedene Flechten an Laub- und Nadelbäumen gefressen werden, diese jedoch aufgrund von Determinationsproblemen nicht bekannt seien. BERGMANN (1954) erwähnte für Mitteldeutschland die Flechten-Gattungen *Parmelia*, *Peltigera* und *Graphis*, aber auch Rindenalgen als Raupennahrung. Nach BOLDT (1935) ernährt sich die Raupe von dem grünlichgrauen, fast puderförmigen Belag von Kiefernzweigen und abgestorbenen Stöcken von *Sarothamnus scoparius*. FRIEDEMANN (1942) gibt einen Gewährsmann KARL MAI jr. an, der im Erzgebirge die Raupen auf dem »graugrünen Beleg der Fichtenzweige« gefunden und damit auch erfolgreich gezüchtet hat.

Nahrung des Falters: Sieht man einmal von Beobachtungen am Köder ab, so liegen aus unserem Gebiet zur Nahrungsaufnahme der Imagines keine Meldungen vor.

Habitat: Da uns keine Berichte über Raupenfunde aus Baden-Württemberg bekannt sind, kann nur aufgrund der Flugorte der Imagines und der Angaben zur Raupennahrung auf das Larvalhabitat geschlossen werden. Vermutlich kommen grundsätzlich Wälder aller Art von der Ebene bis in die Hochlagen, in Abhängigkeit vom Flechtenangebot in Frage. Größere Bedeutung dürften somit Stellen mit höherer (Luft-)Feuchtigkeit zukommen.

Verhalten: Die Falter können tags ruhend an Stämmen gefunden werden (GAUCKLER, 1909). Sie fliegen leicht auf. An heißen Tagen sollen sie gerne am Boden auf Nadeln und Moospolstern sitzen (BERGMANN 1954).

Gefährdung und Schutz

Rote Liste Bundesrepublik: –
Rote Liste Baden-Württemberg: –

Oberrheinebene: Nicht gefährdet.
Schwarzwald: Nicht gefährdet.
Neckar-Tauberland: Nicht gefährdet.
Schwäbische Alb: Nicht gefährdet.
Oberschwaben: Nicht gefährdet.

- In Baden-Württemberg nicht gefährdet!

Sarrothripinae

Von AXEL STEINER

Diese kleine, in Europa nur mit wenigen Arten vertretene Unterfamilie weist enge Beziehungen zu den Nolinae und Chloephorinae auf, mit denen sie zum Beispiel der kahnförmige Kokon verbindet (Näheres zu den Verwandtschaftsverhältnissen dieser Gruppen in Bd. 4, S. 466).

Die Falter der einzigen in Mitteleuropa vorkommenden Gattung *Nycteola* sind klein und schmalflügelig. Durch ihre typische Flügelform und Ruhehaltung haben sie oberflächliche Ähnlichkeit mit vielen Wicklern (Tortricidae) und sind deshalb nicht leicht als Noctuiden zu erkennen. Aus diesem Grund werden sie von manchen Beobachtern ignoriert, so daß unsere Kenntnisse, besonders über ihre Verbreitung, ihre Phänologie und (außer bei *N. revayana*) auch über ihre Ökologie, noch sehr ergänzungsbedürftig sind.

Die taxonomische Situation der europäischen *Nycteola*-Arten blieb lange ungeklärt. Nachdem im 18./19. Jahrhundert die zahlreichen Formen der sehr variablen *N. revayana* zunächst als eigene Arten beschrieben worden waren, begann man im Laufe des 19. Jahrhunderts zu erkennen, daß die meisten dieser Formen zu einer Art gehören. Man ging aber zu weit und vereinigte sämtliche Formen unter *N. revayana*. Um 1900 wurde die habituell am einfachsten unterscheidbare und an Weiden lebende *N. degenerana* als eigene Art erkannt (KLOS 1907, MEIXNER 1907). Um die Jahrhundertmitte wurden aus einigen europäischen Ländern vermeintlich neue Arten und Formen beschrieben (BRYK 1941, PATOČKA 1953, KOVÁCS 1954, OBRAZTSOV 1954, AUBERT 1957), doch konnte die Systematik und Taxonomie der paläarktischen Arten erst durch die Arbeiten von DUFAY (1958a, 1958b, 1958c, 1961) anhand umfangreichen Materials zweifelsfrei geklärt werden.

In Europa kommen 6 Arten vor, von denen 3 in Baden-Württemberg nachgewiesen wurden. Zwei davon sind bodenständig (*Nycteola revayana* und *N. degenerana*), eine dritte wandert vermutlich nur ein (*N. asiatica*). Die in Europa sehr lokal verbreitete *Nycteola siculana* wurde in Baden-Württemberg bisher noch nicht festgestellt. Auf *siculana*-verdächtige Exemplare sollte aber unbedingt weiterhin geachtet und die Determination solcher Tiere durch Genitaluntersuchung abgesichert werden.

Bestimmungshilfe Nycteola

Links (von oben nach unten):

Nycteola revayana
Schwäbische Alb, Filsenberg, 12.7.1982 A. STEINER.
Kirchentellinsfurt, 23.4.1984 A. STEINER.
Neumalsch, 8.8.1989 A. STEINER.

Nycteola degenerana
Pforzheim (ohne Datum) F. GUTH.
Neuhausen, Monbachtal, e. l. 27.7.1931 K. STROBEL.

Nycteola siculana
Frankreich, Gironde, Ste.-Foy-la-Grande, 15.6.1941
P. HENRIOT.

Rechts (von oben nach unten):

Nycteola revayana
Nagold-Schietingen, 25.4.1987 A. STEINER.
Obere Gäue, Weildorf, 25.4.1992 A. STEINER.
Obere Gäue, Weildorf, 25.4.1992 A. STEINER.

Nycteola asiatica
Frankreich, Vaucluse, Sorgues, 20.6.1957 R. HENRIOT.
Frankreich, Vaucluse, Sorgues, 14.2.1958 R. HENRIOT.

Nycteola siculana
Frankreich, Bouches-du-Rhône, Arles, 21.9.1924
R. HENRIOT.

Nycteola revayana

Häufigste Art. Falter: Palpen graubraun. Färbung und Zeichnung sehr variabel. Grundfarbe variiert von mittelgrau und dunkel schwarzgrau bis zu verschiedenen, meist mit Grau gemischten Brauntönen, ist aber selten so hellgrau wie bei *N. asiatica* und nie grünlichweiß wie bei *N. degenerana*. Zeichnung variabel, manchmal verloschen, manchmal mit deutlichen, doppelten Querlinien, schwarzem Mittelpunkt und in Punkte aufgelöster Wellenlinie, manchmal mit in der vorderen Hälfte verdunkeltem Mittelfeld (wie bei *N. siculana*), manchmal mit verästeltem, schwarzem Längsstrich und hell ockerbrauner Grundfarbe, manchmal mit durch große schwarze Punkte ersetzten Querlinien.

Männliche Genitalien: Klein. Vinculum lang bogenförmig mit deutlichen Ausbuchtungen. Valve am Außenrand mit kurzem, spitzem Dorn.

Weibliche Genitalien: Klein. Ductus bursae rundlich aufgeblasen, im hinteren Teil verschmälert, mit einem länglichen Block aus dicht angeordneten, langen Stacheln versehen, der vom breiteren bis in den verschmälerten Teil hineinreicht. Linkes seitliches Diverticulum des Ductus bursae klein, rundlich bis zylindrisch, und fast vollständig mit feinen, länglichen Stacheln ausgekleidet.

Nycteola degenerana

Falter: Palpen meist reinweiß. Grundfarbe der Vorderflügel grünlichweiß bis grauweiß mit deutlichen schwarzen Zeichnungen (doppelte Querlinien, Wellenlinie und Flecke im Basalfeld). Mittelfeld in der vorderen Hälfte meist mit rotbraunen Einmischungen. Im Durchschnitt größte Art.

Männliche Genitalien: Groß. Vinculum lang bogenförmig ohne Ausbuchtungen. Valve am Außenrand mit kurzem, geradem Dorn.

Weibliche Genitalien: Groß. Ductus bursae rundlich aufgeblasen, größer als bei *N. revayana* und mit einem großen, rundlichen bis schwach viereckigen Block aus kräftigen Stacheln, der sich nicht bis in den verschmälerten Teil des Ductus bursae erstreckt. Linkes seitliches Diverticulum des Ductus bursae lang und dünn, röhrenförmig, ohne Sklerotisierungen.

Nycteola asiatica

Falter: Palpen grau. Flügelzeichnung wenig variabel. Grundfarbe der Vorderflügel rein hellgrau (und fast nie so dunkel wie bei *N. revayana*), Mittelfeld in der vorderen Hälfte rotbraun bis dunkelbraun. Innere Querlinie doppelt und deutlich, übrige Zeichnungselemente undeutlich (dunkler Mittelpunkt meist vorhanden, ebenso Wellenlinie in Form undeutlicher Punkte). Flügel etwas kürzer und Apex weniger spitz als bei *N. revayana*.

Männliche Genitalien: Vinculum lang bogenförmig mit Ausbuchtungen. Uncus abgerundet, nicht zugespitzt (wie bei den übrigen Arten). Valve am Außenrand mit langem, gekrümmtem, spitzem Dorn.

Aedoeagus drei- bis viermal so dick wie bei den anderen Arten, mit einem großen Cornutus von ca. 2/3 Aedoeaguslänge und einem Feld kleiner Stacheln.

Weibliche Genitalien: Apophyses anteriores nur halb so lang wie Apophyses posteriores (bei den übrigen Arten etwa gleichlang). Bursa sehr groß, mit mehreren seitlichen Ausbuchtungen, von denen eine ein Feld kurzer, nicht sehr dicht stehender Zähnchen trägt, darunter sitzt ein großes, beutelförmiges Diverticulum ohne Sklerotisierungen.

Nycteola siculana (in Baden-Württemberg noch nicht nachgewiesen)

Falter: Palpen grau. Flügelzeichnung sehr variabel, deutlich und kontrastreich bis fast verloschen. Grundfarbe der Vorderflügel grau, bei manchen Formen Innen- und Saumfeld grünlichweiß. Mittelfeld zwischen Vorderrand und den beiden Querlinien fast immer in Form eines langdreieckigen bis rhombischen Flecks dunkelgrau bis schwärzlich verdunkelt. Ausprägung und Verlauf der Querlinien variabel, innere Querlinie aber meist weniger bogig verlaufend als bei *N. degenerana*.

Männliche Genitalien: Groß. Vinculum lang bogenförmig mit Ausbuchtungen. Valve am Außenrand mit gekrümmtem, abgerundetem Dorn.

Weibliche Genitalien: Größer als *N. revayana*. Ductus bursae rundlich aufgeblasen, größer als bei *N. revayana*, im hinteren Teil mit länglichem Block aus sehr feinen Stacheln, der in ein sackförmiges Diverticulum ohne Sklerotisierungen mündet.

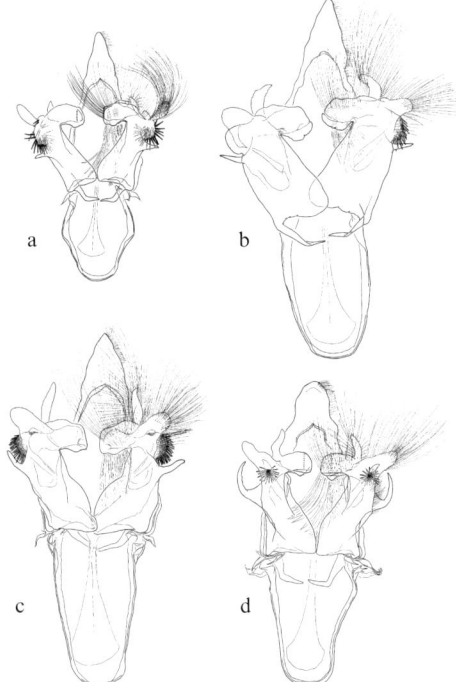

Nycteola revayana (Scopoli, 1772)
Eichen-Wicklereulchen

Sarothripa undulana HBN. partim (REUTTI 1898)
Sarrothripus revayana SCOP. partim (LAMPERT 1907, WARREN in SEITZ 1909–1914, REBEL 1910, HERING 1932, SCHNEIDER 1936–1939, BERGMANN 1951–1955, KOCH 1954–1961, 1984, HEINICKE & NAUMANN 1980–1982)
Sarothripus revayanus SCOP. partim (SPULER 1908–1910)

Gesamtverbreitung: Von Nordafrika durch nahezu ganz Süd- und Mitteleuropa verbreitet, im Norden bis Mittelschottland und Südskandinavien, im Südosten über die Türkei, Zypern, Libanon und Israel bis Iran und Afghanistan.

Verbreitung

Regional: Trotz der noch immer beträchtlichen Lücken im Kartenbild (die aber bearbeitungsbedingt sind) erweist sich *Nycteola revayana* als eine der sehr weit verbreiteten Noctuiden. Sie besiedelt vor allem große Bereiche der Rheinebene und des Neckar-Tauberlands (einschließlich des nördlichen Vorlands der Schwäbischen Alb), wo sie wahrscheinlich keinem größeren Eichenbestand fehlen dürfte. Auf der Schwäbischen Alb liegen bisher vor allem Nachweise aus den Naturräumen Mittlere Kuppenalb und Mittlere Flächenalb vor: Auf diesen Hochflächen ist die Verbreitung sicher dünner als im Hügelland. Im Alpenvorland wird offenbar besonders das nördliche Oberschwaben etwa zwischen Kanzach und Iller bewohnt, während die eichenärmeren Tannen-Buchenwaldgebiete des Oberschwäbischen Hügellands unbesiedelt bleiben. Aus dem Bodenseebecken liegen keine neueren Nachweise mehr vor, obwohl die Art dort, wie auch im Hegau, sicher auch aktuell noch vorkommt. Im Schwarzwald tritt *N. revayana* in eichenreichen Hang-

---

Genitalapparat (Männchen) von *Nycteola*-Arten (Behaarung links weggelassen).

a: *Nycteola revayana*, Todtnauberg, 7.1904 G. KABIS, Präp. Nr. N-366.
b: *Nycteola degenerana*, Überlingen, 16.5.1959 E. COMMERELL. Präp. Nr. N-1039.
c: *Nycteola siculana*, Frankreich, Haute-Provence, Malijai, 27.7.1985 A. STEINER, Präp. Nr. 85-159.
d: *Nycteola asiatica*, Heidelberg-Dossenheim, 1.9.1975 R. TRABOLD, Präp. Nr. N-1094.

Nycteola revayana ist eine der häufigsten unter den an Eichen lebenden Eulenarten. Wegen ihrer geringen Größe und ihrer Ähnlichkeit mit manchen Wicklern (Tortricidae) wird diese sehr variable Art aber wenig beachtet. – Hornisgrinde, Biberkessel 11.7.94 A. STEINER. LF.

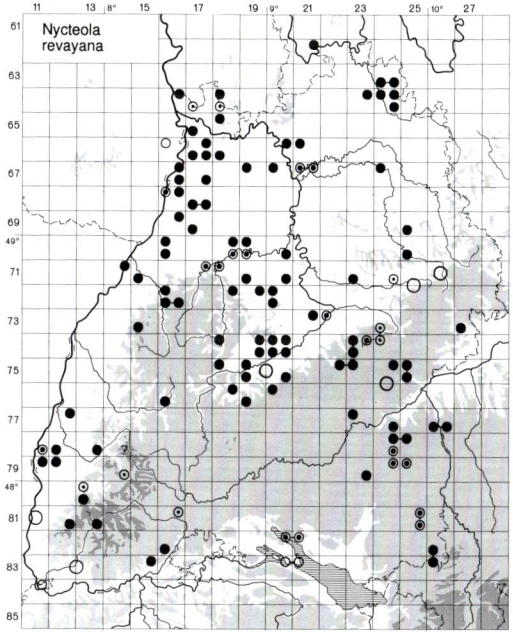

lagen niedriger und mittlerer Höhen auf und ist vermutlich weiter verbreitet als das Kartenbild andeutet.

Offenbar sind die Imagines sehr vagil, denn einzelne Tiere wurden im Bergland deutlich über der Eichenzone gefunden: Nordschwarzwald, Biberkessel, 990–1000 m (H. LUSSI/A. STEINER); Schauinsland, 1200 m (R. HERRMANN); Südschwarzwald, Belchen, 1300–1400 m (G. EBERT/R. HERRMANN/B. TRAUB); Hasenhornhütte über Todtnau, 1010 m (A. STEINER). So läßt sich schwer beurteilen, ob die Art noch bis zur oberen Grenze der Eichenverbreitung bodenständig ist oder ob die aus diesen Lagen vorliegenden Funde ebenfalls nur auf zugeflogenen Tieren beruhen. Diese Frage wird sich nur durch Raupensuche klären lassen. Unklar bleibt, ob *N. revayana* auch gelegentlich als Langstreckenwanderer in Frage kommt, ähnlich wie es für *N. asiatica* angenommen wird. Solche Wanderungen dürften aufgrund der weiten Verbreitung der Art meist unerkannt bleiben.

Eine Anzahl von Tieren wurde genitalmorphologisch untersucht, um Verwechslungen mit verwandten Arten auszuschließen. Diese Belege sind in der Karte mit Viereckssymbolen dargestellt.

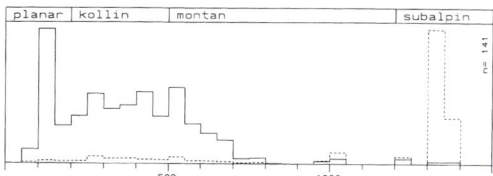

Vertikal: Die Höhenverbreitung umfaßt die Ebene, das Hügelland und das untere Bergland bis gegen 700 m. Aus der hochmontanen und subalpinen Stufe liegen mehrere Einzelfunde vor, die bis 1300–1400 m reichen (s. o.).

Phänologie

Imagines: *Nycteola revayana* verbringt den Winter als Falter. Obwohl diese Überwinterer bis zu 10 Monate im Imaginalstadium leben, sind sie vor der Winterruhe auffallend wenig aktiv. Das belegt der oft noch ganz frische, ja fransenreine Zustand von überwinterten Tieren, vor allem von Weibchen, noch im April und Mai. Dies ist auch den Flugzeitdiagrammen zu entnehmen (besonders gut erkennbar im Neckar-Tauberland), wo sich zeigt, daß die Überwinterer im Herbst nur vereinzelt registriert werden, dann aber in großer Anzahl im Frühjahr auftreten, obwohl man annehmen darf, daß sie während des Winters durch Prädatoren und andere Faktoren sicher etwas dezimiert worden sind. Sie verkriechen sich wohl bald nach dem Schlupf und legen eine echte Winter-Diapause ein, denn aus den Monaten Dezember und Januar kennen wir überhaupt keine, aus dem November und Februar fast keine Funde[1]. Erst ab Mitte März verlassen sie ihre Winterquartiere und fliegen dann bis in den Mai hinein, manchmal sogar noch bis Mitte Juni. Vor allem wegen dieser Langlebigkeit und weniger wegen

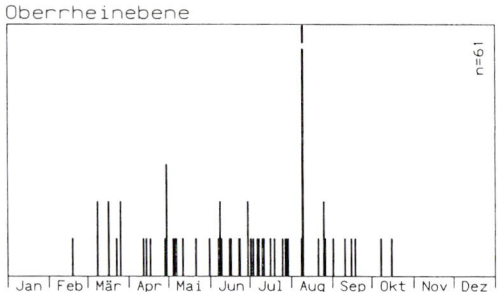

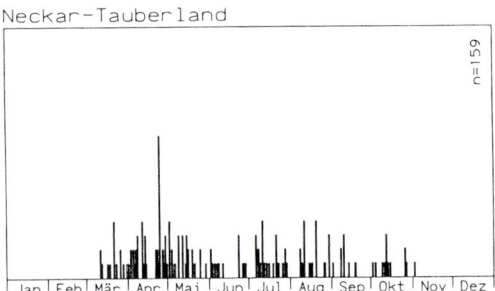

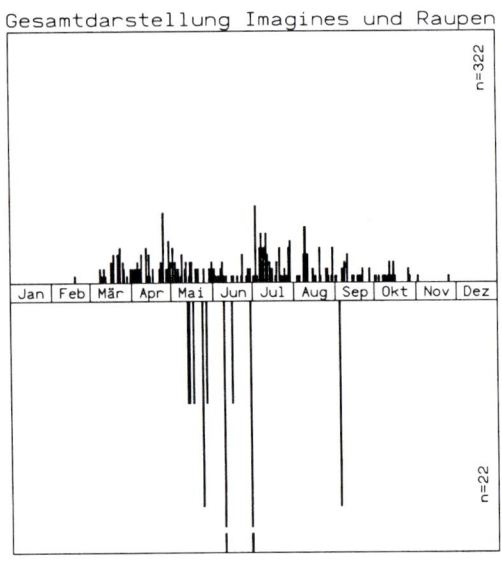

Bei *Nycteola revayana* ist die Ruhehaltung der Flügel im Gegensatz zu den *Eilema*-Arten kein diagnostisches Merkmal. Auf Rinde oder Blättern sitzen die Falter mit flach dem Untergrund aufgelegten Flügeln, an Zweigen und Stengeln dagegen mit eng um den Körper gerollten Flügeln. – Philippsburg (ex larva-Zucht) 17.6.95 H. LUSSI. S.

der Kumulation aller Jahre ist die Lücke zwischen den Generationen im Flugzeitdiagramm nur so schwach ausgeprägt. Zwar fällt die Raupenzeit in den Mai/Juni, und die 1. Gen. beginnt am Oberrhein in günstigen Jahren ab Mitte Juni, im Neckar-Tauberland ab Ende Juni zu fliegen, doch können auch die Überwinterer noch bis in den Juni hinein festgestellt werden: Ein typisches Beispiel hierfür liefert ein total abgeflogener Falter (der überwinterten Gen.), der noch am 11.6.1989 im Schönbuch ans Licht flog. Am selben Fundort wurde an diesem Tag auch ein Kokon gefunden, aus dem am 20.6. ein Falter der 1.

---

[1] Dies hat sicher dazu beigetragen, daß die Falterüberwinterung bis in unser Jahrhundert wenig bekannt blieb. Weder REUTTI (1898) noch SCHNEIDER (1936–1939) wußten davon, obwohl letzterer bei SPULER (1908–1910) darüber hätte nachlesen können.

Gen. schlüpfte (Sauerschlatt, A. STEINER). Im Bergland liegt der Schlupf der 1. Gen. etwas später. Auf der Schwäbischen Alb zeichnet sich eine Gruppierung Ende Juni und im Juli ab, im Schwarzwald erst Mitte Juli.

Über das erste dieser Tiere liegt eine Angabe zum Erhaltungszustand vor: Schlupffrisch (11.7.1994, Hornisgrinde, Biberkessel, A. STEINER/H. LUSSI).

Unübersichtlich ist auch die Situation zu Beginn der 2. Gen. Hier ist lediglich auf der Schwäbischen Alb eine Lücke im August/September zu erkennen, die wohl die Generationentrennung markiert.

Ob dieser Zeitraum auch für die anderen Naturräume angenommen werden darf, ist fraglich: In der Oberrheinebene, wo die Larvalentwicklung sicher sehr schnell ablaufen kann, wurden schlupffrische Falter schon ab Anfang August beobachtet (8.8.1989, Neumalsch, N. HIRNEISEN/A. STEINER); hier wie auch an anderen klimatisch begünstigten Stellen fliegt die 2. Gen. vermutlich regelmäßig schon ab August.

Präimaginalstadien: Die Eiablage der überwinterten Falter beginnt wahrscheinlich sobald die Eichen austreiben, denn die frühesten Raupenfunde Mitte Mai in der Oberrheinebene repräsentieren bereits erwachsene Raupen, die sich nach wenigen Tagen verpuppten (13.5.1994, Waghäusel, A. STEINER; 14.5.1994, Sandhausen, J. BASTIAN/A. STEINER). Die Eiablage dürfte hier im April erfolgt sein. Die Raupenfunde, die bisher überwiegend aus der Rheinebene und deren Randgebieten stammen, ziehen sich dann durch den Mai bis Mitte Juni hin (15.6.1946, erwachsene Raupe, H. KESENHEIMER). Daß die Raupenzeit in ungünstigeren Lagen noch länger dauern kann – wahrscheinlich bis in den Juli hinein – zeigt ein Nachweis von Raupen »in verschiedener Größe« (also vermutlich auch noch jüngere Tiere) am 29.6.1922 im Alb-Wutach-Gebiet (Gauchachschlucht, O. SCHRÖDER nach Kartei A. GREMMINGER). Dazu kommen einige Zuchtfalter mit Schlüpfdaten zwischen Mitte Juni und Mitte Juli, die auf Raupenfunde im Mai und Juni schließen lassen. Viel schlechter dokumentiert sind die Raupen der 2. Gen.: Hier liegt nur eine Angabe von A. GREMMINGER vor, der am 4.9.1931 2 Raupen fand, die am 3. und 4.10. die Falter ergaben. Sowohl im Frühsommer als auch im Herbst wurden gelegentlich leere Kokons gefunden, die den Falter schon entlassen hatten, also keine konkrete Aussage zur Phänologie mehr erlauben.

Die grüne Raupe ist auf Kopf und Körper mit langen, dünnen, weißen Haaren versehen. Sie lebt versteckt in einem Gespinst zwischen Eichenblättern, aus dem sie hier zum Fotografieren vertrieben wurde. Habitate der Art sind z. B. unter *Drepana binaria, Tethea ocularis, Spatalia argentina, Drymonia querna* (hier Kokonfund), *Meganola strigula* und *Nola cicatricalis* in Band 4 und unter *Minucia lunaris* in Band 5 abgebildet. – Waghäusel 13.5.94 A. STEINER. M.

Die Puppenruhe beträgt nach Zuchtbeobachtungen etwa 14 Tage.

Ökologie

Lebensraum: Eichenreiche Laub- und Mischwälder der Ebene und des Hügellands, von den Hartholzauwäldern der Flußniederungen über die wärmeliebenden Eichenmischwälder und Eichen-Hainbuchenwälder der Ebene und des Hügellands und die Rotbuchenwälder der Mittelgebirgslagen, wahrscheinlich bis zu den höchsten Eichenstandorten von Schwarzwald und Schwäbischer Alb. Die Falter belegen sowohl mitten im Wald stehende Eichen als auch randständige Bäume an Lichtungen, Waldrändern, Schneisen und Waldwegen, wobei es sich teils um junge Bäume, teils um niedrige Äste oder Stammausschläge an älteren Bäumen handelt. Auch vom Waldrand abgesetzte, in Gebüschen oder sogar ganz solitär stehende Eichen werden angenommen: Ein Raupenfund stammt von einer 200 m vom Waldrand entfernten und isoliert auf einer Brachfläche stehenden 3 m hohen Stieleiche. Die Falter entfernen sich also, wie auch der Anflug an Lichtquellen bestätigt, oft weit von geschlossenen Wäldern.

Nahrung der Raupe:
Quercus robur – Stieleiche
  5 L, P (Baj, Ebe, Lus, Stn)
Quercus petraea – Traubeneiche
  P (Lus, Stn)
Quercus spec. – Eiche
  5 L, P (Gre, Kes, Lie, Scr)

Die Raupe von *Nycteola revayana* lebt, wie wir heute wissen, monophag auf Eichenarten. Alle Angaben von Weiden und Pappeln in der älteren Literatur beziehen sich auf andere, früher als Formen von *N. revayana* aufgefaßte Arten. Was die Eichen betrifft, so ist bislang nur selten die Art angegeben worden. J. Bastian, G. Ebert, H. Lussi und A. Steiner fanden Raupen, Puppen und leere Kokons an Stieleichen, H. Lussi und A. Steiner einen Kokon an Traubeneiche. Die übrigen Meldungen nennen nur »Eiche«. Wahrscheinlich werden dort, wo sie vorkommen, auch Flaumeichen bzw. Flaumeichenhybriden genutzt. Im Mittelmeergebiet wird die Raupe hauptsächlich an *Quercus ilex* gefunden, aber auch an weiteren Arten, z. B. *Quercus pyrenaica* (Gómez de Aizpúrua 1992).

Nahrung des Falters: Die Falter besitzen einen gut entwickelten Saugrüssel, mit dem sie Nahrung aufnehmen können und dies auch tun müssen, denn die langlebigen Individuen der überwinternden Generation benötigen reichlich Energie (aus Großbritannien werden Beobachtungen sowohl an Blüten als auch an Beeren, bis in den Herbst hinein, gemeldet). Aus unserem Gebiet liegt eine Beobachtung von D. Bartsch vor, der im März ein ♂ an Salweidenkätzchen am Rand eines Eichen-Rotbuchenwalds fand. Schon Gremminger (1925–1928) hatte angegeben: »Falter überwintert an Salweiden gefunden.«[2]. Die Falter besuchen auch gern den Köder.

Habitat: *Nycteola revayana* nutzt wahrscheinlich das gesamte Spektrum der eichenreichen Waldgesellschaften. In Frage kommen dabei die buchenwaldartigen Laubwälder (Fagetalia sylvaticae) mit den Verbänden Alno-Ulmion, Carpinion betuli, Tilio platyphylli-Acerion pseudoplatani

Der »kahnförmige« Kokon wird meist auf Blattunterseiten, gern auf der Mittelrippe, angelegt. Die zusätzlichen Spinnfäden, die hier zu sehen sind, stammen vermutlich noch vom letzten Raupengespinst. Der Falter ist bereits geschlüpft; die Ausschlupföffnung befindet sich an der rechten, etwas ausgefranst wirkenden Seite des Kokons. – Grißheim 30.5.94 H. Lussi. M.

und Fagion sylvaticae, die Eichen-Birkenwälder der Quercetalia robori-petraeae und wohl auch die Flaumeichenwälder der Quercetalia pubescenti-petraeae, einschließlich eichenreicher Gebüsche, Waldmäntel und Vorwaldstadien, ferner vom Waldrand abgesetzte oder isoliert in der Feldflur stehende Einzelbäume und wohl auch größere Eichen in Gärten und Parks.

Verhalten: Die Raupen leben vom Schlupf bis zur Verpuppung ähnlich vielen Wicklern (Tortricidae) zwischen zusammengesponnenen Eichenblättern, anfangs vor allem an den Triebspitzen, woraus man schließen darf, daß dies die bevorzugten Eiablagestellen sind. Die meisten Raupenfunde liegen zwar aus der (dem Entomologen am besten erreichbaren) unteren Baumschicht bis 2 m Höhe vor, doch läuft der Entwicklungskreislauf im Inneren geschlossener Wälder wohl auch im Kronenbereich ab. Darauf deuten Falternachweise mittels einer in 22 m Höhe in einer Eichenkrone angebrachten Lichtfalle, während die Art mit einer unter dem Baum betriebenen bodennahen Falle nicht nachgewiesen wurde (Wintersdorf, C. Köppel).

Die Verpuppung erfolgt in dem auch für die Nolinae und Chloephorinae charakteristischen kahnförmigen, weißlichen bis gelblichen Kokon, der auf der Blattober- oder Unterseite, seltener auch an Zweigen angelegt wird.

Über das Verhalten der nachtaktiven Imagines liegen, abgesehen von ihrer Anlockung durch Licht und Köder, kaum Beobachtungen vor. Beispielsweise sind ihre Überwinterungsquartiere in

---

[2] Gremminger faßte damals auch *N. degenerana* als Form von *N. revayana* auf. Da er es in seinem Untersuchungsgebiet bei Graben-Neudorf mit beiden Arten zu tun hatte, wie er in einem späteren Nachtrag bestätigte (Gremminger 1952a), bleibt die Zuweisung dieser Beobachtung zu *N. revayana* zumindest unsicher. Es darf aber angenommen werden, daß beide Arten sehr ähnliche Nahrungsansprüche haben.

der Natur wenig bekannt (Baumhöhlen? Rindenritzen?). R. HERRMANN berichtet aus Freiburg von regelmäßigen Falterfunden im zeitigen Frühjahr auf dem winterkalten, luftigen Dachboden eines 200-jährigen Bauernhauses, vor dem eine alte Eiche (die einzige in weitem Umkreis) steht. Hier überwintert *Nycteola revayana* zusammen mit *Scoliopteryx libatrix* und *Hypena rostralis*.

Ein Weibchen, das am 6.5.1983 gegen 22 Uhr MESZ langsam um eine junge Eiche am Waldrand fliegend beobachtet wurde, war wohl auf der Suche nach einem Eiablageplatz, wurde aber durch das Lampenlicht gestört (Hardtwald bei Ammerbuch-Breitenholz, A. STEINER). Die Falter kommen gern ans Licht.

Gefährdung und Schutz

Rote Liste Bundesrepublik: –
Rote Liste Baden-Württemberg: –

Oberrheinebene: Nicht gefährdet.
Schwarzwald: Nicht gefährdet.
Neckar-Tauberland: Nicht gefährdet.
Schwäbische Alb: Nicht gefährdet.
Oberschwaben: Nicht gefährdet.

• In Baden-Württemberg nicht gefährdet!

Nycteola degenerana (Hübner, [1799])

Salweiden-Wicklereulchen

Sarothripa undulana HBN. ab. *degenerana* HBN. (REUTTI 1898)
Sarothripus revayanus SCOP ab. *degenerana* HBN. (SPULER 1908–1910: Hauptteil S. 124, WARREN in SEITZ 1909–1914)
Sarothripus degeneranus HBN. (SPULER 1908–1910: Nachtrag S. 491)
Sarrothripus degeneranus HBN. (REBEL 1910, HERING 1932, BERGMANN 1951–1955, KOCH 1954–1961)
Sarrothripus degenerana HBN. (SCHNEIDER 1936–1939, HEINICKE & NAUMANN 1980–1982)

Gesamtverbreitung: Von Ostasien (Japan) bis nach Osteuropa (Baltikum, Ostpreußen) fliegt die ssp. *eurasiatica* DUFAY, 1961. Die ssp. *degenerana* bewohnt große Teile Mittel- und Nordeuropas, kommt aber überall nur sehr lokal vor: Rumänische Karpaten, Polen (Riesengebirge), Deutschland, Dänemark, Südnorwegen, Süd- und Mittelschweden und -finnland, Österreich, Schweiz, Norditalien, östliches Frankreich (Vogesen, Rhône, Savoien), fehlt aber im Mittelmeergebiet. Das Vorkommen in Großbritannien ist zu bestätigen; es existiert anscheinend nur ein einziges sicheres Belegstück (BRETHERTON, GOATER & LORIMER 1983), so wie auch aus vielen anderen Gebieten nur Einzelstücke vorliegen. Ein vom Hauptareal separierter Arealteil im südwestlichen Frankreich (Pyrenäen, Landes, Gironde) beherbergt die habituell abweichende ssp. *hesperica* DUFAY, 1958.

Verbreitung

Regional: Die unsichere taxonomische Stellung der früher als Form von *N. revayana* aufgefaßten Art (s. o.) hat auch ihre lokale Verbreitung lange Zeit verschleiert. Selbst bei SCHNEIDER (1939) findet sich noch die Angabe »in Eichenbeständen im Gebiet verbreitet«, was beweist, daß die Art damals – mehr als 30 Jahre nachdem die Artrechte und die Nahrungspflanze geklärt worden waren – von manchen Lokalfaunisten immer noch nicht sicher von *N. revayana* getrennt werden konnte.

Aus Baden-Württemberg sind überwiegend Funde älteren Datums bekannt. *Nycteola degenerana* ist vor allem in den Tälern des Schwarzwalds und in einigen seiner Randgebiete wie dem Raum Pforzheim, dem Alb-Wutach-Gebiet und der Freiburger Bucht gefunden worden. Auch aus der Oberrheinebene liegen verstreute Nachweise von Mannheim bis zum Kaiserstuhlgebiet vor. Im Neckar-Tauberland sind abgesehen von den schwarzwaldnahen Gebieten nur zwei Einzel-

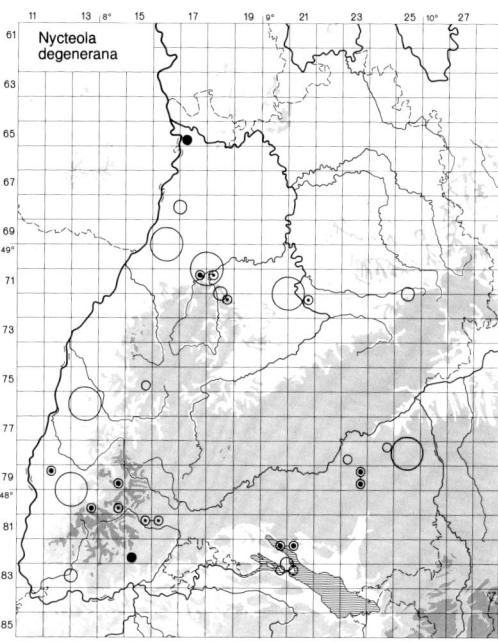

funde bekannt. Um einzelne und ältere Nachweise handelt es sich auch im Alpenvorland (Oberschwaben und Bodenseegebiet).

Oberrheinebene: Mannheim, Rotloch, 1983 (W. KINTZL); Graben-Neudorf, 20er Jahre (GREMMINGER 1952a); Weingarten [wahrscheinlich Weingartener Moor], 1970 (R. HÄUSSER); Karlsruhe, 19. Jh. (REUTTI 1853, 1898, A. MEESS); Lahr, 19. Jh. (REUTTI 1898); Kaiserstuhl, Vogtsburg, 1965 (L. SETTELE); Kaiserstuhl, Liliental, 1922 (E. BROMBACHER); Kaiserstuhl, Faule Waag[1], 20er/30er Jahre (BROMBACHER 1933–1935); Freiburg, 19. Jh., 1919, 1921, 1924 (REUTTI 1853, 1898, O. SCHRÖDER nach Kartei A. GREMMINGER).

Schwarzwald: Monbachtal, 1931, 1933 (H. ROMETSCH, K. STROBEL); Bad Rippoldsau, 1890 (G. KABIS, REUTTI 1898); Wildgutach, 1936, 1938, 1957 (A. FEHRENBACH nach Kartei A. GREMMINGER); Zastlertal, 1969 (L. SETTELE); Hinterzarten, 1901 (G. KABIS); Schwarzatal bei Brenden, 1995 (A. STEINER).

Neckar-Tauberland: Pforzheim, 19. Jh., 1917, 1925, 1926, 1930, 1931, 1933 (REUTTI 1898, F. GUTH, H. ROMETSCH, K. STROBEL); Birkenfeld, 1955 (R. HÄUSSER); Buch bei Aalen, 1927 (E. DANGELMAIER); Stuttgart, 1894, 1899 (Sammler unbekannt); Stuttgart, Kappelberg, 1944 (A. WÖRZ); Wutachgebiet bei Löffingen, 1939, 1946 (A. GREMMINGER); Schopfheim, 1931 (A. FRITZ).

Alpenvorland: Dürnachtal bei Bronnen, 1937, 1945, 1958 (G. REICH); Steinhauser Ried, 1966 (G. REICH); Überlingen, 1953, 1958 (E. COMMERELL); Konstanz, 19. Jh. (LEINER 1829, REUTTI 1853, 1898).

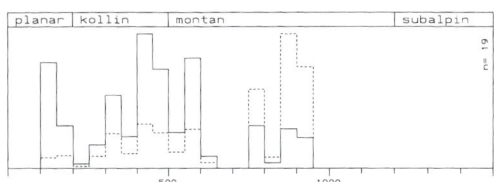

Nach der Übersicht von HEINICKE (1993) sind aus keinem deutschen Bundesland außer Baden-Württemberg Funde nach 1980 bekanntgeworden.

---

[1] In seiner Kaiserstuhl-Fauna nannte BROMBACHER (1933–1935) Liliental, Vogelsang und die Faule Waag als Fundstellen von *N. revayana*. Die unmittelbar folgende Bemerkung »Die Raupe an obigen Stellen an *Salix caprea*« zeigt aber, daß es sich dabei auch um *N. degenerana* gehandelt hat. Eine sichere Zuordnung der Fundorte ist kaum möglich: der trockenwarme Vogelsang-Paß deutet eher auf *N. revayana* hin, das (ehemalige) Feuchtgebiet Faule Waag eher auf *N. degenerana*. Vom Liliental existiert dagegen ein Eintrag in BROMBACHERs Tagebuch über Funde »an *Salix caprea*«.

Das einzige Freilandfoto von *Nycteola degenerana* aus unserem Gebiet zeigt einen schon stark abgeflogenen Falter. Deshalb kommt die schwarzweiß kontrastierende Zeichnung kaum mehr zur Geltung. Gut erkennbar sind aber noch die weißen Palpen, die ein wichtiges Bestimmungsmerkmal bilden. Da die Art in den übrigen Bundesländern als ausgestorben gilt, ist dies derzeit das letzte in Deutschland beobachtete Tier. – Südschwarzwald, Schwarzatal 30.6.95 A. STEINER. LF.

Einige Tiere wurden genitalmorphologisch untersucht, um Verwechslungen mit verwandten Arten auszuschließen (besonders um eventuelle *N. siculana* herauszufiltern). Diese Belege sind in der Karte mit Vierecksymbolen dargestellt.

Vertikal: *Nycteola degenerana* ist von der Ebene bis ins Bergland über 900 m verbreitet und dürfte – im Gegensatz zu *N. revayana* – auch an ihren höchstgelegenen Fundstellen noch bodenständig sein.

Phänologie

Imagines: Die 2 Dutzend taggenauen Funddaten, die bisher aus dem Untersuchungsgebiet vorliegen, erlauben noch keine sichere Beurteilung des Voltinismus. Aus dem Oberrheingraben sind Falter im Juni (n=1) und Juli (4), aus dem Schwarzwald im Mai (1), Juni (3), August (2) und Oktober (1), aus dem Neckar-Tauberland im April (1), Mai (2) und Juli (1) und aus dem Alpenvorland im Mai (2) und August (2) bekannt. In der Gesamtdarstellung ergibt sich kein einheitliches Bild, potentielle Generationentrennungen lassen sich am ehesten im Juni/Juli und August/September erkennen. Eine Falterüberwinterung ist aufgrund der Funde im Oktober und April durchaus anzunehmen.

Die Literaturangaben sind nicht ganz einheitlich, wenn auch die meisten Autoren dazu neigen, eine analoge Phänologie zu *N. revayana* zu vermuten (BERGMANN 1954, KOCH 1984, OSTHELDER 1925–1933, URBAHN & URBAHN 1939). Die Annahme, daß das Ei überwintere (VORBRODT 1911), hat sich nicht bestätigen lassen; die Falterfunde im Herbst und Frühjahr sprechen dagegen[2]. Anscheinend legt auch *N. degenerana* im Winter eine echte Diapause ein und wird deshalb von November bis März nicht gefunden.

Präimaginalstadien: Aus dem Untersuchungsgebiet liegen nur von O. SCHRÖDER (nach Kartei A. GREMMINGER) genaue Raupenfunddaten vor: Er fand die Raupen bei Freiburg am 25. Juni 1924 zahlreich und in unterschiedlicher Größe (»ganz klein bis fast erwachsen«). Bis zum 30.6. hatten sich dann 13 Tiere verpuppt. In einem anderen Jahr (1919) notierte er am 11. Juli »zahlreiche Raupen und Puppen«, aus denen ab 27.7. die Falter schlüpften. Die auf den Etiketten von Zuchtfaltern öfters vermerkten Schlüpfdaten fallen in den Juni und Juli; daraus kann man auf eine Raupenzeit im Mai und Juni schließen. Die Puppenruhe beträgt nach O. SCHRÖDER 2–3 Wochen (nach Kartei A. GREMMINGER).

Ökologie

Lebensraum: Aus dem Untersuchungsgebiet wenig bekannt. Aufgrund des Nahrungsspektrums allein wäre eine viel weitere Verbreitung der Art anzunehmen. Man darf also davon ausgehen, daß die Habitate neben dem Vorhandensein von Salweiden (oder Korbweiden) noch weitere Voraussetzungen erfüllen müssen, um für die Art bewohnbar zu sein. Feuchtgebiete und deren Ränder und Gebüschmäntel, Gebüsche im submontanen Bereich (Schwarzwald, Alpenvorland) oder in Flußniederungen (Oberrhein) sind offenbar besser geeignet als ähnliche Standorte im trockeneren Muschelkalk- und Juragebiet.

---

[2] Im Vertrauen auf VORBRODTs Angabe hatte BERGMANN (1954) vermutet, daß die Ende April festgestellten Falter sich aus überwinterten Eiern entwickelt haben müßten. Dies ist sicher unmöglich: Bei 2–3wöchiger Puppenruhe müßten die Raupen bis Anfang April erwachsen sein und könnten sich dann bestenfalls von den Weidenkätzchen ernährt haben. Davon abgesehen, daß sie dann kaum den Entomologen entgangen sein dürften, die regelmäßig Weidenkätzchen abklopfen, ist nicht anzunehmen, daß sich die beiden Generationen in ihrer Larvalbiologie derart unterscheiden.

Nahrung der Raupe:
Salix caprea – Sal-Weide
4 L (ANO, BRM, SCR, WÖR)

Die bisher aus unserem Gebiet vorliegenden Raupenfunde mit expliziter Nennung einer Nahrungspflanze beziehen sich alle auf die Salweide (*Salix caprea*): A. WÖRZ fand daran Raupen am Kappelberg bei Stuttgart und ein unbekannter Sammler ebenfalls in oder bei Stuttgart. BROMBACHER (1933–1935) beobachtete die Raupen mehrfach im Kaiserstuhlgebiet (er führte die an Salweide lebenden Tiere noch als Form von *N. revayana* auf) und O. SCHRÖDER zweimal »zahlreich« bei Freiburg an Salweide. Daß andere Sammler ebenfalls mehrmals Raupen gefunden, darüber aber weder auf den Etiketten noch in Tagebüchern oder Publikationen irgendwelche über das Schlüpfdatum hinausgehenden Informationen niedergelegt haben, sei nur am Rande bemerkt (F. GUTH, G. REICH, H. ROMETSCH, L. SETTELE).

Die Literatur führt neben der Salweide noch die Korbweide (*Salix viminalis*) als wichtige Nahrungspflanze auf, so z. B. für Südbayern (OSTHELDER 1925–1933).

Nahrung des Falters: Aus Baden-Württemberg liegen keine Beobachtungen vor. Eventuell ist die Beobachtung des Blütenbesuchs an Salweiden (GREMMINGER 1925–1928) (auch) auf diese Art zu beziehen.

Habitat: Aus Baden-Württemberg unbekannt. Mutmaßlich spielen die Vorwaldstadien des Sambuco-Salicion eine größere Rolle.

Verhalten: Die Raupen leben zwischen zusammengesponnenen Blättern an den Zweigspitzen der Weiden. Die Verpuppung geschieht in gleicher Weise und in einem ähnlichen Kokon wie bei *N. revayana*. Die Falter sind nachtaktiv und kommen ans Licht.

Gefährdung und Schutz

Rote Liste Bundesrepublik: 1
Rote Liste Baden-Württemberg: 1

Oberrheinebene: Vom Aussterben bedroht.
Schwarzwald: Vom Aussterben bedroht.
Neckar-Tauberland: Ausgestorben oder verschollen.
Schwäbische Alb: Nicht vertreten.
Oberschwaben: Ausgestorben oder verschollen.

- In Baden-Württemberg vom Aussterben bedroht!

Das völlige Fehlen von *N. degenerana* in der ersten und zweiten Fassung der bundesdeutschen Roten Liste (PRETSCHER et al. 1984) unterstreicht einmal mehr den geringen Bekanntheitsgrad der Art[3]. Baden-Württemberg beherbergt anscheinend die letzten rezenten Populationen in ganz Deutschland! In den übrigen Bundesländern ist *N. degenerana* ausgestorben oder verschollen (HEINICKE 1993), nachdem schon seit der Jahrhundertwende Rückgänge zu verzeichnen waren (z. B. in Ostdeutschland, HEINICKE & NAUMANN 1980–1982). Immerhin wäre es nicht ausgeschlossen, daß sie an alten oder noch unbekannten Fundorten sowohl im Südwesten als auch in anderen Bundesländern wiedergefunden wird. Die Gründe des Rückgangs sind unbekannt. In unserem Untersuchungsgebiet sollte eine gezielte Nachsuche an allen bekannten Fundorten erfolgen, insbesondere nach den Raupen, deren Lebensweise noch genauer geklärt werden muß.

Nycteola asiatica
(Krulikovski, 1904)

Gesamtverbreitung: Von Japan, Korea und Nordchina quer durch Asien verbreitet, wobei allerdings oft nur vereinzelte Nachweise vorliegen (Zentralasien, Nepal, Afghanistan, Iran, Irak, Kleinasien). In Südeuropa kommt die Art bis Zentralspanien, Mittelitalien und Griechenland vor, nördlich ist sie bis Belgien, Norddeutschland, Dänemark, Südschweden und Südfinnland gefunden worden. Hier wie auch in den anderen Gebieten nördlich der Alpen gilt sie als Einwanderer aus östlicher oder südöstlicher Richtung. Erst in der Südhälfte Frankreichs, in den südlichen Alpentälern, im östlichen Österreich, in der Slowakei, in Ungarn und südlich davon dürfte sie bodenständig sein. Aus Deutschland sind einzelne Funde in Niedersachsen (1989), Nordrhein-Westfalen (1994), Bayern, Berlin, Brandenburg, Mecklenburg-Vorpommern (1985), Sachsen-Anhalt, Thüringen und Sachsen bekannt[1] (HEINICKE 1993, HOPPE, KALLIES & WEGNER 1994, SCHMITZ 1994, WEGNER 1989).

In Baden-Württemberg ist bislang nur ein einziger Falter von *Nycteola asiatica* nachgewiesen worden: R. TRABOLD fing ein ziemlich abgeflogenes ♂ am 1. 9. 1975 in Dossenheim bei Heidelberg (coll. SMNS).

---

[3] In der neuen Roten Liste wird sie als vom Aussterben bedroht geführt (PRETSCHER et al. 1996).
[1] KOCH (1984) nannte außerdem die Pfalz, doch scheint dies ein Irrtum zu sein, denn die Art fehlt in der neueren Fauna der Pfalz von KRAUS (1993).

Die Art ist in Deutschland wenig bekannt, wenn auch aus neuerer Zeit vermehrt Meldungen vorliegen. Wahrscheinlich wandert sie aus östlichen oder südlichen Richtungen ein. In Sachsen wurde sie in den letzten Jahren häufiger gefunden (FISCHER 1994); ob dies für einen verstärkten Einflug oder gar eine Verschiebung der Arealgrenze spricht oder eher auf die verbesserte faunistische Forschungslage zurückgeht, läßt sich noch nicht sagen. Eine detaillierte Arbeit über die Situation in Österreich legte EMBACHER (1995) vor: 1931 erstmals im Land nachgewiesen und von Ungarn und der Slowakei her vorstoßend ist *N. asiatica* in Ost-Niederösterreich, im Burgenland und in der Südost-Steiermark – trotz noch immer ausstehender Raupenfunde – wohl mittlerweile bodenständig. In den übrigen Bundesländern wandert sie aus Norditalien, Slowenien und von Osten her gelegentlich ein.

Die Raupen leben an Pappeln und Weiden und sind in der Slowakei und in Ungarn in Pflanzungen schon schädlich aufgetreten (PATOČKA 1953).

Chloephorinae
Von HANS GEORG LUSSI

Wie die Bezeichnungen der einheimischen Arten weist auch der wissenschaftliche Name der gesamten Unterfamilie auf das farbliche Erscheinungsbild der Imagines mit ihrer auffälligen Grünfärbung hin. χλοη (*chloe*) bedeutet »das Grün neuer Blätter«, φορεω (*phoreo*) heißt »tragen«, Chloephorinae sind also »Frühlingsgrünträger«. In Europa existieren fünf Gattungen mit mindestens sieben Arten. Davon kommen insgesamt drei Gattungen mit vier Arten in Deutschland bzw. in Baden-Württemberg vor: Die Gattung *Earias* mit *E. clorana* (Weiden-Kahneulchen) und *E. vernana* (Weißpappel-Kahneulchen), *Pseudoips* mit *P. prasinanus* (Kleine Kahneule, Buchen-Kahneule, Jägerhütchen) und *Bena* mit *B. bicolorana* (Große Kahneule, Eichen-Kahneule).

Die Raupen-Nahrungspflanzen unserer *Earias*-Arten sind Weichhölzer, und zwar Pappel- und Weidenarten, die von *Bena bicolorana* und *Pseudoips prasinanus* hingegen Harthölzer, vornehmlich Rotbuche und Eichenarten. Die *Earias*-Raupen spinnen die jungen Blätter und Triebspitzen ihrer Wirtspflanzen zu einer Art Behausung, den sog. »Wickeln« zusammen und leben darin bis sie erwachsen sind. Es verwundert daher nicht, daß die Chloephorinae früher zu den Wicklern (Tortricidae) gerechnet wurden, was noch heute reliktkaft in der dem Artnamen anhängenden Endung »-ana« zum Ausdruck kommt.

Wie die nahe verwandten Sarrothripinae und Nolidae legen die Raupen vor der Verpuppung die namengebenden, charakteristischen, kahnförmigen Kokons an, welche bezüglich Größe, Form, Farbe und Oberflächenstruktur zur Artunterscheidung herangezogen werden können. Alle Arten tendieren mehr oder weniger zur Bivoltinität, vornehmlich in wärmebegünstigten Regionen, *Bena bicolorana* nur südlich der Alpen. Überwinterungsstadium ist die Puppe. Nur bei *Bena bicolorana* überwintert die halberwachsene Raupe, die sich zu diesem Zweck sogar vorübergehend einem Farbwechsel von Grün über Braun unterzieht.

Aus wirtschaftlicher Sicht betrachtet hat sich *Pseudoips prasinanus* in der Vergangenheit in seltenen Fällen als »Waldschädling« erwiesen. Größeres Gewicht hat in Mitteleuropa *Earias clorana* erlangt, deren Raupen des öfteren bei Massenauftreten empfindliche Fraßschäden in Korbweiden(mono)kulturen anrichteten. Von bei weitem noch schwerwiegenderer Bedeutung sind indessen fünf mediterrane und tropische *Earias*-Arten, die in Baumwollplantagen, aber auch an anderen Nutzpflanzen in Ländern der Dritten Welt großen Schaden anrichten. Dabei werden alle Pflanzenteile in sämtlichen Wachstumsstadien über einen großen Teil der Wachstumsperiode hinweg geschädigt. Ohne massiven Insektizideinsatz werden in einzelnen Ländern bis zu 70, manchmal gar 100 % der Baumwollernte durch *Earias*-Arten vernichtet (LE GALL in BALACHOWSKY 1972).

Earias clorana
(Linnaeus, 1761)
Weiden-Kahneulchen

Earias chlorana L. (REUTTI 1898, SPULER 1908–1910, WARREN in SEITZ 1909–1914, REBEL 1910, HERING 1932, SCHNEIDER 1936–1939, BERGMANN 1951–1955, FORSTER 1954–1981, KOCH 1954–1961, 1984, STRESEMANN 1969)

Gesamtverbreitung: Mit Ausnahme der atlantischen Insel- und Küstenländer Portugal, Irland, Island und Norwegen kommt die Art in wechselnder Häufigkeit in ganz Europa vor. Nördliche Arealgrenze bildet die Linie Südschweden über Mittelfinnland etwa entlang dem 64. Breitengrad Richtung Ural. Die Südgrenze führt

Beim Weiden-Kahneulchen (*Earias clorana*) sind die Geschlechter äußerlich schwer zu unterscheiden. Die Art kann mit dem Eichenwickler (*Tortrix viridana*) leicht verwechselt werden. Im Gegensatz zu diesem besitzt es einen weißen Vorderflügelrand und weiße statt graue oder graubraune Hinterflügel. – Karlsruhe 19.5.96 H. LUSSI. S.

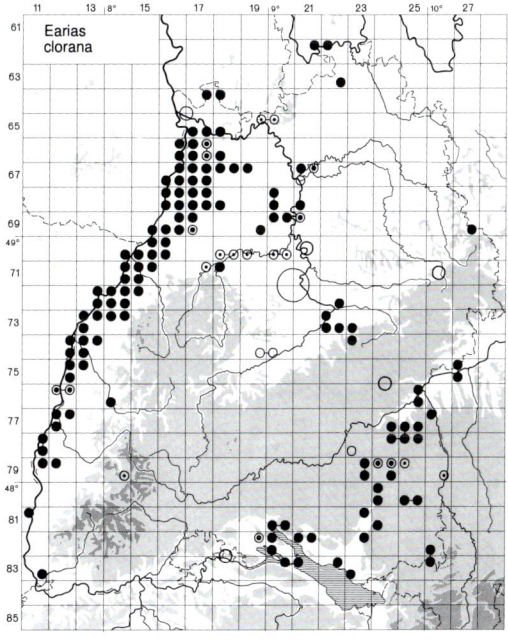

vom westlichen Nordafrika (Marokko, Algerien, Tunesien) über die Gebiete nördlich von Griechenland durch Kleinasien (Pontus), Kaukasien und Transkaukasien nach Westsibirien.

Verbreitung

Regional: *Earias clorana* ist vor allem in bodenfeuchten, wasser- und grundwassernahen Regionen Baden-Württembergs wie in den großen Strom- und Flußtälern von Rhein und Neckar oder dem Einzugsgebiet der Donau und ihren oberschwäbischen Nebenflüssen und den mit diesen vergesellschafteten Feucht- und Moorflächen heimisch. Die relativ schwachen Vorkommen an den Ufern von Neckar, Donau und Hochrhein gegenüber der Oberrheinebene mögen bis zu einem bestimmten Grad auf Kartierungsdefiziten beruhen. Die Art kommt in allen fünf Hauptnaturräumen vor, hat jedoch zwei eindeutige Schwerpunktbereiche: Am Oberrhein zunächst vereinzelt zwischen Eimeldingen nördlich von Basel, Grißheim bis zur westlich vom Kaiserstuhl gelegenen Faulen Waag, ab hier nordwärts in stellenweise großer Häufung bis über Mannheim hinaus und im Alpenvorland einschließlich der Randgebiete um den Bodensee, im Nordosten über das Iller- ins Donautal ausstrahlend. Wesentlich spärlicher ist sie im Neckar-Tauberland, wo nur wenige sporadische Vorkommen im Main-Taubertal (aber Verdacht auf Verwechslung mit dem Eichenwickler!) und im mittleren Teil des Neckartales, merkwürdigerweise in unmittelbarer Nähe der beiden Großstädte Stuttgart und Heilbronn registriert wurden. Diese eigentlich recht unverständlich großen Lücken in weiten Bereichen der Hauptstromgebiete sollten in Zukunft genauer überprüft werden. Das Beispiel eines am Neckarufer bei Marbach bei nur kurzer Verweildauer gelungenen Raupenfundes (23. 9. 1995, H. Lussi) zeigt den Nachholbedarf an.

Interessante Fundmeldungen fern der großen Fluß- und Stromtäler kommen aus der Umgebung von Wört (westlich Dinkelsbühl) nahe der Ostgrenze des Landes (22. 7. 1991, M. Meier) und vom Schopflocher Moor (23. 6. 1975, D. Gatter). Die in letzter Zeit stark über ihre ökologische Valenz hinaus an manchen Stellen angepflanzte Korb-Weide (*Salix viminalis*) zog bisweilen auch eine Verbreitungsförderung von *E. clorana* z. B. bei der Befestigung hoher Autobahnböschungen zwischen Kirchheim/Teck und Aichelberg (10. 8. 1996, H. Lussi) nach sich, sodaß die Art wahrscheinlich infolge Verschleppung aus Weidenkulturen zunehmend weniger typische, trockenere Lebensräume erobern kann. Zwei ältere Meldungen stammen aus der Umgebung von Schelklingen (12. 7. 1963, G. Reich) und Aalen (24.7.1954, M. Schlusche). Ähnlich wie die Schwäbische Alb ist der Schwarzwald lediglich durch einzelne Randvorkommen und Infiltrationen aus benachbarten Vorkommen belegt. Aus dem vorderen Kinzigtal kommen zwei Angaben: Zell am Harmersbach (16. 6. 1936, A. Gremminger); Steinach (23. 6. 1990, S. Freundt/P. Pauschert), letztere allerdings mit dem verdächtigen Vermerk »durchwachsener Eichenschälwald ohne Unterholz«, was an dieser Stelle nochmals den Hinweis auf eventuell häufigere Verwechslungen mit dem Eichenwickler (*Tortrix viridana*), dessen täuschend ähnliche Imagines in der Zeit von Juni bis August ebenfalls gerne ans Licht kommen, notwendig macht. Aus dem Wildgutachtal meldete A. Fehrenbach je 1 Imago im Juli 1937 und im Mai 1946.

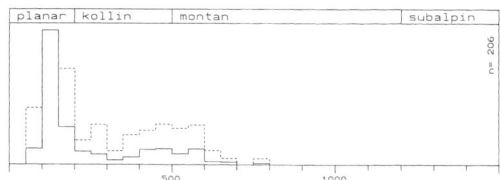

Vertikal: Eindeutig bevorzugt werden die großen Flußsysteme, insbesondere die Oberrheinebene, wo sich die am tiefsten gelegenen Fundstellen zwischen 90 m (Altlußheim) und 100 m zwischen Karlsruhe und Mannheim befinden. Über die kolline Stufe erreicht die Art im Alpenvorland die submontane Region zwischen 600 und 700 m. Sofern es sich nicht um eine Verwechslung mit dem Eichenwickler handelt, liegt die höchste Fundstelle bei 750 m (Schopflocher Moor, D. Gatter).

Phänologie

Imagines: *Earias clorana* fliegt in zwei oft ineinander übergehenden Generationen in der Zeit von April bis September. Die Überschneidungen fallen, abhängig von der jeweiligen Höhenlage um ein bis zwei Wochen verschoben, in die Zeit ab der zweiten Junihälfte bis Mitte Juli. Im allgemeinen gilt die Sommergeneration als individuenstärker. In günstigen Jahren erscheinen die ersten Tiere in der zweiten April-Dekade. In der Oberrheinebene datiert der früheste Fund vom 22.April (1971, Rußheimer Altrhein, G. Ebert/

H. FALKNER), in Oberschwaben vom 11.Mai (1971, Federseemoor, 580 m, G. BAISCH). Die wenigen Funde von Schwarzwald und Schwäbischer Alb fallen ausschließlich in die Monate Juni und Juli, die zahlreicheren des Neckar-Tauberlands beginnen in der ersten Maihälfte mit dem 10.Mai (1976, Bruchsal, Saalbachtal, H. FEIL).

In den Flugzeitdiagrammen aller drei in Frage kommenden Hauptnaturräume zeigt sich eine deutliche, infolge Generationenüberschneidung durch leichte Übergänge gemilderte Zäsur, die sich mit zunehmender mittlerer Höhe des betreffenden Naturraums von Mitte Juni im Oberrheingebiet über den folgenden Monatswechsel im Neckar-Tauberland bis über die erste Julihälfte hinaus in Oberschwaben verschiebt. Meldungen von Tieren der 2.Gen. reichen bis in die Zeit zwischen Ende August und Anfang September. Spätere kommen aus Oberschwaben, lassen aber wegen der Höhenlage (550 m) nicht an Exemplare etwa der in ihrer Existenz umstrittenen

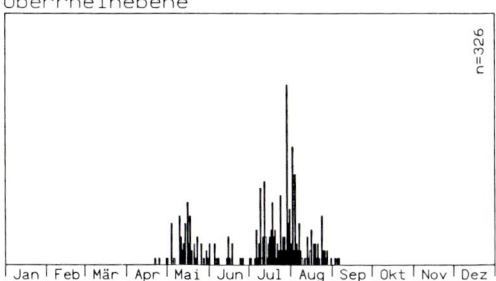
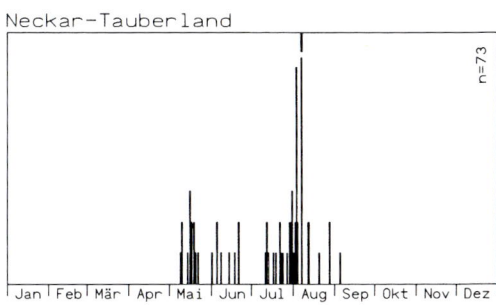
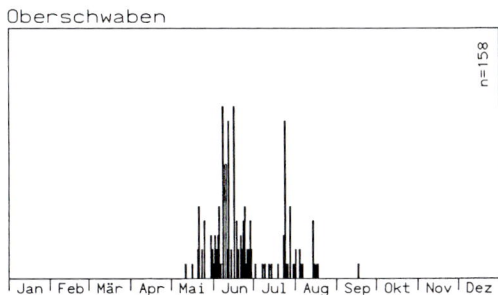

Die beiden Abbildungen zeigen die Extreme in der Variationsbreite der Raupenfärbung. Links: Eine farblich stark gemusterte, an den Seiten schwarzbraun-violett gefärbte Raupe mit einer dünnen, intensiv dunkelrot gefärbten Rückenlinie im hellen, stark kontrastierenden weißen Rückenband. – Taubergießen 5.8.94 H. LUSSI. S. Rechts: Eine fast einfarbig weißlich-grüne Raupe ohne Zeichnungselemente. Das helle Rückenband und die Rückenlinie sind jedoch deutlich vorhanden, wenn auch farblich nicht so stark ausgeprägt. Zwischen beiden Färbungsvarianten existieren viele Übergangsformen. – Ichenheim 26.8.94 H. LUSSI. S.

dritten Generation denken, sondern eher an Nachzügler der zweiten. Die Möglichkeit einer 3.Gen. wurde – unzulänglich – von KURIR (1968) diskutiert und mit Hinweisen auf MAGERSTEIN (1934) und SCHWERDTFEGER (1944, 1950, 1957) belegt. Die einzigen, eindeutig einer partiellen 3.Gen. zuzuordnenden Tiere schlüpften, allerdings unter Zuchtbedingungen, am 22.9.1947 aus Raupen von Ende August 1947 bzw. am 6.9.1951 aus Raupen vom 15.8.1951, während alle anderen Puppen in ihren Kokons überwinterten (A. GREMMINGER, Kartei).

Präimaginalstadien: In Anbetracht der Häufigkeit der Art – insbesondere in der gut durchforschten Oberrheinebene – und des charakteristischen, auffälligen Erscheinungsbildes der larvalen Blattgespinste ist die Zahl der Nachweise aus unserem Faunengebiet enttäuschend gering und für ein exaktes larvalphänologisches Schaubild nicht ausreichend. Von der 2.Gen. sind nur zwei Funddaten vorhanden: 21.Juni (1947, Berghausen b. Karlsruhe, A. GREMMINGER) und 4.Juli (1986, Wernauer Baggerseen, K. FREYTAG). Für die zahlreicheren Meldungen von Raupen der 1.Gen. liegen die Eckdaten mit dem Fund einer L_1-Raupe zwischen dem 22.Juli (1994) und einer halb- sowie einer vollerwachsenen Raupe am 29.September (1994, Karlsruhe-Rüppurr, beide H. Lussi). Gehäufte Fundmeldungen fallen in die Zeitspanne zwischen Mitte August und der ersten Septemberwoche. Die Literatur gibt für die Präimaginalphänologien beider Generationen recht übereinstimmend die Monate Juni und Juli bzw. August und September an. Für das österreichische Burgenland nennt Kurir (1968) für die Raupen der zweiten (Sommergeneration) die Zeit zwischen dem 17.Mai und dem 30. August, für die der 1.Gen. den 19.Juli bis 16.Oktober. Auch dieses Beispiel zeigt, daß sich die Generationen wohl auch im Freiland in Extremfällen über einen Zeitraum von mehreren (hier sechs) Wochen überschneiden können. Bezüglich der Generationenmächtigkeit ermittelte Kurir ein Verhältnis von 9:1 zugunsten einer Zwei-Generationen-Folge. Im Wesentlichen dürften diese Ergebnisse auch auf Baden-Württemberg übertragbar sein. Funde von Freilandeiern sind nicht bekannt, dagegen fand A. Gremminger am 29.Juli (1929, bei Hügelheim) einen Freilandkokon von *E. clorana*.

Ökologie

Lebensraum: Bevorzugte Lebensräume sind einerseits Randbereiche von Stillgewässer-Biotopen wie z.B. See-, Weiher-, Teich-, Tümpel-, Altwässer-, Stausee- und Baggerseeufer, auch von Rieselfeldern und Klärteichen, andererseits Ränder von Fließgewässer-Biotopen, wie Uferbereiche an Strömen, Flüssen, Bächen, Kanälen, Gräben sowie an diese angrenzende Auen, z.B. Bach-, Bruch- und Flußauenwälder, vornehmlich an lichten, offenen Stellen und angrenzenden Saumstrukturen. Des weiteren liebt die Art durch diese Biotope hindurchführende oder mit ihnen verzahnte, mehr oder minder stark anthropogen bedingte lichte Lebensräume, wie Sand- und Kiesgruben, Hochwasserdämme, wassernahe Brachländer und Ruderalfluren, Wege- und Straßenbegleitflächen, Straßenrandbepflanzungen, Parklandschaften, ja angeblich selbst Gärten. Auch Moorrandbereiche, Gehölz- und Industriebrachen werden besiedelt. Des öfteren treten die Raupen auch in Monokulturen von Weidenarten, meist Korbweiden, auf (Escherich 1931: »fehlt wohl in keiner Weidenanlage«), wo sie bei Massenvermehrung oft große Schäden an den Endtrieben der für das Korbflechterhandwerk benötigten, streng monopodial gewachsenen Weidenruten anrichten, da diese infolge Verzweigung

dann unbrauchbar sind. *E. clorana* kann nach Hacker (1989) allgemein als »Leitart der Uferbegleitvegetation von Gewässern« charakterisiert werden. Sie hat die Tendenz, auch degenerierende, nicht mehr so feuchte, offenere Bereiche zu besiedeln, sofern sie nur geeignete Weidenarten antrifft.

Nahrung der Raupe:
Salix fragilis s.l. – Bruch-Weide
   3 L (Hau, Lus)
Salix alba – Silber-Weide
   4 L (Gre, Hau, Lus, Stn)
Salix babylonica – Echte Trauerweide
   3 L (Lus, Stn)
Salix purpurea – Purpur-Weide
   L,P (Gre, Hau, Lus)
Salix elaeagnos – Lavendel-Weide
   L (Lus)
Salix viminalis – Korb-Weide
   4 L (Hau, Lus, Stn)
Salix caprea – Sal-Weide
   L (Hau, Lus)
Salix spec. – »Schmalblättrige Weide«
   4 L (Fry, Hau, Lus)
Salix spec. – »Weide«
   4 L (Fry, Gre, Hau, Lus, Rek, Ren)

Raupen bzw. deren Blattwickel werden fast ausschließlich auf schmalblättrigen Weidenarten angetroffen. Ob der Grund dafür auf ernährungsphysiologischem oder »wickel-architektonischem« Gebiet zu suchen ist bleibt unklar. Daß sich breite Blätter genauso gut zur Fertigung von Behausungen eignen, demonstriert nicht nur die Raupe von *E. vernana*. Alle aufgefundenen Raupen hielten sich in ihren stets an den Triebspitzen in der seitlichen Peripherie von Büschen bzw. in den unteren Etagen von Weidenbäumen angelegten Wickeln auf. In größerer Höhe (oberhalb 4 m) sind an Nahrungsbäumen keine Raupengespinste gefunden worden, was vielleicht auch mit der Bequemlichkeit der Suchenden zu tun hat. *Earias clorana* bevorzugt vor allem die an einheimischen Feuchtstandorten fast überall vorhandene *Salix alba* und in besonderem Maße *S. viminalis*, viel seltener *S. fragilis* s.l. bzw. Hybriden dieser drei Weidenarten (z.B. Neuthard, Spöck, beide am 29. 8. 1994, H. Lussi). Die seltene Lavendel-Heide (*S. elaeagnos*) erreicht in der Oberrheinebene bei Karlsruhe ihre nördlichste Verbreitungsgrenze. Sie wurde nur einmal besetzt vorgefunden (Kappel, 14. 8. 1996, H. Lussi). Infolge stark anthropogen bestimmter, kulturnaher Verbreitung kommt den als Ziergehölzen anzuse-

Gestalt und Oberflächenstruktur des durchschnittlich 9 x 3,5 mm großen, kahnförmigen Kokons sind wie die Färbung individuell sehr verschieden. Die Gewebestruktur ist stabil und reißfest, möglicherweise auch sehr wasserdicht (Überschwemmungen!). Der Kokonbau findet in den Nachtstunden statt. Das am Morgen noch weißlich-helle Gespinst dunkelt unter Einfluß des Sonnenlichts nach. Die Auskleidung der Kokoninnenwände dauert noch wenige Stunden und im Laufe der folgenden zwei Tage verwandelt sich die Raupe im Inneren in eine gedrungene, 6–9 mm lange, dorsal dunkelbraune, von einem blauen Hauch überzogene, ventral hellbraun gefärbte Puppe. – Taubergießen 12.5.95 H. LUSSI. S.

henden »Trauerweidenarten bzw. -formen« sowie deren Hybriden nur eine untergeordnete Bedeutung zu. An *Salix babylonica* entdeckten am 31.8.1994 H. LUSSI/A. STEINER im mittleren Oberrheintal an einem ca. 1 km nördlich Freistett am Ufer eines größeren am Rande des dortigen Industriegebiets gelegenen, an Auwälder angrenzenden Weihers mehrere Raupengespinste an bis fast zum Boden hängenden Triebspitzen alter, hoher Trauerweiden.

Über andere schmalblättrige Weidenarten als potentielle Nahrungspflanzen der Art liegen keine Meldungen vor. Als solche kämen für Baden-Württemberg die selteneren Arten *S. daphnoides* (Reif-Weide) und *S. triandra* (Mandel-Weide) in Frage. Auf der Purpur-Weide findet man eigenartigerweise fast niemals Befall, auch dann nicht, wenn andere Weidenarten in unmittelbarer Nähe stark besetzt sind. Nur einmal wurde nachweislich eine Raupe an dieser Weidenart ausgemacht (H. LUSSI, Karlsruhe, Durlacher Wald, August 1994). Die einzige Beobachtung eines Kokonfundes »in den Zweigspitzen von *S. purpurea*« gelang A. GREMMINGER bei Hügelsheim am 29.7.1929. Ähnlich unbedeutend für *E. clorana* sind als Nahrungspflanzen wahrscheinlich sämtliche breitblättrigen *Salix*-Arten wie *S. aurita* (Ohr-Weide), *S. cinerea* (Grau-Weide) und *S. nigricans* (Schwarz-Weide). Allein an *S. caprea* wurden am 29.9.1994 südlich Karlsruhe an einem mit verschiedenen Weidenarten randlich dicht bewachsenen wasserführenden Graben eine für diesen späten Zeitpunkt doch sehr junge Raupe (L_2) in äußerst notdürftig zusammengesponnenen Spitzentriebblättern entdeckt.

Interessant ist der auf Oberschwaben (Federsee) bezogene Hinweis, daß *E. clorana* präimaginal in Ermangelung schmalblättriger Weidenarten hier nur an breitblättrigen leben könnte (MEINEKE 1982). Mangelnde Hybriden-Kenntnis ist sicherlich der Grund dafür, daß unsere Liste der Raupennahrungspflanzen keine *Salix*-Bastarde enthält. Mit Sicherheit werden eine ganze Reihe solcher Bastarde wie z. B. von *S. alba* und *S. viminalis* von den Raupen besiedelt.

Häufige Meldungen über das Massenauftreten von *E. clorana* in Korbweiden(mono)kulturen (*S. fragilis*, *S. viminalis*, *S. purpurea* sowie von diesen abgeleitete Hybriden) bestätigen ebenfalls die vorzügliche Eignung mancher Hybriden für diese Art. Dies zeigt auch die Studie von KURIR (1968), der im österreichischen Burgenland in einer zu 20% aus *Salix rubra*, einer Bastardform von *S. purpurea* und *S. viminalis*, zu 80% aus *S. americana* bestehenden Korbflechtweidenkultur in den Jahren 1965 und 1966 Massenvermehrungen eingehend beobachtet und beschrieben hat. Dabei war festzustellen, daß *S. rubra* sehr stark, *S. americana* überhaupt nicht befallen wurde. Es scheinen also bei *E. clorana* je nach Weidenart unterschiedlich starke Nahrungspflanzen-Präferenzen zu existieren.

Nahrung des Falters: Im Freiland wurde bisher in Baden-Württemberg bei dieser Art keine Nahrungsaufnahme beobachtet, müßte aber nachts die Regel sein, da die Tiere einen normal entwickelten Rüssel haben und in Gefangenschaft begierig Zucker-und Honigwasser aufnehmen.

Als einzige konkrete Literaturangabe kann RÖSSLER (1866) zitiert werden, der »an Blüten von *Lythrum* saugend« angibt. Dies betrifft aus Gründen der Blütezeit natürlich nur die Sommergeneration. Aus Großbritannien berichten BRETHERTON, GOATER & LORIMER (1983), daß der Falter auch an den Köder kommt.

Habitat: Mit ihrer relativ engen Bindung an schmalblättrige Weidenarten hat die Art ihr Optimum an Stellen mit hohem Grundwasserspiegel, einer für Weichhölzer substantiellen, permanenten Bodenfrische, einem feuchten Mikroklima oder sogar periodischer (Frühjahrs- oder Sommer-) Überflutung. Haupthabitate sind im weitesten Sinne Strauchgesellschaften aus der Klasse der Salicetea (Uferweidengebüsche und -wälder), im Auenbereich von Steh- und Fließgewässern anstehenden periodisch oder episodisch überschwemmten Weichholzauen, gerne an lichten, offenen Randstrukturen. Wichtig für die Art ist das Salicion albae (Silberweiden-Auwald), einschließlich seiner trockeneren, zur Hartholzaue vermittelnden Partien. Von geringerer Bedeutung ist das in Baden-Württemberg nur fragmentarisch entwickelte Salicion elaeagni (Grauweidengebüsch).

Verhalten: Mit einer Körperlänge bis 14 mm gehört *E. clorana* in unserem Untersuchungsgebiet zu den kleinsten Eulenfalterarten. In der Praxis wird sie sicher öfters mit dem ihr in Größe, Form und Färbung sehr ähnlichen, ebenfalls in den Sommermonaten (bisweilen massenhaft ans Licht) fliegenden Eichenwickler (*Tortrix viridana*) verwechselt (BRAUNS 1970, ESCHERICH 1931). Nach SCHWENCKE (1978) und BERGMANN (1954) fliegt der Falter angeblich auch »nachmittags um Weidengebüsch«. Dieses Verhalten kann aus dem Untersuchungsgebiet nicht bestätigt werden. Nach BRETHERTON, GOATER & LORIMER (1983) ruhen die Tiere am Tage zwischen Blättern oder am Stamm der Nahrungspflanze oder nach KURIR (1968) »tags auf den Ruten oder den Blattunterseiten der Weiden«. In der Abenddämmerung und in den Nachtstunden sind sie aktiv und fliegen regelmäßig ans Licht, ja selbst in erleuchtete Wohnungen hinein, wie H. LIENIG mehrfach (1947–1956) berichtete.

Die Eier werden nachts überwiegend einzeln an die jungen, noch zusammenhaftenden zarten Blätter der Terminaltriebe, manchmal auch an die Ruten in Endtriebnähe oder auf die Blattunterseite neben die Mittelrippen abgelegt. Die Weibchen tendieren dazu, sie an sehr verborgene Stellen zu plazieren. In der Zucht wurden sie z. B. zwischen straffe Stoffalten oder durch das Gewebe eines Nylonstrumpfes sogar nach außen gedrückt. Die gesamte Eiproduktion eines Weibchens beziffert SCHWENCKE (1978) auf 80–100, KURIR (1968) auf 1–106, mit 29 als Mittelwert. Eigene Erfahrungswerte bewegen sich mit 0–5 bzw. 20–30 abgelegten Eiern pro Nacht in ähnlichen Dimensionen. Die Eier sind von napfkuchenförmiger Gestalt mit rosettenartig zur Mikropyle zulaufenden Längsrippen, frisch abgelegt von durchscheinend hellgrüner, später zunehmend braungrüner bis dunkelbrauner Farbe. Die Embryonalentwicklung nimmt je nach Temperatur 4–7 Tage, bei warmer Witterung duchschnittlich 5 Tage in Anspruch. Die geschlüpften Eiräupchen beginnen schon nach wenigen Stunden mittels einiger Fäden erste Jungblätter zusammenzuspinnen. Das erste Stadium der 1–2 mm langen Tierchen dauert, wie auch die beiden folgenden, ca. 1 Woche. Die sich infolge der Spinntätigkeit bildende, die Raupe schützend umschließende kleine Blattröhre (»Wickel«) wird mit zunehmendem Wachstum der Raupe ständig ergänzt und ändert im Laufe des Wachstums ihre Gestalt. Die Wickelform der ersten Larvalstadien nennt KURIR (1968) »Bajonettform«. Die zarten Jungblätter sind mit feinen, äußerst belastbaren, stets in zur Wickel- bzw. Rutenachse senkrechten Ebenen orientierten Fäden schraubenförmig von

Am Spitzentrieb des vorderen, von einem Trupp Raupen des Mondvogels (*Phalera bucephala*) besetzten, herabhängenden Astes einer Korbweide (*Salix viminalis*) sieht man, ebenso wie am Ast dahinter, einen Blattwickel. Dabei handelt es sich um die Wohnröhre einer erwachsenen Raupe von *E. clorana* (in Nestform übergehende Hakenform). – Kehl-Marlen 31.8.94 H. LUSSI.

Typischer, am Rande eines eichenreichen Laubmischwaldes entlang eines Grabens gelegener Lebensraum von *E. clorana*, mit Indischem Springkraut in der Krautschicht und artenreichen Weidengehölzen. Unter den Weidenarten dominieren Silberweide und Korbweide, die beiden Hauptnahrungspflanzen dieser Art. – Karlsruhe-Rüppurr 15.8.94 H. Lussi.

KURIR (1968) 90% der Wickel nur von einer Raupe bewohnt, die restlichen 10 % waren von 2–6, meist in unterschiedlichen Entwicklungsstadien befindlichen Tieren besetzt, was wiederum bestätigt, daß die Eiablage in aller Regel einzeln erfolgt. Besiedelt werden vor allem an unterschiedlich großen, buschartig gewachsenen Weidenarten die prominentesten Rutentriebe in vorwiegend seitlicher, möglichst lichtexponierter Peripherie. Kurze, unterdrückt und schattig wachsende Triebe sind stets unbewohnt. Die ortstreuen Raupen sitzen tagsüber sehr träge kopfabwärts in den Wickeln. KURIR (1968) unterscheidet 4 Fraßarten: Wirtschaftlich betrachtet ist der »Rutenspitzenfraß« am schädlichsten, weil der im Wickelinneren abgefressene Terminaltrieb Seitenäste ausbildet. Die verzweigt weiterwachsende Rute ist dadurch fürs Korbflechterhandwerk unbrauchbar geworden. Ähnlich verderblich ist der »Rutenfraß«, wobei der Trieb wenige Zentimeter unterhalb der Rutenspitze benagt wird, was Absterben und ebenfalls Verzweigung zur Folge hat. Beim »Blattfraß« werden nur wenige Blätter und beim »Blütenknospenfraß« die für die nächste Vegetationsperiode angelegten Blütenknospen verzehrt.

Wenn das lebhaft gefärbte Kleid der erwachsenen Raupe des Weiden-Kahneulchens einem monotoneren, glasigen Aussehen weicht, beendet sie ihre »wicklerartige« Lebensweise, um eine für Kokonbau und Überwinterung geeignete Lokalität aufzusuchen. Die Ansichten darüber, wo dies geschieht, sind in der Fachliteratur wiederum sehr geteilt. Als Möglichkeiten werden das Innere des Wickels, Ober- und Unterseite wickelnaher Blätter, Blattzwischenräume, Zweige und Stamm der Nahrungspflanze genannt. Der bis heute einzige vorliegende Freilandfund eines Kokons gelang in den Zweigspitzen von *Salix purpurea* (s. o.).

außen her fest aneinandergesponnen. Infolge dieser das Blattwachstum hemmenden Strangulation entstehen später die typischen Querfalten der am Prozeß beteiligten Blätter. Fortschreitendes Ruten- und Blattwachstum führt bei sich steigernder larvaler Spinnaktivität schließlich zu einseitig gekrümmter Deformierung. So bildet sich die sog. »Hakenform«. Aus weiterer, allmählich nachlassender Spinntätigkeit während des dritten Stadiums geht die Hakenform in die »Nestform« über, bei der infolge fortschreitenden Wachstumsdrucks des Triebs sich der Wickel zunehmend bauchig aufbläht und der größer werdenden Raupe mehr Platz bietet. Im Inneren herrschen hohe relative Luftfeuchte und etwas höhere Temperaturen als im Freien. In diesem speziellen Mikroklima fühlt sich die Raupe wohl und verläßt diesen Raum meist nur nachts zum Spinnen und Fressen. Bei Massenvorkommen wurden nach

Gefährdung und Schutz

Rote Liste Bundesrepublik: –
Rote Liste Baden-Württemberg: –

Oberrheinebene: Nicht gefährdet.
Schwarzwald: Nicht gefährdet (nur randlich vorkommend).
Neckar-Tauberland: Nicht gefährdet.
Schwäbische Alb: Nicht gefährdet (nur randlich vorkommend).
Oberschwaben: Nicht gefährdet.

• In Baden-Württemberg nicht gefährdet!

Earias vernana
(Fabricius, 1787)

Silberpappel-Kahneulchen

Earias vernana Hbn. (Reutti 1898, Lampert 1907, Spuler 1908–1910, Warren in Seitz 1909–1914, Rebel 1910, Eckstein 1913–1923, Hering 1932, Bergmann 1951–1955, Koch 1954–1961, 1984, Forster 1954–1981, Leraut 1980)

Gesamtverbreitung: *Earias vernana* ist sporadisch in Mittel- und Südeuropa verbreitet. Außerhalb davon liegt nur eine unsichere Meldung für Marokko (Rungs 1977) vor. Das bislang bekannte Areal fällt durch große Lücken auf. Die südliche Verbreitungsgrenze liegt auf der Linie Südspanien über Sizilien, das griechische Festland, nordostwärts über Rumänien und der nördlichen Schwarzmeerküste entlang bis hin zum östlichsten bekannten Fundpunkt bei Uralsk. Die Westgrenze bilden Piemont, Südwest- und Westdeutschland und die nördlichen Niederlande. Nordostwärts dringt die Art etwa entlang dem 55. Breitengrad über Litauen Richtung Ural vor.

Verbreitung

Regional: *Earias vernana* wurde in Baden-Württemberg bisher ausschließlich im Gebiet des als ursprünglich erachteten Verbreitungsareals ihrer einzigen(?) Raupennahrungspflanze (*Populus alba*, Silber-Pappel) in der Oberrheinebene angetroffen. Aktuelle Meldungen kommen insbeson-

Das Silberpappel-Kahneulchen (*Earias vernana*) ist zwar auch grün gefärbt, gegenüber *E. clorana* jedoch mehr an das silbrig-weiße Grün der Silberpappel angepaßt. Auf den Vorderflügeln verlaufen zwei dunklere, gezackte Querlinien. Eine Verwechslung mit dem Weiden-Kahneulchen wie auch mit dem Eichenwickler ist daher eigentlich ausgeschlossen. – Taubergießen 13.7.94 H. Lussi. S.

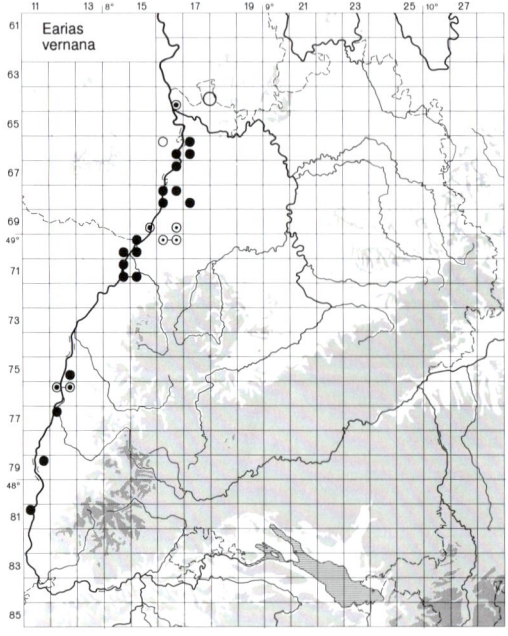

dere aus der nördlichen Hälfte, also dem Gebiet zwischen Mannheim und Rastatt (Hauptvorkommen). Südlich davon wurde die Art nur vereinzelt bei Ichenheim, im Taubergießen und im Gebiet der westlich vom Kaiserstuhl gelegenen Faulen Waag zwischen Burkheim und Breisach, beim Jägerhof bei Niederrotweil und am Henkenberg bei Achkarren gemeldet. Der bislang südlichste Fundort stammt einer vagen und deshalb unberücksichtigt gebliebenen Angabe zufolge aus »Rheinebene und -vorland bei Grißheim« (B. Gerken). Von der Verbreitung der Silberpappel her betrachtet, welche in jüngerer Vergangenheit zunehmende anthropogene Ausbreitung erfahren hat, könnte *E. vernana* eigentlich auch im Einflußbereich der größeren Flüsse wie Neckar, Kocher, Jagst, Donau und Iller, am Hochrhein und im westlichen Bodenseegebiet vorkommen, jedoch gibt es hierfür bis heute keine Anhaltspunkte.

Vertikal: Die Art wurde nur in der Oberrheinischen Tiefebene in Höhenlagen zwischen 90 und 210 m gefunden.

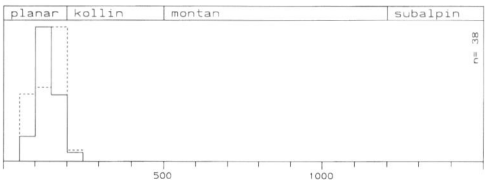

Phänologie

Imagines: In Deutschland kommt *E. vernana* in ein bis zwei Generationen pro Jahr vor. Nach KOCH (1984) und FORSTER (1971) tritt die 2.Gen. jedoch nur unvollständig, laut BERGMANN (1954) wieder spärlich im August auf. In Baden-Württemberg ist *E. vernana* meist bivoltin mit zwei sich bisweilen leicht überschneidenden Imaginalphasen. Den frühesten Fund eines Falters notierte A. MEESS am 4. Mai 1901 in Karlsruhe (Umgebung). Im Verlaufe von Juni und Juli kommt es gelegentlich zu den genannten Überschneidungen, welche im Flugzeitdiagramm aber nicht klar zum Ausdruck kommen. Im Gegensatz zu Angaben in der Literatur (z. B. BERGMANN 1954, KOCH 1984), wonach die Frühjahrsgeneration in stärkerer Individuenzahl auftreten soll, ergibt sich hier eine wesentlich mächtigere Sommergeneration, deren Beginn etwa Ende Juni und deren Ende spätestens in der zweiten Augusthälfte anzusetzen ist. Am 8.August (1982, Schwetzinger Wiesen bei Brühl) beobachtete R. BLÄSIUS den spätesten Freilandfalter.

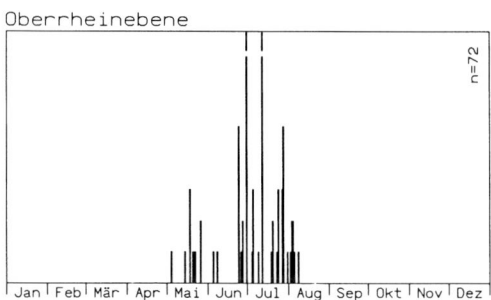

Präimaginalstadien: In der Literatur herrscht keine Einigkeit darüber, ob *E. vernana* uni- oder bivoltin ist. Wenige (ältere) Autoren wie z.B. SPULER (1910), GRIEBEL (1909–1910) oder LAMPERT (1907) geben als Erscheinungszeit der Raupen allein die Monate August und September an. REUTTI (1898) legt sich nicht fest (»bis September«) und überläßt den Rest der Phantasie des Lesers, denn auch seine Angaben zur Imaginalphänologie (»Ende April, Mai«) helfen nicht weiter.

Meldungen einheimischer Freilandraupenfunde liegen leider in nur geringem Maße vor, obwohl ihr Anteil mit acht Meldungen in Relation zur Menge aller Meldungen mit fast 14% recht beträchtlich ist. Die meisten Daten liefert A. GREMMINGER aus der Nachkriegszeit zwischen 1946 und 1952. In einem Steinbruch bei Durlach fand er am 5.Juli (1946) erwachsene Raupen, welche noch im selben Jahr schlüpften, somit also zur 2. Gen. gehörten. Für den 24.Juli (1945) und die folgenden Tage erwähnt er zahlreiche Raupenfunde »an der Wolfartsw[eierer] Str[aße]« (im Südosten von Karlsruhe). Bei anschließender Zucht traten »erste Gespinste« am 2.8.(1945) auf, ein Falter schlüpfte am 20.8.(1945), die übrigen Puppen überwinterten. Auch hier handelt es sich offenbar um Raupen einer 2.Gen., die jedoch zumindest in diesem Jahr nur in geringem Maße zur Bildung einer Sommergeneration tendierten, d. h. *E. vernana* ist auch in der Rheinebene nicht obligatorisch bivoltin. Die übrigen Falter dieser Zucht schlüpften erst im folgenden Frühjahr ab dem 24.4.(1946). Bei Nachsuche am Fundort waren in diesem Folgejahr »nur einzelne Raupen« zu finden. Zwei weitere Fundangaben für den Rheinhafen bei Karlsruhe folgten am 30.Juni (1951, »ein Dutzend Raupen an Silberpappel«). Bei der Zucht wurden »erste Gespinste« am 10.7., erste Falter daraus am 23.7. notiert. Auch sie gehörten zur 2.Gen. Bei einem weiteren »Rheinhafenfund« A. GREMMINGERS am 22.August 1952 handelte es sich um Raupen der 1.Generation. Sie ergaben ab 31.8. ausnahmslos überwinternde Puppen, die ab 22.4.1953 die Falter entließen. Neuesten Datums sind Raupenfunde im Taubergießen bei Rust von H. LUSSI/A. STEINER.[1] Am 12.Juli 1994 fanden sie eine erwachsene Raupe, die sich am 17.7. verpuppte. Der Falter schlüpfte Ende Juli und gehörte somit zur 2.Gen. Weitere Funde datieren vom 5.August 1994: Drei fast erwachsene Raupen fielen in ihren typischen Behausungen (»Wikkeln«) auf (H. LUSSI/A. STEINER). Am 14.8. gelang H. LUSSI/M. HAUBER an zwei mehrere Kilometer auseinanderliegenden Stellen der

---

[1] Dank an T. ESCHE für die persönliche Mitteilung eines aktuellen Habitats und dem Regierungspräsidium Freiburg (Frau ZIMMERMANN) für die Ausnahmegenehmigung zum Betreten des NSGs.

Fund von drei Raupen (Nachkommen der 1. Gen.). Daß sich die Generationen auch überschneiden, zeigt das Datum 12.Juli 1994, als anläßlich eines Lichtfangabends im Taubergießen zunächst eine Raupe der 2.Gen. entdeckt wurde und wenige Stunden später 6 Imagines (5 ♂♂, 1 ♀). Das Weibchen legte einige Tage später bereits Eier, während sich die Raupe gerade ihren Kokon spann. Die Eiruhe beträgt bei warmer Witterung 4–6 Tage, die larvale Gesamtentwicklungsdauer bei beiden Generationen 4–6 Wochen, die Puppenruhe im Sommer ca. 7–12 Tage, bei Überwinterung 7–9 Monate.

Ökologie

Lebensraum: *Earias vernana* kann meist an mehr oder weniger stark anthropogen beeinflußten Stellen der planaren Stufe wie Auenwaldlichtungen, Gehölzbrachen und Gebüschrändern, in Wassernähe an offenen Teich-, Tümpel- und Altrheinrändern, an Seeufern, aber auch an oberflächlich trockeneren, stärker kultivierten Habitaten wie Hochwasserdämmen, Straßenböschungen und Wegebegleitflächen, schließlich auch in Steinbrüchen, Sand- und Kiesgruben, auf Schutt- und Abraumhalden und anderem Brachgelände unterschiedlicher Ausprägung angetroffen werden.

Nahrung der Raupe:
Populus alba – Silber-Pappel
  3 L (GRE, HAU, LUS, STN)

Stellvertretend für die übereinstimmenden Angaben in der Sekundärliteratur sei FORSTER (1971) zitiert: »an der Silberpappel (*Populus alba*) zwischen zusammengesponnenen Blättern der Spitzentriebe, mit Vorliebe an jungen Wurzelausschlägen«. Der letzte Teil dieser Aussage kann aus eigener Erfahrung nur aus dem Gebiet der Südalpen bestätigt werden, wo verdächtige Spitzentriebgespinste, Stock- und Wurzelausschläge in einheimischen Habitaten abgesucht wurden, jedoch regelmäßig von Raupen anderer Arten wie z.B. *Clostera anastomosis* besetzt waren. Raupengespinste von *E. vernana* fanden sich dagegen stets an älteren Büschen bestenfalls ab Augenhöhe. In vielen Fällen waren nur die Wipfeltriebe, oft in mehreren Metern Höhe besetzt (H. LUSSI).

Die Angabe von REUTTI (1898) »versponnene Triebe von Büschen der Silberpappel« behält auch heute noch ihre volle Gültigkeit. Man sollte aber bedenken, daß die Silber-Pappel sich zu einem bis zu 35 m hohen Baum auswachsen kann und es wohl noch niemandem je eingefallen ist, die Art in solchen Wipfelhöhen zu suchen. Eige-

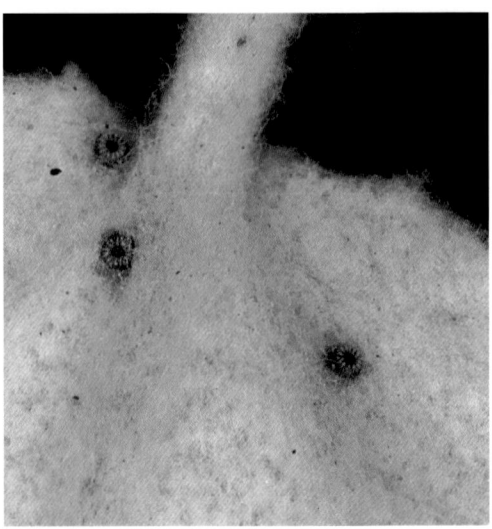

Die Eier sind dunkelbraun, kugelig, regelmäßig gerippt und werden auf der weißfilzigen Unterseite eines Spitzentriebblättchens in den dichten Blattfilz eingebettet, bald nahe der Mittelrippe, bald im basalen Blattbereich, manchmal auch blattrandnah oder am Blattstiel. Taubergießen 26.7.94 H. LUSSI. S.

nen Erfahrungen zufolge bevorzugt *E. vernana* z.B. im NSG Taubergießen mittlere bis hohe Büsche, an denen die Raupe in 2 bis 5 m Höhe lebt.

Die Annahme, die Art sei monophag, wird durch einzelne, aus der Reihe fallende Beobachtungen erschüttert. So notierte A. GREMMINGER (Kartei) »vereinzelt auch an Salweide«. Ob es sich dabei um einen authentischen Freilandfund handelt, bleibt ungewiß, ist jedoch möglich. Dafür spricht auch die Tatsache, daß in einer Zucht eine einzelne *E. vernana*-Raupe die zugleich angebotenen Salweidenblätter der üblichen Nahrung Silber-Pappel vorzog (H. LUSSI).

Die Bezeichnung »*Populus alba*« bzw. »Silber-Pappel« muß als Sammelbegriff betrachtet werden, welcher auch Hybriden mit nahe verwandten Pappelarten wie z.B. mit *Populus tremula*, der Zitter-Pappel, also *Populus x canescens* (Grau-Pappel) oder auch mit *Populus alba* var. *pyramidalis* einschließt. Besonders Jugendstadien von *P. tremula* mit ihren noch weißfilzigen, jungen Blättern können mit *P. alba* verwechselt werden.

Nahrung des Falters: Hier gilt das bereits unter *E. clorana* gesagte.

Habitat: Da die Falter von relativ geringer Mobilität sind, bewohnt *E. vernana* in allen Stadien dasselbe Habitat. Ihr Vorkommen ist in erster Linie an das Vorhandensein der nicht ganz winterharten Raupennahrungspflanze (*P. alba* s. l.) gekoppelt, welche in der Oberrheinischen Tiefebene im Bereich kalkreicher Fluß-Alluvione ausschließlich an klimatisch begünstigte, wintermilde und sommerwarme Örtlichkeiten gebunden ist. Nach BERGMANN (1954) ist *E. vernana* Leitart von Silberpappelbeständen in Auen- und Stromtalwäldern auf sandig-lehmigen Böden und bevorzugt sonnige, trockene Stellen, was im wesentlichen auch auf die baden-württembergischen Vorkommen zutrifft. Präzisierend kann man sagen, daß warme, trockene, wenigstens in der Tiefe bzw. zeitweise sickerfeuchte, frische bis wechselfrische, selten bis niemals überschwemmte, nährstoff- bis basenreiche, lockere Ton- und Lehmböden im Bereich von Weichholz- und Hartholzauen in Fluß- und Stromtälern, auch an teilweise stärker anthropogen beeinflußten bis selbst stärker gestörten Stellen besiedelt werden.

In den ersten Stadien ist die Raupe von der von *E. clorana* morphologisch schwer unterscheidbar. Ein gutes Unterscheidungsmerkmal ist die braun-lila gefärbte, gestrichelte Rückenlinie, die bei *E. clorana* nahezu linienartig durchgezogen ist (links). Mit zunehmendem Wachstum verlieren sich bei *E. vernana* die dunklen Zeichnungselemente. Beim Fraß an der weißfilzigen Blattunterseite produziert die Raupe länglich-ovale Flöckchen, die später auch beim Kokonbau Verwendung finden.

Im 4. und letzten Stadium ist die Raupe von gedrungener, buckliger Gestalt (rechts). Die Körpergrundfarbe ist mehlweiß bis grünlich weißgrau, genau wie die Blattunterseite der Nahrungspflanze. In ihrer Behausung befinden sich hell- bis mittelbraune Kotbällchen, die in Form, Farbe und Größe an die Rückenzeichnung erinnern. Der Kokon ist weniger kahnförmig als bei den übrigen drei Arten, sondern eher eiförmig-elliptisch, am Vorderende mit dem üblichen, senkrecht gestellten Ausschlupfschlitz versehen. – Taubergießen 13. und 26.7.94 H. LUSSI. S.

Dennoch kann man die Art nicht als Kulturfolger betrachten. Charakteristische bis ideale Bedingungen konnten an einzelnen Stellen des NSG Taubergießen studiert werden, wo *E. vernana* auch in Pfeifengras-Wiesen und Halbtrockenrasen mit jungen Silberpappel-Beständen vordringt und einen Großteil der oben angeführten naturnahen Habitatpalette bewohnt.

Als außergewöhnliches Habitat seien die in der Markgräfler Rheinebene mit Silberpappeln durchmischten, offenen und lockeren, natürlich vorkommenden Sanddorngebüsche erwähnt. Pflanzensoziologisch handelt es sich um das Querceto-Ulmetum (Alno-Ulmion) sowie angrenzende und durch menschliches Wirken davon abgeleitete Strukturen wie Saumgesellschaften oder angrenzende Magerrasentypen (z. B. Molinieten und Mesobrometen), in welche die Raupennahrungspflanze im Begriff ist, einzuwandern.

Verhalten: Die Imagines kommen, wie die der anderen Kahneulenarten, nachts ans Licht. Nach BERGMANN (1954) ruhen sie tagsüber an Pappelstämmen. Ihre Lebensdauer beträgt bis zu 3 Wochen, was besonders für die Weibchen gilt, da die Eiablage einzeln erfolgt. Anläßlich der Zucht mit einem am Licht gefangenen Weibchen wurde festgestellt, daß dieses über 6 Nächte verteilt seine Eier ablegte. Kaum ist die dunkel gefärbte, winzige Eiraupe geschlüpft, verschwindet sie für die nächsten Stunden bis Tage wieder. In diesem Anfangsstadium lebt sie als »Pseudominierer« eingebohrt tief am Grunde der weißen Blattfilzschicht, wo sie wühlmausartig arbeiten muß, um an die saftigen epidermalen und darunterliegenden Blattschichten zu gelangen. Bald jedoch verrät sie sich durch ihre im weißen Filz auffallenden schwarzbraunen Kotbällchen. In Ausnahmefällen frißt sich die Raupe auch ins Blattstielgewebe ein. Infolge ihres schnellen Wachstums – jedes Stadium dauert ca. 3–10 Tage – bleibt sie bereits als vollgefressene L_1-Raupe nicht mehr verborgen. Sie fällt nun durch oberflächlich sichtbare Fraßgänge und beginnenden Fenster- und Lochfraß auf. Durch weitere Kotansammlungen in Fraßnähe und durch die Eigenschaft des Blattgewebes, sich bei Verletzung zu schwärzen, wird ihre Lebensweise immer auffälliger. Ab dem 2. Stadium beginnt sie, mit Gespinstfäden das Blatt, auf dem sie sitzt, zusammenzuziehen. Im 3. Stadium lebt die Raupe völlig verborgen im knäuelig zusammengezogenen Blatt und befrißt dieses meist von der dem Gehäuseinneren zugewandten Blattoberseite her.

Die erwachsene Raupe beginnt mit dem Kokonbau an Blatt, Blattstiel oder jungen Ästen und Zweigen. Der Kokon ist weniger kahnförmig als bei den übrigen drei Arten, sondern eher eiförmig-elliptisch, am Vorderende mit dem üblichen, senkrecht gestellten Ausschlupfschlitz versehen. Ein bis zwei Tage nach dem Kokonbau kommt es zur Verpuppung. Die Puppe ist rötlichbraun mit violett bis hellblau bereiften Flügelscheiden.

Gefährdung und Schutz

Rote Liste Bundesrepublik: 3
Rote Liste Baden-Württemberg: 3

Oberrheinebene: Gefährdet.
Schwarzwald: Nicht vertreten.
Neckar-Tauberland: Nicht vertreten.
Schwäbische Alb: Nicht vertreten.
Oberschwaben: Nicht vertreten.

- In Baden-Württemberg gefährdet!

Die wirtschaftlich bedeutungslose Silberpappel wird durch E. vernana nicht geschädigt. Angesichts ihrer hohen vegetativen und regenerativen Vitalität spielt der Raupenfraß auch an Jungpflanzen keine größere Rolle. Da die Silberpappel als Pioniergehölz und Kulturfolger leicht an Schuttplätzen, Kiesgruben etc. in Siedlungsnähe des Menschen verwildert bzw. anthropogene Verbreitung erfährt, könnte daraus eine Begünstigung dieser Schmetterlingsart resultieren, was jedoch dadurch, daß die sehr kleinen Falter keinen großen Aktionsradius haben, in Grenzen bleibt.

Eine unmittelbare Gefährdung von E. vernana kann durch forstliche und landschaftspflegerische Maßnahmen entstehen, wenn im Lebensraum dieser Art durch allzu großzügiges Heraushauen und Auf-den-Stock-Setzen der Silberpappeln über weite Flächen die Lebensgrundlage verringert oder gar entzogen wird. Solche Maßnahmen sollten, wenn nötig, nur kontrolliert durchgeführt werden und nicht während der Zeit der Eiablage und Larvalentwicklung, also nicht zwischen Mai und September erfolgen. Außerdem müssen abgehackte Äste und Zweige unbedingt den Winter über an Ort und Stelle liegenbleiben.

Da diese Art in Baden-Württemberg nur im Oberrheinischen Tiefland vorkommt und auch hier nur noch von 12 aktuellen, oft spärlich besetzten Fundstellen bekannt ist, muß sie insgesamt als gefährdet betrachtet werden.

Das von der Raupe bewohnte, mit Gespinstfäden zusammengehaltene Blatt sieht – genauer betrachtet – wie zusammengeknüllt aus. Im Bild befindet es sich an der Spitze des 5. Zweiges (von links oben nach rechts unten gezählt). Bis jetzt wurden die Raupen nur an höheren Zweigenden größerer Silberpappelbüsche gefunden. – Taubergießen 14.8.94 H. LUSSI.

Bena bicolorana
(Linnaeus, 1758)

Eichen-Kahneule (= Große Kahneule)

Hylophila bicolorana Fuessl. (REUTTI 1898, LAMPERT 1907)
Hylophilina bicolorana Fuessl. (WARREN in SEITZ 1909–1914, SCHNEIDER 1936–1939, BERGMANN 1951–1955, KOCH 1954–1961, 1984)
Pseudoips bicolorana Fuessl. (FORSTER 1954–1981)
Pseudoips prasinana L. (STRESEMANN 1969)
Chloephora bicolorana Fuessl. (SPULER 1908–1910, REBEL 1910, HERING 1932)
Bena prasinana L. (LERAUT 1980)

Gesamtverbreitung: Die Art kommt von der Iberischen Halbinsel nördlich des Mittelmeers bis zum Iran vor. Im Norden werden Schottland, Südskandinavien und die Baltenrepubliken, ostwärts der Ural erreicht.

Verbreitung

Regional: Die auch in Baden-Württemberg durchwegs spärlicher als *Pseudoips prasinanus* auftretende Art ist mit den wärmeliebenden Ei-

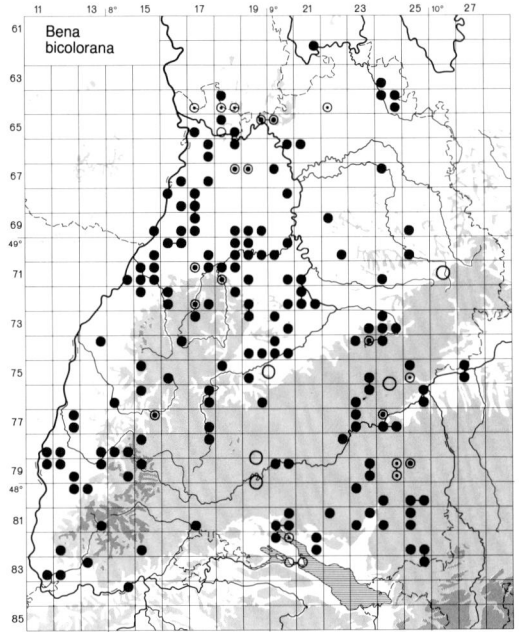

und von der Schwäbischen Alb (Blumberg, 800 m, S. HAFNER/H. LUSSI/A. STEINER) vor.

Phänologie

Imagines: Die Art tritt nördlich der Alpen in einer Generation auf, die von Ende Mai bis Ende Juli oder Anfang August dauert. In Baden-Württemberg ist sie mit Sicherheit zwischen Mitte Juni und Mitte Juli anzutreffen. Die frühesten Flugdaten fallen in der Oberrheinebene in die ersten Maitage, z. B. 2. Mai (1995, Hochstetten-Linkenheim, H. BAUMGÄRTNER), 7. Mai (1971, Weingartener Moor, M. WALLNER), 9. Mai (1990, westlicher Kaiserstuhl, A. SCHNEIDER) oder 12. Mai (1967, Kaiserstuhl, Badberg, M. WALLNER). Frühe Flugzeitdaten aus dem Neckar-Tauberland sind der 10. Mai (1959, Sinsheim, M. SCHMITT) und von der Schwäbischen Alb – nicht überprüft! – der 9. Mai (1981, Hundersingen, F. HOHENSTEINER). Späte Flugdaten wurden für die Schwäbische Alb Anfang August (2.8.1980, Indelhausen, 580–600 m, G. BAISCH), für die Oberrheinebene in der zweiten Augusthälfte (21.8.1987, Kaiserstuhl, AG Freiburg) notiert. In den übrigen Naturräumen wurden die spätesten Exemplare in der ersten Septemberwoche angetroffen, so im Mittleren Schwarzwald bei Kollnau am 8. September (1986, A. SCHNEIDER), im Neckar-Tauberland bei Birkenfeld am 3. September (1984, M. WALLNER u. a.) und im Alpenvorland bei Gründlenried am 5. September (1977, J. U. MEINEKE).

chenarten ziemlich gleichmäßig über das ganze Land verbreitet. Stärker besiedelt sind der nördliche Teil der Oberrheinebene mit Vorbergzone sowie im Neckar-Tauberland besonders die Naturräume Stromberg-Heuchelberg und Kraichgau.

Im Schwarzwald ist die Art vor allem an tiefer gelegenen, oft südexponierten Stellen, wo noch Eichenbestände vorhanden sind wie z. B. in den Tälern von Murg und Kinzig, im südlichen Schwarzwald an Wiese, Wehra und anderen Seitentälern vorhanden. Auf der Schwäbischen Alb und im Alpenvorland kommt sie ebenfalls nur in den wärmeren Regionen vor. Fundhäufungen im Raum Heidelberg-Karlsruhe-Pforzheim-Stuttgart-Ulm und Freiburg scheinen dort auf verstärkt durchgeführten Erhebungen zu basieren.

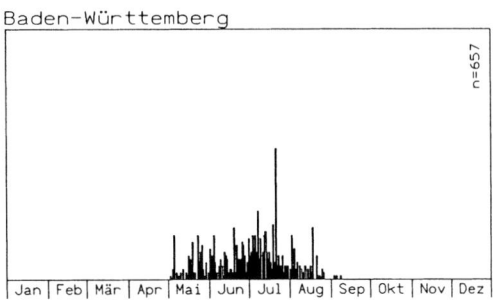

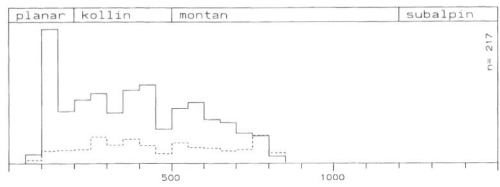

Vertikal: Die Art bevorzugt eindeutig die warmen Lagen der Ebene und des Hügellandes. Nachweise aus dem Bergland oberhalb 750 m liegen vereinzelt aus dem Schwarzwald (z. B. Rappenfelsen, R. HERRMANN/A. HOFMANN/J. U. MEINEKE)

Präimaginalstadien: Über Freilandraupenfunde existieren nur etwas mehr als ein Dutzend Meldungen. Erste Larvenstadien wurden am 13. August (1994, Karlsruhe, H. LUSSI), am 19. September (1992, Albbruck; Zell im Wiesental, H. LUSSI/A. STEINER) und am 20. September (1992, Malsburg-Vogelbach, F. NANTSCHEFF) beobachtet. Für die Periode der Überwinterung liegt ein Fund vom 7. April (1988, südlich Rheinstetten-

Die Eichen-Kahneule (*Bena bicolorana*) ist in beiden Geschlechtern gleichbleibend gefärbt. Nur in seltenen Fällen treten bläulich-grüne Farbabweichungen oder eine Reduktion der weißen Vorderflügellinien auf. – Untergrombach, Michaelsberg 13.6.92 U. RATZEL. LF.

RENNWALD) einer noch braungefärbten Überwinterungsraupe vor. Die ersten Frühjahrsfunde überwinterter, noch nicht erwachsener Raupen erfolgten am 19.März (1994) und 27.April (1990, Allmersbach beide F. BIHLMAIER). Die meisten Raupenmeldungen beziehen sich jedoch auf das erwachsene Stadium. Folgende Daten wurden gemeldet: 5.Mai (1951, Karlsruhe, A. GREMMINGER), 12.Mai (1974, Dietlingen, v.RAMIN), 14 Mai (1992, Kaiserstuhl, R. DISCH), 17.Mai (1934 und 1954, beide Karlsruhe, A. GREMMINGER). Der bislang späteste Fund gelang ebenfalls A. GREMMINGER am 20.Mai (1947, Karlsruhe). Kokonfunde bzw. Angaben darüber existieren nur von O. SCHRÖDER (»17.–24. Mai 1921 Pp (SCHR)«, Kartei A. GREMMINGER) sowie von H. LUSSI vom Mai (1973) und 15.Juni (1996).

Ökologie

Lebensraum: Als xerothermophile Art, die höhere Berglagen mit ihren in unseren Regionen meist feucht-kühlen Klimaten meidet, bevorzugt *B. bicolorana* warme, trockene, oft lichte und grasige Laub- und Mischwälder mit Eichenanteilen, Eichenmisch- und Eichenwälder in planarer bis höchstens submontaner Stufe. Sie besiedelt hier gerne alle offenen, sonnendurchfluteten Strukturen wie Waldsäume, Waldwege, Waldränder, Eichenschonungen etc. Wo reine Buchen-, Buchen-Tannen- oder Fichtenwälder das Vegetationsbild beherrschen, sucht man die Art meist vergeblich. In gar nicht so seltenen Fällen wurde sie auch in Parkanlagen und selbst innerhalb geschlossener großer Ortschaften bzw. Städte beobachtet. M. WALLNER fand sie z.B. am 12.8.1955 in der Stadtmitte von Pforzheim, F. BIHLMAIER im Ortsgebiet von Allmersbach im Tal (östliches Neckarbecken).

Nahrung der Raupe:
Quercus robur – Stiel-Eiche
   3 L (BAI, LUS, RAZ, STN)
Quercus petraea – Trauben-Eiche
   L (LUS, STN)
Quercus pubescens – Flaum-Eiche
   L (LUS)
Quercus spec. – Eiche
   3 L,P (BIH, DIS, FRY, LUS, RAM, SET)

Aus Baden-Württemberg liegen Meldungen präimaginaler Stadien von rund einem Dutzend Meldern vor, etwa die Hälfte davon unter Angabe einer Nahrungspflanze. Als solche dominieren eindeutig unsere einheimischen Eichenarten. Wenn auch die allgemeine Angabe »an Eiche« überwiegt, existiert doch eine Reihe neuerer Raupenfunde mit Beschreibungen genauerer Fundumstände. Während z.B. die Limacodiden-Rau-

Die flachen, konzentrisch gerippten Eier werden an Eichenblättern abgelegt. Anfangs gelblich-weiß, bildet sich bei fortschreitender Reifung ein brauner Ring. – Linkenheim, Hardtwald (H. BAUMGÄRTNER leg.) 11.7.94 H. LUSSI. S.

pen nur in den Monaten Juli bis November zu finden sind, schlüpfen die Eiraupen von *B. bicolorana* im Sommer und leben bis in den Herbst hinein bisweilen mit jenen gemeinschaftlich an derselben Wirtspflanze. Alle anderen Meldungen betreffen in den Frühjahrsmonaten geklopfte, mehr oder weniger erwachsene Raupen.

Der einzige Fund an *Quercus petraea* (Trauben-Eiche) erfolgte im Kaiserstuhl an einem warmen, westexponierten, artenreichen Laubwaldrand unterhalb des Gipfels der Eichelspitze, an Mesobrometen angrenzend. Die grüne Jungraupe lebte hier vergesellschaftet mit massenhaft in Jugendstadien befindlichen *Apoda limacodes*-Raupen und einer erwachsenen Raupe von *Drymonia querna*. Habitatfotos dieser Waldrandstruktur finden sich in Band 3, S. 346 und Band 4, S. 322. Dieser Waldrand beherbergte auch *Quercus pubescens* (Flaum-Eiche) oder zumindest Hybriden derselben, an denen bei einer späteren Nachsuche am 17.10.1995 eine Jungraupe von *B. bicolorana* festgestellt werden konnte (H. LUSSI).

Nahrung des Falters: K. STROBEL fing den Falter im Stadtgebiet von Pforzheim am Köder. Weitere Beobachtungen fehlen.

Habitat: Das Habitat findet sich innerhalb der Querco-Fagetea insbesondere in den eichenreichen Wäldern und mesophytischen Laubmischwäldern im Alno-Ulmion (Hartholz-Auenwälder) und im Carpinion betuli (Eichen-Hainbuchen-Mischwälder). Besonders in den Quercetalia pubescenti-petraeae (wärmeliebende Eichenmischwälder und Flaumeichenbusch), aber auch in anderen, Eichen beherbergenden, xerothermen bis mesophilen Wald- und Waldrandgesellschaften, warmtrockenen Hainen und Steppenheidewäldern. Manchmal auch innerörtlich in stark anthropogenen, eher künstlichen »Pflanzengesellschaften«, wie sie in Garten- und Parklandschaften vorkommen[1].

Verhalten: Die Falter erscheinen nur einzeln »ab Dämmerungsbeginn« und »nachts« am Licht (K. FREYTAG). Tagsüber werden sie nur zufällig gefunden, da sie sich im Unterwuchs und vor allem an Bäumen und Sträuchern unter oder zwischen den grünen Laubblättern versteckt halten. So fand sie A. WALTER am Haarberg bei Unterböhringen am 3.6.1992 zwischen 11–12 Uhr mittags »an Hainbuche sitzend«. Entsprechend ihrer

Halb erwachsene Raupen der Eichen- und Buchenkahneule vor der Überwinterung. Links *Bena bicolorana*, rechts *Pseudoips prasinanus*. Die Unterschiede in Färbung, Zeichnung und Gestalt sind auch in diesem Stadium deutlich zu erkennen. Der Skelettierfraß unter der rechts abgebildeten Raupe ist für beide Arten in diesem frühen Stadium charakteristisch. Eine zweite, noch kleine Raupe von *P. prasinanus* sitzt, neben der größeren, vorzüglich getarnt auf der Blattader. – Oberrheinebene 26.7.94 H. LUSSI. S.

Gewohnheit, im Laub zu sitzen, müßten sie eigentlich auch ab und zu beim Raupenklopfen gefunden werden. Da keine derartigen Meldungen vorliegen, ist anzunehmen, daß der Falter tagsüber die unteren peripheren Baumregionen meidet.

Die Art ist trotz ihrer relativen Größe in hohem Maße habitats- bzw. ortstreu und legt nach HAUSSMANN (1990) als typischer K-Stratege bestenfalls Distanzen von wenigen hundert Metern zurück. Die Eiablage geschieht nachts einzeln an die Blätter der Nahrungspflanzen. Die Eiraupen sind durchscheinend und in normaler Ruheposition auf der Blattunterseite parallel neben einem Blattnerv schwer zu entdecken. Sie verfärben sich mit zunehmender Nahrungsaufnahme über blaß- nach gelblichgrün. Diese Farbe behalten sie, bis sie sich nach weiteren Häutungen kurz vor der Suche eines Überwinterungsplatzes (etwa ab Mitte September) bei einer Körperlänge von ca. 8–11 mm ins Bräunliche verfärben und damit jungen Eichenblattknospen ähneln. Bis zur Überwinterung verrät sich die Raupe durch Fenster-, Blattskelettier- und beginnendem Lochfraß. Vor den Häutungen steigert sie ihre Spinntätigkeit, indem sie ein kleines Polster spinnt und sich oft mit leichten Gespinstfäden umgibt. Die abgestreiften Häute werden nicht gefressen. Mit ihrem mesothorakalen Höcker und der kaudalen Ver-

---

[1] Aufnahmen von Habitaten, die auch die Eichen-Kahneule (*Bena bicolorana*) beherbergen, sind in Bd. 3, S. 346 und Bd. 4, S. 218, 322, 328 und 458 nachzuschlagen.

Die Raupe der Eichen-Kahneule (*Bena bicolorana*) bei der Überwinterung an randständigen Eichenästen (links). – Karlsruhe-Mörsch (E. RENNWALD leg.) 7.4.88 G. EBERT. S.

Nach der Überwinterung nimmt die Raupe wieder eine grüne Färbung an (rechts). Charakteristisch ist der Höcker auf dem 2. Brustsegment, die Schrägstreifen an den Seiten und das sich verjüngende Hinterleibsende. – Göppingen Mai 89 R. FREYTAG. S.

jüngung ist sie zwischen jungen Blattknospen vortrefflich getarnt.

Bezüglich Art und Ort der Überwinterung gehen die Meinungen auseinander. SPULER (1910), BLASCHKE (1914), PABST (1904) und VORBRODT (1914) nennen abgefallenes Laub am Boden als Überwinterungsort. Letzterer sowie SCHNEIDER (1938) behaupten sogar, sie überwintere (fast) erwachsen. In der Regel dürfte die Überwinterung am Zweig erfolgen. Die Raupe nimmt erst wieder im Frühjahr bei Entfaltung der Knospen neue Nahrung auf. Nach zwei Häutungen hat sie wieder die gewohnte gelbgrüne Färbung.

Die erwachsene Raupe erreicht eine Länge von 25–30 mm und ist durch die Klopfmethode leicht zu finden. Ab der zweiten Mai-Dekade verpuppt sie sich in einem kahnförmigen, pergamentartigen, anfangs weichen, weißgrünlichen, dann festen, gelbgrünen oder schwefel- bis hellgelben, schwach gekielten, unregelmäßig längsgefalteten Kokon, der an niedrigen Büschen oder stärkeren Grasstengeln u. ä. in Bodennähe angesponnen wird. A. GREMMINGER berichtet von C. BISCHOFF, daß dieser Raupen und Puppen »regelmäßig im Wildpark [nördlich Karlsruhe] an Gräsern und an den Pallisaden gefunden« habe. Erwähnenswert an dieser Stelle ist ein Kokonfund aus der »entomologischen Schulzeit« des Autors anläßlich einer Radtour durch den Durlacher Wald bei Karlsruhe im Mai 1973: Am Fuße einer einzeln stehenden riesigen Eiche glänzte dem Radfahrer ein unbekannter, leuchtend gelber, an einem Grashalm mittlerer Stärke befestigter Kokon entgegen, welcher sofort gepflückt und nach Hause getragen wurde, wo er bald die schöne grüne Eule entließ. Ein zweiter Fund gelang an der Unterseite eines tiefhängenden Stieleichen-Blattes, ein letzter am 10.6.1996 auf einer Eichenwaldlichtung (Karlsruhe, Wildpark). Die etwa 16–18 mm lange Puppe ist am Rücken dunkelviolett, am Bauch abwechselnd gelb und rosarot getönt. Die Puppenruhe dauert nach einer Meldung aus der Schweiz (VORBRODT 1914) 2–3, nach den einheimischen Daten von F. BIHLMAIER eher 3–4 Wochen.

Gefährdung und Schutz

Rote Liste Bundesrepublik: –
Rote Liste Baden-Württemberg: –

Oberrheinebene: Nicht gefährdet.
Schwarzwald: Nicht gefährdet.
Neckar-Tauberland: Nicht gefährdet.
Schwäbische Alb: Nicht gefährdet.
Oberschwaben: Nicht gefährdet.

• In Baden-Württemberg nicht gefährdet!

Dieser Kokon der Eichen-Kahneule war auf einer Lichtung im Eichenwald am Halm eines Waldgrases (*Deschampsia flexuosa*) ca. 20 cm über dem Boden befestigt. Der Falter hatte ihn bereits verlassen. – Karlsruhe, Hardtwald 10.6.96 H. LUSSI.

Pseudoips prasinanus
(Fabricius, 1781)

Buchen-Kahneule (= Jägerhütchen)

Hylophila prasinana L. (REUTTI 1898, LAMPERT 1907, SPULER 1908–1910, WARREN in SEITZ 1909–1914, REBEL 1910, HERING 1932, SCHNEIDER 1936–1939, BERGMANN 1951–1955, KOCH 1954–1961, 1984)
Bena fagana F. (STRESEMANN 1969)
Bena prasinana L. (FORSTER 1954–1981, LERAUT 1980, FIBIGER & HACKER 1991)

Gesamtverbreitung: Die Art ist nicht nur in Europa, sondern in großen Teilen der Paläarktis weit verbreitet und meist nicht selten. Sie scheint in Nordafrika zu fehlen, kommt aber sonst in fast allen europäischen Mittelmeerländern vor. Die Arealsüdgrenze führt von Südspanien über Kleinasien (Pontus) weiter ostwärts. Die Nordgrenze verläuft auf einer Linie vom nördlichen Großbritannien etwa bei 62° n.Br. durch Norwegen und Schweden, bei 64° n.Br. durch Finnland. Weiter ostwärts dringt sie über ganz Mittelasien bis Korea, Japan und zu den Kurilen vor.

Dieses frisch geschlüpfte Weibchen (Frühjahrsgeneration) der Buchen-Kahneule (*Pseudoips prasinanus*), auch »Jägerhütchen« genannt, saß noch neben seinem Kokon. Er war an einem Buchenblatt angesponnen, das im November in der oberen Laubschicht eines Hallen-Buchenwaldes gefunden wurde. – Ettlingen 14.4.93 H. LUSSI. S.

Verbreitung

Regional: Analog zur in Baden-Württemberg fast ubiquitären Verbreitung der Hauptnahrungspflanze der Raupen, der Rotbuche, ist *P. prasinanus* relativ gleichmäßig und stellenweise häufig im ganzen Land verbreitet. Sie fehlt in keinem Naturraum. Die auffälligen Häufungen im Bereich Nördliche Oberrheinebene-Kraichgau-Nordschwarzwald, Raum Tübingen nebst südostwärts angrenzenden Teilen der Schwäbischen Alb sowie in der Umgebung von Freiburg sind auf intensivere Erhebungen zurückzuführen, was umgekehrt auch für die Lücken in den östlichen Landesteilen gilt. Bei gleichmäßig intensiver Durchforschung der Gesamtregion würde sich vermutlich eine flächenhafte Deckung ergeben. *Pseudoips prasinanus* ist die bei uns mit Abstand häufigste Kahneulenart und zählt zu den häufigeren Eulenfaltern.

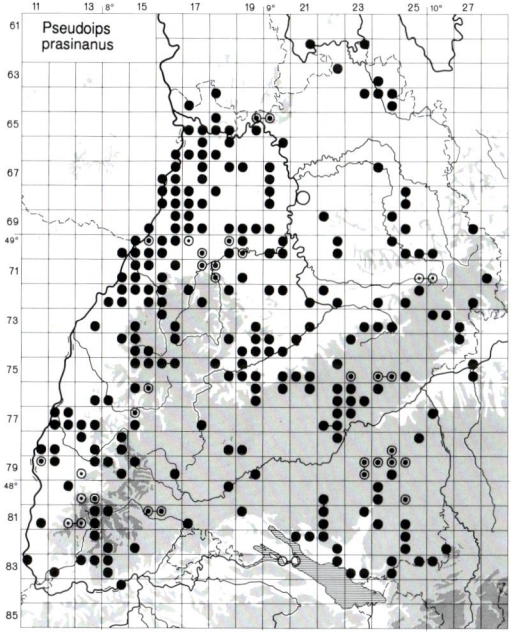

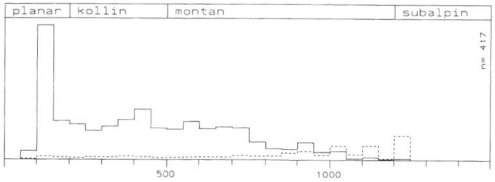

Vertikal: Die Art ist von den tiefsten Stellen der Oberrheinebene über die kolline und untere montane Stufe in guten Beständen vorhanden, die jedoch in den höheren Berglagen kontinuierlich abnehmen. Die höchstgelegenen Nachweise stammen vom Gipfelbereich des Kandel in 1195–1225 m (LADENBURGER 1989) und vom Feldberg bei ca. 1120 m und 1060–1070 m (H. LUSSI/A. STEINER). In den Alpen (Höllengebirge) wurde sie von FOLTIN (1954) noch in einer Höhe von 1600 m nachgewiesen.

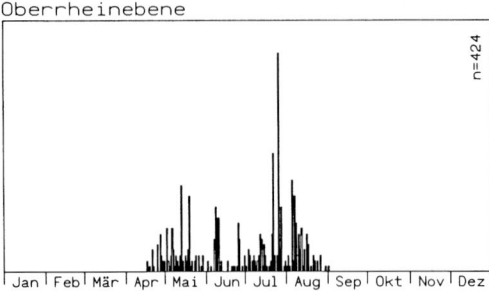
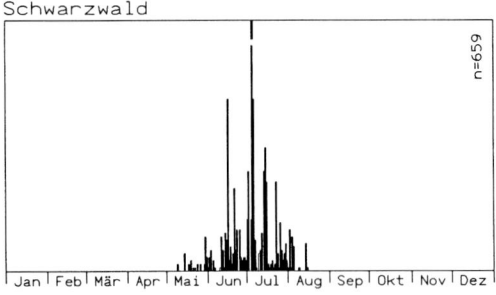
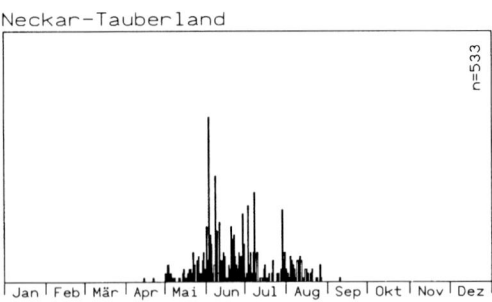
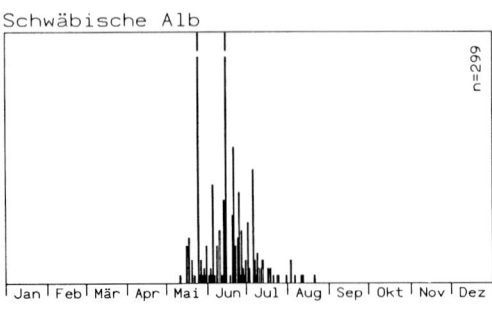
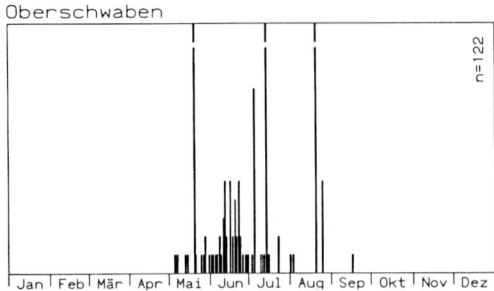

Phänologie

Imagines: In der Sekundärliteratur wird die Art mit einem Flugzeitbeginn um Anfang Mai, vereinzelt auch April, und einem mehr uneinheitlichen Ende zwischen Anfang bis Ende Juli im allgemeinen meist als univoltin angesehen. Doch bereits REUTTI (1898) erwähnt eine im Mai und Juni fliegende erste und eine im August auftretende zweite Generation. Die einzelnen Flugzeitdiagramme lassen für die Oberrheinebene, das Neckar-Tauberland und möglicherweise für die Randbereiche der anderen Naturräume zwei Generationen annehmen. Beide überschneiden sich in ihren zeitlichen Grenzbereichen und können ohne Beachtung der Sommerform kaum auseinandergehalten werden.

Die Flugzeit beginnt in der Oberrheinebene eher massiv, im Neckar-Tauberland eher sporadisch ab Mitte April, in den übrigen Naturräumen ab der ersten Maihälfte. Kulminationspunkte liegen in Gebieten mit bivoltinem Vorkommen (Oberrheinebene und Neckar-Tauberland) in der Zeit von Mitte Mai bis Mitte Juni bzw. Ende Juli bis Mitte August, ansonsten innerhalb der Sommermonate Juni und Juli. Das Flugzeitende der Frühjahrsgeneration dürfte in der Oberrheinebene Mitte Juli, das der Sommergeneration Ende August bis Anfang September, im Neckar-Tauberland um ein bis zwei Wochen später liegen. Im Schwarzwald und auf der Schwäbischen Alb endet die Flugzeit etwa Mitte August, in Oberschwaben erst Mitte September.

Die Gesamtflugzeit erstreckt sich in Baden-Württemberg über 5 Monate von Mitte April bis Mitte September. In den Hauptnaturräumen Oberrheinebene, Neckar-Tauberland und Oberschwaben dauert sie 18, auf der Schwäbische Alb 14 und im Schwarzwald 13 Wochen.

Präimaginalstadien: In den Monaten Juni bis August wurden nur sehr vereinzelt Raupen gefunden: 15.Juni (1986, H. HEIDEMANN); 3.Juli (1950, A. GREMMINGER). Beide stammen sie aus der Oberrheinebene und sind wahrscheinlich Repräsentanten einer Sommergeneration. Auch vom August sind nur zwei Raupenfunde bekannt, davon einer genau datiert (18.8.1994, H. LUSSI). Im September sind es dann bereits 27, gleichmäßig über den ganzen Monat und alle Naturräume verteilt. Davon kommen allein 18 Meldungen aus dem Schwarzwald, nur je eine dagegen aus der Oberrheinebene und von der Schwäbischen Alb. Die Monate Oktober und November sind durch 7 bzw. 6 Meldungen repräsentiert, wobei für den

Diese gegenüber der Eichen-Kahneule deutlich kleinere Art zeigt einen schwachen Sexualdimorphismus. Auch Saisondimorphismus ist festzustellen. Die nur in wärmeren Gebieten auftretende Sommergeneration (gen. aest. *fiorii*), zu der dieses kopulierende Pärchen gehört (oben das Weibchen) ist meist wesentlich kontrastärmer gezeichnet. – Taubergießen 30.8.94 H. LUSSI. S.

Schwarzwald (Schauinsland) nur eine Meldung vom 26.10 (1924, O. SCHRÖDER nach Kartei A. GREMMINGER) vorliegt. Alle übrigen stammen nun wieder aus der Oberrheinebene oder ihrer Vorbergzonen. So berichtet beispielsweise H. HEIDEMANN mehrfach von Raupenfunden, z.B. am 17.11.(1974), 2.11.(1975), 18. und 21.11. (1976), als sich jeweils 1–2 cm lange Raupen im bereits stark bis sogar völlig gelb belaubten Buchenwald südlich Bruchsal im unteren Stammbereich aufhielten. Da es sich dabei auch um halberwachsene Tiere handelte, müssen diese wohl als nahrungsuchende Abkömmlinge einer Sommergeneration angesehen werden.

Diese merkwürdige Datenverteilung läßt annehmen, daß sich möglicherweise mehrere Prozesse überlagern, zum einen die partielle Bivoltinität in klimatisch permanent oder jahrweise begünstigten Zonen wie Oberrheinebene und Neckar-Tauberland, des weiteren die wesentlich geringere Mengenmächtigkeit der Präimaginalstadien (oder nur des Meldungsumfangs?) der Nachkommen der Frühjahrsgeneration und schließlich die Tatsache, daß sich – wie es scheint – die Raupen im Laufe von Wachstum und Entwicklung aus den Gipfelregionen langsam baumabwärts, also in »melderfreundlichere Regionen« orientieren. Da die Art gerne feuchte, geschlossene Waldgebiete bewohnt, erklären sich die plötzlichen Häufungen im Schwarzwald, wo in den höheren Regionen, schon rein klimatisch bedingt, die Zeit gerade zur Ausbildung einer Generation reicht. Bei diesen Überlegungen gilt es, sich zu vergegenwärtigen, daß die vorhandenen Datenmengen viel zu gering sind, um statistisch belegbare, allgemeingültige Aussagen machen zu können. Freiland-Kokonfunde wurden selten gemacht: 13.September (1992, Schwarzwald), 8.September (1993, Kaiserstuhl) und 14.Oktober (1993, Ettlingen, alle H. LUSSI).

Ökologie

Lebensraum: Im allgemeinen bewohnt die Art Laubwälder, darunter Buchenwälder bis in die hochmontane Zone, im Tiefland mehr Eichen- und Eichenmischwälder sowie trockenere Auwälder. Sie bevorzugt feuchte, schattigere und eher geschlossene Waldbereiche. Zivilisationsnahe Lebensräume wie Feldgehölze, Hecken, Park- oder Gartenlandschaften werden weniger gern besiedelt. Die Art lebt sowohl in der Baum- als auch in der Strauchschicht. Sie wird auch des öfteren in der Krautschicht und direkt am Boden gefunden, sei es als frisch geschlüpfte Imago, als erwachsene Raupe auf der Suche nach einem Verpuppungsplatz oder als Kokon im Laub.

Nahrung der Raupe:
Corylus avellana – Hasel
  L (BRM)
Betula pendula – Hänge-Birke
  3 L (EBE, ECK, HEI, LUS, STN)
Fagus sylvatica – Rotbuche
  5 L,P (EBE, ECK, HAU, HEI, LAD, LUS, MAR, STN)
Castanea sativa – Edelkastanie
  3 L (LUS, STN)
Quercus robur – Stiel-Eiche
  3 L (HAU, LUS)
Quercus petraea – Trauben-Eiche
  L (LAD, LUS, STN)
Quercus spec. – Eiche
  3 L (GRE, HAU, HER, LUS)

In absteigender Häufigkeit führt die Literatur folgende Nahrungs-(oder genauer: Fütterungs-)pflanzen auf: Bei weitem am häufigsten mit ca.40%iger Nennung *Fagus sylvatica* (Rotbuche), mit Abstand gefolgt von *Quercus* spec. (Eichenarten) ca. 20%, *Betula* spec.(Birke) ca.12%, *Corylus* (Hasel), *Castanea* (Edelkastanie) und *Carpinus* (Hainbuche) 4–7 %, die übrigen Gattungen wie *Fraxinus* (Esche), *Acer* (Ahorn) mit *A. campestre* (Feldahorn), *Alnus* spec.(Erle), *Populus* (Pappel) mit *P. tremula* (Espe), *Tilia* spec. (Linde), *Ulmus* spec.(Ulme) sowie *Prunus spinosa* (Schlehe) mit jeweils um oder weit unter 1%. Wie man sieht, kommt in obiger Aufzählung nahezu die gesamte einheimische Palette der Laubbaumfamilien mit mindestens je einem Vertreter vor. Bei Linde, Ulme und Schlehe handelt es sich um Angaben aus Großbritannien (BRETHERTON, GOATER & LORIMER 1983).

Diese Nahrungspflanzen-Diversität ist in Baden-Württemberg (noch) nicht festgestellt worden. Dennoch herrscht im Wesentlichen Übereinstimmung bezüglich der insgesamt über 90% ausmachenden Hauptnahrungspflanzen aus den beiden Familien der Fagaceae und Betulaceae (Buchen- und Birkengewächse).

Nahrung des Falters: Aus Baden-Württemberg gibt es keine Beobachtungen natürlicher Nahrungsaufnahme. Nach BERGMANN (1954) kommen die Tiere an den Köder. WEBER (1965) ist der Ansicht, daß es ihnen dabei nur um Wasseraufnahme geht.

Habitat: *Pseudoips prasinanus* bewohnt ein weites Spektrum der Querco-Fagetea, besonders das Fagion sylvaticae (Rotbuchenwälder) und hierin das Asperulo-Fagetum (Waldmeister-Buchenwälder) im kollinen Bereich, das Abieti-Fagetum (Buchen-Tannenwälder), in den Mittelgebirgen wie z. B. im Schwarzwald aber auch das Cephalanthero-Fagetum (Orchideen-Buchenwälder) auf basischen Böden der unteren Höhenstufen sowie entsprechend auf sauren Böden das Luzulo-Fagetum (Hainsimsen-Buchenwälder). Von etwas geringerer Wichtigkeit sind für die Art das Aceri-Fagetum (Hochstaudenreiche Bergahorn-Buchenwälder) in den oberen Waldstufen hochmontaner Lagen. Waldsäume, Randstrukturen und siedlungsnahe Habitate sind von schwächerer Wertigkeit, da das Waldesinnere klar bevorzugt wird. Imaginal- und Larvalhabitat decken sich weitgehend, wenn man von imaginalem Anflug an künstliche Lichtquellen absieht[1].

[1] Aufnahmen von Habitaten, die auch die Buchen-Kahneule (*Pseudoips prasinanus*) beherbergen, sind in Bd. 3, S. 354 und Bd. 4, S. 223, 325, 445, 475 und 485 nachzuschlagen.

Die erwachsen ca. 4 cm lange Raupe fällt durch ihren nach hinten elegant verjüngten Abdominalabschnitt, ihre relativ langen, stark differenzierten Bauchfüße und die kräftigen, nach hinten abgespreizten Nachschieber mit dem auffallend roten lateralen Strich auf. – Taubergießen 18.8.94 H. LUSSI. S.

Verhalten: Die Imagines sitzen tagsüber mit ihren dachförmig zusammengelegten grünen Flügeln (»Jägerhütchen«!) meist an den Blattunterseiten von Bäumen und Sträuchern, nur selten an Stämmen oder in der Krautschicht. Die Flugaktivität beginnt bei fortgeschrittener Dämmerung. Nach WEBER (1965) dauert der eigentliche Schwärmflug, der offensichtlich genetisch fixiert ist und sich in Gefangenschaft auch durch Veränderung der Lichtverhältnisse zeitlich nicht beeinflussen läßt, ab ca. 21 Uhr gerade 1–2 Stunden und spielt sich mit Vorliebe um die äußersten Wipfeläste ab. Die Falter erscheinen gerne am Licht. Mehrere Autoren berichten, daß die Tiere im Fluge schrille, zirpende bis knisternde Stridulationsgeräusche erzeugen können (BRETHERTON, GOATER & LORIMER 1983, WEBER 1965). Die sehr feste Kopula dauert ca. 4 Stunden und währt bei weitem nicht bis in die Morgenstunden. Beim frisch geschlüpften Weibchen sind noch kaum legereife Eier vorhanden. Die Eireife geht aber sehr schnell vonstatten, so daß es schon nach wenigen Tagen bis maximal ca. 350 Eier produzieren kann, durchschnittlich ca. 175–193 (WEBER 1965). Diese haben einen Durchmesser von ca.1 mm, sind auffällig flach, basal etwa dreimal so breit wie hoch, kreisrund, mit von der zentralen Mikropyle ausgehender radialer Rippung. Farblich anfangs gelblich bildet sich im Laufe der Embryonalentwicklung nach 1–2 Tagen zunächst ein zentraler rötlicher Fleck, der sich ringförmig erweitert und durch seine zunehmend rötlich-braune Farbe kleine Blattgallen vortäuscht. Im Freiland werden die Eier nachts immer sehr vereinzelt meist auf die Blattoberseite in vornehmlich höheren, lichteren Baumregionen abgelegt.

Die Embryonalentwicklung benötigt etwa 6–10 Tage. Kurz vor dem Schlüpfen ist die entwickelte Raupe im Inneren des Eies eingerollt sichtbar. Das Entwicklungsoptimum liegt zwischen 20–27° C, also bei hochsommerlichen Temperaturen und 50–100% relativer Luftfeuchte, der untere Entwicklungsnullpunkt unter 10°C. Steigende Temperaturen beschleunigen die Entwicklung enorm.

Die anfangs durchscheinende Eiraupe ist in den ersten Tagen sehr aktiv und spinnt sich gerne am eigenen Faden ab oder wandert dem Licht zu. Mit Beginn der Nahrungsaufnahme nimmt dieses Bestreben ab. Sie verfärbt sich grün, anfangs nur infolge des durchscheinenden Darminhalts. Anfangs frißt sie die epidermalen Blattschichten fensterfraßartig aus. Das erste Stadium dauert 8–11 Tage, die folgenden Stadien 11–14 Tage. Mit zunehmendem Wachstum wird die Raupe immer träger. Über siebartig aneinandergestrickten Fenster- und Lochfraß geht sie zunehmend zu verschwenderischem Blattflächenfraß über. Sie bevorzugt mehr die Nachtstunden zur Nahrungsaufnahme.

Auch die erwachsene Raupe bewohnt alle Baumregionen bis zum Wipfelbereich. Im Gegensatz zu den Raupen der *Earias*-Arten lebt sie frei an den Blättern, ohne eine außergewöhnliche Spinntätigkeit zu entfalten. Verpuppungsreife Raupen werden ab Spätsommer, oft noch bis in den späten Herbst hinein am Boden oder am unteren Stammbereich gefunden. Die gehäuften späten Stammfunde lassen darauf schließen, daß die Raupen auch zur Verpuppung oftmals den Baum hinunterwandern, bisweilen auch von Herbststürmen herabgeweht werden, manchmal wieder aufwärts kriechen oder infolge Nahrungsmangels aktiv auf Nahrungssuche gehen. In der (älteren) Fachliteratur besteht Einigkeit darüber, daß der Kokon in Rindenritzen, an Zweigen oder meist an einem Blatt, mit dem er im Herbst zu Boden fällt, angesponnen wird. Hierzu paßt eine Beobachtung H. Heidemanns vom 14.10.1973 (Bergwald b. Untergrombach), der vermutlich ein Ulmenblatt zu Boden fallen sah: »Am Blatt ein frisch begonnenes Gespinst, durch das man die spinnende Raupe noch erkennen konnte.« F. Bihlmaier beobachtete am 8.11.1986 in Allmersbach (bei Backnang) innerhalb des Ortsgebiets an einem Buchenstamm in ca. 1 m Höhe ein Tier »in einer Einkerbung. Die Raupe beginnt am 12.11.86 sich an derselben Stelle einzuspinnen.« Die Kokons werden manchmal zufällig im Spätherbst oder Winter im Fallaub gefunden.

Im Inneren des kahnförmigen, an der gekielten Ausschlüpföffnung oben bezipfelten Außenkokons spinnt die Raupe die Innenwände aus. Zwei Tage nach Kokonbaubeginn verpuppt sie sich zu einer am Rücken dunkellilabraun, seitlich braunrot, ventral gelb gefärbten, blaugrau bereiften Puppe, die die Imago im nächsten Frühjahr durch den präformierten Schlitz am Kiel entläßt.

Gefährdung und Schutz:

Rote Liste Bundesrepublik:–
Rote Liste Baden-Württemberg:–

Oberrheinebene: Nicht gefährdet.
Schwarzwald: Nicht gefährdet.
Neckar-Tauberland: Nicht gefährdet.
Schwäbische Alb: Nicht gefährdet.
Oberschwaben: Nicht gefährdet.

• In Baden-Württemberg nicht gefährdet!

Pantheinae

Von Axel Steiner

Die wenigen heute zur Unterfamilie Pantheinae gerechneten Gattungen (in Europa *Panthea*, *Trichosea*, *Colocasia* und *Raphia*) haben zum Teil eine taxonomisch recht bewegte Vergangenheit. Wegen der behaarten Raupen früher teils zur Unterfamilie Acronictinae gerechnet, teils aber auch zu den Lymantriidae gestellt (*Colocasia*), wird ihnen gegenwärtig eine eigene Unterfamilie zugestanden. Ob sich diese Situation auch nach phylogenetischen Analysen aufrechterhalten läßt, wird die Zukunft zeigen müssen. In Europa kommen vier Arten vor, in Baden-Württemberg früher drei, heute nur noch zwei Arten, denn eine ist in unserem Gebiet ausgestorben.

Panthea coenobita (Esper, 1785)

Klosterfrau

Gesamtverbreitung: Von Japan, Korea, den Kurilen und Sachalin quer durch die Nadelwaldzone Sibiriens bis nach Europa. Hier kam die Art im 19. Jh. nur bis zu einer Westgrenze Piemont – Freiburg/Breisgau – Lüneburg – Schonen – Petersburg vor (Speyer & Speyer 1862). Seitdem hat sie ihr Areal westlich bis Nord- und

Ostfrankreich (Ardennen, Vogesen, Jura, Alpen; DUFAY 1967), Nordspanien (Pyrenäen) und nördlich bis Skandinavien (Südnorwegen, Südschweden, Südfinnland) vorgeschoben. Im Süden erreicht sie Norditalien und die Balkanhalbinsel, wo sie südlich bis Bulgarien und Nordgriechenland nachgewiesen wurde. In Kleinasien im Pontischen Gebirge.

Verbreitung

Regional: Die Klosterfrau bewohnt heute, wenn auch lückenhaft, nahezu ganz Baden-Württemberg. Schwerpunkte liegen dabei im nördlichen und südlichen Schwarzwald, im Alpenvorland und in den Waldgebieten des Keuper-Lias-Landes, während ausgesprochene Wärmegebiete wie die Oberrheinebene und das Neckarbecken nur schwach besiedelt werden.

Noch bis ins 19. Jahrhundert galt *Panthea coenobita* in vielen Gegenden als seltene Art. Mit dem exzessiven forstlichen Anbau der Fichte hat sie ihr vormals eher inselartiges, montanes Areal bedeutend erweitern und viele Gebiete der kollinen Stufe besiedeln können. Heute stößt sie selbst in die Oberrheinebene vor. So gab GAUCKLER im Jahr 1896 an: »Bei Karlsruhe noch nicht gefunden. ... Während der 23 Jahre, welche ich hier sammle, ist mir weder die Eule selbst, noch deren Raupe vorgekommen; auch andere hiesige Sammler haben *coenobita* noch nie bei Karlsruhe gefunden.« Seit Mitte der 1960er Jahre liegen

Einige der an Nadelhölzern lebenden Schmetterlinge zeigen als Falter sehr auffällige Schwarzweiß-Färbungen. Dies gilt auch für *Panthea coenobita*, die dieser Farbkombination ihre Vulgärnamen »Klosterfrau« und »Mönch« verdankt. Das hier gezeigte Männchen hat kurz gekämmte, das Weibchen fadenförmige Fühler. – Wurzacher Ried (ex ovo-Zucht) 5.6.79 G. EBERT. S.

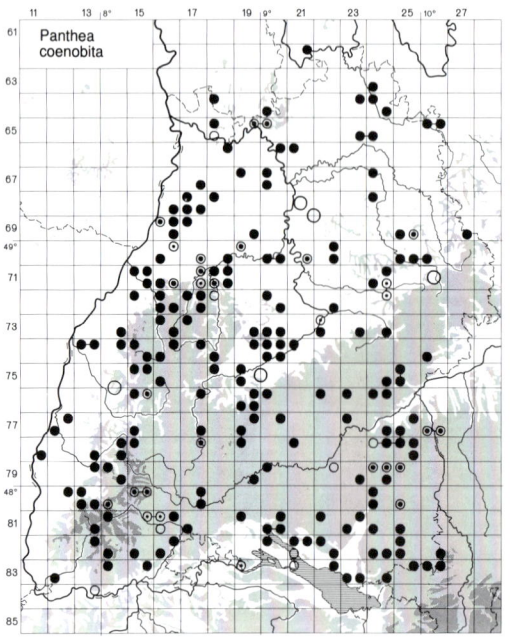

einzelne Funde aus der Rheinebene um Karlsruhe und Rastatt vor (R. HERRMANN, J. PARTENSKY); heute wird sie im Raum Rastatt-Karlsruhe-Bruchsal recht verbreitet gefunden. Analog dazu existieren auch aus der angrenzenden Pfälzer Rheinebene inzwischen vereinzelte Nachweise (KRAUS 1993), während noch zur Zeit von HEUSER, JÖST & ROESLER (1960–1962) »aus der Rheinebene keine Beobachtungen« vorlagen. Im Kaiserstuhl, wo sie weder von BROMBACHER (1933–1935) noch von SETTELE (1973) gefunden wurde, konnte sie erstmals 1988 und dann wieder 1992 und 1993 nachgewiesen werden (AG Freiburg), in der Offenburger Rheinebene 1990 bei Weisweil (P. PAUSCHERT).

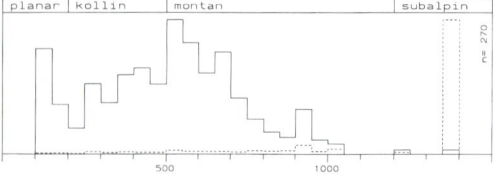

Vertikal: Von der hochmontanen Stufe oberhalb 1000 m bis in die Ebene um 100 m besiedelt *P. coenobita* alle Höhenstufen. Ihr Schwerpunkt liegt im natürlichen Fichtenbereich der kollinen und montanen Stufe, ist heute aber nicht mehr so deutlich erkennbar wie wohl noch vor 100 oder 200 Jahren, weil sich das Areal auch in vertikaler Richtung, nämlich in niedrige Lagen hinein, ausgedehnt hat.

Phänologie

Imagines: Die Hauptflugzeit beginnt im Schwarzwald, im Neckar-Tauberland und im Alpenvorland gewöhnlich in der zweiten Juni-Dekade, auf der Schwäbischen Alb dagegen erst Ende Juni/Anfang Juli. In den meisten Gebieten wurden darüber hinaus in Jahren mit warmem Frühjahr einzelne Falter bereits ab Mitte Mai festgestellt (13.5.1937, Oberrhein, Freiburg, K. ROTHMUND; 18.5.1988, Schwarzwald, Baden-Baden, E. KIEFER; 20.5.1983, Neckar-Tauberland, Bad Niedernau, J.-U. MEINEKE; 16.5.1990, Schwäbische Alb, Bermaringen, G. BAISCH; 15.5.1993, Alpenvorland, Schaiblishausen, F. HAUFF). Das Maximum wird im Neckar-Tauberland im Schnitt in der ersten Julihälfte, im Schwarzwald um die Mitte dieses Monats erreicht. Die Flugzeit endet normalerweise Ende Juli/Anfang August, wobei Einzelstücke noch bis Mitte August vorkommen. Einen besonders späten, aber frischen (fransenreinen) Falter registrierte H. HEIDEMANN noch am 3. September (1969, Bruchsal, Eichelberg); ob es sich hier eventuell um ein Tier einer zweiten Generation handelt, ist unklar; auch aus dem Mittelmeergebiet sind späte Falter vom September bekannt, so das einzige aus Griechenland bekannte Stück (3.9.1984; HACKER 1989).

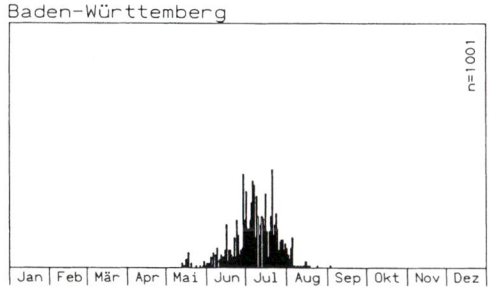

Die Eier werden in kompakten Gelegen um die Nadeln der Nahrungspflanzen abgelegt. Sie sind anfangs weißlich, verfärben sich aber bald rotbraun. – Schwaigern, Heuchelberg (ex ovo-Zucht) 7.91 M. FEUCHT. S.

Präimaginalstadien: Die wenigen genau datierten Raupenfunde verteilen sich auf den Zeitraum von Anfang August bis Anfang Oktober. GAUCKLER (1909, 1921) gab als Raupenzeit August und

Die Eiräupchen bleiben nach dem Schlupf zunächst in kleinen Gruppen zusammen. Erst später zerstreuen sie sich. – Schwaigern, Heuchelberg (ex ovo-Zucht) 21.7.91 M. FEUCHT. S.

September an, SCHNEIDER (1936–1939) August bis Oktober. K. ANDRES (nach Kartei H. LIENIG) fand eine Raupe am 9.8.1953, M. WALLNER eine am 18.8.1952, G. WINTERLIN eine bereits erwachsene, nur noch einige Tage fressende Raupe Anfang September 1878 (NÖRDLINGER 1880), T. MARKTANNER eine Raupe am 11.9.1978, und A. BIEBINGER traf eine Raupe am Hohloh noch am 9.10.1976 an. Das Überwinterungsstadium ist wohl grundsätzlich die Puppe. Die Angabe aus der benachbarten Pfalz, wonach »die Raupen im April, Mai von Fichten geklopft« worden sein sollen (HEUSER, JÖST & ROESLER 1960–1962), muß auf einem Irrtum beruhen.

Ökologie

Lebensraum: *Panthea coenobita* bewohnt sowohl natürliche Nadelwälder (insbesondere Fichten-Tannenwälder) und Mischwälder mit Fichtenanteil als auch vom Menschen angelegte Fichtenforste vom Bergland bis in die Ebene, besonders auf frischen bis feuchten, zuweilen auch ausgesprochen nassen Böden. Falterfunde stammen sowohl aus dem Inneren lichter Bestände als auch von Schneisen, Wegrändern, Schlagflächen, Lichtungen und aus den Randbereichen von Nadelwäldern. Aus dem Alpenvorland werden ferner Torfstichgebiete, offenes Hochmoor und Waldhochmoor angegeben (MEINEKE 1982). Gelegentlich werden Falter auch in einiger Entfernung von Nadelholzbeständen am Licht beobachtet. *P. coenobita* besiedelt bevorzugt (aber nicht ausschließlich) Gebiete mit mittleren Jahrestemperaturen zwischen 5 und 9°C und mittleren jährlichen Niederschlägen von über 700 mm.

Nahrung der Raupe:
?*Abies alba* – Weiß-Tanne
    L (REI)
Picea abies – Fichte
    3 L (BAT, GAU, RNN, WIT)
Larix decidua – Europäische Lärche
    L (AND)
Sequoia gigantea – Mammutbaum
    L (BLÄ)

Die Raupen sind in Baden-Württemberg, soweit überhaupt Nahrungsangaben vorliegen, meist auf Fichten gefunden worden, und zwar entweder an den unteren Ästen größerer Bäume (G. BARTH, H. RENNER nach SCHNEIDER 1936–1939) oder auch auf einer »kümmerlichen Fichte« (WINTERLIN nach NÖRDLINGER 1880). Hieraus

Die erwachsene Raupe lebt einzeln. Sie fällt durch ihre bunte Färbung und Behaarung auf, wurde aber in Baden-Württemberg nur selten im Freiland gefunden. Der intensive Anbau nicht standortgerechter Nadelhölzer durch den Menschen hat die Verbreitung von *Panthea coenobita* sehr gefördert. Heute kommt sie nicht nur in den Mittelgebirgen, sondern auch in den meisten Nadelholzforsten des Hügellands und der Ebene vor. – Altersbach (ex ovo-Zucht) 26.8.95 A. SCHNEIDER. S.

jedoch eine Bevorzugung niedriger Äste oder kleiner Bäume abzuleiten, wäre sicher voreilig. Im Gegenteil spricht die geringe Anzahl der Nachweise eher dafür, daß es sich bei den gefundenen Raupen um solche handelte, die aus den vielleicht normalerweise bevorzugten höheren Bereichen und der Wipfelregion nach unten verschlagen worden waren.

Aus Oberschwaben liegen präparierte Raupen von G. REICH vor, die auf den Etiketten den Vermerk »*abietis*« tragen. Leider läßt sich nicht mehr ermitteln, ob REICH sich dabei auf *Abies alba* oder *Picea abies* bezog. Da er auf anderen Raupenetiketten meist den Gattungsnamen der Pflanze angab, spricht die Wahrscheinlichkeit dafür, daß er hier die Weißtanne meinte, aber ganz sicher ist das nicht.

Neben Tanne und Fichte liegt ein einzelner Fund an Lärche vor (K. ANDRES nach Kartei H. LIENIG). Eine weitere Bereicherung des Nahrungsspektrums stellt ein Nachweis am amerikanischen Mammutbaum (im Heidelberger Arboretum am Königstuhl) durch einen Schüler dar (R. BLÄSIUS). Auf anderen Nadelbäumen ist die Raupe in Baden-Württemberg bisher noch nicht gemeldet worden, doch liegen aus anderen Gebieten Fundangaben an Kiefernarten, darunter

Pinus sylvestris, *Pinus cembra* und *Pinus strobus*, vor (SEPPÄNEN 1970, VORBRODT 1911). Auch die Zucht aus dem Ei ist schon mit *Pinus sylvestris* durchgeführt worden, z. B. von H. KAUFMANN in Tübingen. Ob sich *P. coenobita* stellenweise in reinen Kiefernbeständen (etwa in der Oberrheinebene) fortpflanzen kann, ob sie im Alpenvorland oder Schwarzwald möglicherweise auch an *Pinus rotundata* oder im Siedlungsbereich an weiteren Zier-Nadelhölzern leben kann, bleibt ebenso noch zu untersuchen wie der Anteil der Tanne im Nahrungsspektrum, die nach FREYERS (1827–1828) Beobachtungen bei Augsburg der Fichte sogar vorgezogen werden soll.

Nahrung des Falters: Keine Angaben aus Baden-Württemberg.

Habitat: Durch die jahrhundertelange forstliche Nutzung und den großräumigen Anbau der Fichte sind die ursprünglichen (»natürlichen«) *P. coenobita*-Habitate heute nur noch schwer zu identifizieren. Sicherlich dürfen wir sie im Bereich der montanen Fichten-Tannenwälder vermuten, also etwa im Hainsimsen-Fichten-Tannenwald (Luzulo-Abietetum) des Nord- und Südschwarzwalds, sowie im Waldkiefern-Moorwald (Vaccinio uliginosi-Pinetum sylvestris) und im Spirken-Moorwald (Vaccinio uliginosi-Pinetum rotundatae) der Moorgebiete des Alpenvorlands, wo *P. coenobita* zu den Tyrphophilen 2. Ordnung gezählt wird (MEINEKE 1982). Als anthropogene Vorkommen sind dagegen alle Standorte in künstlichen Fichtenforsten außerhalb des natürlichen Fichtenareals einzustufen, also in der gesamten Laubwaldzone des Flach- und Hügellands.

Verhalten: Die Eiablage erfolgt in kleinen Gelegen, die rund um eine Nadel der Nahrungspflanze angeordnet werden. Die im ersten Larvalstadium noch in lockeren Gruppen lebenden Raupen zerstreuen sich bald. Zur Verpuppung begeben sie sich auf den Boden, um zwischen Erde, Nadelstreu und ähnlichem ihre Kokons anzulegen, die in der Gefangenschaft (ob auch im Freiland?) gelegentlich frei zwischen Fichtenzweigen befestigt werden (NÖRDLINGER 1880). Die Falter sind nachtaktiv und fliegen ans Licht.

Gefährdung und Schutz

Rote Liste Bundesrepublik: –
Rote Liste Baden-Württemberg: –

Oberrheinebene: Nicht gefährdet (nur randlich vorkommend).
Schwarzwald: Nicht gefährdet.
Neckar-Tauberland: Nicht gefährdet.
Schwäbische Alb: Nicht gefährdet.
Oberschwaben: Nicht gefährdet.

• In Baden-Württemberg nicht gefährdet!

Trichosea ludifica
(Linnaeus, 1758)
Gelber Hermelin

Diphthera ludifica L. (REUTTI 1898, HANNEMANN & URBAHN in STRESEMANN 1969)
Moma ludifica L. (WARREN in SEITZ 1909–1914, CORTI & DRAUDT in SEITZ 1931–1938, SCHNEIDER 1936–1939, BERGMANN 1951-1955, KOCH 1954–1961, HARTIG & HEINICKE 1973)

Gesamtverbreitung: In Europa sehr lokal in zwei anscheinend getrennten Arealteilen verbreitet: Baltikum, Südwestfinnland und angrenzende Teile Rußlands mit Einzelfunden in Schweden und auf Rügen; außerdem von Nordspanien und Frankreich (nördlich bis zur Bretagne, südlich entlang des Mittelmeers) quer durch Mitteleuropa (Schweiz, Deutschland nördlich bis Saarland, Pfalz, Baden-Württemberg, Nordbayern, Thüringen und Sachsen, Südpolen) nach Osten (Norditalien, Österreich, Jugoslawien, Nordrumänien). Die weitere Verbreitung in Asien (wo sich die beiden europäischen Arealteile treffen könnten) ist unklar, mit Sicherheit nachgewiesen ist die Art aus Mittelsibirien. In Mitteleuropa sind aus vielen Gegenden nur ältere Fundnachweise bekannt; die Art ist offenbar großräumig im Rückgang begriffen.

In dem bräunlichen Kokon sind Raupenhaare mit eingesponnen. In dieser Zuchtsituation wurde er versteckt zwischen den Nadeln der Nahrungspflanze angelegt, die zum Fotografieren teilweise entfernt wurden. – Altersbach (ex ovo-Zucht) 30.8.95 A. SCHNEIDER S.

Verbreitung

Regional: Soweit die alten Quellen eine Beurteilung erlauben, war diese auffallend gefärbte Art in früheren Zeiten in Baden-Württemberg recht weit verbreitet. Sie besiedelte die Oberrheinebene (möglicherweise bevorzugt die Vorbergzone und weniger die eigentliche Ebene), die Bergstraße, das Bodenseebecken, im Neckar-Tauberland mindestens den Kraichgau, das Neckarbecken, die Kocher-Jagst-Ebenen und das Albvorland sowie vermutlich auch niedrige Lagen oder Randlagen des Schwarzwalds. Nur von der Schwäbischen Alb, die allerdings im vorigen Jahrhundert schlecht durchforscht war, liegen keine Angaben vor.

Oberrheinebene: bei Speyer (um 1890, MICHAUX nach HEUSER, JÖST & ROESLER 1960–1962, GRIEBEL 1909), Karlsruhe, Lahr, Dinglingen, Freiburg »um die Stadt« (REUTTI 1853).
Schwarzwald: Littenweiler (REUTTI 1853).
Neckar-Tauberland: Heidelberg (W. JENISON nach REUTTI 1853), Turmberg bei Karlsruhe-Durlach (A. MEESS nach GAUCKLER 1896), bei Grötzingen (G. KABIS nach GAUCKLER 1909), Diedelsheim (1923, H. SCHLÖRER nach M. WALLNER), Dietlingen (1922, F. GUTH), Pforzheim (1908, H. ROMETSCH), Bonfeld (spätes 19. Jahrhundert, SCHUMANN nach SCHNEIDER 1936–1939), Möckmühl (vor ca. 1910, E. MARTIN nach SCHNEIDER 1936–1939), Heilbronn (V. CALMBACH nach SCHNEIDER 1936–1939), Tübingen (»früher«, ROLL, STOLL nach KAUFMANN & SCHMID 1966), Raum Schwäbisch Gmünd-Wißgoldingen (KUNKEL nach WERFER 1813).
Alpenvorland: Ohne Fundortangabe (VON WOCHER nach SEYFFER 1850, KELLER & HOFMANN 1861), Raum Konstanz (LEINER 1829), Konstanz (REUTTI 1853), Überlingen (1953–1959, E. COMMERELL), Friedrichshafen (H. LANZ nach SCHNEIDER 1936–1939, unsichere Angabe), Stein am Rhein (Kanton Schaffhausen) (»in manchen Jahren (1921) häufig«, STIERLIN in PFÄHLER-ZIEGLER & STIERLIN 1927).

Bereits in der ersten Hälfte des 20. Jahrhunderts muß zumindest lokal ein deutlicher Rückgang eingesetzt haben, wie die Bewertung für den württembergischen Landesteil aus den dreißiger Jahren belegt: »In neuerer Zeit nicht mehr beobachtet« (SCHNEIDER 1936–1939). Seit den 1950er Jahren, als Zuchtmaterial aus Überlingen in Umlauf gebracht wurde, gibt es keine weiteren Nachweise mehr aus Baden-Württemberg.

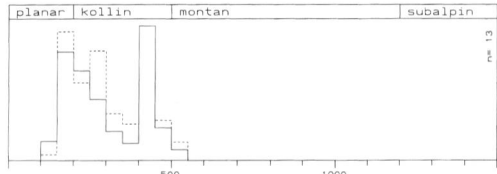

Vertikal: Die ehemaligen Fundorte reichen von der Ebene um 100 m durch das Hügelland gerade noch bis knapp über 500 m. Eine Bevorzugung der montanen Stufe, wie sie von BERGMANN (1954) für Thüringen geschildert und von KOCH (1958, 1984) verallgemeinert wurde, läßt sich für Baden-Württemberg nicht nachvollziehen (indessen muß bedacht werden, daß das Bergland im 19. Jahrhundert weniger gut erforscht war als die niedrigeren Lagen). Die vorliegenden Daten deuten vielmehr darauf hin, daß die Situation in Südwestdeutschland (und ebenso in der angrenzenden Schweiz, wo VORBRODT [1911] die Art besonders »im Tieflande« kannte) deutlich anders lag als in Ostdeutschland, wo HEINICKE & NAUMANN (1980–1982) feststellten: »das Hügelland und das Tiefland werden nicht besiedelt«.

Phänologie

Imagines: Nach wie vor ungeklärt ist die Frage, ob *T. ludifica* eine oder zwei Generationen im Jahr hervorbringt. Die wenigen alten Angaben aus Baden-Württemberg tragen kaum zur Klärung bei. SCHNEIDER vermerkte »Flugdaten vom V. und VI.« und REUTTI (1898), auch zitiert von

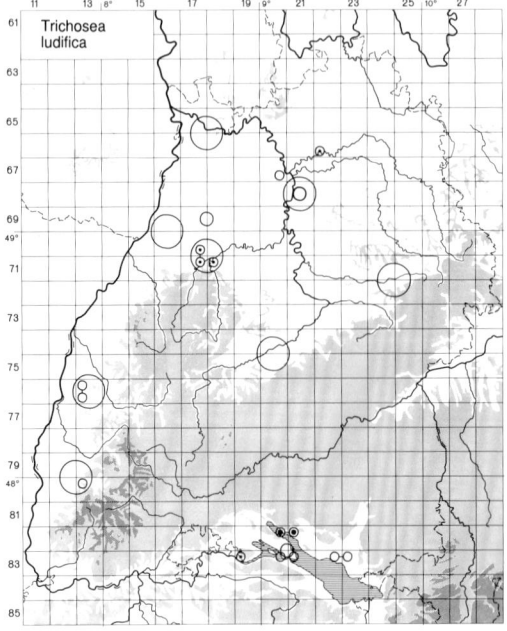

Trichosea ludifica

Trichosea ludifica ist in Baden-Württemberg schon nach der Jahrhundertwende seltener geworden. Seit den 50er Jahren gilt sie als ausgestorben. – Belegstück: Überlingen 5.5.59 (ex ovo-Zucht) E. COMMERELL.

GAUCKLER (1909), meldete die Falter »im April und August«. F. X. LEINER bemerkte: »Der Schmetterling erscheint im April«, doch dürfte es sich hier um eine Beobachtung unter Zuchtbedingungen gehandelt haben (LEINER in FREYER 1828–1829). Ein Belegstück aus dem Bodenseegebiet trägt das Datum 15.5.1957 (Überlingen, E. COMMERELL).

TREITSCHKE (1825a) kannte die Falter nur von Ende Juli bis September, die Raupen von Juni bis August; VORBRODT (1911), auch zitiert von OSTHELDER (1925–1933), gab für die Schweiz Mai-Juni und August-September als Flugzeit und Juni-Juli und September-Oktober als Raupenzeit an. HOFFMANN (1913) folgerte aus dem zügigen und gleichmäßigen Heranwachsen der Raupen unter Zuchtbedingungen, daß die Art auch im Freiland stets zwei Generationen bilden müsse. Dagegen stellte NIKKERL (1850) fest: »Von Puppen aus Asch [in Böhmen] entwickelten sich die meisten Ende April, mehrere einige Wochen später, einige überwinterten zum zweitenmal; man findet oft Raupen, welche von einer Generation stammen, im Juli erwachsen und im September noch in der ersten Häutung, was nicht selten zu der irrigen Annahme einer doppelten Generation Veranlassung gibt.« Wenn NICKERLs Angaben auf Freilandbeobachtungen beruhten, so kann es natürlich sein, daß die erwachsenen Juliraupen Nachkommen der ersten und die jungen Septemberraupen Nachkommen der zweiten Generation waren. Aus dem Thüringer Bergland kannte BERGMANN (1954) nur eine einzige Generation von Mitte Mai bis Ende Juni. Es scheint also, daß die Generationenzahl von der Höhenlage abhängig ist. Zudem scheint die Phänologie durch individuell unterschiedliche Entwicklungsgeschwindigkeit der Raupen und durch unterschiedlich lange Puppenzeiten bestimmt zu werden.

Präimaginalstadien: Die Raupen wurden nach REUTTI (1853) »in sehr ungleicher Entwicklungsstufe, vom Mai bis October« angetroffen, was an die oben zitierte Beobachtung NICKERLS erinnert. GAUCKLER (1909, 1921) meldete Raupenfunde im September und Oktober. F. X. LEINER schickte Mitte September 1828 vier Raupen aus der Umgebung von Konstanz an C. F. FREYER, von denen eine erwachsen, die übrigen aber noch »sehr klein« waren, und bemerkte dazu: »Ende September sind die meisten erwachsen. ... Ich habe sie [die Raupe], doch selten, auch im Frühjahr schon gefunden« (in FREYER 1828–1829). Überwinterungsstadium ist die Puppe.

Ökologie

Lebensraum: Wie aus den spärlichen Literaturangaben und dem Nahrungsspektrum entnommen werden kann, dürfte *T. ludifica* vor allem offene Landschaften mit besonnten Gebüschen, Hecken, Baumgruppen und einzelnen Bäumen, parkartiges Gelände, Gärten außerhalb von Siedlungen, Streuobstwiesen, an Weg- und Straßen-

Die Raupe lebt an verschiedenen Laubhölzern, besonders an Obstbäumen. Dieses Tier hat FRANZ XAVER LEINER, Stadtrat in Konstanz, in den 1820er Jahren im Bodenseegebiet gefunden und an C. F. FREYER geschickt, der es mit gewohnter Akribie abbildete. – Aus FREYER (1828–1829), Beiträge zur Geschichte europäischer Schmetterlinge, Band 2, Taf. 63.

rändern gepflanzte Obstbäume und Alleen bewohnt haben. Wälder wurden vermutlich gemieden oder höchstens im Bereich warmer, reich strukturierter und mit dem Offenland verzahnter Vorwald- und Gebüschgesellschaften besiedelt. Sämtliche Fundorte liegen im Bereich mittlerer Jahrestemperaturen von über 8°C.

Nahrung der Raupe:
Salix caprea – Sal-Weide
  L (GAU, REU)
Quercus spec. – Eiche
  L (LEN)
Pyrus spec. (cf. *communis*) – »Birne«
  L (LEN)
Malus spec. (cf. *domestica*) – »Apfel«
  L (LEN, MRT)
Sorbus aucuparia – Gewöhnliche Eberesche
  L (GAU)
Crataegus spec. – Weißdorn
  L (GAU)
Prunus spec. (*avium* oder *cerasus*) – »Kirsche«
  L (LEN)
Prunus serotina – Späte Traubenkirsche
  L (REU)
Prunus padus – Traubenkirsche
  L (REU)
Prunus spinosa – Schlehe
  L (REU)

Obwohl *T. ludifica* bei uns ausgestorben ist, sind wir über ihre Nahrungspflanzen recht gut unterrichtet, weil die buntbehaarte Raupe im 19. Jahrhundert oft gefunden wurde. F. X. LEINER (in FREYER 1828–1829) fand sie bei Konstanz »am liebsten auf jungen im offenen Felde stehenden Birnbäumen, seltener auf Aepfel= und Kirschenbäumen und Eichen«[2]. REUTTI (1853) ergänzte dazu drei weitere Rosaceen (Schlehe, Traubenkirsche und Späte Traubenkirsche) sowie Salweide und bemerkte, daß die Raupe »stets einzeln« lebe. GAUCKLER (1909, 1921) meldete aus Nord- und Mittelbaden Eberesche, Weißdorn und Salweide. Bei Möckmühl fand E. MARTIN »Raupen an Apfelbäumen« (SCHNEIDER 1936–1939). Die baumförmigen Rosaceen bilden offenbar die wichtigste Gruppe der Nahrungspflanzen. Daneben kommt *T. ludifica* gelegentlich auch an anderen Bäumen vor, wie die Meldungen von Eiche und Salweide belegen. An der Salweide fand sie auch TRAPP im angrenzenden Kanton Schaffhausen (PFÄHLER-ZIEGLER & STIERLIN 1927), während WULLSCHLEGEL (1873) für die Schweiz »vorzugsweise« Apfel und Traubenkirsche angab. VORBRODT (1911) nannte ferner die Ulme und, nach THOMANN, in der Südschweiz auch die Edelkastanie (*Castanea sativa*). Aus Finnland wurden ferner Birkenarten (*Betula* spp.) gemeldet (SEPPÄNEN 1970).

Nahrung des Falters: Aus Baden-Württemberg unbekannt.

Habitat: Aus Baden-Württemberg sind keine sicheren Angaben möglich, die über das im Kapitel Lebensraum Gesagte hinausgehen.

Verhalten: Die Raupen leben frei und sind auch tags aktiv, was sie sich wegen des Schutzes, den ihre Behaarung gegen Prädatoren bietet, leisten können. Nach F. X. LEINER geschieht die Verpuppung (in der Gefangenschaft) in einem weißen Gespinst zwischen Blättern. Auf Freilandfunden beruhen dagegen die folgenden Beobachtungen von LANGHAMMER (nach HOFFMANN 1913): »Die Raupen ... verpuppen sich in der Natur hauptsächlich unter loser Baumrinde, in Astgabeln, am Fuße der Stämme zwischen dürrem Grase, in Blättern der Futterpflanze und auch unter hohlliegenden Steinen. Mit Vorliebe aber unter loser Rinde, welche vom Stamme absteht, oftmals eingerollt ist, und auch in vertieften Stammrissen.« Die Falter zeigen ein ähnliches Totstellverhalten wie die *Cerura*- und *Furcula*-Arten (Notodontidae); sie krümmen den Hinterleib nach unten und strecken die Beine von sich (HOFFMANN 1913). Analoges Verhalten zeigen die *Spilosoma*-Arten (Arctiidae), die ebenfalls weiße, schwarzgezeichnete Flügel und ein schwarz-weiß-(gelbes) Abdomen besitzen. Ob es sich hier möglicherweise um einen Mimikry-Ring handelt, ist noch ungeklärt.

Gefährdung und Schutz

Rote Liste Bundesrepublik: 1
Rote Liste Baden-Württemberg: 0

Oberrheinebene: Ausgestorben oder verschollen.
Schwarzwald: Ausgestorben oder verschollen.
Neckar-Tauberland: Ausgestorben oder verschollen.
Schwäbische Alb: Nicht vertreten.
Oberschwaben: Ausgestorben oder verschollen.

- In Baden-Württemberg ausgestorben oder verschollen!
  Besonders geschützt gemäß § 20 e ff. BNatSchG.

Wie die Angaben in den frühen Landesfaunen zeigen, war *Trichosea ludifica* im 19. Jahrhundert in Baden-Württemberg noch recht weit verbreitet, wurde schon um die Jahrhundertwende seltener und ist seit Ende der fünfziger Jahre nicht mehr nachgewiesen worden. In den meisten Gebieten Mitteleuropas sind analoge Tendenzen zu beobachten. So meldeten HEINICKE & NAUMANN (1980–1982) aus Ostdeutschland: »Aus den ... Daten geht hervor, daß die Häufigkeit von *T. ludifica* L. in den letzten 30 bis 40 Jahren deutlich im Abnehmen begriffen ist. Auch die Arealgröße zeigt eine rückläufige Tendenz.« HEUSER, JÖST & ROESLER (1960–1962) kannten aus der Pfalz keine Funde nach 1909 und bemerkten: »Diese Art scheint in ganz Mitteleuropa sehr im Rückgang begriffen zu sein«. Für den Kanton Thurgau registrierte BLÖCHLINGER (1985) die letzten Funde im Jahr 1951, was mit dem Erlöschen im baden-württembergischen Bodenseegebiet gut koinzidiert. In der Liste der Noctuiden Deutschlands (HEINICKE 1993) werden nur noch für Bayern und Thüringen Nachweise seit 1980 angegeben. Die Ursachen für diesen allgemeinen Rückgang sind jedoch unklar. Der Einsatz von chemischen Pflanzenschutzmitteln, dem man angesichts des großen Anteils von Obstbäumen im Nahrungsspektrum eine gewisse Rolle zugestehen könnte, dürfte kaum in Frage kommen, weil der Rückgang von *T. ludifica* dafür – wenigstens in Baden-Württemberg – viel zu früh eingesetzt hat. BERGMANN (1954) machte das Fällen alter Ebereschen an Straßenrändern für den Bestandsrückgang in Thüringen verantwortlich und HEUSER, JÖST & ROESLER (1960–1962) vermuteten: »Nachdem die Ebereschen als Straßenbäume verschwunden sind und auch die alten moosbewachsenen Apfelbäume größtenteils den rentableren Spindelbuschanlagen weichen mußten, findet die ohnehin seltene Falterart kaum noch zusagende Lebensräume«.

Ob diese Faktoren allein einen so großflächigen Rückgang verursacht haben, bleibt ungewiß.

Colocasia coryli
(Linnaeus, 1758)

Haseleule

Demas coryli L. (REUTTI 1898, LAMPERT 1907, REBEL 1910, ECKSTEIN 1920)

Gesamtverbreitung: Nahezu durch ganz Europa und Westasien verbreitet, im Norden bis Mittelskandinavien, im Süden (wo sie vorzugsweise montane Lagen bewohnt) bis West- und Nordspanien, Sizilien, Griechenland und Kleinasien, östlich bis Mittelsibirien (Baikalsee) vorkommend.

Die in allen Laubwäldern häufige *Colocasia coryli* ist durch ihre zweifarbigen, schwarzbraun und hellgrau gefärbten Vorderflügel leicht zu erkennen. Die Männchen besitzen gekämmte Fühler. – Vorbergzone, Malsch-Sulzbach 24.5.87 G. EBERT.

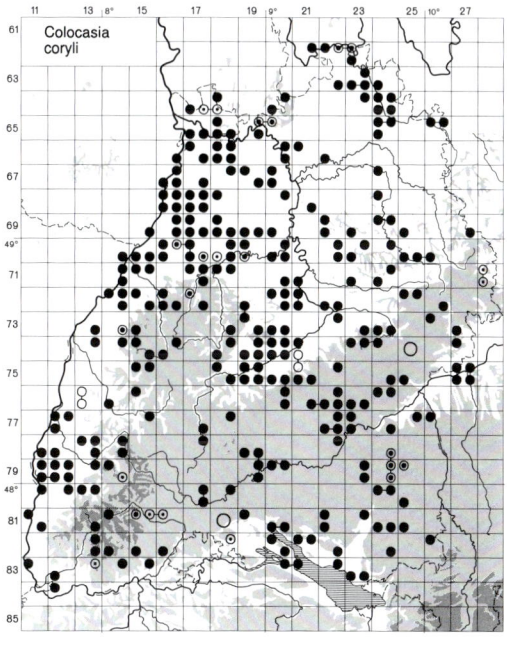

Verbreitung

Regional: *Colocasia coryli* ist in allen Naturräumen Baden-Württembergs verbreitet, und zwar sicherlich noch dichter, als es das Kartenbild vermuten läßt. Die Mittelgebirge (Schwarzwald und Schwäbische Alb) und das Alpenvorland sind insgesamt gut besiedelt, die bestehenden Lücken dürften überwiegend Bearbeitungs- und keine echten Verbreitungslücken sein.

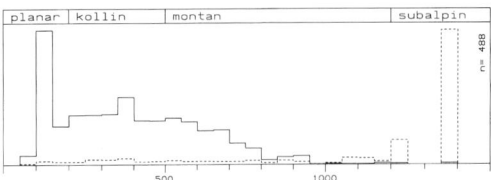

Vertikal: Die Höhenverbreitung erstreckt sich über sämtliche Höhenstufen von der Ebene um 100 m bis in die Hochlagen der Schwäbischen Alb (Burladingen, 810–900 m, J.-U. MEINEKE) und in die subalpine Stufe des Schwarzwalds (Feldberg bei 1350 m, J. ASAL). Raupennachweise wurden noch bis über 1200 m Höhe erbracht (Kandel 1210–1250 m, LADENBURGER 1989). Eine Bevorzugung einer bestimmten Höhenzone läßt sich nicht erkennen. In den Südalpen und in den Apenninen wird übereinstimmend eine obere Höhengrenze bei 1500–1600 m angegeben (RAPPAZ 1979, VORBRODT 1911, WOLFSBERGER 1971, PROVERA 1977).

Phänologie

Imagines: In den meisten Gebieten Baden-Württembergs bildet *C. coryli* regelmäßig zwei Generationen aus, deren erste in der Regel die individuenreichere ist. Die annähernd gleiche Größe der beiden Generationen-Peaks im Flugzeitdiagramm für den Schwarzwald dürfte auf die dort geringere Beobachtungsintensität in den Frühjahrsmonaten März bis Mai zurückzuführen sein. In der Oberrheinebene und im Neckar-Tauberland, aber auch in den Randlagen des Schwarzwalds, beginnt die Flugzeit der 1. Generation in der ersten Aprilhälfte, auf der Schwäbischen Alb und im Alpenvorland setzt sie dagegen erst rund einen Monat später, im Mai, ein. In diesen Monat fällt am Oberrhein bereits das Ende der 1. Generation, und auch im Neckar-Tauberland und im Schwarzwald dauert sie normalerweise nicht länger als bis Anfang/Mitte Juni, wenngleich in klimatisch ungünstigen Jah-

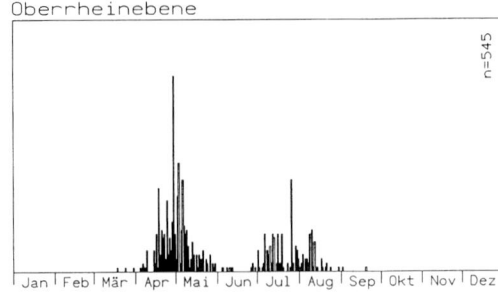
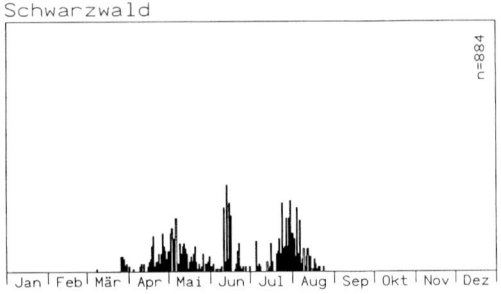
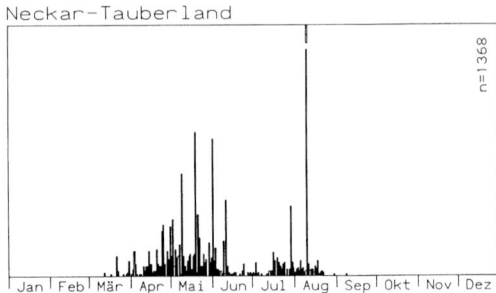
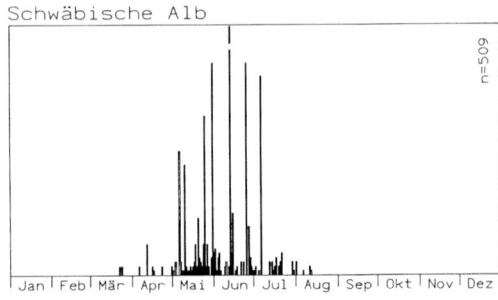
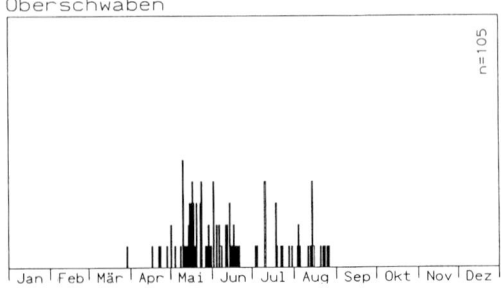

Die jungen Raupen halten sich vorwiegend an den Blättern auf. Im 2. Larvalstadium sind der Kopf und die paarigen Haarpinsel auf dem 1. Segment noch schwarz. – Kaiserstuhl, Vogelsang 3.9.92 A. STEINER.

Bei den älteren Raupen entwickelt sich eine große farbliche Variabilität. Nur die fünf rotbraunen Haarpinsel bleiben unverändert. Dieses Tier (links) zeigt eine gelbliche Grundfarbe. – Bruchsal, Eichelberg 3.10.76 H. HEIDEMANN. Zu den häufigsten Formen gehören Tiere mit ockergelber bis orangebrauner Grundfarbe und schwarzem Dorsalstreif (rechts). Sie sind im Herbst oft an Buchenstämmen sitzend oder laufend anzutreffen. – Malsch-Sulzbach 11.10.87 G. EBERT.

ren mit spätem Flugzeitbeginn abgeflogene Falter der 1. Generation noch bis in die erste Juli-Dekade auftreten können. Im Juli und August fliegt dann in allen Gebieten die 2. Generation, die aber auf der Schwäbischen Alb und im Alpenvorland nicht in jedem Jahr auftritt. Dort ist die Generationentrennung allein anhand des Flugzeitdiagramms nicht mehr möglich; die jeweilige Jahresphänologie und der Erhaltungszustand der einzelnen Falter müssen ebenfalls berücksichtigt werden. In Jahren mit besonders warmen Frühjahrstemperaturen können einzelne Tiere bereits im März beobachtet werden. Dies ist besonders in neuerer Zeit verstärkt der Fall: 1953 (1), 1977 (1), 1988 (21), 1989 (5), 1990 (32), 1991 (3), 1994 (1) (in Klammern jeweils die Individuenzahl im März).

Präimaginalstadien: Die Raupen der 2. Gen. sind durch vier Juni-Nachweise belegt: 15.6. (1969, Scheibenhardt, P. SCHOTT), 26.6. (1989, erwachsene Raupe, Kollnau, A. SCHNEIDER), 29.6. (1992, Allmersbach im Tal, F. BIHLMAIER) und 30.6. (1989, parasitierte Raupe, Malterdingen, LADENBURGER 1989). Bei drei weiteren Funden, alle aus warmen Jahren, ist die Zugehörigkeit zur 2. Gen. schon nicht mehr ganz sicher: 20.7. (1986, Albtal, Menzenschwander Hof, J. PARTENSKY), 24.7. (1983, Stuttgart-Gallenklinge, K. SCHMID) und 31.7. (1989, Gruibingen, K. FREYTAG). Als fraglich zur 2. Gen. zu rechnen ist eine bereits verpuppungsreife Raupe vom 14.8. (1985, Baden-Baden, H. HEIDEMANN), wahrscheinlich schon zur 1. Gen. gehören jüngere Raupen vom 17.8. (1992, Kaiserstuhl, H. LUSSI/A. STEINER), vom 18.8. (1924, Freiburg, Mooswald, O. SCHRÖDER nach Kartei A. GREMMINGER) und vom

Selten treten vollständig rot gefärbte Tiere ohne dunkle Zeichnung auf (links). – Neuforchheim 23.8.1992 H. LUSSI. Ganz anders wirken Raupen mit ausgedehnter schwarzer Grundfarbe und weißen Warzen (rechts). Im Extremfall sind die Tiere schwarz und rot gefärbt. Nur die Bauchseite bleibt immer hell. Da dunkle Raupenformen im Alpenvorland stellenweise gehäuft auftraten, wurden sie sogar schon als eigene Art aufgefaßt (»*Colocasia betulae* LENZ«). Diese Meinung hat sich aber als irrig herausgestellt. – Malsch-Sulzbach 22.10.95 G. EBERT.

23.8. (1992, Scheibenhardt, H. LUSSI). Die dann in großer Anzahl in den Herbstmonaten September und Oktober beobachteten Raupen sind Nachkommen der 2. und somit Angehörige der 1. Gen. Der späteste Nachweis stammt vom 23.11. (1991, Tettnang-Wiesach, T. MARKTANNER). Funde der überwinternden Puppen wurden im Herbst und im Vorfrühling verzeichnet (11.11.1959, Weinheim: Geiersberg, H. LIENIG; 21.2.1988, Bruchsal, H. HEIDEMANN).

Ökologie

Lebensraum: Der Lebensraum von *Colocasia coryli* umfaßt verschiedenste Laub- und Laubmischwaldgesellschaften, besonders solche mit alten Rotbuchen. Dort bewohnt sie sowohl die Waldränder als auch das Innere lichterer Bestände. Gerne kommt sie auch an Waldweg- und Straßenrändern, in Vorhölzern, Waldmänteln und Gebüschsäumen (zum Beispiel Weiden- und Haselgebüsche), auf vom Waldrand abgesetzten Einzelbäumen in der Feldflur oder an Straßenrändern, in Parkanlagen mit alten Baumbeständen und Gärten in Waldnähe vor. Sie bewohnt alle Klimastufen Baden-Württembergs und ist in feuchtkühlen Lagen des Schwarzwalds und des Albtraufs ebenso anzutreffen wie an den heißen Trockenhängen des inneren Kaiserstuhls. Entwicklungsmöglichkeiten findet sie auch noch auf vereinzelt wachsenden Laubhölzern (Birke, Eberesche) am Rande von fast reinen Nadelwäldern (Tannen-Fichtenwälder des Schwarzwalds).

Nahrung der Raupe:
Salix caprea – Sal-Weide
  L (LAD)
Salix spec. – Weide
  L (RAM)
Carpinus betulus – Hainbuche
  3 L (BIH, LAD, LUS, SCO)
Corylus avellana – Hasel
  4 L (BAI, BIH, BRM, FRY, REI, SCC)
Betula spec. – Birke
  L (REI, SCR)
Fagus sylvatica – Rotbuche
  5 L (BAI, EBE, ECK, GRE, HEI, LAD, LUS, REI, SCM, SCC, STN)
Castanea sativa – Edelkastanie
  L (PAR)
Quercus petraea – Trauben-Eiche
  L (LAD, LUS, STN)
Quercus spec. – Eiche
  3 L (GRE, SCC)
Sorbus aucuparia – Gewöhnliche Eberesche
  L (FRY)
Prunus serotina – Späte Trauben-Kirsche
  L (LOU)
Prunus padus – Traubenkirsche
  L (BRM, LAD)
Acer pseudoplatanus – Berg-Ahorn
  L (LAD)
Tilia cordata – Winter-Linde
  L (RAZ)
Tilia spec. – Linde
  L (BIH)
? Sambucus nigra – Schwarzer Holunder
  L (LAD)

Der umfangreiche Speisezettel der Raupe schlägt sich leider oftmals nur in allgemeinen Angaben wie »an allem Laubholz« (GAUCKLER 1896) nieder, in denen vielleicht manche interessante Einzelbeobachtung untergegangen ist. Zudem frißt die Raupe keineswegs unterschiedlos alle Laubhölzer. Nach der Anzahl der Beobachtungen wird die Rotbuche klar bevorzugt, danach folgen Eiche (sicherlich beide Arten, konkret nachgewiesen wurde aber bislang nur die Traubeneiche) und Hainbuche sowie die »klassische« (weil namensgebende) Hasel. Mehrere Beobachtungen liegen von Birke vor (Raum Freiburg, O. SCHRÖDER; Oberschwaben, G. REICH), die in den Moorgebieten des Alpenvorlands und im Schwarzwald eine größere Rolle spielen dürfte. Nur durch Einzelfunde vertreten sind die Weidengewächse: LADENBURGER (1989) klopfte eine Raupe von Salweide und v. RAMIN meldet schlicht »Weide«. Weiterhin liegen Beobachtungen an Edelkastanie, Winterlinde, »Linde« und Bergahorn, Gewöhnlicher Eberesche, Traubenkirsche und Später Traubenkirsche vor.

Ob es sich bei der von LADENBURGER (1989) an einem Waldrand von Schwarzem Holunder geklopften Raupe wirklich um ein fressendes Tier handelte, oder ob sie möglicherweise von einem benachbarten Baum auf den Holunder gefallen oder geklettert war, muß offenbleiben. Eine von G. EBERT und E. ECKERT auf Brombeere (*Rubus fruticosus*) gefundene Raupe verpuppte sich 2 Tage später und war wohl bereits auf der Suche nach einem Verpuppungsplatz, als sie auf die Brombeere geriet.

Von den in der Literatur erwähnten Nahrungspflanzengattungen sind somit die meisten aus Baden-Württemberg bekannt; es fehlen lediglich noch Nachweise an *Populus*, *Alnus* und einigen Rosaceen (*Pyrus*, *Malus*, *Crataegus*, *Amelanchier*, *Rosa*).

Habitat: Die Haseleule *(Colocasia coryli)* kann im weitesten Sinne als Charakterart der europäischen Buchenwälder (Fagetalia sylvaticae) bezeichnet werden. In dieser Klasse bewohnt sie besonders die an Rotbuchen reichen Gesellschaften des Fagion sylvaticae (Rotbuchen-, Tannen-Rotbuchen- und Tannenwälder), aber auch die des Carpinion betuli (Eichen-Hainbuchenwälder) und des Alno-Ulmion (Auenwälder) sowie die sogenannten Schluchtwälder des Tilio platyphylli-Acerion pseudoplatani (Edellaubbaum-Mischwälder).

Auch den Quercetalia robori-petraeae (Eichen-Birkenwälder) und vermutlich ebenfalls den bei uns selteneren Quercetalia pubescenti-petraeae (xerothermophile Flaumeichen- und subkontinentale Eichen-Steppenwälder) dürfte eine größere Bedeutung für *C. coryli* zukommen. Im Schwarzwald und im Alpenvorland tritt sie auch noch in (bzw. an Laubhölzern in den Randzonen von) Nadelwaldgesellschaften auf.

Nahrung des Falters: Aus Baden-Württemberg liegen keine Beobachtungen vor. Die Falter haben einen nur schwach ausgebildeten Saugrüssel.

Verhalten: Die durch ihre Behaarung recht gut vor Prädatoren geschützten Raupen fallen auf, wenn sie auf der Suche nach einem Verpuppungsplatz den Stamm hinabwandern. Sie scheinen auch sonst gerne an den Stämmen zu ruhen und herauf- und hinabzulaufen. Zur Verpuppung begeben sich zumindest die Raupen der ersten Generation in die Laubschicht am Boden. Überwinternde Puppen wurden von H. LIENIG in einem losen Gespinst zwischen Buchenblättern und von H. HEIDEMANN im Bodenlaub gefunden.

Die Imagines schlüpfen gegen Abend: ein frischgeschlüpftes Stück mit noch unentwickelten Flügeln fand A. GREMMINGER um 18.30 Uhr MEZ am 15. 7. 1946. Die Falter sind nachtaktiv und kommen gern zum Licht.

Gefährdung und Schutz

Rote Liste Bundesrepublik: –
Rote Liste Baden-Württemberg: –

Oberrheinebene: Nicht gefährdet.
Schwarzwald: Nicht gefährdet.
Neckar-Tauberland: Nicht gefährdet.
Schwäbische Alb: Nicht gefährdet.
Oberschwaben: Nicht gefährdet.

- In Baden-Württemberg nicht gefährdet!

Acontiinae

Von ARNO SCHANOWSKI, AXEL HOFMANN, JUTTA BASTIAN und AXEL STEINER[1]

Diese Unterfamilie enthält überwiegend kleinere, zum Teil sogar winzige Arten. Viele sind als Falter nacht- und auch tagaktiv oder lassen sich tagsüber leicht aus der Vegetation aufscheuchen. Einige von ihnen, vor allem die Arten der großen Gattung *Eublemma*, tragen auffällig bunte Zeichnungen, meist in Rot-, Violett-, Gelb- und Weißtönen, die als Tarnfärbung wirken, wenn sie an den Blüten ihrer Nahrungspflanzen ruhen.

Die Raupen weisen recht unterschiedliche Lebensweisen auf. Die einheimischen Arten leben zwar alle »normal« an Blütenpflanzen oder Gräsern, doch in den Subtropen finden sich auch Arten mit ungewöhnlicher Larvalbiologie. Die Raupen der südeuropäischen *Coccidiphaga scitula* (RAMBUR, 1833) ernähren sich obligatorisch von Schildläusen, und bei einigen weiteren Arten wird eine carnivore Lebensweise zumindest vermutet.

In Europa kommen etwa 57 Arten vor. Aus Baden-Württemberg sind 11 Arten gemeldet worden, von denen 7 bodenständig sind. Drei Arten sind nur seltene Zuwanderer (*Acontia lucida, Eublemma ostrinum, E. parvum*), die Meldung einer weiteren (*E. purpurinum*) beruht vermutlich auf Fehlbestimmung.

Emmelia trabealis
(Scopoli, 1763)
Ackerwinden-Bunteulchen

Agrophila sulphurea S. V. (REUTTI 1853)
Agrophila trabealis SCOP. (REUTTI 1898)
Erastria trabealis SCOP. (WARREN in SEITZ 1909–1914, SCHNEIDER 1936–1939, BERGMANN 1951–1955, KOCH 1954–1961, 1984)

---

[1] Das Kapitel Ökologie wurde von A. SCHANOWSKI, der übrige Text einschließlich der Arten *Acontia lucida, Eublemma ostrinum* und *E. parvum* von A. HOFMANN erstellt. *Eublemma minutatum* wurde von JUTTA BASTIAN, *Eublemma purpurinum* von A. STEINER bearbeitet, der auch die Einleitung schrieb. Entgegen der neuen systematischen Gliederung (FIBIGER & HACKER 1985) mußten die Acontiinae aus Platzgründen vor die Acronictinae gestellt werden.

Gesamtverbreitung: Zwar wird die Art aus fast allen europäischen Ländern gemeldet, ihr Verbreitungsschwerpunkt liegt aber eindeutig in südlich-mediterranen Regionen. Von Nordafrika über die Iberische Halbinsel, Italien, den Balkan, Griechenland und Anatolien erstreckt sich das Areal des Ackerwinden-Bunteulchens in östlicher Richtung weiter bis zum pazifischen Ozean. Seine Nordgrenze in Europa verläuft durch Südengland und Südskandinavien.

Verbreitung

Regional: Die Verbreitung in Baden-Württemberg läßt deutliche Präferenzen für wärmegetönte, niederschlagsarme und tiefergelegene Landschaften erkennen. Am zahlreichsten sind die Vorkommen in der nördlichen Oberrheinebene und in den östlich anschließenden Naturräumen Odenwald, Bergstraße und Kraichgau. Im südlichen Teil dieses Gebietes sind aktuell allerdings bereits deutliche Arealverluste zu erkennen. Überraschend wenige Meldungen stammen vom unteren und mittleren Neckar (Tübingen, Spitzberg, 8.6.1983; Hirschau, Kiebinger Stauwehr, 22.8.1985, beide Meldungen A. STEINER). Ein zweiter Siedlungsschwerpunkt liegt im Tauberland und in den unmittelbar angrenzenden Regionen. Bei intensiver Nachforschung ist hier ein ähnlich dichtes Verbreitungsnetz zu erwarten wie in den Naturräumen Oberrheinebene und Kraichgau. Als dritter Siedlungsschwer-

Das Ackerwinden-Bunteulchen (*Emmelia trabealis*) gehört zu einer Vielzahl von Arten, die in der Unterfamilie Acontiinae zusammengefaßt werden und ihren Verbreitungsschwerpunkt in den semiariden Gebieten Südeuropas und Vorderasiens haben. Meist handelt es sich um kleine, recht bunte Falter, die auch tagsüber an trockenen, sonnigen und blumenreichen Stellen beobachtet werden können. Wenige dieser Arten, darunter die hier abgebildete, sind in Mitteleuropa bodenständig. – Werbach 21.5.94 H. LUSSI.

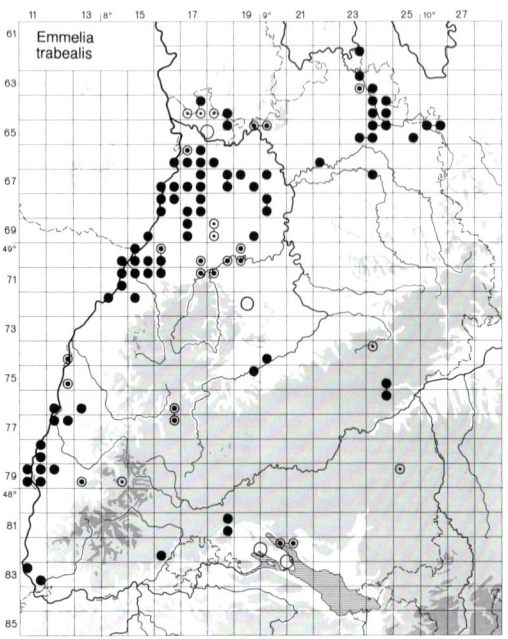

punkt kann noch die südliche Oberrheinebene, insbesondere das Kaiserstuhlgebiet, angeführt werden. Alle anderen Regionen scheinen dagegen nur sehr dünn, bzw. aktuell überhaupt nicht mehr besiedelt zu sein.

Aus dem Hauptnaturraum Schwarzwald erreicht uns nur eine einzige Meldung vom westlichen Randbereich: Freiburg-Zähringen, Zähringer Burg, 478 m, 16.7.1964, H. RIETZ. In den Höhenlagen fehlt diese Art. Sehr spärlich und überwiegend »veraltet« sind Nachweise aus Oberschwaben und von der Schwäbischen Alb. Von dort stammt die letzte aktuelle Meldung aus Blaubeuren, Gerhausen (1977, G. BAISCH). Keine Bestätigung neueren Datums erfuhren die Meldungen aus Deggingen (1935 und 1937, P. S. WAGENER) und aus der Umgebung von Schelklingen (1948, 1951, 1956, 1959, 1961, G. REICH und G. BAISCH). Insgesamt muß heute die Einschätzung von G. BAISCH (1956, Karteiblatt) »auf der Schwäbischen Alb sehr lokal und nicht häufig«

noch als zu optimistisch eingestuft werden; der gleiche Mitarbeiter weist bereits auf einen merklichen Rückgang »in den letzten Jahren« hin. Südlich der Donau wurden nur Funde im Hegau bei Engen (1975, H. HERRMANN; 1981, R. HERRMANN; 1991, 1992, T. MARKTANNER) registriert, ein weiterer im Alb-Wutach-Gebiet (Untermettingen, 1995, S. HAFNER/H. LUSSI/A. STEINER).

Die Nachweise aus dem nördlichen Oberschwaben (Dürnachtal, Bronnen, 1927–1949, G. REICH) und Bodenseebecken (Radolfzell, 1945 und Überlingen, 1951 und 1955, E. COMMERELL nach Kartei GREMMINGER) konnten seither nicht wieder bestätigt werden. Vom Bodenseegebiet (Umgebung Konstanz) wurde *E. trabealis* bereits von LEINER (1829) angeführt. Die südlichsten Fundorte liegen im Markgräfler Hügelland (Istein, 1989, V. BODEN; Eimeldingen, 1992, F. NANTSCHEFF).

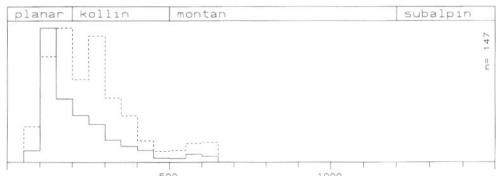

Vertikal: Das Vertikaldiagramm weist *E. trabealis* zweifelsfrei als eine Art der niedrigsten Lagen unseres Bundeslandes aus. Klar präferiert sind die planare und – bereits abgeschwächt – die untere kolline Stufe. Oberhalb 300 m nimmt die Zahl der Fundortnachweise rasch ab. Einer aus der unteren montanen Stufe (500–650 m) gehört bereits zur Schwäbischen Alb. Der höchste, gut lokalisierbare Fundort ist Engen (Zimmerholz, 560–590 m, R. HERRMANN).

Phänologie

Imagines: In der einschlägigen Literatur (SCHNEIDER 1938, BERGMANN 1954, FORSTER 1971, HEINICKE & NAUMANN 1980–1982, KOCH 1984 etc.) wird das Ackerwinden-Bunteulchen meistens als bivoltine Art angeführt, wenngleich sich die Autoren hinsichtlich der phänologischen Trennung der beiden Generationen nicht ganz einig sind. So drücken sich zum Beispiel HEINICKE & NAUMANN (l. c.) sehr vorsichtig in der Bewertung der Flugzeit aus: »2 Generationen(?). Sehr langgestreckte Erscheinungszeit... 2 Häufigkeitsmaxima am Licht: 2. Dekade Juni und (wesentlich stärker) im gesamten Monat Juli + 1. Dekade August. Diese Daten deuten auf 2 Generationen hin, wie auch schon URBAHN (1939) und BERGMANN (1954) vermuten.«

Ganz ähnliche Aussagen lassen sich aus den uns vorliegenden Daten für Baden-Württemberg formulieren. Besonders in der Oberrheinebene kann von einer langgestreckten Erscheinungszeit mit zwei Individuenmaxima (Mitte–Ende Juni und Ende Juli–August) ausgegangen werden. Das zweite Maximum tritt hier deutlich hervor. In den etwas spärlicheren Nachweisen der 1. Juli-Dekade könnte in der Tat die Zeit zwischen den Generationen vermutet werden. Verwischt wird diese Senke durch jahrweise Streuungen und die Überlagerung vieler Jahre und Lokalitäten.

Einige Abweichungen hiervon läßt das Diagramm des zweiten Hauptnaturraumes (Neckar-Tauberland) erkennen. Die Flugzeit beginnt später, eine Senke ist nicht zu erkennen, zwei Maxima modellieren sich kaum heraus, die Nachweishäufungen sind etwas früher (Mitte Juli) gruppiert. Hier gilt es allerdings zu bedenken, daß die Vorkommen in diesem Naturraum innerhalb einer breiteren Vertikalspanne liegen, was leicht unterschiedliche Flugzeiten bedingen könnte und so in ihrer Summe eine stärkere Nivellierung der eigentlich *trabealis*-freien Zeit bei unserem Diagramm hervorruft.

Ein weiteres Indiz für die Existenz einer 2. Gen. sind Hinweise auf den Erhaltungszustand der Falter. Für den 3. Juli (1971, Mannheim) beispielsweise meldet W. KINTZL ein stark abgeflogenes Männchen (Tagbeobachtung). Diese

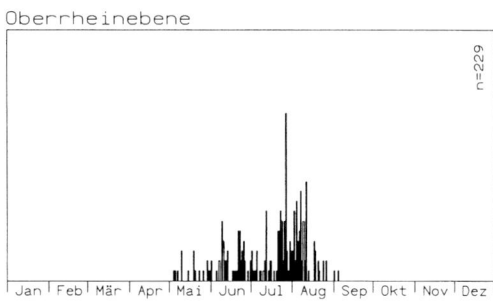

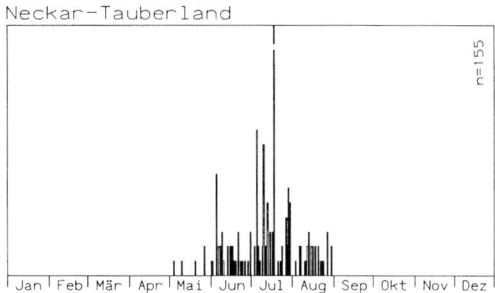

Die Raupe lebt an der Ackerwinde. Sie frißt sowohl Blätter, als auch Blüten. Ihre Färbung ist zunächst graugrün, bräunlich durchmischt. Der hellere Seitenstreifen ist bereits vorhanden, hebt sich aber noch etwas weniger deutlich ab. – Kehl, Rheinhafen 1995 A. SCHANOWSKI.

entspricht ziemlich genau dem beschriebenen Ende der ersten Flugperiode. Aus der Oberrheinebene liegen dann noch Falterbeobachtungen bis Anfang September vor (spätester Nachweis: 4.9.1973, Rußheim, M. WALLNER). Der früheste Nachweis datiert vom 4. Mai (1990, Kaiserstuhl, Henkenberg, A. SCHNEIDER), so daß hier in einer Zeitspanne von über 120 Tagen *E. trabealis* angetroffen werden kann.

Ohne allerdings den letzten Beweis zu erbringen, wird von mehreren Faunisten und Mitarbeitern (A. GREMMINGER, R. HERRMANN, H. ROMETSCH & K. STROBEL, GAUCKLER 1909, SCHNEIDER 1938), unabhängig voneinander, auf eine 2. Gen. hingewiesen. Diese scheint auch tatsächlich im allgemeinen die höhere Individuenhäufigkeit hervorzubringen (»1976 sehr häufig am Licht, so bei Plittersdorf; 1. Gen. meist seltener«, R. HERRMANN; »2. Gen. gemein« A. GREMMINGER).

Präimaginalstadien: Neuere Angaben zur Präimaginalphase liegen aus Baden-Württemberg nicht vor. A. GREMMINGER fand am 12. August 1917 eine Raupe bei Dossenheim, die sich sechs Tage später in einem Erdgespinst verpuppte und im nächsten Jahr (25.5.1918) den Falter entließ. Hierbei handelt es sich offensichtlich um einen Nachkommen der 2. Gen., der im darauffolgenden Jahr einen Falter der 1. Gen. ergab. KOCH (1991) gibt als Raupenzeit für die 1. Gen. »8–9«, für die zweite »6–7« an. Dies stimmt in etwa mit den Anmerkungen bei GREMMINGER (Kartei) überein »VI–VII u. IX–X«. Überwinterungsstadium ist die Puppe.

Die Biologie und Generationenfolge dieser »eher gewöhnlichen Art« ist noch keineswegs endgültig geklärt. HEINICKE & NAUMANN (1980–1982) weisen in diesem Zusammenhang darauf hin, »daß einzelne Puppen bis zu 4 mal überliegen ... und dadurch eine starke Vermischung der einzelnen Bruten eintritt.«

Ökologie

Lebensraum: Als typische Offenlandsart ist die trockenwarme Plätze bevorzugende *Emmelia trabealis* insbesondere auf Ackerwinden-Standorten in Halbtrockenrasen, in (mageren) Glatthaferwiesen, auf Hochwasser- und Bahndämmen, Böschungen, Rainen in der Feldflur, in (aufgelassenen) Weinbergen sowie an entsprechenden Waldrändern und in Schlagflächen anzutreffen. Ausnahmen bilden Falterfunde in Feuchtbiotopen (z.B. Weingarten: Moor und Auwald, M. WALLNER; Kaiserstuhl, Henkenberg: Sumpfwiesen, AG Freiburg) oder Wäldern (Lußhart, Weiher: aufgelichteter Eichen-Hainbuchenwald, A. SCHANOWSKI; Niederrotweil, Jägerhof, Auwald, M. WALLNER). Im Siedlungsbereich tritt sie in Gärten und an Ruderalstellen auf.

Nahrung der Raupe:
Convolvulus arvensis – Ackerwinde
  3 L (LUS, REN, SCH, STN)
Convolvulus spec. – Winde
  L (SCR)

Erwachsen ist die Raupe mit dem breiten gelben Seitenstreifen ebenso typisch gezeichnet wie der Falter mit seinem unverwechselbaren schwarzen Streifen-Punkt-Muster auf hellgelbem Grund. – Taubergießen 5.7.94 H. LUSSI.

Das Larvalhabitat von *E. trabealis* ist an trockenen, warmen Böschungen (Rheindämme, Bahndämme), Wegrändern in der Feldflur (z. B. Ackerunkraut-Gesellschaften auf Sandböden) und an ähnlichen Stellen zu suchen. Die Raupen sitzen hier am Tage an den Blättern oder Blüten (im Bild links unten) der Ackerwinde. Taubergießen 5.7.94 H. LUSSI.

Die Ackerwinde stellt auch in unserem Untersuchungsgebiet die einzige Nahrungspflanze von *Emmelia trabealis* dar. Ungenaue Angaben wie »*Convolvulus* spec.« sind dementsprechend zu bewerten.

Nahrung des Falters: Die auch am Tage aktiven Falter wurden beim Besuch von Blutstorchschnabel (*Geranium sanguineum*) (H. HEIDEMANN), Knautia (*K. arvensis*?) (J.-U. MEINEKE) sowie Rindsauge (*Buphthalmum salicifolium*) und Rauhem Alant (*Inula hirta*) (H. HERRMANN 1980) beobachtet. BERGMANN (1954) berichtet aus Thüringen, daß der Köder aufgesucht wird, was wir nicht bestätigen können.

Habitat: Leider mangelt es an präzisen Beschreibungen der Vegetation in Zusammenhang mit den wenigen Raupenfunden. E. RENNWALD registrierte eine Raupe an einer »warmen, leicht ruderalisierten Böschung«. A. STEINER's Fund stammt von einem grasigen Wegrandstreifen zwischen Feldweg und Ackerbrache auf Sandboden bei Graben-Neudorf. Ein weiterer Larvalnachweis glückte in der Blüte einer auf Gleisschotter wachsenden Ackerwinde im Rheinhafen von Kehl (A. SCHANOWSKI).

Das Habitat der Art dürfte sich in den wärmebegünstigten Regionen des Landes dort finden, wo ein gutes Angebot der Raupennahrungspflanze vorhanden ist. Zu nennen ist zuerst der Verband des Convolvulo-Agropyrion, aber auch junge Stadien der Stellarietea und Artemisietea. In vielen Fällen, insbesondere an den gerne besiedelten Rheindämmen, wird es sich um ein pflanzensoziologisch kaum faßbares Mosaik von Halbtrockenrasen-, Fettwiesen-, Saum- und Ruderalgesellschaften handeln.

Verhalten: Die Raupe sitzt tagsüber in der Blüte oder an den Blättern der Nahrungspflanze. Zur Verpuppung baut sie einen festen Erdkokon (BERGMANN 1954). O. SCHRÖDER (Kartei A. GREMMINGER) spricht von einem Erdgespinst. Tags ruhen die Falter teils in der Krautschicht, teils sind sie aktiv. Sie lassen sich nachts durch Licht anlocken.

Gefährdung und Schutz

Rote Liste Bundesrepublik: V
Rote Liste Baden-Württemberg: V

Oberrheinebene: Nicht gefährdet.
Schwarzwald: Art der Vorwarnliste (nur randlich vorkommend).
Neckar-Tauberland: Art der Vorwarnliste.
Schwäbische Alb: Noch ungeklärt.
Oberschwaben: Ausgestorben oder verschollen (Aussage nicht abgesichert).

- In Baden-Württemberg eine Art der Vorwarnliste!

Die Vorkommen im Hauptverbreitungsgebiet (nördliche Oberrheinebene und Vorbergzone sowie in weiten Teilen des Kraichgaus) sind gegenwärtig als stabil anzusehen. In der südöstlichen Landeshälfte jedoch, insbesondere in Oberschwaben und im Randbereich der Schwäbischen Alb sind merkliche Bestandsrückgänge zu verzeichnen. Arealverluste könnten sich auch bereits im südlichen Kraichgau abzeichnen. Ob es sich bei den Meldungen aus Oberschwaben, von der Schwäbischen Alb und vom Schwarzwald allerdings um residente Populationen handelt, kann derzeit nicht mit Bestimmtheit gesagt werden. Die Art ist recht vagil, so daß vagabundierende Falter durchaus auch weit außerhalb des Kernareals zu erwarten sind. Eine zeitweise Besiedelung neu entstandener Ruderalflächen kann vermutet werden. Aktuelle Nachweise in diesen Naturräumen sollten dahingehend geprüft werden, ob es sich dabei um singuläre (Wanderer?) oder regelmäßige (über mehrere Jahre hinweg) Beobachtungen handelt.

Die monophage Lebensweise der Raupe birgt darüberhinaus eine Gefahr, die nicht unterschätzt werden darf: Der Einsatz von Herbiziden und die Intensivierung der genutzten Ackerfläche (z. B. Düngung, Maisanbau u. ä.) führt zwangsläufig zu einem Rückgang der als Ackerunkraut heute noch häufigen Ackerwinde (*Convolvulus arvensis*). Auch aus diesem Aspekt heraus sollte die weitere Bestandsentwicklung von *Emmelia trabealis* im Auge behalten werden!

Acontia lucida
(Hufnagel, 1767)

Acontia lucida HUFN. (REUTTI 1898)
Tarache lucida HUFN. (SCHNEIDER 1936–1939, BERGMANN 1951–1955, KOCH 1954–1961, 1984, WARREN in SEITZ 1909–1914)

Gesamtverbreitung: *Acontia lucida* ist nur in subtropischen Klimaregionen bodenständig. Hier siedelt die Art von den Kanaren bis Zentralasien, Kaschmir und Ostsibirien. In Nordeuropa fehlt *A. lucida*. Die Nordgrenze ihres bodenständigen Vorkommens liegt wahrscheinlich »am Südfuß des Hochgebirgssystems Pyrenäen-Alpen-Karpaten, in Osteuropa in den weiten Steppengebieten der südlichen UdSSR« (HEINICKE & NAUMANN 1980–1982). In Mitteleuropa tritt sie nur sporadisch als Wanderfalter in Erscheinung.

Die Areal-Nordgrenze hat sich in diesem Jahrhundert deutlich nach Süden verschoben. Isolierte »Kolonien« in Ostdeutschland und Polen gelten inzwischen als erloschen. Aus Südengland ist nur ein einziges authentisches Exemplar gemeldet. HEINICKE & NAUMANN (1980–1982) und RENNWALD (1994) diskutieren ausführlich die ehemaligen Vorkommen in Deutschland. Letzterer stellt resümierend und etwas verwundert die Frage, wo denn die Meldungen aus Deutschland blieben, die doch nach KOCH (1984) und FORSTER (1971) durchaus zu erwarten sind und meint »Aus ... Baden-Württemberg gibt es nur Uralt-Meldungen ... Hier wird sich wohl kaum klären lassen, ob die Funde alle auf versprengten Einzeltieren beruhen, oder ob die Art wenigstens zeitweise bodenständig war.«

Tatsächlich liegen aus unserem Faunengebiet überhaupt keine verbürgten Fundmeldungen aus diesem Jahrhundert vor. Ältere Angaben wie »Stuttgart selten« (SEYFFER 1850), »Bei Karlsruhe gefangen« (REUTTI 1853), »Bei Stuttgart angeblich sehr selten, wurde seit vielen Jahren nicht mehr beobachtet« (KELLER & HOFMANN 1861), »bei Karlsruhe, Speier, Mannheim, selten« (REUTTI 1898) konnten seither nicht bestätigt werden. Bereits die Faunisten zu Beginn dieses Jahrhunderts (GAUCKLER 1909, SCHNEIDER 1938) konnten nur auf diese alten Meldungen verweisen. Belegstücke aus Baden-Württemberg scheinen nicht zu existieren. Fehlbestimmungen oder Verwechselungen mit *Tyta luctuosa* sind nicht auszuschließen.

Ob es sich bei den von REUTTI (1898) genannten Larvalfunden (»Die Raupe an *Salix* [nach STANGE], *Chenopodium*, *Malva*, *Glechoma*«) um solche aus Baden-Württemberg handelt und ob hieraus auf permanent residente Vorkommen vor der Jahrhundertwende geschlossen werden darf, muß offen bleiben.

Protodeltote pygarga
(Hufnagel, 1766)

Waldrasen-Grasmotteneulchen

Erastria fasciana L. (REUTTI 1898, LAMPERT 1907, SPULER 1908–1910, REBEL 1910, ECKSTEIN 1913–1923, HERING 1932)
Lithacodia fasciana L. (WARREN in SEITZ 1909–1914, SCHNEIDER 1936–1939, BERGMANN 1951–1955, KOCH 1954–1961, 1984)
Jaspidia pygarga HUFN. (FORSTER 1954–1981, STRESEMANN 1969)
Lithacodia pygarga HUFN. (LERAUT 1980)

Gesamtverbreitung: *Protodeltote pygarga* ist in Europa weit verbreitet und ausnahmslos aus allen europäischen Ländern bekannt. Im Osten geht sie über Kleinasien, Nordiran und Afghanistan bis Sibirien und Korea.

Verbreitung

Regional: Aus allen Naturräumen liegen meist zahlreiche Meldungen vor. Auffällige Fundorthäufungen sind in den klimatischen Gunstgebieten anzuführen, so z. B. im Neckarbecken, im Kraichgau, in der nördlichen Oberrheinebene mit Vorbergzone, im Tauberland und am Kaiserstuhl. Lücken sind zumindest teilweise auf Kartierungsdefizite zurückzuführen. Nur in den Kernbereichen der Mittelgebirge (Schwarzwald und Schwäbische Alb) ist kaum mit einem flächenhaften Vorkommen dieser Art zu rechnen.

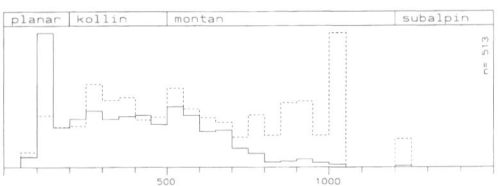

Vertikal: Das regionale Verbreitungsbild wird deutlich von der Bevorzugung planarer und kolliner Höhenlagen geprägt. Als Vertikalpräferenz kann eine Höhenspanne zwischen 100 und 600 m

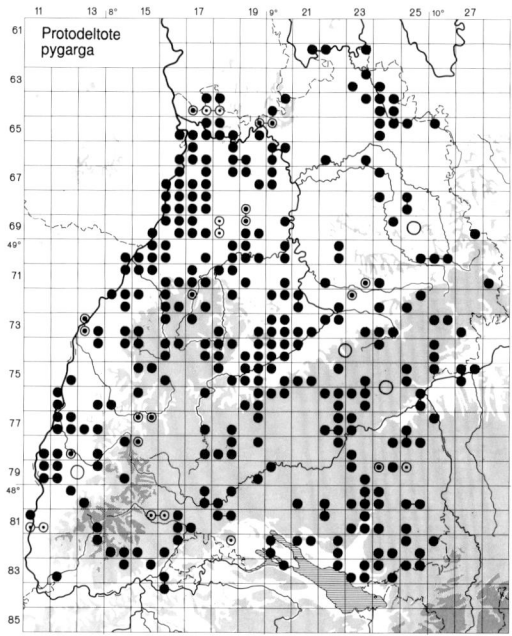

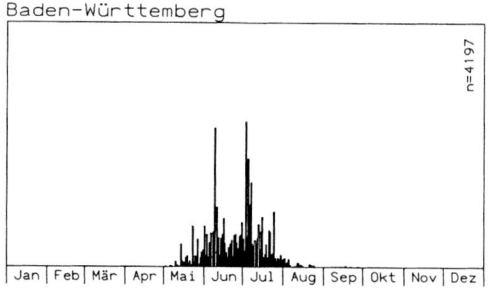

Phänologie

Imagines: Eine sehr langgestreckte Flugzeitspanne von Mitte Mai (frühester Nachweis: 2. Mai 1934, Eberbach/Neckar, 163 m, R. GLEICHAUF) bis Anfang August kann für alle fünf Hauptnaturräume konstatiert werden. Das Abundanzmaximum wird jeweils an der Monatswende Juni/Juli erreicht. Anzeichen, die eine Aufteilung in mehr als eine Generation innerhalb

angesehen werden. Bereits aus den mittleren Lagen der montanen Stufe existieren nur noch sehr wenige Fundortnachweise. Die höchstgelegenen *P. pygarga*-Lokalitäten finden sich im Schwarzwald oberhalb 1000 m (Todtnau, Hasenhornhütte, 1010 m, A. STEINER; Ibach, Kohlhüttenmoos, 1040 m, S. HAFNER; Schauinsland, 1240 m, R. HERRMANN).

dieser fast dreimonatigen Beobachtungszeit nahelegen, sind kaum vorhanden. Anders zu interpretieren sind jedoch die wenigen Meldungen, die nach der Monatsmitte August aus den beiden Klimagunsträumen Oberrheinebene und Neckar-Tauberland auftauchen, so z. B. ein Falter am 21. August (1987) am Rotenacker in Markgröningen. D. HEIN vermerkt hierzu: »frisch«. Sporadische Nachzügler werden sogar noch bis Ende September beobachtet (22. 9. 1992, Bammental, J. HALWAX; 27. 9. 1958, Eberbach/Neckar, R. GLEICHAUF). Hierbei handelt es sich mit großer Wahrscheinlichkeit um Falter einer partiellen 2. Gen. Dies geht gut mit Beobachtungen von HEINICKE & NAUMANN (1980–1982) für die östlichen Bundesländer einher. Diese Autoren sprechen von einer »höchst unvollständigen 2. Generation« Ende September/Anfang Oktober. Aus Baden-Württemberg liegen allerdings keine Oktober-Meldungen vor.

Keinesfalls uneingeschränkt kann der Einschätzung vieler anderer Faunisten und Bearbeiter dieser Art zugestimmt werden. SCHNEIDER (1938) nennt als Fluggzeit »M. V. bis E. VIII. in 2 Generationen«. Augusttiere lassen sich jedoch nur in günstigen Fällen aufgrund ihres Erhaltungszustandes der einen oder anderen Generation zuordnen. FORSTER (1971) geht von »2 Generationen von Mai bis Juni und von Ende Juli bis August« in klimatisch günstigen Gebieten aus. SCHÄFER (1977) vermerkt nur »V-VII« und auch KOCH (1991) gibt nur eine undifferenzierte Flugzeit »M5-A8« an. Es wäre wünschenswert, die Generationenfolge anhand von Zuchten sowie quantitativ und qualitativ registrierter Falterbeobachtungen genauer zu untersuchen.

Präimaginalstadien: Als Überwinterungsstadium wird in der Literatur einhellig die Puppe genannt. Als zeitlich genaue Beobachtung zur Präimaginalphänologie liegt bisher aus Baden-Württemberg nur eine Meldung vor: 18. September (1995 Karlsruhe, Hardtwald, 2 Raupen, A. STEINER).

Ökologie

Lebensraum: Die Falter sind an mäßig feuchten bis trockenen Stellen in lichten Wäldern und Gebüschen sowie an deren Rändern zu finden. Das Spektrum der Waldstandorte erstreckt sich von der Weich- und Hartholzaue des Rheins über Bruch- und Erlen-Eschenwälder, Eichen-Hainbuchenwälder, eichenreiche Wälder und Rotbuchenwälder bis hin zu Tannen- und Fichtenwälder der höheren Lagen. Oft werden in Verbindung mit

Das Waldrasen-Grasmotteneulchen (*Protodeltote pygarga*) ist zwar über das ganze Land verbreitet, in den wärmeren Gebieten jedoch häufiger anzutreffen. Sein Lebensraum sind grasreiche, lichte Wälder und Gebüsche, wo die Falter von Mai bis Anfang August am Tage, besonders jedoch nachts am Licht, zu sehen sind. Tauberland, Igersheim 17.6.82 G. EBERT.

Nahrung des Falters: Mehrere Mitarbeiter berichten von Falternachweisen am Köder.

Habitat: Der einzige aus unserem Gebiet dokumentierte Raupenfund stammt aus einer neben einer Lichtung im Hardtwald (Eichen-Hainbuchenwald) bei Karlsruhe befindlichen, wegbegleitenden *Phalaris*-Fazies in einer Staudenflur (A. STEINER).

Aussagen zum Larvalhabitat in Form soziologischer Zuordnung sind also bislang kaum zu treffen. In Frage kommen Krautschicht, Saumgesellschaften und Staudenfluren an inneren und äußeren Waldrändern sowie auf Schlagfluren, aber auch von Feldgehölzen u. ä.

Verhalten: Die beiden von A. STEINER gefundenen, fast erwachsenen Raupen fraßen nachts, frei sitzend, in etwa 1 m Höhe. Die Verpuppung erfolgt offenbar am Boden. G. REICH (Aufzeichnungen 1910–1965) notierte: »Dürrnachtal in Waldblößen im VI Puppen unter dürren Laubstreuhaufen gefunden.« Die Imagines ruhen tags sowohl an Baumstämmen (M. DAUB, 27.5.1880: »sehr rein im Park an Eichen etc.«; G. REICH: »sitzt gerne an Eichenstämme.«; N. SCHMUNCK,

den Fundorten in Wäldern Schlagfluren genannt.

Regelmäßig finden sich auch Meldungen von Faltern aus Materialentnahmestellen (Steinbrüche, Kiesgruben) sowie trockenwarmen mehr oder weniger offenen Lebensräumen (Halbtrockenrasen, aufgelassene Weinbergshänge u. ä.). MEINEKE (1982) konnte *Protodeltote pygarga* in oberschwäbischen Mooren regelmäßig in allen von ihm untersuchten Biotypen – mit Ausnahme von Niedermoorstandorten – nachweisen. Einen Schwerpunkt besaß die Art im Typ »Spirken-Waldhochmoor«.

Nahrung der Raupe:
Phalaris arundinacea – Rohr-Glanzgras
L (STN)

Über den Nachweis von *Phalaris arundinacea* (2 Raupen) hinaus liegen uns aus Baden-Württemberg keine weiteren Angaben zu Nahrungspflanzen vor. E. MARTIN (SCHNEIDER 1936–1939) hat eine »Raupe ... aus Gras geschöpft und mit Gras erzogen«.

Für Mitteldeutschland werden *Brachypodium pinnatum*, *B. silvaticum*, *Calamagrostis epigejos*, *Molinia caerulea*, *Dactylis glomerata* und andere Waldgräser als Nahrung aufgelistet; »als Ersatzfutter kann *Rubus* oder Heckenkirsche gegeben werden« (BERGMANN 1954).

Die hellbraune Raupe fällt durch ihr schönes, dreigeteiltes Zeichnungsmuster auf. Sie lebt an Gräsern wie z. B. am Rohr-Glanzgras. Fundstelle war hier ein Standort dieser Grasart in einer Staudenflur auf einer Lichtung im Eichen-Hainbuchenwald. – Karlsruhe, Hardtwald 18.9.95. A. STEINER.

30.6.1956: »Kiefernstamm«), als auch in der Krautschicht (MEINEKE [1982]: »Bei Tag wurden Falter einzeln und regelmäßig in der krautigen Vegetation ... registriert.«). Wie C. KÖPPEL mit zwei in unterschiedlicher Höhe (1,7 m bzw. 22 m, Eichenkrone) angebrachten Lichtfallen in einem Hartholzauewald zeigen konnte, fliegen die Falter vorwiegend in geringer Höhe. Sie kommen gerne zum Licht, können tagsüber auch aufgescheucht werden.

Gefährdung und Schutz

Rote Liste Bundesrepublik: –
Rote Liste Baden-Württemberg: –

Oberrheinebene: Nicht gefährdet.
Schwarzwald: Nicht gefährdet.
Neckar-Tauberland: Nicht gefährdet.
Schwäbische Alb: Nicht gefährdet.
Oberschwaben: Nicht gefährdet.

- In Baden-Württemberg nicht gefährdet!

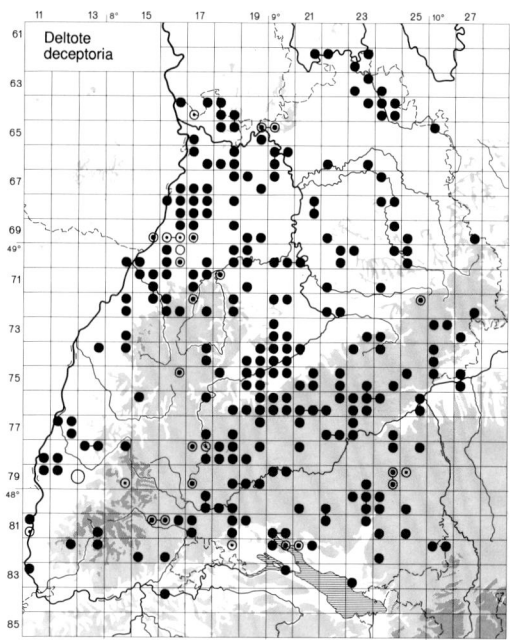

Deltote deceptoria
(Scopoli, 1763)

Buschrasen-Grasmotteneulchen

Erastria deceptoria SC. (REUTTI 1898, LAMPERT 1907, SPULER 1908–1910, REBEL 1910, ECKSTEIN 1913–1923, HERING 1932)
Jaspidia deceptoria SCOP. (FORSTER 1954–1981)
Lithacodia deceptoria SC. (LERAUT 1980)

Gesamtverbreitung: Im Westen vom französischen Zentralmassiv über Mittelitalien nach Rumänien. »Der weitere Grenzverlauf in östlicher Richtung ist noch unklar« (HEINICKE & NAUMANN 1981). Die Art fehlt in weiten Teilen des Mittelmeergebietes, auf der Iberischen Halbinsel und auf dem Balkan. Nördlich geht *Deltote deceptoria* bis Südengland, die Benelux-Staaten und zur polnischen Ostseeküste; auf gleicher geographischer Breite weiter bis Moskau und zum Ural. Auf eine west- und nordwärts gerichtete Expansion in der ehemaligen DDR zu Beginn diese Jahrhunderts weisen WARNECKE (1955) und HEINICKE & NAUMANN (1980–1982) hin.

Verbreitung

Regional: »Überall« lautet die Einschätzung der Verbreitung bei REUTTI (1898) und GAUCKLER (1896). Daran hat sich bis heute nichts geändert. Nennenswerte Verbreitungslücken scheinen nur auf den Höhenlagen des Schwarzwaldes und der Baar sowie – mit Abstrichen – in den Waldlandschaften zwischen Neckar und Altmühl zu existieren. Aber auch in diesen Regionen, insbesondere östlich des Neckars, ließe sich durch gezieltes Kartieren sicherlich noch eine Verdichtung der Verbreitungspunkte erreichen. Als Siedlungsschwerpunkte treten die Muschelkalk-, Keuper- und Juralandschaften zwischen Donau und nördlicher Oberrheinebene deutlich hervor. Im Bodenseebecken und in den Moränenlandschaften Oberschwabens ist *Deltote deceptoria* ebenfalls noch gut vertreten. Gleiches gilt für die Sand- und Lößgebiete in der Oberrheinischen Tiefebene und der flankierenden Vorbergzone. Aus dem Hochschwarzwald (Utzenfeld, 23. 5. 1988, I. HEGAR; Schönach, Präg, 1. 7. 1988, R. HERRMANN/J.-U. MEINEKE) liegen nur vereinzelt Meldungen vor. Mittlerer und nördlicher Schwarzwald scheinen unbesiedelt bzw. nur im Randbereich besiedelt zu sein.

Vertikal: Sowohl die regionale Verbreitung als auch die vertikalen Häufungen zeigen viel Übereinstimmung mit *Protodeltote pygarga*. Klar präferiert werden planare und kolline Höhenlagen

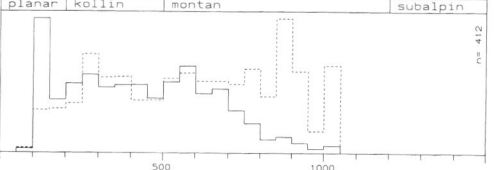

sowie die submontane Stufe bis etwa 700 m. Die höchsten Vorkommen dürften die zuvor erwähnten im Hochschwarzwald bei Schönach sein (900–1100 m). Im östlich anschließenden Alb-Wutachgebiet steigt die Art ebenfalls weit in montane Höhenlagen hinauf (840–910 m, Gutachbrücke, A. GREMMINGER).

Phänologie

Imagines: In den klimatisch bevorzugten Regionen Oberrheinebene und Neckar-Tauberland kann die Flugzeit bereits Anfang Mai beginnen (frühester Nachweis: 1.5.1947, Weinheim, Hundskopf, H. LIENIG). Ähnliches gilt für den Hauptnaturraum Schwäbische Alb. Während in der Oberrheinebene nach zwei Monaten Flugzeit bereits ab Anfang Juli nur noch vereinzelt Exemplare zu registrieren sind, wird die Art aus den anderen beiden Hauptnaturräumen den gesamten Monat Juli hindurch noch eifrig notiert. Auf der Schwäbischen Alb wird sogar ein Individuenmaximum aufgebaut, zu einem Zeitpunkt also, als im Kaiserstuhl und auf den Hardtebenen die Flugzeit bereits eine ganze Weile vorüber ist. Kernflugzeit für Schwarzwald und Oberschwaben ist der Monat Juni. In diesen beiden Naturräumen beginnt die Flugzeit erst in der zweiten Maihälfte.

Das Buschrasen-Grasmotteneulchen (*Deltote deceptoria*) fällt gegenüber *P. pygarga*, mit der es oft an den gleichen Stellen vorkommt, durch die kräftigere weiße Zeichnung auf. Diese erstreckt sich auch noch über die Flügelbasis und läßt deshalb die bräunliche Grundfarbe, außer an den Rändern, als breites, unregelmäßig schwarz gerandetes Mittelband hervortreten. – Lauda, Galgenberg 10.6.92 R. TACK.

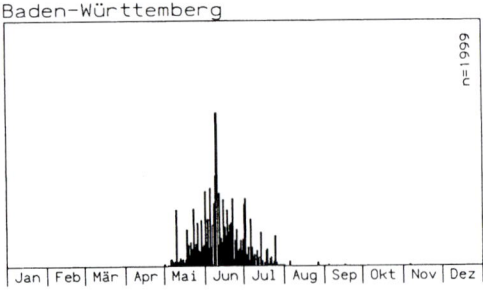

Wie die »Ausreißer« zwischen August und November einzustufen sind, bleibt vorerst unklar (1.8.1980, Schwarzwald: Hörden, R. HERRMANN; 27.8.1981, Kraichgau: Sinsheim, R. STAREY; 4.9.1973, Oberrhein-Niederung: Rußheim, M. WALLNER; 17.9.1979, Nördliches Oberschwaben (Holzstöcke): Schwendi, F. HAUFF; 5.8.1975, Mittlere Kuppenalb: Oberstetten, A. STEINER). Ob es sich hierbei um »zu spät« geschlüpfte Falter aus (eventuell mehrfach?) überliegenden Puppen handelt, oder ob die Tiere eine direkte Nachkommenschaft von Eltern des gleichen Jahres darstellen, läßt sich ohne Zuchten unter Freilandbedingungen nicht sagen. Mit Datum vom 6. November (1979, Buttenhausen, Schwäbische Alb) meldet uns J.-U. MEINEKE die späteste Falterbeobachtung.

Die Interpretation der Erscheinungszeit bei *D. deceptoria* ist von Autor zu Autor recht verschieden. Auch von unseren Mitarbeitern erhielten wir recht unterschiedliche Bewertungen. J.-U. MEINEKE hält das Exemplar vom 6.11.1979 für »zu untypischer 3. Gen.« gehörig. HEINICKE & NAUMANN (1980–1982) gehen für die östlichen Bundesländer von »1 Generation« aus. KOCH (1958) und ihm folgend SCHÄFER (1977) geben als Flugzeit lediglich die Monate Mai bis Juli an. FORSTER (1971) unterteilt diese Spanne in zwei Generationen (»in klimatisch günstigen Gebieten ... im Mai und Juni sowie im Juli und August«). Zwei Generationen nennen auch GAUCKLER (1898, 19091), A. GREMMINGER (Kartei), SCHNEIDER (1938), REUTTI (1898) und K. STROBEL (Karteiblatt). Hier besteht noch erheblicher Forschungsbedarf.

Präimaginalstadien: Aus Baden-Württemberg liegen keine zeitlich auswertbaren Raupenbeobachtungen vor. Als Überwinterungsstadium wird in den zuvor angeführten Handbüchern die Puppe genannt.

Ökologie

Lebensraum: Die Falter fliegen gerne auf Halbtrockenrasen, die mehr oder weniger versaumt, ruderalisiert und verbuscht sein können. So werden sie beispielsweise aus dem Kaiserstuhl vom Badberg, vom Schelinger Scheibenbuck u. a. aus Mesobrometen gemeldet; aus dem Neckar-Tauberland von aufgelassenen Weinbergshängen und von Wacholderheiden. Sie bewohnen aber auch feuchtes Grünland. MEINEKE (1982) konnte in Oberschwaben bei Tage regelmäßig Falter in Torfstichgebieten (Wegdämme und *Molinia*-Stadium), Kohldistel- und Pfeifengrasstreuwiesen sowie offenen Übergangsmooren beobachten. Auch an lichten Stellen von Laub- und Mischwäldern (Auwald, Eichen-Hainbuchenwald, Kiefernwald, Buchenwälder, Waldhochmoor), an Waldwegen und auf Schlagfluren kommen sie vor.

Nahrung der Raupe: Aus unserem Faunengebiet fehlen Raupenfunde bislang.

FORSTER (1980) vermerkt zur Raupennahrung lediglich »an Gräsern, besonders *Phleum*-Arten«, eine Angabe, die sich auch schon bei SPULER (1908–1910) findet. VORBRODT (1911–1914) fügte für die Schweiz noch »und niedern Pflanzen« hinzu.

Nahrung des Falters: In unserem Untersuchungsgebiet wurden Falter am Köder beobachtet (H. ROMETSCH, K. STROBEL).

Habitat: Über das Habitat von *D. deceptoria* sind aus Baden-Württemberg aufgrund fehlender Raupenfunde keine genauen Aussagen möglich. In Frage kommen wohl Grünlandgesellschaften (nur schwach gedüngt!) mit Gebüschen sowohl trockener (Mesobromion?) als auch nasser Standorte (Calthion, Molinion) sowie Ruderal- und Saumgesellschaften.

Für Mitteldeutschland bezeichnet BERGMANN (1954) sie als »Leitart kurzhalmiger Grasgesellschaften auf mageren Frischrasenplätzen zwischen niedrigem Buschwerk an sonnigen, waldigen Lehnen in Wiesentälern der Hügelstufe und Ebene.«

Verhalten: Die Falter lassen sich tags leicht aufscheuchen. Sie ruhen in der Krautschicht, wobei sie kopfaufwärts oder kopfabwärts an Halmen, Zweigen und Stengeln sitzen. In der Nacht fliegen sie Lichtquellen an.

Gefährdung und Schutz

Rote Liste Bundesrepublik: –
Rote Liste Baden-Württemberg: –

Oberrheinebene: Nicht gefährdet.
Schwarzwald: Nicht gefährdet (Aussage nicht abgesichert).
Neckar-Tauberland: Nicht gefährdet.
Schwäbische Alb: Nicht gefährdet.
Oberschwaben: Nicht gefährdet.

• In Baden-Württemberg nicht gefährdet!

Deltote uncula
(Clerck, 1759)
Ried-Grasmotteneulchen

Erastria uncula CL. (REUTTI 1898, LAMPERT 1907, SPULER 1908–1910, REBEL 1910, ECKSTEIN 1913–1923, HERING 1932)
Eustrotia uncula CL. (LERAUT 1980)

Gesamtverbreitung: In seiner West-Ost-Ausdehnung erstreckt sich das Areal von *Deltote uncula* von den französischen Pyrenäen bis Japan; im Norden wird Südskandinavien erreicht. Die Südgrenze bildet eine Linie Südfrankreich-Alpensüdseite-dalmatinische Küste-Südbulgarien. Auch in Nordanatolien und im Kaukasus ist die Art vertreten.

Verbreitung

Regional: Die enge Bindung an Feuchtbiotope und tiefe bis mittlere Höhenlagen bestimmen deutlich das regionale Verbreitungsbild von *Deltote uncula*. Die Art fehlt nahezu vollständig auf der Schwäbischen Alb und im Schwarzwald. Im Norden werden das Tauberland und die Kocher-

Die fast erwachsene Raupe ist hellgrün, langgestreckt, hat einen hellbraunen Kopf und besitzt eine weiße Seitenlinie. Sie lebt ebenfalls an Gräsern, schmiegt sich während der Ruhephasen an Grashalme an und ist auf diese Weise recht gut getarnt. Gut zu erkennen ist das larvale Charakteristikum in dieser Gruppe, nämlich das Fehlen der ersten beiden Bauchfußpaare. – Philippsburg (ex ovo-Zucht, leg. A. SCHANOWSKI) 29.7.95 G. EBERT. S.

Der »kleine Haken« (lat. *uncula*), auf den sich der wissenschaftliche Name dieses kleinen Falters bezieht, ist als arttypische Zeichnung des Vorderflügels gut zu erkennen. Die als Ried-Grasmotteneulchen (*Deltote uncula*) bezeichnete Art gilt als Feuchtgebietsindikator. – Kißlegg 1990 K. FREYTAG.

Jagst-Ebenen gemieden. Aus den südlich sich anschließenden Gebieten sind nur einzelne Funde bekannt. Verbreitungsschwerpunkte stellen die Oberrheinische Tiefebene mit einmündenden Seitentälern und Randbereichen, der Neckar mit seinen Niederungen und besonders die Moränenlandschaften zwischen Donau und Bodensee dar. Die wenigen Nachweise östlich des Neckars sowie zwischen Neckar und Donau seien hier aufgelistet:

Bauland: Dallau, 11.5.1977, R. BICKEL (ungeprüft!).
Schwäbisch-Fränkische Waldberge/Hohenloher-Haller Ebenen: Gailenkirchen, Kupfermoor, 25.6.1976, A. EBERHARD; Bühlertann, 25.5.1958 und 15.7.1974, E. LANGER; Rottal, Kammerstatt, 25.5.1958, E. LANGER.
Mittelfränkisches Becken: Wört, 11.6.1991, M. MEIER.
Schwäbische Alb: Schelklingen, 18.7.1964, W. STAIB; Arnegger Ried, 6.6.1982, G. BAISCH; Schmiechener See, 18.7.1983, 16.8.1991, 29.7.1994, G. BAISCH; Schopflocher Moor, 13.7.1990, M. MEIER.
Obere Gäue: Sulz am Neckar, Albeck, 25.7.1984, M. MEIER/J.U. MEINEKE/A. STEINER; Dietingen, 15.6.1988, N. HIRNEISEN/A. STEINER.
Baar: Pfohrener Ried, 1925, 1926, 1930, 1977, 1979, div. Mitarbeiter.
Schwarzwald (Randbereich): Tannheimer Moor, 23.6.1968, R. BANTLE.

Spärlich sind Meldungen aus dem mittleren Oberrheinischen Tiefland südlich von Baden-Baden. Die bislang südlichste Lokalität einer bodenständigen Population im Hauptnaturraum Oberrheinebene ist Kippenheim (J.U. MEINEKE). Die Vorkommen am Kaiserstuhl (Faule Waag, 1933, 1950, letzte Meldung 10.6.1951, L. SETTELE) sind vermutlich erloschen.

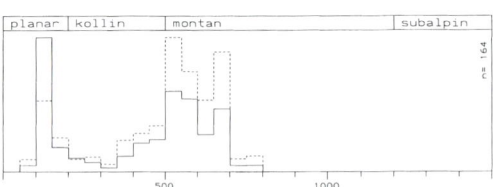

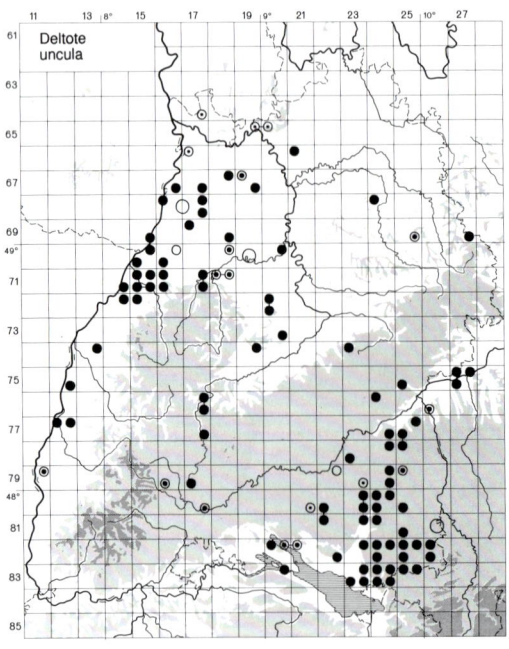

Vertikal: Entsprechend den Höhenlagen der beiden Verbreitungsschwerpunkte ergeben sich zwei unterschiedliche Vertikalgruppierungen. Die Vorkommen in der Oberrheinebene und den Seitentälern der Vorbergzone fallen in die planare und untere kolline Stufe (100–300 m). Die anschließende Häufung in der oberen kollinen und unteren montanen Stufe (400–700 m) wird überwiegend durch die Fundmeldungen aus Oberschwaben, vom Oberlauf des Neckars und aus der Baar aufgebaut. Die höchsten Fundorte werden ziemlich genau bei 700 m im Oberschwäbischen (Eintürnen, Rotmoos) und Westallgäuer Hügelland (Harprechtser Moos, beide Meldungen 1977, J.U. MEINEKE) und am Rande des Schwarzwaldes im Tannheimer Moor (750 m, R. BANTLE) erreicht.

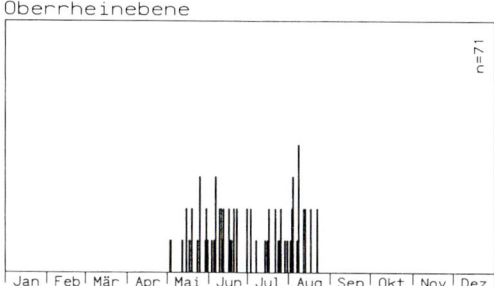

Oberrheinebene

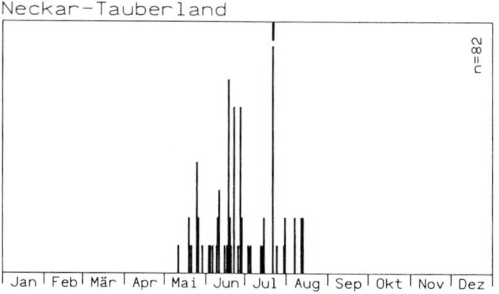

Neckar-Tauberland

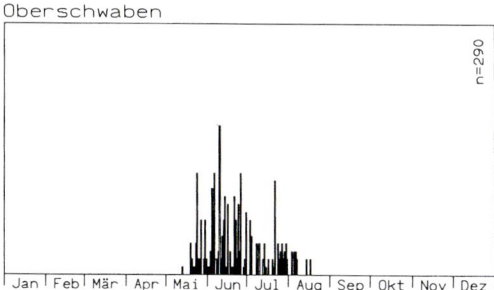

Oberschwaben

Phänologie

Imagines: Den Diagrammen der Oberrheinebene und des Neckar-Tauberlandes läßt sich das Vorhandensein zweier fast gleichwertiger Imaginalphasen entnehmen. Einen ausdrücklichen Hinweis auf zweimaliges annuelles Erscheinen der Imagines gibt G. BAISCH für eine Lokalität im Federsee-Moor (Oberschwaben), wo er die Art regelmäßig »häufig (M5–M6)« beobachten konnte. Vom gleichen Mitarbeiter werden dann wieder Falter Mitte August (z. B. 14. 8. 1963) gemeldet. Diese Nachfolgegeneration scheint hier jedoch individuenärmer als die 1. Gen. zu sein (»Die 2. Gen ist seltener«, G. BAISCH). Für Oberschwaben entspricht diese Feststellung auch exakt unserem Diagramm. Anscheinend nur in günstigen Jahren wird dort eine etwas stärkere (partielle?) 2. Gen. aufgebaut. Als Hauptflugzeit tritt in Oberschwaben der Monat Juni deutlich hervor. In den beiden anderen Hauptnaturräu-

men sind die Monate Mai und Juni als potentielle Flugzeit der 1.Gen. anzusehen. Deutlich im Diagramm zu erkennen ist dann die Senke zu Anfang des Monats Juli. Die 2. Gen. fliegt ab Mitte Juli (G. BAISCH, R. HERRMANN, A. STEINER). Die spätesten Falter werden in allen drei Regionen Mitte August registriert.

Präimaginalstadien: Aus Baden-Württemberg liegen keine phänologisch verwertbaren Beobachtungen vor. KOCH (1984) gibt als Raupenzeit Juni bis August an. Dies dürfte allerdings nur für die Nachkommen der 1. Gen. zutreffen, eine 2. Gen. wird nicht erwähnt. A. GREMMINGER (Kartei) notierte »VI-VIII/IX«, vermerkte jedoch nicht die Quelle bzw. ob es sich um Eigenbeobachtungen handelte. FORSTER (1971) nennt »Juni bis August oder Ende Mai bis Juni sowie im August und September«. Damit dürfte endgültig klar sein, daß der Larvalphänologie noch einiges an Forschung gut täte. Das Überwinterungsstadium ist die Puppe.

Ökologie

Lebensraum: *Deltote uncula* ist ein Tier feuchter Offenlandbiotope. In der überwiegenden Zahl der Fälle stammen die Meldungen über das Vorkommen der Art aus Naß- und Streuwiesen, Seggenriedern sowie von Gewässerrändern. MEINEKE (1982) stellte in Oberschwaben einen Schwerpunkt in Übergangsmooren fest. Regelmäßig war sie auch in Niedermooren (i. w. S.) anzutreffen. Funde an nassen Stellen in (lichten) Wäldern bilden die Ausnahme (Pforzheim, Hagenschießwald, R. HÄUSSER). Daß die Falter das engere Umfeld dieses für sie typischen Lebensraumes auch verlassen können, zeigen Beobachtungen an einem warmen Eichenmischwaldrand

Die Raupe von *D. uncula* ist gedrungener als die von *D. bankiana* und nicht hellgrün, sondern mehr graugrün, mit dunklen Längslinien. – Kißlegg 6.90 K. FREYTAG. S.

Zum Lebensraum von *D. uncula* gehören Feuchtwiesen verschiedener Ausprägung, hier im Alpenvorland an einer Falter- und Raupenfundstelle bei Kißlegg aufgenommen. – 3.6.90 K. FREYTAG.

der nördlichen Oberrheinebene mit angrenzenden kleinflächigen Sandfluren und Äckern (Philippsburg, A. STEINER/H. LUSSI).

Nahrung der Raupe: Aus Baden-Württemberg liegen keine Meldungen vor.

Für die Schweiz führt VORBRODT (1911–1914) lediglich *Carex*- und *Cyperus*-Arten an. BERGMANN (1954) berichtete aus Mitteldeutschland, daß DANNEHL die Larven nachts vor allem in den Blütenständen von *Cyperus*-Arten gefunden habe. Sie seien schwer aufzuziehen. Diese Erfahrung machte auch KAUFMANN (1966) mehrfach bei dem Versuch, Eizuchten durchzuführen. »Nach etwa 10 Tagen schlüpften die winzigen grünen Räupchen, denen ich verschiedene am Kocher wachsende *Carex*-Arten vorlegte; ich versuchte es auch mit Salat, aber nach wenigen Tagen schon waren alle Räupchen eingegangen. Das gereichte Futter war nur leicht angeknappert.« Die einzige spezifische Angabe findet sich bei ALLAN (1949). Dieser nannte *Carex sylvatica* und ergänzte: »Also on other Sedges (spp. unspecified).«

Nahrung des Falters: Über die Nahrung der Imago ist uns bislang aus Baden-Württemberg nichts bekannt geworden. Nach BRETHERTON, GOATER & LORIMER (1983) besuchen die Falter nachts Blüten.

Habitat: Da Raupenfunde aus unserem Gebiet noch ausstehen, können zum Habitat der Art keine genauen Aussagen getroffen werden. Nach den wahrscheinlichen Nahrungspflanzen der Raupen und den Flugorten der Imagines zu schließen, dürfte es im Calthion, Molinion, Magnocaricion sowie im Nanocyperion, eventuell auch im Filipendulion zu suchen sein.

Verhalten: Die Verpuppung soll in einem leichten Gespinst an der Erde erfolgen (FORSTER 1971). Der Falter ist leicht aufzuscheuchen, fliegt (bei sonnigem Wetter) meist nur wenige Meter, um sich wieder in die Vegetation zu setzen. Die eigentliche Aktivität beginnt erst in der Dämmerung. Er kommt gerne ans Licht.

Gefährdung und Schutz

Rote Liste Bundesrepublik: 3
Rote Liste Baden-Württemberg: V

Oberrheinebene: Art der Vorwarnliste.
Schwarzwald: Art der Vorwarnliste (nur randlich vorkommend).
Neckar-Tauberland: Art der Vorwarnliste.
Schwäbische Alb: Art der Vorwarnliste (nur randlich vorkommend).
Oberschwaben: Art der Vorwarnliste.

- In Baden-Württemberg eine Art der Vorwarnliste!

Durch ihre enge Bindung an feuchte Standorte mit Riedgräsern ist *Deltote uncula* stärker gefährdet als die anderen weniger hygrophilen, insgesamt auch weniger stenöken Acontiinae-Arten. Für viele Feuchtgebietbewohner ist eine weitere Zerstörung der wenigen noch verbliebenen Feuchtgebiete in der dichtbesiedelten und intensiv genutzten Oberrheinebene nicht mehr hinnehmbar. Die Einstufung in die Vorwarnliste geschieht aufgrund der nachwievor anhaltenden Tendenz, Grünland zu intensivieren und Feuchtgebiete zu entwässern und umzubrechen. Hochgedüngte Fettwiesen bieten keine Lebensmöglichkeiten für diese spezialisierten Arten.

Deltote bankiana
(Fabricius, 1775)

Silbergestreiftes Grasmotteneulchen

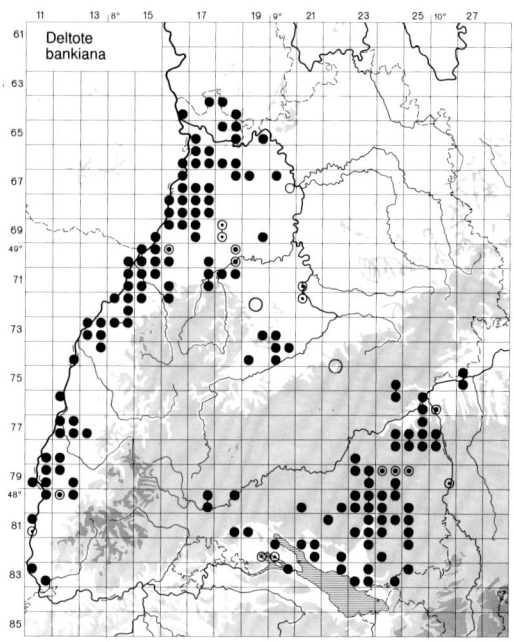

Erastria argentula HBN. (REUTTI 1898, LAMPERT 1907, SPULER 1908–1910, REBEL 1910, ECKSTEIN 1913–1923)
Erastria olivana SCHIFF. (HERING 1932, SCHNEIDER 1936–1939)
Eustrotia olivana SCHIFF. (WARREN in SEITZ 1909–1914, BERGMANN 1951–1955, FORSTER 1954–1981, STRESEMANN 1969, KOCH 1954–1961, 1984)
Eustrotia bankiana F. (HARTIG & HEINICKE 1973)
Deltotes bankianus F. (LERAUT 1980)

Gesamtverbreitung: *Deltote bankiana* ist eine eurasiatisch weitverbreitete Art. Ihr Areal reicht von der Iberischen Halbinsel bis Japan und Korea. Im Norden werden Ostengland und Teile Südschwedens erreicht. Das nördliche Mittelmeergebiet scheint die Art nur sehr lückenhaft zu besiedeln. Sie fehlt in Griechenland. Aus Anatolien und dem Kaukasus liegen Nachweise vor. HEINICKE & NAUMANN (1980–1982) weisen auf expansive Tendenzen von *Deltote bankiana* an ihrer Arealnordgrenze hin.

Verbreitung

Regional: Das südwestdeutsche Areal dieser feuchtigkeitsorientierten, habituell unverkennbaren Art ist gekennzeichnet durch den Gegensatz von dicht besiedelten und streng gemiedenen Regionen. Nahezu flächenhaft ist ihr Vorkommen südlich der Donau, besonders im Bereich der Moränenlandschaften und auf den kaltzeitlichen Schotterablagerungen. Schon im anschließenden Westen (Oberschwäbisches Hügelland) werden die Nachweise schnell dürftiger. Und bereits aus den eng benachbarten Naturräumen Hegau, Hegaualb und Alb-Wutachgebiet liegen kaum noch Meldungen vor. Die westlichsten Nachweise in diesem Teilareal kommen aus der südöstlichen Baar (Pfohrener Ried, L. SETTELE, F. HOHENSTEINER; Birken-Mittelmeß, J.U. MEINEKE).

Eine weite Verbreitungslücke vom Hochrhein bis zum Main tut sich zwischen Donau und Neckar auf. Auch im mittleren und südlichen Schwarzwald fehlt die Art. Erst wieder in der Oberrheinebene und deren östlichen Kontaktzonen (Vorbergzone, westlicher Kraichgau) sind Vorkommen zu vermelden. Am südlichen Oberrhein spärlicher, sind in der nördlichen Oberrheinebene von der Ortenau bis zur hessischen Landesgrenze dann wieder sehr dichte Nachweise für diese Art erbracht worden. Sie kommt hier sowohl in der unmittelbaren Rheinniederung als auch auf den Hardtebenen und in den Vorbergzonen vor. Vom Neckar wird die Art bis zur Umgebung von Tübingen (Taubenloch, A. STEINER/N. HIRNEISEN/C. KUON) gemeldet. Von der Mittleren Schwäbischen Alb ist uns nur ein Einzelfund (A. BAYER) aus dem Blautal bekannt. SCHNEIDER (1938) verweist auf einen alten, unbestätigt gebliebenen Fund bei Urach.

Vertikal: Die Höhenverbreitung ist relativ gering. Nirgendwo dringt *D. bankiana* in die hochmontane Stufe vor. Mit 700 m bei Eintürnen (Rotmoos, J.U. MEINEKE) ist bereits der höchstgelegene Fundort dieser Art in Baden-Württemberg erreicht.

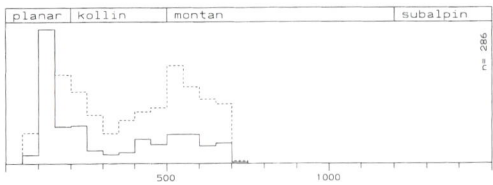

Phänologie

Imagines: A. GREMMINGER (Kartei) zitiert VORBRODT (1911–1914) und weist auf die gelegentliche Existenz einer 2. Gen. (V. u. VIII) hin. R. HERRMANN und H. HEIDEMANN vermerken dies ebenfalls auf ihren Meldebögen (»2. Generation unvollständig«). In unseren Hauptnaturraum-Phänogrammen ist eine solche allerdings nur sehr vage und höchstens für die Oberrheinebene zu erkennen. Die späten Juli- und besonders die Augustmeldungen dürften sich hierauf beziehen. Aus dem Neckar-Tauberland und aus Ober-

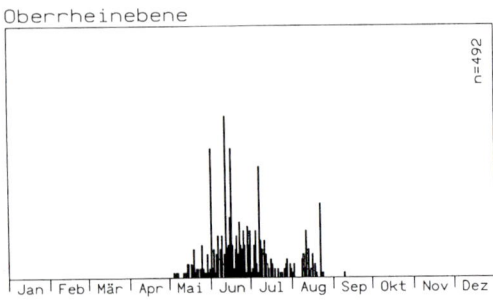

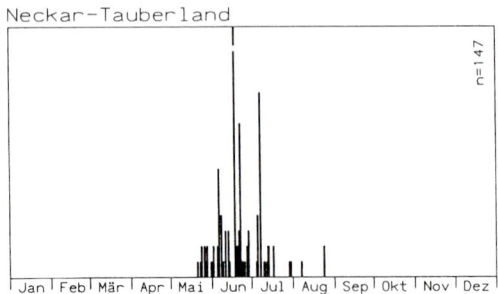

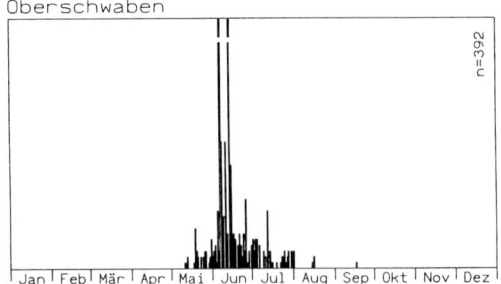

Wie *Deltote uncula* ist auch das Silbergestreifte Grasmotteneulchen (*D. bankiana*) eine Art der Feuchtbiotope. An vielen Stellen kommen sie gemeinsam vor. Generell ist *D. bankiana* von beiden die häufigere und weiter verbreitete Art. Färbung und Zeichnung kommen bei diesem frisch geschlüpften Tier besonders schön zu Geltung. Die silbernen Streifen laufen parallel schräg über den ganzen Vorderflügel, Ring- und Nierenmakel sind darin als länglicher bzw. runder Fleck integriert. – Karlsruhe, Weiherfeld (ohne Datum) P. SCHOTT.

schwaben – die späteste Meldung stammt vom 17.September (1979, Schwendi, F. HAUFF) – liegen nur ganz vereinzelt Nachweise dieser direkten Folgegeneration vor. Ohne näher darauf einzugehen führt SCHNEIDER (1938) »in Oberschwaben verbreitet in 2 Generationen von M. V. bis E. VIII.« an. Tatsächlich scheint in allen Hauptnaturräumen die 1. Gen. klar zu dominieren. Die lang ausgedehnten Flugzeiten von Mitte (selten Anfang) Mai bis Mitte Juli in beiden Hauptfluggebieten (Oberrheinebene und Oberschwaben) stimmen gut überein. Im Neckar-Tauberland konzentrieren sich die Meldungen etwas stärker auf den Monat Juni.

Präimaginalstadien: Raupenfundmeldungen aktuellen Datums fehlen, lediglich A. GREMMINGER zitiert VORBRODT (l. c.) und vermerkt »Rpe: VI–VII u. VIII–IX.«. GAUCKLER (1909) nennt als Raupenzeit den »Spätsommer«.

Ökologie

Lebensraum: Die Falterbeobachtungen stammen zum überwiegenden Teil aus feuchten Offenlandlebensräumen. Im Alpenvorland sind es vor allem die Rieder, in denen die Art regelmäßig gefunden wird. MEINEKE (1982) registrierte am Tage Tiere, oftmals in Anzahl, in Kohldistel- und Pfeifengraswiesen. Als Vorkommensschwerpunkt ermittelte er Niedermoorstandorte im weiteren Sinne. Daneben trat sie regelmäßig in Übergangsmooren auf. Auch aus der Oberrheinebene stammen viele Fundmeldungen aus feuchten Wiesen und Großseggenriedern. Noch in den 70er Jahren konnten bei Muggensturm regelmäßig Falter in Glatthaferwiesen beobachtet werden (R. HERRMANN). Im Schönbuch kommt die Art lokal häufig in von Wald umgebenen Bachtal-Feuchtwiesen vor. Hier beobachtete A. STEINER z. B. im oberen Seebachtal am 18. 6. 1988 in der Dämmerung in einer von Fichtenanflug bedrohten *Carex*-Fazies in einem Bachtälchen 55 schwärmende Falter. Innerhalb lichter Wälder, an Waldbinnensäumen und auf Schlagfluren tritt *Deltote bankiana* ebenfalls auf. Sie wird von Weich- und Hartholzauestandorten (z. B. Rastatter Rheinaue, C. KÖPPEL) gemeldet, aber auch aus Eichen-Hainbuchenwäldern der Hardtebenen (z. B. Lußhart bei Bruchsal, A. SCHANOWSKI) sowie von »Tannen-, Fichtenwäldern, Schlagfluren« (z. B. Oberer Vogelherd bei Pforzheim, M. WALLNER/W. PFENNINGER). Auffällig ist, daß die Imagines selbst in ausgesprochen trockenwarmen Lebensräumen anzutreffen sind (sandige, trockene Akkerbrache in einer Kiesgrube auf der Hardt, A. SCHANOWSKI; im Kaiserstuhl am Badberg, J.-U. MEINEKE; am Haselschacher Buck, AG Freiburg; Burkheim, Rheinhalde, R. HERRMANN/J.-U. MEINEKE etc.).

Nahrung der Raupe: Aus Baden-Württemberg liegen keine Meldungen vor.

VORBRODT (1911–1914) gibt für die Schweiz *Poa*-, *Carex*- und *Cyperus*-Arten an. ALLAN (1949) kennt aus Großbritannien ausschließlich *Poa*-Arten: *Poa pratensis, P. aquatica* und *P. annua*. Bei FORSTER (1971) findet sich zusätzlich *Calamagrostis epigejos*. Das Nahrungspflanzenspektrum von *Deltote bankiana* scheint somit merklich breiter zu sein als das von *Deltote uncula*.

Nahrung des Falters: Uns liegen keinerlei Beobachtungen zur Nahrungsaufnahme der Imago vor. BRETHERTON, GOATER & LORIMER (1983) berichten aus Großbritannien vom Anflug an künstlichen Köder.

Habitat: Da bislang keine Raupenfunde aus Baden-Württemberg existieren, können zum Habitat von *Deltote bankiana* keine genauen Aussagen gemacht werden. Sehr wahrscheinlich ist sie auch im Larvalstadium in feuchten und nassen Grünlandgesellschaften, etwa dem Calthion, Molinion oder Magnocaricion, zuhause. Ferner scheint es durchaus möglich, daß sie auch trockenere Habitate besiedelt. Dafür sprechen die regelmäßigen Funde von (nicht nur einzelnen) Imagines, in einem Fall sogar in Kopula.

REUTTI (1898) schreibt: »... am Ufer des Rheins und auf den Inseln häufig.« ZINNERT (1983) bezeichnet *Deltote bankiana* am Mindelsee als typische Art des Ufersaumes und der Feuchtbiotope. BERGMANN (1954) sieht sie in Thüringen als Leitart von Riedgrasfluren auf sumpfigen Baum- und Buschwiesen in Auen und Niederungen des Flachlandes an.

Wie die Raupe von *Deltote deceptoria* ist auch die von *D. bankiana* grün, langgestreckt und damit an Grashalmen bestens getarnt. Der Larvalunterschied ist bei älteren Raupen darin zu sehen, daß bei *D. bankiana* die weiße Seitenlinie fehlt. Nur die (dünnere) weiße Subdorsallinie ist vorhanden. – Mittlere Oberrheinebene, Abtsmoor (ex ovo-Zucht leg. A. SCHANOWSKI) 14.7.96 G. EBERT. S.

Verhalten: Über die ersten Stadien ist aus Baden-Württemberg nichts bekannt. Nach FORSTER (1971) findet die Verpuppung in einem leichten Gespinst zwischen Grashalmen in der Nähe des Bodens statt. Die Imagines sind auch am Tage aktiv oder zumindest leicht aufzuscheuchen. In der Regel setzen sie sich nach nur wenigen Metern Flug wieder, den Kopf nach unten, in die Vegetation (gerne an Gräsern). Die eigentliche Aktivität beginnt in der Dämmerung. In einer grasreichen Ackerbrache schwirrten mehrere Falter wenig über der Vegetation umher. Blüten befanden sich im näheren Umfeld keine. Offenbar waren die Tiere auf Partnersuche. Um 22.30 MESZ konnte ein an einem Grashalm sitzendes Paar in Kopula entdeckt werden. Nachts kommen sie ans Licht.

Gefährdung und Schutz

Rote Liste Bundesrepublik: –
Rote Liste Baden-Württemberg: –

Oberrheinebene: Nicht gefährdet.
Schwarzwald: Nicht gefährdet (nur randlich vorkommend).
Neckar-Tauberland: Art der Vorwarnliste.
Schwäbische Alb: Nicht gefährdet (nur randlich vorkommend).
Oberschwaben: Nicht gefährdet.

• In Baden-Württemberg nicht gefährdet!

Pseudeustrotia candidula
([Denis & Schiffermüller], 1775)
Dreieck-Grasmotteneulchen

Erastria pusilla VIEW. (REUTTI 1898, LAMPERT 1907, SPULER 1908–1910, REBEL 1910, ECKSTEIN 1913–1923)
Eustrotia candidula SCHIFF. (WARREN in SEITZ 1909–1914, BERGMANN 1951–1955, FORSTER 1954–1981, HARTIG & HEINICKE 1973, KOCH 1954–1961, 1984)
Erastria candidana SCHIFFM. [lapsus calami] (HERING 1932)
Deltote candidula D. & S. (HEINICKE & NAUMANN 1980)
Deltotes candidula D. & S. (LERAUT 1980)

Gesamtverbreitung: Eine im Westen (Spanien) und weiten Teilen des Mittelmeergebietes fehlende Art mit deutlich eurasiatischem Verbreitungsschwerpunkt (wie auch *Deltote bankiana*). Ihre Nordgrenze verläuft vom französischen Atlantik über Südhessen, die östlichen Bezirke der ehemaligen DDR, durch Polen über Südfinnland zum Ural und weiter nach Osten. Dort dringt die Art bis Japan und Korea vor. Auch große Teile des Balkan werden besiedelt; die südlichsten Vorkommen befinden sich in Mittelitalien. In Kleinasien und im Kaukasus ist sie ebenfalls vertreten.

Verbreitung

Regional: *Pseudeustrotia candidula* kommt in Baden-Württemberg nur in wenigen, klimabegünstigten Regionen vor. Die Art fehlt – bis auf einen einzigen Nachweis aus dem Bodenseebecken (Oberdorf, Tettnanger Wald, 20.6.1975, T. MARKTANNER) – im gesamten württembergischen Alpenvorland, auf der Schwäbischen Alb und in allen Gebieten des Neckar-Tauberlandes, die östlich des Neckars liegen. Zwei Funde aus dem Kraichgau (Oberderdingen, 18.6.1957 und 17.8.1958, JUDEX) wurden als »Neu für Württemberg« publiziert (STROBEL 1968). Bis auf wenige Ausnahmen (Zell am Harmersbach, 1.7.1936, A. GREMMINGER) befinden sich die Vorkommen im Schwarzwald in Randlagen zur Oberrheinischen Tiefebene hin. Einen eindeutigen Verbreitungsschwerpunkt bilden die nördliche Oberrheinebene (Rheinniederung und Hardt-Ebenen) einschließlich der Vorbergzone und die geographisch kontaktierenden Muschelkalk- und Keuperregionen zwischen Neckar und Rhein. Aber auch in den Buntsandsteinland-

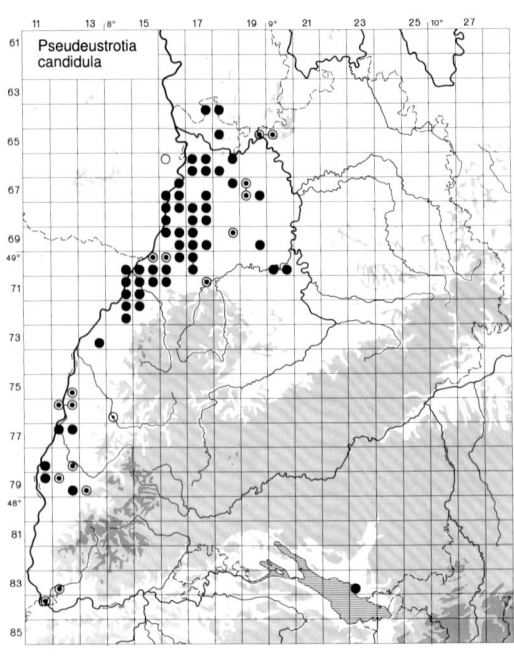

schaften des Odenwalds ist die Art bodenständig, wie kontinuierliche Meldungen von 1933 bis 1959 belegen (Eberbach, R. GLEICHAUF).

Die spärlichen Nachweise von der Offenburger Rheinebene bis zum Hochrhein und den dazugehörigen Vorbergzonen (von der Ortenau bis zum Markgräfler Hügelland) sind zweifelsfrei auf mangelnde Sammleraktivitäten in diesem Raum zurückzuführen. Es kann davon ausgegangen werden, daß sich das Areal dieser Art innerhalb der Rheinebene und entlang der Vorbergzone in fast geschlossener Form von der hessischen Landesgrenze bis zur Schweizer Grenze erstreckt. Die südlichsten Vorkommen sind bislang von Hauingen (Wiese) und Friedlingen (1951, 1960, H. HEIDEMANN) gemeldet, erstaunlicherweise jedoch nicht mehr bestätigt worden, obwohl der Raum Lörrach–Weil am Rhein seit einigen Jahren von D. FRITSCH und F. NANTSCHEFF ausgiebig bearbeitet wird. Etwas verwunderlich ist ferner die Tatsache, daß weder entlang der Donau, noch vom Tauberland oder vom mittleren und südlichen Neckar Meldungen dieser östlichen Art vorliegen.

Aus den westlichen Regionen der neuen Bundesländer hat sich die Art im vergangenen Jahrhundert bereits zurückgezogen. HEINICKE & NAUMANN (1980–1982) sprechen dort von regressiver Arealgrenzenverschiebung. Für Baden-Württemberg kann dieser Trend derzeit nicht bestätigt werden. Die Art scheint sich hier stationär zu verhalten.

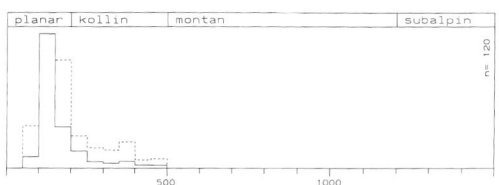

Vertikal: Alle Nachweise entstammen der planaren oder kollinen Stufe; nirgendwo dringt *P. candidula* in die montane Stufe vor! Die Präferierung klimatisch begünstigter Regionen in der Oberrheinebene und an den Westlagen der Vorbergzonen schlägt sich im Vertikaldiagramm deutlich nieder: 80 % aller Vorkommen liegen zwischen 100 und 200 m.

Phänologie

Imaginal: Die Zweibrütigkeit dieser Art kommt im Diagramm beider Naturräume gut zum Ausdruck. Besonders in dem der Oberrheinebene zeigt sich, daß die Frühsommergeneration von

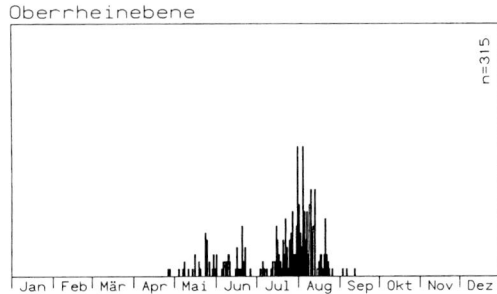

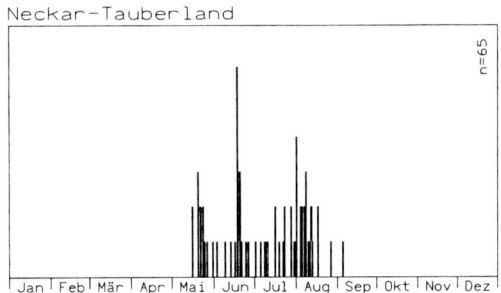

Anfang Mai (frühester Fund: 26.4.1946, Karlsruhe, A. GREMMINGER) bis Ende Juni im allgemeinen individuenschwächer ausgeprägt ist. Ihr folgt ab Mitte Juli eine zweite, wesentlich stärker entwickelte Generation, deren Kernflugzeit die Monatswende Juli/August darstellt. Danach klingt die Kurve rasch aus. Nur wenige »Ausreißer« werden noch Anfang bis Mitte September (6.9.1954, Ettlingen, P. PEKARSKY; 12.9.1945, Karlsruhe, A. GREMMINGER) registriert. Die schwächere Datenbasis für das Nekkar-Tauberland läßt ziemlich genau die gleiche Abfolge erkennen, wenngleich über die Generationsstärke hier noch kaum eine Aussage möglich ist.

Präimaginalstadien: Präimaginalbiologische Beobachtungen von *P. candidula* aus Baden-Württemberg stehen noch aus.

Ökologie

Lebensraum: Die Art ist sowohl im Offenland als auch an sonnigen Stellen (Wegränder, Lichtungen, Schneisen) in Laubwäldern anzutreffen. Überwiegend werden frischere bis feuchte Standorte besiedelt. Dazu zählen Weich- und Hartholzauen des Rheins, Bruch- und Erlen-Eschenwälder, Hochwasserdämme sowie Feucht- und Naßwiesen der Rheinebene. Darüber hinaus tauchen Falter aber auch in Eichen-Hainbuchenwäldern der Hardt, in Rotbuchenwäldern, an warmen Eichen-Mischwaldrändern mit angren-

Das Dreiecks-Grasmotteneulchen (*Pseudeustrotia candidula*) kommt in Baden-Württemberg, von wenigen Ausnahmen abgesehen, nur im Oberrheinischen Tiefland und seinen Randgebieten vor. Es besiedelt hier sowohl feuchte als auch trockene Standorte. Auch bei dieser Art ist die Flügelzeichnung charakteristisch und mit keiner anderen zu verwechseln. – Oberrheinebene, Philippsburg 2.7.95 A. SCHANOWSKI. S.

zenden Sandfluren (kleinflächig) und Äckern (W. BENDER) oder Binnendünen (Pferdstriebdüne Sandhausen, M. WALLNER; Sanddünen südlich von Rastatt, R. HERRMANN) auf. Auffällig sind mehrere Meldungen aus Steinbrüchen sowie eine größere Zahl aus dem Siedlungsgebiet.

Nahrung der Raupe: Zur Raupennahrung liegen aus unserem Gebiet keine Informationen vor. REUTTI (1898) schrieb lediglich: »Raupe an Gräsern«. Weiter berichtete er, daß die Raupe nach RÖSSLER vorzugsweise an *Sparganium ramosum* leben soll, DISQUÉ aber mit deren Aufzucht aus dem Ei keine Erfolg hatte, da die Eiräupchen *Sparganium* nicht annahmen und zugrunde gingen.

HERING (1881) fand die Raupe in Pommern an *Rumex acetosella*. Für die Schweiz fügt VORBRODT (1911–1914) den Gräsern eine weitere sehr unspezifische Angabe hinzu: »niedere Pflanzen«, die sich auch in der sonstigen Sekundärliteratur wiederfindet (BERGMANN 1954, FORSTER 1971, KOCH 1984). Außer am oben genannten *Rumex acetosella* soll die Raupe, was zu bezweifeln ist, im Stengel von *Polygonum bistorta* gefunden worden sein.

Nahrung des Falters: Aus unserem Gebiet liegt nur eine Beobachtung zur Nahrungsaufnahme einer Imago vor: Ein Falter saugte tags an einem Grabenrand an Blutweiderich (A. SCHANOWSKI). Auch künstlicher Köder wird aufgesucht (BERGMANN 1954).

Habitat: Zum Habitat von *P. candidula* liegen uns keinerlei Erkenntnisse vor. Den Fundstellen der Falter zufolge kommen frische und feuchte Wiesen, Säume, eventuell auch Ackerbrachen, innere Waldränder, die Krautschicht auf sonnigen Lichtungen, Schneisen und Schlagfluren in Frage.

Verhalten: Die Falter sind auch am Tage aktiv und erscheinen nachts gerne am Licht. Nach SERMIN (1959) flogen sie »abends im Schulhof [Oberhausen, Rheinebene] an blühendem Gras.«

Gefährdung und Schutz

Rote Liste Bundesrepublik: 2
Rote Liste Baden-Württemberg: V

Oberrheinebene: Art der Vorwarnliste.
Schwarzwald: Noch ungeklärt (nur randlich vorkommend).
Neckar-Tauberland: Art der Vorwarnliste.
Schwäbische Alb: Nicht vertreten.
Oberschwaben: Nicht vertreten.

- In Baden-Württemberg eine Art der Vorwarnliste!

Die Tatsache, daß *P. candidula* nur einen einzigen Vorkommensschwerpunkt in Baden-Württemberg besitzt (von der nördlichen Oberrheinebene mit angrenzenden Regionen südlich bis Lörrach) und sich anscheinend in seinem südlichen Teil bereits Bestandseinbußen abzeichnen, erfordert eine Einstufung in eine Gefährdungskategorie, die der Art zukünftig mehr Aufmerksamkeit zukommen läßt. Es wurde hier die Vorwarnliste gewählt, obgleich die Populationsverluste in der Offenburger Rheinebene, im Kaiserstuhlgebiet, in der Freiburger Bucht und am Rheinknick bei Lörrach durchaus auch eine höhere Einstufung rechtfertigen könnten. Dem stehen allerdings anscheinend stabile Vorkommen in den Hardtebenen, der Bergstraße und im westlichen Kraichgau gegenüber. Die weitere Entwicklung in der südlichen Oberrheinebene und an den Randbereichen des nördlichen Hauptvorkommens werden zeigen, ob die Art höher eingestuft werden muß. Wünschenswert wäre, zunächst die – bei uns noch unbekannte – Larvalbiologie (Einnischung, Nahrungspflanzenpräferenz) aufzuklären.

Eublemma minutatum[1]
(Fabricius, 1794)

Sandstrohblumeneulchen

Talpochares paula HBN. (REUTTI 1898)
Thalpochares paula HBN. (LAMPERT 1907, REBEL 1910, ECKSTEIN 1913–1923)
Porphyrinia noctualis HBN. (WARREN in SEITZ 1909–1914, BERGMANN 1951–1955, FORSTER 1954–1981, HARTIG & HEINICKE 1973, KOCH 1954–1961, 1984, Rote Liste BRD 1984)
Micra noctualis HBN. (HERING 1932)
Micra paula HB. (REUTTI 1853, SPULER 1908–1910)
Eublemma noctualis HBN. (LERAUT 1980, HEINICKE & NAUMANN 1980–1982)

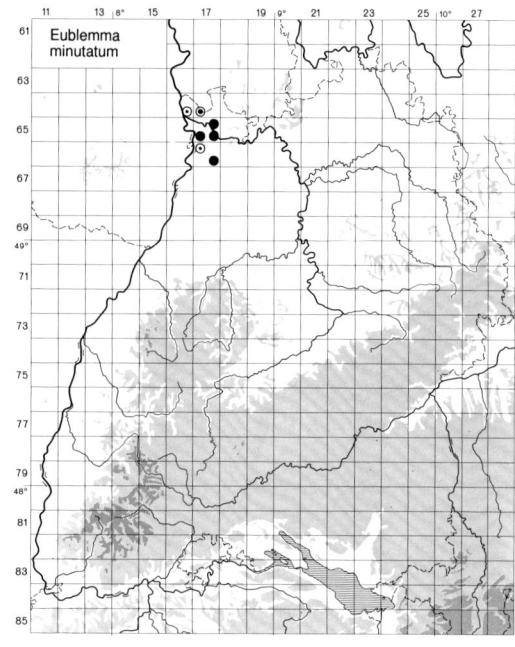

Gesamtverbreitung: Die nördliche Grenze des sehr große Lücken aufweisenden Areals führt von der Isle of Wight/Südengland über Südostbelgien, Norddeutschland, Mittel- und Ostdänemark sowie den südlichen Teil Skandinaviens und Estland bis etwa St. Petersburg; im Süden zieht sich die Verbreitung von Nordspanien, Korsika, über Norditalien, die jugoslawische Adriaküste und Albanien bis zum Libanon. Nach HEINICKE & NAUMANN (1980–1982) besiedelt die Art auch große Teile Vorderasiens, Kleinasiens sowie das Hochland von Armenien, außerdem wurde sie im Ussurigebiet (östliche Mandschurei) gefunden (SPEYER & SPEYER 1862). In Deutschland liegen Verbreitungsschwerpunkte in Thüringen, entlang des nördlichen Oberrheingrabens und in Oberfranken.

Verbreitung

Regional: In Baden-Württemberg kommt die Sandstrohblumeneule ausschließlich in den Flugsandgebieten des Oberrheinischen Tieflandes vor. Ihre Bodenständigkeit ist heute nur noch an wenigen, in der Verbreitungskarte durch zwei aktuelle Fundpunkte (6517C, 6617D) gekennzeichneten Stellen der Hardtebenen nachgewiesen. Das einzige je in der Neckar-Rheinebene gefangene Tier (6517B/D, Dossenheim, 28.8.1984, R. TRABOLD) muß als isolierter Einzelfund betrachtet werden. Die Art ist außerdem aus der unmittelbar nördlich angrenzenden Hessischen Rheinebene (bei Viernheim) bekannt. Durch ihre enge Bindung an die Sandstrohblume (*Helichrysum arenarium*) ist ihr Vorkommen von vornherein auf wenige, größere Standorte dieser Pflanze in diesem Gebiet begrenzt.

Überprüfte Wuchsorte der Sandstrohblume (*Helichrysum arenarium*)	Aktuelles Vorkommen des Sandstrohblumeneulchens (*Eublemma minutatum*)
Sandhausen	
3 Sanddünen	+ (auf 2 Sanddünen)
Brühl	
Ortsteil Rohrhof: 3 Stellen	+ (an einer Stelle)
Schwetzinger Sand: 3 Stellen	–
Schwetzingen	
Gewann Hirschacker: Mehrere Stellen	+
Mannheim	
Käfertaler Wald: 3 Stellen	–
Schwetzinger Sand: 2 Stellen	–
Viernheimer Sand:	–

[1] Bearbeitet von JUTTA BASTIAN.

Das Sandstrohblumeneulchen (*Eublemma minutatum*) in typischer Ruhehaltung am Blütenköpfchen seiner Nahrungspflanze (*Helichrysum arenarium*). Mit einer Vorderflügellänge von nur 7 mm ist es einer unserer kleinsten Eulenfalter. – Sandhausen, NSG Pflege Schönau 1.8.92 H. VOLK.

Phänologie

Imagines: Die Flugzeit von *Eublemma minutatum* liegt im allgemeinen zwischen der 1. Juli- und der 2. Augustwoche mit einem Maximum von Mitte bis Ende Juli. Sie korreliert sehr stark mit dem jährlichen Witterungsverlauf. Ein extrem früher Fund ist der eines Männchens am 1. Juni (1947, Sandhausen, A. GREMMINGER). Das Jahr 1947 gilt als eines der heißesten und trockensten dieses Jahrhunderts, mit einem sehr früh einsetzenden Sommer. Eine weitere frühe Beobachtung eines abgeflogenen Tieres datiert vom 15.6. (1953, Sandhausen, A. GREMMINGER). Seit Mitte der 50er Jahre wurden die ersten Imagines regelmäßig zwischen dem 2. und 7. Juli gefunden. Die späteste Beobachtung stammt von R. TRABOLD (28.8.1984, Dossenheim). Hier handelt es sich um einen Einzelfund eines vermutlich umherstreifenden oder verwehten Tieres. An den bekannten Flugstellen sind in der Regel nach dem 15.8. keine Falter mehr zu beobachten.

Die Falter fliegen in unserem Faunengebiet in nur einer Generation. Alle überprüften frühen Nachweise fielen in Jahre mit milden Wintern und/oder früh einsetzendem Frühjahr und Sommer. So meldet 1953 A. GREMMINGER neben dem erwähnten frühen Fund eines abgeflogenen Stükkes fast 7 Wochen später (5.8.) »frische Stücke in Anzahl«. Zwar weist dies – neben einem einzelnen späten Raupenfund von H. LIENIG am 20.Juli 1953 im selben Gebiet – auf eine zweite Generation hin. Dennoch dürfte die Ausbildung einer solchen nur in klimatisch besonders gün-

Neuere botanische Kartierungen der Sandrasenflächen in Nordbaden (BREUNIG & KÖNIG 1989, 1991) ermöglichten durch genaue Angaben über die Wuchsorte der Sandstrohblume eine gezielte Suche nach *Eublemma minutatum*. Das Ergebnis ist in der Tabelle auf Seite 559 kurz zusammengefaßt.

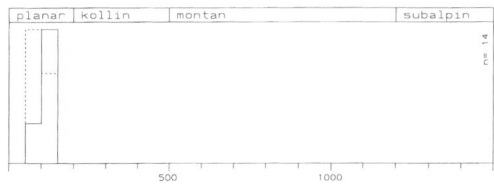

Vertikal: Die 9 genauer bezeichneten Fundstellen der autochthonen Populationen bei Sandhausen, Mannheim, Brühl, Dossenheim und Schwetzingen liegen ausnahmslos in der planaren Stufe zwischen 100 und 120 m. Einige weitere Fundorte ohne genauere geographische Angaben fallen ebenso in diesen eng begrenzten Höhenbereich.

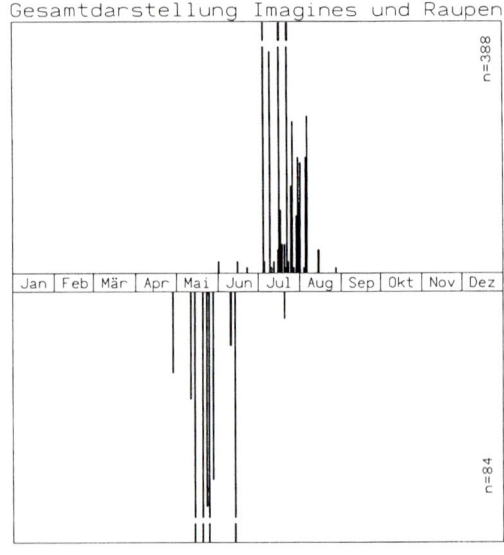

Die junge Raupe ist schlanker, stärker behaart und heller gefärbt als die erwachsene. Die hier zum Fotografieren geöffnete Raupenwohnung wird nach der Störung durch Zusammenspinnen der filzigen Pflanzenhaare sofort wieder verschlossen. – Sandhausen NSG Pflege Schönau-Galgenbuckel 14. 5. 1994 A. STEINER. M.

stigen Jahren möglich sein. Für »Durchschnittsjahre« liegen weder extrem frühe noch extrem späte Falterbeobachtungen, noch Angaben über auffällig lange Flugperioden vor.

Die Einbrütigkeit der Sandstrohblumeneule wird von VORBRODT (1911) für die Schweiz sowie in neueren Arbeiten von HEINICKE & NAUMANN (1980–1982) und MÜLLER-KÖLLGES (1976) für das mittlere Deutschland bestätigt. Auch URBAHN & URBAHN (1939) gehen für Pommern von nur einer Generation aus: »Einzelne Falter sind am 31.5. und im Juni gefangen, viel häufiger ist die Art vom 14.7.–20.8. beobachtet ...« Demgegenüber sprechen RÖSSLER (1866, 1881), REUTTI (1898), LAMPERT (1907), GAUCKLER (1921) sowie FORSTER (1971) sogar von 2–3 Generationen pro Jahr! Es ist davon auszugehen, daß diese Angaben lediglich Vermutungen bzw. Übernahmen aus der Literatur sind, da konkrete Einzeldaten bei allen Autoren fehlen.

Präimaginalstadien: Raupen kann man regelmäßig von der 2. Mai-Dekade bis zur 2. Juni-Dekade antreffen. Eine kleine, nur 2 mm lange Jungraupe wurde am 28.5. gleichzeitig mit bis zu 6 mm langen Raupen gefunden, bei einer Pflanzenhöhe von nur 5–10 cm (1995, Sandhausen, J. BASTIAN). Der früheste Raupenfund gelang sogar vier Wochen früher, am 28.4. (1996, dto.).

In der Regel erfolgt die Verpuppung in der 1. und 2. Juniwoche. Zu dieser Zeit findet man sowohl die frischen, weißlichen, lockeren Puppengespinste (meist direkt unterhalb des Blütenansatzes, jedoch immer im obersten Bereich der Pflanze), als auch 4–5 mm lange sowie 8–9 mm lange, erwachsene Raupen. Das früheste Puppengespinst wurde am 23.5. notiert (1995, Sandhausen, J. BASTIAN). Am 9.7. gelang erstmals das Auffinden von Eiern (1994, Sandhausen, U. BASTIAN).

Das Überwinterungsstadium von *Eublemma minutatum* ist für unser Gebiet noch unbekannt. FORSTER (1971) und KOCH (1984) schreiben nur lapidar »die Puppe überwintert«. Dies kann jedoch für unser Gebiet ausgeschlossen werden: Nach dem Frühsommer wurden bislang keine frischen Puppengespinste gefunden. Alle geöffneten Gespinste enthielten lediglich leere Puppenhüllen. Auch ein gezieltes Absuchen zweier Pflanzenbestände bei Sandhausen auf Eier, Raupen und Puppengespinste Mitte November 1995 zeigte keinen Erfolg. Im Anschluß an die Frostperiode konnten Mitte März 1996 eine vertrocknete Eiraupe sowie Ende April 1996 mehrere Jungraupen aufgefunden werden (J. BASTIAN).

Ökologie

Lebensraum: Als Lebensraum des Sandstrohblumeneulchens werden von verschiedenen Autoren offene Landschaften mit sandigen, warmen Böden (Sandfluren und Ödflächen, geschützte Küstengebiete hinter Dünen, sandige, trockene Wegränder mit Störstellen, Binnendünen, grasige Sandheiden), aber auch Lichtungen und Ränder in trockenen Kiefernwäldern und Kiefernheiden genannt. In Baden-Württemberg ist das Vorkommen dieser Art auf die in der planaren Stufe

Die erwachsen spindelförmige Raupe von etwa 7–8 mm Länge ist grünlich, mit auffälligen schwarzen Punkten. Vor der Verpuppung ruht sie mitunter offen an der Pflanze. Durch ihre optimale Anpassung an die Nahrungspflanze ist sie aber nur mit Mühe aufzufinden. – Sandhausen, NSG Pflege Schönau-Galgenbuckel 23. 5. 1993 J. BASTIAN.

liegenden Flugsandgebiete der Hardtebenen und der Neckar-Rheinebene beschränkt. Dort ist sie nur an größeren Standorten der Sandstrohblume in den Sandrasengesellschaften (Sedo-Scleranthetea) zu finden.

Nahrung der Raupe:
Helichrysum arenarium – Sand-Strohblume
5 E,L (BAJ, BLÄ, LIE, STW)

Das Sandstrohblumeneulchen ist ein Paradebeispiel für eine monophag lebende Schmetterlingsart. Raupen wurden bislang ausnahmslos an der Sandstrohblume gefunden, ebenso Puppengespinste und Eier. Form, Farbe und Haltung der unauffälligen Raupen sowie Gestalt und Plazierung der Puppengespinste zeigen die optimale Anpassung an diese Pflanze. Je nach deren Wachstumsstand und Färbung sind auch die Raupen mehr oder weniger grün, mit vielen Nuancen ins Gelbliche oder Weißliche, die feinen Raupenhärchen dicht und lang. Die winzigen Eier gleichen Sandkörnern, wie sie zuhauf an der Nahrungspflanze gefunden werden, und sind nur mittels starker Lupe von diesen zu unterscheiden.

Das von GAUCKLER (1909) als einzige Nahrungspflanze genannte »Ruhrkraut« (bei Mannheim, Friedrichsfeld und Schwetzingen) ist eine Verwechslung (*Gnaphalium*-Arten, insbesondere *G. luteoalbum*, das Gelbliche Ruhrkraut, können leicht mit der Sandstrohblume verwechselt werden!). In diesem Falle geht sie wohl auf SPULER (1908) zurück, der »an Ruhrkraut (*Helichrys. arenarium*)« angibt. Ältere Autoren haben hier Unklarheit geschaffen, indem sie wie KOCH (1856) die »Immortellen (*gnaphalium luteo-album* und *arenarium*)« durcheinanderbrachten, was schließlich zu den Angaben »Ruhrkraut« bzw. »*Gnaphalium*« führte (vgl. WILDE 1861, RÖSSLER 1866). Anzumerken wäre noch, daß für die in unserem Gebiet selten beobachtete *Eublemma parvum* neben der Sandstrohblume und anderen »Futterpflanzen« auch das Ruhrkraut genannt wird. Die Möglichkeit der Verwechslung beider Schmetterlingsarten könnte eine weitere Erklärung dafür sein, daß *Eublemma minutatum* u. a. fälschlicherweise den deutschen Namen »Ruhrkrauteule« bzw. »Ruhrkraut-Motteneule« erhalten hat.

Zum Verhalten der Raupen an ihrer Nahrungspflanze gibt es die unterschiedlichsten Meinungen: »am Stiel der Strohblume« (LAMPERT 1907), »in den zusammengesponnenen Trieben« (GRIEBEL 1909), »in den geschlossenen Blütenständen« (URBAHN & URBAHN 1939), »an *Helichrysum arenarium* im Stengel, in den Blüten und in den Fruchtständen minierend. Zuweilen auch zwischen zusammengesponnenen Trieben« (FORSTER 1971); »in Blüten und Fruchtknoten« (KOCH 1984), »Raupe lebt sehr verborgen in den Trieben und Stengeln« (RÖSSLER 1881), »Raupe lebt einzeln im 5 und 6. Sie frißt sich in den Stengel ein« (BERGMANN 1954); »Raupen erzeugen in den zusammengesponnenen Blättern 'Trugminen'« (HERING 1963), »leben in den Herzblättern der Immortellen ... welche sie über sich zusammenziehen« (KOCH 1856). So verwirrend diese Angaben auf den ersten Blick erscheinen mögen, alle Beobachtungen treffen irgendwie zu! Eine genaue Beschreibung ist schwierig, da die Pflanzen sich vom Frühjahr bis zum Sommer ständig verändern, während die in bzw. an den Pflanzen lebenden Raupen ihren Standort beibehalten, also sozusagen »mitwachsen«. Je nach Entwicklungszustand der Pflanze und dem Alter der Raupen fressen diese entweder am oberen Teil des Stengels oder an der gerade ausgebildeten Triebspitze (bevor sich der Blütenansatz gebildet hat) bzw. an den frischen Blütenständen, jedoch immer verborgen, einzeln und im obersten Teil der Pflanze unmittelbar an der Sproßspitze. Dabei ist noch unklar, ob sich die Raupe von festen Pflanzenteilen oder lediglich vom Saft der angeknabberten Pflanze ernährt, da im Freiland keine auffälligen Fraß- oder Kotspuren gefunden werden. Im Zuchtversuch wurden die Triebspitzen völlig abgenagt; die Nahrungsaufnahme konnte auch am Tag beobachtet werden (1996, J. BASTIAN).

Von der Sandstrohblumeneule belegte Pflanzen lassen sich an ihrem eher kümmerlichen Wachstum gut erkennen. Der Blütenansatz ist stark angeschwollen, jedoch geschlossen. Beim vorsichtigen Öffnen der Pflanze ist die Raupenwohnung kaum erkennbar, der Fraßgang eng. Nach »Freilegung« durch den Beobachter zieht sich die Raupe sofort in die Pflanze zurück und verschließt die künstliche Öffnung mit feinen Spinnfäden.

An dieser Stelle sei auf eine weitere Schmetterlingsart verwiesen, deren Raupe zur gleichen Zeit in der Sandstrohblume lebt. Dabei handelt es sich um den Kleinschmetterling *Cnephasia asseclana* (Tortricidae). Der Verdacht liegt nahe, daß in einigen Fällen nicht die Raupe von *E. minutatum* bzw. deren Verhaltensmuster, sondern diejenige des Wicklers beschrieben wurde!

Während die gesamte Raupenentwicklung zwischen versponnenen oder verwachsenen Blättern und Triebspitzen abläuft, kommen die erwachsenen Raupen kurz vor dem Aufbrechen der Blüten aus der Pflanze heraus und ruhen danach

Die weißen Puppengespinste findet man in der 2. und 3. Juni-Dekade, meist direkt unterhalb des Blütenansatzes. Am 13. Juni 1996 wurden 20 Puppengespinste in den Blattachseln, 2–5 cm unterhalb der Triebspitze aufgefunden. Zu dieser Zeit waren an den Pflanzen noch keine Blütenansätze erkennbar. – Sandhausen, NSG Pflege Schönau J. BASTIAN.

einige Stunden bis wenige Tage offen (kopfunter!) im oberen Teil der Pflanze. Mitunter sitzen sie dann stundenlang ungeschützt in der prallen Sonne. Zu dieser Zeit (etwa in der 2. Juniwoche) ist die Raupe am leichtesten aufzufinden, wobei sie jetzt die langen weißlichen Haare weitgehend verloren hat und ihre Farbe dem Pflanzenstengel angepaßt ist.

Habitat: Larval- und Imaginalhabitat sind bei dieser Art wegen der engen Bindung an ihre einzige Nahrungspflanze identisch. Raupen wurden nur an solchen Orten gefunden, wo die Sandstrohblume stellenweise flächendeckend vorkommt. Dabei reicht eine Fläche von einigen Quadratmetern – das entspricht im allgemeinen wenigen Hundert Pflanzen – für eine kleine Population völlig aus. Allerdings stellt die Sandstrohblumeneule neben der Bestandsgröße ihrer Nahrungspflanze noch weitergehende Ansprüche an ihr Habitat. So fanden sich 1995 beim systematischen Absuchen aller bekannten Wuchsorte der Sandstrohblume im Großraum Schwetzingen, Mannheim, Brühl und Sandhausen Raupen nur an solchen Stellen, die zu jeder Tages- und Jahreszeit vollsonnig lagen. Selbst in Gebieten mit mehreren flächendeckenden Beständen der Sandstrohblume waren etliche kleinere, voll besonnte Standorte mit Raupen besetzt, während an größeren, die auch nur wenige Stunden leicht beschattet wurden, keine gefunden werden konnten (J. & U. BASTIAN).

Im Gegensatz dazu stehen Beobachtungen aus der nördlich an unser Faunengebiet angrenzenden Hessischen Rheinebene. Dort wurden Raupen an einer Fundstelle bei Darmstadt regelmäßig in einem Sandstrohblumenbestand angetroffen, der in der zweiten Tageshälfte von einem Kiefernwald beschattet wird (R. BLÄSIUS).

Nahrung des Falters: Bisher konnte die Nektaraufnahme nur an der Sandstrohblume beobachtet werden. Dazu liegen zahlreiche Beobachtungsnotizen vor (J. BASTIAN). Meistens wurden auf den Blütenköpfchen neben etwa 10–15 überwiegend ruhenden oder nur kurzzeitig umherfliegenden Tieren nur etwa 1–2 Falter notiert, die mit dem Nektarsaugen beschäftigt waren. Sie ließen sich dabei kaum stören, sondern »arbeiteten einen Blütenkopf systematisch ab« – bei einer ununterbrochenen Saugzeit von bis zu eineinhalb Stunden. Danach flogen sie zum Ruhen an eine andere Pflanze, von der sie ohne massive Belästigung nicht mehr verjagt werden konnten.

Vereinzelt kommen Falter auch zum Köder. Am 23.7.1992 fand F. STEUERWALD in Sandhausen einen an Rotweinsirup. Der Köder war in unmittelbarer Nähe des Sandstrohblumenbestandes ausgebracht worden. Weitere Köderfänge am selben Ort sowie an anderen Flugstellen blieben erfolglos. Andere Beobachter teilen Ähnliches mit (URBAHN & URBAHN 1939, BERGMANN 1954).

Verhalten: Ein auffälliges Merkmal dieser Art ist die ungewöhnliche Ruhehaltung der Falter kopfunter an den Pflanzen. Außer beim Saugen auf den Blütenköpfchen wurde keiner je in einer anderen Stellung angetroffen, unabhängig davon, ob er ruhend vorgefunden oder zuvor aufgescheucht wurde. Auch die erwachsenen Raupen sitzen mit dem Kopf nach unten, wenn sie kurz vor der Verpuppung unterhalb des Blütenkopfes, am obersten Teil des Pflanzenstengels oder in der Blattachsel der obersten Blätter ruhen. An diesen drei Stellen sind im allgemeinen auch die lockeren Puppengespinste angeheftet, nur ausnahmsweise findet man sie in den Triebspitzen. Auch die Eier (insgesamt vier Funde, vermutlich vom gleichen Weibchen) waren an den obersten Blättchen direkt unterhalb der Blütenstände abgelegt. Die Art zeigt somit in allen Entwicklungsstadien eine ausgeprägte Vorliebe für den obersten Teil der Pflanzen. Der Falter ruht eigentlich immer im obersten Pflanzendrittel, entweder am oder unterhalb des Blütenkopfes oder am Stiel. Hierher flüchtet er auch nach dem Aufscheuchen. Ein Verstecken in Bodennähe oder gar unter der Vegetation wurde nie beobachtet. Nach mehrfacher Störung fliegt er allerdings gerne in die höheren Regionen einzeln stehender Bäume in nächster Nachbarschaft zum Habitat.

Zum Flugverhalten der Sandstrohblumeneule lassen sich nach Beobachtungen auf zwei Dünengebieten bei Sandhausen (1990–1995, J. BASTIAN) folgende Aussagen machen: Die größte Aktivität liegt in der frühen Nacht. Bei Einsetzen der Dämmerung beginnen die Falter vereinzelt zu fliegen. Kurz vor (gelegentlich auch während) Regen, besonders an schwülwarmen Tagen, fliegen sie ebenfalls. Flugbewegungen zu anderen Tageszeiten waren überwiegend durch Störungen verursacht. Diese Angaben stehen im Widerspruch zu Beobachtungen von HEINICKE & NAUMANN (1980–1982), die angeben, die Falter seien »vorwiegend tagaktiv, aber auch ans Licht fliegend,« und zu BERGMANN (1954), wonach die Falter sogar tagsüber im Sonnenschein fliegen. Auch F. STEUERWALD beobachtete 1993 ungewöhnliche Flugaktivitäten gegen 17 Uhr an einem extrem heißen Sommertag. Dieses Verhalten ist aber eher als Ausnahme anzusehen. Möglicherweise reagieren die Tiere auf Extremtemperaturen (in Sandhausen werden in Bodennähe an heißen Sommertagen weit über 50°C im Schatten gemessen!) mit Flugbewegungen, um dadurch eine Abkühlung zu erreichen oder um an kühlere Stellen an den sonnenabgewandten Seiten der Pflanzen zu gelangen. Üblicherweise fliegen sie am Tag nur bei Störung auf und lassen sich nach wenigen Metern wieder in der Vegetation nieder. Sehr ungern verlassen sie den Sandstrohblumenbestand. Sowohl am Tag als auch in der Nacht sind sie nur durch mehrfaches und hartnäckiges Stören vorübergehend aus ihrem nur wenige Quadratmeter großen Lebensraum zu verjagen.

Eublemma minutatum erweist sich als ein sehr flugträger Falter. Größere Flugbewegungen oder gar Wanderungen konnten nicht beobachtet werden. Allerdings sind zufällige Beobachtungen außerhalb der bekannten Gebiete bei dieser Art auch nicht wahrscheinlich, da sie sowohl von ihrer Größe und unauffälligen Färbung, als auch von ihrem Verhalten her aus größerer Entfernung leicht mit einem Kleinschmetterling verwechselt werden kann. Bei Lichtfängen kamen vereinzelt Tiere zum Leuchttuch, die Anlockungsrate war aber nicht sehr hoch. Mehrfach wurde in unmittelbarer Nachbarschaft zum Sandstrohblumenbestand im offenen Gelände geleuchtet, ohne daß einer der gesichteten Falter zum Licht flog. Paarung und Eiablage konnten trotz ausdauernder Suche und mehrstündigen Studien zum Flug-, Saug- und Ruheverhalten der Falter nicht beobachtet werden. Ebenso mißlangen Versuche, durch Zusammenbringen mehrerer Falter in Gläsern eine Kopula zu erzwingen.

Populationsgröße: Noch völlig ungeklärt ist die Frage nach der Mindestgröße einer Population von *E. minutatum*. Die schon seit 1899 bekannten Flugstellen bei Sandhausen sind auffällig individuenarm. So sind in einem Sandstrohblumenbestand mit einer Fläche von weniger als 8 qm (das entspricht wenigen Hundert Pflanzen) regelmäßig etwa 30–40 Tiere anzutreffen, wobei die Anzahl jährlich und witterungsbedingt etwas schwankt. In einem zweiten, etwas größeren Bestand in ca. 60 m Entfernung werden jährlich auch etwa 30–40 (zusätzliche) Individuen gezählt. Diese Angaben basieren auf standardisierten Zählungen von Raupen, Puppengespinsten und Faltern im Verlauf mehrerer Jahre (1991–1995, J. u. U. BASTIAN). Ende Mai wurde jeweils eine bestimmte Anzahl von Pflanzen geöffnet, um die darin befindlichen Raupen zu zählen. Die als Hochrechnung ermittelte Gesamtzahl basiert auf der Annahme einer gleichmäßigen Verteilung der Raupen. Diese Zahl wurde im Verlaufe eines Jahres mit der Anzahl aller Puppengespinste und/oder mit der Anzahl der jeweils an einem Abend fliegenden Falter verglichen, wobei eine gute Übereinstimmung zwischen geschätzten und den dann tatsächlich aufgefundenen Individuen erzielt wurde. Die Zählung der Imagines erfolgte bei jeder Begehung während der Falterflugzeit und üblicherweise durch zwei Beobachter (einer scheuchte die Falter auf, der andere zählte sie), in Ausnahmefällen wurden sämtliche Falter vorübergehend eingefangen. Die Anzahl der Individuen blieb jeweils über einen Zeitraum von zwei bis drei Wochen konstant, nahm dann im Laufe der nächsten Woche langsam und innerhalb weiterer zwei Wochen rapide ab. Bestätigt wird diese niedrige Individuenzahl der Sandhausener Populationen auch von anderen Beobachtern (R. BLÄSIUS, F. STEUERWALD). Die Gesamtgröße einer Population muß verständlicherweise so lange eine Schätzung bleiben, bis die Zählung der Individuen durch Kennzeichnung erfolgt ist. Dies wurde bislang nicht durchgeführt. Über die Größe der Populationen in anderen Fluggebieten liegen keine zuverlässigen Angaben vor.

Obwohl das Sandstrohblumeneulchen in der Literatur allgemein als »lokal und selten« eingestuft wird, wird immer wieder vom gehäuften Auftreten am Wuchsort der Nahrungspflanze be-

Gravierende Bedrohungen erfordern einschneidende Maßnahmen. In diesem nur etwa 15 m² großen Lebensraum wurde eine Teilpopulation von *E. minutatum* durch Kaninchenverbiß in wenigen Tagen nahezu ausgerottet. Mit der Errichtung dieses tief eingegrabenen Schutzzaunes konnte sich der Bestand der Sandstrohblume inzwischen wieder erholen. Für die Population des Sandstrohblumeneulchens deutet sich ein Erfolg mit dem Auffinden von 20 Puppengespinsten am 13. Juni 1996 bereits an. – Sandhausen NSG Pflege Schönau-Galgenbuckel, 20.7.1995 J. BASTIAN.

richtet. So melden HEINICKE & NAUMANN (1980–1982) die Art als »stellenweise sehr häufig«, ebenso wie KOCH (1984) dies für »nördlich der Mainlinie und des Erzgebirges« bestätigt. GRIEBEL (1909) und LAMPERT (1907) nennen sie »nicht selten« und KRISTAL (1980) »Am Standort von *Helichrysum arenarium* ... immer recht häufig«. Lediglich BERGMANN spricht von »nur wenigen Stücken ... wo die Futterpflanze in größeren Beständen vorkommt«. Angaben wie »nicht selten«, »recht häufig« und »sehr häufig« von verschiedenen Beobachtern lassen sich oft überhaupt nicht einschätzen. Generell stellt sich die Frage, wie diese recht flugträge Art, die offensichtlich keine individuenstarken Populationen bildet und bei uns nur an wenigen Plätzen auftritt, sich bis heute halten konnte – und vor allem: wie lange sie das noch tun wird.

Als warnendes Beispiel sei auf die durch Überbauung ihres Lebensraumes inzwischen ausgerottete Population nördlich von Bamberg hingewiesen! MÜLLER-KÖLLGES (1976) nannte sie, unter Hinweis auf E. GARTHE, »in ihrem Bestand sehr gefährdet durch zunehmende Vernichtung ihrer Lebensräume, bis 1964 noch häufig, ab 1968 stets nur einzeln gefunden.«

Gefährdung und Schutz

Rote Liste Bundesrepublik: 2
Rote Liste Baden-Württemberg: 1

Oberrheinebene: Vom Aussterben bedroht.
Schwarzwald: Nicht vertreten.
Neckar-Tauberland: Nicht vertreten.
Schwäbische Alb: Nicht vertreten.
Oberschwaben: Nicht vertreten.

- In Baden-Württemberg vom Aussterben bedroht!
  Vom Aussterben bedroht gemäß § 20 e ff. BNatSchG.

Die Einordnung in die Gefährdungsstufe 1 der Roten Liste bleibt in Baden-Württemberg gegenüber der 1. Fassung von 1977 unverändert. Einer umfassenden Kartierung (BREUNIG & KÖNIG

1989, 1991) ist zu entnehmen, daß viele ehemaligen Standorte der Sandstrohblume durch Bebauung und sonstige Nutzungsänderungen inzwischen zerstört oder drastisch reduziert sind. Daraus ergibt sich die größte Gefährdung für das Sandstrohblumeneulchen! Es ist absehbar, daß in naher Zukunft einige weitere derzeit von *E. minutatum* noch besetzte Habitate durch angrenzende Bebauung vernichtet werden, wenn nicht sofort mit geeigneten Maßnahmen eingeschritten wird. Nachdem die Sandstrohblume selbst als »stark gefährdet« in der Roten Liste der Farn- und Blütenpflanzen (Stand 1.5.1983) aufgeführt wird, ist die Sicherstellung dieser Nahrungspflanze für die Arterhaltung von *Eublemma minutatum* oberstes Gebot.

Eine weitere gravierende Bedrohung (für Falterart und Nahrungspflanze) stellt der Verbiß der Pflanzen durch Kaninchen im offenen Dünengelände dar. Dies reduziert nicht nur zeitweise sehr drastisch das Nahrungsangebot für die Raupen, sondern schwächt den Pflanzenbestand ganz allgemein. Die größten Verbißschäden entstehen zur Zeit der Eiablage, wodurch ein Großteil der Eier in Kaninchenmägen landet. Nach Errichtung tief eingegrabener Kaninchen-Schutzzäune konnte sich in Sandhausen innerhalb eines Jahres der Pflanzenbestand sichtlich erholen. Welchen Zeitraum eine ohnehin individuenarme *Eublemma minutatum*-Population benötigt, bis sie sich wieder regeneriert hat, ist noch unklar.

Als Freßfeinde der Falter sind nur die an der Sandstrohblume lebenden Krabbenspinnen auffällig. Gelegentlich waren Raupen und Puppen von Hymenopterenlarven befallen. Solche Gefährdungen sind allerdings vernachlässigbar und sollten von einer stabilen Population verkraftet werden. Das gleiche gilt für die Vielzahl von Nahrungskonkurrenten wie beispielsweise Distelfalter, Schaumzikaden und den Kleinschmetterling *Cnephasia asseclana*.

Da Raupen des Sandstrohblumeneulchens in unserem Gebiet ausschließlich an sonnenexponierten Standorten gefunden wurden, muß eine weitere, wichtige Schutzmaßnahme darin bestehen, an den bekannten Lokalitäten die Bestände der Sandstrohblume absolut offen zu halten, d. h. Beschattungen (auch Teil-Beschattungen!) zu verhindern. Pflanzenbestände in lichten Waldgebieten bzw. an Waldrändern sollten deshalb regelmäßig auf mögliche Beschattungen kontrolliert und gegebenenfalls freigestellt werden. Es ist nicht ausreichend, die wenigen noch besetzten Habitate zu erhalten. Um einen genetischen Austausch über Jahrzehnte hinweg zu ermöglichen, muß dringend eine Vernetzung der inzwischen relativ weit auseinanderliegenden Fundstellen geschaffen werden. »Alternativangebote« für unvorhersehbare bzw. unvermeidliche Veränderungen sind bei individuenschwachen Populationen unerläßlich. Es ist zu befürchten, daß das Sandstrohblumeneulchen ohne besondere Schutzmaßnahmen nicht überleben kann. Die Durchführung solcher Maßnahmen im Rahmen des bestehenden Artenschutzprogrammes wird deshalb dringlichst empfohlen.

Eublemma ostrinum
(Hübner, [1808])

Talpochares ostrina HBN. (REUTTI 1898)
Thalpochares ostrina HB. (LAMPERT 1907, REBEL 1910, ECKSTEIN 1913–1923)
Porphyrinia ostrina HBN. (WARREN in SEITZ 1909–1914, FORSTER 1954–1981, HARTIG & HEINICKE 1973)
Micra ostrina HBN. (HERING 1932, SPULER 1908-1910)
Eublemma ostrina HBN. (LERAUT 1980)

Gesamtverbreitung: *Eublemma ostrinum* ist um das gesamte Mittelmeer herum verbreitet. Auch vom Balkan sowie aus Südrußland und Kleinasien wird sie gemeldet. Von den Kanaren im Westen dringt die Art nach Osten bis Afghanistan vor. In Mitteleuropa erscheint sie nur als seltener Immigrant.

KOCH (1984) bezeichnet die Art in Deutschland als »sehr selten«. Er nennt sie eine »südliche Art, die gelegentlich in Baden, der Pfalz, Oberschwaben und Südbayern gefangen wird«. Hinweise auf bodenständige Populationen liegen uns aus Baden-Württemberg nicht vor. Es dürfte sich bei *Eublemma ostrinum* tatsächlich um einen sehr seltenen Zuwanderer handeln. Insgesamt wird die Art nur von fünf Lokalitäten in Baden-Württemberg gemeldet. Ihre unscheinbare Zeichnung und Größe lassen aber den berechtigten Verdacht zu, daß sie hier schon öfters übersehen wurde. Im Wanderfalterheft der Atalanta (1991, EITSCHBERGER et al.) wird die Art nicht aufgeführt. Auch RENNWALD (1992) und WOLF (1992) gehen in den Wanderfalter-Jahresberichten für 1989, 1990 und 1991 nicht auf *E. ostrinum* ein.

Bis auf eine einzige Meldung liegen alle Nachweise aus Baden-Württemberg in unmittelbarer Nähe zum Rhein. REUTTI (1853) führt als erster diese Art an (»Ein einzelnes, sehr helles Exemplar fing Herr KELLER auf der Südseite des Schlossberges bei Freiburg!«). 1898 nennt der gleiche Autor noch einen zweiten Fundort (»bei Konstanz ... einmal von mir 18. Juli 1880 am Holz-

Die beiden nur selten bei uns auftauchenden südlichen Wanderfalter *Eublemma parvum* (links) und *Eublemma ostrinum* (rechts) werden in diesem Foto vergleichend dargestellt und gleichzeitig auf Färbungsunterschiede aufmerksam gemacht. Das Tier links oben ist allerdings schon etwas abgeflogen. – Karlsruhe 3.7.52 A. GREMMINGER (links oben); Andalusien, Umgebung Huelva 27.5.59 ex coll. G. u. W. V. BUDDENBROCK (links unten). – Überlingen 11.6.56 E. COMMERELL (rechts oben); Sizilien [ohne Datum] F. GUTH (rechts unten). Alle Belegstücke coll. LNK.

Eublemma parvum
(Hübner, [1808])

Porphyrinia parva HB. (WARREN in SEITZ 1909–1914, BERGMANN 1951–1955, FORSTER 1954–1981, HARTIG & HEINICKE 1973, KOCH 1954–1961, 1984)
Thalpochares parva HB. (LAMPERT 1907, REBEL 1910, ECKSTEIN 1913–1923)
Micra parva HBN. (HERING 1932, SPULER 1908–1910)
Eublemma parva HB. (LERAUT 1980)

Gesamtverbreitung: Von den Kanarischen Inseln über Nordafrika (südlich bis zum Sudan), Anatolien, den Kaukasus bis Afghanistan, Nordindien und Zentralasien. Die nördlichsten Funde stammen aus Nordirland, Holland und der Ukraine. *Eublemma parvum* ist in Mitteleuropa nirgendwo bodenständig. »Die Art ist nur in Südeuropa autochthon« (HEINICKE & NAUMANN 1980–1982). Nördlich der Südalpenabhänge (Verlauf Südfrankreich-Piemont-Krain) ist sie als Immigrant anzusehen.

EITSCHBERGER et al. (1991) führen *E. parvum* als Binnenwanderer an (Def.: Ein Wandern erfolgt weder jährlich noch periodisch). KOCH (1984) spricht von einem tropischen Irrgast. HEINICKE & NAUMANN (1980–1982) diskutieren die Bedeutung des Windes bei der Ausbreitung dieser Art und weisen die Ansicht BERGMANNS (1954), wonach es sich um ein Relikt aus der postglazialen Steppenperiode handelt, zurück.

In den älteren Faunenverzeichnissen (REUTTI 1853, 1898, GAUCKLER 1896, 1909, SCHNEIDER 1938) wird diese Art nirgendwo für Baden-Württemberg angeführt. Der erste Nachweis stammt aus Karlsruhe aus dem Jahr 1952: »Am 3.7.1952 fing ich beim hiesigen Rangierbahnhof unter einer Straßenlampe ein etwas abgeflogenes Männchen« (GREMMINGER 1954). Der gleiche Gewährsmann meldet ein Jahr später *E. parvum* aus Sandhausen. Als neu für Oberschwaben meldet G. REICH (Aufzeichnungen 1910–1965) sie mit dem zusätzlichen Vermerk »sehr selten eingewandert« vom 12.6.1958 (Bronnen, 1 ♂ am Licht, G. REICH) und 17.8.1964 (Biberach, 1 Ex. am Licht, WÖHRLE). Ein weiteres Exemplar entstammt nochmals der nördlichen Oberrheinebene (Malsch b. Karlsruhe, 13.6.1981, D. DOCZKAL). Aus allen anderen Hauptnaturräumen liegen keine Nachweise vor.

Obwohl die winzige Art sehr leicht übersehen werden kann, darf davon ausgegangen werden, daß keine bodenständigen Populationen – anscheinend auch nicht zeitweilig – in Baden-Württemberg bestehen. Die gemeldeten Tiere sind als direkte Einwanderer zu betrachten. Der früheste Fund datiert vom 12. Juni (1958, Bronnen), die

lagerplatz nächst der Stadt«). Die nächsten Funde datieren dann ein Dreiviertel Jahrhundert später; bemerkenswert ist, daß es sich hierbei um zwei unabhängige Meldungen aus dem selben Jahr handelt: A. GREMMINGER vermeldet die Art vom Bodensee (Überlingen, 11.6.1956), STROBEL (1968) als »Neu für Württemberg« aus dem Kraichgau (Lienzingen, »in den Illinger Weinbergen«, 1 St., 16.6.1956). Eine aktuelle Meldung stammt vom Altrhein bei Rußheim (19.7.1989, A. SCHANOWSKI). Deutlich läßt sich aus den wenigen Nachweisen der Oberrheingraben mit seiner Hochrhein-Verbindung zum Bodensee als entscheidender Wanderweg ablesen.

Alle Funde entstammen der Zeitspanne zwischen dem 11. Juni und dem 19. Juli. Ob es sich hierbei um eingewanderte Tiere oder um direkte Nachkommen einer jahreszeitlich früheren Einwanderungswelle handelt kann nicht gesagt werden. KOCH (1984) spricht von »2 bis 3 Gen.« im Süden. A. GREMMINGER (Kartei) zitiert VORBRODT (1911–1914) und weist hierauf ebenfalls hin (»Flugz.: 2 Gen. V–IX«). Larvalbeobachtungen aus Baden-Württemberg fehlen. Die wenigen, sehr sporadischen Einzelfunde von *Eublemma ostrinum* im Bereich der großen Flußsysteme und in niedriggelegenen klimatischen Gunstregionen (Oberrheinebene, Bodenseebecken, Kraichgau) weisen die Art als Immigranten aus südlichen Ländern aus. Residente Populationen über mehrere Jahre hinweg sind aus Baden-Württemberg nicht bekannt.

spätesten vom 5. August (1953, Sandhausen) und 17. August (1964, Biberach). Im Süden bringt die Art von »III–IX, mehrere, sich überschneidende Generationen« pro Jahr hervor (HACKER 1989). Hinweise auf präimaginale Stadien dieser Art liegen aus unserem Untersuchungsraum nicht vor.

Eublemma purpurinum
([Denis & Schiffermüller], 1775)

Talpochares purpurina HB. (REUTTI 1898)
Thalpochares purpurina HB. (LAMPERT 1907, REBEL 1910, ECKSTEIN 1913–1923,)
Porphyrinia purpurina SCHIFF. (WARREN in SEITZ 1909–1914, FORSTER 1954–1981)
Micra purpurina HBN. (SPULER 1908–1910, HERING 1932)
Eublemma purpurina D. & S. (LERAUT 1980)

Gesamtverbreitung: Von Nordwestafrika über die Iberische Halbinsel und Südfrankreich östlich bis Rumänien, Südrußland, die südliche Türkei, bis ins westliche Zentralasien verbreitet. Die nördlichsten europäischen Vorkommen liegen im Wallis, im östlichen Österreich, in Ungarn und Tschechien.

Eublemma purpurinum wurde von ROTH VON SCHRECKENSTEIN (1800) aus Zell im Wiesental sowie von LEINER (1829) aus Konstanz gemeldet. REUTTI (1853) zitierte diese Angaben, NÜSSLIN (1885) gab pauschal »südlicher Schwarzwald« an. REUTTI (1898) nannte »Konstanz, Lörrach, Zell i. W.«. Schon SPEYER & SPEYER (1862) hielten die südwestdeutschen Angaben für fraglich, STAUDINGER & REBEL (1901) versahen ihre Angabe »Germ.[ania] m.[eridionalis] oc.[cidentalis]« immerhin mit einem Fragezeichen. LAMPERT (1907), REBEL (1910), ECKSTEIN (1920) und FORSTER (1971) übernahmen die Meldungen ohne Kommentar.

Eine Bodenständigkeit in Südwestdeutschland darf nach heutiger Kenntnis ausgeschlossen werden, doch wäre ein seltenes Einwandern nicht unmöglich. Auch bei dieser Art bestanden durchaus Verwechslungsmöglichkeiten mit Pyraliden. Daß die Art wandert oder zumindest leicht verschleppt werden kann, belegen Funde in Hamburg und Finnland (ALVAS 1967, HOFFMEYER 1962).

Register

Das Register enthält die wissenschaftlichen Namen der in Band 5 behandelten Nachtfalterarten, getrennt nach Familien, Unterfamilien und Gattungen sowie nach Arten, Unterarten und Formen. Die in Normalschrift wiedergegebenen Gattungs- und Artnamen sind mit denjenigen des Inhaltsverzeichnisses sowie der Checklist und Tabellen identisch. Die halbfetten Seitenzahlen verweisen auf die Stelle im Speziellen Teil, wo die betreffende Gattung bzw. Art (mit Abbildungen) erstmals ausführlich behandelt wird. Die übrigen Seitenzahlen beziehen sich auf Zitate an anderen Stellen im Speziellen und Allgemeinen Teil. Die Seitenzahlen der Bände 1–4 werden mit einem entsprechenden Hinweis zitiert.

Bei den kursiv wiedergegebenen Gattungs- und Artnamen handelt es sich um solche, unter denen die betreffende Art in der gebräuchlichen Literatur vor 1980 sowie in einigen nachher erschienenen Veröffentlichungen publiziert worden ist, das heißt also sowohl um synonymische als auch neuere Namen (vgl. Kap. 1.1 in Band 1 und 3), aber auch um Namen von Unterarten und Formen (soweit sie im Text aufgeführt werden) sowie um solche in falscher Schreibweise. Die Seitenzahlen verweisen hier auf diejenigen Stellen im Speziellen Teil, wo diese Namen erscheinen. Damit soll, insbesondere bei der Benutzung älterer Literatur, das Auffinden der gesuchten Taxa erleichtert werden.

Die deutschen Namen der in Band 5 behandelten Nachtfalterarten wurden in einem gesonderten Register zusammengefaßt. Es werden allerdings nur die im Speziellen Teil benutzten Namen aufgeführt.

Eine Checklist aller aus 15 Quellen eruierten Trivialnamen ist, ebenso wie ein ausführliches Sach- und Pflanzenregister, für den letzten Band dieser Reihe vorgesehen.

Namen der Familien, Unterfamilien und Gattungen

Abrostola 368
Acontia 484, **544**
Acontiinae 373, 441, **539**, 540
Acronictinae 372, 527, 539
Aedia **481**
Aegeria 69, 74, 80, 92, 106, 129, 133, 137, 143, 146, 151, 156
Aethia 379
Agrilus (Coleoptera) 187
Agrophila 539
Ammobiota 297
Amphipoea 373
Anophia 484
Anthrenus (Coleoptera) 298
Anua 468
Apamea 372
Apanteles (Hymenoptera) 364, 365
Apopestes 478
Apopestes **478**
Archanara 372, 373
Arctia 282, 297, 304, 344
Arctia **291**
Arctiidae **201**, 534
Arctiinae 201, **272**, 336
Arctinia 339
Astiodes 441, 444
Astiotes 441, 444

Atolmis **223**
Autophila **478**
Aventia 493
Bembecia 61, 62, **159**
Bembecia 65, 166
Bena 368, 506, **518**
Bena 523
Boletobia 410
Bombyx 288
Bomolocha 429, 431
Brachodidae 61
Braconidae (Hymenoptera) 317, 366
Buprestidae (Coleoptera) 187
Calligenia 214
Callimorpha 201, **350**
Callimorphinae 201, **350**
Callistege **487**
Camptolominae 441
Catephia **479**, 484
Catocala 372, 422, **441**, 446, 448, 449, 466
Catocalinae 373, **441**, 485
Cerambyx (Coleoptera) 140, 142
Cerura 534. 4: 277
Chamaesphecia 166, 171, 172
Chamaesphecia 61, 62, 64, **176**
Chilo 374
Chloephora 518

Chloephorinae 441, 496, 502, **506**
Choreutidae 61
Chytolita 384
Chytolitha 384
Cnephasia 562
Colobochyla **413**
Colocasia 527, **535**
Comacla 203
Conopia 92, 97, 137
Coscinia 201, **277**
Coscinia 273
Cossidae 61. 3: 139
Crambus 273
Cryphia 210
Cybosia **225**
Cycnia 330
Cydia 119
Deiopeia 278
Deltote **547**
Deltote 556
Deltotes 553, 556
Demas 535
Diacrisia **299**
Diaphora **308**
Diphthera 531
Dipsosphecia 160, 163
Drepanidae 495. 4: 210
Dysgonia **468**
Earias 506, **507**, 527
Eccrita 469

Ectropis 240
Ectypa 490
Eilema 202, 203, **234**, 235, 236, 237, 239, 245, 247, 261
Emmelia **539**
Emydia 273, 277, 278
Endrosa 202, 207, 211
Ephesia 460, 463
Epicallia 295
Epizeuxis 374, 376
Erastria 539, 544, 547, 549, 553, 556
Eublemma 539, **559**
Eucharia **344**
Euchelia 361, 362
Euclidia 487
Euclidia **490**
Euclidimera 487
Euplagia 350
Euroleon (Planipennia) 348
Eustrotia 549, 553, 556
Euteliinae 441
Euxoa 372
Forficula (Dermaptera) 145
Furcula 534. 4: 285
Gastropacha 462. 4: 80
Geometridae 240, 366
Gnophria 223, 267
Gonospileia 487, 490
Gortyna 373
Grammodes 468
Hada 368
Hadena 372
Helia 374
Herminia 381, 384, 392, 397, 399, 401, 402, 404
Herminia **387**, 389, 393, 402
Herminiinae 366, 367, **374**, 394, 399, 405, 406, 415, 422, 437, 441
Hipocrita 361
Hydraecia 373
Hylophila 518, 523
Hylophilina 518
Hypena **422**, 423, 429
Hypeninae 366, 373, 410, **422**, 441
Hypenodes 415, **416**
Hypenodes 418, 420
Hypenodinae 366, 373, **415**, 422
Hyphoraia **282**
Hypsinae 201
Ichneumonidae (Hymenoptera) 317, 366
Idia **374**
Ipimorphinae 367, 441
Jaspidia 544, 547
Lampra (Coleoptera) 114
Lasiocampidae 462. 4: 14
Laspeyria **493**
Lithacodia 544, 547
Lithophane 368

Lithosia 217, 229, 237, 240, 244, 246, 250, 253, 256, 261, 264
Lithosia **267**
Lithosiinae 201, **202**, 203
Lygephila **469**, 470, 472, 473, 476
Lymantria 308. 4: 445
Lymantriidae 527. 4: 397
Macrochilo **384**, 397
Madopa 413
Mesoligia 373
Micra 559, 566, 567, 568
Micrarctiinae 201
Miltochrista **214**
Minucia **464**
Moma 531
Mormonia 441, 444
Myrmeleon (Planipennia) 348
Mythimna 372
Nemeophila 279, 299
Noctuidae **366**, 367, 371, 374
Nolidae 201. 4: 466
Nolinae 201, 441, 496, 502. 4: 466
Nonagria 373
Nudaria 203, 217
Nudaria **219**
Nyctemerinae 201, **360**
Nycteola 496, **498**
Oberea (Coleoptera) 199
Odonestis 462. 4: 89
Oenistis 267
Oligia 373
Ophiderinae 441
Ophiusa **468**
Ophiusa 468
Paidia **217**
Palustra 201
Panaxia 201, 350, 355
Panthea **527**
Pantheinae 372, **527**
Paracolax **381**
Paranthrene 61, 62, **84**
Parascotia **410**
Parasemia **279**
Pechipogo 395, 399, 401, 402
Pechipogon 399, 401
Pechypogon 399
Pelosia **228**, 229, 230
Pennisetia 61, 62, **65**
Pericallia **285**
Phalaena 368
Philea 207
Photedes 373
Phragmatobia **335**
Phycitinae 278
Phytometra **434**
Plereies 285
Plusiinae 367, 373, 441
Polia 368
Polypogon **397**
Porphyrinia 559, 566, 567, 568

Prothymia 434
Prothymnia 434
Protodeltote **544**
Pseudeustrotia **556**
Pseudoips 506, **523**
Pseudoips 518
Pseudophia 464, 468
Psilurus 271
Psychidae 61. 3: 356
Pyralidae 278
Pyrausta 434
Pyrgus 50. 2: 471
Pyropteron 61, 62, **166**
Raphia 527
Rhizedra 373
Rhyparia **304**
Rivula **407**
Rivulinae **406**, 422
Rosalia (Coleoptera) 290
Saperda (Cleoptera) 86, 88, 114, 117, 119
Sarothripa 498, 503
Sarothripus 498, 503
Sarrothripinae 441, **496**
Sarrothripus 498, 503
Schrankia 415, **418**
Schrankia 416
Sciapteron 84, 90
Scintillarix (Coleoptera) 114
Scoliopteryginae **437**
Scoliopteryx **437**
Sesia 61, 62, **69**
Sesia 92, 97, 101, 106, 110, 115, 120, 129, 133, 137, 143, 156, 160, 163, 166, 171, 172, 176, 188, 191, 196
Sesiidae 14, **61**. 1: 113
Setema 234
Setina **206**
Setina 225
Sideridis 347
Simplicia **377**
Sphecia 74
Sphecodoptera 74
Sphinx 69, 74, 84, 97, 106, 120, 133, 190
Spilarctia 318
Spilosoma 202, **308**, 341, 343, 534
Spilosoma 335, 339
Spilosominae 201, 308
Spintherops 478
Spiris 201, **273**
Standfussia 379
Stictopterinae 441
Synanspheia 61, 62, **171**
Synanthedon 61, **92**, 93, 99, 108, 114, 118, 128, 145, 159
Systropha 237
Tachinidae (Diptera) 366, 373
Talpochares 559, 566, 568

Tarache 484, 544
Thalpochares 559, 566, 567, 568
Tholomiges 416
Thumata 203
Thumatha **203**
Thyria 361
Thyrididae 61. 3: 505
Tinea 278
Tinthiinae **65**
Tipulia 136
Tortricidae 366, 496, 562
Toxocampa 469, 473, 475
Trichogramma (Hymenoptera) 317
Trichosea 527, **531**
Trisateles 379
Trochilium 69, 74, 80, 92, 97, 101, 106, 110, 115, 120, 129, 133, 137, 143, 146, 156
Tyria **361**
Tyta **484**
Utetheisa **278**
Watsonarctia 344
Wittia 237
Zanclognatha 379, 387, 389, 392, 395, 399, 402, 404
Zygaenidae 360, 369, 374. 3: 153

Namen der Arten, Unterarten und Formen

achine 43, 55, 56, 59. 2: 139
aerifrons 27, 38, 45, 48, 64, **176**, 183, 347
aestivata 171, 172
affinis 14, 24, 31, 48, 64, **172**, 179
agrippina 366
albanensis 14, 27, 32, 64, 159, **163**
albescens (Cybosia mesomella) 227
albescens (Paidia murina) 217
albipuncta 277, 303
alceae 46, 48. 2: 451
alchymista 25, 30, 41, **479**
alciphron 48. 2: 236
alcon 48, 56. 2: 285
algira **468**
alpina (Coleoptera) 290
alveus s.l. 48. 2: 487
amanda 44, 46, 48. 2: 375
anastomosis 516. 4: 379
andereggi 207
andrenaeforme 120
andrenaeformis 22, 63, 64, 118, **120**, 127
andreniforme 120
andreniformis 120
angelicae 43, 48, 55, 56, 57, 59, 290, 344. 3: 296
annellata **183**
anomala 65
anthraciformis 120
antiopa 355. 4: 402
apiforme 69
apiformis 22, 61, 63, **69**, 78, 88, 200
apollo 43, 44, 48, 50, 57, 59. 1: 195
aquila 303
aquilonaris 48, 50, 56. 1: 452
arethusa 56, 344. 2: 45
argentina 501. 4: 301
argentula 553
arideola 263
arion 48. 2: 296
armoricanus 48. 2: 480
asiatica 496, 497, 498, 499, **506**
asiliformis (Paranthrene tabaniformis) 84
asiliformis (Synanthedon vespiformis) 133
asseclana 562, 566
aulica 24, 28, 56, 272, **282**
auranticum 90
aurinia 48, 50. 1: 542
aurita 202
bankiana 22, 551, **553**, 556
barbalis 399
baton 48, 50, 56, 58, 212. 2: 271
bembeciformis 22, 25, 70, **74**

betulae 537
bicolorana 22, 368, 506, 507, **518**
bigella 155
binaria 501. 4: 215
bohemica 63
borelii 51
borussia 279
briseis 48, 56, 344. 2: 27
brunnea 207
bucephala 512. 4: 272
burmeisteri 202
caesarea 25, 30, 272, **339**
caja 26, 32, 201, 272, 290, **291**, 338
calvaria 26, 39, **374**, 377
calvariae 376
candelisequa 370
candida 277
candidana 556
candidula 27, **556**
caninae 45
caniola 25, 35, 235, 236, 237, 247, **256**, 261, 262
carniolica 343. 3: 243
casta 344
catax 48, 56. 4: 28
centralasiae 478
cephiforme 156
cephiformis 26, 34, 136, 137, 144, 150, 152, **156**
cerdo (Coleoptera) 140, 142
cereola 234
chalcochelmis 166
chlorana 507
chrysidiformis 14, 27, 34, 61, 63, 89, **166**
cicatricalis 48, 501. 4: 488
cinxia 48. 1: 492
circe 48. 2: 39
cirsii 48, 55. 2: 500
clavipalpis 401
clorana 22, 506, **507**, 514, 517
coenobita 22, **527**
complana 22, 235, 236, 237, 243, 247, 248, 249, **264**, 268, 277
confusa (Parasemia plantaginis) 279
conjuncta 217
conopiforme 137
conopiformis 25, 32, 63, 135, 136, **137**
conversa **460**
cordigera 372
coryli 22, **535**
cos 370
cossus 78. 3: 141
costaestrigalis 22, **418**
crabroniforme 74
crabroniformis 74
craccae 22, 26, 472, 473, 474, **475**
crassalis 22, **431**

571

crenata (Apamea) 303
cribalis 384
cribralis 384
cribraria 24, 273, **277**
cribrella 273, 278
cribrum 277, 278
cribrumalis 25, 35, **384**
crifunsalis 384
crinalis 401
cryptica 151
culex 106
culiciforme 106
culiciformis 22, 25, 61, 63, **106**
cunea 201, 308
cynarae 56. 3: 224
cynipiformis 133
damon 45, 48, 50, 51, 55, 212, 344. 2: 366
daphne 45, 48, 58. 1: 443
daphnis 44, 48. 2: 397
daplidice 44. 1: 310
deceptoria 22, **547**, 555
decora 291
degenerana 26, 30, 497, 498, 502, **503**
degenerana 503
degeneranus 503
dentina 368
deplana 22, 203, 235, 236, 240, 241, **244**, 268
depressa 240, 244
derivalis 381
deserta 24, 38, 41, 44, 45, 48, 51, 59, 272, **344**, 379
dilecta **444**
dilucida **478**
dispar (Lycaena) 48. 2: 213
dispar (Lymantria) 444, 481. 4: 452
distinguenda 370
dives (Coleoptera) 114
dominula 25, 35, 201, 353, **355**
dorylas 49, 55, 58, 59, 176, 343. 2: 371
dracunculi 348
dryas 49, 56. 2: 33
dumi 49, 54. 4: 92
dumonti 14, 27, 29, 45, 49, 51, **179**, 183
electa 25, 31, 41, **456**
elegans (Synanthedon myopaeformis) 129
elegans (Zygaena angelicae) 43, 48, 50, 55, 56, 57, 59, 290, 344. 3: 296
elocata 25, 31, 41, **451**
emortualis 22, **379**, 401
empiformis 14, 22, 63, 64, 172, 180, 189, 190, 194, 195, **196**
erodiiphaga 172

erythrocephala (Coleoptera) 199
eunomia 49, 50, 56. 1: 458
euphorbiae 198. 4: 175
europaeus (Planipennia) 348
extersaria 240
fagana 523
faganus 368
fagi (Hipparchia) 49. 2: 13
fascelina 49, 55. 4: 413
fasciana 544
fasciata 207
fasciuncula 369
fatidica 370
fausta 45, 47, 49, 50, 55, 56, 59. 3: 233
festiva 24, 28, 272, **297**, 344
fiorii 525
flammea 153
flava 227
flaviventre 115
flaviventris 22, **115**, 127
flexula 22, **493**
flocciferus 49, 50, 58, 59. 2: 458
fontis 431
forcipula 370
formicaeforme 110
formicaeformis 22, 63, **110**
formiciforme 110
formiciformis 110
franconica 344. 4: 40
fraxini 25, 35, **445**, 451, 460
fritillarius 49. 2: 505
fuliginaria 22, **410**
fuliginosa 22, 272, **335**
fuliginosum 335
fulminea 26, 33, 291, **460**
funesta 22, 23, **481**, 484
furvatus 291
gaderensis 156
gallii 465. 4: 181
gamma 372
geryon 49. 3: 174
glareosa 291
glaucinalis 381
globulariae 55
glyphica 22, 372, 489, **490**
graslinella 49. 3: 480
grisealis 22, 390, **392**, 396
griseola 22, 203, 235, 236, **240**
hebe 297, 299
helle 44, 49, 50, 59. 2: 200
hepatica 368
hepatica 368
hera 350
hero 43, 49, 55, 56, 59. 2: 101
hesperica 503
hospita 279, 281
humidalis 26, 35, **416**
hylaeiformis 22, 61, 63, **65**
hyperici (Coleoptera) 187

ichneumoniformis 14, 22, 63, 128, 159, **160**, 164, 165, 166, 189, 200
idas 49, 51, 55, 56, 184, 188, 307. 2: 321
ilicifolia 49, 50. 4: 441
ilicis 49. 2: 179
impurata 291
insolita 14, 27, 39, 63, 64, **90**
intermedia 273
io 44. 1: 370
irrorella 27, 34, 203, 206, **207**, 212, 213, 277
jacobaeae 26, 32, 201, 360, **361**
jaspidea 370
kadenii 478
kalavrytana 163
labecula 370
lampra 347
lathonia 44, 46, 49. 1: 437
lecerfi 166
leucomelas **484**
leucopsidiformis 188
leucopsiformis 24, 28, 171, **188**
libatrix 22, 427, **437**, 503
limacodes 521. 3: 336
littoralis 373
longicornis (Planipennia) 290
loranthi 14, 27, 38, 63, 89, 124, 136, 137, 140, 145, **151**
lotrix 278
lubricipeda 22, 201, 202, 272, 308, **312**, 318, 319, 320, 322, 323, 324, 325, 327, 328, 330, 333, 334
lubricipeda 318
lubricipedum 308, 312, 318, 324
lucida 539, **544**
luctiferum 339
luctuosa (Synanthedon myopaeformis) 129
luctuosa (Tyta) 22, **484**, 544
ludicra **469**
ludifica 24, 28, **531**
lunalis 25, 32, **402**, 404
lunaris 25, 33, **464**, 501
lurideola 22, 203, 235, 236, 237, **246**, 258, 264, 267, 268
lusoria **469**
lutarella 26, 34, 203, 235, 236, 237, **250**, 253, 254, 255, 256, 261
lutea 318
luteola 250
luteum 22, 202, 272, 308, 312, 313, 314, 315, 317, **318**, 325, 327, 334
lychnitis 277
mannii 45, 49, 51, 55, 347, 379. 3: 179
marmorosa 291
matillaeformis 129
matrona 287, 288
matronalis 279

matronula 24, 30, 272, **285**
maturna 43, 49, 50, 56, 57, 59, 290. 1: 537
maura 478
melanaria 49
melanocephala 22, 25, **80**
melanocephalum 80
melanomos 207
melanoptera 273, 274
melliniformis 118
mendica (Diaphora) 22, 272, 308, 317, **330**
mendicum 330
menthastri 308, 312, 325
mesomela 225
mesomella 22, **225**
mi 22, 372, **487**, 490, 491
microdon 291
miniata 22, 203, **214**
minimus 49, 343. 2: 249
minutatum 24, 41, 49, 56, 57, 58, 539, **559**. 1: 79 (= noctualis)
mnemosyne 42, 43, 46, 49, 50, 55, 57, 59. 1: 208
monacha 268, 271. 4: 445
morpheus 205
multangula 291
mundana 25, 34, **219**
murina 24, 39, **217**, 222
muscaeformis 14, **171**, 188
muscerda 26, 34, **229**, 232, 234
mutillaeformis 129
myopaeforme 129
myopaeformis 22, 63, 109, 126, **129**
myopiforme 129
myopiformis 129
myrtilli 372
nana 368
nausithous 44, 46, 49, 56. 2: 307
nemoralis 392
ni 373
nickerli 207
nigrescens 370
nigrifrons 27, 38, 49, 56, 64, 176, **184**
niobe 49, 50, 55, 56. 1: 432
noctualis 559
nomadaeformis 137, 138
nostras (Planipennia) 348
notata 49, 55, 343. 3: 168
novaki 90
nupta 22, 23, **448**, 453
nymphaea **463**
obesalis 25, 33, 427, **429**
obtusa 26, 30, 41, 230, **231**
ocularis 501. 4: 248
oestriformis 133
olivana 553
oo 455

optilete 49, 50, 56. 2: 356
osiris 49. 2: 255
osterodensis 45, 49, 55. 3: 261
ostrina 566
ostrinum 539, **566**
palaeno 49, 56. 1: 237
pallens 303
palleola 260
palliatella 26, 28, 235, 236, 237, 247, 253, **261**
pallifrons 251, 253, 254
palustris 416
paranympha 460
parthenoides 49, 343. 1: 526
parvum 539, 562, **567**
pastinum 22, **469**, 477, 483
paula 559
pavlasi 232
pavonia 44. 4: 105
phantasma 478
philanthiformis 171
phoebe 49. 1: 497
phragmitellus 384
plantaginis 26, 32, 272, **279**
platyptera 370
plebeja 368
plumbea 239
plumifera 49. 3: 470
plumigeralis 24, **401**
podalirius 46, 49, 290. 1: 222
polaris 63
polonica 90
popularis (Hymenoptera) 364, 365
populi (Limenitis) 49. 1: 337
populifolia 49. 4: 85
populnea (Coleoptera) 86, 88, 114, 117, 119
porcellus 44. 4: 204
prasinana (Bena bicolorana) 368, 518
prasinana (Pseudoips prasinanus) 368, 523
prasinanus 22, 368, 506, 507, 518, 521, **523**
proboscidalis 22, **422**, 431
processionea 444, 481. 4: 386
promissa 25, 33, 443, 444, **453**, 468
pseudocomplana 237
pudorina 303
puerpera 453
pulchella 272, **278**
purpureina 568
purpurinum 539, **568**
pusilla 556
pygarga 22, **544**, 547, 548
pygmaeola 26, 34, 235, 236, 237, 251, 252, **253**, 261, 291
pyri 57. 4: 104
pyrina 108, 155. 3: 148

quadra 27, 39, 201, 203, **267**
quadripunctaria 22, 23, 26, 44, 201, 290, **350**, 359
quercana 368
querna 501, 521. 4: 318
ramosa 202
rebeli 49, 50, 55. 2: 291
recens 49, 50. 4: 397
rectalis 27, 39, **377**
reducta 46, 47, 49, 56. 1: 350
relicta 446
remissa 303
renigera 370
revayana 22, 496, 497, **498**, 503, 505
revayanus 498, 503
rhingiaeformis 84
rica 217
roscida 211
roscida 24, 28, 56, 206, 207, 208, **211**, 253, 263, 347
rostralis 22, 410, **425**, 503
rubricollis 22, 203, **223**, 227, 239
rubrirena 369
ruficilaria 291
rupicolella 49. 3: 400
salicalis 22, **413**
sanio 299
sannio 22, 272, **299**, 306, 343
schwarzi 146
scitula 539
scoliaeforme 92
scoliaeformis 25, 32, 61, 63, **92**, 108
scoliiforme 92
scoliiformis 92
scopigera 159, 166
selene 49. 1: 464
selenitica 49. 4: 408
selini 373
semele 49, 56. 2: 19
senex (Ammoconia) 370
senex (Thumatha) 27, 34, **203**, 220
sericata 291
sericealis 22, **407**
sericeoalba 261
servillana 119
sevenari 184
siculana 496, 497, 498, 504
signata 207
signifera 207
similaria 240
similis 179
socia 368
soffneri 14, 22, 63, **125**
sororcula 22, 203, 234, 235, 236, **237**
spectrum **478**
spheciforme 97
spheciformis 22, 25, 61, 63, **97**

sphegiformis 97
sponsa 27, 35, **441**, 444, 454, 456, 468, 481
spuleri 22, 61, 118, 135, 136, 137, 144, **146**, 153, 158
standfussi 49. 3: 489
stomoxiformis 27, 31, 63, **101**, 107, 344
stomoxyforme 101
stomoxyformis 101
striata 24, 31, 41, 267, 272, **273**
strigilata 399
strigilatus 22, **399**
strigula 501. 4: 473
subalpina 279
subchlamydula 45, 49, 344, 347. 4: 492
sulphurea 539
sutschana 232
tabaniforme 84
tabaniformis 22, 63, **84**, 90, 114, 200
taediiformis 191
taenialis 26, 40, **420**
taraxaci 50. 4: 98
tarsicrinalis 22, **389**, 402
tarsicristalis 404
tarsipennalis 22, **387**, 389, 390, 391, 401
tarsiplumalis 402
tau 464. 4:112
taurica 232
teleius 50, 56. 2: 301
temera 370
tenebrata 372
tentacularia 397
tentacularius 26, 39, **397**
tenthrediniforme 196
tenthrediniformis 27, 29, 41, 50, 64, 190, **191**, 198
tenuialis 26, 39, **395**
thersites 50. 2: 379
thore 50. 1: 471
thymniformis 92
tincta 368
tipuliforme 143
tipuliformis 22, 63, 116, 136, 137, **143**, 150, 151
tirhaca **468**
titania 50
tityus 46, 50. 4: 152
togatulalis 50. 4: 471
torrida 468
trabealis 27, **539**
transalpina 344. 3: 288
tremulifolia 50. 4: 76
tricoma 368
tricomma 368
trigemina 368
trimaculosa 368

tripartita 368
triplasia 368
triplasia 368
triquetrella f. bisex. 50. 3: 370
tristalis 22, **381**, 402, 404
troniceki 478
tullia 50. 2: 96
turfosalis 416
tyrrhaea 468
uncula 27, **549**, 554, 555
undulana 498
unipuncta 373
unita 253, 257, 260, 261
urticae (Aglais) 308, 358. 1: 395
urticae (Spilosoma) 26, 31, 41, 272, 308, 312, 323, **324**, 334
velitaris 43, 50, 59, 212. 4: 326
vernana 25, 33, 506, 510, **514**
vespertilio 50. 4: 186
vespiforme 133, 140
vespiformis 22, 26, 61, 63, 128, **133**, 150
velitaris 54, 55, 57. 4: 326
viciae (Lygephila) 22, 26, 469, 472, 473, 476, 478
viciella 50. 3: 475
villica 24, 28, 272, 290, **295**
villosella 50. 3: 466
virgaureae 50, 56. 2: 222
viridana 512
viridaria 27, 35, **434**, 507, 508
vulpinaria 299
w-album 50. 2: 183
wockei 45, 50, 148. 3: 388
xanthomista 291
xeranthemi 348
zelleralis 27, 39, 374, 402, **404**

Deutsche Namen

Bär, Augsburger 285
Bär, Brauner 291
Bär, Englischer 297
Bär, Schwarzer 295
Blutbär 361
Bunteulchen, Ackerwinden- 539
Bunteulchen, Kreuzblumen- 434
Eichenkarmin, Großes 441
Eichenkarmin, Kleines 453
Flechtenbärchen, Blankflügel- 219
Flechtenbärchen, Blaßstirniges 253
Flechtenbärchen, Bleigraues 240
Flechtenbärchen, Dottergelbes 237
Flechtenbärchen, Dunkelstirniges 250
Flechtenbärchen, Elfenbein- 225
Flechtenbärchen, Felshalden- 211
Flechtenbärchen, Gelbleib- 264
Flechtenbärchen, Grauleib- 246
Flechtenbärchen, Mauer- 217
Flechtenbärchen, Mausgraues 229
Flechtenbärchen, Nadelwald- 244
Flechtenbärchen, Ockergelbes 261
Flechtenbärchen, Rosen- 214
Flechtenbärchen, Rotkragen- 223
Flechtenbärchen, Rundflügel- 203
Flechtenbärchen, Schilf- 231
Flechtenbärchen, Trockenrasen- 207
Flechtenbärchen, Weißgraues 256
Flechtenbärchen, Vierpunkt- 267
Fleckleibbär, Breitflügeliger 312
Fleckleibbär, Gelber 318
Fleckleibbär, Grauer 330
Fleckleibbär, Schmalflügeliger 324
Glasflügler, Alteichen- 137
Glasflügler, Apfelbaum- 129
Glasflügler, Dost- 176
Glasflügler, Eichenzweig- 90
Glasflügler, Erlen- 97
Glasflügler, Eselswolfsmilch- 191
Glasflügler, Espen- 80
Glasflügler, Faulbaum- 101
Glasflügler, Großer Birken- 92
Glasflügler, Großer Weiden- 74
Glasflügler, Hauhechel- 163
Glasflügler, Heckenkirschen- 125
Glasflügler, Himbeer- 65
Glasflügler, Hornissen- 69
Glasflügler, Hornklee- 160
Glasflügler, Johannisbeer- 143
Glasflügler, Johanniskraut- 184
Glasflügler, Kleiner Birken- 106
Glasflügler, Kleiner Pappel- 84
Glasflügler, Kleiner Weiden- 110
Glasflügler, Mistel- 151
Glasflügler, Roter Ampfer- 166
Glasflügler, Schneeball- 120

Glasflügler, Sonnenröschen- 172
Glasflügler, Spätsommer-Wolfsmilch- 188
Glasflügler, Spulers 146
Glasflügler, Tannen- 156
Glasflügler, Weidengallen- 115
Glasflügler, Wespen- 133
Glasflügler, Ziest- 179
Glasflügler, Zypressenwolfsmilch- 196
Grasbär, Gestreifter 273
Grasbär, Punktierter 273
Grasmotteneulchen, Buschrasen- 547
Grasmotteneulchen, Dreieck- 556
Grasmotteneulchen, Ried- 549
Grasmotteneulchen, Silbergestreiftes 553
Grasmotteneulchen, Waldrasen- 544
Harlekinbär 278
Haseleule 535
Hermelin, Gelber 531
Hofdame 282
Jägerhütchen 523
Jakobskrautbär 361
Kahneulchen, Silberpappel- 514
Kahneulchen, Weiden- 507

Kahneule, Buchen- 523
Kahneule, Eichen- 518
Kahneule, Große 518
Kaiserbär 339
Klosterfrau 527
Labkrautbär 344
Motteneule, Breitflügel- 420
Motteneule, Moor- 416
Motteneule, Schmalflügel- 418
Ordensband, Blaues 445
Ordensband, Braunes 464
Ordensband, Gelbes 460
Ordensband, Rotes 448
Ordensband, Weißes 479
Pappelkarmin 451
Pilzeule 410
Purpurbär 304
Rotrandbär 299
Sandstrohblumeneulchen 559
Schnabeleule, Heidelbeer- 431
Schnabeleule, Hopfen- 425
Schnabeleule, Nessel- 422
Schnabeleule, Voralpen- 429
Schönbär 355
Seideneulchen 407
Sicheleule 493
Spannereule, Bart- 399
Spannereule, Bogenlinien- 392

Spannereule, Braungestreifte 389
Spannereule, Dunkelbraune 374
Spannereule, Felsbuschwald- 402
Spannereule, Felsflur- 404
Spannereule, Gelblinien- 379
Spannereule, Laubgehölz- 387
Spannereule, Palpen- 397
Spannereule, Schmalflügelige 377
Spannereule, Südliche Bogenlinien- 395
Spannereule, Sumpfgras- 384
Spannereule, Trübgelbe 381
Spannereule, Weiden- 413
Spanische Fahne 350
Tageule, Braune 490
Tageule, Scheck- 487
Trauereule, Ackerwinden- 484
Trauereule, Zaunwinden- 481
Wegerichbär 279
Weidenkarmin 456
Wickeneule, Marmorierte 473
Wickeneule, Nierenfleck- 469
Wickeneule, Randfleck- 475
Wicklereulchen, Eichen- 498
Wicklereulchen, Salweiden- 503
Zackeneule 437
Zimtbär 335
Zimteule 437

Wenn Sie das Thema vertiefen wollen ...

Die Farn- und Blütenpflanzen Baden-Württembergs. Hrsg. O. Sebald, S. Seybold, G. Philippi.
Band 1: Allgemeiner Teil / Spezieller Teil (Pteridophyta, Spermatophyta); Lycopodiaceae bis Plumbaginaceae. 2., ergänzte Auflage 1993. 624 Seiten, 295 Farb-, 33 sw-Fotos, 22 Farbtafeln, 332 Verbreitungskarten. Ln. m. SU. ISBN 3-8001-3322-9.
Band 2: Spezieller Teil. (Spermatophyta, Unterklasse Dilleniidae.) Hypericaceae bis Primulaceae. 2., ergänzte Aufl. 1993. 451 Seiten, 240 Farbf., 16 Farbtafeln, 232 Verbreitungsktn. Ln. m. SU. ISBN 3-8001-3323-7.
Band 3: Spezieller Teil. (Spermatophyta, Unterklasse Rosidae) Droseraceae bis Fabaceae. 1992. 483 Seiten, 288 Farbfotos, 8 Farbtafeln, 268 Verbreitungskarten. Ln. m. SU. ISBN 3-8001-3314-8.
Band 4: Spezieller Teil. (Spermatophyta, Unterklasse Rosidae) Haloragaceae bis Apiaceae. 1992. 362 Seiten, 225 Farbfotos, 5 Farbtafeln 188 Verbreitungskarten. Ln. m. SU. ISBN 3-8001-3315-6.
Band 5: Asteridae, Teil 1 (Blütenpflanzen, Bedecktsamer, Zweikeimblättler). 1996. 539 S., 303 Farbf., 312 Verbreitungsktn. Ln. m. SU. ISBN 3-8001-3342-3.
Band 6: Asteridae, Teil 2 (Blütenpflanzen, Bedecktsamer, Zweikeimblättler). 1996. 577 Seiten, 256 Farbfotos, 300 Verbreitungskarten. Ln. m. SU. ISBN 3-8001-3343-1.

Die Flechten Baden-Württembergs. In 2 Teilbänden. Prof. Dr. Volkmar Wirth. 2., völlig neubearbeitete und erweiterte Auflage 1995. Zusammen 1006 Seiten, 555 Farbfotos, 55 sw-Fotos und Zeichnungen, 996 Verbreitungskarten. Ln. m. SU. ISBN 3-8001-3325-3.
Zum Buch: Das im Rahmen des Artenschutzprogramms von Baden-Württemberg richtungweisende Grundlagenwerk wurde durchgehend neubearbeitet und auf 2 Bände erweitert. Die vorliegende Gesamtdarstellung enthält neben den Verbreitungskarten und vollständigen Gattungsdiagnosen neu erarbeitete Bestimmungsschlüssel für sämtliche Arten. Darüber hinaus werden Ökologie, Verbreitung und Gefährdung aller im Südwesten Deutschlands und weit darüber hinaus vorkommenden Flechten beschrieben. Damit liegt jetzt ein in jeder Hinsicht umfassendes, aktuelles und einmaliges Flechtenwerk vor.

Flechten erkennen – Luftgüte bestimmen. Prof. Dr. Ulrich Kirschbaum, Prof. Dr. Volkmar Wirth. 2., verbesserte Auflage 1997. 128 Seiten, 73 Farbfotos, 15 Zeichnungen. 6 Tabellen. Kt. ISBN 3-8001-3477-2.
Zum Buch: Eine praktische Anleitung zur Methodik der Bioindikation mit Flechten, d. h. zur Flechtenkartierung und Ermittlung der Luftgüte. Mit Erkennungsschlüssel für die 120 häufigsten Baumflechten.